SGB IX

Rehabilitation und Teilhabe
von Menschen mit Behinderungen

dtv

Alphabetische Schnellübersicht

Fettdruck = Gesetzesnummern; kursiv = Seitenzahl

SGB IX

Rehabilitation und Teilhabe
von Menschen mit Behinderungen

mit Behindertengleichstellungsgesetz,
Schwerbehinderten-Ausgleichsabgabeverordnung,
Werkstättenverordnung, Versorgungsmedizinverordnung,
ICF-Praxisleitfaden,
Kinderhilfebehandlung- und Chroniker-Richtlinie,
Bundesversorgungsgesetz und weiteren wichtigen Vorschriften

Textausgabe mit Sachverzeichnis und einer
Einführung von Prof. Dr. Harry Fuchs, Abteilungsdirektor a. D.

11., neu bearbeitete Auflage
Stand: 1. Juli 2022

dtv

www.dtv.de
www.beck.de

Sonderausgabe

dtv Verlagsgesellschaft mbH & Co. KG,
Tumblingerstraße 21, 80337 München
© 2022. Redaktionelle Verantwortung: Verlag C.H. Beck oHG
Gesamtherstellung: Druckerei C.H.Beck, Nördlingen
(Adresse der Druckerei: Wilhelmstraße 9, 80801 München)
Umschlagtypographie auf der Grundlage
der Gestaltung von Celestino Piatti

ISBN 978-3-423-53153-5 (dtv)
ISBN 978-3-406-79339-4 (C.H. Beck)

9 783406 793394

Inhaltsverzeichnis

Inhalt

Inhalt

Abkürzungsverzeichnis

aF	alte Fassung
Abs.	Absatz
Anm.	Anmerkung
AO	Abgabenordnung
ArbGG	Arbeitsgerichtsgesetz
ASMK	Arbeits- und Sozialministerkonferenz
A. u. S.	Arbeit und Soziales
BA	Bundesagentur für Arbeit
BAnz.	Bundesanzeiger
BAR	Bundesarbeitsgemeinschaft für Rehabilitation
BBiG.	Berufsbildungsgesetz
BerBiFG	Berufsbildungsförderungsgesetz
BetrVG	Betriebsverfassungsgesetz
bez.	bezüglich
BITV	Barrierefreie Informationstechnik Verordnung
BGBl. I, II	Bundesgesetzblatt Teil I, Teill II
BGG	Behindertengleichstellungsgesetz
BMAS	Bundesminsterium für Arbeit und Soziales
BMGS	Bundesministerium für Gesundheit unnd Soziale Sicherung
BRK	Behindertenrechtskonvention
BSHG	Bundessozialhilfegesetz
BT-Drs.	Bundestags-Drucksache
BTHG	Bundesteilhabegesetz
BVG	Bundesversorgungsgesetz
bzw.	beziehungsweise
d. h.	das heißt
DMP	Disease Management Programm
DRG	Diagnosis Related Groups
Drs.	Drucksache
DV(O)	Durchführungsverordnung
EStG	Einkommensteuergesetz
EStDV	Einkommensteuer-Durchführungsverordnung
FNA	Fundstellennachweis A – Bundesrecht
FrühV	Frühförderungsverordnung
G	Gesetz
GdB	Grad der Behinderung
GdS	Grad der Schwerbehinderung
ggf.	gegebenenfalls
GKV	gesetzliche Krankenversicherung
GMG	GKV-Modernisierungsgesetz
GRV	gesetzliche Rentenversicherung

Abkürzungsverzeichnis

HEZG	Hinterbliebenenrenten- und Erziehungszeiten-Gesetz
HG	Hilfsgesetz
HwO	Handwerksordnung
ICF	International Classification of Functioning, Disability and Health
ICIDH	Internationale Klassifikation der Funktionsfähigkeit und Behinderung
idF	in der Fassung
IfSG	Infektionsschutzgesetz
iSv	im Sinne von
KfzHV	Kraftfahrzeughilfe-Verordnung
KHG	Krankenhausfinanzierungsgesetz
KHV	Kommunikationshilfenverordnung
KraftStG	Kraftfahrzeugsteuergesetz
KraftStDV	Kraftfahrzeugsteuer-Durchführungsverordnung
LTA	Leistungen zur Teilhabe am Arbeitsleben
MdE	Minderung der Erwerbsfähigkeit
MGW	Müttergenesungswerk
mtl.	monatlich
mWv	mit Wirkung vom
OEG	Gesetz über die Entschädigung für Opfer von Gewalttaten
QS	Qualitätssicherung
s.	siehe
SBV	Schwerbehindertenvertretung
SchwbAV	Schwerbehinderten-Ausgleichsverordnung
SchwbAwV	Schwerbehindertenausweisverordnung
SchwbG	Schwerbehindertengesetz
SchwbNV	Nahverkehrszügeverordnung
SchwVWO	Wahlordnung Schwerbehindertenvertretungen
SGB	Sozialgesetzbuch
SGG	Sozialgerichtsgesetz
SVG	Soldatenversorgungsgesetz
ua	unter anderem
UStG	Umsatzsteuergesetz
UStDV	Umsatzsteuer-Durchführungsverordnung
usw.	und so weiter
VBD	Verordnung für barrierefreie Dokumente in der Bundesverwaltung

Abkürzungsverzeichnis

VersMedV	Versorgungsmedizin-Verordnung
vgl.	vergleiche
v.	vom
v. H.	vom Hundert
VO	Verordnung
WHO	Weltgesundheitsorganisation
WMVO	Werkstätten-Mitwirkungsverordnung
WSG	Wettbewerbsstärkungsgesetz
WVO	Werkstättenverordnung
z.B.	zum Beispiel

Einführung

von Prof. Dr. Harry Fuchs, Abteilungsdirektor a. D., Düsseldorf

I. Entwicklung des Behindertenrechts

Die Entwicklung des Behindertenrechts in Deutschland stützt sich historisch im Wesentlichen auf die Säulen Kriegsopferversorgung, Sozialversicherung – insbesondere die Renten- und Unfallversicherung –, Sozialhilfe sowie das Schwerbeschädigtenrecht.

1. Die Kriegsopferversorgung wurde ausgehend von preußischen gesetzlichen Grundlagen für die Versorgung und Pensionierung invalider Offiziere aus dem Jahr 1789 über das Schwerbeschädigtengesetz vom 6.4.1920, das Reichsversorgungsgesetz vom 12.5.1920, das **Bundesversorgungsgesetz** vom 20.12.1950 und das Schwerbeschädigtengesetz vom 16.6.1953 entwickelt. Damit wurde jeweils die Pflicht des Staates zur Versorgung der Kriegsopfer ausgestaltet, die aus der Staatsbürgerpflicht, Wehrdienst leisten zu müssen, erwachsen ist. Während bis zum Ersten Weltkrieg die Fürsorge bei Hilfsbedürftigkeit („Invalidenpension") vorherrschte, rückte das Reichsversorgungsgesetz den Gedanken der Wiederherstellung oder doch wenigstens Besserung der Beschädigung in den Vordergrund und gewährte neben dem erstmals geschaffenen Anspruch auf Heilbehandlung Rente, Krankenhaus- und Sterbegeld, Körperersatzstücke, Beamtenschein und Witwenrentenabfindung sowie kostenlose Berufsausbildung. Übergangsgeld zur Eingliederung in das Erwerbsleben, Witwen-, Waisen- und Elternbeihilfe, Verschollenheitsrente und Kapitalabfindung wurden als Kannleistung ohne Rechtsanspruch gewährt. Diese Leistungen wurden nach dem Zweiten Weltkrieg im Wesentlichen beibehalten, wobei allerdings die Leistungen der Versorgung weiter ausgebaut und den erhöhten Anforderungen angepasst wurden (Verbesserung des Berufsschadenausgleichs, Ausgleichs- und Elternrente, Ansprüche für Großeltern, Witwen und Waisen, Beihilfen für Selbständige, Wegeunfälle, Kinderzuschläge, Gleichstellung der früheren Ehefrau mit der Witwe und die Dynamisierung der Kriegsopferrenten, zuletzt allerdings auch nur noch in Höhe der Teuerungsrate). Mit dem Gesetz zur Änderung des BVG vom 11.4.2002 (BGBl. I S. 1302) hat der Gesetzgeber ua das Nachrangverhältnis der Kriegsopferfürsorge-Leistung bei Hilfe zur Pflege gegenüber den Leistungen der Beihilfe klargestellt und die im Jahre 1989 gestrichene enumerative Aufzählung der nach der Orthopädieverordnung lieferbaren Hilfsmittel in § 24a Buchst. b BVG wieder hergestellt. Das BVG wird bis zum 1.1.2024 in das SGB XIV überführt, dass das Recht der sozialen Entschädigung neu regelt, und zu diesem Zeitpunkt ebenso wie das Opferentschädigungsgesetz (OEG) aufgehoben. Bereits zum 1.1.2018 sind noch im BVG und OEG einzelne Änderungen über höhere Waisenrenten, Überführungs- und Bestattungskosten sowie Gleichstellung von in- und ausländischen Gewaltopfern in Kraft getreten. Ab 1.1.2024 sind die Träger der Sozialen Entschädigung und ab 1.1.2025 nach dem Soldatenentschädigungsgesetz (SEG) die Träger der Soldatenentschädigung Rehabilitationsträger im Sinne des § 6 SGB IX.

2. In der Sozialversicherung enthielt bereits das Gesetz über die **Invaliditäts- und Alterssicherung** vom 22.6.1889 die Ermächtigung (§ 12), für die

Einführung

ab 1891 bestehenden Träger der Invalidenversicherung Heilverfahren für nicht in der Krankenversicherung Versicherte zu übernehmen (RGBl. 1889 S. 97 ff.). Dadurch hat sich bei diesen sehr schnell der Gedanke Geltung verschafft, dass Schäden besser verhütet als in Geld entschädigt werden und es dem Versicherten mehr dient, den bevorstehenden Verfall der Erwerbsfähigkeit zu verhindern, als die eingetretene Erwerbsunfähigkeit durch Gewährung von Geldrenten auszugleichen. Das ist der Ursprung des Grundsatzes „Rehabilitation vor Rente". Die Träger der Invalidenversicherung hatten bereits 1894 neben ihrer eigentlichen Hauptaufgabe, der Rentenzahlung, freiwillig begonnen, die Gesundheitsfürsorge für die versicherte Bevölkerung in ihren Aufgabenkreis einzubeziehen. Das Invalidenversicherungsgesetz vom 13.7.1899 (RGBl. 1899 S. 393 ff.; Neuveröffentlichung RGBl. 1899 S. 463 ff. mit geänderter Paragraphenfolge) behielt ab 1.1.1900 die rein freiwillige Leistung eines Heilverfahrens durch die Rentenversicherung bei. Die Träger konnten nunmehr – unbeschadet der reichsgesetzlichen Krankenfürsorge – Heilverfahren durch Unterbringung des Erkrankten in einem Krankenhaus oder in einer Anstalt für Genesende in dem der Versicherungsanstalt geeignet erscheinenden Umfang durchführen. War der Versicherte dergestalt erkrankt, dass als Folge der Krankheit Erwerbsunfähigkeit zu besorgen war, die einen Anspruch auf Invalidenrente begründete, konnte ein Heilverfahren zur Abwendung der Nachteile gewährt werden (§§ 12–12 d). Danach waren schon die Vorläufer der heutigen Leistungen zur medizinischen Rehabilitation auf die Bewältigung von Krankheitsfolgen ausgerichtet. Neben dem auch auf die Krankenversicherten erweiterten Heilverfahren zur Verhütung oder Beseitigung von Invalidität umfasste die freiwillige Gesundheitsfürsorge bereits die Zahlung von Hausgeld für die Angehörigen der Teilnehmer an einer Heilbehandlung, die besondere Bekämpfung der Volksseuchen (Tuberkulose und Geschlechtskrankheiten) und sonstige Maßnahmen zur Hebung der gesundheitlichen Verhältnisse der versicherungspflichtigen Bevölkerung, die Kinderfürsorge (insbesondere in Form von Kinderheilverfahren, Landaufenthalten von Stadtkindern, Unterbringung von Waisen, Fürsorge für werdende Mütter und Säuglinge, Schulzahnpflege) sowie die Förderung gemeinnütziger Unternehmen zur Hebung der Wohnverhältnisse. Den Trägern wurde die Möglichkeit eingeräumt, mit Genehmigung des Bundesrates Überschüsse ihres Sondervermögens zu anderen als den im Gesetz vorgesehenen Leistungen im wirtschaftlichen Interesse der ihnen angehörenden Rentenempfänger, Versicherten sowie ihrer Angehörigen zu verwenden (§ 31a). Nach In-Kraft-Treten der Reichsversicherungsordnung (RVO) vom 19.7.1911 (RGBl. 1911 S. 509 ff.) am 1.1.1912 konnten die Träger auch Heilverfahren einleiten, um die infolge einer Erkrankung drohende Invalidität eines Versicherten oder einer Witwe abzuwenden (§ 1269). Mit der Neufassung der RVO vom 17.5.1934 (RGBl. I 1934 S. 419 ff.) wurden die Gesundheitsmaßnahmen in den §§ 1310 bis 1314, 1303 und 1252 RVO neu geregelt. Diese Heilverfahren, die zur Regelleistung erklärt worden waren, wurden 1957 von den Gesetzen über die Neuregelung des Rechts der Rentenversicherung der Arbeiter und Angestellten (ArVNG/AnVNG) durch „Maßnahmen zur Erhaltung, Besserung und Wiederherstellung der Erwerbsfähigkeit" abgelöst, die erbracht werden, um den Auswirkungen einer Krankheit oder einer körperlichen oder seelischen Behinderung auf die Erwerbsfähigkeit der Versicherten entgegen zu wirken, sie zu überwinden und dadurch Beeinträchtigungen der Erwerbsfähigkeit der Versicherten oder deren vorzeitiges Ausscheiden aus dem Erwerbsleben zu verhindern oder sie möglichst dauerhaft in das Erwerbsleben wieder einzugliedern (Rehabilitation). Die Rehabilitationsleistungen der gesetzlichen Rentenversicherung (GRV) sind entsprechend dem Grundsatz „Rehabilitation vor Rente" zu gewähren und umfassen neben der medizinischen auch die berufliche Rehabilitation, ab 1.7.2001 Teilhabe am Arbeitsleben. Die GRV konnte von 1957 an auch Leistungen zur Prävention erbringen (Erhaltung der Erwerbsfähigkeit). Diese entfielen durch das 2.HStruktG v. 22.12.1981 (BGBl. I S. 1523 ab 1.1.1982. Mit dem Flexirentengesetz besteht ab 9.12.2016 erneut ein Rechtsanspruch auf Präventionsleistungen (medizinische Leistungen zur Sicherung der Erwerbsfähigkeit § 14 SGB VI) für Versicherte, die erste gesundheitliche Beeinträchtigungen aufweisen. Weiterhin wurde ein Rechtsanspruch auf Nachsorgeleistungen (§ 17 SGB VI) zur Sicherung des Erfolgs der Leistungen zur Teilhabe eingeführt. Daneben gewährt die GRV als „sonstige Leistungen" ua stationäre Heilbehandlung für Kinder sowie Nach- und Festigungskuren für Geschwulstkranke (§ 31 SGB VI), die ab 9.12.2016 in „Leistungen zur onkologischen Nachsorge" umbenannt wurden. Von diesem Zeitpunkt an besteht nunmehr ein Rechtsanspruch auf Leistungen zur Kinderrehabilitation (§ 15a SGB VI). Als sonstige Leistungen sind nach § 31 Abs. 1 Nr. 1 seitdem auch Leistungen zur Eingliederung von Versicherten in das Erwerbsleben möglich, die zwar Leistungen von der GRV beanspruchen können, von den gesetzlichen Bestimmungen für Teilhabeleistungen der GRV jedoch nicht erfasst werden.

3. Mit der Einführung der gesetzlichen **Unfallversicherung** wurde die persönliche Haftpflicht des Einzelunternehmers für den in seinem Betrieb erlittenen Unfall in eine Gesamtbelastung des ganzen Berufszweiges umgewandelt, an dem der einzelne Betrieb nach dem Umfang seiner Gefahren beteiligt ist. Das Unfallversicherungsgesetz vom 6.7.1894 sollte die Geschädigten durch die Übernahme der Kosten des Heilverfahrens (wenn das Heilbedürfnis über 13 Wochen nach dem Unfallgeschehen hinaus andauerte) sowie Rentenzahlungen an den Verletzten und seine Hinterbliebenen bzw. ggf. einen Festbetrag für die Beerdigungskosten vor allem gegen finanzielle Not schützen. Erst im Laufe der Zeit entwickelte sich daraus ein umfassendes System mit Unfallverhütung und vollständigem Ausgleich eines erlittenen Schadens ua auch durch umfassende Rehabilitation. Noch während des Ersten Weltkrieges wurden die Leistungen der Unfallversicherung durch Bekanntmachung vom 12.10.1917 auf gewerbliche Berufskrankheiten, wenn auch zunächst beschränkt auf solche im Zusammenhang mit der Herstellung von Kriegsbedarf, ausgedehnt. Mit der Verordnung vom 12.5.1925 wurde eine Reihe näher bezeichneter Berufskrankheiten endgültig den Verletzungen aus einem Unfall gleichgestellt. Mit Gesetz vom 14.7.1925 wurde die 13 wöchige Wartezeit für die Gewährung berufsgenossenschaftlicher Heilverfahren beseitigt und die Berufsfürsorge für Unfallgeschädigte zur Pflichtaufgabe der Berufsgenossenschaften. Gleichzeitig wurde die Krankenbehandlung durch Gewährung von Pflege weiter ausgestaltet. Mit Verordnung des Reichsarbeitsministeriums vom 14.11.1928 wurden die Pflichten der Unfallversicherung in der Krankenbehandlung dahingehend konkretisiert, dass sie alle Maßnahmen zu treffen und Einrichtungen zu schaffen haben, durch die eine möglichst bald nach dem Unfall einsetzende und sachgemäße Durchführung der Krankenbehandlung, soweit nötig auch eine fachärztliche oder besondere unfallmedizinische Versorgung gewährleistet wird (§ 33). Auf dieser Regelung basiert das bis heute praktizierte Durchgangsarztverfahren, das 1929 in einem Vertrag zwischen dem Reichsverband der Berufsgenossenschaften, dem Deutschen Ärztevereinsbund und dem Hartmannbund (später Abkommen Ärzte/Berufsgenossenschaften vom 13.9.1957) vereinbart wurde. Erst durch das Unfallversicherungsneuregelungsgesetz vom 30.4.1963 wurden die Träger der Unfallversicherung durch den Gesetzgeber verpflichtet, selbst alle Maßnahmen zu treffen, die eine möglichst bald nach dem Arbeitsunfall einsetzende schnelle und sachgemäße Heilbehandlung, insbesondere auch eine fachärztliche oder unfallmedizinische Versorgung gewährleisten.

4. Mit dem **Gesetz über die Angleichung der Leistungen zur Rehabilitation** vom 7.8.1974 (RehaAnglG, BGBl. I S. 1881) unternahm der Gesetzgeber den ersten Anlauf, für die gesetzliche Kranken-, Unfall- und Rentenversicherung, die Altershilfe der Landwirte, die gesamte Kriegsopferversorgung einschl. der Kriegsopferfürsorge und die Arbeitsförderung das bis dahin sehr unterschiedliche Recht der medizinischen, berufsfördernden und ergänzenden Rehabilitation zu vereinheitlichen und zu verbessern, in Teilbereichen aber auch erstmals in dieser Form einzuführen sowie ein nahtlos ablaufendes Rehabilitationsverfahren zu verwirklichen. Internationale Grundlage für diese Entwicklung war die Definition der Weltgesundheitsorganisation (WHO) von 1969, die Rehabilitation als den gleichzeitigen und koordinierten Einsatz von medizinischen, sozialen, schulischen und beruflichen Maßnahmen umschrieb, um den Einzelnen zum höchstmöglichen Maß funktioneller Leistungsfähigkeit zu trainieren oder wieder zu trainieren. Dementsprechend waren nach § 1 RehaAnglG die medizinischen, berufsfördernden und ergänzenden Maßnahmen und Leistungen darauf auszurichten, körperlich, geistig oder seelisch Behinderte möglichst auf Dauer in Arbeit, Beruf und Gesellschaft einzugliedern. Zu diesem Zweck werden medizinische Leistungen in Form von ärztlicher und zahnärztlicher Behandlung, von Arznei- und Verbandsmitteln, Heilmitteln einschl. physikalischer, Sprach- und Beschäftigungstherapie, Hilfsmitteln, Belastungserprobung und Arbeitstherapie gewährt. Die berufliche Rehabilitation umfasst Hilfen zur Erlangung und Erhaltung eines Arbeitsplatzes einschl. Leistungen zur Aktivierung und beruflichen Eingliederung, zur Berufsvorbereitung einschl. einer wegen der Behinderung erforderlichen Grundausbildung, berufliche Anpassung und Weiterbildung einschl. eines zur Teilnahme erforderlichen schulischen Abschlusses, berufliche Ausbildung, Kraftfahrzeughilfe, notwendige Arbeitsassistenz, Kosten technischer Arbeitshilfen, Leistungen an Arbeitgeber sowie Kosten der Beschaffung, Ausstattung und Erhaltung einer behinderungsgerechten Wohnung. Dazu kommen als ergänzende Leistungen Übergangs- und Krankengeld, Übernahme von Kosten bis hin zu Prüfungsgebühren und Lernmitteln, Reisekosten, Behindertensport und Haushaltshilfen.

Durch die Einbeziehung der Krankenversicherung in den Kreis der Rehabilitationsträger, die einheitliche Ausgestaltung des Rehabilitationsrechts im Recht der Sozialversicherungsträger sowie die Anpassung des Bundesversorgungsgesetzes, einschließlich der Verweisungen im Soldatenversorgungs-, Zivildienst-, Häftlingshilfe-, Bundesseuchen- und Wiedergutmachungsgesetz wurde erstmals ein einheitliches Rehabilitationsrecht geschaffen. Damit hätte eine unterschiedliche Behandlung der Menschen mit Behinderung je nach der Ursache der Behinderung und nach dem jeweils zuständigen Träger weitestgehend ausgeschlossen sein und die Leistungen der einzelnen Leistungsträger möglichst aufeinander abgestimmt und ineinander übergehen sollen.

Einführung

Die erste Phase zur Sicherung und Vereinheitlichung des Behindertenrechts wurde mit dem **Ersten Buch des Sozialgesetzbuches (SGB I)** vom 11.12.1975 abgeschlossen, das behinderten oder von Behinderung bedrohten Menschen in § 10 einen Rechtsanspruch auf Hilfen zur Abwehr, Beseitigung, Besserung oder Verschlimmerung einer Behinderung und deren Folgen sowie zur Sicherung eines ihren Neigungen und Fähigkeiten entsprechenden Platzes in der Gemeinschaft, insbesondere im Arbeitsleben gewährte.

Die Behinderten und ihre Verbände beklagten allerdings sehr bald, dass diese Ziele in der Auslegung und Anwendung des RehaAnglG, insbesondere hinsichtlich der frühzeitigen Einleitung von Rehabilitationsmaßnahmen, des nahtlosen Übergangs von der Akutversorgung zur Rehabilitation, aber auch zwischen den verschiedenen Rehabilitationsleistungen und Rehabilitationsträgern sowie im Verhältnis zu den Leistungen der Sozialhilfeträger, die nicht in das Gesetz einbezogen worden waren, verfehlt wurden. Zudem wurde die erreichte Vereinheitlichung des Rehabilitationsrechts und der Rehabilitationsleistungen durch den Gesetzgeber selbst, insbesondere durch die Haushaltsbegleitgesetze 1982 und 1984, das Spar-, Wachstums- und Konsolidierungsprogramm von 1993, das Haushaltssanierungsgesetz 1999, aber auch durch eine Vielzahl anderer gesetzgeberischer Maßnahmen, ua im Zusammenhang mit der deutschen Einheit, der Einführung der Pflegeversicherung, der Einführung des SGB III, dem Rentenreformgesetz 1999 und den KOV-Anpassungen wieder auseinander entwickelt.

Nachdem der Deutsche Bundestag nach 1974 mehrfach die Zusammenfassung des Rehabilitationsrechts in einem Teil des Sozialgesetzes gefordert und die Bundesregierung immer wieder eine Prüfung zugesagt hatte, empfahl die Enquéte Kommission des Deutschen Bundestages zur Strukturreform der gesetzlichen Krankenversicherung 1990 in ihrem Abschlussbericht (BT-Drs. 11/6380, Tz. 77) erstmals, das Recht der Rehabilitation trägerübergreifend in einem eigenständigen Sozialgesetzbuch zusammenzufassen. Der Deutsche Bundestag griff dies wiederum auf und forderte ua am 20.2.1992 (BT-Drs. 12/1943) , die Rechtsvorschriften des Rehabilitations- und Schwerbehindertenrechts in übersichtlicher Form zusammenzufassen und in das System des Sozialgesetzbuches einzugliedern (vgl. Abschnitt III).

5. Neben der Kriegsopferversorgung und dem Recht der Sozialversicherung befasst sich das Schwerbehinderungsrecht mit der Eingliederung Behinderter insbesondere in das Arbeitsleben. Bereits das **Schwerbeschädigtengesetz** vom 6.4.1920 stellte die wirtschaftliche Eingliederung der Schwerbeschädigten und Schwerunfallverletzten in das Erwerbsleben in den Vordergrund und gewährte Einstellungszwang und Kündigungsverbot. Mit der VO über Fürsorgepflicht vom 13.2.1924 wurde die Kriegsfolgenhilfe der Hauptfürsorgestelle übertragen. Nach dem Schwerbeschädigtengesetz waren alle öffentlichen und privaten Arbeitgeber verpflichtet, 2 v. H. der Arbeitsplätze mit Schwerbeschädigten zu besetzen, denen nur mit Zustimmung der Hauptfürsorgestelle gekündigt werden durfte und die deswegen einen besonderen Kündigungsschutz hatten. Nach dem Zweiten Weltkrieg gelang es nach einer Phase der föderalen Auseinanderentwicklung erst am 16.6.1953, das Schwerbeschädigtengesetz zu verabschieden, das nur diejenigen als Schwerbeschädigte anerkannte, die im Dienste der Allgemeinheit Gesundheitsschäden erlitten hatten (im Wesentlichen Kriegs- und Arbeitsunfallgeschädigte). Die Beschäftigungspflicht erfasste Betriebe ab 7 Arbeitsplätzen (ab 1961 im öffentlichen Dienst 9 und in der Privatwirtschaft 15 Arbeitsplätzen) und betrug 6

Einführung

v. H. der Arbeitsplätze in der privaten Wirtschaft sowie 10 v. H. der Arbeitsplätze des öffentlichen Dienstes, der Banken, Versicherungen und Bausparkassen (ab 1961 auch 6 v. H.). War es 1953 Zweck des Schwerbeschädigtenrechts, die Folgen des Krieges oder von Schädigungen im Dienste der Allgemeinheit zu überwinden, beinhaltet die am 29.4.1974 bekannt gemachte Neufassung des **Schwerbehindertengesetzes** die Aufgabe der Gesellschaft, allen Behinderten ohne Rücksicht auf die Ursache ihrer Schädigung die Möglichkeit einer umfassenden Rehabilitation zu gewährleisten.

Mit dem Gesetz über die unentgeltliche Beförderung Schwerbehinderter im öffentlichen Personennahverkehr vom 9.7.1979 wurde eine einheitliche Regelung der unentgeltlichen Beförderung besonders Gehbehinderter sowie um 80 v. H. Erwerbsgeminderter im Nahverkehr und der notwendigen Begleitpersonen im Fernverkehr geschaffen und als Elfter Abschnitt in das Schwerbehindertengesetz eingefügt. Diese Neuregelung, mit der zugleich auch in diesem Bereich die finale Betrachtung ohne Rücksicht auf die Ursache der Behinderung eingeführt und mit der Ausdehnung des Nahverkehrs auf einen Umkreis von 50 km um den Wohnort eine Anpassung an die Erfordernisse des modernen Verbundverkehrs vollzogen wurde, erfuhr bereits durch das Haushaltsbegleitgesetz 1984 erhebliche Einschnitte. Danach erhielten nur noch Blinde, Arbeitslosenhilfe- oder Sozialhilfeempfänger sowie gehbehinderte Kriegs- und Wehrdienstbeschädigte unentgeltliche Beförderung. Alle anderen Schwerbehinderten hatten jährlich 120 DM selbst zu zahlen. 1985 wurden diese Einschränkungen für Gehörlose und im Nahverkehr im Umkreis von 50 km um den Wohnort teilweise wieder rückgängig gemacht. Ab 1.1.2012 entfällt die 50 KM-Begrenzung, sodass freifahrtberechtigte behinderte Menschen deutschlandweit Nahverkehrszüge ohne zusätzliche Fahrscheine zum Grün-roten Schwerbehindertenausweis und dem Beiblatt mit Wertmarke nutzen können (4.SGBIVuaÄndG vom 22.12.2011 BGBl. I S. 3057). Mit Art. 1 des Gesetzes zur Änderung des Neunten Sozialgesetzbuches vom 5.12.2012 (BGBl. I S. 2480) wurde der für die Wertmarke zu entrichtende Eigenanteil ab 1.1.2013 von 60 auf 72 Euro angehoben. Künftig erhöht sich dieser Eigenanteil jeweils zu dem Zeitpunkt, zu dem die nächste Neubestimmung der Beträge der Ausgleichabgabe erfolgt entsprechend der Veränderung der Bezugsgröße nach § 18 Abs. 1 SGB IV (§§ 145 Abs. 1 iVm 77 Abs. 3 SGB IX).

Während noch 1971 die offene Zahl der Pflichtplätze für Schwerbehinderte größer war als die Zahl der arbeitslos gemeldeten Schwerbehinderten, hat sich die Entwicklung seit Mitte der 80er Jahre umgekehrt, so dass mit dem Ersten Gesetz zur Änderung des SchwbG vom 24.7.1986 erstmals die Beschäftigung Schwerbehinderter gefördert werden musste. Eine Fülle von Vorschriften enthält Klarstellungen, Verbesserungen und Änderungen des bisherigen Rechts. Von mehr als 40 Änderungen seien nur die zunächst befristete Anrechnung von Schwerbehinderten in der Ausbildung auf 2 bzw. 3 Arbeitsplätze, das Ersetzen der Minderung der Erwerbsfähigkeit durch den „Grad der Behinderung" (GdB), die Erhöhung der Ausgleichabgabe auf 150 DM, der Beginn des Kündigungsschutzes erst nach 6 Monaten, die Festlegung des Zusatzurlaubs auf 1 Woche ab 1.1.1987 und die Erweiterung der Rechte der Schwerbehindertenvertretung genannt. Von der Vielzahl der nachfolgenden Änderungen sind die Anhebung der Ausgleichabgabe auf 200 DM durch den Einigungsvertrag vom 31.8.1990, die Ausdehnung der zunächst bis 1995 befristeten Anrechnungsvorschriften auf das Jahr 2000 durch das Gesetz vom 26.7.1994 (BGBl. I S. 1792), die Neuregelung der Zustimmung bei Insolvenz (Insolvenzgesetz vom 5.10.1994) sowie die Erweiterung des Rechts der Werkstatt für Behinderte durch das Gesetz zur Reform des Sozialhilferechts vom 23.7.1996, mit dem ein Mitwirkungsrecht durch den Werkstattrat eingeführt wird, hervorzuheben.

Das am 1.10.2000 und teilweise am 1.1.2001 in Kraft getretene Gesetz zur Bekämpfung der Arbeitslosigkeit Schwerbehinderter vom 29.9.2000 (BGBl. I S. 1394) verfolgt erneut das Ziel der nachhaltigen Förderung der Beschäftigung Schwerbehinderter durch eine Anpassung des Schwerbehindertengesetzes an die sich aus der hohen Arbeitslosigkeit ergebenden Erfordernisse bei der Eingliederung und Beschäftigung Schwerbehinderter sowie eine Ergänzung durch Maßnahmen zur Integration. Gleichzeitig wurden Wahlordnung, Werkstättenverordnung und Ausgleichabgabenverordnung angepasst. Die Pflichtquote wurde ab 1.1.2001 auf 5 v.H. abgesenkt (im Öffentlichen Dienst nicht, wenn die Quote am 31.10.1999 schon mit mehr als 6 v.H. erfüllt wurde). Sie wird ab 1.1.2003 wieder auf 6 v.H. angehoben, wenn sich die Zahl der Schwerbehinderten im Oktober 2002 nicht um mindestens 25 v.H. gegenüber Oktober 1999 (mit 189766 arbeitslosen Schwerbehinderten) verringert hat. Die Grenze für die Beschäftigungspflicht wurde von 16 auf 20 Arbeitnehmer angehoben. Die bisherige zeitliche Begrenzung der Nichtzählung Auszubildender und deren Anrechnung auf 3 Pflichtplätze wurde ersatzlos gestrichen. Abgesehen von Erleichterungen für Betriebe mit bis zu 39 Arbeitsplätzen beträgt die Ausgleichsabgabe bei Erfüllung der Beschäftigungspflicht zwischen 3 und 5 v.H. DM 200, zwischen 2 und 3 v.H. DM 350 und unter 2 v.H. DM 500 monatlich. Sie wird nach der jahresdurchschnittlichen Beschäftigungsquote festgesetzt und um den auf einen durch 10 teilbaren, abgerundeten Betrag dynamisiert, um den sich die Bezugsgröße des § 18 SGB IV am 1.1. eines Kalenderjahres erhöht hat, wenn diese Erhöhung wenigstens 10 v.H. beträgt.

Die Pflichten der Arbeitgeber wurden durch die Verpflichtung, sich für freie Arbeitsplätze Schwerbehinderte Bewerber vorstellen zu lassen, die Schwerbehindertenvertretung zu beteiligen, die Entscheidung nachprüfbar festzulegen, eine Integrationsvereinbarung mit der Schwerbehindertenvertretung zu treffen ebenso verstärkt wie durch die Einführung einer Berichtspflicht und die Verpflichtung, in Zusammenarbeit mit der Schwerbehindertenvertretung zur Vermeidung von Schwerbehinderung präventiv tätig zu werden, wenn Schwierigkeiten im Arbeitsverhältnis auftreten (**Prävention im Arbeitsleben**). Der Beauftragte des Arbeitgebers muss personalverantwortlich und soll nach Möglichkeit selbst schwerbehindert sein. Teilzeitarbeitsplätze sind zu fördern. Schwerbehinderte haben nunmehr einen Anspruch (bisher Pflicht des Arbeitgebers) auf Beschäftigung entsprechend ihrer Fähigkeiten, der nur bei Unzumutbarkeit oder Unverhältnismäßigkeit der Aufwendungen eingeschränkt ist. Die Rechte der Schwerbehindertenvertretung werden durch die Einführung einer Konzernschwerbehindertenvertretung, die Neuregelung der Teilnahme von Stellvertretern an Schulungs- und Bildungsmaßnahmen, deren Beauftragung mit bestimmten Aufgaben sowie einen generellen Freistellungsanspruch ab 200 Schwerbehinderten in einem Betrieb gestärkt. Die Unterstützung des Schwerbehinderten bei der Geltendmachung von Anträgen an die Versorgungsverwaltung und das Arbeitsamt wegen einer Gleichstellung sind ausdrücklich Gegenstand der Aufgaben der Schwerbehindertenvertretung. Völlig neu sind die Integrationsfachdienste und die Integrationsprojekte.

Einführung

Letztere sind eine gesetzliche Regelung der schon 1997 im BMA ausgearbeiteten Förderrichtlinien für Modellvorhaben von Integrationsbetrieben und -abteilungen für sonst schwer vermittelbare Schwerbehinderte. Sie sollen mindestens 25 v. H. und höchstens 50 v. H. Schwerbehinderte beschäftigen und dienen auch der Vorbereitung von bisher in Werkstätten für Behinderte Beschäftigten für den allgemeinen Arbeitsmarkt. Integrationsfachdienste werden aus den Mitteln der Ausgleichsabgabe finanziert und sollen für jeden Arbeitsamtsbezirk eingerichtet werden. Sie sollen sowohl Arbeitsämter, Reha-Träger und die Integrationsämter (bis zur Einführung des SGB IX: Hauptfürsorgestellen) beraten. Ab 1.1.2022 können sie auch Arbeitgeber beraten, wenn sie nach § 185a SGB IX von einem Integrationsamt als „einheitliche Ansprechstelle für Arbeitgeber" beauftragt wurden. Im Übrigen unterstützen Integrationsfachdienste Schwerbehinderte und schwer vermittelbare Behinderte mit einem besonderen Bedarf an arbeits- und berufsbegleitender Betreuung sowie Betriebe bei der Eingliederung. Ziel ist die verstärkte Unterbringung Schwerbehinderter im ersten Arbeitsmarkt. Dem gleichen Ziel dient der Anspruch auf Kostenübernahme für eine Arbeitsassistenz, deren Höhe und Dauer durch eine bisher nicht erlassene RechtsVO zu regeln ist. Dazu will die Bundesregierung die Erfahrungen mit der „Vorläufigen Empfehlung der Arbeitsgemeinschaft der Deutschen Hauptfürsorgestellen für die Erbringung finanzieller Leistungen zur Arbeitsassistenz Schwerbehinderter gem. § 31 Abs. 3a SchwbG" auswerten (BT-Drs. 14/4471 v. 2.11.2000). Bis zum Erlass der RechtsVO wird nach der jeweils aktuellen Fassung der Empfehlungen verfahren. Die Eingliederungszuschüsse dürfen nach § 222a SGB III für Schwerbehinderte bis zu 70 v. H. des Arbeitsentgeltes betragen, sind jedoch nach 12 Monaten um wenigstens 10 v. H. herabzusetzen und dürfen 30 v. H. nicht unterschreiten. Nach dem 55. Lebensjahr tritt die Verminderung erst nach 24 Monaten ein. Die Förderdauer beträgt 36 Monate, für Ältere als 55-Jährige 96 Monate. An Schwerbehinderte können auch Zuschüsse zur Ausbildungsvergütung gezahlt werden (§ 235a SGB III).

Mit dem Gesetz zur Einführung Unterstützter Beschäftigung (UntBeschG) vom 22.12.2008 BGBl I S. 2959 (Nr. 64) erhalten behinderte Menschen mit besonderem Unterstützungsbedarf – die bisher häufig gar keinen Zugang zum Arbeitsmarkt hatten – individuelle betriebliche Qualifizierung im Rahmen unterstützter Beschäftigung (§ 55 SGB XI). Ziel ist es, diesen Menschen durch individuelle betriebliche Qualifizierung und bei Bedarf auch Berufsbegleitung eine angemessene, geeignete und sozialversicherungspflichtige Beschäftigung zu ermöglichen und zu erhalten. Auch schwerbehinderte Menschen haben beim Integrationsamt Anspruch auf Übernahme der Kosten einer Berufsbegleitung aus Mitteln der Ausgleichsabgabe (§§ 160, 185 Abs. 4 SGB IX).

6. Behinderung und Rehabilitation sind Begriffe, die erst im 20. Jahrhundert Eingang in die Sozialgesetzgebung gefunden haben. In der zweiten Hälfte des 19. Jahrhunderts hat sich eine Verlagerung der Behindertenhilfe von familiären, kirchlichen, ständischen, genossenschaftlichen, freien oder punktuell auch spontanen Formen der Fürsorge auf staatliche Instanzen vollzogen, die im Sozialrecht ihren Niederschlag in speziellen Dienst-, Sach- und Geldleistungen (Sozialleistungen) zur Eingliederung Behinderter gefunden hat. Dabei kam für alle Menschen mit Behinderung, die keine Ansprüche aus dem Versorgungsrecht oder dem Recht der Sozialversicherung ableiten können, der **Sozialhilfe** besondere Bedeutung zu. Die im Rahmen der Hilfen in besonderen Lebenslagen zu gewährende Eingliederungshilfe (§§ 39 bis 47

BSHG) verfolgte das Ziel, eine drohende Behinderung zu verhüten oder eine vorhandene Behinderung oder deren Folgen zu beseitigen oder zu mildern und den Behinderten in die Gesellschaft einzugliedern.

Die Tatsache, dass der Begriff des Behinderten in den verschiedenen beteiligten Rechtsgebieten gar nicht oder unterschiedlich geregelt war (§§ 39 Abs. 1 BSHG, 3 Abs. 1 SchwbG) und Rehabilitation ein Sammelbegriff für verschiedene Leistungen ist, für die es bislang ebenfalls keine allgemeingültige Definition gab, lässt erkennen, welche rechtlichen und tatsächlichen – für den Betroffenen häufig nicht zu bewältigenden – Probleme in einem gegliederten System insbesondere hinsichtlich der frühzeitigen, nahtlosen und einheitlichen Gewährung der erforderlichen Leistungen bestehen. Um diese Probleme zu lösen, hatte der Deutsche Bundestag die Bundesregierung bereits 1974 mit dem RehaAnglG um Prüfung gebeten, in welchem Umfang auch die Sozialhilfe in das Rehabilitationsrecht einbezogen werden kann. Einen ersten wichtigen Schritt zur Lösung der Schnittstellenprobleme hat die Bundesregierung mit der Einbeziehung der Werkstätten für behinderte Menschen (WfbM), der Vergabe von Aufträgen der öffentlichen Hand zur Sicherung des Betriebes der WfbM und der Anregung der Vergabe von Aufträgen an die WfbM durch Anrechnung dieser Aufträge auf die Ausgleichsabgabe in den Anwendungsbereich des Schwerbehindertengesetzes durch das Gesetz zur Bekämpfung der Arbeitslosigkeit Schwerbehinderter vom 29.9.2000 gemacht. Darüber hinaus geht man nunmehr von einem einheitlichen, umfassenden Begriff der WfbM aus, der für alle Bereiche, also auch für die Sozialhilfe und Arbeitsförderung, Geltung hat. Die Reform des Sozialhilferechts durch Gesetz vom 23.7.1996 hatte zuvor bereits die Hilfe zur Beschäftigung in einer WfbM in § 41 BSHG für die Sozialhilfe neu geregelt, zugleich die §§ 54 bis 54c im Schwerbehindertengesetz neu gefasst und eingeführt. Das Gesetz zur Bekämpfung der Arbeitslosigkeit Schwerbehinderter änderte die Aufgaben der WfbM im Bereich des Übergangs in den Allgemeinen Arbeitsmarkt.

Mit der Neuordnung durch das Fünfte Kapitel „Eingliederungshilfe für behinderte Menschen" im Gesetz zur Einordnung des Sozialhilferechts in das Sozialgesetzbuch vom 27.12.2003 (BGBl. I S. 3022), das überwiegend am 1.1.2005, hinsichtlich der Änderungen des SGB IX jedoch teilweise bereits am 1.7.2004 in Kraft tritt, werden die Rechtsgrundlagen der Träger der Sozialhilfe im Bereich der Leistungen für behinderte oder von Behinderung bedrohte Menschen endgültig mit denen der übrigen Rehabilitationsträger vereinheitlicht. Gleichzeitig wurde durch die Neufassung des § 17 SGB IX (Persönliches Budget) erneut (vgl. Bericht des A-u.S.-Ausschusses des Deutschen Bundestages vom 4.4.2001 BT-Drs. 14/5800) klargestellt, dass das SGB IX sozialrechts- und trägerübergreifende Regelungen enthält, die in alle Sozialgesetze eingreifen und für alle Sozialleistungsträger, mithin auch für die Träger der Sozialhilfe unmittelbar geltendes Recht sind.

Die Regelungen des **Zwölften Sozialgesetzbuches** (SGB XII) zu den Leistungsberechtigten in § 48 Abs. 1 und 2 entsprechen denen der §§ 1 Abs. 1 und 2 SGB IX. Übereinstimmend mit § 4 Abs. 1 und 2 S. 1 SGB XI dürfen auch die Träger der Sozialhilfe Leistungen zur Teilhabe und medizinischen Rehabilitation (im Bereich der Sozialhilfe weiterhin als „Eingliederungshilfe" bezeichnet) nur erbringen, wenn damit die Aufgaben (Ziele) des § 48 Abs. 3 SGB XII (Eingliederung, Teilhabe am Leben in der Gemeinschaft) voraussichtlich erreicht werden können (§ 48 Abs. 4 SGB XII). Soweit sich aus dem SGB XII und der nach § 49 SGB XII zu erlassenden Eingl-VO nichts ande-

Einführung

res ergibt, entsprechen die Leistungen der Eingliederungshilfe zur medizinischen Rehabilitation denen der gesetzlichen Krankenversicherung und die Leistungen zur Teilhabe am Arbeitsleben denen der Bundesagentur für Arbeit (§ 49 Abs. 1 S. 2 SGB XII). Bei den von der Sozialhilfe zu erbringenden Leistungen zur medizinischen Rehabilitation und zur Teilhabe am Arbeitsleben sowie den Leistungen im Arbeitsbereich anerkannter WfbM ist die Bedürftigkeitsprüfung (BT-Drs. 14/5074 vom 16.1.2001, S. 94; BT-Drs. 14/5800 S. 23) seit Inkrafttreten des SGB IX entfallen.

Zur Weiterentwicklung der Eingliederungshilfe, Ausgliederung aus dem SGB XII und Einbindung als Teil 2 in das SGB IX vgl. Kapitel VI.

7. Das Vierte Gesetz für moderne Dienstleistungen am Arbeitsmarkt führt ab 1.1.2005 die frühere Arbeitslosenhilfe nach dem SGB III mit Teilen der Sozialhilfe als Grundsicherung für Arbeitssuchende im **Zweiten Sozialgesetzbuch** (SGB II) zusammen. Zu den Leistungen des SGB II zur Eingliederung in Arbeit gehören nach § 16 Abs. 1 ausdrücklich auch Eingliederungsleistungen für erwerbsfähige, behinderte Hilfebedürftige durch den Träger der Grundsicherung. Die Förderung der Teilhabe erwerbsfähiger behinderter Hilfebedürftiger ist bestimmt durch das komplexe Zusammenwirken der Regelungen des SGB IX mit den Leistungsgesetzen des SGB II und SGB III.

Die Bundesagentur für Arbeit ist – unbeachtlich der Zuständigkeit der Jobcenter nach § 16 Abs. 1 SGB II – auch für erwerbsfähige Leistungsberechtigte mit Behinderungen iSd SGB II zuständiger Rehabilitationsträger für die Leistungen zur Teilhabe am Arbeitsleben (§ 6 Abs. 3 SGB IX). Die BA konnte mit Zustimmung und Beteiligung des Leistungsberechtigten mit dem zuständigen Jobcenter eine gemeinsame Beratung zur Vorbereitung des Eingliederungsvorschlages durchführen. Das Teilhabestärkungsgesetz stellt ab 1.1.2022 klar, dass die BA den Rehabilitationsbedarf feststellt, dabei das Jobcenter beteiligt und es über die von ihm zu erbringende Leistung berät. Das zuständige Jobcenter entscheidet auf diese Basis über die Leistungen innerhalb der Fristen der §§ 14, 15 SGB IX (§ 6 Abs. 3 S. 3 bis 5 SGB IX) und führt die Leistungen auf seine Kosten ua in Einrichtungen nach § 51 SGB IX aus, mit denen die BA ein Versorgungsvertrag nach § 38 SGB IX eingegangen ist.

II. Benachteiligungsverbot; Einordnung in das Sozialgesetzbuch

Auf die mehrfache Forderung des Deutschen Bundestages, die Regelungen des Rehabilitations- und Schwerbehindertenrechts in übersichtlicher Form zusammenzufassen und in das System des Sozialgesetzbuches einzugliedern, kündigte die Bundesregierung am 27.4.1989 in ihrem Zweiten Bericht über die Lage der Behinderten und die Entwicklung der Rehabilitation einen entsprechenden Gesetzesentwurf an, der jedoch in der 11. Legislaturperiode wegen der Reformen in der Kranken- und Rentenversicherung sowie der im Zusammenhang mit dem deutschen Einigungsprozess entstandenen Belastung nicht mehr vorgelegt wurde. In der 12. Legislaturperiode wurde mit den Sozialpartnern, Behindertenverbänden und Rehabilitationsträgern im August 1993 im damaligen Bundesministerium für Arbeit (BMA) zunächst der Diskussionsentwurf eines SGB IX erörtert. Auf der Grundlage dieser Erörterung und der dazu ergangenen Stellungnahmen wurde am 15.11.1993 ein noch nicht abgestimmter Referentenentwurf vorgelegt. Entsprechend dem Eckpunktepapier einer Koalitionsarbeitsgruppe vom 10.12.1992 war Ziel dieses Entwurfs, die Behinderten besser in Beruf und Gesellschaft einzugliedern. Es sollten insbesondere Verbesserungen bei der Zusammenarbeit der Träger und der Abstimmung der einzelnen Leistungen medizinischer, beruflicher und sozialer Rehabilitation sowie hinsichtlich der Ausdehnung des Anwendungsbereichs des RehaAnglG auf die begleitenden Hilfen erreicht werden. Den behinderten und von Behinderung bedrohten Menschen sollte die Inanspruchnahme ihrer Rechte erleichtert und geprüft werden, wie die Situation der in Werkstätten für Behinderte tätigen behinderten Menschen verbessert werden kann. Um diese Ziele zu erreichen, sollte der Referentenentwurf das gesamte Leistungsrecht der Rehabilitation in einem gesonderten Buch des Sozialgesetzbuches soweit wie möglich harmonisieren und kodifizieren.

Nachdem die Bundesregierung gegen Ende der 12. Legislaturperiode dem Pflegeversicherungsgesetz (SGB XI) erste Priorität einräumte, wurde die Entwicklung in dieser, aber auch in der 13. Legislaturperiode nicht weiter verfolgt.

Bis zum Beginn der 14. Legislaturperiode hatte das 1994 mit Art. 3 Abs. 3 S. 2 in das Grundgesetz eingefügte Benachteiligungsverbot „Niemand darf wegen seiner Behinderung benachteiligt werden" keine Umsetzung innerhalb des Sozialrechts gefunden. Der Deutsche Bundestag forderte deshalb die Bundesregierung mit seinem interfraktionellen Entschließungsantrag vom 22.2.2000 „Die Integration von Menschen mit Behinderungen ist eine dringende politische und gesellschaftliche Aufgabe" (BT-Drs. 14/2913) ua dazu auf, das Recht der Rehabilitation von Menschen mit Behinderung in einem Sozialgesetzbuch IX zusammenzufassen und weiterzuentwickeln und „damit die Umsetzung des Benachteiligungsverbotes im Bereich der Sozialpolitik zu gewährleisten". Mit dieser Entschließung wurde zugleich die Grundlage für ein Höchstmaß an Einvernehmen der Fraktionen für die späteren Beratungen des SGB IX im Deutschen Bundestag gelegt. Grundlage dieser Entschließung ist die Überzeugung, dass der Sozialstaat mit seinen Regeln und Institutionen die Teilhabechancen in wichtigen gesellschaftlichen Bereichen ausformt und ihm hierbei durch das Benachteiligungsverbot im Sinne eines Optimierungsgebotes aufgegeben wird, Behinderungen zu vermeiden und durch sie erwachsende Benachteiligungen zu beseitigen.

Die Regierungskoalition hatte zuvor bereits in der Koalitionsvereinbarung im Sinne dieser Entschließung des Deutschen Bundestages für die gleichberechtigte gesellschaftliche Teilhabe von Menschen mit Behinderungen folgende Umsetzungsschwerpunkte definiert:

– Der grundgesetzliche Gleichstellungsauftrag wird in einem Gesetz umgesetzt. Dazu hat der Deutsche Bundestag am 22.3.2002 das Gesetz zur Gleichstellung behinderter Menschen (Behindertengleichstellungsgesetz – BGG, Nr. 1b) beschlossen

– Das Recht der Rehabilitation wird in einem Sozialgesetzbuch, Teil IX, zusammengefasst und weiterentwickelt.

– Die Vermittlung von Behinderten in den ersten Arbeitsmarkt hat Vorrang; ihnen müssen auch die Instrumente der Arbeitsmarktpolitik offenstehen. Spezifische Instrumente zur Eingliederung Behinderter, zB die Schwerbehindertenabgabe und die Integrationsfachdienste, werden verbessert und weiterentwickelt.

Einführung

– Dazu hat der Deutsche Bundestag am 29.9.2000 das Gesetz zur Bekämpfung der Arbeitslosigkeit Schwerbehinderter beschlossen (BGBl. I S. 1394; vgl. oben Ziff. I.5).

– Es wird geprüft, wie die deutsche Gebärdensprache anerkannt und gleichbehandelt werden kann. Das Ergebnis der Prüfung ist Gegenstand des Sozialgesetzbuches (§ 82 SGB IX, § 17 Abs. 2 SGB I, § 19 Abs. 1 SGB X).

Die Koalitionsvereinbarung vom 20.10.1998 enthält darüber hinaus die Festlegung, dass die Bundesregierung alle Anstrengungen unternehmen wird, um die Selbstbestimmung und die gleichberechtigte gesellschaftliche Teilhabe von Menschen mit Behinderungen zu fördern und dem im Grundgesetz verankerten Benachteiligungsverbot für Behinderte Geltung zu verschaffen. Die Bundesregierung hat diese Ziele für den Bereich der medizinischen Rehabilitation in zwei Schritten umgesetzt und zwar

– zunächst mit Teilregelungen für den Bereich der Krankenversicherung mit dem Gesetz zur Strukturreform der gesetzlichen Krankenversicherung im Jahr 2000 vom 22.12.1999 (GKV-GRG 2000 – BGBl. I S. 2626) und nachfolgend für alle übrigen Bereiche der Rehabilitation,

– mit einer umfassenden Kodifizierung des Rehabilitationsrechts in einem Teil IX des Sozialgesetzbuches.

In den Eckpunkten der Koalitionsfraktionen vom 2.3.1999 zum GKV-GRG 2000 wurde im Abschnitt 7 „Förderung der Rehabilitation" die

– Abgrenzung des Rehabilitationsbegriffs von Krankenbehandlung und Vorsorge,

– Absenkung von Zuzahlungen für stationäre Rehabilitationsleistungen auf das Niveau der Zuzahlungen für Krankenhausbehandlung,

– Flexibilisierung der dreiwöchigen Regeldauer für die stationäre Rehabilitation durch von den Spitzenverbänden zu vereinbarende Leitlinien, in denen eine indikationsspezifische Regelungsdauer festgelegt wird,

vorgegeben und nachfolgend auch durch das GKV-GRG 2000 mit entsprechenden Änderungen der §§ 11 und 40 SGB V realisiert. Dabei ist der ab 1.1.2000 eingeräumte – zwischenzeitlich durch das GKV-WSG ab 1.4.2007 unterstrichene – Rechtsanspruch auf Leistungen zur medizinischen Rehabilitation (§ 11 Abs. 2 SGB V) neben dem Anspruch auf Leistungen zur Krankenbehandlung (§ 11 Abs. 1 SGB V) hervorzuheben. Darüber hinaus wirkt die grundlegende Weiterentwicklung des Rechts der Akutversorgung in den Bereichen „Integrierte Versorgung" und „Qualitätssicherung" ebenfalls im Bereich der medizinischen Rehabilitation der Krankenversicherung. Obwohl § 43 SGB IX ausdrücklich festlegt, dass die Ziele des § 42 sowie die Maßnahmen zur Unterstützung der frühzeitigen Bedarfserkennung nach § 12 Abs. 1 und 3 und das Teilhabeplanrecht nach § 19 auch bei Leistungen der Krankenbehandlung gelten, werden diese Pflichten im Bereich der Krankenversicherung in der Praxis häufig nicht wahrgenommen und umsetzt. Das GKV-Modernisierungsgesetz (GMG) vom 27.12.2003 (BGBl. I S. 3022) knüpft deshalb schon ab 1.1.2004 ausdrücklich an die übergreifenden Zielsetzungen des Neunten Buches an und stellt in § 2a SGB V in Ergänzung zu § 43 SGB IX klar, dass auch bei allen Leistungen nach dem SGB V den besonderen Belangen behinderter und chronisch kranker Menschen Rechnung zu tragen ist.

Einführung

Mit Inkrafttreten des BTHG gilt nach § 7 Abs. 2 SGB IX ab 1.1.2018 auch im Bereich der GKV das trägerübergreifend „abweichungsfeste" Recht der Kapitel 2 bis 4 des SGB IX zur Einleitung der Rehabilitation von Amts wegen (§§ 9 bis 11), Erkennung und Ermittlung des Rehabilitationsbedarfs (§§ 12, 13) sowie der Koordinierung der Leistungen (§§ 14 bis 24).

Letztlich enthält das GMG insbesondere im Bereich der Zuzahlung für Leistungen der gesetzlichen Krankenversicherung (§§ 61, 62 SGB V) Regelungen zur Definition von „schwerwiegenden chronischen Krankheiten", die sich für den Berechtigten fiskalisch einschränkend und damit negativ auf die bedarfsgerechte Versorgung behinderter und chronisch kranker Menschen auswirken können (vgl. dazu Richtlinien des gemeinsamen Bundesausschusses zur Umsetzung der Regelungen in § 62 für schwerwiegend chronisch Erkrankte vom 22.1.2004, zuletzt geändert 17.11.2017 BAnz . AT 5.3.2018 B4 Nr. 124, in Kraft getreten am 6.3.2018).

III. Gesetzgebungsverfahren und Ziele des Sozialgesetzbuchs Teil IX

Das damalige BMA hatte zu den Schwerpunkten der Koalitionsvereinbarung am 6.5.1999 Diskussionspunkte für ein SGB IX erarbeitet und dazu mit den Verbänden der an der Rehabilitation Beteiligten am 14.6.1999 eine umfassende Besprechung durchgeführt. Verlauf und Ergebnis dieser Besprechung veranlassten die Regierungsfraktionen, eine interdisziplinäre Koalitionsarbeitsgruppe „Behindertenpolitik" zu bilden, die die umfangreichen Stellungnahmen zur Anhörung des BMA auswertete und Anfang Juli 1999 ein politisches „Eckpunktepapier zum Sozialgesetzbuch, Teil IX" entwickelte, das im September 1999 mit dem BMA abgestimmt wurde. Das Eckpunktepapier enthielt im Wesentlichen folgende Grundsätze für die Entwicklung eines Neunten Teiles des Sozialgesetzbuches:

– Das SGB IX setzt das Benachteiligungsverbot des Art. 3 Abs. 3 S. 2 GG im Bereich der Sozialpolitik um.
– Das SGB IX beendet die Divergenz und Unübersichtlichkeit des bestehenden Rehabilitationsrechts. Es wird angestrebt, dass
– Regelungen, die für mehrere Sozialleistungsträger einheitlich sein können, nur an einer Stelle getroffen werden,
– Vorschriften, die unterschiedlich sein müssen, nach denselben Gesichtspunkten angeordnet und
– Begriffe und Abgrenzungskriterien aller einschlägigen Regelungen unabhängig von ihrem Standort vereinheitlicht werden.
– Das SGB IX errichtet eine gemeinsame Plattform, auf der durch Koordination, Kooperation und Konvergenz gemeinsames Recht und eine einheitliche Praxis der Rehabilitation und der Behindertenpolitik erreicht werden können.
– Das SGB IX organisiert bürgernah den Zugang und die Erbringung von Leistungen, errichtet Strukturen für die Zusammenarbeit von Leistungsträgern, Leistungserbringern und Leistungsempfängern und steuert die Leistungen der Rehabilitation und der Eingliederung behinderter Menschen unter Sicherung von Qualität und Effizienz.

Einführung

– Das SGB IX passt die Regelungen des Schwerbehindertenrechts mit dem Ziel einer Aktualisierung und Verbesserung den zeitgemäßen Anforderungen an.

– Leistungsausweitungen und Neuregelungen stehen unter dem Vorbehalt der Finanzierbarkeit und sind in erster Linie durch Effizienzsteigerungen, Vereinfachungen und Kosteneinsparungen im bestehenden System zu realisieren.

Seit Anfang 2000 wurden auf der Basis der Eckpunkte der Koalitionsarbeitsgruppe im BMA verschiedene Diskussions- und Rohentwürfe des SGB IX erarbeitet, die schließlich am 4.12.2000 in einen Referentenentwurf einmündeten, der am 16.1.2001 wortgleich von Bundesregierung und Regierungsfraktionen als Entwurf eines Sozialgesetzbuches – Neuntes Buch – (SGB IX) – Rehabilitation und Teilhabe behinderter Menschen – (BT-Drs. 14/5074) beschlossen und am 19.1.2001 in erster Lesung in den Deutschen Bundestag eingebracht wurde.

Auf der Grundlage einer Öffentlichen Anhörung vor dem Ausschuss für Arbeit und Sozialordnung des Deutschen Bundestages am 19./20.2.2001 konnte nachfolgend im Ausschuss bei Stimmenthaltung der PDS Einvernehmen aller Fraktionen über notwendige Änderungsanträge erzielt werden, so dass das Gesetz am 6.4.2001 in zweiter und dritter Lesung gegen die Stimmen der PDS, ansonsten mit den Stimmen aller Fraktionen des Deutschen Bundestages, beschlossen werden konnte. Nachdem der Bundesrat das zustimmungspflichtige Gesetz am 11.5.2001 verabschiedet hatte, ist es in seinen Kernbereichen am 1.7.2001 in Kraft getreten.

Ein Blick auf die Eckpunkte zeigt, dass es bei der Einordnung des Behinderten- und Rehabilitationsrechts in das Sozialgesetzbuch – über die Bemühungen in der 11. und 12. Legislaturperiode hinaus – um mehr geht als eine reine Kodifizierung, das heißt eine systematische Zusammenstellung und damit verbunden eine Wiederangleichung des seit 1982 erheblich auseinanderentwickelten Rehabilitationsrechts. Vor dem Hintergrund der übergeordneten Zielsetzung, durch ein Gesetz zur Gleichbehandlung Behinderter das Benachteiligungsverbot des Art. 3 Grundgesetz zu konkretisieren, ist das Sozialgesetzbuch, Teil IX, sozusagen der vorangestellte „Instrumentenkasten", mit dem das Benachteiligungsverbot im Bereich des zusammengefassten Behindertenrechts durch konkrete Handlungsmöglichkeiten und Leistungen, ua die der Rehabilitation, in die gesellschaftliche Wirklichkeit umgesetzt werden soll.

Das erklärt, warum sich das SGB IX weniger mit den Leistungsinhalten des Behinderten- und Rehabilitationsrechts befasst, sondern im Wesentlichen darauf abstellt, die Integration von Menschen mit Behinderungen in die Familie, in den Beruf und in das tägliche Leben zu fördern. Bisher in diesem Zusammenhang bestehende Hemmnisse und Defizite sollen durch umfassende, bürgernahe und gemeinsame, auf die Integration ausgerichtete Beratung der Rehabilitationsträger, durch unbürokratischere, schnellere und zielgerichtetere Einleitung gebotener Maßnahmen sowie eine bessere Koordination und Kooperation der beteiligten Rehabilitationsträger, ua auch hinsichtlich der Inhalte und Qualität der Leistungen, abgebaut werden.

Im Übrigen wurden – in dieser Form erstmals – die Betroffenen und ihre Verbände nicht nur durch Anhörungen und Hintergrundgespräche, sondern insbesondere auch durch themenzentrierte Workshops an der Entwicklung des

Gesetzes beteiligt. Damit konnten die Betroffenen ihre Kompetenz in das Gesetzgebungsverfahren einbringen und der Gesetzgeber den Belangen der Betroffenen in besonderem Maße Rechnung tragen.

IV. Die Bedeutung des SGB IX

Prioritäre Bedeutung für die Beurteilung des Gesetzes hat zunächst die Tatsache, dass es nach mehr als 10 Jahren und zwei Anläufen in der 11. und 12. Legislaturperiode in der 14. Legislaturperiode überhaupt zustande gekommen ist. Seit 1974 – dem In-Kraft-Treten des Rehabilitations-Angleichungsgesetzes, das durch das SGB IX abgelöst wird – handelt es sich um die erste wirkliche Weiterentwicklung des Rehabilitations- und Behindertenrechts in Deutschland.

Von historischer Bedeutung ist die Zusammenfassung des Rechts der Behinderten und der Rehabilitation behinderter Menschen in einem Buch des Sozialgesetzbuches. Es fasst auf bundesrechtlicher Ebene das bisher in einer Vielzahl von Gesetzen und Verordnungen zergliederte Behindertenrecht (ua Reha-AnglG, BSHG, Schwerbehindertengesetz) in einem Sozialgesetzbuch zusammen, das an Stelle des Untertitels „Rehabilitation und Teilhabe behinderter Menschen" zu Recht auch den Untertitel „Das Recht behinderter Menschen" tragen könnte. Außerhalb des SGB IX findet sich Behindertenrecht ab 1.7.2001 nämlich nur noch in landesrechtlichen oder kommunalrechtlichen Vorschriften wie dem Recht der Sonderschulen, bis 31.12.2019 den noch nicht in das SGB IX übernommenen, in § 54 Abs. 1 Nr. 1 bis 5 genannten Leistungen der Eingliederungshilfe, den Landesblindengesetzen, den Verordnungen über die Befreiung von der Rundfunkgebührenpflicht u. ä.

Das SGB IX führt erstmals ein Verbandsklagerecht in das Recht der Sozialversicherung ein. Danach können mit dem Einverständnis der behinderten Menschen an ihrer Stelle Selbsthilfeverbände klagen, wenn behinderte Menschen in ihren Rechten nach dem SGB IX verletzt werden.

Das SGB IX trägt durch eine Vielzahl von spezifischen Regelungen (ua § 1 S. 2) – ausweislich der Begründung insgesamt elf Tatbestände – geschlechtsspezifischen Belastungssituationen und besonderen Bedürfnissen und Problemen behinderter und von Behinderung bedrohter Frauen und Kinder Rechnung (ua §§ 1 S. 2, 8, 46, 49 Abs. 2, 79).

Die **Einbeziehung der Sozialhilfeträger** in den Kreis der Rehabilitationsträger, und zwar als Träger der Sozialleistungen zur Teilhabe am Leben in der Gesellschaft, war von grundsätzlicher Bedeutung, weil damit die von vielen Behinderten als Diskriminierung empfundene unterschiedliche Behandlung von Behinderten, die Leistungen von einem Rehabilitationsträger erhalten können, und solchen, die auf die Sozialhilfe angewiesen sind, weitgehend beseitigt werden sollte. Diese Zielsetzung des trägerübergreifend einheitlichen Leistungsrechts wird allerdings mit Inkrafttreten des Teils des SGB IX idF des BTHG am 1.1.2020 in erheblichem Maße wieder aufgegeben.

Ab 1.7.2001 wurden jedenfalls wesentliche Leistungstatbestände, die bis dahin in der untergesetzlichen „Eingliederungshilfeverordnung" zum SGB XII geregelt waren, als gesetzliche Leistungsansprüche in die §§ 55 ff SGB IX übernommen. Zudem wird damit der vom Deutschen Bundestag bereits 1974 erteilte Prüfauftrag zur Einbeziehung der Sozialhilfe erledigt. Für die Praxis

Einführung

des Behindertenrechts erwartete der Gesetzgeber, dass eine Vielzahl von Problemen an der Schnittstelle zwischen Sozialversicherung und Sozialhilfe, insbesondere auch für die medizinische Rehabilitation psychisch kranker Menschen vermieden wird. In der Praxis der Sozialhilfeträger sind die Erwartungen des Gesetzgebers jedoch nicht erfüllt worden: Die Leistungen nach §§ 55 ff SGB IX wurden – bei weiterhin angewendeten fürsorgerechtlichen Prinzipien – meist wie vor Inkrafttreten des SGB IX als originäre Eingliederungshilfeleistungen vollzogen. Zudem bestehen für die betroffenen Menschen wegen der unverändert noch vorhandenen Divergenzen zwischen dem SGB IX und dem SGB XII (ua § 53 Abs. 1 SGB XII – wesentliche Behinderung; § 13 Abs. 1 S. 3 SGB XII – Einschränkung des Wunschrechts durch Mehrkostenvorbehalt; § 92 SGB XII – Einkommensanrechnung) erhebliche Nachteile, wenn Leistungen nur nach dem SGB XII in Frage kommen. Das gilt in gleicher Weise für die Einbeziehung der Träger der Jugendhilfe in den Kreis der Rehabilitationsträger, die bis zuletzt sehr umstritten war. So beinhaltete zB die Stellungnahme des Bundesrates überwiegend den Versuch, die Gleichstellung mit den übrigen Rehabilitationsträgern insbesondere im Bereich des Verfahrensrechts abzumildern oder Ausnahmeregelungen anzubringen.

Sowohl im Bereich der Sozialhilfe (Weiterentwicklung der Eingliederungshilfe), wie auch dem der Kinder- und Jugendhilfe (sogen. Große oder Kleine Lösung zu § 35a SGB VIII) gab und gibt es deshalb Bestrebungen, die dort - neben den Bestimmungen des SGB IX – bestehenden Regelungen für behinderte Menschen neu zu fassen.

Für den Bereich der Eingliederungshilfe werden diese Bestrebungen mit dem stufenweisen Inkrafttreten des Bundesteilhabegesetzes (BTHG) schrittweise abgeschlossen.

Für den Bereich der öffentlichen Jugendhilfe werden diese Bestrebungen, mit der durch das Kinder- und Jugendstärkungsschutzgesetz (KJSG) vom 3.6.2021 eingeleiteten Verlagerung der Zuständigkeit für alle Kinder und Jugendlichen mit Behinderung auf die öffentliche Jugendhilfe (sogen. „Großen Lösung") fortgesetzt.

V. Orientierung an der ICF

Das SGB IX orientiert das deutsche Teilhabe- und Rehabilitationsrecht an der Entwicklung des Behindertenrechts im Rahmen der Weltgesundheitsorganisation (WHO). Grundlage ist die International Classification of Functioning, Disability and Health (ICF), insbesondere das darin enthaltene „Partizipationsmodell", das die Internationale Klassifikation der Funktionsfähigkeit und Behinderung (ICIDH) von 1980 mit ihrem Krankheitsfolgenmodell ablöst und durch die Einbeziehung der sozialen Aspekte der Lebenswirklichkeit behinderter und chronisch kranker Menschen erheblich erweitert. Die WHO versteht nunmehr unter Behinderung die negative Wechselwirkung zwischen der Person mit einem Gesundheitsproblem, das durch die ICF klassifiziert wird, und ihren Kontextfaktoren auf ihre Funktionsfähigkeit, insbesondere die Teilhabe an einem oder mehreren Lebensbereichen. Eine zentrale Aufgabe der Rehabilitation ist danach die Wiederherstellung oder wesentliche Besserung der Funktionsfähigkeit auf den Ebenen der Aktivitäten (Leistungsfähigkeit) und der Partizipation (Teilhabe an Lebensbereichen). Mit der Orientierung des SGB IX an der ICF stellt der Gesetzgeber klar, dass alle Leistungen zur

Rehabilitation, d. h. auch die der medizinischen, über die Krankenbehandlung hinaus, als Leistungen zur Teilhabe der Bewältigung der Krankheitsfolgen, d.h., der Förderung der Teilhabe am Leben in der Gesellschaft, dienen müssen.

Die Orientierung des SGB IX an der ICF wird nach Inkrafttreten des BTHG im Bereich der Ermittlung des Rehabilitationsbedarfs noch stärker deutlich. Die nach § 13 Abs. 2 zu treffenden Feststellungen, ob eine Behinderung vorliegt oder einzutreten droht, welche Auswirkung die Behinderung auf die Teilhabe der Leistungsberechtigten hat, welche Ziele mit Leistungen zur Teilhabe erreicht werden sollen und welche Leistungen im Rahmen einer Prognose zur Erreichung der Ziele voraussichtlich erfolgreich sind, lassen sich am Besten in der Sprachregelung und mit den Definitionen der ICF darstellen und dokumentieren.

Im Teil 2 wird für die Leistungen der Eingliederungshilfe in § 118 Abs. 1 SGB IX die Ermittlung des Bedarfs durch ein Instrument, das sich an der ICF orientiert, verpflichtend vorgegeben.

VI. Weiterentwicklung des SGB IX durch das BTHG

Unabhängig von dem ab 1.7.2001 in Kraft getretenen trägerübergreifenden Teilhaberecht des SGB IX haben Bund und Länder bereits 2003 am Rande des Vermittlungsverfahrens im Gesetzgebungsverfahren zum Zwölften Buch Sozialgesetzbuch (SGB XII) – vereinbart, die seit Jahren signifikant steigenden Empfängerzahlen und Kosten in der Eingliederungshilfe gemeinsam aufzuarbeiten und Lösungen zu entwickeln". In einer Bund-Länder-Arbeitsgruppe wurden ab 2007 Vorschläge zur „Weiterentwicklung der Eingliederungshilfe" entwickelt, die letztlich von der 87. Arbeits- und Sozialministerkonferenz (ASMK) am 23./24.11.2010 zustimmend zur Kenntnis genommen wurden. Bis zur 91. ASMK wurde die Bundesregierung jährlich einstimmig aufgefordert, die „Eingliederungshilfe für Menschen mit Behinderungen zu einem modernen Teilhaberecht weiter zu entwickeln" und dazu „einen Gesetzentwurf zur Weiterentwicklung der Eingliederungshilfe zu erarbeiten und eine Beteiligung des Bundes an den Kosten der Eingliederungshilfe zu prüfen" (vgl. 87. ASMG 2010). Im Koalitionsvertrag zur 18. Legislaturperiode des Deutschen Bundestages vereinbarten daraufhin die Koalitionsparteien CDU, CSU und SPD ein „Bundesleistungsgesetz", mit dem die Menschen mit Behinderungen aus dem bisherigen „Fürsorgesystem" herausgelöst und das Eingliederungshilferecht zu einem modernen Teilhaberecht weiterentwickelt werden sollte. Sie verständigten sich darauf, die Integration von Menschen mit Behinderungen in den allgemeinen Arbeitsmarkt zu begleiten und so die Beschäftigungssituation nachhaltig zu verbessern. Der Übergang zwischen Werkstätten für Menschen mit Behinderungen und dem ersten Arbeitsmarkt soll erleichtert, Rückkehrrechte sollen garantiert und die Erfahrungen mit dem „Budget für Arbeit" einbezogen werden. Die Leistungen sollen sich am persönlichen Bedarf orientieren und entsprechend eines bundeseinheitlichen Verfahrens personenbezogen ermittelt werden. Leistungen sollen nicht länger institutionszentriert, sondern personenzentriert bereitgestellt werden." Dabei soll die Einführung eines Bundesteilhabegeldes geprüft werden.

Die Neuorganisation der Ausgestaltung der Teilhabe von Menschen mit Behinderungen soll so geregelt werden, dass keine neue Ausgabendynamik entsteht. Mögliche Inhalte eines Bundesteilhabegesetzes wurden in einem breit angelegten Beteiligungsprozess vorab mit den Verbänden und Institutionen erörtert. Zu diesem Zweck hatte die Bundesministerin für Arbeit und Soziales die hochrangige „Arbeitsgruppe Bundesteilhabegesetz" eingesetzt, die von Juli 2014 bis April 2015 in insgesamt neun Sitzungen die möglichen Reformthemen und -ziele eines BTHG besprochen und die Kernpunkte der Reform erörtert und abgewogen hat, sich aber nur in vier von 19 behandelten Themenfeldern auf ein einvernehmliches Ergebnis verständigen konnten.

Der am 18.12.2015 vom BMAS vorgelegte Arbeitsentwurf eines Gesetzes zur Stärkung der Teilhabe und Selbstbestimmung von Menschen mit Behinderungen (Bundesteilhabegesetz – BTHG) führte zu erheblichen öffentlichen Protesten der Verbände behinderter Menschen, die ua keine wesentlichen Fortschritte bei der Umsetzung der UN-BRK beklagten, aber auch zu Interventionen der kommunalen Spitzenverbände und der Länder, denen die Einsparziele nicht weit genug gingen und die – im Gegenteil – sogar Mehrbelastungen befürchteten.

Nach einem Referentenentwurf vom 26.4.2016 verabschiedete die Bundesregierung den Regierungsentwurf am 28.6.2016 und leitete ihn am 12.8.2016 „als besonders eilbedürftig" dem Bundesrat zu (vgl. Stellungnahme des Bundesrates und Gegenäußerung der Bundesregierung vom 12.10.16, BT-Drs 18/9954). Der 11. AuS-Ausschuss des Deutschen Bundestages verabschiedete seine Beschlussempfehlung am 30.11.2016 (BT-Drs 18/10523) unter Berücksichtigung einer großen Anzahl von Änderungen des Regierungsentwurfs. Er trug damit den bis zur Verabschiedung andauernden öffentlichen Protesten Rechnung. Gleichzeitig wurden zwei Änderungsanträge der Fraktionen Bündnis 90/Die Grünen und Die Linke zur Ablehnung empfohlen.

Am 1.12.2016 wurde die BT-Drs. 18/9522 in der Fassung der Beschlussempfehlung in zweiter und dritter Lesung beraten und das Gesetz mit den Stimmen von CDU/CSU und SPD gegen die Stimmen der Fraktion Die Linke und Enthaltung der Fraktion Bündnis 90/Die Grünen beschlossen.

VII. Gliederung des SGB IX durch das BTHG

Das SGB IX wird durch das BTHG wie folgt neu gegliedert:

Teil 1 – Regelungen für Menschen mit Behinderungen und von Behinderung bedrohten Menschen (Allgemeines Teilhaberecht – bisher SGB IX, Teil 1

Teil 2 – Besondere Leistungen zur selbstbestimmten Lebensführung für Menschen mit Behinderungen (Eingliederungshilferecht – bisher SGB XII/EinglhVO)

Teil 3 – Besondere Regelungen zur Teilhabe schwerbehinderter Menschen (Schwerbehindertenrecht – bisher SGB IX, Teil 2)

Im **ersten Teil** enthält Kapitel 1 allgemeine Regelungen zur Behinderung und Teilhabe, zu den Leistungen zur Teilhabe, den Rehabilitationsträgern, den Vorbehalt abweichender Regelungen sowie zum Wunsch- und Wahlrecht der Leistungsberechtigten (§§ 1 bis 8). Das zweite Kapitel befasst sich mit der Einleitung von Rehabilitation von Amts wegen (§§ 9 bis 11), während das dritte Kapitel die Erkennung und Ermittlung des Rehabilitationsbedarfs regelt

(§§ 12, 13. Im vierten Kapitel finden sich ua Bestimmungen über die Zuständigkeit der Rehabilitationsträger, ihre Koordination, die Begutachtung, das Teilhabeplanverfahren, die Erstattung selbstbeschaffter Leistungen und den Datenschutz (§§ 14 bis 24). Im fünften Kapitel ist die Zusammenarbeit der Rehabilitationsträger durch gemeinsame Empfehlungen geregelt (§§ 25 bis 27). Kapitel 6 befasst sich im ersten Abschnitt mit der Ausführung von Leistungen, dem Leistungsort sowie dem Persönlichen Budget (§§ 28 bis 31), während im zweiten Abschnitt die ergänzende unabhängige Teilhabeberatung, die Beratung durch Landesärzte sowie die Pflichte von Personensorgeberechtigten enthalten sind (§§ 32 bis 35). Das Leistungserbringungsrecht regelt das siebente Kapitel mit Bestimmungen zu den Rehabilitationsdiensten und -einrichtungen, der Qualitätssicherung und zu den Versorgungsverträgen (§§ 36 bis 38). Kapitel 8 befasst sich mit der Bundesarbeitsgemeinschaft für Rehabilitation und dem Teilhabeverfahrensbericht (§§ 39 bis 41). Die Kapitel 9 bis 13 enthalten das Recht der medizinischen Rehabilitation, der Teilhabe am Arbeitsleben, der unterhaltssichernden und ergänzenden Leistungen, der Leistungen zur Teilhabe an Bildung sowie der Sozialen Teilhabe (§§ 42 bis 84). Kapitel beinhaltet das Verbandsklagerecht sowie die Bestimmungen zum Beirat für die Teilhabe von Menschen mit Behinderungen.

Der zweite Teil übernimmt die bisher im SGB XII verankerten Bestimmungen der Eingliederungshilfe in das SGB IX. Kapitel 1 enthält allgemeine Vorschriften ua über Aufgaben, und Nachrang der Eingliederungshilfe, die Aufgaben der Länder ua zur Bestimmung des Trägers der Eingliederungshilfe, den Sicherstellungsauftrag, die örtliche Zuständigkeit und die Zusammenarbeit (§§ 90 bis 98) Kapitel 2 enthält die Grundsätze der Leistungen (§§ 99 bis 108). Die Kapitel 3 bis 6 regeln die – im Verhältnis zum Teil 1 abweichenden – Leistungen der Eingliederungshilfe zur medizinischen Rehabilitation, Teilhabe am Arbeitsleben, Teilhabe an Bildung und zur Sozialen Teilhabe (§§ 109 bis 116). Kapitel 7 enthält das Gesamtplanverfahren (§§ 117 bis 122); Kapitel 8 das Vertragsrecht (§§ 123 bis 134). Kapitel 9 regelt die Anrechnung von Einkommen und Vermögen (§§ 135 bis 142). Kapitel 10 bestimmt die Erhebung statistischer Daten (§§ 143 bis 148). Kapitel 11 enthält Übergangs- und Schlussbestimmungen (§§ 149,150).

Der dritte Teil enthält den bisherigen Teil 2 des SGB IX und damit das frühere Schwerbehindertengesetz. Das erste Kapitel enthält den geschützten Personenkreis (§§ 151 bis 153). Das zweite Kapitel enthält die Beschäftigungspflicht der Arbeitgeber (§§ 154 bis 162), während sich das dritte Kapitel mit den sonstigen Pflichten der Arbeitgeber und den Rechten der schwerbehinderten Menschen (§§ 163 bis 167) befasst. Das vierte Kapitel beinhaltet den Kündigungsschutz (§§ 168 bis 175). Das fünfte Kapitel regelt Aufgaben und Rechte der Interessenvertretung der Schwerbehinderten (§§ 176 bis 183). Das sechste Kapitel befasst sich mit den Durchführungsvorschriften (§§ 184 bis 191), insbesondere mit den Aufgaben der Integrationsämter (§ 185 – früher Hauptfürsorgestellen). Im siebenten Kapitel wird die Tätigkeit der Integrationsfachdienste umfassend geregelt (§§ 192 bis 198). Die Kapitel 8 bis 10 enthalten die Beendigung der Anwendung des Schwerbehindertenrechts (§§ 199, 200), das Widerspruchsverfahren (§§ 201 bis 204) sowie sonstige Vorschriften, ua zur Mehrarbeit, zum Zusatzurlaub und zum Nachteilsausgleich (§§ 205 bis 214). Das elfte und zwölfte Kapitel befassen sich mit den Regelungen über Inklusionsbetriebe (§§ 215 bis 218) und WfbM (§§ 219 bis 227) mit der Eingliederung Behinderter in den Arbeitsmarkt. Im 13. Kapitel

Einführung

findet man die Regelungen über die unentgeltliche Beförderung schwerbehinderter Menschen im öffentlichen Personennahverkehr (§§ 228 bis 237). Das vierzehnte Kapitel enthält Straf-, Bußgeld und Schlussvorschriften (§§ 237a bis 241).

In den Art. 2 bis 26 werden insgesamt 57 Bundesgesetze und -verordnungen an das in Art. 1 und 2 enthaltene Recht angepasst oder aufgehoben, wie die Frühförderverordnung oder die Budgetverordnung. Art. 25 enthält Ermächtigungen des BMAS zur Wirkungsuntersuchung und Umsetzungsbegleitung des neuen Teils 2, modellhaften Erprobung der künftigen Leistungsvoraussetzung der Eingliederungshilfe (§ 99, Art 25a).

Nach Art. 26 ist das BTHG in mehreren Stufen wie folgt in Kraft getreten
- am 30.12.2016 Art. 2 Änderung des SGB IX (Übergangsrecht zum Jahr 2017- im Wesentlichen Schwerbehindertenrecht, BetrVerfG) Art. 7 Nr. 4a Änderung des SGB VI, Art. 18 Änderungen weiterer Vorschriften in Zusammenhang mit Art. 2 Art. 22 Änderung der Werkstätten-Mitwirkungsverordnung Art. 25 Abs. 2 Bekanntmachungserlaubnis und Umsetzungsunterstützung (Erprobung, Forschung ua)
- am 1.1.2017 Art. 11 Änderung des SGB XII Sonderrecht Vermögensanrechnung bis 31.1.2019), Art. 16 Änderung des Umsatzes Steuergesetzes (Umsatzsteuerbefreiung Teilhabe am Arbeitsleben), Art. 25 Abs. 3 bis 5 Bekanntmachungserlaubnis und Umsetzungsunterstützung (Forschung usw.)
- am 1.1.2018 Art. 1 **SGB IX Teil 1** (Regelungen für Menschen mit Behinderungen und von Behinderung bedrohte Menschen), **SGB IX, Teil 2** (§ 94 Abs. 1 Bestimmung der zuständigen Träger der neuen Eingliederungshilfe und Kap. 8 Vertrags- und Vergütungsrecht der Eingliederungshilfe), **SGB IX, Teil 3** (Schwerbehindertenrecht), Art. 3 Änderung des SGB I, Art. 4 Änderung des SGB II, Art. 5 Änderung des SGB III, Art. 6 Änderung des SGB V mit Ausnahme von Nr. 2b und 13a, Art. 7 Änderung des SGB VI mit Ausnahme von Nr. 4a, Art. 8 Änderung des SGB VII, Art. 9 Änderung des SGB VIII, Art. 10 Änderung des SGB XI mit Ausnahme von Nr. 3, Art. 12 Änderung des SGB XII, Art. 14 Änderung des Bundesversorgungsgesetzes, Art. 17 Änderung des Umsatzsteuergesetzes, Art. 19 Redaktionelle Anpassungen in anderen Gesetzen, Art. 21 Redaktionelle Anpassungen der Eingliederungshilfe-Verordnung, Art. 23 Änderung der Frühförderungsverordnung, Art. 24 Änderung der Aufwendungserstattungs-Verordnung, Art. 25 Abs. 1, 6 und 7 Bekanntmachungserlaubnis und Umsetzungsstützung.
- am 1.1.2020 **Art. 1 SGB IX Teil 2, Kapitel 1 bis 7 und 9 bis 11** (Eingliederungshilferecht) mit Ausnahme von § 94 Abs. 1, Art. 6 Nr. 2b und 13a Änderung des SGB V, Art. 10 Nr. 3 Änderung des SGB XI, Art. 13 Änderung des SGB XII, Art. 15 Änderung des Bundesversorgungsgesetzes, Art. 20 Redaktionelle Anpassungen in anderen Gesetzen.
- Am 1.1.2023 sollte nach Art. 25a eine Änderung des § 99 SGB IX (Leistungsberechtigter Personenkreis) in Kraft treten, soweit bis dahin ein weiteres Bundesgesetz dazu verabschiedet wird. Das ist mit dem Teilhabestärkungsgesetz vom 10.6.2021, in Kraft getreten am 1.7.2021, geschehen. Nach dem Ergebnis der nach Art 25 Abs. 3 S. 3 vorzunehmenden wissenschaftlichen Untersuchung der Erprobung der zunächst beabsichtigten Fassung des § 99 wurde diese nicht weiterverfolgt. Stattdessen erarbeitet die Bundesregierung unter Orientierung an der Terminologie der UN-BRK

eine Weiterentwicklung der bisherigen Regelung auf der Basis des Begriffs der „wesentlichen Behinderung".
Außer Kraft treten sind
– am 1.1.2018 das SGB IX und die Budgetverordnung (BudgetV) in der bis dahin geltenden Fassung
– am 1.1.2020 die Eingliederungshilfe-Verordnung.

VIII. Wesentliche Änderungen des SGB IX, Teil 1 durch das BTHG

Änderungen jenseits des Leistungsrechts

Der **Begriff der Behinderung** wird stärker an den Begriff der UN-Behindertenrechtskonvention (UN-BRK) angepasst, ohne ihm jedoch vollständig zu entsprechen. Die Abweichung von dem für das Lebensalter typischen Zustand wird ebenso beibehalten wie die Frist von mindestens sechs Monaten, die eine Behinderung mindestens andauern muss.

Die Bestimmungen über die **Prävention** wird mit der Zielsetzung der Vermeidung der Beeinträchtigungen der Teilhabe an die Nationale Präventionsstrategie nach dem SGB V angebunden.

In den **Katalog der Leistungen** zur Teilhabe werden die »Leistungen zur Bildung« neu aufgenommen. Rehabilitationsträger für diese Leistung können die Unfallversicherungsträger, die Träger der Kriegsopferversorgung, die Träger der Kinder- und Jugendhilfe und die Träger der Eingliederungshilfe sein.

Vorbehalt abweichender Regelungen: Nach der Begründung des Gesetzes soll der Teil 1 des SGB IX weiterhin Leitgesetz für alle Rehabilitationsträger sein. Hervorgehoben wird, dass von den Bestimmungen
• über die Einleitung von Rehabilitation von Amts wegen,
• die Erkennung und Ermittlung des Rehabilitationsbedarfs
• und die Koordinierung der Leistungen,
dh über die Kooperation und Koordination der Rehabilitationsträger beim Zugang zu den Leistungen und bei der Bedarfsfeststellung, keinesfalls (auch nicht durch Landesrecht) abgewichen werden darf (§ 7 Abs. 2). Abweichend von § 7 Abs. 1 gehen danach – bezogen auf die Bestimmungen der Kapitel 2 bis 4 – in den für die Rehabilitationsträger geltenden Leistungsgesetzen enthaltene, vom SGB IX abweichende Bestimmungen denen des SGB IX nicht mehr vor.

In zwei umfangreichen Kapiteln werden die Verfahren über die Klärung der **Zuständigkeit, die Ermittlung des Leistungsbedarfs** und die Koordination der Träger neu geregelt. Bei der Zuständigkeit wird – entgegen der nachdrücklichen Intervention des 6. Deutschen Sozialgerichtstags im Gesetzgebungsverfahren – das Prinzip der Leistungsgewährung aus einer Hand teilweise ausgehöhlt, indem ein Antragsplitting vorzunehmen ist, wenn nicht nur von dem zuerst angegangenen Rehabilitationsträger, sondern auch noch von einem weiteren Träger Leistungen zu erbringen sind, für die der zuerst angegangene Träger nicht zuständig sein kann. Im Übrigen verpflichtet der Gesetzgeber die Rehabilitationsträger zu umfangreichen Maßnahmen zur Unterstützung und Erkennung des Rehabilitationsbedarfs, ua durch die Einrichtung

Einführung

von »Ansprechstellen« als Ersatz für die Ende 2018 wegfallenden Gemeinsamen Servicestellen, sowie zur Entwicklung systematischer Arbeitsprozesse und standardisierter Arbeitsmittel zur einheitlichen und überprüfbaren Ermittlung des individuellen Rehabilitationsbedarfs.

Entgegen den konkreten Vorgaben für die Träger der Eingliederungshilfe im Teil 2 ist für die **Begutachtung** durch die Rehabilitationsträger des Teil 1 des SGB IX die ICF-Orientierung im Gesetz selbst nicht genannt; sie ergibt sich aber unverändert aus der an anderer Stelle aus dem bisherigen Recht übernommenen Verpflichtung zur »funktionsbezogenen, d. h. an der ICF orientierten Feststellung des Leistungsbedarfs sowie aus den Anforderungen des § 13 Abs. 2 SGB IX, die dem Aufbau und der Logik der ICF folgen.

Neu eingeführt wird für alle Rehabilitationsträger die **Erstellung eines Teilhabeplanes** und die Durchführung einer Teilhabeplankonferenz, wenn mehrere Leistungsträger beteiligt oder verschiedene Leistungsarten erforderlich sind. Diese gab es in ähnlicher Form bisher schon als Gesamtplan bzw. Gesamtplanverfahren im Bereich der Hilfe bei Behinderung der Sozialhilfeträger.

Das BMAS fördert zur Stärkung der Selbstbestimmung von Menschen mit Behinderungen eine von Leistungsträgern und Leistungsanbietern **unabhängige, ergänzende, niedrigschwellige Teilhabeberatung (EUTB)**. Die Förderung war zunächst bis Ende 2022 befristet. Die Befristung wurde durch das Angehörigen-Entlastungsgesetz vom 29.11.2019 aufgehoben (vgl. Kapitel X).

Das BMAS fördert – ebenfalls mit begrenzten Mitteln – im Bereich der **Grundsicherung** für Arbeitsuchende und in der gesetzlichen Rentenversicherung **Modellvorhaben**, die den Vorrang von Leistungen zur Teilhabe, d. h. die frühzeitige Einleitung und Durchführung von Teilhabeleistungen aus anderen Leistungsverfahren heraus, unterstützen. Auch hierzu regelt das BMAS das Nähere durch eine Förderrichtlinie.

In das Vertragsrecht neu aufgenommen wird die Feststellung, dass **tarifvertraglich vereinbarte Vergütungen** bei Versorgungsverträgen nach dem SGB IX nicht als unwirtschaftlich abgelehnt werden können. Allerdings ist die Zahlung dieser Vergütung
auf Verlangen nachzuweisen. Schon nach dem bisher geltenden Recht war die wirksame und wirtschaftliche Leistungsausführung zu gewährleisten. Künftig sind zusätzlich die Grundsätze der Zweckmäßigkeit zu beachten. Entfallen ist die bisherige Verpflichtung der Rehabilitationsträger, V**ersorgungsverträge** mit fachlich nicht geeigneten Diensten und Einrichtungen zu kündigen.

Änderungen leistungsrechtlicher Bestimmungen

Die Bestimmungen über die Frühförderung als Leistung der medizinischen Rehabilitation wurden überarbeitet und klarer gefasst (vgl. dazu Abschnitt XI)

Das breite Spektrum der Leistungen zur **Teilhabe am Arbeitsleben** wird im Teil 1 des SGB IX um die Leistungsformen »Andere Leistungsanbieter« und »Budget für Arbeit« sowie ab 1.1.2020 durch das am 29.11.2019 beschlossene Angehörigen-Entlastungsgesetz auch um ein Budget für Ausbildung (§ 61a) – erweitert. Die Leistungsformen sind für behinderte Menschen vorgesehen, die bisher in einer Werkstatt für behinderte Menschen arbeiten. Es handelt sich um erwerbsgeminderte Menschen, die noch nicht auf dem allgemeinen Arbeitsmarkt tätig sein, jedoch wenigstens ein Mindestmaß wirtschaftlich verwertbarer Arbeitsleistung erbringen können.

Andere Leistungsanbieter sollen die gesamten Leistungen einer anerkannten Werkstatt für behinderte Menschen außerhalb einer Werkstatt erbringen, ohne allerdings die Anforderungen erfüllen zu müssen, die eine Werkstatt für behinderte Menschen für ihre Zulassung nachweisen muss. Mit Blick darauf, dass die Kosten der Werkstätten einen erheblichen Anteil der Gesamtausgaben der Träger der Eingliederungshilfe ausmachen, wird mit den anderen Leistungsanbietern im Verhältnis zu den Werkstätten ein »Wettbewerb« eröffnet, der sozialpolitisch mit einem weiteren, selbstbestimmten Zugang erwerbsgeminderter behinderter Menschen zum allgemeinen Arbeitsmarkt begründet wird, aber wegen der fehlenden gesetzlichen Maßstäbe für Struktur- und Prozessqualitäten diese Angebote auch die Gefahr nicht hinreichend wirksamer oder mit den individuellen Bedarfen behinderter Menschen nicht vereinbarer Angebote enthält. Während einer Beschäftigung bei einem anderen Leistungsanbieter werden Beiträge zur Renten- und Kranken- und Pflegeversicherung vom Rehabilitationsträger entrichtet. Es wird wird jedoch kein normales Arbeitsverhältnis begründet. Der Berechtigte hat in diesen Leistungsformen lediglich den Status eines Werkstattbeschäftigten.

Das **Budget für Arbeit** beinhaltet – als Ausgleich für die Leistungsminderung und die wegen der Behinderung erforderliche Anleitung und Begleitung am Arbeitsplatz

– einen auf maximal 40 % der monatlichen Bezugsgröße (2022: 1.316 Euro) gedeckelten Lohnkostenzuschuss pro Monat für Arbeitgeber, die Menschen mit Anspruch auf einen Werkstattplatz beschäftigen.

Wird ein Budget für Arbeit in einem Betrieb des allgemeinen Arbeitsmarktes geltend gemacht, sollte geprüft werden, ob ein gleiches oder besseres Ergebnis nicht auch mit Ausbildungs- und Eingliederungszuschüssen der Leistungen zur Teilhabe an Arbeitgeber nach § 50 SGB IX in Höhe von bis zu 70 % des Tariflohnes erreicht werden kann.

In den Teil 1 des SGB IX wird ein neues Kapitel 12 »**Leistungen zur Teilhabe an Bildung**« aufgenommen. Diese Leistungen sind erforderlich, damit Menschen mit Behinderungen Bildungsangebote gleichberechtigt wahrnehmen können. Inhaltlich werden diese Leistungen allerdings erst im Teil 2 ausgeformt, weil als Träger dieser Leistungen lediglich die Träger der Eingliederungshilfe, der Kinder- und Jugendhilfe, der Kriegsopferversorgung und die Träger der Unfallversicherung (letztere nach den für sie geltenden Bestimmungen des SGB VII) leistungsverpflichtet werden. Die Rentenversicherungsträger haben bisher schon Bildungsleistungen im Rahmen ihrer Leistungen zur Teilhabe am Arbeitsleben erbracht und können dies nach § 49 Abs. 2 Nr. 7 auch weiterhin tun.

Die bisherigen Leistungen zur Teilhabe am Leben in der Gemeinschaft werden begrifflich und inhaltlich neu als »Leistungen zur sozialen Teilhabe« geregelt. Es werden

• die »Versorgung mit anderen als in § 31 genannten Hilfsmittel« als »Hilfsmittel«,
• die Hilfen bei der Beschaffung einer Wohnung als »Leistungen für Wohnraum«,
• die »Heilpädagogischen Leistungen«,
• die »Hilfen zur Förderung der Verständigung mit der Umwelt« und
• die »Hilfen zum Erwerb und Erhalt praktischer Kenntnisse und Fähigkeiten«

jeweils in eine eigenständige Regelung überführt und teilweise auch inhalt-lich neu gefasst.

Die bisherigen »Hilfen zur Teilhabe am gemeinschaftlichen und kulturellen Leben« sind in der neuen Vorschrift über die **Assistenzleistungen** aufgegan-gen. Nach Auffassung des Verfassers ist kein rechtliches Hemmnis ersichtlich, diese Assistenzform auch künftig als Einzelleistung der Assistenz zu beanspru-chen, wenn darüber hinaus keine weiteren Assistenzleistungen erforderlich sind. Allerdings nur noch in der Form der Assistenz, nicht mehr – wie bisher – im Einzelfall auch noch verbunden mit Sachleistungen (zB Eintrittskosten). Neu ist der Anspruch auf »Assistenzleistungen« zur selbstbestimmten und eigenständigen Bewältigung des Alltags einschließlich der Tagesstrukturierung. Dazu gehören Leistungen für die allgemeine Erledigung des Alltags wie die Haushaltsführung, die Gestaltung sozialer Beziehungen, die persönliche Le-bensplanung, die Teilhabe am gemeinschaftlichen und kulturellen Leben, die Freizeitgestaltung einschließlich sportlicher Aktivitäten. Es werden zwei For-men von Assistenzleistungen unterschieden:

• die vollständige und teilweise Übernahme von Handlungen zur Alltagsbe-wältigung sowie
• die Begleitung des Leistungsberechtigten (bisher auch Alltagsassistenz ge-nannt) und
• die Befähigung der Leistungsberechtigten zu einer eigenständigen Alltagsbe-wältigung.

Die Assistenzleistungen umfassen auch Leistungen für Mütter und Väter mit Behinderungen bei der Versorgung und Betreuung ihrer Kinder. Für die Ausübung eines Ehrenamtes werden angemessene Aufwendungen für die notwendige Unterstützung nur erstattet, wenn die Assistenz nicht zumutbar unentgeltlich im Rahmen familiärer, freundschaftlicher, nachbarschaftlicher oder ähnlicher persönlicher Beziehungen erbracht werden kann.

Die gesetzliche Bestimmung über die Assistenzleistung enthält keine Inhalte oder Maßstäbe über die Höhe der Leistungen. Lediglich aus der Feststellung, dass die Assistenz zur Befähigung der Leistungsberechtigten von Fachkräften als »qualifizierte Assistenz« zu erbringen ist, kann abgeleitet werden, dass diese Form der Assistenz mit höheren Kosten verbunden sein muss. Mangels ent-sprechender gesetzlicher Grundlage wird die Höhe der Assistenzleistungen im Bereich der gesetzlichen Unfallversicherung durch die Selbstverwaltung zu bestimmen sein. Für die Sozialleistungsträger (Sozialhilfe, Kinder- und Ju-gendhilfe, Soziale Entschädigung) wird im Teil 2 vorgesehen, dass das Nähere zur Leistungshöhe – offensichtlich in der Regel als pauschale Geldleistung gedacht – durch den zuständigen Leistungsträger zu bestimmen sei.

Neu ist die Regelung über »Leistungen zur Mobilität« im Bereich »Soziale Teilhabe«. Damit sind Mobilitätsleistungen zur Beförderung, insbesondere durch einen Beförderungsdienst, und Leistungen für ein Kraftfahrzeug vorge-sehen. Wie im Bereich der Kfz-Hilfe im Rahmen der Teilhabe am Arbeitsle-ben orientiert sich die Kraftfahrzeughilfe im Rahmen der Sozialen Teilhabe an der Kraftfahrzeughilfe-Verordnung. Im Teil 2 wird bei der Leistungsverpflich-tung der Träger der Eingliederungshilfe der Leistungsumfang allerdings einge-schränkt.

IX. Wesentliche Änderungen des SGB IX, Teil 2

Zum 1.1.2018

Am 1. Januar 2018 traten zunächst nur die Bestimmungen des Leistungsvereinbarungs- und Vergütungsrechts in Kraft. Die ab diesem Zeitpunkt vom Träger der Eingliederungshilfe zu erbringenden Leistungen zur Teilhabe und Vergütungen können nur noch nach dem neuen Recht verhandelt werden. Ua werden folgende Bestimmungen wirksam:

- Die Leistungs- und Vergütungsvereinbarung wird zu einer Vereinbarung zusammengefasst. Die Leistungsvereinbarung wird – einschließlich der darin enthaltenen Vergütungsregelung – schiedsstellenfähig.
- Die Leistungserbringer werden auf den Gesamtplan verpflichtet. Der Gesamtplan und das Gesamtplanverfahren werden – mit über die Bestimmungen des Teils 1 zum Teilhabeplan hinausgehenden Anforderungen – neu geregelt.
- Zur Vergütungsfindung wird der modifizierte externe Vergleich eingeführt. Vergütungen, die im Vergleich mit Vergütungen vergleichbarer Leistungserbringer im unteren Drittel liegen, sind danach als wirtschaftlich angemessen anzusehen. Darüber liegende Vergütungen können wirtschaftlich angemessen sein, sofern sie nachvollziehbar auf einem höheren Aufwand des Leistungserbringers beruhen und wirtschaftlicher Betriebsführung entsprechen.
- Es dürfen nur noch Mitarbeiter beschäftigt werden, die keine der im Gesetz genannten Straftaten begangen haben. Das ist bei Beginn der Beschäftigung durch ein Führungs-Zeugnis nachzuweisen und während des Beschäftigungsverhältnisses zu überprüfen. Es werden auch gesetzliche Anforderungen an Berufsausbildung und Zusatzqualifikation des Fachpersonals vorgegeben.
- Die Vergütung des Personals nach Tarifvertrag oder nach kirchlichen Arbeitsrechtsregelungen kann im Rahmen von Vergütungsverhandlungen nicht als unwirtschaftlich abgelehnt werden.
- Als Teil der Qualität ist in den Leistungsvereinbarungen die Wirksamkeit der Leistungen zu regeln. Es besteht die Möglichkeit der Vergütungskürzung und Kündigung, wenn bei der Qualitätsprüfung eine – gemessen an der getroffenen Vereinbarung – unwirksame Leistung festgestellt wird.
- Die Prüfungsvereinbarung wird abgeschafft und ein gesetzliches Prüfrecht der Träger eingeführt.
- Bei Schlechtleistungen wird eine Vergütungskürzung eingeführt.
- Gegenstand des Landesrahmenvertrages bzw. der Landesrahmenverordnung sind ua auch die Höhe der landeseinheitlichen Leistungspauschale, Personalrichtwerte oder Methoden zur Festlegung der personellen Ausstattung und das Verfahren zum Abschluss von Vereinbarungen.
- Leistungsträger und Leistungserbringer können zur Erprobung vom gesetzlichen Vertragsrecht abweichende Leistungs- und Finanzierungsvereinbarungen treffen, sofern hiervon keine Leistungen der Hilfe zur Pflege nach dem SGB XII betroffen sind.

Zum 1.1.2020

Der weitaus größte Teil der Bestimmungen des neuen Teil 2 des SGB IX – Besondere Leistungen zur selbstbestimmten Lebensführung für Menschen mit

Einführung

Behinderungen (Eingliederungshilferecht) –, insbesondere die Bestimmungen über die Leistungsvoraussetzungen und das vom Teil 1 teilweise abweichende Leistungs- und Verfahrensrecht, traten erst am 1. Januar 2020 in Kraft. Nach der Begründung des Gesetzes ist das späte Inkrafttreten ua der Notwendigkeit geschuldet, die mit der praktischen Umsetzung befassten Beschäftigten der Träger der Eingliederungshilfe bis dahin zu schulen und zu qualifizieren.

Der Teil 2 enthält einen offenen Katalog mit Leistungen zur Teilhabe am Leben in der Gemeinschaft, der für alle Rehabilitationsträger gilt, die die entsprechenden Leistungen erbringen. Mit der personenzentrierten Neuausrichtung der Eingliederungshilfe gewinnen die bisherigen Leistungen zur Teilhabe am Leben in der Gemeinschaft besondere Bedeutung für die Eingliederungshilfe. An der bisherigen Systematik des SGB IX von 2001 wird festgehalten. Entsprechend werden daher im SGB IX, Teil 1 zur Rechtssicherheit und Rechtsklarheit übergreifend diejenigen Leistungen zur Teilhabe am Leben in der Gemeinschaft, die von allen maßgeblichen Rehabilitationsträgern erbracht werden, neu strukturiert, um bisher unbenannte Leistungstatbestände ergänzt, teilweise konkretisiert und als Leistungen der „Soziale Teilhabe" definiert. Assistenzleistungen werden als neuer Leistungstagbestand eingeführt. Zu den Assistenzleistungen gehören auch entsprechende Leistungen, die Mütter und Väter mit Behinderungen bei der Erfüllung ihres Erziehungsauftrags benötigen, oftmals als „Elternassistenz" oder „begleitete Elternschaft" bezeichnet.

Die Möglichkeiten einer individuellen und den persönlichen Wünschen entsprechenden Lebensplanung und -gestaltung sollen gestärkt werden. Dem wird mit klarstellenden Regelungen zur Sozialen Teilhabe im SGB IX, Teil 2 Rechnung getragen. Zudem wird eine Grundlage geschaffen, einfache wiederkehrende Leistungen mit Zustimmung der leistungsberechtigten Personen als pauschale Geldleistung zu erbringen. Leistungsausweitungen sind damit grundsätzlich nicht verbunden.

Der Teil 2 ist geprägt durch den Zielkonflikt, dass einerseits ein modernes Teilhaberecht gestaltet werden soll, andererseits keine neue Ausgabendynamik entstehen und die bestehende durch Verbesserungen in der Steuerungsfähigkeit der Eingliederungshilfe gebremst werden soll. Um eine Zielsetzung des BTHG, die Herausführung der Eingliederungshilfe aus dem „Fürsorgesystem", sichtbar werden zu lassen, wird die Eingliederungshilfe aus dem SGB XII herausgelöst und als neuer Teil 2 in das SGB IX integriert. Gleichzeitig wird aber in der Gesetzesbegründung verschiedentlich betont, dass die Eingliederungshilfe Teil der öffentlichen Fürsorge nach Art. 74 Abs. 1 Nr. 7 des GG bleibt und inhaltlich deren Wesensmerkmale auch in dem neuen Recht erfüllt werden.

Dem Minimalprinzip und der Zielsetzung der Vermeidung einer neuen und Bremsen der bisherigen Ausgabendynamik folgend, enthalten die „klarstellenden Regelungen" im Teil 2 vorwiegend Bestimmungen, mit denen die im Teil 1 definierten Leistungen zur Teilhabe am Arbeitsleben oder zur Sozialen Teilhabe für Leistungsberechtigte der Eingliederungshilfe abgesenkt werden. So wird der umfassende Katalog der Leistungen zur Teilhabe am Arbeitsleben (§§ 49 bis 55) im Teil 2 auf drei Formen von Leistungen zur Beschäftigung reduziert (§ 111). Leistungen zur Sozialen Teilhabe werden eingeschränkt (zB KfZ-Hilfe – § 114 Abs. 2). Die gegen den Willen der Berechtigten mögliche gemeinsame Ausführung von ua Assistenzleistungen, Leistungen der Heilpädagogik oder zum Erwerb und Erhalt praktischer Fähigkeiten und Kenntnisse sowie der Beförderung (§ 116 Abs. 2) wird von den Betroffenen als Beschränkung ihrer Selbstbestimmungsrechte und Teilhabemöglichkeiten wahrgenommen. Letztlich enthält der Teil 2 regelmäßig Bestimmungen über die Leistungsansprüche dem Grunde nach. Es fehlen aber durchweg Regelungen über die Ansprüche der Höhe nach. Der den Trägern der Einglh damit insoweit eingeräumte weite Ermessensspielraum wird allein durch das in § 104 Abs. 1 S. 1 verankerte Prinzip der Bedarfsdeckung gebunden. Die im Teilhabe-/Gesamtplanverfahren verankerte Ermittlung des Leistungsbedarfs (§§ 13 Abs. 2, 19, 118) hat damit unmittelbare Auswirkungen auf die Leistung der Einglh der Höhe nach.

Zu den verschiedenen Leistungsarten vgl. Kapitel VIII bis XIII.

X. Wesentliche Inhalte des SGB IX im Bereich allgemeiner Regelungen

Selbstbestimmung und Teilhabe; einheitlicher Begriff der Behinderung

Ziel des SGB IX ist die Förderung der Selbstbestimmung und der gleichberechtigten Teilhabe behinderter und von Behinderung bedrohter Menschen. Der in seiner Zielsetzung umfassende Ansatz bezieht alle Lebensumstände behinderter und von Behinderung bedrohter Menschen ein (§ 1).

Der Behinderungsbegriff des SGB IX (§ 2) erwartet allerdings, dass die Behinderung länger als sechs Monate auf einer von dem für das Lebensalter typischen Zustand abweichenden körperlichen Funktion oder geistigen Fähigkeit oder seelischen Gesundheit basiert. Er orientiert sich dabei eng am Wortlaut des vor dem SGB IX geltenden Schwerbehindertenrechts. Bereits während des Gesetzgebungsverfahrens zum SGB IX wurde 2001 die Gefahr gesehen, dass bei der Anwendung des Gesetzes im Rahmen des für die verschiedenen Rehabilitationsträger geltenden speziellen Rechts zwischen chronisch Kranken, die zugleich die Behinderungseigenschaft des SGB IX nachweisen, und solchen, die diese Voraussetzungen nicht erfüllen, unterschieden werden könnte. Die über drei Viertel aller chronisch Kranken (zB Kinder und Jugendliche und ältere Menschen), deren Erkrankungen für das Lebensalter nicht untypisch sind, würden danach ihre Rehabilitationsleistungen nicht auf der Basis des SGB IX, sondern ausschließlich auf der Grundlage des für den jeweiligen Rehabilitationsträger geltenden Sozialgesetzes erhalten. Ein solches Ergebnis stünde insbesondere den Konvergenz-, Koordinations- und Kooperationszielen des SGB IX diametral entgegen. Der Gesetzgeber hat deshalb in der Begründung und mit der Aufnahme der „chronischen Krankheiten" in den §§ 3 Abs. 1, 42 Abs. 1 Nr. 1 SGB IX nochmals ausdrücklich darauf hingewiesen, dass die Begriffsbestimmung des Teilhabe- und Behinderungsbegriffs auch die von chronischen Erkrankungen Betroffenen umfasst. Im Übrigen verbietet sich ein Auseinanderdividieren der chronisch Kranken ua auch mit Blick auf die insoweit eindeutige Zielbestimmung in der Definition der Leistungen zur medizinischen Rehabilitation (§ 42 Abs. 1 Nr. 1).

Letztlich wurde durch Rückverweise in den für die jeweiligen Rehabilitationsträger geltenden spezifischen Gesetzen (zB §§ 11 Abs. 2 S. 3 SGB V, 15

Einführung

Abs. 1 SGB VI) sichergestellt, dass sich die Ausführung der medizinischen Rehabilitation chronisch Kranker immer nach dem SGB IX richtet.

Orientierung an der UN-Behindertenrechtskonvention (UN-BRK)

Nach § 1 SGB IX erhalten Menschen mit Behinderungen oder von Behinderung bedrohte Menschen Leistungen zur Teilhabe, um ihre Selbstbestimmung und ihre volle, wirksame und gleichberechtigte Teilhabe am Leben in der Gesellschaft zu fördern, Benachteiligungen zu vermeiden oder ihnen entgegenzuwirken. Die Bestimmung wurde mit dem BTHG stärker als bisher an Art 1 und 3 UN-BRK orientiert. Gleichzeitig wurde betont, dass dabei den besonderen Bedürfnissen von Frauen und Kindern mit Behinderungen sowie Menschen mit seelischen Behinderungen Rechnung zu tragen ist.

Leistungsrechtliche Regelungen sind für alle Rehabilitationsträgerunmittelbar geltendes Recht

Nach dem RehaAnglG von 1974 stellten die leistungsrechtlichen Regelungen (§§ 10 ff. Reha-AnglG) lediglich Grundsätze dar, während sich Voraussetzungen, Art und Umfang der Leistungen der Rehabilitationsträger im Einzelnen nach den jeweils für sie geltenden Rechtsvorschriften richteten. Auch nach dem SGB IX blieben ab 1.7.2001 die spezifischen Rechtsvorschriften des jeweiligen Rehabilitationsträgers Grundlage für die Entscheidung über Zuständigkeit und Leistungsvoraussetzungen. Art, Umfang und Ausführung der Leistungen sind demgegenüber für alle Rehabilitationsträger einheitlich ausschließlich nach den allgemeinen Regelungen des SGB IX zu beurteilen, es sei denn, der Gesetzgeber hätte für einen Rehabilitationsträger in den für ihn geltenden Rechtsvorschriften besondere (abweichende) Bestimmungen getroffen (§ 7 SGB IX aF).

Mit der Einbeziehung der Eingliederungshilfe als Teil 2 des SGB IX wurde das im Teil 1 normierte Leistungsrecht ohne Abweichungen in das Leistungsrecht der Eingliederungshilfe übernommen. Das Recht der Eingliederungshilfe enthält jedoch sowohl hinsichtlich der Leistungsziele, wie auch zum Leistungsumfang abweichende, in der Regel niedrigschwelligere Bestimmungen. Damit wurde ein Kernziel des SGB IX, nachdem jeder Mensch mit Behinderung unabhängig von der Zuständigkeit oder Leistungsverpflichtung eines Rehabilitationsträgers die seinem individuellen Bedarf entsprechende Teilhabeleistungen nach Gegenstand, Umfang und Ausführung der Leistung einheitlich erhalten soll, im Bereich der Eingliederungshilfe aufgegeben.

Für die übrigen Rehabilitationsträger, für die der Teil 1 des SGB IX anzuwenden ist, blieb nach der mit dem SGB IX 2001 vollzogene trägerübergreifende Rechtsangleichung kaum noch abweichendes Recht in den für die Träger geltenden Leistungsgesetzen erhalten. Als abweichende Regelung im Sinne des § 7 Abs. 1 S. 1 ist mit dem Gesetz zur Verbesserung der Vorsorge und Rehabilitation für Mütter und Väter vom 26.7.2002 in das Fünfte Buch eingefügte § 111a anzusehen. Da diese Regelung im Gegensatz zu § 38 SGB IX keine besonderen Anforderungen an die Inhalte der einzugehenden Versorgungsverträge und keinen Verweis auf das SGB IX enthält, brauchen die Versorgungsverträge mit Einrichtungen des Müttergenesungswerkes (MGW) für medizinische Leistungen zur Rehabilitation nach § 41 SGB V die inhaltlichen Anforderungen des § 38 Abs. 1 SGB IX nicht zu erfüllen. Durch den in

§ 111a Abs. 1 S. 2 SGB V enthaltenen Verweis auf § 111 Abs. 2 SGB V müssen die Einrichtungen des MGW nunmehr allerdings die in § 107 Abs. 2 SGB V enthaltenen Struktur- und Prozessanforderungen für Vorsorge- und Rehabilitationseinrichtungen nachweisen. Gleichwohl erwarten die am 1.8.2003 in Kraft gesetzten „Anforderungsprofile für stationäre Vorsorge- und Rehabilitationseinrichtungen nach § 111a SGB V" der gesetzlichen Krankenkassen deutlich geringere Anforderungen an die Struktur- und Prozessqualitäten von Einrichtungen nach § 41 SGB V, als sie zB nach dem „Gemeinsamen Rahmenkonzept für die Durchführung stationärer medizinischer Maßnahmen der Vorsorge und Rehabilitation für Kinder und Jugendliche" der BAR vom 15.8.1998 von Einrichtungen nach § 107 Abs. 2 SGB V gefordert werden.

Mit dem „Gemeinsamen Rahmenkonzept der Gesetzlichen Krankenkassen und der Gesetzlichen Rentenversicherung für die Durchführung stationärer medizinischer Leistungen Vorsorge- und Rehabilitation für Kinder und Jugendliche" vom Februar 2008 wurden trägerübergreifend einheitliche Grundlagen geschaffen.

Letztlich hat der Gesetzgeber mit den §§ 4 Abs. 2 S. 1, 25 Abs. 1 Nr. 2 und 19 Abs. 1 SGB IX keinen Zweifel daran gelassen, dass alle Rehabilitationsträger die Rehabilitationsleistungen nach Gegenstand, Umfang und Ausführung auf der Grundlage des individuell festgestellten Bedarfs funktionsbezogen und zur Erreichung der den Zielen der §§ 1, 4 Abs. 1 entsprechenden dauerhaften Teilhabe am Leben in der Gesellschaft einheitlich zu erbringen haben.

Damit wird der Forderung nach einer einheitlichen Praxis der Rehabilitation entsprochen. Diese einheitliche Praxis stellt allerdings hohe Anforderungen an die Kooperation, Koordination und Konvergenz der Rehabilitationsträger. Diese müssen nämlich einerseits die Inhalte der Leistungen nach Art, Umfang, Intensität und Qualität der eingesetzten Methoden und Verfahren weitgehend einheitlich gestalten, andererseits aber darüber hinausgehende trägerspezifische Leistungskomponenten definieren und vereinbaren, wenn die jeweilige Aufgabenstellung eines Rehabilitationsträgers dies im gegliederten System erfordert und begründet.

Leistungen zur sozialen Teilhabe/Änderung des Sozialhilferechts 2001

Die schon im Zusammenhang mit dem RehaAnglG 1974 erhobene Forderung nach einem Leistungsteil für die „soziale Rehabilitation" wurde 2001 mit der Aufnahme von Leistungen zur Teilhabe am Leben in der Gemeinschaft in das SGB IX aufgegriffen. Damit wurden die Sozialhilfeträger nach § 6 Abs. 1 Nr. 7 für diese Leistungen ab 2001 in den Kreis der Rehabilitationsträger einbezogen. Sie waren für die Leistungen zur Teilhabe am Leben in der Gemeinschaft als Rehabilitationsträger zuständig, soweit keine vorrangige Zuständigkeit der Unfallversicherung, der Kriegsopferfürsorge oder der Jugendhilfe gegeben ist. Im Verhältnis zu den übrigen Rehabilitationsträgern findet das Subsidiaritätsprinzip bzgl. dieser neuen Aufgabe als Rehabilitationsträger keine Anwendung.

Die Sozialhilfeträger erbringen auch nach Inkrafttreten des SGB IX, Teil 1 in der Fassung des BTHG bis 31.12.2019 – wie bisher – im Rahmen der Eingliederungshilfe nach dem SGB XII unter Berücksichtigung des Subsidiaritätsprinzips medizinische Leistungen zur Rehabilitation sowie Leistungen zur Teilhabe am Arbeitsleben. Diese Leistungen entsprechen jeweils den Rehabilitationsleistungen der gesetzlichen Krankenversicherung oder der Bundesagentur für Arbeit (§ 54 Abs. 1 S. 2 SGB XII). Das Leistungserbringungsrecht richtet sich insoweit – wie bei Rehabilitationsträgern, auf deren Recht Bezug genommen wird, – nach dem SGB IX. Bei Leistungen der Sozialhilfeträger zur medizinischen Rehabilitation und zur Teilhabe am Arbeitsleben einschließlich der Leistungen im Arbeitsbereich anerkannter Werkstätten für behinderte Menschen entfällt allerdings bereits seit 2001 die Bedürftigkeitsprüfung.

Mit dem Inkrafttreten erster Vorschriften des neuen Teils 2 des SGB IX am 1.1.2018 sind von den Ländern gem. § 94 SGB IX Träger der Eingliederungshilfe zu bestimmen, die ab 1.1.2018 bestimmte Aufgaben des Teils 2 (Ermittlung des Leistungsbedarfs, Gesamtplanverfahren, Leistungserbringungsrecht) und ab 1.1.2020 den gesamten Teil 2 des SGB IX ausführen (vgl. Abschnitt IX).

Vorrang von Leistungen der Teilhabe

Das SGB IX stellt klar, dass nicht nur bei Renten- und Pflegeleistungen, sondern bei allen Sozialleistungen alle Möglichkeiten zu positiven Entwicklungsprozessen – im Sinne der Zielsetzung des Gesetzes, d.h. zur Inklusion Behinderter und chronisch Kranker – auszuschöpfen sind. Die Rehabilitationsträger haben deswegen bei jedweder Leistungsgewährung im Zusammenhang mit Krankheit oder Behinderung von Amts wegen den Bedarf an Teilhabeleistungen zu prüfen (§ 9). Damit wird der Vorrang der Rehabilitation vor Rente oder Pflege generell ausgeweitet.

Wunsch- und Wahlrecht der Leistungsberechtigten/Selbstbeschaffung von Leistungen/Persönliches Budget

§ 8 SGB IX räumt den Berechtigten den – im sozialgerichtlichen Verfahren überprüfbaren – Anspruch ein, dass die Rehabilitationsträger ihren berechtigten **Wünschen** bei der Entscheidung über die Leistungen zur Teilhabe und deren Ausführung entsprechen. Dabei ist insbesondere auf die persönliche Lebenssituation, das Geschlecht, die Familie sowie die religiösen und weltanschaulichen Bedürfnisse Rücksicht zu nehmen (Abs. 1).

Abs. 2 sieht zudem die Möglichkeit vor, dass die Leistungsberechtigten eine eigentliche als Sachleistung auszuführende Leistung auch in Form der Geldleistung wählen können, wenn die Geldleistung in der Wirksamkeit der Sachleistung entspricht und zumindest gleich wirtschaftlich ist.

§ 18 räumt den Berechtigten zur Stärkung der Selbstbestimmung unter dort näher bestimmten Voraussetzungen einen gesetzlichen Erstattungsanspruch für selbstbeschaffte Leistungen ein, wenn der Rehabilitationsträger nicht innerhalb einer Frist von 2 Monaten über den Antrag entscheiden kann und es versäumt, den Leistungsberechtigten die Gründe dafür noch innerhalb der Frist schriftlich mitteilt.

Unabhängig vom Wunschrecht und der Erstattung bei Selbstbeschaffung von Leistungen räumt § 29 SGB IX sozialrechtsübergreifend Menschen mit Behinderungen das Recht ein, die ihnen zustehenden Leistungen zur Teilhabe auf Antrag von der in den Leistungsgesetzen enthaltenen Norm (Sachleistung) abweichend als **Persönliches Budget** selbstbestimmt ausführen zu können.

Das Persönliche Budget kann alle Leistungen zur Teilhabe nach dem SGB IX einschl. der die Assistenzleistungen, aber auch Leistungen der Krankenversorgung – im Bereich der Sozialen Entschädigung ab 1.1.2024 auch die zur Weiterführung des Haushalts – oder der Pflege umfassen.

Art. 8 des Gesetzes zur Einordnung des Sozialhilferechts in das Sozialgesetzbuch vom 27.12.2003 fasste § 17 Abs. 2 bis 6 SGB IX aF neu und konkretisierte mit Regelungen zur Zuständigkeit, zur inhaltlichen Ausgestaltung und zum Verfahren, wie die Leistungen zur Teilhabe als „Persönliches Budget" erbracht werden können. Das Persönliche Budget gestattet es, Geld- und Sachleistungen, letztere in Form eines Gutscheines, verschiedener Sozialleistungsträger durch einen Träger quasi „aus einer Hand" zu bewilligen und auszuführen. Näheres zu Zuständigkeit, Feststellung des individuellen Bedarfs und Zielvereinbarung regelte die Budgetverordnung (BudgetV – vgl. Nr. 1g, 1h) vom 27.5.2004. Mit Inkrafttreten des BTHG werden die meisten Regelungen der BudgetV unmittelbar in § 29 SGB IX übernommen, sodass die BudgetV ab 1.1.2018 aufgehoben wurde. Durch das ab 1.1.2018 in § 15 Abs. 1 geregelte „Antragssplitting" ist ein umfassendes trägerübergreifendes Persönliches Budget nicht mehr möglich, wenn bei einem Sozialversicherungsträger ein solches Budget beantragt wird und Leistungen geltend gemacht werden, für die dieser nicht zuständig sein kann. Werden Persönliche Budgets bei einem Träger der Kranken- oder Rentenversicherung bzw. bei der Bundesagentur für Arbeit beantragt und zugleich Leistungen zur Sozialen Teilhabe geltend gemacht, für die der Träger der Eingliederungshilfe zuständig ist, muss der Sozialversicherungsträger den Antrag splitten und den die Eingliederungshilfe betreffenden Teil an diesen Träger weiterleiten, es kommt dann zu zwei parallelen Teilbudgets.

Damit hat der Gesetzgeber mit dem BTHG ein weiteres Kernziel des SGB IX von 2001, nämlich das der trägerübergreifenden Leistungserbringung „wie aus einer Hand" mittels des Persönlichen Budgets in Teilen aufgegeben.

Dennoch stärkt das Persönliche Budget grundsätzlich die Selbstbestimmung von Menschen mit Behinderungen und trägt insbesondere den Bedürfnissen von Schwerst- und Mehrfachbehinderten Rechnung, die in der Regel mehrere Teilleistungen von unterschiedlichen Sozialleistungsträgern erhalten und durch die Zusammenführung der Teilleistungen in einem Budget bzw. die in einen Geldbetrag umgewandelte Sachleistung in die Lage versetzt werden, ihren Hilfebedarf zielgerichteter und die ihnen zustehenden Leistungen wirtschaftlicher und wirksamer einzusetzen (zB Einkaufs- oder Arbeitgebermodell).

Schneller Leistungszugang durch rasche Zuständigkeitsklärung

§ 14 SGB IX trägt dem Bedürfnis Rechnung, durch eine rasche Klärung von Zuständigkeiten Nachteilen des gegliederten Systems entgegenzuwirken und Schnittstellen zu überwinden. Die Zuständigkeit der einzelnen Zweige der sozialen Sicherheit für Rehabilitationsleistungen bleibt grundsätzlich unberührt. Das Verfahren zur Klärung der Zuständigkeit wird jedoch für die Rehabilitationsträger abschließend geregelt, sodass die Regelungen über die vorläufige Leistungserbringung nach dem Ersten Sozialgesetzbuch (§ 43 SGB I) für Leistungen zur Teilhabe mit § 24 S. 2 SGB IX ab 1.1.2018 keine Anwendung mehr finden. Letzteres macht in der Praxis erhebliche Probleme, da verschiedenen Träger die in den §§ 14, 15 genannten Fristen, bis zu denen

Einführung

eine Entscheidung getroffen sein muss, ausweislich der Teilhabeverfahrensberichte der BAR gem. § 41 z.Tl. um viele Monate überschreiten und zeitnahe Entscheidungen entgegen der Annahme des Gesetzgebers unverändert nicht durchgängig gewährleistet sind.

Seit 2001 gelten erstmals Fristen für die Entscheidung über die Zuständigkeit und die Antragsbearbeitung. Die Zuständigkeit ist innerhalb von 14 Tagen nach Antragseingang abschließend zu prüfen. Ist eine Entscheidung über den Rehabilitationsantrag nur nach Prüfung der Ursache der Behinderung möglich (zB Kausalität in der Unfallversicherung), ist der Antrag unverzüglich an einen dann zuständigen Rehabilitationsträger (zB Kranken- oder Rentenversicherungsträger) weiterzuleiten, der nach dem für ihn geltenden Recht ohne Kausalitätsprüfung über den Antrag entscheiden kann und muss (§ 14 Abs. 1 S. 3 SGB IX).

Der zuständige Rehabilitationsträger hat innerhalb von drei Wochen nach Antragseingang oder – wenn zur Beurteilung des Rehabilitationsbedarfs die Einholung eines Gutachtens erforderlich ist – innerhalb von zwei Wochen nach Eingang des Gutachtens über den Antrag zu entscheiden.

Stellt sich später heraus, dass tatsächlich ein anderer Rehabilitationsträger zuständig gewesen wäre, sieht § 16 Abs. 1 SGB IX eine Erstattungsregelung vor.

Mit dem BTHG wurde die Zuständigkeitsregelung abweichend geregelt, wenn mehrere Rehabilitationsträger beteiligt sind (§ 15). Der Rehabilitationsträger, bei dem der Antrag zunächst eingeht, wird als leistender Rehabilitationsträger bezeichnet und bleibt bis zur endgültigen Eingliederung eines Menschen mit Behinderung in der Unterstützungs- und Steuerungsverantwortung (§ 19). Werden bei ihm jedoch Leistungen geltend gemacht, für die er nach § 6 nicht leistungsverpflichtet sein kann, muss er den Antrag insoweit an den für diese Leistung zuständigen Träger weiterleiten (Antragssplitting, § 15 Abs. 1). Sind mehrere Rehabilitationsträger beteiligt, beteiligt der leistende Rehabilitationsträger die übrigen Träger bei der Feststellung des Leistungsbedarfs. An die dabei von den übrigen Trägern getroffenen Feststellungen ist der leistende Träger dann gebunden (§ 15 Abs. 3), wenn er insgesamt über alle mit dem Antrag geltend gemachten Leistungen entscheidet.

Unterstützung der Bedarfserkennung durch Ansprechstellen/gemeinsame Servicestellen

Nachdem die Verpflichtung der Rehabilitationsträger aus § 15 Abs. 3 SGB I, eine möglichst umfassende Auskunftserteilung durch eine Stelle sicherzustellen bzw. die Vorgabe in § 5 Abs. 1 S. 2 letzter HS RehaAnglG, gemeinschaftliche Auskunfts- und Beratungsstellen anzustreben, von den Rehabilitationsträgern in der Vergangenheit nicht zufriedenstellend umgesetzt wurde, gewährte § 22 SGB IX idF ab 1.7.2001 behinderten und von Behinderung bedrohten Menschen einen Anspruch auf Beratung und Unterstützung in gemeinsamen örtlichen Servicestellen der Rehabilitationsträger (§ 22 Abs. 1).

Die gemeinsamen Servicestellen nahmen eine Schlüsselstellung bei der Einbindung der behandelnden Ärzte in das Rehabilitationsverfahren (§ 34) und bei der Prävention im Arbeitsleben (§ 167) ein.

Da die Rehabilitationsträger nur im Land Baden-Württemberg und in Teilen von Sachsen-Anhalt gemeinsame Servicestellen entsprechend den gesetzlichen Vorgaben der §§ 22, 23 SFB IX aF errichtet hatten und alle übrigen

Gemeinsamen Servicestellen nicht entsprechend den gesetzlichen Vorgaben tätig waren, sah der Gesetzgeber dieses institutionelle Instrument zur Überwindung von Schnittstellenproblemen und zur Verbesserung der Koordination und Kooperation der Träger als gescheitert an und hob die Gemeinsamen Servicestellen ab 1.1.2019 auf.

Mit Inkrafttreten des BTHG am 1.1.2018 müssen die Rehabilitationsträger die mit dem SGB IX den gemeinsamen Servicestellen zugeordneten Aufgaben nunmehr wieder – wie vor Inkrafttreten des SGB IX – in eigener Verantwortung ausführen. § 12 Abs. 1 S. 3 SGB IX verpflichtet die Träger jedoch, Ansprechstellen zu benennten, die Informationsangebote zur frühzeitigen Erkennung des Rehabilitationsbedarfs an Leistungsberechtigte, an Arbeitgeber und an andere Rehabilitationsträger vermitteln. Die Ansprechstellen sind verpflichtet, untereinander und mit anderen Leistungsträgern mit dem Ziel zusammen zu arbeiten, eine möglichst umfassende Auskunftserteilung durch eine Stelle sicherzustellen.

Die von den Trägern eingerichteten Ansprechstellen sind weder fachlich noch personell so ausgestattet, dass sie die zuvor den gemeinsamen Servicestellen zugeordneten Aufgaben ausführen können. Damit ist insbesondere der Beratungs- und Unterstützungsbedarf nicht mehr gedeckt, den Arbeitgeber im Zusammenhang mit Menschen mit Behinderung ua im Rahmen des Betrieblichen Eingliederungsmanagements haben. Deswegen wurden mit dem Teilhabestärkungsgesetz flächendeckend trägerunabhängige „einheitliche Ansprechstellen für Arbeitgeber" eingeführt (§ 185a), die Arbeitgeber bei der Ausbildung, Einstellung und Beschäftigung schwerbehinderter Menschen unterstützen beraten und unterstützen. Die Integrationsämter beauftragen Integrationsfachdienste oder andere geeignete Träger mit dieser Aufgabe und finanzieren sie aus Mitteln der Ausgleichsabgabe.

Ergänzende unabhängige Teilhabeberatung (EUTB)

Das Bundesministerium für Arbeit und Soziales fördert auf der Grundlage des mit dem BTHG eingeführten § 32 ab 1.1.2018 zur Stärkung der Selbstbestimmung von Menschen mit Behinderungen und von Behinderung bedrohter Menschen eine von Leistungsträgern und Leistungserbringern unabhängige ergänzende Beratung als niedrigschwelliges Angebot, das bereits im Vorfeld der Beantragung konkreter Leistungen zur Verfügung steht. Dieses Angebot besteht neben dem Anspruch auf Beratung durch die Rehabilitationsträger (§ 14 SGB I).

Das ergänzende Angebot erstreckt sich auf die Information und Beratung über Rehabilitations- und Teilhabeleistungen nach diesem Buch. Die Rehabilitationsträger informieren im Rahmen der vorhandenen Beratungsstrukturen und ihrer Beratungspflicht über dieses ergänzende Angebot. Die Förderung war zunächst bis Ende 2022 befristet. Die Befristung wurde durch das Angehörigen-Entlastungsgesetz vom 29.11.2019 aufgehoben. Die Bundesregierung kann künftig die Finanzierung der EUTB durch Rechtsverordnung sicherstellen. Dafür stehen ab 2023 jährlich 65 Mio Euro zur Verfügung. Die Mittel sind jedoch begrenzt und so bemessen, dass – entgegen der Absicht des Gesetzgebers – nicht damit zu rechnen ist, dass in jeder kreisfreien Stadt bzw. jedem Landkreis mindestens eine EUTB, häufig getragen durch die Organisationen und Verbände von Menschen mit Behinderungen, zur Verfügung steht.

Einführung

Koordination, Kooperation und Konvergenz durch gemeinsame Empfehlungen

Für die verspätete Einleitung von Rehabilitationsmaßnahmen, die mangelnde Durchgängigkeit und Homogenität zwischen ambulanter und stationärer Akutversorgung einerseits und ambulanter und stationärer Rehabilitation andererseits, aber auch die Schnittstellenprobleme zwischen medizinischer, beruflicher und sozialer Rehabilitation wurde das rechtlich und administrativ gegliederte Sozialleistungsträgersystem verantwortlich gemacht. Weil jedoch nicht zu bestreiten ist, dass die weltweit herausragende Qualität der Rehabilitationsversorgung in Deutschland gerade auf der differenzierten Rehabilitationszielsetzung und den daran anknüpfenden spezifischen Versorgungsinhalten des gegliederten Systems beruht, hat der Gesetzgeber die in der Vergangenheit häufig eingebrachte Forderung, das Rehabilitationsrecht bzw. die Verantwortung für die Rehabilitation nur einem einzigen Träger zuzuordnen, nicht aufgegriffen. Stattdessen verfolgt das SGB IX das Ziel, die zweifellos vorhandenen Schnittstellenprobleme durch die Verpflichtung der Rehabilitationsträger zu enger Kooperation und zur Koordination der Leistungen zu beseitigen.

Das SGB IX verpflichtet die Rehabilitationsträger in § 4 Abs. 2 S. 1 dazu, die Leistungserbringung auf die in Abs. 1 beschriebenen Rehabilitationsziele auszurichten, enthält jedoch zu deren Konkretisierung im Gesetz selbst keine weiteren Regelungen im Sinne der Konvergenz oder Koordination.

Die angestrebte Koordination, Kooperation und Konvergenz der Rehabilitationsträger zur Gewährleistung einer einheitlichen Rehabilitationspraxis soll einerseits durch die Ergänzung des Kreises der Rehabilitationsträger um die Träger der Sozial- und Jugendhilfe, andererseits durch die Verpflichtung der Rehabilitationsträger zur Vereinbarung „Gemeinsamer Empfehlungen" (§§ 25, 26) erreicht werden. Dabei handelt es sich um Regelungen ua darüber,

- welche Maßnahmen nach § 3 geeignet sind, um den Eintritt einer Behinderung zu vermeiden,
- in welchen Fällen und in welcher Weise rehabilitationsbedürftigen Menschen notwendige Leistungen zur Teilhabe angeboten werden, insbesondere, um eine durch eine Chronifizierung von Erkrankungen bedingte Behinderung zu verhindern,
- über die einheitliche Ausgestaltung des Teilhabeplanverfahrens,
- in welcher Weise die Bundesagentur für Arbeit nach § 54 zu beteiligen ist,
- wie Leistungen zur Teilhabe nach den §§ 14 und 15 koordiniert werden,
- in welcher Weise und in welchem Umfang Selbsthilfegruppen, -organisationen und -kontaktstellen, die sich die Prävention, Rehabilitation, Früherkennung und Bewältigung von Krankheiten und Behinderungen zum Ziel gesetzt haben, gefördert werden,
- für Grundsätze der Instrumente zur Ermittlung des Rehabilitationsbedarfs nach § 13,
- in welchen Fällen und in welcher Weise der behandelnde Hausarzt oder Facharzt und der Betriebs- oder Werksarzt in die Einleitung und Ausführung von Leistungen zur Teilhabe einzubinden sind,
- zu einem Informationsaustausch mit Beschäftigten mit Behinderungen, Arbeitgebern und den in § 166 genannten Vertretungen zur möglichst früh-

zeitigen Erkennung des individuellen Bedarfs voraussichtlich erfor- derlicher Leistungen zur Teilhabe sowie
– über ihre Zusammenarbeit mit Sozialdiensten und vergleichbaren Stellen.
Die Verpflichtung zur Vereinbarung gemeinsamer Empfehlungen erstreckt sich nach § 26 Abs. 1 SGB IX ausdrücklich auch auf die in § 25 Abs. 1 Nr. 1 bis 5 erfassten Sachverhalte. Damit wird die zuvor nur im Recht der Krankenversicherung (in dem durch das GKV-WSG entfallenen § 111b SGB V) enthaltene Verpflichtung zur Konkretisierung der Leistungsinhalte (im Sinne von Rehabilitationsleitlinien) auf alle Rehabilitationsträger ausgedehnt.

In diesem Zusammenhang wurde 2001 die **Bundesarbeitsgemeinschaft für Rehabilitation (BAR)** mit gesetzlichen Aufgaben betraut. Ihre Aufgaben wurden so erweitert, dass sie die administrative Basis für die notwendigen Abstimmungs- und Vorbereitungsprozesse im Rahmen einer effektiveren trägerübergreifenden Zusammenarbeit bildet. Sie hat ua die gemeinsamen Empfehlungen der Rehabilitationsträger zu erarbeiten (§ 39 Abs. 2 Nr. 3), die Zusammenarbeit der Rehabilitationsträger zu beobachten, dazu nach gemeinsamen Grundsätzen Daten zu erheben, und die Zusammenarbeit der Rehabilitationsträger regelmäßig auszuwerten und zu bewerten (§ 39 Abs. 2 Nr. 1 und ab 2019 jährlich einen Teilhabeverfahrensbericht mit den in § 41 Abs. 1 genannten Daten zu veröffentlichen (§ 41 Abs. 2).

Die BAR erhält – bei gleichem Namen – mit dem Inkrafttreten des BTHG ab 1.1.2018 als weiterhin eingetragener Verein den öffentlich-rechtlichen Status einer »Arbeitsgemeinschaft nach § 94 SGB X« und wird zugleich der Rechtsaufsicht des BMAS unterstellt. Diese Statusänderung geht einher mit umfangreichen Veränderungen der Aufgabenstellung, insbesondere hinsichtlich des trägerübergreifenden Leistungsgeschehens. Dazu gehören ua die Erarbeitung von gemeinsamen Grundsätzen zur Bedarfserkennung, Bedarfsermittlung und Koordinierung von Leistungen, von Beratungsstandards sowie von Qualitätskriterien zur Sicherung der Struktur- und Prozessqualität.

Die BAR ist gleichwohl auf der Grundlage einer freiwilligen Übereinkunft der Selbstverwaltung ein eingetragener Verein dem im Wesentlichen die Rehabilitationsträger angehören (die Leistungserbringer sind nicht Mitglied der BAR). Der Gesetzgeber hat ihr ab 2001 gesetzliche Aufgaben übertragen, die sie als „neutraler Aufgabenträger" zu erfüllen hat. Ihr können deshalb durch die Satzung des eingetragenen Vereins oder die Beschlussfassung ihrer Organe von ihren Mitgliedern weitere –über die gesetzlich zugewiesenen Aufgaben hinausgehende – Aufgaben zugewiesen werden.

Die im Rahmen der BAR von den Rehabilitationsträgern vereinbarten gemeinsamen Empfehlungen sind in Nr. 21 a–21 m abgedruckt.

XI. Wesentliche Inhalte im Bereich der medizinischen Rehabilitation und der ergänzenden Leistungen

Gegenstand der medizinischen Rehabilitation/Stufenweise Wiedereingliederung·

§ 42 definiert für alle zur Erbringung von Leistungen der medizinischen Rehabilitation verpflichteten Rehabilitationsträger einheitlich, was unter medizinischer Rehabilitation zu verstehen und was Gegenstand dieser Leistungen ist. In den für die Träger geltenden Leistungsgesetzen sind dazu keine

Regelungen mehr enthalten. Mangels spezifischer oder abweichender Vorschriften in den Leistungsgesetzen ist § 42 danach für alle Rehabilitationsträger unmittelbar geltendes Recht.

Die Anknüpfung an die Internationale Klassifikation der WHO (ICF) und die Ausrichtung auch der medizinischen Rehabilitation auf die Beseitigung oder Minderung von Störungen der Aktivitäten und der Partizipation erforderte in § 42 Abs. 3 die Klarstellung, dass die Leistungen zur medizinischen Rehabilitation auch psychologische und pädagogische Hilfen umfassen, weil diese in besonderem Maße zur Aufarbeitung von Aktivitäts- und Partizipationsstörungen geeignet sind.

Die Träger der medizinischen Rehabilitation haben in Anbetracht dieser auf die Inklusion ausgerichteten Zielsetzung im Rahmen der Rehabilitationskonzepte zu klären und festzulegen, inwieweit die in der medizinischen Rehabilitation eingesetzten Verfahren und Methoden geeignet sind, die nach § 4 Abs. 2 S. 1 iVm § 13 Abs. 2 Nr. 3 schon im Rahmen der Bedarfsermittlung zu benennenden Teilhabeziele zu erreichen oder zu fördern, bzw. im Einzelfall zu prüfen, welche Leistungen für den Rehabilitanden mit Blick auf den Grad seiner Aktivitäten- bzw. Partizipationseinschränkung erfolgversprechend sind. Welche Schwierigkeiten dieser Paradigmenwechsel bei den Rehabilitationszielen – über das Erreichen der bestmöglichen Gesundheit hinausgehende Teilhabe am Leben in der Gesellschaft – macht, zeigt die Entwicklung der strukturierten Behandlungsprogramme (Disease-Management-Programme – DMP) nach § 137 f SGB V. Obwohl die gesetzliche Zielsetzung zur Verbesserung der Versorgung chronisch Kranker gerade rehabilitative Leistungsziele und -inhalte erfordert, beschränken sich alle bisherigen Vorschläge des Gemeinsamen Bundesausschusses ausschließlich auf akutmedizinische Ziele und Leistungen (DMP Diabetes mellitus Typ 1 und Typ 2, Brustkrebs, Koronare Herzkrankheiten mit einem Modul chronische Herzinsuffizienz, Asthma bronchiale und chronisch obstruktive Atemwegserkrankungen – COPD –, Depressionen, Rheumatoide Arthritis, Osteoporose, Chronischer Rückenschmerz). Rehabilitationsziele im Sinne der §§ 1, 4 Abs. 1 SGB IX und nach ihrer Struktur- und Prozessqualität darauf ausgerichtete Leistungsanteile enthalten die DMP bisher nicht.

Die zuvor bereits in der gesetzlichen Krankenversicherung mögliche stufenweise Wiedereingliederung wurde ab 1.7.2001 auf die medizinische Rehabilitation aller Träger ausgedehnt (§ 44).

Mit Zustimmung des Berechtigten sind seit 10.6.2021 auch digitale Gesundheitsanwendungen, deren Gegenstand und Umfang in § 47a konkretisiert wird, Bestandteil der medizinischen Leistungen zur Rehabilitation (§ 42 Abs. 2 Nr. 6a), um einer drohenden Behinderung vorzubeugen, den Erfolg einer Heilbehandlung zu sichern oder eine Behinderung bei der Befriedigung von Grundbedürfnissen des täglichen Lebens auszugleichen.

Ambulant vor stationär

Das SGB IX enthielt in § 19 Abs. 2 den Grundsatz „ambulant vor stationär", übernahm allerdings nicht die stringente Regelung der Krankenversicherung, sondern milderte sie dahingehend ab, dass Leistungen in ambulanter Form erbracht werden konnten, wenn damit eine vergleichbare Wirksamkeit erreichbar sei. Mit Inkrafttreten des BTHG enthält das Teilhaberecht den Grundsatz ambulant vor stationär nicht mehr, weil nach Auffassung des Gesetzgebers „eine konsequent personenbezogene Bedarfsfeststellung keine Rangfolge von Leistungserbringungsformen (ambulant vor stationär) zulässt". Ab 1.1.2018 richtet sich danach die Leistungsform ausschließlich nach dem nach § 13 Abs. 2 festgestellten individuellen Bedarf und der Prognose, welche Leistungen zur Erreichung der Teilhabeziele voraussichtlich erfolgreich sind.

Frührehabilitation/Rehabilitation im Krankenhaus

Der Gesetzgeber stellt in § 43 SGB IX in Verbindung mit § 39 Abs. 1 S. 3 SGB V klar, dass die akutstationäre Behandlung auch die im Einzelfall erforderlichen und zum frühestmöglichen Zeitpunkt einsetzenden Leistungen zur Frührehabilitation umfasst. Um jeden Zweifel auszuschließen, betont die Begründung des SGB IX von 2001, dass es sich um Änderungen zur Anpassung an den Sprachgebrauch des Neunten Buches, nicht jedoch um eine Zuordnung von neuen Aufgaben und Verantwortung handelt, mit denen sichergestellt wird, dass die erforderlichen Leistungen zur medizinischen Rehabilitation, dh, das in § 42 aufgezeigte Methodenspektrum, bereits während der Krankenhausbehandlung und damit zum frühestmöglichen Zeitpunkt einsetzen. Mit Blick darauf, dass der in § 107 SGB V konkretisierte Versorgungsauftrag von Krankenhäusern und Rehabilitationseinrichtungen nicht verändert wurde, handelt es sich bei der Ergänzung des § 39 SGB V ausdrücklich nicht um eine Erweiterung des Versorgungsauftrages der Krankenhäuser etwa in Richtung neuer Geschäftsfelder aus dem Bereich der Langzeitrehabilitation.

Der Gesetzgeber ist damit der Intention der Spitzenorganisationen der Leistungserbringer und Spitzenverbände der Krankenkassen gefolgt. Letztere hatten eine noch deutlichere Formulierung dahingehend vorgeschlagen, dass es sich dabei um Leistungen handelt, die im Rahmen der originären Akutbehandlung das vorhandene Rehabilitationspotential bis zur Entlassung oder Verlegung in eine Rehabilitationseinrichtung nutzt (vgl. Ausschuss-Drs. 14/1248 S. 21).

Die während der Krankenhausbehandlung erbrachten Leistungen der Frührehabilitation sind danach Bestandteil der Kosten der Krankenhausbehandlung und damit mit den Krankenhauspflegesätzen (§ 16 KHG) abgegolten. Da insbesondere das pauschalierende Entgeltsystem auf der Grundlage der Diagnosis Related Groups (DRG) die Kosten der rehabilitativen Leistungsanteile des Krankenhauses nur unzureichend abbilden kann, sieht das Fallpauschalenänderungsgesetz (FPÄndG) vom 17.7.2003 (BGBl. I S. 1461) vor, Krankenhäuser mit einer Häufung solcher Leistungen zeitlich befristet aus dem DRG-Vergütungssystem herauszunehmen und die Leistungen der Frührehabilitation weiterhin nach der Bundespflegesatzverordnung zu vergüten (§ 17b Abs. 1 S. 15 KHG idF des FPÄndG). In der Praxis wird davon jedoch kein Gebrauch gemacht. Stattdessen wurden mit der Fallpauschalenverordnung für besondere Einrichtungen 2004 (FPVBE 2004) vom 19.12.2003 (BGBl. I S. 2811) spezifische DRG-Ziffern definiert, die die Kosten des Aufwandes für die frührehabilitativen Leistungen enthalten. Dabei bleibt unklar, nach welchen Kriterien die rehabilitativen Leistungsanteile als bedarfsgerecht angesehen und ihrer Höhe nach bemessen werden, weil es dafür unverändert an tragfähigen Maßstäben fehlt. Kein geeigneter Maßstab ist zB eine Verlängerung der sog. Grenzverweildauer, die ein Element der Kalkulation der Fallpauschalen ist. Weil die Krankenhausverweildauer durch den überwiegenden Bedarf an akutmedizinischen Interventionen begrenzt ist, kann sie durch den begleitenden Einsatz frührehabilitativer Leistungselemente nicht verlängert werden.

Früherkennung und Frühförderung

Obwohl es sich prinzipiell bei den Leistungen der Früherkennung und Frühförderung um Maßnahmen der Prävention handelt, wurden sie durch das SGB IX ausdrücklich dem Katalog der medizinischen Leistungen zur Rehabilitation zugeordnet (§ 42 Abs. 2 Nr. 2). Damit haben die Rehabilitationsträger im Rahmen einer gemeinsamen Empfehlung nach § 26 – und nicht mehr der Gemeinsame Bundesausschuss in einer Richtlinie nach § 92 Abs. 1 Nr. 6 SGB V – festzulegen, was Inhalt der Leistungen der Frühförderung ist (das gilt zB auch für bisher nicht allgemein anerkannte Methoden wie die konduktive Förderung cerebral geschädigter Kinder nach der Methode Petö). Darüber hinaus wird klargestellt, dass es sich bei der Frühförderung um eine Komplexleistung aus einem interdisziplinär abgestimmten System ärztlicher, medizinisch-therapeutischer, psychologischer, heilpädagogischer und sozial-pädagogischer Leistungen handelt. Die Frühförderung als System von Hilfen für behinderte und von Behinderung bedrohte Kinder und ihrer Familien beginnt mit der Feststellung des Entwicklungsrisikos und endet in der Regel mit dem Schuleintritt (§ 46).

Der Gesetzgeber hat zur Beseitigung der langjährigen Probleme bei der Früherkennung und Frührehabilitation folgende Maßnahmen unternommen:

– Einbeziehung dieser Leistungen in den Katalog der Rehabilitationsleistungen (§ 42 Abs. 2 Nr. 2),

– Definition der Früherkennung und Frühförderung (§ 46) als medizinische Leistungen zur Rehabilitation,

– Definition der heilpädagogischen Leistungen als Leistungen zur Sozialen Teilhabe (§ 79),

– Klärung, dass Leistungen zur Sozialen Teilhabe ua Aufgabe der Sozialhilfeträger als Rehabilitationsträger und nicht Aufgabe der Kranken- oder Rentenversicherungsträger im Rahmen ihrer medizinischen Rehabilitation ist (§ 6),

– Klarstellung, dass im Rahmen der der medizinischen Leistungen zur Rehabilitation zugeordneten Leistungen der Frühförderung auch nichtärztliche Leistungsbestandteile Gegenstand der Leistungen sein können (§ 46 Abs. 2),

– Verpflichtung dazu, dass Leistungen der Frühförderung und heilpädagogische Leistungen als Komplexleistungen zu erbringen sind, wenn sie verbunden werden, und über die Leistungsinhalte und die Kostentragung zwischen den beteiligten Rehabilitationsträgern Vereinbarungen zu treffen (§ 46 Abs. 3 und Abs. 5).

Der zuvor die heilpädagogischen Leistungen regelnde § 40 Abs. 1 Nr. 2a BSHG wurde gestrichen, der Inhalt allerdings identisch in § 55 Abs. 2 Nr. 2 SGB IX aF übernommen. § 56 aF stellte zudem nochmals ausdrücklich klar, dass Leistungen zur Früherkennung und Frühförderung nicht identisch mit heilpädagogischen Leistungen sind und jeweils besondere Voraussetzungen und Inhalte aufweisen.

Für die zuvor in § 40 Abs. 1 Nr. 2a BSHG geregelten heilpädagogischen Maßnahmen bestand – trotz Streichung dieser Vorschrift – die Zuständigkeit der Sozialhilfeträger fort, weil sie nunmehr für die in § 55 Abs. 2 Nr. 2 SGB IX aF in Verbindung mit § 56 SGB IX aF geregelte Leistung nach § 6 Abs. 1 Nr. 7 SGB IX in Verbindung mit § 5 SGB IX als Rehabilitationsträger allein zuständig wurden, soweit nicht eine Zuständigkeit der Kriegsopferversorgung, der Träger der öffentlichen Jugendhilfe oder der Unfallversicherung gegeben ist.

Die Kranken- und Rentenversicherung darf diese Leistungen dagegen nicht erbringen, weil sie – im Gegensatz zu den Trägern der Sozialhilfe – nach § 6 SGB IX für Leistungen zur Sozialen Teilhabe ausdrücklich nicht zuständig ist.

Letztlich verpflichtet der Gesetzgeber die Rehabilitationsträger dazu, gemeinsam die Schnittstellenprobleme zwischen medizinischen Leistungen der Frühförderung und heilpädagogischen Maßnahmen auf der Basis ihrer jeweils eindeutigen Zuständigkeit im Sinne von Komplexleistungen lösen (§§ 46 Abs. 3, 79 Abs. 3 SGB IX).

Da die dazu in § 30 Abs. 3 SGB IX aF vorgesehene gemeinsame Empfehlung der Rehabilitationsträger wegen unterschiedlicher Auffassungen insbesondere der Kostenträger auf der Ebene der BAR nicht zustande gekommen ist, hat das BMA auf der Grundlage von § 32 Nr. 1 mit Zustimmung des Bundesrates am 24. Juni 2003 die Verordnung zur Früherkennung und Frühförderung behinderter und von Behinderung bedrohter Kinder (Frühförderungsverordnung – FrühV, Nr. 1 f) erlassen, die am 1. Juli 2003 in Kraft getreten ist.

Auch danach konnte keine bundesweit einheitliche Auffassung zur Auslegung und Anwendung des Frühförderrechts, insbesondere auch wegen unterschiedlicher Auffassungen zum Leistungsgegenstand und der Kostenverteilung zwischen den beteiligten Trägern erreicht werden. Mit dem BTHG hat der Gesetzgeber nunmehr § 46 klarer gefasst und in Absatz 5 eine Obergrenze für die Kostenanteile der beteiligten Träger eingezogen und im Übrigen die Länder ermächtigt, ggfls. abweichende Regelungen zu treffen.

In der **Frühförderverordnung** (FrühVO) wird klargestellt, dass auch schon nach bisherigem Recht mögliche, aber oftmals strittige Leistungsbestandteile nunmehr zweifelsfrei Gegenstand der Frühförderung sind. Einzelheiten über die Anforderungen an die Leistungserbringer, die Dokumentation, die Qualitätssicherung, den Ort der Leistungserbringung sowie die Vereinbarung und Abrechnung der Entgelte waren bis zum 31. Juli 2019 in Landesrahmenvereinbarungen zwischen Rehabilitationsträgern und Leistungserbringerverbänden zu regeln.

Die die Frühförderung bisher maßgeblich behindernde Uneinigkeit der Kostenträger (in der Regel Krankenkassen und Sozialhilfeträger) soll durch die Verpflichtung der Reha-Träger beseitigt werden, auf der Grundlage des neuen Rechts Vereinbarungen über ihre Kostenbeteiligungen an den Frühförderleistungen zu schließen, wobei das Landesrecht pauschale Abrechnung vorsehen kann. Neben den bisher bekannten Frühförderstellen können künftig auch nach Landesrecht zugelassene Einrichtungen mit vergleichbarem interdisziplinären Förder-, Behandlungs- und Beratungsspektrum Leistungen der Frühförderung ausführen (zB integrative Kindergärten). Leistungen der Frühförderung durch sozialpädiatrische Zentren werden in der Regel in ambulanter, in begründeten Ausnahmefällen auch in mobiler Form oder in Kooperation mit Frühförderstellen erbracht werden.

Einführung

Für betroffene Kinder, Jugendliche und Eltern besonders bedeutsam ist, dass medizinisch-therapeutische Leistungen der Frühförderung künftig grundsätzlich nicht mehr nach den Vorgaben der Heilmittelrichtlinien des Gemeinsamen Bundesausschusses unter den darin enthaltenen Beschränkungen erbracht werden. Maßgebend für Art und Umfang der medizinisch-therapeutischen Leistungen im Rahmen der Frühförderung sind ausschließlich noch die im Förder- und Behandlungsplan getroffenen Festlegungen.

Leistungen zum Lebensunterhalt

Die zeitweise erwogene Anpassung der Höhe des Krankengeldes, Versorgungskrankengeldes, Verletztengeldes sowie des Übergangsgeldes wurde nicht in das SGB IX aufgenommen.

Bei der Ausführung von Teilhabeleistungen ist – mit Ausnahme der Leistungen der Eingliederungshilfe – regelmäßig ein Anspruch auf Übergangsgeld dem Grunde nach gegeben und zwar unabhängig davon, ob die Leistungen stationär oder ambulant erbracht werden, Arbeitsunfähigkeit besteht oder der Betroffene an der Ausübung einer ganztägigen Erwerbstätigkeit gehindert ist (§ 65). Folgerichtig besteht künftig ein Anspruch auf Lohnfortzahlung gegenüber dem Arbeitgeber auch dann, wenn der Betroffene wegen einer ambulanten medizinischen Rehabilitation an der Arbeitsleistung verhindert ist (§§ 9 Abs. 1 LFZG, 10 Abs. 2 LFZG).

Zur Höhe und Berechnung des Übergangsgeldes wurde ein für alle Rehabilitationsträger einheitlicher Kinder-Begriff im steuerrechtlichen Sinne definiert (§ 66 Abs. 1 Nr. 1). Bei der Berechnung des Regelentgeltes verdeutlicht das SGB IX, dass der Entscheidung des Bundesverfassungsgerichts hinsichtlich der Berücksichtigung von einmalig gezahltem Arbeitsentgelt durch das Einmalzahlungs-Neuregelungsgesetz Rechnung getragen wird (§ 67 Abs. 1).

Für alle Fälle, in denen eine Orientierung an den tatsächlichen Einkommensverhältnissen des Betroffenen vor Beginn der Leistung zu einer nicht angemessenen Höhe des Übergangsgeldes führen würde, enthält das SGB IX eine für alle Rehabilitationsträger einheitliche Regelung zur Ermittlung der Berechnungsgrundlage (§ 68).

Basis der Übergangsgeldberechnung sind nicht die im Bereich der Beitragspflicht von geringfügig Beschäftigten mit dem Zweiten Gesetz für moderne Dienstleistungen am Arbeitsmarkt vom 23.12.2002 (BGBl. I S. 4621) eingeführten Besonderheiten der Gleitzone, sondern das tatsächliche Arbeitsentgelt.

Durch Art. 7 des Gesetzes zur Förderung ganzjähriger Beschäftigung vom 24.4.2006 (BGBl. I S. 926) wurde das Winterausfallgeld als Bemessungsgrundlage gestrichen, sodass in diesen Fällen allein das Kurzarbeitergeld der Berechnung zu Grunde gelegt wird.

Die gem. § 70 SGB IX nach Ablauf eines Jahres vorzunehmende Anpassung der Berechnungsgrundlage der während der Leistungen zu zahlenden Barleistungen (zB Übergangsgeld) wurde durch Art. 4 des Dritten Gesetzes zur Änderung des SGB IV und anderer Gesetze vom 5.8.2010 BGBl I S. 1127 auf die Fälle beschränkt, bei denen der Wert der Anpassung den Faktor 1,0000 überschreitet.

Ergänzende Leistungen

Der Katalog der ergänzenden Leistungen enthält neben dem ärztlich verordneten Rehabilitationssport (unter besonderer Berücksichtigung der Belange von Frauen und Mädchen) ärztlich verordnetes Funktionstraining in Gruppen unter fachkundiger Anleitung und Überwachung (§ 64 Abs. 1 Nr. 4). Die im Entwurf der Bundesregierung zunächst enthaltene Beschränkung des Rehabilitationssports auf eine Ergänzung der medizinischen Rehabilitation wurde nach der Anhörung im Gesetzgebungsverfahren zurückgenommen, sodass der Rehabilitationssport auch weiterhin als ergänzende Leistung zur medizinischen Rehabilitation wie auch zur Teilhabe am Arbeitsleben gewährt werden kann.

Die Regelung über die Reisekosten (§ 73) wurde für alle Reha-Träger harmonisiert. Sie gewährt dem Berechtigten einen Anspruch auf Erstattung der Reisekosten durch den Rehabilitationsträger, der auch eine Wegstreckenentschädigung und die Reisekosten für begleitende Kinder Alleinerziehender beinhalten kann.

Ebenso harmonisiert wurden die Vorschriften über die Gewährung einer Haushaltshilfe (§ 74), die auch die Übernahme von Kosten der Kinderbetreuung bis zu mtl. 160 Euro pro Kind an Stelle einer Haushaltshilfe beinhalten.

Leistungsort

Der Grundsatz, dass Leistungen zur medizinischen Rehabilitation und zur Teilhabe im Inland zu erbringen sind, wird beibehalten. Sie können auch im Ausland erbracht werden, wenn sie dort bei zumindest gleicher Qualität und Wirksamkeit wirtschaftlicher ausgeführt werden können. Leistungen zur Teilhabe am Arbeitsleben können im grenznahen Ausland auch ausgeführt werden, wenn sie für die Aufnahme oder Ausübung einer Beschäftigung oder selbständigen Tätigkeit erforderlich sind.

Trägerübergreifende Qualitätssicherung

Die Rehabilitationsträger sollen nach § 37 ein gemeinsames System der Qualitätssicherung vereinbaren, um ein effizientes und effektives gemeinsames Handeln der Rehabilitationsträger zu gewährleisten und die erforderlichen Leistungen in der gebotenen Qualität sicher zu stellen. Nach Auffassung des Gesetzgebers ist dies unabdingbare Voraussetzung für die gemeinsame Bedarfsplanung, die Koordination der Leistungen, die Konvergenz der Leistungen und die Kooperation der Leistungsträger, insbesondere für ein trägerübergreifendes Rehabilitationsmanagement.

Die nach Inkrafttreten des SGB IX zunächst bestehende Divergenz zu den QS-Vorschriften der Krankenversicherung (§ 135a SGB V) wurde durch das GKV-WSG ab 1.7.2007 beseitigt. Nach § 37 Abs. 2 S. 2 SGB IX haben sich seitdem alle von einem Rehabilitationsträger in Anspruch genommenen (§ 28 Abs. 1 SGB IX) stationären Rehabilitationseinrichtungen für ihr Qualitätsmanagement an einem Zertifizierungsverfahren zu beteiligen. Die Spitzenverbände der Rehabilitationsträger haben im Rahmen der BAR die grundsätzlichen Anforderungen an das einrichtungsinterne QS-Management sowie ein einheitliches unabhängiges Zertifizierungsverfahren vereinbart (vgl. Nr. 211 –

Einführung

Gemeinsame Empfehlung Qualitätssicherung), mit dem die erfolgreiche Umsetzung des QS-Managements in regelmäßigen Abständen nachgewiesen werden muss (§ 37 Abs. 3 SGB IX). Stationäre Rehabilitationseinrichtungen sind nur dann als geeignet im Sinne der §§ 28, 36 SGB IX anzusehen, wenn sie zertifiziert sind. Die Versorgungsverträge mit Einrichtungen, deren QS-Management nicht zertifiziert sind, sind nicht mehr nach dem SGB IX (§ 21 Abs. 3 SGB IX aF), sondern nach §§ 92 S. 3 und 59 Abs. 1 S. 2 SGB X zu kündigen.

Während die Empfehlungen nach § 37 Abs. 1 SGB IX für die übrigen Rehabilitationsträger unmittelbar geltendes Recht sind, haben die Krankenkassenverbände nach § 137d Abs. 1 SGB V auf dieser Grundlage gemeinsam und einheitlich die Maßnahmen der Qualitätssicherung nach § 135a Abs. 1 Nr. 2 SGB V mit den Spitzenorganisationen der Leistungserbringer zu vereinbaren. Für den Fall, dass trotz der mit dem SGB IX verwirklichten weitgehenden Konvergenz des Rehabilitationsrechts noch ein spezifischer Regelungsbedarf für den Bereich der Krankenversicherung verblieben sein sollte, räumt diese Verpflichtung den Beteiligten einen – allerdings sehr begrenzten – spezifischen Gestaltungsspielraum für den Bereich der GKV ein. Im Übrigen bezieht § 137d Abs. 1 SGB V ausdrücklich die ambulanten Rehabilitationseinrichtungen in diese Vereinbarung ein und stellt klar, dass solche Einrichtungen über einen (Versorgungs-)Vertrag verfügen müssen.

Gewaltschutz

Mit dem Teilhabestärkungsgesetz wurde ab 10.6.2021 im räumlichen Zusammenhang mit den Bestimmungen über die Qualitätssicherung mit § 37a eine Gewaltschutzregelung eingefügt. Danach haben die Leistungserbringer für Menschen mit Behinderungen geeignete Maßnahmen zum Schutz vor Gewalt zu treffen, wozu insbesondere die Entwicklung und Umsetzung eines Gewaltschutzkonzeptes gehört. Die Reha-Träger und Integrationsämter haben auf die Umsetzung des Schutzauftrages hinzuwirken. Ergänzend dazu enthält in verschiedenen Ländern (zB WTG NRW) auch das Heimrecht Schutzbestimmungen für Menschen mit Behinderungen in Einrichtungen.

Zusammenarbeit mit den Leistungserbringern

Für alle Leistungsbereiche des Gesundheitswesens und der Pflegeversicherung enthalten die einschlägigen gesetzlichen Regelungen (SGB V, SGB XI) eigenständige Kapitel über die Zusammenarbeit der Sozialversicherungsträger mit den Leistungserbringern, in denen die gemeinsame Verantwortung und auch die zunehmend gleichberechtigte Handlungs- und Gestaltungskompetenz der Beteiligten geregelt ist.

Das SGB IX räumt den Spitzenorganisationen der Leistungserbringer lediglich niedrigschwellige Beteiligungsrechte (zB §§ 26 Abs. 6, 37 Abs. 3) ohne Verbindlichkeit ein, so dass im Bereich des Rehabilitations- und Teilhaberechts das strukturelle Ungleichgewicht zwischen Kostenträgern und Leistungserbringern beibehalten und eher noch vertieft wird. Der vom Gesetzgeber mit dem SGB IX verfolgte Konvergenz-, Koordinations- und Kooperationsansatz muss deshalb für die Beteiligung der Leistungserbringer und ihrer Verbände weitgehend als gescheitert angesehen werden.

Als positive Ausnahme kann § 38 Abs. 3 S. 4 angesehen werden, der den Spitzenorganisationen der Leistungserbringer in einem Zusammenschluss als Arbeitsgemeinschaft über die Mitwirkungsrechte des § 37 hinaus das Recht einräumt, auf Bundesebene in Rahmenverträgen ua über die Qualitätsanforderungen an die Ausführung der Leistungen oder die Grundsätze der Rehabilitationsträger zur Vereinbarung von Vergütungen auch inhaltlich mitzugestalten.

XII. Wesentliche Inhalte im Bereich der Leistungen zur Teilhabe am Arbeitsleben (LTA)

Die Regelungen über die Leistungen zur Teilhabe am Arbeitsleben entsprechen weitgehend den früheren Vorschriften des RehaAnglG und den entsprechenden Regelungen in den für die einzelnen Träger der Leistungen zur Teilhabe am Arbeitsleben geltenden Gesetzen. Z. T. werden dabei Regelungen des SGB III über den bisherigen Anwendungsbereich hinaus auf alle Rehabilitationsträger ausgedehnt (zB Förderung des beruflichen Aufstiegs – § 33, Leistungen an Arbeitgeber – § 34 Abs. 3, Dauer der Leistungen – § 37).

Die nachfolgenden Ausführungen beschränken sich auf die Inhalte, die durch das SGB IX von 2001 und die Weiterentwicklung durch das BTHG berührt werden.

Leistungsverbesserungen bei LTA ab 1.7.2001

§ 49 Abs. 2 sichert Frauen gleiche Chancen, insbesondere durch in der beruflichen Zielsetzung geeignete, wohnortnahe und auch in Teilzeit nutzbare Angebote der Leistungen zur Teilhabe am Arbeitsleben.

Es wird klargestellt, dass die Leistungen zur Teilhabe am Arbeitsleben auch die Zeiten notwendiger Praktika – allerdings mit Ausnahme der zur Erlangung einer staatlichen Anerkennung oder Erlaubnis zur Berufsausübung erforderlichen Zeiten – umfassen (Abs. 5). Dies gilt ebenso für die im Einzelfall erforderlichen psychosozialen Leistungen, zu denen bei Bedarf auch die Anleitung und Motivation zur Inanspruchnahme benötigter Leistungen sowie die Beteiligung von Integrationsfachdiensten gehört (Abs. 6). In unmittelbarem Zusammenhang mit der Ausführung der Leistung stehen nach Abs. 7 auch Lehrgangskosten, Prüfungsgebühren, Lernmittel usw.

Arbeitsassistenz

Von besonderer Bedeutung für die Förderung der Integration schwerbehinderter Menschen ist der im Rahmen der Hilfen zur Erlangung eines Arbeitsplatzes neu eingeführte Anspruch auf Übernahme der Kosten einer notwendigen Arbeitsassistenz (§ 33 Abs. 8 Nr. 3). Damit wird dem Problem Rechnung getragen, dass das Ziel der dauerhaften Teilhabe am Arbeitsleben in vielen Fällen nur erreichbar ist, wenn über das normale Maß betrieblicher Fürsorge hinausgehende ausbildungs- und berufsbegleitende persönliche Hilfen zur Verfügung stehen, die vom Arbeitgeber nicht geleistet werden können. Gleichwohl ist die Leistung nur als zeitlich befristete berufliche Einstiegshilfe angelegt. Nach dem mit dem Gesetz zur Einordnung des Sozialhilferechts in das Sozialgesetzbuch vom 27.12.2003 neu gefassten § 29 SGB IX haben Assis-

Einführung

tenznehmer ab 1.1.2008 einen Rechtsanspruch darauf, dass die Leistung – bei Vorliegen der sonstigen Voraussetzungen – als kostenträgerübergreifendes persönliches Budget ausgeführt wird, das sowohl die Assistenz im Arbeitsleben wie die sonstigen Leistungen zur Teilhabe umfassen kann.

Rechtsstellung der Rehabilitanden in LTA-Einrichtungen

Im Rahmen der an die Einrichtungen der Leistungserbringer zu stellenden Anforderungen wird in § 51 Abs. 1 Nr. 3 den Teilnehmern und den von ihnen zu wählenden Vertretungen eine angemessene Mitwirkungsmöglichkeit an der Ausführung der Leistungen eingeräumt. § 52 regelt darüber hinaus die Rechtsstellung der Teilnehmenden dahingehend, dass sie zwar nicht in den Betrieb der Einrichtung eingegliedert und deshalb auch keine Arbeitnehmer im Sinne des Betriebsverfassungsrechts sind. Stattdessen wählen sie eine besondere Teilnehmervertretung. Im Übrigen wird klargestellt, dass auf sie die arbeitsrechtlichen Grundsätze über den Persönlichkeitsschutz, die Haftungsbeschränkungen sowie die gesetzlichen Vorschriften über den Arbeitsschutz, den Schutz vor Diskriminierungen in Beschäftigung und Beruf, den Erholungsurlaub sowie die Gleichberechtigung von Männern und Frauen entsprechend anzuwenden sind.

Die mit dem OLG-Vertretungsänderungsgesetz vom 23.7.2002 eingeführten Absätze 5 bis 7 des § 221 gewähren geschäftsunfähigen volljährigen Behinderten sowohl hinsichtlich der Wirksamkeit wie auch der Kündigung von Werkstattverträgen einen besonderen Schutz.

Mit dem BTHG werden die Werkstatträte in den WfbM gestärkt und die Mitwirkungs- und Mitbestimmungsrechte deutlich erweitert (§§ 5 WMVO)

Anwendung des Allgemeinen Gleichstellungsgesetzes in WfbM

Mit Art 3 Abs. 10 des Gesetzes zur Umsetzung europäischer Richtlinien zur Verwirklichung des Grundsatzes der Gleichbehandlung vom 14.8.2006 (BGBl. I S. 1897) wurde durch die entsprechende Ergänzung des § 52 S. 3 klargestellt, dass die Regelungen des Allgemeinen Gleichbehandlungsgesetzes (Art. 1 Abschnitt 2) im Bereich der Teilhabe am Arbeitsleben und über § 221 Abs. 4 SGB IX in Werkstätten für behinderte Menschen entsprechende Anwendung finden.

Durch das BTHG werden in den Werkstätten Frauenbeauftragte und Stellvertreterinnen eingeführt, die die Interessen behinderter Frauen gegenüber der Werkstattleitung insbesondere in den Bereichen Gleichstellung von Frauen und Männern, Vereinbarkeit von Familie und Beschäftigung sowie Schutz vor sexueller und psychischer Belästigung oder Gewalt zu vertreten haben (§ 39a WMVO).

Leistungen im Eingangsverfahren und im Berufsbildungsbereich/ Werkstätten für Behinderte (WfbM)

Die Regelung des § 57 entspricht im Wesentlichen den §§ 3 Abs. 2 und 4 Abs. 3 der Dritten Verordnung zur Durchführung des Schwerbehindertengesetzes und regelt die Leistungen der WfbM im Eingangsverfahren und im Berufsbildungsbereich. Die Regelung stellt konsequent auf das Ziel eines

Einführung

selbstbestimmten Lebens ab, was durch die Verpflichtung, einen Eingliederungsplan zu erstellen, unterstrichen wird. Im Eingangsverfahren sind Leistungen bis zur Dauer von drei Monaten möglich, im Berufsbildungsbereich über ein Jahr hinaus bis zu zwei Jahren, wenn die Wiedergewinnung oder Weiterentwicklung der Leistungsfähigkeit des Behinderten dies erfordert (Abs. 2 und 3).

§ 58 entspricht für die Leistungen im Arbeitsbereich von WfbM weitgehend den §§ 54 SchwbG, 41 BSHG. Abs. 3 sichert den Werkstätten für ihre in Abs. 2 genannten Leistungen eine angemessene Vergütung zu, die vom zuständigen Rehabilitationsträger zu zahlen ist. S. 2 bis 4 enthalten dazu die Klarstellung, dass und welche Kostenbestandteile der von den überörtlichen Trägern nach diesem Gesetz zu übernehmenden Leistungen im Rahmen der Vergütungsvereinbarungen zu berücksichtigen sind. Abs. 4 verpflichtet die Werkstätten, bei der Ermittlung des Arbeitsergebnisses die Auswirkungen der Vergütungen auf die Höhe des Arbeitsergebnisses darzustellen und Gewinne bzw. Verluste getrennt auszuweisen.

Die Werkstätten sind verpflichtet, den Rehabilitationsträgern auf Verlangen die Ermittlung und Verwendung des Arbeitsergebnisses (iSv § 12 Abs. 4 und 5 WVO) offen zu legen (§ 12 Abs. 6 WVO).

§ 63 stellt in Ergänzung zu § 6 klar, welche Rehabilitationsträger jeweils für Leistungen im Eingangsverfahren und Berufsbildungsbereich bzw. im Arbeitsbereich zuständig sind.

Bei der Anrechnung von Aufträgen auf die Ausgleichabgabe wird die Arbeitsleistung der nichtbehinderten Arbeitnehmer der Werkstatt nicht berücksichtigt (§ 223).

Nach dem durch das Gesetz zur Förderung der Ausbildung und Beschäftigung schwerbehinderter Menschen in die WVO neu eingefügten § 2 Abs. 2 hat der Fachausschuss nunmehr vor der Aufnahme eines behinderten Menschen in die Werkstatt gegenüber dem zuständigen Rehabilitationsträger eine Stellungnahme abzugeben, ob der Berechtigte zur Teilhabe auf eine Werkstatt angewiesen ist oder andere Leistungen zur Teilhabe in Betracht kommen. Nach dem neu gefassten § 3 Abs. 2 dauert das Eingangsverfahren drei Monate und kann auf die Dauer von bis zu 4 Wochen verkürzt werden. Hat der Rehabilitationsträger für ein Jahr Leistungen bewilligt, gibt der Fachausschuss rechtzeitig vor Ablauf des Jahres eine Stellungnahme ab, ob die Leistungen für ein weiteres Jahr bewilligt werden sollen (§ 4 Abs. 6 S. 3).

Mit Inkrafttreten des BTHG wird der Fachausschuss nicht mehr tätig, soweit ein Teilhabeplanverfahren nach §§ 19 bis 23 SGB IX durchgeführt wird (§ 2 Abs. 1a WVO).

Mit Art. 28 Abs. 1 des Zweiten Gesetzes zum Abbau bürokratischer Hemmnisse insbesondere in der mittelständischen Wirtschaft vom 7.9.2007 (BGBl. I S. 2246) wurde durch eine Änderung des § 226 SGB IX sichergestellt, dass anerkannte Blindenwerkstätten auch nach Aufhebung des Blindenwarenvertriebsgesetzes förderfähige Einrichtungen sind und die Regelungen zur Anrechnung von Aufträgen auf die Ausgleichsabgabe und zur Vergabe von Aufträgen durch die öffentliche Hand weiterhin zugunsten der anerkannten Blindenwerkstätten Anwendung finden.

Mit Inkrafttreten des BGHG werden die Leistungen zur Teilhabe für Menschen mit Behinderungen, die nur über ein Mindestmaß an wirtschaftlich verwertbarer Arbeitsleistung verfügen, über die für sie bisher in der Regel nur in einer WfbM möglichen Leistung hinaus um zwei weitere Leistungsformen ergänzt. Die Leistungen an andere Leistungsanbieter (§ 60) sollen die Ausführung von Werkstattleistungen nach §§ 57, 58 künftig auch durch Leistungsanbieter außerhalb von Werkstätten ermöglichen, wobei für diese anderen Leistungsanbietern niedrigschwelligere Rahmenbedingungen gefordert werden, als sie von Werkstätten für behinderte Menschen nach dem Werkstattrecht gesetzlich bestimmt sind.

Das Budget für Arbeit (§ 61) soll Menschen mit Behinderungen, die bisher wegen ihrer beschränkten Leistungsfähigkeit nur in Werkstätten arbeiten können, den Zugang zu Arbeitgebern des allgemeinen Arbeitsmarktes in einem sozialversicherungspflichtigen Beschäftigungsverhältnis mit einer tarifvertraglichen oder ortsüblichen Entlohnung ermöglichen. Dazu werden ohne zeitliche Befristung Lohnkostenzuschüsse bis zu 75 vH des regelmäßig gezahlten Arbeitsentgeltes höchstens jedoch 40 vH der mtl. Bezugsgröße nach § 18 Abs. 1 SGB IV (2022 - 1.316 Euro) sowie ggfls. Assistenzleistungen (§ 78) gewährt.

Die Berechtigten haben ein Wahlrecht zwischen Leistungen in einer Werkstatt oder bei einem anderen Leistungsanbieter und im letzteren Fall ein Rückkehrrecht in die Werkstatt.

Nach § 61a Abs. 1 haben Menschen, die Leistungen im Arbeitsbereich einer WfbM erhalten, auch Anspruch auf ein Budget für Ausbildung. Die Ausbildungsvergütung des Budgets muss angemessen sein. Die Orientierung an der tarifvertraglichen Vergütung bzw. an § 17 BBiG ist entfallen. SV-Beiträge und erforderlich Fahrkosten sind nunmehr Bestandteil des Budgets. Vor Abschluss einer Vereinbarung mit einer beruflichen Reha-Einrichtung ist ein Budget für Ausbildung ist dem Leistungsträger ein konkretes Angebot zur Bewilligung vorzulegen. Die BA soll die Berechtigten bei der Suche nach einem geeigneten Ausbildungsplatz oder einer geeigneten beruflichen Reha-Einrichtung unterstützen.

XIII. Wesentliche Inhalte im Bereich der Leistungen zur Sozialen Teilhabe

Bei den ab 1.7.2001 eingeführten Leistungen zur Teilhabe am Leben in der Gemeinschaft (§§ 55 bis 59) handelt es sich um Leistungen, die nicht Gegenstand der medizinischen Rehabilitation oder der Leistungen zur Teilhabe am Arbeitsleben, jedoch erforderlich sind, den Menschen mit Behinderung die Teilhabe am Leben in der Gesellschaft zu ermöglichen oder zu sichern oder sie so weit wie möglich unabhängig von Pflege zu machen (§ 55 Abs. 1 SGB IX aF). In § 55 Abs. 2 SGB IX aF wurden die in diesem Zusammenhang zu erbringenden Leistungen näher bezeichnet und in den §§ 56 bis 58 jeweils konkretisiert. Diese Leistungen waren zuvor von den Sozialhilfeträgern auf der Grundlage der §§ 40 BSHG, 11, 19, 21 EinglH-VO als – allerdings subsidiäre – Leistungen in besonderen Lebenslagen zu erbringen. Das SGB IX übernimmt diese Leistungsverpflichtung ab 1.7.2001 für die in § 6 Abs. 1 Nrn. 3, 5 bis 7 genannten Rehabilitationsträger, während die in § 6 Abs. 1 Nrn. 1, 2 und 4 genannten Kranken- und Rentenversicherungsträger sowie die Bundesagentur für Arbeit diese Leistungen nicht gewähren können.

Zur Frage der Einbeziehung der Sozialhilfeträger in den Kreis der Rehabilitationsträger und zur Komplexleistung Frühförderung vgl. oben Abschnitte VI und VII.

Einführung

Mit Inkrafttretend des BTHG werden diese Leistungen als Leistungen zur Sozialen Teilhabe bezeichnet und Kapitel 13 des Teils 1 des SGB IX (§§ 76 bis 84) neu gefasst. Sie treten für die Träger der Unfallversicherung ab 1.1.2018 in Kraft. Für die Träger der Eingliederungshilfe und die Sozialleistungsträger, deren Recht auf das Recht der Eingliederungshilfe verweist (SGB VIII, BVG) enthält der Teil 2 des SGB IX abweichende Regelungen, die erst am 1.1.2020 in Kraft treten.

Die Leistungen zur Sozialen Teilhabe umfassen Leistungen für Wohnraum, heilpädagogische Leistungen, Leistungen zur Betreuung in einer Pflegefamilie, Leistungen zum Erwerb und Erhalt praktischer Kenntnisse und Fähigkeiten, Leistungen zur Förderung der Verständigung, Leistungen zur Mobilität und Hilfsmittel (§ 76 Abs. 2). Die früheren Hilfen zur Teilhabe am gemeinschaftlichen Leben (§ 55 Abs. 2 Nr. 7 SGB IX aF) sind in ebenso in der neuen Assistenzleistung aufgegangen, wie die nachgehende Hilfe zur Sicherung der Wirksamkeit der ärztlichen und ärztlich verordneten Leistungen und zur Sicherung der Teilhabe am Arbeitsleben nach § 54 Abs. 1 Nr. 5 SGB XII.

Assistenzleistungen

Mit dem BTHG wird ab 1.1.2018 (Eingliederungshilfe 1.1.2020) neben der bisher schon im Teilhaberecht enthaltenen „Arbeitsassistenz" als Leistung der Sozialen Teilhabe die neue Leistungsform „Assistenzleistung" eingeführt (§ 78). Sie wird zur selbstbestimmten und eigenständigen Bewältigung des Alltags einschließlich der Tagesstrukturierung erbracht. Sie umfasst insbesondere Leistungen für die allgemeinen Erledigungen des Alltags wie die Haushaltsführung, die Gestaltung sozialer Beziehungen, die persönliche Lebensplanung, die Teilhabe am gemeinschaftlichen und kulturellen Leben, die Freizeitgestaltung einschließlich sportlicher Aktivitäten sowie die Sicherstellung der Wirksamkeit der ärztlichen und ärztlich verordneten Leistungen. Sie beinhalten die Verständigung mit der Umwelt in diesen Bereichen.
Assistenzleistungen können als Assistenz zur vollständigen oder teilweisen Übernahme von Handlungen zur Alltagsbewältigung (allgemeine Assistenz) oder zur Befähigung der Leistungsberechtigten zur eigenständigen Alltagsbewältigung (Fachkraftassistent) erbracht werden (§ 78 Abs. 2). Assistenz kann unter bestimmten Voraussetzungen auch zur Unterstützung bei der Ausübung eines Ehrenamtes gewährt werden (Abs. 5). Der Umfang der Leistung richtet sich nach dem bei der Bedarfsermittlung (§§ 13 Abs. 2, 19, 118) festgestellten Leistungsbedarf.

Integration Gehörloser

n engem Zusammenhang mit den Hilfen zur Verständigung mit der Umwelt (§ 55 Abs. 2 Nr. 4) wird hörbehinderten Menschen durch den ab 1.1.2001 eingeführten § 17 Abs. 2 SGB I das Recht eingeräumt, bei der Ausführung von Sozialleistungen, insbesondere auch bei ärztlichen Untersuchungen und Behandlungen zur Verständigung Gebärdensprache zu verwenden. § 19 Abs. 1 S. 2 SGB X stellt darüber hinausgehend klar, dass hörbehinderte Menschen für den gesamten Bereich des Sozialrechts das Recht haben, zur Verständigung in der Amtssprache „deutsch" Gebärdensprache zu verwenden. Die Gebärdensprache wird damit Bestandteil der Amtssprache.

Einführung

Die für die Sozialleistung zuständigen Leistungsträger sind nach § 17 Abs. 2 S. 2 SGB I wie auch nach § 19 Abs. 1 S. 2 SGB X verpflichtet, die durch die Verwendung der Gebärdensprache und anderer Kommunikationshilfen entstehenden Kosten zu tragen. Ua bedeutet dies für die Einrichtungen der Rehabilitation, dass sie diese Kosten bei den Pflege- und Kostensatzverhandlungen mit den Sozialleistungsträgern geltend machen können.

Für die Verständigung außerhalb des Sozialrechts werden die erforderlichen Regelungen für das zivil- und strafrechtliche Gerichts- und Beurkundungsverfahren mit dem geplanten Gleichstellungsgesetz getroffen.

Die konkreten Leistungen zur Förderung der Verständigung sind in den §§ 82 und für den Bereich der Eingliederungshilfe in den §§ 113 Abs. 2, 116 Abs. 2 SGB IX geregelt.

Barrierefreiheit

Nach der Regelung des § 17 SGB I über die Ausführung der Sozialleistungen haben die Sozialleistungsträger u. a darauf hinzuwirken, dass ihre Verwaltungs- und Dienstgebäude frei von **Kommunikationsbarrieren** sind und die Sozialleistungen in barrierefreien Räumen und Anlagen ausgeführt werden. Daraus ergibt sich für die Rehabilitations- und Teilhabeträger die Verpflichtung, diese Anforderung bei der Ausführung der Leistungen als ein Merkmal der Leistungsqualität sicherzustellen (§§ 36 bis 38). Diese Regelung ergänzt die Verpflichtung zur Gewährleistung von Barrierefreiheit aus §§ 4 bis 11 Behindertengleichstellungsgesetz für den Bereich der Sozialgesetzbücher. Barrierefrei sind nach § 4 BGG bauliche und sonstige Anlagen, Verkehrsmittel, technische Gebrauchsgegenstände, Systeme der Informationsverarbeitung, akustische und visuelle Informationsquellen und Kommunikationseinrichtungen sowie andere gestaltende Lebensbereiche, wenn sie für behinderte Menschen in der allgemein üblichen Weise, ohne besondere Erschwernis und grundsätzlich ohne fremde Hilfe zugänglich und nutzbar sind.

Zur Beseitigung von Kommunikationsbarrieren hat die Bundesregierung bisher folgende Rechtsverordnungen erlassen

– zu § 9 Abs. 2 BGG-Kommunikationshilfenverordnung (KHV)

– zu § 10 Abs. 2 BGG-Verordnung über barrierefreie Dokumente in der Bundesverwaltung (VBD)

– zu § 11 Abs. 1 BGG-Verordnung zur Schaffung barrierefreier Informationstechnik nach dem Behindertengleichstellungsgesetz (BITV),

(vgl. Nr. 1c bis 1e). Diese Rechtsverordnungen konkretisieren zT mit allgemeiner Wirkung, zT mit Wirkung ausschließlich für die Bundesverwaltung, auf welche Weise die Verpflichtung zur Barrierefreiheit umgesetzt werden soll.

Zur Förderung der barrierefreien Teilhabe am Leben in der Gesellschaft stellen die Leistungen zur Sozialen Teilhabe Leistungen für (barrierefreien) Wohnraum, Assistenzleistungen, Leistungen zur Förderung der Verständigung, Leistungen zur Mobilität und Hilfsmittel bereit (§§ 77, 78, 82, 84 SGB IX).

Seit dem Inkrafttreten dem Teilhabestärkungsgesetz am 1.7.2021 Dürfen nach dem in das BGG eingefügten § 12e Träger der öffentlichen Gewalt sowie Eigentümer, Besitzer oder Betreiber von beweglichen oder unbeweglichen Anlagen und Einrichtungen Menschen mit Behinderungen den Zutritt zu ihren für allgemeinen Publikums- und Benutzerverkehr zugänglichen Anlagen und Einrichtungen nicht wegen der Begleitung durch einen Assistenzhund (zu dem auch Blindenführhunde zählen) verweigern. Der Geltungsbereich des BGG wurde damit erstmals auf den privaten Bereich ausgeweitet.

XIV. Eingliederung des Schwerbehindertengesetzes in das SGB IX

Das 2001 als Zweiter Teil in das SGB IX eingeordnete Schwerbehindertengesetz entspricht zwar im Wesentlichen inhaltsgleich dem vorherigen Recht, enthält jedoch neben der sprachlichen Anpassung einige Änderungen, von denen das Verbot der Benachteiligung schwerbehinderter Menschen im Arbeits- oder Beschäftigungsverhältnis sowie eine Entschädigungspflicht bei Verstoß gegen dieses Verbot hervorzuheben ist (§ 164).

Darüber hinaus werden ua eine Vereinfachung des Anzeigeverfahrens der Arbeitgeber, wobei Stellen auf denen Behinderte weniger als 18 Std wöchentlich beschäftigt werden, bei der Ermittlung der Pflichtquote nicht mitgezählt werden (§§ 156 Abs. 3, 163), die Übermittlung der Inklusionsvereinbarung an die Integrationsämter (§ 166), eine Erweiterung der Zuständigkeit der Schwerbehindertenvertretung (§ 177) und eine Klarstellung der Beauftragung der Integrationsfachdienste (§ 192) durch die Hauptfürsorgestellen vorgesehen, die umbenannt werden und seitdem Integrationsämter (§§ 185 ff) heißen. Die Integrationsämter werden zugleich Kooperationspartner der Rehabilitationsträger. Obwohl diese zunächst entfallen sollten, sieht § 185 Abs. 3 Ziffer 1 Buchst. d weiterhin begleitende Hilfen bei der Beschaffung, Ausstattung und Erhaltung einer behindertengerechten Wohnung vor.

Die mit dem Gesetz zur Bekämpfung der Arbeitslosigkeit vom 22.9.2000 eingeführte Prävention (vgl. oben Ziffer I 5) wird durch die Verpflichtung des Arbeitgebers ausgeweitet, nach einer dreimonatigen Erkrankung eines Schwerbehinderten mit dessen Zustimmung seine Interessenvertretung einzuschalten. Der Arbeitgeber hat zudem die Rehabilitationsträger und – bei schwerbehinderten Arbeitnehmern – das Integrationsamt zu beteiligen, wenn Leistungen zur Teilhabe oder begleitende Hilfen in Betracht kommen. kann (§ 167 Abs. 2). § 167 Abs. 2 S 2 räumt Beschäftigten ab 10.6.2021 im Rahmen des BEM das Recht der Hinzuziehung einer Vertrauensperson ein (Teilhabestärkungsgesetz).

Das Gesetz zur Reform am Arbeitsmarkt vom 24.12.2003 (BGBl. I S. 3002) ändert § 1 Abs. 3 Kündigungsschutzgesetz dahingehend, dass im Kündigungsschutzverfahren statt bisher „sozialer Gesichtspunkte" nunmehr „Dauer der Betriebszugehörigkeit, Lebensalter, Unterhalspflichten und Schwerbehinderung des Arbeitnehmers" zu berücksichtigen sind und in die soziale Auswahl nicht einbezogen werden „Arbeitnehmer, deren Weiterbeschäftigung, insbesondere wegen ihrer Kenntnisse, Fähigkeiten und Leistungen oder zur Sicherung einer ausgewogenen Personalstruktur des Betriebes, im berechtigten betrieblichen Interesse liegt". Dies wirkt sich auch auf die Kündigungsschutzverfahren nach dem SGB IX aus, weil zwar einerseits die Schwerbehinderteneigenschaft Berücksichtigung finden muss, sich wegen der Herausnahme bestimmter Personenkreise aus der Sozialwahl jedoch der Kreis der zu schützenden Personen gleichzeitig verkleinert.

Mit Art. 6 des Gesetzes zur Änderung des Betriebsrentengesetzes und anderer Gesetze vom 2.12.2006 (BGBl. I S. 2742) wird durch eine Änderung der

Einführung

§§ 228 Abs. 2 Nr. 1, 229 Abs. 2 SGB IX sowie des § 3 Abs. 2 S. 1 Nr. 1 und einen neuen § 9 Abs. 2 SchwbAwV dafür gesorgt, dass das Merkzeichen B, dessen Erteilung zuvor mit der Anbindung an die Begriffe „Notwendigkeit" und „Gefahr" Anknüpfungspunkte für Diskriminierungen bot, nicht mehr als pauschaler Anknüpfungspunkt für den Ausschluss behinderter Menschen von bestimmten Angeboten dienen kann.

Durch die umfassende Neuregelung des Diskriminierungsverbots für schwerbehinderte Beschäftigte im Allgemeinen Gleichbehandlungsgesetz 14.8.2006 wurde die zuvor in § 81 Abs. 2 S. 2 Nr. 1 bis 5 SGB IX enthaltene spezifische Regelung entbehrlich und mit Art 3 Abs. 10 Gesetzes zur Umsetzung europäischer Richtlinien zur Verwirklichung des Grundsatzes der Gleichbehandlung vom 26.3.2007 durch einen Verweis auf das AGG ersetzt.

Mit dem BTHG wird das bisher im zweiten Teil des SGB IX angesiedelte Schwerbehindertenrecht zum Teil 3 des SGB IX. Neben den Verbesserungen der Rechte der Werkstatträte in Werkstätten für behinderte Menschen (vgl. S. LV) werden auch die Rechte schwerbehinderter Menschen und die der Schwerbehindertenvertretungen (SBV) gestärkt.

Zu den Pflichten des Arbeitgebers wird klargestellt, dass die Ausstattung des Arbeitsplatzes mit technischen Arbeitshilfen unter Berücksichtigung der Behinderung und ihrer Auswirkung auf die Beschäftigung erfolgen muss. Die Integrationsämter werden verpflichtet, besonders darauf hinzuwirken, dass unterschiedliche Auffassungen zwischen den betrieblichen Akteuren – zB beim betrieblichen Eingliederungsmanagement – überwunden werden. Sie erhalten damit eine Art Moderations- und Schlichtungsaufgabe. Die bisherige Integrationsvereinbarung zwischen Arbeitgebern und SBV heißt nunmehr »Inklusionsvereinbarung« (§ 166). Darin soll klargestellt werden, dass bei der Gestaltung der Arbeitsprozesse und Rahmenbedingungen von Anfang an die gleichberechtigte Teilhabe schwerbehinderter Menschen zu berücksichtigen ist.

Das BTHG enthält verschiedene Verbesserungen der Rechte der SBV (bezahlte Freistellung von der regulären Arbeit für SBV-Vertreter ab 100 -statt derzeit 200- schwerbehinderten Beschäftigten im Betrieb; ab jeweils 100 weiteren schwerbehinderten Beschäftigten – dh 200, 300 usw. – kann je ein weiteres stellvertretendes Mitglied freigestellt werden. Der mit der höchsten Stimmzahl gewählte Stellvertreter hat künftig – ohne die bisherigen Einschränkungen des § 96 Abs. 4 SGB IX – das Recht auf Freistellung für die Teilnahme an Schulungs- und Bildungsveranstaltungen. Stellv. Mitglieder der SBV haben das Recht, an den Besprechungen über Grundsätze für die Zusammenarbeit nach § 74 Abs. 1 des Betriebsverfassungsgesetzes zwischen dem Arbeitgeber und den Beschäftigtenvertretungen teilzunehmen. Der Arbeitgeber hat auch in angemessenem Umfang die Kosten einer Bürokraft für die SBV zu bezahlen.

Für Menschen mit einer außergewöhnlichen Gehbehinderung wurden die persönlichen Voraussetzungen für die unentgeltliche Beförderung dahingehend erweitert, dass nunmehr über die bisher dominierenden orthopädischen Beeinträchtigungen hinaus auch verschiedene andere Gesundheitsstörungen zur Erfüllung der Voraussetzungen in Betracht kommen. Die auf der Basis der bisherigen Regelungen getroffenen bindenden Feststellungen gelten nach der Neufassung weiter (Besitzschutz).

XV. Evaluation der Durchführung des SGB IX/Berichtspflichten

§ 86 SGB IX sieht eine Evaluierung der im SGB IX getroffenen Regelungen im Rahmen der Rehabilitations- und Teilhabeforschung vor und beauftragt den Beirat für die Teilhabe von Menschen mit Behinderungen Anregungen zur Evaluierung zu geben, die Evaluierung zu koordinieren und das Ministerium bei der Festlegung von Fragestellungen und Kriterien zu unterstützen. Der Beirat für die Teilhabe von Menschen mit Behinderungen, in dem alle an der Durchführung des SGB IX beteiligten Akteure vertreten sind, wird dazu als forschungsbegleitender Ausschuss tätig (§ 86 Abs. 1 S. 2 Nr. 2 SGB IX).

Der Bericht der Bundesregierung über die Lage behinderter Menschen und die Entwicklung ihrer Teilhabe vom 16.12.2004 (BT-Drs. 15/4575) hat die Ergebnisse der bis dahin durchgeführten Evaluierung aufgenommen.

Die in § 66 SGB IX aF verankerte Berichtspflicht wurde durch Art. 48 Nr. 4 des Behindertengleichstellungsgesetzes (BGG) auf die mit diesem Gesetz getroffenen Maßnahmen, die Zielvereinbarungen nach § 5 BGG sowie die Gleichstellung behinderter Menschen nach dem BGG ausgedehnt (§ 66 Abs. 2 SGB IX idF BGG).

Nach dem mit Art. 8 des Gesetzes zur Einordnung des Sozialhilferechts in das Sozialgesetzbuch vom 27.12.2003 eingefügten § 66 Abs. 3 SGB IX aF hat die Bundesregierung zum 31.12.2006 einen Erfahrungsbericht über die Wirkung des neu gefassten § 17 Abs. 2 bis 6 zum „Persönlichen Budget" mit dem Ergebnis vorgelegt, dass derzeit ein weiterer gesetzgeberischer Handlungsbedarf nicht besteht.

Nach dem mit Art. 1 des Gesetzes zur Förderung der Ausbildung und Beschäftigung schwerbehinderter Menschen vom 23.4.2004 (BGBl. I S. 606) eingefügten § 160 Abs. 1 hat die Bundesregierung über die Ergebnisse der mit diesem Gesetz getroffenen Regelungen auf dem Ausbildungsstellenmarkt und nach Abs. 2 bis zum 30.6.2007 über die Wirkungen der Instrumente zur Sicherung von Beschäftigung und betrieblicher Prävention zu berichten, wobei 2007 auch die Höhe der Beschäftigungspflichtquote zu überprüfen ist.

Mit dem BTHG wird die Berichtspflicht nach § 66 SGB IX aF ab 1.1.2018 durch in § 88 neu geregelt. Die Bundesregierung hat nunmehr den gesetzgebenden Körperschaften des Bundes einmal in der Legislaturperiode, mindestens jedoch alle vier Jahre, über die Lebenslagen der Menschen mit Behinderungen und der von Behinderung bedrohten Menschen sowie über die Entwicklung ihrer Teilhabe am Arbeitsleben und am Leben in der Gesellschaft. Die Berichterstattung zu den Lebenslagen umfasst Querschnittsthemen wie Gender Mainstreaming, Migration, Alter, Barrierefreiheit, Diskriminierung, Assistenzbedarf und Armut. Gegenstand des Berichts sind auch Forschungsergebnisse über Wirtschaftlichkeit und Wirksamkeit staatlicher Maßnahmen und der Leistungen der Rehabilitationsträger für die Zielgruppen des Berichts.

Zudem hat die BAR jährlich einen Teilhabeverfahrensbericht über das Leistungsgeschehen und die Leistungsverfahren bei den Rehabilitationsträgern zu erstellen (§ 41). Mit der Herausnahme dieser Berichtsinhalte aus dem Bericht der Bundesregierung, werden diese Berichte inhaltlich schwerpunktmäßig auf die Querschnitts- und Grundsatzthemen fokussiert.

Das BTHG enthält zudem verschiedene Aufträge an das zuständige Bundesministerium, die Umsetzung der neu eingeführten Regelungen mit Forschungsaufträgen zu begleiten und die Wirkung zu erfassen (ua § 13 Abs. 3 SGB IX, Art. 25 BTHG).

XVI. Gesetzesänderungen

Das Gesetz zur Beendigung der Diskriminierung gleichgeschlechtlicher Gemeinschaften vom 1.8.2001 (BGBl. I S. 1046) bezieht in häuslicher Gemeinschaft lebende Lebenspartner in die Berechnungsgrundlage des Übergangsgeldes ein (§ 46 Abs. 1 Nr. 1). Durch Art. 5 des Job-AQTIV-Gesetzes vom 10.12.2001 (BGBl. I S. 3443) wurde der Höchstbetrag für die Übernahme der Kinderbetreuungskosten (§ 54 Abs. 3) auf einheitlich 130 Euro angehoben. Das Gesetz zur Gleichstellung behinderter Menschen und zur Änderung anderer Gesetze vom 27.4.2002 (BGBl. I S. 1467) hat in Art. 48 das SGB IX zum 1.5.2002 geändert. Die Nrn. 1, 3, 3a, 5, 7 und 8 enthalten redaktionelle Richtigstellungen der §§ 42 Abs. 2 Nr. 2, 47 Abs. 1 S. 1, 51 Abs. 4 S. 2, 97 Abs. 4 S. 1 und 2, 97 Abs. 5, 150 Abs. 1 S. 3 sowie 153 S. 1 Nr. 2. In § 43 wird in den Sätzen 2 und 3 jeweils die Angabe „323 Euro" durch die Angabe „325 Euro" und in S. 3 die Angabe „300 Euro" durch die Angabe „299 Euro" korrigiert. § 66 wird um einen Absatz 2 erweitert, der die in Absatz 1 vorgesehene Berichtspflicht auf den Inhalt des BGG ausdehnt (vgl. oben XI). In § 101 Abs. 1 Nr. 1 wird die amtliche Bezeichnung der Integrationsämter nunmehr mit „Amt für die Sicherung der Integration schwerbehinderter Menschen im Arbeitsleben (Integrationsamt)" angegeben.

Mit dem OLG-Vertretungsänderungsgesetz vom 23.7.2002 (BGBl. I S. 2850) wird § 138 Abs. 5–7 zur Verbesserung der Rechtsstellung geschäftsunfähiger Behinderter in Werkstätten sowie durch das Zweite Gesetz für moderne Dienstleistungen am Arbeitsmarkt vom 23.12.2002 (BGBl. I S. 4621) in § 46 Abs. 2 S. 1 eine Klarstellung der Entgeltbasis für die Übergangsgeldberechnung für geringfügig Beschäftigte eingefügt. Das Gesetz zur Änderung von Fristen und Bezeichnungen im Neunten Buch Sozialgesetzbuch und zur Änderung anderer Gesetze vom 3.4.2003 (BGBl. I S. 462) verschiebt den in § 71 Abs. 2 enthaltenen Termin zum Anstieg der Beschäftigungspflichtquote vom 1.1.2003 auf den 1.1.2004, senkt diese Quote für Arbeitgeber mit jahresdurchschnittlich bis zu 29 Arbeitsplätzen auf die Beschäftigung eines Schwerbehinderten sowie für Arbeitgeber mit 40 bis 59 Arbeitsplätzen auf die Beschäftigung von zwei Schwerbehinderten ab (§ 71 Abs. 1 S. 3) und stellt die Berechnung der Quote von monatlicher Ermittlung auf eine jahresdurchschnittliche Quote um (§ 71 Abs. 1 S. 1).

Das Dritte Gesetz für moderne Dienstleistungen am Arbeitsmarkt vom 23.12.2003 (BGBl. I S. 2048) fügt mit § 53 Abs. 4 zu den Fahrkosten eine Kilometergeldregelung ein und streicht in §§ 73 Abs. 2 Nr. 4, 104 Abs. 1 Nr. 4 die „Strukturanpassungsmaßnahmen", die jedoch nach dem eingefügten § 159a auf der Basis des bisherigen § 73 Abs. 2 Nr. 4 weiter zu gewähren sind, solange noch Personen an solchen Maßnahmen teilnehmen. Im Übrigen werden in den §§ 6, 11, 13, 14, 38, 42, 44, 45, 51, 64, 83, 96, 99, 101 und 102 jeweils die Begriffe „Arbeitsamt", „Landesarbeitsamt" und „Bundesanstalt für Arbeit" durch die neue Bezeichnung „Bundesagentur für Arbeit" ersetzt. Die Regelungen über Eingliederungszuschüsse für schwerbehinderte Menschen finden sich jetzt in § 219 SGB III; § 222a SGB III wurde aufgehoben. Mit dem Vierten Gesetz für moderne Dienstleistungen am Arbeitsmarkt vom

24.12.2003 (BGBl. I S. 2934) werden die nach § 120 bei den bisherigen Landesarbeitsämtern bestehenden Widerspruchsausschüsse durch von der Bundesagentur zu errichtende Widerspruchsausschüsse ersetzt und das Verfahren der Berufung der Mitglieder entsprechend angepasst. Im Übrigen werden in den §§ 68, 75, 76, 77, 79, 80, 81, 82, 87, 88, 95, 103, 104, 107, 111, 117, 118, 119, 121, 127, 145, 156 und 158 die bisherigen Bezeichnungen der Arbeitsverwaltung durch die Bezeichnung „Bundesagentur für Arbeit" ersetzt. Im SGB III werden einige Regelungen, die bisher Aufgaben nach dem SGB IX direkt den Landesarbeitsämtern bzw. Arbeitsämtern zuwiesen, nunmehr allgemeiner gehalten, indem die Aufgaben der Bundesagentur allgemein oder mit dem Hinweis auf eine noch vorzunehmende Festlegung zugeordnet werden.

Durch das Gesetz zur Einordnung des Sozialhilferechts in das Sozialgesetzbuch vom 27.12.2003 (BGBl. I S. 3022) werden mit der Neufassung der § 17 Abs. 2 bis 6 SGB IX die Regelungen zum Persönlichen Budget konkretisiert (Zuständigkeit, inhaltliche Ausgestaltung, Berichtspflicht zum 31.12.2006 und Erprobung vom 1.7. bis 31.12.2007 unter wissenschaftlicher Begleitung). Der neu eingefügte § 159 Abs. 5 sieht spätestens ab 1.1.2008 ein kostenträgerübergreifendes persönliches Budget für Assistenznehmer vor. Im Übrigen werden die §§ 10, 21a, 22, 41, 42, 62, 66, 73, 137, 145, 159 ebenso redaktionell an die Bezeichnungen des SGB XII angepasst wie die Regelungen der EinglH-VO (vgl. Nr. 11a).

Das Gesetz zur Förderung der Ausbildung und Beschäftigung schwerbehinderter Menschen vom 3.4.2004 (BGBl. I S. 3022) mit In-Kraft-Treten der Mehrzahl der Vorschriften zum 1.5.2004 bringt vorrangig Änderungen für den Teil 2 des SGB IX. Es enthält Verbesserungen der Möglichkeiten für die betriebliche Ausbildung behinderter bzw. schwerbehinderter Jugendlicher (§§ 35 Abs. 3, 68 Abs. 4, 72 Abs. 2, 102 Abs. 2 SGB IX, § 17 Abs. 1 Nr. 1 Buchst. d, Nr. 2 Buchst. b u. c, 26a u. b SchwbAV), Regelungen über verbesserte Beratung, Information und Unterstützung der Arbeitgeber (§ 102 Abs. 1 S. 2 u. 3 sowie Abs. 2 S. 6), zur Beseitigung von Einstellungshemmnissen und zur Sicherung der Beschäftigung Behinderter (§§ 75 Abs. 2a, 76 Abs. 2 S. 2, 73 Abs. 2a und 2b, 102 Abs. 2 u. 6 SGB IX, § 68 Nr. 3b AO, § 26c SchwbAV), Ausbau betrieblicher Prävention (§ 84 Abs. 2 u. 4, § 26c SchwbAV) durch die Einführung eines verpflichtenden Eingliederungsmanagements, Verbesserung der Arbeitsmöglichkeiten der Schwerbehindertenvertretung (§§ 72 Abs. 2, 83 Abs. 2a, 84 Abs. 2 S. 7, 95 Abs. 1 u. 8, 97 Abs. 6 S. 1), unbefristete Beibehaltung der auf 5 vH abgesenkten Beschäftigungspflichtquote verbunden mit weiteren Erleichterungen für den Arbeitgeber (§§ 71, Abs. 1 S. 3, 72 Abs. 2 S. 1, 73 Abs. 2 Nr. 7, 74 Abs. 2, 75 Abs. 2, 2, 76 Abs. 2, 77 Abs. 2 S. 2 u. Abs. 2a, 90 Abs. 2a), Ausbau der Integrationsfachdienste und deren Finanzierung (§§ 102, 110 Abs. 2, 111 Abs. 3–5, 113 Abs. 2, 114 Abs. 2, 115 Abs. 2 SGB IX, § 68 Nr. 3c AO) sowie Verbesserung der Instrumente zur Förderung des Übergangs schwerbehinderter Menschen aus den Werkstätten für behinderte Menschen auf den allgemeinen Arbeitsmarkt (§§ 40 Abs. 2, 55 Abs. 2 Nr. 5, 75 Abs. 2a, 76 Abs. 1 S. 2 SGB IX, § 27 Abs. 1 S. 1 u. 2 SchwbAV, § 68 Nr. 3a AO, §§ 2, 3 Abs. 2 und 4 Abs. 6 S. 3 WVO), Zu § 14 wird geklärt, dass nach Abs. 5 beauftrage Sachverständige ihr Gutachten innerhalb von zwei Wochen nach der Auftragerteilung zu erstellen haben, die Rehabilitationsträger eine von Abs. 4 S. 3 abweichende Kostenvereinbarung treffen können und ein angegangener Rehabilitationsträger, der eine Leistung nach § 6 Abs. 1 nicht erbringen kann, zu klären hat, von wem in welcher Frist über den Antrag entschieden wird. Die Entscheidung über die Feststellung der Behinderung ist nunmehr im Rahmen der Drei- bzw. Zweiwochenfrist nach § 14 Abs. 2 und 5 zu treffen (§ 69 Abs. 1 S. 2). Die Länder können an Stelle der Versorgungsämter andere Stellen mit den Aufgaben nach § 69 Abs. 1 (zB die Kommunen) beauftragen (§ 69 Abs. 1 S. 3). Nach der Neufassung des § 6 Abs. 2 SchwbAwV (vgl. Nr. 2b) kann der Ausweis nunmehr unbefristet ausgestellt werden, wenn eine Neufeststellung wegen wesentlicher Änderung in den gesundheitlichen Verhältnissen nicht zu erwarten ist. Mit § 160 Abs. 1 und 2 werden der Bundesregierung zum 30.6.2005 bzw. 30.6.2007 Berichtspflichten auferlegt (vgl. IX).

Mit Art. 8 des Gesetzes zur Vereinfachung der Verwaltungsverfahren im Sozialrecht vom 21.3.2005 (BGBl. I S. 818) wurde § 10 Abs. 1 S. 4 aufgehoben. Durch Änderungen des § 17 Abs. 2 bis 4 wurde ua klargestellt, dass Leistungen aller Sozialleistungsträger zur Pflege und Leistungen der Krankenkassen budgetfähig sind, soweit sie sich auf regelmäßig wiederkehrende Bedarfe beziehen und als Geld- oder Sachleistungen oder durch Gutscheine erbracht werden können. Für ein persönliches Budget kann nur ein leistungsverpflichteter Träger zuständig sein. In den §§ 148 Abs. 4 und 5, 150 Abs. 2 und § 159 Abs. 6 wird die Berechnung des Ersatzes für die unentgeltliche Beförderung schwerbehinderter Menschen einschl. des Erstattungsverfahrens neu geregelt und die Erstattung für die Verkehrsbetriebe verbessert. U.a. sollen nur noch Ausweise mit Merkzeichen „B" berücksichtigt werden, für die auch eine Wertmarke gekauft wurde. Außerdem soll pauschal nur noch die Hälfte der ausgegebenen Begleiterausweise berücksichtigt werden.

Die Auswirkungen des Gesetzes zur Förderung ganzjähriger Beschäftigung vom 24.4.2006, des Gesetzes zur Umsetzung europäischer Richtlinien zur Verwirklichung des Grundsatzes der Gleichbehandlung vom 14.8.2006, des Gesetzes zur Änderung des Betriebsrentengesetzes und anderer Gesetze vom 2.12.2006 sowie des Gesetzes zum Abbau bürokratischer Hemmnisse insbesondere in der mittelständischen Wirtschaft vom 7.9.2007 wurden in den fachlichen Teil dieser Einführung eingearbeitet.

Mit dem Gesetz zur Stärkung des Wettbewerbs in der Gesetzlichen Krankenversicherung (GKV-Wettbewerbsstärkungsgesetz – GKV-WSG) vom 26.3.2007 (BGBl. I S. 378) wurde neben der Änderung der §§ 20, 21 SGB IX durch eine Änderung des § 40 SGB V der seit der Änderung des § 11 SGB V durch die Gesundheitsreform 2000 in der GKV bestehende umfassende Rechtsanspruch auf Leistungen zur medizinischen Rehabilitation bestätigt, der auch in stationären Pflegeeinrichtungen auszuführen ist. Es wurde ein Rechtsanspruch auf die Leistungen der Medizinischen Vorsorge für Mütter und Väter (§ 24 SGB V) eingeführt und klargestellt, dass zu den ambulanten Leistungen zur Rehabilitation auch die mobile Rehabilitation gehört (§ 40 Abs. 1 SGB V). Der neue § 11 Abs. 3 SGB soll durch einen Rechtsanspruch auf ein Versorgungsmanagement der Leistungserbringer einen nahtlosen Übergang von der Akutversorgung zur Rehabilitation und Pflege gewährleisten. Bei der Ausübung des Wunschrechts nach § 9 SGB IX bezogen auf Rehabilitationsleistungen der GKV muss der Berechtigte evtl. Mehrkosten selbst tragen (§ 40 Abs. 2 S. 2 SGB V). § 111b SGB über die Rahmenempfehlungen für Vorsorge- und Rehabilitationsmaßnahmen wurde gestrichen, sodass nunmehr auch in der GKV ausschließlich Gemeinsame Empfehlungen nach §§ 12, 13 SGB IX die Basis für untergesetzliche Regelungen bilden.

Nach dem Gesetz zur Änderung des Bundesversorgungsgesetzes und anderer Vorschriften des Sozialen Entschädigungsrechts vom 13.12.2007 BGBl I S. 2904 begründet der Bezug von Leistungen zur Sicherung des Lebensunterhaltes nach dem SGB II nicht mehr den Anspruch, sondern nur noch der Leistungsbezug nach dem SGB XII, dem SGB VIII und dem BVG. In allen entsprechenden Regelungen wird nicht mehr darauf abgestellt, dass „mindestens" ein bestimmter Schädigungsgrad, sondern „wenigstens" ein solcher vorliegen muss. Mit Art. 2 des Gesetzes zur Regelung des Assistenzbedarfs im Krankenhaus vom 30.7.2009 BGBl I S. 1112 wurde die Fahrtkostenregelung insbesondere für Leistungen zur Teilhabe am Arbeitsleben (§ 53 Abs. 4 SGB IX) neu gefasst. Danach sind nunmehr in der Regel nur noch die Kosten der niedrigsten Klasse öffentlicher Verkehrsmittel zu erstatten und ansonsten das Bundesreisekostenrecht anzuwenden. Gleichzeitig wurde in § 33 Abs. 3 Nr. 1 SGB IX klargestellt, dass die Hilfen zur Erhaltung oder Erlangung eines Arbeitsplatzes auch „vermittlungsunterstützende Leistungen" umfassen. Letztlich wird ein Anspruch auf Finanzierung einer Assistenzkraft auch während eines Krankenhausaufenthaltes eingeräumt (§§ 11 Abs. 3 SGB V, 63 S. 3 SGB XII).

Das UntBeschG vom 22.12.2008 enthält neben der Einführung der Unterstützenden Beschäftigung (vgl. XVII) die Anrechnung der Hälfte der betrieblichen Qualifizierung auf die Dauer des Berufsbildungsbereichs und eine Gesamtbegrenzung auf 36 Monate (§ 40 Abs. 4 SGB IX). Gleichzeitig wird klargestellt, dass zum Angebot an Berufsbildungs- und Arbeitsplätzen auch ausgelagerte Plätze auf dem allgemeinen Arbeitsmarkt gehören (§ 136 Abs. 1 SGB IX). Die Pflicht der Länder, die Kosten für die unentgeltliche Beförderung im Personennahverkehr zu tragen, wird auf die Hälfte begrenzt (§ 151 Abs. 2 S. 1 SGB IX).

Mit dem 3. SGBIVÄndG v 5.8.2010 BGBl. I S. 1127 wurden Stiefkinder iSd § 56 Abs. 2 Nr. 1 SGB I in die Berechnung des Übergangsgeldes nach § 46 Abs. 1 Nr. 1 aufgenommen.

Mit dem BVGÄndG v 20.6.2011 BGBl. I S. 1114 wurde in § 30 Abs. 1 BVG klargestellt, dass bei beschädigten Kindern und Jugendlichen der Grad der Schädigungsfolgen nur insoweit nach dem Grad zu bemessen ist, der sich bei Erwachsenen mit gleicher Gesundheitsstörung ergibt, soweit damit keine Schlechterstellung der Kinder und Jugendlichen verbunden ist.

Mit Art. 3 des Bundeskinderschutzgesetzes vom 22.12.2011 BGBl. I S. 2275 wurde § 21 Abs. 1 Nr. 7 Nr. 7 angefügt, nach dem die Rehabilitationsträger mit den Leistungserbringern des SGB IX im Versorgungsvertrag zu vereinbaren haben, dass das Angebot der Beratung durch den Träger der öffentlichen Jugendhilfe bei gewichtigen Anhaltspunkten für eine Kindeswohlgefährdung in Anspruch zu nehmen ist.

Mit dem 4.SGBIVuaÄndG v 22.12.2011 BGBl. I S. 3057 wurden in § 147 Abs. 1 Nr. 5 die Wörter „im Umkreis von 50 KM um den Wohnsitz oder gewöhnlichen Aufenthalt des schwerbehinderten Menschen" gestrichen und damit die Regelung zur Inanspruchnahme des Nahverkehrs auf das gesamte Bundesgebiet ausgedehnt.

Mit Art. 1 des Gesetzes zur Änderung des Neunten Buches Sozialgesetzbuch vom 5.12.2012 BGBl 1 S 2480 wurde in § 145 der Eigenanteil für die Wertmarke neu festgesetzt und dessen systematische Erhöhung geregelt (vgl. XV). Zugleich wurden in den §§ 150 ff die Kostentragung durch Bund und Länder sowie das Erstattungsverfahren gegenüber den Nahverkehrsunternehmen neu geregelt.

Einführung

Mit Art. 3 des Gesetzes zur Änderung personenbeförderungsrechtlicher Vorschriften vom 14.12.2012 BGBl. I S. 2598 wurde in § 145 Abs. 3 klargestellt, dass diese Erstattungen aus dem Anwendungsbereich der Verordnung (EG)Nr. 1370/2007 des Europäischen Parlaments und des Rates vom 23.10.2007 über öffentliche Personenverkehrsdienste auf Schiene und Straße ausgenommen sind.

Mit Art 1a des Gesetzes zum Vorschlag für einen Beschluss des Rates über einen Dreigliedrigen Sozialgipfel für Wachstum und Beschäftigung und zur Aufhebung des Beschlusses 2003/174 EG v. 7.1.2005 (BGBl. 2015 II S. 15) wurde das BMA durch Änderung der §§ 69, 70 159 ermächtigt, durch Rechtsverordnung Grundsätze für die medizinische Bewertung des Grades der Behinderung aufzustellen, der in den SB-Ausweis einzutragen ist.

Mit Art 452 der Zehnten Zuständigkeitsanpassungsverordnung vom 31.8.2015 (BGBl. I S. 1474) wurde in den §§ 149, 154 die Bezeichnung des Bundesministeriums für Verkehr und digitale Infrastruktur redaktionell angepasst.

Mit Art. 104 des Zweiten Gesetzes über weitere Bereinigung von Bundesgesetzen vom 8.7.2016 (BGBl. I S. 1594) wurde in den §§ 114, 160 die erledigte Berichtspflicht gestrichen.

Mit Art. 3 des Neunten Gesetzes zur Änderung des SGB II – Rechtsvereinfachung – sowie zur vorübergehenden Aussetzung der Insolvenzantragspflicht vom 26.7.2016 (BGBl. I S. 1824) wurde § 68 Abs. 4 S. 1 um die berufliche Orientierung ergänzt und durch Neufassung des Satzes 3 klargestellt, dass die Gleichstellung nur für Leistungen im Rahmen der beruflichen Orientierung und Berufsausbildung nach § 102 gilt. In § 102 Abs. 2 S. 3 wurden in die begleitenden Hilfen die Integrationsprojekte mit mindestens 12 Std. wöchtl. Beschäftigung einbezogen. In § 132 Abs. 2 Nr. 4 wurde der Personenkreis um Langzeitarbeitslose iSv § 18 SGB III erweitert und in Abs. 3 geregelt, dass behinderte oder von Behinderung bedrohte psychisch kranke Menschen auf die Beschäftigungsquote angerechnet werden. § 133 S. 2 erweitert die Regelung um psychisch kranke Menschen und § 134 Abs. 2 bestimmt, dass für diesen Personenkreis die Leistungen des § 133 von den Rehabilitationsträgern zu erbringen sind.

Art. 165 des Gesetzes zum Abbau verzichtbarer Anordnungen der Schriftform im Verwaltungsrecht des Bundes vom 29.3.2017 (BGBl. I S. 626) bestimmt, dass das in den §§ 6a S. 3, 10 Abs. 1 S. 1, § 13 Abs. 2 Nr. 3 und § 87 Abs. 1 S. 1 geregelte Verwaltungshandeln jeweils in schriftlicher oder elektronischer Form zu erfolgen hat.

Art 26 setzt die Änderung des Bundesteilhabegesetzes vom 23.12.2016 (BGBl. I S. 3234) bestimmt das jeweilige Inkrafttreten des Bundesteilhabegesetzes ab 30.12.2017.

Art. 3 EM-Leistungsverbesserungsgesetz vom 17.7.2017 (BGBl. I S. 2509) bestimmt in § 11 Abs. 4, dass die zuwendungsrechtliche und organisatorische Abwicklung der Modellvorhaben nach § 11 Abs. 1 Aufgabe der DRV Knappschaft-Bahn-See ist.

Art 23 des Gesetzes zur Änderung des Bundesversorgungsgesetzes und anderer Vorschriften vom 17.7.2017 (BGBl. I S. 2541) gestattet in § 6 Abs. 3 die elektronische Unterrichtung der Jobcenter und der Leistungsberechtigten über den festgestellten Rehabilitationsbedarf. § 19 Abs. 1 gestattet die elektronische Zusammenstellung des Teilhabeplanes. In § 35 Abs. 1 wird die Gutachtenerstattung durch Landesärzte auch auf die Träger der Eingliederungshilfe erstreckt. Nach § 138 Abs. 5 umfassen die Leistungen zur Teilhabe an Bildung auch die hochschulische Ausbildung und die Weiterbildung für einen Beruf. Nach § 170 Abs. 1 kann der Arbeitgeber die Zustimmung des Integrationsamtes zur Kündigung auch elektronisch beantragen. Nach § 173 gelten die Vorschriften zum Kündigungsschutz, sofern sie Anspruch auf Knappschaftsausgleichleistungen, soweit der Arbeitgeber die Kündigungsabsicht rechtzeitig mitgeteilt hat und die Betroffenen der Kündigung nicht widersprechen. In § 225 wird die Bezeichnung des zuständigen Trägers redaktionell geändert. In § 232 wir die Formel für die Berechnung der Fahrgeldausfälle redaktionell richtiggestellt.

Mit Art 3 des Gesetzes zur Durchführung von Verordnungen der Europäischen Union zur Bereitstellung von Produkten auf dem Markt und zur Änderung des Neunten und Zwölften Sozialgesetzbuches vom 18.4.2019 (BGBl. I S. 473) wird in § 124 der Kreis der Personen, die nicht mit Aufgaben der Einrichtungen der Behindertenhilfe betraut werden dürfen, um die Straftatbestände der §§ 184i, 184j und 201a Abs. 3 StGB erweitert. Mit Wirkung vom 1.1.2020 wird in § 128 Abs. 1 S 2 die Verpflichtung der Leistungserbringer verankert, dem Träger der EinglH auf Verlangen die für die Prüfung erforderlichen Unterlagen vorzulegen und Auskünfte zu erteilen. Nach S 4 werden die Träger der EinglH verpflichtet, der Heimaufsicht die Daten über die Leistungserbringer sowie die Ergebnisse der Prüfungen zu übermitteln.

Mit Art 6 RV-Leistungsverbesserungs- und Stabilisierungsgesetz vom 28.11.2018 (BGBl. I S. 2016) wird § 66 Abs. 1 redaktionell geändert und die Bezeichnung „Gleitzone" durch den Begriff „des Übergangsbereichs" ersetzt.

Durch Art 5 des Gesetzes zur Anpassung der Berufsausbildungsbeihilfe und des Ausbildungsgeldes vom 8.7.2019 (BGBl. I S. 2016) wird in § 221 Abs. 2 S. 1 das Wort „zuletzt" gestrichen. In der Übergangsregelung des § 241 Abs. 9 wird der Grundbetrag zum 1.8.2019 auf 80 Euro mtl., ab 1.1.2020 auf 89 Euro, ab 1.1.21 auf 99 Euro und ab 1.1.2022 bis 31.12.2022 auf mindestens 109 Euro mtl. angehoben.

Mit Art 130 des Zweiten Datenschutz-Anpassungsgesetz EU (2.DSAnpUG-EU) vom 20.11.2019 (BGBl. I S. 1626) wurde die Verantwortung und datenschutzrechtlich Aufgabenstellung der Rehabilitationsträger überarbeitet und klarer gefasst. In § 96 Abs. 2 wurde der mit den Bestimmungen des SGB X übereinstimmende Satz 2 über die Unterrichtung der Berechtigten gestrichen.

Art. 1 des Gesetzes zur Änderung des Neunten und Zwölften Sozialgesetzbuches und anderer Rechtsvorschriften vom 30.11.2019 (BGBl. I S. 1948 korrigiert in § 49 Abs. 8 (§ 185 Abs. 5), § 71 Abs. 4 Nr. 1 (§ 66 Abs. 1 S 3 Nr. 1), § 137 Abs. 2 S 1 (§ 136 Abs. 2 bis 5) sowie in § 197 Abs. 2 (193 Abs. 2 Nrn. 2u 3) redaktionelle und in §§ 115, 136 Abs. 1 sprachliche Korrekturen vor. In § 60 Abs. 2 wird Nr. 7 angefügt, nach der für andere Leistungsanbieter die Regelungen zur Anrechnung von Aufträgen auf die Ausgleichsabgabe und zur bevorzugten Vergabe von Aufgaben durch die öffentliche Hand nicht anzuwenden sind. Nach § 113 Abs. 5 werden in besonderen Wohnformen Aufwendungen für Wohnraum oberhalb der Angemessenheitsgrenze als Leistungen der sozialen Teilhabe übernommen, sofern dies wegen der besonderen Bedürfnisse der Berechtigten erforderlich ist. Nach dem neu angefügten § 136 Abs. 2 S 2 ist S 1 Nr. 2 auch bei überwiegendem Einkommen aus anderen Einkunftsarten anzuwenden. In Abs. 4 S 2 wird klargestellt, dass es sich um Kinder „im Haushalt" handelt. In § 137 Abs. 4 S 2 wird die Erstattungspflicht gegenüber dem Träger der EinglH geregelt. In § 138 Abs. 4 wird klargestellt, dass die Kostenbeteiligung sich nur auf unterhaltspflichtige

Eltern/-teile erstreckt. Nach § 139 Abs. 1 S 3 darf die EinglH nicht vom Einsatz von Vermögen abhängig gemacht werden, wenn das eine Härte bedeuten würde. Nach § 141 Abs. 1 S 2 erstreckt sich der Übergang von Ansprüchen, die gegenüber Dritten bestehen, nicht auf bürgerlich-rechtliche Unterhaltsansprüche. In § 142 über die Sonderregelungen für minderjährige Leistungsberechtigte und in Sonderfällen wird – neben Korrekturen und Klarstellungen in Abs. 1 und 2 – wird der Übergang von bürgerlich-rechtlichen Unterhaltsansprüchen auf mtl. 26,49 Euro begrenzt.

Art 2 des Angehörigen-Entlastungsgesetzes vom 10.12.2019 (BGBl. I S. 2135) ergänzt § 32 um die Abs. 6 und 7 zur langfristigen Finanzierung der EUTB. Zuständige Behörde für die Umsetzung des § 32 ist nach Abs. 7 das BMAS. Nach § 60 Abs. 2 Nr. 8 soll ein besserer Personalschlüssel als in einer Werkstatt angewendet werden, soweit andere Leistungsanbieter Leistungen nach den §§ 57, 58 ausschließlich in betrieblicher Form erbringen. Mit § 61a wird das Budget für Ausbildung eingeführt. Nach § 63 Abs. 3 gilt die Zuständigkeitsregelung des Abs. 1 auch für Leistungen zur beruflichen Bildung bei einem anderen Leistungsanbieter. § 98 Abs. 5 stellt die örtliche Zuständigkeit der Träger der EinglH für diejenigen klar, die am 31.12.19 Leistungen bezogen haben. § 134 Abs. 4 S 2 erstreckt die Sonderregelung zum Inhalt der Vereinbarungen zur Erbringung von Leistungen für minderjährige Leistungsberechtigte und in Sonderfällen über die Leistungen zur Schulbildung hinaus unter bestimmten Voraussetzungen auch auf andere volljährige Leistungsberechtigte. § 138 Abs. 4 (Heranziehung der Eltern bei volljährigen Leistungsbeziehern) entfällt. Die Sonderregelung des § 142 ist auch anzuwenden, wenn Volljährige Leistungen erhalten, denen eine Vereinbarung nach § 134 Abs. 4 zugrunde liegt. Nach § 185 Abs. 3 Nr 6 kann das Integrationsamt auch Mittel zur Deckung eines Teils der Aufwendungen für ein Budget für Ausbildung einsetzen. In Abs. 5 S 2 wird klargestellt, dass sich der Anspruch auf Arbeitsassistenz auf die Übernahme der vollen Kosten richtet. Nach § 191 umfasst die Verordnungsermächtigung nicht mehr die Höhe der Leistungen. Das Rückkehrrecht in eine Werkstatt für behinderte Menschen wird nach § 220 Abs. 3 auch auf die Teilnehmer eines Budgets für Ausbildung erstreckt.

Mit Art 8 MDK-Reformgesetz vom 14.12.2019 (BGBl. I S. 2789) wird § 128 durch den Verweis auf § 278 SGB V an die geänderte Rechtsstellung des MDK angepasst.

Ab 1.1.2021 werden durch Art 3 des 59. Gesetz zur Änderung des Strafgesetzbuches vom 9.10.2020 (BGBl. I S. 2075) die Bezugsvorschriften in § 124 Abs. 2 S 3 „184i, 183j" durch „184i bis k" und diese wiederum ab 1.7.2021 durch Art 8 des Gesetzes zur Bekämpfung sexualisierter Gewalt gegen Kinder (StGBÄndG 2021) vom 16.6.2021 (BGBl. I S. 1810) durch „184i bis 184l" ersetzt.

Art 7 des Teilhabestärkungsgesetz vom 2.6.2021 (BGBl. I S. 1387) bringt weitreichende Änderungen, die zu verschiedenen Zeitpunkten Inkrafttreten.

Ab 10.6.2021 werden wirksam: Nach dem neu eingefügten § 37a haben die Leistungserbringer für Menschen mit Behinderungen geeignete Maßnahmen zum Schutz vor Gewalt zu treffen, wozu insbesondere die Entwicklung und Umsetzung eines Gewaltschutzkonzeptes gehört. In § 42 Abs. 2 Nr. 6a werden digitale Gesundheitsleistungen als medizinische Rehabilitationsleistungen aufgenommen, deren Gegenstand und Umfang in § 47a konkretisiert wird. In § 102 Abs. 4 wird die örtliche Zuständigkeit der Träger der EinglH für Deutsche im Ausland konkretisiert und am Geburtsort der Mutter orientiert. Nach

§ 142 Abs. 3 Volljährigen, die Leistungen zur Schulbildung (ua § 134 Abs. 4) erhalten, die Selbstbeteiligung nur in Höhe der ersparten häuslichen Lebensunterhaltskosten zuzumuten. Die Herabsetzungsregelung des § 158 Abs. 2 S 2 gilt auch für Teilzeitberufsausbildung. § 167 Abs. 2 S 2 räumt Beschäftigten im Rahmen des BEM das Recht zur Heranziehung einer Vertrauensperson ein. Der an § 224 Abs. 1 angefügte Halbsatz gestattet es, Werkstätten für Menschen mit Behinderung (WfbM) nach Maßgabe der Verwaltungsvorschriften über die Vergabe von Aufträgen durch die öffentliche Hand beim Zuschlag und den Zuschlagskriterien zu bevorzugen. Der an § 241 Abs. 3 angefügte letzte Halbsatz erweitert den Anwendungsbereich der Übergangsregelung auf Inklusionsbetriebe.

Ab 1.7.2021 wurde § 99 unter Anpassung an den Behindertenbegriff der UN-BRK, das biopsychosoziale Modell von Behinderung, insbesondere den inklusiven Behinderungsbegriff der ICF neu gefasst und definiert nunmehr die Leistungsberechtigung und nicht mehr den berechtigten Personenkreis. Die §§ 93, 94 und 97 wurden redaktionell an § 99 angepasst.

Ab 1.1.2022 werden wirksam: § 6 Abs. 3 S 3 bis 5 stellt klar, dass die Bundesagentur für Arbeit (BA) den Rehabilitationsbedarf feststellt, dabei das Jobcenter beteiligt, dieses über die von ihm zu erbringenden Leistungen berät und das Jobcenter auf dieser Grundlage über die Leistungen zu entscheiden hat. Nach § 19 Abs. 1 S 2 ist das Jobcenter an der Bedarfsfeststellung zu beteiligen, soweit Leistungen nach dem SGB II beantragt oder erbracht werden. Im Teilhabeplan sind diese Leistungen zu dokumentieren (§ 19 Abs. 2 Nr. 12). §§ 20, 22 und 117 Abs. 5 werden redaktionell entsprechend angepasst. Nach § 61a Abs. 1 haben auch Menschen, die Leistungen im Arbeitsbereich einer WfbM erhalten, Anspruch auf ein Budget für Ausbildung. Die Ausbildungsvergütung des Budgets muss angemessen sein. Die BA soll die Berechtigten bei der Suche nach einem geeigneten Ausbildungsplatz oder einer geeigneten beruflichen Reha-Einrichtung unterstützen. Die Leistungsverpflichtung der Reha-Träger ist nicht mehr in § 61a Abs. 1 S. 2, sondern in § 63 Abs. 3 geregelt. § 111 Abs. 1 wurde in Nr. 4 um das Budget für Ausbildung ergänzt. § 123 Abs. 3 Nr. 2 stellt klar, dass berufliche Reha-Einrichtungen, in denen der schulische Teil einer Ausbildung erfolgt, keine Arbeitgeber sind.

Flächendeckend neu eingeführt werden mit § 185a trägerunabhängige, einheitliche Ansprechstellen für Arbeitgeber, die diese beraten und unterstützen bei der Ausbildung, der Einstellung und Beschäftigung schwerbehinderter Menschen. Mit § 193 Abs. 1 Nr. 9 wurden die Ansprechstellen in den Aufgabenkatalog der Integrationsfachdienste aufgenommen.

Art 4 Kinder- und Jugendstärkungsgesetz (KJSG) vom 3.6.2021 (BGBl. I S. 1444) bestimmt in § 21 S 2 ab 10.6.2021, dass die Hilfeplanvorschriften der §§ 36, 36b und 37c SGB VIII im Verhältnis zum Teilhabeplanverfahren nach §§ 19 ff ergänzend anzuwenden sind, wenn der Träger der Jugendhilfe verantwortlicher Rehabilitationsträger ist. Nach § 117 Abs. 6 hat der Träger der Einglh bei minderjährigen Leistungsberechtigten den Träger der Jugendhilfe mit Zustimmung der Personensorgeberechtigten zu informieren, der – falls zur Feststellung des Leistungsbedarfs erforderlich – am Gesamtplanverfahren beratend teilnimmt. Wenn dadurch das Gesamtplanverfahren verzögert würde, kann davon in begründeten Ausnahmefällen abgewichen werden. Nach § 119 Abs. 1 S 2 kann auch der Träger der Jugendhilfe eine Gesamtplankonferenz vorschlagen.

Einführung

Nach Art 13 des Gesetzes zur Reform des Vormundschafts- und Betreuungsrechts vom 4.5.2021 (BGBl. I S. 882) umfasst die Informationspflicht des verantwortlichen Reha-Trägers gegenüber der Betreuungsbehörde nach § 22 Abs. 5 ab 1.1.2023 die Ergebnisse der bisherigen Ermittlungen und Gutachten, damit die Behörde dem Leistungsberechtigten andere Hilfen vermitteln kann, bei denen kein Betreuer bestellt wird. Sie kann mit Zustimmung des Berechtigten am Teilhabeplanverfahren teilnehmen.

Art 37 des Gesetzes zur Regelung des Entschädigungsrechts (SozERG) vom 12.12.2019 (BGBl. I S. 2652 (Nr. 50) passt das gesamte SGB IX ab 1.1.2024 redaktionell an die Termini des SGB XIV an und ersetzt die Wörter „Kriegsopferversorgung und Träger der Kriegsopferfürsorge im Rahmen des Rechts der Sozialen Entschädigung bei Gesundheitsschäden" durch die Wörter „Soziale Entschädigung". Nach dem an § 21 angefügten S 3 gelten die Vorschriften des Fallmanagements nach § 30 SGB XIV ergänzend zu denen des Teilhabeplanverfahrens. Nach § 29 Abs. 1 S 5 sind die Leistungen der Träger zur Sozialen Entschädigung zur Krankenbehandlung, bei Pflegebedürftigkeit und zur Weiterführung des Haushalts budgetfähig. Bei Beantragung eines Persönlichen Budgets bei einem Träger zur Sozialen Entschädigung wird dieser zum leistenden Reha-Träger (§ 29 Abs. 3 S 2). § 65 Abs. 6 aF über die ergänzende Hilfe zum Lebensunterhalt nach dem BVG wird aufgehoben.

Für die Feststellung der Schwerbehinderung wird in § 152 auf die nach Landesrecht zuständigen Behörden abgestellt. Das Verwaltungsverfahrensrecht des BVG wird aufgehoben (§ 152 Abs. 1 S 4). § 241 Abs. 10 regelt, dass bestimmte Vorschriften des BVG für Leistungsempfänger nach dem Soldatenversorgungsgesetz über den 31.12.2023 hinaus weitergelten.

Mit Art 43 des Gesetzes über die Entschädigung der Soldatinnen und Soldaten und zur Neuregelung des Soldatenversorgungsrechts (SVReformG) vom 20.8.2021 (BGBl. I S. 3932 (Nr. 60) wird die Übergangsregelung des § 241 Abs. 10 ab 1.1.2025 aufgehoben. Reha-Träger sind dann nach § 6 Abs. 1 Nr. 5 die Träger der Sozialen Entschädigung und der Träger der Soldatenentschädigung. Letztere werden in die Erstattungsanspruchsregelung des § 16 Abs. 6 einbezogen. Nach § 18 Abs. 7 findet das Selbstbeschaffungsrecht für Leistungen nach den Kapiteln 4 und 5 des Soldatenentschädigungsgesetzes (SEG) keine Anwendung. Die Leistungen des Trägers der Soldatenentschädigung zur medizinischen Versorgung und bei Pflegebedürftigkeit sind nach § 29 Abs. 1 S 5 budgetfähig. Die Vorschriften des SEG über das Fallmanagement gelten ergänzend zu denen des Teilhabeplanverfahrens.

XVII. Ausblick

Der Koalitionsvertrag der Regierungsparteien SPD, BÜNDNIS90/DIE GRUENEN/FDP für die 20. Legislaturperiode des Deutschen Bundestages enthält verschiedene Absichten bezogen auf die Inklusion von Menschen mit Behinderungen. Dabei wird ein Schwerpunkt auf die Arbeitsmarktintegration gelegt. In diesem Zusammenhang sollen ua die einheitlichen Ansprechstellen für Arbeitgeber weiterentwickelt werden. Vollständig an das Integrationsamt übermittelte Anträge sollen nach sechs Wochen ohne Bescheid als genehmigt gelten. Die Budgets für Arbeit und für Ausbildung sollen ausgebaut werden. Das BTHG soll auf allen staatlichen Ebenen und von allen Leistungserbringern unter Berücksichtigung der Evaluationsergebnisse konsequent umgesetzt werden. Hürden, die einer Etablierung und Nutzung des Persönlichen Budgets entgegenstehen oder das Wunsch- und Wahlrecht unzulässig einschränken sollen abgebaut werden. Der Grundsatz „Prävention vor Rehabilitation vor Rente" soll gestärkt werden. Die Rehabilitation soll stärker auf den Arbeitsmarkt ausgerichtet und die unterschiedlichen Sozialversicherungsträger zu Kooperationsvereinbarungen verpflichtet werden. Der Zugang zu Maßnahmen der Prävention und Rehabilitation soll vereinfacht und das Reha-Budget bedarfsgerechter ausgestaltet werden. Für ein diverses, inklusives und barrierefreies Gesundheitswesen soll bis 2022 ein Aktionsplan erarbeitet werden.

Damit ist ein Bündel gesetzgeberischer Maßnahmen vorgezeichnet, die sich auch auf das SGB IX auswirken. Zudem bleibt abzuwarten, ob die sehr unterschiedliche Umsetzung des BTHG in den Ländern zu weiteren Gesetzesinitiativen im Sinne der (Wieder)Herstellung eines trägerübergreifend einheitlichen Teilhaberechts führen.

Unabhängig davon ist nach Auffassung der Mehrzahl der Verbände von Menschen mit Behinderungen das als einfaches Bundesgesetz in Kraft getretene „Übereinkommen der Vereinten Nationen über die Rechte von Menschen mit Behinderungen" (CRPD; kurz: UN-Behindertenrechtskonvention oder BRK) auch durch das BTHG bisher nur unzureichenden in das nationale Teilhaberecht umgesetzt worden, sodass auch noch insoweit ein erheblicher gesetzgeberischer Handlungsbedarf besteht.

Dieser Handlungsbedarf besteht auch aus der Sicht von Ländern und Kommunen, soweit die beauftragten Wirkungsuntersuchungen zum BTHG deren Befürchtung bestätigen, dass die mit dem BTHG angestrebten Kostensenkungen entgegen der Überzeugung der Bundesregierung nicht erreicht werden, sondern mit der Umsetzung des BTHG sogar Mehrkosten verbunden sind.

1. Sozialgesetzbuch
Neuntes Buch – Rehabilitation und Teilhabe von Menschen mit Behinderungen –
(Neuntes Buch Sozialgesetzbuch – SGB IX)[1) 2)]

Vom 23. Dezember 2016

(BGBl. I S. 3234)

FNA 860-9-3

zuletzt geänd. durch Art. 2 G zur Regelung eines Sofortzuschlages und einer Einmalzahlung in den sozialen Mindestsicherungssystemen sowie zur Änd. des FinanzausgleichsG und weiterer G v. 23.5. 2022 (BGBl. I S. 760)

Inhaltsübersicht

[1)] Verkündet als Art. 1 BundesteilhabeG v. 23.12.2016 (BGBl. I S. 3234); Inkrafttreten gem. Art. 26 Abs. 1 dieses G am 1.1.2018, mit Ausnahme von Teil 2 Kapitel 1–7 (§§ 90–122) sowie Kapitel 9–11 (§§ 135–150), die gem. Abs. 4 Nr. 1 dieses G mit Ausnahme von § 94 Absatz 1 am 1.1.2020 in Kraft getreten sind.
[2)] Die Änderungen durch G v. 20.8.2021 (BGBl. I S. 3932) treten erst **mWv 1.1.2025** in Kraft und sind im Text noch nicht berücksichtigt.

5

Teil 1. Regelungen für Menschen mit Behinderungen und von Behinderung bedrohte Menschen

Kapitel 1. Allgemeine Vorschriften

§ 1 Selbstbestimmung und Teilhabe am Leben in der Gesellschaft.

[1] Menschen mit Behinderungen oder von Behinderung bedrohte Menschen erhalten Leistungen nach diesem Buch und den für die Rehabilitationsträger geltenden Leistungsgesetzen, um ihre Selbstbestimmung und ihre volle, wirksame und gleichberechtigte Teilhabe am Leben in der Gesellschaft zu fördern, Benachteiligungen zu vermeiden oder ihnen entgegenzuwirken. [2] Dabei wird den besonderen Bedürfnissen von Frauen und Kindern mit Behinderungen und von Behinderung bedrohter Frauen und Kinder sowie Menschen mit seelischen

Behinderungen oder von einer solchen Behinderung bedrohter Menschen Rechnung getragen.

§ 2 Begriffsbestimmungen. (1) [1] Menschen mit Behinderungen sind Menschen, die körperliche, seelische, geistige oder Sinnesbeeinträchtigungen haben, die sie in Wechselwirkung mit einstellungs- und umweltbedingten Barrieren an der gleichberechtigten Teilhabe an der Gesellschaft mit hoher Wahrscheinlichkeit länger als sechs Monate hindern können. [2] Eine Beeinträchtigung nach Satz 1 liegt vor, wenn der Körper- und Gesundheitszustand von dem für das Lebensalter typischen Zustand abweicht. [3] Menschen sind von Behinderung bedroht, wenn eine Beeinträchtigung nach Satz 1 zu erwarten ist.

(2) Menschen sind im Sinne des Teils 3 schwerbehindert, wenn bei ihnen ein Grad der Behinderung von wenigstens 50 vorliegt und sie ihren Wohnsitz, ihren gewöhnlichen Aufenthalt oder ihre Beschäftigung auf einem Arbeitsplatz im Sinne des § 156 rechtmäßig im Geltungsbereich dieses Gesetzbuches haben.

(3) Schwerbehinderten Menschen gleichgestellt werden sollen Menschen mit Behinderungen mit einem Grad der Behinderung von weniger als 50, aber wenigstens 30, bei denen die übrigen Voraussetzungen des Absatzes 2 vorliegen, wenn sie infolge ihrer Behinderung ohne die Gleichstellung einen geeigneten Arbeitsplatz im Sinne des § 156 nicht erlangen oder nicht behalten können (gleichgestellte behinderte Menschen).

§ 3 Vorrang von Prävention. (1) Die Rehabilitationsträger und die Integrationsämter wirken bei der Aufklärung, Beratung, Auskunft und Ausführung von Leistungen im Sinne des Ersten Buches[1] sowie im Rahmen der Zusammenarbeit mit den Arbeitgebern nach § 167 darauf hin, dass der Eintritt einer Behinderung einschließlich einer chronischen Krankheit vermieden wird.

(2) Die Rehabilitationsträger nach § 6 Absatz 1 Nummer 1 bis 4 und 6 und ihre Verbände wirken bei der Entwicklung und Umsetzung der Nationalen Präventionsstrategie nach den Bestimmungen der §§ 20d bis 20g des Fünften Buches mit, insbesondere mit der Zielsetzung der Vermeidung von Beeinträchtigungen bei der Teilhabe am Leben in der Gesellschaft.

(3) Bei der Erbringung von Leistungen für Personen, deren berufliche Eingliederung auf Grund gesundheitlicher Einschränkungen besonders erschwert ist, arbeiten die Krankenkassen mit der Bundesagentur für Arbeit und mit den kommunalen Trägern der Grundsicherung für Arbeitsuchende nach § 20a des Fünften Buches eng zusammen.

§ 4 Leistungen zur Teilhabe. (1) Die Leistungen zur Teilhabe umfassen die notwendigen Sozialleistungen, um unabhängig von der Ursache der Behinderung

1. die Behinderung abzuwenden, zu beseitigen, zu mindern, ihre Verschlimmerung zu verhüten oder ihre Folgen zu mildern,
2. Einschränkungen der Erwerbsfähigkeit oder Pflegebedürftigkeit zu vermeiden, zu überwinden, zu mindern oder eine Verschlimmerung zu verhüten sowie den vorzeitigen Bezug anderer Sozialleistungen zu vermeiden oder laufende Sozialleistungen zu mindern,

---

[1] Auszugsweise abgedruckt unter Nr. **3**.

3. die Teilhabe am Arbeitsleben entsprechend den Neigungen und Fähigkeiten dauerhaft zu sichern oder

4. die persönliche Entwicklung ganzheitlich zu fördern und die Teilhabe am Leben in der Gesellschaft sowie eine möglichst selbständige und selbstbestimmte Lebensführung zu ermöglichen oder zu erleichtern.

(2) [1]Die Leistungen zur Teilhabe werden zur Erreichung der in Absatz 1 genannten Ziele nach Maßgabe dieses Buches und der für die zuständigen Leistungsträger geltenden besonderen Vorschriften neben anderen Sozialleistungen erbracht. [2]Die Leistungsträger erbringen die Leistungen im Rahmen der für sie geltenden Rechtsvorschriften nach Lage des Einzelfalles so vollständig, umfassend und in gleicher Qualität, dass Leistungen eines anderen Trägers möglichst nicht erforderlich werden.

(3) [1]Leistungen für Kinder mit Behinderungen oder von Behinderung bedrohte Kinder werden so geplant und gestaltet, dass nach Möglichkeit Kinder nicht von ihrem sozialen Umfeld getrennt und gemeinsam mit Kindern ohne Behinderungen betreut werden können. [2]Dabei werden Kinder mit Behinderungen alters- und entwicklungsentsprechend an der Planung und Ausgestaltung der einzelnen Hilfen beteiligt und ihre Sorgeberechtigten intensiv in Planung und Gestaltung der Hilfen einbezogen.

(4) Leistungen für Mütter und Väter mit Behinderungen werden gewährt, um diese bei der Versorgung und Betreuung ihrer Kinder zu unterstützen.

§ 5 Leistungsgruppen. Zur Teilhabe am Leben in der Gesellschaft werden erbracht:

1. Leistungen zur medizinischen Rehabilitation,
2. Leistungen zur Teilhabe am Arbeitsleben,
3. unterhaltssichernde und andere ergänzende Leistungen,
4. Leistungen zur Teilhabe an Bildung und
5. Leistungen zur sozialen Teilhabe.

§ 6 Rehabilitationsträger. (1) Träger der Leistungen zur Teilhabe (Rehabilitationsträger) können sein:

1. die gesetzlichen Krankenkassen für Leistungen nach § 5 Nummer 1 und 3,
2. die Bundesagentur für Arbeit für Leistungen nach § 5 Nummer 2 und 3,
3. die Träger der gesetzlichen Unfallversicherung für Leistungen nach § 5 Nummer 1 bis 3 und 5; für Versicherte nach § 2 Absatz 1 Nummer 8 des Siebten Buches die für diese zuständigen Unfallversicherungsträger für Leistungen nach § 5 Nummer 1 bis 5,
4. die Träger der gesetzlichen Rentenversicherung für Leistungen nach § 5 Nummer 1 bis 3, der Träger der Alterssicherung der Landwirte für Leistungen nach § 5 Nummer 1 und 3,

[Nr. 5 bis 31.12.2023:]
5. die Träger der Kriegsopferversorgung und die Träger der Kriegsopferfürsorge im Rahmen des Rechts der sozialen Entschädigung bei Gesundheitsschäden für Leistungen nach § 5 Nummer 1 bis 5,

[Nr. 5 ab 1.1.2024 bis 31.12.2024:]
5. die Träger der Sozialen Entschädigung für Leistungen nach § 5 Nummer 1 bis 5,

6. die Träger der öffentlichen Jugendhilfe für Leistungen nach § 5 Nummer 1, 2, 4 und 5 sowie

7. die Träger der Eingliederungshilfe für Leistungen nach § 5 Nummer 1, 2, 4 und 5.

(2) Die Rehabilitationsträger nehmen ihre Aufgaben selbständig und eigenverantwortlich wahr.

(3) [1]Die Bundesagentur für Arbeit ist auch Rehabilitationsträger für die Leistungen zur Teilhabe am Arbeitsleben für erwerbsfähige Leistungsberechtigte mit Behinderungen im Sinne des Zweiten Buches, sofern nicht ein anderer Rehabilitationsträger zuständig ist. [2]Die Zuständigkeit der Jobcenter nach § 6d des Zweiten Buches für die Leistungen zur beruflichen Teilhabe von Menschen mit Behinderungen nach § 16 Absatz 1 des Zweiten Buches[1)] bleibt unberührt. [3]Die Bundesagentur für Arbeit stellt den Rehabilitationsbedarf fest. [4]Sie beteiligt das zuständige Jobcenter nach § 19 Absatz 1 Satz 2 und berät das Jobcenter zu den von ihm zu erbringenden Leistungen zur Teilhabe am Arbeitsleben nach § 16 Absatz 1 Satz 3 des Zweiten Buches[1)]. [5]Das Jobcenter entscheidet über diese Leistungen innerhalb der in Kapitel 4 genannten Fristen.

§ 7 Vorbehalt abweichender Regelungen. (1) [1]Die Vorschriften im Teil 1 gelten für die Leistungen zur Teilhabe, soweit sich aus den für den jeweiligen Rehabilitationsträger geltenden Leistungsgesetzen nichts Abweichendes ergibt. [2]Die Zuständigkeit und die Voraussetzungen für die Leistungen zur Teilhabe richten sich nach den für den jeweiligen Rehabilitationsträger geltenden Leistungsgesetzen. [3]Das Recht der Eingliederungshilfe im Teil 2 ist ein Leistungsgesetz im Sinne der Sätze 1 und 2.

(2) [1]Abweichend von Absatz 1 gehen die Vorschriften der Kapitel 2 bis 4 den für die jeweiligen Rehabilitationsträger geltenden Leistungsgesetzen vor. [2]Von den Vorschriften in Kapitel 4 kann durch Landesrecht nicht abgewichen werden.

§ 8 Wunsch- und Wahlrecht der Leistungsberechtigten. (1) [1]Bei der Entscheidung über die Leistungen und bei der Ausführung der Leistungen zur Teilhabe wird berechtigten Wünschen der Leistungsberechtigten entsprochen. [2]Dabei wird auch auf die persönliche Lebenssituation, das Alter, das Geschlecht, die Familie sowie die religiösen und weltanschaulichen Bedürfnisse der Leistungsberechtigten Rücksicht genommen; im Übrigen gilt § 33 des Ersten Buches. [3]Den besonderen Bedürfnissen von Müttern und Vätern mit Behinderungen bei der Erfüllung ihres Erziehungsauftrages sowie den besonderen Bedürfnissen von Kindern mit Behinderungen wird Rechnung getragen.

(2) [1]Sachleistungen zur Teilhabe, die nicht in Rehabilitationseinrichtungen auszuführen sind, können auf Antrag der Leistungsberechtigten als Geldleistungen erbracht werden, wenn die Leistungen hierdurch voraussichtlich bei gleicher Wirksamkeit wirtschaftlich zumindest gleichwertig ausgeführt werden können. [2]Für die Beurteilung der Wirksamkeit stellen die Leistungsberechtigten dem Rehabilitationsträger geeignete Unterlagen zur Verfügung. [3]Der Rehabilitationsträger begründet durch Bescheid, wenn er den Wünschen des Leistungsberechtigten nach den Absätzen 1 und 2 nicht entspricht.

[1)] Nr. **3a**.

(3) Leistungen, Dienste und Einrichtungen lassen den Leistungsberechtigten möglichst viel Raum zu eigenverantwortlicher Gestaltung ihrer Lebensumstände und fördern ihre Selbstbestimmung.

(4) Die Leistungen zur Teilhabe bedürfen der Zustimmung der Leistungsberechtigten.

Kapitel 2. Einleitung der Rehabilitation von Amts wegen

§ 9 Vorrangige Prüfung von Leistungen zur Teilhabe. (1) [1]Werden bei einem Rehabilitationsträger Sozialleistungen wegen oder unter Berücksichtigung einer Behinderung oder einer drohenden Behinderung beantragt oder erbracht, prüft dieser unabhängig von der Entscheidung über diese Leistungen, ob Leistungen zur Teilhabe voraussichtlich zur Erreichung der Ziele nach den §§ 1 und 4 erfolgreich sein können. [2]Er prüft auch, ob hierfür weitere Rehabilitationsträger im Rahmen ihrer Zuständigkeit zur Koordinierung der Leistungen zu beteiligen sind. [3]Werden Leistungen zur Teilhabe nach den Leistungsgesetzen nur auf Antrag erbracht, wirken die Rehabilitationsträger nach § 12 auf eine Antragstellung hin.

(2) [1]Leistungen zur Teilhabe haben Vorrang vor Rentenleistungen, die bei erfolgreichen Leistungen zur Teilhabe nicht oder voraussichtlich erst zu einem späteren Zeitpunkt zu erbringen wären. [2]Dies gilt während des Bezuges einer Rente entsprechend.

(3) [1]Absatz 1 ist auch anzuwenden, um durch Leistungen zur Teilhabe Pflegebedürftigkeit zu vermeiden, zu überwinden, zu mindern oder eine Verschlimmerung zu verhüten. [2]Die Aufgaben der Pflegekassen als Träger der sozialen Pflegeversicherung bei der Sicherung des Vorrangs von Rehabilitation vor Pflege nach den §§ 18a und 31 des Elften Buches[1] bleiben unberührt.

(4) Absatz 1 gilt auch für die Jobcenter im Rahmen ihrer Zuständigkeit für Leistungen zur beruflichen Teilhabe nach § 6 Absatz 3 mit der Maßgabe, dass sie mögliche Rehabilitationsbedarfe erkennen und auf eine Antragstellung beim voraussichtlich zuständigen Rehabilitationsträger hinwirken sollen.

§ 10 Sicherung der Erwerbsfähigkeit. (1) [1]Soweit es im Einzelfall geboten ist, prüft der zuständige Rehabilitationsträger gleichzeitig mit der Einleitung einer Leistung zur medizinischen Rehabilitation, während ihrer Ausführung und nach ihrem Abschluss, ob durch geeignete Leistungen zur Teilhabe am Arbeitsleben die Erwerbsfähigkeit von Menschen mit Behinderungen oder von Behinderung bedrohten Menschen erhalten, gebessert oder wiederhergestellt werden kann. [2]Er beteiligt die Bundesagentur für Arbeit nach § 54.

(2) Wird während einer Leistung zur medizinischen Rehabilitation erkennbar, dass der bisherige Arbeitsplatz gefährdet ist, wird mit den Betroffenen sowie dem zuständigen Rehabilitationsträger unverzüglich geklärt, ob Leistungen zur Teilhabe am Arbeitsleben erforderlich sind.

(3) Bei der Prüfung nach den Absätzen 1 und 2 wird zur Klärung eines Hilfebedarfs nach Teil 3 auch das Integrationsamt beteiligt.

(4) [1]Die Rehabilitationsträger haben in den Fällen nach den Absätzen 1 und 2 auf eine frühzeitige Antragstellung im Sinne von § 12 nach allen in Betracht kommenden Leistungsgesetzen hinzuwirken und den Antrag un-

---

[1] Nr. 10.

geachtet ihrer Zuständigkeit für Leistungen zur Teilhabe am Arbeitsleben entgegenzunehmen. [2]Soweit es erforderlich ist, beteiligen sie unverzüglich die zuständigen Rehabilitationsträger zur Koordinierung der Leistungen nach Kapitel 4.

(5) [1]Die Rehabilitationsträger wirken auch in den Fällen der Hinzuziehung durch Arbeitgeber infolge einer Arbeitsplatzgefährdung nach § 167 Absatz 2 Satz 4 auf eine frühzeitige Antragstellung auf Leistungen zur Teilhabe nach allen in Betracht kommenden Leistungsgesetzen hin. [2]Absatz 4 Satz 2 gilt entsprechend.

§ 11 Förderung von Modellvorhaben zur Stärkung der Rehabilitation, Verordnungsermächtigung. (1) Das Bundesministerium für Arbeit und Soziales fördert im Rahmen der für diesen Zweck zur Verfügung stehenden Haushaltsmittel im Aufgabenbereich der Grundsicherung für Arbeitsuchende und der gesetzlichen Rentenversicherung Modellvorhaben, die den Vorrang von Leistungen zur Teilhabe nach § 9 und die Sicherung der Erwerbsfähigkeit nach § 10 unterstützen.

(2) [1]Das Nähere regeln Förderrichtlinien des Bundesministeriums für Arbeit und Soziales. [2]Die Förderdauer der Modellvorhaben beträgt fünf Jahre. [3]Die Förderrichtlinien enthalten ein Datenschutzkonzept.

(3) Das Bundesministerium für Arbeit und Soziales kann durch Rechtsverordnung ohne Zustimmung des Bundesrates regeln, ob und inwieweit die Jobcenter nach § 6d des Zweiten Buches, die Bundesagentur für Arbeit und die Träger der gesetzlichen Rentenversicherung bei der Durchführung eines Modellvorhabens nach Absatz 1 von den für sie geltenden Leistungsgesetzen sachlich und zeitlich begrenzt abweichen können.

(4) [1]Die zuwendungsrechtliche und organisatorische Abwicklung der Modellvorhaben nach Absatz 1 erfolgt durch die Deutsche Rentenversicherung Knappschaft-Bahn-See unter der Aufsicht des Bundesministeriums für Arbeit und Soziales. [2]Die Aufsicht erstreckt sich auch auf den Umfang und die Zweckmäßigkeit der Modellvorhaben. [3]Die Ausgaben, welche der Deutschen Rentenversicherung Knappschaft-Bahn-See aus der Abwicklung der Modellvorhaben entstehen, werden aus den Haushaltsmitteln nach Absatz 1 vom Bund erstattet. [4]Das Nähere ist durch Verwaltungsvereinbarung zu regeln.

(5) [1]Das Bundesministerium für Arbeit und Soziales untersucht die Wirkungen der Modellvorhaben. [2]Das Bundesministerium für Arbeit und Soziales kann Dritte mit diesen Untersuchungen beauftragen.

Kapitel 3. Erkennung und Ermittlung des Rehabilitationsbedarfs

§ 12 Maßnahmen zur Unterstützung der frühzeitigen Bedarfserkennung. (1) [1]Die Rehabilitationsträger stellen durch geeignete Maßnahmen sicher, dass ein Rehabilitationsbedarf frühzeitig erkannt und auf eine Antragstellung der Leistungsberechtigten hingewirkt wird. [2]Die Rehabilitationsträger unterstützen die frühzeitige Erkennung des Rehabilitationsbedarfs insbesondere durch die Bereitstellung und Vermittlung von geeigneten barrierefreien Informationsangeboten über

1. Inhalte und Ziele von Leistungen zur Teilhabe,
2. die Möglichkeit der Leistungsausführung als Persönliches Budget,
3. das Verfahren zur Inanspruchnahme von Leistungen zur Teilhabe und

4. Angebote der Beratung, einschließlich der ergänzenden unabhängigen Teilhabeberatung nach § 32.

[3] Die Rehabilitationsträger benennen Ansprechstellen, die Informationsangebote nach Satz 2 an Leistungsberechtigte, an Arbeitgeber und an andere Rehabilitationsträger vermitteln. [4] Für die Zusammenarbeit der Ansprechstellen gilt § 15 Absatz 3 des Ersten Buches entsprechend.

(2) Absatz 1 gilt auch für Jobcenter im Rahmen ihrer Zuständigkeit für Leistungen zur beruflichen Teilhabe nach § 6 Absatz 3, für die Integrationsämter in Bezug auf Leistungen und sonstige Hilfen für schwerbehinderte Menschen nach Teil 3 und für die Pflegekassen als Träger der sozialen Pflegeversicherung nach dem Elften Buch.

(3) [1] Die Rehabilitationsträger, Integrationsämter und Pflegekassen können die Informationsangebote durch ihre Verbände und Vereinigungen bereitstellen und vermitteln lassen. [2] Die Jobcenter können die Informationsangebote durch die Bundesagentur für Arbeit bereitstellen und vermitteln lassen.

§ 13 Instrumente zur Ermittlung des Rehabilitationsbedarfs. (1) [1] Zur einheitlichen und überprüfbaren Ermittlung des individuellen Rehabilitationsbedarfs verwenden die Rehabilitationsträger systematische Arbeitsprozesse und standardisierte Arbeitsmittel (Instrumente) nach den für sie geltenden Leistungsgesetzen. [2] Die Instrumente sollen den von den Rehabilitationsträgern vereinbarten Grundsätzen für Instrumente zur Bedarfsermittlung nach § 26 Absatz 2 Nummer 7 entsprechen. [3] Die Rehabilitationsträger können die Entwicklung von Instrumenten durch ihre Verbände und Vereinigungen wahrnehmen lassen oder Dritte mit der Entwicklung beauftragen.

(2) Die Instrumente nach Absatz 1 Satz 1 gewährleisten eine individuelle und funktionsbezogene Bedarfsermittlung sowie die Dokumentation und Nachprüfbarkeit der Bedarfsermittlung, indem sie insbesondere erfassen,

1. ob eine Behinderung vorliegt oder einzutreten droht,
2. welche Auswirkung die Behinderung auf die Teilhabe der Leistungsberechtigten hat,
3. welche Ziele mit Leistungen zur Teilhabe erreicht werden sollen und
4. welche Leistungen im Rahmen einer Prognose zur Erreichung der Ziele voraussichtlich erfolgreich sind.

(3) Das Bundesministerium für Arbeit und Soziales untersucht die Wirkung der Instrumente nach Absatz 1 und veröffentlicht die Untersuchungsergebnisse bis zum 31. Dezember 2019.

(4) Auf Vorschlag der Rehabilitationsträger nach § 6 Absatz 1 Nummer 6 und 7 und mit Zustimmung der zuständigen obersten Landesbehörden kann das Bundesministerium für Arbeit und Soziales die von diesen Rehabilitationsträgern eingesetzten Instrumente im Sinne von Absatz 1 in die Untersuchung nach Absatz 3 einbeziehen.

Kapitel 4. Koordinierung der Leistungen

§ 14 Leistender Rehabilitationsträger. (1) [1] Werden Leistungen zur Teilhabe beantragt, stellt der Rehabilitationsträger innerhalb von zwei Wochen nach Eingang des Antrages bei ihm fest, ob er nach dem für ihn geltenden Leistungsgesetz für die Leistung zuständig ist; bei den Krankenkassen umfasst die Prüfung auch die Leistungspflicht nach § 40 Absatz 4 des Fünften Buches[1]. [2] Stellt er bei der Prüfung fest, dass er für die Leistung insgesamt nicht zuständig ist, leitet er den Antrag unverzüglich dem nach seiner Auffassung zuständigen Rehabilitationsträger zu und unterrichtet hierüber den Antragsteller. [3] Muss für eine solche Feststellung die Ursache der Behinderung geklärt werden und ist diese Klärung in der Frist nach Satz 1 nicht möglich, soll der Antrag unverzüglich dem Rehabilitationsträger zugeleitet werden, der die Leistung ohne Rücksicht auf die Ursache der Behinderung erbringt. [4] Wird der Antrag bei der Bundesagentur für Arbeit gestellt, werden bei der Prüfung nach den Sätzen 1 und 2 keine Feststellungen nach § 11 Absatz 2a Nummer 1 des Sechsten Buches[2] und § 22 Absatz 2 des Dritten Buches[3] getroffen.

(2) [1] Wird der Antrag nicht weitergeleitet, stellt der Rehabilitationsträger den Rehabilitationsbedarf anhand der Instrumente zur Bedarfsermittlung nach § 13 unverzüglich und umfassend fest und erbringt die Leistungen (leistender Rehabilitationsträger). [2] Muss für diese Feststellung kein Gutachten eingeholt werden, entscheidet der leistende Rehabilitationsträger innerhalb von drei Wochen nach Antragseingang. [3] Ist für die Feststellung des Rehabilitationsbedarfs ein Gutachten erforderlich, wird die Entscheidung innerhalb von zwei Wochen nach Vorliegen des Gutachtens getroffen. [4] Wird der Antrag weitergeleitet, gelten die Sätze 1 bis 3 für den Rehabilitationsträger, an den der Antrag weitergeleitet worden ist, entsprechend; die Frist beginnt mit dem Antragseingang bei diesem Rehabilitationsträger. [5] In den Fällen der Anforderung einer gutachterlichen Stellungnahme bei der Bundesagentur für Arbeit nach § 54 gilt Satz 3 entsprechend.

(3) Ist der Rehabilitationsträger, an den der Antrag nach Absatz 1 Satz 2 weitergeleitet worden ist, nach dem für ihn geltenden Leistungsgesetz für die Leistung insgesamt nicht zuständig, kann er den Antrag im Einvernehmen mit dem nach seiner Auffassung zuständigen Rehabilitationsträger an diesen weiterleiten, damit von diesem als leistendem Rehabilitationsträger über den Antrag innerhalb der bereits nach Absatz 2 Satz 4 laufenden Fristen entschieden wird und unterrichtet hierüber den Antragsteller.

(4) [1] Die Absätze 1 bis 3 gelten sinngemäß, wenn der Rehabilitationsträger Leistungen von Amts wegen erbringt. [2] Dabei tritt an die Stelle des Tages der Antragstellung der Tag der Kenntnis des voraussichtlichen Rehabilitationsbedarfs.

(5) Für die Weiterleitung des Antrages ist § 16 Absatz 2 Satz 1 des Ersten Buches[4] nicht anzuwenden, wenn und soweit Leistungen zur Teilhabe bei einem Rehabilitationsträger beantragt werden.

§ 15 Leistungsverantwortung bei Mehrheit von Rehabilitationsträgern. (1) [1] Stellt der leistende Rehabilitationsträger fest, dass der Antrag neben den nach seinem Leistungsgesetz zu erbringenden Leistungen weitere Leistungen zur Teilhabe umfasst, für die er nicht Rehabilitationsträger nach § 6 Absatz 1 sein kann, leitet er den Antrag insoweit unverzüglich dem nach seiner Auffassung zuständigen Rehabilitationsträger zu. [2] Dieser entscheidet über die

---

[1] Nr. 5.
[2] Nr. 6.
[3] Nr. 4.
[4] Nr. 3.

weiteren Leistungen nach den für ihn geltenden Leistungsgesetzen in eigener Zuständigkeit und unterrichtet hierüber den Antragsteller.

(2) [1] Hält der leistende Rehabilitationsträger für die umfassende Feststellung des Rehabilitationsbedarfs nach § 14 Absatz 2 die Feststellungen weiterer Rehabilitationsträger für erforderlich und liegt kein Fall nach Absatz 1 vor, fordert er von diesen Rehabilitationsträgern die für den Teilhabeplan nach § 19 erforderlichen Feststellungen unverzüglich an und berät diese nach § 19 trägerübergreifend. [2] Die Feststellungen binden den leistenden Rehabilitationsträger bei seiner Entscheidung über den Antrag, wenn sie innerhalb von zwei Wochen nach Anforderung oder im Fall der Begutachtung innerhalb von zwei Wochen nach Vorliegen des Gutachtens beim leistenden Rehabilitationsträger eingegangen sind. [3] Anderenfalls stellt der leistende Rehabilitationsträger den Rehabilitationsbedarf nach allen in Betracht kommenden Leistungsgesetzen umfassend fest.

(3) [1] Die Rehabilitationsträger bewilligen und erbringen die Leistungen nach den für sie jeweils geltenden Leistungsgesetzen im eigenen Namen, wenn im Teilhabeplan nach § 19 dokumentiert wurde, dass

1. die erforderlichen Feststellungen nach allen in Betracht kommenden Leistungsgesetzen von den zuständigen Rehabilitationsträgern getroffen wurden,

2. auf Grundlage des Teilhabeplans eine Leistungserbringung durch die nach den jeweiligen Leistungsgesetzen zuständigen Rehabilitationsträger sichergestellt ist und

3. die Leistungsberechtigten einer nach Zuständigkeiten getrennten Leistungsbewilligung und Leistungserbringung nicht aus wichtigem Grund widersprechen.

[2] Anderenfalls entscheidet der leistende Rehabilitationsträger über den Antrag in den Fällen nach Absatz 2 und erbringt die Leistungen im eigenen Namen.

(4) [1] In den Fällen der Beteiligung von Rehabilitationsträgern nach den Absätzen 1 bis 3 ist abweichend von § 14 Absatz 2 innerhalb von sechs Wochen nach Antragseingang zu entscheiden. [2] Wird eine Teilhabeplankonferenz nach § 20 durchgeführt, ist innerhalb von zwei Monaten nach Antragseingang zu entscheiden. [3] Die Antragsteller werden von dem leistenden Rehabilitationsträger über die Beteiligung von Rehabilitationsträgern sowie über die für die Entscheidung über den Antrag maßgeblichen Zuständigkeiten und Fristen unverzüglich unterrichtet.

§ 16 Erstattungsansprüche zwischen Rehabilitationsträgern. (1) Hat ein leistender Rehabilitationsträger nach § 14 Absatz 2 Satz 4 Leistungen erbracht, für die ein anderer Rehabilitationsträger insgesamt zuständig ist, erstattet der zuständige Rehabilitationsträger die Aufwendungen des leistenden Rehabilitationsträgers nach den für den leistenden Rehabilitationsträger geltenden Rechtsvorschriften.

(2) [1] Hat ein leistender Rehabilitationsträger nach § 15 Absatz 3 Satz 2 Leistungen im eigenen Namen erbracht, für die ein beteiligter Rehabilitationsträger zuständig ist, erstattet der beteiligte Rehabilitationsträger die Aufwendungen des leistenden Rehabilitationsträgers nach den Rechtsvorschriften, die den nach § 15 Absatz 2 eingeholten Feststellungen zugrunde liegen. [2] Hat ein beteiligter Rehabilitationsträger die angeforderten Feststellungen nicht oder nicht rechtzeitig nach § 15 Absatz 2 beigebracht, erstattet der beteiligte Reha-

bilitationsträger die Aufwendungen des leistenden Rehabilitationsträgers nach den Rechtsvorschriften, die der Leistungsbewilligung zugrunde liegen.

(3) ¹Der Erstattungsanspruch nach den Absätzen 1 und 2 umfasst die nach den jeweiligen Leistungsgesetzen entstandenen Leistungsaufwendungen und eine Verwaltungskostenpauschale in Höhe von 5 Prozent der erstattungsfähigen Leistungsaufwendungen. ²Eine Erstattungspflicht nach Satz 1 besteht nicht, soweit Leistungen zu Unrecht von dem leistenden Rehabilitationsträger erbracht worden sind und er hierbei grob fahrlässig oder vorsätzlich gehandelt hat.

(4) ¹Für unzuständige Rehabilitationsträger ist § 105 des Zehnten Buches¹⁾ nicht anzuwenden, wenn sie eine Leistung erbracht haben,

1. ohne den Antrag an den zuständigen Rehabilitationsträger nach § 14 Absatz 1 Satz 2 weiterzuleiten oder

2. ohne einen weiteren zuständigen Rehabilitationsträger nach § 15 zu beteiligen,

es sei denn, die Rehabilitationsträger vereinbaren Abweichendes. ²Hat ein Rehabilitationsträger von der Weiterleitung des Antrages abgesehen, weil zum Zeitpunkt der Prüfung nach § 14 Absatz 1 Satz 3 Anhaltspunkte für eine Zuständigkeit auf Grund der Ursache der Behinderung bestanden haben, bleibt § 105 des Zehnten Buches¹⁾ unberührt.

(5) ¹Hat der leistende Rehabilitationsträger in den Fällen des § 18 Aufwendungen für selbstbeschaffte Leistungen nach dem Leistungsgesetz eines nach § 15 beteiligten Rehabilitationsträgers zu erstatten, kann er von dem beteiligten Rehabilitationsträger einen Ausgleich verlangen, soweit dieser durch die Erstattung nach § 18 Absatz 4 Satz 2 von seiner Leistungspflicht befreit wurde. ²Hat ein beteiligter Rehabilitationsträger den Eintritt der Erstattungspflicht für selbstbeschaffte Leistungen zu vertreten, umfasst der Ausgleich den gesamten Erstattungsbetrag abzüglich des Betrages, der sich aus der bei anderen Rehabilitationsträgern eingetretenen Leistungsbefreiung ergibt.

[Abs. 6 bis 31.12.2023:]

(6) Für den Erstattungsanspruch des Trägers der Eingliederungshilfe, der öffentlichen Jugendhilfe und der Kriegsopferfürsorge gilt § 108 Absatz 2 des Zehnten Buches entsprechend.

[Abs. 6 ab 1.1.2024 bis 31.12.2024:]

(6) Für den Erstattungsanspruch des Trägers der Eingliederungshilfe, der öffentlichen Jugendhilfe und der Sozialen Entschädigung gilt § 108 Absatz 2 des Zehnten Buches entsprechend.

§ 17 Begutachtung. (1) ¹Ist für die Feststellung des Rehabilitationsbedarfs ein Gutachten erforderlich, beauftragt der leistende Rehabilitationsträger unverzüglich einen geeigneten Sachverständigen. ²Er benennt den Leistungsberechtigten in der Regel drei möglichst wohnortnahe Sachverständige, soweit nicht gesetzlich die Begutachtung durch einen sozialmedizinischen Dienst vorgesehen ist. ³Haben sich Leistungsberechtigte für einen benannten Sachverständigen entschieden, wird dem Wunsch Rechnung getragen.

---

¹⁾ Nr. 9.

(2) [1] Der Sachverständige nimmt eine umfassende sozialmedizinische, bei Bedarf auch psychologische Begutachtung vor und erstellt das Gutachten innerhalb von zwei Wochen nach Auftragserteilung. [2] Das Gutachten soll den von den Rehabilitationsträgern vereinbarten einheitlichen Grundsätzen zur Durchführung von Begutachtungen nach § 25 Absatz 1 Nummer 4 entsprechen. [3] Die in dem Gutachten getroffenen Feststellungen zum Rehabilitationsbedarf werden den Entscheidungen der Rehabilitationsträger zugrunde gelegt. [4] Die gesetzlichen Aufgaben der Gesundheitsämter, des Medizinischen Dienstes der Krankenversicherung nach § 275 des Fünften Buches[1]) und die gutachterliche Beteiligung der Bundesagentur für Arbeit nach § 54 bleiben unberührt.

(3) [1] Hat der leistende Rehabilitationsträger nach § 15 weitere Rehabilitationsträger beteiligt, setzt er sich bei seiner Entscheidung über die Beauftragung eines geeigneten Sachverständigen mit den beteiligten Rehabilitationsträgern über Anlass, Ziel und Umfang der Begutachtung ins Benehmen. [2] Die beteiligten Rehabilitationsträger informieren den leistenden Rehabilitationsträger unverzüglich über die Notwendigkeit der Einholung von Gutachten. [3] Die in dem Gutachten getroffenen Feststellungen zum Rehabilitationsbedarf werden in den Teilhabeplan nach § 19 einbezogen. [4] Absatz 2 Satz 3 gilt entsprechend.

(4) Die Rehabilitationsträger stellen sicher, dass sie Sachverständige beauftragen können, bei denen keine Zugangs- und Kommunikationsbarrieren bestehen.

§ 18 Erstattung selbstbeschaffter Leistungen. (1) Kann über den Antrag auf Leistungen zur Teilhabe nicht innerhalb einer Frist von zwei Monaten ab Antragseingang bei dem leistenden Rehabilitationsträger entschieden werden, teilt er es den Leistungsberechtigten vor Ablauf der Frist die Gründe hierfür schriftlich mit (begründete Mitteilung).

(2) [1] In der begründeten Mitteilung ist auf den Tag genau zu bestimmen, bis wann über den Antrag entschieden wird. [2] In der begründeten Mitteilung kann der leistende Rehabilitationsträger die Frist von zwei Monaten nach Absatz 1 nur in folgendem Umfang verlängern:

1. um bis zu zwei Wochen zur Beauftragung eines Sachverständigen für die Begutachtung infolge einer nachweislich beschränkten Verfügbarkeit geeigneter Sachverständiger,

2. um bis zu vier Wochen, soweit von dem Sachverständigen die Notwendigkeit für einen solchen Zeitraum der Begutachtung schriftlich bestätigt wurde und

3. für die Dauer einer fehlenden Mitwirkung der Leistungsberechtigten, wenn und soweit den Leistungsberechtigten nach § 66 Absatz 3 des Ersten Buches schriftlich eine angemessene Frist zur Mitwirkung gesetzt wurde.

(3) [1] Erfolgt keine begründete Mitteilung, gilt die beantragte Leistung nach Ablauf der Frist als genehmigt. [2] Die beantragte Leistung gilt auch dann als genehmigt, wenn der in der Mitteilung bestimmte Zeitpunkt der Entscheidung über den Antrag ohne weitere begründete Mitteilung des Rehabilitationsträgers abgelaufen ist.

(4) [1] Beschaffen sich Leistungsberechtigte eine als genehmigt geltende Leistung selbst, ist der leistende Rehabilitationsträger zur Erstattung der Aufwen-

---

[1]) Nr. **5**.

dungen für selbstbeschaffte Leistungen verpflichtet. [2] Mit der Erstattung gilt der Anspruch der Leistungsberechtigten auf die Erbringung der selbstbeschafften Leistungen zur Teilhabe als erfüllt. [3] Der Erstattungsanspruch umfasst auch die Zahlung von Abschlägen im Umfang fälliger Zahlungsverpflichtungen für selbstbeschaffte Leistungen.

(5) Die Erstattungspflicht besteht nicht,

1. wenn und soweit kein Anspruch auf Bewilligung der selbstbeschafften Leistungen bestanden hätte und

2. die Leistungsberechtigten dies wussten oder infolge grober Außerachtlassung der allgemeinen Sorgfalt nicht wussten.

(6) [1] Konnte der Rehabilitationsträger eine unaufschiebbare Leistung nicht rechtzeitig erbringen oder hat er eine Leistung zu Unrecht abgelehnt und sind dadurch Leistungsberechtigten für die selbstbeschaffte Leistung Kosten entstanden, sind diese vom Rehabilitationsträger in der entstandenen Höhe zu erstatten, soweit die Leistung notwendig war. [2] Der Anspruch auf Erstattung richtet sich gegen den Rehabilitationsträger, der zum Zeitpunkt der Selbstbeschaffung über den Antrag entschieden hat. [3] Lag zum Zeitpunkt der Selbstbeschaffung noch keine Entscheidung vor, richtet sich der Anspruch gegen den leistenden Rehabilitationsträger.

[Abs. 7 bis 31.12.2023:]

(7) Die Absätze 1 bis 5 gelten nicht für die Träger der Eingliederungshilfe, der öffentlichen Jugendhilfe und der Kriegsopferfürsorge.

[Abs. 7 ab 1.1.2024 bis 31.12.2024:]

(7) Die Absätze 1 bis 5 gelten nicht für die Träger der Eingliederungshilfe, der öffentlichen Jugendhilfe und der Sozialen Entschädigung, soweit dieser Leistungen zur Teilhabe nach § 62 Satz 1 Nummer 1 bis 3 des Vierzehnten Buches erbringt.

§ 19 Teilhabeplan. (1) [1] Soweit Leistungen verschiedener Leistungsgruppen oder mehrerer Rehabilitationsträger erforderlich sind, ist der leistende Rehabilitationsträger dafür verantwortlich, dass er und die nach § 15 beteiligten Rehabilitationsträger im Benehmen miteinander und in Abstimmung mit den Leistungsberechtigten die nach dem individuellen Bedarf voraussichtlich erforderlichen Leistungen hinsichtlich Ziel, Art und Umfang funktionsbezogen feststellen und schriftlich oder elektronisch so zusammenstellen, dass sie nahtlos ineinandergreifen. [2] Soweit zum Zeitpunkt der Antragstellung nach § 14 Leistungen nach dem Zweiten Buch[1)] beantragt sind oder erbracht werden, beteiligt der leistende Rehabilitationsträger das zuständige Jobcenter wie in den Fällen nach Satz 1.

(2) [1] Der leistende Rehabilitationsträger erstellt in den Fällen nach Absatz 1 einen Teilhabeplan innerhalb der für die Entscheidung über den Antrag maßgeblichen Frist. [2] Der Teilhabeplan dokumentiert

1. den Tag des Antragseingangs beim leistenden Rehabilitationsträger und das Ergebnis der Zuständigkeitsklärung und Beteiligung nach den §§ 14 und 15,

2. die Feststellungen über den individuellen Rehabilitationsbedarf auf Grundlage der Bedarfsermittlung nach § 13,

---

[1)] Auszugsweise abgedruckt unter Nr. **3a**.

3. die zur individuellen Bedarfsermittlung nach § 13 eingesetzten Instrumente,

4. die gutachterliche Stellungnahme der Bundesagentur für Arbeit nach § 54,

5. die Einbeziehung von Diensten und Einrichtungen bei der Leistungserbringung,

6. erreichbare und überprüfbare Teilhabeziele und deren Fortschreibung,

7. die Berücksichtigung des Wunsch- und Wahlrechts nach § 8, insbesondere im Hinblick auf die Ausführung von Leistungen durch ein Persönliches Budget,

8. die Dokumentation der einvernehmlichen, umfassenden und trägerübergreifenden Feststellung des Rehabilitationsbedarfs in den Fällen nach § 15 Absatz 3 Satz 1,

9. die Ergebnisse der Teilhabeplankonferenz nach § 20,

10. die Erkenntnisse aus den Mitteilungen der nach § 22 einbezogenen anderen öffentlichen Stellen,

11. die besonderen Belange pflegender Angehöriger bei der Erbringung von Leistungen der medizinischen Rehabilitation und

12. die Leistungen zur Eingliederung in Arbeit nach dem Zweiten Buch[1], soweit das Jobcenter nach Absatz 1 Satz 2 zu beteiligen ist.

³ Wenn Leistungsberechtigte die Erstellung eines Teilhabeplans wünschen und die Voraussetzungen nach Absatz 1 nicht vorliegen, ist Satz 2 entsprechend anzuwenden.

(3) ¹ Der Teilhabeplan wird entsprechend dem Verlauf der Rehabilitation angepasst und darauf ausgerichtet, den Leistungsberechtigten unter Berücksichtigung der Besonderheiten des Einzelfalles eine umfassende Teilhabe am Leben in der Gesellschaft zügig, wirksam, wirtschaftlich und auf Dauer zu ermöglichen. ² Dabei sichert der leistende Rehabilitationsträger durchgehend das Verfahren. ³ Die Leistungsberechtigten können von dem leistenden Rehabilitationsträger Einsicht in den Teilhabeplan oder die Erteilung von Ablichtungen nach § 25 des Zehnten Buches verlangen.

(4) ¹ Die Rehabilitationsträger legen den Teilhabeplan bei der Entscheidung über den Antrag zugrunde. ² Die Begründung der Entscheidung über die beantragten Leistungen nach § 35 des Zehnten Buches[2] soll erkennen lassen, inwieweit die im Teilhabeplan enthaltenen Feststellungen bei der Entscheidung berücksichtigt wurden.

(5) ¹ Ein nach § 15 beteiligter Rehabilitationsträger kann das Verfahren nach den Absätzen 1 bis 3 anstelle des leistenden Rehabilitationsträgers durchführen, wenn die Rehabilitationsträger dies in Abstimmung mit den Leistungsberechtigten vereinbaren. ² Die Vorschriften über die Leistungsverantwortung der Rehabilitationsträger nach den §§ 14 und 15 bleiben hiervon unberührt.

(6) Setzen unterhaltssichernde Leistungen den Erhalt von anderen Leistungen zur Teilhabe voraus, gelten die Leistungen im Verhältnis zueinander nicht als Leistungen verschiedener Leistungsgruppen im Sinne von Absatz 1.

---

[1] Auszugsweise abgedruckt unter Nr. **3a**.
[2] Nr. **9**.

§ 20 Teilhabeplankonferenz. (1) [1] Mit Zustimmung der Leistungsberechtigten kann der für die Durchführung des Teilhabeplanverfahrens nach § 19 verantwortliche Rehabilitationsträger zur gemeinsamen Beratung der Feststellungen zum Rehabilitationsbedarf eine Teilhabeplankonferenz durchführen. [2] Die Leistungsberechtigten, die beteiligten Rehabilitationsträger und die Jobcenter können dem nach § 19 verantwortlichen Rehabilitationsträger die Durchführung einer Teilhabeplankonferenz vorschlagen. [3] Von dem Vorschlag auf Durchführung einer Teilhabeplankonferenz kann nur abgewichen werden, wenn eine Einwilligung nach § 23 Absatz 2 nicht erteilt wurde oder Einvernehmen der beteiligten Leistungsträger besteht, dass

1. der zur Feststellung des Rehabilitationsbedarfs maßgebliche Sachverhalt schriftlich ermittelt werden kann oder

2. der Aufwand zur Durchführung nicht in einem angemessenen Verhältnis zum Umfang der beantragten Leistung steht.

(2) [1] Wird von dem Vorschlag der Leistungsberechtigten auf Durchführung einer Teilhabeplankonferenz abgewichen, sind die Leistungsberechtigten über die dafür maßgeblichen Gründe zu informieren und hierzu anzuhören. [2] Von dem Vorschlag der Leistungsberechtigten auf Durchführung einer Teilhabeplankonferenz kann nicht abgewichen werden, wenn Leistungen an Mütter und Väter mit Behinderungen bei der Versorgung und Betreuung ihrer Kinder beantragt wurden.

(3) [1] An der Teilhabeplankonferenz nehmen Beteiligte nach § 12 des Zehnten Buches sowie auf Wunsch der Leistungsberechtigten die Bevollmächtigten und Beistände nach § 13 des Zehnten Buches sowie sonstige Vertrauenspersonen teil. [2] Auf Wunsch oder mit Zustimmung der Leistungsberechtigten können Rehabilitationsdienste und Rehabilitationseinrichtungen sowie sonstige beteiligte Leistungserbringer an der Teilhabeplankonferenz teilnehmen. [3] Vor der Durchführung einer Teilhabeplankonferenz sollen die Leistungsberechtigten auf die Angebote der ergänzenden unabhängigen Teilhabeberatung nach § 32 besonders hingewiesen werden.

(4) Wird eine Teilhabeplankonferenz nach Absatz 1 auf Wunsch und mit Zustimmung der Leistungsberechtigten eingeleitet, richtet sich die Frist zur Entscheidung über den Antrag nach § 15 Absatz 4.

§ 21 Besondere Anforderungen an das Teilhabeplanverfahren. [1] Ist der Träger der Eingliederungshilfe der für die Durchführung des Teilhabeplanverfahrens verantwortliche Rehabilitationsträger, gelten für ihn die Vorschriften für die Gesamtplanung ergänzend; dabei ist das Gesamtplanverfahren ein Gegenstand des Teilhabeplanverfahrens. [2] Ist der Träger der öffentlichen Jugendhilfe der für die Durchführung des Teilhabeplans verantwortliche Rehabilitationsträger, gelten für ihn die Vorschriften für den Hilfeplan nach den §§ 36, 36b und 37c des Achten Buches[1]) ergänzend. *[Satz 3 ab 1.1.2024:] [3] Ist der Träger der Sozialen Entschädigung der für die Durchführung des Teilhabeplanverfahrens verantwortliche Rehabilitationsträger, gelten für ihn die Vorschriften für das Fallmanagement nach § 30 des Vierzehnten Buches ergänzend.*

§ 22 Einbeziehung anderer öffentlicher Stellen. (1) Der für die Durchführung des Teilhabeplanverfahrens verantwortliche Rehabilitationsträger be-

---

[1]) Nr. **8.**

zieht unter Berücksichtigung der Interessen der Leistungsberechtigten andere öffentliche Stellen in die Erstellung des Teilhabeplans in geeigneter Art und Weise ein, soweit dies zur Feststellung des Rehabilitationsbedarfs erforderlich ist.

(2) [1]Bestehen im Einzelfall Anhaltspunkte für eine Pflegebedürftigkeit nach dem Elften Buch, wird die zuständige Pflegekasse mit Zustimmung des Leistungsberechtigten vom für die Durchführung des Teilhabeplanverfahrens verantwortlichen Rehabilitationsträger informiert und muss am Teilhabeplanverfahren beratend teilnehmen, soweit dies für den Rehabilitationsträger zur Feststellung des Rehabilitationsbedarfs erforderlich und nach den für die zuständige Pflegekasse geltenden Grundsätzen der Datenverwendung zulässig ist. [2]Die §§ 18a und 31 des Elften Buches[1)] bleiben unberührt.

(3) [1]Die Integrationsämter sind bei der Durchführung des Teilhabeplanverfahrens zu beteiligen, soweit sie Leistungen für schwerbehinderte Menschen nach Teil 3 erbringen. [2]Das zuständige Integrationsamt kann das Teilhabeplanverfahren nach § 19 Absatz 5 anstelle des leistenden Rehabilitationsträgers durchführen, wenn die Rehabilitationsträger und das Integrationsamt sowie das nach § 19 Absatz 1 Satz 2 zu beteiligende Jobcenter dies in Abstimmung mit den Leistungsberechtigten vereinbaren.

[Abs. 4 bis 31.12.2022:]

(4) Bestehen im Einzelfall Anhaltspunkte für einen Betreuungsbedarf nach § 1896 Absatz 1 des Bürgerlichen Gesetzbuches, informiert der für die Durchführung des Teilhabeplanverfahrens verantwortliche Rehabilitationsträger mit Zustimmung der Leistungsberechtigten die zuständige Betreuungsbehörde über die Erstellung des Teilhabeplans, soweit dies zur Vermittlung anderer Hilfen, bei denen kein Betreuer bestellt wird, erforderlich ist.

[Abs. 4 ab 1.1.2023:]

(4) [1]Bestehen im Einzelfall Anhaltspunkte für einen Betreuungsbedarf nach § 1814 Absatz 1 des Bürgerlichen Gesetzbuchs, wird die zuständige Betreuungsbehörde mit Zustimmung des Leistungsberechtigten vom für die Durchführung des Teilhabeplanverfahrens verantwortlichen Rehabilitationsträger informiert. [2]Der Betreuungsbehörde werden in diesen Fällen die Ergebnisse der bisherigen Ermittlungen und Gutachten mit dem Zweck mitgeteilt, dass diese dem Leistungsberechtigten andere Hilfen, bei denen kein Betreuer bestellt wird, vermitteln kann. [3]Auf Vorschlag der Betreuungsbehörde kann sie mit Zustimmung der Leistungsberechtigten am Teilhabeplanverfahren beratend teilnehmen.

§ 23 Verantwortliche Stelle für den Sozialdatenschutz.

(1) Der für die Durchführung des Teilhabeplanverfahrens verantwortliche Rehabilitationsträger ist bei der Erstellung des Teilhabeplans und bei der Durchführung der Teilhabeplankonferenz Verantwortlicher für die Verarbeitung von Sozialdaten nach § 67 Absatz 4 des Zehnten Buches sowie Stelle im Sinne von § 35 Absatz 1 des Ersten Buches.

(2) [1]Vor Durchführung einer Teilhabeplankonferenz hat der nach Absatz 1 Verantwortliche die Einwilligung der Leistungsberechtigten im Sinne von § 67b Absatz 2 des Zehnten Buches einzuholen, wenn und soweit anzunehmen ist, dass im Rahmen der Teilhabeplankonferenz Sozialdaten verarbeitet werden,

---

[1)] Nr. **10**.

deren Erforderlichkeit für die Erstellung des Teilhabeplans zum Zeitpunkt der Durchführung der Teilhabeplankonferenz nicht abschließend bewertet werden kann. [2]Nach Durchführung der Teilhabeplankonferenz ist die Speicherung, Veränderung, Nutzung, Übermittlung oder Einschränkung der Verarbeitung von Sozialdaten im Sinne von Satz 1 nur zulässig, soweit dies für die Erstellung des Teilhabeplans erforderlich ist.

(3) Die datenschutzrechtlichen Vorschriften des Ersten und des Zehnten Buches sowie der jeweiligen Leistungsgesetze der Rehabilitationsträger bleiben bei der Zuständigkeitsklärung und bei der Erstellung des Teilhabeplans unberührt.

§ 24 Vorläufige Leistungen. [1]Die Bestimmungen dieses Kapitels lassen die Verpflichtung der Rehabilitationsträger zur Erbringung vorläufiger Leistungen nach den für sie jeweils geltenden Leistungsgesetzen unberührt. [2]Vorläufig erbrachte Leistungen binden die Rehabilitationsträger nicht bei der Feststellung des Rehabilitationsbedarfs nach diesem Kapitel. [3]Werden Leistungen zur Teilhabe beantragt, ist § 43 des Ersten Buches nicht anzuwenden.

Kapitel 5. Zusammenarbeit

§ 25 Zusammenarbeit der Rehabilitationsträger. (1) Im Rahmen der durch Gesetz, Rechtsverordnung oder allgemeine Verwaltungsvorschrift getroffenen Regelungen sind die Rehabilitationsträger verantwortlich, dass

1. die im Einzelfall erforderlichen Leistungen zur Teilhabe nahtlos, zügig sowie nach Gegenstand, Umfang und Ausführung einheitlich erbracht werden,

2. Abgrenzungsfragen einvernehmlich geklärt werden,

3. Beratung entsprechend den in den §§ 1 und 4 genannten Zielen geleistet wird,

4. Begutachtungen möglichst nach einheitlichen Grundsätzen durchgeführt werden,

5. Prävention entsprechend dem in § 3 Absatz 1 genannten Ziel geleistet wird sowie

6. die Rehabilitationsträger im Fall eines Zuständigkeitsübergangs rechtzeitig eingebunden werden.

(2) [1]Die Rehabilitationsträger und ihre Verbände sollen zur gemeinsamen Wahrnehmung von Aufgaben zur Teilhabe von Menschen mit Behinderungen insbesondere regionale Arbeitsgemeinschaften bilden. [2]§ 88 Absatz 1 Satz 1 und Absatz 2 des Zehnten Buches[1]) gilt entsprechend.

§ 26 Gemeinsame Empfehlungen. (1) Die Rehabilitationsträger nach § 6 Absatz 1 Nummer 1 bis 5 vereinbaren zur Sicherung der Zusammenarbeit nach § 25 Absatz 1 gemeinsame Empfehlungen.

(2) Die Rehabilitationsträger nach § 6 Absatz 1 Nummer 1 bis 5 vereinbaren darüber hinaus gemeinsame Empfehlungen,

1. welche Maßnahmen nach § 3 geeignet sind, um den Eintritt einer Behinderung zu vermeiden,

---

[1]) Nr. 9.

2. in welchen Fällen und in welcher Weise rehabilitationsbedürftigen Menschen notwendige Leistungen zur Teilhabe angeboten werden, insbesondere, um eine durch eine Chronifizierung von Erkrankungen bedingte Behinderung zu verhindern,

3. über die einheitliche Ausgestaltung des Teilhabeplanverfahrens,

4. in welcher Weise die Bundesagentur für Arbeit nach § 54 zu beteiligen ist,

5. wie Leistungen zur Teilhabe nach den §§ 14 und 15 koordiniert werden,

6. in welcher Weise und in welchem Umfang Selbsthilfegruppen, -organisationen und -kontaktstellen, die sich die Prävention, Rehabilitation, Früherkennung und Bewältigung von Krankheiten und Behinderungen zum Ziel gesetzt haben, gefördert werden,

7. für Grundsätze der Instrumente zur Ermittlung des Rehabilitationsbedarfs nach § 13,

8. in welchen Fällen und in welcher Weise der behandelnde Hausarzt oder Facharzt und der Betriebs- oder Werksarzt in die Einleitung und Ausführung von Leistungen zur Teilhabe einzubinden sind,

9. zu einem Informationsaustausch mit Beschäftigten mit Behinderungen, Arbeitgebern und den in § 166 genannten Vertretungen zur möglichst frühzeitigen Erkennung des individuellen Bedarfs voraussichtlich erforderlicher Leistungen zur Teilhabe sowie

10. über ihre Zusammenarbeit mit Sozialdiensten und vergleichbaren Stellen.

(3) Bestehen für einen Rehabilitationsträger Rahmenempfehlungen auf Grund gesetzlicher Vorschriften und soll bei den gemeinsamen Empfehlungen von diesen abgewichen werden oder sollen die gemeinsamen Empfehlungen Gegenstände betreffen, die nach den gesetzlichen Vorschriften Gegenstand solcher Rahmenempfehlungen werden sollen, stellt der Rehabilitationsträger das Einvernehmen mit den jeweiligen Partnern der Rahmenempfehlungen sicher.

(4) ¹Die Träger der Renten-, Kranken- und Unfallversicherung können sich bei der Vereinbarung der gemeinsamen Empfehlungen durch ihre Spitzenverbände vertreten lassen. ²Der Spitzenverband Bund der Krankenkassen schließt die gemeinsamen Empfehlungen auch als Spitzenverband Bund der Pflegekassen ab, soweit die Aufgaben der Pflegekassen von den gemeinsamen Empfehlungen berührt sind.

(5) ¹An der Vorbereitung der gemeinsamen Empfehlungen werden die Träger der Eingliederungshilfe und der öffentlichen Jugendhilfe über die Bundesvereinigung der Kommunalen Spitzenverbände, die Bundesarbeitsgemeinschaft der überörtlichen Träger der Sozialhilfe, die Bundesarbeitsgemeinschaft der Landesjugendämter sowie die Integrationsämter in Bezug auf Leistungen und sonstige Hilfen für schwerbehinderte Menschen nach Teil 3 über die Bundesarbeitsgemeinschaft der Integrationsämter und Hauptfürsorgestellen beteiligt. ²Die Träger der Eingliederungshilfe und der öffentlichen Jugendhilfe orientieren sich bei der Wahrnehmung ihrer Aufgaben nach diesem Buch an den vereinbarten Empfehlungen oder können diesen beitreten.

(6) ¹Die Verbände von Menschen mit Behinderungen einschließlich der Verbände der Freien Wohlfahrtspflege, der Selbsthilfegruppen und der Interessenvertretungen von Frauen mit Behinderungen sowie die für die Wahrnehmung der Interessen der ambulanten und stationären Rehabilitationseinrich-

tungen auf Bundesebene maßgeblichen Spitzenverbände werden an der Vorbereitung der gemeinsamen Empfehlungen beteiligt. [2]Ihren Anliegen wird bei der Ausgestaltung der Empfehlungen nach Möglichkeit Rechnung getragen. [3]Die Empfehlungen berücksichtigen auch die besonderen Bedürfnisse von Frauen und Kindern mit Behinderungen oder von Behinderung bedrohter Frauen und Kinder.

(7) [1]Die beteiligten Rehabilitationsträger vereinbaren die gemeinsamen Empfehlungen im Rahmen der Bundesarbeitsgemeinschaft für Rehabilitation im Benehmen mit dem Bundesministerium für Arbeit und Soziales und den Ländern auf der Grundlage eines von ihnen innerhalb der Bundesarbeitsgemeinschaft vorbereiteten Vorschlags. [2]Der oder die Bundesbeauftragte für den Datenschutz und die Informationsfreiheit wird beteiligt. [3]Hat das Bundesministerium für Arbeit und Soziales zu einem Vorschlag aufgefordert, legt die Bundesarbeitsgemeinschaft für Rehabilitation den Vorschlag innerhalb von sechs Monaten vor. [4]Dem Vorschlag wird gefolgt, wenn ihm berechtigte Interessen eines Rehabilitationsträgers nicht entgegenstehen. [5]Einwände nach Satz 4 sind innerhalb von vier Wochen nach Vorlage des Vorschlags auszuräumen.

(8) [1]Die Rehabilitationsträger teilen der Bundesarbeitsgemeinschaft für Rehabilitation alle zwei Jahre ihre Erfahrungen mit den gemeinsamen Empfehlungen mit, die Träger der Renten-, Kranken- und Unfallversicherung über ihre Spitzenverbände. [2]Die Bundesarbeitsgemeinschaft für Rehabilitation stellt dem Bundesministerium für Arbeit und Soziales und den Ländern eine Zusammenfassung zur Verfügung.

(9) Die gemeinsamen Empfehlungen können durch die regional zuständigen Rehabilitationsträger konkretisiert werden.

§ 27 Verordnungsermächtigung. [1]Vereinbaren die Rehabilitationsträger nicht innerhalb von sechs Monaten, nachdem das Bundesministerium für Arbeit und Soziales sie dazu aufgefordert hat, gemeinsame Empfehlungen nach § 26 oder ändern sie unzureichend gewordene Empfehlungen nicht innerhalb dieser Frist, kann das Bundesministerium für Arbeit und Soziales mit dem Ziel der Vereinheitlichung des Verwaltungsvollzugs in dem Anwendungsbereich der §§ 25 und 26 Regelungen durch Rechtsverordnung mit Zustimmung des Bundesrates erlassen. [2]Richten sich die Regelungen nur an Rehabilitationsträger, die nicht der Landesaufsicht unterliegen, wird die Rechtsverordnung ohne Zustimmung des Bundesrates erlassen. [3]Soweit sich die Regelungen an die Rehabilitationsträger nach § 6 Absatz 1 Nummer 1 richten, erlässt das Bundesministerium für Arbeit und Soziales die Rechtsverordnung im Einvernehmen mit dem Bundesministerium für Gesundheit.

Kapitel 6. Leistungsformen, Beratung
Abschnitt 1. Leistungsformen

§ 28 Ausführung von Leistungen. (1) [1]Der zuständige Rehabilitationsträger kann Leistungen zur Teilhabe
1. allein oder gemeinsam mit anderen Leistungsträgern,
2. durch andere Leistungsträger oder

3. unter Inanspruchnahme von geeigneten, insbesondere auch freien und gemeinnützigen oder privaten Rehabilitationsdiensten und -einrichtungen nach § 36

ausführen. [2]Der zuständige Rehabilitationsträger bleibt für die Ausführung der Leistungen verantwortlich. [3]Satz 1 gilt insbesondere dann, wenn der Rehabilitationsträger die Leistung dadurch wirksamer oder wirtschaftlicher erbringen kann.

(2) Die Leistungen werden dem Verlauf der Rehabilitation angepasst und sind darauf ausgerichtet, den Leistungsberechtigten unter Berücksichtigung der Besonderheiten des Einzelfalles zügig, wirksam, wirtschaftlich und auf Dauer eine den Zielen der §§ 1 und 4 Absatz 1 entsprechende umfassende Teilhabe am Leben in der Gesellschaft zu ermöglichen.

§ 29 Persönliches Budget. (1) [1]Auf Antrag der Leistungsberechtigten werden Leistungen zur Teilhabe durch die Leistungsform eines Persönlichen Budgets ausgeführt, um den Leistungsberechtigten in eigener Verantwortung ein möglichst selbstbestimmtes Leben zu ermöglichen. [2]Bei der Ausführung des Persönlichen Budgets sind nach Maßgabe des individuell festgestellten Bedarfs die Rehabilitationsträger, die Pflegekassen und die Integrationsämter beteiligt. [3]Das Persönliche Budget wird von den beteiligten Leistungsträgern trägerübergreifend als Komplexleistung erbracht. [4]Das Persönliche Budget kann auch nicht trägerübergreifend von einem einzelnen Leistungsträger erbracht werden. *[Satz 5 bis 31.12.2024:]* [5]Budgetfähig sind auch die neben den Leistungen nach Satz 1 erforderlichen Leistungen der Krankenkassen und der Pflegekassen, Leistungen der Träger der Unfallversicherung bei Pflegebedürftigkeit*[ab 1.1. 2024: Leistungen der Träger der Sozialen Entschädigung zur Krankenbehandlung, bei Pflegebedürftigkeit und zur Weiterführung des Haushalts]* sowie Hilfe zur Pflege der Sozialhilfe, die sich auf alltägliche und regelmäßig wiederkehrende Bedarfe beziehen und als Geldleistungen oder durch Gutscheine erbracht werden können. [6]An die Entscheidung sind die Leistungsberechtigten für die Dauer von sechs Monaten gebunden.

(2) [1]Persönliche Budgets werden in der Regel als Geldleistung ausgeführt, bei laufenden Leistungen monatlich. [2]In begründeten Fällen sind Gutscheine auszugeben. [3]Mit der Auszahlung oder der Ausgabe von Gutscheinen an die Leistungsberechtigten gilt deren Anspruch gegen die beteiligten Leistungsträger insoweit als erfüllt. [4]Das Bedarfsermittlungsverfahren für laufende Leistungen wird in der Regel im Abstand von zwei Jahren wiederholt. [5]In begründeten Fällen kann davon abgewichen werden. [6]Persönliche Budgets werden auf der Grundlage der nach Kapitel 4 getroffenen Feststellungen so bemessen, dass der individuell festgestellte Bedarf gedeckt wird und die erforderliche Beratung und Unterstützung erfolgen kann. [7]Dabei soll die Höhe des Persönlichen Budgets die Kosten aller bisher individuell festgestellten Leistungen nicht überschreiten, die ohne das Persönliche Budget zu erbringen sind. [8]§ 35a des Elften Buches bleibt unberührt.

(3) [1]Werden Leistungen zur Teilhabe in der Leistungsform des Persönlichen Budgets beantragt, ist der nach § 14 leistende Rehabilitationsträger für die Durchführung des Verfahrens zuständig. *[Satz 2 bis 31.12.2023:]* [2]Satz 1 findet entsprechend Anwendung auf die Pflegekassen und die Integrationsämter. *[Satz 2 ab 1.1.2024:]* [2]*Satz 1 findet entsprechend Anwendung auf die Pflegekassen und die Integrationsämter sowie auf die [bis 31.12.2024: Träger der Sozialen Ent-*

schädigung], soweit diese Leistungen nach Absatz 1 Satz 5 erbringen. [3] Enthält das Persönliche Budget Leistungen, für die der Leistungsträger nach den Sätzen 1 und 2 nicht Leistungsträger nach § 6 Absatz 1 sein kann, leitet er den Antrag insoweit unverzüglich dem nach seiner Auffassung zuständigen Leistungsträger nach § 15 zu.

(4) [1] Der Leistungsträger nach Absatz 3 und die Leistungsberechtigten schließen zur Umsetzung des Persönlichen Budgets eine Zielvereinbarung ab. [2] Sie enthält mindestens Regelungen über

1. die Ausrichtung der individuellen Förder- und Leistungsziele,

2. die Erforderlichkeit eines Nachweises zur Deckung des festgestellten individuellen Bedarfs,

3. die Qualitätssicherung sowie

4. die Höhe der Teil- und des Gesamtbudgets.

[3] Satz 1 findet keine Anwendung, wenn allein Pflegekassen Leistungsträger nach Absatz 3 sind und sie das Persönliche Budget nach Absatz 1 Satz 4 erbringen. [4] Die Beteiligten, die die Zielvereinbarung abgeschlossen haben, können diese aus wichtigem Grund mit sofortiger Wirkung schriftlich kündigen, wenn ihnen die Fortsetzung der Vereinbarung nicht zumutbar ist. [5] Ein wichtiger Grund kann für die Leistungsberechtigten insbesondere in der persönlichen Lebenssituation liegen. [6] Für den Leistungsträger kann ein wichtiger Grund dann vorliegen, wenn die Leistungsberechtigten die Vereinbarung, insbesondere hinsichtlich des Nachweises zur Bedarfsdeckung und der Qualitätssicherung nicht einhalten. [7] Im Fall der Kündigung der Zielvereinbarung wird der Verwaltungsakt aufgehoben. [8] Die Zielvereinbarung wird im Rahmen des Bedarfsermittlungsverfahrens für die Dauer des Bewilligungszeitraumes der Leistungen in Form des Persönlichen Budgets abgeschlossen.

§ 30 Verordnungsermächtigung. Das Bundesministerium für Arbeit und Soziales wird ermächtigt, im Einvernehmen mit dem Bundesministerium für Gesundheit durch Rechtsverordnung mit Zustimmung des Bundesrates Näheres zum Inhalt und zur Ausführung des Persönlichen Budgets, zum Verfahren sowie zur Zuständigkeit bei Beteiligung mehrerer Rehabilitationsträger zu regeln.

§ 31 Leistungsort. [1] Sach- und Dienstleistungen können auch im Ausland erbracht werden, wenn sie dort bei zumindest gleicher Qualität und Wirksamkeit wirtschaftlicher ausgeführt werden können. [2] Leistungen zur Teilhabe am Arbeitsleben können im grenznahen Ausland auch ausgeführt werden, wenn sie für die Aufnahme oder Ausübung einer Beschäftigung oder selbständigen Tätigkeit erforderlich sind.

Abschnitt 2. Beratung

§ 32 Ergänzende unabhängige Teilhabeberatung; Verordnungsermächtigung. (1) [1] Zur Stärkung der Selbstbestimmung von Menschen mit Behinderungen und von Behinderung bedrohter Menschen fördert das Bundesministerium für Arbeit und Soziales eine von Leistungsträgern und Leistungserbringern unabhängige ergänzende Beratung als niedrigschwelliges Angebot, das bereits im Vorfeld der Beantragung konkreter Leistungen zur Verfügung steht. ²Dieses Angebot besteht neben dem Anspruch auf Beratung durch die Rehabilitationsträger.

(2) ¹Das ergänzende Angebot erstreckt sich auf die Information und Beratung über Rehabilitations- und Teilhabeleistungen nach diesem Buch. ²Die Rehabilitationsträger informieren im Rahmen der vorhandenen Beratungsstrukturen und ihrer Beratungspflicht über dieses ergänzende Angebot.

(3) Bei der Förderung von Beratungsangeboten ist die von Leistungsträgern und Leistungserbringern unabhängige ergänzende Beratung von Betroffenen für Betroffene besonders zu berücksichtigen.

[Abs. 4 bis 31.12.2022:]
(4) ¹Das Bundesministerium für Arbeit und Soziales erlässt eine Förderrichtlinie, nach deren Maßgabe die Dienste gefördert werden können, welche ein unabhängiges ergänzendes Beratungsangebot anbieten. ²Das Bundesministerium für Arbeit und Soziales entscheidet im Benehmen mit der zuständigen obersten Landesbehörde über diese Förderung.

[Abs. 4 ab 1.1.2023:]
(4) ((aufgehoben))

[Abs. 5 bis 31.12.2022:]
(5) ¹Die Förderung erfolgt aus Bundesmitteln und ist bis zum 31. Dezember 2022 befristet. ²Die Bundesregierung berichtet den gesetzgebenden Körperschaften des Bundes bis zum 30. Juni 2021 über die Einführung und Inanspruchnahme der ergänzenden unabhängigen Teilhabeberatung.

[Abs. 5 ab 1.1.2023:]
(5) ((aufgehoben))

(6) ¹Die Bundesmittel für die Zuschüsse werden ab dem Jahr 2023 auf 65 Millionen Euro festgesetzt. ²Aus den Bundesmitteln sind insbesondere auch die Aufwendungen zu finanzieren, die für die Administration, die Vernetzung, die Qualitätssicherung und die Öffentlichkeitsarbeit der Beratungsangebote notwendig sind.

(7) ¹Zuständige Behörde für die Umsetzung der ergänzenden unabhängigen Teilhabeberatung ist das Bundesministerium für Arbeit und Soziales. ²Es kann diese Aufgaben Dritten übertragen. ³Die Auswahl aus dem Kreis der Antragsteller erfolgt durch das Bundesministerium für Arbeit und Soziales im Benehmen mit den zuständigen obersten Landesbehörden. ⁴Das Bundesministerium für Arbeit und Soziales erlässt eine Rechtsverordnung ohne Zustimmung des Bundesrates, um die ergänzende unabhängige Teilhabeberatung nach dem Jahr 2022 auszugestalten und umzusetzen.

§ 33 Pflichten der Personensorgeberechtigten. Eltern, Vormünder, Pfleger und Betreuer, die bei den ihnen anvertrauten Personen Beeinträchtigungen (§ 2 Absatz 1) wahrnehmen oder durch die in § 34 genannten Personen hierauf hingewiesen werden, sollen im Rahmen ihres Erziehungs- oder Betreuungsauftrags diese Personen einer Beratungsstelle nach § 32 oder einer sonstigen Beratungsstelle für Rehabilitation zur Beratung über die geeigneten Leistungen zur Teilhabe vorstellen.

§ 34 Sicherung der Beratung von Menschen mit Behinderungen.
(1) ¹Die Beratung durch Ärzte, denen eine Person nach § 33 vorgestellt wird, erstreckt sich auf geeignete Leistungen zur Teilhabe. ²Dabei weisen sie

auf die Möglichkeit der Beratung durch die Beratungsstellen der Rehabilitationsträger hin und informieren über wohnortnahe Angebote zur Beratung nach § 32. [3] Werdende Eltern werden außerdem auf den Beratungsanspruch bei den Schwangerschaftsberatungsstellen hingewiesen.

(2) Nehmen Hebammen, Entbindungspfleger, medizinisches Personal außer Ärzten, Lehrer, Sozialarbeiter, Jugendleiter und Erzieher bei der Ausübung ihres Berufs Behinderungen wahr, weisen sie die Personensorgeberechtigten auf die Behinderung und auf entsprechende Beratungsangebote nach § 32 hin.

(3) Nehmen medizinisches Personal außer Ärzten und Sozialarbeiter bei der Ausübung ihres Berufs Behinderungen bei volljährigen Personen wahr, empfehlen sie diesen Personen oder ihren bestellten Betreuern, eine Beratungsstelle für Rehabilitation oder eine ärztliche Beratung über geeignete Leistungen zur Teilhabe aufzusuchen.

§ 35 Landesärzte. (1) In den Ländern können Landesärzte bestellt werden, die über besondere Erfahrungen in der Hilfe für Menschen mit Behinderungen und von Behinderung bedrohte Menschen verfügen.

(2) Die Landesärzte haben insbesondere folgende Aufgaben:
1. Gutachten für die Landesbehörden, die für das Gesundheitswesen, die Sozialhilfe und Eingliederungshilfe zuständig sind, sowie für die zuständigen Träger der Sozialhilfe und Eingliederungshilfe in besonders schwierig gelagerten Einzelfällen oder in Fällen von grundsätzlicher Bedeutung zu erstatten,
2. die für das Gesundheitswesen zuständigen obersten Landesbehörden beim Erstellen von Konzeptionen, Situations- und Bedarfsanalysen und bei der Landesplanung zur Teilhabe von Menschen mit Behinderungen und von Behinderung bedrohter Menschen zu beraten und zu unterstützen sowie selbst entsprechende Initiativen zu ergreifen und
3. die für das Gesundheitswesen zuständigen Landesbehörden über Art und Ursachen von Behinderungen und notwendige Hilfen sowie über den Erfolg von Leistungen zur Teilhabe von Menschen mit Behinderungen und von Behinderung bedrohter Menschen regelmäßig zu unterrichten.

Kapitel 7. Struktur, Qualitätssicherung, Gewaltschutz und Verträge

§ 36 Rehabilitationsdienste und -einrichtungen. (1) [1] Die Rehabilitationsträger wirken gemeinsam unter Beteiligung der Bundesregierung und der Landesregierung darauf hin, dass die fachlich und regional erforderlichen Rehabilitationsdienste und -einrichtungen in ausreichender Anzahl und Qualität zur Verfügung stehen. [2] Dabei achten die Rehabilitationsträger darauf, dass für eine ausreichende Anzahl von Rehabilitationsdiensten und -einrichtungen keine Zugangs- und Kommunikationsbarrieren bestehen. [3] Die Verbände von Menschen mit Behinderungen einschließlich der Verbände der Freien Wohlfahrtspflege, der Selbsthilfegruppen und der Interessenvertretungen von Frauen mit Behinderungen sowie die für die Wahrnehmung der Interessen der ambulanten und stationären Rehabilitationseinrichtungen auf Bundesebene maßgeblichen Spitzenverbände werden beteiligt.

(2) [1] Nehmen Rehabilitationsträger zur Ausführung von Leistungen Rehabilitationsdienste und -einrichtungen in Anspruch, erfolgt die Auswahl danach, wer die Leistung in der am besten geeigneten Form ausführt. [2] Dabei werden Rehabilitationsdienste und -einrichtungen freier oder gemeinnütziger Träger

entsprechend ihrer Bedeutung für die Rehabilitation und Teilhabe von Menschen mit Behinderungen berücksichtigt und die Vielfalt der Träger gewahrt sowie deren Selbständigkeit, Selbstverständnis und Unabhängigkeit beachtet. [3] § 51 Absatz 1 Satz 2 Nummer 4 ist anzuwenden.

(3) Rehabilitationsträger können nach den für sie geltenden Rechtsvorschriften Rehabilitationsdienste oder -einrichtungen fördern, wenn dies zweckmäßig ist und die Arbeit dieser Dienste oder Einrichtungen in anderer Weise nicht sichergestellt werden kann.

(4) Rehabilitationsdienste und -einrichtungen mit gleicher Aufgabenstellung sollen Arbeitsgemeinschaften bilden.

§ 37 Qualitätssicherung, Zertifizierung. (1) [1] Die Rehabilitationsträger nach § 6 Absatz 1 Nummer 1 bis 5 vereinbaren gemeinsame Empfehlungen zur Sicherung und Weiterentwicklung der Qualität der Leistungen, insbesondere zur barrierefreien Leistungserbringung, sowie für die Durchführung vergleichender Qualitätsanalysen als Grundlage für ein effektives Qualitätsmanagement der Leistungserbringer. [2] § 26 Absatz 4 ist entsprechend anzuwenden. [3] Die Rehabilitationsträger nach § 6 Absatz 1 Nummer 6 und 7 können den Empfehlungen beitreten.

(2) [1] Die Erbringer von Leistungen stellen ein Qualitätsmanagement sicher, das durch zielgerichtete und systematische Verfahren und Maßnahmen die Qualität der Versorgung gewährleistet und kontinuierlich verbessert. [2] Stationäre Rehabilitationseinrichtungen haben sich an dem Zertifizierungsverfahren nach Absatz 3 zu beteiligen.

(3) [1] Die Spitzenverbände der Rehabilitationsträger nach § 6 Absatz 1 Nummer 1 und 3 bis 5 vereinbaren im Rahmen der Bundesarbeitsgemeinschaft für Rehabilitation grundsätzliche Anforderungen an ein einrichtungsinternes Qualitätsmanagement nach Absatz 2 Satz 1 sowie ein einheitliches, unabhängiges Zertifizierungsverfahren, mit dem die erfolgreiche Umsetzung des Qualitätsmanagements in regelmäßigen Abständen nachgewiesen wird. [2] Den für die Wahrnehmung der Interessen der stationären Rehabilitationseinrichtungen auf Bundesebene maßgeblichen Spitzenverbänden sowie den Verbänden von Menschen mit Behinderungen einschließlich der Verbände der Freien Wohlfahrtspflege, der Selbsthilfegruppen und der Interessenvertretung von Frauen mit Behinderungen ist Gelegenheit zur Stellungnahme zu geben. [3] Stationäre Rehabilitationseinrichtungen sind nur dann als geeignet anzusehen, wenn sie zertifiziert sind.

(4) Die Rehabilitationsträger können mit den Einrichtungen, die für sie Leistungen erbringen, über Absatz 1 hinausgehende Anforderungen an die Qualität und das Qualitätsmanagement vereinbaren.

(5) In Rehabilitationseinrichtungen mit Vertretungen der Menschen mit Behinderungen sind die nach Absatz 3 Satz 1 zu erstellenden Nachweise über die Umsetzung des Qualitätsmanagements diesen Vertretungen zur Verfügung zu stellen.

(6) § 26 Absatz 3 ist entsprechend anzuwenden für Vereinbarungen auf Grund gesetzlicher Vorschriften für die Rehabilitationsträger.

§ 37a Gewaltschutz. (1) [1] Die Leistungserbringer treffen geeignete Maßnahmen zum Schutz vor Gewalt für Menschen mit Behinderungen und von Behinderung bedrohte Menschen, insbesondere für Frauen und Kinder mit

Behinderung und von Behinderung bedrohte Frauen und Kinder. [2] Zu den geeigneten Maßnahmen nach Satz 1 gehören insbesondere die Entwicklung und Umsetzung eines auf die Einrichtung oder Dienstleistungen zugeschnittenen Gewaltschutzkonzepts.

(2) Die Rehabilitationsträger und die Integrationsämter wirken bei der Erfüllung ihrer gesetzlichen Aufgaben darauf hin, dass der Schutzauftrag nach Absatz 1 von den Leistungserbringern umgesetzt wird.

§ 38 Verträge mit Leistungserbringern. (1) Verträge mit Leistungserbringern müssen insbesondere folgende Regelungen über die Ausführung von Leistungen durch Rehabilitationsdienste und -einrichtungen, die nicht in der Trägerschaft eines Rehabilitationsträgers stehen, enthalten:

1. Qualitätsanforderungen an die Ausführung der Leistungen, das beteiligte Personal und die begleitenden Fachdienste,

2. die Übernahme von Grundsätzen der Rehabilitationsträger zur Vereinbarung von Vergütungen,

3. Rechte und Pflichten der Teilnehmer, soweit sich diese nicht bereits aus dem Rechtsverhältnis ergeben, das zwischen ihnen und dem Rehabilitationsträger besteht,

4. angemessene Mitwirkungsmöglichkeiten der Teilnehmer an der Ausführung der Leistungen,

5. Regelungen zur Geheimhaltung personenbezogener Daten,

6. Regelungen zur Beschäftigung eines angemessenen Anteils von Frauen mit Behinderungen, insbesondere Frauen mit Schwerbehinderungen sowie

7. das Angebot, Beratung durch den Träger der öffentlichen Jugendhilfe bei gewichtigen Anhaltspunkten für eine Kindeswohlgefährdung in Anspruch zu nehmen.

(2) [1] Die Bezahlung tarifvertraglich vereinbarter Vergütungen sowie entsprechender Vergütungen nach kirchlichen Arbeitsrechtsregelungen kann bei Verträgen auf der Grundlage dieses Buches nicht als unwirtschaftlich abgelehnt werden. [2] Auf Verlangen des Rehabilitationsträgers ist die Zahlung von Vergütungen nach Satz 1 nachzuweisen.

(3) [1] Die Rehabilitationsträger wirken darauf hin, dass die Verträge nach einheitlichen Grundsätzen abgeschlossen werden. [2] Dabei sind einheitliche Grundsätze der Wirksamkeit, Zweckmäßigkeit und Wirtschaftlichkeit zu berücksichtigen. [3] Die Rehabilitationsträger können über den Inhalt der Verträge gemeinsame Empfehlungen nach § 26 vereinbaren. [4] Mit den Arbeitsgemeinschaften der Rehabilitationsdienste und -einrichtungen können sie Rahmenverträge schließen. [5] Der oder die Bundesbeauftragte für den Datenschutz und die Informationsfreiheit wird beteiligt.

(4) Absatz 1 Nummer 1 und 3 bis 6 wird für eigene Einrichtungen der Rehabilitationsträger entsprechend angewendet.

Kapitel 8. Bundesarbeitsgemeinschaft für Rehabilitation

§ 39 Aufgaben. (1) [1] Die Rehabilitationsträger nach § 6 Absatz 1 Nummer 1 bis 5 gestalten und organisieren die trägerübergreifende Zusammenarbeit zur einheitlichen personenzentrierten Gestaltung der Rehabilitation und der Leistungen zur Teilhabe im Rahmen einer Arbeitsgemeinschaft nach § 94 des

Zehnten Buches[1]. [2] Sie trägt den Namen „Bundesarbeitsgemeinschaft für Rehabilitation".

(2) Die Aufgaben der Bundesarbeitsgemeinschaft für Rehabilitation sind insbesondere

1. die Beobachtung der Zusammenarbeit der Rehabilitationsträger und die regelmäßige Auswertung und Bewertung der Zusammenarbeit; hierzu bedarf es

   a) der Erstellung von gemeinsamen Grundsätzen für die Erhebung von Daten, die der Aufbereitung und Bereitstellung von Statistiken über das Rehabilitationsgeschehen der Träger und ihrer Zusammenarbeit dienen,

   b) der Datenaufbereitung und Bereitstellung von Statistiken über das Rehabilitationsgeschehen der Träger und ihrer Zusammenarbeit und

   c) der Erhebung und Auswertung nicht personenbezogener Daten über Prozesse und Abläufe des Rehabilitationsgeschehens aus dem Aufgabenfeld der medizinischen und beruflichen Rehabilitation der Sozialversicherung mit Zustimmung des Bundesministeriums für Arbeit und Soziales,

2. die Erarbeitung von gemeinsamen Grundsätzen zur Bedarfserkennung, Bedarfsermittlung und Koordinierung von Rehabilitationsmaßnahmen und zur trägerübergreifenden Zusammenarbeit,

3. die Erarbeitung von gemeinsamen Empfehlungen zur Sicherung der Zusammenarbeit nach § 25,

4. die trägerübergreifende Fort- und Weiterbildung zur Unterstützung und Umsetzung trägerübergreifender Kooperation und Koordination,

5. die Erarbeitung trägerübergreifender Beratungsstandards und Förderung der Weitergabe von eigenen Lebenserfahrungen an andere Menschen mit Behinderungen durch die Beratungsmethode des Peer Counseling,

6. die Erarbeitung von Qualitätskriterien zur Sicherung der Struktur-, Prozess- und Ergebnisqualität im trägerübergreifenden Rehabilitationsgeschehen und Initiierung von deren Weiterentwicklung,

7. die Förderung der Partizipation Betroffener durch stärkere Einbindung von Selbsthilfe- und Selbstvertretungsorganisationen von Menschen mit Behinderungen in die konzeptionelle Arbeit der Bundesarbeitsgemeinschaft für Rehabilitation und deren Organe,

8. die Öffentlichkeitsarbeit zur Inklusion und Rehabilitation sowie

9. die Beobachtung und Bewertung der Forschung zur Rehabilitation sowie Durchführung trägerübergreifender Forschungsvorhaben.

§ 40 Rechtsaufsicht. Die Bundesarbeitsgemeinschaft für Rehabilitation untersteht der Rechtsaufsicht des Bundesministeriums für Arbeit und Soziales.

§ 41 Teilhabeverfahrensbericht. (1) Die Rehabilitationsträger nach § 6 Absatz 1 erfassen

1. die Anzahl der gestellten Anträge auf Leistungen zur Rehabilitation und Teilhabe differenziert nach Leistungsgruppen im Sinne von § 5 Nummer 1, 2, 4 und 5,

2. die Anzahl der Weiterleitungen nach § 14 Absatz 1 Satz 2,

---

[1] Nr. 9.

3. in wie vielen Fällen
    a) die Zweiwochenfrist nach § 14 Absatz 1 Satz 1,
    b) die Dreiwochenfrist nach § 14 Absatz 2 Satz 2 sowie
    c) die Zweiwochenfrist nach § 14 Absatz 2 Satz 3
    nicht eingehalten wurde,
4. die durchschnittliche Zeitdauer zwischen Erteilung des Gutachtenauftrages in Fällen des § 14 Absatz 2 Satz 3 und der Vorlage des Gutachtens,
5. die durchschnittliche Zeitdauer zwischen Antragseingang beim leistenden Rehabilitationsträger und der Entscheidung nach den Merkmalen der Erledigung und der Bewilligung,
6. die Anzahl der Ablehnungen von Anträgen sowie der nicht vollständigen Bewilligung der beantragten Leistungen,
7. die durchschnittliche Zeitdauer zwischen dem Datum des Bewilligungsbescheides und dem Beginn der Leistungen mit und ohne Teilhabeplanung nach § 19, wobei in den Fällen, in denen die Leistung von einem Rehabilitationsträger nach § 6 Absatz 1 Nummer 1 erbracht wurde, das Merkmal „mit und ohne Teilhabeplanung nach § 19" nicht zu erfassen ist,
8. die Anzahl der trägerübergreifenden Teilhabeplanungen und Teilhabeplankonferenzen,
9. die Anzahl der nachträglichen Änderungen und Fortschreibungen der Teilhabepläne einschließlich der durchschnittlichen Geltungsdauer des Teilhabeplanes,
10. die Anzahl der Erstattungsverfahren nach § 16 Absatz 2 Satz 2,
11. die Anzahl der beantragten und bewilligten Leistungen in Form des Persönlichen Budgets,
12. die Anzahl der beantragten und bewilligten Leistungen in Form des trägerübergreifenden Persönlichen Budgets,
13. die Anzahl der Mitteilungen nach § 18 Absatz 1,
14. die Anzahl der Anträge auf Erstattung nach § 18 nach den Merkmalen „Bewilligung" oder „Ablehnung",
15. die Anzahl der Rechtsbehelfe sowie der erfolgreichen Rechtsbehelfe aus Sicht der Leistungsberechtigten jeweils nach den Merkmalen „Widerspruch" und „Klage",
16. die Anzahl der Leistungsberechtigten, die sechs Monate nach dem Ende der Maßnahme zur Teilhabe am Arbeitsleben eine sozialversicherungspflichtige Beschäftigung aufgenommen haben, soweit die Maßnahme von einem Rehabilitationsträger nach § 6 Absatz 1 Nummer 2 bis 7 erbracht wurde.

(2) [1]Die Rehabilitationsträger nach § 6 Absatz 1 Nummer 1 bis 5 melden jährlich die im Berichtsjahr nach Absatz 1 erfassten Angaben an ihre Spitzenverbände, die Rehabilitationsträger nach § 6 Absatz 1 Nummer 6 und 7 jeweils über ihre obersten Landesjugend- und Sozialbehörden, zur Weiterleitung an die Bundesarbeitsgemeinschaft für Rehabilitation in einem mit ihr technisch abgestimmten Datenformat. [2]Die Bundesarbeitsgemeinschaft für Rehabilitation wertet die Angaben unter Beteiligung der Rehabilitationsträger aus und erstellt jährlich eine gemeinsame Übersicht. [3]Die Erfassung der Angaben soll mit dem 1. Januar 2018 beginnen und ein Kalenderjahr umfassen. [4]Der erste Bericht ist 2019 zu veröffentlichen.

(3) Der Bund erstattet der Bundesarbeitsgemeinschaft für Rehabilitation die notwendigen Aufwendungen für folgende Tätigkeiten:

1. die Bereitstellung von Daten,

2. die Datenaufarbeitung und

3. die Auswertungen über das Rehabilitationsgeschehen.

Kapitel 9. Leistungen zur medizinischen Rehabilitation

§ 42 Leistungen zur medizinischen Rehabilitation. (1) Zur medizinischen Rehabilitation von Menschen mit Behinderungen und von Behinderung bedrohter Menschen werden die erforderlichen Leistungen erbracht, um

1. Behinderungen einschließlich chronischer Krankheiten abzuwenden, zu beseitigen, zu mindern, auszugleichen, eine Verschlimmerung zu verhüten oder

2. Einschränkungen der Erwerbsfähigkeit und Pflegebedürftigkeit zu vermeiden, zu überwinden, zu mindern, eine Verschlimmerung zu verhindern sowie den vorzeitigen Bezug von laufenden Sozialleistungen zu verhüten oder laufende Sozialleistungen zu mindern.

(2) Leistungen zur medizinischen Rehabilitation umfassen insbesondere

1. Behandlung durch Ärzte, Zahnärzte und Angehörige anderer Heilberufe, soweit deren Leistungen unter ärztlicher Aufsicht oder auf ärztliche Anordnung ausgeführt werden, einschließlich der Anleitung, eigene Heilungskräfte zu entwickeln,

2. Früherkennung und Frühförderung für Kinder mit Behinderungen und von Behinderung bedrohte Kinder,

3. Arznei- und Verbandsmittel,

4. Heilmittel einschließlich physikalischer, Sprach- und Beschäftigungstherapie,

5. Psychotherapie als ärztliche und psychotherapeutische Behandlung,

6. Hilfsmittel,

6a. digitale Gesundheitsanwendungen sowie

7. Belastungserprobung und Arbeitstherapie.

(3) [1]Bestandteil der Leistungen nach Absatz 1 sind auch medizinische, psychologische und pädagogische Hilfen, soweit diese Leistungen im Einzelfall erforderlich sind, um die in Absatz 1 genannten Ziele zu erreichen. [2]Solche Leistungen sind insbesondere

1. Hilfen zur Unterstützung bei der Krankheits- und Behinderungsverarbeitung,

2. Hilfen zur Aktivierung von Selbsthilfepotentialen,

3. die Information und Beratung von Partnern und Angehörigen sowie von Vorgesetzten und Kollegen, wenn die Leistungsberechtigten dem zustimmen,

4. die Vermittlung von Kontakten zu örtlichen Selbsthilfe- und Beratungsmöglichkeiten,

5. Hilfen zur seelischen Stabilisierung und zur Förderung der sozialen Kompetenz, unter anderem durch Training sozialer und kommunikativer Fähigkeiten und im Umgang mit Krisensituationen,
6. das Training lebenspraktischer Fähigkeiten sowie
7. die Anleitung und Motivation zur Inanspruchnahme von Leistungen der medizinischen Rehabilitation.

§ 43 Krankenbehandlung und Rehabilitation. Die in § 42 Absatz 1 genannten Ziele und § 12 Absatz 1 und 3 sowie § 19 gelten auch bei Leistungen der Krankenbehandlung.

§ 44 Stufenweise Wiedereingliederung. Können arbeitsunfähige Leistungsberechtigte nach ärztlicher Feststellung ihre bisherige Tätigkeit teilweise ausüben und können sie durch eine stufenweise Wiederaufnahme ihrer Tätigkeit voraussichtlich besser wieder in das Erwerbsleben eingegliedert werden, sollen die medizinischen und die sie ergänzenden Leistungen mit dieser Zielrichtung erbracht werden.

§ 45 Förderung der Selbsthilfe. [1] Selbsthilfegruppen, Selbsthilfeorganisationen und Selbsthilfekontaktstellen, die sich die Prävention, Rehabilitation, Früherkennung, Beratung, Behandlung und Bewältigung von Krankheiten und Behinderungen zum Ziel gesetzt haben, sollen nach einheitlichen Grundsätzen gefördert werden. [2] Die Daten der Rehabilitationsträger über Art und Höhe der Förderung der Selbsthilfe fließen in den Bericht der Bundesarbeitsgemeinschaft für Rehabilitation nach § 41 ein.

§ 46 Früherkennung und Frühförderung. (1) Die medizinischen Leistungen zur Früherkennung und Frühförderung für Kinder mit Behinderungen und von Behinderung bedrohte Kinder nach § 42 Absatz 2 Nummer 2 umfassen auch
1. die medizinischen Leistungen der fachübergreifend arbeitenden Dienste und Einrichtungen sowie
2. nichtärztliche sozialpädiatrische, psychologische, heilpädagogische, psychosoziale Leistungen und die Beratung der Erziehungsberechtigten, auch in fachübergreifend arbeitenden Diensten und Einrichtungen, wenn sie unter ärztlicher Verantwortung erbracht werden und erforderlich sind, um eine drohende oder bereits eingetretene Behinderung zum frühestmöglichen Zeitpunkt zu erkennen und einen individuellen Behandlungsplan aufzustellen.

(2) [1] Leistungen zur Früherkennung und Frühförderung für Kinder mit Behinderungen und von Behinderung bedrohte Kinder umfassen weiterhin nichtärztliche therapeutische, psychologische, heilpädagogische, sonderpädagogische, psychosoziale Leistungen und die Beratung der Erziehungsberechtigten durch interdisziplinäre Frühförderstellen oder nach Landesrecht zugelassene Einrichtungen mit vergleichbarem interdisziplinärem Förder-, Behandlungs- und Beratungsspektrum. [2] Die Leistungen sind erforderlich, wenn sie eine drohende oder bereits eingetretene Behinderung zum frühestmöglichen Zeitpunkt erkennen helfen oder die eingetretene Behinderung durch gezielte Förder- und Behandlungsmaßnahmen ausgleichen oder mildern.

(3) [1] Leistungen nach Absatz 1 werden in Verbindung mit heilpädagogischen Leistungen nach § 79 als Komplexleistung erbracht. [2] Die Komplexleistung umfasst auch Leistungen zur Sicherung der Interdisziplinarität. [3] Maßnahmen zur Komplexleistung können gleichzeitig oder nacheinander sowie in unterschiedlicher und gegebenenfalls wechselnder Intensität ab Geburt bis zur Einschulung eines Kindes mit Behinderungen oder drohender Behinderung erfolgen.

(4) In den Landesrahmenvereinbarungen zwischen den beteiligten Rehabilitationsträgern und den Verbänden der Leistungserbringer wird Folgendes geregelt:

1. die Anforderungen an interdisziplinäre Frühförderstellen, nach Landesrecht zugelassene Einrichtungen mit vergleichbarem interdisziplinärem Förder-, Behandlungs- und Beratungsspektrum und sozialpädiatrische Zentren zu Mindeststandards, Berufsgruppen, Personalausstattung, sachlicher und räumlicher Ausstattung,

2. die Dokumentation und Qualitätssicherung,

3. der Ort der Leistungserbringung sowie

4. die Vereinbarung und Abrechnung der Entgelte für die als Komplexleistung nach Absatz 3 erbrachten Leistungen unter Berücksichtigung der Zuwendungen Dritter, insbesondere der Länder, für Leistungen nach der Verordnung zur Früherkennung und Frühförderung.

(5) [1] Die Rehabilitationsträger schließen Vereinbarungen über die pauschalierte Aufteilung der nach Absatz 4 Nummer 4 vereinbarten Entgelte für Komplexleistungen auf der Grundlage der Leistungszuständigkeit nach Spezialisierung und Leistungsprofil des Dienstes oder der Einrichtung, insbesondere den vertretenen Fachdisziplinen und dem Diagnosespektrum der leistungsberechtigten Kinder. [2] Regionale Gegebenheiten werden berücksichtigt. [3] Der Anteil der Entgelte, der auf die für die Leistungen nach § 6 der Verordnung zur Früherkennung und Frühförderung jeweils zuständigen Träger entfällt, darf für Leistungen in interdisziplinären Frühförderstellen oder in nach Landesrecht zugelassenen Einrichtungen mit vergleichbarem interdisziplinärem Förder-, Behandlungs- und Beratungsspektrum 65 Prozent und in sozialpädiatrischen Zentren 20 Prozent nicht überschreiten. [4] Landesrecht kann andere als pauschale Abrechnungen vorsehen.

(6) Kommen Landesrahmenvereinbarungen nach Absatz 4 bis zum 31. Juli 2019 nicht zustande, sollen die Landesregierungen Regelungen durch Rechtsverordnung entsprechend Absatz 4 Nummer 1 bis 3 treffen.

§ 47 Hilfsmittel. (1) Hilfsmittel (Körperersatzstücke sowie orthopädische und andere Hilfsmittel) nach § 42 Absatz 2 Nummer 6 umfassen die Hilfen, die von den Leistungsberechtigten getragen oder mitgeführt oder bei einem Wohnungswechsel mitgenommen werden können und unter Berücksichtigung der Umstände des Einzelfalles erforderlich sind, um

1. einer drohenden Behinderung vorzubeugen,

2. den Erfolg einer Heilbehandlung zu sichern oder

3. eine Behinderung bei der Befriedigung von Grundbedürfnissen des täglichen Lebens auszugleichen, soweit die Hilfsmittel nicht allgemeine Gebrauchsgegenstände des täglichen Lebens sind.

(2) [1]Der Anspruch auf Hilfsmittel umfasst auch die notwendige Änderung, Instandhaltung, Ersatzbeschaffung sowie die Ausbildung im Gebrauch der Hilfsmittel. [2]Der Rehabilitationsträger soll

1. vor einer Ersatzbeschaffung prüfen, ob eine Änderung oder Instandsetzung von bisher benutzten Hilfsmitteln wirtschaftlicher und gleich wirksam ist und

2. die Bewilligung der Hilfsmittel davon abhängig machen, dass die Leistungsberechtigten sich die Hilfsmittel anpassen oder sich in ihrem Gebrauch ausbilden lassen.

(3) Wählen Leistungsberechtigte ein geeignetes Hilfsmittel in einer aufwendigeren Ausführung als notwendig, tragen sie die Mehrkosten selbst.

(4) [1]Hilfsmittel können auch leihweise überlassen werden. [2]In diesem Fall gelten die Absätze 2 und 3 entsprechend.

§ 47a Digitale Gesundheitsanwendungen. (1) [1]Digitale Gesundheitsanwendungen nach § 42 Absatz 2 Nummer 6a umfassen die in das Verzeichnis nach § 139e Absatz 1 des Fünften Buches aufgenommenen digitalen Gesundheitsanwendungen, sofern diese unter Berücksichtigung des Einzelfalles erforderlich sind, um

1. einer drohenden Behinderung vorzubeugen,

2. den Erfolg einer Heilbehandlung zu sichern oder

3. eine Behinderung bei der Befriedigung von Grundbedürfnissen des täglichen Lebens auszugleichen, sofern die digitalen Gesundheitsanwendungen nicht die Funktion von allgemeinen Gebrauchsgegenständen des täglichen Lebens übernehmen.

[2]Digitale Gesundheitsanwendungen werden nur mit Zustimmung des Leistungsberechtigten erbracht.

(2) Wählen Leistungsberechtigte digitale Gesundheitsanwendungen, deren Funktion oder Anwendungsbereich über die Funktion und den Anwendungsbereich einer vergleichbaren in das Verzeichnis für digitale Gesundheitsanwendungen nach § 139e des Fünften Buches aufgenommenen digitalen Gesundheitsanwendung hinausgehen, so haben sie die Mehrkosten selbst zu tragen.

§ 48 Verordnungsermächtigungen. Das Bundesministerium für Arbeit und Soziales wird ermächtigt, im Einvernehmen mit dem Bundesministerium für Gesundheit durch Rechtsverordnung mit Zustimmung des Bundesrates Näheres zu regeln

1. zur Abgrenzung der in § 46 genannten Leistungen und der weiteren Leistungen dieser Dienste und Einrichtungen und

2. zur Auswahl der im Einzelfall geeigneten Hilfsmittel, insbesondere zum Verfahren, zur Eignungsprüfung, Dokumentation und leihweisen Überlassung der Hilfsmittel sowie zur Zusammenarbeit der anderen Rehabilitationsträger mit den orthopädischen Versorgungsstellen.

Kapitel 10. Leistungen zur Teilhabe am Arbeitsleben

§ 49 Leistungen zur Teilhabe am Arbeitsleben, Verordnungsermächtigung. (1) Zur Teilhabe am Arbeitsleben werden die erforderlichen Leistungen erbracht, um die Erwerbsfähigkeit von Menschen mit Behinderungen oder von

Behinderung bedrohter Menschen entsprechend ihrer Leistungsfähigkeit zu erhalten, zu verbessern, herzustellen oder wiederherzustellen und ihre Teilhabe am Arbeitsleben möglichst auf Dauer zu sichern.

(2) Frauen mit Behinderungen werden gleiche Chancen im Erwerbsleben zugesichert, insbesondere durch in der beruflichen Zielsetzung geeignete, wohnortnahe und auch in Teilzeit nutzbare Angebote.

(3) Die Leistungen zur Teilhabe am Arbeitsleben umfassen insbesondere

1. Hilfen zur Erhaltung oder Erlangung eines Arbeitsplatzes einschließlich Leistungen zur Aktivierung und beruflichen Eingliederung,

2. eine Berufsvorbereitung einschließlich einer wegen der Behinderung erforderlichen Grundausbildung,

3. die individuelle betriebliche Qualifizierung im Rahmen Unterstützter Beschäftigung,

4. die berufliche Anpassung und Weiterbildung, auch soweit die Leistungen einen zur Teilnahme erforderlichen schulischen Abschluss einschließen,

5. die berufliche Ausbildung, auch soweit die Leistungen in einem zeitlich nicht überwiegenden Abschnitt schulisch durchgeführt werden,

6. die Förderung der Aufnahme einer selbständigen Tätigkeit durch die Rehabilitationsträger nach § 6 Absatz 1 Nummer 2 bis 5 und

7. sonstige Hilfen zur Förderung der Teilhabe am Arbeitsleben, um Menschen mit Behinderungen eine angemessene und geeignete Beschäftigung oder eine selbständige Tätigkeit zu ermöglichen und zu erhalten.

(4) [1] Bei der Auswahl der Leistungen werden Eignung, Neigung, bisherige Tätigkeit sowie Lage und Entwicklung auf dem Arbeitsmarkt angemessen berücksichtigt. [2] Soweit erforderlich, wird dabei die berufliche Eignung abgeklärt oder eine Arbeitserprobung durchgeführt; in diesem Fall werden die Kosten nach Absatz 7, Reisekosten nach § 73 sowie Haushaltshilfe und Kinderbetreuungskosten nach § 74 übernommen.

(5) Die Leistungen werden auch für Zeiten notwendiger Praktika erbracht.

(6) [1] Die Leistungen umfassen auch medizinische, psychologische und pädagogische Hilfen, soweit diese Leistungen im Einzelfall erforderlich sind, um die in Absatz 1 genannten Ziele zu erreichen oder zu sichern und Krankheitsfolgen zu vermeiden, zu überwinden, zu mindern oder ihre Verschlimmerung zu verhüten. [2] Leistungen sind insbesondere

1. Hilfen zur Unterstützung bei der Krankheits- und Behinderungsverarbeitung,

2. Hilfen zur Aktivierung von Selbsthilfepotentialen,

3. die Information und Beratung von Partnern und Angehörigen sowie von Vorgesetzten und Kollegen, wenn die Leistungsberechtigten dem zustimmen,

4. die Vermittlung von Kontakten zu örtlichen Selbsthilfe- und Beratungsmöglichkeiten,

5. Hilfen zur seelischen Stabilisierung und zur Förderung der sozialen Kompetenz, unter anderem durch Training sozialer und kommunikativer Fähigkeiten und im Umgang mit Krisensituationen,

6. das Training lebenspraktischer Fähigkeiten,

7. das Training motorischer Fähigkeiten,

8. die Anleitung und Motivation zur Inanspruchnahme von Leistungen zur Teilhabe am Arbeitsleben und

9. die Beteiligung von Integrationsfachdiensten im Rahmen ihrer Aufgabenstellung (§ 193).

(7) Zu den Leistungen gehört auch die Übernahme

1. der erforderlichen Kosten für Unterkunft und Verpflegung, wenn für die Ausführung einer Leistung eine Unterbringung außerhalb des eigenen oder des elterlichen Haushalts wegen Art oder Schwere der Behinderung oder zur Sicherung des Erfolges der Teilhabe am Arbeitsleben notwendig ist sowie

2. der erforderlichen Kosten, die mit der Ausführung einer Leistung in unmittelbarem Zusammenhang stehen, insbesondere für Lehrgangskosten, Prüfungsgebühren, Lernmittel, Leistungen zur Aktivierung und beruflichen Eingliederung.

(8) [1] Leistungen nach Absatz 3 Nummer 1 und 7 umfassen auch

1. die Kraftfahrzeughilfe nach der Kraftfahrzeughilfe-Verordnung[1]),

2. den Ausgleich für unvermeidbare Verdienstausfälle des Leistungsberechtigten oder einer erforderlichen Begleitperson wegen Fahrten der An- und Abreise zu einer Bildungsmaßnahme und zur Vorstellung bei einem Arbeitgeber, bei einem Träger oder einer Einrichtung für Menschen mit Behinderungen, durch die Rehabilitationsträger nach § 6 Absatz 1 Nummer 2 bis 5,

3. die Kosten einer notwendigen Arbeitsassistenz für schwerbehinderte Menschen als Hilfe zur Erlangung eines Arbeitsplatzes,

4. die Kosten für Hilfsmittel, die wegen Art oder Schwere der Behinderung erforderlich sind

   a) zur Berufsausübung,

   b) zur Teilhabe an einer Leistung zur Teilhabe am Arbeitsleben oder zur Erhöhung der Sicherheit auf dem Weg vom und zum Arbeitsplatz und am Arbeitsplatz selbst, es sei denn, dass eine Verpflichtung des Arbeitgebers besteht oder solche Leistungen als medizinische Leistung erbracht werden können,

5. die Kosten technischer Arbeitshilfen, die wegen Art oder Schwere der Behinderung zur Berufsausübung erforderlich sind und

6. die Kosten der Beschaffung, der Ausstattung und der Erhaltung einer behinderungsgerechten Wohnung in angemessenem Umfang.

[2] Die Leistung nach Satz 1 Nummer 3 wird für die Dauer von bis zu drei Jahren bewilligt und in Abstimmung mit dem Rehabilitationsträger nach § 6 Absatz 1 Nummer 1 bis 5 durch das Integrationsamt nach § 185 Absatz 5 ausgeführt. [3] Der Rehabilitationsträger erstattet dem Integrationsamt seine Aufwendungen. [4] Der Anspruch nach § 185 Absatz 5 bleibt unberührt.

(9) Die Bundesregierung kann durch Rechtsverordnung mit Zustimmung des Bundesrates Näheres über Voraussetzungen, Gegenstand und Umfang der Leistungen der Kraftfahrzeughilfe zur Teilhabe am Arbeitsleben regeln.

---

[1]) Nr. **7a**.

§ 50 Leistungen an Arbeitgeber. (1) Die Rehabilitationsträger nach § 6 Absatz 1 Nummer 2 bis 5 können Leistungen zur Teilhabe am Arbeitsleben auch an Arbeitgeber erbringen, insbesondere als

1. Ausbildungszuschüsse zur betrieblichen Ausführung von Bildungsleistungen,
2. Eingliederungszuschüsse,
3. Zuschüsse für Arbeitshilfen im Betrieb und
4. teilweise oder volle Kostenerstattung für eine befristete Probebeschäftigung.

(2) Die Leistungen können unter Bedingungen und Auflagen erbracht werden.

(3) [1] Ausbildungszuschüsse nach Absatz 1 Nummer 1 können für die gesamte Dauer der Maßnahme geleistet werden. [2] Die Ausbildungszuschüsse sollen bei Ausbildungsmaßnahmen die monatlichen Ausbildungsvergütungen nicht übersteigen, die von den Arbeitgebern im letzten Ausbildungsjahr gezahlt wurden.

(4) [1] Eingliederungszuschüsse nach Absatz 1 Nummer 2 betragen höchstens 50 Prozent der vom Arbeitgeber regelmäßig gezahlten Entgelte, soweit sie die tariflichen Arbeitsentgelte oder, wenn eine tarifliche Regelung nicht besteht, die für vergleichbare Tätigkeiten ortsüblichen Arbeitsentgelte im Rahmen der Beitragsbemessungsgrenze in der Arbeitsförderung nicht übersteigen. [2] Die Eingliederungszuschüsse sollen im Regelfall für höchstens ein Jahr gezahlt werden. [3] Soweit es für die Teilhabe am Arbeitsleben erforderlich ist, können die Eingliederungszuschüsse um bis zu 20 Prozentpunkte höher festgelegt und bis zu einer Förderungshöchstdauer von zwei Jahren gezahlt werden. [4] Werden die Eingliederungszuschüsse länger als ein Jahr gezahlt, sind sie um mindestens 10 Prozentpunkte zu vermindern, entsprechend der zu erwartenden Zunahme der Leistungsfähigkeit der Leistungsberechtigten und den abnehmenden Eingliederungserfordernissen gegenüber der bisherigen Förderungshöhe. [5] Bei der Berechnung der Eingliederungszuschüsse nach Satz 1 wird auch der Anteil des Arbeitgebers am Gesamtsozialversicherungsbeitrag berücksichtigt. [6] Eingliederungszuschüsse sind zurückzuzahlen, wenn die Arbeitsverhältnisse während des Förderungszeitraums oder innerhalb eines Zeitraums, der der Förderungsdauer entspricht, längstens jedoch von einem Jahr, nach dem Ende der Leistungen beendet werden. [7] Der Eingliederungszuschuss muss nicht zurückgezahlt werden, wenn

1. die Leistungsberechtigten die Arbeitsverhältnisse durch Kündigung beenden oder das Mindestalter für den Bezug der gesetzlichen Altersrente erreicht haben oder
2. die Arbeitgeber berechtigt waren, aus wichtigem Grund ohne Einhaltung einer Kündigungsfrist oder aus Gründen, die in der Person oder dem Verhalten des Arbeitnehmers liegen, oder aus dringenden betrieblichen Erfordernissen, die einer Weiterbeschäftigung in diesem Betrieb entgegenstehen, zu kündigen.

[8] Die Rückzahlung ist auf die Hälfte des Förderungsbetrages, höchstens aber den im letzten Jahr vor der Beendigung des Beschäftigungsverhältnisses gewährten Förderungsbetrag begrenzt; nicht geförderte Nachbeschäftigungszeiten werden anteilig berücksichtigt.

§ 51 Einrichtungen der beruflichen Rehabilitation. (1) [1] Leistungen werden durch Berufsbildungswerke, Berufsförderungswerke und vergleichbare

Einrichtungen der beruflichen Rehabilitation ausgeführt, wenn Art oder Schwere der Behinderung der Leistungsberechtigten oder die Sicherung des Erfolges die besonderen Hilfen dieser Einrichtungen erforderlich machen. [2]Die Einrichtung muss

1. eine erfolgreiche Ausführung der Leistung erwarten lassen nach Dauer, Inhalt und Gestaltung der Leistungen, nach der Unterrichtsmethode, Ausbildung und Berufserfahrung der Leitung und der Lehrkräfte sowie nach der Ausgestaltung der Fachdienste,

2. angemessene Teilnahmebedingungen bieten und behinderungsgerecht sein, insbesondere auch die Beachtung der Erfordernisse des Arbeitsschutzes und der Unfallverhütung gewährleisten,

3. den Teilnehmenden und den von ihnen zu wählenden Vertretungen angemessene Mitwirkungsmöglichkeiten an der Ausführung der Leistungen bieten sowie

4. die Leistung nach den Grundsätzen der Wirtschaftlichkeit und Sparsamkeit, insbesondere zu angemessenen Vergütungssätzen, ausführen.

[3]Die zuständigen Rehabilitationsträger vereinbaren hierüber gemeinsame Empfehlungen nach den §§ 26 und 37.

(2) [1]Werden Leistungen zur beruflichen Ausbildung in Einrichtungen der beruflichen Rehabilitation ausgeführt, sollen die Einrichtungen bei Eignung der Leistungsberechtigten darauf hinwirken, dass diese Ausbildung teilweise auch in Betrieben und Dienststellen durchgeführt wird. [2]Die Einrichtungen der beruflichen Rehabilitation unterstützen die Arbeitgeber bei der betrieblichen Ausbildung und bei der Betreuung der auszubildenden Jugendlichen mit Behinderungen.

§ 52 Rechtsstellung der Teilnehmenden. [1]Werden Leistungen in Einrichtungen der beruflichen Rehabilitation ausgeführt, werden die Teilnehmenden nicht in den Betrieb der Einrichtungen eingegliedert. [2]Sie sind keine Arbeitnehmer im Sinne des Betriebsverfassungsgesetzes[1]) und wählen zu ihrer Mitwirkung besondere Vertreter. [3]Bei der Ausführung werden die arbeitsrechtlichen Grundsätze über den Persönlichkeitsschutz, die Haftungsbeschränkung sowie die gesetzlichen Vorschriften über den Arbeitsschutz, den Schutz vor Diskriminierungen in Beschäftigung und Beruf, den Erholungsurlaub und die Gleichberechtigung von Männern und Frauen entsprechend angewendet.

§ 53 Dauer von Leistungen. (1) [1]Leistungen werden für die Zeit erbracht, die vorgeschrieben oder allgemein üblich ist, um das angestrebte Teilhabeziel zu erreichen. [2]Eine Förderung kann darüber hinaus erfolgen, wenn besondere Umstände dies rechtfertigen.

(2) [1]Leistungen zur beruflichen Weiterbildung sollen in der Regel bei ganztägigem Unterricht nicht länger als zwei Jahre dauern, es sei denn, dass das Teilhabeziel nur über eine länger andauernde Leistung erreicht werden kann oder die Eingliederungsaussichten nur durch eine länger andauernde Leistung wesentlich verbessert werden. [2]Abweichend von Satz 1 erster Teilsatz sollen Leistungen zur beruflichen Weiterbildung, die zu einem Abschluss in einem allgemein anerkannten Ausbildungsberuf führen und für die eine allgemeine

---

[1]) Auszugsweise abgedruckt unter Nr. **14**.

Ausbildungsdauer von mehr als zwei Jahren vorgeschrieben ist, nicht länger als zwei Drittel der üblichen Ausbildungszeit dauern.

§ 54 Beteiligung der Bundesagentur für Arbeit. [1]Die Bundesagentur für Arbeit nimmt auf Anforderung eines anderen Rehabilitationsträgers gutachterlich Stellung zu Notwendigkeit, Art und Umfang von Leistungen unter Berücksichtigung arbeitsmarktlicher Zweckmäßigkeit. [2]Dies gilt auch, wenn sich die Leistungsberechtigten in einem Krankenhaus oder einer Einrichtung der medizinischen oder der medizinisch-beruflichen Rehabilitation aufhalten.

§ 55 Unterstützte Beschäftigung. (1) [1]Ziel der Unterstützten Beschäftigung ist es, Leistungsberechtigten mit besonderem Unterstützungsbedarf eine angemessene, geeignete und sozialversicherungspflichtige Beschäftigung zu ermöglichen und zu erhalten. [2]Unterstützte Beschäftigung umfasst eine individuelle betriebliche Qualifizierung und bei Bedarf Berufsbegleitung.

(2) [1]Leistungen zur individuellen betrieblichen Qualifizierung erhalten Menschen mit Behinderungen insbesondere, um sie für geeignete betriebliche Tätigkeiten zu erproben, auf ein sozialversicherungspflichtiges Beschäftigungsverhältnis vorzubereiten und bei der Einarbeitung und Qualifizierung auf einem betrieblichen Arbeitsplatz zu unterstützen. [2]Die Leistungen umfassen auch die Vermittlung von berufsübergreifenden Lerninhalten und Schlüsselqualifikationen sowie die Weiterentwicklung der Persönlichkeit der Menschen mit Behinderungen. [3]Die Leistungen werden vom zuständigen Rehabilitationsträger nach § 6 Absatz 1 Nummer 2 bis 5 für bis zu zwei Jahre erbracht, soweit sie wegen Art oder Schwere der Behinderung erforderlich sind. [4]Sie können bis zu einer Dauer von weiteren zwölf Monaten verlängert werden, wenn auf Grund der Art oder Schwere der Behinderung der gewünschte nachhaltige Qualifizierungserfolg im Einzelfall nicht anders erreicht werden kann und hinreichend gewährleistet ist, dass eine weitere Qualifizierung zur Aufnahme einer sozialversicherungspflichtigen Beschäftigung führt.

(3) [1]Leistungen der Berufsbegleitung erhalten Menschen mit Behinderungen insbesondere, um nach Begründung eines sozialversicherungspflichtigen Beschäftigungsverhältnisses die zu dessen Stabilisierung erforderliche Unterstützung und Krisenintervention zu gewährleisten. [2]Die Leistungen werden bei Zuständigkeit eines Rehabilitationsträgers nach § 6 Absatz 1 Nummer 3 oder 5 von diesem, im Übrigen von dem Integrationsamt im Rahmen seiner Zuständigkeit erbracht, solange und soweit sie wegen Art oder Schwere der Behinderung zur Sicherung des Beschäftigungsverhältnisses erforderlich sind.

(4) Stellt der Rehabilitationsträger während der individuellen betrieblichen Qualifizierung fest, dass voraussichtlich eine anschließende Berufsbegleitung erforderlich ist, für die ein anderer Leistungsträger zuständig ist, beteiligt er diesen frühzeitig.

(5) [1]Die Unterstützte Beschäftigung kann von Integrationsfachdiensten oder anderen Trägern durchgeführt werden. [2]Mit der Durchführung kann nur beauftragt werden, wer über die erforderliche Leistungsfähigkeit verfügt, um seine Aufgaben entsprechend den individuellen Bedürfnissen der Menschen mit Behinderungen erfüllen zu können. [3]Insbesondere müssen die Beauftragten

1. über Fachkräfte verfügen, die eine geeignete Berufsqualifikation, eine psychosoziale oder arbeitspädagogische Zusatzqualifikation und eine ausreichende Berufserfahrung besitzen,
2. in der Lage sein, den Menschen mit Behinderungen geeignete individuelle betriebliche Qualifizierungsplätze zur Verfügung zu stellen und ihre berufliche Eingliederung zu unterstützen,
3. über die erforderliche räumliche und sächliche Ausstattung verfügen sowie
4. ein System des Qualitätsmanagements im Sinne des § 37 Absatz 2 Satz 1 anwenden.

(6) [1] Zur Konkretisierung und Weiterentwicklung der in Absatz 5 genannten Qualitätsanforderungen vereinbaren die Rehabilitationsträger nach § 6 Absatz 1 Nummer 2 bis 5 sowie die Bundesarbeitsgemeinschaft der Integrationsämter und Hauptfürsorgestellen im Rahmen der Bundesarbeitsgemeinschaft für Rehabilitation eine gemeinsame Empfehlung. [2] Die gemeinsame Empfehlung kann auch Ausführungen zu möglichen Leistungsinhalten und zur Zusammenarbeit enthalten. [3] § 26 Absatz 4, 6 und 7 sowie § 27 gelten entsprechend.

§ 56 Leistungen in Werkstätten für behinderte Menschen. Leistungen in anerkannten Werkstätten für behinderte Menschen (§ 219) werden erbracht, um die Leistungs- oder Erwerbsfähigkeit der Menschen mit Behinderungen zu erhalten, zu entwickeln, zu verbessern oder wiederherzustellen, die Persönlichkeit dieser Menschen weiterzuentwickeln und ihre Beschäftigung zu ermöglichen oder zu sichern.

§ 57 Leistungen im Eingangsverfahren und im Berufsbildungsbereich.

(1) Leistungen im Eingangsverfahren und im Berufsbildungsbereich einer anerkannten Werkstatt für behinderte Menschen erhalten Menschen mit Behinderungen

1. im Eingangsverfahren zur Feststellung, ob die Werkstatt die geeignete Einrichtung für die Teilhabe des Menschen mit Behinderungen am Arbeitsleben ist sowie welche Bereiche der Werkstatt und welche Leistungen zur Teilhabe am Arbeitsleben für die Menschen mit Behinderungen in Betracht kommen, und um einen Eingliederungsplan zu erstellen;
2. im Berufsbildungsbereich, wenn die Leistungen erforderlich sind, um die Leistungs- oder Erwerbsfähigkeit des Menschen mit Behinderungen so weit wie möglich zu entwickeln, zu verbessern oder wiederherzustellen und erwartet werden kann, dass der Mensch mit Behinderungen nach Teilnahme an diesen Leistungen in der Lage ist, wenigstens ein Mindestmaß wirtschaftlich verwertbarer Arbeitsleistung im Sinne des § 219 zu erbringen.

(2) [1] Die Leistungen im Eingangsverfahren werden für drei Monate erbracht. [2] Die Leistungsdauer kann auf bis zu vier Wochen verkürzt werden, wenn während des Eingangsverfahrens im Einzelfall festgestellt wird, dass eine kürzere Leistungsdauer ausreichend ist.

(3) [1] Die Leistungen im Berufsbildungsbereich werden für zwei Jahre erbracht. [2] Sie werden in der Regel zunächst für ein Jahr bewilligt. [3] Sie werden für ein weiteres Jahr bewilligt, wenn auf Grund einer fachlichen Stellungnahme, die rechtzeitig vor Ablauf des Förderzeitraums nach Satz 2 abzugeben ist, angenommen wird, dass die Leistungsfähigkeit des Menschen mit Behinderungen weiterentwickelt oder wiedergewonnen werden kann.

(4) [1] Zeiten der individuellen betrieblichen Qualifizierung im Rahmen einer Unterstützten Beschäftigung nach § 55 werden zur Hälfte auf die Dauer des Berufsbildungsbereichs angerechnet. [2] Allerdings dürfen die Zeiten individueller betrieblicher Qualifizierung und die Zeiten des Berufsbildungsbereichs insgesamt nicht mehr als 36 Monate betragen.

§ 58 Leistungen im Arbeitsbereich. (1) [1] Leistungen im Arbeitsbereich einer anerkannten Werkstatt für behinderte Menschen erhalten Menschen mit Behinderungen, bei denen wegen Art oder Schwere der Behinderung

1. eine Beschäftigung auf dem allgemeinen Arbeitsmarkt einschließlich einer Beschäftigung in einem Inklusionsbetrieb (§ 215) oder

2. eine Berufsvorbereitung, eine individuelle betriebliche Qualifizierung im Rahmen Unterstützter Beschäftigung, eine berufliche Anpassung und Weiterbildung oder eine berufliche Ausbildung (§ 49 Absatz 3 Nummer 2 bis 6)

nicht, noch nicht oder noch nicht wieder in Betracht kommt und die in der Lage sind, wenigstens ein Mindestmaß wirtschaftlich verwertbarer Arbeitsleistung zu erbringen. [2] Leistungen im Arbeitsbereich werden im Anschluss an Leistungen im Berufsbildungsbereich (§ 57) oder an entsprechende Leistungen bei einem anderen Leistungsanbieter (§ 60) erbracht; hiervon kann abgewichen werden, wenn der Mensch mit Behinderungen bereits über die für die in Aussicht genommene Beschäftigung erforderliche Leistungsfähigkeit verfügt, die er durch eine Beschäftigung auf dem allgemeinen Arbeitsmarkt erworben hat. [3] Die Leistungen sollen in der Regel längstens bis zum Ablauf des Monats erbracht werden, in dem das für die Regelaltersrente im Sinne des Sechsten Buches[1] erforderliche Lebensalter erreicht wird.

(2) Die Leistungen im Arbeitsbereich sind gerichtet auf

1. die Aufnahme, Ausübung und Sicherung einer der Eignung und Neigung des Menschen mit Behinderungen entsprechenden Beschäftigung,

2. die Teilnahme an arbeitsbegleitenden Maßnahmen zur Erhaltung und Verbesserung der im Berufsbildungsbereich erworbenen Leistungsfähigkeit und zur Weiterentwicklung der Persönlichkeit sowie

3. die Förderung des Übergangs geeigneter Menschen mit Behinderungen auf den allgemeinen Arbeitsmarkt durch geeignete Maßnahmen.

(3) [1] Die Werkstätten erhalten für die Leistungen nach Absatz 2 vom zuständigen Rehabilitationsträger angemessene Vergütungen, die den Grundsätzen der Wirtschaftlichkeit, Sparsamkeit und Leistungsfähigkeit entsprechen. [2] Die Vergütungen berücksichtigen

1. alle für die Erfüllung der Aufgaben und der fachlichen Anforderungen der Werkstatt notwendigen Kosten sowie

2. die mit der wirtschaftlichen Betätigung der Werkstatt in Zusammenhang stehenden Kosten, soweit diese unter Berücksichtigung der besonderen Verhältnisse in der Werkstatt und der dort beschäftigten Menschen mit Behinderungen nach Art und Umfang über die in einem Wirtschaftsunternehmen üblicherweise entstehenden Kosten hinausgehen.

[3] Können die Kosten der Werkstatt nach Satz 2 Nummer 2 im Einzelfall nicht ermittelt werden, kann eine Vergütungspauschale für diese werkstattspezi-

---

[1] Auszugsweise abgedruckt unter Nr. **6**.

fischen Kosten der wirtschaftlichen Betätigung der Werkstatt vereinbart werden.

(4) [1] Bei der Ermittlung des Arbeitsergebnisses der Werkstatt nach § 12 Absatz 4 der Werkstättenverordnung[1]) werden die Auswirkungen der Vergütungen auf die Höhe des Arbeitsergebnisses dargestellt. [2] Dabei wird getrennt ausgewiesen, ob sich durch die Vergütung Verluste oder Gewinne ergeben. [3] Das Arbeitsergebnis der Werkstatt darf nicht zur Minderung der Vergütungen nach Absatz 3 verwendet werden.

§ 59 Arbeitsförderungsgeld. (1) [1] Die Werkstätten für behinderte Menschen erhalten von dem zuständigen Rehabilitationsträger zur Auszahlung an die im Arbeitsbereich beschäftigten Menschen mit Behinderungen zusätzlich zu den Vergütungen nach § 58 Absatz 3 ein Arbeitsförderungsgeld. [2] Das Arbeitsförderungsgeld beträgt monatlich 52 Euro für jeden im Arbeitsbereich beschäftigten Menschen mit Behinderungen, dessen Arbeitsentgelt zusammen mit dem Arbeitsförderungsgeld den Betrag von 351 Euro nicht übersteigt. [3] Ist das Arbeitsentgelt höher als 299 Euro, beträgt das Arbeitsförderungsgeld monatlich den Differenzbetrag zwischen dem Arbeitsentgelt und 351 Euro.

(2) Das Arbeitsförderungsgeld bleibt bei Sozialleistungen, deren Zahlung von anderen Einkommen abhängig ist, als Einkommen unberücksichtigt.

§ 60 Andere Leistungsanbieter. (1) Menschen mit Behinderungen, die Anspruch auf Leistungen nach den §§ 57 und 58 haben, können diese auch bei einem anderen Leistungsanbieter in Anspruch nehmen.

(2) Die Vorschriften für Werkstätten für behinderte Menschen gelten mit folgenden Maßgaben für andere Leistungsanbieter:

1. sie bedürfen nicht der förmlichen Anerkennung,
2. sie müssen nicht über eine Mindestplatzzahl und die für die Erbringung der Leistungen in Werkstätten erforderliche räumliche und sächliche Ausstattung verfügen,
3. sie können ihr Angebot auf Leistungen nach § 57 oder § 58 oder Teile solcher Leistungen beschränken,
4. sie sind nicht verpflichtet, Menschen mit Behinderungen Leistungen nach § 57 oder § 58 zu erbringen, wenn und solange die Leistungsvoraussetzungen vorliegen,
5. eine dem Werkstattrat vergleichbare Vertretung wird ab fünf Wahlberechtigten gewählt. Sie besteht bei bis zu 20 Wahlberechtigten aus einem Mitglied,
6. eine Frauenbeauftragte wird ab fünf wahlberechtigten Frauen gewählt, eine Stellvertreterin ab 20 wahlberechtigten Frauen,
7. die Regelungen zur Anrechnung von Aufträgen auf die Ausgleichsabgabe und zur bevorzugten Vergabe von Aufträgen durch die öffentliche Hand sind nicht anzuwenden und
8. erbringen sie Leistungen nach den §§ 57 oder 58 ausschließlich in betrieblicher Form, soll ein besserer als der in § 9 Absatz 3 der Werkstättenverordnung[1]) für den Berufsbildungsbereich oder für den Arbeitsbereich in einer Werkstatt für behinderte Menschen festgelegte Personalschlüssel angewendet werden.

---

[1]) Nr. **2c.**

(3) Eine Verpflichtung des Leistungträgers, Leistungen durch andere Leistungsanbieter zu ermöglichen, besteht nicht.

(4) Für das Rechtsverhältnis zwischen dem anderen Leistungsanbieter und dem Menschen mit Behinderungen gilt § 221 entsprechend.

§ 61 Budget für Arbeit. (1) Menschen mit Behinderungen, die Anspruch auf Leistungen nach § 58 haben und denen von einem privaten oder öffentlichen Arbeitgeber ein sozialversicherungspflichtiges Arbeitsverhältnis mit einer tarifvertraglichen oder ortsüblichen Entlohnung angeboten wird, erhalten mit Abschluss dieses Arbeitsvertrages als Leistungen zur Teilhabe am Arbeitsleben ein Budget für Arbeit.

(2) [1] Das Budget für Arbeit umfasst einen Lohnkostenzuschuss an den Arbeitgeber zum Ausgleich der Leistungsminderung des Beschäftigten und die Aufwendungen für die wegen der Behinderung erforderliche Anleitung und Begleitung am Arbeitsplatz. [2] Der Lohnkostenzuschuss beträgt bis zu 75 Prozent des vom Arbeitgeber regelmäßig gezahlten Arbeitsentgelts, höchstens jedoch 40 Prozent der monatlichen Bezugsgröße nach § 18 Absatz 1 des Vierten Buches. [3] Dauer und Umfang der Leistungen bestimmen sich nach den Umständen des Einzelfalles. [4] Durch Landesrecht kann von dem Prozentsatz der Bezugsgröße nach Satz 2 zweiter Halbsatz nach oben abgewichen werden.

(3) Ein Lohnkostenzuschuss ist ausgeschlossen, wenn zu vermuten ist, dass der Arbeitgeber die Beendigung eines anderen Beschäftigungsverhältnisses veranlasst hat, um durch die ersatzweise Einstellung eines Menschen mit Behinderungen den Lohnkostenzuschuss zu erhalten.

(4) Die am Arbeitsplatz wegen der Behinderung erforderliche Anleitung und Begleitung kann von mehreren Leistungsberechtigten gemeinsam in Anspruch genommen werden.

(5) Eine Verpflichtung des Leistungträgers, Leistungen zur Beschäftigung bei privaten oder öffentlichen Arbeitgebern zu ermöglichen, besteht nicht.

§ 61a Budget für Ausbildung. (1) Menschen mit Behinderungen, die Anspruch auf Leistungen nach § 57 oder § 58 haben und denen von einem privaten oder öffentlichen Arbeitgeber ein sozialversicherungspflichtiges Ausbildungsverhältnis in einem anerkannten Ausbildungsberuf oder in einem Ausbildungsgang nach § 66 des Berufsbildungsgesetzes[1] oder § 42r der Handwerksordnung[2] angeboten wird, erhalten mit Abschluss des Vertrages über dieses Ausbildungsverhältnis als Leistungen zur Teilhabe am Arbeitsleben ein Budget für Ausbildung.

(2) [1] Das Budget für Ausbildung umfasst

1. die Erstattung der angemessenen Ausbildungsvergütung einschließlich des Anteils des Arbeitgebers am Gesamtsozialversicherungsbeitrag und des Beitrags zur Unfallversicherung nach Maßgabe des Siebten Buches,

2. die Aufwendungen für die wegen der Behinderung erforderliche Anleitung und Begleitung am Ausbildungsplatz und in der Berufsschule sowie

3. die erforderlichen Fahrkosten.

---

[1] Nr. 13.
[2] Nr. 13a.

[2] Ist wegen Art oder Schwere der Behinderung der Besuch einer Berufsschule am Ort des Ausbildungsplatzes nicht möglich, so kann der schulische Teil der Ausbildung in Einrichtungen der beruflichen Rehabilitation erfolgen; die entstehenden Kosten werden ebenfalls vom Budget für Ausbildung gedeckt. [3] Vor dem Abschluss einer Vereinbarung mit einer Einrichtung der beruflichen Rehabilitation ist dem zuständigen Leistungsträger das Angebot mit konkreten Angaben zu den entstehenden Kosten zur Bewilligung vorzulegen.

(3) [1] Das Budget für Ausbildung wird erbracht, solange es erforderlich ist, längstens bis zum erfolgreichen Abschluss der Ausbildung. [2] Zeiten eines Budgets für Ausbildung werden auf die Dauer des Eingangsverfahrens und des Berufsbildungsbereiches in Werkstätten für behinderte Menschen nach § 57 Absatz 2 und 3 angerechnet, sofern der Mensch mit Behinderungen in der Werkstatt für behinderte Menschen oder bei einem anderen Leistungsanbieter seine berufliche Bildung in derselben Fachrichtung fortsetzt.

(4) Die wegen der Behinderung erforderliche Anleitung und Begleitung kann von mehreren Leistungsberechtigten gemeinsam in Anspruch genommen werden.

(5) [1] Die Bundesagentur für Arbeit soll den Menschen mit Behinderungen bei der Suche nach einem geeigneten Ausbildungsplatz im Sinne von Absatz 1 unterstützen. [2] Dies umfasst im Fall des Absatzes 2 Satz 4 auch die Unterstützung bei der Suche nach einer geeigneten Einrichtung der beruflichen Rehabilitation.

§ 62 Wahlrecht des Menschen mit Behinderungen. (1) Auf Wunsch des Menschen mit Behinderungen werden die Leistungen nach den §§ 57 und 58 von einer nach § 225 anerkannten Werkstatt für behinderte Menschen, von dieser zusammen mit einem oder mehreren anderen Leistungsanbietern oder von einem oder mehreren anderen Leistungsanbietern erbracht.

(2) Werden Teile einer Leistung im Verantwortungsbereich einer Werkstatt für behinderte Menschen oder eines anderen Leistungsanbieters erbracht, so bedarf die Leistungserbringung der Zustimmung des unmittelbar verantwortlichen Leistungsanbieters.

§ 63 Zuständigkeit nach den Leistungsgesetzen. (1) Die Leistungen im Eingangsverfahren und im Berufsbildungsbereich einer anerkannten Werkstatt für behinderte Menschen erbringen

1. die Bundesagentur für Arbeit, soweit nicht einer der in den Nummern 2 bis 4 genannten Träger zuständig ist,
2. die Träger der Unfallversicherung im Rahmen ihrer Zuständigkeit für durch Arbeitsunfälle Verletzte und von Berufskrankheiten Betroffene,
3. die Träger der Rentenversicherung unter den Voraussetzungen der §§ 11 bis 13 des Sechsten Buches[1] *[bis 31.12.2024: und]*

[Nr. 4 bis 31.12.2023:]
4. die Träger der Kriegsopferfürsorge unter den Voraussetzungen der §§ 26 und 26a des Bundesversorgungsgesetzes[2].

---

[1] Nr. **6.**
[2] Nr. **15.**

[Nr. 4 ab 1.1.2024:]

4. die Träger der Sozialen Entschädigung unter den Voraussetzungen der §§ 63 und 64 des Vierzehnten Buches[bis 31.12.2024: .]

(2) Die Leistungen im Arbeitsbereich einer anerkannten Werkstatt für behinderte Menschen erbringen

1. die Träger der Unfallversicherung im Rahmen ihrer Zuständigkeit für durch Arbeitsunfälle Verletzte und von Berufskrankheiten Betroffene,

[Nr. 2 bis 31.12.2023:]

2. die Träger der Kriegsopferfürsorge unter den Voraussetzungen des § 27d Absatz 1 Nummer 3 des Bundesversorgungsgesetzes[1)],

[Nr. 2 ab 1.1.2024:]

2. die Träger der Sozialen Entschädigung unter den Voraussetzungen des § 63 des Vierzehnten Buches,

3. die Träger der öffentlichen Jugendhilfe unter den Voraussetzungen des § 35a des Achten Buches[2)] und

4. im Übrigen die Träger der Eingliederungshilfe unter den Voraussetzungen des § 99.

(3) [1]Absatz 1 gilt auch für die Leistungen zur beruflichen Bildung bei einem anderen Leistungsanbieter sowie für die Leistung des Budgets für Ausbildung an Menschen mit Behinderungen, die Anspruch auf Leistungen nach § 57 haben. [2]Absatz 2 gilt auch für die Leistungen zur Beschäftigung bei einem anderen Leistungsanbieter, für die Leistung des Budgets für Ausbildung an Menschen mit Behinderungen, die Anspruch auf Leistungen nach § 58 haben und die keinen Anspruch auf Leistungen nach § 57 haben, sowie für die Leistung des Budgets für Arbeit.

Kapitel 11. Unterhaltssichernde und andere ergänzende Leistungen

§ 64 Ergänzende Leistungen. (1) Die Leistungen zur medizinischen Rehabilitation und zur Teilhabe am Arbeitsleben der in § 6 Absatz 1 Nummer 1 bis 5 genannten Rehabilitationsträger werden ergänzt durch

[Nr. 1 bis 31.12.2023:]

1. Krankengeld, Versorgungskrankengeld, Verletztengeld, Übergangsgeld, Ausbildungsgeld oder Unterhaltsbeihilfe,

[Nr. 1 ab 1.1.2024 bis 31.12.2024:]

1. Krankengeld, Krankengeld der Sozialen Entschädigung, Verletztengeld, Übergangsgeld, Ausbildungsgeld oder Unterhaltsbeihilfe,

2. Beiträge und Beitragszuschüsse

    a) zur Krankenversicherung nach Maßgabe des Fünften Buches[3)], des Zweiten Gesetzes über die Krankenversicherung der Landwirte sowie des Künstlersozialversicherungsgesetzes,

    b) zur Unfallversicherung nach Maßgabe des Siebten Buches[4)],

---

[1)] Nr. **15**.
[2)] Nr. **8**.
[3)] Auszugsweise abgedruckt unter Nr. **5**.
[4)] Auszugsweise abgedruckt unter Nr. **7**.

c) zur Rentenversicherung nach Maßgabe des Sechsten Buches[1] sowie des Künstlersozialversicherungsgesetzes,

d) zur Bundesagentur für Arbeit nach Maßgabe des Dritten Buches[2],

e) zur Pflegeversicherung nach Maßgabe des Elften Buches[3],

3. ärztlich verordneten Rehabilitationssport in Gruppen unter ärztlicher Betreuung und Überwachung, einschließlich Übungen für behinderte oder von Behinderung bedrohte Frauen und Mädchen, die der Stärkung des Selbstbewusstseins dienen,

4. ärztlich verordnetes Funktionstraining in Gruppen unter fachkundiger Anleitung und Überwachung,

5. Reisekosten sowie

6. Betriebs- oder Haushaltshilfe und Kinderbetreuungskosten.

(2) [1] Ist der Schutz von Menschen mit Behinderungen bei Krankheit oder Pflege während der Teilnahme an Leistungen zur Teilhabe am Arbeitsleben nicht anderweitig sichergestellt, können die Beiträge für eine freiwillige Krankenversicherung ohne Anspruch auf Krankengeld und zur Pflegeversicherung bei einem Träger der gesetzlichen Kranken- oder Pflegeversicherung oder, wenn dort im Einzelfall ein Schutz nicht gewährleistet ist, die Beiträge zu einem privaten Krankenversicherungsunternehmen erbracht werden. [2] Arbeitslose Teilnehmer an Leistungen zur medizinischen Rehabilitation können für die Dauer des Bezuges von Verletztengeld, Versorgungskrankengeld oder Übergangsgeld einen Zuschuss zu ihrem Beitrag für eine private Versicherung gegen Krankheit oder für die Pflegeversicherung erhalten. [3] Der Zuschuss wird nach § 174 Absatz 2 des Dritten Buches berechnet.

§ 65 Leistungen zum Lebensunterhalt. (1) Im Zusammenhang mit Leistungen zur medizinischen Rehabilitation leisten

1. Krankengeld: die gesetzlichen Krankenkassen nach Maßgabe der §§ 44 und 46 bis 51 des Fünften Buches und des § 8 Absatz 2 in Verbindung mit den §§ 12 und 13 des Zweiten Gesetzes über die Krankenversicherung der Landwirte,

2. Verletztengeld: die Träger der Unfallversicherung nach Maßgabe der §§ 45 bis 48, 52 und 55 des Siebten Buches,

3. Übergangsgeld: die Träger der Rentenversicherung nach Maßgabe dieses Buches und der §§ 20 und 21 des Sechsten Buches[4],

[Nr. 4 bis 31.12.2023:]

4. Versorgungskrankengeld: die Träger der Kriegsopferversorgung nach Maßgabe der §§ 16 bis 16h und 18a des Bundesversorgungsgesetzes[5].

[Nr. 4 ab 1.1.2024 bis 31.12.2024:]

4. die Träger der Sozialen Entschädigung Krankengeld der Sozialen Entschädigung nach Maßgabe des § 47 des Vierzehnten Buches.

(2) Im Zusammenhang mit Leistungen zur Teilhabe am Arbeitsleben leisten Übergangsgeld

---

[1] Auszugsweise abgedruckt unter Nr. **6**.

[2] Auszugsweise abgedruckt unter Nr. **4**.

[3] Auszugsweise abgedruckt unter Nr. **10**.

[4] Nr. **6**.

[5] Nr. **15**.

1. die Träger der Unfallversicherung nach Maßgabe dieses Buches und der §§ 49 bis 52 des Siebten Buches,
2. die Träger der Rentenversicherung nach Maßgabe dieses Buches und der §§ 20 und 21 des Sechsten Buches[1],
3. die Bundesagentur für Arbeit nach Maßgabe dieses Buches und der §§ 119 bis 121 des Dritten Buches[2],

[Nr. 4 bis 31.12.2023:]
4. die Träger der Kriegsopferfürsorge nach Maßgabe dieses Buches und des § 26a des Bundesversorgungsgesetzes[3].

[Nr. 4 ab 1.1.2024 bis 31.12.2024:]
4. die Träger der Sozialen Entschädigung nach Maßgabe dieses Buches und des § 64 des Vierzehnten Buches].

(3) Menschen mit Behinderungen oder von Behinderung bedrohte Menschen haben Anspruch auf Übergangsgeld wie bei Leistungen zur Teilhabe am Arbeitsleben für den Zeitraum, in dem die berufliche Eignung abgeklärt oder eine Arbeitserprobung durchgeführt wird (§ 49 Absatz 4 Satz 2) und sie wegen der Teilnahme an diesen Maßnahmen kein oder ein geringeres Arbeitsentgelt oder Arbeitseinkommen erzielen.

(4) Der Anspruch auf Übergangsgeld ruht, solange die Leistungsempfängerin einen Anspruch auf Mutterschaftsgeld hat; § 52 Nummer 2 des Siebten Buches bleibt unberührt.

(5) Während der Ausführung von Leistungen zur erstmaligen beruflichen Ausbildung von Menschen mit Behinderungen, berufsvorbereitenden Bildungsmaßnahmen und Leistungen zur individuellen betrieblichen Qualifizierung im Rahmen Unterstützter Beschäftigung sowie im Eingangsverfahren und im Berufsbildungsbereich von anerkannten Werkstätten für behinderte Menschen und anderen Leistungsanbietern leisten

1. die Bundesagentur für Arbeit Ausbildungsgeld nach Maßgabe der §§ 122 bis 126 des Dritten Buches[2] und

[Nr. 2 bis 31.12.2023:]
2. die Träger der Kriegsopferfürsorge Unterhaltsbeihilfe unter den Voraussetzungen der §§ 26 und 26a des Bundesversorgungsgesetzes[3].

[Nr. 2 ab 1.1.2024:]
2. die Träger der Sozialen Entschädigung Unterhaltsbeihilfe unter den Voraussetzungen des § 64 des Vierzehnten Buches.

[Abs. 6 bis 31.12.2023:]
(6) Die Träger der Kriegsopferfürsorge leisten in den Fällen des § 27d Absatz 1 Nummer 3 des Bundesversorgungsgesetzes[3] ergänzende Hilfe zum Lebensunterhalt nach § 27a des Bundesversorgungsgesetzes[3].

[Abs. 6 ab 1.1.2024 bis 31.12.2024:]
(6) Das Krankengeld, das Krankengeld der Sozialen Entschädigung, das Verletztengeld und das Übergangsgeld werden für Kalendertage gezahlt; wird die Leistung für einen ganzen Kalendermonat gezahlt, so wird dieser mit 30 Tagen angesetzt.

---

[1] Nr. **6**.
[2] Nr. **4**.
[3] Nr. **15**.

[Abs. 7 bis 31.12.2023:]

(7) Das Krankengeld, das Versorgungskrankengeld, das Verletztengeld und das Übergangsgeld werden für Kalendertage gezahlt; wird die Leistung für einen ganzen Kalendermonat gezahlt, so wird dieser mit 30 Tagen angesetzt.

§ 66 Höhe und Berechnung des Übergangsgelds. (1) [1]Der Berechnung des Übergangsgelds werden 80 Prozent des erzielten regelmäßigen Arbeitsentgelts und Arbeitseinkommens, soweit es der Beitragsberechnung unterliegt (Regelentgelt), zugrunde gelegt, höchstens jedoch das in entsprechender Anwendung des § 67 berechnete Nettoarbeitsentgelt; als Obergrenze gilt die für den Rehabilitationsträger jeweils geltende Beitragsbemessungsgrenze. [2]Bei der Berechnung des Regelentgelts und des Nettoarbeitsentgelts werden die für die jeweilige Beitragsbemessung und Beitragstragung geltenden Besonderheiten des Übergangsbereichs nach § 20 Absatz 2 des Vierten Buches nicht berücksichtigt. [3]Das Übergangsgeld beträgt

1. 75 Prozent der Berechnungsgrundlage für Leistungsempfänger,

   a) die mindestens ein Kind im Sinne des § 32 Absatz 1, 3 bis 5 des Einkommensteuergesetzes haben,

   b) die ein Stiefkind (§ 56 Absatz 2 Nummer 1 des Ersten Buches) in ihren Haushalt aufgenommen haben oder

   c) deren Ehegatten oder Lebenspartner, mit denen sie in häuslicher Gemeinschaft leben, eine Erwerbstätigkeit nicht ausüben können, weil sie die Leistungsempfänger pflegen oder selbst der Pflege bedürfen und keinen Anspruch auf Leistungen aus der Pflegeversicherung haben,

2. 68 Prozent der Berechnungsgrundlage für die übrigen Leistungsempfänger.

[4]Leisten Träger der *[bis 31.12.2023:* Kriegsopferfürsorge*][ab 1.1.2024: Sozialen Entschädigung nach dem Vierzehnten Buch]* Übergangsgeld, beträgt das Übergangsgeld 80 Prozent der Berechnungsgrundlage, wenn die Leistungsempfänger eine der Voraussetzungen von Satz 3 Nummer 1 erfüllen, und im Übrigen 70 Prozent der Berechnungsgrundlage.

(2) [1]Das Nettoarbeitsentgelt nach Absatz 1 Satz 1 berechnet sich, indem der Anteil am Nettoarbeitsentgelt, der sich aus dem kalendertäglichen Hinzurechnungsbetrag nach § 67 Absatz 1 Satz 6 ergibt, mit dem Prozentsatz angesetzt wird, der sich aus dem Verhältnis des kalendertäglichen Regelentgeltbetrages nach § 67 Absatz 1 Satz 1 bis 5 zu dem sich aus diesem Regelentgeltbetrag ergebenden Nettoarbeitsentgelt ergibt. [2]Das kalendertägliche Übergangsgeld darf das kalendertägliche Nettoarbeitsentgelt, das sich aus dem Arbeitsentgelt nach § 67 Absatz 1 Satz 1 bis 5 ergibt, nicht übersteigen.

§ 67 Berechnung des Regelentgelts. (1) [1]Für die Berechnung des Regelentgelts wird das von den Leistungsempfängern im letzten vor Beginn der Leistung oder einer vorangegangenen Arbeitsunfähigkeit abgerechneten Entgeltabrechnungszeitraum, mindestens das während der letzten abgerechneten vier Wochen (Bemessungszeitraum) erzielte und um einmalig gezahltes Arbeitsentgelt verminderte Arbeitsentgelt durch die Zahl der Stunden geteilt, für die es gezahlt wurde. [2]Das Ergebnis wird mit der Zahl der sich aus dem Inhalt des Arbeitsverhältnisses ergebenden regelmäßigen wöchentlichen Arbeitsstunden vervielfacht und durch sieben geteilt. [3]Ist das Arbeitsentgelt nach Monaten bemessen oder ist eine Berechnung des Regelentgelts nach den Sätzen 1 und 2 nicht möglich, gilt der 30. Teil des in dem letzten vor Beginn der Leistung abgerechneten Kalendermonat erzielten und um einmalig gezahltes Arbeitsentgelt verminderten Arbeitsentgelts als Regelentgelt. [4]Wird mit einer Arbeitsleistung Arbeitsentgelt erzielt, das für Zeiten einer Freistellung vor oder nach dieser Arbeitsleistung fällig wird (Wertguthaben nach § 7b des Vierten Buches), ist für die Berechnung des Regelentgelts das im Bemessungszeitraum der Beitragsberechnung zugrunde liegende und um einmalig gezahltes Arbeitsentgelt verminderte Arbeitsentgelt maßgebend; Wertguthaben, die nicht nach einer Vereinbarung über flexible Arbeitszeitregelungen verwendet werden (§ 23b Absatz 2 des Vierten Buches), bleiben außer Betracht. [5]Bei der Anwendung des Satzes 1 gilt als regelmäßige wöchentliche Arbeitszeit die Arbeitszeit, die dem gezahlten Arbeitsentgelt entspricht. [6]Für die Berechnung des Regelentgelts wird der 360.Teil des einmalig gezahlten Arbeitsentgelts, das in den letzten zwölf Kalendermonaten vor Beginn der Leistung nach § 23a des Vierten Buches der Beitragsberechnung zugrunde gelegen hat, dem nach den Sätzen 1 bis 5 berechneten Arbeitsentgelt hinzugerechnet.

(2) Bei Teilarbeitslosigkeit ist für die Berechnung das Arbeitsentgelt maßgebend, das in der infolge der Teilarbeitslosigkeit nicht mehr ausgeübten Beschäftigung erzielt wurde.

(3) Für Leistungsempfänger, die Kurzarbeitergeld bezogen haben, wird das regelmäßige Arbeitsentgelt zugrunde gelegt, das zuletzt vor dem Arbeitsausfall erzielt wurde.

(4) Das Regelentgelt wird bis zur Höhe der für den Rehabilitationsträger jeweils geltenden Leistungs- oder Beitragsbemessungsgrenze berücksichtigt, in der Rentenversicherung bis zur Höhe des der Beitragsbemessung zugrunde liegenden Entgelts.

(5) Für Leistungsempfänger, die im Inland nicht einkommensteuerpflichtig sind, werden für die Feststellung des entgangenen Nettoarbeitsentgelts die Steuern berücksichtigt, die bei einer Steuerpflicht im Inland durch Abzug vom Arbeitsentgelt erhoben würden.

§ 68 Berechnungsgrundlage in Sonderfällen. (1) Für die Berechnung des Übergangsgeldes während des Bezuges von Leistungen zur Teilhabe am Arbeitsleben werden 65 Prozent eines fiktiven Arbeitsentgelts zugrunde gelegt, wenn

1. die Berechnung nach den §§ 66 und 67 zu einem geringeren Betrag führt,

2. Arbeitsentgelt oder Arbeitseinkommen nicht erzielt worden ist oder

3. der letzte Tag des Bemessungszeitraums bei Beginn der Leistungen länger als drei Jahre zurückliegt.

(2) [1]Für die Festsetzung des fiktiven Arbeitsentgelts ist der Leistungsempfänger der Qualifikationsgruppe zuzuordnen, die seiner beruflichen Qualifikation entspricht. [2]Dafür gilt folgende Zuordnung:

1. für eine Hochschul- oder Fachhochschulausbildung (Qualifikationsgruppe 1) ein Arbeitsentgelt in Höhe von einem Dreihundertstel der Bezugsgröße,

2. für einen Fachschulabschluss, den Nachweis über eine abgeschlossene Qualifikation als Meisterin oder Meister oder einen Abschluss in einer vergleichbaren Einrichtung (Qualifikationsgruppe 2) ein Arbeitsentgelt in Höhe von einem Dreihundertsechzigstel der Bezugsgröße,

3. für eine abgeschlossene Ausbildung in einem Ausbildungsberuf (Qualifikationsgruppe 3) ein Arbeitsentgelt in Höhe von einem Vierhundertfünfzigstel der Bezugsgröße und

[Nr. 4 bis 30.9.2022:]

4. bei einer fehlenden Ausbildung (Qualifikationsgruppe 4) ein Arbeitsentgelt in Höhe von einem Sechshundertstel der Bezugsgröße.

[Nr. 4 ab 1.10.2022:]

4. bei einer fehlenden Ausbildung (Qualifikationsgruppe 4) ein Arbeitsentgelt in Höhe von einem Sechshundertstel der Bezugsgröße, mindestens jedoch ein Arbeitsentgelt in Höhe des Betrages, der sich ergibt, wenn der Mindestlohn je Zeitstunde nach § 1 Absatz 2 Satz 1 des Mindestlohngesetzes in Verbindung mit der auf der Grundlage des § 11 Absatz 1 Satz 1 des Mindestlohngesetzes jeweils erlassenen Verordnung mit einem Siebtel der tariflichen regelmäßigen wöchentlichen Arbeitszeit, die für Tarifbeschäftigte im öffentlichen Dienst des Bundes gilt, vervielfacht wird.

[3] Maßgebend ist die Bezugsgröße, die für den Wohnsitz oder für den gewöhnlichen Aufenthaltsort der Leistungsempfänger im letzten Kalendermonat vor dem Beginn der Leistung gilt.

§ 69 Kontinuität der Bemessungsgrundlage. Haben Leistungsempfänger Krankengeld, Verletztengeld, *[bis 31.12.2023:* Versorgungskrankengeld*][von 1.1.2024 bis 31.12.2024: Krankengeld der Sozialen Entschädigung]* oder Übergangsgeld bezogen und wird im Anschluss daran eine Leistung zur medizinischen Rehabilitation oder zur Teilhabe am Arbeitsleben ausgeführt, so wird bei der Berechnung der diese Leistungen ergänzenden Leistung zum Lebensunterhalt von dem bisher zugrunde gelegten Arbeitsentgelt ausgegangen; es gilt die für den Rehabilitationsträger jeweils geltende Beitragsbemessungsgrenze.

§ 70 Anpassung der Entgeltersatzleistungen. (1) Die Berechnungsgrundlage, die dem Krankengeld, dem *[bis 31.12.2023:* Versorgungskrankengeld*][ab 1.1.2024: Krankengeld der Sozialen Entschädigung]*, *[bis 31.12.2024:* dem Verletztengeld*]* und dem Übergangsgeld zugrunde liegt, wird jeweils nach Ablauf eines Jahres ab dem Ende des Bemessungszeitraums an die Entwicklung der Bruttoarbeitsentgelte angepasst und zwar entsprechend der Veränderung der Bruttolöhne und -gehälter je Arbeitnehmer (§ 68 Absatz 2 Satz 1 des Sechsten Buches) vom vorvergangenen zum vergangenen Kalenderjahr.

(2) Der Anpassungsfaktor wird errechnet, indem die Bruttolöhne und -gehälter je Arbeitnehmer für das vergangene Kalenderjahr durch die entsprechenden Bruttolöhne und -gehälter für das vorvergangene Kalenderjahr geteilt werden; § 68 Absatz 7 und § 121 Absatz 1 des Sechsten Buches gelten entsprechend.

(3) Eine Anpassung nach Absatz 1 erfolgt, wenn der nach Absatz 2 berechnete Anpassungsfaktor den Wert 1,0000 überschreitet.

(4) Das Bundesministerium für Arbeit und Soziales gibt jeweils zum 30. Juni eines Kalenderjahres den Anpassungsfaktor, der für die folgenden zwölf Monate maßgebend ist, im Bundesanzeiger bekannt[1].

---

[1] Siehe hierzu für das Jahr 2020 die Bek. des Anpassungsfaktors für die Anpassung der dem Krankengeld, Versorgungskrankengeld, Verletztengeld und Übergangsgeld zugrundeliegenden Berechnungsgrundlage gemäß § 70 Absatz 4 SGB IX. v. 1.4.2020 (BAnz AT 30.06.2020 B5).

§ 71 Weiterzahlung der Leistungen. (1) [1]Sind nach Abschluss von Leistungen zur medizinischen Rehabilitation oder von Leistungen zur Teilhabe am Arbeitsleben weitere Leistungen zur Teilhabe am Arbeitsleben erforderlich, während derer dem Grunde nach Anspruch auf Übergangsgeld besteht, und können diese Leistungen aus Gründen, die die Leistungsempfänger nicht zu vertreten haben, nicht unmittelbar anschließend durchgeführt werden, werden das Verletztengeld, das *[bis 31.12.2023:* Versorgungskrankengeld*][von 1.1.2024 bis 31.12.2024: Krankengeld der Sozialen Entschädigung]* oder das Übergangsgeld für diese Zeit weitergezahlt. [2]Voraussetzung für die Weiterzahlung ist, dass

1. die Leistungsempfänger arbeitsunfähig sind und keinen Anspruch auf Krankengeld mehr haben oder

2. den Leistungsempfängern eine zumutbare Beschäftigung aus Gründen, die sie nicht zu vertreten haben, nicht vermittelt werden kann.

(2) [1]Leistungsempfänger haben die Verzögerung von Weiterzahlungen insbesondere dann zu vertreten, wenn sie zumutbare Angebote von Leistungen zur Teilhabe am Arbeitsleben nur deshalb ablehnen, weil die Leistungen in größerer Entfernung zu ihren Wohnorten angeboten werden. [2]Für die Beurteilung der Zumutbarkeit ist § 140 Absatz 4 des Dritten Buches entsprechend anzuwenden.

(3) Können Leistungsempfänger Leistungen zur Teilhabe am Arbeitsleben allein aus gesundheitlichen Gründen nicht mehr, aber voraussichtlich wieder in Anspruch nehmen, werden Übergangsgeld und Unterhaltsbeihilfe bis zum Ende dieser Leistungen, höchstens bis zu sechs Wochen weitergezahlt.

(4) [1]Sind die Leistungsempfänger im Anschluss an eine abgeschlossene Leistung zur Teilhabe am Arbeitsleben arbeitslos, werden Übergangsgeld und Unterhaltsbeihilfe während der Arbeitslosigkeit bis zu drei Monate weitergezahlt, wenn sie sich bei der Agentur für Arbeit arbeitslos gemeldet haben und einen Anspruch auf Arbeitslosengeld von mindestens drei Monaten nicht geltend machen können; die Anspruchsdauer von drei Monaten vermindert sich um die Anzahl von Tagen, für die Leistungsempfänger im Anschluss an eine abgeschlossene Leistung zur Teilhabe am Arbeitsleben einen Anspruch auf Arbeitslosengeld geltend machen können. [2]In diesem Fall beträgt das Übergangsgeld

1. 67 Prozent bei Leistungsempfängern, bei denen die Voraussetzungen des erhöhten Bemessungssatzes nach § 66 Absatz 1 Satz 3 Nummer 1 vorliegen und

2. 60 Prozent bei den übrigen Leistungsempfängern,

des sich aus § 66 Absatz 1 Satz 1 oder § 68 ergebenden Betrages.

(5) Ist im unmittelbaren Anschluss an Leistungen zur medizinischen Rehabilitation eine stufenweise Wiedereingliederung (§ 44) erforderlich, wird das Übergangsgeld bis zum Ende der Wiedereingliederung weitergezahlt.

§ 72 Einkommensanrechnung. (1) Auf das Übergangsgeld der Rehabilitationsträger nach § 6 Absatz 1 Nummer 2, 4 und 5 wird Folgendes angerechnet:

1. Erwerbseinkommen aus einer Beschäftigung oder einer während des Anspruchs auf Übergangsgeld ausgeübten Tätigkeit, das bei Beschäftigten um die gesetzlichen Abzüge und um einmalig gezahltes Arbeitsentgelt und bei sonstigen Leistungsempfängern um 20 Prozent zu vermindern ist,

2. Leistungen des Arbeitgebers zum Übergangsgeld, soweit sie zusammen mit dem Übergangsgeld das vor Beginn der Leistung erzielte, um die gesetzlichen Abzüge verminderte Arbeitsentgelt übersteigen,

3. Geldleistungen, die eine öffentlich-rechtliche Stelle im Zusammenhang mit einer Leistung zur medizinischen Rehabilitation oder einer Leistung zur Teilhabe am Arbeitsleben erbringt,

4. Renten wegen verminderter Erwerbsfähigkeit oder Verletztenrenten in Höhe des sich aus § 18a Absatz 3 Satz 1 Nummer 4 des Vierten Buches ergebenden Betrages, wenn sich die Minderung der Erwerbsfähigkeit auf die Höhe der Berechnungsgrundlage für das Übergangsgeld nicht ausgewirkt hat,

5. Renten wegen verminderter Erwerbsfähigkeit, die aus demselben Anlass wie die Leistungen zur Teilhabe erbracht werden, wenn durch die Anrechnung eine unbillige Doppelleistung vermieden wird,

6. Renten wegen Alters, die bei der Berechnung des Übergangsgeldes aus einem Teilarbeitsentgelt nicht berücksichtigt wurden,

7. Verletztengeld nach den Vorschriften des Siebten Buches[1] und

8. vergleichbare Leistungen nach den Nummern 1 bis 7, die von einer Stelle außerhalb des Geltungsbereichs dieses Gesetzbuchs erbracht werden.

(2) Bei der Anrechnung von Verletztenrenten mit Kinderzulage und von Renten wegen verminderter Erwerbsfähigkeit mit Kinderzuschuss auf das Übergangsgeld bleibt ein Betrag in Höhe des Kindergeldes nach § 66 des Einkommensteuergesetzes oder § 6 des Bundeskindergeldgesetzes außer Ansatz.

(3) Wird ein Anspruch auf Leistungen, um die das Übergangsgeld nach Absatz 1 Nummer 3 zu kürzen wäre, nicht erfüllt, geht der Anspruch insoweit mit Zahlung des Übergangsgeldes auf den Rehabilitationsträger über; die §§ 104 und 115 des Zehnten Buches bleiben unberührt.

§ 73 Reisekosten. (1) [1] Als Reisekosten werden die erforderlichen Fahr-, Verpflegungs- und Übernachtungskosten übernommen, die im Zusammenhang mit der Ausführung einer Leistung zur medizinischen Rehabilitation oder zur Teilhabe am Arbeitsleben stehen. [2] Zu den Reisekosten gehören auch die Kosten

1. für besondere Beförderungsmittel, deren Inanspruchnahme wegen der Art oder Schwere der Behinderung erforderlich ist,

2. für eine wegen der Behinderung erforderliche Begleitperson einschließlich des für die Zeit der Begleitung entstehenden Verdienstausfalls,

3. für Kinder, deren Mitnahme an den Rehabilitationsort erforderlich ist, weil ihre anderweitige Betreuung nicht sichergestellt ist sowie

4. für den erforderlichen Gepäcktransport.

(2) [1] Während der Ausführung von Leistungen zur Teilhabe am Arbeitsleben werden im Regelfall auch Reisekosten für zwei Familienheimfahrten je Monat übernommen. [2] Anstelle der Kosten für die Familienheimfahrten können für Fahrten von Angehörigen vom Wohnort zum Aufenthaltsort der Leistungsempfänger und zurück Reisekosten übernommen werden.

---

[1] Auszugsweise abgedruckt unter Nr. **7**.

(3) Reisekosten nach Absatz 2 werden auch im Zusammenhang mit Leistungen zur medizinischen Rehabilitation übernommen, wenn die Leistungen länger als acht Wochen erbracht werden.

(4) [1]Fahrkosten werden in Höhe des Betrages zugrunde gelegt, der bei Benutzung eines regelmäßig verkehrenden öffentlichen Verkehrsmittels der niedrigsten Beförderungsklasse des zweckmäßigsten öffentlichen Verkehrsmittels zu zahlen ist, bei Benutzung sonstiger Verkehrsmittel in Höhe der Wegstreckenentschädigung nach § 5 Absatz 1 des Bundesreisekostengesetzes. [2]Bei Fahrpreiserhöhungen, die nicht geringfügig sind, hat auf Antrag des Leistungsempfängers eine Anpassung der Fahrkostenentschädigung zu erfolgen, wenn die Maßnahme noch mindestens zwei weitere Monate andauert. [3]Kosten für Pendelfahrten können nur bis zur Höhe des Betrages übernommen werden, der unter Berücksichtigung von Art und Schwere der Behinderung bei einer zumutbaren auswärtigen Unterbringung für Unterbringung und Verpflegung zu leisten wäre.

§ 74 Haushalts- oder Betriebshilfe und Kinderbetreuungskosten.

(1) [1]Haushaltshilfe wird geleistet, wenn

1. den Leistungsempfängern wegen der Ausführung einer Leistung zur medizinischen Rehabilitation oder einer Leistung zur Teilhabe am Arbeitsleben die Weiterführung des Haushalts nicht möglich ist,
2. eine andere im Haushalt lebende Person den Haushalt nicht weiterführen kann und
3. im Haushalt ein Kind lebt, das bei Beginn der Haushaltshilfe noch nicht zwölf Jahre alt ist oder wenn das Kind eine Behinderung hat und auf Hilfe angewiesen ist.

[2]§ 38 Absatz 4 des Fünften Buches[1]) gilt entsprechend.

(2) Anstelle der Haushaltshilfe werden auf Antrag des Leistungsempfängers die Kosten für die Mitnahme oder für die anderweitige Unterbringung des Kindes bis zur Höhe der Kosten der sonst zu erbringenden Haushaltshilfe übernommen, wenn die Unterbringung und Betreuung des Kindes in dieser Weise sichergestellt ist.

(3) [1]Kosten für die Kinderbetreuung des Leistungsempfängers können bis zu einem Betrag von 160 Euro je Kind und Monat übernommen werden, wenn die Kosten durch die Ausführung einer Leistung zur medizinischen Rehabilitation oder zur Teilhabe am Arbeitsleben unvermeidbar sind. [2]Es werden neben den Leistungen zur Kinderbetreuung keine Leistungen nach den Absätzen 1 und 2 erbracht. [3]Der in Satz 1 genannte Betrag erhöht sich entsprechend der Veränderung der Bezugsgröße nach § 18 Absatz 1 des Vierten Buches; § 160 Absatz 3 Satz 2 bis 5 gilt entsprechend.

(4) Abweichend von den Absätzen 1 bis 3 erbringen die landwirtschaftliche Alterskasse und die landwirtschaftliche Krankenkasse Betriebs- und Haushaltshilfe nach den §§ 10 und 36 des Gesetzes über die Alterssicherung der Landwirte und nach den §§ 9 und 10 des Zweiten Gesetzes über die Krankenversicherung der Landwirte, die landwirtschaftliche Berufsgenossenschaft für die bei ihr versicherten landwirtschaftlichen Unternehmer und im Unternehmen mitarbeitenden Ehegatten nach den §§ 54 und 55 des Siebten Buches.

---

[1]) Nr. 5.

Kapitel 12. Leistungen zur Teilhabe an Bildung

§ 75 Leistungen zur Teilhabe an Bildung. (1) Zur Teilhabe an Bildung werden unterstützende Leistungen erbracht, die erforderlich sind, damit Menschen mit Behinderungen Bildungsangebote gleichberechtigt wahrnehmen können.

(2) ¹Die Leistungen umfassen insbesondere

1. Hilfen zur Schulbildung, insbesondere im Rahmen der Schulpflicht einschließlich der Vorbereitung hierzu,

2. Hilfen zur schulischen Berufsausbildung,

3. Hilfen zur Hochschulbildung und

4. Hilfen zur schulischen und hochschulischen beruflichen Weiterbildung.

²Die Rehabilitationsträger nach § 6 Absatz 1 Nummer 3 erbringen ihre Leistungen unter den Voraussetzungen und im Umfang der Bestimmungen des Siebten Buches¹⁾ als Leistungen zur Teilhabe am Arbeitsleben oder zur Teilhabe am Leben in der Gemeinschaft.

Kapitel 13. Soziale Teilhabe

§ 76 Leistungen zur Sozialen Teilhabe. (1) ¹Leistungen zur Sozialen Teilhabe werden erbracht, um eine gleichberechtigte Teilhabe am Leben in der Gemeinschaft zu ermöglichen oder zu erleichtern, soweit sie nicht nach den Kapiteln 9 bis 12 erbracht werden. ²Hierzu gehört, Leistungsberechtigte zu einer möglichst selbstbestimmten und eigenverantwortlichen Lebensführung im eigenen Wohnraum sowie in ihrem Sozialraum zu befähigen oder sie hierbei zu unterstützen. ³Maßgeblich sind die Ermittlungen und Feststellungen nach den Kapiteln 3 und 4.

(2) Leistungen zur Sozialen Teilhabe sind insbesondere

1. Leistungen für Wohnraum,

2. Assistenzleistungen,

3. heilpädagogische Leistungen,

4. Leistungen zur Betreuung in einer Pflegefamilie,

5. Leistungen zum Erwerb und Erhalt praktischer Kenntnisse und Fähigkeiten,

6. Leistungen zur Förderung der Verständigung,

7. Leistungen zur Mobilität und

8. Hilfsmittel.

§ 77 Leistungen für Wohnraum. (1) ¹Leistungen für Wohnraum werden erbracht, um Leistungsberechtigten zu Wohnraum zu verhelfen, der zur Führung eines möglichst selbstbestimmten, eigenverantwortlichen Lebens geeignet ist. ²Die Leistungen umfassen Leistungen für die Beschaffung, den Umbau, die Ausstattung und die Erhaltung von Wohnraum, der den besonderen Bedürfnissen von Menschen mit Behinderungen entspricht.

(2) Aufwendungen für Wohnraum oberhalb der Angemessenheitsgrenze nach § 42a des Zwölften Buches sind zu erstatten, soweit wegen des Umfangs von Assistenzleistungen ein gesteigerter Wohnraumbedarf besteht.

---

¹⁾ Auszugsweise abgedruckt unter Nr. 7.

§ 78 Assistenzleistungen. (1) [1] Zur selbstbestimmten und eigenständigen Bewältigung des Alltages einschließlich der Tagesstrukturierung werden Leistungen für Assistenz erbracht. [2] Sie umfassen insbesondere Leistungen für die allgemeinen Erledigungen des Alltags wie die Haushaltsführung, die Gestaltung sozialer Beziehungen, die persönliche Lebensplanung, die Teilhabe am gemeinschaftlichen und kulturellen Leben, die Freizeitgestaltung einschließlich sportlicher Aktivitäten sowie die Sicherstellung der Wirksamkeit der ärztlichen und ärztlich verordneten Leistungen. [3] Sie beinhalten die Verständigung mit der Umwelt in diesen Bereichen.

(2) [1] Die Leistungsberechtigten entscheiden auf der Grundlage des Teilhabeplans nach § 19 über die konkrete Gestaltung der Leistungen hinsichtlich Ablauf, Ort und Zeitpunkt der Inanspruchnahme. [2] Die Leistungen umfassen

1. die vollständige und teilweise Übernahme von Handlungen zur Alltagsbewältigung sowie die Begleitung der Leistungsberechtigten und

2. die Befähigung der Leistungsberechtigten zu einer eigenständigen Alltagsbewältigung.

[3] Die Leistungen nach Nummer 2 werden von Fachkräften als qualifizierte Assistenz erbracht. [4] Sie umfassen insbesondere die Anleitungen und Übungen in den Bereichen nach Absatz 1 Satz 2.

(3) Die Leistungen für Assistenz nach Absatz 1 umfassen auch Leistungen an Mütter und Väter mit Behinderungen bei der Versorgung und Betreuung ihrer Kinder.

(4) Sind mit der Assistenz nach Absatz 1 notwendige Fahrkosten oder weitere Aufwendungen des Assistenzgebers, die nach den Besonderheiten des Einzelfalles notwendig sind, verbunden, werden diese als ergänzende Leistungen erbracht.

(5) [1] Leistungsberechtigten Personen, die ein Ehrenamt ausüben, sind angemessene Aufwendungen für eine notwendige Unterstützung zu erstatten, soweit die Unterstützung nicht zumutbar unentgeltlich erbracht werden kann. [2] Die notwendige Unterstützung soll hierbei vorrangig im Rahmen familiärer, freundschaftlicher, nachbarschaftlicher oder ähnlich persönlicher Beziehungen erbracht werden.

(6) Leistungen zur Erreichbarkeit einer Ansprechperson unabhängig von einer konkreten Inanspruchnahme werden erbracht, soweit dies nach den Besonderheiten des Einzelfalles erforderlich ist.

§ 79 Heilpädagogische Leistungen. (1) [1] Heilpädagogische Leistungen werden an noch nicht eingeschulte Kinder erbracht, wenn nach fachlicher Erkenntnis zu erwarten ist, dass hierdurch

1. eine drohende Behinderung abgewendet oder der fortschreitende Verlauf einer Behinderung verlangsamt wird oder

2. die Folgen einer Behinderung beseitigt oder gemildert werden können.

[2] Heilpädagogische Leistungen werden immer an schwerstbehinderte und schwerstmehrfachbehinderte Kinder, die noch nicht eingeschult sind, erbracht.

(2) Heilpädagogische Leistungen umfassen alle Maßnahmen, die zur Entwicklung des Kindes und zur Entfaltung seiner Persönlichkeit beitragen, einschließlich der jeweils erforderlichen nichtärztlichen therapeutischen, psychologischen, sonderpädagogischen, psychosozialen Leistungen und der Beratung

der Erziehungsberechtigten, soweit die Leistungen nicht von § 46 Absatz 1 erfasst sind.

(3) [1]In Verbindung mit Leistungen zur Früherkennung und Frühförderung nach § 46 Absatz 3 werden heilpädagogische Leistungen als Komplexleistung erbracht. [2]Die Vorschriften der Verordnung zur Früherkennung und Frühförderung behinderter und von Behinderung bedrohter Kinder finden Anwendung. [3]In Verbindung mit schulvorbereitenden Maßnahmen der Schulträger werden die Leistungen ebenfalls als Komplexleistung erbracht.

§ 80 Leistungen zur Betreuung in einer Pflegefamilie. [1]Leistungen zur Betreuung in einer Pflegefamilie werden erbracht, um Leistungsberechtigten die Betreuung in einer anderen Familie als der Herkunftsfamilie durch eine geeignete Pflegeperson zu ermöglichen. [2]Bei minderjährigen Leistungsberechtigten bedarf die Pflegeperson der Erlaubnis nach § 44 des Achten Buches. [3]Bei volljährigen Leistungsberechtigten gilt § 44 des Achten Buches entsprechend. [4]Die Regelungen über Verträge mit Leistungserbringern bleiben unberührt.

§ 81 Leistungen zum Erwerb und Erhalt praktischer Kenntnisse und Fähigkeiten. [1]Leistungen zum Erwerb und Erhalt praktischer Kenntnisse und Fähigkeiten werden erbracht, um Leistungsberechtigten die für sie erreichbare Teilhabe am Leben in der Gemeinschaft zu ermöglichen. [2]Die Leistungen sind insbesondere darauf gerichtet, die Leistungsberechtigten in Fördergruppen und Schulungen oder ähnlichen Maßnahmen zur Vornahme lebenspraktischer Handlungen einschließlich hauswirtschaftlicher Tätigkeiten zu befähigen, sie auf die Teilhabe am Arbeitsleben vorzubereiten, ihre Sprache und Kommunikation zu verbessern und sie zu befähigen, sich ohne fremde Hilfe sicher im Verkehr zu bewegen. [3]Die Leistungen umfassen auch die blindentechnische Grundausbildung.

§ 82 Leistungen zur Förderung der Verständigung. [1]Leistungen zur Förderung der Verständigung werden erbracht, um Leistungsberechtigten mit Hör- und Sprachbehinderungen die Verständigung mit der Umwelt aus besonderem Anlass zu ermöglichen oder zu erleichtern. [2]Die Leistungen umfassen insbesondere Hilfen durch Gebärdensprachdolmetscher und andere geeignete Kommunikationshilfen. [3]§ 17 Absatz 2 des Ersten Buches[1]) bleibt unberührt.

§ 83 Leistungen zur Mobilität. (1) Leistungen zur Mobilität umfassen

1. Leistungen zur Beförderung, insbesondere durch einen Beförderungsdienst, und

2. Leistungen für ein Kraftfahrzeug.

(2) [1]Leistungen nach Absatz 1 erhalten Leistungsberechtigte nach § 2, denen die Nutzung öffentlicher Verkehrsmittel auf Grund der Art und Schwere ihrer Behinderung nicht zumutbar ist. [2]Leistungen nach Absatz 1 Nummer 2 werden nur erbracht, wenn die Leistungsberechtigten das Kraftfahrzeug führen können oder gewährleistet ist, dass ein Dritter das Kraftfahrzeug für sie führt und Leistungen nach Absatz 1 Nummer 1 nicht zumutbar oder wirtschaftlich sind.

(3) [1]Die Leistungen nach Absatz 1 Nummer 2 umfassen Leistungen

---

[1]) Nr. 3.

1. zur Beschaffung eines Kraftfahrzeugs,
2. für die erforderliche Zusatzausstattung,
3. zur Erlangung der Fahrerlaubnis,
4. zur Instandhaltung und
5. für die mit dem Betrieb des Kraftfahrzeugs verbundenen Kosten.

[2] Die Bemessung der Leistungen orientiert sich an der Kraftfahrzeughilfe-Verordnung[1]).

(4) Sind die Leistungsberechtigten minderjährig, umfassen die Leistungen nach Absatz 1 Nummer 2 den wegen der Behinderung erforderlichen Mehraufwand bei der Beschaffung des Kraftfahrzeugs sowie Leistungen nach Absatz 3 Nummer 2.

§ 84 Hilfsmittel. (1) [1] Die Leistungen umfassen Hilfsmittel, die erforderlich sind, um eine durch die Behinderung bestehende Einschränkung einer gleichberechtigten Teilhabe am Leben in der Gemeinschaft auszugleichen. [2] Hierzu gehören insbesondere barrierefreie Computer.

(2) Die Leistungen umfassen auch eine notwendige Unterweisung im Gebrauch der Hilfsmittel sowie deren notwendige Instandhaltung oder Änderung.

(3) Soweit es im Einzelfall erforderlich ist, werden Leistungen für eine Doppelausstattung erbracht.

Kapitel 14. Beteiligung der Verbände und Träger

§ 85 Klagerecht der Verbände. [1] Werden Menschen mit Behinderungen in ihren Rechten nach diesem Buch verletzt, können an ihrer Stelle und mit ihrem Einverständnis Verbände klagen, die nach ihrer Satzung Menschen mit Behinderungen auf Bundes- oder Landesebene vertreten und nicht selbst am Prozess beteiligt sind. [2] In diesem Fall müssen alle Verfahrensvoraussetzungen wie bei einem Rechtsschutzersuchen durch den Menschen mit Behinderungen selbst vorliegen.

§ 86 Beirat für die Teilhabe von Menschen mit Behinderungen.

(1) [1] Beim Bundesministerium für Arbeit und Soziales wird ein Beirat für die Teilhabe von Menschen mit Behinderungen gebildet, der das Bundesministerium für Arbeit und Soziales in Fragen der Teilhabe von Menschen mit Behinderungen berät und bei Aufgaben der Koordinierung unterstützt. [2] Zu den Aufgaben des Beirats gehören insbesondere auch

1. die Unterstützung bei der Förderung von Rehabilitationseinrichtungen und die Mitwirkung bei der Vergabe der Mittel des Ausgleichsfonds sowie
2. die Anregung und Koordinierung von Maßnahmen zur Evaluierung der in diesem Buch getroffenen Regelungen im Rahmen der Rehabilitationsforschung und als forschungsbegleitender Ausschuss die Unterstützung des Bundesministeriums bei der Festlegung von Fragestellungen und Kriterien.

[3] Das Bundesministerium für Arbeit und Soziales trifft Entscheidungen über die Vergabe der Mittel des Ausgleichsfonds nur auf Grund von Vorschlägen des Beirats.

---

[1]) Nr. **7a**.

(2) [1] Der Beirat besteht aus 49 Mitgliedern. [2] Von diesen beruft das Bundesministerium für Arbeit und Soziales

1. zwei Mitglieder auf Vorschlag der Gruppenvertreter der Arbeitnehmer im Verwaltungsrat der Bundesagentur für Arbeit,
2. zwei Mitglieder auf Vorschlag der Gruppenvertreter der Arbeitgeber im Verwaltungsrat der Bundesagentur für Arbeit,
3. sechs Mitglieder auf Vorschlag der Behindertenverbände, die nach der Zusammensetzung ihrer Mitglieder dazu berufen sind, Menschen mit Behinderungen auf Bundesebene zu vertreten,
4. 16 Mitglieder auf Vorschlag der Länder,
5. drei Mitglieder auf Vorschlag der Bundesvereinigung der kommunalen Spitzenverbände,
6. ein Mitglied auf Vorschlag der Bundesarbeitsgemeinschaft der Integrationsämter und Hauptfürsorgestellen,
7. ein Mitglied auf Vorschlag des Vorstands der Bundesagentur für Arbeit,
8. zwei Mitglieder auf Vorschlag des Spitzenverbandes Bund der Krankenkassen,
9. ein Mitglied auf Vorschlag der Spitzenvereinigungen der Träger der gesetzlichen Unfallversicherung,
10. drei Mitglieder auf Vorschlag der Deutschen Rentenversicherung Bund,
11. ein Mitglied auf Vorschlag der Bundesarbeitsgemeinschaft der überörtlichen Träger der Sozialhilfe,
12. ein Mitglied auf Vorschlag der Bundesarbeitsgemeinschaft der Freien Wohlfahrtspflege,
13. ein Mitglied auf Vorschlag der Bundesarbeitsgemeinschaft für Unterstützte Beschäftigung,
14. fünf Mitglieder auf Vorschlag der Arbeitsgemeinschaften der Einrichtungen der medizinischen Rehabilitation, der Berufsförderungswerke, der Berufsbildungswerke, der Werkstätten für behinderte Menschen und der Inklusionsbetriebe,
15. ein Mitglied auf Vorschlag der für die Wahrnehmung der Interessen der ambulanten und stationären Rehabilitationseinrichtungen auf Bundesebene maßgeblichen Spitzenverbände,
16. zwei Mitglieder auf Vorschlag der Kassenärztlichen Bundesvereinigung und der Bundesärztekammer und
17. ein Mitglied auf Vorschlag der Bundesarbeitsgemeinschaft für Rehabilitation.

[3] Für jedes Mitglied ist ein stellvertretendes Mitglied zu berufen.

§ 87 Verfahren des Beirats. [1] Der Beirat für die Teilhabe von Menschen mit Behinderungen wählt aus den ihm angehörenden Mitgliedern von Seiten der Arbeitnehmer, Arbeitgeber und Organisationen behinderter Menschen jeweils für die Dauer eines Jahres eine Vorsitzende oder einen Vorsitzenden und eine Stellvertreterin oder einen Stellvertreter. [2] Im Übrigen gilt § 189 entsprechend.

§ 88 Berichte über die Lage von Menschen mit Behinderungen und die Entwicklung ihrer Teilhabe. (1) [1] Die Bundesregierung berichtet den gesetzgebenden Körperschaften des Bundes einmal in der Legislaturperiode, mindestens jedoch alle vier Jahre, über die Lebenslagen der Menschen mit Behinderungen und der von Behinderung bedrohten Menschen sowie über die Entwicklung ihrer Teilhabe am Arbeitsleben und am Leben in der Gesellschaft. [2]Die Berichterstattung zu den Lebenslagen umfasst Querschnittsthemen wie Gender Mainstreaming, Migration, Alter, Barrierefreiheit, Diskriminierung, Assistenzbedarf und Armut. [3]Gegenstand des Berichts sind auch Forschungsergebnisse über Wirtschaftlichkeit und Wirksamkeit staatlicher Maßnahmen und der Leistungen der Rehabilitationsträger für die Zielgruppen des Berichts.

(2) Die Verbände der Menschen mit Behinderungen werden an der Weiterentwicklung des Berichtskonzeptes beteiligt.

§ 89 Verordnungsermächtigung. Das Bundesministerium für Arbeit und Soziales kann durch Rechtsverordnung mit Zustimmung des Bundesrates weitere Vorschriften über die Geschäftsführung und das Verfahren des Beirats nach § 87 erlassen.

Teil 2. Besondere Leistungen zur selbstbestimmten Lebensführung für Menschen mit Behinderungen (Eingliederungshilferecht)

Kapitel 1. Allgemeine Vorschriften

§ 90 Aufgabe der Eingliederungshilfe. (1) [1]Aufgabe der Eingliederungshilfe ist es, Leistungsberechtigten eine individuelle Lebensführung zu ermöglichen, die der Würde des Menschen entspricht, und die volle, wirksame und gleichberechtigte Teilhabe am Leben in der Gesellschaft zu fördern. [2]Die Leistung soll sie befähigen, ihre Lebensplanung und -führung möglichst selbstbestimmt und eigenverantwortlich wahrnehmen zu können.

(2) Besondere Aufgabe der medizinischen Rehabilitation ist es, eine Beeinträchtigung nach § 99 Absatz 1 abzuwenden, zu beseitigen, zu mindern, auszugleichen, eine Verschlimmerung zu verhüten oder die Leistungsberechtigten soweit wie möglich unabhängig von Pflege zu machen.

(3) Besondere Aufgabe der Teilhabe am Arbeitsleben ist es, die Aufnahme, Ausübung und Sicherung einer der Eignung und Neigung der Leistungsberechtigten entsprechenden Beschäftigung sowie die Weiterentwicklung ihrer Leistungsfähigkeit und Persönlichkeit zu fördern.

(4) Besondere Aufgabe der Teilhabe an Bildung ist es, Leistungsberechtigten eine ihren Fähigkeiten und Leistungen entsprechende Schulbildung und schulische und hochschulische Aus- und Weiterbildung für einen Beruf zur Förderung ihrer Teilhabe am Leben in der Gesellschaft zu ermöglichen.

(5) Besondere Aufgabe der Sozialen Teilhabe ist es, die gleichberechtigte Teilhabe am Leben in der Gemeinschaft zu ermöglichen oder zu erleichtern.

§ 91 Nachrang der Eingliederungshilfe. (1) Eingliederungshilfe erhält, wer die erforderliche Leistung nicht von anderen oder von Trägern anderer Sozialleistungen erhält.

(2) [1]Verpflichtungen anderer, insbesondere der Träger anderer Sozialleistungen, bleiben unberührt. [2]Leistungen anderer dürfen nicht deshalb versagt werden, weil dieser Teil entsprechende Leistungen vorsieht; dies gilt insbesondere bei einer gesetzlichen Verpflichtung der Träger anderer Sozialleistungen

oder anderer Stellen, in ihrem Verantwortungsbereich die Verwirklichung der Rechte für Menschen mit Behinderungen zu gewährleisten oder zu fördern.

(3) Das Verhältnis der Leistungen der Pflegeversicherung und der Leistungen der Eingliederungshilfe bestimmt sich nach § 13 Absatz 3 des Elften Buches.

§ 92 Beitrag. Zu den Leistungen der Eingliederungshilfe ist nach Maßgabe des Kapitels 9 ein Beitrag aufzubringen.

§ 93 Verhältnis zu anderen Rechtsbereichen. (1) Die Vorschriften über die Leistungen zur Sicherung des Lebensunterhalts nach dem Zweiten Buch sowie über die Hilfe zum Lebensunterhalt und die Grundsicherung im Alter und bei Erwerbsminderung nach dem Zwölften Buch bleiben unberührt.

(2) Die Vorschriften über die Hilfe zur Überwindung besonderer sozialer Schwierigkeiten nach dem Achten Kapitel des Zwölften Buches[1], über die Altenhilfe nach § 71 des Zwölften Buches und über die Blindenhilfe nach § 72 des Zwölften Buches bleiben unberührt.

(3) Die Hilfen zur Gesundheit nach dem Zwölften Buch gehen den Leistungen der Eingliederungshilfe vor, wenn sie zur Beseitigung einer drohenden wesentlichen Behinderung nach § 99 Absatz 1 in Verbindung mit Absatz 2 geeignet sind.

§ 94 Aufgaben der Länder. (1) Die Länder bestimmen die für die Durchführung dieses Teils zuständigen Träger der Eingliederungshilfe.

(2) [1] Bei der Bestimmung durch Landesrecht ist sicherzustellen, dass die Träger der Eingliederungshilfe nach ihrer Leistungsfähigkeit zur Erfüllung dieser Aufgaben geeignet sind. [2] Sind in einem Land mehrere Träger der Eingliederungshilfe bestimmt worden, unterstützen die obersten Landessozialbehörden die Träger bei der Durchführung der Aufgaben nach diesem Teil. [3] Dabei sollen sie insbesondere den Erfahrungsaustausch zwischen den Trägern sowie die Entwicklung und Durchführung von Instrumenten zur zielgerichteten Erbringung und Überprüfung von Leistungen und der Qualitätssicherung einschließlich der Wirksamkeit der Leistungen fördern.

(3) Die Länder haben auf flächendeckende, bedarfsdeckende, am Sozialraum orientierte und inklusiv ausgerichtete Angebote von Leistungsanbietern hinzuwirken und unterstützen die Träger der Eingliederungshilfe bei der Umsetzung ihres Sicherstellungsauftrages.

(4) [1] Zur Förderung und Weiterentwicklung der Strukturen der Eingliederungshilfe bildet jedes Land eine Arbeitsgemeinschaft. [2] Die Arbeitsgemeinschaften bestehen aus Vertretern des für die Eingliederungshilfe zuständigen Ministeriums, der Träger der Eingliederungshilfe, der Leistungserbringer sowie aus Vertretern der Verbände für Menschen mit Behinderungen. [3] Die Landesregierungen werden ermächtigt, durch Rechtsverordnung das Nähere über die Zusammensetzung und das Verfahren zu bestimmen.

(5) [1] Die Länder treffen sich regelmäßig unter Beteiligung des Bundes sowie der Träger der Eingliederungshilfe zur Evidenzbeobachtung und zu einem Erfahrungsaustausch. [2] Die Verbände der Leistungserbringer sowie die Verbände für Menschen mit Behinderungen können hinzugezogen werden. [3] Gegenstand der Evidenzbeobachtung und des Erfahrungsaustausches sind insbesondere

---

[1] Auszugsweise abgedruckt unter Nr. **11.**

1. die Wirkung und Qualifizierung der Steuerungsinstrumente,

2. die Wirkungen der Regelungen zur Leistungsberechtigung nach § 99 sowie der neuen Leistungen und Leistungsstrukturen,

3. die Umsetzung des Wunsch- und Wahlrechtes nach § 104 Absatz 1 und 2,

4. die Wirkung der Koordinierung der Leistungen und der trägerübergreifenden Verfahren der Bedarfsermittlung und -feststellung und

5. die Auswirkungen des Beitrags.

[4] Die Erkenntnisse sollen zur Weiterentwicklung der Eingliederungshilfe zusammengeführt werden.

§ 95 Sicherstellungsauftrag. [1] Die Träger der Eingliederungshilfe haben im Rahmen ihrer Leistungsverpflichtung eine personenzentrierte Leistung für Leistungsberechtigte unabhängig vom Ort der Leistungserbringung sicherzustellen (Sicherstellungsauftrag), soweit dieser Teil nichts Abweichendes bestimmt. [2] Sie schließen hierzu Vereinbarungen mit den Leistungsanbietern nach den Vorschriften des Kapitels 8 ab. [3] Im Rahmen der Strukturplanung sind die Erkenntnisse aus der Gesamtplanung nach Kapitel 7 zu berücksichtigen.

§ 96 Zusammenarbeit. (1) Die Träger der Eingliederungshilfe arbeiten mit Leistungsanbietern und anderen Stellen, deren Aufgabe die Lebenssituation von Menschen mit Behinderungen betrifft, zusammen.

(2) Die Stellung der Kirchen und Religionsgesellschaften des öffentlichen Rechts sowie der Verbände der Freien Wohlfahrtspflege als Träger eigener sozialer Aufgaben und ihre Tätigkeit zur Erfüllung dieser Aufgaben werden durch diesen Teil nicht berührt.

(3) Ist die Beratung und Sicherung der gleichmäßigen, gemeinsamen oder ergänzenden Erbringung von Leistungen geboten, sollen zu diesem Zweck Arbeitsgemeinschaften gebildet werden.

(4) Sozialdaten dürfen im Rahmen der Zusammenarbeit nur verarbeitet werden, soweit dies zur Erfüllung von Aufgaben nach diesem Teil erforderlich ist oder durch Rechtsvorschriften des Sozialgesetzbuches angeordnet oder erlaubt ist.

§ 97 Fachkräfte. [1] Bei der Durchführung der Aufgaben dieses Teils beschäftigen die Träger der Eingliederungshilfe eine dem Bedarf entsprechende Anzahl an Fachkräften aus unterschiedlichen Fachdisziplinen. [2] Diese sollen

1. eine ihren Aufgaben entsprechende Ausbildung erhalten haben und insbesondere über umfassende Kenntnisse

    a) des Sozial- und Verwaltungsrechts,

    b) über Personen, die leistungsberechtigt im Sinne des § 99 Absatz 1 bis 3 sind, oder

    c) von Teilhabebedarfen und Teilhabebarrieren

    verfügen,

2. umfassende Kenntnisse über den regionalen Sozialraum und seine Möglichkeiten zur Durchführung von Leistungen der Eingliederungshilfe haben sowie

3. die Fähigkeit zur Kommunikation mit allen Beteiligten haben.

[3] Soweit Mitarbeiter der Leistungsträger nicht oder nur zum Teil die Voraussetzungen erfüllen, ist ihnen Gelegenheit zur Fortbildung und zum Austausch mit Menschen mit Behinderungen zu geben. [4] Die fachliche Fortbildung der Fachkräfte, die insbesondere die Durchführung der Aufgaben nach den §§ 106 und 117 umfasst, ist zu gewährleisten.

§ 98 Örtliche Zuständigkeit. (1) [1] Für die Eingliederungshilfe örtlich zuständig ist der Träger der Eingliederungshilfe, in dessen Bereich die leistungsberechtigte Person ihren gewöhnlichen Aufenthalt zum Zeitpunkt der ersten Antragstellung nach § 108 Absatz 1 hat oder in den zwei Monaten vor den Leistungen einer Betreuung über Tag und Nacht zuletzt gehabt hatte. [2] Bedarf es nach § 108 Absatz 2 keines Antrags, ist der Beginn des Verfahrens nach Kapitel 7 maßgeblich. [3] Diese Zuständigkeit bleibt bis zur Beendigung des Leistungsbezuges bestehen. [4] Sie ist neu festzustellen, wenn für einen zusammenhängenden Zeitraum von mindestens sechs Monaten keine Leistungen bezogen wurden. [5] Eine Unterbrechung des Leistungsbezuges wegen stationärer Krankenhausbehandlung oder medizinischer Rehabilitation gilt nicht als Beendigung des Leistungsbezuges.

(2) [1] Steht innerhalb von vier Wochen nicht fest, ob und wo der gewöhnliche Aufenthalt begründet worden ist, oder ist ein gewöhnlicher Aufenthalt nicht vorhanden oder nicht zu ermitteln, hat der für den tatsächlichen Aufenthalt zuständige Träger der Eingliederungshilfe über die Leistung unverzüglich zu entscheiden und sie vorläufig zu erbringen. [2] Steht der gewöhnliche Aufenthalt in den Fällen des Satzes 1 fest, wird der Träger der Eingliederungshilfe nach Absatz 1 örtlich zuständig und hat dem nach Satz 1 leistenden Träger die Kosten zu erstatten. [3] Ist ein gewöhnlicher Aufenthalt im Bundesgebiet nicht vorhanden oder nicht zu ermitteln, ist der Träger der Eingliederungshilfe örtlich zuständig, in dessen Bereich sich die leistungsberechtigte Person tatsächlich aufhält.

(3) Werden für ein Kind vom Zeitpunkt der Geburt an Leistungen nach diesem Teil des Buches über Tag und Nacht beantragt, tritt an die Stelle seines gewöhnlichen Aufenthalts der gewöhnliche Aufenthalt der Mutter.

(4) [1] Als gewöhnlicher Aufenthalt im Sinne dieser Vorschrift gilt nicht der stationäre Aufenthalt oder der auf richterlich angeordneter Freiheitsentziehung beruhende Aufenthalt in einer Vollzugsanstalt. [2] In diesen Fällen ist der Träger der Eingliederungshilfe örtlich zuständig, in dessen Bereich die leistungsberechtigte Person ihren gewöhnlichen Aufenthalt in den letzten zwei Monaten vor der Aufnahme zuletzt hatte.

(5) [1] Bei Personen, die am 31. Dezember 2019 Leistungen nach dem Sechsten Kapitel des Zwölften Buches[1]) in der am 31. Dezember 2019 geltenden Fassung bezogen haben und auch ab dem 1. Januar 2020 Leistungen nach Teil 2 dieses Buches erhalten, ist der Träger der Eingliederungshilfe örtlich zuständig, dessen örtliche Zuständigkeit sich am 1. Januar 2020 im Einzelfall in entsprechender Anwendung von § 98 Absatz 1 Satz 1 oder Absatz 5 des Zwölften Buches oder in entsprechender Anwendung von § 98 Absatz 2 Satz 1 und 2 in Verbindung mit § 107 des Zwölften Buches ergeben würde. [2] Absatz 1 Satz 3 bis 5 gilt entsprechend. [3] Im Übrigen bleiben die Absätze 2 bis 4 unberührt.

---

[1]) Auszugsweise abgedruckt unter Nr. **11**.

Kapitel 2. Grundsätze der Leistungen

[§ 99 bis 31.12.2022:]

§ 99 Leistungsberechtigung, Verordnungsermächtigung. (1) Leistungen der Eingliederungshilfe erhalten Menschen mit Behinderungen im Sinne von § 2 Absatz 1 Satz 1 und 2, die wesentlich in der gleichberechtigten Teilhabe an der Gesellschaft eingeschränkt sind (wesentliche Behinderung) oder von einer solchen wesentlichen Behinderung bedroht sind, wenn und solange nach der Besonderheit des Einzelfalles Aussicht besteht, dass die Aufgabe der Eingliederungshilfe nach § 90 erfüllt werden kann.

(2) Von einer wesentlichen Behinderung bedroht sind Menschen, bei denen der Eintritt einer wesentlichen Behinderung nach fachlicher Erkenntnis mit hoher Wahrscheinlichkeit zu erwarten ist.

(3) Menschen mit anderen geistigen, seelischen, körperlichen oder Sinnesbeeinträchtigungen, durch die sie in Wechselwirkung mit einstellungs- und umweltbedingten Barrieren in der gleichberechtigten Teilhabe an der Gesellschaft eingeschränkt sind, können Leistungen der Eingliederungshilfe erhalten.

(4) ¹Die Bundesregierung kann durch Rechtsverordnung mit Zustimmung des Bundesrates Bestimmungen über die Konkretisierung der Leistungsberechtigung in der Eingliederungshilfe erlassen. ²Bis zum Inkrafttreten einer nach Satz 1 erlassenen Rechtsverordnung gelten die §§ 1 bis 3 der Eingliederungshilfe-Verordnung in der am 31. Dezember 2019 geltenden Fassung entsprechend.

[§ 99 ab 1.1.2023:]

§ 99 *Leistungsberechtigter Personenkreis.* *(1) ¹Eingliederungshilfe ist Personen nach § 2 Absatz 1 Satz 1 und 2 zu leisten, deren Beeinträchtigungen die Folge einer Schädigung der Körperfunktion und -struktur einschließlich der geistigen und seelischen Funktionen sind und die dadurch in Wechselwirkung mit den Barrieren in erheblichem Maße in ihrer Fähigkeit zur Teilhabe an der Gesellschaft eingeschränkt sind. ²Eine Einschränkung der Fähigkeit zur Teilhabe an der Gesellschaft in erheblichem Maße liegt vor, wenn die Ausführung von Aktivitäten in einer größeren Anzahl der Lebensbereiche nach Absatz 4 nicht ohne personelle oder technische Unterstützung möglich oder in einer geringeren Anzahl der Lebensbereiche auch mit personeller oder technischer Unterstützung nicht möglich ist. ³Mit steigender Anzahl der Lebensbereiche nach Absatz 4 ist ein geringeres Ausmaß der jeweiligen Einschränkung für die Leistungsberechtigung ausreichend...*

(2) ¹Leistungsberechtigt nach diesem Teil sind auch Personen, denen nach fachlicher Kenntnis eine erhebliche Einschränkung im Sinne von Absatz 1 Satz 2 mit hoher Wahrscheinlichkeit droht. ²Ist bei Personen nach § 2 Absatz 1 Satz 1 und 2 die Ausführung von Aktivitäten in weniger als den nach Absatz 1 Satz 2 bestimmten Lebensbereichen nicht ohne personelle oder technische Unterstützung möglich oder in weniger als den nach Absatz 1 Satz 2 bestimmten Lebensbereichen auch mit personeller oder technischer Unterstützung nicht möglich, ist aber im Einzelfall in ähnlichem Ausmaß personelle oder technische Unterstützung zur Ausführung von Aktivitäten notwendig, können Leistungen der Eingliederungshilfe gewährt werden.

(3) Bei der Feststellung des erheblichen Maßes der Einschränkung nach Absatz 1 Satz 2 ist die für die Art der Behinderung typisierende notwendige Unterstützung in Lebensbereichen nach Absatz 4 maßgebend.

(4) Lebensbereiche im Sinne von Absatz 1 Satz 2 sind

1. *Lernen und Wissensanwendung,*
2. *allgemeine Aufgaben und Anforderungen,*
3. *Kommunikation,*
4. *Mobilität,*
5. *Selbstversorgung,*
6. *häusliches Leben,*
7. *interpersonelle Interaktionen und Beziehungen,*
8. *bedeutende Lebensbereiche sowie*
9. *Gemeinschafts-, soziales und staatsbürgerliches Leben.*

(5) [1] Personelle Unterstützung im Sinne von Absatz 1 Satz 2 ist die regelmäßig wiederkehrende und über einen längeren Zeitraum andauernde Unterstützung durch eine anwesende Person. [2] Bei Kindern und Jugendlichen bis zur Vollendung des 18. Lebensjahres bleibt die Notwendigkeit von Unterstützung auf Grund der altersgemäßen Entwicklung unberücksichtigt.

(6) Leistungen zur Teilhabe am Arbeitsleben nach Kapitel 4 erhalten Personen, die die Voraussetzungen nach § 58 Absatz 1 Satz 1 erfüllen.

(7) Das Nähere über

1. *die größere und geringere Anzahl nach Absatz 1 Satz 2,*
2. *das Verhältnis von der Anzahl der Lebensbereiche zum Ausmaß der jeweiligen Einschränkung nach Absatz 1 Satz 3 und*
3. *die Inhalte der Lebensbereiche nach Absatz 4*

bestimmt ein Bundesgesetz.

§ 100 Eingliederungshilfe für Ausländer. (1) [1] Ausländer, die sich im Inland tatsächlich aufhalten, können Leistungen nach diesem Teil erhalten, soweit dies im Einzelfall gerechtfertigt ist. [2] Die Einschränkung auf Ermessensleistungen nach Satz 1 gilt nicht für Ausländer, die im Besitz einer Niederlassungserlaubnis oder eines befristeten Aufenthaltstitels sind und sich voraussichtlich dauerhaft im Bundesgebiet aufhalten. [3] Andere Rechtsvorschriften, nach denen Leistungen der Eingliederungshilfe zu erbringen sind, bleiben unberührt.

(2) Leistungsberechtigte nach § 1 des Asylbewerberleistungsgesetzes erhalten keine Leistungen der Eingliederungshilfe.

(3) Ausländer, die eingereist sind, um Leistungen nach diesem Teil zu erlangen, haben keinen Anspruch auf Leistungen der Eingliederungshilfe.

§ 101 Eingliederungshilfe für Deutsche im Ausland. (1) [1] Deutsche, die ihren gewöhnlichen Aufenthalt im Ausland haben, erhalten keine Leistungen der Eingliederungshilfe. [2] Hiervon kann im Einzelfall nur abgewichen werden, soweit dies wegen einer außergewöhnlichen Notlage unabweisbar ist und zugleich nachgewiesen wird, dass eine Rückkehr in das Inland aus folgenden Gründen nicht möglich ist:

1. Pflege und Erziehung eines Kindes, das aus rechtlichen Gründen im Ausland bleiben muss,
2. längerfristige stationäre Betreuung in einer Einrichtung oder Schwere der Pflegebedürftigkeit oder
3. hoheitliche Gewalt.

(2) Leistungen der Eingliederungshilfe werden nicht erbracht, soweit sie von dem hierzu verpflichteten Aufenthaltsland oder von anderen erbracht werden oder zu erwarten sind.

(3) Art und Maß der Leistungserbringung sowie der Einsatz des Einkommens und Vermögens richten sich nach den besonderen Verhältnissen im Aufenthaltsland.

(4) [1] Für die Leistung zuständig ist der Träger der Eingliederungshilfe, in dessen Bereich die antragstellende Person geboren ist. [2] Liegt der Geburtsort im Ausland oder ist er nicht zu ermitteln, richtet sich die örtliche Zuständigkeit des Trägers der Eingliederungshilfe nach dem Geburtsort der Mutter der antragstellenden Person. [3] Liegt dieser ebenfalls im Ausland oder ist er nicht zu ermitteln, richtet sich die örtliche Zuständigkeit des Trägers der Eingliederungshilfe nach dem Geburtsort des Vaters der antragstellenden Person. [4] Liegt auch dieser im Ausland oder ist er nicht zu ermitteln, ist der Träger der Eingliederungshilfe örtlich zuständig, bei dem der Antrag eingeht.

(5) Die Träger der Eingliederungshilfe arbeiten mit den deutschen Dienststellen im Ausland zusammen.

§ 102 Leistungen der Eingliederungshilfe. (1) Die Leistungen der Eingliederungshilfe umfassen

1. Leistungen zur medizinischen Rehabilitation,

2. Leistungen zur Teilhabe am Arbeitsleben,

3. Leistungen zur Teilhabe an Bildung und

4. Leistungen zur Sozialen Teilhabe.

(2) Leistungen nach Absatz 1 Nummer 1 bis 3 gehen den Leistungen nach Absatz 1 Nummer 4 vor.

§ 103 Regelung für Menschen mit Behinderungen und Pflegebedarf.

(1) [1] Werden Leistungen der Eingliederungshilfe in Einrichtungen oder Räumlichkeiten im Sinne des § 43a des Elften Buches in Verbindung mit § 71 Absatz 4 des Elften Buches[1] erbracht, umfasst die Leistung auch die Pflegeleistungen in diesen Einrichtungen oder Räumlichkeiten. [2] Stellt der Leistungserbringer fest, dass der Mensch mit Behinderungen so pflegebedürftig ist, dass die Pflege in diesen Einrichtungen oder Räumlichkeiten nicht sichergestellt werden kann, vereinbaren der Träger der Eingliederungshilfe und die zuständige Pflegekasse mit dem Leistungserbringer, dass die Leistung bei einem anderen Leistungserbringer erbracht wird; dabei ist angemessenen Wünschen des Menschen mit Behinderungen Rechnung zu tragen. [3] Die Entscheidung zur Vorbereitung der Vereinbarung nach Satz 2 erfolgt nach den Regelungen zur Gesamtplanung nach Kapitel 7.

(2) [1] Werden Leistungen der Eingliederungshilfe außerhalb von Einrichtungen oder Räumlichkeiten im Sinne des § 43a des Elften Buches in Verbindung mit § 71 Absatz 4 des Elften Buches[1] erbracht, umfasst die Leistung auch die Leistungen der häuslichen Pflege nach den §§ 64a bis 64f, 64i und 66 des Zwölften Buches[2], solange die Teilhabeziele nach Maßgabe des Gesamtplanes (§ 121) erreicht werden können, es sei denn der Leistungsberechtigte hat vor

---

[1] Nr. **10**.
[2] Nr. **11**.

Vollendung des für die Regelaltersrente im Sinne des Sechsten Buches[1] erforderlichen Lebensjahres keine Leistungen der Eingliederungshilfe erhalten. [2] Satz 1 gilt entsprechend in Fällen, in denen der Leistungsberechtigte vorübergehend Leistungen nach den §§ 64g und 64h des Zwölften Buches[2] in Anspruch nimmt. [3] Die Länder können durch Landesrecht bestimmen, dass der für die Leistungen der häuslichen Pflege zuständige Träger der Sozialhilfe die Kosten der vom Träger der Eingliederungshilfe erbrachten Leistungen der häuslichen Pflege zu erstatten hat.

§ 104 Leistungen nach der Besonderheit des Einzelfalles. (1) [1] Die Leistungen der Eingliederungshilfe bestimmen sich nach der Besonderheit des Einzelfalles, insbesondere nach der Art des Bedarfes, den persönlichen Verhältnissen, dem Sozialraum und den eigenen Kräften und Mitteln; dabei ist auch die Wohnform zu würdigen. [2] Sie werden so lange geleistet, wie die Teilhabeziele nach Maßgabe des Gesamtplanes (§ 121) erreichbar sind.

(2) [1] Wünschen der Leistungsberechtigten, die sich auf die Gestaltung der Leistung richten, ist zu entsprechen, soweit sie angemessen sind. [2] Die Wünsche der Leistungsberechtigten gelten nicht als angemessen,

1. wenn und soweit die Höhe der Kosten der gewünschten Leistung die Höhe der Kosten für eine vergleichbare Leistung von Leistungserbringern, mit denen eine Vereinbarung nach Kapitel 8 besteht, unverhältnismäßig übersteigt und

2. wenn der Bedarf nach der Besonderheit des Einzelfalles durch die vergleichbare Leistung gedeckt werden kann.

(3) [1] Bei der Entscheidung nach Absatz 2 ist zunächst die Zumutbarkeit einer von den Wünschen des Leistungsberechtigten abweichenden Leistung zu prüfen. [2] Dabei sind die persönlichen, familiären und örtlichen Umstände einschließlich der gewünschten Wohnform angemessen zu berücksichtigen. [3] Kommt danach ein Wohnen außerhalb von besonderen Wohnformen in Betracht, ist dieser Wohnform der Vorzug zu geben, wenn dies von der leistungsberechtigten Person gewünscht wird. [4] Soweit die leistungsberechtigte Person dies wünscht, sind in diesem Fall die im Zusammenhang mit dem Wohnen stehenden Assistenzleistungen nach § 113 Absatz 2 Nummer 2 im Bereich der Gestaltung sozialer Beziehungen und der persönlichen Lebensplanung nicht gemeinsam zu erbringen nach § 116 Absatz 2 Nummer 1. [5] Bei Unzumutbarkeit einer abweichenden Leistungsgestaltung ist ein Kostenvergleich nicht vorzunehmen.

(4) Auf Wunsch der Leistungsberechtigten sollen die Leistungen der Eingliederungshilfe von einem Leistungsanbieter erbracht werden, der die Betreuung durch Geistliche ihres Bekenntnisses ermöglicht.

(5) Leistungen der Eingliederungshilfe für Leistungsberechtigte mit gewöhnlichem Aufenthalt in Deutschland können auch im Ausland erbracht werden, wenn dies im Interesse der Aufgabe der Eingliederungshilfe geboten ist, die Dauer der Leistungen durch den Auslandsaufenthalt nicht wesentlich verlängert wird und keine unvertretbaren Mehraufwendungen entstehen.

---

[1] Auszugsweise abgedruckt unter Nr. **6.**
[2] Nr. **11.**

§ 105 Leistungsformen. (1) Die Leistungen der Eingliederungshilfe werden als Sach-, Geld- oder Dienstleistung erbracht.

(2) Zur Dienstleistung gehören insbesondere die Beratung und Unterstützung in Angelegenheiten der Leistungen der Eingliederungshilfe sowie in sonstigen sozialen Angelegenheiten.

(3) [1]Leistungen zur Sozialen Teilhabe können mit Zustimmung der Leistungsberechtigten auch in Form einer pauschalen Geldleistung erbracht werden, soweit es dieser Teil vorsieht. [2]Die Träger der Eingliederungshilfe regeln das Nähere zur Höhe und Ausgestaltung der Pauschalen.

(4) [1]Die Leistungen der Eingliederungshilfe werden auf Antrag auch als Teil eines Persönlichen Budgets ausgeführt. [2]Die Vorschrift zum Persönlichen Budget nach § 29 ist insoweit anzuwenden.

§ 106 Beratung und Unterstützung. (1) [1]Zur Erfüllung der Aufgaben dieses Teils werden die Leistungsberechtigten, auf ihren Wunsch auch im Beisein einer Person ihres Vertrauens, vom Träger der Eingliederungshilfe beraten und, soweit erforderlich, unterstützt. [2]Die Beratung erfolgt in einer für den Leistungsberechtigten wahrnehmbaren Form.

(2) Die Beratung umfasst insbesondere

1. die persönliche Situation des Leistungsberechtigten, den Bedarf, die eigenen Kräfte und Mittel sowie die mögliche Stärkung der Selbsthilfe zur Teilhabe am Leben in der Gemeinschaft einschließlich eines gesellschaftlichen Engagements,
2. die Leistungen der Eingliederungshilfe einschließlich des Zugangs zum Leistungssystem,
3. die Leistungen anderer Leistungsträger,
4. die Verwaltungsabläufe,
5. Hinweise auf Leistungsanbieter und andere Hilfemöglichkeiten im Sozialraum und auf Möglichkeiten zur Leistungserbringung,
6. Hinweise auf andere Beratungsangebote im Sozialraum,
7. eine gebotene Budgetberatung.

(3) Die Unterstützung umfasst insbesondere

1. Hilfe bei der Antragstellung,
2. Hilfe bei der Klärung weiterer zuständiger Leistungsträger,
3. das Hinwirken auf zeitnahe Entscheidungen und Leistungen der anderen Leistungsträger,
4. Hilfe bei der Erfüllung von Mitwirkungspflichten,
5. Hilfe bei der Inanspruchnahme von Leistungen,
6. die Vorbereitung von Möglichkeiten der Teilhabe am Leben in der Gemeinschaft einschließlich des gesellschaftlichen Engagements,
7. die Vorbereitung von Kontakten und Begleitung zu Leistungsanbietern und anderen Hilfemöglichkeiten,
8. Hilfe bei der Entscheidung über Leistungserbringer sowie bei der Aushandlung und dem Abschluss von Verträgen mit Leistungserbringern sowie
9. Hilfe bei der Erfüllung von Verpflichtungen aus der Zielvereinbarung und dem Bewilligungsbescheid.

(4) Die Leistungsberechtigten sind hinzuweisen auf die ergänzende unabhängige Teilhabeberatung nach § 32, auf die Beratung und Unterstützung von Verbänden der Freien Wohlfahrtspflege sowie von Angehörigen der rechtsberatenden Berufe und von sonstigen Stellen.

§ 107 Übertragung, Verpfändung oder Pfändung, Auswahlermessen.
(1) Der Anspruch auf Leistungen der Eingliederungshilfe kann nicht übertragen, verpfändet oder gepfändet werden.

(2) Über Art und Maß der Leistungserbringung ist nach pflichtgemäßem Ermessen zu entscheiden, soweit das Ermessen nicht ausgeschlossen ist.

§ 108 Antragserfordernis. (1) [1]Die Leistungen der Eingliederungshilfe nach diesem Teil werden auf Antrag erbracht. [2]Die Leistungen werden frühestens ab dem Ersten des Monats der Antragstellung erbracht, wenn zu diesem Zeitpunkt die Voraussetzungen bereits vorlagen.

(2) Eines Antrages bedarf es nicht für Leistungen, deren Bedarf in dem Verfahren nach Kapitel 7 ermittelt worden ist.

Kapitel 3. Medizinische Rehabilitation

§ 109 Leistungen zur medizinischen Rehabilitation. (1) Leistungen zur medizinischen Rehabilitation sind insbesondere die in § 42 Absatz 2 und 3 und § 64 Absatz 1 Nummer 3 bis 6 genannten Leistungen.

(2) Die Leistungen zur medizinischen Rehabilitation entsprechen den Rehabilitationsleistungen der gesetzlichen Krankenversicherung.

§ 110 Leistungserbringung. (1) Leistungsberechtigte haben entsprechend den Bestimmungen der gesetzlichen Krankenversicherung die freie Wahl unter den Ärzten und Zahnärzten sowie unter den Krankenhäusern und Vorsorge- und Rehabilitationseinrichtungen.

(2) [1]Bei der Erbringung von Leistungen zur medizinischen Rehabilitation sind die Regelungen, die für die gesetzlichen Krankenkassen nach dem Vierten Kapitel des Fünften Buches[1] gelten, mit Ausnahme des Dritten Titels des Zweiten Abschnitts anzuwenden. [2]Ärzte, Psychotherapeuten im Sinne des § 28 Absatz 3 Satz 1 des Fünften Buches und Zahnärzte haben für ihre Leistungen Anspruch auf die Vergütung, welche die Ortskrankenkasse, in deren Bereich der Arzt, Psychotherapeut oder der Zahnarzt niedergelassen ist, für ihre Mitglieder zahlt.

(3) [1]Die Verpflichtungen, die sich für die Leistungserbringer aus den §§ 294, 294a, 295, 300 bis 302 des Fünften Buches ergeben, gelten auch für die Abrechnung von Leistungen zur medizinischen Rehabilitation mit dem Träger der Eingliederungshilfe. [2]Die Vereinbarungen nach § 303 Absatz 1 sowie § 304 des Fünften Buches gelten für den Träger der Eingliederungshilfe entsprechend.

Kapitel 4. Teilhabe am Arbeitsleben

§ 111 Leistungen zur Beschäftigung. (1) Leistungen zur Beschäftigung umfassen

---

[1] Auszugsweise abgedruckt unter Nr. **5.**

1. Leistungen im Arbeitsbereich anerkannter Werkstätten für behinderte Menschen nach den §§ 58 und 62,
2. Leistungen bei anderen Leistungsanbietern nach den §§ 60 und 62,
3. Leistungen bei privaten und öffentlichen Arbeitgebern nach § 61 sowie
4. Leistungen für ein Budget für Ausbildung nach § 61a.

(2) [1] Leistungen nach Absatz 1 umfassen auch Gegenstände und Hilfsmittel, die wegen der gesundheitlichen Beeinträchtigung zur Aufnahme oder Fortsetzung der Beschäftigung erforderlich sind. [2] Voraussetzung für eine Hilfsmittelversorgung ist, dass der Leistungsberechtigte das Hilfsmittel bedienen kann. [3] Die Versorgung mit Hilfsmitteln schließt eine notwendige Unterweisung im Gebrauch und eine notwendige Instandhaltung oder Änderung ein. [4] Die Ersatzbeschaffung des Hilfsmittels erfolgt, wenn sie infolge der körperlichen Entwicklung der Leistungsberechtigten notwendig ist oder wenn das Hilfsmittel aus anderen Gründen ungeeignet oder unbrauchbar geworden ist.

(3) Zu den Leistungen nach Absatz 1 Nummer 1 und 2 gehört auch das Arbeitsförderungsgeld nach § 59.

Kapitel 5. Teilhabe an Bildung

§ 112 Leistungen zur Teilhabe an Bildung. (1) [1] Leistungen zur Teilhabe an Bildung umfassen

1. Hilfen zu einer Schulbildung, insbesondere im Rahmen der allgemeinen Schulpflicht und zum Besuch weiterführender Schulen einschließlich der Vorbereitung hierzu; die Bestimmungen über die Ermöglichung der Schulbildung im Rahmen der allgemeinen Schulpflicht bleiben unberührt, und
2. Hilfen zur schulischen oder hochschulischen Ausbildung oder Weiterbildung für einen Beruf.

[2] Die Hilfen nach Satz 1 Nummer 1 schließen Leistungen zur Unterstützung schulischer Ganztagsangebote in der offenen Form ein, die im Einklang mit dem Bildungs- und Erziehungsauftrag der Schule stehen und unter deren Aufsicht und Verantwortung ausgeführt werden, an den stundenplanmäßigen Unterricht anknüpfen und in der Regel in den Räumlichkeiten der Schule oder in deren Umfeld durchgeführt werden. [3] Hilfen nach Satz 1 Nummer 1 umfassen auch heilpädagogische und sonstige Maßnahmen, wenn die Maßnahmen erforderlich und geeignet sind, der leistungsberechtigten Person den Schulbesuch zu ermöglichen oder zu erleichtern. [4] Hilfen zu einer schulischen oder hochschulischen Ausbildung nach Satz 1 Nummer 2 können erneut erbracht werden, wenn dies aus behinderungsbedingten Gründen erforderlich ist. [5] Hilfen nach Satz 1 umfassen auch Gegenstände und Hilfsmittel, die wegen der gesundheitlichen Beeinträchtigung zur Teilhabe an Bildung erforderlich sind. [6] Voraussetzung für eine Hilfsmittelversorgung ist, dass die leistungsberechtigte Person das Hilfsmittel bedienen kann. [7] Die Versorgung mit Hilfsmitteln schließt eine notwendige Unterweisung im Gebrauch und eine notwendige Instandhaltung oder Änderung ein. [8] Die Ersatzbeschaffung des Hilfsmittels erfolgt, wenn sie infolge der körperlichen Entwicklung der leistungsberechtigten Person notwendig ist oder wenn das Hilfsmittel aus anderen Gründen ungeeignet oder unbrauchbar geworden ist.

(2) [1] Hilfen nach Absatz 1 Satz 1 Nummer 2 werden erbracht für eine schulische oder hochschulische berufliche Weiterbildung, die

1. in einem zeitlichen Zusammenhang an eine duale, schulische oder hochschulische Berufsausbildung anschließt,

2. in dieselbe fachliche Richtung weiterführt und

3. es dem Leistungsberechtigten ermöglicht, das von ihm angestrebte Berufsziel zu erreichen.

[2]Hilfen für ein Masterstudium werden abweichend von Satz 1 Nummer 2 auch erbracht, wenn das Masterstudium auf ein zuvor abgeschlossenes Bachelorstudium aufbaut und dieses interdisziplinär ergänzt, ohne in dieselbe Fachrichtung weiterzuführen. [3]Aus behinderungsbedingten oder aus anderen, nicht von der leistungsberechtigten Person beeinflussbaren gewichtigen Gründen kann von Satz 1 Nummer 1 abgewichen werden.

(3) Hilfen nach Absatz 1 Satz 1 Nummer 2 schließen folgende Hilfen ein:

1. Hilfen zur Teilnahme an Fernunterricht,

2. Hilfen zur Ableistung eines Praktikums, das für den Schul- oder Hochschulbesuch oder für die Berufszulassung erforderlich ist, und

3. Hilfen zur Teilnahme an Maßnahmen zur Vorbereitung auf die schulische oder hochschulische Ausbildung oder Weiterbildung für einen Beruf.

(4) [1]Die in der Schule oder Hochschule wegen der Behinderung erforderliche Anleitung und Begleitung können an mehrere Leistungsberechtigte gemeinsam erbracht werden, soweit dies nach § 104 für die Leistungsberechtigten zumutbar ist und mit Leistungserbringern entsprechende Vereinbarungen bestehen. [2]Die Leistungen nach Satz 1 sind auf Wunsch der Leistungsberechtigten gemeinsam zu erbringen.

Kapitel 6. Soziale Teilhabe

§ 113 Leistungen zur Sozialen Teilhabe. (1) [1]Leistungen zur Sozialen Teilhabe werden erbracht, um eine gleichberechtigte Teilhabe am Leben in der Gemeinschaft zu ermöglichen oder zu erleichtern, soweit nicht nach den Kapiteln 3 bis 5 erbracht werden. [2]Hierzu gehört, Leistungsberechtigte zu einer möglichst selbstbestimmten und eigenverantwortlichen Lebensführung im eigenen Wohnraum sowie in ihrem Sozialraum zu befähigen oder sie hierbei zu unterstützen. [3]Maßgeblich sind die Ermittlungen und Feststellungen nach Kapitel 7.

(2) Leistungen zur Sozialen Teilhabe sind insbesondere

1. Leistungen für Wohnraum,

2. Assistenzleistungen,

3. heilpädagogische Leistungen,

4. Leistungen zur Betreuung in einer Pflegefamilie,

5. Leistungen zum Erwerb und Erhalt praktischer Kenntnisse und Fähigkeiten,

6. Leistungen zur Förderung der Verständigung,

7. Leistungen zur Mobilität,

8. Hilfsmittel,

9. Besuchsbeihilfen.

(3) Die Leistungen nach Absatz 2 Nummer 1 bis 8 bestimmen sich nach den §§ 77 bis 84, soweit sich aus diesem Teil nichts Abweichendes ergibt.

(4) Zur Ermöglichung der gemeinschaftlichen Mittagsverpflegung in der Verantwortung einer Werkstatt für behinderte Menschen, einem anderen Leistungsanbieter oder dem Leistungserbringer vergleichbarer anderer tagesstrukturierender Maßnahmen werden die erforderliche sächliche Ausstattung, die personelle Ausstattung und die erforderlichen betriebsnotwendigen Anlagen des Leistungserbringers übernommen.

(5) [1] In besonderen Wohnformen des § 42a Absatz 2 Satz 1 Nummer 2 und Satz 3 des Zwölften Buches werden Aufwendungen für Wohnraum oberhalb der Angemessenheitsgrenze nach § 42a Absatz 6 des Zwölften Buches übernommen, sofern dies wegen der besonderen Bedürfnisse des Menschen mit Behinderungen erforderlich ist. [2] Kapitel 8 ist anzuwenden.

[Abs. 6 ab 1.11.2022:]

(6) [1] Bei einer stationären Krankenhausbehandlung nach § 39 des Fünften Buches[1] werden auch Leistungen für die Begleitung und Befähigung des Leistungsberechtigten durch vertraute Bezugspersonen zur Sicherstellung der Durchführung der Behandlung erbracht, soweit dies aufgrund des Vertrauensverhältnisses des Leistungsberechtigten zur Bezugsperson und aufgrund der behinderungsbedingten besonderen Bedürfnisse erforderlich ist. [2] Vertraute Bezugspersonen im Sinne von Satz 1 sind Personen, die dem Leistungsberechtigten gegenüber im Alltag bereits Leistungen der Eingliederungshilfe insbesondere im Rahmen eines Rechtsverhältnisses mit einem Leistungserbringer im Sinne des Kapitels 8 erbringen. [3] Die Leistungen umfassen Leistungen zur Verständigung und zur Unterstützung im Umgang mit Belastungssituationen als nichtmedizinische Nebenleistungen zur stationären Krankenhausbehandlung. [4] Bei den Leistungen im Sinne von Satz 1 findet § 91 Absatz 1 und 2 gegenüber Kostenträgern von Leistungen zur Krankenbehandlung mit Ausnahme der Träger der Unfallversicherung keine Anwendung. [5] § 17 Absatz 2 und 2a des Ersten Buches[2] bleibt unberührt.

[Abs. 7 ab 1.11.2022:]

(7) [1] Das Bundesministerium für Gesundheit und das Bundesministerium für Arbeit und Soziales evaluieren im Einvernehmen mit den Ländern die Wirkung einschließlich der finanziellen Auswirkungen der Regelungen in Absatz 6 und in § 44b des Fünften Buches. [2] Die Ergebnisse sind bis zum 31. Dezember 2025 zu veröffentlichen. [3] Die Einbeziehung Dritter in die Durchführung der Untersuchung erfolgt im Benehmen mit den zuständigen obersten Landesbehörden, soweit Auswirkungen auf das Sozialleistungssystem der Eingliederungshilfe untersucht werden.

§ 114 Leistungen zur Mobilität. Bei den Leistungen zur Mobilität nach § 113 Absatz 2 Nummer 7 gilt § 83 mit der Maßgabe, dass

1. die Leistungsberechtigten zusätzlich zu den in § 83 Absatz 2 genannten Voraussetzungen zur Teilhabe am Leben in der Gemeinschaft ständig auf die Nutzung eines Kraftfahrzeugs angewiesen sind und

2. abweichend von § 83 Absatz 3 Satz 2 die Vorschriften der §§ 6 und 8 der Kraftfahrzeughilfe-Verordnung[3] nicht maßgeblich sind.

§ 115 Besuchsbeihilfen. Werden Leistungen bei einem oder mehreren Anbietern über Tag und Nacht erbracht, können den Leistungsberechtigten oder

---

[1] Nr. **5**.
[2] Nr. **3**.
[3] Nr. **7a**.

ihren Angehörigen zum gegenseitigen Besuch Beihilfen geleistet werden,
soweit es im Einzelfall erforderlich ist.

§ 116 Pauschale Geldleistung, gemeinsame Inanspruchnahme.

(1) [1]Die Leistungen

1. zur Assistenz zur Übernahme von Handlungen zur Alltagsbewältigung sowie
   Begleitung der Leistungsberechtigten (§ 113 Absatz 2 Nummer 2 in Verbindung mit § 78 Absatz 2 Nummer 1 und Absatz 5),
2. zur Förderung der Verständigung (§ 113 Absatz 2 Nummer 6) und
3. zur Beförderung im Rahmen der Leistungen zur Mobilität (§ 113 Absatz 2
   Nummer 7 in Verbindung mit § 83 Absatz 1 Nummer 1)

können mit Zustimmung der Leistungsberechtigten als pauschale Geldleistungen nach § 105 Absatz 3 erbracht werden. [2]Die zuständigen Träger der Eingliederungshilfe regeln das Nähere zur Höhe und Ausgestaltung der pauschalen
Geldleistungen sowie zur Leistungserbringung.

(2) [1]Die Leistungen

1. zur Assistenz (§ 113 Absatz 2 Nummer 2),
2. zur Heilpädagogik (§ 113 Absatz 2 Nummer 3),
3. zum Erwerb und Erhalt praktischer Fähigkeiten und Kenntnisse (§ 113 Absatz 2 Nummer 5),
4. zur Förderung der Verständigung (§ 113 Absatz 2 Nummer 6),
5. zur Beförderung im Rahmen der Leistungen zur Mobilität (§ 113 Absatz 2
   Nummer 7 in Verbindung mit § 83 Absatz 1 Nummer 1) und
6. zur Erreichbarkeit einer Ansprechperson unabhängig von einer konkreten
   Inanspruchnahme (§ 113 Absatz 2 Nummer 2 in Verbindung mit § 78
   Absatz 6)

können an mehrere Leistungsberechtigte gemeinsam erbracht werden, soweit
dies nach § 104 für die Leistungsberechtigten zumutbar ist und mit Leistungserbringern entsprechende Vereinbarungen bestehen. [2]Maßgeblich sind die
Ermittlungen und Feststellungen im Rahmen der Gesamtplanung nach Kapitel
7.

(3) Die Leistungen nach Absatz 2 sind auf Wunsch der Leistungsberechtigten
gemeinsam zu erbringen, soweit die Teilhabeziele erreicht werden können.

Kapitel 7. Gesamtplanung

§ 117 Gesamtplanverfahren. (1) Das Gesamtplanverfahren ist nach folgenden Maßstäben durchzuführen:

1. Beteiligung des Leistungsberechtigten in allen Verfahrensschritten, begin-
   nend mit der Beratung,
2. Dokumentation der Wünsche des Leistungsberechtigten zu Ziel und Art der
   Leistungen,
3. Beachtung der Kriterien
   a) transparent,
   b) trägerübergreifend,
   c) interdisziplinär,
   d) konsensorientiert,

e) individuell,

f) lebensweltbezogen,

g) sozialraumorientiert und

h) zielorientiert,

4. Ermittlung des individuellen Bedarfes,

5. Durchführung einer Gesamtplankonferenz,

6. Abstimmung der Leistungen nach Inhalt, Umfang und Dauer in einer Gesamtplankonferenz unter Beteiligung betroffener Leistungsträger.

(2) Am Gesamtplanverfahren wird auf Verlangen des Leistungsberechtigten eine Person seines Vertrauens beteiligt.

(3) [1] Bestehen im Einzelfall Anhaltspunkte für eine Pflegebedürftigkeit nach dem Elften Buch, wird die zuständige Pflegekasse mit Zustimmung des Leistungsberechtigten vom Träger der Eingliederungshilfe informiert und muss am Gesamtplanverfahren beratend teilnehmen, soweit dies für den Träger der Eingliederungshilfe zur Feststellung der Leistungen nach den Kapiteln 3 bis 6 erforderlich ist. [2] Bestehen im Einzelfall Anhaltspunkte, dass Leistungen der Hilfe zur Pflege nach dem Siebten Kapitel des Zwölften Buches[1] erforderlich sind, so soll der Träger dieser Leistungen mit Zustimmung der Leistungsberechtigten informiert und am Gesamtplanverfahren beteiligt werden, soweit dies zur Feststellung der Leistungen nach den Kapiteln 3 bis 6 erforderlich ist.

(4) Bestehen im Einzelfall Anhaltspunkte für einen Bedarf an notwendigem Lebensunterhalt, ist der Träger dieser Leistungen mit Zustimmung des Leistungsberechtigten zu informieren und am Gesamtplanverfahren zu beteiligen, soweit dies zur Feststellung der Leistungen nach den Kapiteln 3 bis 6 erforderlich ist.

(5) § 22 Absatz 4 ist entsprechend anzuwenden, auch wenn ein Teilhabeplan nicht zu erstellen ist.

(6) [1] Bei minderjährigen Leistungsberechtigten wird der nach § 86 des Achten Buches zuständige örtliche Träger der öffentlichen Jugendhilfe vom Träger der Eingliederungshilfe mit Zustimmung des Personensorgeberechtigten informiert und nimmt am Gesamtplanverfahren beratend teil, soweit dies zur Feststellung der Leistungen der Eingliederungshilfe nach den Kapiteln 3 bis 6 erforderlich ist. [2] Hiervon kann in begründeten Ausnahmefällen abgesehen werden, insbesondere wenn durch die Teilnahme des zuständigen örtlichen Trägers der öffentlichen Jugendhilfe das Gesamtplanverfahren verzögert würde.

§ 118 Instrumente der Bedarfsermittlung. (1) [1] Der Träger der Eingliederungshilfe hat die Leistungen nach den Kapiteln 3 bis 6 unter Berücksichtigung der Wünsche des Leistungsberechtigten festzustellen. [2] Die Ermittlung des individuellen Bedarfes des Leistungsberechtigten muss durch ein Instrument erfolgen, das sich an der Internationalen Klassifikation der Funktionsfähigkeit, Behinderung und Gesundheit orientiert. [3] Das Instrument hat die Beschreibung einer nur vorübergehenden Beeinträchtigung der Aktivität und Teilhabe in den folgenden Lebensbereichen vorzusehen:

1. Lernen und Wissensanwendung,

2. Allgemeine Aufgaben und Anforderungen,

---

[1] Auszugsweise abgedruckt unter Nr. **11**.

3. Kommunikation,
4. Mobilität,
5. Selbstversorgung,
6. häusliches Leben,
7. interpersonelle Interaktionen und Beziehungen,
8. bedeutende Lebensbereiche und
9. Gemeinschafts-, soziales und staatsbürgerliches Leben.

(2) Die Landesregierungen werden ermächtigt, durch Rechtsverordnung das Nähere über das Instrument zur Bedarfsermittlung zu bestimmen.

§ 119 Gesamtplankonferenz. (1) [1] Mit Zustimmung des Leistungsberechtigten kann der Träger der Eingliederungshilfe eine Gesamtplankonferenz durchführen, um die Leistungen für den Leistungsberechtigten nach den Kapiteln 3 bis 6 sicherzustellen. [2] Die Leistungsberechtigten, die beteiligten Rehabilitationsträger und bei minderjährigen Leistungsberechtigten der nach § 86 des Achten Buches zuständige örtliche Träger der öffentlichen Jugendhilfe können dem nach § 15 verantwortlichen Träger der Eingliederungshilfe die Durchführung einer Gesamtplankonferenz vorschlagen. [3] Den Vorschlag auf Durchführung einer Gesamtplankonferenz kann der Träger der Eingliederungshilfe ablehnen, wenn der maßgebliche Sachverhalt schriftlich ermittelt werden kann oder der Aufwand zur Durchführung nicht in einem angemessenen Verhältnis zum Umfang der beantragten Leistung steht.

(2) [1] In einer Gesamtplankonferenz beraten der Träger der Eingliederungshilfe, der Leistungsberechtigte und beteiligte Leistungsträger gemeinsam auf der Grundlage des Ergebnisses der Bedarfsermittlung nach § 118 insbesondere über

1. die Stellungnahmen der beteiligten Leistungsträger und die gutachterliche Stellungnahme des Leistungserbringers bei Beendigung der Leistungen zur beruflichen Bildung nach § 57,
2. die Wünsche der Leistungsberechtigten nach § 104 Absatz 2 bis 4,
3. den Beratungs- und Unterstützungsbedarf nach § 106,
4. die Erbringung der Leistungen.

[2] Soweit die Beratung über die Erbringung der Leistungen nach Nummer 4 den Lebensunterhalt betrifft, umfasst sie den Anteil des Regelsatzes nach § 27a Absatz 3 des Zwölften Buches, der den Leistungsberechtigten als Barmittel verbleibt.

(3) [1] Ist der Träger der Eingliederungshilfe Leistungsverantwortlicher nach § 15, soll er die Gesamtplankonferenz mit einer Teilhabeplankonferenz nach § 20 verbinden. [2] Ist der Träger der Eingliederungshilfe nicht Leistungsverantwortlicher nach § 15, soll er nach § 19 Absatz 5 den Leistungsberechtigten und den Rehabilitationsträgern anbieten, mit deren Einvernehmen das Verfahren anstelle des leistenden Rehabilitationsträgers durchzuführen.

(4) [1] Beantragt eine leistungsberechtigte Mutter oder ein leistungsberechtigter Vater Leistungen zur Deckung von Bedarfen bei der Versorgung und Betreuung eines eigenen Kindes oder mehrerer eigener Kinder, so ist eine Gesamtplankonferenz mit Zustimmung des Leistungsberechtigten durchzuführen. [2] Bestehen Anhaltspunkte dafür, dass diese Bedarfe durch Leistungen anderer Leistungsträger, durch das familiäre, freundschaftliche und nachbarschaftliche Umfeld oder ehrenamtlich gedeckt werden können, so informiert der

Träger der Eingliederungshilfe mit Zustimmung der Leistungsberechtigten die als zuständig angesehenen Leistungsträger, die ehrenamtlich tätigen Stellen und Personen oder die jeweiligen Personen aus dem persönlichen Umfeld und beteiligt sie an der Gesamtplankonferenz.

§ 120 Feststellung der Leistungen. (1) Nach Abschluss der Gesamtplankonferenz stellen der Träger der Eingliederungshilfe und die beteiligten Leistungsträger ihre Leistungen nach den für sie geltenden Leistungsgesetzen innerhalb der Fristen nach den §§ 14 und 15 fest.

(2) [1] Der Träger der Eingliederungshilfe erlässt auf Grundlage des Gesamtplanes nach § 121 den Verwaltungsakt über die festgestellte Leistung nach den Kapiteln 3 bis 6. [2] Der Verwaltungsakt enthält mindestens die bewilligten Leistungen und die jeweiligen Leistungsvoraussetzungen. [3] Die Feststellungen über die Leistungen sind für den Erlass des Verwaltungsaktes bindend. [4] Ist eine Gesamtplankonferenz durchgeführt worden, sind deren Ergebnisse der Erstellung des Gesamtplanes zugrunde zu legen. [5] Ist der Träger der Eingliederungshilfe Leistungsverantwortlicher nach § 15, sind die Feststellungen über die Leistungen für die Entscheidung nach § 15 Absatz 3 bindend.

(3) Wenn nach den Vorschriften zur Koordinierung der Leistungen nach Teil 1 Kapitel 4 ein anderer Rehabilitationsträger die Leistungsverantwortung trägt, bilden die im Rahmen der Gesamtplanung festgestellten Leistungen nach den Kapiteln 3 bis 6 die für den Teilhabeplan erforderlichen Feststellungen nach § 15 Absatz 2.

(4) In einem Eilfall erbringt der Träger der Eingliederungshilfe Leistungen der Eingliederungshilfe nach den Kapiteln 3 bis 6 vor Beginn der Gesamtplankonferenz vorläufig; der Umfang der vorläufigen Gesamtleistung bestimmt sich nach pflichtgemäßem Ermessen.

§ 121 Gesamtplan. (1) Der Träger der Eingliederungshilfe stellt unverzüglich nach der Feststellung der Leistungen einen Gesamtplan insbesondere zur Durchführung der einzelnen Leistungen oder einer Einzelleistung auf.

(2) [1] Der Gesamtplan dient der Steuerung, Wirkungskontrolle und Dokumentation des Teilhabeprozesses. [2] Er bedarf der Schriftform und soll regelmäßig, spätestens nach zwei Jahren, überprüft und fortgeschrieben werden.

(3) Bei der Aufstellung des Gesamtplanes wirkt der Träger der Eingliederungshilfe zusammen mit

1. dem Leistungsberechtigten,

2. einer Person seines Vertrauens und

3. dem im Einzelfall Beteiligten, insbesondere mit

    a) dem behandelnden Arzt,

    b) dem Gesundheitsamt,

    c) dem Landesarzt,

    d) dem Jugendamt und

    e) den Dienststellen der Bundesagentur für Arbeit.

(4) Der Gesamtplan enthält neben den Inhalten nach § 19 mindestens

1. die im Rahmen der Gesamtplanung eingesetzten Verfahren und Instrumente sowie die Maßstäbe und Kriterien der Wirkungskontrolle einschließlich des Überprüfungszeitpunkts,

2. die Aktivitäten der Leistungsberechtigten,
3. die Feststellungen über die verfügbaren und aktivierbaren Selbsthilferessourcen des Leistungsberechtigten sowie über Art, Inhalt, Umfang und Dauer der zu erbringenden Leistungen,
4. die Berücksichtigung des Wunsch- und Wahlrechts nach § 8 im Hinblick auf eine pauschale Geldleistung,
5. die Erkenntnisse aus vorliegenden sozialmedizinischen Gutachten*[bis 31.10. 2022: und][ab 1.11.2022: ,]*
6. das Ergebnis über die Beratung des Anteils des Regelsatzes nach § 27a Absatz 3 des Zwölften Buches, der den Leistungsberechtigten als Barmittel verbleibt*[bis 31.10.2022: .][ab 1.11.2022: und]*
[Nr. 7 ab 1.11.2022:]
7. *die Einschätzung, ob für den Fall einer stationären Krankenhausbehandlung die Begleitung und Befähigung des Leistungsberechtigten durch vertraute Bezugspersonen zur Sicherstellung der Durchführung der Behandlung erforderlich ist.*

(5) Der Träger der Eingliederungshilfe stellt der leistungsberechtigten Person den Gesamtplan zur Verfügung.

§ 122 Teilhabezielvereinbarung. [1] Der Träger der Eingliederungshilfe kann mit dem Leistungsberechtigten eine Teilhabezielvereinbarung zur Umsetzung der Mindestinhalte des Gesamtplanes oder von Teilen der Mindestinhalte des Gesamtplanes abschließen. [2] Die Vereinbarung wird für die Dauer des Bewilligungszeitraumes der Leistungen der Eingliederungshilfe abgeschlossen, soweit sich aus ihr nichts Abweichendes ergibt. [3] Bestehen Anhaltspunkte dafür, dass die Vereinbarungsziele nicht oder nicht mehr erreicht werden, hat der Träger der Eingliederungshilfe die Teilhabezielvereinbarung anzupassen. [4] Die Kriterien nach § 117 Absatz 1 Nummer 3 gelten entsprechend.

Kapitel 8. Vertragsrecht

§ 123 Allgemeine Grundsätze. (1) [1] Der Träger der Eingliederungshilfe darf Leistungen der Eingliederungshilfe mit Ausnahme der Leistungen nach § 113 Absatz 2 Nummer 2 in Verbindung mit § 78 Absatz 5 und § 116 Absatz 1 durch Dritte (Leistungserbringer) nur bewilligen, soweit eine schriftliche Vereinbarung zwischen dem Träger des Leistungserbringers und dem für den Ort der Leistungserbringung zuständigen Träger der Eingliederungshilfe besteht. [2] Die Vereinbarung kann auch zwischen dem Träger der Eingliederungshilfe und dem Verband, dem der Leistungserbringer angehört, geschlossen werden, soweit der Verband eine entsprechende Vollmacht nachweist.

(2) [1] Die Vereinbarungen sind für alle übrigen Träger der Eingliederungshilfe bindend. [2] Die Vereinbarungen müssen den Grundsätzen der Wirtschaftlichkeit, Sparsamkeit und Leistungsfähigkeit entsprechen und dürfen das Maß des Notwendigen nicht überschreiten. [3] Sie sind vor Beginn der jeweiligen Wirtschaftsperiode für einen zukünftigen Zeitraum abzuschließen (Vereinbarungszeitraum); nachträgliche Ausgleiche sind nicht zulässig. [4] Die Ergebnisse der Vereinbarungen sind den Leistungsberechtigten in einer wahrnehmbaren Form zugänglich zu machen.

(3) Keine Leistungserbringer im Sinne dieses Kapitels sind
1. private und öffentliche Arbeitgeber gemäß § 61 oder § 61a sowie

2. Einrichtungen der beruflichen Rehabilitation, in denen der schulische Teil der Ausbildung nach § 61a Absatz 2 Satz 4 erfolgen kann.

(4) [1]Besteht eine schriftliche Vereinbarung, so ist der Leistungserbringer, soweit er kein anderer Leistungsanbieter im Sinne des § 60 ist, im Rahmen des vereinbarten Leistungsangebotes verpflichtet, Leistungsberechtigte aufzunehmen und Leistungen der Eingliederungshilfe unter Beachtung der Inhalte des Gesamtplanes nach § 121 zu erbringen. [2]Die Verpflichtung zur Leistungserbringung besteht auch in den Fällen des § 116 Absatz 2.

(5) [1]Der Träger der Eingliederungshilfe darf die Leistungen durch Leistungserbringer, mit denen keine schriftliche Vereinbarung besteht, nur erbringen, soweit

1. dies nach der Besonderheit des Einzelfalles geboten ist,

2. der Leistungserbringer ein schriftliches Leistungsangebot vorlegt, das für den Inhalt einer Vereinbarung nach § 125 gilt,

3. der Leistungserbringer sich schriftlich verpflichtet, die Grundsätze der Wirtschaftlichkeit und Qualität der Leistungserbringung zu beachten,

4. der Leistungserbringer sich schriftlich verpflichtet, bei der Erbringung von Leistungen die Inhalte des Gesamtplanes nach § 121 zu beachten,

5. die Vergütung für die Erbringung der Leistungen nicht höher ist als die Vergütung, die der Träger der Eingliederungshilfe mit anderen Leistungserbringern für vergleichbare Leistungen vereinbart hat.

[2]Die allgemeinen Grundsätze der Absätze 1 bis 3 und 5 sowie die Vorschriften zur Geeignetheit der Leistungserbringer (§ 124), zum Inhalt der Vergütung (§ 125), zur Verbindlichkeit der vereinbarten Vergütung (§ 127), zur Wirtschaftlichkeits- und Qualitätsprüfung (§ 128), zur Kürzung der Vergütung (§ 129) und zur außerordentlichen Kündigung der Vereinbarung (§ 130) gelten entsprechend.

(6) Der Leistungserbringer hat gegen den Träger der Eingliederungshilfe einen Anspruch auf Vergütung der gegenüber dem Leistungsberechtigten erbrachten Leistungen der Eingliederungshilfe.

§ 124 Geeignete Leistungserbringer. (1) [1]Sind geeignete Leistungserbringer vorhanden, soll der Träger der Eingliederungshilfe zur Erfüllung seiner Aufgaben eigene Angebote nicht neu schaffen. [2]Geeignet ist ein externer Leistungserbringer, der unter Sicherstellung der Grundsätze des § 104 die Leistungen wirtschaftlich und sparsam erbringen kann. [3]Die durch den Leistungserbringer geforderte Vergütung ist wirtschaftlich angemessen, wenn sie im Vergleich mit der Vergütung vergleichbarer Leistungserbringer im unteren Drittel liegt (externer Vergleich). [4]Liegt die geforderte Vergütung oberhalb des unteren Drittels, kann sie wirtschaftlich angemessen sein, sofern sie nachvollziehbar auf einem höheren Aufwand des Leistungserbringers beruht und wirtschaftlicher Betriebsführung entspricht. [5]In den externen Vergleich sind die im Einzugsbereich tätigen Leistungserbringer einzubeziehen. [6]Die Bezahlung tariflich vereinbarter Vergütungen sowie entsprechender Vergütungen nach kirchlichen Arbeitsrechtsregelungen kann dabei nicht als unwirtschaftlich abgelehnt werden, soweit die Vergütung aus diesem Grunde oberhalb des unteren Drittels liegt.

(2) [1] Geeignete Leistungserbringer haben zur Erbringung der Leistungen der Eingliederungshilfe eine dem Leistungsangebot entsprechende Anzahl an Fach- und anderem Betreuungspersonal zu beschäftigen. [2] Sie müssen über die Fähigkeit zur Kommunikation mit den Leistungsberechtigten in einer für die Leistungsberechtigten wahrnehmbaren Form verfügen und nach ihrer Persönlichkeit geeignet sein. [3] Geeignete Leistungserbringer dürfen nur solche Personen beschäftigen oder ehrenamtliche Personen, die in Wahrnehmung ihrer Aufgaben Kontakt mit Leistungsberechtigten haben, mit Aufgaben betrauen, die nicht rechtskräftig wegen einer Straftat nach den §§ 171, 174 bis 174c, 176 bis 180a, 181a, 182 bis 184g, 184i bis 184l, 201a Absatz 3, §§ 225, 232 bis 233a, 234, 235 oder 236 des Strafgesetzbuchs verurteilt worden sind. [4] Die Leistungserbringer sollen sich von Fach- und anderem Betreuungspersonal, die in Wahrnehmung ihrer Aufgaben Kontakt mit Leistungsberechtigten haben, vor deren Einstellung oder Aufnahme einer dauerhaften ehrenamtlichen Tätigkeit und in regelmäßigen Abständen ein Führungszeugnis nach § 30a Absatz 1 des Bundeszentralregistergesetzes vorlegen lassen. [5] Nimmt der Leistungserbringer Einsicht in ein Führungszeugnis nach § 30a Absatz 1 des Bundeszentralregistergesetzes, so speichert er nur den Umstand der Einsichtnahme, das Datum des Führungszeugnisses und die Information, ob die das Führungszeugnis betreffende Person wegen einer in Satz 3 genannten Straftat rechtskräftig verurteilt worden ist. [6] Der Leistungserbringer darf diese Daten nur verändern und nutzen, soweit dies zur Prüfung der Eignung einer Person erforderlich ist. [7] Die Daten sind vor dem Zugriff Unbefugter zu schützen. [8] Sie sind unverzüglich zu löschen, wenn im Anschluss an die Einsichtnahme keine Tätigkeit für den Leistungserbringer wahrgenommen wird. [9] Sie sind spätestens drei Monate nach der letztmaligen Ausübung einer Tätigkeit für den Leistungserbringer zu löschen. [10] Das Fachpersonal muss zusätzlich über eine abgeschlossene berufsspezifische Ausbildung und dem Leistungsangebot entsprechende Zusatzqualifikationen verfügen.

(3) Sind mehrere Leistungserbringer im gleichen Maße geeignet, so hat der Träger der Eingliederungshilfe Vereinbarungen vorrangig mit Leistungserbringern abzuschließen, deren Vergütung bei vergleichbarem Inhalt, Umfang und Qualität der Leistung nicht höher ist als die anderer Leistungserbringer.

§ 125 Inhalt der schriftlichen Vereinbarung. (1) In der schriftlichen Vereinbarung zwischen dem Träger der Eingliederungshilfe und dem Leistungserbringer sind zu regeln:

1. Inhalt, Umfang und Qualität einschließlich der Wirksamkeit der Leistungen der Eingliederungshilfe (Leistungsvereinbarung) und

2. die Vergütung der Leistungen der Eingliederungshilfe (Vergütungsvereinbarung).

(2) [1] In die Leistungsvereinbarung sind als wesentliche Leistungsmerkmale mindestens aufzunehmen:

1. der zu betreuende Personenkreis,

2. die erforderliche sächliche Ausstattung,

3. Art, Umfang, Ziel und Qualität der Leistungen der Eingliederungshilfe,

4. die Festlegung der personellen Ausstattung,

5. die Qualifikation des Personals sowie

6. soweit erforderlich, die betriebsnotwendigen Anlagen des Leistungserbringers.

[2] Soweit die Erbringung von Leistungen nach § 116 Absatz 2 zu vereinbaren ist, sind darüber hinaus die für die Leistungserbringung erforderlichen Strukturen zu berücksichtigen.

(3) [1] Mit der Vergütungsvereinbarung werden unter Berücksichtigung der Leistungsmerkmale nach Absatz 2 Leistungspauschalen für die zu erbringenden Leistungen unter Beachtung der Grundsätze nach § 123 Absatz 2 festgelegt. [2] Förderungen aus öffentlichen Mitteln sind anzurechnen. [3] Die Leistungspauschalen sind nach Gruppen von Leistungsberechtigten mit vergleichbarem Bedarf oder Stundensätzen sowie für die gemeinsame Inanspruchnahme durch mehrere Leistungsberechtigte (§ 116 Absatz 2) zu kalkulieren. [4] Abweichend von Satz 1 können andere geeignete Verfahren zur Vergütung und Abrechnung der Fachleistung unter Beteiligung der Interessenvertretungen der Menschen mit Behinderungen vereinbart werden.

(4) [1] Die Vergütungsvereinbarungen mit Werkstätten für behinderte Menschen und anderen Leistungsanbietern berücksichtigen zusätzlich die mit der wirtschaftlichen Betätigung in Zusammenhang stehenden Kosten, soweit diese Kosten unter Berücksichtigung der besonderen Verhältnisse beim Leistungserbringer und der dort beschäftigten Menschen mit Behinderungen nach Art und Umfang über die in einem Wirtschaftsunternehmen üblicherweise entstehenden Kosten hinausgehen. [2] Können die Kosten im Einzelfall nicht ermittelt werden, kann hierfür eine Vergütungspauschale vereinbart werden. [3] Das Arbeitsergebnis des Leistungserbringers darf nicht dazu verwendet werden, die Vergütung des Trägers der Eingliederungshilfe zu mindern.

§ 126 Verfahren und Inkrafttreten der Vereinbarung. (1) [1] Der Leistungserbringer oder der Träger der Eingliederungshilfe hat die jeweils andere Partei schriftlich zu Verhandlungen über den Abschluss einer Vereinbarung gemäß § 125 aufzufordern. [2] Bei einer Aufforderung zum Abschluss einer Folgevereinbarung sind die Verhandlungsgegenstände zu benennen. [3] Die Aufforderung durch den Leistungsträger kann an einen unbestimmten Kreis von Leistungserbringern gerichtet werden. [4] Auf Verlangen einer Partei sind geeignete Nachweise zu den Verhandlungsgegenständen vorzulegen.

(2) [1] Kommt es nicht innerhalb von drei Monaten, nachdem eine Partei zu Verhandlungen aufgefordert wurde, zu einer schriftlichen Vereinbarung, so kann jede Partei hinsichtlich der strittigen Punkte die Schiedsstelle nach § 133 anrufen. [2] Die Schiedsstelle hat unverzüglich über die strittigen Punkte zu entscheiden. [3] Gegen die Entscheidung der Schiedsstelle ist der Rechtsweg zu den Sozialgerichten gegeben, ohne dass es eines Vorverfahrens bedarf. [4] Die Klage ist gegen den Verhandlungspartner und nicht gegen die Schiedsstelle zu richten.

(3) [1] Vereinbarungen und Schiedsstellenentscheidungen treten zu dem darin bestimmten Zeitpunkt in Kraft. [2] Wird ein Zeitpunkt nicht bestimmt, wird die Vereinbarung mit dem Tag ihres Abschlusses wirksam. [3] Festsetzungen der Schiedsstelle werden, soweit keine Festlegung erfolgt ist, rückwirkend mit dem Tag wirksam, an dem der Antrag bei der Schiedsstelle eingegangen ist. [4] Soweit in den Fällen des Satzes 3 während des Schiedsstellenverfahrens der Antrag geändert wurde, ist auf den Tag abzustellen, an dem der geänderte Antrag bei der Schiedsstelle eingegangen ist. [5] Ein jeweils vor diesem Zeitpunkt zurückwirkendes Vereinbaren oder Festsetzen von Vergütungen ist in den Fällen der Sätze 1 bis 4 nicht zulässig.

§ 127 Verbindlichkeit der vereinbarten Vergütung. (1) [1]Mit der Zahlung der vereinbarten Vergütung gelten alle während des Vereinbarungszeitraumes entstandenen Ansprüche des Leistungserbringers auf Vergütung der Leistung der Eingliederungshilfe als abgegolten. [2]Die im Einzelfall zu zahlende Vergütung bestimmt sich auf der Grundlage der jeweiligen Vereinbarung nach dem Betrag, der dem Leistungsberechtigten vom zuständigen Träger der Eingliederungshilfe bewilligt worden ist. [3]Sind Leistungspauschalen nach Gruppen von Leistungsberechtigten kalkuliert (§ 125 Absatz 3 Satz 3), richtet sich die zu zahlende Vergütung nach der Gruppe, die dem Leistungsberechtigten vom zuständigen Träger der Eingliederungshilfe bewilligt wurde.

(2) Einer Erhöhung der Vergütung auf Grund von Investitionsmaßnahmen, die während des laufenden Vereinbarungszeitraumes getätigt werden, muss der Träger der Eingliederungshilfe zustimmen, soweit er der Maßnahme zuvor dem Grunde und der Höhe nach zugestimmt hat.

(3) [1]Bei unvorhergesehenen wesentlichen Änderungen der Annahmen, die der Vergütungsvereinbarung oder der Entscheidung der Schiedsstelle über die Vergütung zugrunde lagen, ist die Vergütung auf Verlangen einer Vertragspartei für den laufenden Vereinbarungszeitraum neu zu verhandeln. [2]Für eine Neuverhandlung gelten die Vorschriften zum Verfahren und Inkrafttreten (§ 126) entsprechend.

(4) Nach Ablauf des Vereinbarungszeitraumes gilt die vereinbarte oder durch die Schiedsstelle festgesetzte Vergütung bis zum Inkrafttreten einer neuen Vergütungsvereinbarung weiter.

§ 128 Wirtschaftlichkeits- und Qualitätsprüfung. (1) [1]Soweit tatsächliche Anhaltspunkte dafür bestehen, dass ein Leistungserbringer seine vertraglichen oder gesetzlichen Pflichten nicht erfüllt, prüft der Träger der Eingliederungshilfe oder ein von diesem beauftragter Dritter die Wirtschaftlichkeit und Qualität einschließlich der Wirksamkeit der vereinbarten Leistungen des Leistungserbringers. [2]Die Leistungserbringer sind verpflichtet, dem Träger der Eingliederungshilfe auf Verlangen die für die Prüfung erforderlichen Unterlagen vorzulegen und Auskünfte zu erteilen. [3]Zur Vermeidung von Doppelprüfungen arbeiten die Träger der Eingliederungshilfe mit den Trägern der Sozialhilfe, mit den für die Heimaufsicht zuständigen Behörden sowie mit dem Medizinischen Dienst gemäß § 278 des Fünften Buches zusammen. [4]Der Träger der Eingliederungshilfe ist berechtigt und auf Anforderung verpflichtet, den für die Heimaufsicht zuständigen Behörden die Daten über den Leistungserbringer sowie die Ergebnisse der Prüfungen mitzuteilen, soweit sie für die Zwecke der Prüfung durch den Empfänger erforderlich sind. [5]Personenbezogene Daten sind vor der Datenübermittlung zu anonymisieren. [6]Abweichend von Satz 5 dürfen personenbezogene Daten in nicht anonymisierter Form an die für die Heimaufsicht zuständigen Behörden übermittelt werden, soweit sie zu deren Aufgabenerfüllung erforderlich sind. [7]Durch Landesrecht kann von der Einschränkung in Satz 1 erster Halbsatz abgewichen werden.

(2) Die Prüfung nach Absatz 1 kann ohne vorherige Ankündigung erfolgen und erstreckt sich auf Inhalt, Umfang, Wirtschaftlichkeit und Qualität einschließlich der Wirksamkeit der erbrachten Leistungen.

(3) [1]Der Träger der Eingliederungshilfe hat den Leistungserbringer über das Ergebnis der Prüfung schriftlich zu unterrichten. [2]Das Ergebnis der Prüfung ist

dem Leistungsberechtigten in einer wahrnehmbaren Form zugänglich zu machen.

§ 129 Kürzung der Vergütung. (1) [1] Hält ein Leistungserbringer seine gesetzlichen oder vertraglichen Verpflichtungen ganz oder teilweise nicht ein, ist die vereinbarte Vergütung für die Dauer der Pflichtverletzung entsprechend zu kürzen. [2] Über die Höhe des Kürzungsbetrags ist zwischen den Vertragsparteien Einvernehmen herzustellen. [3] Kommt eine Einigung nicht zustande, entscheidet auf Antrag einer Vertragspartei die Schiedsstelle. [4] Für das Verfahren bei Entscheidungen durch die Schiedsstelle gilt § 126 Absatz 2 und 3 entsprechend.

(2) Der Kürzungsbetrag ist an den Träger der Eingliederungshilfe bis zu der Höhe zurückzuzahlen, in der die Leistung vom Träger der Eingliederungshilfe erbracht worden ist und im Übrigen an die Leistungsberechtigten zurückzuzahlen.

(3) [1] Der Kürzungsbetrag kann nicht über die Vergütungen refinanziert werden. [2] Darüber hinaus besteht hinsichtlich des Kürzungsbetrags kein Anspruch auf Nachverhandlung gemäß § 127 Absatz 3.

§ 130 Außerordentliche Kündigung der Vereinbarungen. [1] Der Träger der Eingliederungshilfe kann die Vereinbarungen mit einem Leistungserbringer fristlos kündigen, wenn ihm ein Festhalten an den Vereinbarungen auf Grund einer groben Verletzung einer gesetzlichen oder vertraglichen Verpflichtung durch den Leistungserbringer nicht mehr zumutbar ist. [2] Eine grobe Pflichtverletzung liegt insbesondere dann vor, wenn

1. Leistungsberechtigte infolge der Pflichtverletzung zu Schaden kommen,
2. gravierende Mängel bei der Leistungserbringung vorhanden sind,
3. dem Leistungserbringer nach heimrechtlichen Vorschriften die Betriebserlaubnis entzogen ist,
4. dem Leistungserbringer der Betrieb untersagt wird oder
5. der Leistungserbringer gegenüber dem Leistungsträger nicht erbrachte Leistungen abrechnet.

[3] Die Kündigung bedarf der Schriftform. [4] § 59 des Zehnten Buches gilt entsprechend.

§ 131 Rahmenverträge zur Erbringung von Leistungen. (1) [1] Die Träger der Eingliederungshilfe schließen auf Landesebene mit den Vereinigungen der Leistungserbringer gemeinsam und einheitlich Rahmenverträge zu den schriftlichen Vereinbarungen nach § 125 ab. [2] Die Rahmenverträge bestimmen

1. die nähere Abgrenzung der den Vergütungspauschalen und -beträgen nach § 125 Absatz 1 zugrunde zu legenden Kostenarten und -bestandteile sowie die Zusammensetzung der Investitionsbeträge nach § 125 Absatz 2,
2. den Inhalt und die Kriterien für die Ermittlung und Zusammensetzung der Leistungspauschalen, die Merkmale für die Bildung von Gruppen mit vergleichbarem Bedarf nach § 125 Absatz 3 Satz 3 sowie die Zahl der zu bildenden Gruppen,
3. die Höhe der Leistungspauschale nach § 125 Absatz 3 Satz 1,
4. die Zuordnung der Kostenarten und -bestandteile nach § 125 Absatz 4 Satz 1,

5. die Festlegung von Personalrichtwerten oder anderen Methoden zur Festlegung der personellen Ausstattung,

6. die Grundsätze und Maßstäbe für die Wirtschaftlichkeit und Qualität einschließlich der Wirksamkeit der Leistungen sowie Inhalt und Verfahren zur Durchführung von Wirtschaftlichkeits- und Qualitätsprüfungen und

7. das Verfahren zum Abschluss von Vereinbarungen.

[3] Für Leistungserbringer, die einer Kirche oder Religionsgemeinschaft des öffentlichen Rechts oder einem sonstigen freigemeinnützigen Träger zuzuordnen sind, können die Rahmenverträge auch von der Kirche oder Religionsgemeinschaft oder von dem Wohlfahrtsverband abgeschlossen werden, dem der Leistungserbringer angehört. [4] In den Rahmenverträgen sollen die Merkmale und Besonderheiten der jeweiligen Leistungen berücksichtigt werden.

(2) Die durch Landesrecht bestimmten maßgeblichen Interessenvertretungen der Menschen mit Behinderungen wirken bei der Erarbeitung und Beschlussfassung der Rahmenverträge mit.

(3) Die Vereinigungen der Träger der Eingliederungshilfe und die Vereinigungen der Leistungserbringer vereinbaren gemeinsam und einheitlich Empfehlungen auf Bundesebene zum Inhalt der Rahmenverträge.

(4) Kommt es nicht innerhalb von sechs Monaten nach schriftlicher Aufforderung durch die Landesregierung zu einem Rahmenvertrag, so kann die Landesregierung die Inhalte durch Rechtsverordnung regeln.

§ 132 Abweichende Zielvereinbarungen. (1) Leistungsträger und Träger der Leistungserbringer können Zielvereinbarungen zur Erprobung neuer und zur Weiterentwicklung der bestehenden Leistungs- und Finanzierungsstrukturen abschließen.

(2) Die individuellen Leistungsansprüche der Leistungsberechtigten bleiben unberührt.

(3) Absatz 1 gilt nicht, soweit auch Leistungen nach dem Siebten Kapitel des Zwölften Buches[1] gewährt werden.

§ 133 Schiedsstelle. (1) Für jedes Land oder für Teile eines Landes wird eine Schiedsstelle gebildet.

(2) Die Schiedsstelle besteht aus Vertretern der Leistungserbringer und Vertretern der Träger der Eingliederungshilfe in gleicher Zahl sowie einem unparteiischen Vorsitzenden.

(3) [1] Die Vertreter der Leistungserbringer und deren Stellvertreter werden von den Vereinigungen der Leistungserbringer bestellt. [2] Bei der Bestellung ist die Trägervielfalt zu beachten. [3] Die Vertreter der Träger der Eingliederungshilfe und deren Stellvertreter werden von diesen bestellt. [4] Der Vorsitzende und sein Stellvertreter werden von den beteiligten Organisationen gemeinsam bestellt. [5] Kommt eine Einigung nicht zustande, werden sie durch Los bestimmt. [6] Soweit die beteiligten Organisationen der Leistungserbringer oder die Träger der Eingliederungshilfe keinen Vertreter bestellen oder im Verfahren nach Satz 3 keine Kandidaten für das Amt des Vorsitzenden und des Stellvertreters benennen, bestellt die zuständige Landesbehörde auf Antrag eines der Beteiligten die

---

[1] Auszugsweise abgedruckt unter Nr. **11**.

Vertreter und benennt die Kandidaten für die Position des Vorsitzenden und seines Stellvertreters.

(4) [1] Die Mitglieder der Schiedsstelle führen ihr Amt als Ehrenamt. [2] Sie sind an Weisungen nicht gebunden. [3] Jedes Mitglied hat eine Stimme. [4] Die Entscheidungen werden mit der Mehrheit der Mitglieder getroffen. [5] Ergibt sich keine Mehrheit, entscheidet die Stimme des Vorsitzenden.

(5) Die Landesregierungen werden ermächtigt, durch Rechtsverordnung das Nähere zu bestimmen über

1. die Zahl der Schiedsstellen,
2. die Zahl der Mitglieder und deren Bestellung,
3. die Amtsdauer und Amtsführung,
4. die Erstattung der baren Auslagen und die Entschädigung für den Zeitaufwand der Mitglieder der Schiedsstelle,
5. die Geschäftsführung,
6. das Verfahren,
7. die Erhebung und die Höhe der Gebühren,
8. die Verteilung der Kosten,
9. die Rechtsaufsicht sowie
10. die Beteiligung der Interessenvertretungen der Menschen mit Behinderungen.

§ 134 Sonderregelung zum Inhalt der Vereinbarungen zur Erbringung von Leistungen für minderjährige Leistungsberechtigte und in Sonderfällen. (1) In der schriftlichen Vereinbarung zur Erbringung von Leistungen für minderjährige Leistungsberechtigte zwischen dem Träger der Eingliederungshilfe und dem Leistungserbringer sind zu regeln:

1. Inhalt, Umfang und Qualität einschließlich der Wirksamkeit der Leistungen (Leistungsvereinbarung) sowie
2. die Vergütung der Leistung (Vergütungsvereinbarung).

(2) In die Leistungsvereinbarung sind als wesentliche Leistungsmerkmale insbesondere aufzunehmen:

1. die betriebsnotwendigen Anlagen des Leistungserbringers,
2. der zu betreuende Personenkreis,
3. Art, Ziel und Qualität der Leistung,
4. die Festlegung der personellen Ausstattung,
5. die Qualifikation des Personals sowie
6. die erforderliche sächliche Ausstattung.

(3) [1] Die Vergütungsvereinbarung besteht mindestens aus

1. der Grundpauschale für Unterkunft und Verpflegung,
2. der Maßnahmepauschale sowie
3. einem Betrag für betriebsnotwendige Anlagen einschließlich ihrer Ausstattung (Investitionsbetrag).

[2] Förderungen aus öffentlichen Mitteln sind anzurechnen. [3] Die Maßnahmepauschale ist nach Gruppen für Leistungsberechtigte mit vergleichbarem Bedarf zu kalkulieren.

(4) [1]Die Absätze 1 bis 3 finden auch Anwendung, wenn volljährige Leistungsberechtigte Leistungen zur Schulbildung nach § 112 Absatz 1 Nummer 1 sowie Leistungen zur schulischen Ausbildung für einen Beruf nach § 112 Absatz 1 Nummer 2 erhalten, soweit diese Leistungen in besonderen Ausbildungsstätten über Tag und Nacht für Menschen mit Behinderungen erbracht werden. [2]Entsprechendes gilt bei anderen volljährigen Leistungsberechtigten, wenn

1. das Konzept des Leistungserbringers auf Minderjährige als zu betreuenden Personenkreis ausgerichtet ist,
2. der Leistungsberechtigte von diesem Leistungserbringer bereits Leistungen über Tag und Nacht auf Grundlage von Vereinbarungen nach den Absätzen 1 bis 3, § 78b des Achten Buches, § 75 Absatz 3 des Zwölften Buches in der am 31. Dezember 2019 geltenden Fassung oder nach Maßgabe des § 75 Absatz 4 des Zwölften Buches in der am 31. Dezember 2019 geltenden Fassung erhalten hat und
3. der Leistungsberechtigte nach Erreichen der Volljährigkeit für eine kurze Zeit, in der Regel nicht länger als bis zur Vollendung des 21. Lebensjahres, Leistungen von diesem Leistungserbringer weitererhält, mit denen insbesondere vor dem Erreichen der Volljährigkeit definierte Teilhabeziele erreicht werden sollen.

Kapitel 9. Einkommen und Vermögen

§ 135 Begriff des Einkommens. (1) Maßgeblich für die Ermittlung des Beitrages nach § 136 ist die Summe der Einkünfte des Vorvorjahres nach § 2 Absatz 2 des Einkommensteuergesetzes sowie bei Renteneinkünften die Bruttorente des Vorvorjahres.

(2) Wenn zum Zeitpunkt der Leistungsgewährung eine erhebliche Abweichung zu den Einkünften des Vorvorjahres besteht, sind die voraussichtlichen Jahreseinkünfte des laufenden Jahres im Sinne des Absatzes 1 zu ermitteln und zugrunde zu legen.

§ 136 Beitrag aus Einkommen zu den Aufwendungen. (1) Bei den Leistungen nach diesem Teil ist ein Beitrag zu den Aufwendungen aufzubringen, wenn das Einkommen im Sinne des § 135 der antragstellenden Person sowie bei minderjährigen Personen der im Haushalt lebenden Eltern oder des im Haushalt lebenden Elternteils die Beträge nach Absatz 2 übersteigt.

(2) [1]Ein Beitrag zu den Aufwendungen ist aufzubringen, wenn das Einkommen im Sinne des § 135 überwiegend

1. aus einer sozialversicherungspflichtigen Beschäftigung oder selbständigen Tätigkeit erzielt wird und 85 Prozent der jährlichen Bezugsgröße nach § 18 Absatz 1 des Vierten Buches übersteigt oder
2. aus einer nicht sozialversicherungspflichtigen Beschäftigung erzielt wird und 75 Prozent der jährlichen Bezugsgröße nach § 18 Absatz 1 des Vierten Buches übersteigt oder
3. aus Renteneinkünften erzielt wird und 60 Prozent der jährlichen Bezugsgröße nach § 18 Absatz 1 des Vierten Buches übersteigt.

[2]Wird das Einkommen im Sinne des § 135 überwiegend aus anderen Einkunftsarten erzielt, ist Satz 1 Nummer 2 entsprechend anzuwenden.

(3) Die Beträge nach Absatz 2 erhöhen sich für den nicht getrennt lebenden Ehegatten oder Lebenspartner, den Partner einer eheähnlichen oder lebenspartnerschaftsähnlichen Gemeinschaft um 15 Prozent sowie für jedes unterhaltsberechtigte Kind im Haushalt um 10 Prozent der jährlichen Bezugsgröße nach § 18 Absatz 1 des Vierten Buches.

(4) [1] Übersteigt das Einkommen im Sinne des § 135 einer in Absatz 3 erster Halbsatz genannten Person den Betrag, der sich nach Absatz 2 ergibt, findet Absatz 3 keine Anwendung. [2] In diesem Fall erhöhen sich für jedes unterhaltsberechtigte Kind im Haushalt die Beträge nach Absatz 2 um 5 Prozent der jährlichen Bezugsgröße nach § 18 Absatz 1 des Vierten Buches.

(5) [1] Ist der Leistungsberechtigte minderjährig und lebt im Haushalt der Eltern, erhöht sich der Betrag nach Absatz 2 um 75 Prozent der jährlichen Bezugsgröße nach § 18 Absatz 1 des Vierten Buches für jeden Leistungsberechtigten. [2] Die Absätze 3 und 4 sind nicht anzuwenden.

§ 137 Höhe des Beitrages zu den Aufwendungen. (1) Die antragstellende Person im Sinne des § 136 Absatz 1 hat aus dem Einkommen im Sinne des § 135 einen Beitrag zu den Aufwendungen nach Maßgabe der Absätze 2 und 3 aufzubringen.

(2) [1] Wenn das Einkommen die Beträge nach § 136 Absatz 2 übersteigt, ist ein monatlicher Beitrag in Höhe von 2 Prozent des den Betrag nach § 136 Absatz 2 bis 5 übersteigenden Betrages als monatlicher Beitrag aufzubringen. [2] Der nach Satz 1 als monatlicher Beitrag aufzubringende Betrag ist auf volle 10 Euro abzurunden.

(3) Der Beitrag ist von der zu erbringenden Leistung abzuziehen.

(4) [1] Ist ein Beitrag von anderen Personen aufzubringen als dem Leistungsberechtigten und ist die Durchführung der Maßnahme der Eingliederungshilfeleistung ohne Entrichtung des Beitrages gefährdet, so kann im Einzelfall die erforderliche Leistung ohne Abzug nach Absatz 3 erbracht werden. [2] Die in Satz 1 genannten Personen haben dem Träger der Eingliederungshilfe die Aufwendungen im Umfang des Beitrages zu ersetzen; mehrere Verpflichtete haften als Gesamtschuldner.

§ 138 Besondere Höhe des Beitrages zu den Aufwendungen. (1) Ein Beitrag ist nicht aufzubringen bei

1. heilpädagogischen Leistungen nach § 113 Absatz 2 Nummer 3,
2. Leistungen zur medizinischen Rehabilitation nach § 109,
3. Leistungen zur Teilhabe am Arbeitsleben nach § 111 Absatz 1,
4. Leistungen zur Teilhabe an Bildung nach § 112 Absatz 1 Nummer 1,
5. Leistungen zur schulischen oder hochschulischen Ausbildung oder Weiterbildung für einen Beruf nach § 112 Absatz 1 Nummer 2, soweit diese Leistungen in besonderen Ausbildungsstätten über Tag und Nacht für Menschen mit Behinderungen erbracht werden,
6. Leistungen zum Erwerb und Erhalt praktischer Kenntnisse und Fähigkeiten nach § 113 Absatz 2 Nummer 5, soweit diese der Vorbereitung auf die Teilhabe am Arbeitsleben nach § 111 Absatz 1 dienen,
7. Leistungen nach § 113 Absatz 2, die noch nicht eingeschulten leistungsberechtigten Personen die für sie erreichbare Teilnahme am Leben in der Gemeinschaft ermöglichen sollen,

8. gleichzeitiger Gewährung von Leistungen zum Lebensunterhalt nach dem Zweiten oder Zwölften Buch oder nach § 27a des Bundesversorgungsgesetzes[1]).

(2) Wenn ein Beitrag nach § 137 aufzubringen ist, ist für weitere Leistungen im gleichen Zeitraum oder weitere Leistungen an minderjährige Kinder im gleichen Haushalt nach diesem Teil kein weiterer Beitrag aufzubringen.

(3) Bei einmaligen Leistungen zur Beschaffung von Bedarfsgegenständen, deren Gebrauch für mindestens ein Jahr bestimmt ist, ist höchstens das Vierfache des monatlichen Beitrages einmalig aufzubringen.

§ 139 Begriff des Vermögens. [1]Zum Vermögen im Sinne dieses Teils gehört das gesamte verwertbare Vermögen. [2]Die Leistungen nach diesem Teil dürfen nicht abhängig gemacht werden vom Einsatz oder von der Verwertung des Vermögens im Sinne des § 90 Absatz 2 Nummer 1 bis 8 des Zwölften Buches[2]) und eines Barvermögens oder sonstiger Geldwerte bis zu einem Betrag von 150 Prozent der jährlichen Bezugsgröße nach § 18 Absatz 1 des Vierten Buches. [3]Die Eingliederungshilfe darf ferner nicht vom Einsatz oder von der Verwertung eines Vermögens abhängig gemacht werden, soweit dies für den, der das Vermögen einzusetzen hat, und für seine unterhaltsberechtigten Angehörigen eine Härte bedeuten würde.

§ 140 Einsatz des Vermögens. (1) Die antragstellende Person sowie bei minderjährigen Personen die im Haushalt lebenden Eltern oder ein Elternteil haben vor der Inanspruchnahme von Leistungen nach diesem Teil die erforderlichen Mittel aus ihrem Vermögen aufzubringen.

(2) [1]Soweit für den Bedarf der nachfragenden Person Vermögen einzusetzen ist, jedoch der sofortige Verbrauch oder die sofortige Verwertung des Vermögens nicht möglich ist oder für die, die es einzusetzen hat, eine Härte bedeuten würde, soll die beantragte Leistung als Darlehen geleistet werden. [2]Die Leistungserbringung kann davon abhängig gemacht werden, dass der Anspruch auf Rückzahlung dinglich oder in anderer Weise gesichert wird.

(3) Die in § 138 Absatz 1 genannten Leistungen sind ohne Berücksichtigung von vorhandenem Vermögen zu erbringen.

§ 141 Übergang von Ansprüchen. (1) [1]Hat eine Person im Sinne von § 136 Absatz 1 oder der nicht getrennt lebende Ehegatte oder Lebenspartner für die antragstellende Person einen Anspruch gegen einen anderen, der kein Leistungsträger im Sinne des § 12 des Ersten Buches ist, kann der Träger der Eingliederungshilfe durch schriftliche Anzeige an den anderen bewirken, dass dieser Anspruch bis zur Höhe seiner Aufwendungen auf ihn übergeht. [2]Dies gilt nicht für bürgerlich-rechtliche Unterhaltsansprüche.

(2) [1]Der Übergang des Anspruches darf nur insoweit bewirkt werden, als bei rechtzeitiger Leistung des anderen entweder die Leistung nicht erbracht worden wäre oder ein Beitrag aufzubringen wäre. [2]Der Übergang ist nicht dadurch ausgeschlossen, dass der Anspruch nicht übertragen, verpfändet oder gepfändet werden kann.

---

[1]) Nr. **15**.
[2]) Nr. **11**.

(3) [1] Die schriftliche Anzeige bewirkt den Übergang des Anspruches für die Zeit, für die der leistungsberechtigten Person die Leistung ohne Unterbrechung erbracht wird. [2] Als Unterbrechung gilt ein Zeitraum von mehr als zwei Monaten.

(4) [1] Widerspruch und Anfechtungsklage gegen den Verwaltungsakt, der den Übergang des Anspruches bewirkt, haben keine aufschiebende Wirkung. [2] Die §§ 115 und 116 des Zehnten Buches gehen der Regelung des Absatzes 1 vor.

§ 142 Sonderregelungen für minderjährige Leistungsberechtigte und in Sonderfällen. (1) Minderjährigen Leistungsberechtigten und ihren Eltern oder einem Elternteil ist bei Leistungen im Sinne des § 138 Absatz 1 Nummer 1, 2, 4, 5 und 7 die Aufbringung der Mittel für die Kosten des Lebensunterhalts nur in Höhe der für den häuslichen Lebensunterhalt ersparten Aufwendungen zuzumuten, soweit Leistungen über Tag und Nacht oder über Tag erbracht werden.

(2) [1] Sind Leistungen von einem oder mehreren Anbietern über Tag und Nacht oder über Tag oder für ärztliche oder ärztlich verordnete Maßnahmen erforderlich, sind die Leistungen, die der Vereinbarung nach § 134 Absatz 3 zugrunde liegen, durch den Träger der Eingliederungshilfe auch dann in vollem Umfang zu erbringen, wenn den minderjährigen Leistungsberechtigten und ihren Eltern oder einem Elternteil die Aufbringung der Mittel nach Absatz 1 zu einem Teil zuzumuten ist. [2] In Höhe dieses Teils haben sie zu den Kosten der erbrachten Leistungen beizutragen; mehrere Verpflichtete haften als Gesamtschuldner.

(3) [1] Die Absätze 1 und 2 gelten entsprechend für volljährige Leistungsberechtigte, wenn diese Leistungen erhalten, denen Vereinbarungen nach § 134 Absatz 4 zugrunde liegen. [2] In diesem Fall ist den volljährigen Leistungsberechtigten die Aufbringung der Mittel für die Kosten des Lebensunterhalts nur in Höhe der für ihren häuslichen Lebensunterhalt ersparten Aufwendungen zuzumuten.

Kapitel 10. Statistik

§ 143 Bundesstatistik. Zur Beurteilung der Auswirkungen dieses Teils und zu seiner Fortentwicklung werden Erhebungen über

1. die Leistungsberechtigten und
2. die Ausgaben und Einnahmen der Träger der Eingliederungshilfe

als Bundesstatistik durchgeführt.

§ 144 Erhebungsmerkmale. (1) Erhebungsmerkmale bei den Erhebungen nach § 143 Nummer 1 sind für jeden Leistungsberechtigten

1. Geschlecht, Geburtsmonat und -jahr, Staatsangehörigkeit, Bundesland, Wohngemeinde und Gemeindeteil, Kennnummer des Trägers, mit anderen Leistungsberechtigten zusammenlebend, erbrachte Leistungsarten im Laufe und am Ende des Berichtsjahres,
2. die Höhe der Bedarfe für jede erbrachte Leistungsart, die Höhe des aufgebrachten Beitrags nach § 92, die Art des angerechneten Einkommens, Beginn und Ende der Leistungserbringung nach Monat und Jahr, die für mehrere Leistungsberechtigte erbrachte Leistung, die Leistung als pauschalierte Geldleistung, die Leistung durch ein Persönliches Budget sowie

3. gleichzeitiger Bezug von Leistungen nach dem Zweiten, Elften oder Zwölften Buch.

(2) Merkmale bei den Erhebungen nach Absatz 1 Nummer 1 und 2 nach der Art der Leistung sind insbesondere:

1. Leistung zur medizinischen Rehabilitation,
2. Leistung zur Beschäftigung im Arbeitsbereich anerkannter Werkstätten für behinderte Menschen,
3. Leistung zur Beschäftigung bei anderen Leistungsanbietern,
4. Leistung zur Beschäftigung bei privaten und öffentlichen Arbeitgebern,
5. Leistung zur Teilhabe an Bildung,
6. Leistung für Wohnraum,
7. Assistenzleistung nach § 113 Absatz 2 Nummer 2 in Verbindung mit § 78 Absatz 2 Nummer 1,
8. Assistenzleistung nach § 113 Absatz 2 Nummer 2 in Verbindung mit § 78 Absatz 2 Nummer 2,
9. heilpädagogische Leistung,
10. Leistung zum Erwerb praktischer Kenntnisse und Fähigkeiten,
11. Leistung zur Förderung der Verständigung,
12. Leistung für ein Kraftfahrzeug,
13. Leistung zur Beförderung insbesondere durch einen Beförderungsdienst,
14. Hilfsmittel im Rahmen der Sozialen Teilhabe und
15. Besuchsbeihilfen.

(3) Erhebungsmerkmale nach § 143 Nummer 2 sind das Bundesland, die Ausgaben gesamt nach der Art der Leistungen die Einnahmen gesamt und nach Einnahmearten sowie die Höhe der aufgebrachten Beiträge gesamt.

§ 145 Hilfsmerkmale. (1) Hilfsmerkmale sind

1. Name und Anschrift des Auskunftspflichtigen,
2. Name, Telefonnummer und E-Mail-Adresse der für eventuelle Rückfragen zur Verfügung stehenden Person,
3. für die Erhebung nach § 143 Nummer 1 die Kennnummer des Leistungsberechtigten.

(2) [1]Die Kennnummern nach Absatz 1 Nummer 3 dienen der Prüfung der Richtigkeit der Statistik und der Fortschreibung der jeweils letzten Bestandserhebung. [2]Sie enthalten keine Angaben über persönliche und sachliche Verhältnisse des Leistungsberechtigten und sind zum frühestmöglichen Zeitpunkt, spätestens nach Abschluss der wiederkehrenden Bestandserhebung, zu löschen.

§ 146 Periodizität und Berichtszeitraum. Die Erhebungen erfolgen jährlich für das abgelaufene Kalenderjahr.

§ 147 Auskunftspflicht. (1) [1]Für die Erhebungen besteht Auskunftspflicht. [2]Die Angaben nach § 145 Absatz 1 Nummer 2 und die Angaben zum Gemeindeteil nach § 144 Absatz 1 Nummer 1 sind freiwillig.

(2) Auskunftspflichtig sind die Träger der Eingliederungshilfe.

§ 148 Übermittlung, Veröffentlichung. (1) Die in sich schlüssigen und nach einheitlichen Standards formatierten Einzeldatensätze sind von den Auskunftspflichtigen elektronisch bis zum Ablauf von 40 Arbeitstagen nach Ende des jeweiligen Berichtszeitraums an das jeweilige statistische Landesamt zu übermitteln.

(2) [1] An die fachlich zuständigen obersten Bundes- oder Landesbehörden dürfen für die Verwendung gegenüber den gesetzgebenden Körperschaften und für Zwecke der Planung, jedoch nicht für die Regelung von Einzelfällen, vom Statistischen Bundesamt und von den statistischen Ämtern der Länder Tabellen mit statistischen Ergebnissen übermittelt werden, auch soweit Tabellenfelder nur einen einzigen Fall ausweisen. [2] Tabellen, die nur einen einzigen Fall ausweisen, dürfen nur dann übermittelt werden, wenn sie nicht differenzierter als auf Regierungsbezirksebene, bei Stadtstaaten auf Bezirksebene, aufbereitet sind.

(3) [1] Die statistischen Ämter der Länder stellen dem Statistischen Bundesamt für Zusatzaufbereitungen des Bundes jährlich unverzüglich nach Aufbereitung der Bestandserhebung und der Erhebung im Laufe des Berichtsjahres die Einzelangaben aus der Erhebung zur Verfügung. [2] Angaben zu den Hilfsmerkmalen nach § 145 dürfen nicht übermittelt werden.

(4) Die Ergebnisse der Bundesstatistik nach diesem Kapitel dürfen auf die einzelnen Gemeinden bezogen veröffentlicht werden.

Kapitel 11. Übergangs- und Schlussbestimmungen

§ 149 Übergangsregelung für ambulant Betreute. Für Personen, die Leistungen der Eingliederungshilfe für behinderte Menschen erhalten, deren Betreuung am 26. Juni 1996 durch von ihnen beschäftigte Personen oder ambulante Dienste sichergestellt wurde, gilt § 3a des Bundessozialhilfegesetzes in der am 26. Juni 1996 geltenden Fassung.

§ 150 Übergangsregelung zum Einsatz des Einkommens. Abweichend von Kapitel 9 sind bei der Festsetzung von Leistungen für Leistungsberechtigte, die am 31. Dezember 2019 Leistungen nach dem Sechsten Kapitel des Zwölften Buches[1] in der Fassung vom 31. Dezember 2019 erhalten haben und von denen ein Einsatz des Einkommens über der Einkommensgrenze gemäß § 87 des Zwölften Buches[2] in der Fassung vom 31. Dezember 2019 gefordert wurde, die am 31. Dezember 2019 geltenden Einkommensgrenzen nach dem Elften Kapitel des Zwölften Buches[1] in der Fassung vom 31. Dezember 2019 zugrunde zu legen, solange der nach Kapitel 9 aufzubringende Beitrag höher ist als der Einkommenseinsatz nach dem am 31. Dezember 2019 geltenden Recht.

§ 150a Übergangsregelung für Ausländerinnen und Ausländer mit Aufenthaltstitel nach § 24 des Aufenthaltsgesetzes oder mit entsprechender Fiktionsbescheinigung. § 100 Absatz 1 findet keine Anwendung, soweit Leistungsberechtigte nach § 18 des Asylbewerberleistungsgesetzes Leistungen nach dem Asylbewerberleistungsgesetz erhalten.

---

[1] Auszugsweise abgedruckt unter Nr. **11**.
[2] Nr. **11**.

Teil 3. Besondere Regelungen zur Teilhabe schwerbehinderter Menschen (Schwerbehindertenrecht)

Kapitel 1. Geschützter Personenkreis

§ 151 Geltungsbereich. (1) Die Regelungen dieses Teils gelten für schwerbehinderte und diesen gleichgestellte behinderte Menschen.

(2) [1] Die Gleichstellung behinderter Menschen mit schwerbehinderten Menschen (§ 2 Absatz 3) erfolgt auf Grund einer Feststellung nach § 152 auf Antrag des behinderten Menschen durch die Bundesagentur für Arbeit. [2] Die Gleichstellung wird mit dem Tag des Eingangs des Antrags wirksam. [3] Sie kann befristet werden.

(3) Auf gleichgestellte behinderte Menschen werden die besonderen Regelungen für schwerbehinderte Menschen mit Ausnahme des § 208 und des Kapitels 13 angewendet.

(4) [1] Schwerbehinderten Menschen gleichgestellt sind auch behinderte Jugendliche und junge Erwachsene (§ 2 Absatz 1) während der Zeit ihrer Berufsausbildung in Betrieben und Dienststellen oder einer beruflichen Orientierung, auch wenn der Grad der Behinderung weniger als 30 beträgt oder ein Grad der Behinderung nicht festgestellt ist. [2] Der Nachweis der Behinderung wird durch eine Stellungnahme der Agentur für Arbeit oder durch einen Bescheid über Leistungen zur Teilhabe am Arbeitsleben erbracht. [3] Die Gleichstellung gilt nur für Leistungen des Integrationsamtes im Rahmen der beruflichen Orientierung und der Berufsausbildung im Sinne des § 185 Absatz 3 Nummer 2 Buchstabe c.

§ 152 Feststellung der Behinderung, Ausweise.
[Abs. 1 bis 31.12.2023:]

(1) [1] Auf Antrag des behinderten Menschen stellen die für die Durchführung des Bundesversorgungsgesetzes[1] zuständigen Behörden das Vorliegen einer Behinderung und den Grad der Behinderung zum Zeitpunkt der Antragstellung fest. [2] Auf Antrag kann festgestellt werden, dass ein Grad der Behinderung oder gesundheitliche Merkmale bereits zu einem früheren Zeitpunkt vorgelegen haben, wenn dafür ein besonderes Interesse glaubhaft gemacht wird. [3] Beantragt eine erwerbstätige Person die Feststellung der Eigenschaft als schwerbehinderter Mensch (§ 2 Absatz 2), gelten die in § 14 Absatz 2 Satz 2 und 3 sowie § 17 Absatz 1 Satz 1 und Absatz 2 Satz 1 genannten Fristen sowie § 60 Absatz 1 des Ersten Buches entsprechend. [4] Das Gesetz über das Verwaltungsverfahren der Kriegsopferversorgung ist entsprechend anzuwenden, soweit nicht das Zehnte Buch Anwendung findet. [5] Die Auswirkungen auf die Teilhabe am Leben in der Gesellschaft werden als Grad der Behinderung nach Zehnergraden abgestuft festgestellt. [6] Eine Feststellung ist nur zu treffen, wenn ein Grad der Behinderung von wenigstens 20 vorliegt. [7] Durch Landesrecht kann die Zuständigkeit abweichend von Satz 1 geregelt werden.

[Abs. 1 ab 1.1.2024:]

(1) [1] Auf Antrag des behinderten Menschen stellen die nach Landesrecht zuständigen Behörden das Vorliegen einer Behinderung und den Grad der Behinderung zum Zeitpunkt der Antragstellung fest. [2] Auf Antrag kann festgestellt werden, dass ein Grad der

---

[1] Auszugsweise abgedruckt unter Nr. **15**.

Behinderung oder gesundheitliche Merkmale bereits zu einem früheren Zeitpunkt vorgelegen haben, wenn dafür ein besonderes Interesse glaubhaft gemacht wird. [3] *Beantragt eine erwerbstätige Person die Feststellung der Eigenschaft als schwerbehinderter Mensch (§ 2 Absatz 2), gelten die in § 14 Absatz 2 Satz 2 und 3 sowie § 17 Absatz 1 Satz 1 und Absatz 2 Satz 1 genannten Fristen sowie § 60 Absatz 1 des Ersten Buches entsprechend.* [4] *Die Auswirkungen auf die Teilhabe am Leben in der Gesellschaft werden als Grad der Behinderung nach Zehnergraden abgestuft festgestellt.* [5] *Eine Feststellung ist nur zu treffen, wenn ein Grad der Behinderung von wenigstens 20 vorliegt.*

(2) [1] Feststellungen nach Absatz 1 sind nicht zu treffen, wenn eine Feststellung über das Vorliegen einer Behinderung und den Grad einer auf ihr beruhenden Erwerbsminderung schon in einem Rentenbescheid, einer entsprechenden Verwaltungs- oder Gerichtsentscheidung oder einer vorläufigen Bescheinigung der für diese Entscheidungen zuständigen Dienststellen getroffen worden ist, es sei denn, dass der behinderte Mensch ein Interesse an anderweitiger Feststellung nach Absatz 1 glaubhaft macht. [2] Eine Feststellung nach Satz 1 gilt zugleich als Feststellung des Grades der Behinderung.

(3) [1] Liegen mehrere Beeinträchtigungen der Teilhabe am Leben in der Gesellschaft vor, so wird der Grad der Behinderung nach den Auswirkungen der Beeinträchtigungen in ihrer Gesamtheit unter Berücksichtigung ihrer wechselseitigen Beziehungen festgestellt. [2] Für diese Entscheidung gilt Absatz 1, es sei denn, dass in einer Entscheidung nach Absatz 2 eine Gesamtbeurteilung bereits getroffen worden ist.

(4) Sind neben dem Vorliegen der Behinderung weitere gesundheitliche Merkmale Voraussetzung für die Inanspruchnahme von Nachteilsausgleichen, so treffen die zuständigen Behörden die erforderlichen Feststellungen im Verfahren nach Absatz 1.

(5) [1] Auf Antrag des behinderten Menschen stellen die zuständigen Behörden auf Grund einer Feststellung der Behinderung einen Ausweis über die Eigenschaft als schwerbehinderter Mensch, den Grad der Behinderung sowie im Falle des Absatzes 4 über weitere gesundheitliche Merkmale aus. [2] Der Ausweis dient dem Nachweis für die Inanspruchnahme von Leistungen und sonstigen Hilfen, die schwerbehinderten Menschen nach diesem Teil oder nach anderen Vorschriften zustehen. [3] Die Gültigkeitsdauer des Ausweises soll befristet werden. [4] Er wird eingezogen, sobald der gesetzliche Schutz schwerbehinderter Menschen erloschen ist. [5] Der Ausweis wird berichtigt, sobald eine Neufeststellung unanfechtbar geworden ist.

§ 153 Verordnungsermächtigung. (1) Die Bundesregierung wird ermächtigt, durch Rechtsverordnung mit Zustimmung des Bundesrates nähere Vorschriften über die Gestaltung der Ausweise, ihre Gültigkeit und das Verwaltungsverfahren zu erlassen.

(2) Das Bundesministerium für Arbeit und Soziales wird ermächtigt, durch Rechtsverordnung mit Zustimmung des Bundesrates die Grundsätze aufzustellen, die für die Bewertung des Grades der Behinderung, die Kriterien für die Bewertung der Hilflosigkeit und die Voraussetzungen für die Vergabe von Merkzeichen maßgebend sind, die nach Bundesrecht im Schwerbehindertenausweis einzutragen sind.

Kapitel 2. Beschäftigungspflicht der Arbeitgeber

§ 154 **Pflicht der Arbeitgeber zur Beschäftigung schwerbehinderter Menschen.** (1) [1] Private und öffentliche Arbeitgeber (Arbeitgeber) mit jahresdurchschnittlich monatlich mindestens 20 Arbeitsplätzen im Sinne des § 156 haben auf wenigstens 5 Prozent der Arbeitsplätze schwerbehinderte Menschen zu beschäftigen. [2] Dabei sind schwerbehinderte Frauen besonders zu berücksichtigen. [3] Abweichend von Satz 1 haben Arbeitgeber mit jahresdurchschnittlich monatlich weniger als 40 Arbeitsplätzen jahresdurchschnittlich je Monat einen schwerbehinderten Menschen, Arbeitgeber mit jahresdurchschnittlich monatlich weniger als 60 Arbeitsplätzen jahresdurchschnittlich je Monat zwei schwerbehinderte Menschen zu beschäftigen.

(2) Als öffentliche Arbeitgeber im Sinne dieses Teils gelten

1. jede oberste Bundesbehörde mit ihren nachgeordneten Dienststellen, das Bundespräsidialamt, die Verwaltungen des Deutschen Bundestages und des Bundesrates, das Bundesverfassungsgericht, die obersten Gerichtshöfe des Bundes, der Bundesgerichtshof jedoch zusammengefasst mit dem Generalbundesanwalt, sowie das Bundeseisenbahnvermögen,

2. jede oberste Landesbehörde und die Staats- und Präsidialkanzleien mit ihren nachgeordneten Dienststellen, die Verwaltungen der Landtage, die Rechnungshöfe (Rechnungskammern), die Organe der Verfassungsgerichtsbarkeit der Länder und jede sonstige Landesbehörde, zusammengefasst jedoch diejenigen Behörden, die eine gemeinsame Personalverwaltung haben,

3. jede sonstige Gebietskörperschaft und jeder Verband von Gebietskörperschaften,

4. jede sonstige Körperschaft, Anstalt oder Stiftung des öffentlichen Rechts.

§ 155 **Beschäftigung besonderer Gruppen schwerbehinderter Menschen.** (1) Im Rahmen der Erfüllung der Beschäftigungspflicht sind in angemessenem Umfang zu beschäftigen:

1. schwerbehinderte Menschen, die nach Art oder Schwere ihrer Behinderung im Arbeitsleben besonders betroffen sind, insbesondere solche,

   a) die zur Ausübung der Beschäftigung wegen ihrer Behinderung nicht nur vorübergehend einer besonderen Hilfskraft bedürfen oder

   b) deren Beschäftigung infolge ihrer Behinderung nicht nur vorübergehend mit außergewöhnlichen Aufwendungen für den Arbeitgeber verbunden ist oder

   c) die infolge ihrer Behinderung nicht nur vorübergehend offensichtlich nur eine wesentlich verminderte Arbeitsleistung erbringen können oder

   d) bei denen ein Grad der Behinderung von wenigstens 50 allein infolge geistiger oder seelischer Behinderung oder eines Anfallsleidens vorliegt oder

   e) die wegen Art oder Schwere der Behinderung keine abgeschlossene Berufsbildung im Sinne des Berufsbildungsgesetzes[1] haben,

2. schwerbehinderte Menschen, die das 50. Lebensjahr vollendet haben.

---

[1] Auszugsweise abgedruckt unter Nr. **13**.

(2) [1] Arbeitgeber mit Stellen zur beruflichen Bildung, insbesondere für Auszubildende, haben im Rahmen der Erfüllung der Beschäftigungspflicht einen angemessenen Anteil dieser Stellen mit schwerbehinderten Menschen zu besetzen. [2] Hierüber ist mit der zuständigen Interessenvertretung im Sinne des § 176 und der Schwerbehindertenvertretung zu beraten.

§ 156 Begriff des Arbeitsplatzes. (1) Arbeitsplätze im Sinne dieses Teils sind alle Stellen, auf denen Arbeitnehmerinnen und Arbeitnehmer, Beamtinnen und Beamte, Richterinnen und Richter sowie Auszubildende und andere zu ihrer beruflichen Bildung Eingestellte beschäftigt werden.

(2) Als Arbeitsplätze gelten nicht die Stellen, auf denen beschäftigt werden:

1. behinderte Menschen, die an Leistungen zur Teilhabe am Arbeitsleben nach § 49 Absatz 3 Nummer 4 in Betrieben oder Dienststellen teilnehmen,

2. Personen, deren Beschäftigung nicht in erster Linie ihrem Erwerb dient, sondern vorwiegend durch Beweggründe karitativer oder religiöser Art bestimmt ist, und Geistliche öffentlich-rechtlicher Religionsgemeinschaften,

3. Personen, deren Beschäftigung nicht in erster Linie ihrem Erwerb dient und die vorwiegend zu ihrer Heilung, Wiedereingewöhnung oder Erziehung erfolgt,

4. Personen, die an Arbeitsbeschaffungsmaßnahmen nach dem Dritten Buch teilnehmen,

5. Personen, die nach ständiger Übung in ihre Stellen gewählt werden,

6. Personen, deren Arbeits-, Dienst- oder sonstiges Beschäftigungsverhältnis wegen Wehr- oder Zivildienst, Elternzeit, unbezahlten Urlaubs, wegen Bezuges einer Rente auf Zeit oder bei Altersteilzeitarbeit in der Freistellungsphase (Verblockungsmodell) ruht, solange für sie eine Vertretung eingestellt ist.

(3) Als Arbeitsplätze gelten ferner nicht Stellen, die nach der Natur der Arbeit oder nach den zwischen den Parteien getroffenen Vereinbarungen nur auf die Dauer von höchstens acht Wochen besetzt sind, sowie Stellen, auf denen Beschäftigte weniger als 18 Stunden wöchentlich beschäftigt werden.

§ 157 Berechnung der Mindestzahl von Arbeitsplätzen und der Pflichtarbeitsplatzzahl. (1) [1] Bei der Berechnung der Mindestzahl von Arbeitsplätzen und der Zahl der Arbeitsplätze, auf denen schwerbehinderte Menschen zu beschäftigen sind (§ 154), zählen Stellen, auf denen Auszubildende beschäftigt werden, nicht mit. [2] Das Gleiche gilt für Stellen, auf denen Rechts- oder Studienreferendarinnen und -referendare beschäftigt werden, die einen Rechtsanspruch auf Einstellung haben.

(2) Bei der Berechnung sich ergebende Bruchteile von 0,5 und mehr sind aufzurunden, bei Arbeitgebern mit jahresdurchschnittlich weniger als 60 Arbeitsplätzen abzurunden.

§ 158 Anrechnung Beschäftigter auf die Zahl der Pflichtarbeitsplätze für schwerbehinderte Menschen. (1) Ein schwerbehinderter Mensch, der auf einem Arbeitsplatz im Sinne des § 156 Absatz 1 oder Absatz 2 Nummer 1 oder 4 beschäftigt wird, wird auf einen Pflichtarbeitsplatz für schwerbehinderte Menschen angerechnet.

(2) [1] Ein schwerbehinderter Mensch, der in Teilzeitbeschäftigung kürzer als betriebsüblich, aber nicht weniger als 18 Stunden wöchentlich beschäftigt wird, wird auf einen Pflichtarbeitsplatz für schwerbehinderte Menschen angerechnet. [2] Bei Herabsetzung der wöchentlichen Arbeitszeit auf weniger als 18 Stunden infolge von Altersteilzeit oder Teilzeitberufsausbildung gilt Satz 1 entsprechend. [3] Wird ein schwerbehinderter Mensch weniger als 18 Stunden wöchentlich beschäftigt, lässt die Bundesagentur für Arbeit die Anrechnung auf einen dieser Pflichtarbeitsplätze zu, wenn die Teilzeitbeschäftigung wegen Art oder Schwere der Behinderung notwendig ist.

(3) Ein schwerbehinderter Mensch, der im Rahmen einer Maßnahme zur Förderung des Übergangs aus der Werkstatt für behinderte Menschen auf den allgemeinen Arbeitsmarkt (§ 5 Absatz 4 Satz 1 der Werkstättenverordnung[1])) beschäftigt wird, wird auch für diese Zeit auf die Zahl der Pflichtarbeitsplätze angerechnet.

(4) Ein schwerbehinderter Arbeitgeber wird auf einen Pflichtarbeitsplatz für schwerbehinderte Menschen angerechnet.

(5) Der Inhaber eines Bergmannsversorgungsscheins wird, auch wenn er kein schwerbehinderter oder gleichgestellter behinderter Mensch im Sinne des § 2 Absatz 2 oder 3 ist, auf einen Pflichtarbeitsplatz angerechnet.

§ 159 Mehrfachanrechnung. (1) [1] Die Bundesagentur für Arbeit kann die Anrechnung eines schwerbehinderten Menschen, besonders eines schwerbehinderten Menschen im Sinne des § 155 Absatz 1 auf mehr als einen Pflichtarbeitsplatz, höchstens drei Pflichtarbeitsplätze für schwerbehinderte Menschen zulassen, wenn dessen Teilhabe am Arbeitsleben auf besondere Schwierigkeiten stößt. [2] Satz 1 gilt auch für schwerbehinderte Menschen im Anschluss an eine Beschäftigung in einer Werkstatt für behinderte Menschen und für teilzeitbeschäftigte schwerbehinderte Menschen im Sinne des § 158 Absatz 2.

(2) [1] Ein schwerbehinderter Mensch, der beruflich ausgebildet wird, wird auf zwei Pflichtarbeitsplätze für schwerbehinderte Menschen angerechnet. [2] Satz 1 gilt auch während der Zeit einer Ausbildung im Sinne des § 51 Absatz 2, die in einem Betrieb oder einer Dienststelle durchgeführt wird. [3] Die Bundesagentur für Arbeit kann die Anrechnung auf drei Pflichtarbeitsplätze für schwerbehinderte Menschen zulassen, wenn die Vermittlung in eine berufliche Ausbildungsstelle wegen Art oder Schwere der Behinderung auf besondere Schwierigkeiten stößt. [4] Bei Übernahme in ein Arbeits- oder Beschäftigungsverhältnis durch den ausbildenden oder einen anderen Arbeitgeber im Anschluss an eine abgeschlossene Ausbildung wird der schwerbehinderte Mensch im ersten Jahr der Beschäftigung auf zwei Pflichtarbeitsplätze angerechnet; Absatz 1 bleibt unberührt.

(3) Bescheide über die Anrechnung eines schwerbehinderten Menschen auf mehr als drei Pflichtarbeitsplätze für schwerbehinderte Menschen, die vor dem 1. August 1986 erlassen worden sind, gelten fort.

§ 160 Ausgleichsabgabe. (1) [1] Solange Arbeitgeber die vorgeschriebene Zahl schwerbehinderter Menschen nicht beschäftigen, entrichten sie für jeden unbesetzten Pflichtarbeitsplatz für schwerbehinderte Menschen eine Ausgleichsabgabe. [2] Die Zahlung der Ausgleichsabgabe hebt die Pflicht zur Be-

---

[1)] Nr. **2c.**

schäftigung schwerbehinderter Menschen nicht auf. [3] Die Ausgleichsabgabe wird auf der Grundlage einer jahresdurchschnittlichen Beschäftigungsquote ermittelt.

(2) [1] Die Ausgleichsabgabe beträgt je unbesetztem Pflichtarbeitsplatz

1. 125 Euro bei einer jahresdurchschnittlichen Beschäftigungsquote von 3 Prozent bis weniger als dem geltenden Pflichtsatz,

2. 220 Euro bei einer jahresdurchschnittlichen Beschäftigungsquote von 2 Prozent bis weniger als 3 Prozent,

3. 320 Euro bei einer jahresdurchschnittlichen Beschäftigungsquote von weniger als 2 Prozent.

[2] Abweichend von Satz 1 beträgt die Ausgleichsabgabe je unbesetztem Pflichtarbeitsplatz für schwerbehinderte Menschen

1. für Arbeitgeber mit jahresdurchschnittlich weniger als 40 zu berücksichtigenden Arbeitsplätzen bei einer jahresdurchschnittlichen Beschäftigung von weniger als einem schwerbehinderten Menschen 125 Euro und

2. für Arbeitgeber mit jahresdurchschnittlich weniger als 60 zu berücksichtigenden Arbeitsplätzen bei einer jahresdurchschnittlichen Beschäftigung von weniger als zwei schwerbehinderten Menschen 125 Euro und bei einer jahresdurchschnittlichen Beschäftigung von weniger als einem schwerbehinderten Menschen 220 Euro.

(3) [1] Die Ausgleichsabgabe erhöht sich entsprechend der Veränderung der Bezugsgröße nach § 18 Absatz 1 des Vierten Buches. [2] Sie erhöht sich zum 1. Januar eines Kalenderjahres, wenn sich die Bezugsgröße seit der letzten Neubestimmung der Beträge der Ausgleichsabgabe um wenigstens 10 Prozent erhöht hat. [3] Die Erhöhung der Ausgleichsabgabe erfolgt, indem der Faktor für die Veränderung der Bezugsgröße mit dem jeweiligen Betrag der Ausgleichsabgabe vervielfältigt wird. [4] Die sich ergebenden Beträge sind auf den nächsten durch fünf teilbaren Betrag abzurunden. [5] Das Bundesministerium für Arbeit und Soziales gibt den Erhöhungsbetrag und die sich nach Satz 3 ergebenden Beträge der Ausgleichsabgabe im Bundesanzeiger bekannt.

(4) [1] Die Ausgleichsabgabe zahlt der Arbeitgeber jährlich zugleich mit der Erstattung der Anzeige nach § 163 Absatz 2 an das für seinen Sitz zuständige Integrationsamt. [2] Ist ein Arbeitgeber mehr als drei Monate im Rückstand, erlässt das Integrationsamt einen Feststellungsbescheid über die rückständigen Beträge und zieht diese ein. [3] Für rückständige Beträge der Ausgleichsabgabe erhebt das Integrationsamt nach dem 31. März Säumniszuschläge nach Maßgabe des § 24 Absatz 1 des Vierten Buches; für ihre Verwendung gilt Absatz 5 entsprechend. [4] Das Integrationsamt kann in begründeten Ausnahmefällen von der Erhebung von Säumniszuschlägen absehen. [5] Widerspruch und Anfechtungsklage gegen den Feststellungsbescheid haben keine aufschiebende Wirkung. [6] Gegenüber privaten Arbeitgebern wird die Zwangsvollstreckung nach den Vorschriften über das Verwaltungszwangsverfahren durchgeführt. [7] Bei öffentlichen Arbeitgebern wendet sich das Integrationsamt an die Aufsichtsbehörde, gegen deren Entscheidung es die Entscheidung der obersten Bundes- oder Landesbehörde anrufen kann. [8] Die Ausgleichsabgabe wird nach Ablauf des Kalenderjahres, das auf den Eingang der Anzeige bei der Bundesagentur für Arbeit folgt, weder nachgefordert noch erstattet.

(5) [1] Die Ausgleichsabgabe darf nur für besondere Leistungen zur Förderung der Teilhabe schwerbehinderter Menschen am Arbeitsleben einschließlich begleitender Hilfe im Arbeitsleben (§ 185 Absatz 1 Nummer 3) verwendet werden, soweit Mittel für denselben Zweck nicht von anderer Seite zu leisten sind oder geleistet werden. [2] Aus dem Aufkommen an Ausgleichsabgabe dürfen persönliche und sächliche Kosten der Verwaltung und Kosten des Verfahrens nicht bestritten werden. [3] Das Integrationsamt gibt dem Beratenden Ausschuss für behinderte Menschen bei dem Integrationsamt (§ 186) auf dessen Verlangen eine Übersicht über die Verwendung der Ausgleichsabgabe.

(6) [1] Die Integrationsämter leiten den in der Rechtsverordnung nach § 162 bestimmten Prozentsatz des Aufkommens an Ausgleichsabgabe an den Ausgleichsfonds (§ 161) weiter. [2] Zwischen den Integrationsämtern wird ein Ausgleich herbeigeführt. [3] Der auf das einzelne Integrationsamt entfallende Anteil am Aufkommen an Ausgleichsabgabe bemisst sich nach dem Mittelwert aus dem Verhältnis der Wohnbevölkerung im Zuständigkeitsbereich des Integrationsamtes zur Wohnbevölkerung im Geltungsbereich dieses Gesetzbuches und dem Verhältnis der Zahl der im Zuständigkeitsbereich des Integrationsamtes in den Betrieben und Dienststellen beschäftigungspflichtiger Arbeitgeber auf Arbeitsplätzen im Sinne des § 156 beschäftigten und der bei den Agenturen für Arbeit arbeitslos gemeldeten schwerbehinderten und diesen gleichgestellten behinderten Menschen zur entsprechenden Zahl der schwerbehinderten und diesen gleichgestellten behinderten Menschen im Geltungsbereich dieses Gesetzbuchs.

(7) [1] Die bei den Integrationsämtern verbleibenden Mittel der Ausgleichsabgabe werden von diesen gesondert verwaltet. [2] Die Rechnungslegung und die formelle Einrichtung der Rechnungen und Belege regeln sich nach den Bestimmungen, die für diese Stellen allgemein maßgebend sind.

(8) Für die Verpflichtung zur Entrichtung einer Ausgleichsabgabe (Absatz 1) gelten hinsichtlich der in § 154 Absatz 2 Nummer 1 genannten Stellen der Bund und hinsichtlich der in § 154 Absatz 2 Nummer 2 genannten Stellen das Land als ein Arbeitgeber.

§ 161 Ausgleichsfonds. [1] Zur besonderen Förderung der Einstellung und Beschäftigung schwerbehinderter Menschen auf Arbeitsplätzen und zur Förderung von Einrichtungen und Maßnahmen, die den Interessen mehrerer Länder auf dem Gebiet der Förderung der Teilhabe schwerbehinderter Menschen am Arbeitsleben dienen, ist beim Bundesministerium für Arbeit und Soziales als zweckgebundene Vermögensmasse ein Ausgleichsfonds für überregionale Vorhaben zur Teilhabe schwerbehinderter Menschen am Arbeitsleben gebildet. [2] Das Bundesministerium für Arbeit und Soziales verwaltet den Ausgleichsfonds.

§ 162 Verordnungsermächtigungen. Die Bundesregierung wird ermächtigt, durch Rechtsverordnung mit Zustimmung des Bundesrates

1. die Pflichtquote nach § 154 Absatz 1 nach dem jeweiligen Bedarf an Arbeitsplätzen für schwerbehinderte Menschen zu ändern, jedoch auf höchstens 10 Prozent zu erhöhen oder bis auf 4 Prozent herabzusetzen; dabei kann die Pflichtquote für öffentliche Arbeitgeber höher festgesetzt werden als für private Arbeitgeber,

---

2. nähere Vorschriften über die Verwendung der Ausgleichsabgabe nach § 160 Absatz 5 und die Gestaltung des Ausgleichsfonds nach § 161, die Verwendung der Mittel durch ihn für die Förderung der Teilhabe schwerbehinderter Menschen am Arbeitsleben und das Vergabe- und Verwaltungsverfahren des Ausgleichsfonds zu erlassen,

3. in der Rechtsverordnung nach Nummer 2
   a) den Anteil des an den Ausgleichsfonds weiterzuleitenden Aufkommens an Ausgleichsabgabe entsprechend den erforderlichen Aufwendungen zur Erfüllung der Aufgaben des Ausgleichsfonds und der Integrationsämter,
   b) den Ausgleich zwischen den Integrationsämtern auf Vorschlag der Länder oder einer Mehrheit der Länder abweichend von § 160 Absatz 6 Satz 3 sowie
   c) die Zuständigkeit für die Förderung von Einrichtungen nach § 30 der Schwerbehinderten-Ausgleichsabgabeverordnung[1] abweichend von § 41 Absatz 2 Nummer 1 dieser Verordnung und von Inklusionsbetrieben und -abteilungen abweichend von § 41 Absatz 1 Nummer 3 dieser Verordnung

   zu regeln,

4. die Ausgleichsabgabe bei Arbeitgebern, die über weniger als 30 Arbeitsplätze verfügen, für einen bestimmten Zeitraum allgemein oder für einzelne Bundesländer herabzusetzen oder zu erlassen, wenn die Zahl der unbesetzten Pflichtarbeitsplätze für schwerbehinderte Menschen die Zahl der zu beschäftigenden schwerbehinderten Menschen so erheblich übersteigt, dass die Pflichtarbeitsplätze für schwerbehinderte Menschen dieser Arbeitgeber nicht in Anspruch genommen zu werden brauchen.

Kapitel 3. Sonstige Pflichten der Arbeitgeber; Rechte der schwerbehinderten Menschen

§ 163 Zusammenwirken der Arbeitgeber mit der Bundesagentur für Arbeit und den Integrationsämtern. (1) Die Arbeitgeber haben, gesondert für jeden Betrieb und jede Dienststelle, ein Verzeichnis der bei ihnen beschäftigten schwerbehinderten, ihnen gleichgestellten behinderten Menschen und sonstigen anrechnungsfähigen Personen laufend zu führen und dieses den Vertreterinnen oder Vertretern der Bundesagentur für Arbeit und des Integrationsamtes, die für den Sitz des Betriebes oder der Dienststelle zuständig sind, auf Verlangen vorzulegen.

(2) [1]Die Arbeitgeber haben der für ihren Sitz zuständigen Agentur für Arbeit einmal jährlich bis spätestens zum 31. März für das vorangegangene Kalenderjahr, aufgegliedert nach Monaten, die Daten anzuzeigen, die zur Berechnung des Umfangs der Beschäftigungspflicht, zur Überwachung ihrer Erfüllung und der Ausgleichsabgabe notwendig sind. [2]Der Anzeige sind das nach Absatz 1 geführte Verzeichnis sowie eine Kopie der Anzeige und des Verzeichnisses zur Weiterleitung an das für ihren Sitz zuständige Integrationsamt beizufügen. [3]Dem Betriebs-, Personal-, Richter-, Staatsanwalts- und Präsidialrat, der Schwerbehindertenvertretung und dem Inklusionsbeauftragten des Arbeitgebers ist je eine Kopie der Anzeige und des Verzeichnisses zu übermitteln.

---

[1] Nr. **2b.**

(3) Zeigt ein Arbeitgeber die Daten bis zum 30. Juni nicht, nicht richtig oder nicht vollständig an, erlässt die Bundesagentur für Arbeit nach Prüfung in tatsächlicher sowie in rechtlicher Hinsicht einen Feststellungsbescheid über die zur Berechnung der Zahl der Pflichtarbeitsplätze für schwerbehinderte Menschen und der besetzten Arbeitsplätze notwendigen Daten.

(4) Die Arbeitgeber, die Arbeitsplätze für schwerbehinderte Menschen nicht zur Verfügung zu stellen haben, haben die Anzeige nur nach Aufforderung durch die Bundesagentur für Arbeit im Rahmen einer repräsentativen Teilerhebung zu erstatten, die mit dem Ziel der Erfassung der in Absatz 1 genannten Personengruppen, aufgegliedert nach Bundesländern, alle fünf Jahre durchgeführt wird.

(5) Die Arbeitgeber haben der Bundesagentur für Arbeit und dem Integrationsamt auf Verlangen die Auskünfte zu erteilen, die zur Durchführung der besonderen Regelungen zur Teilhabe schwerbehinderter und ihnen gleichgestellter behinderter Menschen am Arbeitsleben notwendig sind.

(6) [1] Für das Verzeichnis und die Anzeige des Arbeitgebers sind die mit der Bundesarbeitsgemeinschaft der Integrationsämter und Hauptfürsorgestellen abgestimmten Vordrucke der Bundesagentur für Arbeit zu verwenden. [2] Die Bundesagentur für Arbeit soll zur Durchführung des Anzeigeverfahrens in Abstimmung mit der Bundesarbeitsgemeinschaft ein elektronisches Übermittlungsverfahren zulassen.

(7) Die Arbeitgeber haben den Beauftragten der Bundesagentur für Arbeit und des Integrationsamtes auf Verlangen Einblick in ihren Betrieb oder ihre Dienststelle zu geben, soweit es im Interesse der schwerbehinderten Menschen erforderlich ist und Betriebs- oder Dienstgeheimnisse nicht gefährdet werden.

(8) Die Arbeitgeber haben die Vertrauenspersonen der schwerbehinderten Menschen (§ 177 Absatz 1 Satz 1 bis 3 und § 180 Absatz 1 bis 5) unverzüglich nach der Wahl und ihren Inklusionsbeauftragten für die Angelegenheiten der schwerbehinderten Menschen (§ 181 Satz 1) unverzüglich nach der Bestellung der für den Sitz des Betriebes oder der Dienststelle zuständigen Agentur für Arbeit und dem Integrationsamt zu benennen.

§ 164 Pflichten des Arbeitgebers und Rechte schwerbehinderter Menschen.
(1) [1] Die Arbeitgeber sind verpflichtet zu prüfen, ob freie Arbeitsplätze mit schwerbehinderten Menschen, insbesondere mit bei der Agentur für Arbeit arbeitslos oder arbeitsuchend gemeldeten schwerbehinderten Menschen, besetzt werden können. [2] Sie nehmen frühzeitig Verbindung mit der Agentur für Arbeit auf. [3] Die Bundesagentur für Arbeit oder ein Integrationsfachdienst schlägt den Arbeitgebern geeignete schwerbehinderte Menschen vor. [4] Über die Vermittlungsvorschläge und vorliegende Bewerbungen von schwerbehinderten Menschen haben die Arbeitgeber die Schwerbehindertenvertretung und die in § 176 genannten Vertretungen unmittelbar nach Eingang zu unterrichten. [5] Bei Bewerbungen schwerbehinderter Richterinnen und Richter wird der Präsidialrat unterrichtet und gehört, soweit dieser an der Ernennung zu beteiligen ist. [6] Bei der Prüfung nach Satz 1 beteiligen die Arbeitgeber die Schwerbehindertenvertretung nach § 178 Absatz 2 und hören die in § 176 genannten Vertretungen an. [7] Erfüllt der Arbeitgeber seine Beschäftigungspflicht nicht und ist die Schwerbehindertenvertretung oder eine in § 176 genannte Vertretung mit der beabsichtigten Entscheidung des Arbeitgebers nicht einverstanden, ist diese unter Darlegung der Gründe mit ihnen zu erörtern. [8] Dabei wird der

betroffene schwerbehinderte Mensch angehört. [9] Alle Beteiligten sind vom Arbeitgeber über die getroffene Entscheidung unter Darlegung der Gründe unverzüglich zu unterrichten. [10] Bei Bewerbungen schwerbehinderter Menschen ist die Schwerbehindertenvertretung nicht zu beteiligen, wenn der schwerbehinderte Mensch die Beteiligung der Schwerbehindertenvertretung ausdrücklich ablehnt.

(2) [1] Arbeitgeber dürfen schwerbehinderte Beschäftigte nicht wegen ihrer Behinderung benachteiligen. [2] Im Einzelnen gelten hierzu die Regelungen des Allgemeinen Gleichbehandlungsgesetzes.

(3) [1] Die Arbeitgeber stellen durch geeignete Maßnahmen sicher, dass in ihren Betrieben und Dienststellen wenigstens die vorgeschriebene Zahl schwerbehinderter Menschen eine möglichst dauerhafte behinderungsgerechte Beschäftigung finden kann. [2] Absatz 4 Satz 2 und 3 gilt entsprechend.

(4) [1] Die schwerbehinderten Menschen haben gegenüber ihren Arbeitgebern Anspruch auf

1. Beschäftigung, bei der sie ihre Fähigkeiten und Kenntnisse möglichst voll verwerten und weiterentwickeln können,
2. bevorzugte Berücksichtigung bei innerbetrieblichen Maßnahmen der beruflichen Bildung zur Förderung ihres beruflichen Fortkommens,
3. Erleichterungen im zumutbaren Umfang zur Teilnahme an außerbetrieblichen Maßnahmen der beruflichen Bildung,
4. behinderungsgerechte Einrichtung und Unterhaltung der Arbeitsstätten einschließlich der Betriebsanlagen, Maschinen und Geräte sowie der Gestaltung der Arbeitsplätze, des Arbeitsumfelds, der Arbeitsorganisation und der Arbeitszeit, unter besonderer Berücksichtigung der Unfallgefahr,
5. Ausstattung ihres Arbeitsplatzes mit den erforderlichen technischen Arbeitshilfen

unter Berücksichtigung der Behinderung und ihrer Auswirkungen auf die Beschäftigung. [2] Bei der Durchführung der Maßnahmen nach Satz 1 Nummer 1, 4 und 5 unterstützen die Bundesagentur für Arbeit und die Integrationsämter die Arbeitgeber unter Berücksichtigung der für die Beschäftigung wesentlichen Eigenschaften der schwerbehinderten Menschen. [3] Ein Anspruch nach Satz 1 besteht nicht, soweit seine Erfüllung für den Arbeitgeber nicht zumutbar oder mit unverhältnismäßigen Aufwendungen verbunden wäre oder soweit die staatlichen oder berufsgenossenschaftlichen Arbeitsschutzvorschriften oder beamtenrechtliche Vorschriften entgegenstehen.

(5) [1] Die Arbeitgeber fördern die Einrichtung von Teilzeitarbeitsplätzen. [2] Sie werden dabei von den Integrationsämtern unterstützt. [3] Schwerbehinderte Menschen haben einen Anspruch auf Teilzeitbeschäftigung, wenn die kürzere Arbeitszeit wegen Art oder Schwere der Behinderung notwendig ist; Absatz 4 Satz 3 gilt entsprechend.

§ 165 Besondere Pflichten der öffentlichen Arbeitgeber. [1] Die Dienststellen der öffentlichen Arbeitgeber melden den Agenturen für Arbeit frühzeitig nach einer erfolglosen Prüfung zur internen Besetzung des Arbeitsplatzes frei werdende und neu zu besetzende sowie neue Arbeitsplätze (§ 156). [2] Mit dieser Meldung gilt die Zustimmung zur Veröffentlichung der Stellenangebote als erteilt. [3] Haben schwerbehinderte Menschen sich um einen solchen Arbeitsplatz beworben oder sind sie von der Bundesagentur für Arbeit oder einem von dieser beauftragten Integrationsfachdienst vorgeschlagen worden, werden sie zu einem Vorstellungsgespräch eingeladen. [4]Eine Einladung ist entbehrlich, wenn die fachliche Eignung offensichtlich fehlt. [5]Einer Inklusionsvereinbarung nach § 166 bedarf es nicht, wenn für die Dienststellen dem § 166 entsprechende Regelungen bereits bestehen und durchgeführt werden.

§ 166 Inklusionsvereinbarung. (1) [1]Die Arbeitgeber treffen mit der Schwerbehindertenvertretung und den in § 176 genannten Vertretungen in Zusammenarbeit mit dem Inklusionsbeauftragten des Arbeitgebers (§ 181) eine verbindliche Inklusionsvereinbarung. [2]Auf Antrag der Schwerbehindertenvertretung wird unter Beteiligung der in § 176 genannten Vertretungen hierüber verhandelt. [3]Ist eine Schwerbehindertenvertretung nicht vorhanden, steht das Antragsrecht den in § 176 genannten Vertretungen zu. [4]Der Arbeitgeber oder die Schwerbehindertenvertretung kann das Integrationsamt einladen, sich an den Verhandlungen über die Inklusionsvereinbarung zu beteiligen. [5]Das Integrationsamt soll dabei insbesondere darauf hinwirken, dass unterschiedliche Auffassungen überwunden werden. [6]Der Agentur für Arbeit und dem Integrationsamt, die für den Sitz des Arbeitgebers zuständig sind, wird die Vereinbarung übermittelt.

(2) [1]Die Vereinbarung enthält Regelungen im Zusammenhang mit der Eingliederung schwerbehinderter Menschen, insbesondere zur Personalplanung, Arbeitsplatzgestaltung, Gestaltung des Arbeitsumfelds, Arbeitsorganisation, Arbeitszeit sowie Regelungen über die Durchführung in den Betrieben und Dienststellen. [2]Dabei ist die gleichberechtigte Teilhabe schwerbehinderter Menschen am Arbeitsleben bei der Gestaltung von Arbeitsprozessen und Rahmenbedingungen von Anfang an zu berücksichtigen. [3]Bei der Personalplanung werden besondere Regelungen zur Beschäftigung eines angemessenen Anteils von schwerbehinderten Frauen vorgesehen.

(3) In der Vereinbarung können insbesondere auch Regelungen getroffen werden

1. zur angemessenen Berücksichtigung schwerbehinderter Menschen bei der Besetzung freier, frei werdender oder neuer Stellen,

2. zu einer anzustrebenden Beschäftigungsquote, einschließlich eines angemessenen Anteils schwerbehinderter Frauen,

3. zu Teilzeitarbeit,

4. zur Ausbildung behinderter Jugendlicher,

5. zur Durchführung der betrieblichen Prävention (betriebliches Eingliederungsmanagement) und zur Gesundheitsförderung,

6. über die Hinzuziehung des Werks- oder Betriebsarztes auch für Beratungen über Leistungen zur Teilhabe sowie über besondere Hilfen im Arbeitsleben.

(4) In den Versammlungen schwerbehinderter Menschen berichtet der Arbeitgeber über alle Angelegenheiten im Zusammenhang mit der Eingliederung schwerbehinderter Menschen.

§ 167 Prävention. (1) Der Arbeitgeber schaltet bei Eintreten von personen-, verhaltens- oder betriebsbedingten Schwierigkeiten im Arbeits- oder sonstigen Beschäftigungsverhältnis, die zur Gefährdung dieses Verhältnisses führen können, möglichst frühzeitig die Schwerbehindertenvertretung und die in § 176 genannten Vertretungen sowie das Integrationsamt ein, um mit ihnen alle

Möglichkeiten und alle zur Verfügung stehenden Hilfen zur Beratung und mögliche finanzielle Leistungen zu erörtern, mit denen die Schwierigkeiten beseitigt werden können und das Arbeits- oder sonstige Beschäftigungsverhältnis möglichst dauerhaft fortgesetzt werden kann.

(2) [1]Sind Beschäftigte innerhalb eines Jahres länger als sechs Wochen ununterbrochen oder wiederholt arbeitsunfähig, klärt der Arbeitgeber mit der zuständigen Interessenvertretung im Sinne des § 176, bei schwerbehinderten Menschen außerdem mit der Schwerbehindertenvertretung, mit Zustimmung und Beteiligung der betroffenen Person die Möglichkeiten, wie die Arbeitsunfähigkeit möglichst überwunden werden und mit welchen Leistungen oder Hilfen erneuter Arbeitsunfähigkeit vorgebeugt und der Arbeitsplatz erhalten werden kann (betriebliches Eingliederungsmanagement). [2]Beschäftigte können zusätzlich eine Vertrauensperson eigener Wahl hinzuziehen. [3]Soweit erforderlich, wird der Werks- oder Betriebsarzt hinzugezogen. [4]Die betroffene Person oder ihr gesetzlicher Vertreter ist zuvor auf die Ziele des betrieblichen Eingliederungsmanagements sowie auf Art und Umfang der hierfür erhobenen und verwendeten Daten hinzuweisen. [5]Kommen Leistungen zur Teilhabe oder begleitende Hilfen im Arbeitsleben in Betracht, werden vom Arbeitgeber die Rehabilitationsträger oder bei schwerbehinderten Beschäftigten das Integrationsamt hinzugezogen. [6]Diese wirken darauf hin, dass die erforderlichen Leistungen oder Hilfen unverzüglich beantragt und innerhalb der Frist des § 14 Absatz 2 Satz 2 erbracht werden. [7]Die zuständige Interessenvertretung im Sinne des § 176, bei schwerbehinderten Menschen außerdem die Schwerbehindertenvertretung, können die Klärung verlangen. [8]Sie wachen darüber, dass der Arbeitgeber die ihm nach dieser Vorschrift obliegenden Verpflichtungen erfüllt.

(3) Die Rehabilitationsträger und die Integrationsämter können Arbeitgeber, die ein betriebliches Eingliederungsmanagement einführen, durch Prämien oder einen Bonus fördern.

Kapitel 4. Kündigungsschutz

§ 168 Erfordernis der Zustimmung. Die Kündigung des Arbeitsverhältnisses eines schwerbehinderten Menschen durch den Arbeitgeber bedarf der vorherigen Zustimmung des Integrationsamtes.

§ 169 Kündigungsfrist. Die Kündigungsfrist beträgt mindestens vier Wochen.

§ 170 Antragsverfahren. (1) [1]Die Zustimmung zur Kündigung beantragt der Arbeitgeber bei dem für den Sitz des Betriebes oder der Dienststelle zuständigen Integrationsamt schriftlich oder elektronisch. [2]Der Begriff des Betriebes und der Begriff der Dienststelle im Sinne dieses Teils bestimmen sich nach dem Betriebsverfassungsgesetz[1]) und dem Personalvertretungsrecht.

(2) Das Integrationsamt holt eine Stellungnahme des Betriebsrates oder Personalrates und der Schwerbehindertenvertretung ein und hört den schwerbehinderten Menschen an.

(3) Das Integrationsamt wirkt in jeder Lage des Verfahrens auf eine gütliche Einigung hin.

---

[1]) Auszugsweise abgedruckt unter Nr. **14.**

§ 171 Entscheidung des Integrationsamtes. (1) Das Integrationsamt soll die Entscheidung, falls erforderlich, auf Grund mündlicher Verhandlung, innerhalb eines Monats vom Tag des Eingangs des Antrages an treffen.

(2) [1] Die Entscheidung wird dem Arbeitgeber und dem schwerbehinderten Menschen zugestellt. [2] Der Bundesagentur für Arbeit wird eine Abschrift der Entscheidung übersandt.

(3) Erteilt das Integrationsamt die Zustimmung zur Kündigung, kann der Arbeitgeber die Kündigung nur innerhalb eines Monats nach Zustellung erklären.

(4) Widerspruch und Anfechtungsklage gegen die Zustimmung des Integrationsamtes zur Kündigung haben keine aufschiebende Wirkung.

(5) [1] In den Fällen des § 172 Absatz 1 Satz 1 und Absatz 3 gilt Absatz 1 mit der Maßgabe, dass die Entscheidung innerhalb eines Monats vom Tag des Eingangs des Antrages an zu treffen ist. [2] Wird innerhalb dieser Frist eine Entscheidung nicht getroffen, gilt die Zustimmung als erteilt. [3] Die Absätze 3 und 4 gelten entsprechend.

§ 172 Einschränkungen der Ermessensentscheidung. (1) [1] Das Integrationsamt erteilt die Zustimmung bei Kündigungen in Betrieben und Dienststellen, die nicht nur vorübergehend eingestellt oder aufgelöst werden, wenn zwischen dem Tag der Kündigung und dem Tag, bis zu dem Gehalt oder Lohn gezahlt wird, mindestens drei Monate liegen. [2] Unter der gleichen Voraussetzung soll die Zustimmung auch bei Kündigungen in Betrieben und Dienststellen erteilen, die nicht nur vorübergehend wesentlich eingeschränkt werden, wenn die Gesamtzahl der weiterhin beschäftigten schwerbehinderten Menschen zur Erfüllung der Beschäftigungspflicht nach § 154 ausreicht. [3] Die Sätze 1 und 2 gelten nicht, wenn eine Weiterbeschäftigung auf einem anderen Arbeitsplatz desselben Betriebes oder derselben Dienststelle oder auf einem freien Arbeitsplatz in einem anderen Betrieb oder einer anderen Dienststelle desselben Arbeitgebers mit Einverständnis des schwerbehinderten Menschen möglich und für den Arbeitgeber zumutbar ist.

(2) Das Integrationsamt soll die Zustimmung erteilen, wenn dem schwerbehinderten Menschen ein anderer angemessener und zumutbarer Arbeitsplatz gesichert ist.

(3) Ist das Insolvenzverfahren über das Vermögen des Arbeitgebers eröffnet, soll das Integrationsamt die Zustimmung erteilen, wenn

1. der schwerbehinderte Mensch in einem Interessenausgleich namentlich als einer der zu entlassenden Arbeitnehmer bezeichnet ist (§ 125 der Insolvenzordnung),

2. die Schwerbehindertenvertretung beim Zustandekommen des Interessenausgleichs gemäß § 178 Absatz 2 beteiligt worden ist,

3. der Anteil der nach dem Interessenausgleich zu entlassenden schwerbehinderten Menschen an der Zahl der beschäftigten schwerbehinderten Menschen nicht größer ist als der Anteil der zu entlassenden übrigen Arbeitnehmer an der Zahl der beschäftigten übrigen Arbeitnehmer und

4. die Gesamtzahl der schwerbehinderten Menschen, die nach dem Interessenausgleich bei dem Arbeitgeber verbleiben sollen, zur Erfüllung der Beschäftigungspflicht nach § 154 ausreicht.

§ 173 Ausnahmen. (1) [1]Die Vorschriften dieses Kapitels gelten nicht für schwerbehinderte Menschen,

1. deren Arbeitsverhältnis zum Zeitpunkt des Zugangs der Kündigungserklärung ohne Unterbrechung noch nicht länger als sechs Monate besteht oder

2. die auf Stellen im Sinne des § 156 Absatz 2 Nummer 2 bis 5 beschäftigt werden oder

3. deren Arbeitsverhältnis durch Kündigung beendet wird, sofern sie

    a) das 58. Lebensjahr vollendet haben und Anspruch auf eine Abfindung, Entschädigung oder ähnliche Leistung auf Grund eines Sozialplanes haben oder

    b) Anspruch auf Knappschaftsausgleichsleistung nach dem Sechsten Buch oder auf Anpassungsgeld für entlassene Arbeitnehmer des Bergbaus haben.

[2]Satz 1 Nummer 3 (Buchstabe a und b) finden Anwendung, wenn der Arbeitgeber innerhalb die Kündigungsabsicht rechtzeitig mitgeteilt hat und sie der beabsichtigten Kündigung bis zu deren Ausspruch nicht widersprechen.

(2) Die Vorschriften dieses Kapitels finden ferner bei Entlassungen, die aus Witterungsgründen vorgenommen werden, keine Anwendung, sofern die Wiedereinstellung der schwerbehinderten Menschen bei Wiederaufnahme der Arbeit gewährleistet ist.

(3) Die Vorschriften dieses Kapitels finden ferner keine Anwendung, wenn zum Zeitpunkt der Kündigung die Eigenschaft als schwerbehinderter Mensch nicht nachgewiesen ist oder das Versorgungsamt nach Ablauf der Frist des § 152 Absatz 1 Satz 3 eine Feststellung wegen fehlender Mitwirkung nicht treffen konnte.

(4) Der Arbeitgeber zeigt Einstellungen auf Probe und die Beendigung von Arbeitsverhältnissen schwerbehinderter Menschen in den Fällen des Absatzes 1 Nummer 1 unabhängig von der Anzeigepflicht nach anderen Gesetzen dem Integrationsamt innerhalb von vier Tagen an.

§ 174 Außerordentliche Kündigung. (1) Die Vorschriften dieses Kapitels gelten mit Ausnahme von § 169 auch bei außerordentlicher Kündigung, soweit sich aus den folgenden Bestimmungen nichts Abweichendes ergibt.

(2) [1]Die Zustimmung zur Kündigung kann nur innerhalb von zwei Wochen beantragt werden; maßgebend ist der Eingang des Antrages bei dem Integrationsamt. [2]Die Frist beginnt mit dem Zeitpunkt, in dem der Arbeitgeber von den für die Kündigung maßgebenden Tatsachen Kenntnis erlangt.

(3) [1]Das Integrationsamt trifft die Entscheidung innerhalb von zwei Wochen vom Tag des Eingangs des Antrages an. [2]Wird innerhalb dieser Frist eine Entscheidung nicht getroffen, gilt die Zustimmung als erteilt.

(4) Das Integrationsamt soll die Zustimmung erteilen, wenn die Kündigung aus einem Grund erfolgt, der nicht im Zusammenhang mit der Behinderung steht.

(5) Die Kündigung kann auch nach Ablauf der Frist des § 626 Absatz 2 Satz 1 des Bürgerlichen Gesetzbuchs erfolgen, wenn sie unverzüglich nach Erteilung der Zustimmung erklärt wird.

(6) Schwerbehinderte Menschen, denen lediglich aus Anlass eines Streiks oder einer Aussperrung fristlos gekündigt worden ist, werden nach Beendigung des Streiks oder der Aussperrung wieder eingestellt.

§ 175 Erweiterter Beendigungsschutz. [1] Die Beendigung des Arbeitsverhältnisses eines schwerbehinderten Menschen bedarf auch dann der vorherigen Zustimmung des Integrationsamtes, wenn sie im Falle des Eintritts einer teilweisen Erwerbsminderung, der Erwerbsminderung auf Zeit, der Berufsunfähigkeit oder der Erwerbsunfähigkeit auf Zeit ohne Kündigung erfolgt. [2] Die Vorschriften dieses Kapitels über die Zustimmung zur ordentlichen Kündigung gelten entsprechend.

Kapitel 5. Betriebs-, Personal-, Richter-, Staatsanwalts- und Präsidialrat, Schwerbehindertenvertretung, Inklusionsbeauftragter des Arbeitgebers

§ 176 Aufgaben des Betriebs-, Personal-, Richter-, Staatsanwalts- und Präsidialrates. [1] Betriebs-, Personal-, Richter-, Staatsanwalts- und Präsidialrat fördern die Eingliederung schwerbehinderter Menschen. [2] Sie achten insbesondere darauf, dass die dem Arbeitgeber nach den §§ 154, 155 und 164 bis 167 obliegenden Verpflichtungen erfüllt werden; sie wirken auf die Wahl der Schwerbehindertenvertretung hin.

§ 177 Wahl und Amtszeit der Schwerbehindertenvertretung. (1) [1] In Betrieben und Dienststellen, in denen wenigstens fünf schwerbehinderte Menschen nicht nur vorübergehend beschäftigt sind, werden eine Vertrauensperson und wenigstens ein stellvertretendes Mitglied gewählt, das die Vertrauensperson im Falle der Verhinderung vertritt. [2] Ferner wählen bei Gerichten, denen mindestens fünf schwerbehinderte Richter oder Richterinnen angehören, diese einen Richter oder eine Richterin zu ihrer Schwerbehindertenvertretung. [3] Satz 2 gilt entsprechend für Staatsanwälte oder Staatsanwältinnen, soweit für sie eine besondere Personalvertretung gebildet wird. [4] Betriebe oder Dienststellen, die die Voraussetzungen des Satzes 1 nicht erfüllen, können für die Wahl mit räumlich nahe liegenden Betrieben oder gleichstufigen Dienststellen derselben Verwaltung zusammengefasst werden; soweit erforderlich, können Gerichte unterschiedlicher Gerichtszweige und Stufen zusammengefasst werden. [5] Über die Zusammenfassung entscheidet der Arbeitgeber im Benehmen mit dem für den Sitz der Betriebe oder Dienststellen einschließlich Gerichten zuständigen Integrationsamt.

(2) Wahlberechtigt sind alle in dem Betrieb oder der Dienststelle beschäftigten schwerbehinderten Menschen.

(3) [1] Wählbar sind alle in dem Betrieb oder der Dienststelle nicht nur vorübergehend Beschäftigten, die am Wahltag das 18. Lebensjahr vollendet haben und dem Betrieb oder der Dienststelle seit sechs Monaten angehören; besteht der Betrieb oder die Dienststelle weniger als ein Jahr, so bedarf es für die Wählbarkeit nicht der sechsmonatigen Zugehörigkeit. [2] Nicht wählbar ist, wer kraft Gesetzes dem Betriebs-, Personal-, Richter-, Staatsanwalts- oder Präsidialrat angehören kann.

(4) In Dienststellen der Bundeswehr sind auch schwerbehinderte Soldatinnen und Soldaten wahlberechtigt und auch Soldatinnen und Soldaten wählbar.

(5) [1] Die regelmäßigen Wahlen finden alle vier Jahre in der Zeit vom 1. Oktober bis 30. November statt. [2] Außerhalb dieser Zeit finden Wahlen statt, wenn

1. das Amt der Schwerbehindertenvertretung vorzeitig erlischt und ein stellvertretendes Mitglied nicht nachrückt,

2. die Wahl mit Erfolg angefochten worden ist oder

3. eine Schwerbehindertenvertretung noch nicht gewählt ist.

[3] Hat außerhalb des für die regelmäßigen Wahlen festgelegten Zeitraumes eine Wahl der Schwerbehindertenvertretung stattgefunden, wird die Schwerbehindertenvertretung in dem auf die Wahl folgenden nächsten Zeitraum der regelmäßigen Wahlen neu gewählt. [4] Hat die Amtszeit der Schwerbehindertenvertretung zum Beginn des für die regelmäßigen Wahlen festgelegten Zeitraums noch nicht ein Jahr betragen, wird die Schwerbehindertenvertretung im übernächsten Zeitraum für regelmäßige Wahlen neu gewählt.

(6) [1] Die Vertrauensperson und das stellvertretende Mitglied werden in geheimer und unmittelbarer Wahl nach den Grundsätzen der Mehrheitswahl gewählt. [2] Im Übrigen sind die Vorschriften über die Wahlanfechtung, den Wahlschutz und die Wahlkosten bei der Wahl des Betriebs-, Personal-, Richter-, Staatsanwalts- oder Präsidialrates sinngemäß anzuwenden. [3] In Betrieben und Dienststellen mit weniger als 50 wahlberechtigten schwerbehinderten Menschen wird die Vertrauensperson und das stellvertretende Mitglied im vereinfachten Wahlverfahren gewählt, sofern der Betrieb oder die Dienststelle nicht aus räumlich weit auseinanderliegenden Teilen besteht. [4] Ist in einem Betrieb oder einer Dienststelle eine Schwerbehindertenvertretung nicht gewählt, so kann das für den Betrieb oder die Dienststelle zuständige Integrationsamt zu einer Versammlung schwerbehinderter Menschen zum Zwecke der Wahl eines Wahlvorstandes einladen.

(7) [1] Die Amtszeit der Schwerbehindertenvertretung beträgt vier Jahre. [2] Sie beginnt mit der Bekanntgabe des Wahlergebnisses oder, wenn die Amtszeit der bisherigen Schwerbehindertenvertretung noch nicht beendet ist, mit deren Ablauf. [3] Das Amt erlischt vorzeitig, wenn die Vertrauensperson es niederlegt, aus dem Arbeits-, Dienst- oder Richterverhältnis ausscheidet oder die Wählbarkeit verliert. [4] Scheidet die Vertrauensperson vorzeitig aus dem Amt aus, rückt das mit der höchsten Stimmenzahl gewählte stellvertretende Mitglied für den Rest der Amtszeit nach; dies gilt für das stellvertretende Mitglied entsprechend. [5] Auf Antrag eines Viertels der wahlberechtigten schwerbehinderten Menschen kann der Widerspruchsausschuss bei dem Integrationsamt (§ 202) das Erlöschen des Amtes einer Vertrauensperson wegen grober Verletzung ihrer Pflichten beschließen.

(8) In Betrieben gilt § 21a des Betriebsverfassungsgesetzes entsprechend.

§ 178 Aufgaben der Schwerbehindertenvertretung. (1) [1] Die Schwerbehindertenvertretung fördert die Eingliederung schwerbehinderter Menschen in den Betrieb oder die Dienststelle, vertritt ihre Interessen in dem Betrieb oder der Dienststelle und steht ihnen beratend und helfend zur Seite. [2] Sie erfüllt ihre Aufgaben insbesondere dadurch, dass sie

1. darüber wacht, dass die zugunsten schwerbehinderter Menschen geltenden Gesetze, Verordnungen, Tarifverträge, Betriebs- oder Dienstvereinbarungen und Verwaltungsanordnungen durchgeführt, insbesondere auch die dem Arbeitgeber nach den §§ 154, 155 und 164 bis 167 obliegenden Verpflichtungen erfüllt werden,

2. Maßnahmen, die den schwerbehinderten Menschen dienen, insbesondere auch präventive Maßnahmen, bei den zuständigen Stellen beantragt,

3. Anregungen und Beschwerden von schwerbehinderten Menschen entgegennimmt und, falls sie berechtigt erscheinen, durch Verhandlung mit dem Arbeitgeber auf eine Erledigung hinwirkt; sie unterrichtet die schwerbehinderten Menschen über den Stand und das Ergebnis der Verhandlungen.

[3] Die Schwerbehindertenvertretung unterstützt Beschäftigte auch bei Anträgen an die nach § 152 Absatz 1 zuständigen Behörden auf Feststellung einer Behinderung, ihres Grades und einer Schwerbehinderung sowie bei Anträgen auf Gleichstellung an die Agentur für Arbeit. [4] In Betrieben und Dienststellen mit in der Regel mehr als 100 beschäftigten schwerbehinderten Menschen kann sie nach Unterrichtung des Arbeitgebers das mit der höchsten Stimmenzahl gewählte stellvertretende Mitglied zu bestimmten Aufgaben heranziehen. [5] Ab jeweils 100 weiteren beschäftigten schwerbehinderten Menschen kann jeweils auch das mit der nächsthöheren Stimmenzahl gewählte Mitglied herangezogen werden. [6] Die Heranziehung zu bestimmten Aufgaben schließt die Abstimmung untereinander ein.

(2) [1] Der Arbeitgeber hat die Schwerbehindertenvertretung in allen Angelegenheiten, die einen einzelnen oder die schwerbehinderten Menschen als Gruppe berühren, unverzüglich und umfassend zu unterrichten und vor einer Entscheidung anzuhören; er hat ihr die getroffene Entscheidung unverzüglich mitzuteilen. [2] Die Durchführung oder Vollziehung einer ohne Beteiligung nach Satz 1 getroffenen Entscheidung ist auszusetzen, die Beteiligung ist innerhalb von sieben Tagen nachzuholen; sodann ist endgültig zu entscheiden. [3] Die Kündigung eines schwerbehinderten Menschen, die der Arbeitgeber ohne eine Beteiligung nach Satz 1 ausspricht, ist unwirksam. [4] Die Schwerbehindertenvertretung hat das Recht auf Beteiligung am Verfahren nach § 164 Absatz 1 und beim Vorliegen von Vermittlungsvorschlägen der Bundesagentur für Arbeit nach § 164 Absatz 1 oder von Bewerbungen schwerbehinderter Menschen das Recht auf Einsicht in die entscheidungsrelevanten Teile der Bewerbungsunterlagen und Teilnahme an Vorstellungsgesprächen.

(3) [1] Der schwerbehinderte Mensch hat das Recht, bei Einsicht in die über ihn geführte Personalakte oder ihn betreffende Daten des Arbeitgebers die Schwerbehindertenvertretung hinzuzuziehen. [2] Die Schwerbehindertenvertretung bewahrt über den Inhalt der Daten Stillschweigen, soweit er der schwerbehinderte Mensch nicht von dieser Verpflichtung entbunden hat.

(4) [1] Die Schwerbehindertenvertretung hat das Recht, an allen Sitzungen des Betriebs-, Personal-, Richter-, Staatsanwalts- oder Präsidialrates und deren Ausschüssen sowie des Arbeitsschutzausschusses beratend teilzunehmen; sie kann beantragen, Angelegenheiten, die einzelne oder die schwerbehinderten Menschen als Gruppe besonders betreffen, auf die Tagesordnung der nächsten Sitzung zu setzen. [2] Erachtet sie einen Beschluss des Betriebs-, Personal-, Richter-, Staatsanwalts- oder Präsidialrates als eine erhebliche Beeinträchtigung wichtiger Interessen schwerbehinderter Menschen oder ist sie entgegen Absatz 2 Satz 1 nicht beteiligt worden, wird auf ihren Antrag der Beschluss für die Dauer von einer Woche vom Zeitpunkt der Beschlussfassung an ausgesetzt; die Vorschriften des Betriebsverfassungsgesetzes[1] und des Personalvertretungsrechts

---

[1] Auszugsweise abgedruckt unter Nr. **14.**

über die Aussetzung von Beschlüssen gelten entsprechend. [3] Durch die Aussetzung wird eine Frist nicht verlängert. [4] In den Fällen des § 21e Absatz 1 und 3 des Gerichtsverfassungsgesetzes ist die Schwerbehindertenvertretung, außer in Eilfällen, auf Antrag einer betroffenen schwerbehinderten Richterin oder eines schwerbehinderten Richters vor dem Präsidium des Gerichtes zu hören.

(5) Die Schwerbehindertenvertretung wird zu Besprechungen nach § 74 Absatz 1 des Betriebsverfassungsgesetzes[1]), § 65 des Bundespersonalvertretungsgesetzes sowie den entsprechenden Vorschriften des sonstigen Personalvertretungsrechts zwischen dem Arbeitgeber und den in Absatz 4 genannten Vertretungen hinzugezogen.

(6) [1] Die Schwerbehindertenvertretung hat das Recht, mindestens einmal im Kalenderjahr eine Versammlung schwerbehinderter Menschen im Betrieb oder in der Dienststelle durchzuführen. [2] Die für Betriebs- und Personalversammlungen geltenden Vorschriften finden entsprechende Anwendung.

(7) Sind in einer Angelegenheit sowohl die Schwerbehindertenvertretung der Richter und Richterinnen als auch die Schwerbehindertenvertretung der übrigen Bediensteten beteiligt, so handeln sie gemeinsam.

(8) Die Schwerbehindertenvertretung kann an Betriebs- und Personalversammlungen in Betrieben und Dienststellen teilnehmen, für die sie als Schwerbehindertenvertretung zuständig ist, und hat dort ein Rederecht, auch wenn die Mitglieder der Schwerbehindertenvertretung nicht Angehörige des Betriebes oder der Dienststelle sind.

§ 179 Persönliche Rechte und Pflichten der Vertrauenspersonen der schwerbehinderten Menschen. (1) Die Vertrauenspersonen führen ihr Amt unentgeltlich als Ehrenamt.

(2) Die Vertrauenspersonen dürfen in der Ausübung ihres Amtes nicht behindert oder wegen ihres Amtes benachteiligt oder begünstigt werden; dies gilt auch für ihre berufliche Entwicklung.

(3) [1] Die Vertrauenspersonen besitzen gegenüber dem Arbeitgeber die gleiche persönliche Rechtsstellung, insbesondere den gleichen Kündigungs-, Versetzungs- und Abordnungsschutz, wie ein Mitglied des Betriebs-, Personal-, Staatsanwalts- oder Richterrates. [2] Das stellvertretende Mitglied besitzt während der Dauer der Vertretung und der Heranziehung nach § 178 Absatz 1 Satz 4 und 5 die gleiche persönliche Rechtsstellung wie die Vertrauensperson, im Übrigen die gleiche Rechtsstellung wie Ersatzmitglieder der in Satz 1 genannten Vertretungen.

(4) [1] Die Vertrauenspersonen werden von ihrer beruflichen Tätigkeit ohne Minderung des Arbeitsentgelts oder der Dienstbezüge befreit, wenn und soweit es zur Durchführung ihrer Aufgaben erforderlich ist. [2] Sind in den Betrieben und Dienststellen in der Regel wenigstens 100 schwerbehinderte Menschen beschäftigt, wird die Vertrauensperson auf ihren Wunsch freigestellt; weitergehende Vereinbarungen sind zulässig. [3] Satz 1 gilt entsprechend für die Teilnahme der Vertrauensperson und des mit der höchsten Stimmenzahl gewählten stellvertretenden Mitglieds sowie in den Fällen des § 178 Absatz 1 Satz 5 auch des jeweils mit der nächsthöheren Stimmenzahl gewählten weiteren stellvertretenden Mitglieds an Schulungs- und Bildungsveranstaltungen, soweit diese

---

[1]) Nr. 14.

Kenntnisse vermitteln, die für die Arbeit der Schwerbehindertenvertretung erforderlich sind.

(5) [1] Freigestellte Vertrauenspersonen dürfen von inner- oder außerbetrieblichen Maßnahmen der Berufsförderung nicht ausgeschlossen werden. [2] Innerhalb eines Jahres nach Beendigung ihrer Freistellung ist ihnen im Rahmen der Möglichkeiten des Betriebes oder der Dienststelle Gelegenheit zu geben, eine wegen der Freistellung unterbliebene berufliche Entwicklung in dem Betrieb oder der Dienststelle nachzuholen. [3] Für Vertrauenspersonen, die drei volle aufeinander folgende Amtszeiten freigestellt waren, erhöht sich der genannte Zeitraum auf zwei Jahre.

(6) Zum Ausgleich für ihre Tätigkeit, die aus betriebsbedingten oder dienstlichen Gründen außerhalb der Arbeitszeit durchzuführen ist, haben die Vertrauenspersonen Anspruch auf entsprechende Arbeits- oder Dienstbefreiung unter Fortzahlung des Arbeitsentgelts oder der Dienstbezüge.

(7) [1] Die Vertrauenspersonen sind verpflichtet,

1. ihnen wegen ihres Amtes anvertraute oder sonst bekannt gewordene fremde Geheimnisse, namentlich zum persönlichen Lebensbereich gehörende Geheimnisse, nicht zu offenbaren und

2. ihnen wegen ihres Amtes bekannt gewordene und vom Arbeitgeber ausdrücklich als geheimhaltungsbedürftig bezeichnete Betriebs- oder Geschäftsgeheimnisse nicht zu offenbaren und nicht zu verwerten.

[2] Diese Pflichten gelten auch nach dem Ausscheiden aus dem Amt. [3] Sie gelten nicht gegenüber der Bundesagentur für Arbeit, den Integrationsämtern und den Rehabilitationsträgern, soweit deren Aufgaben den schwerbehinderten Menschen gegenüber es erfordern, gegenüber den Vertrauenspersonen in den Stufenvertretungen (§ 180) sowie gegenüber den in § 79 Absatz 1 des Betriebsverfassungsgesetzes und in den entsprechenden Vorschriften des Personalvertretungsrechts genannten Vertretungen, Personen und Stellen.

(8) [1] Die durch die Tätigkeit der Schwerbehindertenvertretung entstehenden Kosten trägt der Arbeitgeber; für öffentliche Arbeitgeber gelten die Kostenregelungen für Personalvertretungen entsprechend. [2] Das Gleiche gilt für die durch die Teilnahme der stellvertretenden Mitglieder an Schulungs- und Bildungsveranstaltungen nach Absatz 4 Satz 3 entstehenden Kosten. [3] Satz 1 umfasst auch eine Bürokraft für die Schwerbehindertenvertretung in erforderlichem Umfang.

(9) Die Räume und der Geschäftsbedarf, die der Arbeitgeber dem Betriebs-, Personal-, Richter-, Staatsanwalts- oder Präsidialrat für dessen Sitzungen, Sprechstunden und laufende Geschäftsführung zur Verfügung stellt, stehen für die gleichen Zwecke auch der Schwerbehindertenvertretung zur Verfügung, soweit ihr hierfür nicht eigene Räume und sächliche Mittel zur Verfügung gestellt werden.

§ 180 Konzern-, Gesamt-, Bezirks- und Hauptschwerbehindertenvertretung.

(1) [1] Ist für mehrere Betriebe eines Arbeitgebers ein Gesamtbetriebsrat oder für den Geschäftsbereich mehrerer Dienststellen ein Gesamtpersonalrat errichtet, wählen die Schwerbehindertenvertretungen der einzelnen Betriebe oder Dienststellen eine Gesamtschwerbehindertenvertretung. [2] Ist eine Schwerbehindertenvertretung nur in einem der Betriebe oder in einer der

Dienststellen gewählt, nimmt sie die Rechte und Pflichten der Gesamtschwerbehindertenvertretung wahr.

(2) ¹Ist für mehrere Unternehmen ein Konzernbetriebsrat errichtet, wählen
die Gesamtschwerbehindertenvertretungen eine Konzernschwerbehindertenvertretung. ²Besteht ein Konzernunternehmen nur aus einem Betrieb, für den
eine Schwerbehindertenvertretung gewählt ist, hat sie das Wahlrecht wie eine
Gesamtschwerbehindertenvertretung.

(3) ¹Für den Geschäftsbereich mehrstufiger Verwaltungen, bei denen ein
Bezirks- oder Hauptpersonalrat gebildet ist, gilt Absatz 1 sinngemäß mit der
Maßgabe, dass bei den Mittelbehörden von deren Schwerbehindertenvertretung und den Schwerbehindertenvertretungen der nachgeordneten Dienststellen eine Bezirksschwerbehindertenvertretung zu wählen ist. ²Bei den obersten
Dienstbehörden ist von deren Schwerbehindertenvertretung und den Bezirksschwerbehindertenvertretungen des Geschäftsbereichs eine Hauptschwerbehindertenvertretung zu wählen; ist die Zahl der Bezirksschwerbehindertenvertretungen niedriger als zehn, sind auch die Schwerbehindertenvertretungen der
nachgeordneten Dienststellen wahlberechtigt.

(4) ¹Für Gerichte eines Zweiges der Gerichtsbarkeit, für die ein Bezirks-
oder Hauptrichterrat gebildet ist, gilt Absatz 3 entsprechend. ²Sind in einem
Zweig der Gerichtsbarkeit bei den Gerichten der Länder mehrere Schwer-
hindertenvertretungen nach § 177 zu wählen und ist in diesem Zweig kein
Hauptrichterrat gebildet, ist in entsprechender Anwendung von Absatz 3 eine
Hauptschwerbehindertenvertretung zu wählen. ³Die Hauptschwerbehindertenvertretung nimmt die Aufgabe der Schwerbehindertenvertretung gegenüber
dem Präsidialrat wahr.

(5) Für jede Vertrauensperson, die nach den Absätzen 1 bis 4 neu zu wählen
ist, wird wenigstens ein stellvertretendes Mitglied gewählt.

(6) ¹Die Gesamtschwerbehindertenvertretung vertritt die Interessen der
schwerbehinderten Menschen in Angelegenheiten, die das Gesamtunterneh-
men oder mehrere Betriebe oder Dienststellen des Arbeitgebers betreffen und
von den Schwerbehindertenvertretungen der einzelnen Betriebe oder Dienststellen nicht geregelt werden können, sowie die Interessen der schwerbehinderten Menschen, die in einem Betrieb oder einer Dienststelle tätig sind, für die
eine Schwerbehindertenvertretung nicht gewählt ist; dies umfasst auch Verhandlungen und den Abschluss entsprechender Inklusionsvereinbarungen.
²Satz 1 gilt entsprechend für die Konzern-, Bezirks- und Hauptschwerbehindertenvertretung sowie für die Schwerbehindertenvertretung der obersten
Dienstbehörde, wenn bei einer mehrstufigen Verwaltung Stufenvertretungen
nicht gewählt sind. ³Die nach Satz 2 zuständige Schwerbehindertenvertretung
ist auch in persönlichen Angelegenheiten schwerbehinderter Menschen, über
die eine übergeordnete Dienststelle entscheidet, zuständig; sie gibt der Schwerbehindertenvertretung der Dienststelle, die den schwerbehinderten Menschen
beschäftigt, Gelegenheit zur Äußerung. ⁴Satz 3 gilt nicht in den Fällen, in
denen der Personalrat der Beschäftigungsbehörde zu beteiligen ist.

(7) § 177 Absatz 3 bis 8, § 178 Absatz 1 Satz 4 und 5, Absatz 2, 4, 5 und 7
und § 179 gelten entsprechend, § 177 Absatz 5 mit der Maßgabe, dass die Wahl
der Gesamt- und Bezirksschwerbehindertenvertretungen in der Zeit vom
1. Dezember bis 31. Januar, die der Konzern- und Hauptschwerbehinderten-
vertretungen in der Zeit vom 1. Februar bis 31. März stattfindet, § 177 Absatz 6

mit der Maßgabe, dass bei den Wahlen zu überörtlichen Vertretungen der zweite Halbsatz des Satzes 3 nicht gilt.

(8) § 178 Absatz 6 gilt für die Durchführung von Versammlungen der Vertrauens- und der Bezirksvertrauenspersonen durch die Gesamt-, Bezirks- oder Hauptschwerbehindertenvertretung entsprechend.

§ 181 Inklusionsbeauftragter des Arbeitgebers. [1] Der Arbeitgeber bestellt einen Inklusionsbeauftragten, der ihn in Angelegenheiten schwerbehinderter Menschen verantwortlich vertritt; falls erforderlich, können mehrere Inklusionsbeauftragte bestellt werden. [2] Der Inklusionsbeauftragte soll nach Möglichkeit selbst ein schwerbehinderter Mensch sein. [3] Der Inklusionsbeauftragte achtet vor allem darauf, dass dem Arbeitgeber obliegende Verpflichtungen erfüllt werden.

§ 182 Zusammenarbeit. (1) Arbeitgeber, Inklusionsbeauftragter des Arbeitgebers, Schwerbehindertenvertretung und Betriebs-, Personal-, Richter-, Staatsanwalts- oder Präsidialrat arbeiten zur Teilhabe schwerbehinderter Menschen am Arbeitsleben in dem Betrieb oder der Dienststelle eng zusammen.

(2) [1] Die in Absatz 1 genannten Personen und Vertretungen, die mit der Durchführung dieses Teils beauftragten Stellen und die Rehabilitationsträger unterstützen sich gegenseitig bei der Erfüllung ihrer Aufgaben. [2] Vertrauensperson und Inklusionsbeauftragter des Arbeitgebers sind Verbindungspersonen zur Bundesagentur für Arbeit und zu dem Integrationsamt.

§ 183 Verordnungsermächtigung. Die Bundesregierung wird ermächtigt, durch Rechtsverordnung mit Zustimmung des Bundesrates nähere Vorschriften über die Vorbereitung und Durchführung der Wahl der Schwerbehindertenvertretung und ihrer Stufenvertretungen zu erlassen.

Kapitel 6. Durchführung der besonderen Regelungen zur Teilhabe schwerbehinderter Menschen

§ 184 Zusammenarbeit der Integrationsämter und der Bundesagentur für Arbeit. (1) Soweit die besonderen Regelungen zur Teilhabe schwerbehinderter Menschen am Arbeitsleben nicht durch freie Entschließung der Arbeitgeber erfüllt werden, werden sie

1. in den Ländern von dem Amt für die Sicherung der Integration schwerbehinderter Menschen im Arbeitsleben (Integrationsamt) und
2. von der Bundesagentur für Arbeit
in enger Zusammenarbeit durchgeführt.

(2) Die den Rehabilitationsträgern nach den geltenden Vorschriften obliegenden Aufgaben bleiben unberührt.

§ 185 Aufgaben des Integrationsamtes. (1) [1] Das Integrationsamt hat folgende Aufgaben:

1. die Erhebung und Verwendung der Ausgleichsabgabe,
2. den Kündigungsschutz,
3. die begleitende Hilfe im Arbeitsleben,
4. die zeitweilige Entziehung der besonderen Hilfen für schwerbehinderte Menschen (§ 200).

[2] Die Integrationsämter werden so ausgestattet, dass sie ihre Aufgaben umfassend und qualifiziert erfüllen können. [3] Hierfür wird besonders geschultes Personal mit Fachkenntnissen des Schwerbehindertenrechts eingesetzt.

(2) [1] Die begleitende Hilfe im Arbeitsleben wird in enger Zusammenarbeit mit der Bundesagentur für Arbeit und den übrigen Rehabilitationsträgern durchgeführt. [2] Sie soll dahingehend wirken, dass die schwerbehinderten Menschen in ihrer sozialen Stellung nicht absinken, auf Arbeitsplätzen beschäftigt werden, auf denen sie ihre Fähigkeiten und Kenntnisse voll verwerten und weiterentwickeln können sowie durch Leistungen der Rehabilitationsträger und Maßnahmen der Arbeitgeber befähigt werden, sich am Arbeitsplatz und im Wettbewerb mit nichtbehinderten Menschen zu behaupten. [3] Dabei gelten als Arbeitsplätze auch Stellen, auf denen Beschäftigte befristet oder als Teilzeitbeschäftigte in einem Umfang von mindestens 15 Stunden, in Inklusionsbetrieben mindestens zwölf Stunden wöchentlich beschäftigt werden. [4] Die begleitende Hilfe im Arbeitsleben umfasst auch die nach den Umständen des Einzelfalles notwendige psychosoziale Betreuung schwerbehinderter Menschen. [5] Das Integrationsamt kann bei der Durchführung der begleitenden Hilfen im Arbeitsleben Integrationsfachdienste einschließlich psychosozialer Dienste freier gemeinnütziger Einrichtungen und Organisationen beteiligen. [6] Das Integrationsamt soll außerdem darauf Einfluss nehmen, dass Schwierigkeiten im Arbeitsleben verhindert oder beseitigt werden; es führt hierzu auch Schulungs- und Bildungsmaßnahmen für Vertrauenspersonen, Inklusionsbeauftragte der Arbeitgeber, Betriebs-, Personal-, Richter-, Staatsanwalts- und Präsidialräte durch. [7] Das Integrationsamt benennt in enger Abstimmung mit den Beteiligten des örtlichen Arbeitsmarktes Ansprechpartner, die in Handwerks- sowie in Industrie- und Handelskammern für die Arbeitgeber zur Verfügung stehen, um sie über Funktion und Aufgaben der Integrationsfachdienste aufzuklären, über Möglichkeiten der begleitenden Hilfe im Arbeitsleben zu informieren und Kontakt zum Integrationsfachdienst herzustellen.

(3) Das Integrationsamt kann im Rahmen seiner Zuständigkeit für die begleitende Hilfe im Arbeitsleben aus den ihm zur Verfügung stehenden Mitteln auch Geldleistungen erbringen, insbesondere

1. an schwerbehinderte Menschen
   a) für technische Arbeitshilfen,
   b) zum Erreichen des Arbeitsplatzes,
   c) zur Gründung und Erhaltung einer selbständigen beruflichen Existenz,
   d) zur Beschaffung, Ausstattung und Erhaltung einer behinderungsgerechten Wohnung,
   e) zur Teilnahme an Maßnahmen zur Erhaltung und Erweiterung beruflicher Kenntnisse und Fertigkeiten und
   f) in besonderen Lebenslagen,

2. an Arbeitgeber
   a) zur behinderungsgerechten Einrichtung von Arbeits- und Ausbildungsplätzen für schwerbehinderte Menschen,
   b) für Zuschüsse zu Gebühren, insbesondere Prüfungsgebühren, bei der Berufsausbildung besonders betroffener schwerbehinderter Jugendlicher und junger Erwachsener,

c) für Prämien und Zuschüsse zu den Kosten der Berufsausbildung behinderter Jugendlicher und junger Erwachsener, die für die Zeit der Berufsausbildung schwerbehinderten Menschen nach § 151 Absatz 4 gleichgestellt worden sind,

d) für Prämien zur Einführung eines betrieblichen Eingliederungsmanagements und

e) für außergewöhnliche Belastungen, die mit der Beschäftigung schwerbehinderter Menschen im Sinne des § 155 Absatz 1 Nummer 1 Buchstabe a bis d, von schwerbehinderten Menschen im Anschluss an eine Beschäftigung in einer anerkannten Werkstatt für behinderte Menschen oder im Sinne des § 158 Absatz 2 verbunden sind, vor allem, wenn ohne diese Leistungen das Beschäftigungsverhältnis gefährdet würde,

3. an Träger von Integrationsfachdiensten einschließlich psychosozialer Dienste freier gemeinnütziger Einrichtungen und Organisationen sowie an Träger von Inklusionsbetrieben,

4. zur Durchführung von Aufklärungs-, Schulungs- und Bildungsmaßnahmen,

5. nachrangig zur beruflichen Orientierung,

6. zur Deckung eines Teils der Aufwendungen für ein Budget für Arbeit oder eines Teils der Aufwendungen für ein Budget für Ausbildung.

(4) Schwerbehinderte Menschen haben im Rahmen der Zuständigkeit des Integrationsamtes aus den ihm aus der Ausgleichsabgabe zur Verfügung stehenden Mitteln Anspruch auf Übernahme der Kosten einer Berufsbegleitung nach § 55 Absatz 3.

(5) [1] Schwerbehinderte Menschen haben im Rahmen der Zuständigkeit des Integrationsamtes für die begleitende Hilfe im Arbeitsleben aus den ihm aus der Ausgleichsabgabe zur Verfügung stehenden Mitteln Anspruch auf Übernahme der Kosten einer notwendigen Arbeitsassistenz. [2] Der Anspruch richtet sich auf die Übernahme der vollen Kosten, die für eine als notwendig festgestellte Arbeitsassistenz entstehen.

(6) [1] Verpflichtungen anderer werden durch die Absätze 3 bis 5 nicht berührt. [2] Leistungen der Rehabilitationsträger nach § 6 Absatz 1 Nummer 1 bis 5 dürfen, auch wenn auf sie ein Rechtsanspruch nicht besteht, nicht deshalb versagt werden, weil nach den besonderen Regelungen für schwerbehinderte Menschen entsprechende Leistungen vorgesehen sind; eine Aufstockung durch Leistungen des Integrationsamtes findet nicht statt.

(7) [1] Die §§ 14, 15 Absatz 1, die §§ 16 und 17 gelten sinngemäß, wenn bei dem Integrationsamt eine Leistung zur Teilhabe am Arbeitsleben beantragt wird. [2] Das Gleiche gilt, wenn ein Antrag bei einem Rehabilitationsträger gestellt und der Antrag von diesem nach § 16 Absatz 2 des Ersten Buches[1]) an das Integrationsamt weitergeleitet worden ist. [3] Ist die unverzügliche Erbringung einer Leistung zur Teilhabe am Arbeitsleben erforderlich, so kann das Integrationsamt die Leistung vorläufig erbringen. [4] Hat das Integrationsamt eine Leistung erbracht, für die ein anderer Träger zuständig ist, so erstattet dieser die auf die Leistung entfallenden Aufwendungen.

(8) [1] Auf Antrag führt das Integrationsamt seine Leistungen zur begleitenden Hilfe im Arbeitsleben als Persönliches Budget aus. [2] § 29 gilt entsprechend.

---

[1]) Nr. 3.

§ 185a Einheitliche Ansprechstellen für Arbeitgeber. (1) Einheitliche Ansprechstellen für Arbeitgeber informieren, beraten und unterstützen Arbeitgeber bei der Ausbildung, Einstellung und Beschäftigung von schwerbehinderten Menschen.

(2) [1] Die Einheitlichen Ansprechstellen für Arbeitgeber werden als begleitende Hilfe im Arbeitsleben aus Mitteln der Ausgleichsabgabe finanziert. [2] Sie haben die Aufgabe,

1. Arbeitgeber anzusprechen und diese für die Ausbildung, Einstellung und Beschäftigung von schwerbehinderten Menschen zu sensibilisieren,

2. Arbeitgebern als trägerunabhängiger Lotse bei Fragen zur Ausbildung, Einstellung, Berufsbegleitung und Beschäftigungssicherung von schwerbehinderten Menschen zur Verfügung zu stehen und

3. Arbeitgeber bei der Stellung von Anträgen bei den zuständigen Leistungsträgern zu unterstützen.

(3) [1] Die Einheitlichen Ansprechstellen für Arbeitgeber sind flächendeckend einzurichten. [2] Sie sind trägerunabhängig.

(4) Die Einheitlichen Ansprechstellen für Arbeitgeber sollen

1. für Arbeitgeber schnell zu erreichen sein,

2. über fachlich qualifiziertes Personal verfügen, das mit den Regelungen zur Teilhabe schwerbehinderter Menschen sowie der Beratung von Arbeitgebern und ihren Bedürfnissen vertraut ist, sowie

3. in der Region gut vernetzt sein.

(5) [1] Die Integrationsämter beauftragen die Integrationsfachdienste oder andere geeignete Träger, als Einheitliche Ansprechstellen für Arbeitgeber tätig zu werden. [2] Die Integrationsämter wirken darauf hin, dass die Einheitlichen Ansprechstellen für Arbeitgeber flächendeckend zur Verfügung stehen und mit Dritten, die aufgrund ihres fachlichen Hintergrunds über eine besondere Betriebsnähe verfügen, zusammenarbeiten.

§ 186 Beratender Ausschuss für behinderte Menschen bei dem Integrationsamt. (1) [1] Bei jedem Integrationsamt wird ein Beratender Ausschuss für behinderte Menschen gebildet, der die Teilhabe der behinderten Menschen am Arbeitsleben fördert, das Integrationsamt bei der Durchführung der besonderen Regelungen für schwerbehinderte Menschen zur Teilhabe am Arbeitsleben unterstützt und bei der Vergabe der Mittel der Ausgleichsabgabe mitwirkt. [2] Soweit die Mittel der Ausgleichsabgabe zur institutionellen Förderung verwendet werden, macht der Beratende Ausschuss Vorschläge für die Entscheidungen des Integrationsamtes.

(2) Der Ausschuss besteht aus zehn Mitgliedern, und zwar aus

1. zwei Mitgliedern, die die Arbeitnehmerinnen und Arbeitnehmer vertreten,

2. zwei Mitgliedern, die die privaten und öffentlichen Arbeitgeber vertreten,

3. vier Mitgliedern, die die Organisationen behinderter Menschen vertreten,

4. einem Mitglied, das das jeweilige Land vertritt,

5. einem Mitglied, das die Bundesagentur für Arbeit vertritt.

(3) [1] Für jedes Mitglied ist eine Stellvertreterin oder ein Stellvertreter zu berufen. [2] Mitglieder und Stellvertreterinnen oder Stellvertreter sollen im Bezirk des Integrationsamtes ihren Wohnsitz haben.

(4) [1] Das Integrationsamt beruft auf Vorschlag

1. der Gewerkschaften des jeweiligen Landes zwei Mitglieder,
2. der Arbeitgeberverbände des jeweiligen Landes ein Mitglied,
3. der zuständigen obersten Landesbehörde oder der von ihr bestimmten Behörde ein Mitglied,
4. der Organisationen behinderter Menschen des jeweiligen Landes, die nach der Zusammensetzung ihrer Mitglieder dazu berufen sind, die behinderten Menschen in ihrer Gesamtheit zu vertreten, vier Mitglieder.

[2] Die zuständige oberste Landesbehörde oder die von ihr bestimmte Behörde und die Bundesagentur für Arbeit berufen je ein Mitglied.

§ 187 Aufgaben der Bundesagentur für Arbeit. (1) Die Bundesagentur für Arbeit hat folgende Aufgaben:

1. die Berufsberatung, Ausbildungsvermittlung und Arbeitsvermittlung schwerbehinderter Menschen einschließlich der Vermittlung von in Werkstätten für behinderte Menschen Beschäftigten auf den allgemeinen Arbeitsmarkt,
2. die Beratung der Arbeitgeber bei der Besetzung von Ausbildungs- und Arbeitsplätzen mit schwerbehinderten Menschen,
3. die Förderung der Teilhabe schwerbehinderter Menschen am Arbeitsleben auf dem allgemeinen Arbeitsmarkt, insbesondere von schwerbehinderten Menschen,

   a) die wegen Art oder Schwere ihrer Behinderung oder sonstiger Umstände im Arbeitsleben besonders betroffen sind (§ 155 Absatz 1),

   b) die langzeitarbeitslos im Sinne des § 18 des Dritten Buches sind,

   c) die im Anschluss an eine Beschäftigung in einer anerkannten Werkstatt für behinderte Menschen, bei einem anderen Leistungsanbieter (§ 60) oder einem Inklusionsbetrieb eingestellt werden,

   d) die als Teilzeitbeschäftigte eingestellt werden oder

   e) die zur Aus- oder Weiterbildung eingestellt werden,
4. im Rahmen von Arbeitsbeschaffungsmaßnahmen die besondere Förderung schwerbehinderter Menschen,
5. die Gleichstellung, deren Widerruf und Rücknahme,
6. die Durchführung des Anzeigeverfahrens (§ 163 Absatz 2 und 4),
7. die Überwachung der Erfüllung der Beschäftigungspflicht,
8. die Zulassung der Anrechnung und der Mehrfachanrechnung (§ 158 Absatz 2, § 159 Absatz 1 und 2),
9. die Erfassung der Werkstätten für behinderte Menschen, ihre Anerkennung und die Aufhebung der Anerkennung.

(2) [1] Die Bundesagentur für Arbeit übermittelt dem Bundesministerium für Arbeit und Soziales jährlich die Ergebnisse ihrer Förderung der Teilhabe schwerbehinderter Menschen am Arbeitsleben auf dem allgemeinen Arbeitsmarkt nach dessen näherer Bestimmung und fachlicher Weisung. [2] Zu den Ergebnissen gehören Angaben über die Zahl der geförderten Arbeitgeber und schwerbehinderten Menschen, die insgesamt aufgewandten Mittel und die durchschnittlichen Förderungsbeträge. [3] Die Bundesagentur für Arbeit veröffentlicht diese Ergebnisse.

(3) [1] Die Bundesagentur für Arbeit führt befristete überregionale und regionale Arbeitsmarktprogramme zum Abbau der Arbeitslosigkeit schwerbehinderter Menschen, besonderer Gruppen schwerbehinderter Menschen, insbesondere schwerbehinderter Frauen, sowie zur Förderung des Ausbildungsplatzangebots für schwerbehinderte Menschen durch, die ihr durch Verwaltungsvereinbarung gemäß § 368 Absatz 3 Satz 2 und Absatz 4 des Dritten Buches unter Zuweisung der entsprechenden Mittel übertragen werden. [2] Über den Abschluss von Verwaltungsvereinbarungen mit den Ländern ist das Bundesministerium für Arbeit und Soziales zu unterrichten.

(4) Die Bundesagentur für Arbeit richtet zur Durchführung der ihr in diesem Teil und der ihr im Dritten Buch zur Teilhabe behinderter und schwerbehinderter Menschen am Arbeitsleben übertragenen Aufgaben in allen Agenturen für Arbeit besondere Stellen ein; bei der personellen Ausstattung dieser Stellen trägt sie dem besonderen Aufwand bei der Beratung und Vermittlung des zu betreuenden Personenkreises sowie bei der Durchführung der sonstigen Aufgaben nach Absatz 1 Rechnung.

(5) Im Rahmen der Beratung der Arbeitgeber nach Absatz 1 Nummer 2 hat die Bundesagentur für Arbeit

1. dem Arbeitgeber zur Besetzung von Arbeitsplätzen geeignete arbeitslose oder arbeitssuchende schwerbehinderte Menschen unter Darlegung der Leistungsfähigkeit und der Auswirkungen der jeweiligen Behinderung auf die angebotene Stelle vorzuschlagen,
2. ihre Fördermöglichkeiten aufzuzeigen, soweit möglich und erforderlich, auch die entsprechenden Hilfen der Rehabilitationsträger und der begleitenden Hilfe im Arbeitsleben durch die Integrationsämter.

§ 188 Beratender Ausschuss für behinderte Menschen bei der Bundesagentur für Arbeit. (1) Bei der Zentrale der Bundesagentur für Arbeit wird ein Beratender Ausschuss für behinderte Menschen gebildet, der die Teilhabe der behinderten Menschen am Arbeitsleben durch Vorschläge fördert und die Bundesagentur für Arbeit bei der Durchführung der in diesem Teil und im Dritten Buch zur Teilhabe behinderter und schwerbehinderter Menschen am Arbeitsleben übertragenen Aufgaben unterstützt.

(2) Der Ausschuss besteht aus elf Mitgliedern, und zwar aus

1. zwei Mitgliedern, die die Arbeitnehmerinnen und Arbeitnehmer vertreten,
2. zwei Mitgliedern, die die privaten und öffentlichen Arbeitgeber vertreten,
3. fünf Mitgliedern, die die Organisationen behinderter Menschen vertreten,
4. einem Mitglied, das die Integrationsämter vertritt,
5. einem Mitglied, das das Bundesministerium für Arbeit und Soziales vertritt.

(3) Für jedes Mitglied ist eine Stellvertreterin oder ein Stellvertreter zu berufen.

(4) [1] Der Vorstand der Bundesagentur für Arbeit beruft die Mitglieder, die Arbeitnehmer und Arbeitgeber vertreten, auf Vorschlag ihrer Gruppenvertreter im Verwaltungsrat der Bundesagentur für Arbeit. [2] Er beruft auf Vorschlag der Organisationen behinderter Menschen, die nach der Zusammensetzung ihrer Mitglieder dazu berufen sind, die behinderten Menschen in ihrer Gesamtheit auf Bundesebene zu vertreten, die Mitglieder, die Organisationen der behinderten Menschen vertreten. [3] Auf Vorschlag der Bundesarbeitsgemeinschaft der

Integrationsämter und Hauptfürsorgestellen beruft er das Mitglied, das die Integrationsämter vertritt, und auf Vorschlag des Bundesministeriums für Arbeit und Soziales das Mitglied, das dieses vertritt.

§ 189 Gemeinsame Vorschriften. (1) [1]Die Beratenden Ausschüsse für behinderte Menschen (§§ 186, 188) wählen aus den ihnen angehörenden Mitgliedern von Seiten der Arbeitnehmer, Arbeitgeber oder Organisationen behinderter Menschen jeweils für die Dauer eines Jahres eine Vorsitzende oder einen Vorsitzenden und eine Stellvertreterin oder einen Stellvertreter. [2]Die Gewählten dürfen nicht derselben Gruppe angehören. [3]Die Gruppen stellen in regelmäßig jährlich wechselnder Reihenfolge die Vorsitzende oder den Vorsitzenden und die Stellvertreterin oder den Stellvertreter. [4]Die Reihenfolge wird durch die Beendigung der Amtszeit der Mitglieder nicht unterbrochen. [5]Scheidet die Vorsitzende oder der Vorsitzende oder die Stellvertreterin oder der Stellvertreter aus, wird sie oder er neu gewählt.

(2) [1]Die Beratenden Ausschüsse für behinderte Menschen sind beschlussfähig, wenn wenigstens die Hälfte der Mitglieder anwesend ist. [2]Die Beschlüsse und Entscheidungen werden mit einfacher Stimmenmehrheit getroffen.

(3) [1]Die Mitglieder der Beratenden Ausschüsse für behinderte Menschen üben ihre Tätigkeit ehrenamtlich aus. [2]Ihre Amtszeit beträgt vier Jahre.

§ 190 Übertragung von Aufgaben. (1) [1]Die Landesregierung oder die von ihr bestimmte Stelle kann die Verlängerung der Gültigkeitsdauer der Ausweise nach § 152 Absatz 5, für die eine Feststellung nach § 152 Absatz 1 nicht zu treffen ist, auf andere Behörden übertragen. [2]Im Übrigen kann sie andere Behörden zur Aushändigung der Ausweise heranziehen.

(2) Die Landesregierung oder die von ihr bestimmte Stelle kann Aufgaben und Befugnisse des Integrationsamtes nach diesem Teil auf örtliche Fürsorgestellen übertragen oder die Heranziehung örtlicher Fürsorgestellen zur Durchführung der den Integrationsämtern obliegenden Aufgaben bestimmen.

§ 191 Verordnungsermächtigung. Die Bundesregierung wird ermächtigt, durch Rechtsverordnung mit Zustimmung des Bundesrates das Nähere über die Voraussetzungen des Anspruchs nach § 49 Absatz 8 Nummer 3 und § 185 Absatz 5 sowie über die Dauer und Ausführung der Leistungen zu regeln.

Kapitel 7. Integrationsfachdienste

§ 192 Begriff und Personenkreis. (1) Integrationsfachdienste sind Dienste Dritter, die bei der Durchführung der Maßnahmen zur Teilhabe schwerbehinderter Menschen am Arbeitsleben beteiligt werden.

(2) Schwerbehinderte Menschen im Sinne des Absatzes 1 sind insbesondere

1. schwerbehinderte Menschen mit einem besonderen Bedarf an arbeitsbegleitender Betreuung,
2. schwerbehinderte Menschen, die nach zielgerichteter Vorbereitung durch die Werkstatt für behinderte Menschen am Arbeitsleben auf dem allgemeinen Arbeitsmarkt teilhaben sollen und dabei auf aufwendige, personalintensive, individuelle arbeitsbegleitende Hilfen angewiesen sind sowie

3. schwerbehinderte Schulabgänger, die für die Aufnahme einer Beschäftigung auf dem allgemeinen Arbeitsmarkt auf die Unterstützung eines Integrationsfachdienstes angewiesen sind.

(3) Ein besonderer Bedarf an arbeits- und berufsbegleitender Betreuung ist insbesondere gegeben bei schwerbehinderten Menschen mit geistiger oder seelischer Behinderung oder mit einer schweren Körper-, Sinnes- oder Mehrfachbehinderung, die sich im Arbeitsleben besonders nachteilig auswirkt und allein oder zusammen mit weiteren vermittlungshemmenden Umständen (Alter, Langzeitarbeitslosigkeit, unzureichende Qualifikation, Leistungsminderung) die Teilhabe am Arbeitsleben auf dem allgemeinen Arbeitsmarkt erschwert.

(4) [1] Der Integrationsfachdienst kann im Rahmen der Aufgabenstellung nach Absatz 1 auch zur beruflichen Eingliederung von behinderten Menschen, die nicht schwerbehindert sind, tätig werden. [2] Hierbei wird den besonderen Bedürfnissen seelisch behinderter oder von einer seelischen Behinderung bedrohter Menschen Rechnung getragen.

§ 193 Aufgaben. (1) Die Integrationsfachdienste können zur Teilhabe schwerbehinderter Menschen am Arbeitsleben (Aufnahme, Ausübung und Sicherung einer möglichst dauerhaften Beschäftigung) beteiligt werden, indem sie

1. die schwerbehinderten Menschen beraten, unterstützen und auf geeignete Arbeitsplätze vermitteln,

2. die Arbeitgeber informieren, beraten und ihnen Hilfe leisten.

(2) Zu den Aufgaben des Integrationsfachdienstes gehört es,

1. die Fähigkeiten der zugewiesenen schwerbehinderten Menschen zu bewerten und einzuschätzen und dabei ein individuelles Fähigkeits-, Leistungs- und Interessenprofil zur Vorbereitung auf den allgemeinen Arbeitsmarkt in enger Kooperation mit den schwerbehinderten Menschen, dem Auftraggeber und der abgebenden Einrichtung der schulischen oder beruflichen Bildung oder Rehabilitation zu erarbeiten,

2. die Bundesagentur für Arbeit auf deren Anforderung bei der Berufsorientierung und Berufsberatung in den Schulen einschließlich der auf jeden einzelnen Jugendlichen bezogenen Dokumentation der Ergebnisse zu unterstützen,

3. die betriebliche Ausbildung schwerbehinderter, insbesondere seelisch und lernbehinderter, Jugendlicher zu begleiten,

4. geeignete Arbeitsplätze (§ 156) auf dem allgemeinen Arbeitsmarkt zu erschließen,

5. die schwerbehinderten Menschen auf die vorgesehenen Arbeitsplätze vorzubereiten,

6. die schwerbehinderten Menschen, solange erforderlich, am Arbeitsplatz oder beim Training der berufspraktischen Fähigkeiten am konkreten Arbeitsplatz zu begleiten,

7. mit Zustimmung des schwerbehinderten Menschen die Mitarbeiter im Betrieb oder in der Dienststelle über Art und Auswirkungen der Behinderung und über entsprechende Verhaltensregeln zu informieren und zu beraten,

8. eine Nachbetreuung, Krisenintervention oder psychosoziale Betreuung durchzuführen sowie

9. als Einheitliche Ansprechstellen für Arbeitgeber zur Verfügung zu stehen, über die Leistungen für die Arbeitgeber zu informieren und für die Arbeitgeber diese Leistungen abzuklären,

10. in Zusammenarbeit mit den Rehabilitationsträgern und den Integrationsämtern die für den schwerbehinderten Menschen benötigten Leistungen zu klären und bei der Beantragung zu unterstützen.

§ 194 Beauftragung und Verantwortlichkeit. (1) [1]Die Integrationsfachdienste werden im Auftrag der Integrationsämter oder der Rehabilitationsträger tätig. [2]Diese bleiben für die Ausführung der Leistung verantwortlich.

(2) Im Auftrag legt der Auftraggeber in Abstimmung mit dem Integrationsfachdienst Art, Umfang und Dauer des im Einzelfall notwendigen Einsatzes des Integrationsfachdienstes sowie das Entgelt fest.

(3) Der Integrationsfachdienst arbeitet insbesondere mit

1. den zuständigen Stellen der Bundesagentur für Arbeit,

2. dem Integrationsamt,

3. dem zuständigen Rehabilitationsträger, insbesondere den Berufshelfern der gesetzlichen Unfallversicherung,

4. dem Arbeitgeber, der Schwerbehindertenvertretung und den anderen betrieblichen Interessenvertretungen,

5. der abgebenden Einrichtung der schulischen oder beruflichen Bildung oder Rehabilitation mit ihren begleitenden Diensten und internen Integrationsfachkräften oder -diensten zur Unterstützung von Teilnehmenden an Leistungen zur Teilhabe am Arbeitsleben,

6. den Handwerks-, den Industrie- und Handelskammern sowie den berufsständigen Organisationen,

7. wenn notwendig, auch mit anderen Stellen und Personen,

eng zusammen.

(4) [1]Näheres zur Beauftragung, Zusammenarbeit, fachlichen Leitung, Aufsicht sowie zur Qualitätssicherung und Ergebnisbeobachtung wird zwischen dem Auftraggeber und dem Träger des Integrationsfachdienstes vertraglich geregelt. [2]Die Vereinbarungen sollen im Interesse finanzieller Planungssicherheit auf eine Dauer von mindestens drei Jahren abgeschlossen werden.

(5) Die Integrationsämter wirken darauf hin, dass die berufsbegleitenden und psychosozialen Dienste bei den von ihnen beauftragten Integrationsfachdiensten konzentriert werden.

§ 195 Fachliche Anforderungen. (1) Die Integrationsfachdienste müssen

1. nach der personellen, räumlichen und sächlichen Ausstattung in der Lage sein, ihre gesetzlichen Aufgaben wahrzunehmen,

2. über Erfahrungen mit dem zu unterstützenden Personenkreis (§ 192 Absatz 2) verfügen,

3. mit Fachkräften ausgestattet sein, die über eine geeignete Berufsqualifikation, eine psychosoziale oder arbeitspädagogische Zusatzqualifikation und ausreichende Berufserfahrung verfügen, sowie

4. rechtlich oder organisatorisch und wirtschaftlich eigenständig sein.

(2) [1] Der Personalbedarf eines Integrationsfachdienstes richtet sich nach den konkreten Bedürfnissen unter Berücksichtigung der Zahl der Betreuungs- und Beratungsfälle, des durchschnittlichen Betreuungs- und Beratungsaufwands, der Größe des regionalen Einzugsbereichs und der Zahl der zu beratenden Arbeitgeber. [2] Den besonderen Bedürfnissen besonderer Gruppen schwerbehinderter Menschen, insbesondere schwerbehinderter Frauen, und der Notwendigkeit einer psychosozialen Betreuung soll durch eine Differenzierung innerhalb des Integrationsfachdienstes Rechnung getragen werden.

(3) [1] Bei der Stellenbesetzung des Integrationsfachdienstes werden schwerbehinderte Menschen bevorzugt berücksichtigt. [2] Dabei wird ein angemessener Anteil der Stellen mit schwerbehinderten Frauen besetzt.

§ 196 Finanzielle Leistungen. (1) [1] Die Inanspruchnahme von Integrationsfachdiensten wird vom Auftraggeber vergütet. [2] Die Vergütung für die Inanspruchnahme von Integrationsfachdiensten kann bei Beauftragung durch das Integrationsamt aus Mitteln der Ausgleichsabgabe erbracht werden.

(2) Die Bezahlung tarifvertraglich vereinbarter Vergütungen sowie entsprechender Vergütungen nach kirchlichen Arbeitsrechtsregelungen kann bei der Beauftragung von Integrationsfachdiensten nicht als unwirtschaftlich abgelehnt werden.

(3) [1] Die Bundesarbeitsgemeinschaft der Integrationsämter und Hauptfürsorgestellen vereinbart mit den Rehabilitationsträgern nach § 6 Absatz 1 Nummer 2 bis 5 unter Beteiligung der maßgeblichen Verbände, darunter der Bundesarbeitsgemeinschaft, in der sich die Integrationsfachdienste zusammengeschlossen haben, eine gemeinsame Empfehlung zur Inanspruchnahme der Integrationsfachdienste durch die Rehabilitationsträger, zur Zusammenarbeit und zur Finanzierung der Kosten, die dem Integrationsfachdienst bei der Wahrnehmung der Aufgaben der Rehabilitationsträger entstehen. [2] § 26 Absatz 7 und 8 gilt entsprechend.

§ 197 Ergebnisbeobachtung. (1) [1] Der Integrationsfachdienst dokumentiert Verlauf und Ergebnis der jeweiligen Bemühungen um die Förderung der Teilhabe am Arbeitsleben. [2] Er erstellt jährlich eine zusammenfassende Darstellung der Ergebnisse und legt diese den Auftraggebern nach deren näherer gemeinsamer Maßgabe vor. [3] Diese Zusammenstellung soll insbesondere geschlechtsdifferenzierte Angaben enthalten zu

1. den Zu- und Abgängen an Betreuungsfällen im Kalenderjahr,
2. dem Bestand an Betreuungsfällen,
3. der Zahl der abgeschlossenen Fälle, differenziert nach Aufnahme einer Ausbildung, einer befristeten oder unbefristeten Beschäftigung, einer Beschäftigung in einem Integrationsprojekt oder in einer Werkstatt für behinderte Menschen.

(2) Der Integrationsfachdienst dokumentiert auch die Ergebnisse seiner Bemühungen zur Unterstützung der Bundesagentur für Arbeit und die Begleitung der betrieblichen Ausbildung nach § 193 Absatz 2 Nummer 2 und 3 unter Einbeziehung geschlechtsdifferenzierter Daten und Besonderheiten sowie der Art der Behinderung.

§ 198 Verordnungsermächtigung. (1) Das Bundesministerium für Arbeit und Soziales wird ermächtigt, durch Rechtsverordnung mit Zustimmung des

Bundesrates das Nähere über den Begriff und die Aufgaben des Integrationsfachdienstes, die für sie geltenden fachlichen Anforderungen und die finanziellen Leistungen zu regeln.

(2) Vereinbaren die Bundesarbeitsgemeinschaft der Integrationsämter und Hauptfürsorgestellen und die Rehabilitationsträger nicht innerhalb von sechs Monaten, nachdem das Bundesministerium für Arbeit und Soziales sie dazu aufgefordert hat, eine gemeinsame Empfehlung nach § 196 Absatz 3 oder ändern sie die unzureichend gewordene Empfehlung nicht innerhalb dieser Frist, kann das Bundesministerium für Arbeit und Soziales Regelungen durch Rechtsverordnung mit Zustimmung des Bundesrates erlassen.

Kapitel 8. Beendigung der Anwendung der besonderen Regelungen zur Teilhabe schwerbehinderter und gleichgestellter behinderter Menschen

§ 199 Beendigung der Anwendung der besonderen Regelungen zur Teilhabe schwerbehinderter Menschen. (1) Die besonderen Regelungen für schwerbehinderte Menschen werden nicht angewendet nach dem Wegfall der Voraussetzungen nach § 2 Absatz 2; wenn sich der Grad der Behinderung auf weniger als 50 verringert, jedoch erst am Ende des dritten Kalendermonats nach Eintritt der Unanfechtbarkeit des die Verringerung feststellenden Bescheides.

(2) [1]Die besonderen Regelungen für gleichgestellte behinderte Menschen werden nach dem Widerruf oder der Rücknahme der Gleichstellung nicht mehr angewendet. [2]Der Widerruf der Gleichstellung ist zulässig, wenn die Voraussetzungen nach § 2 Absatz 3 in Verbindung mit § 151 Absatz 2 weggefallen sind. [3]Er wird erst am Ende des dritten Kalendermonats nach Eintritt seiner Unanfechtbarkeit wirksam.

(3) Bis zur Beendigung der Anwendung der besonderen Regelungen für schwerbehinderte Menschen und ihnen gleichgestellte behinderte Menschen werden die behinderten Menschen dem Arbeitgeber auf die Zahl der Pflichtarbeitsplätze für schwerbehinderte Menschen angerechnet.

§ 200 Entziehung der besonderen Hilfen für schwerbehinderte Menschen. (1) [1]Einem schwerbehinderten Menschen, der einen zumutbaren Arbeitsplatz ohne berechtigten Grund zurückweist oder aufgibt oder sich ohne berechtigten Grund weigert, an einer Maßnahme zur Teilhabe am Arbeitsleben teilzunehmen, oder sonst durch sein Verhalten seine Teilhabe am Arbeitsleben schuldhaft vereitelt, kann das Integrationsamt im Benehmen mit der Bundesagentur für Arbeit die besonderen Hilfen für schwerbehinderte Menschen zeitweilig entziehen. [2]Dies gilt auch für gleichgestellte behinderte Menschen.

(2) [1]Vor der Entscheidung über die Entziehung wird der schwerbehinderte Mensch gehört. [2]In der Entscheidung wird die Frist bestimmt, für die sie gilt. [3]Die Frist läuft vom Tag der Entscheidung an und beträgt nicht mehr als sechs Monate. [4]Die Entscheidung wird dem schwerbehinderten Menschen bekannt gegeben.

Kapitel 9. Widerspruchsverfahren

§ 201 Widerspruch. (1) [1]Den Widerspruchsbescheid nach § 73 der Verwaltungsgerichtsordnung erlässt bei Verwaltungsakten der Integrationsämter und bei Verwaltungsakten der örtlichen Fürsorgestellen (§ 190 Absatz 2) der Widerspruchsausschuss bei dem Integrationsamt (§ 202). [2]Des Vorverfahrens bedarf es auch, wenn den Verwaltungsakt ein Integrationsamt erlassen hat, das bei einer obersten Landesbehörde besteht.

(2) Den Widerspruchsbescheid nach § 85 des Sozialgerichtsgesetzes[1]) erlässt bei Verwaltungsakten, welche die Bundesagentur für Arbeit auf Grund dieses Teils erlässt, der Widerspruchsausschuss der Bundesagentur für Arbeit.

§ 202 Widerspruchsausschuss bei dem Integrationsamt. (1) Bei jedem Integrationsamt besteht ein Widerspruchsausschuss aus sieben Mitgliedern, und zwar aus zwei Mitgliedern, die schwerbehinderte Arbeitnehmer oder Arbeitnehmerinnen sind, zwei Mitgliedern, die Arbeitgeber sind, einem Mitglied, das das Integrationsamt vertritt, einem Mitglied, das die Bundesagentur für Arbeit vertritt, einer Vertrauensperson schwerbehinderter Menschen.

(2) Für jedes Mitglied wird ein Stellvertreter oder eine Stellvertreterin berufen.

(3) [1]Das Integrationsamt beruft auf Vorschlag der Organisationen behinderter Menschen des jeweiligen Landes die Mitglieder, die Arbeitnehmer sind, auf Vorschlag der jeweils für das Land zuständigen Arbeitgeberverbände die Mitglieder, die Arbeitgeber sind, sowie die Vertrauensperson. [2]Die zuständige oberste Landesbehörde oder die von ihr bestimmte Behörde beruft das Mitglied, das das Integrationsamt vertritt. [3]Die Bundesagentur für Arbeit beruft das Mitglied, das sie vertritt. [4]Entsprechendes gilt für die Berufung des Stellvertreters oder der Stellvertreterin des jeweiligen Mitglieds.

(4) [1]In Kündigungsangelegenheiten schwerbehinderter Menschen, die bei einer Dienststelle oder in einem Betrieb beschäftigt sind, der zum Geschäftsbereich des Bundesministeriums der Verteidigung gehört, treten an die Stelle der Mitglieder, die Arbeitgeber sind, Angehörige des öffentlichen Dienstes. [2]Dem Integrationsamt werden ein Mitglied und sein Stellvertreter oder seine Stellvertreterin von den von der Bundesregierung bestimmten Bundesbehörden benannt. [3]Eines der Mitglieder, die schwerbehinderte Arbeitnehmer oder Arbeitnehmerinnen sind, muss dem öffentlichen Dienst angehören.

(5) [1]Die Amtszeit der Mitglieder der Widerspruchsausschüsse beträgt vier Jahre. [2]Die Mitglieder der Ausschüsse üben ihre Tätigkeit unentgeltlich aus.

§ 203 Widerspruchsausschüsse der Bundesagentur für Arbeit.

(1) Die Bundesagentur für Arbeit richtet Widerspruchsausschüsse ein, die aus sieben Mitgliedern bestehen, und zwar aus zwei Mitgliedern, die schwerbehinderte Arbeitnehmer oder Arbeitnehmerinnen sind, zwei Mitgliedern, die Arbeitgeber sind, einem Mitglied, das das Integrationsamt vertritt, einem Mitglied, das die Bundesagentur für Arbeit vertritt, einer Vertrauensperson schwerbehinderter Menschen.

(2) Für jedes Mitglied wird ein Stellvertreter oder eine Stellvertreterin berufen.

(3) [1]Die Bundesagentur für Arbeit beruft

1. die Mitglieder, die Arbeitnehmer oder Arbeitnehmerinnen sind, auf Vorschlag der jeweils zuständigen Organisationen behinderter Menschen, der im

---

[1]) Nr. **18.**

Benehmen mit den jeweils zuständigen Gewerkschaften, die für die Vertretung der Arbeitnehmerinteressen wesentliche Bedeutung haben, gemacht wird,

2. die Mitglieder, die Arbeitgeber sind, auf Vorschlag der jeweils zuständigen Arbeitgeberverbände, soweit sie für die Vertretung von Arbeitgeberinteressen wesentliche Bedeutung haben, sowie

3. das Mitglied, das die Bundesagentur für Arbeit vertritt, und

4. die Vertrauensperson.

[2] Die zuständige oberste Landesbehörde oder die von ihr bestimmte Behörde beruft das Mitglied, das das Integrationsamt vertritt. [3] Entsprechendes gilt für die Berufung des Stellvertreters oder der Stellvertreterin des jeweiligen Mitglieds.

(4) § 202 Absatz 5 gilt entsprechend.

§ 204 Verfahrensvorschriften. (1) Für den Widerspruchsausschuss bei dem Integrationsamt (§ 202) und die Widerspruchsausschüsse bei der Bundesagentur für Arbeit (§ 203) gilt § 189 Absatz 1 und 2 entsprechend.

(2) Im Widerspruchsverfahren nach Kapitel 4 werden der Arbeitgeber und der schwerbehinderte Mensch vor der Entscheidung gehört; in den übrigen Fällen verbleibt es bei der Anhörung des Widerspruchsführers.

(3) [1] Die Mitglieder der Ausschüsse können wegen Besorgnis der Befangenheit abgelehnt werden. [2] Über die Ablehnung entscheidet der Ausschuss, dem das Mitglied angehört.

Kapitel 10. Sonstige Vorschriften

§ 205 Vorrang der schwerbehinderten Menschen. Verpflichtungen zur bevorzugten Einstellung und Beschäftigung bestimmter Personenkreise nach anderen Gesetzen entbinden den Arbeitgeber nicht von der Verpflichtung zur Beschäftigung schwerbehinderter Menschen nach den besonderen Regelungen für schwerbehinderte Menschen.

§ 206 Arbeitsentgelt und Dienstbezüge. (1) [1] Bei der Bemessung des Arbeitsentgelts und der Dienstbezüge aus einem bestehenden Beschäftigungsverhältnis werden Renten und vergleichbare Leistungen, die wegen der Behinderung bezogen werden, nicht berücksichtigt. [2] Die völlige oder teilweise Anrechnung dieser Leistungen auf das Arbeitsentgelt oder die Dienstbezüge ist unzulässig.

(2) Absatz 1 gilt nicht für Zeiträume, in denen die Beschäftigung tatsächlich nicht ausgeübt wird und die Vorschriften über die Zahlung der Rente oder der vergleichbaren Leistung eine Anrechnung oder ein Ruhen vorsehen, wenn Arbeitsentgelt oder Dienstbezüge gezahlt werden.

§ 207 Mehrarbeit. Schwerbehinderte Menschen werden auf ihr Verlangen von Mehrarbeit freigestellt.

§ 208 Zusatzurlaub. (1) [1] Schwerbehinderte Menschen haben Anspruch auf einen bezahlten zusätzlichen Urlaub von fünf Arbeitstagen im Urlaubsjahr; verteilt sich die regelmäßige Arbeitszeit des schwerbehinderten Menschen auf mehr oder weniger als fünf Arbeitstage in der Kalenderwoche, erhöht oder vermindert sich der Zusatzurlaub entsprechend. [2]Soweit tarifliche, betriebliche oder sonstige Urlaubsregelungen für schwerbehinderte Menschen einen längeren Zusatzurlaub vorsehen, bleiben sie unberührt.

(2) [1]Besteht die Schwerbehinderteneigenschaft nicht während des gesamten Kalenderjahres, so hat der schwerbehinderte Mensch für jeden vollen Monat der im Beschäftigungsverhältnis vorliegenden Schwerbehinderteneigenschaft einen Anspruch auf ein Zwölftel des Zusatzurlaubs nach Absatz 1 Satz 1. [2]Bruchteile von Urlaubstagen, die mindestens einen halben Tag ergeben, sind auf volle Urlaubstage aufzurunden. [3]Der so ermittelte Zusatzurlaub ist dem Erholungsurlaub hinzuzurechnen und kann bei einem nicht im ganzen Kalenderjahr bestehenden Beschäftigungsverhältnis nicht erneut gemindert werden.

(3) Wird die Eigenschaft als schwerbehinderter Mensch nach § 152 Absatz 1 und 2 rückwirkend festgestellt, finden auch für die Übertragbarkeit des Zusatzurlaubs in das nächste Kalenderjahr die dem Beschäftigungsverhältnis zugrunde liegenden urlaubsrechtlichen Regelungen Anwendung.

§ 209 Nachteilsausgleich. (1) Die Vorschriften über Hilfen für behinderte Menschen zum Ausgleich behinderungsbedingter Nachteile oder Mehraufwendungen (Nachteilsausgleich) werden so gestaltet, dass sie unabhängig von der Ursache der Behinderung der Art oder Schwere der Behinderung Rechnung tragen.

(2) Nachteilsausgleiche, die auf Grund bisher geltender Rechtsvorschriften erfolgen, bleiben unberührt.

§ 210 Beschäftigung schwerbehinderter Menschen in Heimarbeit.

(1) Schwerbehinderte Menschen, die in Heimarbeit beschäftigt oder diesen gleichgestellt sind (§ 1 Absatz 1 und 2 des Heimarbeitsgesetzes) und in der Hauptsache für den gleichen Auftraggeber arbeiten, werden auf die Arbeitsplätze für schwerbehinderte Menschen dieses Auftraggebers angerechnet.

(2) [1]Für in Heimarbeit beschäftigte und diesen gleichgestellte schwerbehinderte Menschen wird die in § 29 Absatz 2 des Heimarbeitsgesetzes festgelegte Kündigungsfrist von zwei Wochen auf vier Wochen erhöht; die Vorschrift des § 29 Absatz 7 des Heimarbeitsgesetzes ist sinngemäß anzuwenden. [2]Der besondere Kündigungsschutz schwerbehinderter Menschen im Sinne des Kapitels 4 gilt auch für die in Satz 1 genannten Personen.

(3) [1]Die Bezahlung des zusätzlichen Urlaubs der in Heimarbeit beschäftigten oder diesen gleichgestellten schwerbehinderten Menschen erfolgt nach den für die Bezahlung ihres sonstigen Urlaubs geltenden Berechnungsgrundsätzen. [2]Sofern eine besondere Regelung nicht besteht, erhalten die schwerbehinderten Menschen als zusätzliches Urlaubsgeld 2 Prozent des in der Zeit vom 1. Mai des vergangenen bis zum 30. April des laufenden Jahres verdienten Arbeitsentgelts ausschließlich der Unkostenzuschläge.

(4) [1]Schwerbehinderte Menschen, die als fremde Hilfskräfte eines Hausgewerbetreibenden oder eines Gleichgestellten beschäftigt werden (§ 2 Absatz 6 des Heimarbeitsgesetzes) können auf Antrag eines Auftraggebers auch auf dessen Pflichtarbeitsplätze für schwerbehinderte Menschen angerechnet werden, wenn der Arbeitgeber in der Hauptsache für diesen Auftraggeber arbeitet. [2]Wird einem schwerbehinderten Menschen im Sinne des Satzes 1, dessen Anrechnung die Bundesagentur für Arbeit zugelassen hat, durch seinen Arbeitgeber gekündigt, weil der Auftraggeber die Zuteilung von Arbeit eingestellt

oder die regelmäßige Arbeitsmenge erheblich herabgesetzt hat, erstattet der Auftraggeber dem Arbeitgeber die Aufwendungen für die Zahlung des regelmäßigen Arbeitsverdienstes an den schwerbehinderten Menschen bis zur rechtmäßigen Beendigung seines Arbeitsverhältnisses.

(5) Werden fremde Hilfskräfte eines Hausgewerbetreibenden oder eines Gleichgestellten (§ 2 Absatz 6 des Heimarbeitsgesetzes) einem Auftraggeber gemäß Absatz 4 auf seine Arbeitsplätze für schwerbehinderte Menschen angerechnet, erstattet der Auftraggeber die dem Arbeitgeber nach Absatz 3 entstehenden Aufwendungen.

(6) Die den Arbeitgeber nach § 163 Absatz 1 und 5 treffenden Verpflichtungen gelten auch für Personen, die Heimarbeit ausgeben.

§ 211 Schwerbehinderte Beamtinnen und Beamte, Richterinnen und Richter, Soldatinnen und Soldaten. (1) Die besonderen Vorschriften und Grundsätze für die Besetzung der Beamtenstellen sind unbeschadet der Geltung dieses Teils auch für schwerbehinderte Beamtinnen und Beamte so zu gestalten, dass die Einstellung und Beschäftigung schwerbehinderter Menschen gefördert und ein angemessener Anteil schwerbehinderter Menschen unter den Beamten und Beamtinnen erreicht wird.

(2) Absatz 1 gilt für Richterinnen und Richter entsprechend.

(3) [1] Für die persönliche Rechtsstellung schwerbehinderter Soldatinnen und Soldaten gelten die §§ 2, 152, 176 bis 182, 199 Absatz 1 sowie die §§ 206, 208, 209 und 228 bis 230. [2] Im Übrigen gelten für Soldatinnen und Soldaten die Vorschriften über die persönliche Rechtsstellung der schwerbehinderten Menschen, soweit sie mit den Besonderheiten des Dienstverhältnisses vereinbar sind.

§ 212 Unabhängige Tätigkeit. Soweit zur Ausübung einer unabhängigen Tätigkeit eine Zulassung erforderlich ist, soll schwerbehinderten Menschen, die eine Zulassung beantragen, bei fachlicher Eignung und Erfüllung der sonstigen gesetzlichen Voraussetzungen die Zulassung bevorzugt erteilt werden.

§ 213 Geheimhaltungspflicht. (1) Die Beschäftigten der Integrationsämter, der Bundesagentur für Arbeit, der Rehabilitationsträger sowie der von diesen Stellen beauftragten Integrationsfachdienste und die Mitglieder der Ausschüsse und des Beirates für die Teilhabe von Menschen mit Behinderungen (§ 86) und ihre Stellvertreterinnen oder Stellvertreter sowie zur Durchführung ihrer Aufgaben hinzugezogene Sachverständige sind verpflichtet,

1. über ihnen wegen ihres Amtes oder Auftrages bekannt gewordene persönliche Verhältnisse und Angelegenheiten von Beschäftigten auf Arbeitsplätzen für schwerbehinderte Menschen, die ihrer Bedeutung oder ihrem Inhalt nach einer vertraulichen Behandlung bedürfen, Stillschweigen zu bewahren und

2. ihnen wegen ihres Amtes oder Auftrages bekannt gewordene und vom Arbeitgeber ausdrücklich als geheimhaltungsbedürftig bezeichnete Betriebs- oder Geschäftsgeheimnisse nicht zu offenbaren und nicht zu verwerten.

(2) [1] Diese Pflichten gelten auch nach dem Ausscheiden aus dem Amt oder nach Beendigung des Auftrages. [2] Sie gelten nicht gegenüber der Bundesagentur für Arbeit, den Integrationsämtern und den Rehabilitationsträgern, soweit deren Aufgaben gegenüber schwerbehinderten Menschen es erfordern, gegenüber der Schwerbehindertenvertretung sowie gegenüber den in § 79 Absatz 1

des Betriebsverfassungsgesetzes und den in den entsprechenden Vorschriften des Personalvertretungsrechts genannten Vertretungen, Personen und Stellen.

§ 214 Statistik. (1) ¹Über schwerbehinderte Menschen wird alle zwei Jahre eine Bundesstatistik durchgeführt. ²Sie umfasst die folgenden Erhebungsmerkmale:

1. die Zahl der schwerbehinderten Menschen mit gültigem Ausweis,
2. die schwerbehinderten Menschen nach Geburtsjahr, Geschlecht, Staatsangehörigkeit und Wohnort,
3. Art, Ursache und Grad der Behinderung.

(2) Hilfsmerkmale sind:

1. Name, Anschrift, Telefonnummer und Adresse für elektronische Post der nach Absatz 3 Satz 2 auskunftspflichtigen Behörden,
2. Name und Kontaktdaten der für Rückfragen zur Verfügung stehenden Personen,
3. die Signiernummern für das Versorgungsamt und für das Berichtsland.

(3) ¹Für die Erhebung besteht Auskunftspflicht. ²Auskunftspflichtig sind die nach § 152 Absatz 1 und 5 zuständigen Behörden. ³Die Angaben zu Absatz 2 Nummer 2 sind freiwillig.

Kapitel 11. Inklusionsbetriebe

§ 215 Begriff und Personenkreis. (1) Inklusionsbetriebe sind rechtlich und wirtschaftlich selbständige Unternehmen oder unternehmensinterne oder von öffentlichen Arbeitgebern im Sinne des § 154 Absatz 2 geführte Betriebe oder Abteilungen zur Beschäftigung schwerbehinderter Menschen auf dem allgemeinen Arbeitsmarkt, deren Teilhabe an einer sonstigen Beschäftigung auf dem allgemeinen Arbeitsmarkt auf Grund von Art oder Schwere der Behinderung oder wegen sonstiger Umstände voraussichtlich trotz Ausschöpfens aller Fördermöglichkeiten und des Einsatzes von Integrationsfachdiensten auf besondere Schwierigkeiten stößt.

(2) Schwerbehinderte Menschen nach Absatz 1 sind insbesondere

1. schwerbehinderte Menschen mit geistiger oder seelischer Behinderung oder mit einer schweren Körper-, Sinnes- oder Mehrfachbehinderung, die sich im Arbeitsleben besonders nachteilig auswirkt und allein oder zusammen mit weiteren vermittlungshemmenden Umständen die Teilhabe am allgemeinen Arbeitsmarkt außerhalb eines Inklusionsbetriebes erschwert oder verhindert,
2. schwerbehinderte Menschen, die nach zielgerichteter Vorbereitung in einer Werkstatt für behinderte Menschen oder in einer psychiatrischen Einrichtung für den Übergang in einen Betrieb oder eine Dienststelle auf dem allgemeinen Arbeitsmarkt in Betracht kommen und auf diesen Übergang vorbereitet werden sollen,
3. schwerbehinderte Menschen nach Beendigung einer schulischen Bildung, die nur dann Aussicht auf eine Beschäftigung auf dem allgemeinen Arbeitsmarkt haben, wenn sie zuvor in einem Inklusionsbetrieb an berufsvorbereitenden Bildungsmaßnahmen teilnehmen und dort beschäftigt und weiterqualifiziert werden, sowie

4. schwerbehinderte Menschen, die langzeitarbeitslos im Sinne des § 18 des Dritten Buches sind.

(3) [1] Inklusionsbetriebe beschäftigen mindestens 30 Prozent schwerbehinderte Menschen im Sinne von Absatz 1. [2] Der Anteil der schwerbehinderten Menschen soll in der Regel 50 Prozent nicht übersteigen.

(4) Auf die Quoten nach Absatz 3 wird auch die Anzahl der psychisch kranken beschäftigten Menschen angerechnet, die behindert oder von Behinderung bedroht sind und deren Teilhabe an einer sonstigen Beschäftigung auf dem allgemeinen Arbeitsmarkt auf Grund von Art oder Schwere der Behinderung oder wegen sonstiger Umstände auf besondere Schwierigkeiten stößt.

§ 216 Aufgaben. [1] Die Inklusionsbetriebe bieten den schwerbehinderten Menschen Beschäftigung, Maßnahmen der betrieblichen Gesundheitsförderung und arbeitsbegleitende Betreuung an, soweit erforderlich auch Maßnahmen der beruflichen Weiterbildung oder Gelegenheit zur Teilnahme an entsprechenden außerbetrieblichen Maßnahmen und Unterstützung bei der Vermittlung in eine sonstige Beschäftigung in einem Betrieb oder einer Dienststelle auf dem allgemeinen Arbeitsmarkt sowie geeignete Maßnahmen zur Vorbereitung auf eine Beschäftigung in einem Inklusionsbetrieb. [2] Satz 1 gilt entsprechend für psychisch kranke Menschen im Sinne des § 215 Absatz 4.

§ 217 Finanzielle Leistungen. (1) Inklusionsbetriebe können aus Mitteln der Ausgleichsabgabe Leistungen für Aufbau, Erweiterung, Modernisierung und Ausstattung einschließlich einer betriebswirtschaftlichen Beratung und für besonderen Aufwand erhalten.

(2) Die Finanzierung von Leistungen nach § 216 Satz 2 erfolgt durch den zuständigen Rehabilitationsträger.

§ 218 Verordnungsermächtigung. Das Bundesministerium für Arbeit und Soziales wird ermächtigt, durch Rechtsverordnung mit Zustimmung des Bundesrates das Nähere über den Begriff und die Aufgaben der Inklusionsbetriebe, die für sie geltenden fachlichen Anforderungen, die Aufnahmevoraussetzungen und die finanziellen Leistungen zu regeln.

Kapitel 12. Werkstätten für behinderte Menschen

§ 219 Begriff und Aufgaben der Werkstatt für behinderte Menschen.

(1) [1] Die Werkstatt für behinderte Menschen ist eine Einrichtung zur Teilhabe behinderter Menschen am Arbeitsleben im Sinne des Kapitels 10 des Teils 1 und zur Eingliederung in das Arbeitsleben. [2] Sie hat denjenigen behinderten Menschen, die wegen Art oder Schwere der Behinderung nicht, noch nicht oder noch nicht wieder auf dem allgemeinen Arbeitsmarkt beschäftigt werden können,

1. eine angemessene berufliche Bildung und eine Beschäftigung zu einem ihrer Leistung angemessenen Arbeitsentgelt aus dem Arbeitsergebnis anzubieten und

2. zu ermöglichen, ihre Leistungs- oder Erwerbsfähigkeit zu erhalten, zu entwickeln, zu erhöhen oder wiederzugewinnen und dabei ihre Persönlichkeit weiterzuentwickeln.

[3] Sie fördert den Übergang geeigneter Personen auf den allgemeinen Arbeitsmarkt durch geeignete Maßnahmen. [4] Sie verfügt über ein möglichst breites Angebot an Berufsbildungs- und Arbeitsplätzen sowie über qualifiziertes Personal und einen begleitenden Dienst. [5] Zum Angebot an Berufsbildungs- und Arbeitsplätzen gehören ausgelagerte Plätze auf dem allgemeinen Arbeitsmarkt. [6] Die ausgelagerten Arbeitsplätze werden zum Zwecke des Übergangs und als dauerhaft ausgelagerte Plätze angeboten.

(2) [1] Die Werkstatt steht allen behinderten Menschen im Sinne des Absatzes 1 unabhängig von Art oder Schwere der Behinderung offen, sofern erwartet werden kann, dass sie spätestens nach Teilnahme an Maßnahmen im Berufsbildungsbereich wenigstens ein Mindestmaß wirtschaftlich verwertbarer Arbeitsleistung erbringen werden. [2] Dies ist nicht der Fall bei behinderten Menschen, bei denen trotz einer der Behinderung angemessenen Betreuung eine erhebliche Selbst- oder Fremdgefährdung zu erwarten ist oder das Ausmaß der erforderlichen Betreuung und Pflege die Teilnahme an Maßnahmen im Berufsbildungsbereich oder sonstige Umstände ein Mindestmaß wirtschaftlich verwertbarer Arbeitsleistung im Arbeitsbereich dauerhaft nicht zulassen.

(3) [1] Behinderte Menschen, die die Voraussetzungen für eine Beschäftigung in einer Werkstatt nicht erfüllen, sollen in Einrichtungen oder Gruppen betreut und gefördert werden, die der Werkstatt angegliedert sind. [2] Die Betreuung und Förderung kann auch gemeinsam mit den Werkstattbeschäftigten in der Werkstatt erfolgen. [3] Die Betreuung und Förderung soll auch Angebote zur Orientierung auf Beschäftigung enthalten.

§ 220 Aufnahme in die Werkstätten für behinderte Menschen.

(1) [1] Anerkannte Werkstätten nehmen diejenigen behinderten Menschen aus ihrem Einzugsgebiet auf, die die Aufnahmevoraussetzungen gemäß § 219 Absatz 2 erfüllen, wenn Leistungen durch die Rehabilitationsträger gewährleistet sind; die Möglichkeit zur Aufnahme in eine andere anerkannte Werkstatt nach Maßgabe des § 104 oder entsprechender Regelungen bleibt unberührt. [2] Die Aufnahme erfolgt unabhängig von

1. der Ursache der Behinderung,
2. der Art der Behinderung, wenn in dem Einzugsgebiet keine besondere Werkstatt für behinderte Menschen für diese Behinderungsart vorhanden ist, und
3. der Schwere der Behinderung, der Minderung der Leistungsfähigkeit und einem besonderen Bedarf an Förderung, begleitender Betreuung oder Pflege.

(2) Behinderte Menschen werden in der Werkstatt beschäftigt, solange die Aufnahmevoraussetzungen nach Absatz 1 vorliegen.

(3) Leistungsberechtigte Menschen mit Behinderungen, die aus einer Werkstatt für behinderte Menschen auf den allgemeinen Arbeitsmarkt übergegangen sind oder bei einem anderen Leistungsanbieter oder mit Hilfe des Budgets für Arbeit oder des Budgets für Ausbildung am Arbeitsleben teilnehmen, haben einen Anspruch auf Aufnahme in eine Werkstatt für behinderte Menschen.

§ 221 Rechtsstellung und Arbeitsentgelt behinderter Menschen.

(1) Behinderte Menschen im Arbeitsbereich anerkannter Werkstätten stehen, wenn sie nicht Arbeitnehmer sind, zu den Werkstätten in einem arbeitnehmer-

ähnlichen Rechtsverhältnis, soweit sich aus dem zugrunde liegenden Sozialleistungsverhältnis nichts anderes ergibt.

(2) [1] Die Werkstätten zahlen aus ihrem Arbeitsergebnis an die im Arbeitsbereich beschäftigten behinderten Menschen ein Arbeitsentgelt, das sich aus einem Grundbetrag in Höhe des Ausbildungsgeldes, das die Bundesagentur für Arbeit nach den für sie geltenden Vorschriften behinderten Menschen im Berufsbildungsbereich leistet, und einem leistungsangemessenen Steigerungsbetrag zusammensetzt. [2] Der Steigerungsbetrag bemisst sich nach der individuellen Arbeitsleistung der behinderten Menschen, insbesondere unter Berücksichtigung von Arbeitsmenge und Arbeitsgüte.

(3) Der Inhalt des arbeitnehmerähnlichen Rechtsverhältnisses wird unter Berücksichtigung des zwischen den behinderten Menschen und dem Rehabilitationsträger bestehenden Sozialleistungsverhältnisses durch Werkstattverträge zwischen den behinderten Menschen und dem Träger der Werkstatt näher geregelt.

(4) Hinsichtlich der Rechtsstellung der Teilnehmer an Maßnahmen im Eingangsverfahren und im Berufsbildungsbereich gilt § 52 entsprechend.

(5) Ist ein volljähriger behinderter Mensch gemäß Absatz 1 in den Arbeitsbereich einer anerkannten Werkstatt für behinderte Menschen im Sinne des § 219 aufgenommen worden und war er zu diesem Zeitpunkt geschäftsunfähig, so gilt der von ihm geschlossene Werkstattvertrag in Ansehung einer bereits bewirkten Leistung und deren Gegenleistung, soweit diese in einem angemessenen Verhältnis zueinander stehen, als wirksam.

(6) War der volljährige behinderte Mensch bei Abschluss eines Werkstattvertrages geschäftsunfähig, so kann der Träger einer Werkstatt das Werkstattverhältnis nur unter den Voraussetzungen für gelöst erklären, unter denen ein wirksamer Vertrag seitens des Trägers einer Werkstatt gekündigt werden kann.

(7) Die Lösungserklärung durch den Träger einer Werkstatt bedarf der schriftlichen Form und ist zu begründen.

§ 222 Mitbestimmung, Mitwirkung, Frauenbeauftragte. (1) [1] Die in § 221 Absatz 1 genannten behinderten Menschen bestimmen und wirken unabhängig von ihrer Geschäftsfähigkeit durch Werkstatträte in den ihre Interessen berührenden Angelegenheiten der Werkstatt mit. [2] Die Werkstatträte berücksichtigen die Interessen der im Eingangsverfahren und im Berufsbildungsbereich der Werkstätten tätigen behinderten Menschen in angemessener und geeigneter Weise, solange für diese eine Vertretung nach § 52 nicht besteht.

(2) Ein Werkstattrat wird in Werkstätten gewählt; er setzt sich aus mindestens drei Mitgliedern zusammen.

(3) Wahlberechtigt zum Werkstattrat sind alle in § 221 Absatz 1 genannten behinderten Menschen; von ihnen sind die behinderten Menschen wählbar, die am Wahltag seit mindestens sechs Monaten in der Werkstatt beschäftigt sind.

(4) [1] Die Werkstätten für behinderte Menschen unterrichten die Personen, die behinderte Menschen gesetzlich vertreten oder mit ihrer Betreuung beauftragt sind, einmal im Kalenderjahr in einer Eltern- und Betreuerversammlung in angemessener Weise über die Angelegenheiten der Werkstatt, auf die sich die Mitwirkung erstreckt, und hören sie dazu an. [2] In den Werkstätten kann im

Einvernehmen mit dem Träger der Werkstatt ein Eltern- und Betreuerbeirat errichtet werden, der die Werkstatt und den Werkstattrat bei ihrer Arbeit berät und durch Vorschläge und Stellungnahmen unterstützt.

(5) [1]Behinderte Frauen im Sinne des § 221 Absatz 1 wählen in jeder Werkstatt eine Frauenbeauftragte und eine Stellvertreterin. [2]In Werkstätten mit mehr als 700 wahlberechtigten Frauen wird eine zweite Stellvertreterin gewählt, in Werkstätten mit mehr als 1 000 wahlberechtigten Frauen werden bis zu drei Stellvertreterinnen gewählt.

§ 223 Anrechnung von Aufträgen auf die Ausgleichsabgabe. (1) [1]Arbeitgeber, die durch Aufträge an anerkannte Werkstätten für behinderte Menschen zur Beschäftigung behinderter Menschen beitragen, können 50 Prozent des auf die Arbeitsleistung der Werkstatt entfallenden Rechnungsbetrages solcher Aufträge (Gesamtrechnungsbetrag abzüglich Materialkosten) auf die Ausgleichsabgabe anrechnen. [2]Dabei wird die Arbeitsleistung des Fachpersonals zur Arbeits- und Berufsförderung berücksichtigt, nicht hingegen die Arbeitsleistung sonstiger nichtbehinderter Arbeitnehmerinnen und Arbeitnehmer. [3]Bei Weiterveräußerung von Erzeugnissen anderer anerkannter Werkstätten für behinderte Menschen wird die von diesen erbrachte Arbeitsleistung berücksichtigt. [4]Die Werkstätten bestätigen das Vorliegen der Anrechnungsvoraussetzungen in der Rechnung.

(2) Voraussetzung für die Anrechnung ist, dass

1. die Aufträge innerhalb des Jahres, in dem die Verpflichtung zur Zahlung der Ausgleichsabgabe entsteht, von der Werkstatt für behinderte Menschen ausgeführt und vom Auftraggeber bis spätestens 31. März des Folgejahres vergütet werden und

2. es sich nicht um Aufträge handelt, die Träger einer Gesamteinrichtung an Werkstätten für behinderte Menschen vergeben, die rechtlich unselbständige Teile dieser Einrichtung sind.

(3) Bei der Vergabe von Aufträgen an Zusammenschlüsse anerkannter Werkstätten für behinderte Menschen gilt Absatz 2 entsprechend.

§ 224 Vergabe von Aufträgen durch die öffentliche Hand. (1) [1]Aufträge der öffentlichen Hand, die von anerkannten Werkstätten für behinderte Menschen ausgeführt werden können, werden bevorzugt diesen Werkstätten angeboten; zudem können Werkstätten für behinderte Menschen nach Maßgabe der allgemeinen Verwaltungsvorschriften nach Satz 2 beim Zuschlag und den Zuschlagskriterien bevorzugt werden. [2]Die Bundesregierung erlässt mit Zustimmung des Bundesrates allgemeine Verwaltungsvorschriften zur Vergabe von Aufträgen durch die öffentliche Hand.

(2) Absatz 1 gilt auch für Inklusionsbetriebe.

§ 225 Anerkennungsverfahren. [1]Werkstätten für behinderte Menschen, die eine Vergünstigung im Sinne dieses Kapitels in Anspruch nehmen wollen, bedürfen der Anerkennung. [2]Die Entscheidung über die Anerkennung trifft auf Antrag die Bundesagentur für Arbeit im Einvernehmen mit dem Träger der Eingliederungshilfe. [3]Die Bundesagentur für Arbeit führt ein Verzeichnis der anerkannten Werkstätten für behinderte Menschen. [4]In dieses Verzeichnis werden auch Zusammenschlüsse anerkannter Werkstätten für behinderte Menschen aufgenommen.

§ 226 Blindenwerkstätten. Die §§ 223 und 224 sind auch zugunsten von auf Grund des Blindenwarenvertriebsgesetzes anerkannten Blindenwerkstätten anzuwenden.

§ 227 Verordnungsermächtigungen. (1) Die Bundesregierung bestimmt durch Rechtsverordnung mit Zustimmung des Bundesrates das Nähere über den Begriff und die Aufgaben der Werkstatt für behinderte Menschen, die Aufnahmevoraussetzungen, die fachlichen Anforderungen, insbesondere hinsichtlich der Wirtschaftsführung, sowie des Begriffs und der Verwendung des Arbeitsergebnisses sowie das Verfahren zur Anerkennung als Werkstatt für behinderte Menschen.

(2) [1] Das Bundesministerium für Arbeit und Soziales bestimmt durch Rechtsverordnung mit Zustimmung des Bundesrates im Einzelnen die Errichtung, Zusammensetzung und Aufgaben des Werkstattrats, die Fragen, auf die sich Mitbestimmung und Mitwirkung erstrecken, einschließlich Art und Umfang der Mitbestimmung und Mitwirkung, die Vorbereitung und Durchführung der Wahl, einschließlich der Wahlberechtigung und der Wählbarkeit, die Amtszeit sowie die Geschäftsführung des Werkstattrats einschließlich des Erlasses einer Geschäftsordnung und der persönlichen Rechte und Pflichten der Mitglieder des Werkstattrats und der Kostentragung. [2] In der Rechtsverordnung werden auch Art und Umfang der Beteiligung von Frauenbeauftragten, die Vorbereitung und Durchführung der Wahl einschließlich der Wahlberechtigung und der Wählbarkeit, die Amtszeit, die persönlichen Rechte und die Pflichten der Frauenbeauftragten und ihrer Stellvertreterinnen sowie die Kostentragung geregelt. [3] Die Rechtsverordnung kann darüber hinaus bestimmen, dass die in ihr getroffenen Regelungen keine Anwendung auf Religionsgemeinschaften und ihre Einrichtungen finden, soweit sie eigene gleichwertige Regelungen getroffen haben.

Kapitel 13. Unentgeltliche Beförderung schwerbehinderter Menschen im öffentlichen Personenverkehr

§ 228 Unentgeltliche Beförderung, Anspruch auf Erstattung der Fahrgeldausfälle. (1) [1] Schwerbehinderte Menschen, die infolge ihrer Behinderung in ihrer Bewegungsfähigkeit im Straßenverkehr erheblich beeinträchtigt oder hilflos oder gehörlos sind, werden von Unternehmern, die öffentlichen Personenverkehr betreiben, gegen Vorzeigen eines entsprechend gekennzeichneten Ausweises nach § 152 Absatz 5 im Nahverkehr im Sinne des § 230 Absatz 1 unentgeltlich befördert; die unentgeltliche Beförderung verpflichtet zur Zahlung eines tarifmäßigen Zuschlages bei der Benutzung zuschlagpflichtiger Züge des Nahverkehrs. [2] Voraussetzung ist, dass der Ausweis mit einer gültigen Wertmarke versehen ist.

(2) [1] Die Wertmarke wird gegen Entrichtung eines Betrages von 80 Euro für ein Jahr oder 40 Euro für ein halbes Jahr ausgegeben. [2] Der Betrag erhöht sich in entsprechender Anwendung des § 160 Absatz 3 jeweils zu dem Zeitpunkt, zu dem die nächste Neubestimmung der Beträge der Ausgleichsabgabe erfolgt. [3] Liegt dieser Zeitpunkt innerhalb der Gültigkeitsdauer einer bereits ausgegebenen Wertmarke, ist der höhere Betrag erst im Zusammenhang mit der Ausgabe der darauffolgenden Wertmarke zu entrichten. [4] Abweichend von § 160 Absatz 3 Satz 4 sind die sich ergebenden Beträge auf den nächsten vollen Eurobetrag aufzurunden. [5] Das Bundesministerium für Arbeit und Soziales gibt den

Erhöhungsbetrag und die sich nach entsprechender Anwendung des § 160 Absatz 3 Satz 3 ergebenden Beträge im Bundesanzeiger bekannt.

(3) [1]Wird die für ein Jahr ausgegebene Wertmarke vor Ablauf eines halben Jahres ihrer Gültigkeitsdauer zurückgegeben, wird auf Antrag die Hälfte der Gebühr erstattet. [2]Entsprechendes gilt für den Fall, dass der schwerbehinderte Mensch vor Ablauf eines halben Jahres der Gültigkeitsdauer der für ein Jahr ausgegebenen Wertmarke verstirbt.

(4) Auf Antrag wird eine für ein Jahr gültige Wertmarke, ohne dass der Betrag nach Absatz 2 in seiner jeweiligen Höhe zu entrichten ist, an schwerbehinderte Menschen ausgegeben,

1. die blind im Sinne des § 72 Absatz 5 des Zwölften Buches oder entsprechender Vorschriften oder hilflos im Sinne des § 33b des Einkommensteuergesetzes oder entsprechender Vorschriften sind oder

[Nr. 2 bis 31.12.2023:]
2. die Leistungen zur Sicherung des Lebensunterhalts nach dem Zweiten Buch[1] oder für den Lebensunterhalt laufende Leistungen nach dem Dritten und Vierten Kapitel des Zwölften Buches[1], dem Achten[2] Buch oder den §§ 27a und 27d des Bundesversorgungsgesetzes[3] erhalten oder

[Nr. 2 ab 1.1.2024:]
2. die Leistungen zur Sicherung des Lebensunterhalts nach dem Zweiten Buch[1] oder für den Lebensunterhalt laufende Leistungen nach dem Dritten und Vierten Kapitel des Zwölften Buches[1], dem Achten[2] oder dem Vierzehnten Buch erhalten oder

3. die am 1. Oktober 1979 die Voraussetzungen nach § 2 Absatz 1 Nummer 1 bis 4 und Absatz 3 des Gesetzes über die unentgeltliche Beförderung von Kriegs- und Wehrdienstbeschädigten sowie von anderen Behinderten im Nahverkehr vom 27. August 1965 (BGBl. I S. 978), das zuletzt durch Artikel 41 des Zuständigkeitsanpassungs-Gesetzes vom 18. März 1975 (BGBl. I S. 705) geändert worden ist, erfüllten, solange ein Grad der Schädigungsfolgen von mindestens 70 festgestellt ist oder von mindestens 50 festgestellt ist und sie infolge der Schädigung erheblich gehbehindert sind; das Gleiche gilt für schwerbehinderte Menschen, die diese Voraussetzungen am 1. Oktober 1979 nur deshalb nicht erfüllt haben, weil sie ihren Wohnsitz oder ihren gewöhnlichen Aufenthalt zu diesem Zeitpunkt in dem in Artikel 3 des Einigungsvertrages genannten Gebiet hatten.

(5) [1]Die Wertmarke wird nicht ausgegeben, solange eine Kraftfahrzeugsteuerermäßigung nach § 3a Absatz 2 des Kraftfahrzeugsteuergesetzes[4] in Anspruch genommen wird. [2]Die Ausgabe der Wertmarken erfolgt auf Antrag durch die nach § 152 Absatz 5 zuständigen Behörden. [3]Die Landesregierung oder die von ihr bestimmte Stelle kann die Aufgaben nach den Absätzen 2 bis 4 ganz oder teilweise auf andere Behörden übertragen. [4]Für Streitigkeiten in Zusammenhang mit der Ausgabe der Wertmarke gilt § 51 Absatz 1 Nummer 7 des Sozialgerichtsgesetzes[5] entsprechend.

---

[1] Auszugsweise abgedruckt unter Nr. **3a**.
[2] Auszugsweise abgedruckt unter Nr. **8**.
[3] Nr. **15**.
[4] Nr. **17**.
[5] Nr. **18**.

(6) Absatz 1 gilt im Nah- und Fernverkehr im Sinne des § 230, ohne dass die Voraussetzung des Absatzes 1 Satz 2 erfüllt sein muss, für die Beförderung

1. einer Begleitperson eines schwerbehinderten Menschen im Sinne des Absatzes 1, wenn die Berechtigung zur Mitnahme einer Begleitperson nachgewiesen und dies im Ausweis des schwerbehinderten Menschen eingetragen ist, und

2. des Handgepäcks, eines mitgeführten Krankenfahrstuhles, soweit die Beschaffenheit des Verkehrsmittels dies zulässt, sonstiger orthopädischer Hilfsmittel und eines Führhundes; das Gleiche gilt für einen Hund, den ein schwerbehinderter Mensch mitführt, in dessen Ausweis die Berechtigung zur Mitnahme einer Begleitperson nachgewiesen ist, sowie für einen nach § 12e Absatz 4 des Behindertengleichstellungsgesetzes[1] gekennzeichneten Assistenzhund.

(7) [1] Die durch die unentgeltliche Beförderung nach den Absätzen 1 bis 6 entstehenden Fahrgeldausfälle werden nach Maßgabe der §§ 231 bis 233 erstattet. [2] Die Erstattungen sind aus dem Anwendungsbereich der Verordnung (EG) Nr. 1370/2007 des Europäischen Parlaments und des Rates vom 23. Oktober 2007 über öffentliche Personenverkehrsdienste auf Schiene und Straße und zur Aufhebung der Verordnungen (EWG) Nr. 1191/69 und (EWG) Nr. 1107/70 des Rates (ABl. L 315 vom 3.12.2007, S. 1) ausgenommen.

§ 229 Persönliche Voraussetzungen. (1) [1] In seiner Bewegungsfähigkeit im Straßenverkehr erheblich beeinträchtigt ist, wer infolge einer Einschränkung des Gehvermögens (auch durch innere Leiden oder infolge von Anfällen oder von Störungen der Orientierungsfähigkeit) nicht ohne erhebliche Schwierigkeiten oder nicht ohne Gefahren für sich oder andere Wegstrecken im Ortsverkehr zurückzulegen vermag, die üblicherweise noch zu Fuß zurückgelegt werden. [2] Der Nachweis der erheblichen Beeinträchtigung in der Bewegungsfähigkeit im Straßenverkehr kann bei schwerbehinderten Menschen mit einem Grad der Behinderung von wenigstens 80 nur mit einem Ausweis mit halbseitigem orangefarbenem Flächenaufdruck und eingetragenem Merkzeichen „G" geführt werden, dessen Gültigkeit frühestens mit dem 1. April 1984 beginnt, oder auf dem ein entsprechender Änderungsvermerk eingetragen ist.

(2) [1] Zur Mitnahme einer Begleitperson sind schwerbehinderte Menschen berechtigt, die bei der Benutzung von öffentlichen Verkehrsmitteln infolge ihrer Behinderung regelmäßig auf Hilfe angewiesen sind. [2] Die Feststellung bedeutet nicht, dass die schwerbehinderte Person, wenn sie nicht in Begleitung ist, eine Gefahr für sich oder für andere darstellt.

(3) [1] Schwerbehinderte Menschen mit außergewöhnlicher Gehbehinderung sind Personen mit einer erheblichen mobilitätsbezogenen Teilhabebeeinträchtigung, die einem Grad der Behinderung von mindestens 80 entspricht. [2] Eine erhebliche mobilitätsbezogene Teilhabebeeinträchtigung liegt vor, wenn sich die schwerbehinderten Menschen wegen der Schwere ihrer Beeinträchtigung dauernd nur mit fremder Hilfe oder mit großer Anstrengung außerhalb ihres Kraftfahrzeuges bewegen können. [3] Hierzu zählen insbesondere schwerbehinderte Menschen, die auf Grund der Beeinträchtigung der Gehfähigkeit und Fortbewegung – dauerhaft auch für sehr kurze Entfernungen – aus medizi-

[1] Nr. **1b**.

nischer Notwendigkeit auf die Verwendung eines Rollstuhls angewiesen sind. [4] Verschiedenste Gesundheitsstörungen (insbesondere Störungen bewegungsbezogener, neuromuskulärer oder mentaler Funktionen, Störungen des kardiovaskulären oder Atmungssystems) können die Gehfähigkeit erheblich beeinträchtigen. [5] Diese sind als außergewöhnliche Gehbehinderung anzusehen, wenn nach versorgungsärztlicher Feststellung die Auswirkung der Gesundheitsstörungen sowie deren Kombination auf die Gehfähigkeit dauerhaft so schwer ist, dass sie der unter Satz 1 genannten Beeinträchtigung gleich kommt.

§ 230 Nah- und Fernverkehr. (1) Nahverkehr im Sinne dieses Gesetzes ist der öffentliche Personenverkehr mit

1. Straßenbahnen und Obussen im Sinne des Personenbeförderungsgesetzes,
2. Kraftfahrzeugen im Linienverkehr nach den §§ 42 und 43 des Personenbeförderungsgesetzes auf Linien, bei denen die Mehrzahl der Beförderungen eine Strecke von 50 Kilometern nicht übersteigt, es sei denn, dass bei den Verkehrsformen nach § 43 des Personenbeförderungsgesetzes die Genehmigungsbehörde auf die Einhaltung der Vorschriften über die Beförderungsentgelte gemäß § 45 Absatz 3 des Personenbeförderungsgesetzes ganz oder teilweise verzichtet hat,
3. S-Bahnen in der 2. Wagenklasse,
4. Eisenbahnen in der 2. Wagenklasse in Zügen und auf Strecken und Streckenabschnitten, die in ein von mehreren Unternehmern gebildetes, mit den unter Nummer 1, 2 oder 7 genannten Verkehrsmitteln zusammenhängendes Liniennetz mit einheitlichen oder verbundenen Beförderungsentgelten einbezogen sind,
5. Eisenbahnen des Bundes in der 2. Wagenklasse in Zügen, die überwiegend dazu bestimmt sind, die Verkehrsnachfrage im Nahverkehr zu befriedigen (Züge des Nahverkehrs),
6. sonstigen Eisenbahnen des öffentlichen Verkehrs im Sinne von § 2 Absatz 1 und § 3 Absatz 1 des Allgemeinen Eisenbahngesetzes in der 2. Wagenklasse auf Strecken, bei denen die Mehrzahl der Beförderungen eine Strecke von 50 Kilometern nicht überschreitet,
7. Wasserfahrzeugen im Linien-, Fähr- und Übersetzverkehr, wenn dieser der Beförderung von Personen im Orts- und Nachbarschaftsbereich dient und Ausgangs- und Endpunkt innerhalb dieses Bereiches liegen; Nachbarschaftsbereich ist der Raum zwischen benachbarten Gemeinden, die, ohne unmittelbar aneinander grenzen zu müssen, durch einen stetigen, mehr als einmal am Tag durchgeführten Verkehr wirtschaftlich und verkehrsmäßig verbunden sind.

(2) Fernverkehr im Sinne dieses Gesetzes ist der öffentliche Personenverkehr mit

1. Kraftfahrzeugen im Linienverkehr nach § 42a Satz 1 des Personenbeförderungsgesetzes,
2. Eisenbahnen, ausgenommen der Sonderzugverkehr,
3. Wasserfahrzeugen im Fähr- und Übersetzverkehr, sofern keine Häfen außerhalb des Geltungsbereiches dieses Buches angelaufen werden, soweit der Verkehr nicht Nahverkehr im Sinne des Absatzes 1 ist.

(3) Die Unternehmer, die öffentlichen Personenverkehr betreiben, weisen im öffentlichen Personenverkehr nach Absatz 1 Nummer 2, 5, 6 und 7 im Fahrplan besonders darauf hin, inwieweit eine Pflicht zur unentgeltlichen Beförderung nach § 228 Absatz 1 nicht besteht.

§ 231 Erstattung der Fahrgeldausfälle im Nahverkehr. (1) Die Fahrgeldausfälle im Nahverkehr werden nach einem Prozentsatz der von den Unternehmern oder den Nahverkehrsorganisationen im Sinne des § 233 Absatz 2 nachgewiesenen Fahrgeldeinnahmen im Nahverkehr erstattet.

(2) [1]Fahrgeldeinnahmen im Sinne dieses Kapitels sind alle Erträge aus dem Fahrkartenverkauf. [2]Sie umfassen auch Erträge aus der Beförderung von Handgepäck, Krankenfahrstühlen, sonstigen orthopädischen Hilfsmitteln, Tieren sowie aus erhöhten Beförderungsentgelten.

(3) Werden in einem von mehreren Unternehmern gebildeten zusammenhängenden Liniennetz mit einheitlichen oder verbundenen Beförderungsentgelten die Erträge aus dem Fahrkartenverkauf zusammengefasst und dem einzelnen Unternehmer anteilmäßig nach einem vereinbarten Verteilungsschlüssel zugewiesen, so ist der zugewiesene Anteil Ertrag im Sinne des Absatzes 2.

(4) [1]Der Prozentsatz im Sinne des Absatzes 1 wird für jedes Land von der Landesregierung oder der von ihr bestimmten Behörde für jeweils ein Jahr bekannt gemacht. [2]Bei der Berechnung des Prozentsatzes ist von folgenden Zahlen auszugehen:

1. der Zahl der in dem Land in dem betreffenden Kalenderjahr ausgegebenen Wertmarken und der Hälfte der in dem Land am Jahresende in Umlauf befindlichen gültigen Ausweise im Sinne des § 228 Absatz 1 von schwerbehinderten Menschen, die das sechste Lebensjahr vollendet haben und bei denen die Berechtigung zur Mitnahme einer Begleitperson im Ausweis eingetragen ist; Wertmarken mit einer Gültigkeitsdauer von einem halben Jahr und Wertmarken für ein Jahr, die vor Ablauf eines halben Jahres ihrer Gültigkeitsdauer zurückgegeben werden, werden zur Hälfte gezählt,

2. der in den jährlichen Veröffentlichungen des Statistischen Bundesamtes zum Ende des Vorjahres nachgewiesenen Zahl der Wohnbevölkerung in dem Land abzüglich der Zahl der Kinder, die das sechste Lebensjahr noch nicht vollendet haben, und der Zahlen nach Nummer 1.

[3]Der Prozentsatz ist nach folgender Formel zu berechnen:
$$\frac{\text{Nach Nummer 1 errechnete Zahl}}{\text{Nach Nummer 2 errechnete Zahl}} \times 100.$$

[4]Bei der Festsetzung des Prozentsatzes sich ergebende Bruchteile von 0,005 und mehr werden auf ganze Hundertstel aufgerundet, im Übrigen abgerundet.

(5) [1]Weist ein Unternehmen durch Verkehrszählung nach, dass das Verhältnis zwischen den nach diesem Kapitel unentgeltlich beförderten Fahrgästen und den sonstigen Fahrgästen den nach Absatz 4 festgesetzten Prozentsatz um mindestens ein Drittel übersteigt, wird neben dem sich aus der Berechnung nach Absatz 4 ergebenden Erstattungsbetrag auf Antrag der nachgewiesene, über dem Drittel liegende Anteil erstattet. [2]Die Länder können durch Rechtsverordnung bestimmen, dass die Verkehrszählung durch Dritte auf Kosten des Unternehmens zu erfolgen hat.

(6) Absatz 5 gilt nicht in Fällen des § 233 Absatz 2.

§ 232 Erstattung der Fahrgeldausfälle im Fernverkehr. (1) Die Fahrgeldausfälle im Fernverkehr werden nach einem Prozentsatz der von den Unternehmern nachgewiesenen Fahrgeldeinnahmen im Fernverkehr erstattet.

(2) [1] Der maßgebende Prozentsatz wird vom Bundesministerium für Arbeit und Soziales im Einvernehmen mit dem Bundesministerium der Finanzen und dem Bundesministerium für Verkehr und digitale Infrastruktur für jeweils zwei Jahre bekannt gemacht. [2] Bei der Berechnung des Prozentsatzes ist von folgenden, für das letzte Jahr vor Beginn des Zweijahreszeitraumes vorliegenden Zahlen auszugehen:

1. der Zahl der im Geltungsbereich dieses Gesetzes am Jahresende in Umlauf befindlichen gültigen Ausweise nach § 228 Absatz 1, auf denen die Berechtigung zur Mitnahme einer Begleitperson eingetragen ist, abzüglich 25 Prozent,

2. der in den jährlichen Veröffentlichungen des Statistischen Bundesamtes zum Jahresende nachgewiesenen Zahl der Wohnbevölkerung im Geltungsbereich dieses Gesetzes abzüglich der Zahl der Kinder, die das vierte Lebensjahr noch nicht vollendet haben, und der nach Nummer 1 ermittelten Zahl.

[3] Der Prozentsatz ist nach folgender Formel zu berechnen:

$$\frac{\text{Nach Nummer 1 errechnete Zahl}}{\text{Nach Nummer 2 errechnete Zahl}} \times 100.$$

[4] § 231 Absatz 4 letzter Satz gilt entsprechend.

§ 233 Erstattungsverfahren. (1) [1] Die Fahrgeldausfälle werden auf Antrag des Unternehmers erstattet. [2] Bei einem von mehreren Unternehmern gebildeten zusammenhängenden Liniennetz mit einheitlichen oder verbundenen Beförderungsentgelten können die Anträge auch von einer Gemeinschaftseinrichtung dieser Unternehmer für ihre Mitglieder gestellt werden. [3] Der Antrag ist innerhalb von drei Jahren nach Ablauf des Abrechnungsjahres zu stellen, und zwar für den Nahverkehr nach § 234 Satz 1 Nummer 1 und für den Fernverkehr an das Bundesverwaltungsamt, für den übrigen Nahverkehr bei den in Absatz 4 bestimmten Behörden.

(2) Haben sich in einem Bundesland mehrere Aufgabenträger des öffentlichen Personennahverkehrs auf lokaler oder regionaler Ebene zu Verkehrsverbünden zusammengeschlossen und erhalten die im Zuständigkeitsbereich dieser Aufgabenträger öffentlichen Personennahverkehr betreibenden Verkehrsunternehmen für ihre Leistungen ein mit diesen Aufgabenträgern vereinbartes Entgelt (Bruttoprinzip), können anstelle der antrags- und erstattungsberechtigten Verkehrsunternehmen auch die Nahverkehrsorganisationen Antrag auf Erstattung der in ihrem jeweiligen Gebiet entstandenen Fahrgeldausfälle stellen, sofern die Verkehrsunternehmen hierzu ihr Einvernehmen erteilt haben.

(3) [1] Die Unternehmer oder die Nahverkehrsorganisationen im Sinne des Absatzes 2 erhalten auf Antrag Vorauszahlungen für das laufende Kalenderjahr in Höhe von insgesamt 80 Prozent des zuletzt für ein Jahr festgesetzten Erstattungsbetrages. [2] Die Vorauszahlungen werden je zur Hälfte am 15. Juli und am 15. November gezahlt. [3] Der Antrag auf Vorauszahlungen gilt zugleich als Antrag im Sinne des Absatzes 1. [4] Die Vorauszahlungen sind zurückzuzahlen, wenn Unterlagen, die für die Berechnung der Erstattung erforderlich sind, nicht bis zum 31. Dezember des dritten auf die Vorauszahlung folgenden

Kalenderjahres vorgelegt sind. [5] In begründeten Ausnahmefällen kann die Rückforderung der Vorauszahlungen ausgesetzt werden.

(4) [1] Die Landesregierung oder die von ihr bestimmte Stelle legt die Behörden fest, die über die Anträge auf Erstattung und Vorauszahlung entscheiden und die auf den Bund und das Land entfallenden Beträge auszahlen. [2] § 11 Absatz 2 bis 4 des Personenbeförderungsgesetzes gilt entsprechend.

(5) Erstreckt sich der Nahverkehr auf das Gebiet mehrerer Länder, entscheiden die nach Landesrecht zuständigen Landesbehörden dieser Länder darüber, welcher Teil der Fahrgeldeinnahmen jeweils auf den Bereich ihres Landes entfällt.

(6) Die Unternehmen im Sinne des § 234 Satz 1 Nummer 1 legen ihren Anträgen an das Bundesverwaltungsamt den Anteil der nachgewiesenen Fahrgeldeinnahmen im Nahverkehr zugrunde, der auf den Bereich des jeweiligen Landes entfällt; für den Nahverkehr von Eisenbahnen des Bundes im Sinne des § 230 Absatz 1 Satz 1 Nummer 5 bestimmt sich dieser Teil nach dem Anteil der Zugkilometer, die von einer Eisenbahn des Bundes mit Zügen des Nahverkehrs im jeweiligen Land erbracht werden.

(7) [1] Hinsichtlich der Erstattungen gemäß § 231 für den Nahverkehr nach § 234 Satz 1 Nummer 1 und gemäß § 232 sowie der entsprechenden Vorauszahlungen nach Absatz 3 wird dieses Kapitel in bundeseigener Verwaltung ausgeführt. [2] Die Verwaltungsaufgaben des Bundes erledigt das Bundesverwaltungsamt nach fachlichen Weisungen des Bundesministeriums für Arbeit und Soziales in eigener Zuständigkeit.

(8) [1] Für das Erstattungsverfahren gelten das Verwaltungsverfahrensgesetz und die entsprechenden Gesetze der Länder. [2] Bei Streitigkeiten über die Erstattungen und die Vorauszahlungen ist der Verwaltungsrechtsweg gegeben.

§ 234 Kostentragung. [1] Der Bund trägt die Aufwendungen für die unentgeltliche Beförderung

1. im Nahverkehr, soweit Unternehmen, die sich überwiegend in der Hand des Bundes oder eines mehrheitlich dem Bund gehörenden Unternehmens befinden (auch in Verkehrsverbünden), erstattungsberechtigte Unternehmer sind sowie

2. im Fernverkehr für die Begleitperson und die mitgeführten Gegenstände im Sinne des § 228 Absatz 6.

[2] Die Länder tragen die Aufwendungen für die unentgeltliche Beförderung im übrigen Nahverkehr.

§ 235 Einnahmen aus Wertmarken. [1] Von den durch die Ausgabe der Wertmarken erzielten jährlichen Einnahmen erhält der Bund einen Anteil von 27 Prozent. [2] Dieser ist unter Berücksichtigung der in der Zeit vom 1. Januar bis 30. Juni eines Kalenderjahres eingegangenen Einnahmen zum 15. Juli und unter Berücksichtigung der vom 1. Juli bis 31. Dezember eines Kalenderjahres eingegangenen Einnahmen zum 15. Januar des darauffolgenden Kalenderjahres an den Bund abzuführen.

§ 236 Erfassung der Ausweise. [1] Die für die Ausstellung der Ausweise nach § 152 Absatz 5 zuständigen Behörden erfassen

1. die am Jahresende im Umlauf befindlichen gültigen Ausweise, getrennt nach Art und besonderen Eintragungen,
2. die im Kalenderjahr ausgegebenen Wertmarken, unterteilt nach der jeweiligen Gültigkeitsdauer und die daraus erzielten Einnahmen

als Grundlage für die nach § 231 Absatz 4 Satz 2 Nummer 1 und § 232 Absatz 2 Satz 2 Nummer 1 zu ermittelnde Zahl der Ausweise und Wertmarken. [2] Die zuständigen obersten Landesbehörden teilen dem Bundesministerium für Arbeit und Soziales das Ergebnis der Erfassung nach Satz 1 spätestens bis zum 31. März des Jahres mit, in dem die Prozentsätze festzusetzen sind.

§ 237 Verordnungsermächtigungen. (1) Die Bundesregierung wird ermächtigt, in der Rechtsverordnung auf Grund des § 153 Absatz 1 nähere Vorschriften über die Gestaltung der Wertmarken, ihre Verbindung mit dem Ausweis und Vermerke über ihre Gültigkeitsdauer zu erlassen.

(2) Das Bundesministerium für Arbeit und Soziales und das Bundesministerium für Verkehr und digitale Infrastruktur werden ermächtigt, durch Rechtsverordnung festzulegen, welche Zuggattungen von Eisenbahnen des Bundes zu den Zügen des Nahverkehrs im Sinne des § 230 Absatz 1 Nummer 5 und zu den zuschlagpflichtigen Zügen des Nahverkehrs im Sinne des § 228 Absatz 1 Satz 1 zweiter Halbsatz zählen.

Kapitel 14. Straf-, Bußgeld- und Schlussvorschriften

§ 237a Strafvorschriften. (1) Mit Freiheitsstrafe bis zu zwei Jahren oder mit Geldstrafe wird bestraft, wer entgegen § 179 Absatz 7 Satz 1 Nummer 2, auch in Verbindung mit Satz 2 oder § 180 Absatz 7, ein Betriebs- oder Geschäftsgeheimnis verwertet.

(2) Die Tat wird nur auf Antrag verfolgt.

§ 237b Strafvorschriften. (1) Mit Freiheitsstrafe bis zu einem Jahr oder mit Geldstrafe wird bestraft, wer entgegen § 179 Absatz 7 Satz 1, auch in Verbindung mit Satz 2 oder § 180 Absatz 7, ein dort genanntes Geheimnis offenbart.

(2) Handelt der Täter gegen Entgelt oder in der Absicht, sich oder einen anderen zu bereichern oder einen anderen zu schädigen, so ist die Strafe Freiheitsstrafe bis zu zwei Jahren oder Geldstrafe.

(3) Die Tat wird nur auf Antrag verfolgt.

§ 238 Bußgeldvorschriften. (1) Ordnungswidrig handelt, wer vorsätzlich oder fahrlässig

1. entgegen § 154 Absatz 1 Satz 1, auch in Verbindung mit einer Rechtsverordnung nach § 162 Nummer 1, oder entgegen § 154 Absatz 1 Satz 3 einen schwerbehinderten Menschen nicht beschäftigt,
2. entgegen § 163 Absatz 1 ein Verzeichnis nicht, nicht richtig, nicht vollständig oder nicht in der vorgeschriebenen Weise führt oder nicht oder nicht rechtzeitig vorlegt,
3. entgegen § 163 Absatz 2 Satz 1 oder Absatz 4 eine Anzeige nicht, nicht richtig, nicht vollständig, nicht in der vorgeschriebenen Weise oder nicht rechtzeitig erstattet,

4. entgegen § 163 Absatz 5 eine Auskunft nicht, nicht richtig, nicht vollständig oder nicht rechtzeitig erteilt,

5. entgegen § 163 Absatz 7 Einblick in den Betrieb oder die Dienststelle nicht oder nicht rechtzeitig gibt,

6. entgegen § 163 Absatz 8 eine dort bezeichnete Person nicht oder nicht rechtzeitig benennt,

7. entgegen § 164 Absatz 1 Satz 4 oder 9 eine dort bezeichnete Vertretung oder einen Beteiligten nicht, nicht richtig, nicht vollständig oder nicht rechtzeitig unterrichtet oder

8. entgegen § 178 Absatz 2 Satz 1 erster Halbsatz die Schwerbehindertenvertretung nicht, nicht richtig, nicht vollständig oder nicht rechtzeitig unterrichtet oder nicht oder nicht rechtzeitig anhört.

(2) Die Ordnungswidrigkeit kann mit einer Geldbuße bis zu zehntausend Euro geahndet werden.

(3) Verwaltungsbehörde im Sinne des § 36 Absatz 1 Nummer 1 des Gesetzes über Ordnungswidrigkeiten ist die Bundesagentur für Arbeit.

(4) [1] Die Geldbußen fließen in die Kasse der Verwaltungsbehörde, die den Bußgeldbescheid erlassen hat. [2] § 66 des Zehnten Buches gilt entsprechend.

(5) [1] Die nach Absatz 4 Satz 1 zuständige Kasse trägt abweichend von § 105 Absatz 2 des Gesetzes über Ordnungswidrigkeiten die notwendigen Auslagen. [2] Sie ist auch ersatzpflichtig im Sinne des § 110 Absatz 4 des Gesetzes über Ordnungswidrigkeiten.

§ 239 Stadtstaatenklausel. (1) [1] Der Senat der Freien und Hansestadt Hamburg wird ermächtigt, die Schwerbehindertenvertretung für Angelegenheiten, die mehrere oder alle Dienststellen betreffen, in der Weise zu regeln, dass die Schwerbehindertenvertretungen aller Dienststellen eine Gesamtschwerbehindertenvertretung wählen. [2] Für die Wahl gilt § 177 Absatz 2, 3, 6 und 7 entsprechend.

(2) § 180 Absatz 6 Satz 1 gilt entsprechend.

§ 240 Sonderregelung für den Bundesnachrichtendienst und den Militärischen Abschirmdienst. (1) Für den Bundesnachrichtendienst gilt dieses Gesetz mit folgenden Abweichungen:

1. Der Bundesnachrichtendienst gilt vorbehaltlich der Nummer 3 als einheitliche Dienststelle.

2. [1] Für den Bundesnachrichtendienst gelten die Pflichten zur Vorlage des nach § 163 Absatz 1 zu führenden Verzeichnisses, zur Anzeige nach § 163 Absatz 2 und zur Gewährung von Einblick nach § 163 Absatz 7 nicht. [2] Die Anzeigepflicht nach § 173 Absatz 4 gilt nur für die Beendigung von Probearbeitsverhältnissen.

3. [1] Als Dienststelle im Sinne des Kapitels 5 gelten auch Teile und Stellen des Bundesnachrichtendienstes, die nicht zu seiner Zentrale gehören. [2] § 177 Absatz 1 Satz 4 und 5 sowie § 180 sind nicht anzuwenden. [3] In den Fällen des § 180 Absatz 6 ist die Schwerbehindertenvertretung der Zentrale des Bundesnachrichtendienstes zuständig. [4] Im Falle des § 177 Absatz 6 Satz 4 lädt der Leiter oder die Leiterin der Dienststelle ein. [5] Die Schwerbehindertenvertretung ist in den Fällen nicht zu beteiligen, in denen die Beteiligung der Personalvertretung nach dem Bundespersonalvertretungsgesetz ausgeschlos-

sen ist. [6] Der Leiter oder die Leiterin des Bundesnachrichtendienstes kann anordnen, dass die Schwerbehindertenvertretung nicht zu beteiligen ist, Unterlagen nicht vorgelegt oder Auskünfte nicht erteilt werden dürfen, wenn und soweit dies aus besonderen nachrichtendienstlichen Gründen geboten ist. [7] Die Rechte und Pflichten der Schwerbehindertenvertretung ruhen, wenn die Rechte und Pflichten der Personalvertretung ruhen. [8] § 179 Absatz 7 Satz 3 ist nach Maßgabe der Sicherheitsbestimmungen des Bundesnachrichtendienstes anzuwenden. [9] § 182 Absatz 2 gilt nur für die in § 182 Absatz 1 genannten Personen und Vertretungen der Zentrale des Bundesnachrichtendienstes.

4. [1] Im Widerspruchsausschuss bei dem Integrationsamt (§ 202) und in den Widerspruchsausschüssen bei der Bundesagentur für Arbeit (§ 203) treten in Angelegenheiten schwerbehinderter Menschen, die beim Bundesnachrichtendienst beschäftigt sind, an die Stelle der Mitglieder, die Arbeitnehmer oder Arbeitnehmerinnen und Arbeitgeber sind (§ 202 Absatz 1 und § 203 Absatz 1), Angehörige des Bundesnachrichtendienstes, an die Stelle der Schwerbehindertenvertretung die Schwerbehindertenvertretung der Zentrale des Bundesnachrichtendienstes. [2] Sie werden dem Integrationsamt und der Bundesagentur für Arbeit vom Leiter oder von der Leiterin des Bundesnachrichtendienstes benannt. [3] Die Mitglieder der Ausschüsse müssen nach den dafür geltenden Bestimmungen ermächtigt sein, Kenntnis von Verschlusssachen des in Betracht kommenden Geheimhaltungsgrades zu erhalten.

5. Über Rechtsstreitigkeiten, die auf Grund dieses Buches im Geschäftsbereich des Bundesnachrichtendienstes entstehen, entscheidet im ersten und letzten Rechtszug der oberste Gerichtshof des zuständigen Gerichtszweiges.

(2) Der Militärische Abschirmdienst mit seinem Geschäftsbereich gilt als einheitliche Dienststelle.

§ 241 Übergangsregelung. (1) Abweichend von § 154 Absatz 1 beträgt die Pflichtquote für die in § 154 Absatz 2 Nummer 1 und 4 genannten öffentlichen Arbeitgeber des Bundes weiterhin 6 Prozent, wenn sie am 31. Oktober 1999 auf mindestens 6 Prozent der Arbeitsplätze schwerbehinderte Menschen beschäftigt hatten.

(2) Eine auf Grund des Schwerbehindertengesetzes getroffene bindende Feststellung über das Vorliegen einer Behinderung, eines Grades der Behinderung und das Vorliegen weiterer gesundheitlicher Merkmale gelten als Feststellungen nach diesem Buch.

(3) Die nach § 56 Absatz 2 des Schwerbehindertengesetzes erlassenen allgemeinen Richtlinien sind bis zum Erlass von allgemeinen Verwaltungsvorschriften nach § 224 weiter anzuwenden, auch auf Inklusionsbetriebe.

(4) Auf Erstattungen nach Kapitel 13 dieses Teils ist § 231 für bis zum 31. Dezember 2004 entstandene Fahrgeldausfälle in der bis zu diesem Zeitpunkt geltenden Fassung anzuwenden.

(5) Soweit noch keine Verordnung nach § 153 Absatz 2 erlassen ist, gelten die Maßstäbe des § 30 Absatz 1 des Bundesversorgungsgesetzes[1)] und der auf Grund des § 30 Absatz 16 des Bundesversorgungsgesetzes[1)] erlassenen Rechtsverordnungen entsprechend.

[1)] Nr. **15**.

(6) Bestehende Integrationsvereinbarungen im Sinne des § 83 in der bis zum 30. Dezember 2016 geltenden Fassung gelten als Inklusionsvereinbarungen fort.

(7) ¹Die nach § 22 in der am 31. Dezember 2017 geltenden Fassung bis zu diesem Zeitpunkt errichteten gemeinsamen Servicestellen bestehen längstens bis zum 31. Dezember 2018. ²Für die Aufgaben der nach Satz 1 im Jahr 2018 bestehenden gemeinsamen Servicestellen gilt § 22 in der am 31. Dezember 2017 geltenden Fassung entsprechend.

(8) Bis zum 31. Dezember 2019 treten an die Stelle der Träger der Eingliederungshilfe als Rehabilitationsträger im Sinne dieses Buches die Träger der Sozialhilfe nach § 3 des Zwölften Buches, soweit sie zur Erbringung von Leistungen der Eingliederungshilfe für Menschen mit Behinderungen nach § 8 Nummer 4 des Zwölften Buches bestimmt sind.

(9) § 221 Absatz 2 Satz 1 ist mit folgender Maßgabe anzuwenden:

1. Ab dem 1. August 2019 beträgt der Grundbetrag mindestens 80 Euro monatlich.
2. Ab dem 1. Januar 2020 beträgt der Grundbetrag mindestens 89 Euro monatlich.
3. Ab dem 1. Januar 2021 beträgt der Grundbetrag mindestens 99 Euro monatlich.
4. Ab dem 1. Januar 2022 bis zum 31. Dezember 2022 beträgt der Grundbetrag mindestens 109 Euro monatlich.

[Abs. 9 von 1.1.2024 bis 31.12.2024:]

(9)¹⁾ Für Personen, die Leistungen nach dem Soldatenversorgungsgesetz²⁾ in der Fassung der Bekanntmachung vom 16. September 2009 (BGBl. I S. 3054), das zuletzt durch Artikel 19 des Gesetzes vom 4. August 2019 (BGBl. I S. 1147) geändert worden ist, in Verbindung mit dem Bundesversorgungsgesetz³⁾ in der Fassung der Bekanntmachung vom 22. Januar 1982 (BGBl. I S. 21), das zuletzt durch Artikel 1 der Verordnung vom 13. Juni 2019 (BGBl. I S. 793) geändert worden ist, erhalten, gelten die Vorschriften des § 6 Absatz 1 Nummer 5, des § 16 Absatz 6, des § 18 Absatz 7, des § 63 Absatz 1 Nummer 4 und Absatz 2 Nummer 2, des § 64 Absatz 1 Nummer 1 und Absatz 2 Satz 2, des § 65 Absatz 1 Nummer 4, Absatz 2 Nummer 4, Absatz 5 Nummer 2, Absatz 6 und 7, des § 66 Absatz 1 Satz 4, der §§ 69, 70 Absatz 1, des § 71 Absatz 1 Satz 1, des § 152 Absatz 1 Satz 1 und 4, des § 228 Absatz 4 Nummer 2 und des § 241 Absatz 5 in der am 31. Dezember 2023 geltenden Fassung weiter.

---

¹⁾ Richtig wohl: „(10)".
²⁾ Auszugsweise abgedruckt unter Nr. **19**.
³⁾ Auszugsweise abgedruckt unter Nr. **15**.

1a. Gesetz über die unentgeltliche Beförderung Schwerbehinderter im öffentlichen Personenverkehr

Vom 9. Juli 1979

(BGBl. I S. 989)

FNA 871-3

geänd. durch Haushaltsbegleitgesetz 1984 v. 22.12.1983 (BGBl. I S. 1532)

Art. 1 *(gegenstandslose Änderungsvorschrift)*

Art. 2 Besitzstand. (1) Der *Elfte Abschnitt des Schwerbehindertengesetzes*[1] in der durch Artikel 1 geänderten Fassung, geändert durch Artikel 20 des Haushaltsbegleitgesetzes 1984 vom 22. Dezember 1983 (BGBl. I S. 1532), gilt auch für Personen, die

1. bei Inkrafttreten dieses Gesetzes die Voraussetzungen nach § 2 Abs. 1 Nr. 1 und 3 und Abs. 3 des Gesetzes über die unentgeltliche Beförderung von Kriegs- und Wehrdienstbeschädigten sowie von anderen Behinderten im Nahverkehr vom 27. August 1965 (BGBl. I S. 978), zuletzt geändert durch Artikel 41 des Zuständigkeitsanpassungsgesetzes vom 18. März 1975 (BGBl. I S. 705), erfüllten, solange der Grad der Minderung der Erwerbsfähigkeit infolge der anerkannten Schädigung auf wenigstens 70 vom Hundert festgestellt ist,

2. ihren Wohnsitz oder gewöhnlichen Aufenthalt außerhalb des Geltungsbereichs dieses Gesetzes haben und

   a) bei Inkrafttreten dieses Gesetzes die Voraussetzungen nach § 2 Abs. 1 Nr. 2 und 4 und Abs. 3 des Gesetzes über die unentgeltliche Beförderung von Kriegs- und Wehrdienstbeschädigten sowie von anderen Behinderten im Nahverkehr vom 27. August 1965 (BGBl. I S. 978), zuletzt geändert durch Artikel 41 des Zuständigkeitsanpassungsgesetzes vom 18. März 1975 (BGBl. I S. 705), erfüllten, solange der Grad der Minderung der Erwerbsfähigkeit infolge der anerkannten Schädigung auf wenigstens 50 vom Hundert festgestellt ist und sie infolge der Schädigung erheblich gehbehindert sind, oder

   b) Deutsche im Sinne des Artikels 116 des Grundgesetzes sind, die körperlich, geistig oder seelisch behindert und infolge ihrer Behinderung in ihrer Erwerbsfähigkeit nicht nur vorübergehend um wenigstens 50 vom Hundert gemindert sind sowie die weiteren Merkmale nach *§ 57 Abs. 1 des Schwerbehindertengesetzes*[1] in der durch Artikel 1 geänderten Fassung erfüllen.

(2) [1] In den Fällen des Absatzes 1 gilt *§ 3 des Schwerbehindertengesetzes*[1] in der durch Artikel 1 geänderten Fassung entsprechend. [2] In Fällen des Absatzes 1 Nr. 2 Buchstabe b kann abweichend hiervon ein Ausweis ausgestellt werden, wenn die gesundheitlichen Voraussetzungen offensichtlich sind, durch geeignete Beweismittel nachgewiesen werden oder auf sonstige Weise glaubhaft gemacht werden können; die Gültigkeit eines solchen Ausweises ist auf die

---

[1] SchwbG aufgeh. mWv 1.7.2001 durch G v. 19.6.2001 (BGBl. I S. 1046); zur Rehabilitation und Teilhabe behinderter Menschen siehe nun das SGB IX (Nr. 1).

Dauer des Besuchs zu befristen; der Ausweis wird unentgeltlich mit einer Wertmarke versehen.

(3) Örtlich zuständige Verwaltungsbehörde ist

1. für Personen im Sinne des Absatzes 1 Nr. 1, die ihren Wohnsitz oder gewöhnlichen Aufenthalt außerhalb des Geltungsbereichs dieses Gesetzes haben, und für Personen im Sinne des Absatzes 1 Nr. 2 Buchstabe a die auf Grund des § 3 Abs. 5 des Gesetzes über das Verwaltungsverfahren der Kriegsopferversorgung[1] in der Fassung der Bekanntmachung vom 6. Mai 1976 (BGBl. I S. 1169) durch Rechtsverordnung bestimmte Verwaltungsbehörde,

2. für Personen im Sinne des Absatzes 1 Nr. 2 Buchstabe b die für die Durchführung des Bundesversorgungsgesetzes zuständige Behörde, in deren Bereich sich der Behinderte während seines Besuchs im Geltungsbereich dieses Gesetzes tatsächlich aufhält.

(4) Ausweise für Personen, die außerhalb des Geltungsbereichs dieses Gesetzes wohnen, werden bei Festsetzung der Vomhundertsätze nach §§ 60 und 61 in der durch Artikel 1 geänderten Fassung zu einem Zwölftel gezählt.

Art. 3 Frühere Ausweise. (1) Als Ausweise im Sinne des *§ 57 Abs. 1 des Schwerbehindertengesetzes*[2] in der durch Artikel 1 geänderten Fassung und des Artikels 2 genügen auch Ausweise, die gemäß den Richtlinien über Ausweise für Schwerbeschädigte und Schwerbehinderte vom 11. Oktober 1965 ausgestellt worden sind, und zwar bis zum Ablauf ihrer derzeitigen Geltungsdauer.

(2) Ausweise, die nicht mit einem orangefarbenen Flächenaufdruck gekennzeichnet, auf denen aber die Merkzeichen „G", „aG" oder „Blind" oder der Grad der Minderung der Erwerbsfähigkeit um wenigstens 80 vom Hundert eingetragen sind, werden auf Antrag des Behinderten von den für die Durchführung des Bundesversorgungsgesetzes zuständigen Behörden durch einen mit orangefarbenem Flächenaufdruck gekennzeichneten Ausweis ersetzt.

Art. 4 Erstattungsregelungen für die Jahre 1979 und 1980. (1) Für die Jahre 1979 und 1980 werden die Vomhundertsätze der nachgewiesenen Fahrgeldeinnahmen auf der Grundlage der Ende 1979 vorliegenden Zahlen festgelegt.

(2) Für die unentgeltliche Beförderung im Nahverkehr erhalten die Unternehmer im Jahre 1979 auf Antrag Vorauszahlungen für jeden Monat des Jahres 1979 nach Inkrafttreten dieses Gesetzes

1. zu Lasten der Länder in Höhe von 0,161 vom Hundert,

2. zu Lasten des Bundes in Höhe von 0,161 vom Hundert für den Nahverkehr nach *§ 63 Abs. 1 Satz 1 Nr. 1* sowie für die übrigen auf den Bund gemäß *§ 63 Abs. 1 Satz 1 des Schwerbehindertengesetzes* in der durch Artikel 1 geänderten Fassung entfallenden Aufwendungen in Höhe von 0,035 vom Hundert der für 1978 nachgewiesenen Fahrgeldeinnahmen im Nahverkehr.

(3) Für die unentgeltliche Beförderung im Fernverkehr erhalten die Unternehmer im Jahre 1979 auf Antrag Vorauszahlungen für jeden Monat des Jahres

---

[1] Nr. **15a**.
[2] SchwbG aufgeh. mWv 1.7.2001 durch G v. 19.6.2001 (BGBl. I S. 1046); zur Rehabilitation und Teilhabe behinderter Menschen siehe nun das SGB IX (Nr. **1**).

1979 nach Inkrafttreten dieses Gesetzes in Höhe von 0,025 vom Hundert der für 1978 nachgewiesenen Fahrgeldeinnahmen im Fernverkehr.

(4) Für jeden Monat in der Zeit vom 1. Januar 1979 bis zum Letzten des Monats vor Inkrafttreten dieses Gesetzes erhalten die nach § 1 des Gesetzes über die unentgeltliche Beförderung von Kriegs- und Wehrdienstbeschädigten sowie von anderen Behinderten im Nahverkehr vom 27. August 1965 (BGBl. I S. 978), zuletzt geändert durch Artikel 41 des Zuständigkeitsanpassungsgesetzes vom 18. März 1975 (BGBl. I S. 705), verpflichteten Unternehmen auf Antrag Abschlagszahlungen in Höhe von 6,7 vom Hundert der vom Bund und von den Ländern zuletzt für ein Jahr festgesetzten Erstattungsbeträge.

(5) Die Vorauszahlungen nach den Absätzen 2 und 3 werden am 15. November 1979, die Abschlagszahlungen nach Absatz 4 innerhalb von vier Wochen nach Inkrafttreten dieses Gesetzes gezahlt.

Art. 5–8 *(hier nicht wiedergegebene Ermächtigung zur Neufassung des Schwerbehindertengesetzes und Änderungsvorschriften)*

Art. 9 Berlin-Klausel. *(gegenstandslos)*

Art. 10 Inkrafttreten. (1) Dieses Gesetz tritt am 1. Oktober 1979 in Kraft.

(2) [1] Mit dem Inkrafttreten dieses Gesetzes tritt das Gesetz über die unentgeltliche Beförderung von Kriegs- und Wehrdienstbeschädigten sowie von anderen Behinderten im Nahverkehr vom 27. August 1965 (BGBl. I S. 978), zuletzt geändert durch Artikel 41 des Zuständigkeitsanpassungsgesetzes vom 18. März 1975 (BGBl. I S. 705), außer Kraft. [2] Ansprüche der Unternehmen daraus bleiben bestehen; hierfür gelten die Verfahrensvorschriften des bisherigen Rechts.

1b. Gesetz zur Gleichstellung von Menschen mit Behinderungen (Behindertengleichstellungsgesetz – BGG)[1]

Vom 27. April 2002

(BGBl. I S. 1468)

FNA 860-9-2

zuletzt geänd. durch Art. 7 G zur Regelung eines Sofortzuschlages und einer Einmalzahlung in den sozialen Mindestsicherungssystemen sowie zur Änd. des FinanzausgleichsG und weiterer G v. 23.5. 2022 (BGBl. I S. 760)

Inhaltsübersicht

---

[1] Verkündet als Art. 1 Gesetz zur Gleichstellung behinderter Menschen und zur Änderung anderer Gesetze v. 27.4.2002 (BGBl. I S. 1467); Inkrafttreten gem Art. 56 dieses G am 1.5.2002.

Abschnitt 6. Förderung der Partizipation

§ 19   Förderung der Partizipation

Abschnitt 1. Allgemeine Bestimmungen

§ 1 Ziel und Verantwortung der Träger öffentlicher Gewalt. (1) [1]Ziel dieses Gesetzes ist es, die Benachteiligung von Menschen mit Behinderungen zu beseitigen und zu verhindern sowie ihre gleichberechtigte Teilhabe am Leben in der Gesellschaft zu gewährleisten und ihnen eine selbstbestimmte Lebensführung zu ermöglichen. [2]Dabei wird ihren besonderen Bedürfnissen Rechnung getragen.

(1a) Träger öffentlicher Gewalt im Sinne dieses Gesetzes sind

1. Dienststellen und sonstige Einrichtungen der Bundesverwaltung einschließlich der bundesunmittelbaren Körperschaften, bundesunmittelbaren Anstalten und bundesunmittelbaren Stiftungen des öffentlichen Rechts,

2. Beliehene, die unter der Aufsicht des Bundes stehen, soweit sie öffentlich-rechtliche Verwaltungsaufgaben wahrnehmen, und

3. sonstige Bundesorgane, soweit sie öffentlich-rechtliche Verwaltungsaufgaben wahrnehmen.

(2) [1]Die Träger der öffentlichen Gewalt sollen im Rahmen ihres jeweiligen Aufgabenbereichs die in Absatz 1 genannten Ziele aktiv fördern und bei der Planung von Maßnahmen beachten. [2]Das Gleiche gilt für Landesverwaltungen, einschließlich der landesunmittelbaren Körperschaften, Anstalten und Stiftungen des öffentlichen Rechts, soweit sie Bundesrecht ausführen.

(3) [1]Die Träger öffentlicher Gewalt sollen darauf hinwirken, dass Einrichtungen, Vereinigungen und juristische Personen des Privatrechts, an denen der Träger öffentlicher Gewalt unmittelbar oder mittelbar ganz oder überwiegend beteiligt sind, die Ziele dieses Gesetzes in angemessener Weise berücksichtigen. [2]Gewähren Träger öffentlicher Gewalt Zuwendungen nach § 23 der Bundeshaushaltsordnung als institutionelle Förderungen, so sollen sie durch Nebenbestimmung zum Zuwendungsbescheid oder vertragliche Vereinbarung sicherstellen, dass die institutionellen Zuwendungsempfängerinnen und -empfänger die Grundzüge dieses Gesetzes anwenden. [3]Aus der Nebenbestimmung zum Zuwendungsbescheid oder der vertraglichen Vereinbarung muss hervorgehen, welche Vorschriften anzuwenden sind. [4]Die Sätze 2 und 3 gelten auch für den Fall, dass Stellen außerhalb der Bundesverwaltung mit Bundesmitteln im Wege der Zuweisung institutionell gefördert werden. [5]Weitergehende Vorschriften bleiben von den Sätzen 1 bis 4 unberührt.

(4) Die Auslandsvertretungen des Bundes berücksichtigen die Ziele dieses Gesetzes im Rahmen der Wahrnehmung ihrer Aufgaben.

§ 2 Frauen mit Behinderungen; Benachteiligung wegen mehrerer Gründe. (1) [1]Zur Durchsetzung der Gleichberechtigung von Frauen und Männern und zur Vermeidung von Benachteiligungen von Frauen mit Behinderungen wegen mehrerer Gründe sind die besonderen Belange von Frauen mit Behinderungen zu berücksichtigen und bestehende Benachteiligungen zu beseitigen. [2]Dabei sind besondere Maßnahmen zur Förderung der tatsächlichen Durchsetzung der Gleichberechtigung von Frauen mit Behinderungen und zur Beseitigung bestehender Benachteiligungen zulässig.

(2) Unabhängig von Absatz 1 sind die besonderen Belange von Menschen mit Behinderungen, die von Benachteiligungen wegen einer Behinderung und wenigstens eines weiteren in § 1 des Allgemeinen Gleichbehandlungsgesetzes genannten Grundes betroffen sein können, zu berücksichtigen.

§ 3 Menschen mit Behinderungen. [1]Menschen mit Behinderungen im Sinne dieses Gesetzes sind Menschen, die langfristige körperliche, seelische, geistige oder Sinnesbeeinträchtigungen haben, welche sie in Wechselwirkung mit einstellungs- und umweltbedingten Barrieren an der gleichberechtigten Teilhabe an der Gesellschaft hindern können. [2]Als langfristig gilt ein Zeitraum, der mit hoher Wahrscheinlichkeit länger als sechs Monate andauert.

§ 4 Barrierefreiheit. [1]Barrierefrei sind bauliche und sonstige Anlagen, Verkehrsmittel, technische Gebrauchsgegenstände, Systeme der Informationsverarbeitung, akustische und visuelle Informationsquellen und Kommunikationseinrichtungen sowie andere gestaltete Lebensbereiche, wenn sie für Menschen mit Behinderungen in der allgemein üblichen Weise, ohne besondere Erschwernis und grundsätzlich ohne fremde Hilfe auffindbar, zugänglich und nutzbar sind. [2]Hierbei ist die Nutzung behinderungsbedingt notwendiger Hilfsmittel zulässig.

§ 5 Zielvereinbarungen. (1) [1]Soweit nicht besondere gesetzliche oder verordnungsrechtliche Vorschriften entgegenstehen, sollen zur Herstellung der Barrierefreiheit Zielvereinbarungen zwischen Verbänden, die nach § 15 Absatz 3 anerkannt sind, und Unternehmen oder Unternehmensverbänden der verschiedenen Wirtschaftsbranchen für ihren jeweiligen sachlichen und räumlichen Organisations- oder Tätigkeitsbereich getroffen werden. [2]Die anerkannten Verbände können die Aufnahme von Verhandlungen über Zielvereinbarungen verlangen.

(2) [1]Zielvereinbarungen zur Herstellung von Barrierefreiheit enthalten insbesondere

1. die Bestimmung der Vereinbarungspartner und sonstige Regelungen zum Geltungsbereich und zur Geltungsdauer,
2. die Festlegung von Mindestbedingungen darüber, wie gestaltete Lebensbereiche im Sinne von § 4 künftig zu verändern sind, um dem Anspruch von Menschen mit Behinderungen auf Auffindbarkeit, Zugang und Nutzung zu genügen,
3. den Zeitpunkt oder einen Zeitplan zur Erfüllung der festgelegten Mindestbedingungen.

[2]Sie können ferner eine Vertragsstrafenabrede für den Fall der Nichterfüllung oder des Verzugs enthalten.

(3) [1]Ein Verband nach Absatz 1, der die Aufnahme von Verhandlungen verlangt, hat dies gegenüber dem Zielvereinbarungsregister (Absatz 5) unter Benennung von Verhandlungsparteien und Verhandlungsgegenstand anzuzeigen. [2]Das Bundesministerium für Arbeit und Soziales gibt diese Anzeige auf seiner Internetseite bekannt. [3]Innerhalb von vier Wochen nach der Bekanntgabe haben andere Verbände im Sinne des Absatzes 1 das Recht, den Verhandlungen durch Erklärung gegenüber den bisherigen Verhandlungsparteien beizutreten. [4]Nachdem die beteiligten Verbände von Menschen mit Behinderungen eine gemeinsame Verhandlungskommission gebildet haben oder feststeht,

dass nur ein Verband verhandelt, sind die Verhandlungen innerhalb von vier Wochen aufzunehmen.

(4) Ein Anspruch auf Verhandlungen nach Absatz 1 Satz 2 besteht nicht,

1. während laufender Verhandlungen im Sinne des Absatzes 3 für die nicht beigetretenen Verbände behinderter Menschen,

2. in Bezug auf diejenigen Unternehmen, die ankündigen, einer Zielvereinbarung beizutreten, über die von einem Unternehmensverband Verhandlungen geführt werden,

3. für den Geltungsbereich und die Geltungsdauer einer zustande gekommenen Zielvereinbarung,

4. in Bezug auf diejenigen Unternehmen, die einer zustande gekommenen Zielvereinbarung unter einschränkungsloser Übernahme aller Rechte und Pflichten beigetreten sind.

(5) [1]Das Bundesministerium für Arbeit und Soziales führt ein Zielvereinbarungsregister, in das der Abschluss, die Änderung und die Aufhebung von Zielvereinbarungen nach den Absätzen 1 und 2 eingetragen werden. [2]Der die Zielvereinbarung abschließende Verband behinderter Menschen ist verpflichtet, innerhalb eines Monats nach Abschluss einer Zielvereinbarung dem Bundesministerium für Arbeit und Soziales diese als beglaubigte Abschrift und in informationstechnisch erfassbarer Form zu übersenden sowie eine Änderung oder Aufhebung innerhalb eines Monats mitzuteilen.

§ 6 Gebärdensprache und Kommunikation von Menschen mit Hör- und Sprachbehinderungen. (1) Die Deutsche Gebärdensprache ist als eigenständige Sprache anerkannt.

(2) Lautsprachbegleitende Gebärden sind als Kommunikationsform der deutschen Sprache anerkannt.

(3) Menschen mit Hörbehinderungen (gehörlose, ertaubte und schwerhörige Menschen) und Menschen mit Sprachbehinderungen haben nach Maßgabe der einschlägigen Gesetze das Recht, die Deutsche Gebärdensprache, lautsprachbegleitende Gebärden oder andere geeignete Kommunikationshilfen zu verwenden.

Abschnitt 2. Verpflichtung zur Gleichstellung und Barrierefreiheit

§ 7 Benachteiligungsverbot für Träger öffentlicher Gewalt. (1) [1]Ein Träger öffentlicher Gewalt darf Menschen mit Behinderungen nicht benachteiligen. [2]Eine Benachteiligung liegt vor, wenn Menschen mit und ohne Behinderungen ohne zwingenden Grund unterschiedlich behandelt werden und dadurch Menschen mit Behinderungen in der gleichberechtigten Teilhabe am Leben in der Gesellschaft unmittelbar oder mittelbar beeinträchtigt werden. [3]Eine Benachteiligung liegt auch bei einer Belästigung im Sinne des § 3 Absatz 3 und 4 des Allgemeinen Gleichbehandlungsgesetzes in der jeweils geltenden Fassung vor, mit der Maßgabe, dass § 3 Absatz 4 des Allgemeinen Gleichbehandlungsgesetzes nicht auf den Anwendungsbereich des § 2 Absatz 1 Nummer 1 bis 4 des Allgemeinen Gleichbehandlungsgesetzes begrenzt ist. [4]Bei einem Verstoß gegen eine Verpflichtung zur Herstellung von Barrierefreiheit wird das Vorliegen einer Benachteiligung widerleglich vermutet.

(2) ¹Die Versagung angemessener Vorkehrungen für Menschen mit Behinderungen ist eine Benachteiligung im Sinne dieses Gesetzes. ²Angemessene Vorkehrungen sind Maßnahmen, die im Einzelfall geeignet und erforderlich sind, um zu gewährleisten, dass ein Mensch mit Behinderung gleichberechtigt mit anderen alle Rechte genießen und ausüben kann, und sie die Träger öffentlicher Gewalt nicht unverhältnismäßig oder unbillig belasten.

(3) ¹In Bereichen bestehender Benachteiligungen von Menschen mit Behinderungen gegenüber Menschen ohne Behinderungen sind besondere Maßnahmen zum Abbau und zur Beseitigung dieser Benachteiligungen zulässig. ²Bei der Anwendung von Gesetzen zur tatsächlichen Durchsetzung der Gleichberechtigung von Frauen und Männern ist den besonderen Belangen von Frauen mit Behinderungen Rechnung zu tragen.

(4) Besondere Benachteiligungsverbote zu Gunsten von Menschen mit Behinderungen in anderen Rechtsvorschriften, insbesondere im Neunten Buch Sozialgesetzbuch, bleiben unberührt.

§ 8 Herstellung von Barrierefreiheit in den Bereichen Bau und Verkehr. (1) ¹Zivile Neu-, Um- und Erweiterungsbauten im Eigentum des Bundes einschließlich der bundesunmittelbaren Körperschaften, Anstalten und Stiftungen des öffentlichen Rechts sollen entsprechend den allgemein anerkannten Regeln der Technik barrierefrei gestaltet werden. ²Von diesen Anforderungen kann abgewichen werden, wenn mit einer anderen Lösung in gleichem Maße die Anforderungen an die Barrierefreiheit erfüllt werden. ³Die landesrechtlichen Bestimmungen, insbesondere die Bauordnungen, bleiben unberührt.

(2) Der Bund einschließlich der bundesunmittelbaren Körperschaften, Anstalten und Stiftungen des öffentlichen Rechts soll anlässlich der Durchführung von investiven Baumaßnahmen nach Absatz 1 Satz 1 bauliche Barrieren in den nicht von diesen Baumaßnahmen unmittelbar betroffenen Gebäudeteilen, soweit sie dem Publikumsverkehr dienen, feststellen und unter Berücksichtigung der baulichen Gegebenheiten abbauen, sofern der Abbau nicht eine unangemessene wirtschaftliche Belastung darstellt.

(3) Alle obersten Bundesbehörden und Verfassungsorgane erstellen über die von ihnen genutzten Gebäude, die im Eigentum des Bundes einschließlich der bundesunmittelbaren Körperschaften, Anstalten und Stiftungen des öffentlichen Rechts stehen, bis zum 30. Juni 2021 Berichte über den Stand der Barrierefreiheit dieser Bestandsgebäude und sollen verbindliche und überprüfbare Maßnahmen- und Zeitpläne zum weiteren Abbau von Barrieren erarbeiten.

(4) ¹Der Bund einschließlich der bundesunmittelbaren Körperschaften, Anstalten und Stiftungen des öffentlichen Rechts ist verpflichtet, die Barrierefreiheit bei Anmietungen der von ihm genutzten Bauten zu berücksichtigen. ²Künftig sollen nur barrierefreie Bauten oder Bauten, in denen die baulichen Barrieren unter Berücksichtigung der baulichen Gegebenheiten abgebaut werden können, angemietet werden, soweit die Anmietung nicht eine unangemessene wirtschaftliche Belastung zur Folge hätte.

(5) ¹Sonstige bauliche oder andere Anlagen, öffentliche Wege, Plätze und Straßen sowie öffentlich zugängliche Verkehrsanlagen und Beförderungsmittel im öffentlichen Personenverkehr sind nach Maßgabe der einschlägigen Rechtsvorschriften des Bundes barrierefrei zu gestalten. ²Weitergehende landesrechtliche Vorschriften bleiben unberührt.

§ 9 Recht auf Verwendung von Gebärdensprache und anderen Kommunikationshilfen. (1) [1] Menschen mit Hörbehinderungen und Menschen mit Sprachbehinderungen haben nach Maßgabe der Rechtsverordnung nach Absatz 2 das Recht, mit Trägern öffentlicher Gewalt zur Wahrnehmung eigener Rechte im Verwaltungsverfahren in Deutscher Gebärdensprache, mit lautsprachbegleitenden Gebärden oder über andere geeignete Kommunikationshilfen zu kommunizieren. [2] Auf Wunsch der Berechtigten stellen die Träger öffentlicher Gewalt die geeigneten Kommunikationshilfen im Sinne des Satzes 1 kostenfrei zur Verfügung oder tragen die hierfür notwendigen Aufwendungen.

(2) Das Bundesministerium für Arbeit und Soziales bestimmt durch Rechtsverordnung, die nicht der Zustimmung des Bundesrates bedarf,

1. Anlass und Umfang des Anspruchs auf Bereitstellung von geeigneten Kommunikationshilfen,

2. Art und Weise der Bereitstellung von geeigneten Kommunikationshilfen,

3. die Grundsätze für eine angemessene Vergütung oder eine Erstattung von notwendigen Aufwendungen für den Einsatz geeigneter Kommunikationshilfen und

4. die geeigneten Kommunikationshilfen im Sinne des Absatzes 1.

§ 10 Gestaltung von Bescheiden und Vordrucken. (1) [1] Träger öffentlicher Gewalt haben bei der Gestaltung von Bescheiden, Allgemeinverfügungen, öffentlich-rechtlichen Verträgen und Vordrucken eine Behinderung von Menschen zu berücksichtigen. [2] Blinde und sehbehinderte Menschen können zur Wahrnehmung eigener Rechte im Verwaltungsverfahren nach Maßgabe der Rechtsverordnung nach Absatz 2 insbesondere verlangen, dass ihnen Bescheide, öffentlich-rechtliche Verträge und Vordrucke ohne zusätzliche Kosten auch in einer für sie wahrnehmbaren Form zugänglich gemacht werden.

(2) Das Bundesministerium für Arbeit und Soziales bestimmt durch Rechtsverordnung, die nicht der Zustimmung des Bundesrates bedarf, bei welchen Anlässen und in welcher Art und Weise die in Absatz 1 genannten Dokumente blinden und sehbehinderten Menschen zugänglich gemacht werden.

§ 11 Verständlichkeit und Leichte Sprache. (1) [1] Träger öffentlicher Gewalt sollen mit Menschen mit geistigen Behinderungen und Menschen mit seelischen Behinderungen in einfacher und verständlicher Sprache kommunizieren. [2] Auf Verlangen sollen sie ihnen insbesondere Bescheide, Allgemeinverfügungen, öffentlich-rechtliche Verträge und Vordrucke in einfacher und verständlicher Weise erläutern.

(2) Ist die Erläuterung nach Absatz 1 nicht ausreichend, sollen Träger öffentlicher Gewalt auf Verlangen Menschen mit geistigen Behinderungen und Menschen mit seelischen Behinderungen Bescheide, Allgemeinverfügungen, öffentlich-rechtliche Verträge und Vordrucke in Leichter Sprache erläutern.

(3) [1] Kosten für Erläuterungen im notwendigen Umfang nach Absatz 1 oder 2 sind von dem zuständigen Träger öffentlicher Gewalt zu tragen. [2] Der notwendige Umfang bestimmt sich nach dem individuellen Bedarf der Berechtigten.

(4) [1] Träger öffentlicher Gewalt sollen Informationen vermehrt in Leichter Sprache bereitstellen. [2] Die Bundesregierung wirkt darauf hin, dass die Träger

öffentlicher Gewalt die Leichte Sprache stärker einsetzen und ihre Kompetenzen für das Verfassen von Texten in Leichter Sprache auf- und ausgebaut werden.

Abschnitt 2a. Barrierefreie Informationstechnik öffentlicher Stellen des Bundes

§ 12 Öffentliche Stellen des Bundes. [1] Öffentliche Stellen des Bundes sind

1. die Träger öffentlicher Gewalt,
2. sonstige Einrichtungen des öffentlichen Rechts, die als juristische Personen des öffentlichen oder des privaten Rechts zu dem besonderen Zweck gegründet worden sind, im Allgemeininteresse liegende Aufgaben nicht gewerblicher Art zu erfüllen, wenn sie
   a) überwiegend vom Bund finanziert werden,
   b) hinsichtlich ihrer Leitung oder Aufsicht dem Bund unterstehen oder
   c) ein Verwaltungs-, Leitungs- oder Aufsichtsorgan haben, das mehrheitlich aus Mitgliedern besteht, die durch den Bund ernannt worden sind, und
3. Vereinigungen, an denen mindestens eine öffentliche Stelle nach Nummer 1 oder Nummer 2 beteiligt ist, wenn
   a) die Vereinigung überwiegend vom Bund finanziert wird,
   b) die Vereinigung über den Bereich eines Landes hinaus tätig wird,
   c) dem Bund die absolute Mehrheit der Anteile an der Vereinigung gehört oder
   d) dem Bund die absolute Mehrheit der Stimmen an der Vereinigung zusteht.

[2] Eine überwiegende Finanzierung durch den Bund wird angenommen, wenn er mehr als 50 Prozent der Gesamtheit der Mittel aufbringt.

§ 12a Barrierefreie Informationstechnik. (1) [1] Öffentliche Stellen des Bundes gestalten ihre Websites und mobilen Anwendungen, einschließlich der für die Beschäftigten bestimmten Angebote im Intranet, barrierefrei. [2] Schrittweise, spätestens bis zum 23. Juni 2021, gestalten sie ihre elektronisch unterstützten Verwaltungsabläufe, einschließlich ihrer Verfahren zur elektronischen Vorgangsbearbeitung und elektronischen Aktenführung, barrierefrei. [3] Die grafischen Programmoberflächen sind von der barrierefreien Gestaltung umfasst.

(2) [1] Die barrierefreie Gestaltung erfolgt nach Maßgabe der aufgrund des § 12d zu erlassenden Verordnung. [2] Soweit diese Verordnung keine Vorgaben enthält, erfolgt die barrierefreie Gestaltung nach den anerkannten Regeln der Technik.

(3) Insbesondere bei Neuanschaffungen, Erweiterungen und Überarbeitungen ist die barrierefreie Gestaltung bereits bei der Planung, Entwicklung, Ausschreibung und Beschaffung zu berücksichtigen.

(4) Unberührt bleiben die Regelungen zur behinderungsgerechten Einrichtung und Unterhaltung der Arbeitsstätten zugunsten von Menschen mit Behinderungen in anderen Rechtsvorschriften, insbesondere im Neunten Buch Sozialgesetzbuch.

(5) Die Pflichten aus Abschnitt 2a gelten nicht für Websites und mobile Anwendungen jener öffentlichen Stellen des Bundes nach § 12 Satz 1 Num-

mer 2 und 3, die keine für die Öffentlichkeit wesentlichen Dienstleistungen oder speziell auf die Bedürfnisse von Menschen mit Behinderungen ausgerichtete oder für diese konzipierte Dienstleistungen anbieten.

(6) Von der barrierefreien Gestaltung können öffentliche Stellen des Bundes ausnahmsweise absehen, soweit sie durch eine barrierefreie Gestaltung unverhältnismäßig belastet würden.

(7) Der Bund wirkt darauf hin, dass gewerbsmäßige Anbieter von Websites sowie von grafischen Programmoberflächen und mobilen Anwendungen, die mit Mitteln der Informationstechnik dargestellt werden, aufgrund von Zielvereinbarungen nach § 5 Absatz 2 ihre Produkte so gestalten, dass sie barrierefrei genutzt werden können.

(8) Angebote öffentlicher Stellen im Internet, die auf Websites Dritter veröffentlicht werden, sind soweit möglich barrierefrei zu gestalten.

§ 12b Erklärung zur Barrierefreiheit. (1) Die öffentlichen Stellen des Bundes veröffentlichen eine Erklärung zur Barrierefreiheit ihrer Websites oder mobilen Anwendungen.

(2) Die Erklärung zur Barrierefreiheit enthält

1. für den Fall, dass ausnahmsweise keine vollständige barrierefreie Gestaltung erfolgt ist,

   a) die Benennung der Teile des Inhalts, die nicht vollständig barrierefrei gestaltet sind,

   b) die Gründe für die nicht barrierefreie Gestaltung sowie

   c) gegebenenfalls einen Hinweis auf barrierefrei gestaltete Alternativen,

2. eine unmittelbar zugängliche barrierefrei gestaltete Möglichkeit, elektronisch Kontakt aufzunehmen, um noch bestehende Barrieren mitzuteilen und um Informationen zur Umsetzung der Barrierefreiheit zu erfragen,

3. einen Hinweis auf das Schlichtungsverfahren nach § 16, der

   a) die Möglichkeit, ein solches Schlichtungsverfahren durchzuführen, erläutert und

   b) die Verlinkung zur Schlichtungsstelle enthält.

(3) Zu veröffentlichen ist die Erklärung zur Barrierefreiheit

1. auf Websites öffentlicher Stellen des Bundes, die nicht vor dem 23. September 2018 veröffentlicht wurden: ab dem 23. September 2019,

2. auf Websites öffentlicher Stellen des Bundes, die nicht unter Nummer 1 fallen: ab dem 23. September 2020,

3. auf mobilen Anwendungen öffentlicher Stellen des Bundes: ab dem 23. Juni 2021.

(4) Die öffentliche Stelle des Bundes antwortet auf Mitteilungen oder Anfragen, die ihr aufgrund der Erklärung zur Barrierefreiheit übermittelt werden, spätestens innerhalb eines Monats.

§ 12c Berichterstattung über den Stand der Barrierefreiheit. (1) [1]Die obersten Bundesbehörden erstatten alle drei Jahre, erstmals zum 30. Juni 2021, der Überwachungsstelle des Bundes für Barrierefreiheit von Informationstechnik (§ 13 Absatz 3) Bericht über den Stand der Barrierefreiheit

1. der Websites und mobilen Anwendungen, einschließlich der Intranetangebote, der obersten Bundesbehörden,
2. der elektronisch unterstützten Verwaltungsabläufe.

[2]Sie erstellen verbindliche und überprüfbare Maßnahmen- und Zeitpläne zum weiteren Abbau von Barrieren ihrer Informationstechnik.

(2) [1]Die Länder erstatten alle drei Jahre, erstmals zum 30. Juni 2021, der Überwachungsstelle des Bundes für Barrierefreiheit von Informationstechnik (§ 13 Absatz 3) Bericht über den Stand der Barrierefreiheit

1. der Websites der öffentlichen Stellen der Länder und
2. der mobilen Anwendungen der öffentlichen Stellen der Länder.

[2]Zu berichten ist insbesondere über die Ergebnisse ihrer Überwachung nach Artikel 8 Absatz 1 bis 3 der Richtlinie (EU) 2016/2102. [3]Art und Form des Berichts richten sich nach den Anforderungen, die auf der Grundlage des Artikels 8 Absatz 6 der Richtlinie (EU) 2016/2102 festgelegt werden.

§ 12d Verordnungsermächtigung. Das Bundesministerium für Arbeit und Soziales wird ermächtigt durch Rechtsverordnung, die nicht der Zustimmung des Bundesrates bedarf, Bestimmungen zu erlassen über

1. diejenigen Websites und mobilen Anwendungen sowie Inhalte von Websites und mobilen Anwendungen, auf die sich der Geltungsbereich der Verordnung bezieht,
2. die technischen Standards, die öffentliche Stellen des Bundes bei der barrierefreien Gestaltung anzuwenden haben, und den Zeitpunkt, ab dem diese Standards anzuwenden sind,
3. die Bereiche und Arten amtlicher Informationen, die barrierefrei zu gestalten sind,
4. die konkreten Anforderungen der Erklärung zur Barrierefreiheit,
5. die konkreten Anforderungen der Berichterstattung über den Stand der Barrierefreiheit und
6. die Einzelheiten des Überwachungsverfahrens nach § 13 Absatz 3 Satz 2 Nummer 1.

Abschnitt 2b. Assistenzhunde

§ 12e Menschen mit Behinderungen in Begleitung durch Assistenzhunde. (1) [1]Träger öffentlicher Gewalt sowie Eigentümer, Besitzer und Betreiber von beweglichen oder unbeweglichen Anlagen und Einrichtungen dürfen Menschen mit Behinderungen in Begleitung durch ihren Assistenzhund den Zutritt zu ihren typischerweise für den allgemeinen Publikums- und Benutzungsverkehr zugänglichen Anlagen und Einrichtungen nicht wegen der Begleitung durch ihren Assistenzhund verweigern, soweit nicht der Zutritt mit Assistenzhund eine unverhältnismäßige oder unbillige Belastung darstellen würde. [2]Weitergehende Rechte von Menschen mit Behinderungen bleiben unberührt.

(2) Eine nach Absatz 1 unberechtigte Verweigerung durch Träger öffentlicher Gewalt gilt als Benachteiligung im Sinne von § 7 Absatz 1.

(3) [1] Ein Assistenzhund ist ein unter Beachtung des Tierschutzes und des individuellen Bedarfs eines Menschen mit Behinderung speziell ausgebildeter Hund, der aufgrund seiner Fähigkeiten und erlernten Assistenzleistungen dazu bestimmt ist, diesem Menschen die selbstbestimmte Teilhabe am gesellschaftlichen Leben zu ermöglichen, zu erleichtern oder behinderungsbedingte Nachteile auszugleichen. [2] Dies ist der Fall, wenn der Assistenzhund

1. zusammen mit einem Menschen mit Behinderungen als Mensch-Assistenzhund-Gemeinschaft im Sinne des § 12g zertifiziert ist oder

2. von einem Träger der gesetzlichen Sozialversicherung, einem Träger nach § 6 des Neunten Buches Sozialgesetzbuch[1]), einem Beihilfeträger, einem Träger der Heilfürsorge oder einem privaten Versicherungsunternehmen als Hilfsmittel zur Teilhabe oder zum Behinderungsausgleich anerkannt ist oder

3. im Ausland als Assistenzhund anerkannt ist und dessen Ausbildung den Anforderungen des § 12f Satz 2 entspricht oder

4. zusammen mit einem Menschen mit Behinderungen als Mensch-Assistenzhund-Gemeinschaft vor dem 1. Juli 2023

   a) in einer den Anforderungen des § 12f Satz 2 entsprechenden Weise ausgebildet und entsprechend § 12g Satz 2 erfolgreich geprüft wurde oder

   b) sich in einer den Anforderungen des § 12f Satz 2 entsprechenden Ausbildung befunden hat und innerhalb von zwölf Monaten nach dem 1. Juli 2023 diese Ausbildung beendet und mit einer § 12g Satz 2 entsprechenden Prüfung erfolgreich abgeschlossen hat.

(4) Ein Assistenzhund ist als solcher zu kennzeichnen.

(5) Für den Assistenzhund ist eine Haftpflichtversicherung zur Deckung der durch ihn verursachten Personenschäden, Sachschäden und sonstigen Vermögensschäden abzuschließen und aufrechtzuerhalten.

(6) Für Blindenführhunde und andere Assistenzhunde, die als Hilfsmittel im Sinne des § 33 des Fünften Buches Sozialgesetzbuch[2]) gewährt werden, finden die §§ 12f bis 12k und die Vorgaben einer Rechtsverordnung nach § 12l Nummer 1, 2 und 4 bis 6 dieses Gesetzes keine Anwendung.

§ 12f Ausbildung von Assistenzhunden. [1] Assistenzhund und die Gemeinschaft von Mensch und Tier (Mensch-Assistenzhund-Gemeinschaft) bedürfen einer geeigneten Ausbildung durch eine oder begleitet von einer Ausbildungsstätte für Assistenzhunde (§ 12i). [2] Gegenstand der Ausbildung sind insbesondere die Schulung des Sozial- und Umweltverhaltens sowie des Gehorsams des Hundes, grundlegende und spezifische Hilfeleistungen des Hundes, das langfristige Funktionieren der Mensch-Assistenzhund-Gemeinschaft sowie die Vermittlung der notwendigen Kenntnisse und Fähigkeiten an den Halter, insbesondere im Hinblick auf die artgerechte Haltung des Assistenzhundes. [3] Aufgabe der Ausbildungsstätte ist dabei nicht nur das Bereitstellen eines Assistenzhundes, sondern nach Abschluss der Ausbildung bei Bedarf auch die nachhaltige Unterstützung des Assistenzhundehalters.

§ 12g Prüfung von Assistenzhunden und der Mensch-Assistenzhund-Gemeinschaft. [1] Der Abschluss der Ausbildung des Hundes und der Mensch-

---

[1]) Nr. **1**.
[2]) Nr. **5**.

Assistenzhund-Gemeinschaft nach § 12f erfolgt durch eine Prüfung. [2]Die Prüfung dient dazu, die Eignung als Assistenzhund und die Zusammenarbeit der Mensch-Assistenzhund-Gemeinschaft nachzuweisen. [3]Die bestandene Prüfung ist durch ein Zertifikat eines Prüfers im Sinne von § 12j Absatz 2 zu bescheinigen.

§ 12h Haltung von Assistenzhunden. (1) [1]Der Halter eines Assistenzhundes ist zur artgerechten Haltung des Assistenzhundes verpflichtet. [2]Die Anforderungen des Tierschutzgesetzes in der Fassung der Bekanntmachung vom 18. Mai 2006 (BGBl. I S. 1206, 1313), das zuletzt durch Artikel 280 der Verordnung vom 19. Juni 2020 (BGBl. I S. 1328) geändert worden ist, in der jeweils geltenden Fassung sowie der Tierschutz-Hundeverordnung vom 2. Mai 2001 (BGBl. I S. 838), die zuletzt durch Artikel 3 der Verordnung vom 12. Dezember 2013 (BGBl. I S. 4145) geändert worden ist, in der jeweils geltenden Fassung, bleiben unberührt.

(2) [1]Soweit aufgrund der Art der Behinderung oder des Alters des Menschen mit Behinderungen die artgerechte Haltung des Assistenzhundes in der Mensch-Assistenzhund-Gemeinschaft nicht sichergestellt ist, ist die Versorgung des Assistenzhundes durch eine weitere Bezugsperson sicherzustellen. [2]In diesem Fall gilt diese Bezugsperson als Halter des Assistenzhundes.

§ 12i Zulassung einer Ausbildungsstätte für Assistenzhunde. [1]Eine Ausbildungsstätte, die Assistenzhunde nach § 12f ausbildet, bedarf der Zulassung durch eine fachliche Stelle. [2]Die Zulassung ist jährlich durch die fachliche Stelle zu überprüfen. [3]Eine Ausbildungsstätte für Assistenzhunde ist auf Antrag zuzulassen, wenn sie

1. über eine Erlaubnis nach § 11 Absatz 1 Satz 1 Nummer 8 Buchstabe f des Tierschutzgesetzes verfügt oder, soweit eine solche Erlaubnis nicht erforderlich ist, wenn die verantwortliche Person der Ausbildungsstätte die erforderlichen Kenntnisse und Fähigkeiten besitzt,
2. über die erforderliche Sachkunde verfügt, die eine erfolgreiche Ausbildung von Assistenzhunden sowie der Mensch-Assistenzhund-Gemeinschaft erwarten lässt, und
3. die Anforderungen der Verordnung gemäß § 12l erfüllt und ein System zur Qualitätssicherung anwendet.

[4]Der Antrag muss alle Angaben und Nachweise erhalten, die erforderlich sind, um das Vorliegen der Voraussetzungen nach Satz 2 festzustellen. [5]Das Zulassungsverfahren folgt dem Verfahren nach DIN EN ISO/IEC 17065:2013[1])1. [6]Die Zulassung einer Ausbildungsstätte ist jeweils auf längstens fünf Jahre zu befristen. [7]Die fachliche Stelle bescheinigt die Kompetenz und Leistungsfähigkeit der Ausbildungsstätte durch ein Zulassungszertifikat.

§ 12j Fachliche Stelle und Prüfer. (1) [1]Als fachliche Stelle dürfen nur Zertifizierungsstellen für Produkte, Prozesse und Dienstleistungen nach DIN EN ISO/IEC 17065:2013 tätig werden, die von einer nationalen Akkreditierungsstelle im Sinne der Verordnung (EG) Nr. 765/2008 des Europäischen

---

[1]) Amtlicher Hinweis: Die bezeichnete technische Norm ist zu beziehen bei der Beuth Verlag GmbH, 10772 Berlin und in der Deutschen Nationalbibliothek archivmäßig gesichert, niedergelegt und einsehbar.

Parlaments und des Rates vom 9. Juli 2008 über die Vorschriften für die Akkreditierung und Marktüberwachung im Zusammenhang mit der Vermarktung von Produkten und zur Aufhebung der Verordnung (EWG) Nr. 339/93 des Rates (ABl. L 218 vom 13.8.2008, S. 30), die durch die Verordnung (EU) 2019/1020 (ABl. L 169 vom 25.6.2019, S. 1) geändert worden ist, in der jeweils geltenden Fassung akkreditiert worden sind. [2] Die Akkreditierung ist jeweils auf längstens fünf Jahre zu befristen. [3] Das Bundesministerium für Arbeit und Soziales übt im Anwendungsbereich dieses Gesetzes die Aufsicht über die nationale Akkreditierungsstelle aus.

(2) [1] Als Prüfer dürfen nur Stellen, die Personen zertifizieren, nach DIN EN ISO/IEC 17024:2012[1]2 tätig werden, die von einer nationalen Akkreditierungsstelle im Sinne der Verordnung (EG) Nr. 765/2008 in der jeweils geltenden Fassung akkreditiert worden sind. [2] Die Akkreditierung ist jeweils auf längstens fünf Jahre zu befristen. [3] Ist der Prüfer zugleich als Ausbildungsstätte im Sinne von § 12i tätig, kann die Akkreditierung erteilt werden, wenn die Unabhängigkeitsanforderungen durch interne organisatorische Trennung und die Anforderungen gemäß Nummer 5.2.3 der DIN EN ISO/IEC 17024:2012 erfüllt werden. [4] Die näheren Anforderungen an das Akkreditierungsverfahren ergeben sich aus der Verordnung gemäß § 12l.

§ 12k Studie zur Untersuchung. [1] Das Bundesministerium für Arbeit und Soziales untersucht die Umsetzung und die Auswirkungen der §§ 12e bis 12l in den Jahren 2021 bis 2024. [2] Im Rahmen dieser Studie können Ausgaben wie beispielsweise die Anschaffungs-, Ausbildungs- und Haltungskosten der in die Studie einbezogenen Mensch-Assistenzhund-Gemeinschaften getragen werden.

§ 12l Verordnungsermächtigung. Das Bundesministerium für Arbeit und Soziales wird ermächtigt, im Einvernehmen mit dem Bundesministerium für Ernährung und Landwirtschaft durch Rechtsverordnung, die nicht der Zustimmung des Bundesrates bedarf, Folgendes zu regeln:

1. Näheres über die erforderliche Beschaffenheit des Assistenzhundes, insbesondere Wesensmerkmale, Alter und Gesundheit des auszubildenden Hundes sowie über die vom Assistenzhund zu erbringenden Unterstützungsleistungen,

2. Näheres über die Anerkennung von am 1. Juli 2023 in Ausbildung befindlichen oder bereits ausgebildeten Assistenzhunden sowie von im Ausland anerkannten Assistenzhunden einschließlich des Verfahrens,

3. Näheres über die erforderliche Kennzeichnung des Assistenzhundes sowie zum Umfang des notwendigen Versicherungsschutzes,

4. Näheres über den Inhalt der Ausbildung nach § 12f und der Prüfung nach § 12g sowie über die Zulassung als Prüfer jeweils einschließlich des Verfahrens sowie des zu erteilenden Zertifikats,

5. Näheres über die Voraussetzungen für die Akkreditierung als fachliche Stelle einschließlich des Verfahrens,

---

[1] Amtlicher Hinweis: Die in § 12j Absatz 2 bezeichneten technischen Normen sind zu beziehen bei der Beuth Verlag GmbH, 10772 Berlin und in der Deutschen Nationalbibliothek archivmäßig gesichert, niedergelegt und einsehbar.

6. nähere Voraussetzungen für die Zulassung als Ausbildungsstätte für Assistenzhunde einschließlich des Verfahrens.

Abschnitt 3. Bundesfachstelle für Barrierefreiheit

§ 13 Bundesfachstelle für Barrierefreiheit. (1) Bei der Deutschen Rentenversicherung Knappschaft-Bahn-See wird eine Bundesfachstelle für Barrierefreiheit errichtet.

(2) [1] Die Bundesfachstelle für Barrierefreiheit ist zentrale Anlaufstelle zu Fragen der Barrierefreiheit für die Träger öffentlicher Gewalt. [2] Sie berät darüber hinaus auch die übrigen öffentlichen Stellen des Bundes, Wirtschaft, Verbände und Zivilgesellschaft auf Anfrage. [3] Ihre Aufgaben sind:

1. zentrale Anlaufstelle und Erstberatung,
2. Bereitstellung, Bündelung und Weiterentwicklung von unterstützenden Informationen zur Herstellung von Barrierefreiheit,
3. Unterstützung der Beteiligten bei Zielvereinbarungen nach § 5 im Rahmen der verfügbaren finanziellen und personellen Kapazitäten,
4. Aufbau eines Netzwerks,
5. Begleitung von Forschungsvorhaben zur Verbesserung der Datenlage und zur Herstellung von Barrierefreiheit und
6. Bewusstseinsbildung durch Öffentlichkeitsarbeit.

[4] Ein Expertenkreis, dem mehrheitlich Vertreterinnen und Vertreter der Verbände von Menschen mit Behinderungen angehören, berät die Fachstelle.

(3) [1] Bei der Bundesfachstelle Barrierefreiheit wird eine Überwachungsstelle des Bundes für Barrierefreiheit von Informationstechnik eingerichtet. [2] Ihre Aufgaben sind,

1. periodisch zu überwachen, ob und inwiefern Websites und mobile Anwendungen öffentlicher Stellen des Bundes den Anforderungen an die Barrierefreiheit genügen,
2. die öffentlichen Stellen anlässlich der Prüfergebnisse zu beraten,
3. die Berichte der obersten Bundesbehörden und der Länder auszuwerten,
4. den Bericht der Bundesrepublik Deutschland an die Kommission nach Artikel 8 Absatz 4 bis 6 der Richtlinie (EU) 2016/2102 vorzubereiten und
5. als sachverständige Stelle die Schlichtungsstelle nach § 16 zu unterstützen.

(4) Das Bundesministerium für Arbeit und Soziales führt die Fachaufsicht über die Durchführung der in den Absätzen 2 und 3 genannten Aufgaben.

Abschnitt 4. Rechtsbehelfe

§ 14 Vertretungsbefugnisse in verwaltungs- oder sozialrechtlichen Verfahren. [1] Werden Menschen mit Behinderungen in ihren Rechten aus § 7 Absatz 1, § 8 Absatz 1, § 9 Absatz 1, § 10 Absatz 1 Satz 2 oder § 12a, soweit die Verpflichtung von Trägern öffentlicher Gewalt zur barrierefreien Gestaltung von Websites und mobilen Anwendungen, die für die Öffentlichkeit bestimmt sind, betroffen ist, verletzt, können an ihrer Stelle und mit ihrem Einverständnis Verbände nach § 15 Absatz 3, die nicht selbst am Verfahren beteiligt sind, Rechtsschutz beantragen; Gleiches gilt bei Verstößen gegen Vorschriften des

Bundesrechts, die einen Anspruch auf Herstellung von Barrierefreiheit im Sinne des § 4 oder auf Verwendung von Gebärden oder anderen Kommunikationshilfen im Sinne des § 6 Absatz 3 vorsehen. [2] In diesen Fällen müssen alle Verfahrensvoraussetzungen wie bei einem Rechtsschutzersuchen durch den Menschen mit Behinderung selbst vorliegen.

§ 15 Verbandsklagerecht. (1) [1] Ein nach Absatz 3 anerkannter Verband kann, ohne in seinen Rechten verletzt zu sein, Klage nach Maßgabe der Verwaltungsgerichtsordnung oder des Sozialgerichtsgesetzes[1)] erheben auf Feststellung eines Verstoßes gegen

1. das Benachteiligungsverbot für Träger der öffentlichen Gewalt nach § 7 Absatz 1 und die Verpflichtung des Bundes zur Herstellung der Barrierefreiheit in § 8 Absatz 1, § 9 Absatz 1 und § 10 Absatz 1 Satz 2 sowie in § 12a, soweit die Verpflichtung von Trägern öffentlicher Gewalt zur barrierefreien Gestaltung von Websites und mobilen Anwendungen, die für die Öffentlichkeit bestimmt sind, betroffen ist,

2. die Vorschriften des Bundesrechts zur Herstellung der Barrierefreiheit in § 46 Abs. 1 Satz 3 und 4 der Bundeswahlordnung, § 39 Abs. 1 Satz 3 und 4 der Europawahlordnung, § 43 Abs. 2 Satz 2 der Wahlordnung für die Sozialversicherung, § 17 Abs. 1 Nr. 4 des Ersten Buches Sozialgesetzbuch[2)], § 4 Abs. 1 Nr. 2a des Gaststättengesetzes, § 3 Nr. 1 Buchstabe d des Gemeindeverkehrsfinanzierungsgesetzes, § 3 Abs. 1 Satz 2 und § 8 Abs. 1 des Bundesfernstraßengesetzes, § 8 Abs. 3 Satz 3 und 4 sowie § 13 Abs. 2a des Personenbeförderungsgesetzes, § 2 Abs. 3 der Eisenbahn-Bau- und Betriebsordnung, § 3 Abs. 3 Satz 5 Satz 1 der Straßenbahn-Bau- und Betriebsordnung, §§ 19d und 20b des Luftverkehrsgesetzes oder

3. die Vorschriften des Bundesrechts zur Verwendung von Gebärdensprache oder anderer geeigneter Kommunikationshilfen in § 17 Abs. 2 des Ersten Buches Sozialgesetzbuch[2)], § 82 des Neunten Buches Sozialgesetzbuch[3)] und § 19 Abs. 1 Satz 2 des Zehnten Buches Sozialgesetzbuch[4)].

[2] Satz 1 gilt nicht, wenn eine Maßnahme aufgrund einer Entscheidung in einem verwaltungs- oder sozialgerichtlichen Streitverfahren erlassen worden ist.

(2) [1] Eine Klage ist nur zulässig, wenn der Verband durch die Maßnahme oder das Unterlassen in seinem satzungsgemäßen Aufgabenbereich berührt wird. [2] Soweit ein Mensch mit Behinderung selbst seine Rechte durch eine Gestaltungs- oder Leistungsklage verfolgen kann oder hätte verfolgen können, kann die Klage nach Absatz 1 nur erhoben werden, wenn der Verband geltend macht, dass es sich bei der Maßnahme oder dem Unterlassen um einen Fall von allgemeiner Bedeutung handelt. [3] Dies ist insbesondere der Fall, wenn eine Vielzahl gleich gelagerter Fälle vorliegt. [4] Für Klagen nach Absatz 1 Satz 1 gelten die Vorschriften des 8. Abschnitts der Verwaltungsgerichtsordnung entsprechend mit der Maßgabe, dass es eines Vorverfahrens auch dann bedarf, wenn die angegriffene Maßnahme von einer obersten Bundes- oder einer obersten Landesbehörde erlassen worden ist; Gleiches gilt bei einem Unterlassen. [5] Vor der Erhebung einer Klage nach Absatz 1 gegen einen Träger öffent-

---

[1)] Auszugsweise abgedruckt unter Nr. **18**.
[2)] Nr. **3**.
[3)] Nr. **1**.
[4)] Nr. **9**.

licher Gewalt hat der nach Absatz 3 anerkannte Verband ein Schlichtungsverfahren nach § 16 durchzuführen. [6]Diese Klage ist nur zulässig, wenn keine gütliche Einigung im Schlichtungsverfahren erzielt werden konnte und dies nach § 16 Absatz 7 bescheinigt worden ist. [7]Das Schlichtungsverfahren ersetzt ein vor der Klageerhebung durchzuführendes Vorverfahren.

(3) [1]Auf Vorschlag der Mitglieder des Beirates für die Teilhabe behinderter Menschen, die nach § 86 Abs. 2 Satz 2, 1., 3. oder 12. Aufzählungspunkt des Neunten Buches Sozialgesetzbuch berufen sind, kann das Bundesministerium für Arbeit und Soziales die Anerkennung erteilen. [2]Es soll die Anerkennung erteilen, wenn der vorgeschlagene Verband

1. nach seiner Satzung ideell und nicht nur vorübergehend die Belange von Menschen mit Behinderungen fördert,

2. nach der Zusammensetzung seiner Mitglieder oder Mitgliedsverbände dazu berufen ist, Interessen von Menschen mit Behinderungen auf Bundesebene zu vertreten,

3. zum Zeitpunkt der Anerkennung mindestens drei Jahre besteht und in diesem Zeitraum im Sinne der Nummer 1 tätig gewesen ist,

4. die Gewähr für eine sachgerechte Aufgabenerfüllung bietet; dabei sind Art und Umfang seiner bisherigen Tätigkeit, der Mitgliederkreis sowie die Leistungsfähigkeit des Vereines zu berücksichtigen und

5. wegen Verfolgung gemeinnütziger Zwecke nach § 5 Abs. 1 Nr. 9 des Körperschaftsteuergesetzes von der Körperschaftsteuer befreit ist.

§ 16 Schlichtungsstelle und -verfahren; Verordnungsermächtigung.

(1) [1]Bei der oder dem Beauftragten der Bundesregierung für die Belange von Menschen mit Behinderungen nach Abschnitt 5 wird eine Schlichtungsstelle zur außergerichtlichen Beilegung von Streitigkeiten nach den Absätzen 2 und 3 eingerichtet. [2]Sie wird mit neutralen schlichtenden Personen besetzt und hat eine Geschäftsstelle. [3]Das Verfahren der Schlichtungsstelle muss insbesondere gewährleisten, dass

1. die Schlichtungsstelle unabhängig ist und unparteiisch handelt,

2. die Verfahrensregeln für Interessierte zugänglich sind,

3. die Beteiligten des Schlichtungsverfahrens rechtliches Gehör erhalten, insbesondere Tatsachen und Bewertungen vorbringen können,

4. die schlichtenden Personen und die weiteren in der Schlichtungsstelle Beschäftigten die Vertraulichkeit der Informationen gewährleisten, von denen sie im Schlichtungsverfahren Kenntnis erhalten und

5. eine barrierefreie Kommunikation mit der Schlichtungsstelle möglich ist.

(2) [1]Wer der Ansicht ist, in einem Recht nach diesem Gesetz durch öffentliche Stellen des Bundes oder Eigentümer, Besitzer und Betreiber von beweglichen oder unbeweglichen Anlagen und Einrichtungen verletzt worden zu sein, kann bei der Schlichtungsstelle nach Absatz 1 einen Antrag auf Einleitung eines Schlichtungsverfahrens stellen. [2]Kommt wegen der behaupteten Rechtsverletzung auch die Einlegung eines fristgebundenen Rechtsbehelfs in Betracht, beginnt die Rechtsbehelfsfrist erst mit Beendigung des Schlichtungsverfahrens nach Absatz 7. [3]In den Fällen des Satzes 2 ist der Schlichtungsantrag innerhalb der Rechtsbehelfsfrist zu stellen. [4]Ist wegen der behaupteten Rechts-

verletzung bereits ein Rechtsbehelf anhängig, wird dieses Verfahren bis zur Beendigung des Schlichtungsverfahrens nach Absatz 7 unterbrochen.

(3) [1] Ein nach § 15 Absatz 3 anerkannter Verband kann bei der Schlichtungsstelle nach Absatz 1 einen Antrag auf Einleitung eines Schlichtungsverfahrens stellen, wenn er einen Verstoß eines Trägers öffentlicher Gewalt

1. gegen das Benachteiligungsverbot oder die Verpflichtung zur Herstellung von Barrierefreiheit nach § 15 Absatz 1 Satz 1 Nummer 1,

2. gegen die Vorschriften des Bundesrechts zur Herstellung der Barrierefreiheit nach § 15 Absatz 1 Satz 1 Nummer 2 oder

3. gegen die Vorschriften des Bundesrechts zur Verwendung von Gebärdensprache oder anderer geeigneter Kommunikationshilfen nach § 15 Absatz 1 Satz 1 Nummer 3

behauptet.

(4) [1] Der Antrag nach den Absätzen 2 und 3 kann in Textform oder zur Niederschrift bei der Schlichtungsstelle gestellt werden. [2] Diese übermittelt zur Durchführung des Schlichtungsverfahrens eine Abschrift des Schlichtungsantrags an die öffentliche Stelle oder den Eigentümer, Besitzer oder Betreiber von beweglichen oder unbeweglichen Anlagen oder Einrichtungen..

(5) [1] Die schlichtende Person wirkt in jeder Phase des Verfahrens auf eine gütliche Einigung der Beteiligten hin. [2] Sie kann einen Schlichtungsvorschlag unterbreiten. [3] Der Schlichtungsvorschlag soll am geltenden Recht ausgerichtet sein. [4] Die schlichtende Person kann den Einsatz von Mediation anbieten.

(6) Das Schlichtungsverfahren ist für die Beteiligten unentgeltlich.

(7) [1] Das Schlichtungsverfahren endet mit der Einigung der Beteiligten, der Rücknahme des Schlichtungsantrags oder der Feststellung, dass keine Einigung möglich ist. [2] Wenn keine Einigung möglich ist, endet das Schlichtungsverfahren mit der Zustellung der Bestätigung der Schlichtungsstelle an die Antragstellerin oder den Antragsteller, dass keine gütliche Einigung erzielt werden konnte.

(8) [1] Das Bundesministerium für Arbeit und Soziales wird ermächtigt, durch Rechtsverordnung, die nicht der Zustimmung des Bundesrates bedarf, das Nähere über die Geschäftsstelle, die Besetzung und das Verfahren der Schlichtungsstelle nach den Absätzen 1, 4, 5 und 7 zu regeln sowie weitere Vorschriften über die Kosten des Verfahrens und die Entschädigung zu erlassen. [2] Die Rechtsverordnung regelt auch das Nähere zu Tätigkeitsberichten der Schlichtungsstelle.

Abschnitt 5. Beauftragte oder Beauftragter der Bundesregierung für die Belange von Menschen mit Behinderungen

§ 17 Amt der oder des Beauftragten für die Belange von Menschen mit Behinderungen. (1) Die Bundesregierung bestellt eine Beauftragte oder einen Beauftragten für die Belange von Menschen mit Behinderungen.

(2) Der beauftragten Person ist die für die Erfüllung ihrer Aufgabe notwendige Personal- und Sachausstattung zur Verfügung zu stellen.

(3) Das Amt endet, außer im Fall der Entlassung, mit dem Zusammentreten eines neuen Bundestages.

§ 18 Aufgabe und Befugnisse. (1) [1] Aufgabe der beauftragten Person ist es, darauf hinzuwirken, dass die Verantwortung des Bundes, für gleichwertige Lebensbedingungen für Menschen mit und ohne Behinderungen zu sorgen, in allen Bereichen des gesellschaftlichen Lebens erfüllt wird. [2] Sie setzt sich bei der Wahrnehmung dieser Aufgabe dafür ein, dass unterschiedliche Lebensbedingungen von Frauen mit Behinderungen und Männern mit Behinderungen berücksichtigt und geschlechtsspezifische Benachteiligungen beseitigt werden.

(2) Zur Wahrnehmung der Aufgabe nach Absatz 1 beteiligen die Bundesministerien die beauftragte Person bei allen Gesetzes-, Verordnungs- und sonstigen wichtigen Vorhaben, soweit sie Fragen der Integration von Menschen mit Behinderungen behandeln oder berühren.

(3) [1] Alle Bundesbehörden und sonstigen öffentlichen Stellen im Bereich des Bundes sind verpflichtet, die beauftragte Person bei der Erfüllung der Aufgabe zu unterstützen, insbesondere die erforderlichen Auskünfte zu erteilen und Akteneinsicht zu gewähren. [2] Die Bestimmungen zum Schutz personenbezogener Daten bleiben unberührt.

Abschnitt 6. Förderung der Partizipation

§ 19 Förderung der Partizipation. Der Bund fördert im Rahmen der zur Verfügung stehenden Haushaltsmittel Maßnahmen von Organisationen, die die Voraussetzungen des § 15 Absatz 3 Satz 2 Nummer 1 bis 5 erfüllen, zur Stärkung der Teilhabe von Menschen mit Behinderungen an der Gestaltung öffentlicher Angelegenheiten.

1c. Verordnung zur Verwendung von Gebärdensprache und anderen Kommunikationshilfen im Verwaltungsverfahren nach dem Behindertengleichstellungsgesetz (Kommunikationshilfenverordnung – KHV)

Vom 17. Juli 2002

(BGBl. I S. 2650)

FNA 860-9-2-1

zuletzt geänd. durch Art. 12 Abs. 2 KostenrechtsänderungsG 2021 v. 21.12.2020 (BGBl. I S. 3229)

Auf Grund des § 9 Abs. 2 des Behindertengleichstellungsgesetzes[1] vom 27. April 2002 (BGBl. I S. 1467) verordnet das Bundesministerium des Innern im Einvernehmen mit dem Bundesministerium für Arbeit und Sozialordnung:

§ 1 Anwendungsbereich und Anlass. (1) Die Verordnung gilt für alle Menschen mit Hör- oder Sprachbehinderungen nach Maßgabe des § 3 des Behindertengleichstellungsgesetzes[1], die als Beteiligte eines Verwaltungsverfahrens zur Wahrnehmung eigener Rechte für die mündliche Kommunikation im Verwaltungsverfahren einen Anspruch auf Bereitstellung einer geeigneten Kommunikationshilfe haben (Berechtigte).

(2) Die Berechtigten können ihren Anspruch nach § 9 Absatz 1 des Behindertengleichstellungsgesetzes gegenüber jedem Träger öffentlicher Gewalt im Sinne des § 1 Absatz 2 Satz 1 des Behindertengleichstellungsgesetzes geltend machen.

§ 2 Umfang des Anspruchs. (1) ¹Der Anspruch auf Bereitstellung einer geeigneten Kommunikationshilfe besteht zur Wahrnehmung eigener Rechte in einem Verwaltungsverfahren in dem dafür notwendigen Umfang. ²Der notwendige Umfang bestimmt sich insbesondere nach dem individuellen Bedarf der Berechtigten.

(2) ¹Die Berechtigten haben nach Maßgabe des Absatzes 1 ein Wahlrecht hinsichtlich der zu benutzenden Kommunikationshilfe. ²Dies umfasst auch das Recht, eine geeignete Kommunikationshilfe selbst bereitzustellen. ³Die Berechtigten haben dem Träger öffentlicher Gewalt rechtzeitig mitzuteilen, inwieweit sie von ihrem Wahlrecht nach Satz 1 und 2 Gebrauch machen. ⁴Der Träger öffentlicher Gewalt kann die ausgewählte Kommunikationshilfe zurückweisen, wenn sie ungeeignet ist. ⁵Die Hör- oder Sprachbehinderung sowie die Wahlentscheidung nach Satz 1 sind aktenkundig zu machen und im weiteren Verwaltungsverfahren von Amts wegen zu berücksichtigen.

(3) Erhält der Träger öffentlicher Gewalt Kenntnis von der Hör- oder Sprachbehinderung von Berechtigten im Verwaltungsverfahren, hat er diese auf ihr Recht auf barrierefreie Kommunikation und auf ihr Wahlrecht nach Absatz 2 hinzuweisen.

---

[1] Nr. **1b**.

(4) Zur Abwehr von unmittelbar bevorstehenden Gefahren für bedeutsame Rechtsgüter, wie etwa Leben, Gesundheit, Freiheit oder nicht unwesentliche Vermögenswerte, kann im Einzelfall von dem Einsatz einer Kommunikationshilfe abgesehen werden.

§ 3 Kommunikationshilfen. (1) Eine Kommunikationshilfe ist als geeignet anzusehen, wenn sie im konkreten Fall eine für die Wahrnehmung eigener Rechte im Verwaltungsverfahren erforderliche Verständigung sicherstellt.

(2) [1] Als Kommunikationshilfen kommen in Betracht:
1. Gebärdensprachdolmetscherinnen und Gebärdensprachdolmetscher,
2. Kommunikationshelferinnen und Kommunikationshelfer,
3. Kommunikationsmethoden sowie
4. Kommunikationsmittel.

[2] Kommunikationshelferinnen und Kommunikationshelfer nach Satz 1 Nummer 2 sind insbesondere
1. Schriftdolmetscherinnen und Schriftdolmetscher,
2. Simultanschriftdolmetscherinnen und Simultanschriftdolmetscher,
3. Oraldolmetscherinnen und Oraldolmetscher,
4. Kommunikationsassistentinnen und Kommunikationsassistenten oder
5. sonstige Personen des Vertrauens der Berechtigten.

[3] Kommunikationsmethoden nach Satz 1 Nummer 3 sind insbesondere
1. Lormen und taktil wahrnehmbare Gebärden oder
2. gestützte Kommunikation für Menschen mit autistischer Störung.

[4] Kommunikationsmittel nach Satz 1 Nummer 4 sind insbesondere
1. akustisch-technische Hilfen oder
2. grafische Symbol-Systeme.

§ 4 Art und Weise der Bereitstellung von geeigneten Kommunikationshilfen. (1) Geeignete Kommunikationshilfen werden von dem Träger öffentlicher Gewalt kostenfrei bereitgestellt, es sei denn, die Berechtigten machen von ihrem Wahlrecht nach § 2 Absatz 2 Satz 2 Gebrauch.

(2) Die Bundesfachstelle für Barrierefreiheit nach § 13 des Behindertengleichstellungsgesetzes[1] berät und unterstützt den Träger öffentlicher Gewalt bei seiner Aufgabe nach Absatz 1.

§ 5 Grundsätze für eine angemessene Vergütung oder Erstattung.

(1) Der Träger öffentlicher Gewalt richtet sich bei der Entschädigung von Gebärdensprachdolmetscherinnen und Gebärdensprachdolmetschern sowie Kommunikationshelferinnen und Kommunikationshelfern nach dem Justizvergütungs- und -entschädigungsgesetz.

(2) Eine Vergütung in Höhe des Honorars für Dolmetscher gemäß § 9 Absatz 5 und 6 des Justizvergütungs- und -entschädigungsgesetzes erhalten Gebärdensprachdolmetscherinnen und Gebärdensprachdolmetscher nach § 3 Absatz 2 Satz 1 Nummer 1 sowie Kommunikationshelferinnen und Kommuni-

---

[1] Nr. **1b.**

kationshelfer nach § 3 Absatz 2 Satz 1 Nummer 2, Satz 2 Nummer 1 bis 4 mit nachgewiesener abgeschlossener Berufsausbildung oder staatlicher Anerkennung für das ausgeübte Tätigkeitsfeld.

(3) Eine Vergütung in Höhe von 75 Prozent der Vergütung nach Absatz 2 erhalten Gebärdensprachdolmetscherinnen und Gebärdensprachdolmetscher nach § 3 Absatz 2 Satz 1 Nummer 1 sowie Kommunikationshelferinnen und Kommunikationshelfer nach § 3 Absatz 2 Satz 1 Nummer 2, Satz 2 Nummer 1 bis 4 mit nachgewiesener abgeschlossener Qualifizierung für das ausgeübte Tätigkeitsfeld.

(4) Eine pauschale Abgeltung in Höhe von 25 Prozent der Vergütung nach Absatz 2, mindestens aber eine Abgeltung für die entstandenen Aufwendungen erhalten Gebärdensprachdolmetscherinnen und Gebärdensprachdolmetscher nach § 3 Absatz 2 Satz 1 Nummer 1 sowie Kommunikationshelferinnen und Kommunikationshelfer nach § 3 Absatz 2 Satz 1 Nummer 2, Satz 2 Nummer 1 bis 5 ohne nachgewiesene abgeschlossene Berufsausbildung oder Qualifizierung für das ausgeübte Tätigkeitsfeld.

(5) Für den Einsatz sonstiger Kommunikationshilfen trägt der Träger öffentlicher Gewalt die entstandenen Aufwendungen.

(6) Die Träger öffentlicher Gewalt können mit Gebärdensprachdolmetscherinnen und Gebärdensprachdolmetschern sowie Kommunikationshelferinnen und Kommunikationshelfern hinsichtlich der Vergütung und Abgeltung von den Absätzen 1 bis 4 abweichende Rahmenvereinbarungen treffen.

(7) [1] Der Träger öffentlicher Gewalt vergütet die Leistungen unmittelbar denjenigen, die sie erbracht haben. [2] Stellen die Berechtigten die Kommunikationshilfe nach § 2 Absatz 2 Satz 2 selbst bereit, trägt der Träger öffentlicher Gewalt die Kosten nach den Absätzen 1 bis 5 nur nach Maßgabe des § 2 Absatz 1. [3] In diesem Fall dürfen die Berechtigten nicht auf eine Erstattung verwiesen werden, es sei denn, sie wünschen dies oder es liegt ein sonstiger besonderer Grund vor.

§§ 6, 7 *(aufgehoben)*

1d. Verordnung zur Zugänglichmachung von Dokumenten für blinde und sehbehinderte Menschen im Verwaltungsverfahren nach dem Behindertengleichstellungsgesetz (Verordnung über barrierefreie Dokumente in der Bundesverwaltung – VBD)

Vom 17. Juli 2002

(BGBl. I S. 2652)

FNA 860-9-2-2

geänd. durch Art. 3 VO über die Schlichtungsstelle nach § 16 des BehindertengleichstellungsG und ihr Verfahren und zur Änderung weiterer Verordnungen v. 25.11.2016 (BGBl. I S. 2659)

Auf Grund des § 10 Abs. 2 des Behindertengleichstellungsgesetzes[1]) vom 27. April 2002 (BGBl. I S. 1467) verordnet das Bundesministerium des Innern im Einvernehmen mit dem Bundesministerium für Arbeit und Sozialordnung:

§ 1 Anwendungsbereich. (1) Die Verordnung gilt für alle blinden Menschen und Menschen mit anderen Sehbehinderungen nach Maßgabe des § 3 des Behindertengleichstellungsgesetzes[1]), die als Beteiligte eines Verwaltungsverfahrens zur Wahrnehmung eigener Rechte einen Anspruch darauf haben, dass ihnen Dokumente in einer für sie wahrnehmbaren Form zugänglich gemacht werden (Berechtigte).

(2) Die Berechtigten können ihren Anspruch nach § 10 Absatz 1 Satz 2 des Behindertengleichstellungsgesetzes gegenüber jedem Träger öffentlicher Gewalt im Sinne des § 1 Absatz 2 Satz 1 des Behindertengleichstellungsgesetzes geltend machen.

§ 2 Gegenstand der Zugänglichmachung. Der Anspruch nach § 10 Absatz 1 Satz 2 des Behindertengleichstellungsgesetzes[1]) umfasst Bescheide, öffentlich-rechtliche Verträge und Vordrucke (Dokumente), einschließlich der Anlagen, die die Dokumente in Bezug nehmen.

§ 3 Formen der Zugänglichmachung. (1) Die Dokumente können den Berechtigten schriftlich, elektronisch, akustisch, mündlich oder in sonstiger Weise zugänglich gemacht werden.

(2) [1] Werden Dokumente in schriftlicher Form zugänglich gemacht, erfolgt dies in Blindenschrift oder in Großdruck. [2] Bei Großdruck sind ein Schriftbild, eine Kontrastierung und eine Papierqualität zu wählen, die die individuelle Wahrnehmungsfähigkeit der Berechtigten ausreichend berücksichtigen.

(3) Werden Dokumente auf elektronischem Wege zugänglich gemacht, sind die Standards der Barrierefreie Informationstechnik-Verordnung[2]) maßgebend.

---

[1]) Nr. **1b**.
[2]) Nr. **1e**.

§ 4 Bekanntgabe. Die Dokumente sollen den Berechtigten, soweit möglich, gleichzeitig mit der Bekanntgabe auch in der für sie wahrnehmbaren Form zugänglich gemacht werden.

§ 5 Umfang des Anspruchs. (1) [1]Berechtigte haben zur Wahrnehmung eigener Rechte im Verwaltungsverfahren einen Anspruch darauf, dass ihnen Dokumente in einer für sie wahrnehmbaren Form zugänglich gemacht werden. [2]Dabei ist insbesondere der individuelle Bedarf der Berechtigten zu berücksichtigen.

(2) [1]Die Berechtigten haben nach Maßgabe des Absatzes 1 ein Wahlrecht zwischen den in § 3 genannten Formen, in denen Dokumente zugänglich gemacht werden können. [2]Die Berechtigten haben dazu dem Träger öffentlicher Gewalt rechtzeitig mitzuteilen, in welcher Form und mit welchen Maßgaben die Dokumente zugänglich gemacht werden sollen. [3]Der Träger öffentlicher Gewalt kann die ausgewählte Form, in der Dokumente zugänglich gemacht werden sollen, zurückweisen, wenn sie ungeeignet ist. [4]Die Blindheit oder die Sehbehinderung sowie die Wahlentscheidung nach Satz 1 sind aktenkundig zu machen und im weiteren Verwaltungsverfahren von Amts wegen zu berücksichtigen.

(3) Erhält der Träger öffentlicher Gewalt Kenntnis von der Blindheit oder einer anderen Sehbehinderung von Berechtigten im Verwaltungsverfahren, hat er diese auf ihr Recht, dass ihnen Dokumente in einer für sie wahrnehmbaren Form zugänglich gemacht werden, und auf ihr Wahlrecht nach Absatz 2 Satz 1 hinzuweisen.

§ 6 Organisation und Kosten. (1) Die Dokumente können den Berechtigten durch den Träger öffentlicher Gewalt selbst, durch eine andere Behörde oder durch eine Beauftragung Dritter in einer für sie wahrnehmbaren Form zugänglich gemacht werden.

(2) Die Bundesfachstelle für Barrierefreiheit nach § 13 des Behindertengleichstellungsgesetzes[1]) berät und unterstützt die Träger öffentlicher Gewalt bei ihrer Aufgabe, blinden Menschen und Menschen mit anderen Sehbehinderungen nach Maßgabe dieser Rechtsverordnung Dokumente zugänglich zu machen.

(3) [1]Die Vorschriften über die Kosten (Gebühren und Auslagen) öffentlich-rechtlicher Verwaltungstätigkeit bleiben unberührt. [2]Auslagen für besondere Aufwendungen, die dadurch entstehen, dass den Berechtigten Dokumente in einer für sie wahrnehmbaren Form zugänglich gemacht werden, werden nicht erhoben.

§§ 7, 8 *(aufgehoben)*

---

[1]) Nr. **1b**.

1e. Verordnung zur Schaffung barrierefreier Informationstechnik nach dem Behindertengleichstellungsgesetz (Barrierefreie-Informationstechnik-Verordnung – BITV 2.0)

Vom 12. September 2011

(BGBl. I S. 1843)

FNA 860-9-2-4

zuletzt geänd. durch Art. 1 ÄndVO v. 21.5.2019 (BGBl. I S. 738)

Auf Grund des § 11 Absatz 1 Satz 2 des Behindertengleichstellungsgesetzes[1], das zuletzt durch Artikel 12 des Gesetzes vom 19. Dezember 2007 (BGBl. I S. 3024) geändert worden ist, verordnet das Bundesministerium für Arbeit und Soziales:

§ 1 Ziele. (1) Die Barrierefreie-Informationstechnik-Verordnung[2] dient dem Ziel, eine umfassend und grundsätzlich uneingeschränkt barrierefreie Gestaltung moderner Informations- und Kommunikationstechnik zu ermöglichen und zu gewährleisten.

(2) Informationen und Dienstleistungen öffentlicher Stellen, die elektronisch zur Verfügung gestellt werden, sowie elektronisch unterstützte Verwaltungsabläufe mit und innerhalb der Verwaltung, einschließlich der Verfahren zur elektronischen Aktenführung und zur elektronischen Vorgangsbearbeitung, sind für Menschen mit Behinderungen zugänglich und nutzbar zu gestalten.

§ 2 Anwendungsbereich. (1) Die Verordnung gilt unter Berücksichtigung der Umsetzungsfristen der §§ 12a bis 12c des Behindertengleichstellungsgesetzes[1] für folgende Angebote, Anwendungen und Dienste:

1. Websites,

2. mobile Anwendungen,

3. elektronisch unterstützte Verwaltungsabläufe, einschließlich der Verfahren zur elektronischen Vorgangsbearbeitung und elektronischen Aktenführung,

4. grafische Programmoberflächen, diea)

   a) in die Angebote, Anwendungen und Dienste nach den Nummern 1 bis 3 integriert sind oder

   b) von den öffentlichen Stellen zur Nutzung bereitgestellt werden.

(2) Von der Anwendung dieser Verordnung ausgenommen sind folgende Inhalte von Websites und mobilen Anwendungen:

1. Reproduktionen von Stücken aus Kulturerbesammlungen, die nicht vollständig barrierefrei zugänglich gemacht werden können aufgrund

   a) der Unvereinbarkeit der Barrierefreiheitsanforderungen mit der Erhaltung des betreffenden Gegenstandes oder der Authentizität der Reproduktion oder

---

[1] Nr. **1b**.
[2] Nr. **1e**.

b) der Nichtverfügbarkeit automatisierter und kosteneffizienter Lösungen, mit denen die betreffenden Stücke aus Kulturerbesammlungen in barrierefreie Inhalte umgewandelt werden können,

2. Archive, die weder Inhalte enthalten, die für aktive Verwaltungsverfahren benötigt werden, noch nach dem 23. September 2019 aktualisiert oder überarbeitet wurden, sowie

3. Inhalte von Websites und mobilen Anwendungen von Rundfunkanstalten des Bundesrechts, die der Wahrnehmung eines öffentlichen Sendeauftrags dienen.

(3) Für den Erhalt der Einsatzfähigkeit der Streitkräfte kann die Bundesministerin oder der Bundesminister der Verteidigung Ausnahmen von dieser Verordnung festlegen.

§ 2a Begriffsdefinitionen. (1) [1] Websites im Sinne dieser Verordnung sind Auftritte, die

1. mit Webtechnologien, beispielsweise HTML, erstellt sind,

2. über eine individuelle Webadresse erreichbar sind und

3. mit einem Nutzeragenten, beispielsweise Browser, wiedergegeben werden können.

[2] Zum Inhalt von Websites gehören textuelle und nicht textuelle Informationen sowie Interaktionen. [3] Integrierte Inhalte in unterschiedlichen Formaten, beispielsweise Dokumente, Videos, Audiodateien, sowie integrierte Funktionalitäten, beispielsweise Formulare, Authentifizierungs-, Identifizierungs- und Zahlungsprozesse, sind Bestandteile von Websites. [4] Von dieser Verordnung umfasst sind auch solche Websites, die sich ausschließlich an einen abgegrenzten Personenkreis richten, wie Intranets oder Extranets.

(2) [1] Mobile Anwendungen im Sinne dieser Verordnung sind Programme, die auf mobilen Geräten, beispielsweise Smartphones und Tablets, installiert werden. [2] Nicht dazu gehören Betriebssysteme und Hardware, auf denen die mobile Anwendung betrieben wird. [3] Integrierte Inhalte in unterschiedlichen Formaten, beispielsweise Dokumente, Videos, Audiodateien, sind Bestandteile der mobilen Anwendungen.

(3) [1] Elektronisch unterstützte Verwaltungsabläufe im Sinne dieser Verordnung sind Verfahren, die im Rahmen des Verwaltungshandelns intern oder extern angewandt werden und sich der Informations- und Kommunikationstechnik bedienen. [2] Hierzu zählen insbesondere Verfahren zur elektronischen Vorgangsbearbeitung und elektronischen Aktenführung. [3] Integrierte Inhalte in unterschiedlichen Formaten, beispielsweise Dokumente, Videos, Audiodateien, sind Bestandteile der elektronisch unterstützten Verwaltungsabläufe.

(4) [1] Elektronische Vorgangsbearbeitung im Sinne dieser Verordnung ist die Unterstützung von Geschäftsprozessen und Verwaltungsabläufen durch Informations- und Kommunikationstechnik. [2] Dazu zählen unter anderem

1. die Zuweisung und der Transport von Dokumenten an bearbeitende Personen,

2. die Bearbeitung dieser Dokumente,

3. die Darstellung von Prozessen, Organigrammen und Verantwortlichkeiten,

4. die Terminplanung und

5. die Protokollierung.

(5) Elektronische Aktenführung im Sinne dieser Verordnung ist die systematische und programmgestützte Vorhaltung und Nutzung von Dokumenten in elektronischer Form, beispielsweise mittels Dokumentenmanagementsystems.

(6) Grafische Programmoberflächen im Sinne dieser Verordnung sind webbasierte und nicht webbasierte Anwendungen einschließlich der

1. grafischen Nutzerschnittstellen auf zweidimensionalen Bildschirmen und Displays

2. grafischen Nutzerschnittstellen in dreidimensionalen virtuellen Repräsentationen oder in Echtzeit-Raum-Repräsentationen.

§ 3 Anzuwendende Standards. (1) [1]Die in § 2 genannten Angebote, Anwendungen und Dienste der Informationstechnik sind barrierefrei zu gestalten. [2]Dies erfordert, dass sie wahrnehmbar, bedienbar, verständlich und robust sind.

(2) Die Erfüllung der Anforderungen nach Absatz 1 wird vermutet, wenn diese Angebote, Anwendungen und Dienste

1. harmonisierten Normen oder Teilen dieser Normen entsprechen, und

2. die harmonisierten Normen oder Teile dieser Normen im Amtsblatt der Europäischen Union genannt worden sind.

(3) Soweit Nutzeranforderungen oder Teile von Angeboten, Diensten oder Anwendungen nicht von harmonisierten Normen abgedeckt sind, sind sie nach dem Stand der Technik barrierefrei zu gestalten.

(4) Für zentrale Navigations- und Einstiegsangebote sowie Angebote, die eine Nutzerinteraktion ermöglichen, beispielsweise Formulare und die Durchführung von Authentifizierungs-, Identifizierungs- und Zahlungsprozessen, soll ein höchstmögliches Maß an Barrierefreiheit angestrebt werden.

(5) Die Überwachungsstelle nach § 13 Absatz 3 des Behindertengleichstellungsgesetzes[1)] veröffentlicht auf ihrer Website regelmäßig alle zur Umsetzung dieser Verordnung erforderlichen Informationen in deutscher Sprache, insbesondere

1. aktuelle Informationen zu den zu beachtenden Standards, aus denen die Barrierefreiheitsanforderungen detailliert hervorgehen,

2. Konformitätstabellen, die einen Überblick zu den wichtigsten Barrierefreiheitsanforderungen geben,

3. Empfehlungen des Ausschusses für barrierefreie Informationstechnik nach § 5 sowie

4. weiterführende Erläuterungen.

§ 4 Erläuterungen in Deutscher Gebärdensprache und Leichter Sprache.
Auf der Startseite einer Website einer öffentlichen Stelle sind nach Anlage 2 folgende Erläuterungen in Deutscher Gebärdensprache und in Leichter Sprache bereitzustellen:

1. Informationen zu den wesentlichen Inhalten,

2. Hinweise zur Navigation,

3. eine Erläuterung der wesentlichen Inhalte der Erklärung zur Barrierefreiheit,

---

[1)] Nr. **1b.**

4. Hinweise auf weitere in diesem Auftritt vorhandene Informationen in Deutscher Gebärdensprache und in Leichter Sprache.

§ 5 Ausschuss für barrierefreie Informationstechnik. (1) Bei der Überwachungsstelle nach § 13 Absatz 3 des Behindertengleichstellungsgesetzes[1]) wird ein Ausschuss für barrierefreie Informationstechnik eingerichtet, in dem fachkundige Vertreterinnen und Vertreter der Bundes- und der Landes-Überwachungsstellen, aus Verbänden von Menschen mit Behinderungen, aus der Wirtschaft und weitere fachkundige Personen, insbesondere der Wissenschaft sowie öffentlicher Stellen, in angemessener Zahl vertreten sein sollen.

(2) Die Überwachungsstelle nach § 13 Absatz 3 des Behindertengleichstellungsgesetzes beruft die Mitglieder des Ausschusses in Abstimmung mit dem Bundesministerium für Arbeit und Soziales.

(3) Zu den Aufgaben des Ausschusses gehört es,

1. den jeweils aktuellen Stand der Technik nach § 3 Absatz 2 und 3 zu ermitteln und zu dokumentieren,

2. sonstige gesicherte Erkenntnisse zur barrierefreien Informationstechnik zu ermitteln und zu dokumentieren, insbesondere Erkenntnisse bezüglich eines höchstmöglichen Maßes an Barrierefreiheit im Sinne von § 3 Absatz 4,

3. Empfehlungen zur praktischen Umsetzung der Anforderungen nach § 3 zu erarbeiten.

(4) Der Ausschuss für barrierefreie Informationstechnik wird bei der Erfüllung seiner Aufgaben durch die Informationstechnik-Dienstleister des Bundes unterstützt.

§ 6 Beratung und Unterstützung durch die Bundesfachstelle für Barrierefreiheit und die Informationstechnik-Dienstleister des Bundes. [1]Die Bundesfachstelle für Barrierefreiheit als zentrale Anlaufstelle zu Fragen der Barrierefreiheit berät die öffentlichen Stellen des Bundes im Rahmen der Erstberatung nach § 13 Absatz 2 Satz 3 Nummer 1 des Behindertengleichstellungsgesetzes[1]) zur barrierefreien Gestaltung nach Maßgabe dieser Rechtsverordnung. [2]Das Informationstechnikzentrum Bund und die BWI GmbH als zentrale Informationstechnik-Dienstleister der Bundesverwaltung beraten und unterstützen bei der technischen Umsetzung der IT-Barrierefreiheit.

§ 7 Erklärung zur Barrierefreiheit. (1) [1]Die Erklärung zur Barrierefreiheit nach § 12b des Behindertengleichstellungsgesetzes[1]) ist in einem barrierefreien und maschinenlesbaren Format zu veröffentlichen und muss von der Startseite und von jeder Seite einer Website erreichbar sein. [2]Für mobile Anwendungen ist die Erklärung an der Stelle, an der das Herunterladen der mobilen Anwendung ermöglicht wird, oder auf der Website der öffentlichen Stelle, zu veröffentlichen.

(2) Die nach § 12b Absatz 2 Nummer 2 des Behindertengleichstellungsgesetzes bereitzustellende Möglichkeit, elektronisch Kontakt aufzunehmen (Feedback-Mechanismus), soll von jeder Seite einer Website oder innerhalb der Navigation einer mobilen Anwendung unmittelbar zugänglich und einfach zu benutzen sein.

---

[1]) Nr. **1b**.

(3) Die Erklärung zur Barrierefreiheit muss umfassende, detaillierte und klar verständliche Angaben zur Vereinbarkeit der Website oder der mobilen Anwendung mit den Anforderungen zur Barrierefreiheit nach den §§ 3 und 4 enthalten.

(4) [1] Die obligatorischen Inhalte, die im Abschnitt 1 des Anhangs zum Durchführungsbeschluss (EU) 2018/1523 der Kommission vom 11. Oktober 2018 zur Festlegung einer Mustererklärung zur Barrierefreiheit gemäß der Richtlinie (EU) 2016/2102 des Europäischen Parlaments und des Rates über den barrierefreien Zugang zu den Websites und mobilen Anwendungen öffentlicher Stellen (ABl. L 256 vom 12.10.2018, S. 103) festgelegt sind, sind in die Erklärung zur Barrierefreiheit aufzunehmen. [2] Die öffentlichen Stellen sollen nach Möglichkeit auch Angaben zu den in Abschnitt 2 aufgeführten fakultativen Inhalten aufnehmen, insbesondere Angaben zu

1. Maßnahmen, die über die Mindestanforderungen an die barrierefreie Gestaltung hinausgehen, und

2. Maßnahmen, die zur Beseitigung von Barrieren ergriffen werden sollen.

[3] Die Überwachungsstelle nach § 13 Absatz 3 des Behindertengleichstellungsgesetzes veröffentlicht auf ihrer Website eine Mustererklärung.

(5) [1] Zur Erstellung der Erklärung zur Barrierefreiheit ist eine tatsächliche Bewertung der Vereinbarkeit der Website oder der mobilen Anwendung mit den in § 3 Absatz 1 bis 3 festgelegten Anforderungen vorzunehmen. [2] In der Erklärung ist darzulegen, ob die Bewertung durch einen Dritten, beispielsweise in Form einer Zertifizierung, oder durch die öffentliche Stelle selbst vorgenommen wurde. [3] Die Erklärung kann einen Link zu einem Bewertungsbericht enthalten.

(6) Die Erklärung zur Barrierefreiheit ist jährlich und bei jeder wesentlichen Änderung der Website oder der mobilen Anwendung zu aktualisieren.

§ 8 Überwachungsverfahren. (1) Das Überwachungsverfahren nach § 13 Absatz 3 Satz 2 Nummer 1 des Behindertengleichstellungsgesetzes[1)] ist durch die Überwachungsstelle nach § 13 Absatz 3 des Behindertengleichstellungsgesetzes durchzuführen unter Beachtung der Anforderungen der Artikel 1 bis 7 sowie des Anhangs I des Durchführungsbeschlusses (EU) 2018/1524 der Kommission vom 11. Oktober 2018 zur Festlegung einer Überwachungsmethodik und der Modalitäten für die Berichterstattung der Mitgliedstaaten gemäß der Richtlinie (EU) 2016/2102 des Europäischen Parlaments und des Rates über den barrierefreien Zugang zu Websites und mobilen Anwendungen öffentlicher Stellen (ABl. L 256 vom 12.10.2018, S. 108).

(2) [1] Die Überwachungsstelle erfasst im Rahmen ihrer Prüfungen die Erfüllung der Voraussetzungen nach Artikel 6 der Richtlinie (EU) 2016/2102 und die Erfüllung der sich ergänzend aus § 12a des Behindertengleichstellungsgesetzes und dieser Verordnung ergebenden Anforderungen getrennt. [2] Sie kann ergänzend auch eine Prüfung der Benutzerfreundlichkeit vornehmen.

(3) Die Überwachungsstelle kann anlassbezogene Prüfungen und Wiederholungsprüfungen vornehmen.

(4) [1] Die Verbände und Organisationen von Menschen mit Behinderungen sowie der Ausschuss nach § 5 werden in die Entwicklung und Evaluation der Überwachungsmethoden einbezogen. [2] Die Überwachungsstelle konsultiert bei der Auswahl der zu überwachenden Websites und mobilen Anwendungen die

---

[1)] Nr. **1b**.

Verbände und Organisationen von Menschen mit Behinderungen und berücksichtigt ihre Einschätzungen zu einzelnen Websites und mobilen Anwendungen.

§ 9 Berichterstattung. (1) Der Bericht an die Europäische Kommission wird durch die Überwachungsstelle nach § 13 Absatz 3 des Behindertengleichstellungsgesetzes[1] erstellt unter Beachtung der Anforderungen der Artikel 8 bis 11 sowie des Anhangs II des Durchführungsbeschlusses (EU) 2018/1524 der Kommission vom 11. Oktober 2018 zur Festlegung einer Überwachungsmethodik und der Modalitäten für die Berichterstattung der Mitgliedstaaten gemäß der Richtlinie (EU) 2016/2102 des Europäischen Parlaments und des Rates über den barrierefreien Zugang zu Websites und mobilen Anwendungen öffentlicher Stellen (ABl. L 256 vom 12.10.2018, S. 108).

(2) Der Bericht enthält neben den obligatorischen Angaben insbesondere auch Angaben über:

1. die Nutzung des Durchsetzungsverfahrens nach § 12b Absatz 2 Nummer 3 in Verbindung mit § 16 des Behindertengleichstellungsgesetzes,

2. die Inanspruchnahme der Ausnahmeregelung nach § 12a Absatz 6 des Behindertengleichstellungsgesetzes, und

3. Ergebnisse der Konsultationen der Verbände und Organisationen von Menschen mit Behinderungen.

§ 10 Folgenabschätzung. Die Verordnung ist unter Berücksichtigung der technischen Entwicklung regelmäßig zu überprüfen.

Anlage 1
(weggefallen)

Anlage 2
(zu § 3 Absatz 2)

Teil 1

Für die Bereitstellung von Informationen in Deutscher Gebärdensprache im Internet oder Intranet gelten die folgenden Vorgaben:

1. Schatten auf dem Körper der Darstellerin oder des Darstellers sind zu vermeiden. Die Mimik und das Mundbild müssen gut sichtbar sein.

2. Der Hintergrund ist statisch zu gestalten. Ein schwarzer oder weißer Hintergrund ist zu vermeiden.

3. Der Hintergrund sowie die Kleidung und die Hände der Darstellerin oder des Darstellers stehen im Kontrast zueinander. Dabei soll die Kleidung dunkel und einfarbig sein.

4. Das Video ist durch das Logo für die Deutsche Gebärdensprache[2] gekennzeichnet. Die farbliche Gestaltung des Logos kann dem jeweiligen Design des Auftritts angepasst werden.

---

[1] Nr. **1b**.
[2] Quelle: http://www.dgs-filme.de/GWHomepage/dgslogo_ls.htm bzw. http://www.dgs-filme.de/GWHomepage/images/dgs_symbol_57.png

Symbol für Deutsche Gebärdensprache 1

5. Die Auflösung beträgt mindestens 320 × 240 Pixel.

6. Die Bildfolge beträgt mindestens 25 Bilder je Sekunde.

7. Der Gebärdensprach-Film ist darüber hinaus als Datei zum Herunterladen verfügbar.
Es sind Angaben zur Größe der Datei sowie zur Abspieldauer verfügbar.

Teil 2

Für die Bereitstellung von Informationen in Leichter Sprache im Internet oder Intranet gelten die folgenden Vorgaben:

1. Abkürzungen, Silbentrennung am Zeilenende, Verneinungen sowie Konjunktiv-, Passiv- und Genitiv-Konstruktionen sind zu vermeiden.

2. Die Leserinnen oder Leser sollten, soweit inhaltlich sinnvoll, persönlich angesprochen werden.

3. Begriffe sind durchgängig in gleicher Weise zu verwenden.

4. Es sind kurze, gebräuchliche Begriffe und Redewendungen zu verwenden. Abstrakte Begriffe und Fremdwörter sind zu vermeiden oder mit Hilfe konkreter Beispiele zu erläutern. Zusammengesetzte Substantive sind durch Bindestrich zu trennen.

5. Es sind kurze Sätze mit klarer Satzgliederung zu bilden.

6. Sonderzeichen und Einschübe in Klammern sind zu vermeiden.

7. Inhalte sind durch Absätze und Überschriften logisch zu strukturieren. Aufzählungen mit mehr als drei Punkten sind durch Listen zu gliedern.

8. Wichtige Inhalte sind voranzustellen.

9. Es sind klare Schriftarten mit deutlichem Kontrast und mit einer Schriftgröße von mindestens 1.2 em (120 Prozent) zu verwenden. Wichtige Informationen und Überschriften sind hervorzuheben. Es sind maximal zwei verschiedene Schriftarten zu verwenden.

10. Texte werden linksbündig ausgerichtet. Jeder Satz beginnt mit einer neuen Zeile. Der Hintergrund ist hell und einfarbig.

11. Es sind aussagekräftige Symbole und Bilder zu verwenden.

12. Anschriften sind nicht als Fließtext zu schreiben.

13. Tabellen sind übersichtlich zu gestalten.

1f. Verordnung zur Früherkennung und Frühförderung behinderter und von Behinderung bedrohter Kinder (Frühförderungsverordnung – FrühV)

Vom 24. Juni 2003

(BGBl. I S. 998)

FNA 860-9-1-1

geänd. durch Art. 23 BundesteilhabeG v. 23.12.2016 (BGBl. I S. 3234)

Auf Grund des § 32 Nr. 1 des Neunten Buches Sozialgesetzbuch – Rehabilitation und Teilhabe behinderter Menschen –[1] (Artikel 1 des Gesetzes vom 19. Juni 2001, BGBl. I S. 1046, 1047), der zuletzt durch Artikel 1 Nr. 3 des Gesetzes vom 3. April 2003 (BGBl. I S. 462) geändert worden ist, verordnet das Bundesministerium für Gesundheit und Soziale Sicherung:

§ 1 Anwendungsbereich. Die Abgrenzung der durch interdisziplinäre Frühförderstellen und sozialpädiatrische Zentren ausgeführten Leistungen nach § 46 Abs. 1 und 2 des Neunten Buches Sozialgesetzbuch[1] zur Früherkennung und Frühförderung noch nicht eingeschulter behinderter und von Behinderung bedrohter Kinder, die Übernahme und die Teilung der Kosten zwischen den beteiligten Rehabilitationsträgern sowie die Vereinbarung der Entgelte richtet sich nach den folgenden Vorschriften.

§ 2 Früherkennung und Frühförderung. [1] Leistungen nach § 1 umfassen

1. Leistungen zur medizinischen Rehabilitation (§ 5),

2. heilpädagogische Leistungen (§ 6) und

3. weitere Leistungen (§ 6a).

[2] Die erforderlichen Leistungen werden unter Inanspruchnahme von fachlich geeigneten interdisziplinären Frühförderstellen, von nach Landesrecht zugelassenen Einrichtungen mit vergleichbarem interdisziplinären Förder-, Behandlungs- und Beratungsspektrum und von sozialpädiatrischen Zentren unter Einbeziehung des sozialen Umfelds der Kinder ausgeführt.

§ 3 Interdisziplinäre Frühförderstellen. [1] Interdisziplinäre Frühförderstellen oder nach Landesrecht zugelassene Einrichtungen mit vergleichbarem interdisziplinärem Förder-, Behandlungs- und Beratungsspektrum im Sinne dieser Verordnung sind familien- und wohnortnahe Dienste und Einrichtungen, die der Früherkennung, Behandlung und Förderung von Kindern dienen, um in interdisziplinärer Zusammenarbeit von qualifizierten medizinisch-therapeutischen und pädagogischen Fachkräften eine drohende oder bereits eingetretene Behinderung zum frühestmöglichen Zeitpunkt zu erkennen und die Behinderung durch gezielte Förder- und Behandlungsmaßnahmen auszugleichen oder zu mildern. [2] Leistungen durch interdisziplinäre Frühförderstellen oder nach Landesrecht zugelassene Einrichtungen mit vergleichbarem interdisziplinärem Förder-, Behandlungs- und Beratungsspektrum werden in der Regel in ambulanter, einschließlich mobiler Form erbracht.

---

[1] Nr. 1.

§ 4 Sozialpädiatrische Zentren. ¹Sozialpädiatrische Zentren im Sinne dieser Verordnung sind die nach § 119 Abs. 1 des Fünften Buches Sozialgesetzbuch¹⁾ zur ambulanten sozialpädiatrischen Behandlung von Kindern ermächtigten Einrichtungen. ²Die frühzeitige Erkennung, Diagnostik und Behandlung durch sozialpädiatrische Zentren ist auf Kinder ausgerichtet, die wegen Art, Schwere oder Dauer ihrer Behinderung oder einer drohenden Behinderung nicht von geeigneten Ärzten oder geeigneten interdisziplinären Frühförderstellen oder nach Landesrecht zugelassenen Einrichtungen mit vergleichbarem interdisziplinärem Förder-, Behandlungs- und Beratungsspektrum (§ 3) behandelt werden können. ³Leistungen durch sozialpädiatrische Zentren werden in der Regel in ambulanter und in begründeten Einzelfällen in mobiler Form oder in Kooperation mit Frühförderstellen erbracht.

§ 5 Leistungen zur medizinischen Rehabilitation. (1) ¹Die im Rahmen von Leistungen zur medizinischen Rehabilitation nach § 46 des Neunten Buches Sozialgesetzbuch²⁾ zur Früherkennung und Frühförderung zu erbringenden medizinischen Leistungen umfassen insbesondere

1. ärztliche Behandlung einschließlich der zur Früherkennung und Diagnostik erforderlichen ärztlichen Tätigkeiten,

2. nichtärztliche sozialpädiatrische Leistungen, psychologische, heilpädagogische und psychosoziale Leistungen, soweit und solange sie unter ärztlicher Verantwortung erbracht werden und erforderlich sind, um eine drohende oder bereits eingetretene Behinderung zum frühestmöglichen Zeitpunkt zu erkennen und einen individuellen Förder- und Behandlungsplan aufzustellen,

3. medizinisch-therapeutische Leistungen, insbesondere physikalische Therapie, Physiotherapie, Stimm-, Sprech- und Sprachtherapie sowie Ergotherapie, soweit sie auf Grund des Förder- und Behandlungsplans nach § 7 erforderlich sind.

²Die Erbringung von medizinisch-therapeutischen Leistungen im Rahmen der Komplexleistung Frühförderung richtet sich grundsätzlich nicht nach den Vorgaben der Heilmittelrichtlinien des Gemeinsamen Bundesausschusses. ³Medizinisch-therapeutische Leistungen werden im Rahmen der Komplexleistung Frühförderung nach Maßgabe und auf der Grundlage des Förder- und Behandlungsplans erbracht.

(2) Die Leistungen nach Absatz 1 umfassen auch die Beratung der Erziehungsberechtigten, insbesondere

1. das Erstgespräch,

2. anamnestische Gespräche mit Eltern und anderen Bezugspersonen,

3. die Vermittlung der Diagnose,

4. Erörterung und Beratung des Förder- und Behandlungsplans,

5. Austausch über den Entwicklungs- und Förderprozess des Kindes einschließlich Verhaltens- und Beziehungsfragen,

6. Anleitung und Hilfe bei der Gestaltung des Alltags,

7. Anleitung zur Einbeziehung in Förderung und Behandlung,

---

¹⁾ Nr. **5.**
²⁾ Nr. **1.**

8. Hilfen zur Unterstützung der Bezugspersonen bei der Krankheits- und Behinderungsverarbeitung,

9. Vermittlung von weiteren Hilfs- und Beratungsangeboten.

(3) Weiter gehende Vereinbarungen auf Landesebene bleiben unberührt.

§ 6 Heilpädagogische Leistungen. Heilpädagogische Leistungen nach § 79 des Neunten Buches Sozialgesetzbuch[1)] umfassen alle Maßnahmen, die die Entwicklung des Kindes und die Entfaltung seiner Persönlichkeit mit pädagogischen Mitteln anregen, einschließlich der jeweils erforderlichen sozial- und sonderpädagogischen, psychologischen und psychosozialen Hilfen sowie die Beratung der Erziehungsberechtigten; § 5 Abs. 2 und 3 gilt entsprechend.

§ 6a Weiter Leistungen. [1] Weitere Leistungen der Komplexleistung Frühförderung sind insbesondere

1. die Beratung, Unterstützung und Begleitung der Erziehungsberechtigten als medizinisch-therapeutische Leistung nach § 5 Absatz 2,

2. offene, niedrigschwellige Beratungsangebote für Eltern, die ein Entwicklungsrisiko bei ihrem Kind vermuten. Dieses Beratungsangebot soll vor der Einleitung der Eingangsdiagnostik in Anspruch genommen werden können,

3. Leistungen zur Sicherstellung der Interdisziplinarität; diese sind insbesondere:

    a) Durchführung regelmäßiger interdisziplinärer Team- und Fallbesprechungen, auch der im Wege der Kooperation eingebundenen Mitarbeiter,

    b) die Dokumentation von Daten und Befunden,

    c) die Abstimmung und der Austausch mit anderen, das Kind betreuenden Institutionen,

    d) Fortbildung und Supervision,

4. mobil aufsuchende Hilfen für die Erbringung heilpädagogischer und medizinisch-therapeutischer Leistungen außerhalb von interdisziplinären Frühförderstellen, nach Landesrecht zugelassenen Einrichtungen mit vergleichbarem interdisziplinärem Förder-, Behandlungs- und Beratungsspektrum und sozialpädiatrischen Zentren.

[2] Für die mobile Form der Frühförderung kann es sowohl fachliche als auch organisatorische Gründe geben, etwa unzumutbare Anfahrtswege in ländlichen Gegenden. [3] Eine medizinische Indikation ist somit nicht die notwendige Voraussetzung für die mobile Erbringung der Komplexleistung Frühförderung.

§ 7 Förder- und Behandlungsplan. (1) [1] Die interdisziplinären Frühförderstellen, nach Landesrecht zugelassene Einrichtungen mit vergleichbarem interdisziplinärem Förder-, Behandlungs- und Beratungsspektrum und die sozialpädiatrischen Zentren stellen den nach dem individuellen Bedarf zur Förderung und Behandlung voraussichtlich erforderlichen Leistungen nach §§ 5 und 6 in Zusammenarbeit mit den Erziehungsberechtigten in einem interdisziplinär entwickelten Förder- und Behandlungsplan schriftlich oder elektronisch zusammen und legen diesen den beteiligten Rehabilitationsträgern nach Maßgabe des § 14 des Neunten Buches Sozialgesetzbuch[1)] zur Entscheidung vor. [2] Der Förder- und Behandlungsplan wird entsprechend dem Verlauf der Förderung

---

[1)] Nr. 1.

und Behandlung angepasst, spätestens nach Ablauf von zwölf Monaten. [3] Dabei sichern die Rehabilitationsträger durchgehend das Verfahren entsprechend dem jeweiligen Bedarf. [4] Der Förder- und Behandlungsplan wird von dem für die Durchführung der diagnostischen Leistungen nach § 5 Abs. 1 Nr. 1 verantwortlichen Arzt und der verantwortlichen pädagogischen Fachkraft unterzeichnet. [5] Die Erziehungsberechtigten erhalten eine Ausfertigung des Förder- und Behandlungsplans.

(2) Im Förder- und Behandlungsplan sind die benötigten Leistungskomponenten zu benennen, und es ist zu begründen, warum diese in der besonderen Form der Komplexleistung nur interdisziplinär erbracht werden können.

(3) Der Förder- und Behandlungsplan kann auch die Förderung und Behandlung in einer anderen Einrichtung, durch einen Kinderarzt oder die Erbringung von Heilmitteln empfehlen.

§ 8 Erbringung der Komplexleistung. (1) [1] Die zur Förderung und Behandlung nach §§ 5 und 6 erforderlichen Leistungen werden von den beteiligten Rehabilitationsträgern auf der Grundlage des Förder- und Behandlungsplans zuständigkeitsübergreifend als ganzheitliche Komplexleistung erbracht. [2] Ein Antrag auf die erforderlichen Leistungen kann bei allen beteiligten Rehabilitationsträgern gestellt werden. [3] Der Rehabilitationsträger, bei dem der Antrag gestellt wird, unterrichtet unverzüglich die an der Komplexleistung beteiligten Rehabilitationsträger. [4] Die beteiligten Rehabilitationsträger stimmen sich untereinander ab und entscheiden innerhalb von zwei Wochen nach Vorliegen des Förder- und Behandlungsplans über die Leistung.

(2) Sofern die beteiligten Rehabilitationsträger nichts anderes vereinbaren, entscheidet der für die Leistungen nach § 6 jeweils zuständige Rehabilitationsträger über Komplexleistungen interdisziplinärer Frühförderstellen sowie der nach Landesrecht zugelassenen Einrichtungen mit vergleichbarem interdisziplinärem Förder-, Behandlungs- und Beratungsspektrum und der für die Leistungen nach § 5 jeweils zuständige Rehabilitationsträger über Komplexleistungen sozialpädiatrischer Zentren.

(3) [1] Erbringt ein Rehabilitationsträger im Rahmen der Komplexleistung Leistungen, für die ein anderer Rehabilitationsträger zuständig ist, ist der zuständige Rehabilitationsträger erstattungspflichtig. [2] Vereinbarungen über pauschalierte Erstattungen sind zulässig.

(4) [1] Interdisziplinäre Frühförderstellen, nach Landesrecht zugelassene Einrichtungen mit vergleichbarem interdisziplinärem Förder-, Behandlungs- und Beratungsspektrum und sozialpädiatrische Zentren arbeiten zusammen. [2] Darüber hinaus arbeiten sie mit Ärzten, Leistungserbringern von Heilmitteln und anderen an der Früherkennung und Frühförderung beteiligten Stellen wie dem Öffentlichen Gesundheitsdienst zusammen. [3] Soweit nach Landesrecht an der Komplexleistung weitere Stellen einzubeziehen sind, sollen diese an Arbeitsgemeinschaften der an der Früherkennung und Frühförderung beteiligten Stellen beteiligt werden.

§ 9 Teilung der Kosten der Komplexleistung. Die Übernahme oder Teilung der Kosten zwischen den beteiligten Rehabilitationsträgern für die nach den §§ 5, 6 und 6a zu erbringenden Leistungen werden nach § 46 Absatz 5 des Neunten Buches Sozialgesetzbuch[1]) geregelt.

§ 10 Inkrafttreten. Diese Verordnung tritt am ersten Tage des auf die Verkündung[2]) folgenden Kalendermonats in Kraft.

---

[1]) Nr. **1.**
[2]) Verkündet am 30.6.2003.

1g. Handlungsempfehlungen „Trägerübergreifende Aspekte bei der Ausführung von Leistungen durch ein Persönliches Budget"[1)]

Vom 1. April 2009

Einleitung

Mit dem Persönlichen Budget wird behinderten und von Behinderung bedrohten Menschen die Möglichkeit gegeben, ihren Bedarf an Teilhabeleistungen in eigener Verantwortung und Gestaltung zu decken. Seit dem 1. Januar 2008 besteht auf Leistungen in Form des Persönlichen Budgets ein Rechtsanspruch. Das Persönliche Budget ist ein Angebot für alle Menschen mit Behinderungen, von dem niemand aufgrund der Art und Schwere seiner Behinderung oder wegen des Umfanges der benötigten Leistungen (zur Teilhabe) ausgegrenzt wird. Es bietet den behinderten und von Behinderung bedrohten Menschen die Möglichkeit die Leistungen ganz am individuellen Bedarf auszurichten und die Wunsch- und Wahlrechte potentieller Budgetnehmer umfassend zu berücksichtigen. Für die Leistungsträger stellt insbesondere das trägerübergreifende Persönliche Budget eine Herausforderung dar, mit dem die beteiligten Träger verstärkt zur Zusammenarbeit verpflichtet werden.

Vor allem im Hinblick auf die veränderten gesetzlichen Rahmenbedingungen und die in den verschiedenen Modellprojekten gewonnenen Erfahrungen und Erkenntnisse wurden die vorläufigen Handlungsempfehlungen vom 1. November 2004 (mit Stand 1. November 2006) weiterentwickelt und fortgeschrieben. Diese aktualisierten Handlungsempfehlungen „Trägerübergreifende Aspekte bei der Ausführung von Leistungen durch ein Persönliches Budget" vom 1. April 2009 hat eine Arbeitsgruppe bestehend aus Vertretern der Verbände behinderter Menschen, der Leistungserbringer, der Rehabilitationsträger, der privaten und sozialen Pflegeversicherung und der Integrationsämter auf Ebene der Bundesarbeitsgemeinschaft für Rehabilitation (BAR) erarbeitet. In ihnen werden einerseits offene Fragen zur Umsetzung und Ausgestaltung des trägerübergreifenden Persönlichen Budgets aufgegriffen, andererseits aber auch ein besonderes Augenmerk auf die daraus resultierenden Anforderungen an die Praxis gelegt und im Sinne einer einheitlichen Ausgestaltung Hilfestellungen für die Umsetzung im Alltag gegeben. Ihren Rahmen und damit auch ihre Grenzen finden die Handlungsempfehlungen in den derzeitigen gesetzlichen Grundlagen. Ein besonderer Hinweis gilt der Stellungnahme zum Thema „Beratung und Unterstützung" im Anhang.

Die Arbeitsgruppe geht davon aus, dass diese Handlungsempfehlungen auch für Schulungszwecke eingesetzt werden können, um Informationen über das trägerübergreifende Persönliche Budget weiterzugeben und dadurch dessen Akzeptanz zu erhöhen.

[1)] Hrsg.: Bundesarbeitsgemeinschaft für Rehabilitation (BAR) e.V., Solmsstraße 18, 60486 Frankfurt a.M., Tel. (069) 60 50 18-0, Telefax (069) 60 50 18-29, E-mail: info@bar-frankfurt.de, Internet: http://www.bar-frankfurt.de.

Aus Gründen der besseren Lesbarkeit wurde in der Regel die männliche Schreibweise verwendet. Es sind aber immer Männer und Frauen gleichermaßen gemeint.

Die Geschäftsführung der BAR dankt allen Beteiligten, die an der Erarbeitung der Handlungsempfehlung mitgewirkt haben.

Kapitel 1. Was ist ein Persönliches Budget?

Ein Persönliches Budget nach § 17 Abs. 2 bis 4 SGB IX[1] setzt einen Anspruch auf Teilhabeleistungen bzw. andere budgetfähige Sozialleistungen voraus. Der behinderte Mensch hat die Möglichkeit und das Recht, diese Leistungsansprüche in Form von Geldleistungen (ggf. auch Gutscheinen) als Alternative zu Sachleistungen zu verwirklichen. Das Persönliche Budget ist also keine neue Leistung, sondern eine neue Form der Leistungserbringung. Als Budgetnehmer erhält der behinderte Mensch die ihm bewilligten Leistungen als Geldbetrag und kann damit auf Grundlage der Zielvereinbarung selbst darüber entscheiden, wann, wo, wie und durch wen er seine der Leistung zu Grunde liegenden Bedarfe deckt und wie und wodurch die vereinbarten Ziele erreicht werden. Damit soll für behinderte Menschen die Grundlage dafür geschaffen werden, im stärkeren Maße ein möglichst selbstbestimmtes und selbstständiges Leben in eigener Verantwortung zu führen. Dies gilt auch bei einer Vertretung durch einen rechtlichen Betreuer oder einen Erziehungsberechtigten.

Auch für die Leistungsträger stellt das Persönliche Budget eine neue Form der Leistungserbringung dar, die es erforderlich macht, in einem Bedarfsfeststellungsverfahren zuvor festgestellte Leistungsansprüche in Geld zu beziffern (Kalkulation) und zur Verfügung zu stellen.

Sind dabei mehrere Leistungsträger beteiligt, handelt es sich um ein trägerübergreifendes Persönliches Budget, welches als Komplexleistung und „wie aus einer Hand" erbracht wird. Mit dem im Wesentlichen in der Budgetverordnung (siehe Anhang II) verankerten und in den Kapiteln 5 ff. näher erläuterten Verfahren wird ein Rehabilitationsträger zum Beauftragten, dem der Budgetnehmer als Ansprechpartner in allen Fragen zu seinem Persönlichen Budget zur Verfügung steht, alle daran beteiligten Leistungen koordiniert und im Auftrag der beteiligten Leistungsträger handelt.

Seit dem 1. Januar 2008 besteht nach § 17 Abs. 2 Satz 1 i.V.m. § 159 Abs. 5 SGB IX ein Rechtsanspruch auf ein Persönliches Budget.

Kapitel 2. Wer hat einen Anspruch auf ein Persönliches Budget?

Anspruch auf ein Persönliches Budget haben Menschen mit Behinderung und von Behinderung bedrohte Menschen im Sinne des § 2 SGB IX[1], die leistungsberechtigt im Sinne des SGB IX sind. Dies gilt unabhängig vom Alter des Leistungsberechtigten und unabhängig von der Art, der Schwere und der Ursache der Behinderung. Anspruchsberechtigt sind somit auch Kinder und Jugendliche. Die Notwendigkeit bei der Verwendung bzw. der Verwaltung des Persönlichen Budgets auf Beratung und Unterstützung durch Dritte (z.B. Familienangehörige oder rechtliche Betreuer) angewiesen zu sein, steht diesem Anspruch nicht entgegen.

---

[1] Nr. 1.

Kapitel 3. Beteiligte Leistungsträger

An einem trägerübergreifenden Persönlichen Budget können nach § 17 Abs. 2 Satz 2 SGB IX[1] i.V.m. § 2 BudgetV folgende Leistungsträger mit einer oder mehreren Leistungen beteiligt sein:

– Gesetzliche Krankenversicherung

– Bundesagentur für Arbeit

– Gesetzliche Unfallversicherung

– Gesetzliche Rentenversicherung

– Alterssicherung der Landwirte

– Kriegsopferversorgung

– Kriegsopferfürsorge

– Öffentliche Jugendhilfe

– Sozialhilfe (auch für Hilfen zur Pflege)

– Soziale Pflegeversicherung

– Integrationsämter.

Die wichtigsten gesetzlichen Grundlagen sind im Anhang II – Gesetzliche Grundlagen – aufgeführt.

Kapitel 4. Budgetfähige Leistungen

4.1. Definition von budgetfähigen Leistungen

4.1.1. nach § 17 Abs. 2 Satz 1 SGB IX

Nach § 17 Abs. 2 Satz 1 SGB IX[1] sind alle Leistungen zur Teilhabe budgetfähig. Dies gilt für alle in § 5 SGB IX genannten Leistungsgruppen und damit für

– Leistungen zur medizinischen Rehabilitation,

– Leistungen zur Teilhabe am Arbeitsleben,

– Leistungen zur Teilhabe am Leben in der Gemeinschaft.

4.1.2. nach § 17 Abs. 2 Satz 4 SGB IX

Neben den Leistungen zur Teilhabe sind nach § 17 Abs. 2 Satz 4 SGB IX[1] auch die weiteren erforderlichen Leistungen der Krankenkassen und der Pflegekassen, Leistungen der Träger der Unfallversicherung bei Pflegebedürftigkeit sowie Hilfe zur Pflege der Sozialhilfe budgetfähig, wenn sie sich auf

– alltägliche und

– regelmäßig wiederkehrende

Bedarfe beziehen und als

– Geldleistungen oder durch

– Gutscheine

erbracht werden können.

Die folgenden Definitionen einzelner Kriterien für budgetfähige Leistungen gelten nicht für Teilhabeleistungen und beziehen sich nur auf die in § 17 Abs. 2 Satz 4 SGB IX aufgeführten weiteren Leistungen.

---

[1] Nr. 1.

Alltäglich

„Alltäglich" bezieht sich auf die Anforderungen in Arbeit, Familie, Privatleben und Gesellschaft sowie die Gestaltung des eigenen Lebensumfeldes. Hilfebedarf kann darin bestehen, diese Anforderungen individuell zu bewältigen und die eigenen Ressourcen (persönlich, sozial, umweltbezogen) zu erweitern.

Dabei soll von einer Dauer des Bedarfs von sechs Monaten oder länger ausgegangen werden, wobei in Einzelfällen und im Interesse des Budgetnehmers bei einzelnen Teilbudgets auch kürzere Zeiträume möglich sein können.

Regelmäßig wiederkehrend

„Regelmäßig wiederkehrend" ist ein Bedarf, der entweder in feststellbaren Zeitabständen (z.B. täglich, wöchentlich, monatlich, jährlich) anfällt und einen erkennbaren Rhythmus aufweist oder innerhalb eines vorab feststehenden Zeitraums dauerhaft, zumindest aber wiederholt gegeben ist.

Mit diesen Kriterien können weitere potentiell budgetfähige Leistungen bestimmt und ggf. auch von anderen, das Persönliche Budget ergänzenden Leistungen wie regelmäßige Geldleistungen (z.B. Entgelt oder Entgeltersatzleistungen, Hilfe zum Lebensunterhalt) bzw. einmalige Geldleistungen oder Sachleistungen unterschieden und ggf. damit parallel erbracht werden.

4.2. Erbringung durch Geldleistungen oder durch Gutscheine

Für die Ausführung von Leistungen im Rahmen eines Persönlichen Budgets ist grundsätzlich die Auszahlung in Geld vorzusehen. Die Verwendung von Gutscheinen sollte nur in begründeten Einzelfällen und in Absprache mit dem Budgetnehmer erfolgen. Bestimmte Leistungen z.B. der sozialen Pflegeversicherung sind durch gesetzliche Regelungen auf die Erbringung durch Gutscheine beschränkt (vgl. Übersicht in Kapitel 4.3).

4.3. Beispielhafte Aufzählung budgetfähiger Leistungen einzelner Leistungsträger[1]

Die vorliegenden Leistungsübersichten stellen eine Orientierungshilfe dar. Dabei wird dem Grundsatz gefolgt, dass zum einen alle Teilhabeleistungen und zum anderen weitere Leistungen unter Berücksichtigung der aufgeführten Kriterien (siehe 4.1) budgetfähig sind. Insofern handelt es sich um eine beispielhafte, nicht abschließende Aufzählung von Leistungen, die auch in Form eines Persönlichen Budgets erbracht werden können.

Auf der Grundlage dieser offenen und vorausschauenden Interpretation der Definition budgetfähiger Leistungen ist die Weiterentwicklung und -verwendung der einzelnen Leistungsübersichten auch zukünftig möglich.

---

[1] **Amtl. Anm.:** Im Folgenden wird auf die ausdrückliche Nennung der landwirtschaftlichen Berufsgenossenschaften, der landwirtschaftlichen Alterskassen und der landwirtschaftlichen Krankenkassen verzichtet. Es gelten grundsätzlich die Regelungen für den jeweiligen Sozialversicherungszweig; die Besonderheiten des landwirtschaftlichen Sozialversicherungsrechts bleiben davon unberührt.

4.3.1. Gesetzliche Krankenversicherung

Leistung	Anspruchsgrundlage	Anspruchsermittlung/-umfang
Gebärdensprach-Dolmetscher	– §§ 17 Abs. 1, 2 SGB I[1], 19 Abs. 1 Satz 2 SGB X[2], §§ 5 Abs. 1 bis 3, 8 Abs. 1–3, 9 Abs. 3 Satz 1 JVEG, Kommunikationshilfenverordnung, Gemeinsame Empfehlungen der Spitzenverbände der Krankenkassen – Anspruch auf barrierefreie Verwaltungs- und Leistungsorte sowie Erstattung der Kosten, die durch Verwendung der Gebärdensprache anderer Kommunikationshilfen entstehen	– Leistungshöhe ist in regionalen und überregionalen Vereinbarungen festgelegt
Heilmittel	– § 32 SGB V[3] – § 34 SGB V[3] (ausgeschlossene Heilmittel) – Voraussetzung: ärztliche Verordnung – Heilmittel-Richtlinie des Gemeinsamen Bundesausschusses gemäß § 92 Abs. 1 Satz 2 Nr. 6 SGB V[3]	– Leistungsumfang gemäß Heilmittel-Richtlinie – Leistungserbringer werden gemäß § 124 SGB V zugelassen – Vereinbarungen zur Vergütung, zum Leistungsinhalt und -umfang werden auf Bundes- und Landesebene geschlossen – Zuzahlung für über 18-jährige: 10,00 € je Verordnung und 10 % der Kosten
Blindenführhund – Aufwendungsersatz	– § 33 Abs. 1 SGB V[3]	– Zahlung der Pauschale nach § 14 BVG[4]
Hilfsmittel – Betriebskosten	– § 33 Abs. 1 SGB V[3]	– Einzelfallbezogene Ermittlung der entstehenden Kosten (z.B. für Strom)
Zum Verbrauch bestimmte Hilfsmittel	– § 33 Abs. 1 SGB V[3] – Voraussetzung: ärztliche Verordnung – Zum Verbrauch bestimmte Hilfsmittel können wegen ihrer Beschaffenheit, ihres Materials oder aus hygienischen Gründen nur einmal ununterbrochen benutzt werden und sind in der Regel für den Wiedereinsatz nicht geeignet. Die Dauer der Benutzung ist dabei unerheblich.	– Leistungshöhe ist in regionalen Vereinbarungen bzw. in Festbetragsgruppensystemen festgelegt. – Zuzahlung für über 18-jährige: 10 % des insgesamt von der Krankenkasse zu übernehmenden Betrags, jedoch höchstens 10,00 € für den gesamten Monatsbedarf je Indikation. Die Zuzahlung wird auf einen maximalen Monatsbetrag von 10,00 € für alle zum Verbrauch bestimmten Hilfsmittel begrenzt. Dies gilt unabhängig davon, ob die zum Verbrauch bestimmten Hilfsmittel aufgrund einer oder mehrerer Indikationen benötigt werden bzw. ob sie verschiedenen Produktgruppen zuzuordnen sind.
Häusliche Krankenpflege	– § 37 SGB V[3] – Anspruch besteht nur, wenn eine im Haushalt lebende Person die Pflege nicht erbringen kann – als zeitlich befristete Krankenhausvermeidungspflege umfassender Anspruch (Grundpflege, Behandlungspflege, Hauswirtschaft) – als Pflege zur Sicherung des Ziels der ärztlichen Behandlung nur in Form der Behandlungspflege; Erweiterung um Grundpflege und Hauswirtschaft durch Satzung möglich, jedoch nicht bei bestehender Pflegebedürftigkeit – Kostenerstattung für selbst beschaffte Pflegekraft möglich	– Verträge werden auf Krankenkassenebene geschlossen; die Vergütungsmodelle sehen insbesondere Einzelleistungsvergütungen, Pauschal- (Komplex-) vergütungen, Zeitvergütungen oder Einsatzvergütungen ggf. mit Zuschlägen bei besonders geforderter Qualifikation des Leistungserbringers vor – Zuzahlung für über 18-jährige: 10,00 € je Verordnung und 10 % der Kosten für die ersten 28 Tage der Leistungsinanspruchnahme je Kalenderjahr

[1] Nr. **3**.
[2] Nr. **9**.
[3] Nr. **5**.
[4] Nr. **15**.

Leistung	Anspruchsgrundlage	Anspruchsermittlung/ -umfang
	– Voraussetzung: ärztliche Verordnung; Grundlage sind Richtlinien nach § 92 Abs. 1 Satz 2 Nr. 6 SGB V[5]	
Soziotherapie	– § 37a SGB V[5] – Versicherte, die wegen schwerer psychischer Erkrankung nicht in der Lage sind, ärztliche oder ärztlich verordnete Leistungen selbstständig in Anspruch zu nehmen, haben Anspruch auf Soziotherapie, wenn dadurch Krankenhausbehandlung vermieden oder verkürzt wird oder wenn diese geboten, aber nicht ausführbar ist.	– Näheres (u.a. Indikationen, Genehmigungsverfahren) festgelegt in Richtlinie des Gemeinsamen Bundesausschusses nach § 92 Abs. 1 Satz 2 Nr. 6 SGB V[5] – Die Leistung umfasst die im Einzelfall erforderliche Koordinierung der verordneten Leistungen sowie Anleitung und Motivation zu deren Inanspruchnahme – Höchstens 120 Std. innerhalb von je 3 Jahren je Krankheitsfall – Zuzahlung für über 18-jährige: 10 % der kalendertäglichen Kosten, jedoch mindestens 5,00 €, höchstens 10,00 €.
Haushaltshilfe	– § 38 Abs. 1 SGB V[5], § 43 Abs. 1 SGB V[5] i.V.m. §§ 44 Abs. 1 Nr. 6, 54 SGB IX[1] – Anspruch besteht nur, wenn eine im Haushalt lebende Person den Haushalt nicht weiterführen kann – Voraussetzungen: Weiterführung des Haushaltes wegen medizinischer Vorsorge- oder Rehabilitationsleistungen, Krankenhausbehandlung oder häuslicher Krankenpflege nicht möglich und im Haushalt lebt ein Kind, dass das 12. Lebensjahr noch nicht vollendet hat oder behindert und auf Hilfe angewiesen ist – Kostenübernahme für Mitaufnahme des Kindes anstelle der Haushaltshilfe möglich – Übernahme der Kinderbetreuungskosten anstelle der Haushaltshilfe möglich (§ 54 Abs. 3 SGB IX) – weiter gehende Ansprüche möglich auf der Grundlage von Satzungsregelungen der jeweiligen Krankenkasse (§ 38 Abs. 2 SGB V[5], § 10 KVLG 1989)	– Haushaltshilfe als Sachleistung wird über Verträge nach § 132 SGB V einzelvertraglich geregelt – Regelfall ist Erstattung der Kosten für selbstbeschaffte Haushaltshilfe; unterschiedliche Höchstsätze je Stunde/Tag; bei Verwandten oder Verschwägerten bis 2. Grad keine Erstattung, es können aber Fahrkosten oder Verdienstausfall ersetzt werden – Zuzahlung für über 18-jährige (nicht bei medizinischer Rehabilitation): 10 %, mindestens 5,00 €, höchstens 10,00 €

Ambulante Rehabilitationsmaßnahmen; ambulante mobile Rehabilitationsmaßnahmen; ambulante Anschlussrehabilitationen	– § 40 Abs. 1 SGB V[5]
	– Subsidiäre Leistungserbringung: nur dann von der Krankenkasse zu erbringen, wenn nach den für andere Träger der Sozialversicherung geltenden Vorschriften solche Leistungen nicht erbracht werden können (§ 40 Abs. 4 SGB V[5])
	– Rehabilitations-Richtlinie
	– Rehabilitation nur indiziert bei
	  – Rehabilitationsbedürftigkeit
	  – Rehabilitationsfähigkeit
	  – positiver Rehabilitationsprognose
	– Voraussetzung: ärztliche Verordnung (Muster 61)
	– Antrag des Versicherten
		– Krankenkasse bestimmt Art, Dauer, Umfang, Beginn und Durchführung der Leistungen sowie die Anforderungen an die Rehabilitationseinrichtung nach den medizinischen Erfordernissen im Einzelfall
		– Dauer: längstens 20 Behandlungstage
		– Verlängerung möglich, wenn dies aus medizinischen Gründen zur Erreichung des Rehabilitationsziels erforderlich ist
		– Erneuter Anspruch besteht nicht vor Ablauf von 4 Jahren nach Durchführung vergleichbarer Leistungen, es sei denn, eine vorzeitige Leistung ist aus medizinischen Gründen dringend erforderlich
		– Zuzahlung für über 18-jährige: 10,00 € je Behandlungstag, längstens für 42 Tage; bei Anschlussrehabilitation längstens 28 Tage

[5] Nr. 5.
[1] Nr. 1.

Leistung	Anspruchsgrundlage	Anspruchsermittlung/-umfang
		– Anrechnung von bereits im Kalenderjahr geleisteten Zuzahlungen nach § 32 Abs. 1 Satz 2 SGB VI[2] und §§ 39 Abs. 4 und 40 Abs. 5 und 6 SGB V[3] – Durchführung der Maßnahmen nur in ambulanten Rehabilitationseinrichtungen, die von den Krankenkassen zugelassen sind (Vertragseinrichtungen) – Vergütung richtet sich nach den Verträgen zwischen den Verbänden/Krankenkassen und der Rehabilitationseinrichtung – Kostenübernahme der erforderlichen Fahrkosten zur nächst erreichbaren geeigneten Rehabilitationseinrichtung ohne Zuzahlung

Stationäre Rehabilitationsmaßnahmen, stationäre Anschlussrehabilitation	– § 40 Abs. 2 SGB V[3]
	– Subsidiäre Leistungserbringung: nur dann von der Krankenkasse zu erbringen, wenn nach den für andere Träger der Sozialversicherung geltenden Vorschriften solche Leistungen nicht erbracht werden können (§ 40 Abs. 4 SGB V[3])
	– Rehabilitations-Richtlinie
	– Rehabilitation nur indiziert bei
	  – Rehabilitationsbedürftigkeit
	  – Rehabilitationsfähigkeit
	  – positiver Rehabilitationsprognose
	– Voraussetzung: ärztliche Verordnung (Muster 61)
	– Antrag des Versicherten
		– Krankenkasse bestimmt Art, Dauer, Umfang, Beginn und Durchführung der Leistungen sowie die Anforderungen an die Rehabilitationseinrichtung nach den medizinischen Erfordernissen im Einzelfall
		– Dauer: längstens 3 Wochen; bei Maßnahme für Kinder bis 14 Jahre 4–6 Wochen
		– Verlängerung möglich, wenn dies aus medizinischen Gründen zur Erreichung des Rehabilitationsziels erforderlich ist
		– Erneuter Anspruch besteht nicht vor Ablauf von 4 Jahren nach Durchführung vergleichbarer Leistungen, es sei denn, eine vorzeitige Leistung ist aus medizinischen Gründen dringend erforderlich
		– Zuzahlung für über 18-jährige: 10,00 € je Kalendertag, längstens für 42 Tage; bei Anschlussrehabilitation längstens 28 Tage
		– Anrechnung von bereits im Kalenderjahr geleisteten Zuzahlungen nach § 32 Abs. 1 Satz 2 SGB VI[2] und §§ 39 Abs. 4 und 40 Abs. 5 und 6 SGB V[3]
		– Durchführung der Maßnahmen nur in Rehabilitationseinrichtungen, mit denen ein Versorgungsvertrag nach § 111 SGB V[3] besteht
		– Vergütung richtet sich nach den Verträgen zwischen den Verbänden/Krankenkassen und der Rehabilitationseinrichtung
		– Kostenübernahme der erforderlichen Reisekosten (Fahr-, Verpflegungs- und Übernachtungskosten) zur nächst erreichbaren geeigneten Rehabilitationseinrichtung ohne Zuzahlung

Stationäre Rehabilitationsmaßnahmen für Mütter und Väter; Mutter-Kind-Maßnahmen; Vater-Kind-Maßnahmen	– § 41 Abs. 1 SGB V[3] – Subsidiäre Leistungserbringung: nur dann von der Krankenkasse zu erbringen, wenn nach den für andere Träger der Sozialversicherung geltenden Vorschriften solche Leistungen nicht erbracht werden können (§ 40 Abs. 4 SGB V[3]) – Rehabilitations-Richtlinie	– Krankenkasse bestimmt Art, Dauer, Umfang, Beginn und Durchführung der Leistungen sowie die Anforderungen an die Rehabilitationseinrichtung nach den medizinischen Erfordernissen im Einzelfall – Dauer: längstens 3 Wochen

---

[2] Nr. **6**.
[3] Nr. **5**.

Leistung	Anspruchsgrundlage	Anspruchsermittlung/-umfang

	– Rehabilitation nur indiziert bei
	  – Rehabilitationsbedürftigkeit
	  – Rehabilitationsfähigkeit
	  – positiver Rehabilitationsprognose
	– Voraussetzung: ärztliche Verordnung (Muster 61)
	– Antrag des Versicherten
		– Verlängerung möglich, wenn dies aus medizinischen Gründen zur Erreichung des Rehabilitationszieles erforderlich ist
		– Erneuter Anspruch besteht nicht vor Ablauf von 4 Jahren nach Durchführung vergleichbarer Leistungen, es sei denn, eine vorzeitige Leistung ist aus medizinischen Gründen dringend erforderlich
		– Zuzahlung für über 18-jährige: 10,00 € je Kalendertag, längstens für 42 Tage (§ 41 Abs. 3 SGB V[1])
		– Anrechnung von bereits im Kalenderjahr geleisteten Zuzahlungen nach § 32 Abs. 1 Satz 2 SGB VI[2] und §§ 39 Abs. 4 und 40 Abs. 5 und 6 SGB V[1]
		– Durchführung der Maßnahmen nur in Rehabilitationseinrichtungen, mit denen ein Versorgungsvertrag nach § 111a SGB V[1] besteht bzw. mit Bestandschutz
		– Vergütung richtet sich nach den Verträgen zwischen den Verbänden/Krankenkassen und der Rehabilitationseinrichtung
		– Kostenübernahme der erforderlichen Reisekosten (Fahr-, Verpflegungs- und Übernachtungskosten) zur nächst erreichbaren geeigneten Rehabilitationseinrichtung ohne Zuzahlung

Rehabilitationssport und Funktionstraining	– § 43 Abs. 1 SGB V[1] i.V.m. § 44 Abs. 1 Nr. 3 und 4 SGB IX – Voraussetzung: ärztliche Verordnung und vorherige/parallele Leistung der Krankenkasse im Rahmen der Krankenbehandlung – Sonstige Grundlage: BAR-Rahmenvereinbarung vom 01.10.2003 i.d.F. vom 01.01.2007	– Leistungsumfang siehe BAR-Rahmenvereinbarung Ziffer 4.4.1 und 4.4.2 (Rehabilitationssport) und Ziffer 4.4.3 (Funktionstraining) – Keine kassenartenübergreifend vereinbarte Vergütungen
Sozialmedizinische Nachsorgemaßnahmen	– § 43 Abs. 2 SGB V[1] – Rahmenvereinbarung der Spitzenverbände der Krankenkassen zu Voraussetzungen, Inhalten und zur Qualität sozialmedizinischer Nachsorgemaßnahmen vom 01.07.2005 in der jeweils aktuellen Fassung – Voraussetzung: ärztliche Verordnung – In unmittelbarem Anschluss an eine Krankenhausbehandlung gemäß § 39 SGB V[1] oder stationäre Rehabilitationsmaßnahme	– Chronisch kranke und schwerstkranke Kinder, die das 14. Lebensjahr, in besonders schwerwiegenden Fällen das 18. Lebensjahr, noch nicht vollendet haben – Mindestens 6, max. 20 Nachsorgeeinheiten in einem Zeitraum von 6–12 Wochen; Verlängerung um bis zu 10 Nachsorgeeinheiten möglich – Zugelassene Leistungserbringer – Höhe der Vergütungen ist in regionalen Vereinbarungen geregelt
Fahrkosten	– § 60 SGB V[1] – Voraussetzung: ärztliche Verordnung – ggf. Genehmigung der Krankenkasse – Krankentransport-Richtlinien	– Bei öffentlichen Verkehrsmitteln erfolgt Fahrpreiserstattung – Bei Taxi oder Krankenkraftwagen werden die Vertragspreise nach § 133 SGB V übernommen – Bei Nutzung privater Kraftfahrzeuge Erstattung der Kilometerpauschale nach Bundesreisekostenrecht (0,20 € je Kilometer) – Zuzahlung (altersunabhängig): 10 % der Kosten, mindestens 5,00 €, höchstens 10,00 €

[1] Nr. **5**.
[2] Nr. **6**.

Leistung	Anspruchsgrundlage	Anspruchsermittlung/ -umfang
Reisekosten als ergänzende Leistungen zur medizinischen Rehabilitation	– § 60 SGB V[1], §§ 44 Abs. 1 Nr. 5 i.V.m. 53 Abs. 1 bis 3 SGB IX – Fahr-, Verpflegungs-, Übernachtungs- und Gepäckkosten im Zusammenhang mit Leistungen zur medizinischen Rehabilitation; Familienheimfahrten bei Maßnahmen über 8 Wochen – Verkehrsmittel nach medizinischer Notwendigkeit	– Bei öffentlichen Verkehrsmitteln erfolgt Fahrpreiserstattung – Bei Taxi oder Krankenkraftwagen werden die Vertragspreise nach § 133 SGB V übernommen – Bei Nutzung privater Kraftfahrzeuge Erstattung der Kilometerpauschale nach Bundesreisekostenrecht (0,20 € je Kilometer) – Keine Zuzahlung
Frühförderung	– § 30 Abs. 1 und 2 SGB IX – Frühförderungsverordnung – Leistungserbringung als ganzheitliche Komplexleistung i.V.m. heilpädagogischen Leistungen nach § 56 SGB IX – Rahmenvereinbarungen auf Landesebene	– Leistungen zur Früherkennung und Frühförderung noch nicht eingeschulter behinderter und von Behinderung bedrohter Kinder – Leistungserbringung durch interdisziplinäre Frühförderstellen und Sozialpädiatrische Zentren – Leistungsumfang siehe Frühförderungsverordnung – Von der Einrichtung vor Beginn der Maßnahme zu erstellender Förder- und Behandlungsplan – Auf Landesebene vereinbarte Vergütungen

4.3.2. Bundesagentur für Arbeit

Zur Ausführung von Leistungen zur Teilhabe am Arbeitsleben in Form eines Persönlichen Budgets durch die Bundesagentur für Arbeit (BA) wird auf die Handlungsempfehlung/Geschäftsanweisung 05/2008 der BA „Teilhabe behinderter Menschen am Arbeitsleben – Persönliches Budget" verwiesen (s. www.arbeitsagentur.de). Dort (vgl. TZ 5) ist u.a. ausgeführt, dass alle Leistungen (an Arbeitnehmer) zur Teilhabe am Arbeitsleben budgetfähig sind.

Nach den bisherigen Erfahrungen werden in nennenswertem Umfang insbesondere folgende Teilhabeleistungen durch Persönliche Budgets ausgeführt:

Leistung	Anspruchsgrundlage	Anspruchsermittlung/ -umfang
Leistungen im Eingangsverfahren und Berufsbildungsbereich	§§ 39, 40 SGB IX[2]	
Berufsvorbereitung	§ 33 Abs. 3 Nr. 2 SGB IX	
berufliche Ausbildung	§ 33 Abs. 3 Nr. 4 SGB IX	
berufliche Anpassung und Weiterbildung	§ 33 Abs. 3 Nr. 3 SGB IX	
Kraftfahrzeughilfe	§ 33 Abs. 8 Nr. 1 SGB IX	
Arbeitsassistenz	§ 33 Abs. 8 Nr. 3 SGB IX	

Dabei waren in Persönlichen Budgets für Eingangsverfahren/Berufsbildungsbereich, Berufsvorbereitung, berufliche Ausbildung und berufliche Anpassung und Weiterbildung vielfach Leistungen für Haushaltshilfe/Kinderbetreuungskosten (§§ 44 Abs. 1 Nr. 6, 54 SGB IX) und Reisekosten (§§ 44 Abs. 1 Nr. 5 i.V.m. 53 Abs. 4 SGB IX) enthalten.

---

[1] Nr. **5**.
[2] Nr. **1**.

4.3.3. Unfallversicherung

Das Persönliche Budget sowie das Instrument einer Zielvereinbarung sind für die Gesetzliche Unfallversicherung (UV) nicht neu (z.B. Teilförderung nach § 35 Abs. 3 SGB VII[1]), erhöhtes Pflegegeld nach § 44 Abs. 2 Satz 4 SGB VII).

Wegen der umfassenden Leistungsverantwortung des UV-Trägers für alle Bereiche der Teilhabe, der medizinischen Rehabilitation und der Pflege wird dessen Beteiligung an einem trägerübergreifenden Gesamtbudget nur in wenigen Fällen vorkommen. Durch das Prinzip „alles aus einer Hand" werden dennoch z.T. sehr komplexe Persönliche Budgets erbracht, obwohl kein anderer Reha-Träger beteiligt ist.

Für einen detaillierten Überblick der Umsetzung Persönlicher Budgets in der Gesetzlichen Unfallversicherung wird auf die aktuelle Handlungshilfe der Träger der Unfallversicherung verwiesen (s. www.dguv.de). Reha-Manager und Berufshelfer der UV-Träger beraten Sie gerne auch persönlich über die Möglichkeiten eines Persönlichen Budgets.

Die nachfolgend aufgeführten Leistungen stellen nur einen kleinen Ausschnitt der budgetfähigen Teilhabeleistungen der Unfallversicherung dar. Mit Ausnahme der „Teilförderung" handelt es sich dabei um überschaubare und gut kalkulierbare Leistungen. Deshalb sind sie als Einstieg in ein Persönliches Budget besonders geeignet.

Leistung	Anspruchsgrundlage	Anspruchsermittlung/ -umfang
Ärztlich verordneter Rehabilitationssport und Funktiontraining als ergänzende Leistung zur medizinischen Rehabilitation	§ 39 SGB VII[1]) i.V. mit § 44 Abs. 1 Nr. 3 SGB IX[2]); Gemeinsame Richtlinien der UV-Träger; Abkommen der UV-Verbände mit dem Deutschen Behindertensport-Verband; Rahmenvereinbarung der BAR	Allgemein 4,47 € pro Übungsveranstaltung; für Rollstuhlfahrer, Blinde, Doppelbeinamputierte, Hirnverletzte oder Beschädigte mit schweren Lähmungen werden 6,14 € vergütet
Reisekosten als ergänzende Leistung zur Heilbehandlung, zur medizinischen Rehabilitation und zur beruflichen Teilhabe	§ 43 SGB VII i.V. mit §§ 33 Abs. 7, 44 Abs. 1 Nr. 5, 53 SGB IX; Gemeinsame Richtlinien der UV-Verbände	Entfernungspauschale gem. § 53 Abs. 4 SGB IX oder Übernahme der ggf. höheren Kosten für ein benutztes öffentliches Verkehrsmittel
Haushaltshilfe und Kinderbetreuungskosten	§§ 42, 54 SGB VII i.V. mit § 54 SGB IX (§ 54 SGB VII gilt nur für landwirtschaftliche Berufsgenossenschaften)	Die Kosten der Haushaltshilfe werden in angemessener Höhe als Sachleistung übernommen. Bei selbstbeschaffter Haushaltshilfe werden die nachgewiesenen Aufwendungen bis zu einem kalendertäglichen Höchstbetrag von 2,5 v.H. der Bezugsgröße nach § 18 SGB IV erstattet. Kinderbetreuungskosten können bis zur Höhe von 130,00 € je Kind und Monat übernommen werden.
Hauswirtschaftliche Versorgung	§ 39 Abs. 1 Nr. 2 SGB VII[1])	Individuelle Feststellung (z.B. Kostenübernahme analog der Haushaltshilfe)
Sonstige Leistungen zur Erreichung und zur Sicherstellung des Erfolgs der Leistungen zur medizinischen Rehabilitation und zur Teilhabe	§ 39 Abs. 1 Nr. 2 SGB VII[1]), § 33 Abs. 3 Nr. 6 SGB IX	Individuelle Feststellung
Arbeitsassistenz	§ 35 SGB VII[1]) i.V. mit § 33 Abs. 8 Nr. 3 SGB IX; Verfahrensabsprache zwischen Rehabilitationsträgern und BIH	Die Bemessung und Ausführung der Leistung erfolgt durch das Integrationsamt
Gebärdensprachdolmetscher als Kommunikationshilfe	§ 17 Abs. 2 SGB I[3]) i.V. mit § 19 Abs. 1 SGB X[4])	Im Rahmen der bestehenden Vergütungsregelungen

[1] Nr. 7.
[2] Nr. 1.
[3] Nr. 3.
[4] Nr. 9.

Leistung	Anspruchsgrundlage	Anspruchsermittlung/-umfang
Aufwendungen für Lern-, Unterrichts- und Arbeitsmittel	§ 35 Abs. 2 SGB VII[1]), § 33 Abs. 7 Nr. 2 SGB IX	Ermessensentscheidung
Mietkostenzuschuss	§ 41 SGB VII[1]), § 33 Abs. 8 Nr. 6 SGB IX; Gemeinsame Wohnungshilferichtlinien der UV-Verbände	Ermessensentscheidung
Verpflegungskosten	§ 43 Abs. 2 Nr. 2 SGB VII, § 33 Abs. 7 Nr. 1 SGB IX; Gemeinsame Richtlinien „Reisekosten" der UV-Verbände	Zeitlich abgestufte Pauschalbeträge in Höhe von 6,00/12,00/24,00 €; Pendler, denen eine Mittagsmahlzeit in der Einrichtung nicht angeboten wird, erhalten eine Monatspauschale von 70,30 € oder pro Tag von 3,80 €
Teilförderung der beruflichen Wiedereingliederung	§ 35 Abs. 3 SGB VII[1]), § 33 Abs. 3 Nr. 6 SGB IX	Bis zur Höhe des Regelaufwands für eine angemessene (Referenz-) Maßnahme
Existenzgründung	§ 39 Abs. 1 Nr. 2 SGB VII[1]), §§ 33 Abs. 3 Nr. 5 und 6 SGB IX, § 57 SGB III	Bis zur Höhe des Gründungszuschusses nach § 57 SGB III; im Übrigen Ermessensentscheidung

4.3.4. Rentenversicherung

Leistung	Anspruchsgrundlage	Anspruchsermittlung/-umfang
Leistungen der Berufsvorbereitung sowie der beruflichen Anpassung und Weiterbildung	§ 33 Abs. 3 Nr. 2 und 3 SGB IX[2])	Bedarf und Umfang der erforderlichen Leistungen werden im Einzelfall unter angemessener Berücksichtigung der Eignung, Neigung und bisherigen Tätigkeit des Versicherten sowie der Lage auf dem Arbeitsmarkt festgestellt. In der Regel wird ein Beratungsgespräch mit dem Reha-Fachberatungsdienst durchgeführt. Bei Bedarf kann die berufliche Eignung abgeklärt, eine Arbeitserprobung durchgeführt und die BA nach § 38 SGB IX beteiligt werden. Leistungen der Berufsvorbereitung dauern in der Regel bis zu 3 Monate, Leistungen der beruflichen Anpassung und Weiterbildung können im Einzelfall grundsätzlich bis zu 2 Jahre dauern.
Kfz-Hilfe in Form der Erstattung der Kosten für die Beschaffung eines behinderungsgerechten Kfz bzw. für eine Zusatzausstattung und Fahrerlaubnis	§ 33 Abs. 8 Nr. 1 SGB IX i.V.m. der KfzHV[3])	Die persönlichen Voraussetzungen für die behinderungsbedingt zwingende Kfz-Benutzung zur Erreichung der Arbeitsstätte ergibt sich aus § 3 KfzHV. Die Art und Höhe der Förderung der Beschaffung eines Kfz ergibt sich aus §§ 5 und 6 KfzHV. In bestimmten Fällen erfolgt die behinderungsbedingt erforderliche Bedarfsfeststellung unter Mitwirkung des technischen Beraters der Arbeitsverwaltung oder eines Kfz-Sachverständigen.
Beförderungskosten i.R. von Kfz-Hilfeleistungen	– § 33 Abs. 8 Nr. 1 SGB IX i.V.m. § 9 Abs. 1 Satz 2 KfzHV – Beförderungskosten kommen anstelle der Förderung einer Kfz-Beschaffung in Betracht wenn – der behinderte Mensch aus gesundheitlichen Gründen ein Kfz nicht selbst führen kann oder nicht gewährleistet, dass ein Dritter das Kfz für ihn führt.	– Sachabklärung der zweckmäßigsten Kfz-Hilfeleistungsform unter angemessener Würdigung der Gesamtumstände des Einzelfalls – Die Förderung von Beförderungskosten ist einkommensabhängig zu prüfen. Die Einkommensverhältnisse vor Antragstellung sind maßgeblich und festzustellen.

---

[1]) Nr. 7.
[2]) Nr. 1.
[3]) Nr. 7a.

Leistung	Anspruchsgrundlage	Anspruchsermittlung/-umfang
	– Beförderungskosten wirtschaftlicher sind und Beförderungsdienste für den behinderten Menschen zumutbar sind.	– Daneben sind die Kosten der Beförderungsdienste durch Einholen von Kostenvoranschlägen zu ermitteln. – Berechnung/Ermittlung des materiell-rechtlich vorgesehenen Eigenanteils des behinderten Menschen, den er bei einer angenommenen Kfz-Beschaffung und für die berufliche Nutzung selbst aufzubringen hätte.
Arbeitsassistenz	– § 33 Abs. 8 Nr. 3 i.V.m. Satz 2 bis 4 SGB IX – Die Arbeitsassistenz bietet regelmäßig wiederkehrende Hilfestellung für den behinderten Menschen bei seiner Arbeitsausführung; von ihm selbst sind die wesentlichen und prägenden inhaltlichen Kernbereiche der Tätigkeit vorzunehmen. – Die Leistungsverpflichtung für eine notwendige Arbeitsassistenz ergibt sich nur zur Erlangung eines Arbeitsplatzes und ist dabei auf drei Jahre begrenzt.	– Eine Arbeitsassistenz wird subsidiär notwendig, um die geschuldete Arbeitsleistung zu erbringen, wenn vorrangige betriebliche Unterstützung (z.B. durch Kollegen) oder arbeitsplatzausgestaltende Hilfen nicht greifen. Das macht eine umfassende Einzelfallprüfung erforderlich. – Die Ausführung der Leistung und die Bemessung der Förderung liegt ausschließlich bei den Integrationsämtern (§ 33 Abs. 8 Satz 2 SGB IX).
Wohnungshilfe	§ 33 Abs. 8 Nr. 6 SGB IX Bei einer berufsbezogenen Notwendigkeit können die Rentenversicherungsträger die Kosten der Beschaffung, der Ausstattung und der Erhaltung einer behinderungsgerechten Wohnung in angemessenem Umfang übernehmen.	Die Bedarfsfeststellung erfolgt in der Regel unter Beteiligung des technischen Beraters der Arbeitsverwaltung. Der Versicherte bringt grundsätzlich mehrere Kostenvoranschläge bei, auf deren Grundlage bislang der zuständige Rentenversicherungsträger eine Firma auswählt und mit der erforderlichen Maßnahme beauftragt.
Rehabilitationssport und Funktionstraining	§ 28 SGB VI i.V.m. § 44 Abs. 1 Nr. 3 und 4 SGB IX Voraussetzung: – Feststellung der Notwendigkeit der Durchführung von Rehabilitationssport und Funktionstraining während einer vom Rentenversicherungsträger erbrachten Leistung zur medizinischen Rehabilitation – Beachtung der BAR-Rahmenvereinbarung über den Rehabilitationssport und das Funktionstraining vom 01.10.2003 i.d.F. vom 01.01.2007	Vereinbarte Vergütungen der Deutschen Rentenversicherung Bund für das gesamte Bundesgebiet beim Rehabilitationssport sind: – Rehabilitationssport 5,00 € – Rehabilitationssport in Herzgruppen 6,00 € je Übungsveranstaltung – Funktionstraining Warmwassergymnastik 5,40 € Trockengymnastik 3,95 € Für die Regionalträger der Deutsche Rentenversicherung gelten zum Teil abweichende Vergütungssätze für den Rehabilitationssport und das Funktionstraining.
Reisekosten	§ 28 SGB VI[1] i.V.m. § 44 Abs. 1 Nr. 5 und 6, § 53 SGB IX Zu den Reisekosten gehören die erforderlichen – Fahr- und Transportkosten, – Verpflegungs- und Übernachtungskosten, – Kosten des Gepäcktransports (gilt nicht bei Pkw-Nutzung) für die Versicherten und für eine wegen deren Behinderung erforderliche Begleitperson sowie für Kinder, deren Mitnahme an den Rehabilitationsort erforderlich ist, weil ihre anderweitige Unterbringung nicht sichergestellt ist.	– Erforderliche Reisekosten werden in Höhe öffentlicher Verkehrsmittel übernommen. – Wird bei der Fahrt zur Rehabilitationseinrichtung ein privater Pkw benutzt, wird eine Entfernungspauschale in Höhe von 0,36 € bzw. 0,40 € gezahlt. – Erforderliche Taxikosten bzw. Fahrten mit dem Krankenwagen werden übernommen.

---

[1] Nr. **6**.

Leistung	Anspruchsgrundlage	Anspruchsermittlung/ -umfang
Haushaltshilfe und Kinderbetreuungskosten	§ 28 SGB VI[1] i.V.m. § 44 Abs. 1 Nr. 6, § 54 SGB IX Haushaltshilfe wird geleistet, wenn – den Leistungsberechtigten die Weiterführung des eigenen Haushalts nicht möglich ist, – eine andere im Haushalt lebende Person den Haushalt nicht weiterführen kann und – im Haushalt ein Kind lebt, das bei Beginn der Haushaltshilfe das 12. Lebensjahr noch nicht vollendet hat oder das behindert und deshalb auf Hilfe angewiesen ist. Anstelle der Haushaltshilfe – werden die Kosten für die Mitaufnahme des Kindes in der Rehabilitationseinrichtung übernommen, – können die Kosten für die Betreuung der Kinder des Leistungsberechtigten, wenn sie durch die Ausführung einer Leistung zur Teilhabe unvermeidbar entstehen, übernommen werden.	Haushaltshilfe als Sachleistung in angemessener Höhe. Als angemessen werden grundsätzlich die nachgewiesenen Aufwendungen bis zu einem täglichen Höchstbetrag von 2,5 % der sich aus § 18 SGB IV ergebenden monatlichen Bezugsgröße angesehen. Pro Tag 64,00 €, stündlich 8,00 €. Für Verwandte oder verschwägerte Ersatzkräfte bis zum 2. Grad ist eine Kostenerstattung grundsätzlich ausgeschlossen (§ 38 Abs. 4 Satz 2 SGB V[2]). Sind in diesen Fällen tatsächlich Kosten in Form von Verdienstausfall und/oder Fahrkosten entstanden, kann sie der Rentenversicherungsträger angemessen erstatten. Kinderbetreuungskosten können von den Rentenversicherungsträgern bis zur Vollendung des 18. Lebensjahres des Kindes übernommen werden. Sie werden nicht übernommen, wenn für das Kind bereits Leistungen für eine Haushaltshilfe erbracht wurden. Kinderbetreuungskosten können bis zu einem Betrag von 130,00 € je Kind und Monat übernommen werden.
Gebärdensprach-Dolmetscher	§ 17 Abs. 2 SGB I[3] und § 19 Abs. 1 Satz 2 SGB X[4] Anspruch auf Erstattung der Kosten, die durch die Verwendung der Gebärdensprache und anderer Kommunikationshilfen entstehen.	Die Kostenerstattung für Gebärdensprachdolmetscher erfolgt nach Maßgabe des JVEG. Je Einsatzstunde werden bis zu 55,00 €, je angefangene (halbe) Stunde 27,50 € gezahlt. Fahrkosten werden bis zur Höhe des benutzten preisgünstigsten öffentlichen Beförderungsmittels übernommen. Kosten für Fahren mit dem Pkw werden in Höhe von 0,30 € für jeden gefahrenen Kilometer zuzüglich ggf. anfallender Auslagen für Parkgebühren erstattet (§ 8 Abs. 1 Nr. 2 i.V.m. § 5 JVEG). Die Deutsche Rentenversicherung Bund stellt im Internet einen entsprechenden Mustervertrag zur Verfügung sowie eine Übersicht möglicher Kommunikationshilfen.

Leistungen zur medizinischen Rehabilitation der Rentenversicherung im Sinne der §§ 15 SGB VI[1], 26 SGB IX sind nach der Gesetzeskonzeption ebenfalls grundsätzlich budgetfähig. Insbesondere bei den regelhaften 3-wöchigen Leistungen wird jedoch genau zu prüfen sein, ob durch die Leistungserbringung in Form eines trägerübergreifenden Persönlichen Budgets ein Zugewinn an Selbstbestimmung und Eigenverantwortung über das Wunsch- und Wahlrecht des Leistungsberechtigten hinaus erzielt werden kann.

4.3.5. Soziales Entschädigungsrecht

Die Träger der Kriegsopferversorgung und der Kriegsopferfürsorge sind im Rahmen des Bundesversorgungsgesetzes (BVG) und der Nebengesetze, insbesondere des Soldatenversorgungsgesetzes (SVG), des Zivildienstgesetzes (ZDG) und des Gesetzes über die Entschädigung für Opfer von Gewalttaten (OEG), aber

---

[1] Nr. **6**.
[2] Nr. **5**.
[3] Nr. **3**.
[4] Nr. **9**.

auch des Infektionsschutzgesetzes (IfSG) nur in Einzelfällen Rehabilitationsträger mit einer umfassenden Zuständigkeit, bei der sie alle Leistungen i.S.d. § 5 SGB IX[1] zu erbringen haben. Leistungen der Kriegsopferversorgung erhalten Beschädigte und ihre Angehörigen, sofern die Anspruchsvoraussetzungen vorliegen. Leistungen der Kriegsopferfürsorge erhalten nur Personen, die wegen einer Schädigung im Sinne des BVG und der o.a. Nebengesetze auf die verschiedenen Rehabilitationsleistungen angewiesen sind.

Für den überwiegenden Teil der Leistungsberechtigten nach dem Sozialen Entschädigungsrecht, vornehmlich die Kriegsbeschädigten und Kriegshinterbliebenen, kommen im Hinblick auf das hohe Alter und in Ermangelung entsprechender Bedarfssituationen Leistungen im Rahmen eines Persönlichen Budgets eher nicht in Betracht. Für versorgungsberechtigte lebensjüngere Berechtigte, etwa (beschädigte) Halb- oder Vollwaisen, sind allerdings Leistungen in Form eines Persönlichen Budgets in der Praxis ohne weiteres möglich, z.B. im Rahmen der Eingliederungshilfe, die in Anlehnung an sozialhilferechtliche Bestimmungen durchgeführt wird.

Soweit (lebensjüngere) Berechtigte nach dem SVG bzw. nach dem ZDG Anspruch auf Leistungen haben, bestehen Unterschiede zu den Leistungen anderer Rehabilitationsträger vor allem bei der Berechnung der Entgeltersatzleistungen, nämlich dem Versorgungskrankengeld und dem Übergangsgeld sowie der Unterhaltsbeihilfe. Ansonsten kann weitgehend auf die Leistungskataloge der anderen vergleichbaren Rehabilitationsträger verwiesen werden.

Leistungen zur Teilhabe am Arbeitsleben werden bei Jugendlichen oder jungen Erwachsenen mit z.B. nach dem OEG anerkannten Schädigungen vorrangig mit der Besonderheit durchgeführt, dass entsprechende Leistungen von den in der Regel zuerst angegangenen Trägern der Jugendhilfe nach dem SGB VIII erbracht und mit dem Träger der Kriegsopferfürsorge im Wege der Kostenerstattung abgerechnet werden. Für erwachsene OEG-Berechtigte gelten die obigen Ausführungen zu den SVG-Berechtigten entsprechend.

Impfgeschädigte sind infolge des Impfschadens zumeist so schwer betroffen, dass sie an teilstationären Maßnahmen (z.B. Beschäftigung in einer WfbM) teilnehmen und zusätzlich auf eine stationäre Heimbetreuung angewiesen sind. Die Kosten hierfür werden im Rahmen der Eingliederungshilfe nach dem BVG in Anlehnung an das Sozialhilferecht übernommen. Diese Leistungen sind somit budgetfähig.

4.3.5.1. Heil- und Krankenbehandlung in der Kriegsopferversorgung

Im Rahmen der Heil- und Krankenbehandlung nach dem Bundesversorgungsgesetz (BVG) werden für Beschädigte mit Gesundheitsstörungen, die als Folge einer Schädigung anerkannt oder durch eine anerkannte Schädigung verursacht sind – für Schwerbeschädigte auch für Nichtschädigungsfolgen, sofern keine Ausschlussgründe vorliegen – und für die anspruchsberechtigten Angehörigen Leistungen der medizinischen Rehabilitation erbracht (§ 11 BVG[2]). Da ein großer Teil der Leistungen in die Durchführungszuständigkeit der Krankenkassen fällt (§ 18c Abs. 1 BVG[2]), wird im Hinblick auf die Möglichkeiten eines Persönlichen Budgets vorrangig auf den Katalog der Gesetzlichen Krankenversicherung ver-

[1] Nr. **1**.
[2] Nr. **15**.

wiesen (siehe Punkt 4.3.1). Die Krankenkassen treten i.d.R. als Budgetbeauftragte auf.

In Fällen der Zuständigkeit der Versorgungsverwaltung nach § 18c Abs. 1 Satz 2 BVG[1] sind z.B. folgende Leistungen für ein Persönliches Budget geeignet:

Leistung	Anspruchsgrundlage	Anspruchsermittlung/ -umfang
spezielle Verbrauchsartikel – soweit nicht eine überregionale einheitliche Versorgung durch das Prüf- und Beschaffungsamt für Heil- und Hilfsmittel (PBHH) sichergestellt wird	§ 13 BVG[1] i.V.m. OrthV	
Laufende Kosten für die Nutzung von Hilfsmitteln, z.B. Stromkosten	§ 13 BVG[1]	
Bewegungstherapie, Beschäftigungstherapie, Arbeitstherapie	§ 11 Abs. 1 BVG[1]	nicht im Rahmen stationärer Behandlung

4.3.5.2. Kriegsopferfürsorge

Bei den zuständigen örtlichen und überörtlichen Trägern der Kriegsopferfürsorge dürften – bezogen auf die Nebengesetze wie SVG, OEG usw. – Anträge auf Leistungserbringung in Form eines Persönlichen Budgets zahlenmäßig überschaubar sein. In diesen Einzelfällen ist es möglich, auf die für vergleichbare Bedarfssituationen von anderen Rehabilitationsträgern aufgestellten Kataloge budgetfähiger Leistungen zurückzugreifen.

In der Kriegsopferfürsorge ist die Hilfe zur Pflege gem. § 26c BVG[1] nicht ausdrücklich als Leistung in Form des Persönlichen Budgets vorgesehen. § 17 Abs. 2 Satz 4 SGB IX[2] und § 2 der BudgetV führen nur die Träger der Sozialhilfe auf. Die Auslegung des Gesetzes und das Schlechterstellungsverbot der Kriegsopferfürsorge gegenüber der Sozialhilfe ergeben aber, dass es sich bei der Hilfe zur Pflege nach § 26c BVG[1] (ggf. unter Einbeziehung der hauswirtschaftlichen Versorgung) um eine budgetfähige Leistung handeln muss. Es ist in diesen Fällen in erster Linie an Opfer von Gewalttaten im Sinne des OEG mit schweren psychischen Schädigungsfolgen zu denken.

Die Rechtsgrundlagen für die Budgetierung von Leistungen der Kriegsopferfürsorge im Einzelnen:

Leistung	Anspruchsgrundlage	Anspruchsermittlung/ -umfang
Leistungen zur Teilhabe am Arbeitsleben	§ 26 BVG[1], §§ 1–17 KFürsV, §§ 17, 33–46 SGB IX	
Unterhaltssichernde und andere ergänzende Leistungen	§ 26a BVG[1], § 16 KFürsV, §§ 17, 44–54 SGB IX	
Leistungen zur Teilhabe am Leben in der Gemeinschaft	§ 27d Abs. 3 BVG[1] i.V.m. 6. Kapitel SGB XII[3], §§ 17, 55–59 SGB IX	
Leistungen zur medizinischen Rehabilitation	§ 27d Abs. 3 BVG[1] i.V.m. SGB XII[3], §§ 17, 26–32 SGB IX	

---

[1] Nr. **15**.
[2] Nr. **1**.
[3] Auszugsweise abgedruckt unter Nr. **11**.

4.3.6. Sozialhilfe

Allgemeines:

Leistung	Anspruchsgrundlage	Anspruchsermittlung/-umfang
– Je nach Bundesland ist die sachliche Zuständigkeit des örtlichen und überörtlichen Trägers der Sozialhilfe unterschiedlich geregelt (§§ 97, 98 SGB XII, Landesausführungsgesetze). – Die Zuständigkeitsverteilung zwischen den örtlichen und den überörtlichen Trägern in den einzelnen Bundesländern kann aktuell auf der Internetseite der BAGüS (www.bagues.de/Mitglieder/Zustaendigkeiten) eingesehen werden.	Für alle Leistungen gilt: – Nachrang der Sozialhilfe – Anspruchsberechtigt sind gem. § 53 SGB XII[1] i.V.m. § 2 SGB IX[2] alle wesentlich behinderten und von Behinderung bedrohten Menschen – Schulische Maßnahmen sind im folgenden Katalog nicht aufgeführt, da sie im Rahmen der gesetzlichen Schulpflicht in der Regel vollständig durch den Schulträger erbracht werden. Eine Ausnahme können Schulassistenten bilden, die bei Bedarf vom Sozialhilfeträger zu erbringen und dann auch budgetfähig sind. – Vorrang ambulanter vor stationärer Leistungen (§ 13 Abs. 1 SGB XII) – Vorrang der Geldleistung vor Sachleistung (§ 10 Abs. 3 SGB XII)	Für alle Leistungen gilt: – Es gibt keine bundeseinheitlichen Leistungen. Die Leistungen richten sich nach der Besonderheit des Einzelfalls (§ 9 SGB XII[1]) – Für ein Persönliches Budget kommen vor allem in Betracht alle alltäglichen, regelmäßig wiederkehrenden Bedarfe, die bisher mit Hilfe von individuell zuordenbaren, zeitbezogenen (Stunde, Tag, Woche, Monat) Leistungen gedeckt wurden. Da die Sozialhilfe ihre Leistungen in der Regel als Geldleistung erbringt, ist für sie die Umwandlung der Leistung in ein Persönliches Budget nicht problematisch. – Die laufenden ambulanten, teilstationären und stationären Eingliederungshilfen werden bei der „klassischen" Leistungserbringung in der Regel auf der Grundlage von Vereinbarungen nach § 75 SGB XII mit den Leistungserbringern erbracht. Dies „sozialhilferechtliche Dreiecksverhältnis" wird beim Persönlichen Budget aufgelöst.

Die Leistungen im Einzelnen:

Leistung	Anspruchsgrundlage	Anspruchsermittlung/-umfang
– ambulante und stationäre Eingliederungshilfeleistungen zu einem selbstbestimmten Leben in betreuten Wohnformen (ambulantes Einzelwohnen, Paarwohnen und Gruppenwohnen, stat. Behinderteneinrichtungen mit Außenwohn- und Trainingswohngruppen)	§§ 53, 54 SGB XII[1] i.V.m. § 55 Abs. 2 Nr. 6 SGB IX	– Die individuell notwendigen Leistungen werden in der Regel in einem Bedarfsfeststellungsverfahren (Gesamtplan/Teilhabeplan) erhoben. – Ambulante Leistungen werden in der Regel durch Fachleistungsstunden oder durch Monatspauschalen, die von den Hilfebedarfsgruppen abgeleitet werden, erbracht. – Für die stationären Leistungen gelten die Vereinbarungen mit den Leistungserbringern nach §§ 75ff SGB XII. Die Leistungen umfassen auch die notwendige Pflege (§ 55 SGB XII).
Leistungen zur Mobilität – Assistenz – Begleitung – Fahrtkosten – Mobilitätshilfen	§§ 53, 54 SGB XII[1] i.V.m. §§ 55, 58 SGB IX	Individuelle Bedarfsermittlung
Leistungen zur Teilhabe am Leben in der Gemeinschaft – Hilfen zum Erwerb praktischer Kenntnisse und Fertigkeiten – Teilhabe am gemeinschaftlichen und kulturellen Leben	§§ 53, 54 SGB XII[1] i.V.m. §§ 55 Abs. 2 Nrn. 3 und 7, 58 SGB IX	Individuelle Bedarfsermittlung
Hilfen zur Kommunikation und Information	§ 17 SGB I[3], § 19 SGB X[4],	Individuelle Bedarfsermittlung

---

[1] Nr. **11**.
[2] Nr. **1**.
[3] Nr. **3**.
[4] Nr. **9**.

Leistung	Anspruchsgrundlage	Anspruchsermittlung/ -umfang
– Gebärdendolmetscher – Hilfen zur Verständigung mit der Umwelt	§§ 53, 54 SGB XII[5] i.V.m. §§ 55 Abs. 2 Nr. 4 und 57 SGB IX	
Hilfe zum Besuch einer Hochschule	§§ 53, 54 Abs. 1 Nr. 2 SGB XII[5]	Individuelle Bedarfsermittlung
Entlastung von Familien – Familienentlastende Dienste (ambulante Betreuung im Haushalt, Gruppenarbeit, Ferienbetreuung)	Freiwillige Leistungen	Individuelle Bedarfsermittlung
Leistungen zur medizinischen Rehabilitation – Frühförderung	§§ 53, 54 SGB XII[5] i.V.m. § 26 Abs. 2 Nr. 2 SGB IX	Individuelle Bedarfsermittlung; Leistungen nur, soweit Krankenversicherung nicht zuständig ist.
Leistungen der Teilhabe am Arbeitsleben – Leistungen im Arbeitsbereich einer WfbM	§§ 53, 54 SGB XII[5] i.V.m. § 41 SGB IX	Individuelles Bedarfsfeststellungsverfahren in Verbindung mit der Empfehlung des Fachausschusses der WfbM (§ 2 WVO).
– Leistungen in einer Tagesförderstätte	§§ 53, 54 SGB XII[5] i.V.m. § 136 Abs. 3 SGB IX	Leistungen sind nachrangig, deshalb nur, wenn keine Werkstattfähigkeit vorliegt, dann Prüfung der Werkstattvoraussetzungen, ggf. unter Nutzung des Eingangsverfahrens der WfbM und auf der Grundlage der Stellungnahme des Fachausschusses.
– Leistungen in einer sonstigen Beschäftigungsstätte	§§ 53, 54, 56 SGB XII[5]	Bei allen 3 Formen: Leistungserbringung durch Vereinbarungen nach § 75 SGB XII, bei WfbM in Verbindung mit § 41 Abs. 3 SGB IX
– Leistungen zur häuslichen Pflege	§§ 61, 63 SGB XII[5]	Budgetfähig sind alle alltäglichen, regelmäßig wiederkehrenden Bedarfe; individuelle Bedarfsermittlung; Leistungen nur, soweit Pflegeversicherung keine ausreichenden Leistungen erbringt.
Einmalige Geldpauschalen – Einmalige Leistungen zur Erstausstattung der Wohnung – Einmalige Beihilfen zur Beschaffung von Hilfsmitteln	§§ 31, 54 SGB XII i.V.m. § 55 Abs. 2 Nr. 5 SGB IX § 54 SGB XII i.V.m. § 55 Abs. 2 Nr. 1 SGB IX	Individuelle Bedarfsermittlung
– Eingliederungshilfe für seelisch behinderte sowie von seelischer Behinderung bedrohte Kinder und Jugendliche	– § 35a SGB VIII[1]	– Der Entscheidung über die Hilfe durch den Jugendhilfeträger geht das Hilfeplanverfahren nach § 36 Abs. 2 SGB VIII[1] voraus. Als Grundlage für die Ausgestaltung der Hilfe sollen Fachkräfte der Jugendhilfe zusammen mit dem Personensorgeberechtigten und dem Kind oder dem Jugendlichen einen Hilfeplan aufstellen, der Feststellungen über den Bedarf, die zu gewährende Art der Hilfe sowie die notwendigen Leistungen enthält (§ 36 Abs. 2 Satz 2 SGB VIII[1]). – Zusätzlich ist bei Hilfen nach § 35a SGB VIII[1] zu beachten, dass nach § 36 Abs. 3 SGB VIII[1] bei der Aufstellung und Änderung des Hilfeplans sowie bei der Durchführung der Hilfe nach § 35a SGB VIII[1] die Person, die eine Stellungnahme nach § 35a Abs. 1a SGB VIII[1] abgegeben hat, zu beteiligen ist. – Voraussetzung für eine Leistung ist, dass bei den Betroffenen die seelische Gesundheit des Kindes oder Jugendlichen

---

[5] Nr. **11**.
[1] Nr. **8**.

Leistung	Anspruchsgrundlage	Anspruchsermittlung/ -umfang
		mit hoher Wahrscheinlichkeit länger als 6 Monate von dem für sein Lebensalter typischen Zustand abweicht und daher die Teilhabe am Leben in der Gesellschaft beeinträchtigt ist oder eine solche Beeinträchtigung zu erwarten ist (§ 35a Abs. 1 Satz 1 SGB VIII[2]). – Bei der Beurteilung der seelischen Gesundheit ist nach § 35a Abs. 1a SGB VIII[2] vom Träger der öffentlichen Jugendhilfe die Stellungnahme eines Arztes für Kinder- und Jugendpsychiatrie und -psychotherapie, eines Kinder- und Jugendpsychotherapeuten oder eines Arztes oder eines psychologischen Psychotherapeuten, der über besondere Erfahrung auf dem Gebiet seelischer Störungen bei Kindern und Jugendlichen verfügt, einzuholen. – Die Finanzierung der ermittelten Hilfe erfolgt je nach den jeweiligen Finanzierungsgrundlagen der Hilfe, beispielsweise als Fachleistungsstunde oder als vereinbarter Pauschalsatz.

4.3.8. Pflegeversicherung
4.3.8.1. Soziale Pflegeversicherung

Leistung	Anspruchsgrundlage	Anspruchsermittlung/ -umfang

Häusliche Pflege
– Pflegesachleistung
	– § 36 SGB XI
	– Grundpflege und hauswirtschaftliche Versorgung
	– in Form von Gutscheinen
	– häusliche Pflegehilfe wird durch geeignete Pflegekräfte (in der Regel von Pflegediensten) mit Versorgungsvertrag erbracht
	– Anspruch besteht bei Pflegebedürftigkeit nach §§ 14, 15 SGB XI
	– ärztliche Verordnung ist nicht erforderlich
		– Feststellung der Pflegebedürftigkeit durch den MDK gemäß den Begutachtungs-Richtlinien (§ 53a Satz 1 Nr. 2 SGB XI)
		– Entscheidung durch die Pflegekasse
		– monatlich in Form von Gutscheinen (§ 36 Abs. 3 und 4 SGB XI):
		  – in der Pflegestufe I
		    seit 01.07.2008: bis zu 420,00 €,
		    ab 01.01.2010: bis zu 440,00 €,
		    ab 01.01.2012: bis zu 450,00 €
		  – in der Pflegestufe II
		    seit 01.07.2008: bis zu 980,00 €
		    ab 01.01.2010: bis zu 1.040,00 €
		    ab 01.01.2012: bis zu 1.100,00 €
		  – in der Pflegestufe III
		    seit 01.07.2008: bis zu 1.470,00 €
		    ab 01.01.2010: bis zu 1.510,00 €
		    ab 01.01.2012: bis zu 1.550,00 €
		– Härtefälle bis zu 1.918,00 €

Häusliche Pflege
– Pflegegeld
	– § 37 Abs. 1 SGB XI
	– Grundpflege und hauswirtschaftliche Versorgung
	– anstelle der Pflegesachleistung kann bei selbst sichergestellter Pflege (z.B. durch Angehörige) Pflegegeld beansprucht werden
	– Anspruch besteht bei Pflegebedürftigkeit nach §§ 14, 15 SGB XI
	– ärztliche Verordnung ist nicht erforderlich
		– Feststellung der Pflegebedürftigkeit durch den MDK gemäß den Begutachtungs-Richtlinien (§ 53a Satz 1 Nr. 2 SGB XI)
		– Entscheidung durch die Pflegekasse
		– monatlich in Höhe von:
		  – in der Pflegestufe I
		    seit 01.07.2008: 215,00 €
		    ab 01.01.2010: 225,00 €
		    ab 01.01.2012: 235,00 €
		  – in der Pflegestufe II
		    seit 01.07.2008: 420,00 €
		    ab 01.01.2010: 430,00 €
		    ab 01.01.2012: 440,00 €

[2] Nr. **8**.

Leistung	Anspruchsgrundlage	Anspruchsermittlung/ -umfang
		– in der Pflegestufe III seit 01.07.2008: 675,00 € ab 01.01.2010: 685,00 € ab 01.01.2012: 700,00 €
Häusliche Pflege – Kombination von Geld- und Sachleistung	– § 38 SGB XI – anteilige Pflegesachleistung (§ 36 Abs. 3 und 4 SGB XI) in Form von Gutscheinen und ein anteiliges Pflegegeld nach § 37 SGB XI – Pflegesachleistung wird durch geeignete Pflegekräfte (in der Regel von Pflegediensten) mit Versorgungsvertrag erbracht – der Pflegebedürftige hat zu entscheiden, in welchem Verhältnis er Geld- und Sachleistung in Anspruch nehmen möchte – Entscheidungsbindung für mindestens 6 Monate – Anspruch besteht bei Pflegebedürftigkeit nach §§ 14, 15 SGB XI – ärztliche Verordnung ist nicht erforderlich	– Feststellung der Pflegebedürftigkeit durch den MDK gemäß den Begutachtungs-Richtlinien (§ 53a Satz 1 Nr. 2 SGB XI) – Entscheidung durch die Pflegekasse – Berechnung des Anteils erfolgt nach dem Verhältnis zwischen dem jeweiligen Höchstbetrag der Sachleistung und dem tatsächlich in Anspruch genommenen Betrag. Entsprechend diesem Verhältnis wird das Pflegegeld anteilig ausgezahlt.
Pflegehilfsmittel, die zum Verbrauch bestimmt sind	– § 40 Abs. 2 SGB XI – zur Erleichterung der Pflege (z.B. Angehörige) oder zur Linderung der Beschwerden des Pflegebedürftigen (nicht für den Pflegedienst im Rahmen der Erbringung der Pflegesachleistung) – Produktgruppe 54 „Zum Verbrauch bestimmte Hilfsmittel" des Pflegehilfsmittelverzeichnisses gemäß § 78 Abs. 2 Satz 2 SGB IX[1] (Fingerlinge, Einmalhandschuhe, Mundschutz, Schutzschürzen, Desinfektionsmittel, Bettschutzeinlagen zum Einmalgebrauch) – es müssen keine bestimmten Leistungserbringer in Anspruch genommen werden – Pflegebedürftigkeit besteht nach §§ 14, 15 SGB XI – ärztliche Verordnung ist nicht erforderlich	– die Pflegekasse prüft die Notwendigkeit der Versorgung mit den beantragten Pflegehilfsmitteln unter Beteiligung einer Pflegefachkraft oder des MDK – monatlich in Höhe bis zu 31,00 €
Tages- und Nachtpflege	– § 41 SGB XI – teilstationäre Pflege kann in Anspruch genommen werden, wenn häusliche Pflege nicht ausreichend sichergestellt ist oder zur Ergänzung/Stärkung der häuslichen Pflege – in Form von Gutscheinen – teilstationäre Pflege wird durch Tages- und Nachtpflegeeinrichtungen mit einem Versorgungsvertrag erbracht – zu den Leistungsinhalten gehören insbesondere Hilfen bei der Körperpflege, Ernährung, Mobilität, soziale Betreuung und medizinische Behandlungspflege – Anspruch besteht bei Pflegebedürftigkeit nach §§ 14, 15 SGB XI – ärztliche Verordnung ist nicht erforderlich	– Feststellung der Pflegebedürftigkeit durch den MDK gemäß Begutachtungs-Richtlinien (§ 53a Satz 1 Nr. 2 SGB XI) – Entscheidung durch die Pflegekasse – monatlich in Form von Gutscheinen: – in Pflegestufe I seit 01.07.2008: bis zu 420,00 € ab 01.01.2010: bis zu 440,00 € ab 01.01.2012: bis zu 450,00 € – in der Pflegestufe II seit 01.07.2008: bis zu 980,00 € ab 01.01.2010: bis zu 1.040,00 € ab 01.01.2012: bis zu 1.100,00 € – in der Pflegestufe III seit 01.07.2008: bis zu 1.470,00 € ab 01.01.2010: bis zu 1.510,00 € ab 01.01.2012: bis zu 1.550,00 € – Treffen Leistungen der Tages- und Nachtpflege mit der Pflegesachleistung (§ 36 SGB XI), dem Pflegegeld (§ 37 SGB XI) oder mit der Kombination

[1] Nr. **1**.

Leistung	Anspruchsgrundlage	Anspruchsermittlung/ -umfang
		von Geld- und Sachleistung (§ 38 SGB XI) zusammen, sind die Leistungen miteinander zu verrechnen. Der Gesamtanspruch erhöht sich hierbei auf das 1,5-fache des Sachleistungshöchstbetrages. Wird bspw. 50 % der Leistung der Tages- und Nachtpflege in Anspruch genommen, besteht daneben noch ein 100 %-iger Anspruch auf Pflegegeld oder eine Pflegesachleistung. Der Anspruch auf Pflegegeld oder eine Pflegesachleistung erhöht sich jedoch nicht, wenn weniger als 50 % der Leistung für die Tages- und Nachtpflege in Anspruch genommen werden.

4.3.8.2. Private Pflegepflichtversicherung

Leistungen der privaten Pflegeversicherung können ebenfalls als Persönliches Budget erbracht werden, auch wenn die Regelungen des SGB IX dies für private Versicherungsunternehmen nicht vorsehen. Bei privaten Versicherungsunternehmen, die die private Pflegepflichtversicherung durchführen, kann jedoch kein rechtswirksamer Antrag auf ein trägerübergreifendes Persönliches Budget gestellt werden und sie können auch nicht die Rolle des Beauftragten übernehmen (vgl. Kapitel 6 ff).

Unter Berücksichtigung dieser formalen Besonderheiten empfiehlt es sich gleichwohl, das gesamte Verfahren inhaltlich so zu gestalten, dass der individuelle Bedarf gemeinsam festgestellt und die dazu erforderlichen Leistungen koordiniert werden. Die damit verbundenen Verfahrensfragen sind im Einzelfall zu klären.

Die Leistungen der privaten Pflegepflichtversicherung werden jedoch nach den gleichen Anspruchsgrundlagen erbracht und entsprechen dem unter 4.3.8.1 aufgeführten Leistungskatalog der sozialen Pflegeversicherung. Im Unterschied zur sozialen Pflegeversicherung werden die Leistungen nicht als Sachleistungen, sondern in Form der Kostenerstattung zur Verfügung gestellt. Aus diesem Grund ist in der privaten Pflegepflichtversicherung eine Leistungsinanspruchnahme durch Gutscheine nicht notwendig.

4.3.9. Integrationsämter

Potentiell budgetfähige Leistungen der Integrationsämter (IntÄ) an schwerbehinderte Menschen (sbM) im Rahmen der begleitenden Hilfe im Arbeitsleben nach § 102 Abs. 2–5 SGB IX[1)]

Allgemeines zum Adressatenkreis sowie den Leistungsvoraussetzungen, -arten und -höhen

Berechtigter Personenkreis

Menschen mit Schwerbehindertenstatus (§ 2 Abs. 2 SGB IX) und ihnen gleichgestellte Menschen (§ 2 Abs. 3 SGB IX).

[1)] Nr. 1.

Beschäftigungs- und Arbeitsplatzbegriff der begleitenden Hilfe im Arbeitsleben

– Arbeitnehmer, Beamte, Richter sowie Auszubildende und andere zur beruflichen Bildung Eingestellte (vgl. § 73 Abs. 1 SGB IX) sowie
– vergleichbare Tätigkeiten auf dem Gebiet des Arbeits- und Berufslebens (Geistliche, s. Bundesverwaltungsgericht vom 14. November 2003 – 5 C 13.02 – Behindertenrecht (br) 2004, 79; Soldaten/Soldatinnen, s. Oberverwaltungsgericht Schleswig-Holstein vom 3. Mai 2001 – 2 L 35/01)
– in unbefristeter oder befristeter Vollzeit- und Teilzeitbeschäftigung mit mindestens 15 Arbeitsstunden wöchentlich (s. § 102 Abs. 2 Satz 3 SGB IX) sowie
– Selbstständige (s. § 102 Abs. 3 Satz 1 Nr. 1c SGB IX und § 21 Schwerbehinderten-Ausgleichsabgabeverordnung (SchwbAV)[1]).

Leistungszweck

Nur Leistungen an sbM in unmittelbarem Zusammenhang mit der beruflichen Tätigkeit, Arbeitsplatzbezug (§ 102 Abs. 2 Satz 2 SGB IX, § 17 Abs. 2 Satz 1 und § 18 Abs. 2 Nr. 1 SchwbAV); keine medizinischen, Urlaubs- oder Freizeitmaßnahmen (§ 17 Abs. 2 Satz 2 SchwbAV).

Nachrang der Leistungen der begleitenden Hilfe im Arbeitsleben

– gegenüber Leistungen der Rehabilitationsträger zur Teilhabe am Arbeitsleben nach § 33 SGB IX
(§ 102 Abs. 5 SGB IX und § 18 Abs. 1 Satz 1 SchwbAV) sowie
– gegenüber Leistungen und Leistungsverpflichtungen des Arbeitgebers oder Dritter
(§ 102 Abs. 5 Satz 1 SGB IX und § 18 Abs. 1 Satz 1 SchwbAV sowie § 81 Abs. 4 SGB IX)

Ermessen

Leistungen der begleitenden Hilfe im Arbeitsleben sind Ermessensleistungen (§ 102 Abs. 3 Satz 1 SGB IX, § 17 Abs. 1 Satz 1 SchwbAV-„Kann-Leistung"); Ausnahme: Rechtsanspruch auf Übernahme der Kosten einer notwendigen Arbeitsassistenz (vgl. § 102 Abs. 4 SGB IX, § 17 Abs. 1a SchwbAV).

Die Leistungserbringung/-verpflichtung der IntÄ ist stets beschränkt auf die ihnen zur Verfügung stehenden Mittel der Ausgleichsabgabe (§ 102 Abs. 3 Satz 1 und Abs. 4 SGB IX, § 17 Abs. 1a SchwbAV).

Leistungsarten

– Zuschüsse und/oder Darlehen
– einmalige oder laufende Leistungen (letztere i.d.R. nur befristet, § 18 Abs. 3 Sätze 1 und 2 SchwbAV)
– wiederholte Leistungserbringung möglich (§ 18 Abs. 3 Satz 3 SchwbAV).

---

[1] Nr. **2b**.

Leistungshöhe

– Bei behinderungsbedingtem Mehraufwand i.d.R. volle Kostenübernahme, einkommens- und vermögensunabhängig (vgl. § 18 Abs. 2 Nr. 2 Satz 1 SchwbAV),

– im Übrigen anteilige Bezuschussung und/oder Darlehensgewährung nach den Umständen des Einzelfalls, dabei u.a. Berücksichtigung der Einkommensverhältnisse (vgl. § 18 Abs. 2 Nr. 2 Satz 2 SchwbAV).

Die Leistungen der begleitenden Hilfe im Arbeitsleben an sbM im Einzelnen:

Leistung	Anspruchsgrundlage	Anspruchsermittlung/-umfang
Technische Arbeitshilfen (Beschaffung, Wartung, Instandsetzung, Ausbildung im Gebrauch, Ersatzbeschaffung, Anpassung an die techn. Weiterentwicklung)	§ 102 Abs. 3 Satz 1 Nr. 1a SGB IX, § 19 SchwbAV	– Individuelle, behinderungsspezifische Geräte usw. (z.B. mobile Braillezeile u. Laptop für blinden Außendienstmitarbeiter) – Vielfach fachtechnische Stellungnahme der Beratenden Ingenieure der IntÄ, Arbeitsplatzbesichtigung, Einholen von Angeboten verschiedener Lieferanten
Zum Erreichen des Arbeitsplatzes (Beschaffung eines Kfz, behinderungsbedingte Zusatzausstattung, Erlangung einer Fahrerlaubnis)	§ 102 Abs. 3 Satz 1 Nr. 1b SGB IX, § 20 SchwbAV i.V.m. den Vorschriften der Kraftfahrzeughilfe-Verordnung (KfzHV)[1] (grds. nur Beamte/innen und Selbstständige)	– I.d.R. behinderungsbedingte Notwendigkeit der Kfz-Nutzung zum Erreichen des Arbeitsplatzes (Merkzeichen „aG/G" gem. § 3 Abs. 1 Nr. 1 (auch Nrn. 2 u. 3) und Abs. 2 Nr. 2 SchwbAwVO) – Leistungsart und -höhe s. §§ 4–8 KfzHV
Zur Beschaffung, Ausstattung und Erhaltung einer behinderungsgerechten Wohnung	§ 102 Abs. 3 Satz 1 Nr. 1d SGB IX, § 22 SchwbAV (grds. nur Beamte/innen und Selbstständige, s. § 33 Abs. 8 Nr. 6 SGB IX), z.T. in Verbindung mit Ministerialerlassen der Bundesländer	– Leistungen nur bei Zusammenhang mit Arbeitsplatz (Betreten/Verlassen der Wohnung, Mobilität in der Wohnung, ansonsten s. zur Wohnungsausstattung § 55 Abs. 2 Nr. 5 SGB IX) – Vielfach fachtechnische Begutachtung durch Beratende Ingenieure der IntÄ
Zur Teilnahme an Maßnahmen zur Erhaltung und Erweiterung berufl. Kenntnisse und Fertigkeiten	§ 102 Abs. 3 Satz 1 Nr. 1e SGB IX, § 24 SchwbAV	– I.d.R. konkreter Bezug zur derzeit ausgeübten oder alsbald auszuübenden Tätigkeit erforderlich – Primär Übernahme behinderungsspezifischer Kosten (z.B. Gebärdensprach-Dolmetscher)
In besonderen Lebenslagen	§ 102 Abs. 3 Satz 1 Nr. 1f SGB IX, § 25 SchwbAV	– Auffangtatbestand für individuelle, arbeitsplatzbezogene, aber nicht spezialrechtlich bereits in den §§ 19–24 SchwbAV geregelten Hilfen und Maßnahmen – Einzelfallabhängige Bestimmung der Leistungsart und -höhe
Übernahme der Kosten einer notwendigen Arbeitsassistenz (zur Sicherung bestehender Beschäftigungsverhältnisse)	§ 102 Abs. 4 u. Abs. 7 SGB IX, § 17 Abs. 1a SchwbAV (Rechtsanspruch) i.V.m. den „Empfehlungen der Bundesarbeitsgemeinschaft der Integrationsämter und Hauptfürsorgestellen (BIH) zur Erbringung finanzieller Leistungen zur Arbeitsassistenz schwerbehinderter Menschen gemäß § 102 Abs. 4 SGB IX" (in der jeweils geltenden Fassung)	– Behinderungsbedingt erforderliche, regelmäßig wiederkehrende Unterstützung und Hilfestellung am Arbeitsplatz = bei der Arbeitsausführung (z.B. keine Assistenz beim Weg zur/von der Arbeit, Verwaltungsgericht Meiningen vom 18. September 2003, br 2004, 85) – Arbeitsvertraglich geschuldete (Kern) Tätigkeit muss im Übrigen vom sbM selbst geleistet werden (vgl. § 613 BGB) – Keine pflegerischen Dienstleistungen – Ermittlung des tagesbezogenen Assistenzstundenbedarfs und entsprechend gestaffelte Bewilligungshöhe (mtl. Zuschuss)

---

[1] Nr. **7a**.

Leistung	Anspruchsgrundlage	Anspruchsermittlung/-umfang
		– Grundsätzlich mtl. Höchstbetrag (wegen Verhältnis der Leistung zum erzielten Arbeitseinkommen), jedoch mit Öffnungsklausel für besondere Einzelfälle – Arbeitsassistenz wird vom sbM selbst beauftragt (Arbeitgeber- oder Dienstleistermodell, dafür Regiekostenzuschuss)
nachrichtlich: Übernahme der Kosten einer notwendigen Arbeitsassistenz für sbM zur Erlangung eines Arbeitsplatzes	§ 33 Abs. 8 Satz 1 Nr. 3 und Sätze 2–4 SGB IX § 33 Abs. 8 Satz 2 SGB IX § 33 Abs. 8 Sätze 2 und 3 SGB IX §§ 33 Abs. 8 Satz 4 und 102 Abs. 4 SGB IX	– Reha-Träger nach § 6 Abs. 1 Nr. 1–5 SGB IX (also nicht Jugend- und Sozialhilfe) – Die Leistung wird bis zu 3 Jahren erbracht und – Wird für den Reha-Träger durch die IntÄ nach den in der o.g. BIH-Empfehlung geregelten Kriterien gegen Kostenerstattung ausgeführt. – Daran kann sich eine Weiterbewilligung durch die IntÄ anschließen.
Zur Gründung und Erhaltung einer selbstständigen beruflichen Existenz	§ 102 Abs. 3 Satz 1 Nr. 1c SGB IX § 21 SchwbAV § 21 Abs. 1 SchwbAV § 21 Abs. 4 SchwbAV	Gründungsdarlehen – i.d.R. für arbeitslose sbM, die die persönlichen und fachlichen Voraussetzungen für die angestrebte Tätigkeit erfüllen – günstige betriebswirtschaftliche Prognose zur Tragfähigkeit der Existenzgründung, prognostiziertes Einkommen über Sozialhilfeniveau (Hilfe zum Lebensunterhalt) – Sicherstellung des Lebensunterhalts voraussichtlich auf Dauer im Wesentlichen durch die selbstständige Tätigkeit (prognostiziertes Einkommen über die Hilfe zum Lebensunterhalt nach dem SGB XII) Zusätzliche individuelle begleitende Hilfen – entsprechende Leistungen wie bei abhängig beschäftigten sbM (z.B. technische Arbeitshilfen, Arbeitsassistenz) i.d.R. als Zuschuss – i.d.R. als Zuschuss
Gebärdensprachdolmetscher-/Kommunikationshelfer-Einsätze im Rahmen der begleitenden Hilfe im Arbeitsleben (außerhalb längerfristiger Einsätze im Rahmen der o.g. Arbeitsassistenz)	§ 102 Abs. 2 Sätze 2 und 6 Halbsatz 1 SGB IX i.V.m §§ 17 Abs. 2 Satz 2 SGB I[1] und 19 Abs. 2 Satz 4 SGB X[2]	a) Bei ausgebildeten Gebärdensprachdolmetschern: Kostenerstattung nach Maßgabe des JVEG (vgl. insbes. § 8 Abs. 1 u. 2 i.V.m. §§ 5, 9 Abs. 3 sowie 12 Abs. 1 Satz 1 u. Satz 2 Nr. 4; ggf. § 14) b) Kommunikationshelfer (z.B. Schriftmittler für hochgradig Hörgeschädigte): Kostenerstattung nach Landesrecht oder behördeninternen Vergütungsrichtlinien

Kapitel 5. Antragstellung

Anträge auf Ausführung von Leistungen in Form eines Persönlichen Budgets kann die Antrag stellende Person bei allen unter Kapitel 3 genannten Leistungsträgern oder den Gemeinsamen Servicestellen für Rehabilitation schriftlich oder durch sonstige Willenserklärung stellen.

---

[1] Nr. **3**.
[2] Auszugsweise abgedruckt unter Nr. **9**.

Die Antrag aufnehmende Stelle (i.d.R. der Beauftragte, siehe Kapitel 6) informiert und berät die Antrag stellende Person umfassend über die Leistungsvoraussetzungen und Zielbestimmungen des Persönlichen Budgets sowie über die damit verbundenen Verfahrensabläufe (siehe auch Anhang IV). Sie weist auf die Mitwirkungspflicht der Antrag stellende Person hin und holt deren Einverständniserklärung für die Weiterleitung der personenbezogenen Daten an die beteiligten Leistungsträger ein.

Die BAR-Arbeitsgruppe hat ein Musterantragsformular für ein trägerübergreifendes Persönliches Budget entwickelt (siehe Anhang III, Ziffer 1) und schlägt vor, die dort aufgeführten Inhalte bereits bei der Beantragung zu dokumentieren. Dazu zählen z.b. Informationen über:

– die Antragssituation mit Aussagen zu eventuell notwendiger Unterstützung der Antrag stellenden Person und zur Einbeziehung weiterer Personen,
– die unter trägerübergreifenden Aspekten notwendigen persönlichen Daten,
– beantragte Leistungen, die als Persönliches Budget erbracht werden sollen, möglichst mit Angaben zu Art, Umfang und Form der Ausführung und unterteilt nach den jeweiligen Leistungsbereichen,
– mögliche beteiligte Leistungsträger, konkret benannt mit Adresse und Ansprechpartner,
– bereits vorliegende Leistungsbescheide, die möglichst auch in Kopie dem Antrag beigefügt werden sollten,
– die Ausübung des Wunsch- und Wahlrechtes (z.B. in Bezug auf die Form der Leistungsbeschaffung) durch die Antrag stellende Person und Hinweise zu weiteren Leistungsansprüchen, die neben dem Persönlichen Budget bestehen,
– das weitere Procedere und
– die Einverständniserklärung und das Widerspruchsrecht der Antrag stellenden Person im Zusammenhang mit dem Sozialdatenschutz.

Der Antrag auf Leistungen durch ein Persönliches Budget verbleibt beim Beauftragten, die beteiligten Leistungsträger und die Antrag stellende Person erhalten eine Kopie.

Kapitel 6. Bestimmung und Rolle des Beauftragten

Nach § 17 Abs. 4 SGB IX[1]) ist der nach § 14 SGB IX zuständige der beteiligten Leistungsträger grundsätzlich Beauftragter und damit für die trägerübergreifende Koordinierung der Leistungserbringung verantwortlich. Mit der Budgetverordnung stehen die Grundzüge des dazu vorgesehenen Verfahrens fest.

Diese Regelung gilt auch für Anträge auf Leistungen in Form eines Persönlichen Budgets, die bei einer Gemeinsamen Servicestelle für Rehabilitation gestellt werden. Hier ist im Grundsatz der Rehabilitationsträger der Beauftragte, dem die Gemeinsame Servicestelle zugeordnet ist. Dies gilt aber nur dann, wenn dieser Rehabilitationsträger nach § 14 SGB IX zuständig und mit einer Teilleistung am Persönlichen Budget beteiligt ist. Ist dies nicht der Fall, leitet der Rehabilitationsträger bzw. die Gemeinsame Servicestelle den Antrag nach § 14 Abs. 1 Satz 2 SGB IX innerhalb von zwei Wochen an den aus seiner/ihrer Sicht zuständigen Leistungsträger weiter mit der Folge, dass dieser zweitangegangene Träger Beauftragter wird, das Bedarfsfeststellungsverfahren durchführt, den Gesamtverwal-

---

[1]) Nr. 1.

tungsakt erlässt und die Leistung erbringt. Hingewiesen wird auf die mit § 14 Abs. 2 Satz 5 SGB IX neu geschaffene Möglichkeit einer abgestimmten, erneuten Weiterleitung in den Fällen, in denen der Zweitangegangene nach § 6 Abs. 1 SGB IX nicht Träger der beantragten Leistung sein kann. Eine Weiterleitung sollte an den Träger erfolgen, der voraussichtlich die Hauptleistung übernimmt.

Nach § 17 Abs. 4 Satz 2 SGB IX können die beteiligten Leistungsträger in Abstimmung mit den Leistungsberechtigten Abweichendes von dem Grundsatz des § 17 Abs. 4 Satz 1 SGB IX vereinbaren, nach dem stets der nach § 14 SGB IX zuständige der beteiligten Leistungsträger als Beauftragter den Gesamtverwaltungsakt erlässt. Auch in diesem Fall gelten die Regeln über den gesetzlichen Auftrag.

Diese abweichende Vereinbarung macht überall dort Sinn, wo der im Wege des § 14 SGB IX bestimmte Träger nur mit einer nach Volumen oder Leistungsdauer geringen Teilleistung an dem Persönlichen Budget beteiligt ist. In diesen Fällen empfiehlt es sich regelmäßig zu vereinbaren, dass derjenige der beteiligten Leistungsträger die Aufgaben des Beauftragten übernimmt, der voraussichtlich den „Hauptteil" an dem trägerübergreifenden Persönlichen Budget trägt, um Kontinuität und Verlässlichkeit zu gewährleisten und einen Wechsel des Beauftragten während des Bewilligungszeitraums möglichst zu vermeiden.

Die Rolle des Beauftragten umfasst im gesamten Verfahren von der Beantragung bis zum Bescheid und ggf. einschließlich Widerspruch und Klage sowohl die Erstellung des Bescheides (auf der Grundlage der Stellungnahmen der beteiligten Träger; vgl. auch § 89 Abs. 5 SGB X) über noch festzustellende Grundansprüche auf Leistungen (das „ob" der Leistungen) als auch die Funktion der Ermittlung, Ausführung und Koordination der Leistungsform des Persönlichen Budgets (das „wie" der Leistung). Ausgenommen davon sind insbesondere Statusfeststellungen durch Dritte (z.B. bei einem Antrag auf Feststellung des Grades der Behinderung). Hier berät und unterstützt der Beauftragte die Antrag stellende Person.

Im Sinne einer Handlungsorientierung für die Praxis regt die Arbeitsgruppe an, im Einzelfall ggf. dem potentiellen Budgetnehmer zu empfehlen, das Verfahren so zu gestalten, dass sich ein Widerspruch gegen einen abgelehnten Grundanspruch auf eine Leistung nicht gegen den Beauftragten, sondern gegen den zuständigen Leistungsträger richten sollte. Die Arbeitsgruppe empfiehlt dann, die Feststellung über das „ob" der Leistung in einem Bescheid des zuständigen Leistungsträgers zu treffen, während der Gesamtbescheid durch den Beauftragten Feststellungen über das „wie" der Leistung enthält.

Hierfür spricht auch, da die Feststellung von Grundansprüchen durch den zuständigen Träger erfolgen sollte, dass dieses Vorgehen in der Praxis insbesondere dann zielführend sein kann, wenn sich im Einzelfall ansonsten Tatbestände abzeichnen, die den zügigen Erlass eines umfassenden Gesamtbescheides verzögern. Dann empfiehlt die Arbeitsgruppe dem Beauftragten zu prüfen, ob eine Entscheidung über noch festzustellende Grundansprüche durch den jeweiligen beteiligten Träger erfolgen sollte.

Diese Vorgehensweise setzt das Einverständnis des Budgetnehmers voraus und empfiehlt sich z.B. dann, wenn:

– Leistungen betroffen sind, für die die Regelungen des § 14 SGB IX nicht gelten und bei denen längere Bearbeitungsfristen häufig nicht zu vermeiden sind (z.B. bei Leistungen der Pflegeversicherung),

– eine Ablehnung bzw. nicht im vollen Umfang erfolgende Bewilligung der beantragten Leistung z.b. durch die Stellungnahme des beteiligten Trägers absehbar und auf diese Weise dem Budgetnehmer das Einlegen der ihm zur Verfügung stehenden Rechtsmittel zum frühestmöglichen Zeitpunkt ermöglicht wird.

Für alle anderen Leistungen aus dem Persönlichen Budget, bei denen die Leistungsansprüche unstrittig sind, kann der Beauftragte in der Zwischenzeit bereits den Bewilligungsbescheid erteilen. Dieses Vorgehen setzt das vorliegende Einverständnis aller Beteiligten voraus und zielt auf eine wirksamere, wirtschaftlichere und zügigere Erreichung der Teilhabeziele.

Eine solche pragmatisch ausgerichtete Vorgehensweise bietet insgesamt den Vorteil, dem Budgetnehmer unstrittige Leistungen direkt und ohne Verzögerungen in Form eines Persönlichen Budgets zur Verfügung stellen zu können. Diese Leistungsform kann für die bereits bewilligten Leistungen auch dann gewählt werden, wenn Grundansprüche auf weitere Leistungen noch nicht abschließend geklärt sind und daher auch über deren Form der Leistungserbringung nicht entschieden werden kann. Für den Fall einer späteren Bewilligung dieser Leistungen ist deren umgehende Einbeziehung in das Persönliche Budget sicherzustellen.

Unter diesen Aspekten setzt das Tätigwerden als Beauftragter voraus, dass es unstrittige Grundansprüche gibt und es in der Folge zur Rolle des Beauftragten gehört, über die Leistungsform zu entscheiden.

Kapitel 7. Unterrichtung der beteiligten Leistungsträger/Einholung der Stellungnahmen

Nach § 3 Abs. 1 der Budgetverordnung (BudgetV) unterrichtet der Beauftragte unverzüglich die an der Komplexleistung beteiligten Leistungsträger über die Beantragung von Leistungen in Form eines Persönlichen Budgets.

Im gesamten Verfahren ist darauf zu achten, dass unnötige Belastungen für die Antrag stellende Person (z.B. durch unkoordinierte Verfahren der Bedarfsermittlung und Bedarfsfeststellung sowie durch Mehrfachbegutachtungen bzw. Begutachtungen auf Vorrat) vermieden werden. Dies kann insbesondere dadurch erreicht werden, dass die Unterrichtung Kopien des Antragsformulars und aller bereits vorliegenden und für die Entscheidung über das jeweilige Teilbudget notwendigen Informationen (z.B. Leistungsbescheide, Untersuchungsbefunde und -berichte) beinhaltet. Darüber hinaus ist die Durchführung sozialmedizinischer Begutachtungen (z.B. durch Ärzte oder Psychologen) trägerübergreifend so auszurichten, dass die dort getroffenen Feststellungen möglichst auch für die Prüfung der Voraussetzungen für Leistungen der anderen beteiligten Leistungsträger verwendet werden können.

Weiterhin regelt § 3 Abs. 1 BudgetV, dass die Stellungnahmen der beteiligten Leistungsträger Aussagen zu folgenden Aspekten enthalten müssen:

– dem Bedarf, der durch budgetfähige Leistungen gedeckt werden kann, unter Berücksichtigung des Wunsch- und Wahlrechts,

– der Höhe des Persönlichen Budgets als Geldleistung oder durch Gutscheine,

– dem Inhalt der Zielvereinbarung und

– einem Beratungs- und Unterstützungsbedarf.

Darüber hinaus soll die Stellungnahme Aussagen treffen zu

– der Frage, ob die Leistung(en) in Form eines Persönlichen Budgets gewährt werden kann (können),
– den Voraussetzungen, die an die Leistungsgewährung geknüpft sind und
– dem Ansprechpartner des beteiligten Leistungsträgers.

Der auf diese Weise individuell ermittelte (Teil-)Bedarf ist in Verbindung mit dem individuellen Teilhabepotential Grundlage für die Ausgestaltung des Persönlichen Budgets.

Die beteiligten Leistungsträger sollen ihre Stellungnahmen innerhalb von zwei Wochen abgeben.

Im gesamten Verfahren ist der Datenschutz zu wahren, insbesondere sind das Einwilligungserfordernis und der Grundsatz der Erforderlichkeit der Datenerhebung und -übermittlung zu beachten.

Kapitel 8. Trägerübergreifendes Bedarfsfeststellungsverfahren

Trägerübergreifende Bedarfsfeststellungsverfahren sind so zu gestalten, dass sie eine umfassende, nahtlose, zügige, einheitliche und wirtschaftliche Leistungserbringung in Form eines Persönlichen Budgets ermöglichen.

Die abzuschließende Zielvereinbarung ist dabei Ausdruck einer Prognose der Entwicklung, die bei einer bestmöglichen Förderung und Nutzung aller Ressourcen und Kompetenzen der Antrag stellenden Person erreichbar ist.

Für die Bedarfsfeststellung und das dazu notwendige Verfahren im Rahmen eines trägerübergreifenden Persönlichen Budgets empfiehlt die Arbeitsgruppe eine konzeptionelle Ausrichtung an der „Internationalen Klassifikation der Funktionsfähigkeit, Behinderung und Gesundheit" (ICF).

Das Modell der ICF zielt auf ein besseres Verständnis von Behinderungen und Gesundheit auf der Grundlage der bio-psycho-sozialen Wechselwirkungen. Eine solche Konzeption („Philosophie") markiert einen Wechsel weg von einer nur diagnose- und defizitorientierten Sicht hin zu einer Betrachtung des Menschen in seinen biografischen und sozialen Bezügen. Die ICF stellt dafür eine Systematik und definierte Begriffe zur Verfügung.

Für die konkrete Ausgestaltung des trägerübergreifenden Bedarfsfeststellungsverfahrens empfiehlt sich eine Orientierung an folgenden, beispielhaft benannten Kriterien:
– Anzahl der beteiligten Leistungsträger,
– Anzahl der beantragten Leistungen/der Leistungsgruppen,
– Mögliche Leistungsschnittmengen,
– Umfang des Bedarfs, der durch budgetfähige Leistungen gedeckt werden kann,
– Umfang des Persönlichen Budgets in Geld,
– Umfang der notwendigen Beratung und Unterstützung.

Das trägerübergreifende Bedarfsfeststellungsverfahren kann in unterschiedlicher Art und Weise stattfinden. Es bietet sich eine abgestufte Vorgehensweise an, und zwar
– eine vereinfachte Form, die im Wesentlichen auf die mündlichen, telefonischen und schriftlichen Möglichkeiten der trägerübergreifenden Bedarfsfeststellung zurückgreift („vereinfachtes Verfahren") (8.1) und
– eine ausführliche Form, die (darüber hinaus) eine Zusammenkunft aller Teilnehmer (Budgetkonferenz) beinhaltet („ausführliches Verfahren") (8.2).

Für alle Formen der Durchführung gelten die genannten Grundsätze einer umfassenden Berücksichtigung des geltend gemachten Bedarfs. Dies gilt auch für die berechtigten Interessen an einer zügigen und wirtschaftlichen Leistungserbringung und für die damit verbundenen Qualitätsanforderungen.

Sind Unterschiede zwischen den beantragten und den in den Stellungnahmen der einzelnen Leistungsträger vorgesehenen Leistungen abzusehen, bietet sich ein trägerübergreifendes Bedarfsfeststellungsverfahren in Form einer gemeinsamen Beratung durch die Budgetkonferenz an. Eine Beratung findet auch dann statt, wenn dies entweder von der Antrag stellenden Person oder einem Leistungsträger für notwendig gehalten und schriftlich beantragt wird.

Zu den gesetzlichen Mindestvoraussetzungen und den Empfehlungen der BAR-Arbeitsgruppe sowie zur Zusammensetzung der Budgetkonferenz im trägerübergreifenden Bedarfsfeststellungsverfahren liegen Übersichten vor (siehe Anhang IV, Ziffer 2 und 3).

8.1. Vereinfachtes Verfahren

Die Bewilligung und Ausführung eines Persönlichen Budgets nach einem vereinfachten Verfahren unter Nutzung moderner, barrierefreier Kommunikationsmittel und ohne Einberufung der Budgetkonferenz ist dann zu bevorzugen, wenn die vorhandenen Unterlagen und Stellungnahmen der beteiligten Leistungsträger für eine abschließende Festsetzung des Persönlichen Budgets ausreichen und den vereinbarten qualitativen Anforderungen an die Bedarfsermittlung und -feststellung entsprechen.

Diese vereinfachte Form des trägerübergreifenden Bedarfsfeststellungsverfahrens sollte regelhaft immer dann zum Tragen kommen, wenn ein wesentlicher Beratungs- und Abstimmungsbedarf nicht (mehr) besteht und mit der Einberufung der Budgetkonferenz eine zügige Leistungserbringung unnötig erschwert würde.

8.2. Ausführliches Verfahren

Kann unter Berücksichtigung der genannten Kriterien ein trägerübergreifendes Bedarfsfeststellungsverfahren nicht im vereinfachten Verfahren durchgeführt werden, werden die Anträge und sonstige Unterlagen zusammen mit den Stellungnahmen der beteiligten Leistungsträger im ausführlichen Verfahren Gegenstand der Beratungen der Budgetkonferenz. Dabei ist zu gewährleisten, dass alle Beteiligten rechtzeitig vor der Beratung über alle wesentlichen Informationen verfügen und auf die zu beratenden Punkte (die abweichenden Feststellungen) besonders hingewiesen werden.

Die Vertretung eines beteiligten Leistungsträgers durch einen anderen Leistungsträger kann vereinbart werden. Dies bietet sich insbesondere dann an, wenn dessen Teilbudget unstrittig ist und nicht die Hauptleistung darstellt. Der Budgetnehmer ist rechtzeitig über die Vertretung zu informieren.

Die Beratungsergebnisse der Budgetkonferenz werden schriftlich festgehalten. Die Ausführung von Leistungen in Form eines Persönlichen Budgets und insbesondere die Mitarbeit in der Budgetkonferenz erfordert von allen Vertretern der Leistungsträger ein besonders hohes Maß an fachlicher und sozialer Kompetenz. Sollte es in den Beratungen zu unterschiedlichen Auslegungen oder Meinungsverschiedenheiten kommen, ist eine einvernehmliche Lösung anzustreben. Dabei ist zu berücksichtigen, dass die Akzeptanz und das Gelingen von Persönlichen Budgets eng verknüpft sind mit der umfassenden Berücksichtigung des Bedarfs der Antrag stellenden Person und mit Verhandlungen über noch offene oder strittige Fragen, die auf gleicher Augenhöhe stattfinden.

Kapitel 9. Anforderungen an die Zielvereinbarung

Die Budgetverordnung sieht in § 4 als inhaltliche Mindestvoraussetzung für eine abzuschließende Zielvereinbarung Regelungen über die Ausrichtung der individuellen Förder- und Leistungsziele (9.1), die Erforderlichkeit eines Nachweises für die Deckung des festgestellten individuellen Bedarfs (9.2) und über die Qualitätssicherung (9.3) vor. Die BAR-Arbeitsgruppe empfiehlt darüber hinaus auch Regelungen zum Bedarf an Beratung und Unterstützung (9.4) als grundsätzlichen Bestandteil einer Zielvereinbarung aufzunehmen.

Regelungen zu einzelnen Leistungsbereichen bzw. einzelnen Leistungen bleiben den jeweiligen Leistungsträgern, ggf. unter Berücksichtigung des SGB IX und der vereinbarten Gemeinsamen Empfehlungen vorbehalten.

Für die Festlegung und Vereinbarung der individuellen Förder- und Leistungsziele sollte die sog. „SMART"-Regel Anwendung finden; d.h. Zielformulierungen sollten folgende Kriterien erfüllen:

– **S**pecific/Passend: Welche spezielle Leistung/welche konkrete Teilhabesituation eines Menschen mit Behinderung soll verbessert werden? Ist das Ziel für alle Beteiligten verständlich formuliert?

– **M**easurable/Messbar: Wie kann das Ausmaß der verbesserten Leistung festgestellt werden? Nach welchen Kriterien kann eine veränderte/verbesserte Teilhabesituation erkannt werden?

– **A**chievable/Erreichbar: Ist ein tatsächlich erreichbares Ziel formuliert worden?

– **R**elevant/Bedeutsam: Stimmt das formulierte Ziel mit den Zielen/Wünschen des Menschen mit Behinderung/des Rehabilitanden überein? Ist es auch für ihn wichtig?

– **T**imed/Zeitlich bestimmt: In welchem Zeitraum kann das Ziel erreicht werden?

(nach: BAR, ICF Praxisleitfaden 2, Frankfurt 2008, S. 26)

So sollte zum Beispiel nicht vereinbart werden „Die Teilhabe am Leben in der Gesellschaft soll gefördert werden", sondern: „Bis zum 31. März 2009 will Herr S. das Einkaufen von Grundnahrungsmitteln selbstständiger, d.h. mit weniger Unterstützung erledigen können".

9.1. Individuelle Förder- und Leistungsziele

Die individuellen Förder- und Leistungsziele sind Bestandteil der Zielvereinbarung nach § 4 BudgetV und damit nach § 3 Abs. 1 Nr. 3 BudgetV auch Teil der Stellungnahme der beteiligten Leistungsträger.

In den einzelnen Stellungnahmen wird der durch budgetfähige Leistungen des jeweiligen Leistungsträgers zu deckende Teil des individuellen Bedarfs festgestellt und im Hinblick auf die individuellen Förder- und Leistungsziele schriftlich zusammen gefasst. Sie können z.B. Aussagen zu der Funktionsfähigkeit und deren Beeinträchtigung auf den Ebenen der Körperfunktionen und Körperstrukturen, der Aktivitäten und der Teilhabe an Lebensbereichen vor dem gesamten individuellen Lebenshintergrund (beschrieben durch umwelt- und personbezogene Faktoren), zu den Gründen für die Notwendigkeit der Leistungen, zum Ziel und zur Art der vorgesehenen Leistungen, zum voraussichtlichen Beginn und zur Dauer der Leistungen sowie zum Ort ihrer Durchführung enthalten.

Die sich aus den einzelnen Stellungnahmen im Hinblick auf die individuellen Förder- und Leistungsziele ergebenden Einschätzungen werden im Zuge des trägerübergreifenden Bedarfsfeststellungsverfahrens zusammengeführt und als Teil der abzuschließenden Zielvereinbarung gemeinsam mit der Antrag stellenden Person (und ggf. gesetzlicher Betreuer und/oder Person ihrer Wahl) vereinbart.

Eine regelhafte Überprüfung der (erreichten) Förder- und Leistungsziele erfolgt im Rahmen des nach § 3 Abs. 6 BudgetV im Abstand von zwei Jahren vorgesehenen trägerübergreifenden Bedarfsfeststellungsverfahrens. Darüber hinaus kann eine Anpassung u.a. dann angezeigt sein, wenn sich

– aus der Inanspruchnahme des Persönlichen Budgets oder im jeweiligen Verlauf neue Erkenntnisse ergeben,

– die individuellen Verhältnisse geändert haben oder

– neue, für die Rehabilitation und Teilhabe wesentliche Entwicklungen (z.B. Gesetzliche Grundlagen, Forschungsergebnisse, Leitlinien, Handlungsempfehlungen) ergeben haben.

Nach einem erstmalig durchgeführten trägerübergreifenden Bedarfsfeststellungsverfahren wird eine Überprüfung der Förder- und Leistungsziele nach sechs Monaten empfohlen. Damit soll nach einem überschaubaren Zeitraum z.B. eine Möglichkeit geschaffen werden, die bis dahin gewonnenen Erfahrungen auszuwerten, die Zusammensetzung der Komplexleistung Persönliches Budget zu überprüfen und ggf. zu verändern, um auf diese Weise die vereinbarten Förder- und Leistungsziele besser erreichen zu können. Auf das beschriebene „vereinfachte Verfahren" kann dabei zurückgegriffen werden.

9.2. Nachweiserbringung

Als eine der inhaltlichen Mindestvoraussetzungen für die Zielvereinbarung werden mit der Budgetverordnung Regelungen über „die Erforderlichkeit eines Nachweises für die Deckung des festgestellten individuellen Bedarfs" (vgl. § 4 Abs. 1 Nr. 2 BudgetV) genannt.

Um sicherzustellen, dass mit der Ausführung von Leistungen in Form eines Persönlichen Budgets die zur Verfügung gestellten Geldleistungen bzw. Gutscheine für die Erreichung der Teilhabeziele des SGB IX verwendet werden, sind Vereinbarungen zwischen den Leistungsträgern und dem Budgetnehmer darüber zu treffen, ob und wie die Nachweiserbringung erfolgen soll. Dabei soll sich der Nachweis auf die Leistung beziehen, nicht auf den Preis.

Ausgehend von einer für die Ausführung von Leistungen durch ein Persönliches Budget notwendigen vertrauensvollen Zusammenarbeit aller Beteiligten sollte eine Ausgestaltung der Nachweiserbringung in einer vereinfachten und unbürokratischen Form („so wenig wie möglich, so viel wie nötig") in Abhängigkeit von der Art der Leistung und dem Bedarf stattfinden. Auf diese Weise soll auch die Bereitschaft des Budgetnehmers zur Eigenverantwortung und Selbstbestimmung gestärkt und dessen Eigeninteresse an einer hochwertigen Leistungsausführung unterstützt werden.

Im Rahmen der Zielvereinbarung wird eine Verfahrensregelung zum Umgang mit nicht ausgeschöpften Budgetmitteln empfohlen.

9.3. Qualitätssicherung

Ein weiterer obligatorischer Bestandteil der Zielvereinbarung sind Regelungen über die Qualitätssicherung (vgl. § 4 Abs. 1 Nr. 3 BudgetV).

Sind mit der Ausführung von Leistungen in Form eines Persönlichen Budgets bestimmte Bedingungen zu erfüllen (z.B. deren Erbringung durch eine bestimmte Profession), ist dies ebenfalls in der Zielvereinbarung zu regeln.

Der Schwerpunkt der Qualitätssicherung sollte auf der Überprüfung der Ergebnisqualität liegen, insbesondere darauf, ob und in welchem Umfang die mit Persönlichen Budget beabsichtigten Ziele erreicht wurden.

Einrichtungen und Dienste gelten als qualitätsgesichert, wenn diese einen Vertrag mit dem jeweiligen Leistungsträger geschlossen haben (z.B. nach § 21 SGB IX[1]) oder mit Zulassung nach §§ 84, 85 SGB III). In diesen Fällen ist kein weiterer Nachweis durch den Budgetnehmer vorzusehen. Werden Leistungen durch Angehörige des Budgetnehmers oder in Verbindung mit einem Arbeitgebermodell erbracht, gilt die Leistung dann als qualitätsgesichert, wenn der Budgetnehmer mit der Leistung zufrieden ist (Nutzerzufriedenheit) und die Ziele des Persönlichen Budgets erreicht werden können (Zielerreichung).

9.4. Beratung und Unterstützung

Empfohlen wird, Aussagen in die Zielvereinbarung aufzunehmen, die sich mit dem Bedarf an Beratung und Unterstützung befassen.

Beratung bezieht sich auf alle im Zusammenhang mit der Inanspruchnahme des Persönlichen Budgets bestehenden leistungsrechtlichen Fragen (**Budgetberatung**). Die Koordinierungsfunktion des Beauftragten beinhaltet auch das Angebot an den Budgetnehmer, diese Beratung für den Zeitraum des Persönlichen Budgets umfassend und aus einer Hand zu leisten. Die Entscheidung ob, wo und wie er sich im Zusammenhang mit Leistungen in Form eines Persönlichen Budgets beraten lässt, trifft der Budgetnehmer selbst.

Für die <u>Budgetberatung</u> können z.B. folgende Angebote genutzt werden:

– Gemeinsame Servicestellen für Rehabilitation

– Auskunfts- und Beratungsstellen der Leistungsträger

– Beratungsangebote von Wohlfahrtsverbänden u.ä. Organisationen.

Unterstützung bezieht sich in diesem Zusammenhang vor allem auf den Verwaltungs-/Regiebedarf bei der Umsetzung des Persönlichen Budgets (**Budgetunterstützung**) und den damit verbundenen Maßnahmen. Dazu gehören beispielsweise der Abschluss von Arbeits-, Dienstleistungs- und Beschaffungsverträgen zur Bedarfsdeckung, die Gestaltung von Dienstplänen für persönliche Assistenten bzw. Lohnabrechnungen im Arbeitgebermodell, die Unterstützung bei der Gestaltung von Aktivitäten in der Freizeit oder bei der Organisation des eigenständigen Wohnens.

Für die <u>Budgetunterstützung</u> können z.B. die Angebote von Verbänden der Selbsthilfe bzw. behinderter Menschen (auch in Form eines Peer-Counceling) in Anspruch genommen werden. Der Beauftragte und die beteiligten Leistungsträger leisten keine Budgetunterstützung.

Die Budgetberatung durch die beteiligten Leistungsträger ist für den Budgetnehmer kostenfrei. Sofern der Budgetnehmer kostenpflichtige Budgetberatung durch einen anderen Anbieter in Anspruch nimmt bzw. Kosten für Budgetunterstützung anfallen, sind diese Aufwendungen aus den Geldleistungen des Persönlichen Budgets zu finanzieren (§ 17 Abs. 3 Satz 3 SGB IX[1]).

---

[1] Nr. 1.

Kapitel 10. Erlass des Gesamtverwaltungsaktes

Der zuständige und nach § 17 Abs. 4 SGB IX[1] Beauftragte der am Persönlichen Budget beteiligten Leistungsträger, erlässt den Gesamtverwaltungsakt im Auftrag und im Namen der anderen beteiligten Leistungsträger und erbringt die Leistung (§ 17 Abs. 4 SGB IX[1]). Die BAR-Arbeitsgruppe hat Muster für einen Gesamtbescheid entwickelt (siehe Anhang III, Ziffer 2).

Dabei gelten die Regelungen über den gesetzlichen Auftrag in § 93 i.V.m. § 89 Abs. 3 und 5 sowie § 91 Abs. 1 und 3 SGB X.

10.1. Bindung an die Auffassung der beteiligten Leistungsträger

Die Auftraggeber sind nach § 89 Abs. 5 SGB X berechtigt, den Beauftragten an ihre Auffassung zu binden. Es wird aus Gründen der Rechtssicherheit empfohlen, dass die beteiligten Leistungsträger von dieser Berechtigung im Rahmen des trägerübergreifenden Bedarfsfeststellungsverfahrens bzw. der anschließenden Feststellung des auf sie entfallenden Teilbudgets Gebrauch machen. Dazu sprechen sie eine ausdrückliche Bindung des Auftragnehmers (Beauftragter), insbesondere zu den getroffenen Feststellungen zum Bedarf, zur Höhe des Teilbudgets, zur Qualitätssicherung und Nachweiserbringung im Hinblick auf die von ihnen jeweils erbrachte Teilleistung aus.

10.2. Zielvereinbarung als Voraussetzung des Gesamtverwaltungsaktes

Zwingende Voraussetzung für den Erlass des Gesamtverwaltungsaktes durch den Beauftragten ist nach § 3 Abs. 5 Satz 1 BudgetV der Abschluss einer Zielvereinbarung im Sinne des § 4 BudgetV (vgl. Kapitel 7).

Erlässt der Beauftragte den Gesamtverwaltungsakt im Ausnahmefall, ohne dass zuvor eine Zielvereinbarung abgeschlossen wurde, handelt es sich um einen rechtswidrigen begünstigenden Verwaltungsakt (nicht etwa um einen nichtigen nach § 40 SGB X), der nach Maßgabe der Vorschriften des § 45 SGB X zurückzunehmen ist.

10.3. Mindestinhalt des Gesamtverwaltungsaktes

Der Gesamtverwaltungsakt enthält neben den persönlichen Daten mindestens
– die im Rahmen des Persönlichen Budgets bewilligten Leistungen,
– die Angabe der beteiligten Leistungsträger,
– die jeweiligen Leistungsvoraussetzungen,
– die Höhe des monatlichen Zahlbetrages,
– den (jeweiligen) Leistungs-/Zahlungsbeginn,
– die Dauer der Zahlung (ggf. Befristung bzw. unterschiedliche Leistungsdauer einzelner Leistungen),
– die Bankverbindung,
– den Hinweis, dass mit der Auszahlung oder Ausgabe des Gutscheins an den Budgetnehmer dessen Anspruch gegen die beteiligten Leistungsträger insoweit erfüllt ist,
– die Auflage, die Maßnahmen der Zielvereinbarung einzuhalten,
– Hinweise zum Recht auf Kündigung der Zielvereinbarung,

---

[1] Nr. 1.

- Hinweise zum Leistungsende bei Beendigung des Versicherungsverhältnisses und Ende von Grundansprüchen,
- die Rechtsbehelfsbelehrung.

Kapitel 11. Aufhebung/Widerruf des Gesamtverwaltungsaktes

Der Budgetnehmer und der Beauftragte können die Zielvereinbarung aus wichtigem Grund mit sofortiger Wirkung schriftlich kündigen, wenn ihnen die Fortsetzung nicht zumutbar ist. Ein wichtiger Grund kann für den Budgetnehmer insbesondere in der persönlichen Lebenssituation liegen. Für den Beauftragten kann ein wichtiger Grund dann vorliegen, wenn der Budgetnehmer die Vereinbarung, insbesondere hinsichtlich des Nachweises der Bedarfsdeckung und der Qualitätssicherung, nicht einhält. Im Falle der Kündigung wird der Verwaltungsakt – regelmäßig nach Maßgabe der Vorschriften des § 48 SGB X – aufgehoben (vgl. § 4 Abs. 2 BudgetV).

Daneben kann der Beauftragte auch ohne Kündigung den anfangs rechtmäßigen Verwaltungsakt gemäß § 47 SGB X widerrufen, wenn der Budgetnehmer die Auflagen der Zielvereinbarung nicht beachtet. Die Rechtsgrundlage für den Widerruf kann § 47 Abs. 2 SGB X sein, wenn der Budgetnehmer den ihm im Rahmen des Persönlichen Budgets zur Verfügung gestellten Geldbetrag zweckfremd verwendet.

Unabhängig von der Kündigung der Zielvereinbarung durch einen Vereinbarungspartner und damit der Beendigung der Leistungsform Persönliches Budget besteht der Leistungsanspruch weiter und wird dann in der Regel als Sachleistung erfüllt.

Kapitel 12. Widerspruchs- und Klageverfahren

Nach § 3 Abs. 5 Satz 2 BudgetV richten sich Widerspruch und Klage gegen den Gesamtverwaltungsakt des Beauftragten. Hilft der Beauftragte dem Widerspruch nicht ab, erlässt seine zuständige Widerspruchsstelle (sofern vorhanden) den Widerspruchsbescheid. Die einzelnen Feststellungen und Stellungnahmen der beteiligten Träger sind, da nicht als Verwaltungsakt zu qualifizieren, dagegen nicht im Wege des Widerspruchs anfechtbar.

Die Verpflichtung des Beauftragten aus § 10 SGB IX[1] zur Koordinierung und Durchführung des Verfahrens erstreckt sich damit auch auf das Widerspruchsverfahren. Die Widerspruchsstelle des Beauftragten hat unter umfassender Ermittlung des Sachverhaltes zu entscheiden. Dabei ist auch erneut eine Stellungnahme des ursprünglich für das Teilbudget zuständigen beteiligten Leistungsträgers einzuholen. Der beteiligte Träger ist als Auftraggeber wiederum berechtigt, den Beauftragten an seine Auffassung zu binden.

Die Bekanntgabe der Entscheidung durch formalen Widerspruchsbescheid erfolgt durch den Beauftragten. Auf diesem Wege wird einerseits die vom Gesetz gewollte Leistungserbringung „wie aus einer Hand" gewährleistet, andererseits aber auch die Entscheidungsbefugnis des für die Teilleistung zuständigen Trägers durch das Auftragsverhältnis nicht beschnitten.

Diese Regelungen verdeutlichen, dass es als pragmatisches Vorgehen bei einem Widerspruch sinnvoll sein kann, für alle eindeutigen Leistungen aus dem Per-

---

[1] Nr. 1.

sönlichen Budget einen Bewilligungsbescheid zu erteilen und strittige Leistungen zunächst mit dem zuständigen Leistungsträger zu klären (siehe hierzu auch Kapitel 6).

Kapitel 13. Leistungserbringung durch den Beauftragten

§ 3 Abs. 4 BudgetV regelt, dass die beteiligten Leistungsträger ihre in der Zielvereinbarung festgelegten Teilbudgets innerhalb einer Woche nach Abschluss des trägerübergreifenden Bedarfsfeststellungsverfahrens feststellen; sofern nicht bereits eine abschließende Feststellung in der Budgetkonferenz getroffen wurde. Darüber hinaus bestimmt § 3 Abs. 5 BudgetV, dass diese Teilbudgets dem beauftragten Leistungsträger rechtzeitig zur Verfügung gestellt werden müssen.

Daraus können für den finanziellen Ausgleich zwischen den beteiligten Leistungsträgern Vorgehensweisen abgeleitet werden, die den berechtigten Interessen sowohl des Beauftragten als auch der beteiligten Leistungsträger entsprechen und die Basis für die Sicherstellung der Ansprüche des Budgetnehmers bilden. Dabei muss insbesondere der Beauftragte in die Lage versetzt werden, seinen Auftrag (auch im Namen aller anderen) so zu erfüllen, dass mit rechtzeitig zur Verfügung gestellten Teilbudgets Vorleistungen[1] und entsprechende Kostenerstattungsverfahren gegen einen säumigen Leistungsträger vermieden werden.

Die Leistungsträger empfehlen Vereinbarungen, die bei vergleichsweise geringen Beträgen (… Betrag bis zu 2.400,00 €/Jahr…) in Verbindung mit einer kürzeren Leistungsdauer (… Dauer bis 12 Monate…) eine einmalige Zahlung zu Beginn und bei höheren Beträgen in Verbindung mit einer längeren Leistungsdauer einen festen Zahlungsrhythmus (monatlich, vierteljährlich im Voraus) vorsehen. Diese Vereinbarungen gelten für alle Kombinationen von Leistungen (Teilbudgets), aus denen sich die Komplexleistung Persönliches Budget zusammen setzen kann. Auf dieser Grundlage werden zwischen den Leistungsträgern vor Ort einvernehmliche Regelungen über die Art und Weise und die jeweiligen Zeitpunkte der Zahlungen vereinbart.

Eine Erstattung der jeweiligen Verwaltungskosten erfolgt nicht. Dies ist in der Gestaltung des Auftragsverhältnisses begründet.

---

[1] **Amtl. Anm.:** Der Bundesagentur für Arbeit sind solche Vorleistungen haushaltsrechtlich nicht möglich.

1j. Vereinbarung zum internen Qualitätsmanagement nach § 20 Abs. 2a SGB IX[1])

Vom 30. April 2015

Nach § 20 Abs. 2a SGB IX vereinbaren die Rehabilitationsträger nach § 6 Abs. 1 Nr. 1 und 3 bis 5 SGB IX im Rahmen der Bundesarbeitsgemeinschaft für Rehabilitation (BAR) grundsätzliche Anforderungen (im Sinne von Mindestanforderungen) an ein einrichtungsinternes Qualitätsmanagement nach § 20 Abs. 2 Satz 1 SGB IX sowie ein einheitliches, unabhängiges Zertifizierungsverfahren, mit dem die erfolgreiche Umsetzung des Qualitätsmanagements in regelmäßigen Abständen nachgewiesen wird. Die Erbringer stationärer Leistungen zur medizinischen Rehabilitation haben nach § 20 Abs. 2 SGB IX ein Qualitätsmanagement sicher zu stellen, das durch zielgerichtete und systematische Verfahren und Maßnahmen die Qualität der Versorgung gewährleistet und kontinuierlich verbessert.

Vor diesem gesetzlichen Hintergrund schließen

– die gesetzlichen Krankenkassen,

– die Träger der gesetzlichen Unfallversicherung,

– die Träger der gesetzlichen Rentenversicherung,

– die Träger der landwirtschaftlichen Sozialversicherung,

über ihre Spitzenverbände bzw. -organisationen und

– die Träger der Kriegsopferversorgung und die Träger der Kriegsopferfürsorge im Rahmen des Rechts der sozialen Entschädigung bei Gesundheitsschäden

die nachfolgende Vereinbarung zum internen Qualitätsmanagement nach § 20 Abs. 2a SGB IX.

Den für die Wahrnehmung der Interessen der stationären Rehabilitationseinrichtungen auf Bundesebene maßgeblichen Spitzenorganisationen sowie den Verbänden behinderter Menschen einschließlich der Verbände der Freien Wohlfahrtspflege, der Selbsthilfegruppen und der Interessenvertretungen behinderter Frauen ist zuvor Gelegenheit zur Stellungnahme gegeben worden.

§ 1 Regelungsgegenstand. [1] In der Vereinbarung werden Festlegungen zu grundsätzlichen Anforderungen an ein in stationären Rehabilitationseinrichtungen sicherzustellendes Qualitätsmanagement getroffen, das durch zielgerichtete und systematische Verfahren und Maßnahmen die Qualität der Versorgung gewährleistet und kontinuierlich verbessert. [2] Festgelegt wird ferner ein einheitliches, unabhängiges Zertifizierungsverfahren, mit dem die erfolgreiche Umsetzung des Qualitätsmanagements in regelmäßigen Abständen von den stationären Rehabilitationseinrichtungen nachgewiesen wird.

§ 2 Qualitätsmanagement. [1] Die Anwendung des Qualitätsmanagements in stationären Rehabilitationseinrichtungen ist gekennzeichnet durch das kontinuierliche Bestreben, die Bedürfnisse der Rehabilitanden, Leistungsträger, Mitarbei-

---

[1]) Hrsg.: Bundesarbeitsgemeinschaft für Rehabilitation (BAR) e.V., Solmsstraße 18, 60486 Frankfurt a.M., Tel. (069) 60 50 18-0, Telefax (069) 60 50 18-29, E-Mail: info@bar-frankfurt.de, Internet: http://www.bar-frankfurt.de.

ter, Angehörigen oder beispielsweise auch der zuweisenden Ärzte und Akutkrankenhäuser zu berücksichtigen. [2] Besondere Bedeutung kommt in diesem Zusammenhang der berufsgruppen-, hierarchie- und fachübergreifenden Zusammenarbeit sowie der stetigen internen, systematischen Bewertung des erreichten Standes von Qualitätsmanagement und Qualitätssicherung zu. [3] Die Unternehmensleitung trägt dabei eine nicht delegierbare Verantwortung. [4] Qualitätsmanagement im vorliegenden Sinne bezeichnet systematische und kontinuierliche Verfahren, welche auf die Identifizierung, Analyse und Verbesserung der Struktur-, Prozess- und Ergebnisqualität gerichtet sind. [5] Auf die Inhalte der Gemeinsamen Empfehlung Qualitätssicherung nach § 20 Abs. 1 SGB IX in der jeweils gültigen Fassung wird ergänzend verwiesen.

§ 3 Grundsätzliche Anforderungen an ein einrichtungsinternes Qualitätsmanagement. (1) [1] Die grundsätzlichen Anforderungen an ein einrichtungsinternes Qualitätsmanagement für stationäre Rehabilitationseinrichtungen beziehen sich auf nachfolgende Qualitätskriterien:

– Teilhabeorientiertes Leitbild

– Einrichtungskonzept

– Indikations-/zielgruppenspezifisches Rehabilitationskonzept

– Verantwortung für das Qualitätsmanagement in der Einrichtung

– Basiselemente eines Qualitätsmanagement-Systems

– Beziehungen zu Rehabilitanden/Bezugspersonen/Angehörigen, Behandlern, Leistungsträgern, Selbsthilfe

– Systematisches Beschwerdemanagement

– Externe Qualitätssicherung

– Interne Ergebnismessung und -analyse (Verfahren)

– Fehlermanagement

– Interne Kommunikation und Personalentwicklung.

[2] Einzelheiten sind in den Abschnitten A „Übersicht über die Qualitätskriterien" und B „Erläuterungen zu den Qualitätskriterien" des Manuals für ein einrichtungsinternes Qualitätsmanagement für stationäre Rehabilitationseinrichtungen nach § 20 SGB IX festgelegt. [3] Das Manual ist Bestandteil dieser Vereinbarung.

(2) Das rehabilitationsspezifische Qualitätsmanagement-Verfahren muss eine Dokumentenprüfung und eine Vor-Ort-Prüfung durch die Zertifizierungsstelle vorsehen.

§ 4 Anerkennung von rehabilitationsspezifischen Qualitätsmanagement-Verfahren und Verpflichtung der herausgebenden Stelle. (1) Die herausgebende Stelle eines rehabilitationsspezifischen Qualitätsmanagement-Verfahrens kann bei der BAR einen Antrag auf Anerkennung ihres Verfahrens stellen.

(2) [1] Die Rehabilitationsträger (Vereinbarungspartner) werden auf Ebene der BAR die rehabilitationsspezifischen Qualitätsmanagement-Verfahren daraufhin überprüfen, ob die in § 3 genannten Anforderungen erfüllt werden. [2] Der entsprechende Nachweis ist von der jeweiligen herausgebenden Stelle durch Vorlage geeigneter Unterlagen zu erbringen.

(3) [1] Werden bei der Prüfung nach Abs. 2 Verfahrensmängel festgestellt, besteht für die herausgebende Stelle die Möglichkeit der Nachbesserung innerhalb festgelegter Frist. [2] Die Nichteinhaltung der in Abs. 2 und § 3 genannten Anforde-

rungen hat das Versagen der Anerkennung oder den Entzug der Anerkennung des betreffenden Qualitätsmanagement-Verfahrens zur Folge. [3] Dies gilt auch, wenn nicht fristgerecht nachgebessert wird.

(4) [1] Wesentliche inhaltliche Änderungen im Qualitätsmanagement-Verfahren hat die herausgebende Stelle gegenüber der BAR unverzüglich schriftlich anzuzeigen. [2] Abs. 2 und Abs. 3 gelten entsprechend.

(5) [1] Änderungen der „Grundsätzlichen Anforderungen an ein einrichtungsinternes Qualitätsmanagement für stationäre Rehabilitationseinrichtungen nach § 20 SGB IX" gemäß § 3 sind von der herausgebenden Stelle in der von der BAR-Arbeitsgruppe nach § 7 festzulegenden angemessenen Frist umzusetzen. [2] Abs. 2 und Abs. 3 gelten entsprechend.

(6) [1] Die herausgebende Stelle trägt die Verantwortung für die Auswahl geeigneter Zertifizierungsstellen. [2] Sie erklärt gegenüber der BAR schriftlich, dass die von ihr benannten Zertifizierungsstellen die in Abschnitt D „Grundanforderungen an Zertifizierungsstellen nach § 20 SGB IX sowie an das Verfahren zur Bestätigung dieser Anforderungen durch die herausgebende Stelle" des Manuals für ein einrichtungsinternes Qualitätsmanagement für stationäre Rehabilitationseinrichtungen nach § 20 SGB IX aufgeführten Grundanforderungen an Zertifizierungsstellen erfüllen. [3] Die herausgebende Stelle hat die Zertifizierungsstelle zu verpflichten, ihr die stationären Rehabilitationseinrichtungen zu melden, denen ein Zertifikat ausgestellt wurde. [4] Die herausgebende Stelle ist verpflichtet, diese Informationen an die BAR weiterzuleiten. [5] Hierbei stellt die herausgebende Stelle in geeigneter Weise auch sicher, dass Informationen über wesentliche Änderungen bei den nach ihrem Verfahren zertifizierten Rehabilitationseinrichtungen, z.B. Schließung oder Verkauf der Einrichtung, ihr über ihre jeweilige Zertifizierungsstelle umgehend gemeldet und durch sie als entsprechend verpflichtete herausgebende Stelle sowohl der BAR als auch den Vertragspartnern unverzüglich übermittelt werden. [6] Die BAR behält sich vor, die Angaben und Verfahrensvorgaben zu überprüfen.

(7) Einzelheiten ergeben sich aus den Abschnitten C „Anforderungen zur Anerkennung von rehabilitationsspezifischen Qualitätsmanagement-Verfahren auf Ebene der BAR" und D „Grundanforderungen an Zertifizierungsstellen nach § 20 SGB IX sowie an das Verfahren zur Bestätigung dieser Anforderungen durch die herausgebende Stelle" des Manuals für ein einrichtungsinternes Qualitätsmanagement für stationäre Rehabilitationseinrichtungen nach § 20 SGB IX.

§ 5 Zertifizierungsverfahren. (1) Alle stationären Rehabilitationseinrichtungen sind verpflichtet, an einem Qualitätsmanagement-Verfahren teilzunehmen, das von der BAR anerkannt worden ist.

(2) [1] Mit einem Zertifikat auf der Grundlage eines nach § 4 anerkannten Qualitätsmanagement-Verfahrens ist für den Zeitraum der Gültigkeit des Zertifikats der Nachweis erbracht, dass die stationäre Rehabilitationseinrichtung die „Grundsätzlichen Anforderungen an ein einrichtungsinternes Qualitätsmanagement für stationäre Rehabilitationseinrichtungen nach § 20 SGB IX" erfüllt. [2] Zum Nachweis dieses Tatbestandes wird der stationären Rehabilitationseinrichtung von der Zertifizierungsstelle ein Zertifikat ausgestellt, das die Anerkennung nach § 20 SGB IX dokumentiert.

(3) [1] Nach erfolgter Zertifizierung hat die stationäre Rehabilitationseinrichtung innerhalb von jeweils drei Jahren eine Re-Zertifizierung nachzuweisen. [2] Um eine Re-Zertifizierung im Sinne dieser Vereinbarung handelt es sich auch dann,

wenn eine stationäre Rehabilitationseinrichtung von einem auf Ebene der BAR anerkannten Qualitätsmanagement-Verfahren zu einem anderen auf Ebene der BAR anerkannten QM-Verfahren wechselt.

(4) [1] Neu auf dem Markt hinzutretende stationäre Rehabilitationseinrichtungen haben innerhalb eines Jahres nach Inbetriebnahme der Einrichtung die geforderte Zertifizierung nachzuweisen. [2] Werden bei der Erstzertifizierung Mängel festgestellt, wird der stationären Rehabilitationseinrichtung für erforderliche Nachbesserungen eine Frist von bis zu neun Monaten eingeräumt. [3] Werden die Mängel nicht fristgerecht behoben, erhält die Einrichtung kein Zertifikat.

(5) Werden bei einer Re-Zertifizierung Mängel festgestellt, erhält die stationäre Rehabilitationseinrichtung eine Nachbesserungsfrist von bis zu sechs Monaten ab dem Ende der Gültigkeitsdauer des Zertifikats.

(6) Einzelheiten ergeben sich aus Abschnitt E „Umsetzung des Zertifizierungsverfahrens" des Manuals für ein einrichtungsinternes Qualitätsmanagement für stationäre Rehabilitationseinrichtungen nach § 20 SGB IX.

(7) Nicht nach § 20 Abs. 2a SGB IX zertifizierten stationären Rehabilitationseinrichtungen ist der Versorgungs-/Belegungsvertrag nach § 21 Abs. 3 SGB IX zu kündigen.

§ 6 entfällt

§ 7 Arbeitsgruppe nach § 20 Abs. 2a SGB IX. (1) Zur Erfüllung der in dieser Vereinbarung für die Ebene der BAR festgelegten Aufgaben wird dort eine Arbeitsgruppe gebildet.

(2) [1] Die Arbeitsgruppe trägt die Bezeichnung „Arbeitsgruppe nach § 20 Abs. 2a SGB IX". [2] Sie setzt sich aus jeweils höchstens zwei Vertretern aus den diese Vereinbarung schließenden Rehabilitationsträgerbereichen (Vereinbarungspartner) zusammen, bedarfsweise ergänzt durch Rehabilitationswissenschaftler oder andere Experten (z.B. Vertreter der Verbände der Leistungserbringer, der Verbände behinderter Menschen) mit beratender Funktion. [3] Die Geschäftsführung obliegt der BAR.

§ 8 Datenschutz. [1] Der gesetzlich vorgeschriebene Schutz der Daten sowie der Betriebs- und Geschäftsgeheimnisse ist zu gewährleisten. [2] Insbesondere sind Betriebs- und Geschäftsgeheimnisse vertraulich zu behandeln.

§ 9 Inkrafttreten. (1) Diese Vereinbarung tritt am 1. Oktober 2009 in Kraft und gilt in der geänderten Fassung vom 30. April 2015.

(2) [1] Sollten einzelne Bestimmungen dieser Vereinbarung unwirksam oder undurchführbar sein oder nach Vertragsschluss unwirksam oder undurchführbar werden, bleibt davon die Wirksamkeit der Vereinbarung im Übrigen unberührt. [2] An die Stelle der unwirksamen oder undurchführbaren Bestimmung soll diejenige wirksame und durchführbare Regelung treten, deren Wirkungen der Zielsetzung am nächsten kommen, die die Vereinbarungspartner mit der unwirksamen bzw. undurchführbaren Bestimmung verfolgt haben. [3] Die vorstehenden Bestimmungen gelten entsprechend für den Fall, dass sich die Vereinbarung als lückenhaft erweist.

(3) [1] Bei Bedarf wird die „Arbeitsgruppe nach § 20 Abs. 2a SGB IX" prüfen, ob die Vereinbarung aufgrund zwischenzeitlich gewonnener Erfahrungen verbessert oder wesentlich veränderten Verhältnissen angepasst werden muss. [2] Für

diesen Fall erklären die Vereinbarungspartner ihre Bereitschaft, unverzüglich an der Überarbeitung einer entsprechend zu ändernden Vereinbarung nach § 20 Abs. 2a SGB IX mitzuwirken.

(4) Die Vereinbarung kann von jedem Vereinbarungspartner zum Ende eines Kalenderjahres mit einer Frist von einem Jahr, frühestens zum 31. Dezember 2011, schriftlich gegenüber den Vereinbarungspartnern gekündigt werden.

Manual für ein einrichtungsinternes Qualitätsmanagement für stationäre Rehabilitationseinrichtungen nach § 20 SGB IX

Gliederung:

Vorbemerkung

A. Übersicht über die Qualitätskriterien

B. Erläuterungen zu den Qualitätskriterien
  1. Teilhabeorientiertes Leitbild
  2. Einrichtungskonzept
  3. Indikations-/zielgruppenspezifisches Rehabilitationskonzept
  4. Verantwortung für das Qualitätsmanagement in der Einrichtung
  5. Basiselemente eines Qualitätsmanagement-Systems
  6. Beziehungen zu Rehabilitanden/Bezugspersonen/Angehörigen, Behandlern, Leistungsträgern, Selbsthilfe
  7. Systematisches Beschwerdemanagement
  8. Externe Qualitätssicherung
  9. Interne Ergebnismessung und -analyse (Verfahren)
  10. Fehlermanagement
  11. Interne Kommunikation und Personalentwicklung

C. Anforderungen zur Anerkennung von rehabilitationsspezifischen Qualitätsmanagement-Verfahren auf Ebene der BAR

D. Grundanforderungen an Zertifizierungsstellen nach § 20 SGB IX sowie an das Verfahren zur Bestätigung dieser Anforderungen durch die herausgebende Stelle

E. Umsetzung des Zertifizierungsverfahrens

Vorbemerkung

In der durch das Gesetz zur Stärkung des Wettbewerbs in der gesetzlichen Krankenversicherung (GKV-WSG – BGBl. 2007 Teil I Nr. 11, Seite 444 vom 30. März 2007) eingefügten Vorschrift des § 20 Abs. 2a SGB IX ist festgelegt, dass die Spitzenverbände der Rehabilitationsträger nach § 6 Abs. 1 Nr. 1 und 3 bis 5 SGB IX im Rahmen der Bundesarbeitsgemeinschaft für Rehabilitation (BAR) grundsätzliche Anforderungen an ein einrichtungsinternes Qualitätsmanagement nach § 20 Abs. 2 Satz 1 SGB IX sowie ein einheitliches, unabhängiges Zertifizierungsverfahren vereinbaren, mit dem die erfolgreiche Umsetzung des Qualitätsmanagements in regelmäßigen Abständen nachgewiesen wird.

Nach Satz 2 der Vorschrift ist den für die Wahrnehmung der Interessen der stationären Rehabilitationseinrichtungen auf Bundesebene maßgeblichen Spitzenverbänden sowie den Verbänden behinderter Menschen einschließlich der Verbände der Freien Wohlfahrtspflege, der Selbsthilfegruppen und der Interessenvertretung behinderter Frauen Gelegenheit zur Stellungnahme zu geben. Nach § 21 Abs. 3 Satz 2 SGB IX sind stationäre Rehabilitationseinrichtungen nur dann als geeignet anzusehen, wenn sie nach § 20 Abs. 2 Satz 2 SGB IX zertifiziert sind. Nicht zertifizierten Rehabilitationseinrichtungen ist der Versorgungs-/Belegungsvertrag zu kündigen.

Unter Qualitätsmanagement wird eine Managementmethode verstanden, die – auf die Mitwirkung aller Mitarbeiter[1] gestützt – die Qualität in den Mittelpunkt der Bemühungen stellt und kontinuierlich bestrebt ist, die Bedürfnisse der Rehabilitanden, Mitarbeiter, Angehörigen, Leistungsträger oder beispielsweise auch der zuweisenden Ärzte und Akutkrankenhäuser zu berücksichtigen. Besondere Bedeutung hat in diesem Zusammenhang die berufsgruppen-, hierarchie- und fachübergreifende Zusammenarbeit sowie die stetige interne, systematische Bewertung des erreichten Standes von Qualitätsmanagement und Qualitätssicherung.

Das Prinzip des umfassenden Qualitätsmanagements ist die Grundlage für ein anwendbares Qualitätsmanagementmodell und beinhaltet Elemente wie

– Rehabilitandenorientierung,

– Verantwortung und Führung,

– Wirtschaftlichkeit,

– Prozessorientierung,

– Mitarbeiterorientierung und -beteiligung,

– Zielorientierung,

– Fehlervermeidung und Umgang mit Fehlern und

– einen kontinuierlichen Verbesserungsprozess.

Dabei werden die Elemente verknüpft mit der Verpflichtung zu einer ethisch-moralischen und humanitären Werteorientierung (Qualitätskultur).

Qualitätsmanagement kommt als Instrument der Organisationsentwicklung in einer stationären Rehabilitationseinrichtung nicht nur dem Rehabilitanden zugute, sondern dient auch der Gesamtorganisation des betrieblichen Geschehens und ist somit auch Bestandteil der Leistungserbringung.

Qualitätsmanagement ist Ausdruck der Führungs- und Verantwortungsstruktur der einzelnen Rehabilitationseinrichtung. Es ist somit ein Bestandteil der Unternehmenspolitik von Rehabilitationseinrichtungen und sollte als Unternehmensziel vom Träger verankert sein. Primäres Ziel ist aber die rehabilitandenorientierte Prozessoptimierung.

Qualitätsmanagement muss von allen Mitarbeitern gelebt werden, sowohl im Innen- als auch im Außenverhältnis. Die Initiative zur Umsetzung des betriebsinternen Qualitätsmanagements muss aus der Führungsebene heraus erfolgen und kann nicht auf die bloße Existenz einer Stabsstelle „Qualitätsmanagement" minimiert werden.

Qualitätssicherungsmaßnahmen sind integraler Bestandteil des Qualitätsmanagements und bieten Erkenntnisse und Unterstützung für ein systematisches einrichtungsinternes Qualitätsmanagement.

Auf der Ebene der Bundesarbeitsgemeinschaft für Rehabilitation (BAR) wurden „Grundsätzliche Anforderungen an ein einrichtungsinternes Qualitätsmanagement für stationäre Rehabilitationseinrichtungen nach § 20 SGB IX" erarbeitet und zu ihrer Präzisierung und Anwendung ein Manual erstellt, das Erläuterungen zu jedem geforderten Qualitätskriterium enthält. Im Weiteren enthält das Manual Regelungen zur Umsetzung für die herausgebende Stelle eines rehabilitations-

---

[1] **Amtl. Anm.:** Allgemeiner Hinweis: Generell wurde aus Gründen der besseren Lesbarkeit des Textes ausschließlich die männliche Form (z.B. Mitarbeiter) verwendet und auf die zusätzliche Benennung der weiblichen Form (z.B. Mitarbeiterin) verzichtet.

spezifischen Qualitätsmanagement-Verfahrens, für die Zertifizierungsstelle nach § 20 SGB IX und die stationäre Rehabilitationseinrichtung.

A. Übersicht über die Qualitätskriterien

	Grundsätzliche Anforderungen an ein einrichtungsinternes Qualitätsmanagement für stationäre Rehabilitationseinrichtungen nach § 20 SGB IX	
1	**Teilhabeorientiertes Leitbild**	– Bezug zum Unternehmenszweck (Rehabilitation) – Beteiligung der Mitarbeiter – Schriftlich festgelegt – Kommunikation des Leitbildes – Transparenz im Unternehmen und gegenüber Partnern – Regelmäßige interne Überprüfung, Anpassung, Aktualisierung
2	**Einrichtungskonzept**	– Aussagen zur Organisation der Einrichtung (Strukturen und Prozesse) – Darstellung des Leistungsspektrums – Übereinstimmung mit den Rahmenvorgaben der Leistungsträger (z.B. Reha-Richtlinie) – Vereinbarkeit mit dem anerkannten fachwissenschaftlichen Diskussionsstand – Schriftlich festgelegt – Verbindlich vereinbart – Transparenz im Unternehmen und gegenüber Partnern – Regelmäßige interne Überprüfung, Anpassung, Aktualisierung
3	**Indikations-/ zielgruppenspezifisches Rehabilitationskonzept**	– Schriftlich festgelegte Verantwortlichkeiten zur Erstellung, Prüfung und Freigabe der Behandlungskonzepte – Definierte Rehabilitationsziele, Transparenz der Rehabilitationsziele für alle Beteiligten – Interdisziplinärer Rehabilitationsansatz – ICF-basiert und teilhabeorientiert – Schriftlich festgelegte, indikationsspezifische und funktionsorientierte Behandlungskonzepte – Messung/Überprüfung der Therapiezielerreichung – Regelmäßige interne Überprüfung, Anpassung, Aktualisierung
4	**Verantwortung für das Qualitätsmanagement in der Einrichtung**	**4.1 Verantwortlichkeit für das interne QM auf der Leitungsebene** – Beschriebene Organisationsstruktur des Qualitätsmanagements einschließlich Verpflichtung der obersten Leitungsebene – Angaben zur Verantwortlichkeit bei der Entwicklung von Qualitätszielen, der Qualitätsplanung, Überwachung und Bewertung – Bereitstellung angemessener personeller und sachlicher Ressourcen für das Qualitätsmanagement

**Grundsätzliche Anforderungen an ein einrichtungsinternes Qualitäts-
management für stationäre Rehabilitationseinrichtungen nach § 20
SGB IX**

		4.2 Qualitätsmanagement-Beauftragter (QM-Be-auftragter) – Bestellung eines qualifizierten Qualitätsmanagement-Beauftragten mit den erforderlichen Ressourcen – Sicherstellung der erforderlichen Qualifikation und Erfahrung – Bestimmung und Bereitstellung der erforderlichen zeitlichen Ressourcen – Schriftliche Benennung mit Aufgabenbeschreibung und Befugnissen – Transparenz der Aufgaben und Befugnisse
5	**Basiselemente eines Qualitäts-management-Systems**	**5.1 Organisationsstruktur** – Eindeutige Verantwortungszuordnung in den Prozessen – Stellenbeschreibungen/Aufgabenbeschreibungen – Organigramm **5.2 Dokumentation, verantwortliche Kontrolle und Steuerung** – Beschreibung und kontinuierliche Überwachung der rehabilitandenbezogenen, wesentlichen Kernprozesse in den Bereichen Aufnahme, Diagnose, Therapie und Überleitung einschließlich der relevanten Teil- und Unterstützungsprozesse – Beschreibung des Dokumentationssystems sowie Maßnahmen zur Einhaltung aller gesetzlichen und behördlich geforderten Anforderungen (z.B. Medizinprodukte, Hygiene, Brandschutz) – Internes Schnittstellenmanagement – Ausrichtung des Prozessmanagements an fachlichen Qualitätsstandards – Lenkung der rehabilitandenbezogenen Dokumente **5.3 Entwicklung von Qualitätszielen auf der Basis der internen Managementbewertung** – Regelmäßige interne Managementbewertung und Ableitung messbarer Qualitätsziele auf Grundlage der internen Ergebnismessungen – Bewertung und Ableitung von Maßnahmen sowie deren Überwachung – Transparenz der Qualitätsziele und Zielerreichung in der Einrichtung **5.4 Regelhafte Selbstprüfung wesentlicher Prozesse** (z.B. interne Audits oder Self-Assessments) – Prüfungsplan – Bereitstellung von qualifiziertem Personal – Dokumentation der Prüfung

Grundsätzliche Anforderungen an ein einrichtungsinternes Qualitäts- **management für stationäre Rehabilitationseinrichtungen nach § 20** **SGB IX**		
		– Umgang mit Ergebnissen – Korrekturmaßnahmen **5.5 Mitarbeiterbeteiligung aller Ebenen und Be-** **reiche** – Festgelegte, transparente und verbindliche interne Kommunikationsstrukturen – Umfassende Einbeziehung und differenzierte Beteiligung der Mitarbeiter im QM und Einsatz geeigneter Instrumente (z.B. regelmäßige Schulungen und andere Informationsmaßnahmen zum QM) – Angaben zum Mitarbeiter-Feedback
6	**Beziehungen zu** **Rehabilitanden/** **Bezugsperso-** **nen/Angehöri-** **gen, Behandlern,** **Leistungsträ-** **gern, Selbsthilfe**	– Information der Rehabilitanden – Einbeziehung der Erwartungen, Wünsche und Bedürfnisse der Rehabilitanden – Abstimmung verschiedener Interessenslagen (Rehabilitand, Behandler, Leistungsträger, Selbsthilfe) – Reha-Zielvereinbarungen und gemeinsame Auswertung – Schnittstellenmanagement zu Vor- und Nachbehandlern
7	**Systematisches** **Beschwerdema-** **nagement**	– Beschriebenes Verfahren und beschriebener Prozess einschließlich Verantwortlichkeiten – Statistik, Auswertung, Analyse und Konsequenzen
8	**Externe Quali-** **tätssicherung**	– Teilnahme an gesetzlich vorgeschriebenen externen Qualitätssicherungsverfahren (Struktur-, Prozess- und Ergebnisqualität) – Analyse der Ergebnisse und dokumentiertes Ziehen von Konsequenzen – Schriftliche Festlegungen zu den Ergebnisauswertungen – Berücksichtigung im internen QM
9	**Interne Ergeb-** **nismessung und** **-analyse (Verfah-** **ren)**	– Rehabilitandenbezogener Einsatz von Assessments bei Aufnahme und Entlassung – Leistungen der rehabilitandenbezogenen und unterstützenden Prozesse (Prozessqualität) – Therapiezielerreichung (Ergebnisqualität) – Daten aus der Umsetzung einschlägiger gesetzlicher und behördlicher Forderungen – Arbeiten mit qualitätsorientierten Kennzahlen – Ergebnisse zu Qualitätszielen – Ermittlung der Rehabilitandenzufriedenheit – Rückmeldungen von Kunden (Rehabilitanden, Leistungsträger und Interessenspartner) – Interne Qualitätszirkel und analoge Formen – Ableitung von Korrekturmaßnahmen und Empfehlungen für Verbesserungen

Grundsätzliche Anforderungen an ein einrichtungsinternes Qualitäts-management für stationäre Rehabilitationseinrichtungen nach § 20 SGB IX	
10 **Fehlermanage-ment**	– Konzept zum Fehlermanagement – Statistik, Auswertung und Analyse – Konsequenzen, Korrekturmaßnahmen – Vorbeugungsmaßnahmen
11 **Interne Kommunikation und Personalentwicklung**	– Regelmäßige Konferenzen der Mitglieder der Einrichtungsleitung und der Klinikleitung mit der nachgeordneten Ebene – Regelmäßige Besprechungen von Teams und Stationen bzw. der Einrichtungsleitung nachgeordneten Ebene mit ihren Mitarbeitern (z.B. Fallbesprechungen) – Regelmäßige interne Teamfortbildungen – Regelmäßiges Reanimationstraining und schriftlich ausgearbeiteter „Erste-Hilfe-Plan" – Schriftlich ausgearbeitete Regelungen für die Einarbeitung neuer Mitarbeiter – Erhebung des Fortbildungsbedarfs, Planung und Durchführung der Fort- und Weiterbildung

B. Erläuterungen zu den Qualitätskriterien

1. Teilhabeorientiertes Leitbild

Einführung:

Das teilhabeorientierte Leitbild veranschaulicht den Mitarbeitern, Rehabilitanden, Kooperationspartnern, Interessenten und der Öffentlichkeit die Ziele und Werte der Rehabilitationseinrichtung. Es beschreibt die Grundsätze und Wertvorstellungen für das Handeln in der Rehabilitationseinrichtung. Die im SGB IX dargestellte Teilhabeorientierung der Rehabilitation ist Grundlage des Leitbildes.

Ziele:

Das Selbstverständnis und der teilhabeorientierte Auftrag der Rehabilitationseinrichtung, ihre Handlungsfelder und die ihrer Dienstleistungen zugrunde liegenden Wertevorstellungen sind schriftlich dargelegt.

Das Verhalten und das Handeln der Führungskräfte und der Mitarbeiter folgen dem Leitbild der Einrichtung.

Die Inhalte des Leitbildes der Einrichtung sind Grundlage für die Leitbilder und Konzepte der einzelnen Bereiche der Einrichtung. Die Inhalte des Einrichtungsleitbildes werden von den Mitarbeitern in ihrem Arbeitshandeln berücksichtigt.

Qualitätsindikatoren:

– Bezug zum Unternehmenszweck (Rehabilitation)
Die Teilhabeorientierung der Rehabilitation wird im Leitbild deutlich, die Ziele und Werte der Rehabilitationseinrichtung, die Grundsätze und Wertvorstellungen für das Handeln werden dargelegt. Das Leitbild macht insbesondere Aussagen zu dem Selbstverständnis, dem Auftrag, den Handlungsfeldern, der Werteorientierung und dem Menschenbild, den Führungsgrundsätzen, dem

Umgang mit den Mitarbeitern, dem Qualitätsmanagement (QM), der Wirtschaftlichkeit, der Kooperationen und der Ökologie.

– **Beteiligung der Mitarbeiter**
Die gesamte Führung der Einrichtung ist verantwortlich für die Entwicklung und Umsetzung des Leitbildes in der Alltagspraxis, die Mitarbeiter sind an der Erstellung und Aktualisierung des Leitbildes aktiv beteiligt.

– **Schriftlich festgelegt**
Das Leitbild liegt in schriftlicher Form vor.

– **Kommunikation des Leitbildes**
Das Leitbild wird regelmäßig (mindestens einmal jährlich) in geeigneter Weise mit allen Mitarbeitern kommuniziert und Rehabilitanden, Kooperationspartnern, Interessenten und der Öffentlichkeit zugänglich gemacht. Die Mitarbeiter kennen die für ihre Arbeitsbereiche relevanten Inhalte des Leitbildes.

– **Transparenz im Unternehmen und gegenüber Partnern**
Das Leitbild ist zielgruppenspezifisch in Entstehung und Weiterentwicklung nach innen und außen nachvollziehbar und plausibel.

– **Regelmäßige interne Überprüfung, Anpassung, Aktualisierung**
Das Leitbild wird regelmäßig intern überprüft, den ggf. neuen Erfordernissen angepasst und aktualisiert.

2. Einrichtungskonzept

Einführung:

In dem in der Regel mit dem federführenden Rehabilitationsträger vereinbarten Konzept der Rehabilitationseinrichtung werden das Aufgabenverständnis beschrieben sowie die Rehabilitationsleistungen und die damit im Zusammenhang stehenden Leistungen benannt. Es ist verbindliche Handlungsorientierung für alle Mitarbeiter.

Ziele:

Das Konzept präzisiert Zielsetzungen, Organisation und Arbeitsweise und benennt die Indikationen und Therapien.
Die Rehabilitationsleistungen werden in der Leistungsbeschreibung dargestellt.

Qualitätsindikatoren:

– **Aussagen zur Organisation der Einrichtung (Strukturen und Prozesse)**
Es werden Aussagen gemacht zur Trägerstruktur und zu den Rahmenbedingungen (z.B. geographische Lage, Größe, Indikation).

– **Darstellung des Leistungsspektrums**
Das gesamte Spektrum der möglichen Leistungen zur Rehabilitation und Teilhabe wird dargestellt, auf relevante Kontraindikationen wird eingegangen.

– **Übereinstimmung mit den Rahmenvorgaben der Leistungsträger**
(z.B. Reha-Richtlinie)
Es wird dargestellt, auf welche Rahmenvorgaben der Leistungsträger Bezug genommen wird, welche Leitlinien zur Rehabilitation z.B. in das Konzept der Einrichtung eingebunden sind und den Mitarbeitern zur Verfügung gestellt werden.

– **Vereinbarkeit mit dem anerkannten fachwissenschaftlichen Diskussionsstand**

Das Konzept wird regelmäßig überprüft und ist vereinbar mit dem allgemein anerkannten Stand der medizinischen Erkenntnisse und der fachwissenschaftlichen Diskussion.

- **Schriftlich festgelegt**
  Das Einrichtungskonzept liegt in schriftlicher Form vor.
- **Verbindlich vereinbart**
  Das Einrichtungskonzept ist verbindliche Handlungsorientierung für alle Mitarbeiter.
- **Transparenz im Unternehmen und gegenüber Partnern**
  In zielgruppenspezifischer Art und Weise wird das Einrichtungskonzept nach innen und außen kommuniziert.
- **Regelmäßige interne Überprüfung, Anpassung, Aktualisierung**
  Das Einrichtungskonzept wird regelmäßig intern überprüft, angepasst und aktualisiert.

3. Indikations-/zielgruppenspezifisches Rehabilitationskonzept

Einführung:

Im Rehabilitationskonzept werden indikationsspezifisch die Rehabilitations- und die damit im Zusammenhang stehenden Leistungen beschrieben. Es ist verbindliche Handlungsorientierung für alle Mitarbeiter.

Ziele:

Das Konzept präzisiert Zielsetzungen, Organisation und Arbeitsweise und benennt die Indikationen und Therapien.

Qualitätsindikatoren:

- **Schriftlich festgelegte Verantwortlichkeiten zur Erstellung, Prüfung und Freigabe der Behandlungskonzepte**
  Die indikationsspezifischen Behandlungskonzepte liegen in schriftlicher Form vor. Sie umfassen Verantwortlichkeiten zur Erstellung, Prüfung und Freigabe.
- **Definierte Rehabilitationsziele, Transparenz der Rehabilitationsziele für alle Beteiligten**
  Konzeptionell werden indikationsbezogen die Rehabilitationsziele benannt und zielgruppenspezifisch allen Beteiligten in geeigneter Art und Weise vermittelt. Die Rehabilitationsziele sind ergebnisorientiert, konkret und ressourcenorientiert.
- **Interdisziplinärer Rehabilitationsansatz**
  Die Rehabilitationskonzepte berücksichtigen einen interdisziplinären Rehabilitationsansatz. Die Mitarbeiter der relevanten Berufsgruppen verstehen sich als interdisziplinäres Reha-Team.
- **ICF-basiert und teilhabeorientiert**
  Die Rehabilitationskonzepte basieren auf dem bio-psycho-sozialen Modell der internationalen Klassifikation der Funktionsfähigkeit, Behinderung und Gesundheit und setzen die im Sozialgesetzbuch IX formulierten Anforderungen an die Teilhabe um.
- **Schriftlich festgelegte, indikationsspezifische und funktionsorientierte Behandlungskonzepte**
  Die Konzepte der therapeutischen Leistungen sind schriftlich dargelegt und indikationsspezifisch und insbesondere funktions- bzw. fähigkeitsorientiert im

Sinne der ICF und Teilhabezielsetzung ausgerichtet, ggf. sind zielgruppenspezifische Besonderheiten zu berücksichtigen.

– **Messung/Überprüfung der Therapiezielerreichung**
Regelhaft wird in geeigneter Form das Erreichen der Therapieziele überprüft.

– **Regelmäßige interne Überprüfung, Anpassung, Aktualisierung**
Die Konzepte werden kontinuierlich intern weiterentwickelt und an die Anforderungen der Rehabilitationsträger angepasst.

4. Verantwortung für das Qualitätsmanagement in der Einrichtung

Einführung:

Um die Aufbau- und Ablauforganisation der Einrichtung kontinuierlich an die sich verändernden Umfeldanforderungen anzupassen und den Nutzen der Einrichtung nach innen und außen darzulegen, bedarf es einer klaren Festlegung der Verantwortung für das Qualitätsmanagement (QM).

Ziele:

Die Verantwortung der Klinikleitung und der nachgeordneten Führungskräfte der verschiedenen Hierarchieebenen für das Qualitätsmanagement wird transparent dargestellt.

Qualitätsindikatoren:

4.1. Verantwortlichkeit für das interne QM auf der Leitungsebene

– **Beschriebene Organisationsstruktur des Qualitätsmanagements einschließlich Verpflichtung der obersten Leitungsebene**
Die Organisationsstruktur des QM ist transparent beschrieben und die Verantwortung und Verpflichtung der Leitung für das QM dargelegt.

– **Angaben zur Verantwortlichkeit bei der Entwicklung von Qualitätszielen, der Qualitätsplanung, Überwachung und Bewertung**
Die Einrichtungsleitung stellt dar, wer für welche Funktionsbereiche, Ebenen und Prozesse Verantwortung bei der Entwicklung von Qualitätszielen, der Qualitätsplanung, Überwachung und Bewertung trägt.

– **Bereitstellung angemessener personeller und sachlicher Ressourcen für das Qualitätsmanagement**
Die Einrichtung verfügt über eine Regelung zur Erfassung und Überprüfung des für das QM erforderlichen Mittelbedarfs und weist die Erfüllung nach.

4.2. Qualitätsmanagement-Beauftragter (QM-Beauftragter)

– **Bestellung eines qualifizierten Qualitätsmanagement-Beauftragten mit den erforderlichen Ressourcen**
Der namentlich benannte QM-Beauftragte ist für den Aufbau, die Betreuung und Weiterentwicklung des QM-Systems zuständig. Er berichtet routinemäßig unmittelbar der Leitung der Einrichtung. Die Bereitstellung der erforderlichen zeitlichen und materiellen Mittel für den QM-Beauftragten wird transparent dargestellt.

– **Sicherstellung der erforderlichen Qualifikation und Erfahrung**
Die Einrichtung weist die erforderliche Qualifikation und Erfahrung des QM-Beauftragten nach und sorgt für eine kontinuierliche Fortbildung.

– **Bestimmung und Bereitstellung der erforderlichen zeitlichen Ressourcen**

Die Einrichtung verfügt über eine Regelung zur Erfassung und Überprüfung des für das QM erforderlichen Zeitbedarfes und weist die Bereitstellung der erforderlichen (zeitlichen) Ressourcen nach.

– **Schriftliche Benennung mit Aufgabenbeschreibung und Befugnissen**
Für den Qualitätsmanagement-Beauftragten liegt eine Aufgabenbeschreibung und eine schriftliche Ernennung vor.

– **Transparenz der Aufgaben und Befugnisse**
Allen Beteiligten werden die Aufgaben und Befugnisse des QM-Beauftragten in geeigneter Form vermittelt.

5. Basiselemente eines Qualitätsmanagement-Systems

Einführung:

Für ein erfolgreiches Qualitätsmanagement ist es erforderlich, alle qualitätsrelevanten Strukturmerkmale und Prozesse zu dokumentieren und transparent nach innen und außen darzulegen.

Ziele:

Die Einrichtung informiert über ihre Organisationsstruktur, die Art und Weise der Dokumentation, der Kontrolle und Steuerung, der Entwicklung der Qualitätsziele, der regelhaften Selbstprüfung wesentlicher Prozesse und der Beteiligung ihrer Mitarbeiter.

Qualitätsindikatoren:

5.1. Organisationsstruktur

– **Eindeutige Verantwortungszuordnung in den Prozessen**
Zu den einzelnen Prozessen sind die jeweils zugeordneten verantwortlichen Personen benannt.

– **Stellenbeschreibungen/Aufgabenbeschreibungen**
Es existieren Stellen- oder Aufgabenbeschreibungen für Mitarbeiter mit qualitätsrelevanten Aufgaben. Ein Stellenplan dient als Grundlage für die Personalbedarfsdeckung und Personalentwicklung. Nicht besetzte Stellen sind gekennzeichnet, der Abgleich zwischen Soll- und Ist-Stellen findet in regelmäßigen (mindestens einmal jährlich) Abständen statt.
Die Stellen- bzw. Aufgabenbeschreibung ist die verbindliche Darstellung eines Arbeitsplatzes mit Angabe der Rechte, Aufgaben und Verantwortlichkeiten der Stelleninhaber. Die Anforderungen an die Stelleninhaber sind transparent dargestellt, die Befugnisse sind klar geregelt und sichern reibungslose Arbeitsabläufe.

– **Organigramm**
Das Organigramm stellt die Aufbauorganisation der Einrichtung graphisch dar und dient als Orientierungshilfe über die Führungsebenen sowie die einzelnen Funktions- und Tätigkeitsbereiche und Zuständigkeiten. Das Organigramm umfasst die Verantwortlichkeiten für alle qualitätsrelevanten Arbeitsbereiche. Die Darstellung ist verständlich und leicht nachvollziehbar. Das Organigramm hängt in der Einrichtung offen aus und wird Interessierten auf Wunsch zur Verfügung gestellt.

5.2. Dokumentation, verantwortliche Kontrolle und Steuerung

– **Beschreibung und kontinuierliche Überwachung der rehabilitandenbezogenen, wesentlichen Kernprozesse in den Bereichen Aufnahme, Di-**

**agnose, Therapie und Überleitung einschließlich der relevanten Teil-
und Unterstützungsprozese.**
Von der Rehabilitationseinrichtung ist dargelegt, in welcher Art und Weise die
rehabilitandenbezogenen wesentlichen Kernprozesse dokumentiert und regelhaft überwacht werden. Im Qualitätsmanagementhandbuch sind alle diese Maßnahmen und Prozesse nachvollziehbar dargestellt.

– **Beschreibung des Dokumentationssystems sowie Maßnahmen zur Einhaltung aller gesetzlichen und behördlich geforderten Anforderungen
(z.B. Medizinprodukte, Hygiene, Brandschutz)**
Die Maßnahmen zur Einhaltung der gesetzlich und behördlich geforderten
Anforderungen werden beschrieben. Nach Möglichkeit wird die Einhaltung
nachgewiesen.

– **Internes Schnittstellenmanagement**
Von der Einrichtung ist dargelegt, wie die interne Zusammenarbeit geregelt ist
(z.B. zwischen verschiedenen Abteilungen, Funktionsbereichen).

– **Ausrichtung des Prozessmanagements an fachlichen Qualitätsstandards**
Die Lenkung der qualitätsrelevanten Prozesse orientiert sich an rehabilitationsspezifischen Fachstandards.

– **Lenkung der rehabilitandenbezogenen Dokumente**
Handhabung und Verteilersystem der rehabilitandenbezogenen Dokumente
sind klar geregelt, die Dokumente sind jederzeit auffindbar, verfügbar, auf dem
neuesten Stand und archiviert. Die Anforderungen des Datenschutzes sind
erfüllt.

**5.3. Entwicklung von Qualitätszielen auf der Basis der internen Manage-
mentbewertung**

– **Regelmäßige interne Managementbewertung und Ableitung messbarer
Qualitätsziele auf Grundlage der internen Ergebnismessungen**
Die interne Managementbewertung überprüft regelmäßig (mindestens einmal
jährlich), ob das QM-System geeignet ist, die Qualitätspolitik und die Qualitätsziele der Einrichtung zu realisieren und die Anforderungen entsprechend weiterzuentwickeln. Auf der Grundlage der internen Ergebnismessungen wird das
Erreichen messbarer Qualitätsziele überprüft, und es werden neue Qualitätsziele
abgeleitet. Die regelmäßige Managementbewertung ist dokumentiert.

– **Bewertung und Ableitung von Maßnahmen sowie deren Überwachung**
Von identifiziertem Korrektur- und Verbesserungsbedarf werden nach Möglichkeit Verbesserungsmaßnahmen abgeleitet. Laufende Verbesserungsmaßnahmen werden überwacht. Durchgeführte Verbesserungsmaßnahmen werden bewertet.

– **Transparenz der Qualitätsziele und Zielerreichung in der Einrichtung**
Die Entwicklung der Qualitätsziele und die entsprechende Zielerreichung
werden allen Beteiligten in geeigneter Weise vermittelt.

**5.4. Regelhafte Selbstprüfung wesentlicher Prozesse (z.B. interne Audits
oder Self-Assessments)**

– **Prüfungsplan**
Die Einrichtung führt einen schriftlichen Plan zur regelhaften Selbstprüfung der
wesentlichen Prozesse. Die Teilnehmer sind informiert über Termin, Dauer und

Ablauf der internen Überprüfungen. Die internen Überprüfungen werden regelmäßig (mindestens einmal jährlich), unter Einbeziehung der Ergebnisse aus vorangegangenen Überprüfungen, durchgeführt. Die Dauer für die Überprüfung des gesamten QM-Systems überschreitet nicht den Zeitraum von drei Jahren.

– **Bereitstellung von qualifiziertem Personal**
Die Einrichtung weist das erforderliche qualifizierte Personal für die regelhaften Selbstprüfungen nach (z.B. fachliche, methodische, soziale Kompetenz).

– **Dokumentation der Prüfung**
Die Ergebnisse der Selbstüberprüfungen sind schriftlich dokumentiert.

– **Umgang mit Ergebnissen**
Von der Einrichtung ist dargelegt, wie sie mit den Ergebnissen der Selbstprüfung umgeht. Die Ergebnisse der internen Überprüfungen führen gegebenenfalls zu Korrekturmaßnahmen und fließen in die Managementbewertung ein. Die Führung der Rehabilitationseinrichtung hat aus dem Soll-Ist-Vergleich Verbesserungsbedarfe abgeleitet, die Vorgehensweise geplant und die Durchführung festgelegt.

– **Korrekturmaßnahmen**
Von der Einrichtung sind die bislang aus dem Selbstprüfungsprozess erfolgten Korrekturmaßnahmen dargelegt.

5.5. Mitarbeiterbeteiligung aller Ebenen und Bereiche

– **Festgelegte, transparente und verbindliche interne Kommunikationsstrukturen**
Die interne Kommunikation umfasst alle geplanten und strukturierten Kommunikationsmedien und -gremien zum Informationsaustausch der Mitarbeiter untereinander und mit der Führung der Einrichtung. Ein regelmäßiger, an den Erfordernissen der Rehabilitationsprozesse orientierter Informationsfluss innerhalb der Einrichtung ist in allen Belangen sichergestellt.

– **Umfassende Einbeziehung und differenzierte Beteiligung der Mitarbeiter im QM und Einsatz geeigneter Instrumente**
(z.B. regelmäßige Schulungen und andere Informationsmaßnahmen zum QM)
Die Mitarbeiter aller Bereiche und Berufsgruppen werden in das interne Qualitätsmanagement einbezogen. Sie haben die Möglichkeit, Optimierungspotentiale in das QM einzubringen. Sie sind über das Qualitätsmanagementsystem informiert. Die Einrichtung verfügt dazu über festgelegte Informations- und Partizipationsinstrumente (z.B. Fortbildungen, Vorschlagswesen).

– **Angaben zum Mitarbeiter-Feedback**
Von der Einrichtung sind die Rückmeldungen der Mitarbeiter über ihre Beteiligung am QM dargelegt.

6. Beziehungen zu Rehabilitanden/Bezugspersonen/Angehörigen, Behandlern, Leistungsträgern, Selbsthilfe

Einführung:

Der komplexe Ansatz der Leistungen zur Teilhabe bedingt im Sinne der ICF auch eine systematische, ggf. vertraglich geregelte Kooperation zwischen verschiedenen Partnern. Nur durch eine ausreichende Berücksichtigung der Kontextfaktoren des Rehabilitanden lässt sich der Reha-Erfolg nachhaltig sichern.

Ziele:

Die Zusammenarbeit der Einrichtung mit den im Einzelfall erforderlichen Kooperationspartnern zum Wohle des Rehabilitanden ist sichergestellt.

Die Beziehungen zu den Kooperationspartnern sind aufeinander abgestimmt und funktionieren reibungslos.

Die Beziehungen werden in der Art und Weise gelebt, dass das Erreichen der Rehabilitationsziele gefördert und ggf. vorhandene Konflikte aufgrund unterschiedlicher Interessenlagen partnerschaftlich gelöst werden.

Das Selbstbestimmungsrecht und die gleichberechtigte Teilhabe des Rehabilitanden am Leben in der Gesellschaft werden gefördert.

Qualitätsindikatoren:

– **Information der Rehabilitanden**
Die Einrichtung hat die organisatorische Sicherstellung der ausreichenden/ erforderlichen Information der Rehabilitanden über alle für die Rehabilitation wichtigen Belange beschrieben.
(Z.B. Informationelles Selbstbestimmungsrecht, Datenschutz, Verpflichtung zur Zusammenarbeit, Abläufe in der Rehabilitation, medizinische Aufklärung)
Die Einrichtung hat ihr Konzept der Angehörigenarbeit bzw. Einbindung der Bezugspersonen beschrieben.

– **Einbeziehung der Erwartungen, Wünsche und Bedürfnisse der Rehabilitanden**
Die Einrichtung hat die Regeln beschrieben, nach denen die berechtigten Wünsche der Rehabilitanden berücksichtigt werden und wie dabei den besonderen Bedürfnissen behinderter und von Behinderung bedrohter Frauen, Männer und Kindern Rechnung getragen wird.

– **Abstimmung verschiedener Interessenslagen (Rehabilitand, Behandler, Leistungsträger, Selbsthilfe)**
Die Einrichtung hat die Regeln beschrieben, nach denen die ggf. verschiedenen Interessenslagen der an der Rehabilitation Beteiligten abgestimmt werden.

– **Reha-Zielvereinbarungen und gemeinsame Auswertung**
Von der Einrichtung ist nachgewiesen, dass regelhaft Rehabilitationsziele mit den Rehabilitanden vereinbart und wie diese gemeinsam ausgewertet werden.

– **Schnittstellenmanagement zu Vor- und Nachbehandlern**
Die Einrichtung hat ihr Schnittstellenmanagement zu den Vor- und Nachbehandlern beschrieben. Die Einrichtung kennt die Anforderungen, die von den Vor- und Nachbehandlern an sie gestellt werden.

7. Systematisches Beschwerdemanagement

Einführung:

Mit der Beschwerde wird eine Unzufriedenheit geäußert, die aufgrund einer negativen Differenz zwischen der erwarteten und der von der Einrichtung erbrachten Leistung resultiert. Es ist Aufgabe des Beschwerdemanagements, die Belange des Beschwerdeführers ernst zu nehmen, seiner Beschwerde nachzugehen, ihn zufrieden zu stellen und ggf. den Grund für die Beschwerde für Verbesserungen zu nutzen und mit der Beschwerde verbundene mögliche negative Auswirkungen auf die Einrichtung zu minimieren. Die Angaben zum Beschwerdemanagement sind Orientierungshilfen beim Umgang mit Kritik. Das Beschwerdemanagement ist ein wichtiges Instrument zur Beseitigung von Beschwerdeanlässen, Fehlern und deren Ursachen.

Ziele:

Die Beschwerden sind als konstruktive Kritik erwünscht. Die Mitarbeiter sind für Beschwerden offen. Beschwerden werden systematisch, zügig und kundenorientiert bearbeitet. Die Korrekturmaßnahmen dienen der weiteren Qualitätsverbesserung.

Qualitätsindikatoren:

- **Beschriebenes Verfahren und beschriebener Prozess einschließlich Verantwortlichkeiten**
  Von der Einrichtung sind die schriftlichen Regelungen und Verantwortlichkeiten zum Beschwerdemanagement dargelegt (Erfassung, Behebung und Bearbeitung).
- **Statistik, Auswertung, Analyse und Konsequenzen**
  Von der Einrichtung wird dargelegt, dass die Beschwerden einzeln und statistisch erfasst, die Ursachen analysiert, geeignete Korrekturmaßnahmen bewertet und erforderliche Korrekturmaßnahmen eingeleitet werden. Die Mitarbeiter sind für den Umgang mit Beschwerden geschult, sie bewerten die ergriffenen Korrekturmaßnahmen und setzen die sie betreffenden auch um.

8. Externe Qualitätssicherung

Einführung:

Qualitätssicherung bezeichnet alle Maßnahmen, die geeignet sind, bei den Kunden Vertrauen in die Leistungsfähigkeit und Verlässlichkeit des Unternehmens zu gewinnen.

Externe Qualitätssicherung im engeren Sinne umfasst die Formulierung und Überprüfung von externen Qualitätsanforderungen an eine Rehabilitationseinrichtung. Diese Anforderungen leiten sich aus gesetzlichen Verpflichtungen ab und werden in der Regel mit fachlicher und wissenschaftlicher Beteiligung von den Leistungsträgern umgesetzt.

Ziele:

Durch eine externe Qualitätssicherung erfolgt eine bewertende vergleichende Qualitätsanalyse auf der Basis der verfügbaren einrichtungsspezifischen qualitätsrelevanten Indikatoren zu Struktur-, Prozess- und Ergebnisqualität zur Unterstützung einer Qualitätsorientierung der Einrichtung.

Durch die externe Qualitätssicherung wird die ständige Verbesserung der Gesamtleistung der Rehabilitationseinrichtung gefördert.

Die Erfüllung der Kundenanforderungen wird nachgewiesen.

Qualitätsindikatoren:

- **Teilnahme an gesetzlich vorgeschriebenen externen Qualitätssicherungsverfahren (Struktur-, Prozess- und Ergebnisqualität)**
  Die Rehabilitationseinrichtung weist nach, dass sie an den gesetzlich vorgeschriebenen und implementierten externen Qualitätssicherungsverfahren teilnimmt. Rehabilitationseinrichtungen ohne einen Versorgungs-/Belegungsvertrag unterliegen dieser Nachweispflicht nicht.
- **Analyse der Ergebnisse und dokumentiertes Ziehen von Konsequenzen**

Die Rehabilitationseinrichtung verdeutlicht, wie sie den systematischen Umgang mit den Ergebnissen aus der externen Qualitätssicherung durchführt. In die Analyse gehen die intern dokumentierten Informationen aus der Zeitspanne ein, in der die Daten der externen Qualitätssicherung erhoben wurden. Diese Darstellung muss die Beschreibung der abgeleiteten Konsequenzen und Verbesserungsprojekte enthalten.

– **Schriftliche Festlegungen zu den Ergebnisauswertungen**
Die Rehabilitationseinrichtung weist schriftliche Festlegungen zu den Ergebnisauswertungen nach.

– **Berücksichtigung im internen QM**
Die Rehabilitationseinrichtung hat dargelegt, wie sie die Ergebnisse der externen Qualitätssicherung im internen Qualitätsmanagement berücksichtigt.

9. Interne Ergebnismessung und -analyse (Verfahren)

Einführung:

Die interne Qualitätssicherung umfasst die Regelungen, die gewährleisten sollen, dass angestrebte Ergebnisse und Qualitätsverbesserungen geplant und gezielt erreicht werden.

Mit der Ergebnisqualität wird die Wirksamkeit der Rehabilitationsprozesse gemessen. Im Sinne der Effizienz und Effektivität ist die Qualität der rehabilitandenbezogenen Prozesse und Unterstützungsprozesse zu messen. Dazu bietet es sich an, für ausgewählte, im Sinne der Ergebnisqualität besonders relevante Prozesse Bewertungsparameter festzulegen und kontinuierlich zu überwachen.

Ziele:

Mit der internen Ergebnismessung wird das Ziel verfolgt, rehabilitandenbezogen die Ergebnisqualität der Rehabilitationsleistung zu messen. Dazu bedarf es indikations- und störungsspezifischer Indikatoren und Messinstrumente. Bezogen auf die Prozessqualität gilt die Zufriedenheit der Rehabilitanden und Mitarbeiter mit den Arbeitsprozessen als Ziel genauso wie ein effizientes Verhältnis von Aufwand und Nutzen der Leistungen.

Qualitätsindikatoren:

– **Rehabilitandenbezogener Einsatz von Assessments bei Aufnahme und Entlassung**
Die Rehabilitationseinrichtung weist nach, dass bei Aufnahme und Entlassung der Rehabilitanden zur Ergebnismessung jeweils systematisch und regelhaft der Einsatz von geeigneten Assessments erfolgt.

– **Leistungen der rehabilitandenbezogenen und unterstützenden Prozesse (Prozessqualität)**
Wesentliche qualitätsrelevante Leistungen der rehabilitandenbezogenen Prozesse und der die Kernprozesse unterstützenden Prozesse werden gemessen und im Hinblick auf Verbesserungspotential analysiert.

– **Therapiezielerreichung (Ergebnisqualität)**
Die Rehabilitationseinrichtung weist die Ergebnisse der überprüften Therapiezielerreichung transparent nach.

– **Daten aus der Umsetzung einschlägiger gesetzlicher und behördlicher Forderungen**
Die Rehabilitationseinrichtung dokumentiert die Umsetzung der gesetzlichen und behördlichen Qualitätsforderungen zur Rehabilitandensicherheit.

– **Arbeiten mit qualitätsorientierten Kennzahlen**
Die Rehabilitationseinrichtung dokumentiert, mit welchen ausgewählten qualitätsorientierten Kennzahlen bei ihr gearbeitet wird.

– **Ergebnisse zu Qualitätszielen**
Die Rehabilitationseinrichtung überprüft die Erreichung der Qualitätsziele und dokumentiert die Ergebnisse.

– **Ermittlung der Rehabilitandenzufriedenheit**
Die Rehabilitationseinrichtung weist nach, dass sie zur Erhebung und Bewertung der Zufriedenheit ihrer Kunden mit dem Leistungsangebot und den erbrachten Leistungen der Einrichtung „Erhebungen zur Rehabilitandenzufriedenheit" durchführt.

– **Rückmeldungen von Kunden (Rehabilitanden, Leistungsträger und Interessenspartner)**
Die Rehabilitationseinrichtung verfügt über ein systematisches Vorgehen, um Rückmeldungen von Kunden bezüglich der Qualität der Rehabilitationsmaßnahme einzuholen und zu analysieren.

– **Interne Qualitätszirkel und analoge Formen**
Zur umfassenden Nutzung der Problemlösungskompetenz der Mitarbeiter werden interne Qualitätszirkel oder analoge Formen innerbetrieblicher Arbeitskreise eingesetzt.

– **Ableitung von Korrekturmaßnahmen und Empfehlungen für Verbesserungen**
Die Rehabilitationseinrichtung hat Korrekturmaßnahmen und Empfehlungen für Verbesserungen aus der internen Ergebnismessung abgeleitet.

10. Fehlermanagement

Einführung:

Grundsätzlich kann es zu Abweichungen von der geforderten Qualität von Leistungen kommen, wenn die erbrachte Dienstleistung oder damit verbundene Tätigkeiten fehlerhaft waren. Solche Fehler lassen sich in der Regel nachträglich (von der Rehabilitationseinrichtung) nicht mehr oder nur mit hohem Aufwand korrigieren. Die resultierenden Abweichungen von der Soll-Vorgabe sind für das Fehlermanagement wichtige Indikatoren zur Identifizierung von Verbesserungsmöglichkeiten und Optimierung von Prozessen. Fehlerquellen werden aufgedeckt, wichtige Lerneffekte bei den Mitarbeitern und der Einrichtung werden ermöglicht und somit zukünftig Fehler vermieden und „Fehlerkosten" miniert.

Ziele:

Durch ein Fehlermanagement als einem System zur Identifizierung, Analyse, Behebung und präventiven Vermeidung von Fehlern wird eine Erhöhung der Sicherheit für Rehabilitanden und Mitarbeiter angestrebt. Auf der Ebene der Einrichtung gelten der Aufbau und die Pflege einer „Fehlerkultur" als Ziel.

Korrektur- und Präventionsmaßnahmen in diesem Sinne vermeiden eine Wiederholung von Fehlern. Fehler werden als Chance zur Verbesserung verstanden.

Es werden Präventionsmaßnahmen getroffen, die Fehler erst gar nicht entstehen lassen.

Qualitätsindikatoren:

– **Konzept zum Fehlermanagement**

Die Rehabilitationseinrichtung verfügt über ein Konzept zum Fehlermanagement und über schriftliche Regelungen zum Umgang mit Fehlern.

- **Statistik, Auswertung und Analyse**
  Die schriftlichen Regelungen zum Umgang mit Fehlern beinhalten die Erfassung der Fehler, die Einleitung von Sofortmaßnahmen, die Behebung, das Sammeln, das Auswerten und die Bewertung der Fehler und die Analyse der Fehlerursache.

- **Konsequenzen, Korrekturmaßnahmen**
  Die Rehabilitationseinrichtung überprüft die Dokumentation der fehlerhaft erbrachten Leistungen und die entsprechenden Regelungen (Verfahrensanweisung) und leitet erforderliche Korrekturmaßnahmen ein. Einrichtungsleitung und Mitarbeiter bewerten mit dem QM-Beauftragten die ergriffenen Korrekturmaßnahmen. Falls ein Fehler festgestellt wird, ist jeweils zu prüfen, ob zusätzlich zu einer Korrekturmaßnahme eine weitere Vorbeugungsmaßnahme abgeleitet werden kann, um das erneute Auftreten des Fehlers zu verhindern.

- **Vorbeugungsmaßnahmen**
  Die Mitarbeiter sind für den Umgang mit Fehlern sensibilisiert und geschult, sie sind motiviert, die Arbeitsprozesse laufend auf mögliche Fehler oder Fehlerquellen hin zu prüfen und Fehler zu vermeiden.

11. Interne Kommunikation und Personalentwicklung

Einführung:

Interne Kommunikation erfasst alle vorgesehenen und strukturierten Kommunikationsmedien zum Informationsaustausch der Mitarbeiter untereinander und mit der Führung der Rehabilitationseinrichtung. Sie beinhaltet rehabilitanden- und rehabilitationseinrichtungsrelevante Informationen zwischen Abteilungen und Mitarbeitern, die für die allgemeine Organisation des Arbeitsalltages und dessen Abläufe erforderlich sind.

Personalentwicklung umfasst alle vorgesehenen Maßnahmen der Bildung, der Förderung und der Organisationsentwicklung, die von der Rehabilitationseinrichtung zielorientiert geplant, realisiert und evaluiert werden.

Ziele:

Ein regelmäßiger Informationsfluss innerhalb der Rehabilitationseinrichtung ist in allen Belangen sichergestellt.

Die Mitarbeiter sind über alle sie betreffenden Sachverhalte aktuell und umfassend informiert.

Eine an den Bedürfnissen der Rehabilitanden ausgerichtete Leistung zur Teilhabe ist gewährleistet. Die Mitarbeiter sind befähigt, ihre Aufgaben im betrieblichen Arbeitssystem erfolgreich und effizient zu bewältigen und sich neuen Herausforderungen selbstbewusst und motiviert zu stellen.

Qualitätsindikatoren:

- **Regelmäßige Konferenzen der Mitglieder der Klinikleitung und der Klinikleitung mit der nachgeordneten Ebene**
  Die interne Kommunikation umfasst mindestens folgende Kriterien:
  Terminliche Festlegung (Wochentag, Uhrzeit, Dauer, Häufigkeit), Tagesordnung, Protokollführung, Anwesenheits- und Abwesenheitsregelung, Gesprächsleitung.

Die Umsetzung der vereinbarten Aufgaben und Beschlüsse wird geprüft und sichergestellt. Die Rehabilitationseinrichtung legt fest, wie Informationen an Mitarbeiter weitergeleitet werden, die nicht an den Besprechungen teilgenommen haben.

– **Regelmäßige Besprechungen von Teams und Stationen bzw. der Klinikleitung nachgeordneten Ebene mit ihren Mitarbeitern (z.B. Fallbesprechungen)**
Die interne Kommunikation umfasst mindestens folgende Kriterien:
Terminliche Festlegung (Wochentag, Uhrzeit, Dauer, Häufigkeit), Tagesordnung, Protokollführung, Anwesenheits- und Abwesenheitsregelung, Gesprächsleitung.
Die Umsetzung der vereinbarten Aufgaben und Beschlüsse wird geprüft und sichergestellt. Die Rehabilitationseinrichtung legt fest, wie Informationen an Mitarbeiter weitergeleitet werden, die nicht an den Besprechungen teilgenommen haben.

– **Regelmäßige interne Teamfortbildungen**
Die Rehabilitationseinrichtung hat festgelegt, in welcher Form und Häufigkeit die internen Teamfortbildungen durchgeführt werden.

– **Regelmäßiges Reanimationstraining und schriftlich ausgearbeiteter „Erste-Hilfe-Plan"**
Die Rehabilitationseinrichtung legt den schriftlichen „Erste-Hilfe-Plan" vor. Sie hat festgelegt, welche Mitarbeiter in welcher Form und Häufigkeit an dem Reanimationstraining teilnehmen.

– **Schriftlich ausgearbeitete Regelungen für die Einarbeitung neuer Mitarbeiter**
Die Rehabilitationseinrichtung legt die schriftlichen Regelungen für die Einarbeitung neuer Mitarbeiter vor. Alle neuen Mitarbeiter erhalten zu Beginn ihrer Tätigkeit alle für ihre Tätigkeit und Verantwortung erforderlichen Informationen und ausreichend Zeit zur Einarbeitung. Ein Nachweis über die Einarbeitung wird erbracht.

– **Erhebung des Fortbildungsbedarfs, Planung und Durchführung der Fort- und Weiterbildung**
Die Rehabilitationseinrichtung erhebt regelmäßig (mindestens jährlich) in geeigneter Form den Fortbildungsbedarf der Mitarbeiter, plant dementsprechend die Fort- und Weiterbildung und organisiert bzw. vermittelt diese. Die kurz-, mittel- und langfristigen Ziele der Maßnahmen der Personalentwicklung sind berücksichtigt. Die Mitarbeiter werden an der Planung ihrer individuellen Weiterqualifizierung beteiligt. Die realisierten Fort- und Weiterbildungsmaßnahmen und die Teilnehmer werden dokumentiert und dargelegt. Die Fortbildungsplanung berücksichtigt neue Erkenntnisse aus Wissenschaft und Praxis. Aktuelle Fachliteratur, Fachzeitschriften und Programme über Fort- und Weiterbildungsmöglichkeiten sind verfügbar. Absolvierte Pflichtschulungen sind nachgewiesen.

C. Anforderungen zur Anerkennung von rehabilitationsspezifischen Qualitätsmanagement-Verfahren auf Ebene der BAR

In den Abschnitten A „Übersicht über die Qualitätskriterien" und B „Erläuterungen zu den Qualitätskriterien" des Manuals für ein einrichtungsinternes Qualitätsmanagement-Verfahren für stationäre Rehabilitationseinrichtungen nach § 20

SGB IX sind die „*Grundsätzlichen Anforderungen an ein einrichtungsinternes Qualitäts-management für stationäre Rehabilitationseinrichtungen nach § 20 SGB IX*" festgelegt.

Das rehabilitationsspezifische Qualitätsmanagement-Verfahren beinhaltet in der Regel die Erstellung eines Handbuches, in welchem die Umsetzung des einrichtungsinternen Qualitätsmanagements beschrieben wird. Das rehabilitationsspezifische Qualitätsmanagement-Verfahren muss zudem eine Dokumentenprüfung und eine Vor-Ort-Prüfung durch eine geeignete Zertifizierungsstelle nach § 20 SGB IX vorsehen.

Voraussetzung für die Anerkennung von rehabilitationsspezifischen Qualitätsmanagement-Verfahren durch die BAR-Arbeitsgruppe nach § 7 der Vereinbarung ist die Erfüllung der „*Grundsätzlichen Anforderungen an ein einrichtungsinternes Qualitätsmanagement für stationäre Rehabilitationseinrichtungen nach § 20 SGB IX*" (§ 3 der Vereinbarung).

Die herausgebende Stelle eines rehabilitationsspezifischen Qualitätsmanagement-Verfahrens hat einen Antrag auf Anerkennung ihres Verfahrens bei der BAR zu stellen. Ein ordnungsgemäßer Antrag setzt voraus, dass die herausgebende Stelle unter Verwendung der von der BAR zur Verfügung gestellten Formulare, einschließlich der Verpflichtungserklärung, und durch die Vorlage geeigneter Unterlagen nachweist, dass ihr rehabilitationsspezifisches Qualitätsmanagement-Verfahren den „Grundsätzlichen Anforderungen an ein einrichtungsinternes Qualitätsmanagement für stationäre Rehabilitationseinrichtungen nach § 20 SGB IX" entspricht.

Der herausgebenden Stelle wird von der BAR der Eingang des Antrags bestätigt.

Sofern der Antrag vollständig ist, bereitet die BAR die Sitzung der bei ihr eingerichteten Arbeitsgruppe nach § 20 Abs. 2a SGB IX (§ 7 der Vereinbarung) vor. Die Arbeitsgruppe prüft, ob sich in der Verfahrensbeschreibung der herausgebenden Stelle die von der BAR definierten „*Grundsätzlichen Anforderungen an ein einrichtungsinternes Qualitätsmanagement für stationäre Rehabilitationseinrichtungen nach § 20 SGB IX*" wiederfinden.

Bei positivem Prüfergebnis spricht die Arbeitsgruppe die Anerkennung des von der herausgebenden Stelle vorgelegten rehabilitationsspezifischen Qualitätsmanagement-Verfahrens aus und teilt dies der herausgebenden Stelle über die BAR mit. Die herausgebende Stelle verpflichtet sich gegenüber der BAR auf einem dafür vorgesehenen Formular (Verpflichtungserklärung) zur Erfüllung der in § 4 der Vereinbarung aufgestellten Forderungen.

Bei negativem Prüfergebnis lehnt die Arbeitsgruppe die Anerkennung ab. Ihre ablehnende Entscheidung begründet sie der herausgebenden Stelle gegenüber und gibt ihr zugleich die Möglichkeit der Nachbesserung innerhalb festgelegter Frist. Sofern nicht fristgerecht nachgebessert wird, führt dies zum Versagen oder Entzug der Anerkennung des rehabilitationsspezifischen Qualitätsmanagement-Verfahrens.

Bei Neueinreichung gestaltet sich das Verfahren wie oben beschrieben.

Erläuterung:

Anerkannte rehabilitationsspezifische Qualitätsmanagement-Verfahren veröffentlicht die BAR in einer Liste.

Weitergehendes Informationsmaterial zu dem Verfahren zur Anerkennung von rehabilitationsspezifischen Qualitätsmanagement-Verfahren auf Ebene der BAR

und den Pflichten der herausgebenden Stelle dieses Verfahrens hält die BAR
bereit.

Übersicht Prozessbeschreibung Anerkennung QM – Verfahren nach § 20 SGB IX

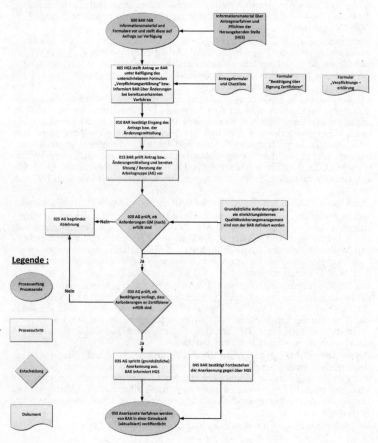

D. Grundanforderungen an Zertifizierungsstellen sowie an das Verfahren zur Bestätigung dieser Anforderungen durch die herausgebende Stelle

Die Grundanforderungen an Zertifizierungsstellen nach § 20 SGB IX richten sich grundsätzlich nach der DIN EN ISO/IEC 17021:2011 bzw. den jeweils gültigen gesetzlichen Bestimmungen. In der DIN EN ISO/IEC 17021:2011 werden in den Abschnitten 4 bis 7 Grundsätze beschrieben, die auch von den Zertifizierungstellen der nach § 20 Abs. 2a SGB IX anerkannten Verfahren zu erfüllen sind. Hierbei sind vor allem folgende allgemeine Grundsätze von Bedeutung:

– Unabhängigkeit und Unparteilichkeit

Die (auch wirtschaftliche) Unabhängigkeit und Unparteilichkeit der Zertifizierungsstellen sowohl gegenüber stationären Rehabilitationseinrichtungen als auch herausgebenden Stellen eines rehabilitationsspezifischen Qualitätsmanagement-Verfahrens sind von besonderer Bedeutung. Jede Zertifizierungsstelle muss die Risiken für ihre Unparteilichkeit durch verbundene Stellen oder auch durch andere Tätigkeiten identifizieren, analysieren und entsprechende Schlussfolgerungen aus dieser Analyse ziehen. Die oberste Leitung der Zertifizierungsstelle muss sich dabei öffentlich zur Unparteilichkeit verpflichten, entsprechende Interessenkonflikte lenken und die Objektivität sichern. Die Zertifizierungsstelle muss einen Ausschuss zur Sicherung der Unparteilichkeit einrichten, der neben anderen Aufgaben auch die Bewertung der Unparteilichkeitsanalyse vornehmen soll.

Zur Wahrung der Unparteilichkeit darf eine Zertifizierungsstelle auch keine Audits an eine Beratungsorganisation für Managementsysteme ausgliedern. Die Zertifizierungsstelle oder auch Teile derselben juristischen Person dürfen ihren zertifizierten Kunden keine internen Audits anbieten oder bereitstellen. Eine Zertifizierungsstelle darf ein Managementsystem, zu dem es interne Audits oder Beratungsleistungen durchgeführt hat, nicht vor Ablauf von zwei Jahren nach Ende des internen Audits zertifizieren. Weiterhin müssen die Aufzeichnungen über das Personal alle relevanten Beratungsdienstleistungen enthalten, die vom Personal der Zertifizierungsstelle zur Verfügung gestellt wurden. Zudem muss die zu zertifizierende Organisation im Antrag auf Zertifizierung Informationen bereitstellen, welche Beratungsdienstleistungen bezüglich des Managementsystems benutzt und erhalten wurden.

– Kompetenz

Die Zertifizierungsstelle ist verpflichtet, für das Personal, das in die Zertifizierungstätigkeiten einbezogen ist, eine Kompetenzanalyse durchzuführen. Zudem ist eine Antragsüberprüfung erforderlich, ob die Zertifizierungsstelle über die notwendige Kompetenz verfügt, den Auftrag durchzuführen. Bezüglich der Annahme des Auftrags sind die Begründungen zur Entscheidung aufzubewahren. Mitarbeiter der Zertifizierungsstelle müssen medizinische, therapeutische oder pflegerische Erfahrung im Gesundheitswesen oder Leitungserfahrung im Rehabilitationsbereich haben.

Die Auswahl des Auditteams sollte sich ebenfalls nach der erforderlichen Kompetenz richten. Das Auditteam selbst sollte Vertreter unterschiedlicher Professionen enthalten (gemischtes Team bei Visitationen).

– Verantwortung

Die Zertifizierungsstelle muss eine juristische Person oder ein festgelegter Teil einer juristischen Person sein, damit sie für alle ihre Zertifizierungstätigkeiten rechtlich verantwortlich gemacht werden kann. Eine staatliche Zertifizierungsstelle gilt aufgrund ihres behördlichen Status als juristische Person; die Behörde muss diesen Teil festlegen, der als Zertifizierungsstelle gilt und mögliche Interessenkonflikte zu anderen Teilen der entsprechenden staatlichen Einrichtungen verhindern.

– **Offenheit**
Die Zertifizierungsstelle ist zu einer angemessenen Offenheit verpflichtet. Offenheit bezeichnet dabei das von ihr zu wahrende Prinzip des öffentlichen Zugangs bzw. der Offenlegung der sachgemäßen und rechtzeitigen Informationen über ihren Audit- und Zertifizierungsprozess sowie über den Zertifizierungsstatus (Erteilung, Erweiterung, Aufrechterhaltung, Erneuerung, Aussetzung, Einschränkung oder Zurückziehung der Zertifizierung). Auf diese Weise schafft die Zertifizierungsstelle zugleich Vertrauen in die Integrität und Glaubwürdigkeit der von ihr durchgeführten Zertifizierungen.

– **Vertraulichkeit**
Die Zertifizierungsstelle hat die Vertraulichkeit geschützter Informationen zwingend zu wahren. Sie hat somit unbedingt darauf zu achten und dies durch geeignete Maßnahmen bzw. Vorkehrungen sicherzustellen, dass alle geschützten Informationen (z.B. in Dokumenten und anderen Aufzeichnungen), die sie über den Kunden erlangt hat, nur für Befugte zugänglich sind, somit Unbefugte zu diesen Informationen gerade keinen Zugang haben. Nur durch Wahrung der Vertraulichkeit ist letztlich sichergestellt, dass die Zertifizierungsstelle auch tatsächlich bevorrechtigten Zugang zu all denjenigen Informationen erhält, die sie braucht, um die Konformität gemäß den Anforderungen an eine Zertifizierung angemessen bewerten zu können. Über Informationen, die nach Ansicht der Zertifizierungsstelle anderen Stellen zur Verfügung gestellt oder auch frei zugänglich gemacht werden sollen, hat die Zertifizierungsstelle den Kunden im Voraus in Kenntnis zu setzen, ebenso über Maßnahmen, die sie im Zuge dessen zu ergreifen beabsichtigt.

– **Offenheit für Beschwerden**
Diejenigen, die sich auf die Zertifizierung verlassen, müssen darauf vertrauen können, dass Beschwerden, die sich auf die von der Zertifizierungsstelle zu verantwortenden Zertifizierungstätigkeiten beziehen, nach nachgegangen und, sofern diese berechtigt sind, auch Abhilfe geschaffen wird. Das Verfahren zum Umgang mit Beschwerden muss daher transparent bzw. öffentlich zugänglich sein. Aufgabe eines systematischen Beschwerdemanagements muss sein, die Belange des Beschwerdeführers ernst zu nehmen, seiner Beschwerde nachzugehen, ihn zufrieden zu stellen und ggf. den Grund für die Beschwerde für Verbesserungen zu nutzen und mit der Beschwerde verbundene mögliche negative Auswirkungen auf die Zertifizierungsstelle bzw. auf das Zertifizierungsverfahren insgesamt zu minimieren. Sofern sich Beschwerden gegen einen zertifizierten Kunden richten, hat die Zertifizierungsstelle diese innerhalb eines angemessenen Zeitraumes auch an den betreffenden zertifizierten Kunden weiterzugeben.

Die herausgebende Stelle eines rehabilitationsspezifischen Qualitätsmanagement-Verfahrens hat der BAR auf dem von dieser ihr zur Verfügung gestellten Formular die Eignung der von ihr in Anspruch genommene(n) Zertifizierungsstelle(n) zu bestätigen und übernimmt insofern die Verantwortung für die Auswahl der Zertifizierungsstellen.

Der herausgebenden Stelle wird von der BAR der Eingang der Bestätigung mitgeteilt.

Die bei der BAR nach § 7 der Vereinbarung eingerichtete Arbeitsgruppe prüft, ob die vorliegende Bestätigung der herausgebenden Stelle, dass die Anforderungen an Zertifizierungsstellen erfüllt sind, ausreicht.

Erläuterung:

Zertifizierungsstellen, die geeignet sind, veröffentlicht die BAR.

Weitergehendes Informationsmaterial zur Bestätigung der Eignung von Zertifizierungsstellen und den Pflichten der herausgebenden Stelle hält die BAR bereit.

E. Umsetzung des Zertifizierungsverfahrens

Die stationären Rehabilitationseinrichtungen müssen ein einrichtungsinternes Qualitätsmanagement-Verfahren implementieren und weiterentwickeln sowie sich an einem Zertifizierungsverfahren beteiligen. Hierbei muss es sich um ein Qualitätsmanagement-Verfahren handeln, welches von der BAR anerkannt ist (§ 4 der Vereinbarung).

Die stationäre Rehabilitationseinrichtung muss im Rahmen ihres Qualitätsmanagement-Verfahrens ein Handbuch über die Umsetzung ihres einrichtungsinternen Qualitätsmanagements erstellen. Andere Nachweise (z.B. Selbstbericht) sind ebenfalls möglich.

Stationäre Rehabilitationseinrichtungen können sich bei der BAR (z.B. auf deren Internetseite) über die getroffenen Festlegungen zu den grundsätzlichen Anforderungen an ein einrichtungsinternes Qualitätsmanagement nach § 20 SGB IX für stationäre Rehabilitationseinrichtungen sowie zum einheitlichen, unabhängigen Zertifizierungsverfahren, mit dem die erfolgreiche Umsetzung des Qualitätsmanagements in regelmäßigen Abständen nachgewiesen wird, informieren. Im Weiteren stehen Informationen zur Verfügung, welche rehabilitationsspezifischen Qualitätsmanagement-Verfahren anerkannt sind und welche Zertifizierungsstellen in Anspruch genommen werden können.

Stationäre Rehabilitationseinrichtungen können sowohl Kontakt mit der herausgebenden Stelle eines rehabilitationsspezifischen Qualitätsmanagement-Verfahrens (sofern sie nicht selbst ein Qualitätsmanagement-Verfahren herausgeben) als auch mit einer oder mehreren Zertifizierungsstellen aufnehmen, die für sie zur Durchführung einer Zertifizierung ihrer Einrichtung in Betracht kommen.

Die Zertifizierungsstelle unterbreitet der stationären Rehabilitationseinrichtung ein Preisangebot für die Durchführung des Zertifizierungsverfahrens.

Sofern die stationäre Rehabilitationseinrichtung das Angebot annimmt, führt die Zertifizierungsstelle das Verfahren durch und erteilt bei positivem Prüfergebnis das Zertifikat, aus dem die Erfüllung der Voraussetzungen des § 20 SGB IX hervorgeht. Bei negativem Prüfergebnis hat die stationäre Rehabilitationseinrichtung die Möglichkeit der Nachbesserung innerhalb festgelegter Frist. Werden die Mängel nicht fristgerecht behoben, erhält die Einrichtung kein Zertifikat (siehe § 5 Abs. 4 der Vereinbarung).

Über die erfolgte Zertifikaterteilung informiert die stationäre Rehabilitationseinrichtung ihren federführenden Beleger. Ebenso gibt die Zertifizierungsstelle die entsprechende Information an die herausgebende Stelle. Die herausgebende Stelle ihrerseits informiert die BAR.

Die Erteilung eines Zertifikates ebenso wie die Verweigerung, die Aussetzung der Gültigkeit des Zertifikats bzw. des Zertifizierungsverfahrens oder Rücknahme eines auf Zertifizierung gerichteten Antrages ist durch die Zertifizierungsstelle zu datieren (Ausstellungsdatum, Gültigkeitsdauer). Die BAR ist durch die herausgebende Stelle unverzüglich über den jeweiligen Tatbestand zu informieren. Die auf diese Weise mitgeteilten Daten werden bei der BAR zentral erfasst, den Vereinbarungspartnern mitgeteilt und der Öffentlichkeit bereitgestellt. Der Datenschutz (§ 8 der Vereinbarung) ist zu beachten.

Nach erfolgter Zertifizierung hat die stationäre Rehabilitationseinrichtung spätestens innerhalb von jeweils drei Jahren eine Re-Zertifizierung nachzuweisen. Werden bei einer Re-Zertifizierung Mängel festgestellt, hat die stationäre Rehabilitationseinrichtung die Möglichkeit der Nachbesserung innerhalb festgelegter Frist, d.h., das bisher gültige Zertifikat hat längstens sechs Monate nach Ablauf noch Gültigkeit (siehe § 5 Abs. 5 der Vereinbarung). Die Gültigkeit des neuen Zertifikats gilt im direkten Anschluss an den Ablauf des vorherigen Zertifikates. Werden die Mängel nicht fristgerecht behoben, ist die stationäre Rehabilitationseinrichtung nicht mehr zertifiziert im Sinne von § 20 Abs. 2a SGB IX.

Erläuterung:

Weitergehendes Informationsmaterial zur Umsetzung des Zertifizierungsverfahrens durch die stationäre Rehabilitationseinrichtung hält die BAR bereit.

Übersicht Prozessbeschreibung Zertifizierungsverfahren aus Sicht einer stationären Rehabilitationseinrichtung

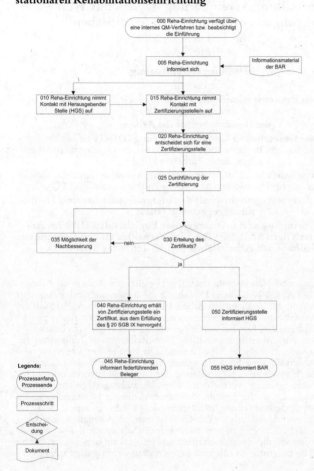

1k. Verwaltungsvereinbarung Begleitende Hilfe – Leistungen zur Teilhabe am Arbeitsleben[1)]

Vom 11. Dezember 2019

(BAR 2020)

Verwaltungsvereinbarung

zwischen

der **Deutschen Rentenversicherung**, vertreten durch die Deutsche Rentenversicherung Bund,

der **Bundesagentur für Arbeit**,

der **Deutschen Gesetzlichen Unfallversicherung (DGUV)** als Spitzenverband der gewerblichen Berufsgenossenschaften und der Unfallversicherungsträger der öffentlichen Hand,

der **Landwirtschaftlichen Unfallversicherung**, vertreten durch die Sozialversicherung für Landwirtschaft, Forsten und Gartenbau (SVLFG),

und der **Bundesarbeitsgemeinschaft der Integrationsämter und Hauptfürsorgegestellen (BIH)**

über die Erbringung von Leistungen der Begleitenden Hilfe im Arbeitsleben nach dem SGB IX[2)] Teil 3 im Verhältnis zu den Leistungen zur Teilhabe am Arbeitsleben gemäß Teil 1 des SGB IX[2)]

0. Allgemeines

Im Wirkungs- und Handlungsbereich der begleitenden Hilfen im Arbeitsleben nach § 185 Abs. 1 Nr. 3 SGB IX[2)] durch die Integrationsämter einerseits und der Leistungen zur Teilhabe am Arbeitsleben nach §§ 49 und 50 SGB IX durch die Rehabilitationsträger andererseits ergibt sich die Schnittfläche gleichartiger Leistungsbereiche. Hierbei handelt es sich in aller Regel um Leistungen für Maßnahmen zur Arbeitsplatzgestaltung (Arbeitsausrüstung, Hilfsmittel zur Berufsausübung oder technische Arbeitshilfen). Die Inhalte dieser Verwaltungsvereinbarung sollen die jeweiligen Aufgabengebiete und vorhandenen Zuständigkeiten deutlich machen, die Zuordnung der Leistungsbegehren erleichtern sowie Rechtsstreitigkeiten vermeiden. Die Verwaltungsvereinbarung soll gleichfalls bewirken, dass die Leistungen vom zuständigen Leistungsträger im Rahmen seiner Aufgabenstellung entsprechend § 4 Abs. 2 Satz 2 SGB IX vollständig, umfassend und in gleicher Qualität erbracht werden, sodass Leistungen des anderen Leistungsträgers nicht erforderlich werden. Die Verwaltungsvereinbarung soll die Zusammenarbeit im Hinblick auf personenzentrierte und ganzheitliche Beratung und abgestimmte Leistungserbringung fördern.

1. Grundsätzliches

Arbeitgeber sind nach dem SGB IX[2)] Teil 3 (Schwerbehindertenrecht) im Rahmen des Zumutbaren verpflichtet, den Arbeitsplatz für schwerbehinderte

---

[1)] Hrsg.: Bundesarbeitsgemeinschaft für Rehabilitation (BAR) e.V., Solmsstraße 18, 60486 Frankfurt a.M., Tel. (069) 60 50 18-0, Telefax (069) 60 50 18-29, E-Mail: info@bar-frankfurt.de, Internet: http://www.bar-frankfurt.de.

[2)] Nr. 1.

Menschen oder diesen gleichgestellte behinderte Menschen (nachfolgend schwerbehinderte Menschen) so einzurichten, dass sie dauernde Beschäftigung finden können (§ 164 Abs. 4 Satz 1 Nrn. 1, 4 und 5 sowie Satz 3 SGB IX). Hierbei werden die Arbeitgeber unter anderem durch die Integrationsämter unterstützt. Die Leistungsverpflichtung der Integrationsämter ist im Verhältnis zu den Rehabilitationsträgern im Rahmen der Leistungen zur Teilhabe am Arbeitsleben nachrangig. Der Vorrang des Trägers der Leistungen zur Teilhabe am Arbeitsleben beschränkt sich dabei jedoch unter Berücksichtigung der für ihn maßgeblichen Vorschriften ausschließlich auf die Förderung der Beschäftigungsbedingungen des einzelnen behinderten oder von Behinderung bedrohten Menschen.

Soweit es um Maßnahmen zur Schaffung besonderer behindertengerechter betrieblicher Einrichtungen (z.B. Rollstuhlrampen, Aufzüge, Toilettenanlagen) zu Gunsten einer Mehrzahl von beschäftigten behinderten Menschen geht, die ebenfalls einen entsprechenden Bedarf haben, besteht keine Leistungspflicht des Rehabilitationsträgers. Eine Notwendigkeit der Leistungserbringung durch die Integrationsämter ergibt sich auch hier nur insoweit, als es um die Versorgung von schwerbehinderten oder gleichgestellten behinderten Beschäftigten in Ergänzung der Erfüllung von Arbeitgeberpflichten geht.

Als allgemeine Verpflichtung für Arbeitgeber sind bei der Ausgestaltung des Arbeitsplatzes insbesondere die Bestimmungen des Arbeitsschutzgesetzes, Arbeitssicherheitsgesetzes und der Arbeitsstättenverordnung sowie der Unfallverhütungsvorschriften, der DIN sowie europäischer Normen zu beachten. Hierunter fällt beispielsweise die Verpflichtung zum Einrichten und Betreiben von Arbeitsstätten unter Beachtung des Standes der Technik, Arbeitsmedizin und Hygiene sowie der ergonomischen Anforderungen (§ 3a Abs. 1 Satz 2 ArbStättV).

Die Übernahme der Kosten des behinderungsbedingten Mehrbedarfs im Einzelfall durch die gesetzlichen Leistungsträger nach deren geltenden gesetzlichen Voraussetzungen bleibt hiervon unberührt. Bei ihrer Entscheidung werden die Partner dieser Vereinbarung das übergeordnete Ziel verfolgen, die Beschäftigung schwerbehinderter Menschen zu fördern und zu diesem Zweck entsprechende bestehende Beschäftigungsverhältnisse zu sichern und die Einrichtung entsprechender Arbeitsplätze nach den jeweiligen gesetzlichen Leistungsmöglichkeiten aktiv zu unterstützen.

2. Zuständigkeit

2.1. Rentenversicherung

Die Rentenversicherungsträger sind zuständig für schwerbehinderte Menschen, die zum Zeitpunkt der Antragstellung bereits 180 Beitragsmonate erbracht haben bzw. eine Rente wegen verminderter Erwerbsfähigkeit beziehen (§ 11 Abs. 1 SGB VI[1]). Leistungen zur Teilhabe am Arbeitsleben werden an Versicherte auch erbracht, wenn ohne diese Leistungen Rente wegen verminderter Erwerbsfähigkeit zu leisten wäre oder wenn sie für eine voraussichtlich erfolgreiche Rehabilitation unmittelbar im Anschluss an eine medizinische Rehabilitationsmaßnahme erforderlich sind (§ 11 Abs. 2a SGB VI[1]).

---

[1] Nr. **6**.

Auf der Grundlage von Ziffer 1 ergibt sich die Leistungspflicht bei gesundheitsbedingter Beeinträchtigung der beruflichen Teilhabe.

Bei Gefährdung der Erwerbsfähigkeit sollen Leistungen zur Teilhabe am Arbeitsleben eine drohende Minderung abwenden. Ist die Erwerbsfähigkeit bereits gemindert, muss diese durch Leistungen zur Teilhabe am Arbeitsleben (LTA) wesentlich gebessert oder wiederhergestellt werden oder eine wesentliche Verschlechterung abgewendet werden können. Liegt teilweise Erwerbsminderung vor und ist eine wesentliche Besserung nicht möglich, sollen LTA den bisherigen Arbeitsplatz erhalten oder die Erlangung eines anderen in Aussicht stehenden Arbeitsplatzes ermöglichen.

Ist die Rentenversicherung für die Durchführung einer stufenweisen Wiedereingliederung (§ 44 SGB IX[1]) zuständig, kann sie während ihrer Dauer auch einen Integrationsfachdienst beauftragen. Voraussetzung ist in diesen Fällen ein eigenständiges LTA-Verfahren.

2.2. Bundesagentur für Arbeit

Auf der Grundlage von Ziffer 2.1 ergibt sich eine Zuständigkeit der Bundesagentur für Arbeit für Leistungen zur Teilhabe am Arbeitsleben von Menschen mit Behinderungen, schwerbehinderten Menschen oder diesen Gleichgestellten im Sinne des § 2 SGB IX[1], deren Eingliederungsaussichten wegen Art und Schwere der Behinderung nicht nur vorübergehend wesentlich gemindert sind und die deshalb Hilfen zur Teilhabe am Arbeitsleben benötigen. Hierzu zählen nach § 19 SGB III[2] auch lernbehinderte Menschen. Nach § 6 Abs. 3 SGB IX ist die Bundesagentur für Arbeit auch Rehabilitationsträger für die Leistungen zur Teilhabe am Arbeitsleben für erwerbsfähige Leistungsberechtigte mit Behinderungen im Sinne des SGB II. Voraussetzung für Leistungsberechtigte beider Rechtskreise ist, dass kein anderer Rehabilitations- bzw. Leistungsträger zuständig ist.

Im Übrigen gelten auch für die Bundesagentur für Arbeit die bei der Rentenversicherung oben genannten Ausführungen in Abgrenzung zu den Integrationsämtern.

2.3. Gesetzliche Unfallversicherung

Die gesetzliche Unfallversicherung erbringt bei Zuständigkeit alle Leistungen der medizinischen Rehabilitation und der beruflichen und sozialen Teilhabe.

Nach einem Versicherungsfall (Arbeitsunfall §§ 8, 10, 11, 12 SGB VII, Berufskrankheit § 9 SGB VII oder bei einer drohenden Berufskrankheit § 3 BKV) haben Versicherte u.a. Anspruch auf Leistungen zur Teilhabe am Arbeitsleben (§ 26 Abs. 1 SGB VII[3]). Leistungen zur Teilhabe können Versicherte kraft Gesetzes (§ 2 SGB VII), Pflichtversicherte kraft Satzung (§ 3 SGB VII) oder freiwillig Versicherte (§ 6 SGB VII) erhalten.

2.4. Integrationsamt

Die Integrationsämter sind im Rahmen der begleitenden Hilfe im Arbeitsleben gemäß § 185 SGB IX[1] zuständig. Dies schließt auch Leistungen für

---

[1] Nr. 1.
[2] Nr. 4.
[3] Nr. 7.

Beamte und Selbstständige ein, soweit nach den versicherungsrechtlichen Voraussetzungen keine Zuständigkeit eines Rehabilitationsträgers gegeben ist.

Besteht keine gesundheitsbedingte Gefährdung bzw. kein drohender Verlust des Arbeitsplatzes und ist folglich die arbeitsplatzbezogene Maßnahme zur Verbesserung der Arbeitsbedingungen notwendig oder ergibt sich die Notwendigkeit einer Leistungserbringung aus anderen Gründen, die nicht unmittelbar durch die gesundheitliche Beeinträchtigung der Erwerbsfähigkeit ausgelöst wird, ist für die Prüfung der Förderfähigkeit das Integrationsamt zuständig.

Dabei handelt es sich insbesondere um betriebsbedingte Maßnahmen aufgrund von Modernisierung/technischer Weiterentwicklung, Verbesserungen oder Erleichterung der Beschäftigungsbedingungen, betrieblicher Innovation sowie Veränderungen des beruflichen Umfeldes bei Unternehmensentscheidungen aller Art. Darüber hinaus obliegt es den Integrationsämtern, bei unmittelbaren Arbeitgeberwechseln ohne zwischenzeitliche Arbeitslosigkeit, die auf eigene Initiative des behinderten Menschen aus behinderungsunabhängigen Gründen betrieben werden oder aufgrund von unternehmerischen Entscheidungen (z.B. Wegfall des Arbeitsplatzes, Betriebsschließung oder wesentliche Betriebseinschränkung) erfolgen, eine Leistungserbringung zu prüfen.

Zur Schaffung eines neuen geeigneten Arbeitsplatzes kommen Leistungen der Integrationsämter gemäß § 185 Abs. 3 Satz 1 Nr. 2a SGB IX in Verbindung mit § 15 Abs. 1 SchwbAV[1] neben Leistungen des Rehabilitationsträgers in Betracht. Im Übrigen ist es den Integrationsämtern nach § 185 Abs. 6 SGB IX untersagt, die Leistungen der Rehabilitationsträger aufzustocken.

Bei Erlangung eines Arbeitsplatzes gilt als Besonderheit zu beachten: Von einer leistungsbegründenden Erlangung des Arbeitsplatzes (§ 49 Abs. 3 Nr. 1 SGB IX) ist ab Aufnahme der Arbeitstätigkeit während der ersten sechs Monate des Arbeitsverhältnisses auszugehen. In diesem Zeitraum findet der besondere Kündigungsschutz des betroffenen Personenkreises keine Anwendung (§ 173 Abs. 1 Nr. 1 SGB IX).

Um eine Erlangung gemäß § 49 Abs. 8 Satz 2 SGB IX handelt es sich auch dann, wenn nach einer Arbeitslosigkeit eine neue Beschäftigung aufgenommen wird. Sodann liegt immer ein erneuter Fall der Erlangung vor. Der Rehabilitationsbedarf ist hier erneut zu prüfen.

3. Besondere Leistungsfälle

3.1. Kraftfahrzeughilfe

Soweit Leistungen der Kraftfahrzeughilfe erforderlich sind, um die in § 49 Abs. 1 und 2 SGB IX[2] genannten Ziele zu erreichen, werden sie auf Grundlage der Kraftfahrzeughilfe-Verordnung[3] von den Leistungsträgern im Rahmen ihrer Zuständigkeit erbracht. Die gesetzliche Unfallversicherung erbringt Kraftfahrzeughilfe im Rahmen der medizinischen Rehabilitation, zur Teilhabe am Arbeitsleben oder zur sozialen Teilhabe.

3.2. Wohnungshilfe

Die Leistungen der Wohnungshilfe umfassen finanzielle Hilfen für die Kosten der Beschaffung, der Ausstattung und Erhaltung einer behindertengerech-

---

[1] Nr. **2b**.
[2] Nr. **1**.
[3] Nr. **7a**.

ten Wohnung. Sie sollen eingesetzt werden, soweit sich eine berufsbezogene Notwendigkeit hierfür ergibt. Nach dem unter Ziffer 1 dargelegten Grundsatz der Nachrangigkeit der Integrationsämter besteht ihre Leistungspflicht insofern nur gegenüber den schwerbehinderten Menschen, die zur Erhaltung ihres Arbeitsplatzes auf solche Leistungen angewiesen sind, bei denen aber die versicherungsrechtlichen oder sonstigen Voraussetzungen für die Zuständigkeit eines Rehabilitationsträgers nach § 6 SGB IX[1] nicht gegeben sind. Soweit also derartige Leistungen erforderlich sind, um die in § 49 Abs. 1 und 2 SGB IX genannten Ziele zu erreichen, werden sie von den Rehabilitationsträgern im Rahmen ihrer Zuständigkeit erbracht.

Der Förderrahmen erstreckt sich grundsätzlich nur auf eine durch die Berufsausübung bzw. Erreichung des Arbeitsplatzes ausgelöste Bedarfslage. Die Partner der Verwaltungsvereinbarung sind dabei bestrebt, den Leistungsumfang in ihren jeweiligen Verantwortungsbereichen aufeinander abzustimmen. Wohnungshilfen der Vereinbarungspartner haben zum Ziel, die Folgen behinderungsbedingter Erschwernisse auszugleichen, die sich im Leben des behinderten Menschen als Mittelpunkt auf die Teilhabe am Arbeitsleben auswirken. Sie sollen dem behinderten Menschen die Möglichkeit schaffen, seinen Arbeitsplatz möglichst barrierefrei und selbständig zu erreichen.

Maßnahmen, die auch ohne Arbeitsbezug zwingend zum Bestandteil der persönlichen Lebensführung eines behinderten Menschen gehören, die Verbesserung der Lebensqualität bewirken oder sogar elementare Grundbedürfnisse befriedigen (dazu zählen z.B. behinderungsgerechte Küche, Sanitärbereich, Rolllladenantrieb, etc.), sind nicht im Rahmen der Wohnungshilfe förderungsfähig. Weitergehende Leistungsverpflichtungen anderer Träger – z.B. der Unfallversicherungsträger, der Eingliederungshilfe oder Pflegekassen – bleiben insoweit unberührt.

Ausgehend von diesem durch höchstrichterliche Rechtsprechung (BSG v. 26.10.2004, Az: B 7 AL 16/04 R) bestätigten Grundsatz ist davon auszugehen, dass hiervon generell alle Veränderungsprozesse innerhalb des persönlichen Wohnbereiches erfasst werden. Vor diesem Hintergrund erbringen die Partner der Verwaltungsvereinbarung (gilt insoweit nicht für die gesetzliche Unfallversicherung) nur noch Leistungen der Wohnungshilfe, die sich auf den Bereich vor der Haus- bzw. Wohnungstür erstrecken, durch welche das Betreten oder Verlassen der Wohnung und ggf. das Erreichen der Garage – sofern ein Kfz zum Erreichen des Arbeitsplatzes benötigt wird – gewährleistet wird. Die Einrichtung von Heimarbeitsplätzen bleibt hiervon unberührt.

Für die gesetzliche Unfallversicherung gilt: Die Wohnungshilfe ist eine ergänzende Leistung zur medizinischen und schulischen Rehabilitation sowie zur Teilhabe am Arbeitsleben und am Leben in der Gemeinschaft (vgl. § 39 Abs. 1 SGB VII[2] im Sinne von § 26 Abs. 2 Ziff. 4 SGB VII[2]). Gemäß § 41 SGB VII[2] leisten die Unfallversicherungsträger Wohnungshilfe, wenn infolge Art oder Schwere des auf einem Arbeitsunfall oder einer Berufskrankheit beruhenden Gesundheitsschadens nicht nur vorübergehend die behindertengerechte Anpassung vorhandenen oder die Bereitstellung behinderungsgerechten Wohnraums erforderlich ist. Dies ist insbesondere der Fall, wenn (alternativ) entweder in der Wohnung die Verrichtungen des täglichen Lebens nicht oder

---

[1] Nr. 1.
[2] Nr. 7.

nur unter unzumutbaren Erschwernissen ausgeführt werden können oder die Wohnung mit allen für die versicherte Person erforderlichen Räumen nicht oder nur unter unzumutbaren Erschwernissen zugänglich und nutzbar ist. Ziel ist, den Versicherten ein Höchstmaß an Rehabilitation, selbstbestimmter Lebensführung und Teilhabe in allen Aspekten des täglichen beruflichen und sozialen Lebens zu ermöglichen. Art und Umfang der Leistungen richten sich immer nach den individuellen Erfordernissen der Betroffenen. Alle Entscheidungen darüber trifft der Unfallversicherungsträger im Einzelfall nach pflichtgemäßem Ermessen. Es gelten die allgemeinen Grundsätze der wirksamen Leistungserbringung sowie der Wirtschaftlichkeit und Sparsamkeit (§ 69 Abs. 2 SGB IV), sodass sich eine Förderung grundsätzlich auf allgemein übliche und zweckmäßige Standardausführungen beschränkt.

3.3. Arbeitsassistenz

3.3.1 Ist Arbeitsassistenz als Hilfe zur Erlangung eines Arbeitsplatzes notwendig (§ 49 Abs. 8 Satz 1 Nr. 3 SGB IX[1]), wird die Leistung durch das Integrationsamt in Abstimmung mit dem originär zuständigen Rehabilitationsträger ausgeführt; dieser erstattet dem Integrationsamt die Kosten nach § 49 Abs. 8 Sätze 2 und 3 SGB IX für die Dauer von bis zu drei Jahren. Von einer Hilfe zur Erlangung eines Arbeitsplatzes ist auszugehen, wenn sich der Bedarf vor dem Arbeitsverhältnis oder in den ersten sechs Monaten des Arbeitsverhältnisses ergibt. In diesen Fällen beginnt der Drei-Jahres-Zeitraum mit der Bewilligung der Förderung bzw. dem tatsächlichen Unterstützungsbeginn, wenn sich dieser z.B. durch die Suche eines Assistenten oder eines Dienstleisters verzögert.

Ergibt sich die Notwendigkeit einer Arbeitsassistenz später als sechs Monate nach der Arbeitsaufnahme, ist das Integrationsamt nach § 185 Abs. 5 SGB IX zuständig. Abzustellen ist auf den Zeitpunkt der Entstehung des Bedarfs.

Ein Arbeitgeberwechsel aus behinderungsbedingten Gründen im Rahmen eines neuen Rehabilitationsverfahrens begründet immer eine erneute Leistungspflicht der Rehabilitationsträger gemäß § 49 Abs. 8 Satz 1 Nr. 3 SGB IX. Der neue Drei-Jahres-Zeitraum beginnt mit der neuen Bewilligung bzw. dem tatsächlichen Unterstützungsbeginn.

Bei einem Arbeitgeberwechsel aus behinderungsunabhängigen Gründen innerhalb des Drei-Jahres-Zeitraums gemäß § 49 Abs. 8 Satz 2 SGB IX beginnt keine neue Erlangungsphase. Die Leistungspflicht des Rehabilitationsträgers wird – nach Prüfung und Festsetzung des neuen Bedarfs – fortgeführt und endet mit Ablauf der bewilligten drei Jahre.

3.3.2 Die Partner der Absprache vereinbaren in Bezug auf die vom Integrationsamt auszuführenden Leistungen grundsätzlich folgende zügige Vorgehensweise:

Sofern der Antrag unmittelbar beim Integrationsamt gestellt wird, leitet es den Antrag dem Rehabilitationsträger zur Prüfung der Grundvoraussetzungen des § 49 Abs. 8 Nr. 3 SGB IX[1] sowie der trägerspezifischen Leistungsvoraussetzungen zu. Bei positivem Ergebnis erteilt der nach § 14 SGB IX leistende Rehabilitationsträger eine grundsätzliche Kosten-

---

[1] Nr. 1.

zusage für die notwendige Arbeitsassistenz. Das Integrationsamt ermittelt parallel den zur Ausführung der Leistung individuellen Assistenzbedarf. Bei der Bemessung der Leistung gilt die jeweils aktuelle Fassung der „Empfehlungen der Bundesarbeitsgemeinschaft der Integrationsämter und Hauptfürsorgestellen (BIH) für die Erbringung finanzieller Leistungen zur Arbeitsassistenz schwerbehinderter Menschen gemäß § 185 Abs. 5 SGB IX". Der Bescheid über den Leistungsumfang an den Leistungsberechtigten ergeht durch das Integrationsamt. Das Integrationsamt übersendet eine Mehrfertigung seines Bescheides an den jeweiligen Rehabilitationsträger; sofern dieser noch nicht abschließend ist, erfolgt zudem spätestens sechs Wochen nach Antragstellung eine Zwischennachricht zum Sachstand der Bedarfsprüfung durch das Integrationsamt an den Rehabilitationsträger.

Die Aufwendungen für die Leistungen einer notwendigen Arbeitsassistenz werden dem Integrationsamt nach § 49 Abs. 8 Satz 3 SGB IX erstattet. Die Abrechnung sollte jährlich vorgenommen werden. Die Erstattung erfolgt im Umfang der durch das Integrationsamt bewilligten Leistungen. Sollten im Rahmen des späteren Verwendungsnachweisverfahrens („Spitzabrechnung") Überzahlungen festgestellt und Rückzahlungen seitens der Integrationsämter realisiert worden sein, erfolgt in entsprechender Höhe eine Rückerstattung an den Rehabilitationsträger.

Das Verfahren findet analoge Anwendung, wenn der Antrag des schwerbehinderten Menschen direkt beim Rehabilitationsträger eingeht. In diesem Falle erfolgt nach Feststellung der Leistungsvoraussetzungen eine unmittelbare Weiterleitung an das zuständige Integrationsamt gleichzeitig mit der Erteilung der grundsätzlichen Kostenzusage. Die weitere Bearbeitung erfolgt durch das Integrationsamt.

Die Bestimmungen der §§ 14ff. SGB IX gelten für diese wechselseitige Vorgehensweise sinngemäß (§ 185 Abs. 7 SGB IX), da hier keine Weiterleitung im Sinne dieser Vorschriften erfolgt, sondern das Integrationsamt auf Grund der gesetzlichen Regelungen für den Rehabilitationsträger die Leistung ausführt.

3.3.3 In den Fällen der Unterstützten Beschäftigung ist in der Individuellen betrieblichen Qualifizierung die Zuständigkeit der Rehabilitationsträger gemäß § 49 Abs. 3 Nr. 3 SGB IX[1] gegeben. Diese findet außerhalb eines regulären Beschäftigungsverhältnisses statt. Leistungen der Arbeitsassistenz nach § 49 Abs. 8 Satz 1 Nr. 3 SGB IX werden nach Abschluss der Individuellen betrieblichen Qualifizierung erbracht.

3.3.4 Im Anschluss an eine durch Arbeitsassistenz begleitete abgeschlossene betriebliche Ausbildung, die von einem Rehabilitationsträger (in der Regel die Agentur für Arbeit) gefördert wurde, ist die Erlangung eines Arbeitsplatzes nach einem Jahr i.S.d. § 49 Absatz 8 Satz 1 Nr. 3 und Satz 2 SGB IX[1] erreicht. Dies gilt auch, wenn ein neues Arbeitsverhältnis unmittelbar nach der Ausbildung (nahtloser Übergang) bei einem anderen Arbeitgeber geschlossen wird.

---

[1] Nr. **1.**

Die Integrationsämter führen sowohl die Arbeitsassistenz im betrieblichen Teil der Ausbildung als auch die sonstige Hilfe in der Berufsschule durch.

Erfolgt keine unmittelbare Beschäftigung nach einem in o.g. Sinn geförderten Ausbildungsverhältnis und wird zu einem späteren Zeitpunkt nach einer Phase der Arbeitslosigkeit ein neues Beschäftigungsverhältnis bei einem anderen Arbeitgeber aufgenommen, tritt ein (von einer Ausbildung unabhängiger) neuer Erlangungsfall ein (siehe Ziffer 3.3.1 – letzter Absatz).

Ausbildung in diesem Sinne ist auch das ausbildungsintegrierte duale Studium, mit dem ein Berufsabschluss nach Berufsbildungsgesetz (BBiG)[1] oder Handwerksordnung (HwO)[2] erreicht werden kann.

3.3.5 Erbringt ein Rehabilitationsträger nach § 49 Abs. 1 und Abs. 3 SGB IX[3] Leistungen zur Teilhabe am Arbeitsleben, sind zur Sicherung der Eingliederung die Kosten einer notwendigen Arbeitsassistenz als Hilfe zur Erlangung eines Arbeitsplatzes ebenfalls durch den Rehabilitationsträger zu übernehmen.

4. Hilfsmittel

Nach ständiger Rechtsprechung des BSG gehört die Ausübung einer beruflichen Tätigkeit zu den elementaren Grundbedürfnissen des Menschen. Es ist deshalb originäre Aufgabe der Krankenversicherung, die für die Berufsausübung erforderlichen Hilfsmittel als medizinischen Ausgleich einer Behinderung zur Verfügung zu stellen (§ 33 SGB V[4]). Entscheidend ist hierbei, dass der Hilfsmittelbedarf für jede Form (irgend)einer Berufsausübung besteht. Dabei ist es unerheblich, ob das Hilfsmittel berufs- oder arbeitsplatzbezogen ausgestattet ist bzw. ausschließlich am Arbeitsplatz benötigt wird.

Kosten für Hilfsmittel sind im Rahmen der Leistungen zur Teilhabe am Arbeitsleben nur dann zu übernehmen, wenn dieses Hilfsmittel zum Ausgleich einer Behinderung nur für einen bestimmten Arbeitsplatz bzw. für eine ganz spezielle Form einer Berufsausübung bzw. Berufsausbildung erforderlich ist und sonst bei anderweitigen beruflichen Tätigkeiten nicht benötigt wird.

Bei Hörhilfen gilt Folgendes: Die Leistungspflicht der Krankenkassen nach § 33 Abs. 1 SGB V[4] umfasst die Versorgung mit solchen Hörgeräten, die nach dem Stand der Medizintechnik die bestmögliche Angleichung an das Hörvermögen Gesunder erlauben und gegenüber anderen Hörhilfen erhebliche Gebrauchsvorteile im Alltagsleben bieten. Die Übernahme von Kosten als Hilfsmittel nach § 49 Abs. 8 Nr. 4 SGB IX[3] durch andere Leistungsträger kommt allenfalls dann in Betracht, wenn im Zusammenhang mit der Berufsausübung spezifische Anforderungen an das Hörvermögen gestellt werden und deshalb ein zusätzlicher Bedarf besteht, der im Rahmen der Regelversorgung durch die Krankenkassen nicht abzudecken ist (BSG v. 17.12.2009, Az.: B 3 KR 20/08 R).

---

[1] Auszugsweise abgedruckt unter Nr. **13**.
[2] Auszugsweise abgedruckt unter Nr. **13a**.
[3] Nr. **1**.
[4] Nr. **5**.

Soweit die Hörbeeinträchtigung Folge eines Arbeitsunfalls oder einer Berufskrankheit ist, ist der Unfallversicherungsträger umfassend zuständig.

5. Wiederholte Förderung

Bei wiederholter Förderung/Ersatzbeschaffung ist eine erneute Zuständigkeitsprüfung unter Beachtung der vorstehenden Ziffern dieser Verwaltungsvereinbarung vorzunehmen. Bei Reparatur und Wartung von Sachmitteln bleibt die bisherige Zuständigkeit bestehen.

6. Verfahren

Geht das Integrationsamt aufgrund der unter Ziffern 1 und 2 dargelegten Kriterien davon aus, dass ein schwerbehinderter Mensch zur Sicherung seiner beruflichen Eingliederung Leistungen benötigt, für die ein Rehabilitationsträger vorrangig zuständig ist, leitet es den Antrag einschließlich aller vorhandenen Unterlagen (Kopien) innerhalb der dort genannten Fristen der §§ 14, 15 Abs. 1 SGB IX[1] an den Rehabilitationsträger weiter (§ 185 Abs. 7 Satz 1 SGB IX). Von dem Integrationsamt veranlasste ärztliche Gutachten oder Stellungnahmen des Technischen Beratungsdienstes werden als Grundlage bei den zu treffenden Entscheidungen berücksichtigt. In besonders gelagerten Fällen sollte im Hinblick auf eine Verfahrensbeschleunigung ein gemeinsames Abstimmungsgespräch bzw. eine telefonische Vorabstimmung erfolgen. Im behördlichen Schriftverkehr ist daher ein konkreter Ansprechpartner zu benennen. Im Übrigen findet § 14 SGB IX sinngemäß Anwendung.

Benötigt ein Antragsteller Leistungen, für die nach Auffassung des Rehabilitationsträgers das Integrationsamt zuständig ist, wird der Antrag nach § 16 Abs. 2 SGB I[2] mit sämtlichen vorhandenen Unterlagen (Kopien) innerhalb der Frist des § 14 SGB IX an das zuständige Integrationsamt abgegeben. Dabei ist § 21 der Gemeinsamen Empfehlung „Reha-Prozess"[3] (u.a. schriftliche Begründung) zu beachten. Nach § 185 Abs. 7 Satz 2 SGB IX ist dem Integrationsamt, soweit die Prüfung seiner Zuständigkeit zu einem negativen Ergebnis führt, allerdings eine Rückgabe oder Weiterleitung an einen anderen, nach seiner Meinung zuständigen Rehabilitationsträger möglich.

Dabei sind die Regelungen zum Datenschutz gemäß § 8 der Gemeinsamen Empfehlung „Reha-Prozess" zu beachten. Darüber hinaus wird auf folgende weitere gemeinsame Empfehlungen der BAR verwiesen:

- Gemeinsame Empfehlung nach § 55 Abs. 6 SGB IX „Unterstützte Beschäftigung"
- Gemeinsame Empfehlung nach § 196 Abs. 3 SGB IX zur Inanspruchnahme der Integrationsfachdienste durch die Rehabilitationsträger

7. Inkrafttreten/Kündigung

Die Verwaltungsvereinbarung tritt am 1. Januar 2020 in Kraft. Sie kann von jedem Vereinbarungspartner mit einer Frist von einem Jahr zum Ende eines Kalendervierteljahres gekündigt werden.

---

[1] Nr. 1.
[2] Nr. 3.
[3] Nr. 21b.

8. Sonstiges

Die Partner der Verwaltungsvereinbarung werden in angemessenen Zeitabständen prüfen, ob diese aufgrund zwischenzeitlich gewonnener Erfahrungen verbessert oder wesentlich veränderten Verhältnissen angepasst werden muss. Für diesen Fall erklären die Vereinbarungspartner ihre Bereitschaft, unverzüglich an der Überarbeitung einer entsprechend zu ändernden Verwaltungsvereinbarung mitzuwirken.

2a. Wahlordnung Schwerbehindertenvertretungen (SchwbVWO)

In der Fassung der Bekanntmachung vom 23. April 1990[1]

(BGBl. I S. 811)

FNA 871-1-5

zuletzt geänd. durch Art. 1 Erste ÄndVO v. 18.3.2022 (BGBl. I S. 477)

Inhaltsübersicht

---

[1] Neubekanntmachung der Wahlordnung Schwerbehindertengesetz v. 22.7.1975 (BGBl. I S. 1965) in der ab 1.5.1990 geltenden Fassung.

Erster Teil. Wahl der Schwerbehindertenvertretung in Betrieben und Dienststellen

Erster Abschnitt. Vorbereitung der Wahl

§ 1 Bestellung des Wahlvorstandes. (1) Spätestens acht Wochen vor Ablauf ihrer Amtszeit bestellt die Schwerbehindertenvertretung einen Wahlvorstand aus drei volljährigen in dem Betrieb oder der Dienststelle Beschäftigten und einen oder eine von ihnen als Vorsitzenden oder Vorsitzende.

(2) [1] Ist in dem Betrieb oder der Dienststelle eine Schwerbehindertenvertretung nicht vorhanden, werden der Wahlvorstand und dessen Vorsitzender oder Vorsitzende in einer Versammlung der schwerbehinderten und diesen gleichgestellten behinderten Menschen (Wahlberechtigte) gewählt. [2] Zu dieser Versammlung können drei Wahlberechtigte oder der Betriebs- oder Personalrat einladen. [3] Das Recht des Integrationsamtes, zu einer solchen Versammlung einzuladen (§ 177 Absatz 6 Satz 4 des Neunten Buches Sozialgesetzbuch[1])), bleibt unberührt.

§ 2 Aufgaben des Wahlvorstandes. (1) [1] Der Wahlvorstand bereitet die Wahl vor und führt sie durch. [2] Er kann volljährige in dem Betrieb oder der Dienststelle Beschäftigte als Wahlhelfer oder Wahlhelferin zu seiner Unterstützung bei der Durchführung der Stimmabgabe und bei der Stimmenzählung bestellen.

(2) [1] Die Beschlüsse des Wahlvorstandes werden mit einfacher Stimmenmehrheit seiner Mitglieder gefaßt. [2] Über jede Sitzung des Wahlvorstandes ist eine Niederschrift aufzunehmen, die mindestens den Wortlaut der gefaßten Beschlüsse enthält. [3] Die Niederschrift ist von dem Vorsitzenden oder der Vorsitzenden und einem weiteren Mitglied des Wahlvorstandes zu unterzeichnen.

(3) Der Wahlvorstand hat die Wahl unverzüglich einzuleiten; sie soll innerhalb von sechs Wochen, spätestens jedoch eine Woche vor dem Tage stattfinden, an dem die Amtszeit der Schwerbehindertenvertretung abläuft.

(4) Der Wahlvorstand beschließt nach Erörterung mit der Schwerbehindertenvertretung, dem Betriebs- oder Personalrat und dem Arbeitgeber, wie viele stellvertretende Mitglieder der Schwerbehindertenvertretung in dem Betrieb oder der Dienststelle zu wählen sind.

(5) Der Wahlvorstand soll dafür sorgen, daß ausländische Wahlberechtigte rechtzeitig über das Wahlverfahren, die Aufstellung der Liste der Wahlberechtigten, die Wahlvorschläge, den Wahlvorgang und die Stimmabgabe in geeigneter Weise unterrichtet werden.

(6) [1] Der Arbeitgeber unterstützt den Wahlvorstand bei der Erfüllung seiner Aufgaben. [2] Er gibt ihm insbesondere alle für die Anfertigung der Liste der Wahlberechtigten erforderlichen Auskünfte und stellt die notwendigen Unterlagen zur Verfügung.

§ 3 Liste der Wahlberechtigten. (1) [1] Der Wahlvorstand stellt eine Liste der Wahlberechtigten auf. [2] Die Wahlberechtigten sollen mit Familienname, Vorname, erforderlichenfalls Geburtsdatum sowie Betrieb oder Dienststelle in alphabetischer Reihenfolge aufgeführt werden.

---

[1]) Nr. 1.

(2) Die Liste der Wahlberechtigten oder eine Abschrift ist unverzüglich nach Einleitung der Wahl bis zum Abschluß der Stimmabgabe an geeigneter Stelle zur Einsicht auszulegen.

§ 4 Einspruch gegen die Liste der Wahlberechtigten. (1) Wer wahlberechtigt oder in dem Betrieb oder der Dienststelle beschäftigt ist und ein berechtigtes Interesse an einer ordnungsgemäßen Wahl glaubhaft macht, kann innerhalb von zwei Wochen nach Erlass des Wahlausschreibens beim Wahlvorstand schriftlich Einspruch gegen die Richtigkeit der Liste der Wahlberechtigten einlegen.

(2) [1] Über Einsprüche nach Absatz 1 entscheidet der Wahlvorstand unverzüglich. [2] Hält er den Einspruch für begründet, berichtigt er die Liste der Wahlberechtigten. [3] Der Person, die den Einspruch eingelegt hat, wird die Entscheidung des Wahlvorstandes unverzüglich mitgeteilt; die Entscheidung muss ihr spätestens am Tag vor dem Beginn der Stimmabgabe zugehen.

(3) [1] Nach Ablauf der Einspruchsfrist soll der Wahlvorstand die Liste der Wahlberechtigten nochmals auf ihre Vollständigkeit hin überprüfen. [2] Im übrigen kann nach Ablauf der Einspruchsfrist die Liste der Wahlberechtigten nur bei Schreibfehlern, offenbaren Unrichtigkeiten, in Erledigung rechtzeitig eingelegter Einsprüche oder bei Eintritt oder Ausscheiden eines Wahlberechtigten bis zum Tage vor dem Beginn der Stimmabgabe berichtigt oder ergänzt werden.

§ 5 Wahlausschreiben. (1) [1] Spätestens sechs Wochen vor dem Wahltage erläßt der Wahlvorstand ein Wahlausschreiben, das von dem oder der Vorsitzenden und mindestens einem weiteren Mitglied des Wahlvorstandes zu unterschreiben ist. [2] Es muß enthalten:

1. das Datum seines Erlasses,

2. die Namen der Mitglieder des Wahlvorstandes,

3. die Voraussetzungen der Wählbarkeit zur Schwerbehindertenvertretung,

4. den Hinweis, wo und wann die Liste der Wahlberechtigten und diese Verordnung zur Einsicht ausliegen,

5. den Hinweis, dass nur wählen kann, wer in die Liste der Wahlberechtigten eingetragen ist und dass Einsprüche gegen die Richtigkeit der Liste der Wahlberechtigten nur vor Ablauf von zwei Wochen seit dem Erlaß des Wahlausschreibens beim Wahlvorstand schriftlich eingelegt werden können; der letzte Tag der Frist ist anzugeben,

6. die Zahl der zu wählenden stellvertretenden Mitglieder,

7. den Hinweis, daß Schwerbehindertenvertretung und stellvertretende Mitglieder in zwei getrennten Wahlgängen gewählt werden und daß sich aus den Wahlvorschlägen ergeben muß, wer als Schwerbehindertenvertretung und wer als stellvertretende Mitglieder vorgeschlagen wird,

8. den Hinweis, daß Wahlberechtigte sowohl einen Wahlvorschlag für die Wahl der Schwerbehindertenvertretung als auch für die Wahl des stellvertretenden Mitglieds unterzeichnen können und daß ein Bewerber oder eine Bewerberin sowohl als Schwerbehindertenvertretung als auch als stellvertretendes Mitglied vorgeschlagen werden kann,

2a SchwbVWO § 6

9. die Aufforderung, Wahlvorschläge innerhalb von zwei Wochen nach Erlaß des Wahlausschreibens beim Wahlvorstand einzureichen; der letzte Tag der Frist ist anzugeben,

10. die Mindestzahl von Wahlberechtigten, von denen ein Wahlvorschlag unterzeichnet sein muß (§ 6 Abs. 2 Satz 1),

11. den Hinweis, daß die Stimmabgabe an die Wahlvorschläge gebunden ist und daß nur solche Wahlvorschläge berücksichtigt werden dürfen, die fristgerecht (Nummer 9) eingereicht sind,

12. die Bestimmung des Ortes, an dem die Wahlvorschläge bis zum Abschluß der Stimmabgabe durch Aushang oder in sonst geeigneter Weise bekanntgegeben werden,

13. Ort, Tag und Zeit der Stimmabgabe,

14. den Hinweis auf die Möglichkeit der schriftlichen Stimmabgabe (§ 11 Abs. 1), falls der Wahlvorstand nicht die schriftliche Stimmabgabe beschlossen hat (§ 11 Abs. 2),

15. den Ort und die Zeit der Stimmauszählung und der Sitzung des Wahlvorstandes, in der das Wahlergebnis abschließend festgestellt wird,

16. den Ort, an dem Einsprüche, Wahlvorschläge und sonstige Erklärungen gegenüber dem Wahlvorstand abzugeben sind (Anschrift des Wahlvorstandes).

(2) Eine Abschrift oder ein Abdruck des Wahlausschreibens ist vom Tage seines Erlasses bis zum Wahltag an einer oder mehreren geeigneten, den Wahlberechtigten zugänglichen Stellen vom Wahlvorstand auszuhängen und in gut lesbarem Zustand zu erhalten.

§ 6 Wahlvorschläge. (1) [1]Die Wahlberechtigten können innerhalb von zwei Wochen seit Erlaß des Wahlausschreibens schriftliche Vorschläge beim Wahlvorstand einreichen. [2]Es können ein Bewerber oder eine Bewerberin als Schwerbehindertenvertretung und ein Bewerber oder eine Bewerberin als stellvertretendes Mitglied vorgeschlagen werden. [3]Hat der Wahlvorstand die Wahl mehrerer stellvertretender Mitglieder beschlossen, können entsprechend viele Bewerber oder Bewerberinnen dafür benannt werden. [4]Ein Bewerber oder eine Bewerberin kann sowohl als Schwerbehindertenvertretung als auch als stellvertretendes Mitglied vorgeschlagen werden.

(2) [1]Jeder Wahlvorschlag muß von einem Zwanzigstel der Wahlberechtigten, mindestens jedoch von drei Wahlberechtigten unterzeichnet sein. [2]Familienname, Vorname, Geburtsdatum, Art der Beschäftigung sowie erforderlichenfalls Betrieb oder Dienststelle der Bewerber oder Bewerberinnen sind anzugeben. [3]Dem Wahlvorschlag ist die schriftliche Zustimmung der Bewerber oder Bewerberinnen beizufügen.

(3) [1]Eine Person, die sich bewirbt, kann nur auf einem Wahlvorschlag benannt werden, es sei denn, sie ist in einem Wahlvorschlag als Schwerbehindertenvertretung und in einem anderen Wahlvorschlag als stellvertretendes Mitglied benannt. [2]Der Wahlvorstand fordert eine Person, die mit ihrer schriftlichen Zustimmung auf mehreren Wahlvorschlägen für dasselbe Amt benannt ist, auf, innerhalb von drei Arbeitstagen zu erklären, auf welchem der Wahlvorschläge sie benannt bleiben will. [3]Wird diese Erklärung nicht fristgerecht abgegeben, wird der Bewerber oder die Bewerberin von sämtlichen Wahlvorschlägen gestrichen.

(4) [1] Die Unterschrift eines Wahlberechtigten zählt nur auf einem Wahlvorschlag. [2] Der Wahlvorstand hat einen Wahlberechtigten, der mehrere Wahlvorschläge unterzeichnet hat, schriftlich gegen Empfangsbestätigung aufzufordern, binnen drei Arbeitstagen seit dem Zugang der Aufforderung zu erklären, welche Unterschrift er aufrechterhält. [3] Gibt der Wahlberechtigte diese Erklärung nicht fristgerecht ab, zählt seine Unterschrift auf keinem Wahlvorschlag.

§ 7 Nachfrist für Wahlvorschläge. (1) [1] Ist nach Ablauf der in § 6 Abs. 1 genannten Frist kein gültiger Wahlvorschlag für die Wahl der Schwerbehindertenvertretung eingegangen, hat dies der Wahlvorstand sofort in der gleichen Weise bekanntzumachen wie das Wahlausschreiben und eine Nachfrist von einer Woche für die Einreichung von Wahlvorschlägen zu setzen. [2] In der Bekanntmachung ist darauf hinzuweisen, daß die Wahl nur stattfinden kann, wenn innerhalb der Nachfrist mindestens ein gültiger Wahlvorschlag eingereicht wird.

(2) Gehen innerhalb der Nachfrist gültige Wahlvorschläge für die Wahl der Schwerbehindertenvertretung nicht ein, hat der Wahlvorstand sofort bekanntzumachen, daß die Wahl nicht stattfindet.

(3) Absatz 1 Satz 1 gilt entsprechend, wenn für die Wahl der stellvertretenden Mitglieder kein gültiger Wahlvorschlag eingeht oder wenn die Zahl der für dieses Amt gültig vorgeschlagenen Bewerber oder Bewerberinnen nicht der vom Wahlvorstand beschlossenen Zahl der stellvertretenden Mitglieder entspricht.

§ 8 Bekanntmachung der Bewerber und Bewerberinnen. Der Wahlvorstand macht spätestens eine Woche vor Beginn der Stimmabgabe die Namen der Bewerber und Bewerberinnen aus gültigen Wahlvorschlägen in alphabetischer Reihenfolge, getrennt nach Bewerbungen für die Schwerbehindertenvertretung und als stellvertretendes Mitglied, bis zum Abschluss der Stimmabgabe in gleicher Weise bekannt wie das Wahlausschreiben.

Zweiter Abschnitt. Durchführung der Wahl

§ 9 Stimmabgabe. (1) Wer wahlberechtigt ist, kann seine Stimme nur für eine Person abgeben, die rechtswirksam als Bewerber oder Bewerberin vorgeschlagen ist.

(2) [1] Das Wahlrecht wird durch Abgabe eines Stimmzettels in einem Wahlumschlag ausgeübt. [2] Auf dem Stimmzettel sind die Personen, die sich für das Amt der Schwerbehindertenvertretung und als stellvertretendes Mitglied bewerben, getrennt in alphabetischer Reihenfolge unter Angabe von Familienname, Vorname, Geburtsdatum und Art der Beschäftigung aufgeführt. [3] Die Stimmzettel müssen sämtlich die gleiche Größe, Farbe, Beschaffenheit und Beschriftung haben. [4] Das gleiche gilt für die Wahlumschläge.

(3) Werden mehrere stellvertretende Mitglieder gewählt, soll der Stimmzettel einen Hinweis darauf enthalten, wie viele Bewerber oder Bewerberinnen im Höchstfall angekreuzt werden dürfen.

(4) [1] Bei der Stimmabgabe wird durch Ankreuzen an der im Stimmzettel jeweils vorgesehenen Stelle die von dem Wählenden gewählte Person für das Amt der Schwerbehindertenvertretung und der Stellvertretung gekennzeichnet. [2] Werden mehrere stellvertretende Mitglieder gewählt, können Bewerber oder Bewerberinnen in entsprechender Anzahl angekreuzt werden.

(5) Stimmzettel, auf denen mehr als die zulässige Anzahl der Bewerber und Bewerberinnen angekreuzt oder die mit einem besonderen Merkmal versehen sind oder aus denen sich der Wille des Wählers oder der Wählerin nicht zweifelsfrei ergibt, sind ungültig.

§ 10 Wahlvorgang. (1) [1]Der Wahlvorstand hat geeignete Vorkehrungen für die unbeobachtete Kennzeichnung der Stimmzettel im Wahlraum zu treffen und für die Bereitstellung einer Wahlurne oder mehrerer Wahlurnen zu sorgen. [2]Die Wahlurne muß vom Wahlvorstand verschlossen und so eingerichtet sein, daß die eingeworfenen Wahlumschläge nicht herausgenommen werden können, ohne daß die Urne geöffnet wird.

(2) Während der Wahl müssen immer mindestens zwei Mitglieder des Wahlvorstandes im Wahlraum anwesend sein; sind Wahlhelfer oder Wahlhelferinnen bestellt (§ 2 Abs. 1 Satz 2), genügt die Anwesenheit eines Mitgliedes des Wahlvorstandes und eines Wahlhelfers oder einer Wahlhelferin.

(3) [1]Der Wähler oder die Wählerin händigt den Wahlumschlag, in den der Stimmzettel eingelegt ist, dem mit der Entgegennahme der Wahlumschläge betrauten Mitglied des Wahlvorstandes aus, wobei der Name des Wählers oder der Wählerin angegeben wird. [2]Der Wahlumschlag ist in Gegenwart des Wählers oder der Wählerin in die Wahlurne einzuwerfen, nachdem die Stimmabgabe in der Liste der Wahlberechtigten vermerkt worden ist.

(4) [1]Wer infolge seiner Behinderung bei der Stimmabgabe beeinträchtigt ist, bestimmt eine Person, die ihm bei der Stimmabgabe behilflich sein soll, und teilt dies dem Wahlvorstand mit. [2]Personen, die sich bei der Wahl bewerben, Mitglieder des Wahlvorstandes sowie Wahlhelfer und Wahlhelferinnen dürfen nicht als Person nach Satz 1 bestimmt werden. [3]Die Hilfeleistung beschränkt sich auf die Erfüllung der Wünsche des Wählers oder der Wählerin zur Stimmabgabe; die nach Satz 1 bestimmte Person darf gemeinsam mit dem Wähler oder der Wählerin die Wahlzelle aufsuchen. [4]Die nach Satz 1 bestimmte Person ist zur Geheimhaltung der Kenntnisse verpflichtet, die sie bei der Hilfeleistung von der Wahl einer anderen Person erlangt hat. [5]Die Sätze 1 bis 4 gelten entsprechend für des Lesens unkundige Wähler und Wählerinnen.

(5) Nach Abschluß der Wahl ist die Wahlurne zu versiegeln, wenn die Stimmenzählung nicht unmittelbar nach Beendigung der Wahl durchgeführt wird.

§ 11 Schriftliche Stimmabgabe. (1) [1]Der Wahlvorstand übergibt oder übersendet den Wahlberechtigten, die an der persönlichen Stimmabgabe verhindert sind, auf deren Verlangen

1. das Wahlausschreiben,
2. den Stimmzettel und den Wahlumschlag,
3. eine vorgedruckte Erklärung, die der Wähler oder die Wählerin abgibt,
4. einen größeren Freiumschlag, der die Anschrift des Wahlvorstandes und als Absender Namen und Anschrift der wahlberechtigten Person sowie den Vermerk „Schriftliche Stimmabgabe" trägt.

[2]In der Erklärung nach Nummer 3 versichert der Wähler oder die Wählerin gegenüber dem Wahlvorstand, dass er oder sie den Stimmzettel persönlich gekennzeichnet hat oder unter den Voraussetzungen des § 10 Abs. 4 durch eine andere Person hat kennzeichnen lassen. [3]Der Wahlvorstand soll zusätzlich zu

den Unterlagen nach den Nummern 1 bis 4 ein Merkblatt über die schriftliche Stimmabgabe übersenden oder übergeben. [4]Er vermerkt die Übergabe oder Übersendung der Unterlagen in der Liste der Wahlberechtigten.

(2) [1]Der Wahlvorstand kann die schriftliche Stimmabgabe beschließen. [2]Für diesen Fall sind die in Absatz 1 bezeichneten Unterlagen den Wahlberechtigten unaufgefordert zu übersenden.

(3) [1]Die Stimmabgabe erfolgt in der Weise, dass der Wähler oder die Wählerin

1. den Stimmzettel unbeobachtet persönlich kennzeichnet und in den Wahlumschlag einlegt,

2. die vorgedruckte Erklärung unter Angabe des Ortes und des Datums unterschreibt und

3. den Wahlumschlag und die unterschriebene, vorgedruckte Erklärung in dem Freiumschlag verschließt und diesen so rechtzeitig an den Wahlvorstand absendet oder übergibt, daß er vor Abschluß der Wahl vorliegt.

[2]Der Wähler oder die Wählerin kann unter den Voraussetzungen des § 10 Abs. 4 die in den Nummern 1 bis 3 bezeichneten Tätigkeiten durch eine andere Person verrichten lassen.

§ 12 Behandlung der schriftlich abgegebenen Stimmen. (1) [1]Unmittelbar vor Abschluß der Wahl öffnet der Wahlvorstand in öffentlicher Sitzung die bis zu diesem Zeitpunkt eingegangenen Freiumschläge und entnimmt ihnen die Wahlumschläge sowie die vorgedruckten Erklärungen. [2]Ist die schriftliche Stimmabgabe ordnungsgemäß erfolgt (§ 11), legt der Wahlvorstand die Wahlumschläge nach Vermerk der Stimmabgabe in der Liste der Wahlberechtigten ungeöffnet in die Wahlurne.

(2) [1]Verspätet eingehende Freiumschläge hat der Wahlvorstand mit einem Vermerk über den Zeitpunkt des Eingangs ungeöffnet zu den Wahlunterlagen zu nehmen. [2]Sie sind einen Monat nach Bekanntgabe des Wahlergebnisses ungeöffnet zu vernichten, wenn die Wahl nicht angefochten ist.

§ 13 Feststellung des Wahlergebnisses. (1) Unverzüglich nach Abschluß der Wahl nimmt der Wahlvorstand öffentlich die Auszählung der Stimmen vor und stellt das Ergebnis fest.

(2) [1]Gewählt für das Amt der Schwerbehindertenvertretung oder als stellvertretendes Mitglied ist der Bewerber oder die Bewerberin, der oder die jeweils die meisten Stimmen erhalten hat. [2]Bei Stimmengleichheit entscheidet das Los.

(3) [1]Werden mehrere stellvertretende Mitglieder gewählt, ist als zweites stellvertretendes Mitglied der Bewerber oder die Bewerberin mit der zweithöchsten Stimmenzahl gewählt. [2]Entsprechendes gilt für die Wahl weiterer stellvertender Mitglieder. [3]Für die Wahl und die Reihenfolge stellvertretender Mitglieder gilt Absatz 2 Satz 2 entsprechend.

(4) [1]Der Wahlvorstand fertigt eine Niederschrift des Wahlergebnisses, die von dem oder der Vorsitzenden sowie mindestens einem weiteren Mitglied des Wahlvorstandes unterschrieben wird. [2]Die Niederschrift muß die Zahl der abgegebenen gültigen und ungültigen Stimmzettel, die auf jeden Bewerber und jede Bewerberin entfallenen Stimmenzahlen sowie die Namen der gewählten Bewerber und Bewerberinnen enthalten.

§ 14 Benachrichtigung der Gewählten und Annahme der Wahl.
(1) [1]Der Wahlvorstand benachrichtigt die für das Amt der Schwerbehindertenvertretung oder als stellvertretendes Mitglied Gewählten unverzüglich schriftlich gegen Empfangsbestätigung von ihrer Wahl. [2]Erklärt eine gewählte Person nicht innerhalb von drei Arbeitstagen nach Zugang der Benachrichtigung dem Wahlvorstand ihre Ablehnung der Wahl, ist diese angenommen.

(2) [1]Wird eine Wahl abgelehnt, tritt an die Stelle der Person, die abgelehnt hat, der Bewerber oder die Bewerberin für das Amt der Schwerbehindertenvertretung oder als stellvertretendes Mitglied mit der nächsthöheren Stimmenzahl. [2]Satz 1 gilt für die Wahl mehrerer stellvertretender Mitglieder mit der Maßgabe, dass jeweils der Bewerber oder die Bewerberin mit der nächsthöheren Stimmenzahl nachrückt.

§ 15 Bekanntmachung der Gewählten. Sobald die Namen der Personen, die das Amt der Schwerbehindertenvertretung oder des stellvertretenden Mitglieds innehaben, endgültig feststehen, hat der Wahlvorstand sie durch zweiwöchigen Aushang in gleicher Weise wie das Wahlausschreiben bekanntzumachen (§ 5 Abs. 2) sowie unverzüglich dem Arbeitgeber und dem Betriebs- oder Personalrat mitzuteilen.

§ 16 Aufbewahrung der Wahlunterlagen. Die Wahlunterlagen, insbesondere die Niederschriften, Bekanntmachungen und Stimmzettel, werden von der Schwerbehindertenvertretung mindestens bis zur Beendigung der Wahlperiode aufbewahrt.

§ 17 Nachwahl des stellvertretenden Mitglieds. [1]Scheidet das einzige stellvertretende Mitglied aus oder ist ein stellvertretendes Mitglied noch nicht gewählt, bestellt die Schwerbehindertenvertretung unverzüglich einen Wahlvorstand. [2]Der Wahlvorstand hat die Wahl eines oder mehrerer Stellvertreter für den Rest der Amtszeit der Schwerbehindertenvertretung unverzüglich einzuleiten. [3]Im übrigen gelten die §§ 1 bis 16 entsprechend.

Dritter Abschnitt. Vereinfachtes Wahlverfahren

§ 18 Voraussetzungen. Besteht der Betrieb oder die Dienststelle nicht aus räumlich weiter auseinanderliegenden Teilen und sind dort weniger als fünfzig Wahlberechtigte beschäftigt, ist die Schwerbehindertenvertretung in einem vereinfachten Wahlverfahren nach Maßgabe der folgenden Vorschriften zu wählen.

§ 19 Vorbereitung der Wahl. (1) Spätestens drei Wochen vor Ablauf ihrer Amtszeit lädt die Schwerbehindertenvertretung die Wahlberechtigten durch Aushang oder sonst in geeigneter Weise zur Wahlversammlung ein.

(2) Ist in dem Betrieb oder der Dienststelle eine Schwerbehindertenvertretung nicht vorhanden, können drei Wahlberechtigte, der Betriebs- oder Personalrat oder das Integrationsamt zur Wahlversammlung einladen.

§ 20 Durchführung der Wahl. (1) [1]Die Wahlversammlung wird von einer Person geleitet, die mit einfacher Stimmenmehrheit gewählt wird (Wahlleitung). [2]Die Wahlversammlung kann zur Unterstützung der Wahlleitung Wahlhelfer oder Wahlhelferinnen bestimmen.

(2) [1]Die Wahlversammlung beschließt mit einfacher Stimmenmehrheit, wie viele stellvertretende Mitglieder zu wählen sind. [2]Die Schwerbehindertenvertretung und ein oder mehrere stellvertretende Mitglieder werden in getrennten Wahlgängen gewählt; mehrere stellvertretende Mitglieder werden in einem gemeinsamen Wahlgang gewählt. [3]Jede Person, die wahlberechtigt ist, kann Personen zur Wahl der Schwerbehindertenvertretung und ihrer stellvertretenden Mitglieder vorschlagen.

(3) [1]Das Wahlrecht wird durch Abgabe eines Stimmzettels in einem Wahlumschlag ausgeübt. [2]Auf dem Stimmzettel sind von der Wahlleitung die vorgeschlagenen Personen in alphabetischer Reihenfolge unter Angabe von Familienname und Vorname aufzuführen; die Stimmzettel und Wahlumschläge müssen sämtlich die gleiche Größe, Farbe, Beschaffenheit und Beschriftung haben. [3]Die Wahlleitung verteilt die Stimmzettel und trifft Vorkehrungen, daß die Wähler und Wählerinnen ihre Stimme unbeobachtet abgeben können; § 9 Abs. 4 gilt entsprechend. [4]Der Wähler oder die Wählerin übergibt den Wahlumschlag, in den der Stimmzettel eingelegt ist, der Wahlleitung. [5]Diese legt den Wahlumschlag in Gegenwart des Wählers oder der Wählerin ungeöffnet in einen dafür bestimmten Behälter und hält den Namen des Wählers oder der Wählerin in einer Liste fest. [6]Unverzüglich nach Beendigung der Wahlhandlung zählt er öffentlich die Stimmen aus und stellt das Ergebnis fest.

(4) § 13 Abs. 2 und 3 sowie die §§ 14 bis 16 gelten entsprechend.

(5) [1]Die Wahlversammlung der Schwerbehindertenvertretung kann im vereinfachten Wahlverfahren mittels Video- und Telefonkonferenz erfolgen, wenn sichergestellt ist, dass Dritte vom Inhalt der Sitzung keine Kenntnis nehmen können. [2]Eine Aufzeichnung ist unzulässig. [3]Für die Ausübung des Wahlrechts durch Stimmabgabe bei der Wahl der Schwerbehindertenvertretung und ihrer stellvertretenden Mitglieder gilt § 11 entsprechend.

§ 21 Nachwahl des stellvertretenden Mitglieds. [1]Scheidet das einzige stellvertretende Mitglied aus oder ist ein stellvertretendes Mitglied noch nicht gewählt, lädt die Schwerbehindertenvertretung die Wahlberechtigten unverzüglich zur Wahlversammlung zur Wahl eines oder mehrerer stellvertretender Mitglieder ein. [2]Im übrigen gelten die §§ 18 bis 20 entsprechend.

Zweiter Teil. Wahl der Konzern-, Gesamt-, Bezirks- und Hauptschwerbehindertenvertretung in Betrieben und Dienststellen

§ 22 Wahlverfahren. (1) [1]Konzern-, Gesamt-, Bezirks- und Hauptschwerbehindertenvertretung werden durch schriftliche Stimmabgabe gewählt (§§ 11, 12). [2]Im übrigen sind § 1 Abs. 1, §§ 2 bis 5, 7 bis 10 und 13 bis 17 sinngemäß anzuwenden. [3]§ 1 Abs. 2 findet sinngemäß mit der Maßgabe Anwendung, daß sich die Wahlberechtigten auch in sonst geeigneter Weise über die Bestellung eines Wahlvorstandes einigen können. [4]§ 6 findet sinngemäß mit der Maßgabe Anwendung, daß bei weniger als fünf Wahlberechtigten die Unterzeichnung eines Wahlvorschlages durch einen Wahlberechtigten ausreicht.

(2) [1]Bei nur zwei Wahlberechtigten bestimmen diese im beiderseitigen Einvernehmen abweichend von Absatz 1 die Konzern-, Gesamt-, Bezirks- oder Hauptschwerbehindertenvertretung. [2]Kommt eine Einigung nicht zustande, entscheidet das Los.

261

(3) ¹Sofern rechtzeitig vor Ablauf der Amtszeit der Konzern-, Gesamt-, Bezirks- oder Hauptschwerbehindertenvertretung eine Versammlung nach § 180 Absatz 8 des Neunten Buches Sozialgesetzbuch¹⁾ stattfindet, kann die Wahl abweichend von Absatz 1 im Rahmen dieser Versammlung durchgeführt werden. ²§ 20 findet entsprechende Anwendung.

Dritter Teil. Wahl der Schwerbehindertenvertretung, Bezirks- und Hauptschwerbehindertenvertretung der schwerbehinderten Staatsanwälte und Staatsanwältinnen

§ 23 Wahlverfahren. Für die Wahl der Schwerbehindertenvertretung, der Bezirks- und Hauptschwerbehindertenvertretung der schwerbehinderten Staatsanwälte und Staatsanwältinnen in den Fällen des § 177 Absatz 1 Satz 3 des Neunten Buches Sozialgesetzbuch¹⁾ gelten die Vorschriften des Ersten und Zweiten Teils entsprechend.

Vierter Teil. Wahl der Schwerbehindertenvertretung, Bezirks- und Hauptschwerbehindertenvertretung der schwerbehinderten Richter und Richterinnen

§ 24 Vorbereitung der Wahl der Schwerbehindertenvertretung der Richter und Richterinnen. (1) ¹Spätestens acht Wochen vor Ablauf ihrer Amtszeit lädt die Schwerbehindertenvertretung der schwerbehinderten Richter und Richterinnen die Wahlberechtigten schriftlich oder durch Aushang zu einer Wahlversammlung ein. ²Die Einladung muß folgende Angaben enthalten:

1. die Voraussetzungen der Wählbarkeit zur Schwerbehindertenvertretung,
2. den Hinweis über eine für Zwecke der Wahl erfolgte Zusammenfassung von Gerichten,
3. den Hinweis, wo und wann die Liste der Wahlberechtigten und diese Verordnung zur Einsicht ausliegen,
4. Ort, Tag und Zeit der Wahlversammlung.

(2) ¹Ist in dem Gericht eine Schwerbehindertenvertretung der schwerbehinderten Richter und Richterinnen nicht vorhanden, laden drei wahlberechtigte Richter und Richterinnen, der Richterrat oder der Präsidialrat zu der Wahlversammlung ein. ²Das Recht des Integrationsamtes, zu einer solchen Versammlung einzuladen (§ 177 Absatz 6 Satz 4 des Neunten Buches Sozialgesetzbuch¹⁾), bleibt unberührt.

§ 25 Durchführung der Wahl. (1) Die Wahlversammlung beschließt unter dem Vorsitz des oder der lebensältesten Wahlberechtigten das Wahlverfahren und die Anzahl der stellvertretenden Mitglieder der Schwerbehindertenvertretung.

(2) ¹Die Leitung der Wahlversammlung hat die Gewählten unverzüglich von ihrer Wahl zu benachrichtigen. ²§ 14 Abs. 1 Satz 2 und Abs. 2 sowie die §§ 15 und 16 gelten entsprechend.

---

¹⁾ Nr. 1.

§ 26 Nachwahl des stellvertretenden Mitglieds. [1] Scheidet das einzige stellvertretende Mitglied vorzeitig aus dem Amt aus oder ist ein stellvertretendes Mitglied noch nicht gewählt, lädt die Schwerbehindertenvertretung der schwerbehinderten Richter und Richterinnen unverzüglich zur Wahlversammlung zur Wahl eines oder mehrerer stellvertretender Mitglieder für den Rest ihrer Amtszeit ein. [2] Im übrigen gelten die §§ 24 und 25 entsprechend.

§ 27 Wahl der Bezirks- und Hauptschwerbehindertenvertretung der schwerbehinderten Richter und Richterinnen. Für die Wahl der Bezirks- und Hauptschwerbehindertenvertretung der schwerbehinderten Richter und Richterinnen gelten die §§ 24 bis 26 entsprechend.

Fünfter Teil. Schlußvorschriften

§ 28 *(aufgehoben)*

§ 29 (Inkrafttreten)

2b. Schwerbehinderten-Ausgleichsabgabeverordnung – SchwbAV

Vom 28. März 1988

(BGBl. I S. 484)

FNA 871-1-14

zuletzt geänd. durch Art. 1 Fünfte VO zur Änd. der Schwerbehinderten-AusgleichsabgabeVO v. 28.6.
2021 (BAnz AT 28.06.2021 V2)

Inhaltsübersicht

Auf Grund des § 11 Abs. 3 Satz 3, § 12 Abs. 2 und § 33 Abs. 2 Satz 5 des Schwerbehindertengesetzes in der Fassung der Bekanntmachung vom 26. August 1986 (BGBl. I S. 1421) sowie des Artikels 12 Abs. 2 des Gesetzes zur Erleichterung des Übergangs vom Arbeitsleben in den Ruhestand vom 13. April 1984 (BGBl. I S. 601) verordnet die Bundesregierung mit Zustimmung des Bundesrates:

Erster Abschnitt. *(aufgehoben)*

§§ 1–13 *(aufgehoben)*

Zweiter Abschnitt. Förderung der Teilhabe schwerbehinderter Menschen am Arbeitsleben aus Mitteln der Ausgleichsabgabe durch die Integrationsämter

§ 14 Verwendungszwecke. (1) Die Integrationsämter haben die ihnen zur Verfügung stehenden Mittel der Ausgleichsabgabe einschließlich der Zinsen, der Tilgungsbeträge aus Darlehen, der zurückgezahlten Zuschüsse sowie der unverbrauchten Mittel des Vorjahres zu verwenden für folgende Leistungen:

1. Leistungen zur Förderung des Arbeits- und Ausbildungsplatzangebots für schwerbehinderte Menschen,

2. Leistungen zur begleitenden Hilfe im Arbeitsleben, einschließlich der Durchführung von Aufklärungs-, Schulungs- und Bildungsmaßnahmen sowie der Information, Beratung und Unterstützung von Arbeitgebern (Einheitliche Ansprechstellen für Arbeitgeber),

3. Leistungen für Einrichtungen zur Teilhabe schwerbehinderter Menschen am Arbeitsleben,

4. Leistungen zur Durchführung von Forschungs- und Modellvorhaben auf dem Gebiet der Teilhabe schwerbehinderter Menschen am Arbeitsleben, sofern ihnen ausschließlich oder überwiegend regionale Bedeutung zukommt oder beim Bundesministerium für Arbeit und Soziales beantragte Mittel aus dem Ausgleichsfonds nicht erbracht werden konnten,

5. Maßnahmen der beruflichen Orientierung,

6. Leistungen zur Deckung eines Teils der Aufwendungen für ein Budget für Arbeit oder für ein Budget für Ausbildung und

7. Leistungen an Werkstätten für behinderte Menschen und an andere Leistungsanbieter im Sinne des § 60 des Neunten Buches Sozialgesetzbuch[1]) zur Kompensation der aufgrund der COVID-19-Pandemie gesunkenen Arbeitsentgelte der dort beschäftigten Menschen mit Behinderungen, soweit nach § 36 Satz 4 zusätzliche Mittel der Ausgleichsabgabe zur Verfügung stehen.

(2) Die Mittel der Ausgleichsabgabe sind vorrangig für die Förderung nach Absatz 1 Nr. 1 und 2 zu verwenden.

(3) Die Integrationsämter können sich an der Förderung von Vorhaben nach § 41 Abs. 1 Nr. 3 bis 6 durch den Ausgleichsfonds beteiligen.

1. Unterabschnitt. Leistungen zur Förderung des Arbeits- und Ausbildungsplatzangebots für schwerbehinderte Menschen

§ 15 Leistungen an Arbeitgeber zur Schaffung von Arbeits- und Ausbildungsplätzen für schwerbehinderte Menschen. (1) [1] Arbeitgeber können Darlehen oder Zuschüsse bis zur vollen Höhe der entstehenden notwendigen Kosten zu den Aufwendungen für folgende Maßnahmen erhalten:

1. die Schaffung neuer geeigneter, erforderlichenfalls behinderungsgerecht ausgestatteter Arbeitsplätze in Betrieben oder Dienststellen für schwerbehinderte Menschen,

   a) die ohne Beschäftigungspflicht oder über die Beschäftigungspflicht hinaus (§ 154 des Neunten Buches Sozialgesetzbuch[1])) eingestellt werden sollen,

   b) die im Rahmen der Erfüllung der besonderen Beschäftigungspflicht gegenüber im Arbeits- und Berufsleben besonders betroffenen schwerbehinderten Menschen (§ 154 Absatz 1 Satz 2 und § 155 des Neunten Buches Sozialgesetzbuch) eingestellt werden sollen,

   c) die nach einer längerfristigen Arbeitslosigkeit von mehr als 12 Monaten eingestellt werden sollen,

   d) die im Anschluß an eine Beschäftigung in einer anerkannten Werkstatt für behinderte Menschen eingestellt werden sollen oder

   e) die zur Durchführung von Maßnahmen der besonderen Fürsorge und Förderung nach § 164 Absatz 3 Satz 1, Absatz 4 Satz 1 Nummer 1, 4 und 5 und Absatz 5 Satz 1 des Neunten Buches Sozialgesetzbuch auf einen neu zu schaffenden Arbeitsplatz umgesetzt werden sollen oder deren Beschäftigungsverhältnis ohne Umsetzung auf einen neu zu schaffenden Arbeitsplatz enden würde,

2. die Schaffung neuer geeigneter, erforderlichenfalls behinderungsgerecht ausgestatteter Ausbildungsplätze und Plätze zur sonstigen beruflichen Bildung für schwerbehinderte Menschen, insbesondere zur Teilnahme an Leistungen zur Teilhabe am Arbeitsleben nach § 49 Absatz 3 Nummer 4 des Neunten Buches Sozialgesetzbuch, in Betrieben oder Dienststellen,

wenn gewährleistet wird, daß die geförderten Plätze für einen nach Lage des Einzelfalles zu bestimmenden langfristigen Zeitraum schwerbehinderten Menschen vorbehalten bleiben. [2] Leistungen können auch zu den Aufwendungen

---

[1]) Nr. 1.

erbracht werden, die durch die Ausbildung schwerbehinderter Menschen im Gebrauch der nach Satz 1 geförderten Gegenstände entstehen.

(2) [1] Leistungen sollen nur erbracht werden, wenn sich der Arbeitgeber in einem angemessenen Verhältnis an den Gesamtkosten beteiligt. [2] Sie können nur erbracht werden, soweit Mittel für denselben Zweck nicht von anderer Seite zu erbringen sind oder erbracht werden. [3] Art und Höhe der Leistung bestimmen sich nach den Umständen des Einzelfalles. [4] Darlehen sollen mit jährlich 10 vom Hundert getilgt werden; von der Tilgung kann im Jahr der Auszahlung und dem darauf folgenden Kalenderjahr abgesehen werden. [5] Auch von der Verzinsung kann abgesehen werden.

(3) Die behinderungsgerechte Ausstattung von Arbeits- und Ausbildungsplätzen und die Einrichtung von Teilzeitarbeitsplätzen können, wenn Leistungen nach Absatz 1 nicht erbracht werden, nach den Vorschriften über die begleitende Hilfe im Arbeitsleben (§ 26) gefördert werden.

§ 16 Arbeitsmarktprogramme für schwerbehinderte Menschen. Die Integrationsämter können der Bundesagentur für Arbeit Mittel der Ausgleichsabgabe zur Durchführung befristeter regionaler Arbeitsmarktprogramme für schwerbehinderte Menschen gemäß § 187 Absatz 3 des Neunten Buches Sozialgesetzbuch[1] zuweisen.

2. Unterabschnitt. Leistungen zur begleitenden Hilfe im Arbeitsleben

§ 17 Leistungsarten. (1) [1] Leistungen zur begleitenden Hilfe im Arbeitsleben können erbracht werden

1. an schwerbehinderte Menschen

   a) für technische Arbeitshilfen (§ 19),

   b) zum Erreichen des Arbeitsplatzes (§ 20),

   c) zur Gründung und Erhaltung einer selbständigen beruflichen Existenz (§ 21),

   d) zur Beschaffung, Ausstattung und Erhaltung einer behinderungsgerechten Wohnung (§ 22),

   e) *(aufgehoben)*

   f) zur Teilnahme an Maßnahmen zur Erhaltung und Erweiterung beruflicher Kenntnisse und Fertigkeiten (§ 24) und

   g) in besonderen Lebenslagen (§ 25),

2. an Arbeitgeber

   a) zur behinderungsgerechten Einrichtung von Arbeits- und Ausbildungsplätzen für schwerbehinderte Menschen (§ 26),

   b) für Zuschüsse zu den Gebühren bei der Berufsausbildung besonders betroffener schwerbehinderter Jugendlicher und junger Erwachsener (§ 26a),

   c) für Prämien und Zuschüsse zu den Kosten der Berufsausbildung behinderter Jugendlicher und junger Erwachsener (§ 26 b),

   d) für Prämien zur Einführung eines betrieblichen Eingliederungsmanagements (§ 26c) und

   e) bei außergewöhnlichen Belastungen (§ 27),

---

[1] Nr. 1.

3. an Träger von Integrationsfachdiensten zu den Kosten ihrer Inanspruchnahme (§ 27a) einschließlich freier gemeinnütziger Einrichtungen und Organisationen zu den Kosten einer psychosozialen Betreuung schwerbehinderter Menschen (§ 28) sowie an Träger von Inklusionsbetrieben (§ 28a),

4. zur Durchführung von Aufklärungs-, Schulungs- und Bildungsmaßnahmen (§ 29).

[2] Daneben können solche Leistungen unter besonderen Umständen an Träger sonstiger Maßnahmen erbracht werden, die dazu dienen und geeignet sind, die Teilhabe schwerbehinderter Menschen am Arbeitsleben auf dem allgemeinen Arbeitsmarkt (Aufnahme, Ausübung oder Sicherung einer möglichst dauerhaften Beschäftigung) zu ermöglichen, zu erleichtern oder zu sichern.

(1a) [1] Schwerbehinderte Menschen haben im Rahmen der Zuständigkeit des Integrationsamtes für die begleitende Hilfe im Arbeitsleben aus den ihm aus der Ausgleichsabgabe zur Verfügung stehenden Mitteln Anspruch auf Übernahme der Kosten einer notwendigen Arbeitsassistenz.

(1b) Schwerbehinderte Menschen haben im Rahmen der Zuständigkeit des Integrationsamtes aus den ihm aus der Ausgleichsabgabe zur Verfügung stehenden Mitteln Anspruch auf Übernahme der Kosten einer Berufsbegleitung nach § 55 Absatz 3 des Neunten Buches Sozialgesetzbuch[1]).

(2) [1] Andere als die in Absatz 1 bis 1b genannten Leistungen, die der Teilhabe schwerbehinderter Menschen am Arbeitsleben nicht oder nur mittelbar dienen, können nicht erbracht werden. [2] Insbesondere können medizinische Maßnahmen sowie Urlaubs- und Freizeitmaßnahmen nicht gefördert werden.

§ 18 Leistungsvoraussetzungen. (1) [1] Leistungen nach § 17 Abs. 1 bis 1b dürfen nur erbracht werden, soweit Leistungen für denselben Zweck nicht von einem Rehabilitationsträger, vom Arbeitgeber oder von anderer Seite zu erbringen sind oder, auch wenn auf sie ein Rechtsanspruch nicht besteht, erbracht werden. [2] Der Nachrang der Träger der Sozialhilfe gemäß § 2 des Zwölften Buches Sozialgesetzbuch[2]) und das Verbot der Aufstockung von Leistungen der Rehabilitationsträger durch Leistungen der Integrationsämter (§ 185 Absatz 6 Satz 2 letzter Halbsatz des Neunten Buches Sozialgesetzbuch[1])) und die Möglichkeit der Integrationsämter, Leistungen der begleitenden Hilfe im Arbeitsleben vorläufig zu erbringen (§ 185 Absatz 7 Satz 3 des Neunten Buches Sozialgesetzbuch), bleiben unberührt.

(2) Leistungen an schwerbehinderte Menschen zur begleitenden Hilfe im Arbeitsleben können erbracht werden,

1. wenn die Teilhabe am Arbeitsleben auf dem allgemeinen Arbeitsmarkt unter Berücksichtigung von Art oder Schwere der Behinderung auf besondere Schwierigkeiten stößt und durch die Leistungen ermöglicht, erleichtert oder gesichert werden kann und

2. wenn es dem schwerbehinderten Menschen wegen des behinderungsbedingten Bedarfs nicht zuzumuten ist, die erforderlichen Mittel selbst aufzubringen. In den übrigen Fällen sind seine Einkommensverhältnisse zu berücksichtigen.

---

[1]) Nr. 1.
[2]) Nr. 11.

(3) [1] Die Leistungen können als einmalige oder laufende Leistungen erbracht werden. [2] Laufende Leistungen können in der Regel nur befristet erbracht werden. [3] Leistungen können wiederholt erbracht werden.

I. Leistungen an schwerbehinderte Menschen

§ 19 Technische Arbeitshilfen. [1] Für die Beschaffung technischer Arbeitshilfen, ihre Wartung, Instandsetzung und die Ausbildung des schwerbehinderten Menschen im Gebrauch können die Kosten bis zur vollen Höhe übernommen werden. [2] Gleiches gilt für die Ersatzbeschaffung und die Beschaffung zur Anpassung an die technische Weiterentwicklung.

§ 20 Hilfen zum Erreichen des Arbeitsplatzes. Schwerbehinderte Menschen können Leistungen zum Erreichen des Arbeitsplatzes nach Maßgabe der Kraftfahrzeughilfe-Verordnung[1] vom 28. September 1987 (BGBl. I S. 2251) erhalten.

§ 21 Hilfen zur Gründung und Erhaltung einer selbständigen beruflichen Existenz. (1) Schwerbehinderte Menschen können Darlehen oder Zinszuschüsse zur Gründung und zur Erhaltung einer selbständigen beruflichen Existenz erhalten, wenn

1. sie die erforderlichen persönlichen und fachlichen Voraussetzungen für die Ausübung der Tätigkeit erfüllen,
2. sie ihren Lebensunterhalt durch die Tätigkeit voraussichtlich auf Dauer im wesentlichen sicherstellen können und
3. die Tätigkeit unter Berücksichtigung von Lage und Entwicklung des Arbeitsmarkts zweckmäßig ist.

(2) [1] Darlehen sollen mit jährlich 10 vom Hundert getilgt werden. [2] Von der Tilgung kann im Jahr der Auszahlung und dem darauffolgenden Kalenderjahr abgesehen werden. [3] Satz 2 gilt, wenn Darlehen verzinslich gegeben werden, für die Verzinsung.

(3) Sonstige Leistungen zur Deckung von Kosten des laufenden Betriebs können nicht erbracht werden.

(4) Die §§ 17 bis 20 und die §§ 22 bis 27 sind zugunsten von schwerbehinderten Menschen, die eine selbständige Tätigkeit ausüben oder aufzunehmen beabsichtigen, entsprechend anzuwenden.

§ 22 Hilfen zur Beschaffung, Ausstattung und Erhaltung einer behinderungsgerechten Wohnung. (1) Schwerbehinderte Menschen können Leistungen erhalten

1. zur Beschaffung von behinderungsgerechtem Wohnraum im Sinne des § 16 des Wohnraumförderungsgesetzes,
2. zur Anpassung von Wohnraum und seiner Ausstattung an die besonderen behinderungsbedingten Bedürfnisse und
3. zum Umzug in eine behinderungsgerechte oder erheblich verkehrsgünstiger zum Arbeitsplatz gelegene Wohnung.

[1] Nr. **7a.**

(2) [1] Leistungen könne als Zuschüsse, Zinszuschüsse oder Darlehen erbracht werden. [2] Höhe, Tilgung und Verzinsung bestimmen sich nach den Umständen des Einzelfalls.

(3) Leistungen von anderer Seite sind nur insoweit anzurechnen, als sie schwerbehinderten Menschen für denselben Zweck wegen der Behinderung zu erbringen sind oder erbracht werden.

§ 23 *(aufgehoben)*

§ 24 Hilfen zur Teilnahme an Maßnahmen zur Erhaltung und Erweiterung beruflicher Kenntnisse und Fertigkeiten. [1] Schwerbehinderte Menschen, die an inner- oder außerbetrieblichen Maßnahmen der beruflichen Bildung zur Erhaltung und Erweiterung ihrer beruflichen Kenntnisse und Fertigkeiten oder zur Anpassung an die technische Entwicklung teilnehmen, vor allem an besonderen Fortbildungs- und Anpassungsmaßnahmen, die nach Art, Umfang und Dauer den Bedürfnissen dieser schwerbehinderten Menschen entsprechen, können Zuschüsse bis zur Höhe der ihnen durch die Teilnahme an diesen Maßnahmen entstehenden Aufwendungen erhalten. [2] Hilfen können auch zum beruflichen Aufstieg erbracht werden.

§ 25 Hilfen in besonderen Lebenslagen. Andere Leistungen zur begleitenden Hilfe im Arbeitsleben als die in den §§ 19 bis 24 geregelten Leistungen können an schwerbehinderte Menschen erbracht werden, wenn und soweit sie unter Berücksichtigung von Art oder Schwere der Behinderung erforderlich sind, um die Teilhabe am Arbeitsleben auf dem allgemeinen Arbeitsmarkt zu ermöglichen, zu erleichtern oder zu sichern.

II. Leistungen an Arbeitgeber

§ 26 Leistungen zur behinderungsgerechten Einrichtung von Arbeits- und Ausbildungsplätzen für schwerbehinderte Menschen. (1) [1] Arbeitgeber können Darlehen oder Zuschüsse bis zur vollen Höhe der entstehenden notwendigen Kosten für folgende Maßnahmen erhalten:

1. die behinderungsgerechte Einrichtung und Unterhaltung der Arbeitsstätten einschließlich der Betriebsanlagen, Maschinen und Geräte,

2. die Einrichtung von Teilzeitarbeitsplätzen für schwerbehinderte Menschen, insbesondere wenn eine Teilzeitbeschäftigung mit einer Dauer auch von weniger als 18 Stunden, wenigstens aber 15 Stunden, wöchentlich wegen Art oder Schwere der Behinderung notwendig ist,

3. die Ausstattung von Arbeits- oder Ausbildungsplätzen mit notwendigen technischen Arbeitshilfen, deren Wartung und Instandsetzung sowie die Ausbildung des schwerbehinderten Menschen im Gebrauch der nach den Nummern 1 bis 3 geförderten Gegenstände,

4. sonstige Maßnahmen, durch die eine möglichst dauerhafte behinderungsgerechte Beschäftigung schwerbehinderter Menschen in Betrieben oder Dienststellen ermöglicht, erleichtert oder gesichert werden kann.

[2] Gleiches gilt für Ersatzbeschaffungen oder Beschaffungen zur Anpassung an die technische Weiterentwicklung.

(2) Art und Höhe der Leistung bestimmen sich nach den Umständen des Einzelfalls, insbesondere unter Berücksichtigung, ob eine Verpflichtung des

Arbeitgebers zur Durchführung von Maßnahmen nach Absatz 1 gemäß § 164 Absatz 3 Satz 1, Absatz 4 Satz 1 Nummer 4 und 5 und Absatz 5 Satz 1 des Neunten Buches Sozialgesetzbuch[1]) besteht und erfüllt wird sowie ob schwerbehinderte Menschen ohne Beschäftigungspflicht oder über die Beschäftigungspflicht hinaus (§ 154 des Neunten Buches Sozialgesetzbuch) oder im Rahmen der Erfüllung der besonderen Beschäftigungspflicht gegenüber bei der Teilhabe am Arbeitsleben besonders betroffenen schwerbehinderten Menschen (§ 154 Absatz 1 Satz 2 und § 155 des Neunten Buches Sozialgesetzbuch) beschäftigt werden.

(3) § 15 Abs. 2 Satz 1 und 2 gilt entsprechend.

§ 26a Zuschüsse zu den Gebühren bei der Berufsausbildung besonders betroffener schwerbehinderter Jugendlicher und junger Erwachsener. Arbeitgeber, die ohne Beschäftigungspflicht (§ 154 Absatz 1 des Neunten Buches Sozialgesetzbuch[1])) besonders betroffene schwerbehinderte Menschen zur Berufsausbildung einstellen, können Zuschüsse zu den Gebühren, insbesondere Prüfungsgebühren bei der Berufsausbildung, erhalten.

§ 26b Prämien und Zuschüsse zu den Kosten der Berufsausbildung behinderter Jugendlicher und junger Erwachsener. Arbeitgeber können Prämien und Zuschüsse zu den Kosten der Berufsausbildung behinderter Jugendlicher und junger Erwachsener erhalten, die für die Zeit der Berufsausbildung schwerbehinderten Menschen nach § 151 Absatz 4 des Neunten Buches Sozialgesetzbuch[1]) gleichgestellt sind.

§ 26c Prämien zur Einführung eines betrieblichen Eingliederungsmanagements. Arbeitgeber können zur Einführung eines betrieblichen Eingliederungsmanagements Prämien erhalten.

§ 27 Leistungen bei außergewöhnlichen Belastungen. (1) [1]Arbeitgeber können Zuschüsse zur Abgeltung außergewöhnlicher Belastungen erhalten, die mit der Beschäftigung eines schwerbehinderten Menschen verbunden sind, der nach Art oder Schwere seiner Behinderung im Arbeits- und Berufsleben besonders betroffen ist (§ 155 Absatz 1 Nummer 1 Buchstabe a bis d des Neunten Buches Sozialgesetzbuch[1])) oder im Anschluss an eine Beschäftigung in einer anerkannten Werkstatt für behinderte Menschen oder bei einem anderen Leistungsanbieter im Sinne des § 60 des Neunten Buches Sozialgesetzbuch oder in Teilzeit (§ 158 Absatz 2 des Neunten Buches Sozialgesetzbuch) beschäftigt wird, vor allem, wenn ohne diese Leistungen das Beschäftigungsverhältnis gefährdet würde. [2]Leistungen nach Satz 1 können auch in Probebeschäftigungen und Praktika erbracht werden, die ein in einer Werkstatt für behinderte Menschen beschäftigter schwerbehinderter Mensch im Rahmen von Maßnahmen zur Förderung des Übergangs auf den allgemeinen Arbeitsmarkt (§ 5 Abs. 4 der Werkstättenverordnung[2])) absolviert, wenn die dem Arbeitgeber entstehenden außergewöhnlichen Belastungen nicht durch die in dieser Zeit erbrachten Leistungen der Rehabilitationsträger abgedeckt werden.

(2) Außergewöhnliche Belastungen sind überdurchschnittlich hohe finanzielle Aufwendungen oder sonstige Belastungen, die einem Arbeitgeber bei der

---

[1]) Nr. **1**.
[2]) Nr. **2c**.

Beschäftigung eines schwerbehinderten Menschen auch nach Ausschöpfung aller Möglichkeiten entstehen und für die die Kosten zu tragen für den Arbeitgeber nach Art oder Höhe unzumutbar ist.

(3) Für die Zuschüsse zu notwendigen Kosten nach Absatz 2 gilt § 26 Abs. 2 entsprechend.

(4) Die Dauer des Zuschusses bestimmt sich nach den Umständen des Einzelfalls.

III. Sonstige Leistungen

§ 27a Leistungen an Integrationsfachdienste. (1) Träger von Integrationsfachdiensten im Sinne des Kapitels 7 des Teils 3 des Neunten Buches Sozialgesetzbuch[1]) können Leistungen nach § 196 des Neunten Buches Sozialgesetzbuch zu den durch ihre Inanspruchnahme entstehenden notwendigen Kosten erhalten.

(2) [1] Die Länder legen dem Bundesministerium für Arbeit und Soziales jährlich zum 30. Juni einen Bericht über die Beauftragung der Integrationsfachdienste oder anderer geeigneter Träger als Einheitliche Ansprechstellen für Arbeitgeber vor. [2] Sie berichten auch über deren Aktivitäten in diesem Zusammenhang sowie über die Verwendung der Mittel, die ab dem 30. Juni 2022 nach § 36 nicht mehr an den Ausgleichsfonds abzuführen sind, für diesen Zweck. [3] Der Bericht kann auch gesammelt durch die Bundesarbeitsgemeinschaft der Integrationsämter und Hauptfürsorgestellen erfolgen.

§ 28 Leistungen zur Durchführung der psychosozialen Betreuung schwerbehinderter Menschen. (1) Freie gemeinnützige Träger psychosozialer Dienste, die das Integrationsamt an der Durchführung der ihr obliegenden Aufgabe der im Einzelfall erforderlichen psychosozialen Betreuung schwerbehinderter Menschen unter Fortbestand ihrer Verantwortlichkeit beteiligt, können Leistungen zu den daraus entstehenden notwendigen Kosten erhalten.

(2) [1] Leistungen nach Absatz 1 setzen voraus, daß

1. der psychosoziale Dienst nach seiner personellen, räumlichen und sächlichen Ausstattung zur Durchführung von Maßnahmen der psychosozialen Betreuung geeignet ist, insbesondere mit Fachkräften ausgestattet ist, die über eine geeignete Berufsqualifikation, eine psychosoziale Zusatzqualifikation und ausreichende Berufserfahrung verfügen, und

2. die Maßnahmen

   a) nach Art, Umfang und Dauer auf die Aufnahme, Ausübung oder Sicherung einer möglichst dauerhaften Beschäftigung schwerbehinderter Menschen auf dem allgemeinen Arbeitsmarkt ausgerichtet und dafür geeignet sind,

   b) nach den Grundsätzen der Wirtschaftlichkeit und Sparsamkeit durchgeführt werden, insbesondere die Kosten angemessen sind, und

   c) aufgrund einer Vereinbarung zwischen dem Integrationsamt und dem Träger des psychosozialen Dienstes durchgeführt werden.

[2] Leistungen können gleichermaßen für Maßnahmen für schwerbehinderte Menschen erbracht werden, die diesen Dienst unter bestimmten, in der Ver-

---

[1]) Nr. **1**.

einbarung näher zu regelnden Voraussetzungen im Einvernehmen mit dem Integrationsamt unmittelbar in Anspruch nehmen.

(3) [1]Leistungen sollen in der Regel bis zur vollen Höhe der notwendigen Kosten erbracht werden, die aus der Beteiligung an den im Einzelfall erforderlichen Maßnahmen entstehen. [2]Das Nähere über die Höhe der zu übernehmenden Kosten, ihre Erfassung, Darstellung und Abrechnung bestimmt sich nach der Vereinbarung zwischen des Integrationsamtes und dem Träger des psychosozialen Dienstes gemäß Absatz 2 Satz 1 Nr. 2 Buchstabe c.

§ 28a Leistungen an Inklusionsbetriebe. Inklusionsbetriebe im Sinne des Kapitels 11 des Teils 3 des Neunten Buches Sozialgesetzbuch[1] können Leistungen für Aufbau, Erweiterung, Modernisierung und Ausstattung einschließlich einer betriebswirtschaftlichen Beratung und besonderen Aufwand erhalten.

§ 29 Leistungen zur Durchführung von Aufklärungs-, Schulungs- und Bildungsmaßnahmen. (1) [1]Die Durchführung von Schulungs- und Bildungsmaßnahmen für Vertrauenspersonen schwerbehinderter Menschen, Beauftragte der Arbeitgeber, Betriebs-, Personal-, Richter-, Staatsanwalts- und Präsidialräte sowie die Mitglieder der Stufenvertretungen wird gefördert, wenn es sich um Veranstaltungen der Integrationsämter im Sinne des § 185 Absatz 2 Satz 6 des Neunten Buches Sozialgesetzbuch[1] handelt. [2]Die Durchführung von Maßnahmen im Sinne des Satzes 1 durch andere Träger kann gefördert werden, wenn die Maßnahmen erforderlich und die Integrationsämter an ihrer inhaltlichen Gestaltung maßgeblich beteiligt sind.

(2) [1]Aufklärungsmaßnahmen sowie Schulungs- und Bildungsmaßnahmen für andere als in Absatz 1 genannte Personen, die die Teilhabe schwerbehinderter Menschen am Arbeitsleben zum Gegenstand haben, können gefördert werden. [2]Dies gilt auch für die Qualifizierung des nach § 185 Absatz 1 des Neunten Buches Sozialgesetzbuch einzusetzenden Personals sowie für notwendige Informationsschriften und -veranstaltungen über Rechte, Pflichten, Leistungen und sonstige Eingliederungshilfen sowie Nachteilsausgleiche nach dem Neunten Buch Sozialgesetzbuch und anderen Vorschriften.

3. Unterabschnitt. Leistungen für Einrichtungen zur Teilhabe schwerbehinderter Menschen am Arbeitsleben

§ 30 Förderungsfähige Einrichtungen. (1) [1]Leistungen können für die Schaffung, Erweiterung, Ausstattung und Modernisierung folgender Einrichtungen erbracht werden:

1. betriebliche, überbetriebliche und außerbetriebliche Einrichtungen zur Vorbereitung von behinderten Menschen auf eine berufliche Bildung oder die Teilhabe am Arbeitsleben,

2. betriebliche, überbetriebliche und außerbetriebliche Einrichtungen zur beruflichen Bildung behinderter Menschen,

3. Einrichtungen, soweit sie während der Durchführung von Leistungen zur medizinischen Rehabilitation behinderte Menschen auf eine berufliche Bildung oder die Teilhabe am Arbeitsleben vorbereiten,

---

[1] Nr. 1.

4. Werkstätten für behinderte Menschen im Sinne des § 219 des Neunten Buches Sozialgesetzbuch[1]),

5. Blindenwerkstätten mit einer Anerkennung auf Grund des Blindenwarenvertriebsgesetzes vom 9. April 1965 (BGBl. I S. 311) in der bis zum 13. September 2007 geltenden Fassung,

6. Wohnstätten für behinderte Menschen, die auf dem allgemeinen Arbeitsmarkt, in Werkstätten für behinderte Menschen oder in Blindenwerkstätten tätig sind.

[2] Zur länderübergreifenden Bedarfsbeurteilung wird das Bundesministerium für Arbeit und Soziales bei der Planung neuer oder Erweiterung bestehender Einrichtungen nach Satz 1 Nr. 4 bis 6 beteiligt.

(2) [1] Öffentliche oder gemeinnützige Träger eines besonderen Beförderungsdienstes für behinderte Menschen können Leistungen zur Beschaffung und behinderungsgerechten Ausstattung von Kraftfahrzeugen erhalten. [2] Die Höhe der Leistung bestimmt sich nach dem Umfang, in dem der besondere Beförderungsdienst für Fahrten schwerbehinderter Menschen von und zur Arbeitsstätte benutzt wird.

(3) [1] Leistungen zur Deckung von Kosten des laufenden Betriebs dürfen nur ausnahmsweise erbracht werden, wenn hierdurch der Verlust bestehender Beschäftigungsmöglichkeiten für behinderte Menschen abgewendet werden kann. [2] Für Einrichtungen nach Absatz 1 Nr. 4 bis 6 sind auch Leistungen zur Deckung eines Miet- oder Pachtzinses zulässig.

§ 31 Förderungsvoraussetzungen. (1) Die Einrichtungen im Sinne des § 30 Abs. 1 Satz 4 können gefördert werden, wenn sie

1. ausschließlich oder überwiegend behinderte Menschen aufnehmen, die Leistungen eines Rehabilitationsträgers in Anspruch nehmen,

2. behinderten Menschen unabhängig von der Ursache der Behinderung und unabhängig von der Mitgliedschaft in der Organisation des Trägers der Einrichtung offenstehen und

3. nach ihrer personellen, räumlichen und sächlichen Ausstattung die Gewähr dafür bieten, daß die Rehabilitationsmaßnahmen nach zeitgemäßen Erkenntnissen durchgeführt werden und einer dauerhaften Teilhabe am Arbeitsleben dienen.

(2) Darüber hinaus setzt die Förderung voraus bei

1. Einrichtungen im Sinne des § 30 Abs. 1 Nr. 1:
Die in diesen Einrichtungen durchzuführenden Maßnahmen sollen den individuellen Belangen der behinderten Menschen Rechnung tragen und sowohl eine werkspraktische wie fachtheoretische Unterweisung umfassen. Eine begleitende Betreuung entsprechend den Bedürfnissen der behinderten Menschen muß sichergestellt sein. Maßnahmen zur Vorbereitung auf eine berufliche Bildung sollen sich auf mehrere Berufsfelder erstrecken und Aufschluß über Neigung und Eignung der behinderten Menschen geben.

2. Einrichtungen im Sinne des § 30 Abs. 1 Nr. 2:
a) Die Eignungsvoraussetzungen nach den §§ 27 bis 30 des Berufsbildungsgesetzes oder nach den §§ 21 bis 22b der Handwerksordnung zur Aus-

---

[1]) Nr. 1.

bildung in anerkannten Ausbildungsberufen müssen erfüllt sein. Dies gilt auch für Ausbildungsgänge, die nach § 66 des Berufsbildungsgesetzes[1] oder nach § 42m der Handwerksordnung durchgeführt werden.

b) Außer- oder überbetriebliche Einrichtungen sollen unter Einbeziehung von Plätzen für berufsvorbereitende Maßnahmen über in der Regel mindestens 200 Plätze für die berufliche Bildung in mehreren Berufsfeldern verfügen. Sie müssen in der Lage sein, behinderte Menschen mit besonderer Art oder Schwere der Behinderung beruflich zu bilden. Sie müssen über die erforderliche Zahl von Ausbildern und die personellen und sächlichen Voraussetzungen für eine begleitende ärztliche, psychologische und soziale Betreuung entsprechend den Bedürfnissen der behinderten Menschen verfügen. Bei Unterbringung im Internat muß die behinderungsgerechte Betreuung sichergestellt sein. Die Einrichtungen sind zur vertrauensvollen Zusammenarbeit insbesondere untereinander und mit den für die Rehabilitation zuständigen Behörden verpflichtet.

3. Einrichtungen im Sinne des § 30 Abs. 1 Nr. 3:
Die in diesen Einrichtungen in einem ineinandergreifenden Verfahren durchzuführenden Leistungen zur medizinischen Rehabilitation und zur Teilhabe am Arbeitsleben müssen entsprechend den individuellen Gegebenheiten so ausgerichtet sein, daß nach Abschluß dieser Maßnahmen ein möglichst nahtloser Übergang in eine berufliche Bildungsmaßnahme oder in das Arbeitsleben gewährleistet ist. Für die Durchführung der Maßnahmen müssen besondere Fachdienste zur Verfügung stehen.

4. Werkstätten für behinderte Menschen im Sinne des § 30 Abs. 1 Nr. 4:
Sie müssen gemäß § 225 des Neunten Buches Sozialgesetzbuch[2] anerkannt sein oder voraussichtlich anerkannt werden.

5. Blindenwerkstätten im Sinne des § 30 Abs. 1 Nr. 5:
Sie müssen auf Grund des Blindenwarenvertriebsgesetzes anerkannt sein.

6. Wohnstätten im Sinne des § 30 Abs. 1 Nr. 6:
Sie müssen hinsichtlich ihrer baulichen Gestaltung, Wohnflächenbemessung und Ausstattung den besonderen Bedürfnissen der behinderten Menschen entsprechen. Die Aufnahme auch von behinderten Menschen, die nicht im Arbeitsleben stehen, schließt eine Förderung entsprechend dem Anteil der im Arbeitsleben stehenden schwerbehinderten Menschen nicht aus. Der Verbleib von schwerbehinderten Menschen, die nicht mehr im Arbeitsleben stehen, insbesondere von schwerbehinderten Menschen nach dem Ausscheiden aus einer Werkstatt für behinderte Menschen, beeinträchtigt nicht die zweckentsprechende Verwendung der eingesetzten Mittel.

§ 32 Förderungsgrundsätze. (1) Leistungen sollen nur erbracht werden, wenn sich der Träger der Einrichtung in einem angemessenen Verhältnis an den Gesamtkosten beteiligt und alle anderen Finanzierungsmöglichkeiten aus Mitteln der öffentlichen Hände und aus privaten Mitteln in zumutbarer Weise in Anspruch genommen worden sind.

(2) [1] Leistungen dürfen nur erbracht werden, soweit Leistungen für denselben Zweck nicht von anderer Seite zu erbringen sind oder erbracht werden. [2] Werden Einrichtungen aus Haushaltmitteln des Bundes oder anderer öffent-

---

[1] Nr. **13**.
[2] Nr. **1**.

licher Hände gefördert, ist eine Förderung aus Mitteln der Ausgleichsabgabe nur zulässig, wenn der Förderungszweck sonst nicht erreicht werden kann.

(3) Leistungen können nur erbracht werden, wenn ein Bedarf an entsprechenden Einrichtungen festgestellt und die Deckung der Kosten des laufenden Betriebs gesichert ist.

(4) Eine Nachfinanzierung aus Mitteln der Ausgleichsabgabe ist nur zulässig, wenn eine Förderung durch die gleiche Stelle vorangegangen ist.

§ 33 Art und Höhe der Leistungen. (1) [1]Leistungen können als Zuschüsse oder Darlehen erbracht werden. [2]Zuschüsse sind auch Zinszuschüsse zur Verbilligung von Fremdmitteln.

(2) Art und Höhe der Leistung bestimmen sich nach den Umständen des Einzelfalls, insbesondere nach dem Anteil der schwerbehinderten Menschen an der Gesamtzahl des aufzunehmenden Personenkreises, nach der wirtschaftlichen Situation der Einrichtung und ihres Trägers sowie nach Bedeutung und Dringlichkeit der beabsichtigten Rehabilitationsmaßnahmen.

§ 34 Tilgung und Verzinsung von Darlehen. (1) [1]Darlehen nach § 33 sollen jährlich mit 2 vom Hundert getilgt und mit 2 vom Hundert verzinst werden; bei Ausstattungsinvestitionen beträgt die Tilgung 10 vom Hundert. [2]Die durch die fortschreitende Tilgung ersparten Zinsen wachsen den Tilgungsbeträgen zu.

(2) Von der Tilgung und Verzinsung von Darlehen kann bis zum Ablauf von zwei Jahren nach Inbetriebnahme abgesehen werden.

Dritter Abschnitt. Ausgleichsfonds

1. Unterabschnitt. Gestaltung des Ausgleichsfonds

§ 35 Rechtsform. [1]Der Ausgleichsfonds für überregionale Vorhaben zur Teilhabe schwerbehinderter Menschen am Arbeitsleben (Ausgleichsfonds) ist ein nicht rechtsfähiges Sondervermögen des Bundes mit eigener Wirtschafts- und Rechnungsführung. [2]Er ist von den übrigen Vermögen des Bundes, seinen Rechten und Verbindlichkeiten getrennt zu halten. [3]Für Verbindlichkeiten, die das Bundesministerium für Arbeit und Soziales als Verwalter des Ausgleichsfonds eingeht, haftet nur der Ausgleichsfonds; der Ausgleichsfonds haftet nicht für die sonstigen Verbindlichkeiten des Bundes.

§ 36 Weiterleitung der Mittel an den Ausgleichsfonds. [1]Die Integrationsämter leiten zum 30. Juni eines jeden Jahres 18 vom Hundert des im Zeitraum vom 1. Juni des vorangegangenen Jahres bis zum 31. Mai des Jahres eingegangenen Aufkommens an Ausgleichsabgabe an den Ausgleichsfonds weiter. [2]Sie teilen dem Bundesministerium für Arbeit und Soziales zum 30. Juni eines jeden Jahres das Aufkommen an Ausgleichsabgabe für das vorangegangene Kalenderjahr auf der Grundlage des bis zum 31. Mai des Jahres tatsächlich an die Integrationsämter gezahlten Aufkommens mit. [3]Sie teilen zum 31. Januar eines jeden Jahres das Aufkommen an Ausgleichsabgabe für das vorvergangene Kalenderjahr dem Bundesministerium für Arbeit und Soziales mit. [4]Abweichend von Satz 1 leiten die Integrationsämter zum 30. Juni 2020 10 Prozent des im Zeitraum vom 1. Juni 2019 bis zum 31. Mai 2020 eingegangenen Aufkommens an Ausgleichsabgabe und zum 30. Juni 2021 10 Prozent des im

Zeitraum vom 1. Juni 2020 bis zum 31. Mai 2021 eingegangenen Aufkommens an Ausgleichsabgabe an den Ausgleichsfonds weiter.

§ 37 Anwendung der Vorschriften der Bundeshaushaltsordnung.
Für den Ausgleichsfonds gelten die Bundeshaushaltsordnung sowie die zu ihrer Ergänzung und Durchführung erlassenen Vorschriften entsprechend, soweit die Vorschriften dieser Verordnung nichts anderes bestimmen.

§ 38 Aufstellung eines Wirtschaftsplans. (1) Für jedes Kalenderjahr (Wirtschaftsjahr) ist ein Wirtschaftsplan aufzustellen.

(2) [1]Der Wirtschaftsplan enthält alle im Wirtschaftsjahr

1. zu erwartenden Einnahmen,

2. voraussichtlich zu leistenden Ausgaben und

3. voraussichtlich benötigten Verpflichtungsermächtigungen.

[2]Zinsen, Tilgungsbeträge aus Darlehen, zurückgezahlte Zuschüsse sowie unverbrauchte Mittel des Vorjahres fließen dem Ausgleichsfonds als Einnahmen zu.

(3) Der Wirtschaftsplan ist in Einnahmen und Ausgaben auszugleichen.

(4) Die Ausgaben sind gegenseitig deckungsfähig.

(5) Die Ausgaben sind übertragbar.

§ 39 Feststellung des Wirtschaftsplans. [1]Das Bundesministerium für Arbeit und Soziales stellt im Benehmen mit dem Bundesministerium der Finanzen und im Einvernehmen mit dem Beirat für die Teilhabe behinderter Menschen (Beirat) den Wirtschaftsplan fest. [2]§ 1 der Bundeshaushaltsordnung findet keine Anwendung.

§ 40 Ausführung des Wirtschaftsplans. (1) [1]Bei der Vergabe der Mittel des Ausgleichsfonds sind die jeweils gültigen Allgemeinen Nebenbestimmungen für Zuwendungen des Bundes zugrunde zu legen. [2]Von ihnen kann im Einvernehmen mit dem Bundesministerium der Finanzen abgewichen werden.

(2) Verpflichtungen, die in Folgejahren zu Ausgaben führen, dürfen nur eingegangen werden, wenn die Finanzierung der Ausgaben durch das Aufkommen an Ausgleichsabgabe gesichert ist.

(3) [1]Überschreitungen der Ausgabeansätze sind nur zulässig, wenn

1. hierfür ein unvorhergesehenes und unabweisbares Bedürfnis besteht und

2. entsprechende Einnahmeerhöhungen vorliegen.

[2]Außerplanmäßige Ausgaben sind nur zulässig, wenn

1. hierfür ein unvorhergesehenes und unabweisbares Bedürfnis besteht und

2. Beträge in gleicher Höhe bei anderen Ausgabeansätzen eingespart werden oder entsprechende Einnahmeerhöhungen vorliegen.

[3]Die Entscheidung hierüber trifft das Bundesministerium für Arbeit und Soziales im Benehmen mit dem Bundesministerium der Finanzen und im Einvernehmen mit dem Beirat.

(4) Bis zur bestimmungsmäßigen Verwendung sind die Ausgabemittel verzinslich anzulegen.

2. Unterabschnitt. Förderung der Teilhabe schwerbehinderter Menschen am Arbeitsleben aus Mitteln des Ausgleichsfonds

§ 41 Verwendungszwecke. (1) Die Mittel aus dem Ausgleichsfonds sind zu verwenden für

1. Zuweisungen an die Bundesagentur für Arbeit zur besonderen Förderung der Teilhabe schwerbehinderter Menschen am Arbeitsleben, insbesondere durch Eingliederungszuschüsse und Zuschüsse zur Ausbildungsvergütung nach dem Dritten Buch Sozialgesetzbuch[1]), und zwar ab 2009 jährlich in Höhe von 16 vom Hundert des Aufkommens an Ausgleichsabgabe,

2. befristete überregionale Programme zum Abbau der Arbeitslosigkeit schwerbehinderter Menschen, besonderer Gruppen von schwerbehinderten Menschen (§ 155 des Neunten Buches Sozialgesetzbuch[2])) oder schwerbehinderter Frauen sowie zur Förderung des Ausbildungsplatzangebots für schwerbehinderte Menschen,

3. Einrichtungen nach § 30 Abs. 1 Nr. 1 bis 3, soweit sie den Interessen mehrerer Länder dienen; Einrichtungen dienen den Interessen mehrerer Länder auch dann, wenn sie Bestandteil eines abgestimmten Plans sind, der ein länderübergreifendes Netz derartiger Einrichtungen zum Gegenstand hat,

4. überregionale Modellvorhaben zur Weiterentwicklung der Förderung der Teilhabe schwerbehinderter Menschen am Arbeitsleben, insbesondere durch betriebliches Eingliederungsmanagement, und der Förderung der Ausbildung schwerbehinderter Jugendlicher,

5. die Entwicklung technischer Arbeitshilfen und

6. Aufklärungs-, Fortbildungs- und Forschungsmaßnahmen auf dem Gebiet der Teilhabe schwerbehinderter Menschen am Arbeitsleben, sofern diesen Maßnahmen überregionale Bedeutung zukommt.

(2) Die Mittel des Ausgleichsfonds sind vorrangig für die Eingliederung schwerbehinderter Menschen in den allgemeinen Arbeitsmarkt zu verwenden.

(3) Der Ausgleichsfonds kann sich an der Förderung von Forschungs- und Modellvorhaben durch die Integrationsämter nach § 14 Abs. 1 Nr. 4 beteiligen, sofern diese Vorhaben auch für andere Länder oder den Bund von Bedeutung sein können.

(4) Die §§ 31 bis 34 gelten entsprechend.

· 3. Unterabschnitt. Verfahren zur Vergabe der Mittel des Ausgleichsfonds

§ 42 Anmeldeverfahren und Anträge. [1]Leistungen aus dem Ausgleichsfonds sind vom Träger der Maßnahme beim Bundesministerium für Arbeit und Soziales zu beantragen, in den Fällen des § 41 Abs. 1 Nr. 3 nach vorheriger Abstimmung mit dem Land, in dem der Integrationsbetrieb oder die Integrationsabteilung oder die Einrichtung ihren Sitz hat oder haben soll. [2]Das Bundesministerium für Arbeit und Soziales leitet die Anträge mit seiner Stellungnahme dem Beirat zu.

---

[1]) Auszugsweise abgedruckt unter Nr. **4**.
[2]) Nr. **1**.

§ 43 Vorschlagsrecht des Beirats. (1) [1]Der Beirat nimmt zu den Anträgen Stellung. [2]Die Stellungnahme hat einen Vorschlag zu enthalten, ob, in welcher Art und Höhe sowie unter welchen Bedingungen und Auflagen Mittel des Ausgleichsfonds vergeben werden sollen.

(2) Der Beirat kann unabhängig vom Vorliegen oder in Abwandlung eines schriftlichen oder elektronischen Antrags Vorhaben zur Förderung vorschlagen.

§ 44 Entscheidung. (1) Das Bundesministerium für Arbeit und Soziales entscheidet über die Anträge aufgrund der Vorschläge des Beirats durch schriftlichen oder elektronischen Bescheid.

(2) Der Beirat ist über die getroffene Entscheidung zu unterrichten.

§ 45 Vorhaben des Bundesministeriums für Arbeit und Soziales.

Für Vorhaben des Bundesministeriums für Arbeit und Soziales, die dem Beirat zur Stellungnahme zuzuleiten sind, gelten die §§ 43 und 44 entsprechend.

Vierter Abschnitt. Schlußvorschriften

§ 46 Übergangsregelungen. Abweichend von § 41 können Mittel des Ausgleichsfonds verwendet werden zur Förderung von Inklusionsbetrieben und -abteilungen nach Kapitel 11 des Teils 3 des Neunten Buches Sozialgesetzbuch, die nicht von öffentlichen Arbeitgebern im Sinne des § 154 Absatz 2 des Neunten Buches Sozialgesetzbuch[1] geführt werden, soweit die Förderung bis zum 31. Dezember 2003 bewilligt worden ist, sowie für die Förderung von Einrichtungen nach § 30 Absatz 1 Satz 1 Nummer 4 bis 6, soweit Leistungen als Zinszuschüsse oder Zuschüsse zur Deckung eines Miet- oder Pachtzinses für bis zum 31. Dezember 2004 bewilligte Projekte erbracht werden.

§ 47 Inkrafttreten, Außerkrafttreten. [1]Diese Verordnung tritt am Tage nach der Verkündung[2] in Kraft. [2]Gleichzeitig tritt die Ausgleichsabgabeverordnung Schwerbehindertengesetz vom 8. August 1978 (BGBl. I S. 1228), zuletzt geändert durch § 12 der Kraftfahrzeughilfe-Verordnung[3] vom 28. September 1987 (BGBl. I S. 2251), außer Kraft.

---

[1] Nr. **1**.
[2] Verkündet am 7. April 1988.
[3] Nr. **7a**.

2c. Werkstättenverordnung (WVO)

Vom 13. August 1980

(BGBl. I S. 1365)

FNA 871-1-7

zuletzt geänd. durch Art. 13 TeilhabestärkungsG v. 2.6.2021 (BGBl. I S. 1387)

Auf Grund des § 55 Abs. 3 des Schwerbehindertengesetzes in der Fassung der Bekanntmachung vom 8. Oktober 1979 (BGBl. I S. 1649) verordnet die Bundesregierung mit Zustimmung des Bundesrates:

Erster Abschnitt. Fachliche Anforderungen an die Werkstatt für behinderte Menschen

§ 1 Grundsatz der einheitlichen Werkstatt. (1) Die Werkstatt für behinderte Menschen (Werkstatt) hat zur Erfüllung ihrer gesetzlichen Aufgaben die Voraussetzungen dafür zu schaffen, daß sie die behinderten Menschen im Sinne des § 219 Absatz 2 des Neunten Buches Sozialgesetzbuch[1] aus ihrem Einzugsgebiet aufnehmen kann.

(2) Der unterschiedlichen Art der Behinderung und ihren Auswirkungen soll innerhalb der Werkstatt durch geeignete Maßnahmen, insbesondere durch Bildung besonderer Gruppen im Berufsbildungs- und Arbeitsbereich, Rechnung getragen werden.

§ 2 Fachausschuß. (1) [1]Bei jeder Werkstatt ist ein Fachausschuß zu bilden. [2]Ihm gehören in gleicher Zahl an

1. Vertreter der Werkstatt,
2. Vertreter der Bundesagentur für Arbeit,
3. Vertreter des nach Landesrecht bestimmten Trägers der Eingliederungshilfe.

[3]Kommt die Zuständigkeit eines anderen Rehabilitationsträgers zur Erbringung von Leistungen zur Teilhabe am Arbeitsleben und ergänzende Leistungen in Betracht, soll der Fachausschuß zur Mitwirkung an der Stellungnahme auch Vertreter dieses Trägers hinzuziehen. [4]Er kann auch andere Personen zur Beratung hinzuziehen und soll, soweit erforderlich, Sachverständige hören.

(1a) [1]Ein Tätigwerden des Fachausschusses unterbleibt, soweit ein Teilhabeplanverfahren nach den §§ 19 bis 23 des Neunten Buches Sozialgesetzbuch[1] durchgeführt wird. [2]Dies gilt entsprechend, wenn ein Gesamtplanverfahren durchgeführt wird.

(2) Der Fachausschuss gibt vor der Aufnahme des behinderten Menschen in die Werkstatt gegenüber dem im Falle einer Aufnahme zuständigen Rehabilitationsträger eine Stellungnahme ab, ob der behinderte Mensch für seine Teilhabe am Arbeitsleben und zu seiner Eingliederung in das Arbeitsleben Leistungen einer Werkstatt für behinderte Menschen benötigt oder ob andere Leistungen zur Teilhabe am Arbeitsleben in Betracht kommen, insbesondere Leistungen der Unterstützten Beschäftigung nach § 55 des Neunten Buches Sozialgesetzbuch.

---

[1] Nr. 1.

§ 3 Eingangsverfahren. (1) [1] Die Werkstatt führt im Benehmen mit dem zuständigen Rehabilitationsträger Eingangsverfahren durch. [2] Aufgabe des Eingangsverfahrens ist es festzustellen, ob die Werkstatt die geeignete Einrichtung zur Teilhabe behinderter Menschen am Arbeitsleben und zur Eingliederung in das Arbeitsleben im Sinne des § 219 des Neunten Buches Sozialgesetzbuch[1] ist, sowie welche Bereiche der Werkstatt und welche Leistungen zur Teilhabe am Arbeitsleben und ergänzende Leistungen oder Leistungen zur Eingliederung in das Arbeitsleben in Betracht kommen und einen Eingliederungsplan zu erstellen.

(2) [1] Das Eingangsverfahren dauert drei Monate. [2] Es kann auf eine Dauer von bis zu vier Wochen verkürzt werden, wenn während des Eingangsverfahrens im Einzelfall festgestellt wird, dass eine kürzere Dauer ausreichend ist.

(3) Zum Abschluß des Eingangsverfahrens gibt der Fachausschuß auf Vorschlag des Trägers der Werkstatt und nach Anhörung des behinderten Menschen, gegebenenfalls auch seines gesetzlichen Vertreters, unter Würdigung aller Umstände des Einzelfalles, insbesondere der Persönlichkeit des behinderten Menschen und seines Verhaltens während des Eingangsverfahrens eine Stellungnahme gemäß Absatz 1 gegenüber dem zuständigen Rehabilitationsträger ab.

(4) [1] Kommt der Fachausschuß zu dem Ergebnis, daß die Werkstatt für behinderte Menschen nicht geeignet ist, soll er zugleich eine Empfehlung aussprechen, welche andere Einrichtung oder sonstige Maßnahmen und welche anderen Leistungen zur Teilhabe für den behinderten Menschen in Betracht kommen. [2] Er soll sich auch dazu äußern, nach welcher Zeit eine Wiederholung des Eingangsverfahrens zweckmäßig ist und welche Maßnahmen und welche anderen Leistungen zur Teilhabe in der Zwischenzeit durchgeführt werden sollen.

§ 4 Berufsbildungsbereich. (1) [1] Die Werkstatt führt im Benehmen mit dem im Berufsbildungsbereich und dem im Arbeitsbereich zuständigen Rehabilitationsträger Maßnahmen im Berufsbildungsbereich (Einzelmaßnahmen und Lehrgänge) zur Verbesserung der Teilhabe am Arbeitsleben unter Einschluss angemessener Maßnahmen zur Weiterentwicklung der Persönlichkeit des behinderten Menschen durch. [2] Sie fördert die behinderten Menschen so, dass sie spätestens nach Teilnahme an Maßnahmen des Berufsbildungsbereichs in der Lage sind, wenigstens ein Mindestmaß wirtschaftlich verwertbarer Arbeitsleistung im Sinne des § 219 Absatz 2 des Neunten Buches Sozialgesetzbuch[1] zu erbringen.

(2) Das Angebot an Leistungen zur Teilhabe am Arbeitsleben soll möglichst breit sein, um Art und Schwere der Behinderung, der unterschiedlichen Leistungsfähigkeit, Entwicklungsmöglichkeit sowie Eignung und Neigung der behinderten Menschen soweit wie möglich Rechnung zu tragen.

(3) Die Lehrgänge sind in einen Grund- und einen Aufbaukurs von in der Regel je zwölfmonatiger Dauer zu gliedern.

(4) [1] Im Grundkurs sollen Fertigkeiten und Grundkenntnisse verschiedener Arbeitsabläufe vermittelt werden, darunter manuelle Fertigkeiten im Umgang mit verschiedenen Werkstoffen und Werkzeugen und Grundkenntnisse über

---

[1] Nr. 1.

Werkstoffe und Werkzeuge. [2] Zugleich sollen das Selbstwertgefühl des behinderten Menschen und die Entwicklung des Sozial- und Arbeitsverhaltens gefördert sowie Schwerpunkte der Eignung und Neigung festgestellt werden.

(5) Im Aufbaukurs sollen Fertigkeiten mit höherem Schwierigkeitsgrad, insbesondere im Umgang mit Maschinen, und vertiefte Kenntnisse über Werkstoffe und Werkzeuge vermittelt sowie die Fähigkeit zu größerer Ausdauer und Belastung und zur Umstellung auf unterschiedliche Beschäftigungen im Arbeitsbereich geübt werden.

(6) [1] Rechtzeitig vor Beendigung einer Maßnahme im Sinne des Absatzes 1 Satz 1 hat der Fachausschuss gegenüber dem zuständigen Rehabilitationsträger eine Stellungnahme dazu abzugeben, ob

1. die Teilnahme an einer anderen oder weiterführenden beruflichen Bildungsmaßnahme oder

2. eine Wiederholung der Maßnahme im Berufsbildungsbereich oder

3. eine Beschäftigung im Arbeitsbereich der Werkstatt oder auf dem allgemeinen Arbeitsmarkt einschließlich einem Inklusionsbetrieb (§ 215 des Neunten Buches Sozialgesetzbuch)

zweckmäßig erscheint. [2] Das Gleiche gilt im Falle des vorzeitigen Abbruchs oder Wechsels der Maßnahme im Berufsbildungsbereich sowie des Ausscheidens aus der Werkstatt. [3] Hat der zuständige Rehabilitationsträger die Leistungen für ein Jahr bewilligt (§ 57 Absatz 3 Satz 2 des Neunten Buches Sozialgesetzbuch), gibt der Fachausschuss ihm gegenüber rechtzeitig vor Ablauf dieses Jahres auch eine fachliche Stellungnahme dazu ab, ob die Leistungen für ein weiteres Jahr bewilligt werden sollen (§ 57 Absatz 3 Satz 3 des Neunten Buches Sozialgesetzbuch). [4] Im übrigen gilt § 3 Abs. 3 entsprechend.

§ 5 Arbeitsbereich. (1) Die Werkstatt soll über ein möglichst breites Angebot an Arbeitsplätzen verfügen, um Art und Schwere der Behinderung, der unterschiedlichen Leistungsfähigkeit, Entwicklungsmöglichkeit sowie Eignung und Neigung der behinderten Menschen soweit wie möglich Rechnung zu tragen.

(2) [1] Die Arbeitsplätze sollen in ihrer Ausstattung soweit wie möglich denjenigen auf dem allgemeinen Arbeitsmarkt entsprechen. [2] Bei der Gestaltung der Plätze und der Arbeitsabläufe sind die besonderen Bedürfnisse der behinderten Menschen soweit wie möglich zu berücksichtigen, um sie in die Lage zu versetzen, wirtschaftlich verwertbare Arbeitsleistungen zu erbringen. [3] Die Erfordernisse zur Vorbereitung für eine Vermittlung auf den allgemeinen Arbeitsmarkt sind zu beachten.

(3) Zur Erhaltung und Erhöhung der im Berufsbildungsbereich erworbenen Leistungsfähigkeit und zur Weiterentwicklung der Persönlichkeit der behinderten Menschen sind arbeitsbegleitend geeignete Maßnahmen durchzuführen.

(4) [1] Der Übergang von behinderten Menschen auf den allgemeinen Arbeitsmarkt ist durch geeignete Maßnahmen zu fördern, insbesondere auch durch die Einrichtung einer Übergangsgruppe mit besonderen Förderangeboten, Entwicklung individueller Förderpläne sowie Ermöglichung von Trainingsmaßnahmen, Betriebspraktika und durch eine zeitweise Beschäftigung auf ausgelagerten Arbeitsplätzen. [2] Dabei hat die Werkstatt die notwendige arbeitsbegleitende Betreuung in der Übergangsphase sicherzustellen und darauf hinzuwirken, daß der zuständige Rehabilitationsträger seine Leistungen und nach dem

Ausscheiden des behinderten Menschen aus der Werkstatt das Integrationsamt, gegebenenfalls unter Beteiligung eines Integrationsfachdienstes, die begleitende Hilfe im Arbeits- und Berufsleben erbringen. [3] Die Werkstatt hat die Bundesagentur für Arbeit bei der Durchführung der vorbereitenden Maßnahmen in die Bemühungen zur Vermittlung auf den allgemeinen Arbeitsmarkt einzubeziehen.

(5) [1] Der Fachausschuss wird bei der Planung und Durchführung von Maßnahmen nach den Absätzen 3 und 4 beteiligt. [2] Er gibt auf Vorschlag des Trägers der Werkstatt oder des zuständigen Rehabilitationsträgers in regelmäßigen Abständen, wenigstens einmal jährlich, gegenüber dem zuständigen Rehabilitationsträger eine Stellungnahme dazu ab, welche behinderten Menschen für einen Übergang auf den allgemeinen Arbeitsmarkt in Betracht kommen und welche übergangsfördernden Maßnahmen dazu erforderlich sind. [3] Im Übrigen gilt § 3 Abs. 3 entsprechend.

§ 6 Beschäftigungszeit. (1) [1] Die Werkstatt hat sicherzustellen, daß die behinderten Menschen im Berufsbildungs- und Arbeitsbereich wenigstens 35 und höchstens 40 Stunden wöchentlich beschäftigt werden können. [2] Die Stundenzahlen umfassen Erholungspausen und Zeiten der Teilnahme an Maßnahmen im Sinne des § 5 Abs. 3.

(2) Einzelnen behinderten Menschen ist eine kürzere Beschäftigungszeit zu ermöglichen, wenn es wegen Art oder Schwere der Behinderung oder zur Erfüllung des Erziehungsauftrages notwendig erscheint.

§ 7 Größe der Werkstatt. (1) Die Werkstatt soll in der Regel über mindestens 120 Plätze verfügen.

(2) Die Mindestzahl nach Absatz 1 gilt als erfüllt, wenn der Werkstattverbund im Sinne des § 15, dem die Werkstatt angehört, über diese Zahl von Plätzen verfügt.

§ 8 Bauliche Gestaltung, Ausstattung, Standort. (1) [1] Die bauliche Gestaltung und die Ausstattung der Werkstatt müssen der Aufgabenstellung der Werkstatt als einer Einrichtung zur Teilhabe behinderter Menschen am Arbeitsleben und zur Eingliederung in das Arbeitsleben und den in § 219 des Neunten Buches Sozialgesetzbuch[1]) und im Ersten Abschnitt dieser Verordnung gestellten Anforderungen Rechnung tragen. [2] Die Erfordernisse des Arbeitsschutzes und der Unfallverhütung sowie zur Vermeidung baulicher und technischer Hindernisse sind zu beachten.

(2) Bei der Wahl des Standorts ist auf die Einbindung in die regionale Wirtschafts- und Beschäftigungsstruktur Rücksicht zu nehmen.

(3) Das Einzugsgebiet muß so bemessen sein, daß die Werkstatt für die behinderten Menschen mit öffentlichen oder sonstigen Verkehrsmitteln in zumutbarer Zeit erreichbar ist.

(4) Die Werkstatt hat im Benehmen mit den zuständigen Rehabilitationsträgern, soweit erforderlich, einen Fahrdienst zu organisieren.

---

[1]) Nr. 1.

§ 9 Werkstattleiter, Fachpersonal zur Arbeits- und Berufsförderung.

(1) Die Werkstatt muß über die Fachkräfte verfügen, die erforderlich sind, um ihre Aufgaben entsprechend den jeweiligen Bedürfnissen der behinderten Menschen, insbesondere unter Berücksichtigung der Notwendigkeit einer individuellen Förderung von behinderten Menschen, erfüllen zu können.

(2) [1] Der Werkstattleiter soll in der Regel über einen Fachhochschulabschluß im kaufmännischen oder technischen Bereich oder einen gleichwertigen Bildungsstand, über ausreichende Berufserfahrung und eine sonderpädagogische Zusatzqualifikation verfügen. [2] Entsprechende Berufsqualifikationen aus dem sozialen Bereich reichen aus, wenn die zur Leitung einer Werkstatt erforderlichen Kenntnisse und Fähigkeiten im kaufmännischen und technischen Bereich anderweitig erworben worden sind. [3] Die sonderpädagogische Zusatzqualifikation kann in angemessener Zeit durch Teilnahme an geeigneten Fortbildungsmaßnahmen nachgeholt werden.

(3) [1] Die Zahl der Fachkräfte zur Arbeits- und Berufsförderung im Berufsbildungsbereich- und Arbeitsbereich richtet sich nach der Zahl und der Zusammensetzung der behinderten Menschen sowie der Art der Beschäftigung und der technischen Ausstattung des Arbeitsbereichs. [2] Das Zahlenverhältnis von Fachkräften zu behinderten Menschen soll im Berufsbildungsbereich 1:6, im Arbeitsbereich 1:12 betragen. [3] Die Fachkräfte sollen in der Regel Facharbeiter, Gesellen oder Meister mit einer mindestens zweijährigen Berufserfahrung in Industrie oder Handwerk sein; sie müssen pädagogisch geeignet sein und über eine sonderpädagogische Zusatzqualifikation verfügen. [4] Entsprechende Berufsqualifikationen aus dem pädagogischen oder sozialen Bereich reichen aus, wenn die für eine Tätigkeit als Fachkraft erforderlichen sonstigen Kenntnisse und Fähigkeiten für den Berufsbildungs- und Arbeitsbereich anderweitig erworben worden sind. [5] Absatz 2 Satz 3 gilt entsprechend.

(4) Zur Durchführung des Eingangsverfahrens sollen Fachkräfte des Berufsbildungsbereichs und der begleitenden Dienste eingesetzt werden, sofern der zuständige Rehabilitationsträger keine höheren Anforderungen stellt.

§ 10 Begleitende Dienste. (1) [1] Die Werkstatt muß zur pädagogischen, sozialen und medizinischen Betreuung der behinderten Menschen über begleitende Dienste verfügen, die den Bedürfnissen der behinderten Menschen gerecht werden. [2] Eine erforderliche psychologische Betreuung ist sicherzustellen. [3] § 9 Abs. 1 gilt entsprechend.

(2) Für je 120 behinderte Menschen sollen in der Regel ein Sozialpädagoge oder ein Sozialarbeiter zur Verfügung stehen, darüber hinaus im Einvernehmen mit den zuständigen Rehabilitationsträgern pflegerische, therapeutische und nach Art und Schwere der Behinderung sonst erforderliche Fachkräfte.

(3) Die besondere ärztliche Betreuung der behinderten Menschen in der Werkstatt und die medizinische Beratung des Fachpersonals der Werkstatt durch einen Arzt, der möglichst auch die an einen Betriebsarzt zu stellenden Anforderungen erfüllen soll, müssen vertraglich sichergestellt sein.

§ 11 Fortbildung. Die Werkstatt hat dem Fachpersonal nach den §§ 9 und 10 Gelegenheit zur Teilnahme an Fortbildungsmaßnahmen zu geben.

§ 12 Wirtschaftsführung. (1) [1] Die Werkstatt muß nach betriebswirtschaftlichen Grundsätzen organisiert sein. [2] Sie hat nach kaufmännischen Grundsätzen

Bücher zu führen und eine Betriebsabrechnung in Form einer Kostenstellenrechnung zu erstellen. [3] Sie soll einen Jahresabschluß erstellen. [4] Zusätzlich sind das Arbeitsergebnis, seine Zusammensetzung im Einzelnen gemäß Absatz 4 und seine Verwendung auszuweisen. [5] Die Buchführung, die Betriebsabrechnung und der Jahresabschluß einschließlich der Ermittlung des Arbeitsergebnisses, seine Zusammensetzung im Einzelnen gemäß Absatz 4 und seiner Verwendung sind in angemessenen Zeitabständen in der Regel von einer Person zu prüfen, die als Prüfer bei durch Bundesgesetz vorgeschriebenen Prüfungen des Jahresabschlusses (Abschlußprüfer) juristischer Personen zugelassen ist. [6] Weitergehende handelsrechtliche und abweichende haushaltsrechtliche Vorschriften über Rechnungs-, Buchführungs- und Aufzeichnungspflichten sowie Prüfungspflichten bleiben unberührt. [7] Über die zu verwendenden Kontenrahmen, die Gliederung des Jahresabschlusses, die Kostenstellenrechnung und die Zeitabstände zwischen den Prüfungen der Rechnungslegung ist mit den zuständigen Rehabilitationsträgern Einvernehmen herzustellen.

(2) Die Werkstatt muß über einen Organisations- und Stellenplan mit einer Funktionsbeschreibung des Personals verfügen.

(3) Die Werkstatt muß wirtschaftliche Arbeitsergebnisse anstreben, um an die im Arbeitsbereich beschäftigten behinderten Menschen ein ihrer Leistung angemessenes Arbeitsentgelt im Sinne des § 219 Absatz 1 Satz 2 und § 221 des Neunten Buches Sozialgesetzbuch[1]) zahlen zu können.

(4) [1] Arbeitsergebnis im Sinne des § 221 des Neunten Buches Sozialgesetzbuch und der Vorschriften dieser Verordnung ist die Differenz aus den Erträgen und den notwendigen Kosten des laufenden Betriebs im Arbeitsbereich der Werkstatt. [2] Die Erträge setzen sich zusammen aus den Umsatzerlösen, Zins- und sonstigen Erträgen aus der wirtschaftlichen Tätigkeit und den von den Rehabilitationsträgern erbrachten Kostensätzen. [3] Notwendige Kosten des laufenden Betriebs sind die Kosten nach § 58 Absatz 3 Satz 2 und 3 des Neunten Buches Sozialgesetzbuch im Rahmen der getroffenen Vereinbarungen sowie die mit der wirtschaftlichen Betätigung der Werkstatt in Zusammenhang stehenden notwendigen Kosten, die auch in einem Wirtschaftsunternehmen üblicherweise entstehen und infolgedessen nach § 58 Absatz 3 des Neunten Buches Sozialgesetzbuch von den Rehabilitationsträgern nicht übernommen werden, nicht hingegen die Kosten für die Arbeitsentgelte nach § 221 Absatz 2 des Neunten Buches Sozialgesetzbuch und das Arbeitsförderungsgeld nach § 59 des Neunten Buches Sozialgesetzbuch.

(5) [1] Das Arbeitsergebnis darf nur für Zwecke der Werkstatt verwendet werden, und zwar für

1. die Zahlung der Arbeitsentgelte nach § 221 Absatz 2 des Neunten Buches Sozialgesetzbuch, in der Regel im Umfang von mindestens 70 vom Hundert des Arbeitsergebnisses,

2. die Bildung einer zum Ausgleich von Ertragsschwankungen notwendigen Rücklage, höchstens eines Betrages, der zur Zahlung der Arbeitsentgelte nach § 221 des Neunten Buches Sozialgesetzbuch für sechs Monate erforderlich ist,

3. Ersatz- und Modernisierungsinvestitionen in der Werkstatt, soweit diese Kosten nicht aus den Rücklagen auf Grund von Abschreibung des Anlage-

---

[1]) Nr. 1.

2c WVO §§ 13–17 Werkstättenverordnung

vermögens für solche Investitionen, aus Leistungen der Rehabilitationsträger oder aus sonstigen Einnahmen zu decken sind oder gedeckt werden. Kosten für die Schaffung und Ausstattung neuer Werk- und Wohnstättenplätze dürfen aus dem Arbeitsergebnis nicht bestritten werden.

² Abweichende handelsrechtliche Vorschriften über die Bildung von Rücklagen bleiben unberührt.

(6) ¹ Die Werkstatt legt die Ermittlung des Arbeitsergebnisses nach Absatz 4 und dessen Verwendung nach Absatz 5 gegenüber den beiden Anerkennungsbehörden nach § 225 Satz 2 des Neunten Buches Sozialgesetzbuch auf deren Verlangen offen. ² Diese sind berechtigt, die Angaben durch Einsicht in die nach Absatz 1 zu führenden Unterlagen zu überprüfen.

§ 13 Abschluß von schriftlichen Verträgen. (1) ¹ Die Werkstätten haben mit den im Arbeitsbereich beschäftigten behinderten Menschen, soweit auf sie die für einen Arbeitsvertrag geltenden Rechtsvorschriften oder Rechtsgrundsätze nicht anwendbar sind, Werkstattverträge in schriftlicher Form abzuschließen, in denen das arbeitnehmerähnliche Rechtsverhältnis zwischen der Werkstatt und dem behinderten Menschen näher geregelt wird. ² Über die Vereinbarungen sind die zuständigen Rehabilitationsträger zu unterrichten.

(2) In den Verträgen nach Absatz 1 ist auch die Zahlung des Arbeitsentgelts im Sinne des § 219 Absatz 1 Satz 2 und § 221 des Neunten Buches Sozialgesetzbuch¹⁾ an die im Arbeitsbereich beschäftigten behinderten Menschen aus dem Arbeitsergebnis näher zu regeln.

§ 14 Mitbestimmung, Mitwirkung, Frauenbeauftragte. Die Werkstatt hat den Menschen mit Behinderungen im Sinne des § 13 Absatz 1 Satz 1 eine angemessene Mitbestimmung und Mitwirkung durch Werkstatträte sowie den Frauenbeauftragten eine angemessene Interessenvertretung zu ermöglichen.

§ 15 Werkstattverbund. (1) Mehrere Werkstätten desselben Trägers oder verschiedener Träger innerhalb eines Einzugsgebietes im Sinne des § 8 Abs. 3 oder mit räumlich zusammenhängenden Einzugsgebieten können zur Erfüllung der Aufgaben einer Werkstatt und der an sie gestellten Anforderungen eine Zusammenarbeit vertraglich vereinbaren (Werkstattverbund).

(2) Ein Werkstattverbund ist anzustreben, wenn im Einzugsgebiet einer Werkstatt zusätzlich eine besondere Werkstatt im Sinne des § 220 Absatz 1 Satz 2 Nummer 2 des Neunten Buches Sozialgesetzbuch¹⁾ für behinderte Menschen mit einer bestimmten Art der Behinderung vorhanden ist.

§ 16 Formen der Werkstatt. Die Werkstatt kann eine teilstationäre Einrichtung oder ein organisatorisch selbständiger Teil einer stationären Einrichtung (Anstalt, Heim oder gleichartige Einrichtung) oder eines Unternehmens sein.

Zweiter Abschnitt. Verfahren zur Anerkennung als Werkstatt für behinderte Menschen

§ 17 Anerkennungsfähige Einrichtungen. (1) ¹ Als Werkstätten können nur solche Einrichtungen anerkannt werden, die die im § 219 des Neunten

---

¹⁾ Nr. 1.

286

Buches Sozialgesetzbuch[1]) und im Ersten Abschnitt dieser Verordnung gestellten Anforderungen erfüllen. [2]Von Anforderungen, die nicht zwingend vorgeschrieben sind, sind Ausnahmen zuzulassen, wenn ein besonderer sachlicher Grund im Einzelfall eine Abweichung rechtfertigt.

(2) Als Werkstätten können auch solche Einrichtungen anerkannt werden, die Teil eines Werkstattverbundes sind und die Anforderungen nach Absatz 1 nicht voll erfüllen, wenn der Werkstattverbund die Anforderungen erfüllt.

(3) [1]Werkstätten im Aufbau, die die Anforderungen nach Absatz 1 noch nicht voll erfüllen, aber bereit und in der Lage sind, die Anforderungen in einer vertretbaren Anlaufzeit zu erfüllen, können unter Auflagen befristet anerkannt werden. [2]Abweichend von § 7 genügt es, wenn im Zeitpunkt der Entscheidung über den Antrag auf Anerkennung wenigstens 60 Plätze vorhanden sind, sofern gewährleistet ist, daß die Werkstatt im Endausbau, spätestens nach 5 Jahren, die Voraussetzungen des § 7 erfüllt.

§ 18 Antrag. (1) [1]Die Anerkennung ist vom Träger der Werkstatt schriftlich oder elektronisch zu beantragen. [2]Der Antragsteller hat nachzuweisen, daß die Voraussetzungen für die Anerkennung vorliegen.

(2) [1]Die Entscheidung über den Antrag ergeht schriftlich oder elektronisch. [2]Eine Entscheidung soll innerhalb von 3 Monaten seit Antragstellung getroffen werden.

(3) Die Anerkennung erfolgt mit der Auflage, im Geschäftsverkehr auf die Anerkennung als Werkstatt für behinderte Menschen hinzuweisen.

Dritter Abschnitt. Schlußvorschriften

§ 19 Vorläufige Anerkennung. Vorläufige Anerkennungen, die vor Inkrafttreten dieser Verordnung von der Bundesanstalt für Arbeit ausgesprochen worden sind, behalten ihre Wirkung bis zur Unanfechtbarkeit der Entscheidung über den neuen Antrag auf Anerkennung, wenn dieser Antrag innerhalb von 3 Monaten nach Inkrafttreten dieser Verordnung gestellt wird.

§ 20 *(aufgehoben)*

§ 21 Inkrafttreten. Diese Verordnung tritt am Tage nach der Verkündung[2]) in Kraft.

---

[1]) Nr. 1.
[2]) Verkündet am 20.8.1980.

2d. Werkstätten-Mitwirkungsverordnung (WMVO)

Vom 25. Juni 2001

(BGBl. I S. 1297)

FNA 860-9-1

zuletzt geänd. durch Art. 1 Erste VO zur Änd. der Werkstätten-MitwirkungsVO v. 18.3.2022 (BGBl. I S. 476)

Auf Grund des § 144 Abs. 2 des Neunten Buches Sozialgesetzbuch – Rehabilitation und Teilhabe behinderter Menschen –[1] (Artikel 1 des Gesetzes vom 19. Juni 2001, BGBl. I S. 1046, 1047) verordnet das Bundesministerium für Arbeit und Sozialordnung:

Inhaltsübersicht

---

[1] Nr. 1.

Abschnitt 1. Anwendungsbereich, Errichtung, Zusammensetzung und Aufgaben des Werkstattrats

§ 1 Anwendungsbereich. (1) Diese Verordnung gilt für die Mitbestimmung und die Mitwirkung der in § 221 Absatz 1 des Neunten Buches Sozialgesetzbuch[1] genannten Menschen mit Behinderungen (Werkstattbeschäftigte) in Werkstattangelegenheiten und die Interessenvertretung der in Werkstätten beschäftigten behinderten Frauen durch Frauenbeauftragte.

(2) Diese Verordnung findet keine Anwendung auf Religionsgemeinschaften und ihre Einrichtungen, soweit sie eigene gleichwertige Regelungen getroffen haben.

§ 2 Errichtung von Werkstatträten. (1) Ein Werkstattrat wird in Werkstätten gewählt.

(2) Rechte und Pflichten der Werkstatt sind solche des Trägers der Werkstatt.

§ 3 Zahl der Mitglieder des Werkstattrats. (1) Der Werkstattrat besteht in Werkstätten mit in der Regel

1. bis zu 200 Wahlberechtigten aus drei Mitgliedern,

2. 201 bis 400 Wahlberechtigten aus fünf Mitgliedern,

3. 401 bis 700 Wahlberechtigten aus sieben Mitgliedern,

4. 701 bis 1 000 Wahlberechtigten aus neun Mitgliedern,

5. 1 001 bis 1 500 Wahlberechtigten aus elf Mitgliedern und

6. mehr als 1 500 Wahlberechtigten aus 13 Mitgliedern.

(2) Die Geschlechter sollen entsprechend ihrem zahlenmäßigen Verhältnis vertreten sein.

---

[1] Nr. 1.

§ 4 Allgemeine Aufgaben des Werkstattrats. (1) [1]Der Werkstattrat hat folgende allgemeine Aufgaben:

1. darüber zu wachen, dass die zugunsten der Werkstattbeschäftigten geltenden Gesetze, Verordnungen, Unfallverhütungsvorschriften und mit der Werkstatt getroffenen Vereinbarungen durchgeführt werden, vor allem, dass

a) die auf das besondere arbeitnehmerähnliche Rechtsverhältnis zwischen den Werkstattbeschäftigten und der Werkstatt anzuwendenden arbeitsrechtlichen Vorschriften und Grundsätze, insbesondere über Beschäftigungszeit einschließlich Teilzeitbeschäftigung sowie der Erholungspausen und Zeiten der Teilnahme an Maßnahmen zur Erhaltung und Erhöhung der Leistungsfähigkeit und zur Weiterentwicklung der Persönlichkeit des Werkstattbeschäftigten, Urlaub, Entgeltfortzahlung im Krankheitsfall, Entgeltzahlung an Feiertagen, Mutterschutz, Elternzeit, Persönlichkeitsschutz und Haftungsbeschränkung,

b) die in dem besonderen arbeitnehmerähnlichen Rechtsverhältnis aufgrund der Fürsorgepflicht geltenden Mitwirkungs- und Beschwerderechte und

c) die Werkstattverträge

von der Werkstatt beachtet werden;

2. Maßnahmen, die dem Betrieb der Werkstatt und den Werkstattbeschäftigten dienen, bei der Werkstatt zu beantragen;

3. Anregungen und Beschwerden von Werkstattbeschäftigten entgegenzunehmen und, falls sie berechtigt erscheinen, durch Verhandlungen mit der Werkstatt auf eine Erledigung hinzuwirken; er hat die betreffenden Werkstattbeschäftigten über den Stand und das Ergebnis der Verhandlungen zu unterrichten.

[2]Dabei hat er vor allem die Interessen besonders betreuungs- und förderungsbedürftiger Werkstattbeschäftigter zu wahren und die Durchsetzung der tatsächlichen Gleichstellung von Frauen und Männern zu fördern.

(2) [1]Werden in Absatz 1 Nr. 1 genannte Angelegenheiten zwischen der Werkstatt und einem oder einer Werkstattbeschäftigten erörtert, so nimmt auf dessen oder deren Wunsch ein Mitglied des Werkstattrats an der Erörterung teil. [2]Es ist verpflichtet, über Inhalt und Gegenstand der Erörterung Stillschweigen zu bewahren, soweit es von dem oder der Werkstattbeschäftigten im Einzelfall nicht von dieser Verpflichtung entbunden wird.

(3) Der Werkstattrat berücksichtigt die Interessen der im Eingangsverfahren und im Berufsbildungsbereich tätigen behinderten Menschen in angemessener und geeigneter Weise, solange für diese eine Vertretung nach § 52 des Neunten Buches Sozialgesetzbuch[1]) nicht besteht.

§ 5 Mitwirkung und Mitbestimmung. (1) Der Werkstattrat hat in folgenden Angelegenheiten ein Mitwirkungsrecht:

1. Darstellung und Verwendung des Arbeitsergebnisses, insbesondere Höhe der Grund- und Steigerungsbeträge, unter Darlegung der dafür maßgeblichen wirtschaftlichen und finanziellen Verhältnisse auch in leichter Sprache,

---

[1]) Nr. 1.

2. Regelungen über die Verhütung von Arbeitsunfällen und Berufskrankheiten sowie über den Gesundheitsschutz im Rahmen der gesetzlichen Vorschriften oder der Unfallverhütungsvorschriften,

3. Weiterentwicklung der Persönlichkeit und Förderung des Übergangs auf den allgemeinen Arbeitsmarkt,

4. Gestaltung von Arbeitsplätzen, Arbeitskleidung, Arbeitsablauf und Arbeitsumgebung, Einführung neuer Arbeitsverfahren,

5. dauerhafte Umsetzung Beschäftigter im Arbeitsbereich auf einen anderen Arbeitsplatz, wenn die Betroffenen eine Mitwirkung des Werkstattrates wünschen,

6. Planung von Neu-, Um- und Erweiterungsbauten sowie neuer technischer Anlagen, Einschränkung, Stilllegung oder Verlegung der Werkstatt oder wesentlicher Teile der Werkstatt, grundlegende Änderungen der Werkstattorganisation und des Werkstattzwecks.

(2) Der Werkstattrat hat in folgenden Angelegenheiten ein Mitbestimmungsrecht:

1. Ordnung und Verhalten der Werkstattbeschäftigten im Arbeitsbereich einschließlich Aufstellung und Änderung einer Werkstattordnung,

2. Beginn und Ende der täglichen Arbeitszeit, Pausen, Zeiten für die Erhaltung und Erhöhung der Leistungsfähigkeit und zur Weiterentwicklung der Persönlichkeit, Verteilung der Arbeitszeit auf die einzelnen Wochentage und die damit zusammenhängende Regelung des Fahrdienstes, vorübergehende Verkürzung oder Verlängerung der üblichen Arbeitszeit,

3. Arbeitsentgelte, insbesondere Aufstellung und Änderung von Entlohnungsgrundsätzen, Festsetzung der Steigerungsbeträge und vergleichbarer leistungsbezogener Entgelte, Zeit, Ort und Art der Auszahlung sowie Gestaltung der Arbeitsentgeltbescheinigungen,

4. Grundsätze für den Urlaubsplan,

5. Verpflegung,

6. Einführung und Anwendung technischer Einrichtungen, die dazu bestimmt sind, das Verhalten oder die Leistung der Werkstattbeschäftigten zu überwachen,

7. Grundsätze für die Fort- und Weiterbildung,

8. Gestaltung von Sanitär- und Aufenthaltsräumen und

9. soziale Aktivitäten der Werkstattbeschäftigten.

(3) [1] Die Werkstatt hat den Werkstattrat in den Angelegenheiten, in denen er ein Mitwirkungsrecht oder ein Mitbestimmungsrecht hat, vor Durchführung der Maßnahme rechtzeitig, umfassend und in angemessener Weise zu unterrichten und anzuhören. [2] Beide Seiten haben auf ein Einvernehmen hinzuwirken. Lässt sich Einvernehmen nicht herstellen, kann jede Seite die Vermittlungsstelle anrufen.

(4) In Angelegenheiten der Mitwirkung nach Absatz 1 entscheidet die Werkstatt unter Berücksichtigung des Einigungsvorschlages endgültig.

(5) Kommt in Angelegenheiten der Mitbestimmung nach Absatz 2 keine Einigung zustande und handelt es sich nicht um Angelegenheiten, die nur einheitlich für Arbeitnehmer und Werkstattbeschäftigte geregelt werden können und die Gegenstand einer Vereinbarung mit dem Betriebs- oder Personal-

rat oder einer sonstigen Mitarbeitervertretung sind oder sein sollen, entscheidet die Vermittlungsstelle endgültig.

(6) [1] Soweit Angelegenheiten im Sinne von Absatz 1 oder 2 nur einheitlich für Arbeitnehmer und Werkstattbeschäftigte geregelt werden können und soweit sie Gegenstand einer Vereinbarung mit dem Betriebs- oder Personalrat oder einer sonstigen Mitarbeitervertretung sind oder sein sollen, haben die Beteiligten auf eine einvernehmliche Regelung hinzuwirken. [2] Die ergänzende Vereinbarung besonderer behindertenspezifischer Regelungen zwischen Werkstattrat und Werkstatt bleiben unberührt. [3] Unberührt bleiben auch weitergehende, einvernehmlich vereinbarte Formen der Beteiligung in den Angelegenheiten des Absatzes 1.

§ 6 Vermittlungsstelle. (1) [1] Die Vermittlungsstelle besteht aus einem oder einer unparteiischen, in Werkstattangelegenheiten erfahrenen Vorsitzenden, auf den oder die sich Werkstatt und Werkstattrat einigen müssen, und aus je einem von der Werkstatt und vom Werkstattrat benannten Beisitzer oder einer Beisitzerin. [2] Kommt eine Einigung nicht zustande, so schlagen die Werkstatt und der Werkstattrat je eine Person als Vorsitzenden oder Vorsitzende vor; durch Los wird entschieden, wer als Vorsitzender oder Vorsitzende tätig wird.

(2) [1] Die Vermittlungsstelle hat unverzüglich tätig zu werden. [2] Sie entscheidet nach mündlicher Beratung mit Stimmenmehrheit. [3] Die Beschlüsse der Vermittlungsstelle sind schriftlich niederzulegen und von dem Vorsitzenden oder der Vorsitzenden zu unterschreiben oder in elektronischer Form niederzulegen und von dem Vorsitzenden oder der Vorsitzenden mit seiner oder ihrer qualifizierten elektronischen Signatur zu versehen. [4] Werkstatt und Werkstattrat können weitere Einzelheiten des Verfahrens vor der Vermittlungsstelle vereinbaren.

(3) [1] Der Einigungsvorschlag der Vermittlungsstelle ersetzt in den Angelegenheiten nach § 5 Absatz 1 sowie in den Angelegenheiten nach § 5 Absatz 2, die nur einheitlich für Arbeitnehmer und Werkstattbeschäftigte geregelt werden können, nicht die Entscheidung der Werkstatt. [2] Bis dahin ist die Durchführung der Maßnahme auszusetzen. [3] Das gilt auch in den Fällen des § 5 Absatz 5 und 6. [4] Fasst die Vermittlungsstelle in den Angelegenheiten nach § 5 Absatz 1 innerhalb von zwölf Tagen keinen Beschluss für einen Einigungsvorschlag, gilt die Entscheidung der Werkstatt.

§ 7 Unterrichtungsrechte des Werkstattrats. (1) Der Werkstattrat ist in folgenden Angelegenheiten zu unterrichten:

1. Beendigung des arbeitnehmerähnlichen Rechtsverhältnisses zur Werkstatt, Versetzungen und Umsetzungen,

2. Verlauf und Ergebnis der Eltern- und Betreuerversammlung,

3. Einstellung, Versetzung und Umsetzung des Fachpersonals (Angehörige der begleitenden Dienste und die Fachkräfte zur Arbeits- und Berufsförderung) und des sonstigen Personals der Werkstatt.

(2) [1] Die Werkstatt hat den Werkstattrat in den Angelegenheiten, in denen er ein Unterrichtungsrecht hat, rechtzeitig und umfassend unter Vorlage der erforderlichen Unterlagen zu unterrichten. [2] Die in den Fällen des Absatzes 1 Nr. 1 einzuholende Stellungnahme des Fachausschusses und die in diesem

Rahmen erfolgende Anhörung des oder der Werkstattbeschäftigten bleiben unberührt.

§ 8 Zusammenarbeit. (1) [1]Die Werkstatt, ihr Betriebs- oder Personalrat oder ihre sonstige Mitarbeitervertretung, die Schwerbehindertenvertretung, die Vertretung der Teilnehmer an Maßnahmen im Eingangsverfahren und im Berufsbildungsbereich nach § 52 des Neunten Buches Sozialgesetzbuch[1]), ein nach § 222 Abs. 4 Satz 2 des Neunten Buches Sozialgesetzbuch errichteter Eltern- und Betreuerbeirat, die Frauenbeauftragte und der Werkstattrat arbeiten im Interesse der Werkstattbeschäftigten vertrauensvoll zusammen. [2]Die Werkstatt, die Frauenbeauftragte und der Werkstattrat können hierbei die Unterstützung der in der Werkstatt vertretenen Behindertenverbände und Gewerkschaften sowie die Verbände, denen die Werkstatt angehört, in Anspruch nehmen.

(2) [1]Werkstatt und Werkstattrat sollen in der Regel einmal im Monat zu einer Besprechung zusammentreten. [2]Sie haben über strittige Fragen mit dem ernsten Willen zur Einigung zu verhandeln und Vorschläge für die Beilegung von Meinungsverschiedenheiten zu machen.

§ 9 Werkstattversammlung. [1]Der Werkstattrat führt mindestens einmal im Kalenderjahr eine Versammlung der Werkstattbeschäftigten durch. [2]Die in der Werkstatt für Versammlungen der Arbeitnehmer geltenden Vorschriften finden entsprechende Anwendung; Teil- sowie Abteilungsversammlungen sind zulässig. [3]Der Werkstattrat kann im Einvernehmen mit der Werkstatt in Werkstattangelegenheiten erfahrene Personen sowie behinderte Menschen, die an Maßnahmen im Eingangsverfahren oder im Berufsbildungsbereich teilnehmen, einladen.

Abschnitt 2. Wahl des Werkstattrats

Unterabschnitt 1. Wahlberechtigung und Wählbarkeit; Zeitpunkt der Wahlen

§ 10 Wahlberechtigung. Wahlberechtigt sind alle Werkstattbeschäftigten, soweit sie keine Arbeitnehmer sind.

§ 11 Wählbarkeit. [1]Wählbar sind alle Wahlberechtigten, die am Wahltag seit mindestens sechs Monaten in der Werkstatt beschäftigt sind. [2]Zeiten des Eingangsverfahrens und der Teilnahme an Maßnahmen im Berufsbildungsbereich werden angerechnet.

§ 12 Zeitpunkt der Wahlen zum Werkstattrat. (1) [1]Die regelmäßigen Wahlen zum Werkstattrat finden alle vier Jahre in der Zeit vom 1. Oktober bis 30. November statt, erstmals im Jahre 2001. [2]Außerhalb dieser Zeit finden Wahlen statt, wenn

1. die Gesamtzahl der Mitglieder nach Eintreten sämtlicher Ersatzmitglieder unter die vorgeschriebene Zahl der Werkstattratmitglieder gesunken ist,
2. der Werkstattrat mit der Mehrheit seiner Mitglieder seinen Rücktritt beschlossen hat,
3. die Wahl des Werkstattrats mit Erfolg angefochten worden ist oder

---

[1]) Nr. 1.

4. ein Werkstattrat noch nicht gewählt ist.

(2) [1] Hat außerhalb des für die regelmäßigen Wahlen festgelegten Zeitraumes eine Wahl zum Werkstattrat stattgefunden, so ist er in dem auf die Wahl folgenden nächsten Zeitraum der regelmäßigen Wahlen neu zu wählen. [2] Hat die Amtszeit des Werkstattrats zu Beginn des für die nächsten regelmäßigen Wahlen festgelegten Zeitraumes noch nicht ein Jahr betragen, ist der Werkstattrat in dem übernächsten Zeitraum der regelmäßigen Wahlen neu zu wählen.

Unterabschnitt 2. Vorbereitung der Wahl

§ 13 Bestellung des Wahlvorstandes. (1) [1] Spätestens zehn Wochen vor Ablauf seiner Amtszeit bestellt der Werkstattrat einen Wahlvorstand aus drei Wahlberechtigten oder sonstigen der Werkstatt angehörenden Personen und einen oder eine von ihnen als Vorsitzenden oder Vorsitzende. [2] Dem Wahlvorstand muss mindestens eine wahlberechtigte Frau angehören.

(2) [1] Ist in der Werkstatt ein Werkstattrat nicht vorhanden, werden der Wahlvorstand und dessen Vorsitzender oder Vorsitzende in einer Versammlung der Wahlberechtigten gewählt. [2] Die Werkstatt fördert die Wahl; sie hat zu dieser Versammlung einzuladen. [3] Unabhängig davon können drei Wahlberechtigte einladen.

§ 14 Aufgaben des Wahlvorstandes. (1) [1] Der Wahlvorstand bereitet die Wahl vor und führt sie durch. [2] Die Werkstatt hat dem Wahlvorstand auf dessen Wunsch aus den Angehörigen des Fachpersonals eine Person seines Vertrauens zur Verfügung zu stellen, die ihn bei der Vorbereitung und Durchführung der Wahl unterstützt. [3] Der Wahlvorstand kann in der Werkstatt Beschäftigte als Wahlhelfer oder Wahlhelferinnen zu seiner Unterstützung bei der Durchführung der Stimmabgabe und bei der Stimmenzählung bestellen. [4] Die Mitglieder des Wahlvorstandes, die Vertrauensperson und die Wahlhelfer und Wahlhelferinnen haben die gleichen persönlichen Rechte und Pflichten wie die Mitglieder des Werkstattrats (§ 37). [5] Die Vertrauensperson nimmt ihre Aufgabe unabhängig von Weisungen der Werkstatt wahr.

(2) [1] Die Beschlüsse des Wahlvorstandes werden mit Stimmenmehrheit seiner Mitglieder gefasst. [2] Über jede Sitzung des Wahlvorstandes ist eine Niederschrift aufzunehmen, die mindestens den Wortlaut der gefassten Beschlüsse enthält. [3] Die Niederschrift ist von dem Vorsitzenden oder der Vorsitzenden und einem weiteren Mitglied des Wahlvorstandes oder der Vertrauensperson zu unterzeichnen.

(3) Der Wahlvorstand hat die Wahl unverzüglich einzuleiten; sie soll spätestens eine Woche vor dem Tag stattfinden, an dem die Amtszeit des Werkstattrats abläuft.

(4) [1] Die Werkstatt unterstützt den Wahlvorstand bei der Erfüllung seiner Aufgaben. [2] Sie gibt ihm insbesondere alle für die Anfertigung der Liste der Wahlberechtigten erforderlichen Auskünfte und stellt die notwendigen Unterlagen zur Verfügung.

§ 15 Erstellung der Liste der Wahlberechtigten. [1] Der Wahlvorstand stellt eine Liste der Wahlberechtigten auf. [2] Die Wahlberechtigten sollen mit dem

Familiennamen und dem Vornamen, erforderlichenfalls dem Geburtsdatum, in alphabetischer Reihenfolge aufgeführt werden.

§ 16 Bekanntmachung der Liste der Wahlberechtigten. Die Liste der Wahlberechtigten oder eine Abschrift ist unverzüglich nach Einleitung der Wahl bis zum Abschluss der Stimmabgabe an geeigneter Stelle zur Einsicht auszulegen.

§ 17 Einspruch gegen die Liste der Wahlberechtigten. (1) Wahlberechtigte und sonstige Beschäftigte, die ein berechtigtes Interesse an einer ordnungsgemäßen Wahl glaubhaft machen, können innerhalb von zwei Wochen seit Erlass des Wahlausschreibens (§ 18) beim Wahlvorstand Einspruch gegen die Richtigkeit der Liste der Wahlberechtigten einlegen.

(2) [1] Über Einsprüche nach Absatz 1 entscheidet der Wahlvorstand unverzüglich. [2] Hält er den Einspruch für begründet, berichtigt er die Liste der Wahlberechtigten. [3] Der Person, die den Einspruch eingelegt hat, wird die Entscheidung unverzüglich mitgeteilt; die Entscheidung muss ihr spätestens am Tag vor der Stimmabgabe zugehen.

(3) [1] Nach Ablauf der Einspruchsfrist soll der Wahlvorstand die Liste der Wahlberechtigten nochmals auf ihre Vollständigkeit hin überprüfen. [2] Im Übrigen kann nach Ablauf der Einspruchsfrist die Liste der Wahlberechtigten nur bei Schreibfehlern, offenbaren Unrichtigkeiten, in Erledigung rechtzeitig eingelegter Einsprüche oder bei Eintritt oder Ausscheiden eines Wahlberechtigten oder einer Wahlberechtigten bis zum Tage vor dem Beginn der Stimmabgabe berichtigt oder ergänzt werden.

§ 18 Wahlausschreiben. (1) [1] Spätestens sechs Wochen vor dem Wahltag erlässt der Wahlvorstand ein Wahlausschreiben, das von dem oder der Vorsitzenden und mindestens einem weiteren Mitglied des Wahlvorstandes zu unterschreiben ist. [2] Es muss enthalten:

1. das Datum seines Erlasses,

2. die Namen und Fotos der Mitglieder des Wahlvorstandes,

3. die Voraussetzungen der Wählbarkeit zum Werkstattrat,

4. den Hinweis, wo und wann die Liste der Wahlberechtigten und diese Verordnung zur Einsicht ausliegen,

5. den Hinweis, dass nur wählen kann, wer in die Liste der Wahlberechtigten eingetragen ist, und dass Einsprüche gegen die Liste der Wahlberechtigten nur vor Ablauf von zwei Wochen seit dem Erlass des Wahlausschreibens beim Wahlvorstand schriftlich oder zur Niederschrift eingelegt werden können; der letzte Tag der Frist ist anzugeben,

6. die Aufforderung, Wahlvorschläge innerhalb von zwei Wochen nach Erlass des Wahlausschreibens beim Wahlvorstand einzureichen; der letzte Tag der Frist ist anzugeben,

7. die Mindestzahl von Wahlberechtigten, von denen ein Wahlvorschlag unterstützt werden muss (§ 19 Satz 2),

8. den Hinweis, dass die Stimmabgabe an die Wahlvorschläge gebunden ist und dass nur solche Wahlvorschläge berücksichtigt werden dürfen, die fristgerecht (Nummer 6) eingereicht sind,

9. die Bestimmung des Ortes, an dem die Wahlvorschläge bis zum Abschluss der Stimmabgabe durch Aushang oder in sonst geeigneter Weise bekannt gegeben werden,

10. Ort, Tag und Zeit der Stimmabgabe,

11. den Ort und die Zeit der Stimmauszählung und der Sitzung des Wahlvorstandes, in der das Wahlergebnis abschließend festgestellt wird,

12. den Ort, an dem Einsprüche, Wahlvorschläge und sonstige Erklärungen gegenüber dem Wahlvorstand abzugeben sind.

(2) Eine Abschrift oder ein Abdruck des Wahlausschreibens ist vom Tag seines Erlasses bis zum Wahltag an einer oder mehreren geeigneten, den Wahlberechtigten zugänglichen Stellen vom Wahlvorstand auszuhängen.

§ 19 Wahlvorschläge. [1] Die Wahlberechtigten können innerhalb von zwei Wochen seit Erlass des Wahlausschreibens Vorschläge beim Wahlvorstand einreichen. [2] Jeder Wahlvorschlag muss von mindestens drei Wahlberechtigten unterstützt werden. [3] Der Wahlvorschlag bedarf der Zustimmung des Vorgeschlagenen oder der Vorgeschlagenen. [4] Der Wahlvorstand entscheidet über die Zulassung zur Wahl.

§ 20 Bekanntmachung der Bewerber und Bewerberinnen. Spätestens eine Woche vor Beginn der Stimmabgabe und bis zum Abschluss der Stimmabgabe macht der Wahlvorstand die Namen und Fotos oder anderes Bildmaterial der Bewerber und Bewerberinnen aus zugelassenen Wahlvorschlägen in alphabetischer Reihenfolge in gleicher Weise bekannt wie das Wahlausschreiben (§ 18 Abs. 2).

Unterabschnitt 3. Durchführung der Wahl

§ 21 Stimmabgabe. (1) Der Werkstattrat wird in geheimer und unmittelbarer Wahl nach den Grundsätzen der Mehrheitswahl gewählt.

(2) [1] Wer wahlberechtigt ist, kann seine Stimme nur für rechtswirksam vorgeschlagene Bewerber oder Bewerberinnen abgeben. [2] Jeder Wahlberechtigte und jede Wahlberechtigte hat so viele Stimmen, wie Mitglieder des Werkstattrats gewählt werden. [3] Der Stimmzettel muss einen Hinweis darauf enthalten, wie viele Bewerber im Höchstfall gewählt werden dürfen. [4] Für jeden Bewerber oder jede Bewerberin kann nur eine Stimme abgegeben werden.

(3) [1] Das Wahlrecht wird durch Abgabe eines Stimmzettels in einem Wahlumschlag ausgeübt. [2] Auf dem Stimmzettel sind die Bewerber in alphabetischer Reihenfolge unter Angabe von Familienname und Vorname, erforderlichenfalls des Geburtsdatums, sowie mit Foto oder anderem Bildmaterial aufzuführen. [3] Die Stimmzettel müssen sämtlich die gleiche Größe, Farbe, Beschaffenheit und Beschriftung haben. [4] Das Gleiche gilt für die Wahlumschläge.

(4) [1] Bei der Stimmabgabe wird durch Ankreuzen an der im Stimmzettel jeweils vorgesehenen Stelle die von dem Wählenden oder von der Wählenden gewählte Person gekennzeichnet. [2] Stimmzettel, auf denen mehr als die zulässige Anzahl der Bewerber oder Bewerberinnen gekennzeichnet ist oder aus denen sich der Wille des Wählenden oder der Wählenden nicht zweifelsfrei ergibt, sind ungültig.

(5) Ist für mehr als die Hälfte der Wahlberechtigten infolge ihrer Behinderung eine Stimmabgabe durch Abgabe eines Stimmzettels nach den Absät-

zen 3 und 4 überwiegend nicht möglich, kann der Wahlvorstand eine andere Form der Ausübung des Wahlrechts beschließen.

(6) Der Wahlvorstand kann beschließen, dass die Wahl auch als Briefwahl durchgeführt wird.

§ 22 Wahlvorgang. (1) [1]Der Wahlvorstand hat geeignete Vorkehrungen für die unbeobachtete Kennzeichnung der Stimmzettel im Wahlraum zu treffen und für die Bereitstellung einer Wahlurne zu sorgen. [2]Die Wahlurne muss vom Wahlvorstand verschlossen und so eingerichtet sein, dass die eingeworfenen Stimmzettel nicht herausgenommen werden können, ohne dass die Urne geöffnet wird.

(2) [1]Während der Wahl müssen immer mindestens zwei Mitglieder des Wahlvorstandes im Wahlraum anwesend sein. [2]Sind Wahlhelfer oder Wahlhelferinnen bestellt (§ 14 Abs. 1 Satz 3), genügt die Anwesenheit eines Mitgliedes des Wahlvorstandes und eines Wahlhelfers oder einer Wahlhelferin.

(3) Der gekennzeichnete und in den Wahlumschlag gelegte Stimmzettel ist in die hierfür bereitgestellte Wahlurne einzuwerfen, nachdem die Stimmabgabe von einem Mitglied des Wahlvorstandes oder einem Wahlhelfer oder einer Wahlhelferin in der Liste der Wahlberechtigten vermerkt worden ist.

(4) [1]Wer infolge seiner Behinderung bei der Stimmabgabe beeinträchtigt ist, bestimmt eine Person seines Vertrauens, die ihm bei der Stimmabgabe behilflich sein soll, und teilt dies dem Wahlvorstand mit. [2]Personen, die sich bei der Wahl bewerben, Mitglieder des Wahlvorstandes, Vertrauenspersonen im Sinne des § 14 Abs. 1 Satz 2 sowie Wahlhelfer und Wahlhelferinnen dürfen nicht zur Hilfeleistung herangezogen werden. [3]Die Hilfeleistung beschränkt sich auf die Erfüllung der Wünsche des Wählers oder der Wählerin zur Stimmabgabe; die Vertrauensperson darf gemeinsam mit dem Wähler oder der Wählerin die Wahlkabine aufsuchen. [4]Die Vertrauensperson ist zur Geheimhaltung der Kenntnisse von der Wahl einer anderen Person verpflichtet, die sie bei der Hilfeleistung erlangt hat. [5]Die Sätze 1 bis 4 gelten entsprechend für Wähler und Wählerinnen, die des Lesens unkundig sind.

(5) Nach Abschluss der Wahl ist die Wahlurne zu versiegeln, wenn die Stimmenauszählung nicht unmittelbar nach der Beendigung der Wahl durchgeführt wird.

§ 23 Feststellung des Wahlergebnisses. (1) Unverzüglich nach Abschluss der Wahl nimmt der Wahlvorstand öffentlich die Auszählung der Stimmen vor und stellt das Ergebnis fest.

(2) [1]Gewählt sind die Bewerber und Bewerberinnen, die die meisten Stimmen erhalten haben. [2]Bei Stimmengleichheit entscheidet das Los.

(3) [1]Der Wahlvorstand fertigt über das Ergebnis eine Niederschrift, die von dem Vorsitzenden oder der Vorsitzenden und mindestens einem weiteren Mitglied des Wahlvorstandes unterschrieben wird. [2]Die Niederschrift muss die Zahl der abgegebenen gültigen und ungültigen Stimmzettel, die auf jeden Bewerber oder jede Bewerberin entfallenen Stimmenzahlen sowie die Namen der gewählten Bewerber und Bewerberinnen enthalten.

§ 24 Benachrichtigung der Gewählten und Annahme der Wahl.

(1) [1]Der Wahlvorstand benachrichtigt die zum Werkstattrat Gewählten unverzüglich von ihrer Wahl. [2]Erklärt eine gewählte Person nicht innerhalb von

drei Arbeitstagen nach Zugang der Benachrichtigung dem Wahlvorstand ihre Ablehnung der Wahl, ist sie angenommen.

(2) Lehnt eine gewählte Person die Wahl ab, tritt an ihre Stelle der Bewerber oder die Bewerberin mit der nächsthöchsten Stimmenzahl.

§ 25 Bekanntmachung der Gewählten. Sobald die Namen der Mitglieder des Werkstattrats endgültig feststehen, macht der Wahlvorstand sie durch zweiwöchigen Aushang in gleicher Weise wie das Wahlausschreiben bekannt (§ 18 Abs. 2) und teilt sie unverzüglich der Werkstatt mit.

§ 26 Aufbewahrung der Wahlunterlagen. Die Wahlunterlagen, insbesondere die Niederschriften, Bekanntmachungen und Stimmzettel, werden vom Werkstattrat mindestens bis zum Ende der Wahlperiode aufbewahrt.

§ 27 Wahlanfechtung. (1) Die Wahl kann beim Arbeitsgericht angefochten werden, wenn gegen wesentliche Vorschriften über das Wahlrecht, die Wählbarkeit oder das Wahlverfahren verstoßen worden ist und eine Berichtigung nicht erfolgt ist, es sei denn, dass durch den Verstoß das Wahlergebnis nicht geändert oder beeinflusst werden konnte.

(2) [1]Zur Anfechtung berechtigt sind mindestens drei Wahlberechtigte oder die Werkstatt. [2]Die Wahlanfechtung ist nur binnen einer Frist von zwei Wochen, vom Tag der Bekanntgabe des Wahlergebnisses an gerechnet, zulässig.

§ 28 Wahlschutz und Wahlkosten. (1) [1]Niemand darf die Wahl des Werkstattrats behindern. [2]Insbesondere dürfen Werkstattbeschäftigte in der Ausübung des aktiven und passiven Wahlrechts nicht beschränkt werden.

(2) Niemand darf die Wahl des Werkstattrats durch Zufügung oder Androhung von Nachteilen oder durch Gewährung oder Versprechen von Vorteilen beeinflussen.

(3) [1]Die Kosten der Wahl trägt die Werkstatt. [2]Versäumnis von Beschäftigungszeit, die zur Ausübung des Wahlrechts, zur Betätigung im Wahlvorstand oder zur Tätigkeit als Wahlhelfer oder Wahlhelferin erforderlich ist, berechtigt die Werkstatt nicht zur Minderung des Arbeitsentgeltes. [3]Die Ausübung der genannten Tätigkeiten steht der Beschäftigung als Werkstattbeschäftigter gleich.

Abschnitt 3. Amtszeit des Werkstattrats

§ 29 Amtszeit des Werkstattrats. [1]Die regelmäßige Amtszeit des Werkstattrats beträgt vier Jahre. [2]Die Amtszeit beginnt mit der Bekanntgabe des Wahlergebnisses oder, wenn die Amtszeit des bisherigen Werkstattrats noch nicht beendet ist, mit deren Ablauf. [3]Die Amtszeit des außerhalb des regelmäßigen Wahlzeitraumes gewählten Werkstattrats endet mit der Bekanntgabe des Wahlergebnisses des nach § 12 Abs. 2 neu gewählten Werkstattrats, spätestens jedoch am 30. November des maßgebenden Wahljahres. [4]Im Falle des § 12 Abs. 1 Satz 2 Nr. 1 und 2 endet die Amtszeit des bestehenden Werkstattrats mit der Bekanntgabe des Wahlergebnisses des neu gewählten Werkstattrats.

§ 30 Erlöschen der Mitgliedschaft im Werkstattrat; Ersatzmitglieder.

(1) Die Mitgliedschaft im Werkstattrat erlischt durch

1. Ablauf der Amtszeit,

2. Niederlegung des Amtes,

3. Ausscheiden aus der Werkstatt,

4. Beendigung des arbeitnehmerähnlichen Rechtsverhältnisses.

(2) [1]Scheidet ein Mitglied aus dem Werkstattrat aus, so rückt ein Ersatzmitglied nach. [2]Dies gilt entsprechend für die Stellvertretung eines zeitweilig verhinderten Mitgliedes des Werkstattrats.

(3) [1]Die Ersatzmitglieder werden der Reihe nach aus den nicht gewählten Bewerbern und Bewerberinnen der Vorschlagsliste entnommen. [2]Die Reihenfolge bestimmt sich nach der Höhe der erreichten Stimmenzahlen. [3]Bei Stimmengleichheit entscheidet das Los.

Abschnitt 4. Geschäftsführung des Werkstattrats

§ 31 Vorsitz des Werkstattrats. (1) Der Werkstattrat wählt aus seiner Mitte den Vorsitzenden oder die Vorsitzende und die ihn oder sie vertretende Person.

(2) [1]Der Vorsitzende oder die Vorsitzende oder im Falle der Verhinderung die ihn oder sie vertretende Person vertritt den Werkstattrat im Rahmen der von diesem gefassten Beschlüsse. [2]Zur Entgegennahme von Erklärungen, die dem Werkstattrat gegenüber abzugeben sind, ist der Vorsitzende oder die Vorsitzende oder im Falle der Verhinderung die ihn oder sie vertretende Person berechtigt.

§ 32 Einberufung der Sitzungen. (1) Innerhalb einer Woche nach dem Wahltag beruft der Vorsitzende oder die Vorsitzende des Wahlvorstandes den neu gewählten Werkstattrat zu der nach § 31 Abs. 1 vorgeschriebenen Wahl ein und leitet die Sitzung.

(2) [1]Die weiteren Sitzungen beruft der Vorsitzende oder die Vorsitzende des Werkstattrats ein, setzt die Tagesordnung fest und leitet die Verhandlung. [2]Der Vorsitzende oder die Vorsitzende hat die Mitglieder des Werkstattrats und die Frauenbeauftragte rechtzeitig unter Mitteilung der Tagesordnung zu laden.

(3) Der Vorsitzende oder die Vorsitzende hat eine Sitzung einzuberufen und den Gegenstand, dessen Beratung beantragt wird, auf die Tagesordnung zu setzen, wenn dies von der Werkstatt beantragt wird.

(4) Die Werkstatt nimmt an den Sitzungen, die auf ihr Verlangen anberaumt sind, und an den Sitzungen, zu denen sie ausdrücklich eingeladen worden ist, teil.

§ 33 Sitzungen des Werkstattrats. (1) [1]Die Sitzungen des Werkstattrats finden in der Regel während der Beschäftigungszeit statt. [2]Der Werkstattrat hat bei der Ansetzung der Sitzungen auf die Arbeitsabläufe in der Werkstatt Rücksicht zu nehmen. [3]Die Werkstatt ist vom Zeitpunkt der Sitzung vorher zu verständigen. [4]Die Sitzungen des Werkstattrats sind nicht öffentlich. [5]Sie finden als Präsenzsitzung statt.

(1a) [1]Abweichend von Absatz 1 Satz 5 kann die Teilnahme an einer Sitzung des Werkstattrats mittels Video- und Telefonkonferenz erfolgen, wenn

1. die Voraussetzungen für eine solche Teilnahme in der Geschäftsordnung unter Sicherung des Vorrangs der Präsenzsitzung festgelegt sind,

2. nicht mindestens ein Viertel der Mitglieder des Werkstattrats binnen einer von dem Vorsitzenden oder der Vorsitzenden zu bestimmenden Frist diesem oder dieser gegenüber widerspricht und

3. sichergestellt ist, dass Dritte vom Inhalt der Sitzung keine Kenntnis nehmen können.

[2] Eine Aufzeichnung der Sitzung ist unzulässig.

(1b) Erfolgt die Sitzung des Werkstattrats mit der zusätzlichen Möglichkeit der Teilnahme mittels Video- und Telefonkonferenz, gilt auch eine Teilnahme vor Ort als erforderlich.

(2) [1] Der Werkstattrat kann die Vertrauensperson (§ 39 Abs. 3) und, wenn und soweit er es für erforderlich hält, ein Mitglied des Betriebs- oder Personalrats oder einer sonstigen Mitarbeitervertretung, eine Schreibkraft oder, nach näherer Vereinbarung mit der Werkstatt, einen Beauftragten oder eine Beauftragte einer in der Werkstatt vertretenen Gewerkschaft auf Antrag eines Viertels der Mitglieder des Werkstattrats, einen Vertreter oder eine Vertreterin eines Verbandes im Sinne des § 8 Abs. 1 oder sonstige Dritte zu seinen Sitzungen hinzuziehen. [2] Für sie gelten die Geheimhaltungspflicht sowie die Offenbarungs- und Verwertungsverbote gemäß § 37 Abs. 6 entsprechend.

§ 34 Beschlüsse des Werkstattrats. (1) [1] Die Beschlüsse des Werkstattrats werden mit der Mehrheit der Stimmen der anwesenden Mitglieder gefasst. [2] Mitglieder des Werkstattrats, die mittels Video- und Telefonkonferenz an der Beschlussfassung teilnehmen, gelten als anwesend. [3] Bei Stimmengleichheit ist ein Antrag abgelehnt.

(2) Der Werkstattrat ist beschlussfähig, wenn mindestens die Hälfte seiner Mitglieder an der Beschlussfassung teilnimmt; Stellvertretung durch Ersatzmitglieder ist zulässig.

§ 35 Sitzungsniederschrift. [1] Über die Sitzungen des Werkstattrats ist eine Sitzungsniederschrift aufzunehmen, die mindestens den Wortlaut der Beschlüsse und die Stimmenmehrheit, mit der sie gefasst wurden, enthält. [2] Die Niederschrift ist von dem Vorsitzenden oder der Vorsitzenden und einem weiteren Mitglied oder der Vertrauensperson (§ 39 Abs. 3) zu unterzeichnen. [3] Ihr ist eine Anwesenheitsliste beizufügen. [4] Nimmt ein Mitglied des Werkstattrats mittels Video- und Telefonkonferenz an der Sitzung teil, so hat es seine Teilnahme gegenüber dem Vorsitzenden oder der Vorsitzenden in Textform zu bestätigen. [5] Die Bestätigung ist der Niederschrift beizufügen. [6] Hat die Werkstatt an der Sitzung teilgenommen, so ist ihr der entsprechende Teil der Niederschrift abschriftlich auszuhändigen.

§ 36 Geschäftsordnung des Werkstattrats. Der Werkstattrat kann sich für seine Arbeit eine schriftliche Geschäftsordnung geben, in der weitere Bestimmungen über die Geschäftsführung getroffen werden.

§ 37 Persönliche Rechte und Pflichten der Mitglieder des Werkstattrats. (1) Die Mitglieder des Werkstattrats führen ihr Amt unentgeltlich als Ehrenamt.

(2) Sie dürfen in der Ausübung ihres Amtes nicht behindert oder wegen ihres Amtes nicht benachteiligt oder begünstigt werden; dies gilt auch für ihre berufliche Entwicklung.

(3) [1] Sie sind von ihrer Tätigkeit ohne Minderung des Arbeitsentgeltes zu befreien, wenn und soweit es zur Durchführung ihrer Aufgaben erforderlich ist. [2] Die Werkstattratstätigkeit steht der Werkstattbeschäftigung gleich. [3] In Werkstätten mit wenigstens 200 Wahlberechtigten ist der Vorsitzende oder die Vorsitzende des Werkstattrats auf Verlangen von der Tätigkeit freizustellen, in Werkstätten mit mehr als 700 Wahlberechtigten auch die Stellvertretung. [4] Die Befreiung nach den Sätzen 1 und 3 erstreckt sich nicht auf Maßnahmen nach § 5 Abs. 3 der Werkstättenverordnung[1]).

(4) [1] Absatz 3 Satz 1 gilt entsprechend für die Teilnahme an Schulungs- und Bildungsveranstaltungen, soweit diese Kenntnisse vermitteln, die für die Arbeit des Werkstattrats erforderlich sind. [2] Unbeschadet von Satz 1 hat jedes Mitglied des Werkstattrats während seiner regelmäßigen Amtszeit Anspruch auf Freistellung ohne Minderung des Arbeitsentgeltes für insgesamt 15 Tage zur Teilnahme an solchen Schulungs- und Bildungsveranstaltungen; der Anspruch erhöht sich für Werkstattbeschäftigte, die erstmals das Amt eines Mitgliedes des Werkstattrats übernehmen, auf 20 Tage.

(5) [1] Bei Streitigkeiten in Angelegenheiten der Absätze 3 und 4 kann die Vermittlungsstelle angerufen werden. [2] § 6 Abs. 2 und 3 gilt entsprechend. [3] Der Rechtsweg zu den Arbeitsgerichten bleibt unberührt.

(6) [1] Die Mitglieder des Werkstattrats sind verpflichtet,

1. über ihnen wegen ihres Amtes bekannt gewordene persönliche Verhältnisse und Angelegenheiten von Werkstattbeschäftigten, die ihrer Bedeutung oder ihrem Inhalt nach einer vertraulichen Behandlung bedürfen, Stillschweigen zu bewahren und

2. ihnen wegen ihres Amtes bekannt gewordene und von der Werkstatt ausdrücklich als geheimhaltungsbedürftig bezeichnete Betriebs- und Geschäftsgeheimnisse nicht zu offenbaren und nicht zu verwerten.

[2] Die Pflichten gelten auch nach dem Ausscheiden aus dem Amt. [3] Sie gelten nicht gegenüber den Mitgliedern des Werkstattrats und der Vertrauensperson (§ 39 Abs. 3) sowie im Verfahren vor der Vermittlungsstelle.

§ 38 Sprechstunden. (1) [1] Der Werkstattrat kann während der Beschäftigungszeit Sprechstunden einrichten. [2] Zeit und Ort sind mit der Werkstatt zu vereinbaren.

(2) [1] Versäumnis von Beschäftigungszeit, die zum Besuch der Sprechstunden oder durch sonstige Inanspruchnahme des Werkstattrats erforderlich ist, berechtigt die Werkstatt nicht zur Minderung des Arbeitsentgeltes der Werkstattbeschäftigten. [2] Diese Zeit steht der Werkstattbeschäftigung gleich.

§ 39 Kosten und Sachaufwand des Werkstattrats. (1) [1] Die durch die Tätigkeit des Werkstattrats entstehenden Kosten trägt die Werkstatt. [2] Das Gleiche gilt für die Kosten, die durch die Teilnahme an Schulungs- und Bildungsveranstaltungen nach § 37 Absatz 4 oder durch die Interessenvertretung auf Landesebene entstehen.

(2) Für die Sitzungen, die Sprechstunden und die laufende Geschäftsführung hat die Werkstatt in erforderlichem Umfang Räume, sächliche Mittel und eine Bürokraft zur Verfügung zu stellen.

---

[1]) Nr. **2c**.

(3) [1] Die Werkstatt hat dem Werkstattrat auf dessen Wunsch eine Person seines Vertrauens zur Verfügung zu stellen, die ihn bei seiner Tätigkeit unterstützt. [2] Die Vertrauensperson nimmt ihre Aufgabe unabhängig von Weisungen der Werkstatt wahr. [3] Die Werkstatt hat sie bei der Erfüllung ihrer Aufgabe zu fördern. [4] Für die Vertrauensperson gilt § 37 entsprechend.

(4) [1] Die Kosten, die durch die Interessenvertretung der Werkstatträte auf Bundesebene entstehen, trägt der nach § 63 Absatz 2 des Neunten Buches Sozialgesetzbuch[1]) zuständige Träger. [2] Dieser überweist jeweils zum 1. Februar eines jeden Jahres 1,60 Euro für jeden Werkstattbeschäftigten, der sich am 1. Januar dieses Jahres in seiner Zuständigkeit befindet, an die Interessenvertretung der Werkstatträte auf Bundesebene. [3] Gleichzeitig unterrichtet er die Interessenvertretung über die Berechnungsgrundlagen seiner Zahlung. [4] Die Interessenvertretung der Werkstatträte auf Bundesebene leitet jährlich zum 30. Juni jedem zuständigen Träger einen Bericht über die Verwendung der im Vorjahr insgesamt erhaltenen Mittel zu. [5] Sie erörtert diese Berichte auf Verlangen mit den zuständigen Trägern oder deren überregionaler Vertretung. [6] Der Betrag nach Satz 2 erhöht sich in entsprechender Anwendung des § 160 Absatz 3 Satz 1 bis 3 des Neunten Buches Sozialgesetzbuch jeweils zu dem Zeitpunkt, zu dem die nächste Neubestimmung der Beträge der Ausgleichsabgabe erfolgt. [7] Die sich ergebenden Beträge sind auf zwei Nachkommastellen kaufmännisch zu runden. [8] Das Bundesministerium für Arbeit und Soziales gibt den Erhöhungsbetrag und die sich nach Satz 7 ergebenden Beträge im Bundesanzeiger bekannt.

Abschnitt 4a. Frauenbeauftragte und Stellvertreterinnen

§ 39a Aufgaben und Rechtsstellung. (1) [1] Die Frauenbeauftragte vertritt die Interessen der in der Werkstatt beschäftigten behinderten Frauen gegenüber der Werkstattleitung, insbesondere in den Bereichen Gleichstellung von Frauen und Männern, Vereinbarkeit von Familie und Beschäftigung sowie Schutz vor körperlicher, sexueller und psychischer Belästigung oder Gewalt. [2] Werkstattleitung und Frauenbeauftragte sollen in der Regel einmal im Monat zu einer Besprechung zusammentreten.

(2) [1] Über Maßnahmen, die Auswirkungen in den in Absatz 1 genannten Bereichen haben können, unterrichtet die Werkstattleitung die Frauenbeauftragte rechtzeitig, umfassend und in angemessener Weise. [2] Beide Seiten erörtern diese Maßnahmen mit dem Ziel des Einvernehmens. [3] Lässt sich ein Einvernehmen nicht herstellen, kann jede Seite die Vermittlungsstelle anrufen. [4] Die Werkstatt entscheidet unter Berücksichtigung des Einigungsvorschlages endgültig.

(3) Die Frauenbeauftragte hat das Recht, an den Sitzungen des Werkstattrates und an den Werkstattversammlungen (§ 9) teilzunehmen und dort zu sprechen.

(4) [1] Die Stellvertreterinnen vertreten die Frauenbeauftragte im Verhinderungsfall. [2] Darüber hinaus kann die Frauenbeauftragte ihre Stellvertreterinnen zu bestimmten Aufgaben heranziehen.

(5) [1] Die Frauenbeauftragte und ihre Stellvertreterinnen sind von ihrer Tätigkeit ohne Minderung des Arbeitsentgeltes zu befreien, wenn und soweit es zur

---

[1]) Nr. 1.

Durchführung ihrer Aufgaben erforderlich ist. [2]Die Tätigkeit steht der Werkstattbeschäftigung gleich. [3]In Werkstätten mit mehr als 200 wahlberechtigten Frauen ist die Frauenbeauftragte auf Verlangen von der Tätigkeit freizustellen, in Werkstätten mit mehr als 700 wahlberechtigten Frauen auch die erste Stellvertreterin. [4]Die Befreiung nach den Sätzen 1 und 3 erstreckt sich nicht auf Maßnahmen nach § 5 Absatz 3 der Werkstättenverordnung[1]. [5]Im Übrigen gelten § 37 Absatz 1 und 2, 4 bis 6 sowie die §§ 38 und 39 für die Frauenbeauftragte und die Stellvertreterinnen entsprechend.

§ 39b Wahlen und Amtszeit. (1) [1]Die Wahlen der Frauenbeauftragten und der Stellvertreterinnen sollen zusammen mit den Wahlen zum Werkstattrat stattfinden. [2]Wahlberechtigt sind alle Frauen, die auch zum Werkstattrat wählen dürfen (§ 10). Wählbar sind alle Frauen, die auch in den Werkstattrat gewählt werden können (§ 11).

(2) [1]Wird zeitgleich der Werkstattrat gewählt, soll der Wahlvorstand für die Wahl des Werkstattrates auch die Wahl der Frauenbeauftragten und ihrer Stellvertreterinnen vorbereiten und durchführen. [2]Anderenfalls beruft die Werkstatt eine Versammlung der wahlberechtigten Frauen ein, in der ein Wahlvorstand und dessen Vorsitzende gewählt werden. [3]Auch drei wahlberechtigte Frauen können zu dieser Versammlung einladen. [4]Für die Vorbereitung und Durchführung der Wahl gelten die §§ 14 bis 28 entsprechend.

(3) [1]Für die Amtszeit der Frauenbeauftragten und ihrer Stellvertreterinnen gilt § 29 entsprechend. [2]Das Amt der Frauenbeauftragten und ihrer Stellvertreterinnen erlischt mit Ablauf der Amtszeit, Niederlegung des Amtes, Ausscheiden aus der Werkstatt, Beendigung des arbeitnehmerähnlichen Rechtsverhältnisses oder erfolgreicher Wahlanfechtung.

§ 39c Vorzeitiges Ausscheiden. (1) Scheidet die Frauenbeauftragte vor dem Ablauf der Amtszeit aus dem Amt aus, wird die erste Stellvertreterin zur Frauenbeauftragten.

(2) [1]Scheidet eine Stellvertreterin vorzeitig aus ihrem Amt aus, rückt die nächste Stellvertreterin beziehungsweise aus der Vorschlagsliste die Bewerberin mit der nächsthöheren Stimmenzahl nach. [2]Bei Stimmengleichheit entscheidet das Los.

(3) Können die Ämter der Frauenbeauftragten und der Stellvertreterinnen aus der Vorschlagsliste nicht mehr besetzt werden, erfolgt eine außerplanmäßige Wahl der Frauenbeauftragten und der Stellvertreterinnen.

(4) [1]Hat außerhalb des für die regelmäßigen Wahlen festgelegten Zeitraumes eine Wahl zu den Ämtern der Frauenbeauftragten und ihrer Stellvertreterinnen stattgefunden, so sind sie in dem auf die Wahl folgenden nächsten Zeitraum der regelmäßigen Wahlen neu zu wählen. [2]Hat die Amtszeit zu Beginn des für die nächsten regelmäßigen Wahlen festgelegten Zeitraumes noch nicht ein Jahr betragen, sind die Frauenbeauftragte und ihre Stellvertreterinnen in dem übernächsten Zeitraum der regelmäßigen Wahlen neu zu wählen.

---

[1] Nr. 2c.

Abschnitt 5. Schlussvorschriften

§ 40 Amtszeit der bestehenden Werkstatträte. [1]Die Amtszeit der zum Zeitpunkt des Inkrafttretens dieser Verordnung bereits bestehenden Werkstatträte endet am Tag der Bekanntgabe des Wahlergebnisses der erstmaligen regelmäßigen Wahl eines Werkstattrats nach den Bestimmungen dieser Verordnung, spätestens jedoch am 30. November 2001. [2]§ 13 gilt entsprechend.

§§ 40a, 40b *(aufgehoben)*

§ 41 Inkrafttreten. Diese Verordnung tritt am 1. Juli 2001 in Kraft.

2e. Schwerbehindertenausweisverordnung[1)]

In der Fassung vom 25. Juli 1991[2)]

(BGBl. I S. 1739)

FNA 871-1-9

zuletzt geänd. durch Art. 52 G über die Entschädigung der Soldatinnen und Soldaten und zur Neuordnung des Soldatenversorgungsrechts v. 20.8.2021 (BGBl. I S. 3932)

Erster Abschnitt. Ausweis für schwerbehinderte Menschen

§ 1 Gestaltung des Ausweises. (1) [1]Der Ausweis im Sinne des § 152 Absatz 5 des Neunten Buches Sozialgesetzbuch[3)] über die Eigenschaft als schwerbehinderter Mensch, den Grad der Behinderung und weitere gesundheitliche Merkmale, die Voraussetzung für die Inanspruchnahme von Rechten und Nachteilsausgleichen nach dem Neunten Buch Sozialgesetzbuch oder nach anderen Vorschriften sind, wird nach dem in der Anlage zu dieser Verordnung abgedruckten Muster 1[4)] ausgestellt. [2]Der Ausweis ist mit einem fälschungssicheren Aufdruck in der Grundfarbe grün versehen.

(2) Der Ausweis für schwerbehinderte Menschen, die das Recht auf unentgeltliche Beförderung im öffentlichen Personenverkehr in Anspruch nehmen können, ist durch einen halbseitigen orangefarbenen Flächenaufdruck gekennzeichnet.

(3) Der Ausweis für schwerbehinderte Menschen, die zu einer der in § 234 Satz 1 Nummer 2 des Neunten Buches Sozialgesetzbuch genannten Gruppen gehören, ist nach § 2 zu kennzeichnen.

(4) Der Ausweis für schwerbehinderte Menschen mit weiteren gesundheitlichen Merkmalen im Sinne des Absatzes 1 ist durch Merkzeichen nach § 3 zu kennzeichnen.

(5) Der Ausweis ist als Identifikationskarte nach dem in der Anlage zu dieser Verordnung abgedruckten Muster 5[4)] auszustellen.

§ 2 Zugehörigkeit zu Sondergruppen.
[Abs. 1 bis 31.12.2023:]
(1) Im Ausweis ist die Bezeichnung „Kriegsbeschädigt" einzutragen, wenn der schwerbehinderte Mensch wegen eines Grades der Schädigungsfolgen von mindestens 50 Anspruch auf Versorgung nach dem Bundesversorgungsgesetz[5)] hat.
[Abs. 1 ab 1.1.2024 bis 31.12.2024:]
(1) Im Ausweis ist die Bezeichnung „Kriegsbeschädigt" einzutragen, wenn der schwerbehinderte Mensch wegen eines Grades der Schädigungsfolgen von mindestens 50

[1)] Die Änderungen durch G v. 20.8.2021 (BGBl. I S. 3932) treten erst **mWv 1.1.2025** in Kraft und sind im Text noch nicht berücksichtigt.
[2)] Neubekanntmachung der Ausweisverordnung SchwerbehindertenG idF der Bek. v. 3.4.1984 (BGBl. I S. 509) in der ab 1.7.1991 geltenden Fassung.
[3)] Nr. **1**.
[4)] Muster hier nicht wiedergegeben.
[5)] Auszugsweise abgedruckt unter Nr. **15**.

Anspruch auf Versorgung nach dem Bundesversorgungsgesetz[1] in der am 31. Dezember 2023 geltenden Fassung oder nach § 24 des Vierzehnten Buches Sozialgesetzbuch hat.

(2) [1] Im Ausweis sind folgende Merkzeichen einzutragen:

1.

[bis 31.12.2023:] wenn der schwerbehinderte Mensch wegen eines Grades der Schädigungsfolgen von mindestens 50 Anspruch auf Versorgung nach anderen Bundesgesetzen in entsprechender Anwendung der Vorschriften des Bundesversorgungsgesetzes[1] hat oder wenn der Grad der Schädigungsfolgen wegen des Zusammentreffens mehrerer Ansprüche auf Versorgung nach dem Bundesversorgungsgesetz[1], nach Bundesgesetzen in entsprechender Anwendung der Vorschriften des Bundesversorgungsgesetzes[1] oder nach dem Bundesentschädigungsgesetz in seiner Gesamtheit mindestens 50 beträgt und nicht bereits die Bezeichnung nach Absatz 1 oder ein Merkzeichen nach Nummer 2 einzutragen ist,

[ab 1.1.2024:]
a) *wenn der schwerbehinderte Mensch wegen eines Grades der Schädigungsfolgen von mindestens 50 Anspruch auf Leistungen nach anderen Bundesgesetzen in entsprechender Anwendung*
   aa) *der Vorschriften des Vierzehnten Buches Sozialgesetzbuch oder*
   bb) *des Bundesversorgungsgesetzes[1] in der bis zum 31. Dezember 2023 geltenden Fassung oder*
b) *wenn der Grad der Schädigungsfolgen wegen des Zusammentreffens mehrerer Ansprüche auf folgende Leistungen in seiner Gesamtheit mindestens 50 beträgt und weder die Bezeichnung „kriegsbeschädigt" noch das Merkzeichen „EB" einzutragen ist:*
   aa) *auf Leistungen nach dem Vierzehnten Buch Sozialgesetzbuch,*
   bb) *auf Leistungen nach dem Bundesversorgungsgesetz[1] in der bis zum 31. Dezember 2023 geltenden Fassung,*
   cc) *auf Leistungen nach Bundesgesetzen in entsprechender Anwendung der Vorschriften des Bundesversorgungsgesetzes[1] in der bis zum 31. Dezember 2023 geltenden Fassung oder*
   dd) *auf Leistungen nach dem Bundesentschädigungsgesetz,*

2.

wenn der schwerbehinderte Mensch wegen eines Grades der Schädigungsfolgen von mindestens 50 Entschädigung nach § 28 des Bundesentschädigungsgesetzes erhält.

[2] Beim Zusammentreffen der Voraussetzungen für die Eintragung der Bezeichnung nach Absatz 1 und des Merkzeichens nach Satz 1 Nr. 2 ist die Bezeich-

---

[1] Auszugsweise abgedruckt unter Nr. **15**.

nung „Kriegsbeschädigt" einzutragen, es sei denn, der schwerbehinderte Mensch beantragt die Eintragung des Merkzeichens „EB".

§ 3 Weitere Merkzeichen. (1) Im Ausweis sind auf der Rückseite folgende Merkzeichen einzutragen:

1. wenn der schwerbehinderte Mensch außergewöhnlich gehbehindert im Sinne des § 229 Absatz 3 des Neunten Buches Sozialgesetzbuch[1] ist,

2. wenn der schwerbehinderte Mensch hilflos im Sinne des § 33b des Einkommensteuergesetzes oder entsprechender Vorschriften ist,

3. wenn der schwerbehinderte Mensch blind im Sinne des § 72 Abs. 5 des Zwölften Buches Sozialgesetzbuch oder entsprechender Vorschriften ist,

4. wenn der schwerbehinderte Mensch gehörlos im Sinne des § 228 des Neunten Buches Sozialgesetzbuch ist,

5. wenn der schwerbehinderte Mensch die landesrechtlich festgelegten gesundheitlichen Voraussetzungen für die Befreiung von der Rundfunkgebührenpflicht erfüllt,

6. wenn der schwerbehinderte Mensch die im Verkehr mit Eisenbahnen tariflich festgelegten gesundheitlichen Voraussetzungen für die Benutzung der 1. Wagenklasse mit Fahrausweis der 2. Wagenklasse erfüllt,

---

[1] Nr. **1**.

7.
wenn der schwerbehinderte Mensch in seiner Bewegungsfähigkeit im Straßenverkehr erheblich beeinträchtigt im
Sinne des § 229 Absatz 1 Satz 1 des Neunten Buches
Sozialgesetzbuch oder entsprechender Vorschriften ist,

8.
wenn der schwerbehinderte Mensch wegen einer Störung
der Hörfunktion mindestens einen Grad der Behinderung
von 70 und wegen einer Störung des Sehvermögens einen
Grad der Behinderung von 100 hat.

(2) Ist der schwerbehinderte Mensch zur Mitnahme einer Begleitperson im
Sinne des § 229 Absatz 2 des Neunten Buches Sozialgesetzbuch berechtigt, sind
auf der Vorderseite des Ausweises das Merkzeichen „B" und der Satz „Die
Berechtigung zur Mitnahme einer Begleitperson ist nachgewiesen" einzutragen.

§ 3a Beiblatt. (1) ¹Zum Ausweis für schwerbehinderte Menschen, die das
Recht auf unentgeltliche Beförderung im öffentlichen Personenverkehr in
Anspruch nehmen können, ist auf Antrag ein Beiblatt nach dem in der Anlage
zu dieser Verordnung abgedruckten Muster 2¹⁾ in der Grundfarbe weiß auszustellen. ²Das Beiblatt ist Bestandteil des Ausweises und nur zusammen mit
dem Ausweis gültig.

(2) ¹Schwerbehinderte Menschen, die das Recht auf unentgeltliche Beförderung in Anspruch nehmen wollen, erhalten auf Antrag ein Beiblatt, das mit
einer Wertmarke nach dem in der Anlage zu dieser Verordnung abgedruckten
Muster 3¹⁾ versehen ist. ²Die Wertmarke enthält ein bundeseinheitliches Holo-
gramm. ³Auf die Wertmarke werden eingetragen das Jahr und der Monat, von
dem an die Wertmarke gültig ist, sowie das Jahr und der Monat, in dem ihre
Gültigkeit abläuft. ⁴Sofern in Fällen des § 228 Absatz 2 Satz 1 des Neunten
Buches Sozialgesetzbuch²⁾ der Antragsteller zum Gültigkeitsbeginn keine Angaben macht, wird der auf den Eingang des Antrages und die Entrichtung der
Eigenbeteiligung folgende Monat auf der Wertmarke eingetragen. ⁵Spätestens
mit Ablauf der Gültigkeitsdauer der Wertmarke wird das Beiblatt ungültig.

(3) ¹Schwerbehinderte Menschen, die an Stelle der unentgeltlichen Beförderung die Kraftfahrzeugsteuerermäßigung in Anspruch nehmen wollen, erhalten auf Antrag ein Beiblatt ohne Wertmarke. ²Die Gültigkeitsdauer des Beiblat-
tes entspricht der des Ausweises.

(4) ¹Schwerbehinderte Menschen, die zunächst die Kraftfahrzeugsteuerermäßigung in Anspruch genommen haben und statt dessen die unentgeltliche
Beförderung in Anspruch nehmen wollen, haben das Beiblatt (Absatz 3) bei
Stellung des Antrags auf ein Beiblatt mit Wertmarke (Absatz 2) zurückzugeben.
²Entsprechendes gilt, wenn schwerbehinderte Menschen vor Ablauf der Gültigkeitsdauer der Wertmarke an Stelle der unentgeltlichen Beförderung die
Kraftfahrzeugsteuerermäßigung in Anspruch nehmen wollen. ³In diesem Fall

---

¹⁾ Muster hier nicht wiedergegeben.
²⁾ Nr. **1**.

ist das Datum der Rückgabe (Eingang beim Versorgungsamt) auf das Beiblatt nach Absatz 3 einzutragen.

§ 4 Sonstige Eintragungen. (1) Die Eintragung von Sondervermerken zum Nachweis von weiteren Voraussetzungen für die Inanspruchnahme von Rechten und Nachteilsausgleichen, die schwerbehinderten Menschen nach landesrechtlichen Vorschriften zustehen, ist zulässig.

(2) Die Eintragung von Merkzeichen oder sonstigen Vermerken, die in dieser Verordnung (§§ 2, 3, 4 Abs. 1 und § 5 Abs. 3) nicht vorgesehen sind, ist unzulässig.

§ 5 Lichtbild. (1) [1]Der Ausweis ist mit einem Bild des schwerbehinderten Menschen zu versehen, wenn dieser das 10. Lebensjahr vollendet hat. [2]Hierzu hat der schwerbehinderte Mensch ein Passbild beizubringen.

(2) Bei schwerbehinderten Menschen, die das Haus nicht oder nur mit Hilfe eines Krankenwagens verlassen können, ist der Ausweis auf Antrag ohne Lichtbild auszustellen.

(3) In Ausweisen ohne Lichtbild ist in dem für das Lichtbild vorgesehenen Raum der Vermerk „Ohne Lichtbild gültig" einzutragen.

§ 6 Gültigkeitsdauer. (1) Auf der Rückseite des Ausweises ist als Beginn der Gültigkeit des Ausweises einzutragen:

1. in den Fällen des § 152 Absatz 1 und 4 des Neunten Buches Sozialgesetzbuch[1] der Tag des Eingangs des Antrags auf Feststellung nach diesen Vorschriften;

2. in den Fällen des § 152 Absatz 2 des Neunten Buches Sozialgesetzbuch der Tag des Eingangs des Antrags auf Ausstellung des Ausweises nach § 152 Absatz 5 des Neunten Buches Sozialgesetzbuch.

(2) [1]Die Gültigkeit des Ausweises ist für die Dauer von längstens 5 Jahren vom Monat der Ausstellung an zu befristen. [2]In den Fällen, in denen eine Neufeststellung wegen einer wesentlichen Änderung in den gesundheitlichen Verhältnissen, die für die Feststellung maßgebend gewesen sind, nicht zu erwarten ist, kann der Ausweis unbefristet ausgestellt werden.

(3) Für schwerbehinderte Menschen unter 10 Jahren ist die Gültigkeitsdauer des Ausweises bis längstens zum Ende des Kalendermonats zu befristen, in dem das 10. Lebensjahr vollendet wird.

(4) Für schwerbehinderte Menschen im Alter zwischen 10 und 15 Jahren ist die Gültigkeitsdauer des Ausweises bis längstens zum Ende des Kalendermonats zu befristen, in dem das 20. Lebensjahr vollendet wird.

(5) Bei nichtdeutschen schwerbehinderten Menschen, deren Aufenthaltstitel, Aufenthaltsgestattung oder Arbeitserlaubnis befristet ist, ist die Gültigkeitsdauer des Ausweises längstens bis zum Ablauf des Monats der Frist zu befristen.

(6) *(aufgehoben)*

(7) Der Kalendermonat und das Kalenderjahr, bis zu deren Ende der Ausweis gültig sein soll, sind auf der Vorderseite des Ausweises einzutragen.

---

[1] Nr. 1.

[§ 7 bis 31.12.2023:]
§ 7 Verwaltungsverfahren. Für die Ausstellung und Einziehung des Ausweises sind die für die Kriegsopferversorgung maßgebenden Verwaltungsverfahrensvorschriften entsprechend anzuwenden, soweit sich aus § 152 Absatz 5 des Neunten Buches Sozialgesetzbuch[1]) nichts Abweichendes ergibt.

[§ 7 ab 1.1.2024:]
§ 7 *(aufgehoben)*

Zweiter Abschnitt. Ausweis für sonstige Personen zur unentgeltlichen Beförderung im öffentlichen Personenverkehr

§ 8 Ausweis für sonstige freifahrtberechtigte Personen. (1) [1]Der Ausweis für Personen im Sinne des Artikels 2 Abs. 1 des Gesetzes über die unentgeltliche Beförderung Schwerbehinderter im öffentlichen Personenverkehr[2]) vom 9. Juli 1979 (BGBl. I S. 989), soweit sie nicht schwerbehinderte Menschen im Sinne des § 2 Abs. 2 des Neunten Buches Sozialgesetzbuch[1]) sind, wird nach dem in der Anlage zu dieser Verordnung abgedruckten Muster 4[3]) ausgestellt. [2]Der Ausweis ist mit einem fälschungssicheren Aufdruck in der Grundfarbe grün versehen und durch einen halbseitigen orangefarbenen Flächenaufdruck gekennzeichnet. [3]Zusammen mit dem Ausweis ist ein Beiblatt auszustellen, das mit einem Wertmarke nach dem in der Anlage zu dieser Verordnung abgedruckten Muster 3[3]) versehen ist.

(2) Für die Ausstellung des Ausweises nach Absatz 1 gelten die Vorschriften des § 1 Absatz 3 und 5, § 2, § 3 Absatz 1 Nummer 6 und Absatz 2, § 4 Absatz 2, § 5 und § 6 Absatz 2, 3, 4 und 7 sowie des § 7 entsprechend, soweit sich aus Artikel 2 Abs. 2 und 3 des Gesetzes über die unentgeltliche Beförderung Schwerbehinderter im öffentlichen Personenverkehr nichts Besonderes ergibt.

Dritter Abschnitt. Übergangsregelung

§ 9 Übergangsregelung. [1]Bis zum 31. Dezember 2014 ausgestellte Ausweise, die keine Identifikationskarten nach § 1 Absatz 5 sind, bleiben bis zum Ablauf ihrer Gültigkeitsdauer gültig, es sei denn, sie sind einzuziehen. [2]Sie können gegen eine Identifikationskarte umgetauscht werden. [3]Ausgestellte Beiblätter bleiben bis zum Ablauf ihrer Gültigkeit gültig.

Muster 1 bis 5

(Muster hier nicht wiedergegeben)

---

[1]) Nr. **1**.
[2]) Nr. **1a**.
[3]) Muster hier nicht wiedergegeben.

3. Sozialgesetzbuch (SGB)
Erstes Buch (I)
Allgemeiner Teil[1)]

Vom 11. Dezember 1975

(BGBl. I S. 3015)

FNA 860-1

zuletzt geänd. durch Art. 32 G über die Entschädigung·der Soldatinnen und Soldaten und zur Neuordnung des Soldatenversorgungsrechts v. 20.8.2021 (BGBl. I S. 3932)

– Auszug –

Erster Abschnitt. Aufgaben des Sozialgesetzbuchs und soziale Rechte

§ 10 Teilhabe behinderter Menschen. Menschen, die körperlich, geistig oder seelisch behindert sind oder denen eine solche Behinderung droht, haben unabhängig von der Ursache der Behinderung zur Förderung ihrer Selbstbestimmung und gleichberechtigten Teilhabe ein Recht auf Hilfe, die notwendig ist, um

1. die Behinderung abzuwenden, zu beseitigen, zu mindern, ihre Verschlimmerung zu verhüten oder ihre Folgen zu mildern,
2. Einschränkungen der Erwerbsfähigkeit oder Pflegebedürftigkeit zu vermeiden, zu überwinden, zu mindern oder eine Verschlimmerung zu verhüten sowie den vorzeitigen Bezug von Sozialleistungen zu vermeiden oder laufende Sozialleistungen zu mindern,
3. ihnen einen ihren Neigungen und Fähigkeiten entsprechenden Platz im Arbeitsleben zu sichern,
4. ihre Entwicklung zu fördern und ihre Teilhabe am Leben in der Gesellschaft und eine möglichst selbständige und selbstbestimmte Lebensführung zu ermöglichen oder zu erleichtern sowie
5. Benachteiligungen auf Grund der Behinderung entgegenzuwirken.

Zweiter Abschnitt. Einweisungsvorschriften

Erster Titel. Allgemeines über Sozialleistungen und Leistungsträger

§ 16 Antragstellung. (1) [1]Anträge auf Sozialleistungen sind beim zuständigen Leistungsträger zu stellen. [2]Sie werden auch von allen anderen Leistungsträgern, von allen Gemeinden und bei Personen, die sich im Ausland aufhalten, auch von den amtlichen Vertretungen der Bundesrepublik Deutschland im Ausland entgegengenommen.

(2) [1]Anträge, die bei einem unzuständigen Leistungsträger, bei einer für die Sozialleistung nicht zuständigen Gemeinde oder bei einer amtlichen Vertretung der Bundesrepublik Deutschland im Ausland gestellt werden, sind unverzüglich

---

[1)] Verkündet als Art. I Sozialgesetzbuch (SGB) – Allgemeiner Teil – v. 11.12.1975 (BGBl. I S..3015); Inkrafttreten gem. Art. II § 23 Abs. 1 Satz 1 dieses G am 1.1.1976 mit Ausnahme des § 44, der gem. Art. II § 23 Abs. 2 Satz 1 am 1.1.1978 in Kraft getreten ist.

an den zuständigen Leistungsträger weiterzuleiten. [2] Ist die Sozialleistung von einem Antrag abhängig, gilt der Antrag als zu dem Zeitpunkt gestellt, in dem er bei einer der in Satz 1 genannten Stellen eingegangen ist.

(3) Die Leistungsträger sind verpflichtet, darauf hinzuwirken, daß unverzüglich klare und sachdienliche Anträge gestellt und unvollständige Angaben ergänzt werden.

§ 17 Ausführung der Sozialleistungen. (1) Die Leistungsträger sind verpflichtet, darauf hinzuwirken, daß

1. jeder Berechtigte die ihm zustehenden Sozialleistungen in zeitgemäßer Weise, umfassend und zügig erhält,

2. die zur Ausführung von Sozialleistungen erforderlichen sozialen Dienste und Einrichtungen rechtzeitig und ausreichend zur Verfügung stehen,

3. der Zugang zu den Sozialleistungen möglichst einfach gestaltet wird, insbesondere durch Verwendung allgemein verständlicher Antragsvordrucke und

4. ihre Verwaltungs- und Dienstgebäude frei von Zugangs- und Kommunikationsbarrieren sind und Sozialleistungen in barrierefreien Räumen und Anlagen ausgeführt werden.

(2) [1] Menschen mit Hörbehinderungen und Menschen mit Sprachbehinderungen haben das Recht, bei der Ausführung von Sozialleistungen, insbesondere auch bei ärztlichen Untersuchungen und Behandlungen, in Deutscher Gebärdensprache, mit lautsprachbegleitenden Gebärden oder über andere geeignete Kommunikationshilfen zu kommunizieren. [2] Die für die Sozialleistung zuständigen Leistungsträger sind verpflichtet, die durch die Verwendung der Kommunikationshilfen entstehenden Kosten zu tragen. [3] § 5 der Kommunikationshilfenverordnung[1] in der jeweils geltenden Fassung gilt entsprechend.

(2a) § 11 des Behindertengleichstellungsgesetzes[2] gilt in seiner jeweils geltenden Fassung bei der Ausführung von Sozialleistungen entsprechend.

(3) [1] In der Zusammenarbeit mit gemeinnützigen und freien Einrichtungen und Organisationen wirken die Leistungsträger darauf hin, daß sich ihre Tätigkeit und die der genannten Einrichtungen und Organisationen zum Wohl der Leistungsempfänger wirksam ergänzen. [2] Sie haben dabei deren Selbständigkeit in Zielsetzung und Durchführung ihrer Aufgaben zu achten. [3] Die Nachprüfung zweckentsprechender Verwendung bei der Inanspruchnahme öffentlicher Mittel bleibt unberührt. [4] Im übrigen ergibt sich ihr Verhältnis zueinander aus den besonderen Teilen dieses Gesetzbuchs; § 97 Abs. 1 Satz 1 bis 4 und Abs. 2 'des Zehnten Buches findet keine Anwendung.

[Abs. 4 ab 1.1.2023:]

(4) [1] Die Leistungsträger arbeiten mit den Betreuungsbehörden bei der Erfüllung ihrer Aufgaben zur Vermittlung geeigneter Hilfen zur Betreuungsvermeidung zusammen. [2] Soziale Rechte dürfen nicht deshalb abgelehnt, versagt oder eingeschränkt werden, weil ein rechtlicher Betreuer nach § 1814 Absatz 1 des Bürgerlichen Gesetzbuchs bestellt worden ist oder bestellt werden könnte.

---

[1] Nr. **1c.**
[2] Nr. **1b.**

Zweiter Titel. Einzelne Sozialleistungen und zuständige Leistungsträger

[§ 24 bis 31.12.2023:]

§ 24 Versorgungsleistungen bei Gesundheitsschäden. (1) Nach dem Recht der sozialen Entschädigung bei Gesundheitsschäden können in Anspruch genommen werden:

1. Heil- und Krankenbehandlung sowie andere Leistungen zur Erhaltung, Besserung und Wiederherstellung der Leistungsfähigkeit einschließlich wirtschaftlicher Hilfen,
2. besondere Hilfen im Einzelfall einschließlich Leistungen zur Teilhabe am Arbeitsleben,
3. Renten wegen anerkannten Schädigungsfolgen,
4. Renten an Hinterbliebene, Bestattungsgeld und Sterbegeld,
5. Kapitalabfindung, insbesondere zur Wohnraumbeschaffung.

(2) ¹Zuständig sind die Versorgungsämter, die Landesversorgungsämter und die orthopädischen Versorgungsstellen. ²Für die besonderen Hilfen im Einzelfall sind die Kreise und kreisfreien Städte sowie die Hauptfürsorgestellen zuständig. ³Bei der Durchführung der Heil- und Krankenbehandlung wirken die Träger der gesetzlichen Krankenversicherung mit. ⁴Für die Leistungen nach den §§ 80, 81a bis 83a des Soldatenversorgungsgesetzes ist die Bundeswehrverwaltung zuständig.

[§ 24 ab 1.1.2024:]

§ 24 *Leistungen der Sozialen Entschädigung. (1) Nach dem Recht der Sozialen Entschädigung können in Anspruch genommen werden:*

1. *Leistungen des Fallmanagements und Leistungen in einer Traumaambulanz als Schnelle Hilfen,*
2. *Krankenbehandlung,*
3. *Leistungen zur Teilhabe,*
4. *Leistungen bei Pflegebedürftigkeit,*
5. *Leistungen bei Blindheit,*
6. *Entschädigungszahlungen,*
7. *Berufsschadensausgleich,*
8. *Besondere Leistungen im Einzelfall,*
9. *Leistungen bei Überführung und Bestattung,*
10. *Ausgleich in Härtefällen,*
11. *Leistungen bei Wohnsitz oder gewöhnlichem Aufenthalt im Ausland sowie*
12. *Leistungen nach den Vorschriften zu Besitzständen.*

(2) *¹Zuständig sind die nach Bundesrecht oder Landesrecht bestimmten Träger der Sozialen Entschädigung. ²Bei der Durchführung der Krankenbehandlung wirken die Träger der gesetzlichen Krankenversicherung und bei der Durchführung der Hilfsmittelversorgung die Träger der gesetzlichen Unfallversicherung mit. [Satz 3 bis 31.12.2024:] ³Für die Leistungen nach den §§ 80, 81a bis 83a des Soldatenversorgungsgesetzes ist die Bundeswehrverwaltung zuständig.*

§ 29 Leistungen zur Rehabilitation und Teilhabe behinderter Menschen.

(1) Nach dem Recht der Rehabilitation und Teilhabe behinderter Menschen können in Anspruch genommen werden

1. Leistungen zur medizinischen Rehabilitation, insbesondere
   a) Frühförderung behinderter und von Behinderung bedrohter Kinder,
   b) ärztliche und zahnärztliche Behandlung,
   c) Arznei- und Verbandmittel sowie Heilmittel einschließlich physikalischer, Sprach- und Beschäftigungstherapie,
   d) Körperersatzstücke, orthopädische und andere Hilfsmittel,
   e) Belastungserprobung und Arbeitstherapie,
2. Leistungen zur Teilhabe am Arbeitsleben, insbesondere
   a) Hilfen zum Erhalten oder Erlangen eines Arbeitsplatzes,
   b) Berufsvorbereitung, berufliche Anpassung, Ausbildung und Weiterbildung,
   c) sonstige Hilfen zur Förderung der Teilhabe am Arbeitsleben,
2a. Leistungen zur Teilhabe an Bildung, insbesondere
   a) Hilfen zur Schulbildung, insbesondere im Rahmen der allgemeinen Schulpflicht und zum Besuch weiterführender Schulen einschließlich der Vorbereitung hierzu,
   b) Hilfen zur schulischen Berufsausbildung,
   c) Hilfen zur Hochschulbildung,
   d) Hilfen zur schulischen beruflichen Weiterbildung,
3. Leistungen zur Sozialen Teilhabe, insbesondere
   a) Leistungen für Wohnraum,
   b) Assistenzleistungen,
   c) heilpädagogische Leistungen,
   d) Leistungen zur Betreuung in einer Pflegefamilie,
   e) Leistungen zum Erwerb und Erhalt praktischer Kenntnisse und Fähigkeiten,
   f) Leistungen zur Förderung der Verständigung,
   g) Leistungen zur Mobilität,
   h) Hilfsmittel,
4. unterhaltssichernde und andere ergänzende Leistungen, insbesondere
   [Nr. a bis 31.12.2023:]
   a) Krankengeld, Versorgungskrankengeld, Verletztengeld, Übergangsgeld, Ausbildungsgeld oder Unterhaltsbeihilfe,
   [Nr. a ab 1.1.2024:]
   a) Krankengeld, Krankengeld der Sozialen Entschädigung, Verletztengeld, Übergangsgeld, Ausbildungsgeld oder Unterhaltsbeihilfe,
   b) Beiträge zur gesetzlichen Kranken-, Unfall-, Renten- und Pflegeversicherung sowie zur Bundesagentur für Arbeit,
   c) Reisekosten,
   d) Haushalts- oder Betriebshilfe und Kinderbetreuungskosten,
   e) Rehabilitationssport und Funktionstraining,
5. besondere Leistungen und sonstige Hilfen zur Teilhabe schwerbehinderter Menschen am Leben in der Gesellschaft, insbesondere am Arbeitsleben.

[Abs. 2 bis 31.12.2024:]
(2) Zuständig sind die in den §§ 19 bis 24, 27 und 28 genannten Leistungsträger und die Integrationsämter.

3a. Sozialgesetzbuch (SGB)
Zweites Buch (II)
– Grundsicherung für Arbeitsuchende –

In der Fassung der Bekanntmachung vom 13. Mai 2011[1]

(BGBl. I S. 850, ber. S. 2094)

FNA 860-2

zuletzt geänd. durch Art. 1 Elftes G zur Änd. des Zweiten Buches Sozialgesetzbuch v. 19.6.2022
(BGBl. I S. 921)

– Auszug –

Kapitel 1. Fördern und Fordern

§ 6 Träger der Grundsicherung für Arbeitsuchende. (1) [1]Träger der Leistungen nach diesem Buch sind:

1. die Bundesagentur für Arbeit (Bundesagentur), soweit Nummer 2 nichts Anderes bestimmt,
2. die kreisfreien Städte und Kreise für die Leistungen nach § 16a, das Arbeitslosengeld II und das Sozialgeld, soweit Arbeitslosengeld II und Sozialgeld für den Bedarf für Unterkunft und Heizung geleistet wird, die Leistungen nach § 24 Absatz 3 Satz 1 Nummer 1 und 2 sowie für die Leistungen nach § 28, soweit durch Landesrecht nicht andere Träger bestimmt sind (kommunale Träger).

[2]Zu ihrer Unterstützung können sie Dritte mit der Wahrnehmung von Aufgaben beauftragen; sie sollen einen Außendienst zur Bekämpfung von Leistungsmissbrauch einrichten.

(2) [1]Die Länder können bestimmen, dass und inwieweit die Kreise ihnen zugehörige Gemeinden oder Gemeindeverbände zur Durchführung der in Absatz 1 Satz 1 Nummer 2 genannten Aufgaben nach diesem Gesetz heranziehen und ihnen dabei Weisungen erteilen können; in diesen Fällen erlassen die Kreise den Widerspruchsbescheid nach dem Sozialgerichtsgesetz[2]. [2]§ 44b Absatz 1 Satz 3 bleibt unberührt. [3]Die Sätze 1 und 2 gelten auch in den Fällen des § 6a mit der Maßgabe, dass eine Heranziehung auch für die Aufgaben nach § 6b Absatz 1 Satz 1 erfolgen kann.

(3) Die Länder Berlin, Bremen und Hamburg werden ermächtigt, die Vorschriften dieses Gesetzes über die Zuständigkeit von Behörden für die Grundsicherung für Arbeitsuchende dem besonderen Verwaltungsaufbau ihrer Länder anzupassen.

§ 6a Zugelassene kommunale Träger. (1) Die Zulassungen der aufgrund der Kommunalträger-Zulassungsverordnung vom 24. September 2004 (BGBl. I S. 2349) anstelle der Bundesagentur als Träger der Leistungen nach § 6 Absatz 1 Satz 1 Nummer 1 zugelassenen kommunalen Träger werden vom Bundes-

---

[1] Neubekanntmachung des SGB II v. 24.12.2003 (BGBl. I S. 2954) in der ab 1.4.2011 geltenden Fassung.

[2] Auszugsweise abgedruckt unter Nr. **18**.

ministerium für Arbeit und Soziales durch Rechtsverordnung über den 31. Dezember 2010 hinaus unbefristet verlängert, wenn die zugelassenen kommunalen Träger gegenüber der zuständigen obersten Landesbehörde die Verpflichtungen nach Absatz 2 Satz 1 Nummer 4 und 5 bis zum 30. September 2010 anerkennen.

(2) [1] Auf Antrag wird eine begrenzte Zahl weiterer kommunaler Träger vom Bundesministerium für Arbeit und Soziales als Träger im Sinne des § 6 Absatz 1 Satz 1 Nummer 1 durch Rechtsverordnung ohne Zustimmung des Bundesrates zugelassen, wenn sie

1. geeignet sind, die Aufgaben zu erfüllen,

2. sich verpflichten, eine besondere Einrichtung nach Absatz 5 zu schaffen,

3. sich verpflichten, mindestens 90 Prozent der Beamtinnen und Beamten, Arbeitnehmerinnen und Arbeitnehmer der Bundesagentur, die zum Zeitpunkt der Zulassung mindestens seit 24 Monaten in der im Gebiet des kommunalen Trägers gelegenen Arbeitsgemeinschaft oder Agentur für Arbeit in getrennter Aufgabenwahrnehmung im Aufgabenbereich nach § 6 Absatz 1 Satz 1 tätig waren, vom Zeitpunkt der Zulassung an, dauerhaft zu beschäftigen,

4. sich verpflichten, mit der zuständigen Landesbehörde eine Zielvereinbarung über die Leistungen nach diesem Buch abzuschließen, und

5. sich verpflichten, die in der Rechtsverordnung nach § 51b Absatz 1 Satz 2 festgelegten Daten zu erheben und gemäß den Regelungen nach § 51b Absatz 4 an die Bundesagentur zu übermitteln, um bundeseinheitliche Datenerfassung, Ergebnisberichterstattung, Wirkungsforschung und Leistungsvergleiche zu ermöglichen.

[2] Für die Antragsberechtigung gilt § 6 Absatz 3 entsprechend. *[3] Der Antrag bedarf in den dafür zuständigen Vertretungskörperschaften der kommunalen Träger einer Mehrheit von zwei Dritteln der Mitglieder sowie der Zustimmung der zuständigen obersten Landesbehörde.*[1] [4] Die Anzahl der nach den Absätzen 1 und 2 zugelassenen kommunalen Träger beträgt höchstens 25 Prozent der zum 31. Dezember 2010 bestehenden Arbeitsgemeinschaften nach § 44b in der bis zum 31. Dezember 2010 geltenden Fassung, zugelassenen kommunalen Trägern sowie der Kreise und kreisfreien Städte, in denen keine Arbeitsgemeinschaft nach § 44b in der bis zum 31. Dezember 2010 geltenden Fassung errichtet wurde (Aufgabenträger).

(3) Das Bundesministerium für Arbeit und Soziales wird ermächtigt, Voraussetzungen der Eignung nach Absatz 2 Nummer 1 und deren Feststellung sowie die Verteilung der Zulassungen nach den Absätzen 2 und 4 auf die Länder durch Rechtsverordnung mit Zustimmung des Bundesrates zu regeln.

(4) [1] Der Antrag nach Absatz 2 kann bis zum 31. Dezember 2010 mit Wirkung zum 1. Januar 2012 gestellt werden. [2] Darüber hinaus kann vom 30. Juni 2015 bis zum 31. Dezember 2015 mit Wirkung zum 1. Januar 2017

---

[1] Gem. Urt. des BVerfG v. 7.10.2014 – 2 BvR 1641/11 – (BGBl. I S. 1638) ist § 6a Abs. 2 Satz 3 SGB II idF des G zur Weiterentwicklung der Organisation der Grundsicherung für Arbeitsuchende vom 3.8.2010 mit Art. 28 Abs. 2 in Verbindung mit Art. 70 Abs. 1 GG v. 23.5.1949 (BGBl. I S. 1), zuletzt geänd. durch G v. 29.9.2020 (BGBl. I S. 2048) unvereinbar, soweit er anordnet, dass der Antrag in den dafür zuständigen Vertretungskörperschaften der kommunalen Träger einer Mehrheit von zwei Dritteln der Mitglieder bedarf. Die Vorschrift gilt für bestehende Zulassungen fort.

ein Antrag auf Zulassung gestellt werden, soweit die Anzahl der nach den Absätzen 1 und 2 zugelassenen kommunalen Träger 25 Prozent der zum 1. Januar 2015 bestehenden Aufgabenträger nach Absatz 2 Satz 4 unterschreitet. [3] Die Zulassungen werden unbefristet erteilt.

(5) Zur Wahrnehmung der Aufgaben anstelle der Bundesagentur errichten und unterhalten die zugelassenen kommunalen Träger besondere Einrichtungen für die Erfüllung der Aufgaben nach diesem Buch.

(6) [1] Das Bundesministerium für Arbeit und Soziales kann mit Zustimmung der zuständigen obersten Landesbehörde durch Rechtsverordnung ohne Zustimmung des Bundesrates die Zulassung widerrufen. [2] Auf Antrag des zugelassenen kommunalen Trägers, der der Zustimmung der zuständigen obersten Landesbehörde bedarf, widerruft das Bundesministerium für Arbeit und Soziales die Zulassung durch Rechtsverordnung ohne Zustimmung des Bundesrates. [3] Die Trägerschaft endet mit Ablauf des auf die Antragstellung folgenden Kalenderjahres.

(7) [1] Auf Antrag des kommunalen Trägers, der der Zustimmung der obersten Landesbehörde bedarf, widerruft, beschränkt oder erweitert das Bundesministerium für Arbeit und Soziales die Zulassung nach Absatz 1 oder 2 durch Rechtsverordnung ohne Zustimmung des Bundesrates, wenn und soweit die Zulassung aufgrund einer kommunalen Neugliederung nicht mehr dem Gebiet des kommunalen Trägers entspricht. [2] Absatz 2 Satz 1 Nummer 2 bis 5 gilt bei Erweiterung der Zulassung entsprechend. [3] Der Antrag nach Satz 1 kann bis zum 1. Juli eines Kalenderjahres mit Wirkung zum 1. Januar des folgenden Kalenderjahres gestellt werden.

§ 6b Rechtsstellung der zugelassenen kommunalen Träger. (1) [1] Die zugelassenen kommunalen Träger sind anstelle der Bundesagentur im Rahmen ihrer örtlichen Zuständigkeit Träger der Aufgaben nach § 6 Absatz 1 Satz 1 Nummer 1 mit Ausnahme der sich aus den §§ 44b, 48b, 50, 51a, 51b, 53, 55, 56 Absatz 2, §§ 64 und 65d ergebenden Aufgaben. [2] Sie haben insoweit die Rechte und Pflichten der Agentur für Arbeit.

(2) [1] Der Bund trägt die Aufwendungen der Grundsicherung für Arbeitsuchende einschließlich der Verwaltungskosten mit Ausnahme der Aufwendungen für Aufgaben nach § 6 Absatz 1 Satz 1 Nummer 2. [2] § 46 Absatz 1 Satz 4, Absatz 2 und 3 Satz 1 gilt entsprechend. [3] § 46 Absatz 5 bis 11 bleibt unberührt.

(2a) Für die Bewirtschaftung von Haushaltsmitteln des Bundes durch die zugelassenen kommunalen Träger gelten die haushaltsrechtlichen Bestimmungen des Bundes, soweit in Rechtsvorschriften des Bundes oder Vereinbarungen des Bundes mit den zugelassenen kommunalen Trägern nicht etwas anderes bestimmt ist.

(3) Der Bundesrechnungshof ist berechtigt, die Leistungsgewährung zu prüfen.

(4) [1] Das Bundesministerium für Arbeit und Soziales prüft, ob Einnahmen und Ausgaben in der besonderen Einrichtung nach § 6a Absatz 5 begründet und belegt sind und den Grundsätzen der Wirtschaftlichkeit und Sparsamkeit entsprechen. [2] Die Prüfung kann in einem vereinfachten Verfahren erfolgen, wenn der zugelassene kommunale Träger ein Verwaltungs- und Kontrollsystem errichtet hat, das die Ordnungsmäßigkeit der Berechnung und Zahlung gewährleistet und er dem Bundesministerium für Arbeit und Soziales eine Beur-

teilung ermöglicht, ob Aufwendungen nach Grund und Höhe vom Bund zu tragen sind. [3] Das Bundesministerium für Arbeit und Soziales kündigt örtliche Prüfungen bei einem zugelassenen kommunalen Träger gegenüber der nach § 48 Absatz 1 zuständigen Landesbehörde an und unterrichtet sie über das Ergebnis der Prüfung.

(5) [1] Das Bundesministerium für Arbeit und Soziales kann von dem zugelassenen kommunalen Träger die Erstattung von Mitteln verlangen, die er zu Lasten des Bundes ohne Rechtsgrund erlangt hat. [2] Der zu erstattende Betrag ist während des Verzugs zu verzinsen. [3] Der Verzugszinssatz beträgt für das Jahr 3 Prozentpunkte über dem Basiszinssatz.

...

Kapitel 2. Anspruchsvoraussetzungen

§ 8 Erwerbsfähigkeit. (1) Erwerbsfähig ist, wer nicht wegen Krankheit oder Behinderung auf absehbare Zeit außerstande ist, unter den üblichen Bedingungen des allgemeinen Arbeitsmarktes mindestens drei Stunden täglich erwerbstätig zu sein.

(2) [1] Im Sinne von Absatz 1 können Ausländerinnen und Ausländer nur erwerbstätig sein, wenn ihnen die Aufnahme einer Beschäftigung erlaubt ist oder erlaubt werden könnte. [2] Die rechtliche Möglichkeit, eine Beschäftigung vorbehaltlich einer Zustimmung nach § 39 des Aufenthaltsgesetzes aufzunehmen, ist ausreichend.

Kapitel 3. Leistungen

Abschnitt 1. Leistungen zur Eingliederung in Arbeit

§ 16 Leistungen zur Eingliederung. (1) [1] Zur Eingliederung in Arbeit erbringt die Agentur für Arbeit Leistungen nach § 35 des Dritten Buches. [2] Sie kann folgende Leistungen des Dritten Kapitels des Dritten Buches[1)] erbringen:

1. die übrigen Leistungen der Beratung und Vermittlung nach dem Ersten Abschnitt mit Ausnahme der Leistung nach § 31a,

2. Leistungen zur Aktivierung und beruflichen Eingliederung nach dem Zweiten Abschnitt,

3. Leistungen zur Berufsausbildung nach dem Vierten Unterabschnitt des Dritten Abschnitts und Leistungen nach § 54a Absatz 1 bis 5,

4. Leistungen zur beruflichen Weiterbildung nach dem Vierten Abschnitt, mit Ausnahme von Leistungen nach § 82 Absatz 6, und Leistungen nach den §§ 131a und 131b,

5. Leistungen zur Aufnahme einer sozialversicherungspflichtigen Beschäftigung nach dem Ersten Unterabschnitt des Fünften Abschnitts.

[3] Für Eingliederungsleistungen an erwerbsfähige Leistungsberechtigte mit Behinderungen nach diesem Buch gelten entsprechend

---

[1)] Auszugsweise abgedruckt unter Nr. 4.

1. die §§ 112 bis 114, 115 Nummer 1 bis 3 mit Ausnahme berufsvorbereitender Bildungsmaßnahmen und der Berufsausbildungsbeihilfe sowie § 116 Absatz 1, 2, 5 und 6 des Dritten Buches[1],

2. § 117 Absatz 1 und § 118 Nummer 3 des Dritten Buches[1] für die besonderen Leistungen zur Förderung der beruflichen Weiterbildung,

3. die §§ 127 und 128 des Dritten Buches[1] für die besonderen Leistungen zur Förderung der beruflichen Weiterbildung.

[4] § 1 Absatz 2 Nummer 4 sowie § 36 und § 81 Absatz 2 und 3 des Dritten Buches sind entsprechend anzuwenden.

(2) [1] Soweit dieses Buch nichts Abweichendes regelt, gelten für die Leistungen nach Absatz 1 die Regelungen des Dritten Buches mit Ausnahme der Verordnungsermächtigung nach § 47 des Dritten Buches[1] sowie der Anordnungsermächtigungen für die Bundesagentur mit der Maßgabe, dass an die Stelle des Arbeitslosengeldes das Arbeitslosengeld II tritt. [2] § 44 Absatz 3 Satz 3 des Dritten Buches gilt mit der Maßgabe, dass die Förderung aus dem Vermittlungsbudget auch die anderen Leistungen nach dem Zweiten Buch nicht aufstocken, ersetzen oder umgehen darf. [3] Für die Teilnahme erwerbsfähiger Leistungsberechtigter an einer Maßnahme zur beruflichen Weiterbildung im Rahmen eines bestehenden Arbeitsverhältnisses werden Leistungen nach Absatz 1 Satz 2 Nummer 4 in Verbindung mit § 82 des Dritten Buches nicht gewährt, wenn die betreffende Maßnahme auf ein nach § 2 Absatz 1 des Aufstiegsfortbildungsförderungsgesetzes förderfähiges Fortbildungsziel vorbereitet.

(3) Abweichend von § 44 Absatz 1 Satz 1 des Dritten Buches können Leistungen auch für die Anbahnung und Aufnahme einer schulischen Berufsausbildung erbracht werden.

(3a) [1] Abweichend von § 81 Absatz 4 des Dritten Buches kann die Agentur für Arbeit unter Anwendung des Vergaberechts Träger mit der Durchführung von Maßnahmen der beruflichen Weiterbildung beauftragen, wenn die Maßnahme den Anforderungen des § 180 des Dritten Buches entspricht und

1. eine dem Bildungsziel entsprechende Maßnahme örtlich nicht verfügbar ist oder

2. die Eignung und persönlichen Verhältnisse der erwerbsfähigen Leistungsberechtigten dies erfordern.

[2] § 176 Absatz 2 des Dritten Buches findet keine Anwendung.

(4) [1] Die Agentur für Arbeit als Träger der Grundsicherung für Arbeitsuchende kann die Ausbildungsvermittlung durch die für die Arbeitsförderung zuständigen Stellen der Bundesagentur wahrnehmen lassen. [2] Das Bundesministerium für Arbeit und Soziales wird ermächtigt, durch Rechtsverordnung ohne Zustimmung des Bundesrates das Nähere über die Höhe, Möglichkeiten der Pauschalierung und den Zeitpunkt der Fälligkeit der Erstattung von Aufwendungen bei der Ausführung des Auftrags nach Satz 1 festzulegen.

---

[1] Nr. 4.

4. Sozialgesetzbuch (SGB)
Drittes Buch (III)
– Arbeitsförderung –[1]

Vom 24. März 1997

(BGBl. I S. 594)

FNA 860-3

zuletzt geänd. durch Art. 1a G zur Regelung eines Sofortzuschlages und einer Einmalzahlung in den sozialen Mindestsicherungssystemen sowie zur Änd. des FinanzausgleichsG und weiterer G v. 23.5. 2022 (BGBl. I S. 760)

– Auszug –

Erstes Kapitel. Allgemeine Vorschriften

Erster Abschnitt. Grundsätze

§ 7 Auswahl von Leistungen der aktiven Arbeitsförderung. [1]Bei der Auswahl von Ermessensleistungen der aktiven Arbeitsförderung hat die Agentur für Arbeit unter Beachtung des Grundsatzes der Wirtschaftlichkeit und Sparsamkeit die für den Einzelfall am besten geeignete Leistung oder Kombination von Leistungen zu wählen. [2]Dabei ist grundsätzlich auf

1. die Fähigkeiten der zu fördernden Personen,

2. die Aufnahmefähigkeit des Arbeitsmarktes und

3. den anhand der Ergebnisse der Beratungs- und Vermittlungsgespräche ermittelten arbeitsmarktpolitischen Handlungsbedarf

abzustellen.

Zweiter Abschnitt. Berechtigte

§ 19 Menschen mit Behinderungen. (1) Menschen mit Behinderungen im Sinne dieses Buches sind Menschen, deren Aussichten, am Arbeitsleben teilzuhaben oder weiter teilzuhaben, wegen Art oder Schwere ihrer Behinderung im Sinne von § 2 Abs. 1 des Neunten Buches[2] nicht nur vorübergehend wesentlich gemindert sind und die deshalb Hilfen zur Teilhabe am Arbeitsleben benötigen, einschließlich Menschen mit Lernbehinderungen.

(2) Menschen mit Behinderungen stehen Menschen gleich, denen eine Behinderung mit den in Absatz 1 genannten Folgen droht.

Dritter Abschnitt. Verhältnis der Leistungen aktiver Arbeitsförderung zu anderen Leistungen

§ 22 Verhältnis zu anderen Leistungen. (1) Leistungen der aktiven Arbeitsförderung dürfen nur erbracht werden, wenn nicht andere Leistungsträger oder andere öffentlich-rechtliche Stellen zur Erbringung gleichartiger Leistungen gesetzlich verpflichtet sind.

---

[1] Verkündet als Art. 1 G v. 24.3.1997 (BGBl. I S. 594); Inkrafttreten gem. Art. 83 dieses G am 1.1. 1998, mit Ausnahme der in Abs. 2 und 5 dieses Artikels genannten Abweichungen.
[2] Nr. **1**.

(1a) Leistungen nach § 82 dürfen nur erbracht werden, wenn die berufliche Weiterbildung nicht auf ein nach § 2 Absatz 1 des Aufstiegsfortbildungsförderungsgesetzes förderfähiges Fortbildungsziel vorbereitet.

(2) ¹Allgemeine und besondere Leistungen zur Teilhabe am Arbeitsleben dürfen nur erbracht werden, sofern nicht ein anderer Rehabilitationsträger im Sinne des Neunten Buches[1] zuständig ist. ²Dies gilt nicht für Leistungen nach den §§ 44 und 45, sofern nicht bereits der nach Satz 1 zuständige Rehabilitationsträger nach dem jeweiligen für ihn geltenden Leistungsgesetz gleichartige Leistungen erbringt. ³Der Eingliederungszuschuss für besonders betroffene schwerbehinderte Menschen nach § 90 Absatz 2 bis 4 und Zuschüsse zur Ausbildungsvergütung für schwerbehinderte Menschen nach § 73 dürfen auch dann erbracht werden, wenn ein anderer Leistungsträger zur Erbringung gleichartiger Leistungen gesetzlich verpflichtet ist oder, ohne gesetzlich verpflichtet zu sein, Leistungen erbringt. ⁴In diesem Fall werden die Leistungen des anderen Leistungsträgers angerechnet.

(3) ¹Soweit Leistungen zur Förderung der Berufsausbildung und zur Förderung der beruflichen Weiterbildung der Sicherung des Lebensunterhaltes dienen, gehen sie der Ausbildungsbeihilfe nach § 44 des Strafvollzugsgesetzes vor. ²Die Leistungen für Gefangene dürfen die Höhe der Ausbildungsbeihilfe nach § 44 des Strafvollzugsgesetzes nicht übersteigen. ³Sie werden den Gefangenen nach einer Förderzusage der Agentur für Arbeit in Vorleistung von den Ländern erbracht und von der Bundesagentur erstattet.

(4) ¹Folgende Leistungen des Dritten Kapitels werden nicht an oder für erwerbsfähige Leistungsberechtigte im Sinne des Zweiten Buches[2] erbracht:

1. Leistungen nach § 35,

2. Leistungen zur Aktivierung und beruflichen Eingliederung nach dem Zweiten Abschnitt,

3. Leistungen zur Berufsausbildung nach dem Vierten Unterabschnitt des Dritten Abschnitts und Leistungen nach § 54a,

4. Leistungen zur beruflichen Weiterbildung nach dem Vierten Abschnitt, mit Ausnahme von Leistungen nach § 82 Absatz 6, und Leistungen nach den §§ 131a und 131b,

5. Leistungen zur Aufnahme einer sozialversicherungpflichtigen Beschäftigung nach dem Ersten Unterabschnitt des Fünften Abschnitts,

6. Leistungen zur Teilhabe von Menschen mit Behinderungen am Arbeitsleben nach

   a) den §§ 112 bis 114, 115 Nummer 1 bis 3 mit Ausnahme berufsvorbereitender Bildungsmaßnahmen und der Berufsausbildungsbeihilfe sowie § 116 Absatz 1, 2 und 6,

   b) § 117 Absatz 1 und § 118 Nummer 1 und 3 für die besonderen Leistungen zur Förderung der beruflichen Weiterbildung,

   c) den §§ 119 bis 121,

   d) den §§ 127 und 128 für die besonderen Leistungen zur Förderung der beruflichen Weiterbildung.

---

[1] Nr. **1**.
[2] Auszugsweise abgedruckt unter Nr. **3a**.

² Sofern die Bundesagentur für die Erbringung von Leistungen nach § 35 besondere Dienststellen nach § 367 Abs. 2 Satz 2 eingerichtet oder zusätzliche Vermittlungsdienstleistungen agenturübergreifend organisiert hat, erbringt sie die dort angebotenen Vermittlungsleistungen abweichend von Satz 1 auch an oder für erwerbsfähige Leistungsberechtigte im Sinne des Zweiten Buches¹⁾. ³ Eine Leistungserbringung an oder für erwerbsfähige Leistungsberechtigte im Sinne des Zweiten Buches nach den Grundsätzen der §§ 88 bis 92 des Zehnten Buches²⁾ bleibt ebenfalls unberührt. ⁴ Die Agenturen für Arbeit dürfen Aufträge nach Satz 3 zur Ausbildungsvermittlung nur aus wichtigem Grund ablehnen. ⁵ Satz 1 gilt nicht für erwerbsfähige Leistungsberechtigte im Sinne des Zweiten Buches, die einen Anspruch auf Arbeitslosengeld oder Teilarbeitslosengeld haben; die Sätze 2 bis 4 finden insoweit keine Anwendung.

Drittes Kapitel. Aktive Arbeitsförderung

Zweiter Abschnitt. Aktivierung und berufliche Eingliederung

§ 45 **Maßnahmen zur Aktivierung und beruflichen Eingliederung.**
(1)–(3) …

(4) ¹ Die Agentur für Arbeit kann der oder dem Berechtigten das Vorliegen der Voraussetzungen für eine Förderung nach Absatz 1 bescheinigen und Maßnahmeziel und -inhalt festlegen (Aktivierungs- und Vermittlungsgutschein). ² Der Aktivierungs- und Vermittlungsgutschein kann zeitlich befristet sowie regional beschränkt werden. ³ Der Aktivierungs- und Vermittlungsgutschein berechtigt zur Auswahl

1. eines Trägers, der eine dem Maßnahmeziel und -inhalt entsprechende und nach § 179 zugelassene Maßnahme anbietet,

2. eines Trägers, der eine ausschließlich erfolgsbezogen vergütete Arbeitsvermittlung in versicherungspflichtige Beschäftigung anbietet, oder

3. eines Arbeitgebers, der eine dem Maßnahmeziel und -inhalt entsprechende betriebliche Maßnahme von einer Dauer bis zu sechs Wochen anbietet.

⁴ Der ausgewählte Träger nach Satz 3 Nummer 1 und der ausgewählte Arbeitgeber nach Satz 3 Nummer 3 haben der Agentur für Arbeit den Aktivierungs- und Vermittlungsgutschein vor Beginn der Maßnahme vorzulegen. ⁵ Der ausgewählte Träger nach Satz 3 Nummer 2 hat der Agentur für Arbeit den Aktivierungs- und Vermittlungsgutschein nach erstmaligem Vorliegen der Auszahlungsvoraussetzungen vorzulegen.

(5)–(9) …

§ 46 **Probebeschäftigung und Arbeitshilfe für Menschen mit Behinderungen.** (1) Arbeitgebern können die Kosten für eine befristete Probebeschäftigung von Menschen mit Behinderungen sowie schwerbehinderter und ihnen gleichgestellter Menschen im Sinne des § 2 des Neunten Buches³⁾ bis zu einer Dauer von drei Monaten erstattet werden, wenn dadurch die Möglichkeit einer Teilhabe am Arbeitsleben verbessert wird oder eine vollständige und dauerhafte Teilhabe am Arbeitsleben zu erreichen ist.

---

¹⁾ Auszugsweise abgedruckt unter Nr. **3a**.
²⁾ Nr. **9**.
³⁾ Nr. **1**.

(2) Arbeitgeber können Zuschüsse für eine behinderungsgerechte Ausgestaltung von Ausbildungs- oder Arbeitsplätzen erhalten, soweit dies erforderlich ist, um die dauerhafte Teilhabe am Arbeitsleben zu erreichen oder zu sichern und eine entsprechende Verpflichtung des Arbeitgebers nach dem Teil 3 des Neunten Buches nicht besteht.

§ 47 Verordnungsermächtigung. Das Bundesministerium für Arbeit und Soziales wird ermächtigt, durch Rechtsverordnung, die nicht der Zustimmung des Bundesrates bedarf, das Nähere über Voraussetzungen, Grenzen, Pauschalierung und Verfahren der Förderung nach den §§ 44 und 45 zu bestimmen.

Dritter Abschnitt. Berufswahl und Berufsausbildung

Vierter Unterabschnitt. Berufsausbildung

§ 73 Zuschüsse zur Ausbildungsvergütung für Menschen mit Behinderungen und schwerbehinderte Menschen. (1) Arbeitgeber können für die betriebliche Aus- oder Weiterbildung von Menschen mit Behinderungen und schwerbehinderten Menschen im Sinne des § 187 Absatz 1 Nummer 3 Buchstabe e des Neunten Buches[1] durch Zuschüsse zur Ausbildungsvergütung oder zu einer vergleichbaren Vergütung gefördert werden, wenn die Aus- oder Weiterbildung sonst nicht zu erreichen ist.

(2) [1] Die monatlichen Zuschüsse sollen regelmäßig 60 Prozent, bei schwerbehinderten Menschen 80 Prozent der monatlichen Ausbildungsvergütung für das letzte Ausbildungsjahr oder der vergleichbaren Vergütung einschließlich des darauf entfallenden pauschalierten Arbeitgeberanteils am Gesamtsozialversicherungsbeitrag nicht übersteigen. [2] In begründeten Ausnahmefällen können Zuschüsse jeweils bis zur Höhe der Ausbildungsvergütung für das letzte Ausbildungsjahr erbracht werden.

(3) Bei Übernahme schwerbehinderter Menschen in ein Arbeitsverhältnis durch den ausbildenden oder einen anderen Arbeitgeber im Anschluss an eine abgeschlossene Aus- oder Weiterbildung kann ein Eingliederungszuschuss in Höhe von bis zu 70 Prozent des zu berücksichtigenden Arbeitsentgelts (§ 91) für die Dauer von einem Jahr erbracht werden, sofern während der Aus- oder Weiterbildung Zuschüsse erbracht wurden.

§ 80 Anordnungsermächtigung. Die Bundesagentur wird ermächtigt, durch Anordnung das Nähere über Voraussetzungen, Art, Umfang und Verfahren der Förderung zu bestimmen.

Fünfter Abschnitt. Aufnahme einer Erwerbstätigkeit

Erster Unterabschnitt. Sozialversicherungspflichtige Beschäftigung

§ 88 Eingliederungszuschuss. Arbeitgeber können zur Eingliederung von Arbeitnehmerinnen und Arbeitnehmern, deren Vermittlung wegen in ihrer Person liegender Gründe erschwert ist, einen Zuschuss zum Arbeitsentgelt zum Ausgleich einer Minderleistung erhalten (Eingliederungszuschuss).

§ 89 Höhe und Dauer der Förderung. [1] Die Förderhöhe und die Förderdauer richten sich nach dem Umfang der Einschränkung der Arbeitsleistung

---

[1] Nr. 1.

der Arbeitnehmerin oder des Arbeitnehmers und nach den Anforderungen des jeweiligen Arbeitsplatzes (Minderleistung). [2]Der Eingliederungszuschuss kann bis zu 50 Prozent des zu berücksichtigenden Arbeitsentgelts und der Förderdauer bis zu zwölf Monate betragen. [3]Bei Arbeitnehmerinnen und Arbeitnehmern, die das 50. Lebensjahr vollendet haben, kann die Förderdauer bis zu 36 Monate betragen, wenn die Förderung bis zum 31. Dezember 2023 begonnen hat.

Siebter Abschnitt. Teilhabe von Menschen mit Behinderungen am Arbeitsleben

Erster Unterabschnitt. Grundsätze

§ 112 Teilhabe am Arbeitsleben. (1) Für Menschen mit Behinderungen können Leistungen zur Förderung der Teilhabe am Arbeitsleben erbracht werden, um ihre Erwerbsfähigkeit zu erhalten, zu verbessern, herzustellen oder wiederherzustellen und ihre Teilhabe am Arbeitsleben zu sichern, soweit Art oder Schwere der Behinderung dies erfordern.

(2) [1]Bei der Auswahl der Leistungen sind Eignung, Neigung, bisherige Tätigkeit sowie Lage und Entwicklung des Arbeitsmarktes angemessen zu berücksichtigen. [2]Soweit erforderlich, ist auch die berufliche Eignung abzuklären oder eine Arbeitserprobung durchzuführen.

§ 113 Leistungen zur Teilhabe. (1) Für Menschen mit Behinderungen können erbracht werden

1. allgemeine Leistungen sowie
2. besondere Leistungen zur Teilhabe am Arbeitsleben und diese ergänzende Leistungen.

(2) Besondere Leistungen zur Teilhabe am Arbeitsleben werden nur erbracht, soweit nicht bereits durch die allgemeinen Leistungen eine Teilhabe am Arbeitsleben erreicht werden kann.

§ 114 Leistungsrahmen. (1) Die allgemeinen und besonderen Leistungen richten sich nach den Vorschriften des Zweiten bis Fünften Abschnitts, soweit nachfolgend nichts Abweichendes bestimmt ist.

(2) Die allgemeinen und besonderen Leistungen zur Teilhabe am Arbeitsleben werden auf Antrag durch ein Persönliches Budget erbracht; § 29 des Neunten Buches[1]) gilt entsprechend.

Zweiter Unterabschnitt. Allgemeine Leistungen

§ 115 Leistungen. Die allgemeinen Leistungen umfassen

1. Leistungen zur Aktivierung und beruflichen Eingliederung,
2. Leistungen zur Förderung der Berufsvorbereitung und Berufsausbildung einschließlich der Berufsausbildungsbeihilfe und der Assistierten Ausbildung,
3. Leistungen zur Förderung der beruflichen Weiterbildung,
4. Leistungen zur Förderung der Aufnahme einer selbständigen Tätigkeit.

---

[1]) Nr. 1.

§ 116 Besonderheiten. (1) Leistungen zur Aktivierung und beruflichen Eingliederung können auch erbracht werden, wenn Menschen mit Behinderungen nicht arbeitslos sind und durch diese Leistungen eine dauerhafte Teilhabe am Arbeitsleben erreicht werden kann.

(2) Förderungsfähig sind auch berufliche Aus- und Weiterbildungen, die im Rahmen des Berufsbildungsgesetzes[1)] oder der Handwerksordnung[2)] abweichend von den Ausbildungsordnungen für staatlich anerkannte Ausbildungsberufe oder in Sonderformen für Menschen mit Behinderungen durchgeführt werden.

(3) [1] Ein Anspruch auf Berufsausbildungsbeihilfe besteht auch, wenn der Mensch mit Behinderungen während der Berufsausbildung im Haushalt der Eltern oder eines Elternteils wohnt. [2] In diesem Fall wird der jeweils geltende Bedarf nach § 13 Absatz 1 Nummer 1 des Bundesausbildungsförderungsgesetzes zugrunde gelegt. [3] Für die Unterkunft wird der jeweils geltende Bedarf nach § 13 Absatz 2 Nummer 1 des Bundesausbildungsförderungsgesetzes zugrunde gelegt.

(4) [1] Ein Anspruch auf Berufsausbildungsbeihilfe besteht auch, wenn der Mensch mit Behinderungen, der das 18. Lebensjahr noch nicht vollendet hat, außerhalb des Haushalts der Eltern oder eines Elternteils wohnt, auch wenn die Ausbildungsstätte von der Wohnung der Eltern oder eines Elternteils aus in angemessener Zeit zu erreichen ist. [2] In diesem Fall wird der Bedarf nach Absatz 3 Satz 2 und 3 zugrunde gelegt.

(5) Eine Verlängerung der Ausbildung über das vorgesehene Ausbildungsende hinaus, eine Wiederholung der Ausbildung ganz oder in Teilen oder eine erneute Berufsausbildung wird gefördert, wenn Art oder Schwere der Behinderung es erfordern und ohne die Förderung eine dauerhafte Teilhabe am Arbeitsleben nicht erreicht werden kann.

(6) [1] Berufliche Weiterbildung kann auch gefördert werden, wenn Menschen mit Behinderungen

1. nicht arbeitslos sind,

2. als Arbeitnehmerinnen oder Arbeitnehmer ohne Berufsabschluss noch nicht drei Jahre beruflich tätig gewesen sind oder

3. einer längeren Förderung als Menschen ohne Behinderungen oder einer erneuten Förderung bedürfen, um am Arbeitsleben teilzuhaben oder weiter teilzuhaben.

[2] Förderungsfähig sind auch schulische Ausbildungen, deren Abschluss für die Weiterbildung erforderlich ist.

(7) Ein Gründungszuschuss kann auch geleistet werden, wenn der Mensch mit Behinderungen einen Anspruch von weniger als 150 Tagen oder keinen Anspruch auf Arbeitslosengeld hat.

Dritter Unterabschnitt. Besondere Leistungen

Erster Titel. Allgemeines

§ 117 Grundsatz. (1) [1] Die besonderen Leistungen sind anstelle der allgemeinen Leistungen insbesondere zur Förderung der beruflichen Aus- und

---

[1)] Auszugsweise abgedruckt unter Nr. **13**.
[2)] Auszugsweise abgedruckt unter Nr. **13a**.

Weiterbildung, einschließlich Berufsvorbereitung, sowie der wegen der Behinderung erforderlichen Grundausbildung zu erbringen, wenn

1. Art oder Schwere der Behinderung oder die Sicherung der Teilhabe am Arbeitsleben die Teilnahme an

   a) einer Maßnahme in einer besonderen Einrichtung für Menschen mit Behinderungen oder

   b) einer sonstigen, auf die besonderen Bedürfnisse von Menschen mit Behinderungen ausgerichteten Maßnahme

   unerlässlich machen oder

2. die allgemeinen Leistungen die wegen Art oder Schwere der Behinderung erforderlichen Leistungen nicht oder nicht im erforderlichen Umfang vorsehen.

[2] In besonderen Einrichtungen für Menschen mit Behinderungen können auch Aus- und Weiterbildungen außerhalb des Berufsbildungsgesetzes[1] und der Handwerksordnung[2] gefördert werden.

(2) Leistungen im Eingangsverfahren und Berufsbildungsbereich werden von anerkannten Werkstätten für behinderte Menschen oder anderen Leistungsanbietern nach den §§ 57, 60, 61a und 62 des Neunten Buches[3] erbracht.

§ 118 Leistungen. Die besonderen Leistungen umfassen

1. das Übergangsgeld,
2. das Ausbildungsgeld, wenn ein Übergangsgeld nicht gezahlt werden kann,
3. die Übernahme der Teilnahmekosten für eine Maßnahme.

Zweiter Titel. Übergangsgeld und Ausbildungsgeld

§ 119 Übergangsgeld. [1] Menschen mit Behinderungen haben Anspruch auf Übergangsgeld, wenn

1. die Voraussetzung der Vorbeschäftigungszeit für das Übergangsgeld erfüllt ist und

2. sie an einer Maßnahme der Berufsausbildung, der Berufsvorbereitung einschließlich einer wegen der Behinderung erforderlichen Grundausbildung, der individuellen betrieblichen Qualifizierung im Rahmen der Unterstützten Beschäftigung nach § 55 des Neunten Buches[3], einer Maßnahme im Eingangsverfahren oder Berufsbildungsbereich einer Werkstatt für behinderte Menschen oder bei einem anderen Leistungsanbieter nach § 60 des Neunten Buches oder an einer Maßnahme der beruflichen Weiterbildung teilnehmen, für die die besonderen Leistungen erbracht werden.

[2] Im Übrigen gelten die Vorschriften des Kapitels 11 des Teils 1 des Neunten Buches, soweit in diesem Buch nichts Abweichendes bestimmt ist. [3] Besteht bei Teilnahme an einer Maßnahme, für die die allgemeinen Leistungen erbracht werden, kein Anspruch auf Arbeitslosengeld bei beruflicher Weiterbildung, erhalten Menschen mit Behinderungen Übergangsgeld in Höhe des Arbeitslosengeldes, wenn sie bei Teilnahme an einer Maßnahme, für die die besonderen Leistungen erbracht werden, Übergangsgeld erhalten würden.

---

[1] Auszugsweise abgedruckt unter Nr. **13**.
[2] Auszugsweise abgedruckt unter Nr. **13a**.
[3] Nr. **1**.

§ 120 Vorbeschäftigungszeit für das Übergangsgeld. (1) Die Voraussetzung der Vorbeschäftigungszeit für das Übergangsgeld ist erfüllt, wenn der Mensch mit Behinderungen innerhalb der letzten drei Jahre vor Beginn der Teilnahme

1. mindestens zwölf Monate in einem Versicherungspflichtverhältnis gestanden hat oder

2. die Voraussetzungen für einen Anspruch auf Arbeitslosengeld erfüllt und Leistungen beantragt hat.

(2) [1] Der Zeitraum von drei Jahren gilt nicht für Berufsrückkehrende mit Behinderungen. [2] Er verlängert sich um die Dauer einer Beschäftigung als Arbeitnehmerin oder Arbeitnehmer im Ausland, die für die weitere Ausübung des Berufes oder für den beruflichen Aufstieg nützlich und üblich ist, längstens jedoch um zwei Jahre.

§ 121 Übergangsgeld ohne Vorbeschäftigungszeit. [1] Ein Mensch mit Behinderungen kann auch dann Übergangsgeld erhalten, wenn die Voraussetzung der Vorbeschäftigungszeit nicht erfüllt ist, jedoch innerhalb des letzten Jahres vor Beginn der Teilnahme

1. durch den Menschen mit Behinderungen ein Berufsausbildungsabschluss auf Grund einer Zulassung zur Prüfung nach § 43 Absatz 2 des Berufsbildungsgesetzes[1] oder § 36 Absatz 2 der Handwerksordnung[2] erworben worden ist oder

2. sein Prüfungszeugnis auf Grund einer Rechtsverordnung nach § 50 Absatz 1 des Berufsbildungsgesetzes oder § 40 Absatz 1 der Handwerksordnung dem Zeugnis über das Bestehen der Abschlussprüfung in einem nach dem Berufsbildungsgesetz oder der Handwerksordnung anerkannten Ausbildungsberuf gleichgestellt worden ist.

[2] Der Zeitraum von einem Jahr verlängert sich um Zeiten, in denen der Mensch mit Behinderungen nach dem Erwerb des Prüfungszeugnisses bei der Agentur für Arbeit arbeitslos gemeldet war.

§ 122 Ausbildungsgeld. (1) Menschen mit Behinderungen haben Anspruch auf Ausbildungsgeld während

1. einer Berufsausbildung oder berufsvorbereitenden Bildungsmaßnahme einschließlich einer Grundausbildung,

2. einer individuellen betrieblichen Qualifizierung im Rahmen der Unterstützten Beschäftigung nach § 55 des Neunten Buches[3] und

3. einer Maßnahme im Eingangsverfahren oder Berufsbildungsbereich einer Werkstatt für behinderte Menschen oder bei einem anderen Leistungsanbieter nach § 60 des Neunten Buches,
wenn Übergangsgeld nicht gezahlt werden kann.

(2) Für das Ausbildungsgeld gelten die Vorschriften über die Berufsausbildungsbeihilfe entsprechend, soweit nachfolgend nichts Abweichendes bestimmt ist.

---

[1] Nr. **13**.
[2] Nr. **13a**.
[3] Nr. **1**.

§ 123 Ausbildungsgeld bei Berufsausbildung und Unterstützter Beschäftigung. [1]Bei einer Berufsausbildung und bei einer individuellen betrieblichen Qualifizierung im Rahmen der Unterstützten Beschäftigung wird folgender Bedarf zugrunde gelegt:

1. bei Unterbringung im Haushalt der Eltern oder eines Elternteils der jeweils geltende Bedarf nach § 13 Absatz 1 Nummer 1 des Bundesausbildungsförderungsgesetzes zuzüglich des jeweils geltenden Bedarfs für die Unterkunft nach § 13 Absatz 2 Nummer 1 des Bundesausbildungsförderungsgesetzes,

2. bei Unterbringung in einem Wohnheim, einem Internat oder einer besonderen Einrichtung für Menschen mit Behinderungen 119 Euro monatlich, wenn die Kosten für Unterbringung und Verpflegung von der Agentur für Arbeit oder einem anderen Leistungsträger übernommen werden,

3. bei anderweitiger Unterbringung der jeweils geltende Bedarf nach § 13 Absatz 1 Nummer 1 des Bundesausbildungsförderungsgesetzes zuzüglich des jeweils geltenden Bedarfs für die Unterkunft nach § 13 Absatz 2 Nummer 2 des Bundesausbildungsförderungsgesetzes; § 128 ist mit Ausnahme der Erstattung behinderungsbedingter Mehraufwendungen nicht anzuwenden.

[2]Bei einer Berufsausbildung ist in den Fällen der Nummern 1 und 3 mindestens ein Betrag zugrunde zu legen, der der Ausbildungsvergütung nach § 17 Absatz 2 des Berufsbildungsgesetzes nach Abzug der Steuern und einer Sozialversicherungspauschale nach § 153 Absatz 1 entspricht. [3]Übersteigt in den Fällen der Nummer 2 die Ausbildungsvergütung nach § 17 Absatz 2 des Berufsbildungsgesetzes nach Abzug der Steuern und einer Sozialversicherungspauschale nach § 153 Absatz 1 den Bedarf zuzüglich der Beträge nach § 2 Absatz 1 und 3 Nummer 2 der Sozialversicherungsentgeltverordnung, so wird die Differenz als Ausgleichsbetrag gezahlt.

§ 124 Ausbildungsgeld bei berufsvorbereitenden Bildungsmaßnahmen und bei Grundausbildung. Bei berufsvorbereitenden Bildungsmaßnahmen und bei Grundausbildung wird folgender Bedarf zugrunde gelegt:

1. bei Unterbringung im Haushalt der Eltern oder eines Elternteils der jeweils geltende Bedarf nach § 12 Absatz 1 Nummer 1 des Bundesausbildungsförderungsgesetzes,

2. bei Unterbringung in einem Wohnheim, einem Internat oder einer besonderen Einrichtung für Menschen mit Behinderungen 119 Euro monatlich, wenn die Kosten für Unterbringung und Verpflegung von der Agentur für Arbeit oder einem anderen Leistungsträger übernommen werden,

3. bei anderweitiger Unterbringung der jeweils geltende Bedarf nach § 12 Absatz 2 Nummer 1 des Bundesausbildungsförderungsgesetzes; § 128 ist mit Ausnahme der Erstattung behinderungsbedingter Mehraufwendungen nicht anzuwenden.

§ 125 Ausbildungsgeld bei Maßnahmen in anerkannten Werkstätten für behinderte Menschen und bei Maßnahmen anderer Leistungsanbieter nach § 60 des Neunten Buches. Bei Maßnahmen im Eingangsverfahren und Berufsbildungsbereich anerkannter Werkstätten für behinderte Menschen und bei vergleichbaren Maßnahmen anderer Leistungsanbieter nach § 60 des

Neunten Buches[1] wird ein Ausbildungsgeld in Höhe von 119 Euro monatlich gezahlt.

§ 126 Einkommensanrechnung. (1) Das Einkommen, das ein Mensch mit Behinderungen während einer Maßnahme in einer anerkannten Werkstatt für behinderte Menschen oder bei einem anderen Leistungsanbieter nach § 60 des Neunten Buches[1] erzielt, wird nicht auf den Bedarf angerechnet.

(2) Anrechnungsfrei bei der Einkommensanrechnung bleibt im Übrigen das Einkommen

1. des Menschen mit Behinderungen aus Waisenrenten, Waisengeld oder aus Unterhaltsleistungen bis zu 277 Euro monatlich,

2. der Eltern bis zu 3 637 Euro monatlich, des verwitweten Elternteils oder, bei getrennt lebenden Eltern, das Einkommen des Elternteils, bei dem der Mensch mit Behinderungen lebt, ohne Anrechnung des Einkommens des anderen Elternteils, bis zu 2 266 Euro monatlich und

3. der Ehegattin oder des Ehegatten oder der Lebenspartnerin oder des Lebenspartners bis zu 2 266 Euro monatlich.

Dritter Titel. Teilnahmekosten für Maßnahmen

§ 127 Teilnahmekosten für Maßnahmen. (1) [1] Teilnahmekosten bestimmen sich nach den §§ 49, 64, 73 und 74 des Neunten Buches[1]. [2] Sie beinhalten auch weitere Aufwendungen, die wegen Art und Schwere der Behinderung unvermeidbar entstehen, sowie Kosten für Unterkunft und Verpflegung bei anderweitiger auswärtiger Unterbringung.

(2) Die Teilnahmekosten nach Absatz 1 können Aufwendungen für erforderliche eingliederungsbegleitende Dienste während der und im Anschluss an die Maßnahme einschließen.

§ 128 Kosten für Unterkunft und Verpflegung bei anderweitiger auswärtiger Unterbringung. Sind Menschen mit Behinderungen auswärtig untergebracht, aber nicht in einem Wohnheim, einem Internat oder einer besonderen Einrichtung für Menschen mit Behinderungen mit voller Verpflegung, so wird ein Betrag nach § 86 zuzüglich der behinderungsbedingten Mehraufwendungen erbracht.

Vierter Titel. Anordnungsermächtigung

§ 129 Anordnungsermächtigung. Die Bundesagentur wird ermächtigt, durch Anordnung das Nähere über Voraussetzungen, Art, Umfang und Ausführung der Leistungen in Übereinstimmung mit den für die anderen Träger der Leistungen zur Teilhabe am Arbeitsleben geltenden Regelungen zu bestimmen.

---

[1] Nr. 1.

5. Sozialgesetzbuch (SGB)
Fünftes Buch (V)
– Gesetzliche Krankenversicherung –[1) 2) 3)]

Vom 20. Dezember 1988
(BGBl. I S. 2477)

FNA 860-5

zuletzt geänd. durch Art. 1b G zur Regelung eines Soforzuschlages und einer Einmalzahlung in den sozialen Mindestsicherungssystemen sowie zur Änd. des FinanzausgleichsG und weiterer G v. 23.5. 2022 (BGBl. I S. 760)

– Auszug –

Erstes Kapitel. Allgemeine Vorschriften

§ 2 Leistungen. (1) [1]Die Krankenkassen stellen den Versicherten die im Dritten Kapitel genannten Leistungen unter Beachtung des Wirtschaftlichkeitsgebots (§ 12) zur Verfügung, soweit diese Leistungen nicht der Eigenverantwortung der Versicherten zugerechnet werden. [2]Behandlungsmethoden, Arznei- und Heilmittel der besonderen Therapierichtungen sind nicht ausgeschlossen. [3]Qualität und Wirksamkeit der Leistungen haben dem allgemein anerkannten Stand der medizinischen Erkenntnisse zu entsprechen und den medizinischen Fortschritt zu berücksichtigen.

(1a) [1]Versicherte mit einer lebensbedrohlichen oder regelmäßig tödlichen Erkrankung oder mit einer zumindest wertungsmäßig vergleichbaren Erkrankung, für die eine allgemein anerkannte, dem medizinischen Standard entsprechende Leistung nicht zur Verfügung steht, können auch eine von Absatz 1 Satz 3 abweichende Leistung beanspruchen, wenn eine nicht ganz entfernt liegende Aussicht auf Heilung oder auf eine spürbare positive Einwirkung auf den Krankheitsverlauf besteht. [2]Die Krankenkasse erteilt für Leistungen nach Satz 1 vor Beginn der Behandlung eine Kostenübernahmeerklärung, wenn Versicherte oder behandelnde Leistungserbringer dies beantragen. [3]Mit der Kostenübernahmeerklärung wird die Abrechnungsmöglichkeit der Leistung nach Satz 1 festgestellt.

(2) [1]Die Versicherten erhalten die Leistungen als Sach- und Dienstleistungen, soweit dieses oder das Neunte Buch[4)] nichts Abweichendes vorsehen. [2]Die Leistungen werden auf Antrag durch ein Persönliches Budget erbracht; § 29 des Neunten Buches gilt entsprechend. [3]Über die Erbringung der Sach- und Dienstleistungen schließen die Krankenkassen nach den Vorschriften des Vierten Kapitels Verträge mit den Leistungserbringern.

[1)] Verkündet als Art. 1 Gesetz zur Strukturreform im Gesundheitswesen (Gesundheits-Reformgesetz – GRG) v. 20.12.1988 (BGBl. I S. 2477); Inkrafttreten gem. Art. 79 Abs. 1 dieses G am 1.1.1989, mit Ausnahme der in Abs. 2 bis 5 dieses Artikels genannten Abweichungen.

[2)] Zu **Abweichungen** von § 39 **infolge der SARS-CoV-2-Epidemie** beachte die Maßgaben in § 1 der SARS-CoV-2-Arzneimittelversorgungsverordnung v. 20.4.2020 (BAnz AT 21.04.2020 V1), zuletzt geänd. durch VO v. 25.5.2022 (BAnz AT 30.05.2022 V1).

[3)] Die Änderungen durch G v. 20.8.2021 (BGBl. I S. 3932) treten erst **mWv 1.1.2025** in Kraft und sind insoweit im Text noch nicht berücksichtigt.

[4)] Nr. 1.

(3) ¹Bei der Auswahl der Leistungserbringer ist ihre Vielfalt zu beachten. ²Den religiösen Bedürfnissen der Versicherten ist Rechnung zu tragen.

(4) Krankenkassen, Leistungserbringer und Versicherte haben darauf zu achten, daß die Leistungen wirksam und wirtschaftlich erbracht und nur im notwendigen Umfang in Anspruch genommen werden.

§ 2a Leistungen an behinderte und chronisch kranke Menschen.

Den besonderen Belangen behinderter und chronisch kranker Menschen ist Rechnung zu tragen.

Drittes Kapitel. Leistungen der Krankenversicherung

Erster Abschnitt. Übersicht über die Leistungen

§ 11 Leistungsarten. (1) Versicherte haben nach den folgenden Vorschriften Anspruch auf Leistungen

1. bei Schwangerschaft und Mutterschaft (§§ 24c bis 24i),
2. zur Verhütung von Krankheiten und von deren Verschlimmerung sowie zur Empfängnisverhütung, bei Sterilisation und bei Schwangerschaftsabbruch (§§ 20 bis 24b),
3. zur Erfassung von gesundheitlichen Risiken und Früherkennung von Krankheiten (§§ 25 und 26),
4. zur Behandlung einer Krankheit (§§ 27 bis 52),
5. des Persönlichen Budgets nach § 29 des Neunten Buches[1].

(2) ¹Versicherte haben auch Anspruch auf Leistungen zur medizinischen Rehabilitation sowie auf unterhaltssichernde und andere ergänzende Leistungen, die notwendig sind, um eine Behinderung oder Pflegebedürftigkeit abzuwenden, zu beseitigen, zu mindern, auszugleichen, ihre Verschlimmerung zu verhüten oder ihre Folgen zu mildern. ²Leistungen der aktivierenden Pflege nach Eintritt von Pflegebedürftigkeit werden von den Pflegekassen erbracht. ³Die Leistungen nach Satz 1 werden unter Beachtung des Neunten Buches erbracht, soweit in diesem Buch nichts anderes bestimmt ist.

(3) ¹Bei stationärer Behandlung umfassen die Leistungen auch die aus medizinischen Gründen notwendige Mitaufnahme einer Begleitperson des Versicherten oder bei stationärer Behandlung in einem Krankenhaus nach § 108 oder einer Vorsorge- oder Rehabilitationseinrichtung nach § 107 Absatz 2 die Mitaufnahme einer Pflegekraft, soweit Versicherte ihre Pflege nach § 63b Absatz 6 Satz 1 des Zwölften Buches[2] durch von ihnen beschäftigte besondere Pflegekräfte sicherstellen. ²Ist bei stationärer Behandlung die Anwesenheit einer Begleitperson aus medizinischen Gründen notwendig, eine Mitaufnahme in die stationäre Einrichtung jedoch nicht möglich, kann die Unterbringung der Begleitperson auch außerhalb des Krankenhauses oder der Vorsorge- oder Rehabilitationseinrichtung erfolgen. ³Die Krankenkasse bestimmt nach den medizinischen Erfordernissen des Einzelfalls Art und Dauer der Leistungen für eine Unterbringung nach Satz 2 nach pflichtgemäßem Ermessen; die Kosten

---

[1] Nr. 1.
[2] Nr. 11.

dieser Leistungen dürfen nicht höher sein als die für eine Mitaufnahme der Begleitperson in die stationäre Einrichtung nach Satz 1 anfallenden Kosten.

(4) [1]Versicherte haben Anspruch auf ein Versorgungsmanagement insbesondere zur Lösung von Problemen beim Übergang in die verschiedenen Versorgungsbereiche; dies umfasst auch die fachärztliche Anschlussversorgung. [2]Die betroffenen Leistungserbringer sorgen für eine sachgerechte Anschlussversorgung des Versicherten und übermitteln sich gegenseitig die erforderlichen Informationen. [3]Sie sind zur Erfüllung dieser Aufgabe von den Krankenkassen zu unterstützen. [4]In das Versorgungsmanagement sind die Pflegeeinrichtungen einzubeziehen; dabei ist eine enge Zusammenarbeit mit Pflegeberatern und Pflegeberaterinnen nach § 7a des Elften Buches zu gewährleisten. [5]Das Versorgungsmanagement und eine dazu erforderliche Übermittlung von Daten darf nur mit Einwilligung und nach vorheriger Information des Versicherten erfolgen. [6]Soweit in Verträgen nach § 140a nicht bereits entsprechende Regelungen vereinbart sind, ist das Nähere im Rahmen von Verträgen mit sonstigen Leistungserbringern der gesetzlichen Krankenversicherung und mit Leistungserbringern nach dem Elften Buch[1]) sowie mit den Pflegekassen zu regeln.

(5) [1]Auf Leistungen besteht kein Anspruch, wenn sie als Folge eines Arbeitsunfalls oder einer Berufskrankheit im Sinne der gesetzlichen Unfallversicherung zu erbringen sind. [2]Dies gilt auch in Fällen des § 12a des Siebten Buches.

(6) [1]Die Krankenkasse kann in ihrer Satzung zusätzliche vom Gemeinsamen Bundesausschuss nicht ausgeschlossene Leistungen in der fachlich gebotenen Qualität im Bereich der medizinischen Vorsorge und Rehabilitation (§§ 23, 40), der Leistungen von Hebammen bei Schwangerschaft und Mutterschaft (§ 24d), der künstlichen Befruchtung (§ 27a), der zahnärztlichen Behandlung ohne die Versorgung mit Zahnersatz (§ 28 Absatz 2), bei der Versorgung mit nicht verschreibungspflichtigen apothekenpflichtigen Arzneimitteln (§ 34 Absatz 1 Satz 1), mit Heilmitteln (§ 32), mit Hilfsmitteln (§ 33) und mit digitalen Gesundheitsanwendungen (§ 33a), im Bereich der häuslichen Krankenpflege (§ 37) und der Haushaltshilfe (§ 38) sowie Leistungen von nicht zugelassenen Leistungserbringern vorsehen. [2]Die Satzung muss insbesondere die Art, die Dauer und den Umfang der Leistung bestimmen; sie hat hinreichende Anforderungen an die Qualität der Leistungserbringung zu regeln. [3]Die zusätzlichen Leistungen sind von den Krankenkassen in ihrer Rechnungslegung gesondert auszuweisen.

Zweiter Abschnitt. Gemeinsame Vorschriften
§ 13 Kostenerstattung. (1)–(3) …

(3a) [1]Die Krankenkasse hat über einen Antrag auf Leistungen zügig, spätestens bis zum Ablauf von drei Wochen nach Antragseingang oder in Fällen, in denen eine gutachtliche Stellungnahme, insbesondere des Medizinischen Dienstes, eingeholt wird, innerhalb von fünf Wochen nach Antragseingang zu entscheiden. [2]Wenn die Krankenkasse eine gutachtliche Stellungnahme für erforderlich hält, hat sie diese unverzüglich einzuholen und die Leistungsberechtigten hierüber zu unterrichten. [3]Der Medizinische Dienst nimmt innerhalb von drei Wochen gutachtlich Stellung. [4]Wird ein im Bundesmantelvertrag für Zahnärzte vorgesehenes Gutachterverfahren gemäß § 87 Absatz 1c durch-

---

[1]) Auszugsweise abgedruckt unter Nr. **10**.

geführt, hat die Krankenkasse ab Antragseingang innerhalb von sechs Wochen zu entscheiden; der Gutachter nimmt innerhalb von vier Wochen Stellung. [5]Kann die Krankenkasse Fristen nach Satz 1 oder Satz 4 nicht einhalten, teilt sie dies den Leistungsberechtigten unter Darlegung der Gründe rechtzeitig schriftlich oder elektronisch mit; für die elektronische Mitteilung gilt § 37 Absatz 2b des Zehnten Buches entsprechend. [6]Erfolgt keine Mitteilung eines hinreichenden Grundes, gilt die Leistung nach Ablauf der Frist als genehmigt. [7]Beschaffen sich Leistungsberechtigte nach Ablauf der Frist eine erforderliche Leistung selbst, ist die Krankenkasse zur Erstattung der hierdurch entstandenen Kosten verpflichtet. [8]Die Krankenkasse berichtet dem Spitzenverband Bund der Krankenkassen jährlich über die Anzahl der Fälle, in denen Fristen nicht eingehalten oder Kostenerstattungen vorgenommen wurden. [9]Für Leistungen zur medizinischen Rehabilitation gelten die §§ 14 bis 24 des Neunten Buches[1]) zur Koordinierung der Leistungen und zur Erstattung selbst beschaffter Leistungen.

(4)–(6) …

Dritter Abschnitt. Leistungen zur Verhütung von Krankheiten, betriebliche Gesundheitsförderung und Prävention arbeitsbedingter Gesundheitsgefahren, Förderung der Selbsthilfe sowie Leistungen bei Schwangerschaft und Mutterschaft

§ 20 Primäre Prävention und Gesundheitsförderung. (1) [1]Die Krankenkasse sieht in der Satzung Leistungen zur Verhinderung und Verminderung von Krankheitsrisiken (primäre Prävention) sowie zur Förderung des selbstbestimmten gesundheitsorientierten Handelns der Versicherten (Gesundheitsförderung) vor. [2]Die Leistungen sollen insbesondere zur Verminderung sozial bedingter sowie geschlechtsbezogener Ungleichheit von Gesundheitschancen beitragen und kind- und jugendspezifische Belange berücksichtigen. [3]Die Krankenkasse legt dabei die Handlungsfelder und Kriterien nach Absatz 2 zugrunde.

(2) [1]Der Spitzenverband Bund der Krankenkassen legt unter Einbeziehung unabhängigen, insbesondere gesundheitswissenschaftlichen, ärztlichen, arbeitsmedizinischen, psychotherapeutischen, psychologischen, pflegerischen, ernährungs-, sport-, sucht-, erziehungs- und sozialwissenschaftlichen Sachverstandes sowie des Sachverstandes der Menschen mit Behinderung einheitliche Handlungsfelder und Kriterien für die Leistungen nach Absatz 1 fest, insbesondere hinsichtlich Bedarf, Zielgruppen, Zugangswegen, Inhalt, Methodik, Qualität, intersektoraler Zusammenarbeit, wissenschaftlicher Evaluation und der Messung der Erreichung der mit den Leistungen verfolgten Ziele. [2]Er bestimmt außerdem die Anforderungen und ein einheitliches Verfahren für die Zertifizierung von Leistungsangeboten durch die Krankenkassen, um insbesondere die einheitliche Qualität von Leistungen nach Absatz 4 Nummer 1 und 3 sicherzustellen. [3]Der Spitzenverband Bund der Krankenkassen stellt sicher, dass seine Festlegungen nach den Sätzen 1 und 2 sowie eine Übersicht der nach Satz 2 zertifizierten Leistungen der Krankenkassen auf seiner Internetseite veröffentlicht werden. [4]Die Krankenkassen erteilen dem Spitzenverband Bund der Krankenkassen hierfür sowie für den nach § 20d Absatz 2 Nummer 2 zu

---

[1]) Nr. **1**.

erstellenden Bericht die erforderlichen Auskünfte und übermitteln ihm nicht versichertenbezogen die erforderlichen Daten.

(3) [1] Bei der Aufgabenwahrnehmung nach Absatz 2 Satz 1 berücksichtigt der Spitzenverband Bund der Krankenkassen auch die folgenden Gesundheitsziele im Bereich der Gesundheitsförderung und Prävention:

1. Diabetes mellitus Typ 2: Erkrankungsrisiko senken, Erkrankte früh erkennen und behandeln,

2. Brustkrebs: Mortalität vermindern, Lebensqualität erhöhen,

3. Tabakkonsum reduzieren,

4. gesund aufwachsen: Lebenskompetenz, Bewegung, Ernährung,

5. gesundheitliche Kompetenz erhöhen, Souveränität der Patientinnen und Patienten stärken,

6. depressive Erkrankungen: verhindern, früh erkennen, nachhaltig behandeln,

7. gesund älter werden und

8. Alkoholkonsum reduzieren.

[2] Bei der Berücksichtigung des in Satz 1 Nummer 1 genannten Ziels werden auch die Ziele und Teilziele beachtet, die in der Bekanntmachung über die Gesundheitsziele und Teilziele im Bereich der Prävention und Gesundheitsförderung vom 21. März 2005 (BAnz. S. 5304) festgelegt sind. [3] Bei der Berücksichtigung der in Satz 1 Nummer 2, 3 und 8 genannten Ziele werden auch die Ziele und Teilziele beachtet, die in der Bekanntmachung über die Gesundheitsziele und Teilziele im Bereich der Prävention und Gesundheitsförderung vom 27. April 2015 (BAnz. AT 19.05.2015 B3) festgelegt sind. [4] Bei der Berücksichtigung der in Satz 1 Nummer 4 bis 7 genannten Ziele werden auch die Ziele und Teilziele beachtet, die in der Bekanntmachung über die Gesundheitsziele und Teilziele im Bereich der Prävention und Gesundheitsförderung vom 26. Februar 2013 (BAnz. AT 26.03.2013 B3) festgelegt sind. [5] Der Spitzenverband Bund der Krankenkassen berücksichtigt auch die von der Nationalen Arbeitsschutzkonferenz im Rahmen der gemeinsamen deutschen Arbeitsschutzstrategie nach § 20a Absatz 2 Nummer 1 des Arbeitsschutzgesetzes entwickelten Arbeitsschutzziele.

(4) Leistungen nach Absatz 1 werden erbracht als

1. Leistungen zur verhaltensbezogenen Prävention nach Absatz 5,

2. Leistungen zur Gesundheitsförderung und Prävention in Lebenswelten für in der gesetzlichen Krankenversicherung Versicherte nach § 20a und

3. Leistungen zur Gesundheitsförderung in Betrieben (betriebliche Gesundheitsförderung) nach § 20b.

(5) [1] Die Krankenkasse kann eine Leistung zur verhaltensbezogenen Prävention nach Absatz 4 Nummer 1 erbringen, wenn diese nach Absatz 2 Satz 2 von einer Krankenkasse oder von einem mit der Wahrnehmung dieser Aufgabe beauftragten Dritten in ihrem Namen zertifiziert ist. [2] Bei ihrer Entscheidung über eine Leistung zur verhaltensbezogenen Prävention berücksichtigt die Krankenkasse eine Präventionsempfehlung nach § 25 Absatz 1 Satz 2, nach § 26 Absatz 1 Satz 3 oder eine im Rahmen einer arbeitsmedizinischen Vorsorge oder einer sonstigen ärztlichen Untersuchung schriftlich abgegebene Empfehlung. [3] Die Krankenkasse darf die sich aus der Präventionsempfehlung ergebenden personenbezogenen Daten nur mit schriftlicher oder elektronischer Ein-

willigung und nach vorheriger schriftlicher oder elektronischer Information des Versicherten verarbeiten. [4]Die Krankenkassen dürfen ihre Aufgaben nach dieser Vorschrift an andere Krankenkassen, deren Verbände oder Arbeitsgemeinschaften übertragen. [5]Für Leistungen zur verhaltensbezogenen Prävention, die die Krankenkasse wegen besonderer beruflicher oder familiärer Umstände wohnortfern erbringt, gilt § 23 Absatz 2 Satz 2 entsprechend.

(6) [1]Die Ausgaben der Krankenkassen für die Wahrnehmung ihrer Aufgaben nach dieser Vorschrift und nach den §§ 20a bis 20c sollen ab dem Jahr 2019 insgesamt für jeden ihrer Versicherten einen Betrag in Höhe von 7,52 Euro umfassen. [2]Von diesem Betrag wenden die Krankenkassen für jeden ihrer Versicherten mindestens 2,15 Euro für Leistungen nach § 20a und mindestens 3,15 Euro für Leistungen nach § 20b auf. [3]Von dem Betrag für Leistungen nach § 20b wenden die Krankenkassen für Leistungen nach § 20b, die in Einrichtungen nach § 107 Absatz 1 und in Einrichtungen nach § 71 Absatz 1 und 2 des Elften Buches[1]) erbracht werden, für jeden ihrer Versicherten mindestens 1 Euro auf. [4]Unterschreiten die jährlichen Ausgaben einer Krankenkasse den Betrag nach Satz 2 für Leistungen nach § 20a, so stellt die Krankenkasse diese nicht ausgegebenen Mittel im Folgejahr zusätzlich für Leistungen nach § 20a zur Verfügung. [5]Die Ausgaben nach den Sätzen 1 bis 3 sind in den Folgejahren entsprechend der prozentualen Veränderung der monatlichen Bezugsgröße nach § 18 Absatz 1 des Vierten Buches anzupassen. [6]Unbeschadet der Verpflichtung nach Absatz 1 müssen die Ausgaben der Krankenkassen für die Wahrnehmung ihrer Aufgaben nach dieser Vorschrift und nach den §§ 20a und 20c im Jahr 2020 nicht den in den Sätzen 1 bis 3 genannten Beträgen entsprechen. [7]Im Jahr 2019 nicht ausgegebene Mittel für Leistungen nach § 20a hat die Krankenkasse nicht im Jahr 2020 für zusätzliche Leistungen nach § 20a zur Verfügung zu stellen.

§ 23 Medizinische Vorsorgeleistungen. (1) Versicherte haben Anspruch auf ärztliche Behandlung und Versorgung mit Arznei-, Verband-, Heil- und Hilfsmitteln, wenn diese notwendig sind,

1. eine Schwächung der Gesundheit, die in absehbarer Zeit voraussichtlich zu einer Krankheit führen würde, zu beseitigen,
2. einer Gefährdung der gesundheitlichen Entwicklung eines Kindes entgegenzuwirken,
3. Krankheiten zu verhüten oder deren Verschlimmerung zu vermeiden oder
4. Pflegebedürftigkeit zu vermeiden.

(2) [1]Reichen bei Versicherten die Leistungen nach Absatz 1 nicht aus oder können sie wegen besonderer beruflicher oder familiärer Umstände nicht durchgeführt werden, erbringt die Krankenkasse aus medizinischen Gründen erforderliche ambulante Vorsorgeleistungen in anerkannten Kurorten. [2]Die Satzung der Krankenkasse kann zu den übrigen Kosten, die Versicherten im Zusammenhang mit dieser Leistung entstehen, einen Zuschuß von bis zu 16 Euro täglich vorsehen. [3]Bei ambulanten Vorsorgeleistungen für versicherte chronisch kranke Kleinkinder kann der Zuschuss nach Satz 2 auf bis zu 25 Euro erhöht werden.

(3) In den Fällen der Absätze 1 und 2 sind die §§ 31 bis 34 anzuwenden.

---

[1]) Nr. **10**.

(4) [1]Reichen bei Versicherten die Leistungen nach Absatz 1 und 2 nicht aus, erbringt die Krankenkasse Behandlung mit Unterkunft und Verpflegung in einer Vorsorgeeinrichtung, mit der ein Vertrag nach § 111 besteht; für pflegende Angehörige kann die Krankenkasse unter denselben Voraussetzungen Behandlung mit Unterkunft und Verpflegung auch in einer Vorsorgeeinrichtung erbringen, mit der ein Vertrag nach § 111a besteht. [2]Die Krankenkasse führt statistische Erhebungen über Anträge auf Leistungen nach Satz 1 und Absatz 2 sowie deren Erledigung durch.

(5) [1]Die Krankenkasse bestimmt nach den medizinischen Erfordernissen des Einzelfalls unter entsprechender Anwendung des Wunsch- und Wahlrechts der Leistungsberechtigten nach § 8 des Neunten Buches[1]) Art, Dauer, Umfang, Beginn und Durchführung der Leistungen nach Absatz 4 sowie die Vorsorgeeinrichtung nach pflichtgemäßem Ermessen; die Krankenkasse berücksichtigt bei ihrer Entscheidung die besonderen Belange pflegender Angehöriger. [2]Leistungen nach Absatz 4 sollen für längstens drei Wochen erbracht werden, es sei denn, eine Verlängerung der Leistung ist aus medizinischen Gründen dringend erforderlich. [3]Satz 2 gilt nicht, soweit der Spitzenverband Bund der Krankenkassen nach Anhörung der für die Wahrnehmung der Interessen der ambulanten und stationären Vorsorgeeinrichtungen auf Bundesebene maßgeblichen Spitzenorganisationen in Leitlinien Indikationen festgelegt und diesen jeweils eine Regeldauer zugeordnet hat; von dieser Regeldauer kann nur abgewichen werden, wenn dies aus dringenden medizinischen Gründen im Einzelfall erforderlich ist. [4]Leistungen nach Absatz 2 können nicht vor Ablauf von drei, Leistungen nach Absatz 4 können nicht vor Ablauf von vier Jahren nach Durchführung solcher oder ähnlicher Leistungen erbracht werden, deren Kosten auf Grund öffentlich-rechtlicher Vorschriften getragen oder bezuschusst worden sind, es sei denn, eine vorzeitige Leistung ist aus medizinischen Gründen dringend erforderlich.

(6) [1]Versicherte, die eine Leistung nach Absatz 4 in Anspruch nehmen und das achtzehnte Lebensjahr vollendet haben, zahlen je Kalendertag den sich nach § 61 Satz 2 ergebenden Betrag an die Einrichtung. [2]Die Zahlung ist an die Krankenkasse weiterzuleiten.

(7) Medizinisch notwendige stationäre Vorsorgemaßnahmen für versicherte Kinder, die das 14. Lebensjahr noch nicht vollendet haben, sollen in der Regel für vier bis sechs Wochen erbracht werden.

§ 24 Medizinische Vorsorge für Mütter und Väter. (1) [1]Versicherte haben unter den in § 23 Abs. 1 genannten Voraussetzungen Anspruch auf aus medizinischen Gründen erforderliche Vorsorgeleistungen in einer Einrichtung des Müttergenesungswerks oder einer gleichartigen Einrichtung; die Leistung kann in Form einer Mutter-Kind-Maßnahme erbracht werden. [2]Satz 1 gilt auch für Vater-Kind-Maßnahmen in dafür geeigneten Einrichtungen. [3]Vorsorgeleistungen nach den Sätzen 1 und 2 werden in Einrichtungen erbracht, mit denen ein Versorgungsvertrag nach § 111a besteht. [4]§ 23 Abs. 4 Satz 1 gilt nicht; § 23 Abs. 4 Satz 2 gilt entsprechend.

(2) § 23 Abs. 5 gilt entsprechend.

(3) [1]Versicherte, die das achtzehnte Lebensjahr vollendet haben und eine Leistung nach Absatz 1 in Anspruch nehmen, zahlen je Kalendertag den sich

---

[1]) Nr. 1.

nach § 61 Satz 2 ergebenden Betrag an die Einrichtung. [2]Die Zahlung ist an die Krankenkasse weiterzuleiten.

...

Vierter Abschnitt. Leistungen zur Erfassung von gesundheitlichen Risiken und Früherkennung von Krankheiten

§ 25 Gesundheitsuntersuchungen. (1) [1]Versicherte, die das 18. Lebensjahr vollendet haben, haben Anspruch auf alters-, geschlechter- und zielgruppengerechte ärztliche Gesundheitsuntersuchungen zur Erfassung und Bewertung gesundheitlicher Risiken und Belastungen, zur Früherkennung von bevölkerungsmedizinisch bedeutsamen Krankheiten und eine darauf abgestimmte präventionsorientierte Beratung, einschließlich einer Überprüfung des Impfstatus im Hinblick auf die Empfehlungen der Ständigen Impfkommission nach § 20 Absatz 2 des Infektionsschutzgesetzes. [2]Die Untersuchungen umfassen, sofern medizinisch angezeigt, eine Präventionsempfehlung für Leistungen zur verhaltensbezogenen Prävention nach § 20 Absatz 5. [3]Die Präventionsempfehlung wird in Form einer ärztlichen Bescheinigung erteilt. [4]Sie informiert über Möglichkeiten und Hilfen zur Veränderung gesundheitsbezogener Verhaltensweisen und kann auch auf andere Angebote zur verhaltensbezogenen Prävention hinweisen wie beispielsweise auf die vom Deutschen Olympischen Sportbund e.V. und der Bundesärztekammer empfohlenen Bewegungsangebote in Sportvereinen oder auf sonstige qualitätsgesicherte Bewegungsangebote in Sport- oder Fitnessstudios sowie auf Angebote zur Förderung einer ausgewogenen Ernährung.

(2) Versicherte, die das 18. Lebensjahr vollendet haben, haben Anspruch auf Untersuchungen zur Früherkennung von Krebserkrankungen.

(3) [1]Voraussetzung für die Untersuchung nach den Absätzen 1 und 2 ist, dass es sich um Krankheiten handelt, die wirksam behandelt werden können oder um zu erfassende gesundheitliche Risiken und Belastungen, die durch geeignete Leistungen zur verhaltensbezogenen Prävention nach § 20 Absatz 5 vermieden, beseitigt oder vermindert werden können. [2]Die im Rahmen der Untersuchungen erbrachten Maßnahmen zur Früherkennung setzen ferner voraus, dass

1. das Vor- und Frühstadium dieser Krankheiten durch diagnostische Maßnahmen erfassbar ist,
2. die Krankheitszeichen medizinisch-technisch genügend eindeutig zu erfassen sind,
3. genügend Ärzte und Einrichtungen vorhanden sind, um die aufgefundenen Verdachtsfälle eindeutig zu diagnostizieren und zu behandeln.

[3]Stellt der Gemeinsame Bundesausschuss bei seinen Beratungen über eine Gesundheitsuntersuchung nach Absatz 1 fest, dass notwendige Erkenntnisse fehlen, kann er eine Richtlinie zur Erprobung der geeigneten inhaltlichen und organisatorischen Ausgestaltung der Gesundheitsuntersuchung beschließen. [4]§ 137e gilt entsprechend.

(4) [1]Die Untersuchungen nach Absatz 1 und 2 sollen, soweit berufsrechtlich zulässig, zusammen angeboten werden. [2]Der Gemeinsame Bundesausschuss bestimmt in den Richtlinien nach § 92 das Nähere über Inhalt, Art und Umfang der Untersuchungen sowie die Erfüllung der Voraussetzungen nach

Absatz 3. [3] Ferner bestimmt er für die Untersuchungen die Zielgruppen, Altersgrenzen und die Häufigkeit der Untersuchungen. [4] Der Gemeinsame Bundesausschuss regelt erstmals bis zum 31. Juli 2016 in Richtlinien nach § 92 das Nähere zur Ausgestaltung der Präventionsempfehlung nach Absatz 1 Satz 2. [5] Im Übrigen beschließt der Gemeinsame Bundesausschuss erstmals bis zum 31. Juli 2018 in Richtlinien nach § 92 das Nähere über die Gesundheitsuntersuchungen nach Absatz 1 zur Erfassung und Bewertung gesundheitlicher Risiken und Belastungen sowie eine Anpassung der Richtlinie im Hinblick auf Gesundheitsuntersuchungen zur Früherkennung von bevölkerungsmedizinisch bedeutsamen Krankheiten. [6] Die Frist nach Satz 5 verlängert sich in dem Fall einer Erprobung nach Absatz 3 Satz 3 um zwei Jahre.

(4a) [1] Legt das Bundesministerium für Umwelt, Naturschutz und nukleare Sicherheit in einer Rechtsverordnung nach § 84 Absatz 2 des Strahlenschutzgesetzes die Zulässigkeit einer Früherkennungsuntersuchung fest, für die der Gemeinsame Bundesausschuss noch keine Richtlinie nach § 92 Absatz 1 Satz 2 Nummer 3 beschlossen hat, prüft der Gemeinsame Bundesausschuss innerhalb von 18 Monaten nach Inkrafttreten der Rechtsverordnung, ob die Früherkennungsuntersuchung nach Absatz 1 oder Absatz 2 zu Lasten der Krankenkassen zu erbringen ist und regelt gegebenenfalls das Nähere nach Absatz 3 Satz 2 und 3. [2] Gelangt der Gemeinsame Bundesausschuss zu der Feststellung, dass der Nutzen der neuen Früherkennungsuntersuchung noch nicht hinreichend belegt ist, so hat er in der Regel eine Richtlinie nach § 137e zu beschließen.

(5) [1] In den Richtlinien des Gemeinsamen Bundesausschusses ist ferner zu regeln, dass die Durchführung von Maßnahmen nach den Absätzen 1 und 2 von einer Genehmigung der Kassenärztlichen Vereinigung abhängig ist, wenn es zur Sicherung der Qualität der Untersuchungen geboten ist, dass Ärzte mehrerer Fachgebiete zusammenwirken oder die teilnehmenden Ärzte eine Mindestzahl von Untersuchungen durchführen oder besondere technische Einrichtungen vorgehalten werden oder dass besonders qualifiziertes nichtärztliches Personal mitwirkt. [2] Ist es erforderlich, dass die teilnehmenden Ärzte eine hohe Mindestzahl von Untersuchungen durchführen oder dass bei der Leistungserbringung Ärzte mehrerer Fachgebiete zusammenwirken, legen die Richtlinien außerdem Kriterien für die Bemessung des Versorgungsbedarfs fest, so dass eine bedarfsgerechte räumliche Verteilung gewährleistet ist. [3] Die Auswahl der Ärzte durch die Kassenärztliche Vereinigung erfolgt auf der Grundlage der Bewertung ihrer Qualifikation und der geeigneten räumlichen Zuordnung ihres Praxissitzes für die Versorgung im Rahmen eines in den Richtlinien geregelten Ausschreibungsverfahrens. [4] Die Genehmigung zur Durchführung der Früherkennungsuntersuchungen kann befristet und mit für das Versorgungsziel notwendigen Auflagen erteilt werden.

Fünfter Abschnitt. Leistungen bei Krankheit

Erster Titel. Krankenbehandlung

§ 27 Krankenbehandlung. (1) [1] Versicherte haben Anspruch auf Krankenbehandlung, wenn sie notwendig ist, um eine Krankheit zu erkennen, zu heilen, ihre Verschlimmerung zu verhüten oder Krankheitsbeschwerden zu lindern. [2] Die Krankenbehandlung umfaßt

1. Ärztliche Behandlung einschließlich Psychotherapie als ärztliche und psychotherapeutische Behandlung,

2. zahnärztliche Behandlung,

2a. Versorgung mit Zahnersatz einschließlich Zahnkronen und Suprakonstruktionen,

3. Versorgung mit Arznei-, Verband-, Heil- und Hilfsmitteln sowie mit digitalen Gesundheitsanwendungen,

4. häusliche Krankenpflege, außerklinische Intensivpflege und Haushaltshilfe,

5. Krankenhausbehandlung,

6. Leistungen zur medizinischen Rehabilitation und ergänzende Leistungen.

[3] Zur Krankenbehandlung gehört auch die palliative Versorgung der Versicherten. [4] Bei der Krankenbehandlung ist den besonderen Bedürfnissen psychisch Kranker Rechnung zu tragen, insbesondere bei der Versorgung mit Heilmitteln und bei der medizinischen Rehabilitation. [5] Zur Krankenbehandlung gehören auch Leistungen zur Herstellung der Zeugungs- oder Empfängnisfähigkeit, wenn diese Fähigkeit nicht vorhanden war oder durch Krankheit oder wegen einer durch Krankheit erforderlichen Sterilisation verlorengegangen war. [6] Zur Krankenbehandlung gehören auch Leistungen zur vertraulichen Spurensicherung am Körper, einschließlich der erforderlichen Dokumentation sowie Laboruntersuchungen und einer ordnungsgemäßen Aufbewahrung der sichergestellten Befunde, bei Hinweisen auf drittverursachte Gesundheitsschäden, die Folge einer Misshandlung, eines sexuellen Missbrauchs, eines sexuellen Übergriffs, einer sexuellen Nötigung oder einer Vergewaltigung sein können.

(1a) [1] Spender von Organen oder Geweben oder von Blut zur Separation von Blutstammzellen oder anderen Blutbestandteilen (Spender) haben bei einer nach den §§ 8 und 8a des Transplantationsgesetzes erfolgenden Spende von Organen oder Geweben oder im Zusammenhang mit einer im Sinne von § 9 des Transfusionsgesetzes erfolgenden Spende zum Zwecke der Übertragung auf Versicherte (Entnahme bei lebenden Spendern) Anspruch auf Leistungen der Krankenbehandlung. [2] Dazu gehören die ambulante und stationäre Behandlung der Spender, die medizinisch erforderliche Vor- und Nachbetreuung, Leistungen zur medizinischen Rehabilitation sowie die Erstattung des Ausfalls von Arbeitseinkünften als Krankengeld nach § 44a und erforderlicher Fahrkosten; dies gilt auch für Leistungen, die über die Leistungen nach dem Dritten Kapitel dieses Gesetzes, auf die ein Anspruch besteht, hinausgehen, soweit sie vom Versicherungsschutz des Spenders umfasst sind. [3] Zuzahlungen sind von den Spendern nicht zu leisten. [4] Zuständig für Leistungen nach den Sätzen 1 und 2 ist die Krankenkasse der Empfänger von Organen, Geweben oder Blutstammzellen sowie anderen Blutbestandteilen (Empfänger). [5] Im Zusammenhang mit der Spende von Knochenmark nach den §§ 8 und 8a des Transplantationsgesetzes, von Blutstammzellen oder anderen Blutbestandteilen nach § 9 des Transfusionsgesetzes können die Erstattung der erforderlichen Fahrkosten des Spenders und die Erstattung der Entgeltfortzahlung an den Arbeitgeber nach § 3a Absatz 2 Satz 1 des Entgeltfortzahlungsgesetzes einschließlich der Befugnis zum Erlass der hierzu erforderlichen Verwaltungsakte auf Dritte übertragen werden. [6] Das Nähere kann der Spitzenverband Bund der Krankenkassen mit den für die nationale und internationale Suche nach nichtverwandten Spendern von Blutstammzellen aus Knochenmark oder peripherem Blut maßgeblichen Organisationen vereinbaren. [7] Für die Behandlung von Folgeerkrankungen der Spender ist die Krankenkasse der Spender zuständig, sofern der Leistungsanspruch nicht nach § 11 Absatz 5 ausgeschlossen ist. [8] Ansprüche nach diesem

Absatz haben auch nicht gesetzlich krankenversicherte Personen. [9] Die Krankenkasse der Spender ist befugt, die für die Leistungserbringung nach den Sätzen 1 und 2 erforderlichen personenbezogenen Daten an die Krankenkasse oder das private Krankenversicherungsunternehmen der Empfänger zu übermitteln; dies gilt auch für personenbezogene Daten von nach dem Künstlersozialversicherungsgesetz Krankenversicherungspflichtigen. [10] Die nach Satz 9 übermittelten Daten dürfen nur für die Erbringung von Leistungen nach den Sätzen 1 und 2 verarbeitet werden. [11] Die Datenverarbeitung nach den Sätzen 9 und 10 darf nur mit schriftlicher Einwilligung der Spender, der eine umfassende Information vorausgegangen ist, erfolgen.

(2) Versicherte, die sich nur vorübergehend im Inland aufhalten, Ausländer, denen eine Aufenthaltserlaubnis nach § 25 Abs. 4 bis 5 des Aufenthaltsgesetzes erteilt wurde, sowie

1. asylsuchende Ausländer, deren Asylverfahren noch nicht unanfechtbar abgeschlossen ist,

2. Vertriebene im Sinne des § 1 Abs. 2 Nr. 2 und 3 des Bundesvertriebenengesetzes sowie Spätaussiedler im Sinne des § 4 des Bundesvertriebenengesetzes, ihre Ehegatten, Lebenspartner und Abkömmlinge im Sinne des § 7 Abs. 2 des Bundesvertriebenengesetzes

haben Anspruch auf Versorgung mit Zahnersatz, wenn sie unmittelbar vor Inanspruchnahme mindestens ein Jahr lang Mitglied einer Krankenkasse (§ 4) oder nach § 10 versichert waren oder wenn die Behandlung aus medizinischen Gründen ausnahmsweise unaufschiebbar ist.

§ 32 Heilmittel. (1) [1] Versicherte haben Anspruch auf Versorgung mit Heilmitteln, soweit sie nicht nach § 34 ausgeschlossen sind. [2] Ein Anspruch besteht auch auf Versorgung mit Heilmitteln, die telemedizinisch erbracht werden [3] Für nicht nach Satz 1 ausgeschlossene Heilmittel bleibt § 92 unberührt.

(1a) [1] Der Gemeinsame Bundesausschuss regelt in seiner Richtlinie nach § 92 Absatz 1 Satz 2 Nummer 6 das Nähere zur Heilmittelversorgung von Versicherten mit langfristigem Behandlungsbedarf. [2] Er hat insbesondere zu bestimmen, wann ein langfristiger Heilmittelbedarf vorliegt, und festzulegen, ob und inwieweit ein Genehmigungsverfahren durchzuführen ist. [3] Ist in der Richtlinie ein Genehmigungsverfahren vorgesehen, so ist über die Anträge innerhalb von vier Wochen zu entscheiden; ansonsten gilt die Genehmigung nach Ablauf der Frist als erteilt. [4] Soweit zur Entscheidung ergänzende Informationen des Antragstellers erforderlich sind, ist der Lauf der Frist bis zum Eingang dieser Informationen unterbrochen.

(1b) Verordnungen, die über die in der Richtlinie des Gemeinsamen Bundesausschusses nach § 92 Absatz 1 Satz 2 Nummer 6 in Verbindung mit Absatz 6 Satz 1 Nummer 3 geregelte orientierende Behandlungsmenge hinausgehen, bedürfen keiner Genehmigung durch die Krankenkasse.

(2) [1] Versicherte, die das achtzehnte Lebensjahr vollendet haben, haben zu den Kosten der Heilmittel als Zuzahlung den sich nach § 61 Satz 3 ergebenden Betrag an die abgebende Stelle zu leisten. [2] Dies gilt auch, wenn Massagen, Bäder und Krankengymnastik als Bestandteil der ärztlichen Behandlung (§ 27 Absatz 1 Satz 2 Nr. 1) oder bei ambulanter Behandlung in Krankenhäusern, Rehabilitations- oder anderen Einrichtungen abgegeben werden. [3] Die Zuzahlung für die in Satz 2 genannten Heilmittel, die als Bestandteil der ärztlichen

Behandlung abgegeben werden, errechnet sich nach den Preisen, die nach § 125 vereinbart oder nach § 125b Absatz 2 festgesetzt worden sind.

§ 33 Hilfsmittel. (1) [1]Versicherte haben Anspruch auf Versorgung mit Hörhilfen, Körperersatzstücken, orthopädischen und anderen Hilfsmitteln, die im Einzelfall erforderlich sind, um den Erfolg der Krankenbehandlung zu sichern, einer drohenden Behinderung vorzubeugen oder eine Behinderung auszugleichen, soweit die Hilfsmittel nicht als allgemeine Gebrauchsgegenstände des täglichen Lebens anzusehen oder nach § 34 Abs. 4 ausgeschlossen sind. [2]Die Hilfsmittel müssen mindestens die im Hilfsmittelverzeichnis nach § 139 Absatz 2 festgelegten Anforderungen an die Qualität der Versorgung und der Produkte erfüllen, soweit sie im Hilfsmittelverzeichnis nach § 139 Absatz 1 gelistet oder von den dort genannten Produktgruppen erfasst sind. [3]Der Anspruch auf Versorgung mit Hilfsmitteln zum Behinderungsausgleich hängt bei stationärer Pflege nicht davon ab, in welchem Umfang eine Teilhabe am Leben der Gemeinschaft noch möglich ist; die Pflicht der stationären Pflegeeinrichtungen zur Vorhaltung von Hilfsmitteln und Pflegehilfsmitteln, die für den üblichen Pflegebetrieb jeweils notwendig sind, bleibt hiervon unberührt. [4]Für nicht durch Satz 1 ausgeschlossene Hilfsmittel bleibt § 92 Abs. 1 unberührt. [5]Der Anspruch umfasst auch zusätzlich zur Bereitstellung des Hilfsmittels zu erbringende, notwendige Leistungen wie die notwendige Änderung, Instandsetzung und Ersatzbeschaffung von Hilfsmitteln, die Ausbildung in ihrem Gebrauch und, soweit zum Schutz der Versicherten vor unvertretbaren gesundheitlichen Risiken erforderlich, die nach dem Stand der Technik zur Erhaltung der Funktionsfähigkeit und der technischen Sicherheit notwendigen Wartungen und technischen Kontrollen. [6]Ein Anspruch besteht auch auf solche Hilfsmittel, die eine dritte Person durch einen Sicherheitsmechanismus vor Nadelstichverletzungen schützen, wenn der Versicherte selbst nicht zur Anwendung des Hilfsmittels in der Lage ist und es hierfür einer Tätigkeit der dritten Person bedarf, bei der durch mögliche Stichverletzungen eine Infektionsgefahr besteht oder angenommen werden kann. [7]Zu diesen Tätigkeiten gehören insbesondere Blutentnahmen und Injektionen. [8]Der Gemeinsame Bundesausschuss bestimmt in seiner Richtlinie nach § 92 Absatz 1 Satz 2 Nummer 6 bis zum 31. Januar 2020 die Tätigkeiten, bei denen eine erhöhte Infektionsgefährdung angenommen werden kann. [9]Wählen Versicherte Hilfsmittel oder zusätzliche Leistungen, die über das Maß des Notwendigen hinausgehen, haben sie die Mehrkosten und dadurch bedingte höhere Folgekosten selbst zu tragen. [10]§ 18 Absatz 6a des Elften Buches[1)] ist zu beachten.

(2) [1]Versicherte haben bis zur Vollendung des 18. Lebensjahres Anspruch auf Versorgung mit Sehhilfen entsprechend den Voraussetzungen nach Absatz 1. [2]Für Versicherte, die das 18. Lebensjahr vollendet haben, besteht der Anspruch auf Sehhilfen, wenn sie

1. nach ICD 10-GM 2017 auf Grund ihrer Sehbeeinträchtigung oder Blindheit bei bestmöglicher Brillenkorrektur auf beiden Augen eine schwere Sehbeeinträchtigung mindestens der Stufe 1 oder

2. einen verordneten Fern-Korrekturausgleich für einen Refraktionsfehler von mehr als 6 Dioptrien bei Myopie oder Hyperopie oder mehr als 4 Dioptrien bei Astigmatismus

---

[1)] Nr. **10.**

aufweisen; Anspruch auf therapeutische Sehhilfen besteht, wenn diese der Behandlung von Augenverletzungen oder Augenerkrankungen dienen. [3]Der Gemeinsame Bundesausschuss bestimmt in Richtlinien nach § 92, bei welchen Indikationen therapeutische Sehhilfen verordnet werden. [4]Der Anspruch auf Versorgung mit Sehhilfen umfaßt nicht die Kosten des Brillengestells.

(3) [1]Anspruch auf Versorgung mit Kontaktlinsen besteht für anspruchsberechtigte Versicherte nach Absatz 2 nur in medizinisch zwingend erforderlichen Ausnahmefällen. [2]Der Gemeinsame Bundesausschuss bestimmt in den Richtlinien nach § 92, bei welchen Indikationen Kontaktlinsen verordnet werden. [3]Wählen Versicherte statt einer erforderlichen Brille Kontaktlinsen und liegen die Voraussetzungen des Satzes 1 nicht vor, zahlt die Krankenkasse als Zuschuß zu den Kosten von Kontaktlinsen höchstens den Betrag, den sie für eine erforderliche Brille aufzuwenden hätte. [4]Die Kosten für Pflegemittel werden nicht übernommen.

(4) Ein erneuter Anspruch auf Versorgung mit Sehhilfen nach Absatz 2 besteht für Versicherte, die das vierzehnte Lebensjahr vollendet haben, nur bei einer Änderung der Sehfähigkeit um mindestens 0,5 Dioptrien; für medizinisch zwingend erforderliche Fälle kann der Gemeinsame Bundesausschuss in den Richtlinien nach § 92 Ausnahmen zulassen.

(5) [1]Die Krankenkasse kann den Versicherten die erforderlichen Hilfsmittel auch leihweise überlassen. [2]Sie kann die Bewilligung von Hilfsmitteln davon abhängig machen, daß die Versicherten sich das Hilfsmittel anpassen oder sich in seinem Gebrauch ausbilden lassen.

(5a) [1]Eine vertragsärztliche Verordnung ist für die Beantragung von Leistungen nach den Absätzen 1 bis 4 nur erforderlich, soweit eine erstmalige oder erneute ärztliche Diagnose oder Therapieentscheidung medizinisch geboten ist. [2]Abweichend von Satz 1 können die Krankenkassen eine vertragsärztliche Verordnung als Voraussetzung für die Kostenübernahme verlangen, soweit sie auf die Genehmigung der beantragten Hilfsmittelversorgung verzichtet haben. [3]§ 18 Absatz 6a und § 40 Absatz 6 des Elften Buches[1]) sind zu beachten.

(5b) [1]Sofern die Krankenkassen nicht auf die Genehmigung der beantragten Hilfsmittelversorgung verzichten, haben sie den Antrag auf Bewilligung eines Hilfsmittels mit eigenem weisungsgebundenem Personal zu prüfen. [2]Sie können in geeigneten Fällen durch den Medizinischen Dienst vor Bewilligung eines Hilfsmittels nach § 275 Absatz 3 Nummer 1 prüfen lassen, ob das Hilfsmittel erforderlich ist. [3]Eine Beauftragung Dritter ist nicht zulässig.

(6) [1]Die Versicherten können alle Leistungserbringer in Anspruch nehmen, die Vertragspartner ihrer Krankenkasse sind. [2]Vertragsärzte oder Krankenkassen dürfen, soweit gesetzlich nicht etwas anderes bestimmt ist oder aus medizinischen Gründen im Einzelfall eine Empfehlung geboten ist, weder Verordnungen bestimmten Leistungserbringern zuweisen, noch die Versicherten dahingehend beeinflussen, Verordnungen bei einem bestimmten Leistungserbringer einzulösen. [3]Die Sätze 1 und 2 gelten auch bei der Einlösung von elektronischen Verordnungen.

(7) Die Krankenkasse übernimmt die jeweils vertraglich vereinbarten Preise.

(8) [1]Versicherte, die das 18. Lebensjahr vollendet haben, leisten zu jedem zu Lasten der gesetzlichen Krankenversicherung abgegebenen Hilfsmittel als Zu-

---

[1]) Nr. 10.

zahlung den sich nach § 61 Satz 1 ergebenden Betrag zu dem von der Krankenkasse zu übernehmenden Betrag an die abgebende Stelle. [2]Der Vergütungsanspruch nach Absatz 7 verringert sich um die Zuzahlung; § 43c Abs. 1 Satz 2 findet keine Anwendung. [3]Die Zuzahlung bei zum Verbrauch bestimmten Hilfsmitteln beträgt 10 vom Hundert des insgesamt von der Krankenkasse zu übernehmenden Betrags, jedoch höchstens 10 Euro für den gesamten Monatsbedarf.

(9) Absatz 1 Satz 9 gilt entsprechend für Intraokularlinsen beschränkt auf die Kosten der Linsen.

§ 33a Digitale Gesundheitsanwendungen. (1) [1]Versicherte haben Anspruch auf Versorgung mit Medizinprodukten niedriger Risikoklasse, deren Hauptfunktion wesentlich auf digitalen Technologien beruht und die dazu bestimmt sind, bei den Versicherten oder in der Versorgung durch Leistungserbringer die Erkennung, Überwachung, Behandlung oder Linderung von Krankheiten oder die Erkennung, Behandlung, Linderung oder Kompensierung von Verletzungen oder Behinderungen zu unterstützen (digitale Gesundheitsanwendungen). [2]Der Anspruch umfasst nur solche digitalen Gesundheitsanwendungen, die

1. vom Bundesinstitut für Arzneimittel und Medizinprodukte in das Verzeichnis für digitale Gesundheitsanwendungen nach § 139e aufgenommen wurden und

2. entweder nach Verordnung des behandelnden Arztes oder des behandelnden Psychotherapeuten oder mit Genehmigung der Krankenkasse angewendet werden.

[3]Für die Genehmigung nach Satz 2 Nummer 2 ist das Vorliegen der medizinischen Indikation nachzuweisen, für die die digitale Gesundheitsanwendung bestimmt ist. [4]Wählen Versicherte Medizinprodukte, deren Funktionen oder Anwendungsbereiche über die in das Verzeichnis für digitale Gesundheitsanwendungen nach § 139e aufgenommenen digitalen Gesundheitsanwendungen hinausgehen oder deren Kosten die Vergütungsbeträge nach § 134 übersteigen, haben sie die Mehrkosten selbst zu tragen.

(2) Medizinprodukte mit niedriger Risikoklasse nach Absatz 1 Satz 1 sind solche, die der Risikoklasse I oder IIa nach § 13 Absatz 1 des Medizinproduktegesetzes in Verbindung mit Anhang IX der Richtlinie 93/42/EWG des Rates vom 14. Juni 1993 über Medizinprodukte (ABl. L 169 vom 12.7.1993, S. 1), die zuletzt durch die Verordnung (EU) 2020/561 des Europäischen Parlaments und des Rates vom 23. April 2020 zur Änderung der Verordnung (EU) 2017/745 über Medizinprodukte hinsichtlich des Geltungsbeginns einiger ihrer Bestimmungen (ABl. L 130 vom 24.4.2020, S. 18) geändert worden ist oder nach Artikel 51 in Verbindung mit Anhang VIII der Verordnung (EU) 2017/745 des Europäischen Parlaments und des Rates vom 5. April 2017 über Medizinprodukte, zur Änderung der Richtlinie 2001/83/EG, der Verordnung (EG) Nr. 178/2002 und der Verordnung (EG) Nr. 1223/2009 und zur Aufhebung der Richtlinien 90/385/EWG und 93/42/EWG des Rates (ABl. L 117 vom 5.5.2017, S. 1; L 117 vom 3.5.2019, S. 9) zugeordnet und als solche bereits in den Verkehr gebracht sind, als Medizinprodukt der Risikoklasse IIa auf Grund der Übergangsbestimmungen in Artikel 120 Absatz 3 oder Absatz 4 der Verordnung (EU) 2017/745 in Verkehr gebracht wurden oder als Medizin-

produkt der Risikoklasse I auf Grund unionsrechtlicher Vorschriften zunächst verkehrsfähig bleiben und im Verkehr sind.

(3) [1] Die Hersteller stellen den Versicherten digitale Gesundheitsanwendungen im Wege elektronischer Übertragung über öffentlich zugängliche Netze oder auf maschinell lesbaren Datenträgern zur Verfügung. [2] Ist eine Übertragung oder Abgabe nach Satz 1 nicht möglich, können digitale Gesundheitsanwendungen auch über öffentlich zugängliche digitale Vertriebsplattformen zur Verfügung gestellt werden; in diesen Fällen erstattet die Krankenkasse dem Versicherten die tatsächlichen Kosten bis zur Höhe der Vergütungsbeträge nach § 134.

(4) [1] Leistungsansprüche nach anderen Vorschriften dieses Buches bleiben unberührt. [2] Der Leistungsanspruch nach Absatz 1 besteht unabhängig davon, ob es sich bei der digitalen Gesundheitsanwendung um eine neue Untersuchungs- oder Behandlungsmethode handelt; es bedarf keiner Richtlinie nach § 135 Absatz 1 Satz 1. [3] Ein Leistungsanspruch nach Absatz 1 auf digitale Gesundheitsanwendungen, die Leistungen enthalten, die nach dem Dritten Kapitel ausgeschlossen sind oder über die der Gemeinsame Bundesausschuss bereits eine ablehnende Entscheidung nach den §§ 92, 135 oder 137c getroffen hat, besteht nicht.

(5) [1] Vertragsärzte, Vertragszahnärzte und Vertragspsychotherapeuten dürfen Verordnungen von digitalen Gesundheitsanwendungen nicht bestimmten Leistungserbringern zuweisen. [2] Vertragsärzte, Vertragszahnärzte und Vertragspsychotherapeuten dürfen mit Herstellern digitaler Gesundheitsanwendungen oder mit Personen, die sich mit der Behandlung von Krankheiten befassen, keine Rechtsgeschäfte vornehmen oder Absprachen treffen, die eine Zuweisung oder eine Übermittlung von Verordnungen von digitalen Gesundheitsanwendungen zum Gegenstand haben. [3] Die Sätze 1 und 2 gelten nicht, soweit gesetzlich etwas anderes bestimmt ist oder aus medizinischen Gründen im Einzelfall ein anderes Vorgehen geboten ist. [4] Die Sätze 1 bis 3 gelten auch für elektronische Verordnungen von digitalen Gesundheitsanwendungen.

(6) [1] Der Spitzenverband Bund der Krankenkassen legt über das Bundesministerium für Gesundheit dem Deutschen Bundestag jährlich, erstmals zum 31. Dezember 2021, einen Bericht vor, wie und in welchem Umfang den Versicherten Leistungen nach Absatz 1 zu Lasten seiner Mitglieder gewährt werden. [2] Der Spitzenverband Bund der Krankenkassen bestimmt zu diesem Zweck die von seinen Mitgliedern zu übermittelnden statistischen Informationen über die erstatteten Leistungen sowie Art und Umfang der Übermittlung. [3] Der Spitzenverband Bund der Krankenkassen veröffentlicht den Bericht barrierefrei im Internet. [4] Das Bundesministerium für Gesundheit kann weitere Inhalte des Berichts in der Rechtsverordnung nach § 139e Absatz 9 festlegen.

§ 34 **Ausgeschlossene Arznei-, Heil- und Hilfsmittel.** (1) [1] Nicht verschreibungspflichtige Arzneimittel sind von der Versorgung nach § 31 ausgeschlossen. [2] Der Gemeinsame Bundesausschuss legt in den Richtlinien nach § 92 Abs. 1 Satz 2 Nr. 6 fest, welche nicht verschreibungspflichtigen Arzneimittel, die bei der Behandlung schwerwiegender Erkrankungen als Therapiestandard gelten, zur Anwendung bei diesen Erkrankungen mit Begründung vom Vertragsarzt ausnahmsweise verordnet werden können. [3] Dabei ist der therapeutischen Vielfalt Rechnung zu tragen. [4] Der Gemeinsame Bundesausschuss hat auf der Grundlage der Richtlinie nach Satz 2 dafür Sorge zu tragen, dass eine Zusammenstellung der verordnungsfähigen Fertigarzneimittel erstellt, regelmäßig aktualisiert wird und im Internet abruffähig sowie in elektronisch weiterverarbeitbarer Form zur Verfügung steht. [5] Satz 1 gilt nicht für:

1. versicherte Kinder bis zum vollendeten 12. Lebensjahr,
2. versicherte Jugendliche bis zum vollendeten 18. Lebensjahr mit Entwicklungsstörungen.

[6] Für Versicherte, die das achtzehnte Lebensjahr vollendet haben, sind von der Versorgung nach § 31 folgende verschreibungspflichtige Arzneimittel bei Verordnung in den genannten Anwendungsgebieten ausgeschlossen:

1. Arzneimittel zur Anwendung bei Erkältungskrankheiten und grippalen Infekten einschließlich der bei diesen Krankheiten anzuwendenden Schnupfenmittel, Schmerzmittel, hustendämpfenden und hustenlösenden Mittel,
2. Mund- und Rachentherapeutika, ausgenommen bei Pilzinfektionen,
3. Abführmittel,
4. Arzneimittel gegen Reisekrankheit.

[7] Von der Versorgung sind außerdem Arzneimittel ausgeschlossen, bei deren Anwendung eine Erhöhung der Lebensqualität im Vordergrund steht. [8] Ausgeschlossen sind insbesondere Arzneimittel, die überwiegend zur Behandlung der erektilen Dysfunktion, der Anreizung sowie Steigerung der sexuellen Potenz, zur Raucherentwöhnung, zur Abmagerung oder zur Zügelung des Appetits, zur Regulierung des Körpergewichts oder zur Verbesserung des Haarwuchses dienen. [9] Das Nähere regeln die Richtlinien nach § 92 Abs. 1 Satz 2 Nr. 6.

(2) [1] Abweichend von Absatz 1 haben Versicherte, bei denen eine bestehende schwere Tabakabhängigkeit festgestellt wurde, Anspruch auf eine einmalige Versorgung mit Arzneimitteln zur Tabakentwöhnung im Rahmen von evidenzbasierten Programmen zur Tabakentwöhnung. [2] Eine erneute Versorgung nach Satz 1 ist frühestens drei Jahre nach Abschluss der Behandlung nach Satz 1 möglich. [3] Der Gemeinsame Bundesausschuss legt in den Richtlinien nach § 92 Absatz 1 Satz 2 Nummer 6 fest, welche Arzneimittel und unter welchen Voraussetzungen Arzneimittel zur Tabakentwöhnung im Rahmen von evidenzbasierten Programmen zur Tabakentwöhnung verordnet werden können.

(3) [1] Der Ausschluss der Arzneimittel, die in Anlage 2 Nummer 2 bis 6 der Verordnung über unwirtschaftliche Arzneimittel in der gesetzlichen Krankenversicherung vom 21. Februar 1990 (BGBl. I S. 301), die zuletzt durch die Verordnung vom 9. Dezember 2002 (BGBl. I S. 4554) geändert worden ist, aufgeführt sind, gilt als Verordnungsausschluss des Gemeinsamen Bundesausschusses und ist Teil der Richtlinien nach § 92 Absatz 1 Satz 2 Nummer 6. [2] Bei der Beurteilung von Arzneimitteln der besonderen Therapierichtungen wie homöopathischen, phytotherapeutischen und anthroposophischen Arzneimitteln ist der besonderen Wirkungsweise dieser Arzneimittel Rechnung zu tragen.

(4) [1] Das Bundesministerium für Gesundheit kann durch Rechtsverordnung mit Zustimmung des Bundesrates Hilfsmittel von geringem oder umstrittenem therapeutischen Nutzen oder geringem Abgabepreis bestimmen, deren Kosten die Krankenkasse nicht übernimmt. [2] Die Rechtsverordnung kann auch bestimmen, inwieweit geringfügige Kosten der notwendigen Änderung, Instandsetzung und Ersatzbeschaffung sowie der Ausbildung im Gebrauch der Hilfsmittel

von der Krankenkasse nicht übernommen werden. [3] Die Sätze 1 und 2 gelten nicht für die Instandsetzung von Hörgeräten und ihre Versorgung mit Batterien bei Versicherten, die das achtzehnte Lebensjahr noch nicht vollendet haben. [4] Für nicht durch Rechtsverordnung nach Satz 1 ausgeschlossene Hilfsmittel bleibt § 92 unberührt.

(5) *(aufgehoben)*

(6) [1] Pharmazeutische Unternehmer können beim Gemeinsamen Bundesausschuss Anträge zur Aufnahme von Arzneimitteln in die Zusammenstellung nach Absatz 1 Satz 2 und 4 stellen. [2] Die Anträge sind ausreichend zu begründen; die erforderlichen Nachweise sind dem Antrag beizufügen. [3] Sind die Angaben zur Begründung des Antrags unzureichend, teilt der Gemeinsame Bundesausschuss dem Antragsteller unverzüglich mit, welche zusätzlichen Einzelangaben erforderlich sind. [4] Der Gemeinsame Bundesausschuss hat über ausreichend begründete Anträge nach Satz 1 innerhalb von 90 Tagen zu bescheiden und den Antragsteller über Rechtsmittel und Rechtsmittelfristen zu belehren. [5] Eine ablehnende Entscheidung muss eine auf objektiven und überprüfbaren Kriterien beruhende Begründung enthalten. [6] Für das Antragsverfahren sind Gebühren zu erheben. [7] Das Nähere insbesondere zur ausreichenden Begründung und zu den erforderlichen Nachweisen regelt der Gemeinsame Bundesausschuss.

...

§ 36 Festbeträge für Hilfsmittel. (1) [1] Der Spitzenverband Bund der Krankenkassen bestimmt Hilfsmittel, für die Festbeträge festgesetzt werden. [2] Dabei sollen unter Berücksichtigung des Hilfsmittelverzeichnisses nach § 139 in ihrer Funktion gleichartige und gleichwertige Mittel in Gruppen zusammengefasst und die Einzelheiten der Versorgung festgelegt werden. [3] Den maßgeblichen Spitzenorganisationen der betroffenen Hersteller und Leistungserbringer auf Bundesebene ist unter Übermittlung der hierfür erforderlichen Informationen innerhalb einer angemessenen Frist vor der Entscheidung Gelegenheit zur Stellungnahme zu geben; die Stellungnahmen sind in die Entscheidung einzubeziehen.

(2) [1] Der Spitzenverband Bund der Krankenkassen setzt für die Versorgung mit den nach Absatz 1 bestimmten Hilfsmitteln einheitliche Festbeträge fest. [2] Absatz 1 Satz 3 gilt entsprechend. [3] Die Hersteller und Leistungserbringer sind verpflichtet, dem Spitzenverband Bund der Krankenkassen auf Verlangen die zur Wahrnehmung der Aufgaben nach Satz 1 und nach Absatz 1 Satz 1 und 2 erforderlichen Informationen und Auskünfte, insbesondere auch zu den Abgabepreisen der Hilfsmittel, zu erteilen.

(3) § 35 Abs. 5 und 7 gilt entsprechend.

§ 37 Häusliche Krankenpflege. (1) [1] Versicherte erhalten in ihrem Haushalt, ihrer Familie oder sonst an einem geeigneten Ort, insbesondere in betreuten Wohnformen, Schulen und Kindergärten, bei besonders hohem Pflegebedarf auch in Werkstätten für behinderte Menschen neben der ärztlichen Behandlung häusliche Krankenpflege durch geeignete Pflegekräfte, wenn Krankenhausbehandlung geboten, aber nicht ausführbar ist, oder wenn sie durch die häusliche Krankenpflege vermieden oder verkürzt wird. [2] § 10 der Werkstättenverordnung[1] bleibt unberührt. [3]Die häusliche Krankenpflege umfaßt die im Einzelfall erforderliche Grund- und Behandlungspflege sowie hauswirtschaftliche Versorgung. [4]Der Anspruch besteht bis zu vier Wochen je Krankheitsfall. [5]In begründeten Ausnahmefällen kann die Krankenkasse die häusliche Krankenpflege für einen längeren Zeitraum bewilligen, wenn der Medizinische Dienst (§ 275) festgestellt hat, daß dies aus den in Satz 1 genannten Gründen erforderlich ist.

(1a) [1]Versicherte erhalten an geeigneten Orten im Sinne von Absatz 1 Satz 1 wegen schwerer Krankheit oder wegen akuter Verschlimmerung einer Krankheit, insbesondere nach einem Krankenhausaufenthalt, nach einer ambulanten Operation oder nach einer ambulanten Krankenhausbehandlung, soweit keine Pflegebedürftigkeit mit Pflegegrad 2, 3, 4 oder 5 im Sinne des Elften Buches[2] vorliegt, die erforderliche Grundpflege und hauswirtschaftliche Versorgung. [2]Absatz 1 Satz 4 und 5 gilt entsprechend.

(2) [1]Versicherte erhalten in ihrem Haushalt, ihrer Familie oder sonst an einem geeigneten Ort, insbesondere in betreuten Wohnformen, Schulen und Kindergärten, bei besonders hohem Pflegebedarf auch in Werkstätten für behinderte Menschen als häusliche Krankenpflege Behandlungspflege, wenn diese zur Sicherung des Ziels der ärztlichen Behandlung erforderlich ist. [2]§ 10 der Werkstättenverordnung bleibt unberührt. *[Satz 3 bis 30.10.2023:]* [3]Der Anspruch nach Satz 1 besteht über die dort genannten Fälle hinaus ausnahmsweise auch für solche Versicherte in zugelassenen Pflegeeinrichtungen im Sinne des § 43 des Elften Buches, die auf Dauer, voraussichtlich für mindestens sechs Monate, einen besonders hohen Bedarf an medizinischer Behandlungspflege haben; § 37c Absatz 3 gilt entsprechend. *[Satz 3 ab 31.10.2023:]* *[3]Der Anspruch nach Satz 1 besteht nicht für Versicherte mit einem besonders hohen Bedarf an medizinischer Behandlungspflege, die Anspruch auf Leistungen nach § 37c haben, soweit diese Leistungen tatsächlich erbracht werden.* [4]Die Satzung kann bestimmen, dass die Krankenkasse zusätzlich zur Behandlungspflege nach Satz 1 als häusliche Krankenpflege auch Grundpflege und hauswirtschaftliche Versorgung erbringt. [5]Die Satzung kann dabei Dauer und Umfang der Grundpflege und der hauswirtschaftlichen Versorgung nach Satz 4 bestimmen. [6]Leistungen nach den Sätzen 4 und 5 sind nach Eintritt von Pflegebedürftigkeit mit mindestens Pflegegrad 2 im Sinne des Elften Buches[2] nicht zulässig. [7]Versicherte, die nicht auf Dauer in Einrichtungen nach § 71 Abs. 2 oder 4 des Elften Buches[3] aufgenommen sind, erhalten Leistungen nach Satz 1 und den Sätzen 4 bis 6 auch dann, wenn ihr Haushalt nicht mehr besteht und ihnen nur zur Durchführung der Behandlungspflege vorübergehender Aufenthalt in einer Einrichtung oder in einer anderen geeigneten Unterkunft zur Verfügung gestellt wird. *[Satz 8 bis 30.10. 2023:]* [8]Versicherte erhalten in stationären Einrichtungen im Sinne des § 43a des Elften Buches Leistungen nach Satz 1, wenn der Bedarf an Behandlungspflege eine ständige Überwachung und Versorgung durch eine qualifizierte Pflegefachkraft erfordert.

(2a) [1]Die gesetzliche Krankenversicherung beteiligt sich an den Kosten der medizinischen Behandlungspflege in vollstationären Pflegeeinrichtungen mit einem jährlichen Pauschalbetrag in Höhe von 640 Millionen Euro, der an den

---

[1] Nr. **2c**.
[2] Auszugsweise abgedruckt unter Nr. **10**.
[3] Nr. **10**.

Ausgleichsfonds der sozialen Pflegeversicherung zu leisten ist. [2]Die Zahlung erfolgt anteilig quartalsweise. [3]Der Spitzenverband Bund der Krankenkassen erhebt hierzu von den Krankenkassen eine Umlage gemäß dem Anteil der Versicherten der Krankenkassen an der Gesamtzahl der Versicherten aller Krankenkassen. [4]Das Nähere zum Umlageverfahren und zur Zahlung an die Pflegeversicherung bestimmt der Spitzenverband Bund der Krankenkassen.

(2b) [1]Die häusliche Krankenpflege nach den Absätzen 1 und 2 umfasst auch die ambulante Palliativversorgung. [2]Für Leistungen der ambulanten Palliativversorgung ist regelmäßig ein begründeter Ausnahmefall im Sinne von Absatz 1 Satz 5 anzunehmen. [3]§ 37b Absatz 4 gilt für die häusliche Krankenpflege zur ambulanten Palliativversorgung entsprechend.

(3) Der Anspruch auf häusliche Krankenpflege besteht nur, soweit eine im Haushalt lebende Person den Kranken in dem erforderlichen Umfang nicht pflegen und versorgen kann.

(4) Kann die Krankenkasse keine Kraft für die häusliche Krankenpflege stellen oder besteht Grund, davon abzusehen, sind den Versicherten die Kosten für eine selbstbeschaffte Kraft in angemessener Höhe zu erstatten.

(5) Versicherte, die das 18. Lebensjahr vollendet haben, leisten als Zuzahlung den sich nach § 61 Satz 3 ergebenden Betrag, begrenzt auf die für die ersten 28 Kalendertage der Leistungsinanspruchnahme je Kalenderjahr anfallenden Kosten an die Krankenkasse.

(6) Der Gemeinsame Bundesausschuss legt in Richtlinien nach § 92 fest, an welchen Orten und in welchen Fällen Leistungen nach den Absätzen 1 und 2 auch außerhalb des Haushalts und der Familie des Versicherten erbracht werden können.

(7) [1]Der Gemeinsame Bundesausschuss regelt in Richtlinien nach § 92 unter Berücksichtigung bestehender Therapieangebote das Nähere zur Versorgung von chronischen und schwer heilenden Wunden. [2]Die Versorgung von chronischen und schwer heilenden Wunden kann auch in spezialisierten Einrichtungen an einem geeigneten Ort außerhalb der Häuslichkeit von Versicherten erfolgen.

(8) Der Gemeinsame Bundesausschuss regelt in der Richtlinie über die Verordnung häuslicher Krankenpflege nach § 92 Absatz 1 Satz 2 Nummer 6 bis zum 31. Juli 2022 Rahmenvorgaben zu einzelnen nach dem Leistungsverzeichnis der Richtlinie nach § 92 Absatz 1 Satz 2 Nummer 6 verordnungsfähigen Maßnahmen, bei denen Pflegefachkräfte, die die in den Rahmenempfehlungen nach § 132a Absatz 1 Satz 4 Nummer 7 geregelten Anforderungen erfüllen, innerhalb eines vertragsärztlich festgestellten Verordnungsrahmens selbst über die erforderliche Häufigkeit und Dauer bestimmen können, sowie Vorgaben zur Notwendigkeit eines erneuten Arztkontaktes und zur Information der Vertragsärztin oder des Vertragsarztes durch den Leistungserbringer über die erbrachten Maßnahmen.

(9) [1]Zur Feststellung des tatsächlichen Ausgabenvolumens für die im Rahmen einer Versorgung nach Absatz 8 erbrachten Leistungen pseudonymisieren die Krankenkassen die Angaben zu den Ausgaben jeweils arztbezogen sowie versichertenbezogen. [2]Sie übermitteln diese Angaben nach Durchführung der Abrechnungsprüfung dem Spitzenverband Bund der Krankenkassen, der diese Daten für den Zweck der nach Absatz 10 durchzuführenden Evaluierung kassenartenübergreifend zusammenführt und diese Daten dem nach Absatz 10

Satz 2 beauftragten unabhängigen Dritten übermittelt. [3] Das Nähere zur Datenübermittlung und zum Verfahren der Pseudonymisierung regelt der Spitzenverband Bund der Krankenkassen. [4] Der Spitzenverband Bund der Krankenkassen und der beauftragte unabhängige Dritte nach Absatz 10 Satz 2 haben die
ihnen nach Satz 2 übermittelten pseudonymisierten Daten spätestens ein Jahr
nach Abschluss der Evaluierung zu löschen.

(10) [1] Drei Jahre nach Inkrafttreten der Regelungen nach Absatz 8 evaluieren
der Spitzenverband Bund der Krankenkassen, die Kassenärztliche Bundesvereinigung und die in § 132a Absatz 1 Satz 1 genannten Organisationen der
Leistungserbringer unter Berücksichtigung der nach Absatz 9 Satz 2 übermittelten Daten insbesondere die mit der Versorgung nach Absatz 8 verbundenen
Auswirkungen auf das Versorgungsgeschehen im Bereich der häuslichen Krankenpflege, die finanziellen Auswirkungen auf die Krankenkassen, die Wirtschaftlichkeit der Versorgung nach Absatz 8 sowie die Auswirkungen auf die
Behandlungs- und Ergebnisqualität. [2] Die Evaluierung hat durch einen durch
den Spitzenverband Bund der Krankenkassen, die Kassenärztliche Bundesvereinigung und die in § 132a Absatz 1 Satz 1 genannten Organisationen der
Leistungserbringer gemeinsam zu beauftragenden unabhängigen Dritten zu
erfolgen.

§ 37a Soziotherapie.

(1) [1] Versicherte, die wegen schwerer psychischer Er-
krankung nicht in der Lage sind, ärztliche oder ärztlich verordnete Leistungen
selbständig in Anspruch zu nehmen, haben Anspruch auf Soziotherapie, wenn
dadurch Krankenhausbehandlung vermieden oder verkürzt wird oder wenn
diese geboten, aber nicht ausführbar ist. [2] Die Soziotherapie umfasst im Rahmen des Absatzes 2 die im Einzelfall erforderliche Koordinierung der verordneten Leistungen sowie Anleitung und Motivation zu deren Inanspruchnahme.
[3] Der Anspruch besteht für höchstens 120 Stunden innerhalb von drei Jahren je
Krankheitsfall.

(2) Der Gemeinsame Bundesausschuss bestimmt in den Richtlinien nach
§ 92 das Nähere über Voraussetzungen, Art und Umfang der Versorgung nach
Absatz 1, insbesondere

1. die Krankheitsbilder, bei deren Behandlung im Regelfall Soziotherapie erforderlich ist,
2. die Ziele, den Inhalt, den Umfang, die Dauer und die Häufigkeit der Soziotherapie,
3. die Voraussetzungen, unter denen Ärzte zur Verordnung von Soziotherapie
berechtigt sind,
4. die Anforderungen an die Therapiefähigkeit des Patienten,
5. Inhalt und Umfang der Zusammenarbeit des verordnenden Arztes mit dem
Leistungserbringer.

(3) Versicherte, die das 18. Lebensjahr vollendet haben, leisten als Zuzahlung
je Kalendertag der Leistungsinanspruchnahme den sich nach § 61 Satz 1 ergebenden Betrag an die Krankenkasse.

§ 37b Spezialisierte ambulante Palliativversorgung.

(1) [1] Versicherte mit
einer nicht heilbaren, fortschreitenden und weit fortgeschrittenen Erkrankung
bei einer zugleich begrenzten Lebenserwartung, die eine besonders aufwändige
Versorgung benötigen, haben Anspruch auf spezialisierte ambulante Palliativ-

versorgung. [2]Die Leistung ist von einem Vertragsarzt oder Krankenhausarzt zu verordnen. [3]Die spezialisierte ambulante Palliativversorgung umfasst ärztliche und pflegerische Leistungen einschließlich ihrer Koordination insbesondere zur Schmerztherapie und Symptomkontrolle und zielt darauf ab, die Betreuung der Versicherten nach Satz 1 in der vertrauten Umgebung des häuslichen oder familiären Bereichs zu ermöglichen; hierzu zählen beispielsweise Einrichtungen der Eingliederungshilfe für behinderte Menschen und der Kinder- und Jugendhilfe. [4]Versicherte in stationären Hospizen haben einen Anspruch auf die Teilleistung der erforderlichen ärztlichen Versorgung im Rahmen der spezialisierten ambulanten Palliativversorgung. [5]Dies gilt nur, wenn und soweit nicht andere Leistungsträger zur Leistung verpflichtet sind. [6]Dabei sind die besonderen Belange von Kindern zu berücksichtigen.

(2) [1]Versicherte in stationären Pflegeeinrichtungen im Sinne von § 72 Abs. 1 des Elften Buches haben in entsprechender Anwendung des Absatzes 1 einen Anspruch auf spezialisierte Palliativversorgung. [2]Die Verträge nach § 132d Abs. 1 regeln, ob die Leistung nach Absatz 1 durch Vertragspartner der Krankenkassen in der Pflegeeinrichtung oder durch Personal der Pflegeeinrichtung erbracht wird; § 132d Abs. 2 gilt entsprechend.

(3) Der Gemeinsame Bundesausschuss bestimmt in den Richtlinien nach § 92 das Nähere über die Leistungen, insbesondere

1. die Anforderungen an die Erkrankungen nach Absatz 1 Satz 1 sowie an den besonderen Versorgungsbedarf der Versicherten,

2. Inhalt und Umfang der spezialisierten ambulanten Palliativversorgung einschließlich von deren Verhältnis zur ambulanten Versorgung und der Zusammenarbeit der Leistungserbringer mit den bestehenden ambulanten Hospizdiensten und stationären Hospizen (integrativer Ansatz); die gewachsenen Versorgungsstrukturen sind zu berücksichtigen,

3. Inhalt und Umfang der Zusammenarbeit des verordnenden Arztes mit dem Leistungserbringer.

(4) [1]Der Spitzenverband Bund der Krankenkassen berichtet dem Bundesministerium für Gesundheit alle drei Jahre über die Entwicklung der spezialisierten ambulanten Palliativversorgung und die Umsetzung der dazu erlassenen Richtlinien des Gemeinsamen Bundesausschusses. [2]Er bestimmt zu diesem Zweck die von seinen Mitgliedern zu übermittelnden statistischen Informationen über die geschlossenen Verträge und die erbrachten Leistungen der spezialisierten ambulanten Palliativversorgung.

§ 38 Haushaltshilfe. (1) [1]Versicherte erhalten Haushaltshilfe, wenn ihnen wegen Krankenhausbehandlung oder wegen einer Leistung nach § 23 Abs. 2 oder 4, §§ 24, 37, 40 oder § 41 die Weiterführung des Haushalts nicht möglich ist. [2]Voraussetzung ist ferner, daß im Haushalt ein Kind lebt, das bei Beginn der Haushaltshilfe das zwölfte Lebensjahr noch nicht vollendet hat oder das behindert und auf Hilfe angewiesen ist. [3]Darüber hinaus erhalten Versicherte, soweit keine Pflegebedürftigkeit mit Pflegegrad 2, 3, 4 oder 5 im Sinne des Elften Buches[1]) vorliegt, auch dann Haushaltshilfe, wenn ihnen die Weiterführung des Haushalts wegen schwerer Krankheit oder wegen akuter Verschlimmerung einer Krankheit, insbesondere nach einem Krankenhausaufenthalt, nach einer

---

[1]) Auszugsweise abgedruckt unter Nr. **10**.

ambulanten Operation oder nach einer ambulanten Krankenhausbehandlung, nicht möglich ist, längstens jedoch für die Dauer von vier Wochen. [4] Wenn im Haushalt ein Kind lebt, das bei Beginn der Haushaltshilfe das zwölfte Lebensjahr noch nicht vollendet hat oder das behindert und auf Hilfe angewiesen ist, verlängert sich der Anspruch nach Satz 3 auf längstens 26 Wochen. [5] Die Pflegebedürftigkeit von Versicherten schließt Haushaltshilfe nach den Sätzen 3 und 4 zur Versorgung des Kindes nicht aus.

(2) [1] Die Satzung kann bestimmen, daß die Krankenkasse in anderen als den in Absatz 1 genannten Fällen Haushaltshilfe erbringt, wenn Versicherten wegen Krankheit die Weiterführung des Haushalts nicht möglich ist. [2] Sie kann dabei von Absatz 1 Satz 2 bis 4 abweichen sowie Umfang und Dauer der Leistung bestimmen.

(3) Der Anspruch auf Haushaltshilfe besteht nur, soweit eine im Haushalt lebende Person den Haushalt nicht weiterführen kann.

(4) [1] Kann die Krankenkasse keine Haushaltshilfe stellen oder besteht Grund, davon abzusehen, sind den Versicherten die Kosten für eine selbstbeschaffte Haushaltshilfe in angemessener Höhe zu erstatten. [2] Für Verwandte und Verschwägerte bis zum zweiten Grad werden keine Kosten erstattet; die Krankenkasse kann jedoch die erforderlichen Fahrkosten und den Verdienstausfall erstatten, wenn die Erstattung in einem angemessenen Verhältnis zu den sonst für eine Ersatzkraft entstehenden Kosten steht.

(5) Versicherte, die das 18. Lebensjahr vollendet haben, leisten als Zuzahlung je Kalendertag der Leistungsinanspruchnahme den sich nach § 61 Satz 1 ergebenden Betrag an die Krankenkasse.

§ 39 Krankenhausbehandlung. (1) [1] Die Krankenhausbehandlung wird vollstationär, stationsäquivalent, teilstationär, vor- und nachstationär sowie ambulant erbracht; sie umfasst auch Untersuchungs- und Behandlungsmethoden, zu denen der Gemeinsame Bundesausschuss bisher keine Entscheidung nach § 137c Absatz 1 getroffen hat und die das Potential einer erforderlichen Behandlungsalternative bieten. [2] Versicherte haben Anspruch auf vollstationäre oder stationsäquivalente Behandlung durch ein nach § 108 zugelassenes Krankenhaus, wenn die Aufnahme oder die Behandlung im häuslichen Umfeld nach Prüfung durch das Krankenhaus erforderlich ist, weil das Behandlungsziel nicht durch teilstationäre, vor- und nachstationäre oder ambulante Behandlung einschließlich häuslicher Krankenpflege erreicht werden kann. [3] Die Krankenhausbehandlung umfaßt im Rahmen des Versorgungsauftrags des Krankenhauses alle Leistungen, die im Einzelfall nach Art und Schwere der Krankheit für die medizinische Versorgung der Versicherten im Krankenhaus notwendig sind, insbesondere ärztliche Behandlung (§ 28 Abs. 1), Krankenpflege, Versorgung mit Arznei-, Heil- und Hilfsmitteln, Unterkunft und Verpflegung; die akutstationäre Behandlung umfasst auch die im Einzelfall erforderlichen und zum frühestmöglichen Zeitpunkt einsetzenden Leistungen zur Frührehabilitation. [4] Die stationsäquivalente Behandlung umfasst eine psychiatrische Behandlung im häuslichen Umfeld durch mobile ärztlich geleitete multiprofessionelle Behandlungsteams. [5] Sie entspricht hinsichtlich der Inhalte sowie der Flexibilität und Komplexität der Behandlung einer vollstationären Behandlung. [6] Zur Krankenhausbehandlung gehört auch eine qualifizierte ärztliche Einschätzung des Beatmungsstatus im Laufe der Behandlung und vor der Verlegung oder Entlassung von Beatmungspatienten.

(1a) [1] Die Krankenhausbehandlung umfasst ein Entlassmanagement zur Unterstützung einer sektorenübergreifenden Versorgung der Versicherten beim Übergang in die Versorgung nach Krankenhausbehandlung. [2] § 11 Absatz 4 Satz 4 gilt. [3] Das Krankenhaus kann mit Leistungserbringern nach § 95 Absatz 1 Satz 1 vereinbaren, dass diese Aufgaben des Entlassmanagements wahrnehmen. [4] § 11 des Apothekengesetzes bleibt unberührt. [5] Der Versicherte hat gegenüber der Krankenkasse einen Anspruch auf Unterstützung des Entlassmanagements nach Satz 1; soweit Hilfen durch die Pflegeversicherung in Betracht kommen, kooperieren Kranken- und Pflegekassen miteinander. [6] Das Entlassmanagement umfasst alle Leistungen, die für die Versorgung nach Krankenhausbehandlung erforderlich sind, insbesondere die Leistungen nach den §§ 37b, 38, 39c sowie alle dafür erforderlichen Leistungen nach dem Elften Buch. [7] Das Entlassmanagement umfasst auch die Verordnung einer erforderlichen Anschlussversorgung durch Krankenhausbehandlung in einem anderen Krankenhaus. [8] Soweit dies für die Versorgung des Versicherten unmittelbar nach der Entlassung erforderlich ist, können die Krankenhäuser Leistungen nach § 33a und die in § 92 Absatz 1 Satz 2 Nummer 6 und 12 genannten Leistungen verordnen und die Arbeitsunfähigkeit feststellen; hierfür gelten die Bestimmungen über die vertragsärztliche Versorgung mit der Maßgabe, dass bis zur Verwendung der Arztnummer nach § 293 Absatz 7 Satz 3 Nummer 1 eine im Rahmenvertrag nach Satz 9 erster Halbsatz zu vereinbarende alternative Kennzeichnung zu verwenden ist. [9] Bei der Verordnung von Arzneimitteln können Krankenhäuser eine Packung mit dem kleinsten Packungsgrößenkennzeichen gemäß der Packungsgrößenverordnung verordnen; im Übrigen können die in § 92 Absatz 1 Satz 2 Nummer 6 genannten Leistungen für die Versorgung in einem Zeitraum von bis zu sieben Tagen verordnet und die Arbeitsunfähigkeit festgestellt werden (§ 92 Absatz 1 Satz 2 Nummer 7).[1] [10] Der Gemeinsame Bundesausschuss bestimmt in den Richtlinien nach § 92 Absatz 1 Satz 2 Nummer 6, 7 und 12 die weitere Ausgestaltung des Verordnungsrechts nach Satz 7. [11] Die weiteren Einzelheiten zu den Sätzen 1 bis 8, insbesondere zur Zusammenarbeit der Leistungserbringer mit den Krankenkassen, regeln der Spitzenverband Bund der Krankenkassen auch als Spitzenverband Bund der Pflegekassen, die Kassenärztliche Bundesvereinigung und die Deutsche Krankenhausgesellschaft unter Berücksichtigung der Richtlinien des Gemeinsamen Bundesausschusses in einem Rahmenvertrag. [12] Wird der Rahmenvertrag ganz oder teilweise beendet und kommt bis zum Ablauf des Vertrages kein neuer Rahmenvertrag zustande, entscheidet das sektorenübergreifende Schiedsgremium auf Bundesebene gemäß § 89a. [13] Vor Abschluss des Rahmenvertrages ist der für die Wahrnehmung der wirtschaftlichen Interessen gebildeten maßgeblichen Spitzenorganisation der Apotheker sowie den Vereinigungen der Träger der Pflegeeinrichtungen auf Bundesebene Gelegenheit zur Stellungnahme zu geben. [14] Das Entlassmanagement und eine dazu erforderliche Verarbeitung personenbezogener Daten dürfen nur mit Einwilligung und nach vorheriger Information des Versicherten erfolgen. [15] Die Information sowie die Einwilligung müssen schriftlich oder elektronisch erfolgen.

---

[1] Zu **Abweichungen** von § 39 Absatz 1a Satz 8 erster und zweiter Halbsatz **infolge der SARS-CoV-2-Epidemie** beachte die Maßgaben in § 1 Abs. 2 der SARS-CoV-2-Arzneimittelversorgungsverordnung v. 20.4.2020 (BAnz AT 21.04.2020 V1), zuletzt geänd. durch VO v. 25.5.2022 (BAnz AT 30.05.2022 V1).

(2) Wählen Versicherte ohne zwingenden Grund ein anderes als ein in der ärztlichen Einweisung genanntes Krankenhaus, können ihnen die Mehrkosten ganz oder teilweise auferlegt werden.

(3) [1] Die Landesverbände der Krankenkassen, die Ersatzkassen und die Deutsche Rentenversicherung Knappschaft-Bahn-See gemeinsam erstellen unter Mitwirkung der Landeskrankenhausgesellschaft und der Kassenärztlichen Vereinigung ein Verzeichnis der Leistungen und Entgelte für die Krankenhausbehandlung in den zugelassenen Krankenhäusern im Land oder in einer Region und passen es der Entwicklung an (Verzeichnis stationärer Leistungen und Entgelte). [2] Dabei sind die Entgelte so zusammenzustellen, daß sie miteinander verglichen werden können. [3] Die Krankenkassen haben darauf hinzuwirken, daß Vertragsärzte und Versicherte das Verzeichnis bei der Verordnung und Inanspruchnahme von Krankenhausbehandlung beachten.

(4) [1] Versicherte, die das achtzehnte Lebensjahr vollendet haben, zahlen vom Beginn der vollstationären Krankenhausbehandlung an innerhalb eines Kalenderjahres für längstens 28 Tage den sich nach § 61 Satz 2 ergebenden Betrag je Kalendertag an das Krankenhaus. [2] Die innerhalb des Kalenderjahres bereits an einen Träger der gesetzlichen Rentenversicherung geleistete Zahlung nach § 32 Abs. 1 Satz 2 des Sechsten Buches[1] sowie die nach § 40 Abs. 6 Satz 1 geleistete Zahlung sind auf die Zahlung nach Satz 1 anzurechnen.

§ 39a Stationäre und ambulante Hospizleistungen. (1) [1] Versicherte, die keiner Krankenhausbehandlung bedürfen, haben im Rahmen der Verträge nach Satz 4 Anspruch auf einen Zuschuß zu stationärer oder teilstationärer Versorgung in Hospizen, in denen palliativ-medizinische Behandlung erbracht wird, wenn eine ambulante Versorgung im Haushalt oder der Familie des Versicherten nicht erbracht werden kann. [2] Die Krankenkasse trägt die zuschussfähigen Kosten nach Satz 1 unter Anrechnung der Leistungen nach dem Elften Buch[2] zu 95 Prozent. [3] Der Zuschuss darf kalendertäglich 9 Prozent der monatlichen Bezugsgröße nach § 18 Abs. 1 des Vierten Buches nicht unterschreiten und unter Anrechnung der Leistungen anderer Sozialleistungsträger die tatsächlichen kalendertäglichen Kosten nach Satz 1 nicht überschreiten. [4] Der Spitzenverband Bund der Krankenkassen vereinbart mit den für die Wahrnehmung der Interessen der stationären Hospize maßgeblichen Spitzenorganisationen das Nähere über Art und Umfang der Versorgung nach Satz 1. [5] Dabei ist den besonderen Belangen der Versorgung in Kinderhospizen und in Erwachsenenhospizen durch jeweils gesonderte Vereinbarungen nach Satz 4 ausreichend Rechnung zu tragen. [6] In den Vereinbarungen nach Satz 4 sind bundesweit geltende Standards zum Leistungsumfang und zur Qualität der zuschussfähigen Leistungen festzulegen. [7] Der besondere Verwaltungsaufwand stationärer Hospize ist dabei zu berücksichtigen. [8] Die Vereinbarungen nach Satz 4 sind mindestens alle vier Jahre zu überprüfen und an aktuelle Versorgungs- und Kostenentwicklungen anzupassen. [9] In den Vereinbarungen ist auch zu regeln, in welchen Fällen Bewohner einer stationären Pflegeeinrichtung in ein stationäres Hospiz wechseln können; dabei sind die berechtigten Wünsche der Bewohner zu berücksichtigen. [10] Der Kassenärztlichen Bundesvereinigung ist Gelegenheit zur Stellungnahme zu geben. [11] In den über die

---

[1] Nr. **6**.
[2] Auszugsweise abgedruckt unter Nr. **10**.

Einzelheiten der Versorgung nach Satz 1 zwischen Krankenkassen und Hospizen abzuschließenden Verträgen ist zu regeln, dass im Falle von Nichteinigung eine von den Parteien zu bestimmende unabhängige Schiedsperson den Vertragsinhalt festlegt. [12] Einigen sich die Vertragspartner nicht auf eine Schiedsperson, so wird diese von der für die vertragschließende Krankenkasse zuständigen Aufsichtsbehörde bestimmt. [13] Die Kosten des Schiedsverfahrens tragen die Vertragspartner zu gleichen Teilen.

(2) [1] Die Krankenkasse hat ambulante Hospizdienste zu fördern, die für Versicherte, die keiner Krankenhausbehandlung und keiner stationären oder teilstationären Versorgung in einem Hospiz bedürfen, qualifizierte ehrenamtliche Sterbebegleitung in deren Haushalt, in der Familie, in stationären Pflegeeinrichtungen, in Einrichtungen der Eingliederungshilfe für behinderte Menschen oder der Kinder- und Jugendhilfe erbringen. [2] Satz 1 gilt entsprechend, wenn ambulante Hospizdienste für Versicherte in Krankenhäusern Sterbebegleitung im Auftrag des jeweiligen Krankenhausträgers erbringen. [3] Voraussetzung der Förderung ist außerdem, dass der ambulante Hospizdienst

1. mit palliativ-medizinisch erfahrenen Pflegediensten und Ärzten zusammenarbeitet sowie

2. unter der fachlichen Verantwortung einer Krankenschwester, eines Krankenpflegers oder einer anderen fachlich qualifizierten Person steht, die über mehrjährige Erfahrung in der palliativ-medizinischen Pflege oder über eine entsprechende Weiterbildung verfügt und eine Weiterbildung als verantwortliche Pflegefachkraft oder in Leitungsfunktionen nachweisen kann.

[4] Der ambulante Hospizdienst erbringt palliativ-pflegerische Beratung durch entsprechend ausgebildete Fachkräfte und stellt die Gewinnung, Schulung, Koordination und Unterstützung der ehrenamtlich tätigen Personen, die für die Sterbebegleitung zur Verfügung stehen, sicher. [5] Die Förderung nach Satz 1 erfolgt durch einen angemessenen Zuschuss zu den notwendigen Personal- und Sachkosten. [6] Der Zuschuss bezieht sich auf Leistungseinheiten, die sich aus dem Verhältnis der Zahl der qualifizierten Ehrenamtlichen zu der Zahl der Sterbebegleitungen bestimmen. [7] Die Ausgaben der Krankenkassen für die Förderung nach Satz 1 betragen je Leistungseinheit 13 vom Hundert der monatlichen Bezugsgröße nach § 18 Absatz 1 des Vierten Buches, sie dürfen die zuschussfähigen Personal- und Sachkosten des Hospizdienstes nicht überschreiten. [8] Der Spitzenverband Bund der Krankenkassen vereinbart mit den für die Wahrnehmung der Interessen der ambulanten Hospizdienste maßgeblichen Spitzenorganisationen das Nähere zu den Voraussetzungen der Förderung sowie zu Inhalt, Qualität und Umfang der ambulanten Hospizarbeit. [9] Dabei ist den besonderen Belangen der Versorgung von Kindern und Jugendlichen sowie der Versorgung von Erwachsenen durch ambulante Hospizdienste durch jeweils gesonderte Vereinbarungen nach Satz 8 Rechnung zu tragen. [10] Zudem ist der ambulanten Hospizarbeit in Pflegeeinrichtungen nach § 72 des Elften Buches Rechnung zu tragen. [11] Es ist sicherzustellen, dass ein bedarfsgerechtes Verhältnis von ehrenamtlichen und hauptamtlichen Mitarbeitern gewährleistet ist, und dass die Förderung zeitnah ab dem Zeitpunkt erfolgt, in dem der ambulante Hospizdienst zuschussfähige Sterbebegleitung leistet. [12] Die Vereinbarung ist mindestens alle vier Jahre zu überprüfen und an aktuelle Versorgungs- und Kostenentwicklungen anzupassen. [13] Pflegeeinrichtungen nach § 72 des Elften Buches sollen mit ambulanten Hospizdiensten zusammenarbeiten.

§ 40 Leistungen zur medizinischen Rehabilitation. (1) [1] Reicht bei Versicherten eine ambulante Krankenbehandlung nicht aus, um die in § 11 Abs. 2 beschriebenen Ziele zu erreichen, erbringt die Krankenkasse aus medizinischen Gründen erforderliche ambulante Rehabilitationsleistungen in Rehabilitationseinrichtungen, für die ein Versorgungsvertrag nach § 111c besteht; dies schließt mobile Rehabilitationsleistungen durch wohnortnahe Einrichtungen ein. [2] Leistungen nach Satz 1 sind auch in stationären Pflegeeinrichtungen nach § 72 Abs. 1 des Elften Buches zu erbringen.

(2) [1] Reicht die Leistung nach Absatz 1 nicht aus, so erbringt die Krankenkasse erforderliche stationäre Rehabilitation mit Unterkunft und Verpflegung in einer nach § 37 Absatz 3 des Neunten Buches[1] zertifizierten Rehabilitationseinrichtung, mit der ein Vertrag nach § 111 besteht. [2] Für pflegende Angehörige erbringt die Krankenkasse stationäre Rehabilitation unabhängig davon, ob die Leistung nach Absatz 1 ausreicht. [3] Die Krankenkasse kann für pflegende Angehörige diese stationäre Rehabilitation mit Unterkunft und Verpflegung auch in einer nach § 37 Absatz 3 des Neunten Buches zertifizierten Rehabilitationseinrichtung erbringen, mit der ein Vertrag nach § 111a besteht. [4] Wählt der Versicherte eine andere zertifizierte Einrichtung, so hat er die dadurch entstehenden Mehrkosten zur Hälfte zu tragen; dies gilt nicht für solche Mehrkosten, die im Hinblick auf die Beachtung des Wunsch- und Wahlrechts nach § 8 des Neunten Buches von der Krankenkasse zu übernehmen sind. [5] Die Krankenkasse führt nach Geschlecht differenzierte statistische Erhebungen über Anträge auf Leistungen nach Satz 1 und Absatz 1 sowie deren Erledigung durch. [6] § 39 Absatz 1a gilt entsprechend mit der Maßgabe, dass bei dem Rahmenvertrag entsprechend § 39 Absatz 1a die für die Erbringung von Leistungen zur medizinischen Rehabilitation maßgeblichen Verbände auf Bundesebene zu beteiligen sind. [7] Kommt der Rahmenvertrag ganz oder teilweise nicht zustande oder wird der Rahmenvertrag ganz oder teilweise beendet und kommt bis zum Ablauf des Vertrages kein neuer Rahmenvertrag zustande, entscheidet das sektorenübergreifende Schiedsgremium auf Bundesebene gemäß § 89a auf Antrag einer Vertragspartei. [8] Abweichend von § 89a Absatz 5 Satz 1 und 4 besteht das sektorenübergreifende Schiedsgremium auf Bundesebene in diesem Fall aus je zwei Vertretern der Ärzte, der Krankenkassen und der zertifizierten Rehabilitationseinrichtungen sowie einem unparteiischen Vorsitzenden und einem weiteren unparteiischen Mitglied. [9] Die Vertreter und Stellvertreter der zertifizierten Rehabilitationseinrichtungen werden durch die für die Erbringer von Leistungen zur medizinischen Rehabilitation maßgeblichen Verbände auf Bundesebene bestellt.

(3) [1] Die Krankenkasse bestimmt nach den medizinischen Erfordernissen des Einzelfalls unter Beachtung des Wunsch- und Wahlrechts der Leistungsberechtigten nach § 8 des Neunten Buches Art, Dauer, Umfang, Beginn und Durchführung der Leistungen nach den Absätzen 1 und 2 sowie die Rehabilitationseinrichtung nach pflichtgemäßem Ermessen; die Krankenkasse berücksichtigt bei ihrer Entscheidung die besonderen Belange pflegender Angehöriger. [2] Von der Krankenkasse wird bei einer vertragsärztlich verordneten geriatrischen Rehabilitation nicht überprüft, ob diese medizinisch erforderlich ist, sofern die

---

[1] Nr. 1.

geriatrische Indikation durch dafür geeignete Abschätzungsinstrumente vertragsärztlich überprüft wurde. [3] Bei der Übermittlung der Verordnung an die Krankenkasse ist die Anwendung der geeigneten Abschätzungsinstrumente nachzuweisen und das Ergebnis der Abschätzung beizufügen. [4] Von der vertragsärztlichen Verordnung anderer Leistungen nach den Absätzen 1 und 2 darf die Krankenkasse hinsichtlich der medizinischen Erforderlichkeit nur dann abweichen, wenn eine von der Verordnung abweichende gutachterliche Stellungnahme des Medizinischen Dienstes vorliegt. [5] Die gutachterliche Stellungnahme des Medizinischen Dienstes ist den Versicherten und mit deren Einwilligung in Textform auch den verordnenden Ärztinnen und Ärzten zur Verfügung zu stellen. [6] Die Krankenkasse teilt den Versicherten und den verordnenden Ärztinnen und Ärzten das Ergebnis ihrer Entscheidung in schriftlicher oder elektronischer Form mit und begründet die Abweichungen von der Verordnung. [7] Mit Einwilligung der Versicherten in Textform übermittelt die Krankenkasse ihre Entscheidung schriftlich oder elektronisch den Angehörigen und Vertrauenspersonen der Versicherten sowie Pflege- und Betreuungseinrichtungen, die die Versicherten versorgen. [8] Vor der Verordnung informieren die Ärztinnen und Ärzte die Versicherten über die Möglichkeit, eine Einwilligung nach Satz 5 zu erteilen, fragen die Versicherten, ob sie in eine Übermittlung der Krankenkassenentscheidung durch die Krankenkasse an die in Satz 7 genannten Personen oder Einrichtungen einwilligen und teilen der Krankenkasse anschließend den Inhalt einer abgegebenen Einwilligung mit. [9] Die Aufgaben der Krankenkasse als Rehabilitationsträger nach dem Neunten Buch bleiben von den Sätzen 1 bis 4 unberührt. [10] Der Gemeinsame Bundesausschuss regelt in Richtlinien nach § 92 bis zum 31. Dezember 2021 das Nähere zu Auswahl und Einsatz geeigneter Abschätzungsinstrumente im Sinne des Satzes 2 und zum erforderlichen Nachweis von deren Anwendung nach Satz 3 und legt fest, in welchen Fällen Anschlussrehabilitationen nach Absatz 6 Satz 1 ohne vorherige Überprüfung der Krankenkasse erbracht werden können. [11] Bei einer stationären Rehabilitation haben pflegende Angehörige auch Anspruch auf die Versorgung der Pflegebedürftigen, wenn diese in derselben Einrichtung aufgenommen werden. [12] Sollen die Pflegebedürftigen in einer anderen als in der Einrichtung der pflegenden Angehörigen aufgenommen werden, koordiniert die Krankenkasse mit der Pflegekasse der Pflegebedürftigen deren Versorgung auf Wunsch der pflegenden Angehörigen und mit Einwilligung der Pflegebedürftigen. [13] Leistungen nach Absatz 1 sollen für längstens 20 Behandlungstage, Leistungen nach Absatz 2 für längstens drei Wochen erbracht werden, mit Ausnahme von Leistungen der geriatrischen Rehabilitation, die als ambulante Leistungen nach Absatz 1 in der Regel für 20 Behandlungstage oder als stationäre Leistungen nach Absatz 2 in der Regel für drei Wochen erbracht werden sollen. [14] Eine Verlängerung der Leistungen nach Satz 13 ist möglich, wenn dies aus medizinischen Gründen dringend erforderlich ist. [15] Satz 13 gilt nicht, soweit der Spitzenverband Bund der Krankenkassen nach Anhörung der für die Wahrnehmung der Interessen der ambulanten und stationären Rehabilitationseinrichtungen auf Bundesebene maßgeblichen Spitzenorganisationen in Leitlinien Indikationen festgelegt und diesen jeweils eine Regeldauer zugeordnet hat; von dieser Regeldauer kann nur abgewichen werden, wenn dies aus dringenden medizinischen Gründen im Einzelfall erforderlich ist. [16] Leistungen nach den Absätzen 1 und 2 können für Versicherte, die das 18. Lebensjahr vollendet haben, nicht vor Ablauf von vier Jahren nach Durchführung solcher oder ähnlicher Leistungen erbracht werden, deren Kosten auf Grund öffentlich-rechtlicher Vorschriften getragen oder bezuschusst worden sind, es sei denn, eine vorzeitige Leistung ist aus medizinischen Gründen dringend erforderlich. [17] § 23 Abs. 7 gilt entsprechend. [18] Die Krankenkasse zahlt der Pflegekasse einen Betrag in Höhe von 3 072 Euro für pflegebedürftige Versicherte, für die innerhalb von sechs Monaten nach Antragstellung keine notwendigen Leistungen zur medizinischen Rehabilitation erbracht worden sind. [19] Satz 18 gilt nicht, wenn die Krankenkasse die fehlende Leistungserbringung nicht zu vertreten hat. [20] Der Spitzenverband Bund der Krankenkassen legt über das Bundesministerium für Gesundheit dem Deutschen Bundestag erstmalig für das Jahr 2021 bis zum 30. Juni 2022 und danach jährlich bis zum 30. Juni 2024 einen Bericht vor, in dem die Erfahrungen mit der vertragsärztlichen Verordnung von geriatrischen Rehabilitationen wiedergegeben werden.

(4) Leistungen nach den Absätzen 1 und 2 werden nur erbracht, wenn nach den für andere Träger der Sozialversicherung geltenden Vorschriften mit Ausnahme der §§ 14, 15a, 17 und 31 des Sechsten Buches[1]) solche Leistungen nicht erbracht werden können.

(5) [1] Versicherte, die eine Leistung nach Absatz 1 oder 2 in Anspruch nehmen und das achtzehnte Lebensjahr vollendet haben, zahlen je Kalendertag den sich nach § 61 Satz 2 ergebenden Betrag an die Einrichtung. [2] Die Zahlungen sind an die Krankenkasse weiterzuleiten.

(6) [1] Versicherte, die das achtzehnte Lebensjahr vollendet haben und eine Leistung nach Absatz 1 oder 2 in Anspruch nehmen, deren unmittelbarer Anschluß an eine Krankenhausbehandlung medizinisch notwendig ist (Anschlußrehabilitation), zahlen den sich nach § 61 Satz 2 ergebenden Betrag für längstens 28 Tage je Kalenderjahr an die Einrichtung; als unmittelbar gilt der Anschluß auch, wenn die Maßnahme innerhalb von 14 Tagen beginnt, es sei denn, die Einhaltung dieser Frist ist aus zwingenden tatsächlichen oder medizinischen Gründen nicht möglich. [2] Die innerhalb des Kalenderjahres bereits an einen Träger der gesetzlichen Rentenversicherung geleistete kalendertägliche Zahlung nach § 32 Abs. 1 Satz 2 des Sechsten Buches[1]) sowie die nach § 39 Abs. 4 geleistete Zahlung sind auf die Zahlung nach Satz 1 anzurechnen. [3] Die Zahlungen sind an die Krankenkasse weiterzuleiten.

(7) [1] Der Spitzenverband Bund der Krankenkassen legt unter Beteiligung der Arbeitsgemeinschaft nach § 282 (Medizinischer Dienst der Spitzenverbände der Krankenkassen) Indikationen fest, bei denen für eine medizinisch notwendige Leistung nach Absatz 2 die Zuzahlung nach Absatz 6 Satz 1 Anwendung findet, ohne daß es sich um Anschlußrehabilitation handelt. [2] Vor der Festlegung der Indikationen ist den für die Wahrnehmung der Interessen der stationären Rehabilitation auf Bundesebene maßgebenden Organisationen Gelegenheit zur Stellungnahme zu geben; die Stellungnahmen sind in die Entscheidung einzubeziehen.

§ 41 Medizinische Rehabilitation für Mütter und Väter. (1) [1] Versicherte haben unter den in § 27 Abs. 1 genannten Voraussetzungen Anspruch auf aus medizinischen Gründen erforderliche Rehabilitationsleistungen in einer Einrichtung des Müttergenesungswerks oder einer gleichartigen Einrichtung; die Leistung kann in Form einer Mutter-Kind-Maßnahme erbracht werden. [2] Satz 1

---

[1]) Nr. **6**.

gilt auch für Vater-Kind-Maßnahmen in dafür geeigneten Einrichtungen. [3]Rehabilitationsleistungen nach den Sätzen 1 und 2 werden in Einrichtungen erbracht, mit denen ein Versorgungsvertrag nach § 111a besteht. [4]§ 40 Absatz 2 Satz 1 und 4 gilt nicht; § 40 Absatz 2 Satz 5 und 6 gilt entsprechend.

(2) § 40 Abs. 3 und 4 gilt entsprechend.

(3) [1]Versicherte, die das achtzehnte Lebensjahr vollendet haben und eine Leistung nach Absatz 1 in Anspruch nehmen, zahlen je Kalendertag den sich nach § 61 Satz 2 ergebenden Betrag an die Einrichtung. [2]Die Zahlungen sind an die Krankenkasse weiterzuleiten.

§ 42 Belastungserprobung und Arbeitstherapie. Versicherte haben Anspruch auf Belastungserprobung und Arbeitstherapie, wenn nach den für andere Träger der Sozialversicherung geltenden Vorschriften solche Leistungen nicht erbracht werden können.

§ 43 Ergänzende Leistungen zur Rehabilitation. (1) Die Krankenkasse kann neben den Leistungen, die nach § 64 Abs. 1 Nr. 2 bis 6 sowie nach §§ 73 und 74 des Neunten Buches[1]) als ergänzende Leistungen zu erbringen sind,

1. solche Leistungen zur Rehabilitation ganz oder teilweise erbringen oder fördern, die unter Berücksichtigung von Art oder Schwere der Behinderung erforderlich sind, um das Ziel der Rehabilitation zu erreichen oder zu sichern, aber nicht zu den Leistungen zur Teilhabe am Arbeitsleben oder den Leistungen zur allgemeinen sozialen Eingliederung gehören,
2. wirksame und effiziente Patientenschulungsmaßnahmen für chronisch Kranke erbringen; Angehörige und ständige Betreuungspersonen sind einzubeziehen, wenn dies aus medizinischen Gründen erforderlich ist,

wenn zuletzt die Krankenkasse Krankenbehandlung geleistet hat oder leistet.

(2) [1]Die Krankenkasse erbringt aus medizinischen Gründen in unmittelbarem Anschluss an eine Krankenhausbehandlung nach § 39 Abs. 1 oder stationäre Rehabilitation erforderliche sozialmedizinische Nachsorgemaßnahmen für chronisch kranke oder schwerstkranke Kinder und Jugendliche, die das 14. Lebensjahr, in besonders schwerwiegenden Fällen das 18. Lebensjahr, noch nicht vollendet haben, wenn die Nachsorge wegen der Art, Schwere und Dauer der Erkrankung notwendig ist, um den stationären Aufenthalt zu verkürzen oder die anschließende ambulante ärztliche Behandlung zu sichern. [2]Die Nachsorgemaßnahmen umfassen die im Einzelfall erforderliche Koordinierung der verordneten Leistungen sowie Anleitung und Motivation zu deren Inanspruchnahme. [3]Angehörige und ständige Betreuungspersonen sind einzubeziehen, wenn dies aus medizinischen Gründen erforderlich ist. [4]Der Spitzenverband Bund der Krankenkassen bestimmt das Nähere zu den Voraussetzungen sowie zu Inhalt und Qualität der Nachsorgemaßnahmen.

§ 43a Nichtärztliche sozialpädiatrische Leistungen. (1) Versicherte Kinder haben Anspruch auf nichtärztliche sozialpädiatrische Leistungen, insbesondere auf psychologische, heilpädagogische und psychosoziale Leistungen, wenn sie unter ärztlicher Verantwortung erbracht werden und erforderlich sind, um eine Krankheit zum frühestmöglichen Zeitpunkt zu erkennen und einen Behandlungsplan aufzustellen; § 46 des Neunten Buches[1]) bleibt unberührt.

---

[1]) Nr. 1.

(2) Versicherte Kinder haben Anspruch auf nichtärztliche sozialpädiatrische Leistungen, die unter ärztlicher Verantwortung in der ambulanten psychiatrischen Behandlung erbracht werden.

Achter Abschnitt. Fahrkosten

§ 60 Fahrkosten. (1) [1]Die Krankenkasse übernimmt nach den Absätzen 2 und 3 die Kosten für Fahrten einschließlich der Transporte nach § 133 (Fahrkosten), wenn sie im Zusammenhang mit einer Leistung der Krankenkasse aus zwingenden medizinischen Gründen notwendig sind. [2]Welches Fahrzeug benutzt werden kann, richtet sich nach der medizinischen Notwendigkeit im Einzelfall. [3]Die Krankenkasse übernimmt Fahrkosten zu einer ambulanten Behandlung unter Abzug des sich nach § 61 Satz 1 ergebenden Betrages in besonderen Ausnahmefällen, die der Gemeinsame Bundesausschuss in den Richtlinien nach § 92 Abs. 1 Satz 2 Nr. 12 festgelegt hat. [4]Die Übernahme von Fahrkosten nach Satz 3 und nach Absatz 2 Satz 1 Nummer 3 für Fahrten zur ambulanten Behandlung erfolgt nur nach vorheriger Genehmigung durch die Krankenkasse. [5]Für Krankenfahrten zur ambulanten Behandlung gilt die Genehmigung nach Satz 4 als erteilt, wenn eine der folgenden Voraussetzungen vorliegt:

1. ein Schwerbehindertenausweis mit dem Merkzeichen „aG", „Bl" oder „H",

2. eine Einstufung gemäß § 15 des Elften Buches in den Pflegegrad 3, 4 oder 5, bei Einstufung in den Pflegegrad 3 zusätzlich eine dauerhafte Beeinträchtigung der Mobilität, oder

3. bis zum 31. Dezember 2016 eine Einstufung in die Pflegestufe 2 gemäß § 15 des Elften Buches in der am 31. Dezember 2016 geltenden Fassung und seit dem 1. Januar 2017 mindestens eine Einstufung in den Pflegegrad 3.

(2) [1]Die Krankenkasse übernimmt die Fahrkosten in Höhe des sich nach § 61 Satz 1 ergebenden Betrages je Fahrt übersteigenden Betrages

1. bei Leistungen, die stationär erbracht werden; dies gilt bei einer Verlegung in ein anderes Krankenhaus nur, wenn die Verlegung aus zwingenden medizinischen Gründen erforderlich ist, oder bei einer mit Einwilligung der Krankenkasse erfolgten Verlegung in ein wohnortnahes Krankenhaus,

2. bei Rettungsfahrten zum Krankenhaus auch dann, wenn eine stationäre Behandlung nicht erforderlich ist,

3. bei anderen Fahrten von Versicherten, die während der Fahrt einer fachlichen Betreuung oder der besonderen Einrichtungen eines Krankenkraftwagens bedürfen oder bei denen dies auf Grund ihres Zustandes zu erwarten ist (Krankentransport),

4. bei Fahrten von Versicherten zu einer ambulanten Krankenbehandlung sowie zu einer Behandlung nach § 115a oder § 115b, wenn dadurch eine an sich gebotene vollstationäre oder teilstationäre Krankenhausbehandlung (§ 39) vermieden oder verkürzt wird oder diese nicht ausführbar ist, wie bei einer stationären Krankenhausbehandlung.

[2]Soweit Fahrten nach Satz 1 von Rettungsdiensten durchgeführt werden, zieht die Krankenkasse die Zuzahlung in Höhe des sich nach § 61 Satz 1 ergebenden Betrages je Fahrt von dem Versicherten ein.

(3) Als Fahrkosten werden anerkannt

1. bei Benutzung eines öffentlichen Verkehrsmittels der Fahrpreis unter Ausschöpfen von Fahrpreisermäßigungen,
2. bei Benutzung eines Taxis oder Mietwagens, wenn ein öffentliches Verkehrsmittel nicht benutzt werden kann, der nach § 133 berechnungsfähige Betrag,
3. bei Benutzung eines Krankenkraftwagens oder Rettungsfahrzeugs, wenn ein öffentliches Verkehrsmittel, ein Taxi oder ein Mietwagen nicht benutzt werden kann, der nach § 133 berechnungsfähige Betrag,
4. bei Benutzung eines privaten Kraftfahrzeugs für jeden gefahrenen Kilometer den jeweils auf Grund des Bundesreisekostengesetzes festgesetzten Höchstbetrag für Wegstreckenentschädigung, höchstens jedoch die Kosten, die bei Inanspruchnahme des nach Nummer 1 bis 3 erforderlichen Transportmittels entstanden wären.

(4) [1]Die Kosten des Rücktransports in das Inland werden nicht übernommen. [2]§ 18 bleibt unberührt.

(5) [1]Im Zusammenhang mit Leistungen zur medizinischen Rehabilitation werden Reisekosten nach § 73 Absatz 1 und 3 des Neunten Buches[1] übernommen. [2]Zu den Reisekosten nach Satz 1 gehören bei pflegenden Angehörigen auch die Reisekosten, die im Zusammenhang mit der Versorgung Pflegebedürftiger nach § 40 Absatz 3 Satz 2 und 3 entstehen. [3]Die Reisekosten von Pflegebedürftigen, die gemäß § 40 Absatz 3 Satz 3 während einer stationären Rehabilitation ihres pflegenden Angehörigen eine Kurzzeitpflege nach § 42 des Elften Buches erhalten, hat die Pflegekasse des Pflegebedürftigen der Krankenkasse des pflegenden Angehörigen zu erstatten.

Neunter Abschnitt. Zuzahlungen, Belastungsgrenze

§ 61 Zuzahlungen. [1]Zuzahlungen, die Versicherte zu leisten haben, betragen 10 vom Hundert des Abgabepreises, mindestens jedoch 5 Euro und höchstens 10 Euro; allerdings jeweils nicht mehr als die Kosten des Mittels. [2]Als Zuzahlungen zu stationären Maßnahmen und zur außerklinischen Intensivpflege in vollstationären Pflegeeinrichtungen, in Einrichtungen oder Räumlichkeiten im Sinne des § 43a des Elften Buches in Verbindung mit § 71 Absatz 4 des Elften Buches[2] sowie in Wohneinheiten nach § 132l Absatz 5 Nummer 1 werden je Kalendertag 10 Euro erhoben. [3]Bei Heilmitteln, häuslicher Krankenpflege und außerklinischer Intensivpflege an den in § 37c Absatz 2 Satz 1 Nummer 4 genannten Orten beträgt die Zuzahlung 10 vom Hundert der Kosten sowie 10 Euro je Verordnung. [4]Geleistete Zuzahlungen sind von dem zum Einzug Verpflichteten gegenüber dem Versicherten zu quittieren; ein Vergütungsanspruch hierfür besteht nicht.

§ 62 Belastungsgrenze. (1) [1]Versicherte haben während jedes Kalenderjahres nur Zuzahlungen bis zur Belastungsgrenze zu leisten; wird die Belastungsgrenze bereits innerhalb eines Kalenderjahres erreicht, hat die Krankenkasse eine Bescheinigung darüber zu erteilen, dass für den Rest des Kalenderjahres keine Zuzahlungen mehr zu leisten sind. [2]Die Belastungsgrenze beträgt 2 vom Hundert der jährlichen Bruttoeinnahmen zum Lebensunterhalt; für chronisch Kranke, die wegen derselben schwerwiegenden Krankheit in Dauerbehandlung

---

[1] Nr. **1.**
[2] Nr. **10.**

sind, beträgt sie 1 vom Hundert der jährlichen Bruttoeinnahmen zum Lebensunterhalt. [3] Abweichend von Satz 2 beträgt die Belastungsgrenze 2 vom Hundert der jährlichen Bruttoeinnahmen zum Lebensunterhalt für nach dem 1. April 1972 geborene chronisch kranke Versicherte, die ab dem 1. Januar 2008 die in § 25 Absatz 1 genannten Gesundheitsuntersuchungen vor der Erkrankung nicht regelmäßig in Anspruch genommen haben. [4] Für Versicherte nach Satz 3, die an einem für ihre Erkrankung bestehenden strukturierten Behandlungsprogramm teilnehmen, beträgt die Belastungsgrenze 1 vom Hundert der jährlichen Bruttoeinnahmen zum Lebensunterhalt. [5] Der Gemeinsame Bundesausschuss legt in seinen Richtlinien fest, in welchen Fällen Gesundheitsuntersuchungen ausnahmsweise nicht zwingend durchgeführt werden müssen. [6] Die weitere Dauer der in Satz 2 genannten Behandlung ist der Krankenkasse jeweils spätestens nach Ablauf eines Kalenderjahres nachzuweisen und vom Medizinischen Dienst, soweit erforderlich, zu prüfen; die Krankenkasse kann auf den jährlichen Nachweis verzichten, wenn bereits die notwendigen Feststellungen getroffen worden sind und im Einzelfall keine Anhaltspunkte für einen Wegfall der chronischen Erkrankung vorliegen. [7] Die Krankenkassen sind verpflichtet, ihre Versicherten zu Beginn eines Kalenderjahres auf die für sie in diesem Kalenderjahr maßgeblichen Untersuchungen nach § 25 Abs. 1 hinzuweisen. [8] Das Nähere zur Definition einer schwerwiegenden chronischen Erkrankung bestimmt der Gemeinsame Bundesausschuss in den Richtlinien[1)] nach § 92.

(2) [1] Bei der Ermittlung der Belastungsgrenzen nach Absatz 1 werden die Zuzahlungen und die Bruttoeinnahmen zum Lebensunterhalt des Versicherten, seines Ehegatten oder Lebenspartners, der minderjährigen oder nach § 10 versicherten Kinder des Versicherten, seines Ehegatten oder Lebenspartners sowie der Angehörigen im Sinne des § 8 Absatz 4 des Zweiten Gesetzes über die Krankenversicherung der Landwirte jeweils zusammengerechnet, soweit sie im gemeinsamen Haushalt leben. [2] Hierbei sind die jährlichen Bruttoeinnahmen für den ersten in dem gemeinsamen Haushalt lebenden Angehörigen des Versicherten um 15 vom Hundert und für jeden weiteren in dem gemeinsamen Haushalt lebenden Angehörigen des Versicherten und des Lebenspartners um 10 vom Hundert der jährlichen Bezugsgröße nach § 18 des Vierten Buches zu vermindern. [3] Für jedes Kind des Versicherten und des Lebenspartners sind die jährlichen Bruttoeinnahmen um den sich aus den Freibeträgen nach § 32 Abs. 6 Satz 1 und 2 des Einkommensteuergesetzes ergebenden Betrag zu vermindern; die nach Satz 2 bei der Ermittlung der Belastungsgrenze vorgesehene Berücksichtigung entfällt. *[Satz 4 bis 31.12.2024:]* [4] Zu den Einnahmen zum Lebensunterhalt gehören nicht *[bis 31.12.2023:* Grundrenten, die Beschädigte nach dem Bundesversorgungsgesetz[2)] oder nach anderen Gesetzen in entsprechender Anwendung des Bundesversorgungsgesetzes[2)]*][ab 1.1.2024: Entschädigungszahlungen, die Geschädigte nach dem Vierzehnten Buch oder nach anderen Gesetzen in entsprechender Anwendung des Vierzehnten Buches]* erhalten, sowie Renten oder Beihilfen, die nach dem Bundesentschädigungsgesetz für Schäden an Körper und Gesundheit gezahlt werden, bis zur Höhe der vergleichbaren *[bis 31.12. 2023:* Grundrente nach dem Bundesversorgungsgesetz[2)]*][ab 1.1.2024: Entschä-*

[1)] Siehe hierzu ua die Richtlinie des Gemeinsamen Bundesausschusses zur Umsetzung der Regelungen in § 62 für schwerwiegend chronisch Erkrankte ("Chroniker-Richtlinie") (Nr. **5a**).
[2)] Auszugsweise abgedruckt unter Nr. **15**.

digungszahlungen nach dem Vierzehnten Buch]. [5] Abweichend von den Sätzen 1 bis 3 ist bei Versicherten,

1. die Hilfe zum Lebensunterhalt oder Grundsicherung im Alter und bei Erwerbsminderung nach dem Zwölften Buch[1] oder die *[bis 31.12.2023:* ergänzende Hilfe zum Lebensunterhalt nach dem Bundesversorgungs-gesetz[2]]*[ab 1.1.2024: Leistungen zum Lebensunterhalt nach § 93 des Vierzehnten Buches]* oder nach einem Gesetz, das dieses für anwendbar erklärt, erhalten,

2. bei denen die Kosten der Unterbringung in einem Heim oder einer ähn-lichen Einrichtung von einem Träger der Sozialhilfe *[bis 31.12.2024:* oder der *[bis 31.12.2023:* Kriegsopferfürsorge]*[ab 1.1.2024: Sozialen Entschädi-gung]* getragen werden]

sowie für den in § 264 genannten Personenkreis als Bruttoeinnahmen zum Lebensunterhalt für die gesamte Bedarfsgemeinschaft nur der Regelsatz für die Regelbedarfsstufe 1 nach der Anlage zu § 28 des Zwölften Buches maßgeblich. [6] Bei Versicherten, die Leistungen zur Sicherung des Lebensunterhalts nach dem Zweiten Buch erhalten, ist abweichend von den Sätzen 1 bis 3 als Brutto-einnahmen zum Lebensunterhalt für die gesamte Bedarfsgemeinschaft nur der Regelbedarf nach § 20 Absatz 2 Satz 1 des Zweiten Buches maßgeblich. [7] Bei Ehegatten und Lebenspartnern ist ein gemeinsamer Haushalt im Sinne des Satzes 1 auch dann anzunehmen, wenn ein Ehegatte oder Lebenspartner dauer-haft in eine vollstationäre Einrichtung aufgenommen wurde, in der Leistungen gemäß § 43 oder § 43a des Elften Buches erbracht werden.

(3) [1] Die Krankenkasse stellt dem Versicherten eine Bescheinigung über die Befreiung nach Absatz 1 aus. [2] Diese darf keine Angaben über das Einkommen des Versicherten oder anderer zu berücksichtigender Personen enthalten.

Viertes Kapitel. Beziehungen der Krankenkassen zu den Leistungserbringern

Zweiter Abschnitt. Beziehungen zu Ärzten, Zahnärzten und Psychotherapeuten

Erster Titel. Sicherstellung der vertragsärztlichen und vertragszahnärztlichen Versorgung

§ 73 Kassenärztliche Versorgung, Verordnungsermächtigung.

(1) [1] Die vertragsärztliche Versorgung gliedert sich in die hausärztliche und die fachärztliche Versorgung. [2] Die hausärztliche Versorgung beinhaltet ins-besondere

1.–3. …

4. die Einleitung oder Durchführung präventiver und rehabilitativer Maß-nahmen sowie die Integration nichtärztlicher Hilfen und flankierender Dienste in die Behandlungsmaßnahmen.

(1a)–(1b) …

(2) [1] Die vertragsärztliche Versorgung umfaßt die

1.–4. …

---

[1] Auszugsweise abgedruckt unter Nr. **11**.
[2] Auszugsweise abgedruckt unter Nr. **15**.

5.   Verordnung von Leistungen zur medizinischen Rehabilitation,

6.   ...

7.   Verordnung von Arznei-, Verband-, Heil- und Hilfsmitteln, Kranken-
       transporten sowie Krankenhausbehandlung oder Behandlung in Vorsor-
       ge- oder Rehabilitationseinrichtungen,

7a.   Verordnung von digitalen Gesundheitsanwendungen,

8.–14. ...

[2] Satz 1 Nummer 2 bis 4, 6, 10, 11 und 14 gilt nicht für Psychotherapeuten;
Satz 1 Nummer 9 gilt nicht für Psychotherapeuten, soweit sich diese Regelung
auf die Feststellung und die Bescheinigung von Arbeitsunfähigkeit bezieht.
[3] Satz 1 Nummer 5 gilt für Psychotherapeuten in Bezug auf die Verordnung
von Leistungen zur psychotherapeutischen Rehabilitation. [4] Satz 1 Nummer 7
gilt für Psychotherapeuten in Bezug auf die Verordnung von Ergotherapie,
Krankentransporten sowie Krankenhausbehandlung. [5] Satz 1 Nummer 8 gilt für
Psychotherapeuten in Bezug auf die Verordnung von Leistungen der psychiatrischen häuslichen Krankenpflege. [6] Das Nähere zu den Verordnungen durch
Psychotherapeuten bestimmt der Gemeinsame Bundesausschuss in seinen
Richtlinien nach § 92 Absatz 1 Satz 2 Nummer 6, 8 und 12.

(3) In den Gesamtverträgen ist zu vereinbaren, inwieweit Maßnahmen zur
Vorsorge und Rehabilitation, soweit sie nicht zur kassenärztlichen Versorgung
nach Absatz 2 gehören, Gegenstand der kassenärztlichen Versorgung sind.

(4)–(11) ...

Sechster Titel. Landesausschüsse und Gemeinsamer Bundesausschuss

§ 92 Richtlinien des Gemeinsamen Bundesausschusses. (1) [1] Der Gemeinsame Bundesausschuss beschließt die zur Sicherung der ärztlichen Versorgung erforderlichen Richtlinien über die Gewähr für eine ausreichende,
zweckmäßige und wirtschaftliche Versorgung der Versicherten; dabei ist den
besonderen Erfordernissen der Versorgung von Kindern und Jugendlichen
sowie behinderter oder von Behinderung bedrohter Menschen und psychisch
Kranker Rechnung zu tragen, vor allem bei den Leistungen zur Belastungserprobung und Arbeitstherapie; er kann dabei die Erbringung und Verordnung
von Leistungen oder Maßnahmen einschränken oder ausschließen, wenn nach
allgemein anerkanntem Stand der medizinischen Erkenntnisse der diagnostische
oder therapeutische Nutzen, die medizinische Notwendigkeit oder die Wirtschaftlichkeit nicht nachgewiesen sind; er kann die Verordnung von Arzneimitteln einschränken oder ausschließen, wenn die Unzweckmäßigkeit erwiesen
oder eine andere, wirtschaftlichere Behandlungsmöglichkeit mit vergleichbarem diagnostischen oder therapeutischen Nutzen verfügbar ist. [2] Er soll insbesondere Richtlinien beschließen über die

1.–7. ...

8.   Verordnung von im Einzelfall gebotenen Leistungen zur medizinischen
       Rehabilitation und die Beratung über Leistungen zur medizinischen
       Rehabilitation, Leistungen zur Teilhabe am Arbeitsleben und ergänzen-
       de Leistungen zur Rehabilitation,

9.–15. ...

(1a)–(8) ...

Dritter Abschnitt. Beziehungen zu Krankenhäusern und anderen Einrichtungen

§ 107 Krankenhäuser, Vorsorge- oder Rehabilitationseinrichtungen.
(1) Krankenhäuser im Sinne dieses Gesetzbuchs sind Einrichtungen, die

1. der Krankenhausbehandlung oder Geburtshilfe dienen,
2. fachlich-medizinisch unter ständiger ärztlicher Leitung stehen, über ausreichende, ihrem Versorgungsauftrag entsprechende diagnostische und therapeutische Möglichkeiten verfügen und nach wissenschaftlich anerkannten Methoden arbeiten,
3. mit Hilfe von jederzeit verfügbarem ärztlichem, Pflege-, Funktions- und medizinisch-technischem Personal darauf eingerichtet sind, vorwiegend durch ärztliche und pflegerische Hilfeleistung Krankheiten der Patienten zu erkennen, zu heilen, ihre Verschlimmerung zu verhüten, Krankheitsbeschwerden zu lindern oder Geburtshilfe zu leisten,

und in denen

4. die Patienten untergebracht und verpflegt werden können.

(2) Vorsorge- oder Rehabilitationseinrichtungen im Sinne dieses Gesetzbuchs sind Einrichtungen, die

1. der stationären Behandlung der Patienten dienen, um
   a) eine Schwächung der Gesundheit, die in absehbarer Zeit voraussichtlich zu einer Krankheit führen würde, zu beseitigen oder einer Gefährdung der gesundheitlichen Entwicklung eines Kindes entgegenzuwirken (Vorsorge) oder
   b) eine Krankheit zu heilen, ihre Verschlimmerung zu verhüten oder Krankheitsbeschwerden zu lindern oder im Anschluß an Krankenhausbehandlung den dabei erzielten Behandlungserfolg zu sichern oder zu festigen, auch mit dem Ziel, eine drohende Behinderung oder Pflegebedürftigkeit abzuwenden, zu beseitigen, zu mindern, auszugleichen, ihre Verschlimmerung zu verhüten oder ihre Folgen zu mildern (Rehabilitation), wobei Leistungen der aktivierenden Pflege nicht von den Krankenkassen übernommen werden dürfen,
2. fachlich-medizinisch unter ständiger ärztlicher Verantwortung und unter Mitwirkung von besonders geschultem Personal darauf eingerichtet sind, den Gesundheitszustand der Patienten nach einem ärztlichen Behandlungsplan vorwiegend durch Anwendung von Heilmitteln einschließlich Krankengymnastik, Bewegungstherapie, Sprachtherapie oder Arbeits- und Beschäftigungstherapie, ferner durch andere geeignete Hilfen, auch durch geistige und seelische Einwirkungen, zu verbessern und den Patienten bei der Entwicklung eigener Abwehr- und Heilungskräfte zu helfen,

und in denen

3. die Patienten untergebracht und verpflegt werden können.

§ 111 Versorgungsverträge mit Vorsorge- oder Rehabilitationseinrichtungen, Verordnungsermächtigung. (1) Die Krankenkassen dürfen medizinische Leistungen zur Vorsorge (§ 23 Abs. 4) oder Leistungen zur medizinischen Rehabilitation einschließlich der Anschlußheilbehandlung (§ 40), die eine stationäre Behandlung, aber keine Krankenhausbehandlung erfordern, nur in Vorsorge- oder Rehabilitationseinrichtungen erbringen lassen, mit denen ein Versorgungsvertrag nach Absatz 2 besteht; für pflegende Angehörige dürfen die Krankenkassen diese Leistungen auch in Vorsorge- und Rehabilitationseinrichtungen erbringen lassen, mit denen ein Vertrag nach § 111a besteht.

(2) [1] Die Landesverbände der Krankenkassen und die Ersatzkassen gemeinsam schließen mit Wirkung für ihre Mitgliedskassen einheitliche Versorgungsverträge über die Durchführung der in Absatz 1 genannten Leistungen mit Vorsorge- oder Rehabilitationseinrichtungen, die

1. die Anforderungen des § 107 Abs. 2 erfüllen und

2. für eine bedarfsgerechte, leistungsfähige und wirtschaftliche Versorgung der Versicherten ihrer Mitgliedskassen mit stationären medizinischen Leistungen zur Vorsorge oder Leistungen zur medizinischen Rehabilitation einschließlich der Anschlußheilbehandlung notwendig sind.

[2] § 109 Abs. 1 Satz 1 gilt entsprechend. [3] Die Landesverbände der Krankenkassen eines anderen Bundeslandes und die Ersatzkassen können einem nach Satz 1 geschlossenen Versorgungsvertrag beitreten, soweit für die Behandlung der Versicherten ihrer Mitgliedskassen in der Vorsorge- oder Rehabilitationseinrichtung ein Bedarf besteht. [4] Absatz 5 Satz 7 und 8 gilt entsprechend.

(3) [1] Bei Vorsorge- oder Rehabilitationseinrichtungen, die vor dem 1. Januar 1989 stationäre medizinische Leistungen für die Krankenkassen erbracht haben, gilt ein Versorgungsvertrag in dem Umfang der in den Jahren 1986 bis 1988 erbrachten Leistungen als abgeschlossen. [2] Satz 1 gilt nicht, wenn die Einrichtung die Anforderungen nach Absatz 2 Satz 1 nicht erfüllt und die zuständigen Landesverbände der Krankenkassen und die Ersatzkassen gemeinsam dies bis zum 30. Juni 1989 gegenüber dem Träger der Einrichtung schriftlich geltend machen. [3] Satz 1 gilt bis zum 31. Dezember 2025.

(4) [1] Mit dem Versorgungsvertrag wird die Vorsorge- oder Rehabilitationseinrichtung für die Dauer des Vertrages zur Versorgung der Versicherten mit stationären medizinischen Leistungen zur Vorsorge oder Rehabilitation zugelassen. [2] Der Versorgungsvertrag kann von den Landesverbänden der Krankenkassen und den Ersatzkassen gemeinsam mit einer Frist von einem Jahr gekündigt werden, wenn die Voraussetzungen für seinen Abschluß nach Absatz 2 Satz 1 nicht mehr gegeben sind. [3] Mit der für die Krankenhausplanung zuständigen Landesbehörde ist Einvernehmen über Abschluß und Kündigung des Versorgungsvertrags anzustreben.

(5) [1] Die Vergütungen für die in Absatz 1 genannten Leistungen werden zwischen den Krankenkassen und den Trägern der zugelassenen Vorsorge- oder Rehabilitationseinrichtungen vereinbart. [2] Für Vereinbarungen nach Satz 1 gilt § 71 nicht. [3] Die Bezahlung von Gehältern bis zur Höhe tarifvertraglicher Vergütungen sowie entsprechender Vergütungen nach kirchlichen Arbeitsrechtsregelungen kann nicht als unwirtschaftlich abgelehnt werden. [4] Auf Verlangen der Krankenkasse ist die Zahlung dieser Vergütungen nachzuweisen. [5] Die Vertragsparteien haben die Vereinbarungen für den Zeitraum vom 1. Oktober 2020 bis zum 31. März 2021 an die durch die COVID-19-Pandemie bedingte besondere Situation der Vorsorge- oder Rehabilitationseinrichtungen anzupassen, um die Leistungsfähigkeit der Einrichtungen bei wirtschaftlicher Betriebsführung zu gewährleisten. [6] Das Bundesministerium für Gesundheit kann im Einvernehmen mit dem Bundesministerium der Finanzen durch

Rechtsverordnung mit Zustimmung des Bundesrates die in Satz 5 genannte Frist längstens bis zum Ablauf des 23. September 2022 verlängern. [7] Kommt eine Vereinbarung innerhalb von zwei Monaten, nachdem eine Vertragspartei nach Satz 1 schriftlich zur Aufnahme von Verhandlungen aufgefordert hat, nicht oder teilweise nicht zustande, wird ihr Inhalt auf Antrag einer Vertragspartei durch die Landesschiedsstelle nach § 111b festgesetzt. [8] Die Landesschiedsstelle ist dabei an die für die Vertragsparteien geltenden Rechtsvorschriften gebunden.

(6) Soweit eine wirtschaftlich und organisatorisch selbständige, gebietsärztlich geleitete Vorsorge- oder Rehabilitationseinrichtung an einem zugelassenen Krankenhaus die Anforderungen des Absatzes 2 Satz 1 erfüllt, gelten im übrigen die Absätze 1 bis 5.

(7) [1] Der Spitzenverband Bund der Krankenkassen und die für die Erbringer von Leistungen zur medizinischen Rehabilitation maßgeblichen Verbände auf Bundesebene vereinbaren unter Berücksichtigung der Richtlinien nach § 92 Absatz 1 Satz 2 Nummer 8 in Rahmenempfehlungen

1. das Nähere zu Inhalt, Umfang und Qualität der Leistungen nach Absatz 1,

2. Grundsätze einer leistungsgerechten Vergütung und ihrer Strukturen sowie bis zum 15. Juli 2021 Grundsätze für Vereinbarungen nach Absatz 5 Satz 5 und

3. die Anforderungen an das Nachweisverfahren nach Absatz 5 Satz 4.

[2] Vereinbarungen nach § 137d Absatz 1 bleiben unberührt. [3] Die Inhalte der Rahmenempfehlungen sind den Versorgungsverträgen nach Absatz 2 und den Vergütungsverträgen nach Absatz 5 zugrunde zu legen. [4] Kommen Rahmenempfehlungen ganz oder teilweise nicht zustande, können die Rahmenempfehlungspartner die Schiedsstelle nach § 111b Absatz 6 anrufen. [5] Sie setzt innerhalb von drei Monaten den Rahmenempfehlungsinhalt fest.

§ 111a Versorgungsverträge mit Einrichtungen des Müttergenesungswerks oder gleichartigen Einrichtungen. (1) [1] Die Krankenkassen dürfen stationäre medizinische Leistungen zur Vorsorge für Mütter und Väter (§ 24) oder Rehabilitation für Mütter und Väter (§ 41) nur in Einrichtungen des Müttergenesungswerks oder gleichartigen Einrichtungen oder für Vater-Kind-Maßnahmen geeigneten Einrichtungen erbringen lassen, mit denen ein Versorgungsvertrag besteht. [2] § 111 Absatz 2, 4 Satz 1 und 2, Absatz 5 und 7 sowie § 111b gelten entsprechend.

(2) [1] Bei Einrichtungen des Müttergenesungswerks oder gleichartigen Einrichtungen, die vor dem 1. August 2002 stationäre medizinische Leistungen für die Krankenkassen erbracht haben, gilt ein Versorgungsvertrag in dem Umfang der im Jahr 2001 erbrachten Leistungen als abgeschlossen. [2] Satz 1 gilt nicht, wenn die Einrichtung die Anforderungen nach § 111 Abs. 2 Satz 1 nicht erfüllt und die zuständigen Landesverbände der Krankenkassen und die Ersatzkassen gemeinsam dies bis zum 1. Januar 2004 gegenüber dem Träger der Einrichtung schriftlich geltend machen. [3] Satz 1 gilt bis zum 31. Dezember 2025.

§ 111b Landesschiedsstelle für Versorgungs- und Vergütungsvereinbarungen zwischen Krankenkassen und Trägern von Vorsorge- oder Rehabilitationseinrichtungen und Bundesschiedsstelle für Rahmenempfehlungen, Verordnungsermächtigung. (1) [1] Die Landesverbände der

Krankenkassen und die Ersatzkassen gemeinsam und die für die Wahrnehmung der Interessen der Vorsorge- und Rehabilitationseinrichtungen auf Landesebene maßgeblichen Verbände bilden miteinander für jedes Land eine Schiedsstelle. [2]Diese entscheidet in den Angelegenheiten, die ihr nach diesem Buch zugewiesen sind.

(2) [1]Die Schiedsstelle besteht aus einem unparteiischen Vorsitzenden und zwei weiteren unparteiischen Mitgliedern sowie aus Vertretern der jeweiligen Vertragsparteien nach § 111 Absatz 5 Satz 1 oder im Falle ambulanter Rehabilitationseinrichtungen nach § 111c Absatz 3 Satz 1 in gleicher Zahl; für den Vorsitzenden und die unparteiischen Mitglieder können Stellvertreter bestellt werden. [2]Der Vorsitzende und die unparteiischen Mitglieder werden von den beteiligten Verbänden nach Absatz 1 gemeinsam bestellt. [3]Kommt eine Einigung nicht zustande, werden sie von den zuständigen Landesbehörden bestellt.

(3) [1]Die Mitglieder der Schiedsstelle führen ihr Amt als Ehrenamt. [2]Sie sind an Weisungen nicht gebunden. [3]Jedes Mitglied hat eine Stimme. [4]Die Entscheidungen werden von der Mehrheit der Mitglieder getroffen. [5]Ergibt sich keine Mehrheit, gibt die Stimme des Vorsitzenden den Ausschlag.

(4) Die Rechtsaufsicht über die Schiedsstelle führt die zuständige Landesbehörde.

(5) [1]Die Landesregierungen werden ermächtigt, durch Rechtsverordnung das Nähere über die Zahl, die Bestellung, die Amtsdauer und die Amtsführung, die Erstattung der baren Auslagen und die Entschädigung für Zeitaufwand der Mitglieder der Schiedsstelle, die Geschäftsführung, das Verfahren, die Erhebung und die Höhe der Gebühren sowie über die Verteilung der Kosten zu bestimmen. [2]Sie können diese Ermächtigung durch Rechtsverordnung auf oberste Landesbehörden übertragen.

(6) [1]Der Spitzenverband Bund der Krankenkassen und die für die Erbringer von Leistungen zur medizinischen Rehabilitation maßgeblichen Verbände auf Bundesebene bilden erstmals bis zum 1. Mai 2021 eine gemeinsame Schiedsstelle, die in Angelegenheiten nach § 111 Absatz 7, § 111a Absatz 1 Satz 2 in Verbindung mit § 111 Absatz 7 sowie nach § 111c Absatz 5 entscheidet. [2]Die Schiedsstelle besteht aus einem unparteiischen Vorsitzenden und zwei weiteren unparteiischen Mitgliedern sowie aus Vertretern der jeweiligen Rahmenempfehlungspartner nach § 111 Absatz 7 Satz 1 oder § 111c Absatz 5 Satz 1 in gleicher Zahl; für den Vorsitzenden und die unparteiischen Mitglieder können Stellvertreter bestellt werden. [3]Die Amtsdauer beträgt vier Jahre. [4]Die jeweiligen Rahmenempfehlungspartner sollen sich über den Vorsitzenden und die zwei weiteren unparteiischen Mitglieder sowie deren Stellvertreter einigen. [5]Kommt eine Einigung nicht zustande, erfolgt eine Bestellung des unparteiischen Vorsitzenden, der weiteren unparteiischen Mitglieder und von deren Stellvertretern durch das Bundesministerium für Gesundheit, nachdem es den Rahmenempfehlungspartnern eine Frist zur Einigung gesetzt hat und diese Frist abgelaufen ist. [6]Das Bundesministerium für Gesundheit kann durch Rechtsverordnung mit Zustimmung des Bundesrates das Nähere über die Zahl und die Bestellung der Mitglieder, die Erstattung der baren Auslagen und die Entschädigung für den Zeitaufwand der Mitglieder, das Verfahren sowie über die Verteilung der Kosten regeln. [7]§ 129 Absatz 9 und 10 Satz 1 gilt entsprechend.

§ 111c Versorgungsverträge mit Rehabilitationseinrichtungen, Verordnungsermächtigung. (1) [1]Die Landesverbände der Krankenkassen und die Ersatzkassen gemeinsam schließen mit Wirkung für ihre Mitgliedskassen einheitliche Versorgungsverträge über die Durchführung der in § 40 Absatz 1 genannten ambulanten Leistungen zur medizinischen Rehabilitation mit Rehabilitationseinrichtungen,

1. für die ein Versorgungsvertrag nach § 111 Absatz 2 besteht und

2. die für eine bedarfsgerechte, leistungsfähige und wirtschaftliche Versorgung der Versicherten ihrer Mitgliedskassen mit ambulanten Leistungen zur medizinischen Rehabilitation einschließlich der Anschlussrehabilitation notwendig sind. Soweit es für die Erbringung wohnortnaher ambulanter Leistungen zur medizinischen Rehabilitation erforderlich ist, können Verträge nach Satz 1 auch mit Einrichtungen geschlossen werden, die die in Satz 1 genannten Voraussetzungen erfüllen, ohne dass für sie ein Versorgungsvertrag nach § 111 besteht.

[2]Absatz 3 Satz 7 und 8 gilt entsprechend.

(2) [1]§ 109 Absatz 1 Satz 1 gilt entsprechend. [2]Die Landesverbände der Krankenkassen eines anderen Bundeslandes und die Ersatzkassen können einem nach Absatz 1 geschlossenen Versorgungsvertrag beitreten, soweit für die Behandlung der Versicherten ihrer Mitgliedskassen in der Rehabilitationseinrichtung ein Bedarf besteht. [3]Mit dem Versorgungsvertrag wird die Rehabilitationseinrichtung für die Dauer des Vertrages zur Versorgung der Versicherten mit ambulanten medizinischen Leistungen zur Rehabilitation zugelassen. [4]Der Versorgungsvertrag kann von den Landesverbänden der Krankenkassen und den Ersatzkassen gemeinsam mit einer Frist von einem Jahr gekündigt werden, wenn die Voraussetzungen für seinen Abschluss nach Absatz 1 nicht mehr gegeben sind. [5]Mit der für die Krankenhausplanung zuständigen Landesbehörde ist Einvernehmen über Abschluss und Kündigung des Versorgungsvertrags anzustreben.

(3) [1]Die Vergütungen für die in § 40 Absatz 1 genannten Leistungen werden zwischen den Krankenkassen und den Trägern der zugelassenen Rehabilitationseinrichtungen vereinbart. [2]Für Vereinbarungen nach Satz 1 gilt § 71 nicht. [3]Die Bezahlung von Gehältern bis zur Höhe tarifvertraglicher Vergütungen sowie entsprechender Vergütungen nach kirchlichen Arbeitsrechtsregelungen kann nicht als unwirtschaftlich abgelehnt werden. [4]Auf Verlangen der Krankenkasse ist die Zahlung dieser Vergütungen nachzuweisen. [5]Die Vertragsparteien haben die Vereinbarungen für den Zeitraum vom 1. Oktober 2020 bis zum 31. März 2021 an die durch die COVID-19-Pandemie bedingte besondere Situation der Rehabilitationseinrichtungen anzupassen, um die Leistungsfähigkeit der Einrichtungen bei wirtschaftlicher Betriebsführung zu gewährleisten. [6]Das Bundesministerium für Gesundheit kann im Einvernehmen mit dem Bundesministerium der Finanzen durch Rechtsverordnung mit Zustimmung des Bundesrats die in Satz 5 genannte Frist längstens bis zum Ablauf des 23. September 2022 verlängern. [7]Kommt eine Vereinbarung innerhalb von zwei Monaten, nachdem eine Vertragspartei nach Satz 1 schriftlich zur Aufnahme von Verhandlungen aufgefordert hat, nicht oder teilweise nicht zustande, wird ihr Inhalt auf Antrag einer Vertragspartei durch die Landesschiedsstelle nach § 111b festgesetzt. [8]Diese ist dabei an die für die Vertragsparteien geltenden Rechtsvorschriften gebunden.

(4) [1]Bei Einrichtungen, die vor dem 1. Januar 2012 ambulante Leistungen zur medizinischen Rehabilitation erbracht haben, gilt ein Versorgungsvertrag nach § 111c in dem Umfang der bis dahin erbrachten Leistungen als abgeschlossen. [2]Satz 1 gilt nicht, wenn die Einrichtung die Anforderungen nach Absatz 1 nicht erfüllt und die zuständigen Landesverbände der Krankenkassen und die Ersatzkassen gemeinsam dies bis zum 31. Dezember 2012 gegenüber dem Träger der Einrichtung schriftlich geltend machen. [3]Satz 1 gilt bis zum 31. Dezember 2025.

(5) [1]Der Spitzenverband Bund der Krankenkassen und die für die Erbringer von Leistungen zur medizinischen Rehabilitation maßgeblichen Verbände auf Bundesebene vereinbaren unter Berücksichtigung der Richtlinien nach § 92 Absatz 1 Satz 2 Nummer 8 in Rahmenempfehlungen

1. das Nähere zu Inhalt, Umfang und Qualität der Leistungen nach § 40 Absatz 1,

2. Grundsätze einer leistungsgerechten Vergütung und ihrer Strukturen sowie bis zum 15. Juli 2021 Grundsätze für Vereinbarungen nach Absatz 3 Satz 5 und

3. die Anforderungen an das Nachweisverfahren nach Absatz 3 Satz 4.

[2]Vereinbarungen nach § 137d Absatz 1 bleiben unberührt. [3]Die Inhalte der Rahmenempfehlungen sind den Versorgungsverträgen nach Absatz 1 und den Vergütungsverträgen nach Absatz 3 zugrunde zu legen. [4]Kommen Rahmenempfehlungen ganz oder teilweise nicht zustande, können die Rahmenempfehlungspartner die Schiedsstelle nach § 111b Absatz 6 anrufen. [5]Sie setzt innerhalb von drei Monaten den Rahmenempfehlungsinhalt fest.

Vierter Abschnitt. Beziehungen zu Krankenhäusern und Vertragsärzten

§ 119 Sozialpädiatrische Zentren. (1) [1]Sozialpädiatrische Zentren, die fachlich-medizinisch unter ständiger ärztlicher Leitung stehen und die Gewähr für eine leistungsfähige und wirtschaftliche sozialpädiatrische Behandlung bieten, können vom Zulassungsausschuß (§ 96) zur ambulanten sozialpädiatrischen Behandlung von Kindern ermächtigt werden. [2]Die Ermächtigung ist zu erteilen, soweit und solange sie notwendig ist, um eine ausreichende sozialpädiatrische Behandlung sicherzustellen.

(2) [1]Die Behandlung durch sozialpädiatrische Zentren ist auf diejenigen Kinder auszurichten, die wegen der Art, Schwere oder Dauer ihrer Krankheit oder einer drohenden Krankheit nicht von geeigneten Ärzten oder in geeigneten Frühförderstellen behandelt werden können. [2]Die Zentren sollen mit den Ärzten und den Frühförderstellen eng zusammenarbeiten.

Sechster Abschnitt. Beziehungen zu Leistungserbringern von Hilfsmitteln

§ 128 Unzulässige Zusammenarbeit zwischen Leistungserbringern und Vertragsärzten. (1) [1]Die Abgabe von Hilfsmitteln an Versicherte über Depots bei Vertragsärzten ist unzulässig, soweit es sich nicht um Hilfsmittel handelt, die zur Versorgung in Notfällen benötigt werden. [2]Satz 1 gilt entsprechend für die Abgabe von Hilfsmitteln in Krankenhäusern und anderen medizinischen Einrichtungen.

(2) [1] Leistungserbringer dürfen Vertragsärzte sowie Ärzte in Krankenhäusern und anderen medizinischen Einrichtungen nicht gegen Entgelt oder Gewährung sonstiger wirtschaftlicher Vorteile an der Durchführung der Versorgung mit Hilfsmitteln beteiligen oder solche Zuwendungen im Zusammenhang mit der Verordnung von Hilfsmitteln gewähren. [2] Unzulässig ist ferner die Zahlung einer Vergütung für zusätzliche privatärztliche Leistungen, die im Rahmen der Versorgung mit Hilfsmitteln von Vertragsärzten erbracht werden, durch Leistungserbringer. [3] Unzulässige Zuwendungen im Sinne des Satzes 1 sind auch die unentgeltliche oder verbilligte Überlassung von Geräten und Materialien und Durchführung von Schulungsmaßnahmen, die Gestellung von Räumlichkeiten oder Personal oder die Beteiligung an den Kosten hierfür sowie Einkünfte aus Beteiligungen an Unternehmen von Leistungserbringern, die Vertragsärzte durch ihr Verordnungs- oder Zuweisungsverhalten selbst maßgeblich beeinflussen.

(3) [1] Die Krankenkassen stellen vertraglich sicher, dass Verstöße gegen die Verbote nach den Absätzen 1 und 2 angemessen geahndet werden. [2] Für den Fall schwerwiegender und wiederholter Verstöße ist vorzusehen, dass Leistungserbringer für die Dauer von bis zu zwei Jahren von der Versorgung der Versicherten ausgeschlossen werden können.

(4) [1] Vertragsärzte dürfen nur auf der Grundlage vertraglicher Vereinbarungen mit Krankenkassen über die ihnen im Rahmen der vertragsärztlichen Versorgung obliegenden Aufgaben hinaus an der Durchführung der Versorgung mit Hilfsmitteln mitwirken. [2] Die Absätze 1 bis 3 bleiben unberührt. [3] Über eine Mitwirkung nach Satz 1 informieren die Krankenkassen die für die jeweiligen Vertragsärzte zuständige Ärztekammer.

(4a) [1] Krankenkassen können mit Vertragsärzten Verträge nach Absatz 4 abschließen, wenn die Wirtschaftlichkeit und die Qualität der Versorgung dadurch nicht eingeschränkt werden. [2] § 126 Absatz 1 Satz 2 und 3 sowie Absatz 1a gilt entsprechend auch für die Vertragsärzte. [3] In den Verträgen sind die von den Vertragsärzten zusätzlich zu erbringenden Leistungen und welche Vergütung sie dafür erhalten eindeutig festzulegen. [4] Die zusätzlichen Leistungen sind unmittelbar von den Krankenkassen an die Vertragsärzte zu vergüten. [5] Jede Mitwirkung der Leistungserbringer an der Abrechnung und der Abwicklung der Vergütung der von den Vertragsärzten erbrachten Leistungen ist unzulässig.

(4b) [1] Vertragsärzte, die auf der Grundlage von Verträgen nach Absatz 4 an der Durchführung der Hilfsmittelversorgung mitwirken, haben die von ihnen ausgestellten Verordnungen der jeweils zuständigen Krankenkasse zur Genehmigung der Versorgung zu übersenden. [2] Die Verordnungen sind den Versicherten von den Krankenkassen zusammen mit der Genehmigung zu übermitteln. [3] Dabei haben die Krankenkassen die Versicherten in geeigneter Weise über die verschiedenen Versorgungswege zu beraten.

(5) [1] Absatz 4 Satz 3 gilt entsprechend, wenn Krankenkassen Auffälligkeiten bei der Ausführung von Verordnungen von Vertragsärzten bekannt werden, die auf eine mögliche Zuweisung von Versicherten an bestimmte Leistungserbringer oder eine sonstige Form unzulässiger Zusammenarbeit hindeuten. [2] In diesen Fällen ist auch die zuständige Kassenärztliche Vereinigung zu informieren. [3] Gleiches gilt, wenn Krankenkassen Hinweise auf die Forderung oder Annahme unzulässiger Zuwendungen oder auf eine unzulässige Beeinflussung von Versicherten nach Absatz 5a vorliegen.

(5a) Vertragsärzte, die unzulässige Zuwendungen fordern oder annehmen oder Versicherte zur Inanspruchnahme einer privatärztlichen Versorgung anstelle der ihnen zustehenden Leistung der gesetzlichen Krankenversicherung beeinflussen, verstoßen gegen ihre vertragsärztlichen Pflichten.

(5b) Die Absätze 2, 3, 5 und 5a gelten für die Versorgung mit Heilmitteln entsprechend.

(6) [1]Ist gesetzlich nichts anderes bestimmt, gelten bei der Erbringung von Leistungen nach den §§ 31 und 116b Absatz 7 die Absätze 1 bis 3 sowohl zwischen pharmazeutischen Unternehmern, Apotheken, pharmazeutischen Großhändlern und sonstigen Anbietern von Gesundheitsleistungen als auch jeweils gegenüber Vertragsärzten, Ärzten in Krankenhäusern und Krankenhausträgern entsprechend. [2]Hiervon unberührt bleiben gesetzlich zulässige Vereinbarungen von Krankenkassen mit Leistungserbringern über finanzielle Anreize für die Mitwirkung an der Erschließung von Wirtschaftlichkeitsreserven und die Verbesserung der Qualität der Versorgung bei der Verordnung von Leistungen nach den §§ 31 und 116b Absatz 7. [3]Die Sätze 1 und 2 gelten auch bei Leistungen zur Versorgung von chronischen und schwer heilenden Wunden nach § 37 Absatz 7 gegenüber den Leistungserbringern, die diese Leistungen erbringen.

Neunter Abschnitt. Sicherung der Qualität der Leistungserbringung

§ 135a Verpflichtung der Leistungserbringer zur Qualitätssicherung.

(1) [1]Die Leistungserbringer sind zur Sicherung und Weiterentwicklung der Qualität der von ihnen erbrachten Leistungen verpflichtet. [2]Die Leistungen müssen dem jeweiligen Stand der wissenschaftlichen Erkenntnisse entsprechen und in der fachlich gebotenen Qualität erbracht werden.

(2) Vertragsärzte, medizinische Versorgungszentren, zugelassene Krankenhäuser, Erbringer von Vorsorgeleistungen oder Rehabilitationsmaßnahmen und Einrichtungen, mit denen ein Versorgungsvertrag nach § 111a besteht, sind nach Maßgabe der §§ 136 bis 136b und 137d verpflichtet,

1. sich an einrichtungsübergreifenden Maßnahmen der Qualitätssicherung zu beteiligen, die insbesondere zum Ziel haben, die Ergebnisqualität zu verbessern und

2. einrichtungsintern ein Qualitätsmanagement einzuführen und weiterzuentwickeln, wozu in Krankenhäusern auch die Verpflichtung zur Durchführung eines patientenorientierten Beschwerdemanagements gehört.

(3) [1]Meldungen und Daten aus einrichtungsinternen und einrichtungsübergreifenden Risikomanagement- und Fehlermeldesystemen nach Absatz 2 in Verbindung mit § 136a Absatz 3 dürfen im Rechtsverkehr nicht zum Nachteil des Meldenden verwendet werden. [2]Dies gilt nicht, soweit die Verwendung zur Verfolgung einer Straftat, die im Höchstmaß mit mehr als fünf Jahren Freiheitsstrafe bedroht ist und auch im Einzelfall besonders schwer wiegt, erforderlich ist und die Erforschung des Sachverhalts oder der Ermittlung des Aufenthaltsorts des Beschuldigten auf andere Weise aussichtslos oder wesentlich erschwert wäre.

§ 137d Qualitätssicherung bei der ambulanten und stationären Vorsorge oder Rehabilitation. (1) [1]Für stationäre Rehabilitationseinrichtungen, mit denen ein Vertrag nach § 111 oder § 111a und für ambulante Rehabilitati-

onseinrichtungen, mit denen ein Vertrag über die Erbringung ambulanter Leistungen zur medizinischen Rehabilitation nach § 111c Absatz 1 besteht, vereinbart der Spitzenverband Bund der Krankenkassen auf der Grundlage der Empfehlungen nach § 37 Absatz 1 des Neunten Buches[1] mit den für die Wahrnehmung der Interessen der ambulanten und stationären Rehabilitationseinrichtungen und der Einrichtungen des Müttergenesungswerks oder gleichartiger Einrichtungen auf Bundesebene maßgeblichen Spitzenorganisationen die Maßnahmen der Qualitätssicherung nach § 135a Abs. 2 Nr. 1. [2]Die auf der Grundlage der Vereinbarung nach Satz 1 bestimmte Auswertungsstelle übermittelt die Ergebnisse der Qualitätssicherungsmaßnahmen nach Satz 1 an den Spitzenverband Bund der Krankenkassen. [3]Dieser ist verpflichtet, die Ergebnisse einrichtungsbezogen, in übersichtlicher Form und in allgemein verständlicher Sprache im Internet zu veröffentlichen. [4]Um die Transparenz und Qualität der Versorgung zu erhöhen, soll der Spitzenverband Bund der Krankenkassen die Versicherten auf Basis der Ergebnisse auch vergleichend über die Qualitätsmerkmale der Rehabilitationseinrichtungen nach Satz 1 informieren und über die Umsetzung der Barrierefreiheit berichten; er kann auch Empfehlungen aussprechen. [5]Den für die Wahrnehmung der Interessen der ambulanten und stationären Rehabilitation maßgeblichen Spitzenorganisationen ist Gelegenheit zur Stellungnahme zu geben. [6]Die Stellungnahmen sind bei der Ausgestaltung der Veröffentlichung nach Satz 3 und der vergleichenden Darstellung nach Satz 4 einzubeziehen. [7]Der Spitzenverband Bund der Krankenkassen soll bei seiner Veröffentlichung auch in geeigneter Form auf die Veröffentlichung von Ergebnissen der externen Qualitätssicherung in der Rehabilitation anderer Rehabilitationsträger hinweisen. [8]Die Kosten der Auswertung von Maßnahmen der einrichtungsübergreifenden Qualitätssicherung tragen die Krankenkassen anteilig nach ihrer Belegung der Einrichtungen oder Fachabteilungen. [9]Das einrichtungsinterne Qualitätsmanagement und die Verpflichtung zur Zertifizierung für stationäre Rehabilitationseinrichtungen richten sich nach § 37 des Neunten Buches.

(2) [1]Für stationäre Vorsorgeeinrichtungen, mit denen ein Versorgungsvertrag nach § 111 und für Einrichtungen, mit denen ein Versorgungsvertrag nach § 111a besteht, vereinbart der Spitzenverband Bund der Krankenkassen mit den für die Wahrnehmung der Interessen der stationären Vorsorgeeinrichtungen und der Einrichtungen des Müttergenesungswerks oder gleichartiger Einrichtungen auf Bundesebene maßgeblichen Spitzenorganisationen die Maßnahmen der Qualitätssicherung nach § 135a Abs. 2 Nr. 1 und die Anforderungen an ein einrichtungsinternes Qualitätsmanagement nach § 135a Abs. 2 Nr. 2. [2]Dabei sind die gemeinsamen Empfehlungen nach § 37 Absatz 1 des Neunten Buches zu berücksichtigen und in ihren Grundzügen zu übernehmen. [3]Die Kostentragungspflicht nach Absatz 1 Satz 3 gilt entsprechend.

(3) Für Leistungserbringer, die ambulante Vorsorgeleistungen nach § 23 Abs. 2 erbringen, vereinbart der Spitzenverband Bund der Krankenkassen mit der Kassenärztlichen Bundesvereinigung und den maßgeblichen Bundesverbänden der Leistungserbringer, die ambulante Vorsorgeleistungen durchführen, die grundsätzlichen Anforderungen an ein einrichtungsinternes Qualitätsmanagement nach § 135a Abs. 2 Nr. 2.

---

[1] Nr. 1.

(4) [1] Die Vertragspartner haben durch geeignete Maßnahmen sicherzustellen, dass die Anforderungen an die Qualitätssicherung für die ambulante und stationäre Vorsorge und Rehabilitation einheitlichen Grundsätzen genügen, und die Erfordernisse einer sektor- und berufsgruppenübergreifenden Versorgung angemessen berücksichtigt sind. [2] Bei Vereinbarungen nach den Absätzen 1 und 2 ist der Bundesärztekammer, der Bundespsychotherapeutenkammer und der Deutschen Krankenhausgesellschaft Gelegenheit zur Stellungnahme zu geben.

§ 137e Erprobung von Untersuchungs- und Behandlungsmethoden.

(1) [1] Gelangt der Gemeinsame Bundesausschuss bei der Prüfung von Untersuchungs- und Behandlungsmethoden nach § 135 oder § 137c zu der Feststellung, dass eine Methode das Potenzial einer erforderlichen Behandlungsalternative bietet, ihr Nutzen aber noch nicht hinreichend belegt ist, muss der Gemeinsame Bundesausschuss unter Aussetzung seines Bewertungsverfahrens gleichzeitig eine Richtlinie zur Erprobung beschließen, um die notwendigen Erkenntnisse für die Bewertung des Nutzens der Methode zu gewinnen. [2] Aufgrund der Richtlinie wird die Untersuchungs- oder Behandlungsmethode in einem befristeten Zeitraum im Rahmen der Krankenbehandlung oder der Früherkennung zulasten der Krankenkassen erbracht.

(2) [1] Der Gemeinsame Bundesausschuss regelt in der Richtlinie nach Absatz 1 Satz 1 die in die Erprobung einbezogenen Indikationen und die sächlichen, personellen und sonstigen Anforderungen an die Qualität der Leistungserbringung im Rahmen der Erprobung. [2] Er legt zudem Anforderungen an die Durchführung, die wissenschaftliche Begleitung und die Auswertung der Erprobung fest. [3] Für Krankenhäuser, die nicht an der Erprobung teilnehmen, kann der Gemeinsame Bundesausschuss nach den §§ 136 bis 136b Anforderungen an die Qualität der Leistungserbringung regeln. [4] Die Anforderungen an die Erprobung haben unter Berücksichtigung der Versorgungsrealität zu gewährleisten, dass die Erprobung und die Leistungserbringung durchgeführt werden können. [5] Die Erprobung hat innerhalb von 18 Monaten nach Inkrafttreten des Beschlusses über die Erprobungsrichtlinie zu beginnen. [6] Eine Erprobung beginnt mit der Behandlung der Versicherten im Rahmen der Erprobung. [7] Kommt eine Erprobung nicht fristgerecht zustande, hat der Gemeinsame Bundesausschuss seine Vorgaben in der Erprobungsrichtlinie innerhalb von drei Monaten zu überprüfen und anzupassen und dem Bundesministerium für Gesundheit über die Überprüfung und Anpassung der Erprobungsrichtlinie und Maßnahmen zur Förderung der Erprobung zu berichten.

(3) An der vertragsärztlichen Versorgung teilnehmende Leistungserbringer und nach § 108 zugelassene Krankenhäuser können in dem erforderlichen Umfang an der Erprobung einer Untersuchungs- oder Behandlungsmethode teilnehmen, wenn sie gegenüber der wissenschaftlichen Institution nach Absatz 5 nachweisen, dass sie die Anforderungen nach Absatz 2 erfüllen.

(4) [1] Die von den Leistungserbringern nach Absatz 3 im Rahmen der Erprobung erbrachten und verordneten Leistungen werden unmittelbar von den Krankenkassen vergütet. [2] Bei voll- und teilstationären Krankenhausleistungen werden diese durch Entgelte nach § 17b oder § 17d des Krankenhausfinanzierungsgesetzes oder nach der Bundespflegesatzverordnung vergütet. [3] Kommt für eine neue Untersuchungs- oder Behandlungsmethode, die mit pauschalierten Pflegesätzen nach § 17 Absatz 1a des Krankenhausfinanzierungsgesetzes

noch nicht sachgerecht vergütet werden kann, eine sich auf den gesamten Erprobungszeitraum beziehende Vereinbarung nach § 6 Absatz 2 Satz 1 des Krankenhausentgeltgesetzes oder nach § 6 Absatz 4 Satz 1 der Bundespflegesatzverordnung nicht innerhalb von drei Monaten nach Inkrafttreten des Beschlusses über die Erprobungsrichtlinie zustande, wird ihr Inhalt durch die Schiedsstelle nach § 13 des Krankenhausentgeltgesetzes oder nach § 13 der Bundespflegesatzverordnung festgelegt. [4] Bei Methoden, die auch ambulant angewendet werden können, wird die Höhe der Vergütung für die ambulante Leistungserbringung durch den ergänzten Bewertungsausschuss in der Zusammensetzung nach § 87 Absatz 5a im einheitlichen Bewertungsmaßstab für ärztliche Leistungen innerhalb von drei Monaten nach Inkrafttreten des Beschlusses über die Erprobungsrichtlinie geregelt. [5] Kommt ein Beschluss des ergänzten Bewertungsausschusses nicht fristgerecht zustande, entscheidet der ergänzte erweiterte Bewertungsausschuss im Verfahren nach § 87 Absatz 5a Satz 2 bis 7. [6] Klagen gegen die Festlegung des Vertragsinhalts haben keine aufschiebende Wirkung. [7] Für die Abrechnung der ambulanten Leistungserbringung nach Satz 4 gilt § 295 Absatz 1b Satz 1 entsprechend; das Nähere über Form und Inhalt des Abrechnungsverfahrens sowie über die erforderlichen Vordrucke für die Abrechnung und die Verordnung von Leistungen einschließlich der Kennzeichnung dieser Vordrucke regeln der Spitzenverband Bund der Krankenkassen, die Deutsche Krankenhausgesellschaft und die Kassenärztliche Bundesvereinigung in einer Vereinbarung. [8] Kommt eine Vereinbarung nach Satz 7 ganz oder teilweise nicht zustande, entscheidet auf Antrag einer Vertragspartei das sektorenübergreifende Schiedsgremium auf Bundesebene gemäß § 89a.

(5) [1] Für die wissenschaftliche Begleitung und Auswertung der Erprobung schließt der Gemeinsame Bundesausschuss mit den maßgeblichen Wissenschaftsverbänden einen Rahmenvertrag, der insbesondere die Unabhängigkeit der beteiligten wissenschaftlichen Institutionen gewährleistet, oder beauftragt eigenständig eine unabhängige wissenschaftliche Institution. [2] An der Erprobung beteiligte Medizinproduktehersteller oder Unternehmen, die als Anbieter der zu erprobenden Methode ein wirtschaftliches Interesse an einer Erbringung zulasten der Krankenkassen haben, können auch selbst eine unabhängige wissenschaftliche Institution auf eigene Kosten mit der wissenschaftlichen Begleitung und Auswertung der Erprobung beauftragen, wenn sie diese Absicht innerhalb eines vom Gemeinsamen Bundesausschuss bestimmten Zeitraums nach Inkrafttreten der Richtlinie nach Absatz 1, der zwei Monate nicht unterschreiten darf, dem Gemeinsamen Bundesausschuss mitteilen. [3] Die an der Erprobung teilnehmenden Leistungserbringer sind verpflichtet, die für die wissenschaftliche Begleitung und Auswertung erforderlichen Daten zu dokumentieren und der beauftragten Institution zur Verfügung zu stellen. [4] Sofern hierfür personenbezogene Daten der Versicherten benötigt werden, ist vorher deren Einwilligung einzuholen. [5] Für den zusätzlichen Aufwand im Zusammenhang mit der Durchführung der Erprobung erhalten die an der Erprobung teilnehmenden Leistungserbringer von der beauftragten Institution eine angemessene Aufwandsentschädigung.

(6) Die Kosten einer ihm nach Absatz 5 Satz 1 rahmenvertraglich veranlassten oder eigenständig beauftragten wissenschaftlichen Begleitung und Auswertung der Erprobung trägt der Gemeinsame Bundesausschuss.

(7) [1]Unabhängig von einem Beratungsverfahren nach § 135 oder § 137c können Hersteller eines Medizinprodukts, auf dessen Einsatz die technische Anwendung einer neuen Untersuchungs- oder Behandlungsmethode maßgeblich beruht, und Unternehmen, die in sonstiger Weise als Anbieter einer neuen Methode ein wirtschaftliches Interesse an einer Erbringung zulasten der Krankenkassen haben, beim Gemeinsamen Bundesausschuss beantragen, dass dieser eine Richtlinie zur Erprobung der neuen Methode nach Absatz 1 beschließt. [2]Der Antragsteller hat aussagekräftige Unterlagen vorzulegen, aus denen hervorgeht, dass die Methode hinreichendes Potenzial für eine Erprobung bietet. [3]Der Gemeinsame Bundesausschuss entscheidet innerhalb von drei Monaten nach Antragstellung auf der Grundlage der vom Antragsteller zur Begründung seines Antrags vorgelegten Unterlagen. [4]Beschließt der Gemeinsame Bundesausschuss eine Erprobung, entscheidet er im Anschluss an die Erprobung auf der Grundlage der gewonnenen Erkenntnisse unverzüglich über eine Richtlinie nach § 135 oder § 137c. [5]Die Möglichkeit einer Aussetzung des Bewertungsverfahrens im Falle des Fehlens noch erforderlicher Erkenntnisse bleibt unberührt. [6]Die Kostentragung hinsichtlich der wissenschaftlichen Begleitung und Auswertung der Erprobung richtet sich nach Absatz 5 Satz 2 oder Absatz 6. [7]Wenn der Gemeinsame Bundesausschuss die Durchführung einer Erprobung ablehnt, weil er den Nutzen der Methode bereits als hinreichend belegt ansieht, gilt Satz 4 entsprechend.

(8) [1]Der Gemeinsame Bundesausschuss berät Hersteller von Medizinprodukten und sonstige Unternehmen im Sinne von Absatz 7 Satz 1 zu den Voraussetzungen der Erbringung einer Untersuchungs- oder Behandlungsmethode zulasten der Krankenkassen, zu dem Verfahren der Erprobung sowie zu der Möglichkeit, anstelle des Gemeinsamen Bundesausschusses eine unabhängige wissenschaftliche Institution auf eigene Kosten mit der wissenschaftlichen Begleitung und Auswertung der Erprobung zu beauftragen. [2]Das Nähere einschließlich der Erstattung der für diese Beratung entstandenen Kosten ist in der Verfahrensordnung zu regeln.

§ 137f Strukturierte Behandlungsprogramme bei chronischen Krankheiten. (1) [1]Der Gemeinsame Bundesausschuss nach § 91 legt in Richtlinien nach Maßgabe von Satz 2 geeignete chronische Krankheiten fest, für die strukturierte Behandlungsprogramme entwickelt werden sollen, die den Behandlungsablauf und die Qualität der medizinischen Versorgung chronisch Kranker verbessern. [2]Bei der Auswahl der chronischen Krankheiten sind insbesondere die folgenden Kriterien zu berücksichtigen:

1. Zahl der von der Krankheit betroffenen Versicherten,

2. Möglichkeiten zur Verbesserung der Qualität der Versorgung,

3. Verfügbarkeit von evidenzbasierten Leitlinien,

4. sektorenübergreifender Behandlungsbedarf,

5. Beeinflussbarkeit des Krankheitsverlaufs durch Eigeninitiative des Versicherten und

6. hoher finanzieller Aufwand der Behandlung.

[3]Bis zum 31. Juli 2023 erlässt der Gemeinsame Bundesausschuss insbesondere für die Behandlung von Adipositas Richtlinien nach Absatz 2.

(2) [1] Der Gemeinsame Bundesausschuss nach § 91 erlässt Richtlinien zu den Anforderungen an die Ausgestaltung von Behandlungsprogrammen nach Absatz 1. [2] Zu regeln sind insbesondere Anforderungen an die

1. Behandlung nach dem aktuellen Stand der medizinischen Wissenschaft unter Berücksichtigung von evidenzbasierten Leitlinien oder nach der jeweils besten, verfügbaren Evidenz sowie unter Berücksichtigung des jeweiligen Versorgungssektors,

2. durchzuführenden Qualitätssicherungsmaßnahmen unter Berücksichtigung der Ergebnisse nach § 137a Absatz 3,

3. Voraussetzungen für die Einschreibung des Versicherten in ein Programm,

4. Schulungen der Leistungserbringer und der Versicherten,

5. Dokumentation einschließlich der für die Durchführung der Programme erforderlichen personenbezogenen Daten und deren Aufbewahrungsfristen,

6. Bewertung der Auswirkungen der Versorgung in den Programmen (Evaluation).

[3] Soweit diese Anforderungen Inhalte der ärztlichen Therapie betreffen, schränken sie den zur Erfüllung des ärztlichen Behandlungsauftrags im Einzelfall erforderlichen ärztlichen Behandlungsspielraum nicht ein. [4] Der Spitzenverband Bund der Krankenkassen hat den Medizinischen Dienst Bund zu beteiligen. [5] Den für die Wahrnehmung der Interessen der ambulanten und stationären Vorsorge- und Rehabilitationseinrichtungen und der Selbsthilfe sowie den für die sonstigen Leistungserbringer auf Bundesebene maßgeblichen Spitzenorganisationen, soweit ihre Belange berührt sind, sowie dem Bundesamt für Soziale Sicherung und den jeweils einschlägigen wissenschaftlichen Fachgesellschaften ist Gelegenheit zur Stellungnahme zu geben; die Stellungnahmen sind in die Entscheidungen mit einzubeziehen. [6] Der Gemeinsame Bundesausschuss nach § 91 hat seine Richtlinien regelmäßig zu überprüfen.

(3) [1] Für die Versicherten ist die Teilnahme an Programmen nach Absatz 1 freiwillig. [2] Voraussetzung für die Einschreibung ist die nach umfassender Information durch die Krankenkasse erteilte schriftliche oder elektronische Einwilligung zur Teilnahme an dem Programm, zur Verarbeitung der in den Richtlinien des Gemeinsamen Bundesausschusses nach Absatz 2 festgelegten Daten durch die Krankenkasse, die Sachverständigen nach Absatz 4 und die beteiligten Leistungserbringer sowie zur Übermittlung dieser Daten an die Krankenkasse. [3] Die Einwilligung kann widerrufen werden.

(4) [1] Die Krankenkassen oder ihre Verbände haben nach den Richtlinien des Gemeinsamen Bundesausschusses nach Absatz 2 eine externe Evaluation der für dieselbe Krankheit nach Absatz 1 zugelassenen Programme nach Absatz 1 durch einen vom Bundesamt für Soziale Sicherung im Benehmen mit der Krankenkasse oder dem Verband auf deren Kosten bestellten unabhängigen Sachverständigen auf der Grundlage allgemein anerkannter wissenschaftlicher Standards zu veranlassen, die zu veröffentlichen ist. [2] Die Krankenkassen oder ihre Verbände erstellen für die Programme zudem für jedes volle Kalenderjahr Qualitätsberichte nach den Vorgaben der Richtlinien des Gemeinsamen Bundesausschusses nach Absatz 2, die dem Bundesamt für Soziale Sicherung jeweils bis zum 1. Oktober des Folgejahres vorzulegen sind.

(5) [1] Die Verbände der Krankenkassen und der Spitzenverband Bund der Krankenkassen unterstützen ihre Mitglieder bei dem Aufbau und der Durch-

führung von Programmen nach Absatz 1; hierzu gehört auch, dass die in Satz 2 genannten Aufträge auch von diesen Verbänden erteilt werden können, soweit hierdurch bundes- oder landeseinheitliche Vorgaben umgesetzt werden sollen. [2] Die Krankenkassen können ihre Aufgaben zur Durchführung von mit zugelassenen Leistungserbringern vertraglich vereinbarten Programmen nach Absatz 1 auf Dritte übertragen. [3] § 80 des Zehnten Buches bleibt unberührt.

(6) *(aufgehoben)*

(7) [1] Die Krankenkassen oder ihre Landesverbände können mit zugelassenen Krankenhäusern, die an der Durchführung eines strukturierten Behandlungsprogramms nach Absatz 1 teilnehmen, Verträge über ambulante ärztliche Behandlung schließen, soweit die Anforderungen an die ambulante Leistungserbringung in den Verträgen zu den strukturierten Behandlungsprogrammen dies erfordern. [2] Für die sächlichen und personellen Anforderungen an die ambulante Leistungserbringung des Krankenhauses gelten als Mindestvoraussetzungen die Anforderungen nach § 135 entsprechend.

(8) [1] Der Gemeinsame Bundesausschuss prüft bei der Erstfassung einer Richtlinie zu den Anforderungen nach Absatz 2 sowie bei jeder regelmäßigen Überprüfung seiner Richtlinien nach Absatz 2 Satz 6 die Aufnahme geeigneter digitaler medizinischer Anwendungen. [2] Den für die Wahrnehmung der Interessen der Anbieter digitaler medizinischer Anwendungen auf Bundesebene maßgeblichen Spitzenorganisationen ist Gelegenheit zur Stellungnahme zu geben; die Stellungnahmen sind in die Entscheidungen einzubeziehen. [3] Die Krankenkassen oder ihre Landesverbände können den Einsatz digitaler medizinischer Anwendungen in den Programmen auch dann vorsehen, wenn sie bisher nicht vom Gemeinsamen Bundesausschuss in die Richtlinien zu den Anforderungen nach Absatz 2 aufgenommen wurden.

...

§ 138 Neue Heilmittel. Die an der vertragsärztlichen Versorgung teilnehmenden Ärzte dürfen neue Heilmittel nur verordnen, wenn der Gemeinsame Bundesausschuss zuvor ihren therapeutischen Nutzen anerkannt und in den Richtlinien nach § 92 Abs. 1 Satz 2 Nr. 6 Empfehlungen für die Sicherung der Qualität bei der Leistungserbringung abgegeben hat.

Elfter Abschnitt. Sonstige Beziehungen zu den Leistungserbringern

§ 140a Besondere Versorgung. (1) [1] Die Krankenkassen können Verträge mit den in Absatz 3 genannten Leistungserbringern über eine besondere Versorgung der Versicherten abschließen. [2] Die Verträge ermöglichen eine verschiedene Leistungssektoren übergreifende oder eine interdisziplinär fachübergreifende Versorgung (integrierte Versorgung) sowie besondere Versorgungsaufträge unter Beteiligung der Leistungserbringer oder deren Gemeinschaften. [3] Die Verträge können auch Regelungen enthalten, die die besondere Versorgung regional beschränken. [4] Verträge, die nach den §§ 73a, 73c und 140a in der am 22. Juli 2015 geltenden Fassung geschlossen wurden, sind spätestens bis zum 31. Dezember 2024 durch Verträge nach dieser Vorschrift zu ersetzen oder zu beenden. [5] Soweit die Versorgung der Versicherten nach diesen Verträgen durchgeführt wird, ist der Sicherstellungsauftrag nach § 75 Absatz 1 eingeschränkt. [6] Satz 4 gilt nicht für die Organisation der vertragsärztlichen Versorgung zu den sprechstundenfreien Zeiten.

(2) [1] Die Verträge können Abweichendes von den Vorschriften dieses Kapitels, des Krankenhausfinanzierungsgesetzes, des Krankenhausentgeltgesetzes sowie den nach diesen Vorschriften getroffenen Regelungen beinhalten. [2] Die Verträge können auch Abweichendes von den im Dritten Kapitel benannten Leistungen beinhalten, soweit sie die in § 11 Absatz 6 genannten Leistungen, Leistungen nach den §§ 20i, 25, 26, 27b, 37a und 37b sowie ärztliche Leistungen einschließlich neuer Untersuchungs- und Behandlungsmethoden betreffen. [3] Die Sätze 1 und 2 gelten insoweit, als über die Eignung der Vertragsinhalte als Leistung der gesetzlichen Krankenversicherung der Gemeinsame Bundesausschuss nach § 91 im Rahmen der Beschlüsse nach § 92 Absatz 1 Satz 2 Nummer 5 oder im Rahmen der Beschlüsse nach § 137c Absatz 1 keine ablehnende Entscheidung getroffen hat. [4] Die abweichende Regelung muss dem Sinn und der Eigenart der besonderen Versorgung entsprechen, sie muss insbesondere darauf ausgerichtet sein, die Qualität, die Wirksamkeit und die Wirtschaftlichkeit der Versorgung zu verbessern. [5] Wenn Verträge über eine besondere Versorgung zur Durchführung von nach § 92a Absatz 1 Satz 1 und 2 geförderten neuen Versorgungsformen abgeschlossen werden, gelten die Anforderungen an eine besondere Versorgung nach Absatz 1 Satz 1 und 2 und die Anforderungen nach Satz 4 als erfüllt. [6] Das gilt auch für Verträge zur Fortführung von nach § 92a Absatz 1 Satz 1 und 2 geförderten neuen Versorgungsformen oder wesentlicher Teile daraus sowie für Verträge zur Übertragung solcher Versorgungsformen in andere Regionen. [7] Für die Qualitätsanforderungen zur Durchführung der Verträge gelten die vom Gemeinsamen Bundesausschuss sowie die in den Bundesmantelverträgen für die Leistungserbringung in der vertragsärztlichen Versorgung beschlossenen Anforderungen als Mindestvoraussetzungen entsprechend. [8] Gegenstand der Verträge dürfen auch Vereinbarungen sein, die allein die Organisation der Versorgung betreffen. [9] Die Partner eines Vertrages nach Absatz 1 können sich darauf verständigen, dass Beratungs-, Koordinierungs- und Managementleistungen der Leistungserbringer und der Krankenkassen zur Versorgung der Versicherten im Rahmen der besonderen Versorgung durch die Vertragspartner oder Dritte erbracht werden; § 11 Absatz 4 Satz 5 gilt entsprechend. [10] Vereinbarungen über zusätzliche Vergütungen für Diagnosen können nicht Gegenstand der Verträge sein.

(3) [1] Die Krankenkassen können nach Maßgabe von Absatz 1 Satz 2 Verträge abschließen mit:

1. nach diesem Kapitel zur Versorgung der Versicherten berechtigten Leistungserbringern oder deren Gemeinschaften,

2. Trägern von Einrichtungen, die eine besondere Versorgung durch zur Versorgung der Versicherten nach dem Vierten Kapitel berechtigte Leistungserbringer anbieten,

3. Pflegekassen und zugelassenen Pflegeeinrichtungen auf der Grundlage des § 92b des Elften Buches,

3a. anderen Leistungsträgern nach § 12 des Ersten Buches und den Leistungserbringern, die nach den für diese Leistungsträger geltenden Bestimmungen zur Versorgung berechtigt sind,

3b. privaten Kranken- und Pflegeversicherungen, um Angebote der besonderen Versorgung für Versicherte in der gesetzlichen und in der privaten Krankenversicherung zu ermöglichen,

4. Praxiskliniken nach § 115 Absatz 2 Satz 1 Nummer 1,

5. pharmazeutischen Unternehmern,

6. Herstellern von Medizinprodukten im Sinne der Verordnung (EU) 2017/ 745,

7. Kassenärztlichen Vereinigungen oder Berufs- und Interessenverbänden der Leistungserbringer nach Nummer 1 zur Unterstützung von Mitgliedern, die an der besonderen Versorgung teilnehmen,

8. Anbietern von digitalen Diensten und Anwendungen nach § 68a Absatz 3 Satz 2 Nummer 2 und 3.

[2] Die Partner eines Vertrages über eine besondere Versorgung nach Absatz 1 können sich auf der Grundlage ihres jeweiligen Zulassungsstatus für die Durchführung der besonderen Versorgung darauf verständigen, dass Leistungen auch dann erbracht werden können, wenn die Erbringung dieser Leistungen vom Zulassungs-, Ermächtigungs- oder Berechtigungsstatus des jeweiligen Leistungserbringers nicht gedeckt ist. [3] Bei Verträgen mit Anbietern von digitalen Diensten und Anwendungen nach Nummer 8 sind die Zugänglichkeitskriterien für Menschen mit Behinderungen zu berücksichtigen.

(3a) [1] Gegenstand der Verträge kann sein

1. die Förderung einer besonderen Versorgung, die von den in Absatz 3 genannten Leistungserbringern selbständig durchgeführt wird, oder

2. die Beteiligung an Versorgungsaufträgen anderer Leistungsträger nach § 12 des Ersten Buches.

[2] Die Förderung und Beteiligung nach Satz 1 dürfen erfolgen, soweit sie dem Zweck der gesetzlichen Krankenversicherung dienen.

(3b) [1] Gegenstand der Verträge kann eine besondere Versorgung im Wege der Sach- oder Dienstleistung sein

1. im Einzelfall, wenn medizinische oder soziale Gründe dies rechtfertigen, oder

2. in den Fällen, in denen die Voraussetzungen für eine Kostenerstattung der vom Versicherten selbst beschafften Leistungen vorliegen.

[2] Verträge nach Satz 1 können auch mit nicht zur vertragsärztlichen Versorgung zugelassenen Leistungserbringern geschlossen werden, wenn eine dem Versorgungsniveau in der gesetzlichen Krankenversicherung gleichwertige Versorgung gewährleistet ist.

(4) [1] Die Versicherten erklären ihre freiwillige Teilnahme an der besonderen Versorgung schriftlich oder elektronisch gegenüber ihrer Krankenkasse. [2] Die Versicherten können die Teilnahmeerklärung innerhalb von zwei Wochen nach deren Abgabe schriftlich, elektronisch oder zur Niederschrift bei der Krankenkasse ohne Angabe von Gründen widerrufen. [3] Zur Fristwahrung genügt die rechtzeitige Absendung der Widerrufserklärung an die Krankenkasse. [4] Die Widerrufsfrist beginnt, wenn die Krankenkasse dem Versicherten eine Belehrung über sein Widerrufsrecht schriftlich oder elektronisch mitgeteilt hat, frühestens jedoch mit der Abgabe der Teilnahmeerklärung. [5] Das Nähere zur Durchführung der Teilnahme der Versicherten, insbesondere zur zeitlichen Bindung an die Teilnahmeerklärung, zur Bindung an die vertraglich gebundenen Leistungserbringer und zu den Folgen bei Pflichtverstößen der Versicherten, regeln die Krankenkassen in den Teilnahmeerklärungen. [6] Die Satzung der Krankenkasse hat Regelungen zur Abgabe der Teilnahmeerklärungen zu ent-

halten. [7] Die Regelungen sind auf der Grundlage der Richtlinie nach § 217f Absatz 4a zu treffen.

(4a) [1] Krankenkassen können Verträge auch mit Herstellern von Medizinprodukten nach Absatz 3 Satz 1 Nummer 6 über die besondere Versorgung der Versicherten mit digitalen Versorgungsangeboten schließen. [2] Absatz 1 Satz 2 ist nicht anzuwenden. [3] In den Verträgen ist sicherzustellen, dass über eine individualisierte medizinische Beratung einschließlich von Therapievorschlägen hinausgehende diagnostische Feststellungen durch einen Arzt zu treffen sind. [4] Bei dem einzubeziehenden Arzt muss es sich in der Regel um einen an der vertragsärztlichen Versorgung teilnehmenden Arzt handeln.

(5) Die Verarbeitung der für die Durchführung der Verträge nach Absatz 1 erforderlichen personenbezogenen Daten durch die Vertragspartner nach Absatz 1 darf nur mit Einwilligung und nach vorheriger Information der Versicherten erfolgen.

(6) [1] Für die Bereinigung des Behandlungsbedarfs nach § 87a Absatz 3 Satz 2 gilt § 73b Absatz 7 entsprechend; falls eine Vorabeinschreibung der teilnehmenden Versicherten nicht möglich ist, kann eine rückwirkende Bereinigung vereinbart werden. [2] Die Krankenkasse kann bei Verträgen nach Absatz 1 auf die Bereinigung verzichten, wenn das voraussichtliche Bereinigungsvolumen einer Krankenkasse für einen Vertrag nach Absatz 1 geringer ist als der Aufwand für die Durchführung dieser Bereinigung. [3] Der Bewertungsausschuss hat in seinen Vorgaben gemäß § 87a Absatz 5 Satz 7 zur Bereinigung und zur Ermittlung der kassenspezifischen Aufsatzwerte des Behandlungsbedarfs auch Vorgaben zur Höhe des Schwellenwertes für das voraussichtliche Bereinigungsvolumen, unterhalb dessen von einer basiswirksamen Bereinigung abgesehen werden kann, zu der pauschalen Ermittlung und Übermittlung des voraussichtlichen Bereinigungsvolumens an die Vertragspartner nach § 73b Absatz 7 Satz 1 sowie zu dessen Anrechnung beim Aufsatzwert der betroffenen Krankenkasse zu machen.

§§ 140b–140d *(nicht mehr belegt)*

Neuntes Kapitel. Medizinischer Dienst

Erster Abschnitt. Aufgaben

§ 275 Begutachtung und Beratung. (1)–(1b) …

(2) Die Krankenkassen haben durch den Medizinischen Dienst prüfen zu lassen

1. die Notwendigkeit der Leistungen nach den §§ 23, 24, 40 und 41, mit Ausnahme von Verordnungen nach § 40 Absatz 3 Satz 2, unter Zugrundelegung eines ärztlichen Behandlungsplans in Stichproben vor Bewilligung und regelmäßig bei beantragter Verlängerung; der Spitzenverband Bund der Krankenkassen regelt in Richtlinien den Umfang und die Auswahl der Stichprobe und kann Ausnahmen zulassen, wenn Prüfungen nach Indikation und Personenkreis nicht notwendig erscheinen; dies gilt insbesondere für Leistungen zur medizinischen Rehabilitation im Anschluß an eine Krankenhausbehandlung (Anschlußheilbehandlung),

2. bei Kostenübernahme einer Behandlung im Ausland, ob die Behandlung einer Krankheit nur im Ausland möglich ist (§ 18),

3. ob und für welchen Zeitraum häusliche Krankenpflege länger als vier Wochen erforderlich ist (§ 37 Abs. 1),

4. ob Versorgung mit Zahnersatz aus medizinischen Gründen ausnahmsweise unaufschiebbar ist (§ 27 Abs. 2),

5. den Anspruch auf Leistungen der außerklinischen Intensivpflege nach § 37c Absatz 2 Satz 1.

(3)–(6) …

5a. Richtlinie des Gemeinsamen Bundesausschusses zur Umsetzung der Regelungen in § 62 für schwerwiegend chronisch Erkrankte (Chroniker-Richtlinie)

Vom 22. Januar 2004

(BAnz. Nr. 18 S. 1343)

zuletzt geänd. durch Nr. I Beschl. v. 17.11.2017 (BAnz AT 05.03.2018 B4)

§ 1 Allgemeines. (1) Diese Richtlinie bestimmt das Nähere zur Definition von schwerwiegenden chronischen Krankheiten und Ausnahmen gemäß § 62 Absatz 1 Satz 5 und 8 in Verbindung mit § 92 Abs. 1 Satz 1 SGB V[1].

(2) Die Feststellung, dass Versicherte an einer schwerwiegenden chronischen Krankheit im Sinne der Richtlinie leiden, wird durch die Krankenkasse getroffen.

§ 2 Schwerwiegende chronische Krankheit. (1) [1] Eine Krankheit im Sinne des § 62 Abs. 1 Satz 2 SGB V[1] ist ein regelwidriger körperlicher oder geistiger Zustand, der Behandlungsbedürftigkeit zur Folge hat. [2] Gleiches gilt für die Erkrankung nach § 62 Absatz 1 Satz 4 und 8 SGB V[1].

(2) Eine Krankheit ist schwerwiegend chronisch, wenn sie wenigstens ein Jahr lang mindestens einmal pro Quartal ärztlich behandelt wurde (Dauerbehandlung) und eines der folgenden Merkmale vorhanden ist:

a) Es liegt eine Pflegebedürftigkeit des Pflegegrades 3, 4 oder 5 nach dem zweiten Kapitel des Elften Buches Sozialgesetzbuch[2] vor.

b) Es liegt ein Grad der Behinderung (GdB) oder ein Grad der Schädigungsfolgen (GdS) von mindestens 60 oder eine Minderung der Erwerbsfähigkeit (MdE) von mindestens 60% vor, wobei der GdB nach den Maßstäben des § 152 in Verbindung mit § 153 Absatz 2 des Neunten Buches Sozialgesetzbuch (SGB IX)[3], der GdS nach den Maßstäben des § 30 Absatz 1 des Bundesversorgungsgesetzes (BVG)[4] in Verbindung mit der Versorgungsmedizin-Verordnung[5] und die MdE nach den Maßstäben des § 56 Absatz 2 des Siebten Buches Sozialgesetzbuch (SGB VII) festgestellt und zumindest auch durch die Krankheit nach Satz 1 begründet sein müssen.

c) Es ist eine kontinuierliche medizinische Versorgung (ärztliche oder psychotherapeutische Behandlung, Arzneimitteltherapie, Behandlungspflege, Versorgung mit Heil- und Hilfsmitteln) erforderlich, ohne die nach ärztlicher Einschätzung eine lebensbedrohliche Verschlimmerung, eine Verminderung der Lebenserwartung oder eine dauerhafte Beeinträchtigung der Lebensqualität durch die aufgrund der Krankheit nach Satz 1 verursachte Gesundheitsstörung zu erwarten ist.

---

[1] Nr. **5**.
[2] Auszugsweise abgedruckt unter Nr. **10**.
[3] Nr. **1**.
[4] Nr. **15**.
[5] Nr. **15d**.

§ 3 Belege. (1) [1]Versicherte weisen die Dauerbehandlung nach § 2 Abs. 2 Satz 1 durch eine ärztliche Bescheinigung nach, in der die dauerbehandelte Krankheit angegeben ist. [2]Bei einer festgestellten Pflegebedürftigkeit des Pflegegrades 3, 4 oder 5 nach dem zweiten Kapitel SGB XI wird nach Ablauf eines Jahres seit dem Beginn der Pflegebedürftigkeit in einem dieser Pflegegrade das Vorliegen einer Dauerbehandlung unterstellt.

(2) [1]Zum Beleg für den Grad der Behinderung, den Grad der Schädigungsfolgen, die Minderung der Erwerbsfähigkeit oder den Pflegegrad haben Versicherte die entsprechenden bestandskräftigen amtlichen Bescheide in Kopie vorzulegen. [2]Die Krankheit, wegen der sich die Versicherten in Dauerbehandlung befinden, muss in dem Bescheid zum GdB, GdS oder zur MdE als Begründung aufgeführt sein.

(3) Das Vorliegen der kontinuierlichen Behandlungserfordernis nach § 2 Abs. 2 Buchstabe c wird durch eine ärztliche Bescheinigung nachgewiesen.

(4) Auf die Unterlagen, die der zuständigen Krankenkasse bereits vorliegen, kann verwiesen werden.

§ 4 Ausnahmen von der Pflicht zur Teilnahme an Gesundheits- und Krebsfrüherkennungsuntersuchungen. (1) [1]Untersuchungen gelten gemäß § 62 Abs. 1 Satz 3 SGB V[1)] als regelmäßig in Anspruch genommen, wenn die nach dem 1. April 1987 geborenen weiblichen und nach dem 1. April 1962 geborenen männlichen Versicherten in einem Präventionspass jeweils eine auf die nachfolgenden Früherkennungsuntersuchungen bezogene und auf Merkblätter des Gemeinsamen Bundesausschusses gestützte Beratung über Chancen und Risiken der jeweiligen Untersuchungen nachweisen. [2]Die Beratung ist von einem Arzt zu erbringen, der berechtigt ist, die entsprechende Untersuchung durchzuführen. [3]Die Beratung ist zeitnah nach Erreichen des Anspruchsalters, längstens jedoch in einem Zeitraum von zwei Jahren nach Beginn der jeweiligen Anspruchsberechtigung wahrzunehmen, soweit in den Richtlinien des Gemeinsamen Bundesausschusses zu § 25 Abs. 1 oder 2 SGB V nichts Abweichendes geregelt ist.

(2) [1]Die Regelung nach Absatz 1 umfasst zunächst die Untersuchungen zur Früherkennung

1. des Brustkrebses (Mammographie-Screening),
2. des Darmkrebses (Schnelltest auf occultes Blut oder Früherkennungskoloskopie) und
3. des Zervix-Karzinoms

entsprechend der Richtlinien über die Früherkennung von Krebserkrankungen und kann durch Beschlussfassungen des Gemeinsamen Bundesausschusses um weitere Vorsorgeuntersuchungen ergänzt werden. [2]Im Übrigen muss für die sonstigen Gesundheits- und Früherkennungsuntersuchungen nach § 25 SGB V zur Bestimmung der Belastungsgrenze nach § 62 Abs. 1 Satz 3 SGB V weder eine Untersuchung noch eine Beratung durchgeführt werden.

(3) Ausgenommen von der Pflicht zur Beratung gemäß § 62 Abs. 1 Satz 5 SGB V sind Versicherte mit schweren psychischen Erkrankungen nach Nummer 9 der Richtlinien über die Durchführung von Soziotherapie in der vertragsärztlichen Versorgung gemäß § 37a in Verbindung mit § 92 Abs. 1 Satz 2

[1)] Nr. 5.

Nr. 6 SGB V (Soziotherapie-Richtlinien) oder geistig wesentlicher Behinderung im Sinne von § 2 der Verordnung nach § 60 des Zwölften Buches Sozialgesetzbuch (Eingliederungshilfe-Verordnung), sowie Versicherte, die bereits an der zu untersuchenden Erkrankung leiden.

(4) Die Auswirkungen dieser Beratung werden am Beispiel der Früherkennung des Zervix-Karzinoms wissenschaftlich evaluiert.

§ 5 *(aufgehoben)*

5b. Richtlinie des Gemeinsamen Bundesausschusses über Leistungen zur medizinischen Rehabilitation (Rehabilitations-Richtlinie/Reha-RL)

Vom 16. März 2004

(BAnz. Nr. 63 S. 6769)

zuletzt geänd. durch Beschl. über eine Änd. der Rehabilitations-RL v. 16.12.2021 (BAnz AT 2022 16.02.2022 B3)

Inhaltsverzeichnis

§ 1 Ziel und Zweck. (1) ¹Die Richtlinie soll eine notwendige, ausreichende, zweckmäßige und wirtschaftliche Versorgung der Versicherten mit im Einzelfall gebotenen Leistungen zur medizinischen Rehabilitation gewährleisten; sie regelt außerdem die Beratung über Leistungen zur medizinischen Rehabilitation, Leistungen zur Teilhabe am Arbeitsleben und ergänzende Leistungen zur Rehabilitation (§ 92 Abs. 1 Satz 2 Nr. 8 SGB V[1]), um die Selbstbestimmung und ihre volle, wirksame und gleichberechtigte Teilhabe am Leben in der Gesellschaft zu fördern, Benachteiligungen zu vermeiden oder ihnen entgegenzuwirken. ²Die Leistungen zur medizinischen Rehabilitation haben zum Ziel, eine Behinderung im Sinne des § 2 Abs. 1 des Neunten Buches Sozialgesetzbuch (SGB IX)[2] einschließlich Pflegebedürftigkeit gemäß des Elften Buches Sozialgesetzbuch (SGB XI)[3] abzuwenden, zu beseitigen, zu mindern, auszugleichen, ihre Verschlimmerung zu verhüten oder ihre Folgen zu mildern (§ 11 Abs. 2 SGB V[1]).

(2) ¹Die Richtlinie soll insbesondere das frühzeitige Erkennen der Notwendigkeit von Leistungen zur medizinischen Rehabilitation fördern und dazu

---

[1] Nr. **5.**
[2] Nr. **1.**
[3] Auszugsweise abgedruckt unter Nr. **10.**

führen, dass diese unter aktiver Einbeziehung der oder des Versicherten recht-zeitig eingeleitet werden. [2]Sie regelt die Verordnung durch

– Vertragsärztinnen und Vertragsärzte sowie

– die an der vertragsärztlichen Versorgung teilnehmenden Psychologischen Psychotherapeutinnen und Psychologischen Psychotherapeuten sowie Kin-der- und Jugendlichenpsychotherapeutinnen und Kinder- und Jugendlichen-psychotherapeuten (im Folgenden bezeichnet als Vertragspsychotherapeutin-nen und Vertragspsychotherapeuten)

als Grundlage für die Leistungsentscheidung der Krankenkasse. [3]Sie beschreibt die Umsetzung von Nachsorgeempfehlungen zur Sicherung des Rehabilitati-onserfolges und verbessert die Zusammenarbeit zwischen Vertragsärztinnen, Vertragsärzten, Vertragspsychotherapeutinnen, Vertragspsychotherapeuten, Krankenkassen und Erbringern von Leistungen zur medizinischen Rehabilitati-on. [4]Die Richtlinie soll dazu beitragen, dass möglicherweise bestehende wei-tere Teilhabebedarfe frühzeitig erkannt werden.

(3) [1]Die Leistungen müssen ausreichend, zweckmäßig und wirtschaftlich sein; sie dürfen das Maß des Notwendigen nicht überschreiten. [2]Leistungen, die nicht notwendig oder unwirtschaftlich sind, können Versicherte nicht beanspruchen, dürfen die Leistungserbringer nicht bewirken und die Kranken-kassen nicht bewilligen (§ 12 Abs. 1 SGB V).

§ 2 Rechtliche Grundlagen. (1) [1]Die Grundlagen für die Leistungen zur medizinischen Rehabilitation sind die gesetzlichen Regelungen des SGB V[1)] und SGB IX[2)]. [2]Den Grundsätzen „Rehabilitation vor Rente", „Rehabilitation vor Pflege" und „ambulant vor stationär" ist Rechnung zu tragen.

(2) Die Krankenkasse erbringt nach § 11 Abs. 2 SGB V[3)] in Verbindung mit §§ 40 und 41 SGB V[3)] Leistungen zur medizinischen Rehabilitation, wenn die kurativen Maßnahmen der ambulanten Krankenbehandlung – auch unter reha-bilitativer Zielsetzung – nicht ausreichen, eine Leistung zur medizinischen Rehabilitation medizinisch indiziert und kein anderer Rehabilitationsträger vorrangig zuständig ist.

(3) [1]Die Krankenkasse erbringt Leistungen zur medizinischen Rehabilitation in ambulanter einschließlich mobiler (§ 40 Abs. 1 SGB V[3)]) und stationärer (§ 40 Abs. 2 SGB V[3)]) Form in oder durch Einrichtungen, mit denen ein Vertrag unter Berücksichtigung des § 38 SGB IX besteht. [2]Die Krankenkasse erbringt für pflegende Angehörige Leistungen zur medizinischen Rehabilitati-on in stationärer Form auch dann, wenn Leistungen zur ambulanten medizi-nischen Rehabilitation ausreichend sind (§ 40 Absatz 2 Satz 2 SGB V[3)]). [3]So-weit pflegende Angehörige einen Anspruch auf stationäre Rehabilitation ha-ben, haben sie auch Anspruch auf die Versorgung der Pflegebedürftigen, wenn diese in derselben Einrichtung aufgenommen werden. [4]Sollen die Pflegebe-dürftigen in einer anderen als in der Einrichtung der pflegenden Angehörigen aufgenommen werden, koordiniert die Krankenkasse mit der Pflegekasse der Pflegebedürftigen deren Versorgung auf Wunsch der pflegenden Angehörigen und mit Einwilligung der Pflegebedürftigen.

[1)] Auszugsweise abgedruckt unter Nr. **5**.
[2)] Nr. **1**.
[3)] Nr. **5**.

(4) Die Krankenkasse erbringt auch Leistungen zur medizinischen Rehabilitation in der besonderen Form für Mütter oder Väter oder Mutter-Kind bzw. Vater-Kind (§ 41 SGB V[1]).

(5) [1] Die Leistungen zur medizinischen Rehabilitation werden auf Antrag der Versicherten erbracht (§ 19 Satz 1 des Vierten Buches Sozialgesetzbuch (SGB IV)). [2] Für das Antragsverfahren bei der Krankenkasse gelten die Regelungen der §§ 14ff. SGB IX.

(6) [1] Die Leistungen zur medizinischen Rehabilitation werden im Rahmen der vertragsärztlichen Versorgung zu Lasten der Krankenkasse verordnet (§ 73 Abs. 2 Satz 1 Nr. 5 und 7 SGB V[1]). [2] Unter Bezug auf die Entscheidungsbefugnis der Krankenkasse nach § 40 SGB V[1] handelt es sich rechtlich um die Verordnung einer durch die Krankenkasse genehmigungspflichtigen Leistung. [3] Die Verordnung durch eine Vertragspsychotherapeutin oder einen Vertragspsychotherapeuten ist nur zulässig, wenn eine Diagnose aus dem Indikationsspektrum zur Anwendung von Psychotherapie:

– gemäß der jeweils aktuell geltenden Psychotherapie-Richtlinie vorliegt oder

– gemäß Anlage 1 Nummer 19 (Neuropsychologische Therapie) § 4 der Richtlinie des G-BA zu Untersuchungs- und Behandlungsmethoden der vertragsärztlichen Versorgung vorliegt.

[4] Über die oben definierten Indikationsbereiche hinaus ist eine Verordnung auch dann zulässig, wenn eine Diagnose aus dem Indikationsspektrum des Kapitels V „Psychische und Verhaltensstörungen" der ICD-10-GM Version 2017[2] vorliegt und eine Abstimmung mit der behandelnden Ärztin oder dem behandelnden Arzt erfolgt. [5] Die Besonderheiten bei der Verordnung von Leistungen der geriatrischen Rehabilitation (§ 40 Absatz 3 Satz 2 SGB V[1]) sind in § 15 geregelt.

(7) Die Krankenkasse bestimmt nach den medizinischen Erfordernissen des Einzelfalls Art, Dauer, Umfang, Beginn und Durchführung der Leistungen zur medizinischen Rehabilitation sowie die Rehabilitationseinrichtung nach pflichtgemäßem Ermessen (§ 40 Abs. 3 Satz 1 SGB V[1]).

(8) Die Krankenkasse ist verpflichtet, die Notwendigkeit von Leistungen zur medizinischen Rehabilitation nach Maßgabe des § 275 SGB V[1] durch den Medizinischen Dienst (MD) auf der Grundlage der Begutachtungs-Richtlinie „Vorsorge und Rehabilitation" des Medizinischen Dienstes Bund (MD-BUND) prüfen zu lassen.

(9) [1] Bei der Entscheidung über Leistungen zur medizinischen Rehabilitation und deren Ausführung wird den berechtigten Wünschen der Versicherten entsprochen (§ 8 Abs. 1 SGB IX). [2] Die besonderen Belange pflegender Angehöriger sind bei der Entscheidung über Leistungen zur medizinischen Rehabilitation zu berücksichtigen.

§ 3 Einschränkungen des Geltungsbereiches. (1) Die Verordnung von Leistungen zur medizinischen Vorsorge nach §§ 23 und 24 SGB V[1] und zur Frühförderung behinderter und von Behinderung bedrohter Kinder nach § 43a

---

[1] Nr. 5.
[2] **Amtl. Anm.:** Internationale statistische Klassifikation der Krankheiten und verwandter Gesundheitsprobleme, 10. Revision, German Modification, Version 2017

SGB V[1] in Verbindung mit § 46 SGB IX[2] sind nicht Gegenstand dieser Richtlinie und werden gesondert geregelt.

(2) Für die Verordnung von stufenweiser Wiedereingliederung nach § 74 SGB V in Verbindung mit § 44 SGB IX gilt die Arbeitsunfähigkeits-Richtlinie des Gemeinsamen Bundesausschusses in der jeweils gültigen Fassung.

(3) Diese Richtlinie gilt auch nicht

– für Rehabilitationsleistungen, die in den Zuständigkeitsbereich anderer Rehabilitationsträger fallen (z.B. gesetzliche Renten- oder Unfallversicherung),
– für Leistungen zur Frührehabilitation, da sie gemäß § 39 Absatz 1 Satz 3 SGB V[1] Bestandteil der Krankenhausbehandlung sind,
– wenn sich aus einem sozialmedizinischen Gutachten des MD die Notwendigkeit einer Leistung zur medizinischen Rehabilitation ergibt, die Vertragsärztin, der Vertragsarzt, die Vertragspsychotherapeutin oder der Vertragspsychotherapeut jedoch nicht an der Antragstellung beteiligt ist,
– wenn die Notwendigkeit für eine Leistung zur medizinischen Rehabilitation von einem anderen Rehabilitationsträger festgestellt worden und danach die Krankenkasse zuständig ist.

(4) [1] Für Leistungen der medizinischen Rehabilitation im Anschluss an eine Krankenhausbehandlung (Anschlussrehabilitation) gilt die Richtlinie nur in Bezug auf die nach § 40 Absatz 3 Satz 10 SGB V[1] festzulegenden Fälle der Anschlussrehabilitation. [2] Es gilt § 16.

§ 4 Inhaltliche Grundlagen. (1) [1] Medizinische Rehabilitation umfasst einen ganzheitlichen Ansatz im Sinne des bio-psycho-sozialen Modells der Weltgesundheitsorganisation (WHO), um den im Einzelfall bestmöglichen Rehabilitationserfolg im Sinne der Teilhabe am Leben in der Gesellschaft, insbesondere in Familie, Arbeit und Beruf zu erreichen. [2] Dieser Ansatz berücksichtigt neben dem Erkennen, Behandeln und Heilen einer Krankheit bei einem Menschen mit einem Gesundheitsproblem nicht nur die Auswirkungen dieses Gesundheitsproblems, sondern auch die möglichen Wechselwirkungen zwischen der Krankheit, Körperstrukturen und -funktionen, Aktivitäten und Teilhabe und den dabei individuell relevanten Kontextfaktoren (umwelt- und personbezogene Faktoren als Förderfaktoren und Barrieren). [3] Die Auswirkungen und Wechselwirkungen können unter Nutzung der von der WHO verabschiedeten Internationalen Klassifikation der Funktionsfähigkeit, Behinderung und Gesundheit (ICF) (https://www.dimdi.de/dynamic/de/klassifikationen/icf/) und der Systematik der Deutschen Gesellschaft für Sozialmedizin und Prävention e.V. zu den personbezogenen Faktoren im bio-psycho-sozialen Modell der WHO (https://www.dgsmp.de/systematik-der-dgsmp/) beschrieben werden.

(2) [1] Die Leistungen zur medizinischen Rehabilitation stützen sich inhaltlich auf die rehabilitationswissenschaftlichen Erkenntnisse und Definitionen von Zielen, Inhalten, Methoden und Verfahren der ambulanten und stationären Leistungen zur medizinischen Rehabilitation nach den Prinzipien Finalität, Komplexität, Interdisziplinarität und Individualität. [2] Konzeptionelle und begriffliche Grundlage sind

– die von der WHO verabschiedete ICF (siehe auch Anlage 1),

---

[1] Nr. **5**.
[2] Nr. **1**.

– die Rahmenempfehlungen zur ambulanten und stationären medizinischen Rehabilitation der Bundesarbeitsgemeinschaft für Rehabilitation (BAR) sowie

– trägerspezifische Empfehlungen (z.B. Rahmenempfehlungen der Spitzenverbände der Krankenkassen zur ambulanten geriatrischen Rehabilitation).

(3) Einzelne Leistungen der kurativen Versorgung (z.B. Heil- oder Hilfsmittel) oder deren Kombination stellen für sich allein noch keine Leistung zur medizinischen Rehabilitation im Sinne dieser Richtlinie dar.

§ 5 Rehabilitationsberatung. (1) [1] Der Verordnung von Leistungen zur medizinischen Rehabilitation geht eine Beratung der Versicherten über die Leistungen zur medizinischen Rehabilitation, der Teilhabe am Arbeitsleben und ergänzende Leistungen zur Rehabilitation voraus, die es den Versicherten ermöglichen soll, selbstbestimmt und eigenständig zu entscheiden, welche in Betracht kommenden Leistungen sie beantragen. [2] Dabei wirken Vertragsärztin, Vertragsarzt, Vertragspsychotherapeutin oder Vertragspsychotherapeut, Krankenkasse und Versicherte zusammen. [3] Bei der Beratung wird

– auf ergänzende unabhängige Angebote zur Teilhabeberatung nach § 32 SGB IX[1]),

– auf die Möglichkeit der Beratung durch die Beratungsstellen der Rehabilitationsträger sowie

– gesondert auf das Wunsch- und Wahlrecht der Versicherten nach § 8 SGB IX

hingewiesen.

[4] Die besonderen Erfordernisse der Versorgung von Menschen mit Behinderungen sind im Rahmen der Beratung zu beachten. [5] Verfügbare Informationen und Entscheidungshilfen im Hinblick auf barrierefreie Leistungsangebote werden einbezogen.

(2) [1] Die Vertragsärztin, der Vertragsarzt, die Vertragspsychotherapeutin oder der Vertragspsychotherapeut berät insbesondere,

– warum ihrer oder seiner Einschätzung nach die Maßnahmen der kurativen Versorgung nicht ausreichen, und

– über die Ziele, Inhalte, Abläufe und Dauer der Leistung zur medizinischen Rehabilitation.

[2] Die Beratung richtet sich auch an die Personensorgeberechtigten.

(3) Die Krankenkasse berät insbesondere über

– Leistungen der Vorsorge und Rehabilitation sowie über alternative Leistungsangebote und die Leistungsausführung als Persönliches Budget sowie Unterstützungsangebote der Krankenkasse für pflegenden Angehörige,

– den voraussichtlich zuständigen Rehabilitationsträger,

– die Notwendigkeit der Antragsstellung, auch für mögliche weitere Teilhabeleistungen und

– den Ablauf des Antragsverfahrens nach den §§ 14ff. SGB IX.

§ 6 Verfahren. (1) [1] Ergibt sich aus dem Beratungsgespräch einer Vertragsärztin oder eines Vertragsarztes, dass Leistungen zur medizinischen Rehabilita-

---

[1]) Nr. 1.

tion zu Lasten der gesetzlichen Krankenversicherung notwendig sind und die Versicherte oder der Versicherte diese in Anspruch nehmen will, verordnet diese oder dieser mit Zustimmung der oder des Versicherten die Leistungen zur medizinischen Rehabilitation auf dem Verordnungsformular Muster 61 Teile B bis D. [2]Dabei ist die medizinische Indikation anhand der in den §§ 8 bis 10 genannten Indikationskriterien transparent und nachvollziehbar darzulegen. [3]Sofern die oder der Versicherte die Mitaufnahme des zu pflegenden Angehörigen in derselben Einrichtung oder die Koordination der Versorgung in einer anderen Einrichtung wünscht, gibt die Vertragsärztin oder der Vertragsarzt dies auf der Verordnung an. [4]Liegen Anhaltspunkte vor, wonach die Mitaufnahme dem Rehabilitationserfolg der oder des Versicherten entgegenstehen könnte, ist dies auf der Verordnung anzugeben.

(1a) [1]Ergibt sich aus dem Beratungsgespräch einer Vertragspsychotherapeutin oder eines Vertragspsychotherapeuten, dass Leistungen zur medizinischen Rehabilitation zu Lasten der gesetzlichen Krankenversicherung notwendig sind und die Versicherte oder der Versicherte diese in Anspruch nehmen will, verordnet diese oder dieser mit Zustimmung der oder des Versicherten die entsprechenden Leistungen auf dem Verordnungsformular Muster 61 Teile B bis D unter Berücksichtigung des § 2 Absatz 6 Satz 3. [2]Die Indikation ist anhand der in den §§ 8 bis 10 genannten Indikationskriterien transparent und nachvollziehbar darzulegen. [3]Dabei sind vertragsärztliche Angaben insbesondere zur Feststellung, dass Leistungen der kurativen Versorgung nicht allein ausreichend sind, zu weiteren rehabilitationsrelevanten Diagnosen, gegebenenfalls Risikofaktoren, den bisherigen ärztlichen Interventionen und anderen ärztlich veranlassten Leistungen einschließlich Arzneimitteltherapie heranzuziehen. [4]Auf Fremdbefunden beruhende Angaben sind im Verordnungsformular Muster 61 transparent zu machen. [5]Sofern die oder der Versicherte die Mitaufnahme des zu pflegenden Angehörigen in derselben Einrichtung oder die Koordination der Versorgung in einer anderen Einrichtung wünscht, gibt die Vertragspsychotherapeutin oder der Vertragspsychotherapeut dies auf der Verordnung an. [6]Liegen Anhaltspunkte vor, wonach die Mitaufnahme dem Rehabilitationserfolg der oder des Versicherten entgegenstehen könnte, ist dies auf der Verordnung anzugeben.

(2) [1]Sofern die Zuständigkeit des Rehabilitationsträgers durch die Vertragsärztin oder den Vertragsarzt, die Vertragspsychotherapeutin oder den Vertragspsychotherapeuten nicht abschließend beurteilt werden kann oder eine ergänzende Beratung durch die Krankenkasse gewünscht wird, ist dies mit dem Verordnungsformular Muster 61 Teil A mitzuteilen. [2]Die Krankenkasse informiert die Vertragsärztin, den Vertragsarzt, die Vertragspsychotherapeutin oder den Vertragspsychotherapeuten durch Rücksendung des mit einem entsprechenden Vermerk versehenen Verordnungsformulars Muster 61 Teil A.

(3) Die Krankenkasse prüft nach Eingang des Verordnungsformulars Muster 61 (Teile A bis D oder Teile B bis D) abschließend ihre Zuständigkeit und ob Gründe einer Leistung zur medizinischen Rehabilitation entgegenstehen.

(4) [1]Im Rahmen der Verordnung einer Leistung zur medizinischen Rehabilitation informiert die Verordnerin oder der Verordner die oder den Versicherten über die Möglichkeit der Einwilligung zur Übermittlung der gutachterlichen Stellungnahme nach § 40 Absatz 3 Satz 5 SGB V[1]) an die Verordnerin

---

[1]) Nr. 5.

oder den Verordner. ²Die Information bezieht sich auch auf die Möglichkeit der Einwilligung der oder des Versicherten zur Übermittlung der Krankenkassenentscheidung an ihre oder seine Angehörigen oder Vertrauenspersonen sowie Pflege- und Betreuungseinrichtungen. ³Der Inhalt der abgegebenen Einwilligung wird über das Muster 61 an die Krankenkasse übermittelt.

§ 7 Voraussetzungen der Verordnung. (1) ¹Voraussetzung für die Verordnung von Leistungen zur medizinischen Rehabilitation ist das Vorliegen der medizinischen Indikation. ²Hierzu sind im Sinne eines vorläufigen rehabilitationsmedizinischen Assessments abzuklären:

– die Rehabilitationsbedürftigkeit,

– die Rehabilitationsfähigkeit und

– eine positive Rehabilitationsprognose auf der Grundlage realistischer, für die Versicherten alltagsrelevanter Rehabilitationsziele.

(2) Leistungen zur medizinischen Rehabilitation können nur verordnet werden, wenn das innerhalb der Krankenbehandlung angestrebte Rehabilitationsziel voraussichtlich nicht durch

– Leistungen der kurativen Versorgung oder deren Kombination,

– die Leistungen der medizinischen Vorsorge nach §§ 23 und 24 SGB V[1]

erreicht werden kann, die Leistung zur medizinischen Rehabilitation dafür jedoch eine hinreichende Aussicht auf Erfolg bietet.

§ 8 Rehabilitationsbedürftigkeit. ¹Rehabilitationsbedürftigkeit besteht, wenn aufgrund einer körperlichen, geistigen oder seelischen Schädigung

– voraussichtlich nicht nur vorübergehende alltagsrelevante Beeinträchtigungen der Aktivität vorliegen, durch die in absehbarer Zeit eine Beeinträchtigung der Teilhabe droht oder

– Beeinträchtigungen der Teilhabe bereits bestehen und

– über die kurative Versorgung hinaus der mehrdimensionale und interdisziplinäre Ansatz der medizinischen Rehabilitation erforderlich ist.

²Zu den Beeinträchtigungen der Teilhabe gehört auch der Zustand der Pflegebedürftigkeit. ³Inhaltlich sind im Verordnungsformular Muster 61 zur Rehabilitationsbedürftigkeit insbesondere auszuführen:

– welche Befunde zu den rehabilitationsbegründenden Schädigungen erhoben wurden,

– welche Maßnahmen der Krankenbehandlung (ärztliche Intervention, Arzneimitteltherapie, Heilmittel, Psychotherapie) oder sonstigen Leistungen in Anspruch genommen wurden,

– in welchem Umfang Aktivitäts- und Teilhabebeeinträchtigungen vorliegen oder Teilhabebeeinträchtigungen drohen,

– welche umwelt- und personbezogenen Faktoren (einschließlich mütter- und väterspezifischer Kontextfaktoren bei Leistungen nach § 41 SGB V[1]) einen Einfluss auf die Funktionsfähigkeit zum Zeitpunkt der Verordnung haben,

– welche medizinischen Risikofaktoren bestehen.

---

[1] Nr. 5.

§ 9 Rehabilitationsfähigkeit. Rehabilitationsfähig sind Versicherte, wenn sie aufgrund ihrer somatischen und psychischen Verfassung die für die Durchführung und Mitwirkung bei der Leistung zur medizinischen Rehabilitation notwendige Belastbarkeit besitzen.

§ 10 Rehabilitationsprognose und Rehabilitationsziele. [1]Die Rehabilitationsprognose ist eine medizinisch begründete Wahrscheinlichkeitsaussage für den Erfolg der Leistung zur medizinischen Rehabilitation

– auf der Basis der Erkrankung oder Behinderung, des bisherigen Verlaufs, des Kompensationspotentials oder der Rückbildungsfähigkeit unter Beachtung und Förderung individueller positiver Kontextfaktoren, insbesondere der Motivation der oder des Versicherten zur Rehabilitation, oder der Möglichkeit der Verminderung negativ wirkender Kontextfaktoren,

– über die Erreichbarkeit eines festgelegten Rehabilitationsziels oder festgelegter Rehabilitationsziele durch eine geeignete Leistung zur medizinischen Rehabilitation,

– in einem notwendigen Zeitraum.

[2]Im Verordnungsformular Muster 61 sind insbesondere die alltagsrelevanten Rehabilitationsziele in Bezug auf die Beeinträchtigungen der Aktivitäten und der Teilhabe zu benennen. [3]Weichen die Ziele Versicherter oder Angehöriger von denen der Verordnerin oder des Verordners ab, sind diese getrennt darzustellen.

§ 11 Qualifikation der Vertragsärztin, des Vertragsarztes, der Vertragspsychotherapeutin oder des Vertragspsychotherapeuten. [1]Die Beratung über und die Verordnung von Leistungen zur medizinischen Rehabilitation erfordern unter anderem spezielle Kenntnisse in der Anwendung der ICF, die nach den Weiterbildungsordnungen weitestgehend Gegenstand der ärztlichen Weiterbildung und nach den Ausbildungs- und Prüfungsverordnungen weitestgehend Gegenstand der Ausbildung zur Psychologischen Psychotherapeutin, zum Psychologischen Psychotherapeuten, zur Kinder- und Jugendlichenpsychotherapeutin oder zum Kinder- und Jugendlichenpsychotherapeuten sind. [2]Diese Kenntnisse sollten in mindestens einmal jährlich anzubietenden Fortbildungsveranstaltungen der Kassenärztlichen Vereinigungen erweitert und vertieft oder erlangt werden. [3]Die Fortbildungsveranstaltungen umfassen die Themen der Rehabilitations-Richtlinie, insbesondere folgende Inhalte:

– Leistungen zur Rehabilitation und Teilhabe,

– Zugangsvoraussetzungen zur medizinischen Rehabilitation,

– Nutzung der ICF als konzeptionelles Bezugssystem für die Verordnung von Leistungen zur medizinischen Rehabilitation, einschließlich Erläuterung des Behinderungsbegriffs und der Leitidee von Inklusion.

§ 12 Leistungsentscheidung der Krankenkasse. (1) [1]Die Krankenkasse entscheidet unter Berücksichtigung des Wunsch- und Wahlrechts der Versicherten gemäß § 8 SGB IX[1]) auf der Grundlage

– des Antrages der oder des Versicherten unter Beachtung bestehender individueller Anforderungen an die Barrierefreiheit der Rehabilitationseinrichtung

---

[1]) Nr. 1.

– des vollständig ausgefüllten Verordnungsformulars Muster 61,

– gegebenenfalls der Beurteilung durch den MD

– gegebenenfalls weiterer Unterlagen (zum Beispiel eines im Einzelfall vorliegenden Teilhabeplans)

über Art, Dauer, Umfang, Beginn und Durchführung der individuell notwendigen Leistung zur medizinischen Rehabilitation. [2] Dabei sind die Fristen der §§ 14ff. SGB IX zu beachten.

(2) [1] Die Krankenkasse teilt der oder dem Versicherten und der Verordnerin oder dem Verordner ihre Entscheidung in geeigneter Form mit und begründet Abweichungen von der Verordnung. [2] Die Mitteilung nach Satz 1 an die Versicherten erfolgt schriftlich.

(3) [1] Von einer verordneten Leistung zur medizinischen Rehabilitation darf die Krankenkasse hinsichtlich der medizinischen Erforderlichkeit nur dann abweichen, wenn eine von der Verordnung abweichende gutachterliche Stellungnahme des MD vorliegt. [2] Diese ist der oder dem Versicherten und mit deren oder dessen Einwilligung in Textform auch der Verordnerin oder dem Verordner zur Verfügung zu stellen. [3] § 15 Absatz 3 und 4 bleibt unberührt.

§ 13 Zusammenarbeit zwischen Rehabilitationseinrichtung, Vertragsärztin, Vertragsarzt, Vertragspsychotherapeutin oder Vertragspsychotherapeut und Krankenkassen. (1) [1] Ambulante und stationäre Rehabilitationseinrichtungen stellen zu Beginn der Leistung zur medizinischen Rehabilitation gemeinsam mit den Versicherten einen Rehabilitationsplan auf. [2] Bei ambulanter Rehabilitation übersendet die Einrichtung auf Anfrage der Vertragsärztin, des Vertragsarztes, der Vertragspsychotherapeutin oder des Vertragspsychotherapeuten dieser oder diesem den aktuellen Rehabilitationsplan.

(2) [1] Bei ambulanten Leistungen zur medizinischen Rehabilitation stellt die Rehabilitationseinrichtung die medizinische Versorgung der rehabilitationsbegründenden Erkrankung und ihrer Folgen sicher. [2] Im Übrigen verbleibt die Versicherte oder der Versicherte in der vertragsärztlichen Versorgung.

(3) Bei stationären Leistungen zur medizinischen Rehabilitation leistet die Rehabilitationseinrichtung die gesamte medizinische Betreuung der Versicherten, soweit dies mit den Mitteln der Einrichtung möglich ist.

(4) [1] Nach Beendigung der Leistung zur medizinischen Rehabilitation erhält die Vertragsärztin, der Vertragsarzt, die Vertragspsychotherapeutin oder der Vertragspsychotherapeut einen Entlassungsbericht mit folgenden Angaben:

a) rehabilitationsrelevante Funktionsdiagnosen in der Reihenfolge ihrer sozialmedizinischen Bedeutung,

b) die individuellen, mit der oder dem Versicherten vereinbarten Rehabilitationsziele,

c) Rehabilitationsverlauf unter Angabe der durchgeführten Rehabilitationsmaßnahmen und

d) abschließend erreichter Rehabilitationserfolg bezogen auf die individuellen Rehabilitationsziele; dazu gehört die sozialmedizinische Beurteilung:

– zum Grad der Selbständigkeit bei den Verrichtungen des täglichen Lebens und zum diesbezüglichen Hilfebedarf,

– zur Frage der Vermeidung oder Minderung von Pflegebedürftigkeit, zur Verhütung ihrer Verschlimmerung oder zur Milderung ihrer Folgen,

– zur Krankheitsbewältigung, zum Einfluss positiv wie negativ wirkender Kontextfaktoren und deren Modifizierbarkeit sowie zur Einleitung von Verhaltensmaßnahmen im Hinblick auf eine Lebensstiländerung,

– zur Leistungsfähigkeit im Erwerbsleben unter Bezugnahme auf die individuellen beruflichen Rahmenbedingungen sowie

e) Empfehlungen für weiterführende und Informationen über bereits eingeleitete Leistungen zur Sicherung des Rehabilitationserfolges (z.B. Leistungen zur Teilhabe am Arbeitsleben, stufenweise Wiedereingliederung, Rehabilitationssport und Funktionstraining, Heil- und Hilfsmittelversorgung, Arzneimittelversorgung, psychotherapeutische Leistungen) und zur Wiedereingliederung in das soziale Umfeld bzw. zur psychosozialen Betreuung.

[2] Die Rehabilitationseinrichtung übermittelt der oder dem Versicherten auf Wunsch den Entlassungsbericht, soweit dem nicht erhebliche therapeutische Gründe entgegenstehen.

(5) Wird während einer ambulanten oder stationären Leistung zur medizinischen Rehabilitation erkennbar, dass der bisherige Arbeitsplatz der Versicherten gefährdet ist oder andere Leistungen zur Teilhabe notwendig sind, unterrichtet die Rehabilitationseinrichtung die Krankenkasse.

§ 14 Sicherung des Rehabilitationserfolges. (1) Vertragsärztin, Vertragsarzt, Vertragspsychotherapeutin oder Vertragspsychotherapeut und Krankenkasse wirken gemeinsam mit der oder dem Versicherten darauf hin, dass die Empfehlungen für weiterführende Maßnahmen zur Sicherung des Rehabilitationserfolges (z.B. Nachsorge, stufenweise Wiedereingliederung, Leistungen zur Teilhabe am Arbeitsleben) umgesetzt werden.

(2) Ergibt sich während der Rehabilitationsmaßnahme oder aus dem Entlassungsbericht, dass weitere Leistungen zur Teilhabe angezeigt sind, für welche die Krankenkasse als Rehabilitationsträger nicht zuständig ist (zum Beispiel Leistungen zur Teilhabe am Arbeitsleben, zur sozialen Teilhabe, zur Teilhabe an Bildung), leitet sie das weitere Verfahren unter Einbeziehung der oder des Versicherten ein.

§ 15 Geriatrische Rehabilitation. (1) Im Verfahren zur Verordnung einer geriatrischen Rehabilitation dokumentiert die Vertragsärztin oder der Vertragsarzt im Verordnungsformular Muster 61 die Indikation einer medizinischen Rehabilitation gemäß § 7 Absatz 1 (Rehabilitationsbedürftigkeit, Rehabilitationsfähigkeit, positive Rehabilitationsprognose und Rehabilitationsziele).

(2) [1] Für die Zuweisung in eine geriatrische Rehabilitation, bei der die Krankenkasse die medizinische Erforderlichkeit nicht überprüft, sind folgende Kriterien abzuklären und im Verordnungsformular Muster 61 darzulegen:

1. Bestehen eines erhöhten Lebensalters, 70 Jahre oder älter und

2. Vorliegen von mindestens einer rehabilitationsbegründenden Funktionsdiagnose und zwei geriatrietypischen Diagnosen (Teil B des Musters 61 in Abschnitt I).

[2] Die aus den Diagnosen gemäß Nummer 2 resultierenden Schädigungen sind mit mindestens zwei geeigneten Funktionstests aus unterschiedlichen Schädigungsbereichen nachzuweisen, wobei ein Funktionstest für die rehabilitations-

begründende Funktionsdiagnose zu erfolgen hat. [3] Die Ergebnisse der durchgeführten Funktionstests sind unter Angabe des Funktionstests im Verordnungsformular Muster 61 einzutragen. [4] Näheres zu Auswahl und Einsatz von Funktionstests ist in Anlage II geregelt.

(3) Die Krankenkasse kann die medizinische Erforderlichkeit der Verordnung einer geriatrischen Rehabilitation

– für Versicherte über 60 und unter 70 Lebensjahren mit einer erheblich ausgeprägten geriatrietypischen Multimorbidität oder

– bei der die Voraussetzungen nach Absatz 1 oder Absatz 2 nicht vorliegen,

überprüfen.

(4) Abweichend von § 2 Absatz 8 ist die Verordnung von geriatrischer Rehabilitation nach § 40 Absatz 3 Satz 2 SGB V[1]) von der Prüfung durch den MD ausgenommen, sofern die Voraussetzungen nach Absatz 1 und 2 erfüllt sind (§ 275 Absatz 2 Nummer 1 SGB V[1])).

(5) [1] Die Vertragsärztin oder der Vertragsarzt sowie die Krankenkasse beraten die Versicherten über das Verfahren der Verordnung einer geriatrischen Rehabilitation. [2] Die Krankenkasse berät die Versicherten auch über das Verfahren zur Bewilligung einer geriatrischen Rehabilitation.

§ 16 Anschlussrehabilitation. (1) [1] Bei Anschlussrehabilitationen (AR) nach § 40 Absatz 6 Satz 1 SGB V[1]) wird die medizinische Erforderlichkeit der Rehabilitation durch die Krankenkasse nicht überprüft, wenn die Voraussetzungen nach § 7 und eine der folgenden ausgewählten Diagnosen der Indikationsgruppen 1 oder 4 oder eine Indikation der Indikationsgruppen 7, 10 (in den unter Buchstabe d genannten Fällen), 11 oder 13 gemäß dem AHB-Indikationskatalog der Deutschen Rentenversicherung Bund in der Fassung 12/2017 vorliegen:

a) Indikationsgruppe 1: Erkrankungen des Herzens und des Kreislaufsystems
 – Myokardinfarkte
 – Koronar-Arterielle Bypass-Operation auch in Kombination mit einem Herzklappenersatz
 – Herzinsuffizienzen ab NYHA II,

b) Indikationsgruppe 4: Konservativ und operativ behandelte Erkrankungen des Bewegungsapparates und Unfallfolgen
 – nach endoprothetischer Versorgung von Knie- oder Hüftgelenk
 – spezifische Rückenschmerzen mit hohem Chronifizierungsrisiko
 – Spinalkanalstenose/Enger Spinalkanal/Rezessusstenose
 – Major Amputation an der unteren Extremität (proximal des Fußes),

c) Indikationsgruppe 7: Krankheiten der Atmungsorgane einschließlich Operationen,

d) Indikationsgruppe 10: Neurologische Krankheiten einschließlich Operationen an Gehirn, Rückenmark und an peripheren Nerven, wenn sich eindeutig eine Phasenzuordnung zur Phase D (gemäß BAR-Phasenmodell) aus den Feststellungen im ärztlichen Befundbericht sowie den Antragsunterlagen ableiten lässt,

---

[1] Nr. 5.

e) Indikationsgruppe 11: Onkologische Krankheiten,

f) Indikationsgruppe 13: Organ-Transplantationen und -Unterstützungssysteme.

[2] Satz 1 gilt auch für die Indikation einer geriatrischen Anschlussrehabilitation bei Patientinnen und Patienten mit einer geriatrietypischen Multimorbidität und einem erhöhten Lebensalter (70 Jahre oder älter).

(2) [1] Für die Darlegung der Fallkonstellation nach Absatz 1 ist das Vorliegen der Indikation für eine Anschlussrehabilitation einschließlich der damit einhergehenden Beeinträchtigungen der Aktivitäten und Teilhabe im ärztlichen Befundbericht zu dokumentieren. [2] Die Darlegung der Beeinträchtigungen der Aktivitäten und Teilhabe erfolgt mit dem SINGER Patientenprofil.

Anlage 1

Internationale Klassifikation der Funktionsfähigkeit, Behinderung und Gesundheit (ICF)
– Erläuterungen und Begriffsbestimmungen –

Für die Frage, ob eine Rehabilitation indiziert ist, sind die individuellen Auswirkungen einer Krankheit im Alltag maßgeblich sowie die Faktoren, die darauf Einfluss nehmen. Die WHO stellt für die Beschreibung dieses Bedingungsgefüges mit der ICF ein Klassifikationssystem zur Verfügung. Wegen seiner Bedeutung für die Rehabilitation wird es im Folgenden erläutert.

1. Ziel und Zweck der ICF

Die ICF gehört zu der von der WHO entwickelten „Familie" von Klassifikationen für die Anwendung auf verschiedene Aspekte der Gesundheit. Sie wurde von der 54. Vollversammlung der WHO am 22. Mai 2001 in einer englischsprachigen Version für den internationalen Gebrauch beschlossen.

Die ICF erlaubt eine Differenzierung der Schädigungen, eine Zusammenfassung oder Trennung von Aktivitäten und Teilhabe und berücksichtigt dabei äußere und innere Einflüsse auf Funktionsfähigkeit und Behinderung. Die ICF stellt einen Rahmen zur Beschreibung von Gesundheit und mit Gesundheit zusammenhängenden Zuständen in einheitlicher und standardisierter Sprache zur Verfügung.

Die ICF hat folgende Funktionen:

1. Sie ist eine Konzeption zum besseren Verständnis der Komponenten der Gesundheit (siehe Abschnitt 2 „Begrifflichkeiten und Struktur der ICF") und ein theoretischer Rahmen zum Verständnis des Zusammenhangs zwischen diesen Komponenten.

2. Sie ist ein Schema zur Klassifikation und Kodierung der Komponenten der Gesundheit.

Die ICF ergänzt die ICD.

Die deutschsprachige Fassung der ICF wird vom Deutschen Institut für Medizinische Dokumentation und Information, DIMDI (www.dimdi.de) herausgegeben."

2. Begrifflichkeiten und Struktur der ICF

2.1. Funktionsfähigkeit, Behinderung und Kontextfaktoren als Teile der ICF

Die ICF hat eine duale Struktur. Sie besteht aus den Teilen „Funktionsfähigkeit und Behinderung" (Teil 1) sowie „Kontextfaktoren" (Teil 2).

- **Funktionsfähigkeit** ist ein Oberbegriff für Körperfunktionen und -strukturen, Aktivitäten und Teilhabe. Er bezeichnet die positiven Aspekte der Interaktion zwischen einer Person (mit einem bestimmten Gesundheitszustand) und deren individuellen Kontextfaktoren (umweltbezogene und personbezogene Faktoren).
- **Behinderung** ist ein Oberbegriff für Schädigungen sowie Beeinträchtigungen der Aktivität und Teilhabe. Er bezeichnet die negativen Aspekte der Interaktion zwischen einer Person (mit einem bestimmten Gesundheitszustand) und deren individuellen Kontextfaktoren.
- **Kontextfaktoren** stellen den gesamten Lebenshintergrund einer Person dar. Sie umfassen zwei Komponenten: Umweltfaktoren und personbezogene Faktoren. Diese können einen positiven oder negativen Einfluss auf die Funktionsfähigkeit einer Person haben.

2.2. Komponenten der ICF

Die Komponenten des Teiles 1 der ICF sind zum einen Körperfunktionen und -strukturen, zum anderen Aktivitäten und Teilhabe. Die Komponenten des Teiles 2 sind Umweltfaktoren und personbezogene Faktoren.

- **Umweltfaktoren** bilden die materielle, soziale und einstellungsbezogene Umwelt, in der Menschen leben und ihr Leben gestalten.
- **Personbezogene Faktoren** sind der spezielle Hintergrund des Lebens und der Lebensführung einer Person und umfassen Gegebenheiten der Person, die nicht Teil ihres Gesundheitsproblems oder Gesundheitszustandes sind. Personbezogene Faktoren sind bislang von der WHO noch nicht klassifiziert worden.

Begriffe der ICF:

- **Körperfunktionen** sind die physiologischen Funktionen von Körpersystemen (einschließlich psychologischer Funktionen).
- **Körperstrukturen** sind anatomische Teile des Körpers wie Organe, Gliedmaßen und ihre Bestandteile.
- Beeinträchtigungen dieser Komponente (Körperfunktionen und/oder Körperstrukturen) werden als **Schädigungen** bezeichnet.
- Eine **Aktivität** ist die Durchführung einer Aufgabe oder einer Handlung (Aktion) durch eine Person.
- **Teilhabe** ist das Einbezogensein in eine Lebenssituation.
- Beeinträchtigungen dieser Komponente (Aktivität und/oder Teilhabe) werden als **Beeinträchtigungen der Aktivität bzw. Teilhabe** bezeichnet.

3. Wechselwirkungen zwischen den Komponenten der ICF

Die Funktionsfähigkeit eines Menschen bezüglich bestimmter Komponenten der Gesundheit ist als eine Wechselwirkung oder komplexe Beziehung zwischen Gesundheitsproblemen und Kontextfaktoren zu verstehen. Es besteht

eine dynamische Wechselwirkung zwischen diesen Größen: Interventionen
bezüglich einer Größe können eine oder mehrere der anderen Größen verändern (siehe auch Abbildung 1).

Abbildung 1: Wechselwirkungen zwischen den Komponenten der ICF

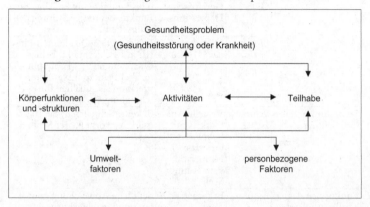

Anlage 2

Funktionstests im Rahmen der Verordnung von geriatrischer Rehabilitation im Muster 61

Für die gemäß § 15 Absatz 2 durchzuführenden Funktionstests gelten folgende
Voraussetzungen:
– Die aus den Diagnosen resultierenden Schädigungen sind mit mindestens
  zwei Funktionstests aus unterschiedlichen Schädigungsbereichen nachzuwei-
  sen.
– Es sollen die Funktionstests gewählt werden, die die Schädigungen medizi-
  nisch am besten abbilden.
– Einer der Funktionstests hat für die rehabilitationsbegründende Funktions-
  diagnose zu erfolgen.
– Das Ergebnis der Funktionstests soll nicht älter als sechs Wochen sein.
– Die Ergebnisse der Funktionstests sind im Verordnungsformular Muster 61
  einzutragen.
Insbesondere die nachfolgend aufgeführten Funktionstests können als geeignet angesehen werden:

Schädigungsbe-reich	Muster 61	Funktionstest	Interpretation
Mentale Funktio-nen	MMST	Mini Mental Status Test	24 bis 30 Punkte: keine oder leichte kognitive Funktionsein-schränkung, 17 bis 23 Punkte: mittlere kognitive Funktions-

399

Schädigungsbe-reich	Muster 61	Funktionstest	Interpretation
			einschränkung, 0 bis 16 Punkte: schwere kognitive Funktions-einschränkung
	GDS 15	Geriatrische Depressions-Skala	0 bis 5 Punkte: unauffällig, ≥ 6 Punkte: depressive Störung wahrscheinlich
	Uhren-test	Uhrentest *nach Watson*	Fehler in den Quadranten I bis III: je 1 Fehlerpunkt, Fehler im Quadranten IV: 4 Fehlerpunk-te, ab 4 Fehlerpunkten Inter-pretation als auffällige Ein-schränkungen
Sinnesfunktionen und Schmerz	Schmer-zskala	Visuelle Ana-logskala für Schmerzin-tensität *oder* Numerical Pain Rating Scale	0 (keine Schmerzen) bis 10 (stärkster vorstellbarer Schmerz)
Funktionen des kardiovaskulären, hämatologischen, Immun- und At-mungssystems	Ergo	Ergometrie *in Watt*	deutliche Abweichung vom al-ters- und geschlechtsspezi-fischen Normwert
	FEV1 +VK	Spirometrie	deutliche Abweichung vom al-ters- und geschlechtsspezi-fischen Normwert
	NYHA	New York Heart Asso-ciation	NYHA I (asymptomatisch), NYHA II (leicht), NYHA III (mittelschwer), NYHA IV (schwer)
Neuromuskulos-keletale und be-wegungsbezogene Funktionen	TUG und Chair-Rise	Timed „Up & Go" *in Verbin-dung mit* Chair-Rise	TUG: ≤ 10 Sekunden: Alltags-mobilität uneingeschränkt, 11 bis 19 Sekunden: geringe Mo-bilitätseinschränkung, in der Regel noch ohne Alltagsrele-vanz, 20 bis 29 Sekunden: ab-klärungsbedürftige, funktionell relevante Mobilitätseinschrän-kung, ≥ 30 Sekunden: aus-geprägte Mobilitätseinschrän-kung, in der Regel Interventi-ons-/Hilfsmittelbedarf Chair-Rise: Werte über 12 Se-kunden: erhöhte Sturzgefahr
	DEMMI	de Morton Mobilitäts In-dex	Höhere Scores bedeuten einen höheren Mobilitätsgrad. Der geringste klinisch relevante Un-

Schädigungsbe-reich	Muster 61	Funktionstest	Interpretation
			terschied wird mit 10 Punkten angegeben.
	Tinetti	Motilitätstest nach Tinetti	unter 20 Punkten: erhöhtes Sturzrisiko, unter 15 Punkte: deutlich erhöhtes Sturzrisiko
	Hand-kraft	Handkraft *in kPa*	deutliche Abweichung vom al-ters- und geschlechtsspezi-fischen Normwert; deutliche Seitendifferenz; Normwerte für gesunde, über 65-jährige: Män-ner: 332 N (ca. 132 kPa oder 993 mmHg) und Frauen: 191 N (ca. 76 kPa oder 573 mmHg)

6. Sozialgesetzbuch (SGB)
Sechstes Buch (VI)
– Gesetzliche Rentenversicherung –[1]

In der Fassung der Bekanntmachung vom 19. Februar 2002[2]

(BGBl. I S. 754, ber. S. 1404, 3384)

FNA 860-6

zuletzt geänd. durch Sozialversicherungs-RechengrößenVO 2022 v. 30.11.2021 (BGBl. I S. 5044)

– Auszug –

Zweites Kapitel. Leistungen

Erster Abschnitt. Leistungen zur Teilhabe

Erster Unterabschnitt. Voraussetzungen für die Leistungen

§ 10 Persönliche Voraussetzungen. (1) Für Leistungen zur Teilhabe haben Versicherte die persönlichen Voraussetzungen erfüllt,

1. deren Erwerbsfähigkeit wegen Krankheit oder körperlicher, geistiger oder seelischer Behinderung erheblich gefährdet oder gemindert ist und

2. bei denen voraussichtlich

a) bei erheblicher Gefährdung der Erwerbsfähigkeit eine Minderung der Erwerbsfähigkeit durch Leistungen zur medizinischen Rehabilitation oder zur Teilhabe am Arbeitsleben abgewendet werden kann,

b) bei geminderter Erwerbsfähigkeit diese durch Leistungen zur medizinischen Rehabilitation oder zur Teilhabe am Arbeitsleben wesentlich gebessert oder wiederhergestellt oder hierdurch deren wesentliche Verschlechterung abgewendet werden kann,

c) bei teilweiser Erwerbsminderung ohne Aussicht auf eine wesentliche Besserung der Erwerbsfähigkeit durch Leistungen zur Teilhabe am Arbeitsleben

aa) der bisherige Arbeitsplatz erhalten werden kann oder

bb) ein anderer in Aussicht stehender Arbeitsplatz erlangt werden kann, wenn die Erhaltung des bisherigen Arbeitsplatzes nach Feststellung des Trägers der Rentenversicherung nicht möglich ist.

(2) Für Leistungen zur Teilhabe haben auch Versicherte die persönlichen Voraussetzungen erfüllt,

1. die im Bergbau vermindert berufsfähig sind und bei denen voraussichtlich durch die Leistungen die Erwerbsfähigkeit wesentlich gebessert oder wiederhergestellt werden kann oder

---

[1] Die Änderungen durch G v. 17.7.2017 (BGBl. I S. 2575) treten teilweise erst **mWv 1.1.2025**, **mWv 1.1.2026** bzw. **mWv 1.2.2026**, die Änderungen durch G v. 28.11.2018 (BGBl. I S. 2016) teilweise erst **mWv 1.1.2026**, die Änderungen durch G v. 28.3.2021 (BGBl. I S. 591) erst **mit unbestimmten Inkrafttreten** und die Änderungen durch G v. 20.8.2021 (BGBl. I S. 3932) teilweise erst **mWv 1.1.2025** in Kraft und sind insoweit im Text noch nicht berücksichtigt.
[2] Neubekanntmachung des SGB VI vom 18.12.1989 (BGBl. I S. 2261, ber. 1990 I S. 1337) in der ab 1.1.2002 geltenden Fassung.

2. bei denen der Eintritt von im Bergbau verminderter Berufsfähigkeit droht und bei denen voraussichtlich durch die Leistungen der Eintritt der im Bergbau verminderten Berufsfähigkeit abgewendet werden kann.

(3) Für die Leistungen nach den §§ 14, 15a und 17 haben die Versicherten oder die Kinder die persönlichen Voraussetzungen bei Vorliegen der dortigen Anspruchsvoraussetzungen erfüllt.

§ 11 Versicherungsrechtliche Voraussetzungen. (1) Für Leistungen zur Teilhabe haben Versicherte die versicherungsrechtlichen Voraussetzungen erfüllt, die bei Antragstellung

1. die Wartezeit von 15 Jahren erfüllt haben oder

2. eine Rente wegen verminderter Erwerbsfähigkeit beziehen.

(2) [1] Für die Leistungen zur Prävention und zur medizinischen Rehabilitation haben Versicherte die versicherungsrechtlichen Voraussetzungen auch erfüllt, die

1. in den letzten zwei Jahren vor der Antragstellung sechs Kalendermonate mit Pflichtbeiträgen für eine versicherte Beschäftigung oder Tätigkeit haben,

2. innerhalb von zwei Jahren nach Beendigung einer Ausbildung eine versicherte Beschäftigung oder selbständige Tätigkeit aufgenommen und bis zum Antrag ausgeübt oder nach einer solchen Beschäftigung oder Tätigkeit bis zum Antrag arbeitsunfähig oder arbeitslos gewesen sind oder

3. vermindert erwerbsfähig sind oder bei denen dies in absehbarer Zeit zu erwarten ist, wenn sie die allgemeine Wartezeit erfüllt haben.

[2] § 55 Abs. 2 ist entsprechend anzuwenden. [3] Der Zeitraum von zwei Jahren nach Nummer 1 verlängert sich um Anrechnungszeiten wegen des Bezugs von Arbeitslosengeld II. [4] Für die Leistungen nach § 15a an Kinder von Versicherten sind die versicherungsrechtlichen Voraussetzungen erfüllt, wenn der Versicherte die allgemeine Wartezeit oder die in Satz 1 oder in Absatz 1 genannten versicherungsrechtlichen Voraussetzungen erfüllt hat.

(2a) Leistungen zur Teilhabe am Arbeitsleben werden an Versicherte auch erbracht,

1. wenn ohne diese Leistungen Rente wegen verminderter Erwerbsfähigkeit zu leisten wäre oder

2. wenn sie für eine voraussichtlich erfolgreiche Rehabilitation unmittelbar im Anschluss an Leistungen zur medizinischen Rehabilitation der Träger der Rentenversicherung erforderlich sind.

(3) [1] Die versicherungsrechtlichen Voraussetzungen haben auch überlebende Ehegatten erfüllt, die Anspruch auf große Witwenrente oder große Witwerrente wegen verminderter Erwerbsfähigkeit haben. [2] Sie gelten für die Vorschriften dieses Abschnitts als Versicherte.

Zweiter Unterabschnitt. Umfang der Leistungen

Erster Titel. Allgemeines

§ 13 Leistungsumfang. (1) [1] Der Träger der Rentenversicherung bestimmt im Einzelfall unter Beachtung des Wunsch- und Wahlrechts des Versicherten im Sinne des § 8 des Neunten Buches[1]) und der Grundsätze der Wirtschaftlichkeit und Sparsamkeit Art, Dauer, Umfang, Beginn und Durchführung dieser Leistungen sowie die Rehabilitationseinrichtung nach pflichtgemäßem Ermessen. [2]Die Leistungen werden auf Antrag durch ein Persönliches Budget erbracht; § 29 des Neunten Buches gilt entsprechend.

(2) Der Träger der Rentenversicherung erbringt nicht

1. Leistungen zur medizinischen Rehabilitation in der Phase akuter Behandlungsbedürftigkeit einer Krankheit, es sei denn, die Behandlungsbedürftigkeit tritt während der Ausführung von Leistungen zur medizinischen Rehabilitation ein,

2. Leistungen zur medizinischen Rehabilitation anstelle einer sonst erforderlichen Krankenhausbehandlung,

3. Leistungen zur medizinischen Rehabilitation, die dem allgemein anerkannten Stand medizinischer Erkenntnisse nicht entsprechen.

(3) [1]Der Träger der Rentenversicherung erbringt nach Absatz 2 Nr. 1 im Benehmen mit dem Träger der Krankenversicherung für diesen Krankenbehandlung und Leistungen bei Schwangerschaft und Mutterschaft. [2]Der Träger der Rentenversicherung kann von dem Träger der Krankenversicherung Erstattung der hierauf entfallenden Aufwendungen verlangen.

(4) Die Träger der Rentenversicherung vereinbaren mit den Spitzenverbänden der Krankenkassen gemeinsam und einheitlich im Benehmen mit dem Bundesministerium für Arbeit und Soziales Näheres zur Durchführung von Absatz 2 Nr. 1 und 2.

Zweiter Titel. Leistungen zur Prävention, zur medizinischen Rehabilitation, zur Teilhabe am Arbeitsleben und zur Nachsorge

§ 14 Leistungen zur Prävention. (1) [1]Die Träger der Rentenversicherung erbringen medizinische Leistungen zur Sicherung der Erwerbsfähigkeit an Versicherte, die erste gesundheitliche Beeinträchtigungen aufweisen, die die ausgeübte Beschäftigung gefährden. [2]Wird ein Anspruch auf Leistungen zur medizinischen Rehabilitation nach § 15 Absatz 1 in Verbindung mit § 10 Absatz 1 abgelehnt, hat der Träger der Rentenversicherung über die Leistungen zur Prävention zu beraten. [3]Die Leistungen können zeitlich begrenzt werden.

(2) [1]Um eine einheitliche Rechtsanwendung durch alle Träger der Rentenversicherung sicherzustellen, erlässt die Deutsche Rentenversicherung Bund bis zum 1. Juli 2018 im Benehmen mit dem Bundesministerium für Arbeit und Soziales eine gemeinsame Richtlinie der Träger der Rentenversicherung, die insbesondere die Ziele, die persönlichen Voraussetzungen sowie Art und Umfang der medizinischen Leistungen näher ausführt. [2]Die Deutsche Rentenversicherung Bund hat die Richtlinie im Bundesanzeiger zu veröffentlichen. [3]Die Richtlinie ist regelmäßig an den medizinischen Fortschritt und die gewonnenen Erfahrungen im Benehmen mit dem Bundesministerium für Arbeit und Soziales anzupassen.

(3) [1]Die Träger der Rentenversicherung beteiligen sich mit den Leistungen nach Absatz 1 an der nationalen Präventionsstrategie nach den §§ 20d bis 20g des Fünften Buches. [2]Sie wirken darauf hin, dass die Einführung einer freiwilligen, individuellen, berufsbezogenen Gesundheitsvorsorge für Versicherte ab

---

[1]) Nr. 1.

Vollendung des 45. Lebensjahres trägerübergreifend in Modellprojekten erprobt wird.

§ 15 Leistungen zur medizinischen Rehabilitation. (1) ¹Die Träger der Rentenversicherung erbringen im Rahmen von Leistungen zur medizinischen Rehabilitation Leistungen nach den §§ 42 bis 47a des Neunten Buches[1], ausgenommen Leistungen nach § 42 Abs. 2 Nr. 2 und § 46 des Neunten Buches. ²Zahnärztliche Behandlung einschließlich der Versorgung mit Zahnersatz wird nur erbracht, wenn sie unmittelbar und gezielt zur wesentlichen Besserung oder Wiederherstellung der Erwerbsfähigkeit, insbesondere zur Ausübung des bisherigen Berufs, erforderlich und soweit sie nicht als Leistung der Krankenversicherung oder als Hilfe nach dem Fünften Kapitel des Zwölften Buches[2] zu erbringen ist.

[Abs. 2 bis 30.6.2023:]

(2) ¹Die stationären Leistungen zur medizinischen Rehabilitation werden einschließlich der erforderlichen Unterkunft und Verpflegung in Einrichtungen erbracht, die unter ständiger ärztlicher Verantwortung und unter Mitwirkung von besonders geschultem Personal entweder von dem Träger der Rentenversicherung selbst betrieben werden oder mit denen ein Vertrag nach § 38 des Neunten Buches besteht. ²Die Einrichtung braucht nicht unter ständiger ärztlicher Verantwortung zu stehen, wenn die Art der Behandlung dies nicht erfordert. ³Die Leistungen der Einrichtungen der medizinischen Rehabilitation müssen nach Art oder Schwere der Erkrankung erforderlich sein.

[Abs. 2 ab 1.7.2023:]

(2) ¹Leistungen zur medizinischen Rehabilitation nach den §§ 15, 15a und 31 Absatz 1 Nummer 2, die nach Art und Schwere der Erkrankung erforderlich sind, werden durch Rehabilitationseinrichtungen erbracht, die unter ständiger ärztlicher Verantwortung und Mitwirkung von besonders geschultem Personal entweder vom Träger der Rentenversicherung selbst oder von anderen betrieben werden und nach Absatz 4 zugelassen sind oder als zugelassen gelten (zugelassene Rehabilitationseinrichtungen). ²Die Rehabilitationseinrichtung braucht nicht unter ständiger ärztlicher Verantwortung zu stehen, wenn die Art der Behandlung dies nicht erfordert. ³Leistungen einschließlich der erforderlichen Unterkunft und Verpflegung sollen für längstens drei Wochen erbracht werden. ⁴Sie können für einen längeren Zeitraum erbracht werden, wenn dies erforderlich ist, um das Rehabilitationsziel zu erreichen.

[Abs. 3 bis 30.6.2023:]

(3) ¹Die stationären Leistungen zur medizinischen Rehabilitation sollen für längstens drei Wochen erbracht werden. ²Sie können für einen längeren Zeitraum erbracht werden, wenn dies erforderlich ist, um das Rehabilitationsziel zu erreichen.

[Abs. 3 ab 1.7.2023:]

(3) ¹Rehabilitationseinrichtungen haben einen Anspruch auf Zulassung, wenn sie

1. fachlich geeignet sind,

2. sich verpflichten, an den externen Qualitätssicherungsverfahren der Deutschen Rentenversicherung Bund oder einem anderen von der Deutschen Rentenversicherung Bund anerkannten Verfahren teilzunehmen,

---

[1] Nr. **1**.
[2] Auszugsweise abgedruckt unter Nr. **11**.

3. *sich verpflichten, das Vergütungssystem der Deutschen Rentenversicherung Bund anzuerkennen,*

4. *den elektronischen Datenaustausch mit den Trägern der Rentenversicherung sicherstellen und*

5. *die datenschutzrechtlichen Regelungen beachten und umsetzen, insbesondere den besonderen Anforderungen an den Sozialdatenschutz Rechnung tragen.*

[2] Fachlich geeignet sind Rehabilitationseinrichtungen, die zur Durchführung der Leistungen zur medizinischen Rehabilitation die personellen, strukturellen und qualitativen Anforderungen erfüllen. [3] Dabei sollen die Empfehlungen nach § 37 Absatz 1 des Neunten Buches beachtet werden. [4] Zur Ermittlung und Bemessung einer leistungsgerechten Vergütung der Leistungen hat die Deutsche Rentenversicherung Bund ein transparentes, nachvollziehbares und diskriminierungsfreies Vergütungssystem bis zum 31. Dezember 2025 zu entwickeln, wissenschaftlich zu begleiten und zu evaluieren. [5] Dabei hat sie tariflich vereinbarte Vergütungen sowie entsprechende Vergütungen nach kirchlichen Arbeitsrechtsregelungen zu beachten.

[Abs. 4 ab 1.7.2023:]

(4) [1] Mit der Zulassungsentscheidung wird die Rehabilitationseinrichtung für die Dauer der Zulassung zur Erbringung von Leistungen zur medizinischen Rehabilitation zugelassen. [2] Für Rehabilitationseinrichtungen, die vom Träger der Rentenversicherung selbst betrieben werden oder zukünftig vom Träger der Rentenversicherung selbst betrieben werden, gilt die Zulassung als erteilt.

[Abs. 5 ab 1.7.2023:]

(5) [1] Der federführende Träger der Rentenversicherung entscheidet über die Zulassung von Rehabilitationseinrichtungen auf deren Antrag. [2] Federführend ist der Träger der Rentenversicherung, der durch die beteiligten Träger der Rentenversicherung vereinbart wird. [3] Er steuert den Prozess der Zulassung in allen Verfahrensschritten und trifft mit Wirkung für alle Träger der Rentenversicherung Entscheidungen. [4] Die Entscheidung zur Zulassung ist im Amtsblatt der Europäischen Union zu veröffentlichen. [5] Die Zulassungsentscheidung bleibt wirksam, bis sie durch eine neue Zulassungsentscheidung abgelöst oder widerrufen wird. [6] Die Zulassungsentscheidung nach Absatz 4 Satz 1 oder die fiktive Zulassung nach Absatz 4 Satz 2 kann jeweils widerrufen werden, wenn die Rehabilitationseinrichtung die Anforderungen nach Absatz 3 Satz 1 nicht mehr erfüllt. [7] Widerspruch und Klage gegen den Widerruf der Zulassungsentscheidung haben keine aufschiebende Wirkung.

[Abs. 6 ab 1.7.2023:]

(6) [1] Die Inanspruchnahme einer zugelassenen Rehabilitationseinrichtung, in der die Leistungen zur medizinischen Rehabilitation entsprechend ihrer Form auch einschließlich der erforderlichen Unterkunft und Verpflegung erbracht werden, erfolgt durch einen Vertrag. [2] Der federführende Träger der Rentenversicherung schließt mit Wirkung für alle Träger der Rentenversicherung den Vertrag mit der zugelassenen Rehabilitationseinrichtung ab. [3] Der Vertrag begründet keinen Anspruch auf Inanspruchnahme durch den Träger der Rentenversicherung.

[Abs. 6a ab 1.7.2023:]

(6a) [1] Der Versicherte kann dem zuständigen Träger der Rentenversicherung Rehabilitationseinrichtungen vorschlagen. [2] Der zuständige Träger der Rentenversicherung prüft, ob die von dem Versicherten vorgeschlagenen Rehabilitationseinrichtungen die Leistung in der nachweislich besten Qualität erbringen. [3] Erfüllen die vom Versicherten vorgeschlagenen Rehabilitationseinrichtungen die objektiven sozialmedizinischen Kriterien für die

Bestimmung einer Rehabilitationseinrichtung, weist der zuständige Träger der Renten-
versicherung dem Versicherten eine Rehabilitationseinrichtung zu. [4] *Liegt ein Vorschlag*
des Versicherten nach Satz 1 nicht vor oder erfüllen die vom Versicherten vorgeschlagenen
Rehabilitationseinrichtungen die objektiven sozialmedizinischen Kriterien für die Be-
stimmung einer Rehabilitationseinrichtung nicht, hat der zuständige Träger der Renten-
versicherung dem Versicherten unter Darlegung der ergebnisrelevanten objektiven Krite-
rien eine Rehabilitationseinrichtungen vorzuschlagen. [5] *Der Versicherte ist berechtigt, unter*
den von dem zuständigen Träger der Rentenversicherung vorgeschlagenen Rehabilitati-
onseinrichtungen innerhalb von 14 Tagen auszuwählen.

[Abs. 7 ab 1.7.2023:]

(7) Die Deutsche Rentenversicherung Bund ist verpflichtet, die Daten der externen
Qualitätssicherung zu veröffentlichen und den Trägern der Rentenversicherung als
Grundlage für die Inanspruchnahme einer Rehabilitationseinrichtung sowie den Ver-
sicherten in einer wahrnehmbaren Form zugänglich zu machen.

[Abs. 8 ab 1.7.2023:]

(8) [1] *Die Rehabilitationseinrichtung hat gegen den jeweiligen Träger der Rentenver-*
sicherung einen Anspruch auf Vergütung nach Absatz 9 Satz 1 Nummer 2 der gegen-
über dem Versicherten erbrachten Leistungen. [2] *Der federführende Träger der Renten-*
versicherung vereinbart mit der Rehabilitationseinrichtung den Vergütungssatz; dabei sind
insbesondere zu beachten:

1. leistungsspezifische Besonderheiten, Innovationen, neue Konzepte, Methoden,

2. der regionale Faktor und

3. tariflich vereinbarte Vergütungen sowie entsprechende Vergütungen nach kirchlichen
Arbeitsrechtsregelungen.

(9) [1] Die Deutsche Rentenversicherung Bund hat in Wahrnehmung der ihr
nach § 138 Absatz 1 Satz 2 Nummer 4a zugewiesenen Aufgaben für alle
Rehabilitationseinrichtungen, die entweder vom Träger der Rentenversicherung selbst oder von anderen betrieben werden, folgende verbindliche Entscheidungen herbeizuführen:

1. zur näheren inhaltlichen Ausgestaltung der Anforderungen nach Absatz 3 für
   die Zulassung einer Rehabilitationseinrichtung für die Erbringung von Leistungen zur medizinischen Rehabilitation,

2. zu einem verbindlichen, transparenten, nachvollziehbaren und diskriminie-
   rungsfreien Vergütungssystem für alle zugelassenen Rehabilitationseinrichtungen nach Absatz 3; dabei sind insbesondere zu berücksichtigen:

   a) die Indikation,

   b) die Form der Leistungserbringung,

   c) spezifische konzeptuelle Aspekte und besondere medizinische Bedarfe,

   d) ein geeignetes Konzept der Bewertungsrelationen zur Gewichtung der
      Rehabilitationsleistungen und

   e) eine geeignete Datengrundlage für die Kalkulation der Bewertungsrelatio-
      nen,

3. zu den objektiven sozialmedizinischen Kriterien, die für die Bestimmung
   einer Rehabilitationseinrichtung im Rahmen einer Inanspruchnahme nach
   Absatz 6 maßgebend sind, um die Leistung für den Versicherten in der
   nachweislich besten Qualität zu erbringen; dabei sind insbesondere zu berücksichtigen:

a) die Indikation,

b) die Nebenindikation,

c) die unabdingbaren Sonderanforderungen,

d) die Qualität der Rehabilitationseinrichtung,

e) die Entfernung zum Wohnort und

f) die Wartezeit bis zur Aufnahme;

das Wunsch- und Wahlrecht der Versicherten nach § 8 des Neunten Buches sowie der Grundsatz der Wirtschaftlichkeit und Sparsamkeit sind zu berücksichtigen,

4. zum näheren Inhalt und Umfang der Daten der externen Qualitätssicherung bei den zugelassenen Rehabilitationseinrichtungen nach Absatz 7 und deren Form der Veröffentlichung; dabei sollen die Empfehlungen nach § 37 Absatz 1 des Neunten Buches beachtet werden.

²Die verbindlichen Entscheidungen zu Satz 1 Nummer 1 bis 4 erfolgen bis zum 30. Juni 2023. ³Die für die Wahrnehmung der Interessen der Rehabilitationseinrichtungen maßgeblichen Vereinigungen der Rehabilitationseinrichtungen und die für die Wahrnehmung der Interessen der Rehabilitandinnen und Rehabilitanden maßgeblichen Verbände erhalten die Gelegenheit zur Stellungnahme. ⁴Die Stellungnahmen sind bei der Beschlussfassung durch eine geeignete Organisationsform mit dem Ziel einzubeziehen, eine konsensuale Regelung zu erreichen.

(10) Das Bundesministerium für Arbeit und Soziales untersucht die Wirksamkeit der Regelungen nach den Absätzen 3 bis 9 ab dem 1. Januar 2026.

§ 15a Leistungen zur Kinderrehabilitation. (1) ¹Die Träger der Rentenversicherung erbringen Leistungen zur medizinischen Rehabilitation für

1. Kinder von Versicherten,

2. Kinder von Beziehern einer Rente wegen Alters oder verminderter Erwerbsfähigkeit und

3. Kinder, die eine Waisenrente beziehen.

²Voraussetzung ist, dass hierdurch voraussichtlich eine erhebliche Gefährdung der Gesundheit beseitigt oder die insbesondere durch chronische Erkrankungen beeinträchtigte Gesundheit wesentlich gebessert oder wiederhergestellt werden kann und dies Einfluss auf die spätere Erwerbsfähigkeit haben kann.

(2) ¹Kinder haben Anspruch auf Mitaufnahme

1. einer Begleitperson, wenn diese für die Durchführung oder den Erfolg der Leistung zur Kinderrehabilitation notwendig ist und

2. der Familienangehörigen, wenn die Einbeziehung der Familie in den Rehabilitationsprozess notwendig ist.

²Leistungen zur Nachsorge nach § 17 sind zu erbringen, wenn sie zur Sicherung des Rehabilitationserfolges erforderlich sind.

(3) ¹Als Kinder werden auch Kinder im Sinne des § 48 Absatz 3 berücksichtigt. ²Für die Dauer des Anspruchs gilt § 48 Absatz 4 und 5 entsprechend.

(4) ¹Die Leistungen einschließlich der erforderlichen Unterkunft und Verpflegung werden in der Regel für mindestens vier Wochen erbracht. ²§ 12 Absatz 2 Satz 1 findet keine Anwendung.

(5) [1] Um eine einheitliche Rechtsanwendung durch alle Träger der Rentenversicherung sicherzustellen, erlässt die Deutsche Rentenversicherung Bund bis zum 1. Juli 2018 im Benehmen mit dem Bundesministerium für Arbeit und Soziales eine gemeinsame Richtlinie der Träger der Rentenversicherung, die insbesondere die Ziele, die persönlichen Voraussetzungen sowie Art und Umfang der Leistungen näher ausführt. [2] Die Deutsche Rentenversicherung Bund hat die Richtlinie im Bundesanzeiger zu veröffentlichen. [3] Die Richtlinie ist regelmäßig an den medizinischen Fortschritt und die gewonnenen Erfahrungen der Träger der Rentenversicherung im Benehmen mit dem Bundesministerium für Arbeit und Soziales anzupassen.

§ 16 Leistungen zur Teilhabe am Arbeitsleben. [1] Die Träger der gesetzlichen Rentenversicherung erbringen die Leistungen zur Teilhabe am Arbeitsleben nach den §§ 49 bis 54 des Neunten Buches[1)], im Eingangsverfahren und im Berufsbildungsbereich der Werkstätten für behinderte Menschen nach § 57 des Neunten Buches, entsprechende Leistungen bei anderen Leistungsanbietern nach § 60 des Neunten Buches sowie das Budget für Ausbildung nach § 61a des Neunten Buches. [2] Das Budget für Ausbildung wird nur für die Erstausbildung erbracht; ein Anspruch auf Übergangsgeld nach § 20 besteht während der Erbringung des Budgets für Ausbildung nicht. [3] § 61a Absatz 5 des Neunten Buches findet keine Anwendung.

§ 17 Leistungen zur Nachsorge. (1) [1] Die Träger der Rentenversicherung erbringen im Anschluss an eine von ihnen erbrachte Leistung zur Teilhabe nachgehende Leistungen, wenn diese erforderlich sind, um den Erfolg der vorangegangenen Leistung zur Teilhabe zu sichern (Leistungen zur Nachsorge). [2] Die Leistungen zur Nachsorge können zeitlich begrenzt werden.

(2) [1] Um eine einheitliche Rechtsanwendung durch alle Träger der Rentenversicherung sicherzustellen, erlässt die Deutsche Rentenversicherung Bund bis zum 1. Juli 2018 im Benehmen mit dem Bundesministerium für Arbeit und Soziales eine gemeinsame Richtlinie der Träger der Rentenversicherung, die insbesondere die Ziele, die persönlichen Voraussetzungen sowie Art und Umfang der Leistungen näher ausführt. [2] Die Deutsche Rentenversicherung Bund hat die Richtlinie im Bundesanzeiger zu veröffentlichen. [3] Die Richtlinie ist regelmäßig an den medizinischen Fortschritt und die gewonnenen Erfahrungen im Benehmen mit dem Bundesministerium für Arbeit und Soziales anzupassen.

§§ 18, 19 (weggefallen)

Dritter Titel. Übergangsgeld

§ 20 Anspruch. (1) Anspruch auf Übergangsgeld haben Versicherte, die

1. von einem Träger der Rentenversicherung Leistungen zur Prävention, Leistungen zur medizinischen Rehabilitation, Leistungen zur Teilhabe am Arbeitsleben, Leistungen zur Nachsorge oder sonstige Leistungen zur Teilhabe erhalten, sofern die Leistungen nicht dazu geeignet sind, neben einer Beschäftigung oder selbständigen Tätigkeit erbracht zu werden,

2. (weggefallen)

[1)] Nr. 1.

3. bei Leistungen zur Prävention, Leistungen zur medizinischen Rehabilitation, Leistungen zur Nachsorge oder sonstigen Leistungen zur Teilhabe unmittelbar vor Beginn der Arbeitsunfähigkeit oder, wenn sie nicht arbeitsunfähig sind, unmittelbar vor Beginn der Leistungen

a) Arbeitsentgelt oder Arbeitseinkommen erzielt und im Bemessungszeitraum Beiträge zur Rentenversicherung gezahlt haben oder

b) Krankengeld, Verletztengeld, *[bis 31.12.2023:* Versorgungskrankengeld*]* *[ab 1.1.2024: Krankengeld der Sozialen Entschädigung]*, Übergangsgeld, Kurzarbeitergeld, Arbeitslosengeld, Arbeitslosengeld II oder Mutterschaftsgeld bezogen haben und für die von dem der Sozialleistung zugrunde liegenden Arbeitsentgelt oder Arbeitseinkommen oder im Falle des Bezugs von Arbeitslosengeld II zuvor aus Arbeitsentgelt oder Arbeitseinkommen Beiträge zur Rentenversicherung gezahlt worden sind.

(2) Versicherte, die Anspruch auf Arbeitslosengeld nach dem Dritten Buch[1] oder Anspruch auf Arbeitslosengeld II nach dem Zweiten Buch[2] haben, haben abweichend von Absatz 1 Nummer 1 Anspruch auf Übergangsgeld, wenn sie wegen der Inanspruchnahme der Leistungen zur Teilhabe keine ganztägige Erwerbstätigkeit ausüben können.

(3) Versicherte, die Anspruch auf Krankengeld nach § 44 des Fünften Buches haben und ambulante Leistungen zur Prävention und Nachsorge in einem zeitlich geringen Umfang erhalten, haben abweichend von Absatz 1 Nummer 1 ab Inkrafttreten der Vereinbarung nach Absatz 4 nur Anspruch auf Übergangsgeld, sofern die Vereinbarung dies vorsieht.

(4) [1]Die Deutsche Rentenversicherung Bund und der Spitzenverband Bund der Krankenkassen vereinbaren im Benehmen mit dem Bundesministerium für Arbeit und Soziales und dem Bundesministerium für Gesundheit bis zum 31. Dezember 2017, unter welchen Voraussetzungen Versicherte nach Absatz 3 einen Anspruch auf Übergangsgeld haben. [2]Unzuständig geleistete Zahlungen von Entgeltersatzleistungen sind vom zuständigen Träger der Leistung zu erstatten.

§ 21 Höhe und Berechnung. (1) Höhe und Berechnung des Übergangsgeldes bestimmen sich nach Teil 1 Kapitel 11 des Neunten Buches[3], soweit die Absätze 2 bis 4 nichts Abweichendes bestimmen.

(2) Die Berechnungsgrundlage für das Übergangsgeld wird für Versicherte, die Arbeitseinkommen erzielt haben, und für freiwillig Versicherte, die Arbeitsentgelt erzielt haben, aus 80 vom Hundert des Einkommens ermittelt, das den vor Beginn der Leistungen für das letzte Kalenderjahr (Bemessungszeitraum) gezahlten Beiträgen zugrunde liegt.

(3) § 69 des Neunten Buches wird mit der Maßgabe angewendet, dass Versicherte unmittelbar vor dem Bezug der dort genannten Leistungen Pflichtbeiträge geleistet haben.

(4) [1]Versicherte, die unmittelbar vor Beginn der Arbeitsunfähigkeit oder, wenn sie nicht arbeitsunfähig sind, unmittelbar vor Beginn der medizinischen Leistungen Arbeitslosengeld bezogen und die zuvor Pflichtbeiträge gezahlt

[1] Auszugsweise abgedruckt unter Nr. 4.
[2] Auszugsweise abgedruckt unter Nr. 3a.
[3] Nr. 1.

haben, erhalten Übergangsgeld bei medizinischen Leistungen in Höhe des bei Krankheit zu erbringenden Krankengeldes (§ 47b Fünftes Buch); Versicherte, die unmittelbar vor Beginn der Arbeitsunfähigkeit oder, wenn sie nicht arbeitsunfähig sind, unmittelbar vor Beginn der medizinischen Leistungen Arbeitslosengeld II bezogen und die zuvor Pflichtbeiträge gezahlt haben, erhalten Übergangsgeld bei medizinischen Leistungen in Höhe des Betrages des Arbeitslosengeldes II. ² Dies gilt nicht für Empfänger der Leistung,

a) die Arbeitslosengeld II nur darlehensweise oder

b) die nur Leistungen nach § 24 Absatz 3 Satz 1 des Zweiten Buches beziehen, oder

c) die auf Grund von § 2 Abs. 1a des Bundesausbildungsförderungsgesetzes keinen Anspruch auf Ausbildungsförderung haben oder

d) deren Bedarf sich nach § 12 Absatz 1 Nummer 1 des Bundesausbildungsförderungsgesetzes, nach § 62 Absatz 1 oder § 124 Absatz 1 Nummer 1 des Dritten Buches[1]) bemisst oder

e) die Arbeitslosengeld II als ergänzende Leistungen zum Einkommen erhalten.

(5) Für Versicherte, die im Bemessungszeitraum eine Bergmannsprämie bezogen haben, wird die Berechnungsgrundlage um einen Betrag in Höhe der gezahlten Bergmannsprämie erhöht.

§§ 22–27 (weggefallen)

Vierter Titel. Ergänzende Leistungen

§ 28 Ergänzende Leistungen. (1) Die Leistungen zur Teilhabe werden außer durch das Übergangsgeld ergänzt durch die Leistungen nach § 64 Absatz 1 Nummer 2 bis 6 und Absatz 2 sowie nach den §§ 73 und 74 des Neunten Buches[2]).

(2) ¹ Für ambulante Leistungen zur Prävention und Nachsorge gilt Absatz 1 mit der Maßgabe, dass die Leistungen nach den §§ 73 und 74 des Neunten Buches im Einzelfall bewilligt werden können, wenn sie zur Durchführung der Leistungen notwendig sind. ² Fahrkosten nach § 73 Absatz 4 des Neunten Buches können pauschaliert bewilligt werden.

§§ 29, 30 (weggefallen)

Fünfter Titel. Sonstige Leistungen

§ 31 Sonstige Leistungen. (1) Als sonstige Leistungen zur Teilhabe können erbracht werden:

1. Leistungen zur Eingliederung von Versicherten in das Erwerbsleben, die von den Leistungen nach den §§ 14, 15, 15a, 16 und 17 sowie den ergänzenden Leistungen nach § 64 des Neunten Buches[2]) nicht umfasst sind,

2. Leistungen zur onkologischen Nachsorge für Versicherte, Bezieher einer Rente und ihre jeweiligen Angehörigen sowie

3. Zuwendungen für Einrichtungen, die auf dem Gebiet der Rehabilitation forschen oder die Rehabilitation fördern.

---

[1]) Nr. 4.
[2]) Nr. 1.

(2) [1]Die Leistungen nach Absatz 1 Nummer 1 setzen voraus, dass die persönlichen und versicherungsrechtlichen Voraussetzungen erfüllt sind. [2]Die Leistungen für Versicherte nach Absatz 1 Nummer 2 setzen voraus, dass die versicherungsrechtlichen Voraussetzungen erfüllt sind. [3]Die Deutsche Rentenversicherung Bund kann im Benehmen mit dem Bundesministerium für Arbeit und Soziales Richtlinien erlassen, die insbesondere die Ziele sowie Art und Umfang der Leistungen näher ausführen.

Sechster Titel. Zuzahlung bei Leistungen zur medizinischen Rehabilitation und bei sonstigen Leistungen

§ 32 Zuzahlung bei Leistungen zur medizinischen Rehabilitation und bei sonstigen Leistungen. (1) [1]Versicherte, die das 18. Lebensjahr vollendet haben und Leistungen zur medizinischen Rehabilitation nach § 15 einschließlich der erforderlichen Unterkunft und Verpflegung in Anspruch nehmen, zahlen für jeden Kalendertag dieser Leistungen den sich nach § 40 Abs. 5 des Fünften Buches[1]) ergebenden Betrag. [2]Die Zuzahlung ist für längstens 14 Tage und in Höhe des sich nach § 40 Abs. 6 des Fünften Buches[1]) ergebenden Betrages zu leisten, wenn der unmittelbare Anschluss der stationären Heilbehandlung an eine Krankenhausbehandlung medizinisch notwendig ist (Anschlussrehabilitation); als unmittelbar gilt auch, wenn die Maßnahme innerhalb von 14 Tagen beginnt, es sei denn, die Einhaltung dieser Frist ist aus zwingenden tatsächlichen oder medizinischen Gründen nicht möglich. [3]Hierbei ist eine innerhalb eines Kalenderjahres an einen Träger der gesetzlichen Krankenversicherung geleistete Zuzahlung anzurechnen.

(2) Absatz 1 gilt auch für Versicherte oder Bezieher einer Rente, die das 18. Lebensjahr vollendet haben und für sich, ihre Ehegatten oder Lebenspartner sonstige Leistungen einschließlich der erforderlichen Unterkunft und Verpflegung in Anspruch nehmen.

(3) Bezieht ein Versicherter Übergangsgeld, das nach § 66 Absatz 1 des Neunten Buches[2]) begrenzt ist, hat er für die Zeit des Bezugs von Übergangsgeld eine Zuzahlung nicht zu leisten.

(4) Der Träger der Rentenversicherung bestimmt, unter welchen Voraussetzungen von der Zuzahlung nach Absatz 1 oder 2 abgesehen werden kann, wenn sie den Versicherten oder den Rentner unzumutbar belasten würde.

(5) Die Zuzahlung steht der Annahme einer vollen Übernahme der Aufwendungen für die Leistungen zur Teilhabe im Sinne arbeitsrechtlicher Vorschriften nicht entgegen.

Zweiter Abschnitt. Renten

Zweiter Unterabschnitt. Anspruchsvoraussetzungen für einzelne Renten

Erster Titel. Renten wegen Alters

§ 37 Altersrente für schwerbehinderte Menschen. [1]Versicherte haben Anspruch auf Altersrente für schwerbehinderte Menschen, wenn sie

1. das 65. Lebensjahr vollendet haben,

---

[1]) Nr. **5.**
[2]) Nr. **1.**

2. bei Beginn der Altersrente als schwerbehinderte Menschen (§ 2 Abs. 2 Neuntes Buch[1]) anerkannt sind und

3. die Wartezeit von 35 Jahren erfüllt haben.

[2] Die vorzeitige Inanspruchnahme dieser Altersrente ist nach Vollendung des 62. Lebensjahres möglich.

Zweiter Titel. Renten wegen verminderter Erwerbsfähigkeit

§ 43 Rente wegen Erwerbsminderung. (1) [1] Versicherte haben bis zum Erreichen der Regelaltersgrenze Anspruch auf Rente wegen teilweiser Erwerbsminderung, wenn sie

1. teilweise erwerbsgemindert sind,

2. in den letzten fünf Jahren vor Eintritt der Erwerbsminderung drei Jahre Pflichtbeiträge für eine versicherte Beschäftigung oder Tätigkeit haben und

3. vor Eintritt der Erwerbsminderung die allgemeine Wartezeit erfüllt haben.

[2] Teilweise erwerbsgemindert sind Versicherte, die wegen Krankheit oder Behinderung auf nicht absehbare Zeit außerstande sind, unter den üblichen Bedingungen des allgemeinen Arbeitsmarktes mindestens sechs Stunden täglich erwerbstätig zu sein.

(2) [1] Versicherte haben bis zum Erreichen der Regelaltersgrenze Anspruch auf Rente wegen voller Erwerbsminderung, wenn sie

1. voll erwerbsgemindert sind,

2. in den letzten fünf Jahren vor Eintritt der Erwerbsminderung drei Jahre Pflichtbeiträge für eine versicherte Beschäftigung oder Tätigkeit haben und

3. vor Eintritt der Erwerbsminderung die allgemeine Wartezeit erfüllt haben.

[2] Voll erwerbsgemindert sind Versicherte, die wegen Krankheit oder Behinderung auf nicht absehbare Zeit außerstande sind, unter den üblichen Bedingungen des allgemeinen Arbeitsmarktes mindestens drei Stunden täglich erwerbstätig zu sein. [3] Voll erwerbsgemindert sind auch

1. Versicherte nach § 1 Satz 1 Nr. 2, die wegen Art oder Schwere der Behinderung nicht auf dem allgemeinen Arbeitsmarkt tätig sein können, und

2. Versicherte, die bereits vor Erfüllung der allgemeinen Wartezeit voll erwerbsgemindert waren, in der Zeit einer nicht erfolgreichen Eingliederung in den allgemeinen Arbeitsmarkt.

(3) Erwerbsgemindert ist nicht, wer unter den üblichen Bedingungen des allgemeinen Arbeitsmarktes mindestens sechs Stunden täglich erwerbstätig sein kann; dabei ist die jeweilige Arbeitsmarktlage nicht zu berücksichtigen.

(4) Der Zeitraum von fünf Jahren vor Eintritt der Erwerbsminderung verlängert sich um folgende Zeiten, die nicht mit Pflichtbeiträgen für eine versicherte Beschäftigung oder Tätigkeit belegt sind:

1. Anrechnungszeiten und Zeiten des Bezugs einer Rente wegen verminderter Erwerbsfähigkeit,

2. Berücksichtigungszeiten,

3. Zeiten, die nur deshalb keine Anrechnungszeiten sind, weil durch sie eine versicherte Beschäftigung oder selbständige Tätigkeit nicht unterbrochen ist,

---

[1] Nr. 1.

wenn in den letzten sechs Kalendermonaten vor Beginn dieser Zeiten wenigstens ein Pflichtbeitrag für eine versicherte Beschäftigung oder Tätigkeit oder eine Zeit nach Nummer 1 oder 2 liegt,

4. Zeiten einer schulischen Ausbildung nach Vollendung des 17. Lebensjahres bis zu sieben Jahren, gemindert um Anrechnungszeiten wegen schulischer Ausbildung.

(5) Eine Pflichtbeitragszeit von drei Jahren für eine versicherte Beschäftigung oder Tätigkeit ist nicht erforderlich, wenn die Erwerbsminderung aufgrund eines Tatbestandes eingetreten ist, durch den die allgemeine Wartezeit vorzeitig erfüllt ist.

(6) Versicherte, die bereits vor Erfüllung der allgemeinen Wartezeit voll erwerbsgemindert waren und seitdem ununterbrochen voll erwerbsgemindert sind, haben Anspruch auf Rente wegen voller Erwerbsminderung, wenn sie die Wartezeit von 20 Jahren erfüllt haben.

Vierter Titel. Wartezeiterfüllung

§ 50 Wartezeiten. (1) [1]Die Erfüllung der allgemeinen Wartezeit von fünf Jahren ist Voraussetzung für einen Anspruch auf

1. Regelaltersrente,
2. Rente wegen verminderter Erwerbsfähigkeit und
3. Rente wegen Todes.

[2]Die allgemeine Wartezeit gilt als erfüllt für einen Anspruch auf

1. Regelaltersrente, wenn der Versicherte bis zum Erreichen der Regelaltersgrenze eine Rente wegen verminderter Erwerbsfähigkeit oder eine Erziehungsrente bezogen hat,
2. Hinterbliebenenrente, wenn der verstorbene Versicherte bis zum Tod eine Rente bezogen hat.

(2) Die Erfüllung der Wartezeit von 20 Jahren ist Voraussetzung für einen Anspruch auf Rente wegen voller Erwerbsminderung an Versicherte, die die allgemeine Wartezeit vor Eintritt der vollen Erwerbsminderung nicht erfüllt haben.

(3) Die Erfüllung der Wartezeit von 25 Jahren ist Voraussetzung für einen Anspruch auf

1. Altersrente für langjährig unter Tage beschäftigte Bergleute und
2. Rente für Bergleute vom 50. Lebensjahr an.

(4) Die Erfüllung der Wartezeit von 35 Jahren ist Voraussetzung für einen Anspruch auf

1. Altersrente für langjährig Versicherte und
2. Altersrente für schwerbehinderte Menschen.

(5) Die Erfüllung der Wartezeit von 45 Jahren ist Voraussetzung für einen Anspruch auf Altersrente für besonders langjährig Versicherte.

6a. Gemeinsame Richtlinie der Träger der Rentenversicherung nach § 15a Absatz 5 Satz 1 SGB VI für Leistungen zur Kinderrehabilitation (Kinderreha-Richtlinie)

Vom 28. Juni 2018

§ 1 Grundsatz. Die Träger der Rentenversicherung erbringen Leistungen zur medizinischen Rehabilitation für Kinder (Kinderrehabilitationen) nach § 15a SGB VI[1].

§ 2 Rehabilitationsziel. [1]Kinderrehabilitationen werden für Kinder und Jugendliche erbracht, um hierdurch voraussichtlich eine erhebliche Gefährdung der Gesundheit zu beseitigen oder die insbesondere durch chronische Erkrankungen beeinträchtigte Gesundheit wesentlich zu bessern oder wiederherzustellen und dies unter Berücksichtigung der altersentsprechenden Entwicklung von Kindern und Jugendlichen Einfluss auf die spätere Erwerbsfähigkeit auf dem allgemeinen Arbeitsmarkt haben kann. [2]Dies ist insbesondere dann der Fall, wenn die Aussicht besteht, gesundheitliche Einschränkungen, die eine Teilhabe an Schule und Ausbildung mit dem Ziel der Erreichung des allgemeinen Arbeitsmarkts erschweren, durch medizinische Rehabilitationsleistungen zu beseitigen oder weitgehend zu kompensieren.

§ 3 Kinder im Sinne von § 1. (1) Leistungen zur Kinderrehabilitation werden für

1. Kinder von Versicherten,
2. Kinder von Beziehern einer Rente wegen Alters oder verminderter Erwerbsfähigkeit und
3. Kinder, die eine Waisenrente beziehen

erbracht.

(2) Kinder im Sinne von Absatz 1 sind auch:

1. in den Haushalt aufgenommene Stiefkinder und Pflegekinder sowie
2. Enkel und Geschwister von Versicherten oder Rentenbeziehern, die in deren Haushalt aufgenommen sind oder von ihnen überwiegend unterhalten werden.

(3) Die in Absatz 1 und Absatz 2 genannten Kinder werden über das 18. Lebensjahr hinaus bis zur Vollendung des 27. Lebensjahres berücksichtigt, wenn sie

1. sich in Schulausbildung oder Berufsausbildung befinden oder
2. sich in einer Übergangszeit von höchstens vier Kalendermonaten befinden, die zwischen zwei Ausbildungsabschnitten oder zwischen einem Ausbildungsabschnitt und der Ableistung des gesetzlichen Wehrdienstes oder Zivildienstes oder der Ableistung eines freiwilligen Dienstes im Sinne der Nummer 3 liegt, oder

---

[1] Nr. 6.

3. einen freiwilligen Dienst im Sinne des § 32 Absatz 4 Satz 1 Nummer 2 Buchstabe d) des Einkommensteuergesetzes leisten oder

4. wegen körperlicher, geistiger oder seelischer Behinderung außerstande sind, sich selbst zu unterhalten.

(4) ¹ In den Fällen des Absatz 3 Nummer 1 erhöht sich die Altersbegrenzung bei Unterbrechung oder Verzögerung der Schulausbildung oder Berufsausbildung durch den gesetzlichen Wehrdienst, Zivildienst oder einen gleichgestellten Dienst um die Zeit dieser Dienstleistung, höchstens um einen der Dauer des gesetzlichen Grundwehrdienstes oder Zivildienstes entsprechenden Zeitraum. ² Die Ableistung eines freiwilligen Dienstes im Sinne von Absatz 3 Nummer 3 ist kein gleichgestellter Dienst im Sinne von Satz 1.

§ 4 Persönliche Voraussetzungen. (1) Kinderrehabilitationen werden für Kinder und Jugendliche erbracht, wenn hierdurch das in § 2 definierte Rehabilitationsziel erreicht werden kann sowie Rehabilitationsfähigkeit und Rehabilitationsbedürftigkeit gegeben sind.

(2) Rehabilitationsfähigkeit liegt vor, wenn eine ausreichende körperliche und psychosoziale Belastbarkeit gegeben ist und keine Anhaltspunkte vorliegen, dass eine soziale Integrationsfähigkeit (Gruppenfähigkeit) nicht besteht.

(3) Rehabilitationsbedürftigkeit besteht bei Vorliegen

– einer chronischen Krankheit,

– einer beeinträchtigten Gesundheit oder

– einer erheblichen Gesundheitsgefährdung,

die in Abhängigkeit von Funktionsstörungen und Kontextfaktoren in Anlehnung an die Internationale Klassifikation der Funktionsfähigkeit, Behinderung und Gesundheit (ICF) zu Teilhabestörungen und zu einer Gefährdung der späteren Erwerbsfähigkeit auf dem allgemeinen Arbeitsmarkt führen kann.

(4) ¹ § 13 Absatz 2 SGB VI¹⁾ findet Anwendung. ² Ebenso werden keine Leistungen für Kinder und Jugendliche erbracht, bei denen pädagogische und therapeutische Interventionen mit dem ausschließlichen Ziel der sozialen Integration im Vordergrund stehen.

§ 5 Versicherungsrechtliche Voraussetzungen. ¹ Versicherte im Sinne des § 3 Absatz 1 Nummer 1 sind diejenigen, die

1. in den letzten zwei Jahren vor der Antragstellung sechs Kalendermonate mit Pflichtbeiträgen für eine versicherte Beschäftigung oder Tätigkeit haben oder

2. innerhalb von zwei Jahren nach Beendigung einer Ausbildung eine versicherte Beschäftigung oder selbständige Tätigkeit aufgenommen und bis zum Antrag ausgeübt haben oder nach einer solchen Beschäftigung oder Tätigkeit bis zum Antrag arbeitsunfähig oder arbeitslos gewesen sind oder

3. bei Antragstellung die allgemeine Wartezeit erfüllt haben.

² § 11 Absatz 2 Satz 2 und 3 SGB VI¹⁾ findet Anwendung.

§ 6 Leistungsausschluss. (1) Kinderrehabilitationen werden nicht erbracht für Kinder von Versicherten oder Rentenbeziehern, wenn die Versicherten oder Rentenbezieher

---

¹⁾ Nr. 6.

1. eine Beschäftigung ausüben, aus der ihnen nach beamtenrechtlichen oder entsprechenden Vorschriften Anwartschaft auf Versorgung gewährleistet ist, oder

2. als Bezieher einer Versorgung wegen Erreichens einer Altersgrenze versicherungsfrei sind.

(2) Darüber hinaus werden Kinderrehabilitationen nicht erbracht für Kinder und für Bezieher einer Waisenrente, wenn die Kinder oder die Waisenrentenbezieher selbst

1. aufgrund eines Arbeitsunfalls beziehungsweise einer Berufskrankheit oder einer Schädigung im Sinne des sozialen Entschädigungsrechts gleichartige Leistungen eines anderen Rehabilitationsträgers erhalten können oder

2. eine Beschäftigung ausüben, aus der ihnen nach beamtenrechtlichen oder entsprechenden Vorschriften Anwartschaft auf Versorgung gewährleistet ist oder

3. sich in Untersuchungshaft oder im Vollzug einer Freiheitsstrafe oder freiheitsentziehenden Maßregel der Besserung und Sicherung befinden oder einstweilig nach § 126a Absatz 1 der Strafprozessordnung untergebracht sind. Sachverhalte nach § 35 des Betäubungsmittelgesetzes bleiben unberührt.

(3) § 12 Absatz 2 SGB VI, wonach ein Zeitraum von vier Jahren zwischen zwei Rehabilitationsleistungen liegen muss, findet keine Anwendung.

(4) Ein eigenständiger Anspruch des Kindes auf eine Leistung zur medizinischen Rehabilitation nach § 15 SGB VI[1]) schließt eine Leistungserbringung nach § 15a SGB VI[1]) nicht aus.

§ 7 Art der Durchführung. [1]Leistungen zur Kinderrehabilitation können sowohl stationär als auch ambulant erbracht werden. [2]Die Durchführung kann auch kombiniert erfolgen.

§ 8 Umfang und Dauer der Leistungen. (1) [1]Kinderrehabilitationen umfassen insbesondere die ärztliche und nichtärztliche Therapie, Pflege und Versorgung mit Medikamenten sowie gegebenenfalls Unterkunft und Verpflegung. [2]Kinder und Jugendliche im schulpflichtigen Alter erhalten außerdem begleitenden Unterricht, sofern ein regulärer Schulbesuch nicht möglich ist.

(2) [1]Stationäre Kinderrehabilitationen werden in der Regel für mindestens vier Wochen erbracht. [2]Die Dauer der Leistungen ist abhängig von der Indikation. [3]Die Rentenversicherung definiert hierfür indikationsspezifische Korridore zur Behandlungsdauer, an denen sich die Rehabilitationskonzepte orientieren.

(3) [1]Ambulante Kinderrehabilitationen sollen sich in Bezug auf den therapeutischen Inhalt und Umfang an den stationären Leistungen orientieren. [2]Die Gesamtdauer und das Setting der ambulanten Rehabilitation können hierbei in Abhängigkeit von Indikation und jeweiligem Rehabilitationskonzept flexibel gestaltet werden.

(4) Die Rehabilitation kann verlängert werden, wenn sich in deren Verlauf herausstellt, dass das Rehabilitationsziel voraussichtlich nur dadurch zu erreichen ist.

---

[1]) Nr. 6.

§ 9 Mitaufnahme einer Begleitperson und der Familienangehörigen.

(1) [1]Kinder haben Anspruch auf Mitaufnahme einer Begleitperson, wenn diese für die Durchführung oder den Erfolg der Leistungen zur Kinderrehabilitation notwendig ist. [2]Ein Wechsel der Begleitperson ist grundsätzlich möglich. [3]Der Begleitperson kommt neben der Betreuung des Kindes eine die Therapie unterstützende Rolle zu. [4]Die hierfür notwendigen Kenntnisse und Fähigkeiten vermittelt die Rehabilitationseinrichtung durch Schulungen und Beratungen.

(2) [1]Von der Notwendigkeit der Mitaufnahme einer Begleitperson für die gesamte Dauer der Rehabilitation ist grundsätzlich auszugehen

• bei Kindern bis zum vollendeten zwölften Lebensjahr,
• bei Kindern, die sich selbst nicht artikulieren können (Vermittlerrolle der Begleitperson),
• bei Kindern mit Behinderung, die eine unterstützende Hilfe der Begleitperson zur Erreichung des Rehabilitationserfolges benötigen,
• bei Kindern mit schweren chronischen Erkrankungen, insbesondere Mukoviszidose, onkologischen und kardiologischen Erkrankungen.

[2]Die gemeinsame Unterbringung in der Rehabilitationseinrichtung soll gewährleistet sein.

(3) [1]Eine zeitweise Begleitung des Kindes (regelhaft eine Woche) ist ebenfalls möglich. [2]Zur Förderung der Autonomieentwicklung des Kindes ist in diesen Fällen eine externe Unterbringung der Begleitperson erforderlich.

(4) [1]Kinder haben Anspruch auf Mitaufnahme von Familienangehörigen, wenn deren Einbeziehung in den Rehabilitationsprozess notwendig ist. [2]Dies ist zum Beispiel dann der Fall, wenn

• die schwere chronische Erkrankung des Kindes die Alltagsaktivitäten der Familie erheblich beeinträchtigt oder
• das Kind aufgrund der Erkrankung ohne die Einbeziehung der Familienangehörigen nicht erfolgreich rehabilitiert werden kann.

[3]Hierbei ist allein auf den angestrebten Rehabilitationserfolg des Kindes abzustellen. [4]Ein bestehender Rehabilitationsbedarf weiterer Familienangehöriger begründet keinen Anspruch auf Mitaufnahme.

§ 10 Leistungen zur Nachsorge. (1) [1]Leistungen zur Nachsorge nach § 17 SGB VI[1)] sind im Anschluss an Leistungen zur Kinderrehabilitation nach § 15a SGB VI[1)] zu erbringen, wenn sie zur Sicherung des Rehabilitationserfolges der vorangegangenen Teilhabeleistung erforderlich sind. [2]Die Gemeinsame Richtlinie der Träger der Rentenversicherung nach § 17 Absatz 2 Satz 1 SGB VI[1)] für Leistungen zur Nachsorge findet Anwendung.

(2) Leistungen zur Nachsorge können unter Einbeziehung von einer Begleitperson oder Familienangehörigen erbracht werden.

§ 11 Bestimmungsrecht. (1) Die Träger der Rentenversicherung bestimmen im Einzelfall Art, Dauer, Umfang, Beginn und Durchführung der Leistungen sowie die Rehabilitationseinrichtung unter Berücksichtigung der berechtigten Wünsche des Leistungsberechtigten.

[1)] Nr. 6.

(2) Die Träger der Rentenversicherung entscheiden ferner über die Notwendigkeit der Mitaufnahme einer Begleitperson oder von Familienangehörigen.

(3) [1] Die Leistungen zur Kinderrehabilitation werden durch Rehabilitationseinrichtungen erbracht, die entweder vom Träger der Rentenversicherung selbst betrieben werden oder mit denen der Rentenversicherungsträger einen Vertrag nach § 38 SGB IX[1]) geschlossen hat. [2] Die Konzepte der Rehabilitationseinrichtungen müssen auf die in § 2 genannten Ziele der Rentenversicherung ausgerichtet sein.

(4) [1] Die stationären Rehabilitationseinrichtungen werden unter ständiger ärztlicher Verantwortung und unter Mitwirkung von im Umgang mit Kindern und Jugendlichen geschultem Personal betrieben. [2] Das ambulante Setting orientiert sich unter Berücksichtigung von § 8 Absatz 3 an diesen Grundsätzen.

§ 12 Zuständigkeit. Die Zuständigkeit der Rentenversicherungsträger richtet sich nach den Vorschriften des SGB VI.

§ 13 Ergänzende Leistungen. Ergänzend zu den Leistungen zur Kinderrehabilitation werden Reisekosten nach § 73 SGB IX[1]), Haushaltshilfe nach § 74 SGB IX, ärztlich verordneter Rehabilitationssport nach § 64 Absatz 1 Nummer 3 SGB IX und ärztlich verordnetes Funktionstraining nach § 64 Absatz 1 Nummer 4 SGB IX übernommen.

§ 14 Zuzahlung. [1] Bei Kinderrehabilitationen ist keine Zuzahlung zu leisten. [2] Dies gilt auch für Kinder, die das 18. Lebensjahr überschritten haben.

§ 15 Rahmenkonzepte. [1] Die konkrete Ausgestaltung der ambulanten Leistungen zur Kinderrehabilitation und der Leistungen zur Nachsorge im Anschluss an eine Kinderrehabilitation werden im Einzelnen in einem jeweils noch zu erarbeitenden Rahmenkonzept ausgeführt. [2] Die Rahmenkonzepte konkretisieren die Richtlinie inhaltlich; das Bundesministerium für Arbeit und Soziales erhält Gelegenheit zur Stellungnahme und Erörterung der Rahmenkonzepte.

§ 16 Inkrafttreten. [1] Die Richtlinie ergeht im Benehmen mit dem Bundesministerium für Arbeit und Soziales. [2] Sie gilt ab dem 1. Juli 2018 für nach dem 30. Juni 2018 gestellte Anträge. [3] In regelmäßigen Zeitabständen wird geprüft, ob die Richtlinie aufgrund des medizinischen Fortschritts oder der zwischenzeitlich gewonnenen Erfahrungen angepasst werden muss.

---

[1]) Nr. 1.

7. Siebtes Buch Sozialgesetzbuch
Gesetzliche Unfallversicherung[1]

Vom 7. August 1996

(BGBl. I S. 1254)

FNA 860-7

zuletzt geänd. durch Art. 14a G zur Stärkung der Impfprävention gegen COVID-19 und zur Änd. weiterer Vorschriften im Zusammenhang mit der COVID-19-Pandemie v. 10.12.2021 (BGBl. I S. 5162)

– Auszug –

Drittes Kapitel. Leistungen nach Eintritt eines Versicherungsfalls

Erster Abschnitt. Heilbehandlung, Leistungen zur Teilhabe am Arbeitsleben, Leistungen zur Sozialen Teilhabe und ergänzende Leistungen, Pflege, Geldleistungen

Erster Unterabschnitt. Anspruch und Leistungsarten

§ 26 Grundsatz. (1) [1]Versicherte haben nach Maßgabe der folgenden Vorschriften und unter Beachtung des Neunten Buches[2] Anspruch auf Heilbehandlung einschließlich Leistungen zur medizinischen Rehabilitation, auf Leistungen zur Teilhabe am Arbeitsleben und zur Sozialen Teilhabe, auf ergänzende Leistungen, auf Leistungen bei Pflegebedürftigkeit sowie auf Geldleistungen. [2]Die Leistungen werden auf Antrag durch ein Persönliches Budget nach § 29 des Neunten Buches erbracht; dies gilt im Rahmen des Anspruchs auf Heilbehandlung nur für die Leistungen zur medizinischen Rehabilitation.

(2) Der Unfallversicherungsträger hat mit allen geeigneten Mitteln möglichst frühzeitig

1. den durch den Versicherungsfall verursachten Gesundheitsschaden zu beseitigen oder zu bessern, seine Verschlimmerung zu verhüten und seine Folgen zu mildern,

2. den Versicherten einen ihren Neigungen und Fähigkeiten entsprechenden Platz im Arbeitsleben zu sichern,

3. Hilfen zur Bewältigung der Anforderungen des täglichen Lebens und zur Teilhabe am Leben in der Gemeinschaft sowie zur Führung eines möglichst selbständigen Lebens unter Berücksichtigung von Art und Schwere des Gesundheitsschadens bereitzustellen,

4. ergänzende Leistungen zur Heilbehandlung und zu Leistungen zur Teilhabe am Arbeitsleben und zur Sozialen Teilhabe zu erbringen,

5. Leistungen bei Pflegebedürftigkeit zu erbringen.

(3) Die Leistungen zur Heilbehandlung und zur Rehabilitation haben Vorrang vor Rentenleistungen.

---

[1] Verkündet als Art. 1 Unfallversicherungs-EinordnungsG v. 7.8.1996 (BGBl. I S. 1254, geänd. durch G v. 12.12.1996, BGBl. I S. 1859); Inkrafttreten gem. Art. 36 Satz 1 dieses G am 1.1.1997 mit Ausnahme der in Satz 2 dieses Artikels genannten Abweichungen.

[2] Nr. 1.

(4) [1] Qualität und Wirksamkeit der Leistungen zur Heilbehandlung und Teilhabe haben dem allgemein anerkannten Stand der medizinischen Erkenntnisse zu entsprechen und den medizinischen Fortschritt zu berücksichtigen. [2] Sie werden als Dienst- und Sachleistungen zur Verfügung gestellt, soweit dieses oder das Neunte Buch keine Abweichungen vorsehen.

(5) [1] Die Unfallversicherungsträger bestimmen im Einzelfall Art, Umfang und Durchführung der Heilbehandlung und der Leistungen zur Teilhabe sowie die Einrichtungen, die diese Leistungen erbringen, nach pflichtgemäßem Ermessen. [2] Dabei prüfen sie auch, welche Leistungen geeignet und zumutbar sind, Pflegebedürftigkeit zu vermeiden, zu überwinden, zu mindern oder ihre Verschlimmerung zu verhüten.

Zweiter Unterabschnitt. Heilbehandlung

§ 27 Umfang der Heilbehandlung. (1) Die Heilbehandlung umfaßt insbesondere

1. Erstversorgung,

2. ärztliche Behandlung,

3. zahnärztliche Behandlung einschließlich der Versorgung mit Zahnersatz,

4. Versorgung mit Arznei-, Verband-, Heil- und Hilfsmitteln,

5. häusliche Krankenpflege,

6. Behandlung in Krankenhäusern und Rehabilitationseinrichtungen,

7. Leistungen zur medizinischen Rehabilitation nach § 42 Abs. 2 Nr. 1 und 3 bis 7 und Abs. 3 des Neunten Buches[1].

(2) In den Fällen des § 8 Abs. 3 wird ein beschädigtes oder verlorengegangenes Hilfsmittel wiederhergestellt oder erneuert

(3) Während einer aufgrund eines Gesetzes angeordneten Freiheitsentziehung wird Heilbehandlung erbracht, soweit Belange des Vollzugs nicht entgegenstehen.

§ 33 Behandlung in Krankenhäusern und Rehabilitationseinrichtungen. (1) [1] Stationäre Behandlung in einem Krankenhaus oder in einer Rehabilitationseinrichtung wird erbracht, wenn die Aufnahme erforderlich ist, weil das Behandlungsziel anders nicht erreicht werden kann. [2] Sie wird voll- oder teilstationär erbracht. [3] Sie umfaßt im Rahmen des Versorgungsauftrags des Krankenhauses oder der Rehabilitationseinrichtung alle Leistungen, die im Einzelfall für die medizinische Versorgung der Versicherten notwendig sind, insbesondere ärztliche Behandlung, Krankenpflege, Versorgung mit Arznei-, Verband-, Heil- und Hilfsmitteln, Unterkunft und Verpflegung.

(2) Krankenhäuser und Rehabilitationseinrichtungen im Sinne des Absatzes 1 sind die Einrichtungen nach § 107 des Fünften Buches[2].

(3) Bei Gesundheitsschäden, für die wegen ihrer Art oder Schwere besondere unfallmedizinische stationäre Behandlung angezeigt ist, wird diese in besonderen Einrichtungen erbracht.

---

[1] Nr. **1.**
[2] Nr. **5.**

§ 34 Durchführung der Heilbehandlung. (1) [1]Die Unfallversicherungsträger haben alle Maßnahmen zu treffen, durch die eine möglichst frühzeitig nach dem Versicherungsfall einsetzende und sachgemäße Heilbehandlung und, soweit erforderlich, besondere unfallmedizinische oder Berufskrankheiten-Behandlung gewährleistet wird. [2]Sie können zu diesem Zweck die von den Ärzten und Krankenhäusern zu erfüllenden Voraussetzungen im Hinblick auf die fachliche Befähigung, die sächliche und personelle Ausstattung sowie die zu übernehmenden Pflichten festlegen. [3]Sie können daneben nach Art und Schwere des Gesundheitsschadens besondere Verfahren für die Heilbehandlung vorsehen.

(2) Die Unfallversicherungsträger haben an der Durchführung der besonderen unfallmedizinischen Behandlung die Ärzte und Krankenhäuser zu beteiligen, die den nach Absatz 1 Satz 2 festgelegten Anforderungen entsprechen.

(3) [1]Die Verbände der Unfallversicherungsträger sowie die Kassenärztliche Bundesvereinigung und die Kassenzahnärztliche Bundesvereinigung (Kassenärztliche Bundesvereinigungen) schließen unter Berücksichtigung der von den Unfallversicherungsträgern gemäß Absatz 1 Satz 2 und 3 getroffenen Festlegungen mit Wirkung für ihre Mitglieder Verträge über die Durchführung der Heilbehandlung, die Vergütung der Ärzte und Zahnärzte sowie die Art und Weise der Abrechnung. [2]Dem oder der Bundesbeauftragten für den Datenschutz und die Informationsfreiheit ist rechtzeitig vor Abschluß Gelegenheit zur Stellungnahme zu geben, sofern in den Verträgen die Verarbeitung von personenbezogenen Daten geregelt werden sollen.

(4) Die Kassenärztlichen Bundesvereinigungen haben gegenüber den Unfallversicherungsträgern und deren Verbänden die Gewähr dafür zu übernehmen, daß die Durchführung der Heilbehandlung den gesetzlichen und vertraglichen Erfordernissen entspricht.

(5) [1]Kommt ein Vertrag nach Absatz 3 ganz oder teilweise nicht zustande, setzt ein Schiedsamt mit der Mehrheit seiner Mitglieder innerhalb von drei Monaten den Vertragsinhalt fest. [2]Wird ein Vertrag gekündigt, ist dies dem zuständigen Schiedsamt mitzuteilen. [3]Kommt bis zum Ablauf eines Vertrags ein neuer Vertrag nicht zustande, setzt ein Schiedsamt mit der Mehrheit seiner Mitglieder innerhalb von drei Monaten nach Vertragsablauf den neuen Inhalt fest. [4]In diesem Fall gelten die Bestimmungen des bisherigen Vertrags bis zur Entscheidung des Schiedsamts vorläufig weiter.

(6) [1]Die Verbände der Unfallversicherungsträger und die Kassenärztlichen Bundesvereinigungen bilden je ein Schiedsamt für die medizinische und zahnmedizinische Versorgung. [2]Das Schiedsamt besteht aus drei Vertretern der Kassenärztlichen Bundesvereinigungen und drei Vertretern der Verbände der Unfallversicherungsträger sowie einem unparteiischen Vorsitzenden und zwei weiteren unparteiischen Mitgliedern. [3]§ 89 Absatz 6 des Fünften Buches sowie die aufgrund des § 89 Absatz 11 des Fünften Buches erlassenen Rechtsverordnungen gelten entsprechend.

(7) Die Aufsicht über die Geschäftsführung der Schiedsämter nach Absatz 6 führt das Bundesministerium für Arbeit und Soziales.

(8) [1]Die Beziehungen zwischen den Unfallversicherungsträgern und anderen als den in Absatz 3 genannten Stellen, die Heilbehandlung durchführen oder an ihrer Durchführung beteiligt sind, werden durch Verträge geregelt. [2]Soweit die Stellen Leistungen zur medizinischen Rehabilitation ausführen

oder an ihrer Ausführung beteiligt sind, werden die Beziehungen durch Verträge nach § 38 des Neunten Buches[1]) geregelt.

Dritter Unterabschnitt. Leistungen zur Teilhabe am Arbeitsleben

§ 35 Leistungen zur Teilhabe am Arbeitsleben. (1) [1]Die Unfallversicherungsträger erbringen die Leistungen zur Teilhabe am Arbeitsleben nach den §§ 49 bis 55 des Neunten Buches[1]), in Werkstätten für behinderte Menschen nach den §§ 57 und 58 des Neunten Buches, bei anderen Leistungsanbietern nach § 60 des Neunten Buches, als Budget für Arbeit nach § 61 des Neunten Buches sowie als Budget für Ausbildung nach § 61a des Neunten Buches. [2]Das Budget für Ausbildung wird nur für die Erstausbildung erbracht. [3]Ein Anspruch auf Übergangsgeld nach § 49 besteht während der Erbringung des Budgets für Ausbildung nicht.

(2) Die Leistungen zur Teilhabe am Arbeitsleben umfassen auch Hilfen zu einer angemessenen Schulbildung einschließlich der Vorbereitung hierzu oder zur Entwicklung der geistigen und körperlichen Fähigkeiten vor Beginn der Schulpflicht.

(3) Ist eine von Versicherten angestrebte höherwertige Tätigkeit nach ihrer Leistungsfähigkeit und unter Berücksichtigung ihrer Eignung, Neigung und bisherigen Tätigkeit nicht angemessen, kann eine Maßnahme zur Teilhabe am Arbeitsleben bis zur Höhe des Aufwandes gefördert werden, der bei einer angemessenen Maßnahme entstehen würde.

(4) Während einer auf Grund eines Gesetzes angeordneten Freiheitsentziehung werden Leistungen zur Teilhabe am Arbeitsleben erbracht, soweit Belange des Vollzugs nicht entgegenstehen.

§§ 36–38 *(aufgehoben)*

Vierter Unterabschnitt. Leistungen zur Sozialen Teilhabe und ergänzende Leistungen

§ 39 Leistungen zur Sozialen Teilhabe und ergänzende Leistungen.

(1) Neben den in § 64 Abs. 1 Nr. 2 bis 6 und Abs. 2 sowie in den §§ 73 und 74 des Neunten Buches[1]) genannten Leistungen umfassen die Leistungen zur Sozialen Teilhabe und die ergänzenden Leistungen

1. Kraftfahrzeughilfe,
2. sonstige Leistungen zur Erreichung und zur Sicherstellung des Erfolges der Leistungen zur medizinischen Rehabilitation und zur Teilhabe.

(2) Zum Ausgleich besonderer Härten kann den Versicherten oder deren Angehörigen eine besondere Unterstützung gewährt werden.

§ 40 Kraftfahrzeughilfe. (1) Kraftfahrzeughilfe wird erbracht, wenn die Versicherten infolge Art oder Schwere des Gesundheitsschadens nicht nur vorübergehend auf die Benutzung eines Kraftfahrzeugs angewiesen sind, um die Teilhabe am Arbeitsleben oder am Leben in der Gemeinschaft zu ermöglichen.

---

[1]) Nr. **1**.

(2) Die Kraftfahrzeughilfe umfaßt Leistungen zur Beschaffung eines Kraftfahrzeugs, für eine behinderungsbedingte Zusatzausstattung und zur Erlangung einer Fahrerlaubnis.

(3) [1] Für die Kraftfahrzeughilfe gilt die Verordnung über Kraftfahrzeughilfe zur beruflichen Rehabilitation vom 28. September 1987 (BGBl. I S. 2251), geändert durch Verordnung vom 30. September 1991 (BGBl. I S. 1950), in der jeweils geltenden Fassung. [2] Diese Verordnung ist bei der Kraftfahrzeughilfe zur Teilhabe am Leben in der Gemeinschaft entsprechend anzuwenden.

(4) Der Unfallversicherungsträger kann im Einzelfall zur Vermeidung einer wirtschaftlichen Notlage auch einen Zuschuß zahlen, der über demjenigen liegt, der in den §§ 6 und 8 der Verordnung[1] nach Absatz 3 vorgesehen ist.

(5) Das Nähere regeln die Verbände der Unfallversicherungsträger durch gemeinsame Richtlinien.

§ 41 Wohnungshilfe. (1) Wohnungshilfe wird erbracht, wenn infolge Art oder Schwere des Gesundheitsschadens nicht nur vorübergehend die behindertengerechte Anpassung vorhandenen oder die Bereitstellung behindertengerechten Wohnraums erforderlich ist.

(2) Wohnungshilfe wird ferner erbracht, wenn sie zur Sicherung der beruflichen Eingliederung erforderlich ist.

(3) Die Wohnungshilfe umfaßt auch Umzugskosten sowie Kosten für die Bereitstellung von Wohnraum für eine Pflegekraft.

(4) Das Nähere regeln die Verbände der Unfallversicherungsträger durch gemeinsame Richtlinien.

---

[1] Nr. **7a**.

7a. Verordnung über Kraftfahrzeughilfe zur beruflichen Rehabilitation (Kraftfahrzeughilfe-Verordnung – KfzHV)[1)]

Vom 28. September 1987

(BGBl. I S. 2251)

FNA 870-1-1

zuletzt geänd. durch Art. 50 und 51 G über die Entschädigung der Soldatinnen und Soldaten und zur Neuordnung des Soldatenversorgungsrechts v. 20.8.2021 (BGBl. I S. 3932)

Auf Grund des § 9 Abs. 2 des Gesetzes über die Angleichung der Leistungen zur Rehabilitation vom 7. August 1974 (BGBl. I S. 1881), der durch Artikel 16 des Gesetzes vom 1. Dezember 1981 (BGBl. I S. 1205) geändert worden ist, auf Grund des § 27f in Verbindung mit § 26 Abs. 6 Satz 1 des Bundesversorgungsgesetzes[2)] in der Fassung der Bekanntmachung vom 22. Januar 1982 (BGBl. I S. 21) und auf Grund des § 11 Abs. 3 Satz 3 des Schwerbehindertengesetzes in der Fassung der Bekanntmachung vom 26. August 1986 (BGBl. I S. 1421) verordnet die Bundesregierung mit Zustimmung des Bundesrates:

§ 1 Grundsatz. Kraftfahrzeughilfe zur Teilhabe behinderter Menschen am Arbeitsleben richtet sich bei den Trägern der gesetzlichen Unfallversicherung, der gesetzlichen Rentenversicherung, der *[bis 31.12.2023:* Kriegsopferfürsorge*][von 1.1.2024 bis 31.12.2023: Sozialen Entschädigung]* und der Bundesagentur für Arbeit sowie den Trägern der begleitenden Hilfe im Arbeits- und Berufsleben nach dieser Verordnung.

§ 2 Leistungen. (1) Die Kraftfahrzeughilfe umfaßt Leistungen

1. zur Beschaffung eines Kraftfahrzeugs,
2. für eine behinderungsbedingte Zusatzausstattung,
3. zur Erlangung einer Fahrerlaubnis.

(2) Die Leistungen werden als Zuschüsse und nach Maßgabe des § 9 als Darlehen erbracht.

§ 3 Persönliche Voraussetzungen. (1) Die Leistungen setzen voraus, daß

1. der behinderte Mensch infolge seiner Behinderung nicht nur vorübergehend auf die Benutzung eines Kraftfahrzeugs angewiesen ist, um seinen Arbeits- oder Ausbildungsort oder den Ort einer sonstigen Leistung der beruflichen Bildung zu erreichen, und
2. der behinderte Mensch ein Kraftfahrzeug führen kann oder gewährleistet ist, daß ein Dritter das Kraftfahrzeug für ihn führt.

(2) Absatz 1 gilt auch für in Heimarbeit Beschäftigte im Sinne des § 12 Abs. 2 des Vierten Buches Sozialgesetzbuch, wenn das Kraftfahrzeug wegen Art oder Schwere der Behinderung notwendig ist, um beim Auftraggeber die Ware abzuholen oder die Arbeitsergebnisse abzuliefern.

[1)] Die Änderungen durch G v. 20.8.2021 (BGBl. I S. 3932) treten teilweise erst **mWv 1.1.2025** in Kraft und sind insoweit im Text noch nicht berücksichtigt.

[2)] Auszugsweise abgedruckt unter Nr. **15**.

(3) Ist der behinderte Mensch zur Berufsausübung im Rahmen eines Arbeitsverhältnisses nicht nur vorübergehend auf ein Kraftfahrzeug angewiesen, wird Kraftfahrzeughilfe geleistet, wenn infolge seiner Behinderung nur auf diese Weise die Teilhabe am Arbeitsleben dauerhaft gesichert werden kann und die Übernahme der Kosten durch den Arbeitgeber nicht üblich oder nicht zumutbar ist.

(4) Sofern nach den für den Träger geltenden besonderen Vorschriften Kraftfahrzeughilfe für behinderte Menschen, die nicht Arbeitnehmer sind, in Betracht kommt, sind die Absätze 1 und 3 entsprechend anzuwenden.

§ 4 Hilfe zur Beschaffung eines Kraftfahrzeugs. (1) Hilfe zur Beschaffung eines Kraftfahrzeugs setzt voraus, daß der behinderte Mensch nicht über ein Kraftfahrzeug verfügt, das die Voraussetzungen nach Absatz 2 erfüllt und dessen weitere Benutzung ihm zumutbar ist.

(2) Das Kraftfahrzeug muß nach Größe und Ausstattung den Anforderungen entsprechen, die sich im Einzelfall aus der Behinderung ergeben und, soweit erforderlich, eine behinderungsbedingte Zusatzausstattung ohne unverhältnismäßigen Mehraufwand ermöglichen.

(3) Die Beschaffung eines Gebrauchtwagens kann gefördert werden, wenn er die Voraussetzungen nach Absatz 2 erfüllt und sein Verkehrswert mindestens 50 vom Hundert des seinerzeitigen Neuwagenpreises beträgt.

§ 5 Bemessungsbetrag. (1) [1] Die Beschaffung eines Kraftfahrzeugs wird bis zu einem Betrag in Höhe des Kaufpreises, höchstens jedoch bis zu einem Betrag von 22 000 Euro gefördert. [2] Die Kosten einer behinderungsbedingten Zusatzausstattung bleiben bei der Ermittlung unberücksichtigt.

(2) Abweichend von Absatz 1 Satz 1 wird im Einzelfall ein höherer Betrag zugrundegelegt, wenn Art oder Schwere der Behinderung ein Kraftfahrzeug mit höherem Kaufpreis zwingend erfordert.

(3) Zuschüsse öffentlich-rechtlicher Stellen zu dem Kraftfahrzeug, auf die ein vorrangiger Anspruch besteht oder die vorrangig nach pflichtgemäßem Ermessen zu leisten sind, und der Verkehrswert eines Altwagens sind von dem Betrag nach Absatz 1 oder 2 abzusetzen.

§ 6 Art und Höhe der Förderung. (1) [1] Hilfe zur Beschaffung eines Kraftfahrzeugs wird in der Regel als Zuschuß geleistet. [2] Der Zuschuß richtet sich nach dem Einkommen des behinderten Menschen nach Maßgabe der folgenden Tabelle:

Einkommen	Zuschuß
bis zu v. H. der monatlichen Bezugsgröße nach § 18 Abs. 1 des Vierten Buches Sozialgesetzbuch	in v. H. des Bemessungsbetrags nach § 5
40	100
45	88
50	76
55	64
60	52
65	40

Einkommen	Zuschuß
70	28
75	16

[3] Die Beträge nach Satz 2 sind jeweils auf volle 5 Euro aufzurunden.

(2) Von dem Einkommen des behinderten Menschen ist für jeden von ihm unterhaltenen Familienangehörigen ein Betrag von 12 vom Hundert der monatlichen Bezugsgröße nach § 18 Abs. 1 des Vierten Buches Sozialgesetzbuch abzusetzen; Absatz 1 Satz 3 gilt entsprechend.

(3) [1] Einkommen im Sinne der Absätze 1 und 2 sind das monatliche Netto-Arbeitsentgelt, Netto-Arbeitseinkommen und vergleichbare Lohnersatzleistungen des behinderten Menschen. [2] Die Ermittlung des Einkommens richtet sich nach den für den zuständigen Träger maßgeblichen Regelungen.

(4) [1] Die Absätze 1 bis 3 gelten auch für die Hilfe zur erneuten Beschaffung eines Kraftfahrzeugs. [2] Die Hilfe soll nicht vor Ablauf von fünf Jahren seit der Beschaffung des zuletzt geförderten Fahrzeugs geleistet werden.

§ 7 Behinderungsbedingte Zusatzausstattung. [1] Für eine Zusatzausstattung, die wegen der Behinderung erforderlich ist, ihren Einbau, ihre technische Überprüfung und die Wiederherstellung ihrer technischen Funktionsfähigkeit werden die Kosten in vollem Umfang übernommen. [2] Dies gilt auch für eine Zusatzausstattung, die wegen der Behinderung eines Dritten erforderlich ist, der für den behinderten Menschen das Kraftfahrzeug führt (§ 3 Abs. 1 Nr. 2). [3] Zuschüsse öffentlich-rechtlicher Stellen, auf die ein vorrangiger Anspruch besteht oder die vorrangig nach pflichtgemäßem Ermessen zu leisten sind, sind anzurechnen.

§ 8 Fahrerlaubnis. (1) [1] Zu den Kosten, die für die Erlangung einer Fahrerlaubnis notwendig sind, wird ein Zuschuß geleistet. [2] Er beläuft sich bei behinderten Menschen mit einem Einkommen (§ 6 Abs. 3)

1. bis 40 vom Hundert der monatlichen Bezugsgröße nach § 18 Abs. 1 des Vierten Buches Sozialgesetzbuch (monatliche Bezugsgröße) auf die volle Höhe,
2. bis zu 55 vom Hundert der monatlichen Bezugsgröße auf zwei Drittel,
3. bis zu 75 vom Hundert der monatlichen Bezugsgröße auf ein Drittel

der entstehenden notwendigen Kosten; § 6 Abs. 1 Satz 3 und Abs. 2 gilt entsprechend. [3] Zuschüsse öffentlich-rechtlicher Stellen für den Erwerb der Fahrerlaubnis, auf die ein vorrangiger Anspruch besteht oder die vorrangig nach pflichtgemäßem Ermessen zu leisten sind, sind anzurechnen.

(2) Kosten für behinderungsbedingte Untersuchungen, Ergänzungsprüfungen und Eintragungen in vorhandene Führerscheine werden in vollem Umfang übernommen.

§ 9 Leistungen in besonderen Härtefällen. (1) [1] Zur Vermeidung besonderer Härten können Leistungen auch abweichend von § 2 Abs. 1, §§ 6 und 8 Abs. 1 erbracht werden, soweit dies

1. notwendig ist, um Leistungen der Kraftfahrzeughilfe von seiten eines anderen Leistungsträgers nicht erforderlich werden zu lassen, oder

2. unter den Voraussetzungen des § 3 zur Aufnahme oder Fortsetzung einer beruflichen Tätigkeit unumgänglich ist.

[2] Im Rahmen von Satz 1 Nr. 2 kann auch ein Zuschuß für die Beförderung des behinderten Menschen, insbesondere durch Beförderungsdienste, geleistet werden, wenn

1. der behinderte Mensch ein Kraftfahrzeug nicht selbst führen kann und auch nicht gewährleistet ist, daß ein Dritter das Kraftfahrzeug für ihn führt (§ 3 Abs. 1 Nr. 2), oder

2. die Übernahme der Beförderungskosten anstelle von Kraftfahrzeughilfen wirtschaftlicher und für den behinderten Menschen zumutbar ist;

dabei ist zu berücksichtigen, was der behinderte Mensch als Kraftfahrzeughalter bei Anwendung des § 6 für die Anschaffung und die berufliche Nutzung des Kraftfahrzeugs aus eigenen Mitteln aufzubringen hätte.

(2) [1] Leistungen nach Absatz 1 Satz 1 können als Darlehen erbracht werden, wenn die dort genannten Ziele auch durch ein Darlehen erreicht werden können; das Darlehen darf zusammen mit einem Zuschuß nach § 6 den nach § 5 maßgebenden Bemessungsbetrag nicht übersteigen. [2] Das Darlehen ist unverzinslich und spätestens innerhalb von fünf Jahren zu tilgen; es können bis zu zwei tilgungsfreie Jahre eingeräumt werden. [3] Auf die Rückzahlung des Darlehens kann unter den in Absatz 1 Satz 1 genannten Voraussetzungen verzichtet werden.

§ **10** Antragstellung. [1] Leistungen sollen vor dem Abschluß eines Kaufvertrages über das Kraftfahrzeug und die behinderungsbedingte Zusatzausstattung sowie vor Beginn einer nach § 8 zu fördernden Leistung beantragt werden. [2] Leistungen zur technischen Überprüfung und Wiederherstellung der technischen Funktionsfähigkeit einer behinderungsbedingten Zusatzausstattung sind spätestens innerhalb eines Monats nach Rechnungstellung zu beantragen.

§§ **11, 12** *(hier nicht wiedergegebene Änderungsvorschriften)*

§ **13** Übergangsvorschriften.
[Abs. 1 bis 31.12.2023:]
(1) Auf Beschädigte im Sinne des Bundesversorgungsgesetzes[1] und der Gesetze, die das Bundesversorgungsgesetz[1] für entsprechend anwendbar erklären, die vor Inkrafttreten dieser Verordnung Hilfe zur Beschaffung eines Kraftfahrzeugs im Rahmen der Teilhabe am Arbeitsleben erhalten haben, sind die bisher geltenden Bestimmungen weiterhin anzuwenden, wenn sie günstiger sind und der Beschädigte es beantragt.

[Abs. 1 ab 1.1.2024:]
(1) Auf Geschädigte im Sinne des Vierzehnten Buches Sozialgesetzbuch und der Gesetze, die das Vierzehnte Buch Sozialgesetzbuch für entsprechend anwendbar erklären, die vor Inkrafttreten dieser Verordnung Hilfe zur Beschaffung eines Kraftfahrzeugs im Rahmen der Teilhabe am Arbeitsleben erhalten haben, sind die bisher geltenden Bestimmungen weiterhin anzuwenden, wenn sie günstiger sind und der Geschädigte es beantragt.

---

[1] Auszugsweise abgedruckt unter Nr. **15**.

(2) Über Leistungen, die bei Inkrafttreten dieser Verordnung bereits beantragt sind, ist nach den bisher geltenden Bestimmungen zu entscheiden, wenn sie für den behinderten Menschen günstiger sind.

[Abs. 3 von 1.1.2024 bis 31.12.2024:]

(3) Für Personen, die Leistungen nach dem Soldatenversorgungsgesetz[1] in der Fassung der Bekanntmachung vom 16. September 2009 (BGBl. I S. 3054), das zuletzt durch Artikel 19 des Gesetzes vom 4. August 2019 (BGBl. I S. 1147) geändert worden ist, in Verbindung mit dem Bundesversorgungsgesetz[2] in der Fassung der Bekanntmachung vom 22. Januar 1982 (BGBl. I S. 21), das zuletzt durch Artikel 1 der Verordnung vom 13. Juni 2019 (BGBl. I S. 793) geändert worden ist, erhalten, gelten die Vorschriften der §§ 1 und 13 Absatz 1 in der am 31. Dezember 2023 geltenden Fassung weiter.

§ 14 Inkrafttreten. Diese Verordnung tritt am 1. Oktober 1987 in Kraft.

---

[1] Auszugsweise abgedruckt unter Nr. **19**.
[2] Auszugsweise abgedruckt unter Nr. **15**.

8. Sozialgesetzbuch
(SGB)
Achtes Buch (VIII)
Kinder- und Jugendhilfe[1]

In der Fassung der Bekanntmachung vom 11. September 2012[2]

(BGBl. I S. 2022)

FNA 860-8

zuletzt geänd. durch Art. 32 G zum Ausbau des elektronischen Rechtsverkehrs mit den Gerichten und zur Änd. weiterer Vorschriften v. 5.10.2021 (BGBl. I S. 4607)

– Auszug –

Erstes Kapitel. Allgemeine Vorschriften

§ 5 Wunsch- und Wahlrecht. (1) [1]Die Leistungsberechtigten haben das Recht, zwischen Einrichtungen und Diensten verschiedener Träger zu wählen und Wünsche hinsichtlich der Gestaltung der Hilfe zu äußern. [2]Sie sind auf dieses Recht hinzuweisen.

(2) [1]Der Wahl und den Wünschen soll entsprochen werden, sofern dies nicht mit unverhältnismäßigen Mehrkosten verbunden ist. [2]Wünscht der Leistungsberechtigte die Erbringung einer in § 78a genannten Leistung in einer Einrichtung, mit deren Träger keine Vereinbarungen nach § 78b bestehen, so soll der Wahl nur entsprochen werden, wenn die Erbringung der Leistung in dieser Einrichtung im Einzelfall oder nach Maßgabe des Hilfeplanes (§ 36) geboten ist.

§ 6 Geltungsbereich. (1) [1]Leistungen nach diesem Buch werden jungen Menschen, Müttern, Vätern und Personensorgeberechtigten von Kindern und Jugendlichen gewährt, die ihren tatsächlichen Aufenthalt im Inland haben. [2]Für die Erfüllung anderer Aufgaben gilt Satz 1 entsprechend. [3]Umgangsberechtigte haben unabhängig von ihrem tatsächlichen Aufenthalt Anspruch auf Beratung und Unterstützung bei der Ausübung des Umgangsrechts, wenn das Kind oder der Jugendliche seinen gewöhnlichen Aufenthalt im Inland hat.

(2) [1]Ausländer können Leistungen nach diesem Buch nur beanspruchen, wenn sie rechtmäßig oder auf Grund einer ausländerrechtlichen Duldung ihren gewöhnlichen Aufenthalt im Inland haben. [2]Absatz 1 Satz 2 bleibt unberührt.

(3) Deutschen können Leistungen nach diesem Buch auch gewährt werden, wenn sie ihren Aufenthalt im Ausland haben und soweit sie nicht Hilfe vom Aufenthaltsland erhalten.

(4) Regelungen des über- und zwischenstaatlichen Rechts bleiben unberührt.

§ 10 Verhältnis zu anderen Leistungen und Verpflichtungen. (1) [1]Verpflichtungen anderer, insbesondere der Träger anderer Sozialleistungen und der Schulen, werden durch dieses Buch nicht berührt. [2]Auf Rechtsvorschriften

---

[1] Die Änderungen durch G v. 3.6.2021 (BGBl. I S. 1444) treten teilweise erst **mWv 1.1.2028** in Kraft und sind insoweit im Text noch nicht berücksichtigt.
[2] Neubekanntmachung des SGB VIII idF der Bek. v. 14.12.2006 (BGBl. I S. 3134) in der ab 1.1.2012 geltenden Fassung.

beruhende Leistungen anderer dürfen nicht deshalb versagt werden, weil nach diesem Buch entsprechende Leistungen vorgesehen sind.

(2) ¹Unterhaltspflichtige Personen werden nach Maßgabe der §§ 90 bis 97b an den Kosten für Leistungen und vorläufige Maßnahmen nach diesem Buch beteiligt. ²Soweit die Zahlung des Kostenbeitrags die Leistungsfähigkeit des Unterhaltspflichtigen mindert oder der Bedarf des jungen Menschen durch Leistungen und vorläufige Maßnahmen nach diesem Buch gedeckt ist, ist dies bei der Berechnung des Unterhalts zu berücksichtigen.

(3) ¹Die Leistungen nach diesem Buch gehen Leistungen nach dem Zweiten Buch vor. ²Abweichend von Satz 1 gehen Leistungen nach § 3 Absatz 2, den §§ 14 bis 16g, § 19 Absatz 2 in Verbindung mit § 28 Absatz 6 des Zweiten Buches sowie Leistungen nach § 6b Absatz 2 des Bundeskindergeldgesetzes in Verbindung mit § 28 Absatz 6 des Zweiten Buches den Leistungen nach diesem Buch vor.

(4) ¹Die Leistungen nach diesem Buch gehen Leistungen nach dem Neunten¹⁾ und Zwölften Buch vor. ²Abweichend von Satz 1 gehen Leistungen nach § 27a Absatz 1 in Verbindung mit § 34 Absatz 6 des Zwölften Buches und Leistungen der Eingliederungshilfe nach dem Neunten Buch für junge Menschen, die körperlich oder geistig behindert oder von einer solchen Behinderung bedroht sind, den Leistungen nach diesem Buch vor. ³Landesrecht kann regeln, dass Leistungen der Frühförderung für Kinder unabhängig von der Art der Behinderung vorrangig von anderen Leistungsträgern gewährt werden.

[Abs. 5 ab 1.1.2024:]

(5) Soweit Leistungen zum Lebensunterhalt nach § 39 erbracht werden, gehen sie den Leistungen zum Lebensunterhalt nach § 93 des Vierzehnten Buches vor.

Zweites Kapitel. Leistungen der Jugendhilfe

Vierter Abschnitt. Hilfe zur Erziehung, Eingliederungshilfe für seelisch behinderte Kinder und Jugendliche, Hilfe für junge Volljährige

Zweiter Unterabschnitt. Eingliederungshilfe für seelisch behinderte Kinder und Jugendliche

§ 35a Eingliederungshilfe für Kinder und Jugendliche mit seelischer Behinderung oder drohender seelischer Behinderung. (1) ¹Kinder oder Jugendliche haben Anspruch auf Eingliederungshilfe, wenn

1. ihre seelische Gesundheit mit hoher Wahrscheinlichkeit länger als sechs Monate von dem für ihr Lebensalter typischen Zustand abweicht, und
2. daher ihre Teilhabe am Leben in der Gesellschaft beeinträchtigt ist oder eine solche Beeinträchtigung zu erwarten ist.

²Von einer seelischen Behinderung bedroht im Sinne dieser Vorschrift sind Kinder oder Jugendliche, bei denen eine Beeinträchtigung ihrer Teilhabe am Leben in der Gesellschaft nach fachlicher Erkenntnis mit hoher Wahrscheinlichkeit zu erwarten ist. ³§ 27 Absatz 4 gilt entsprechend.

(1a) ¹Hinsichtlich der Abweichung der seelischen Gesundheit nach Absatz 1 Satz 1 Nummer 1 hat der Träger der öffentlichen Jugendhilfe die Stellungnahme

1. eines Arztes für Kinder- und Jugendpsychiatrie und -psychotherapie,

---

¹⁾ Nr. **1.**

2. eines Kinder- und Jugendlichenpsychotherapeuten, eines Psychotherapeuten mit einer Weiterbildung für die Behandlung von Kindern und Jugendlichen oder

3. eines Arztes oder eines psychologischen Psychotherapeuten, der über besondere Erfahrungen auf dem Gebiet seelischer Störungen bei Kindern und Jugendlichen verfügt,

einzuholen. [2]Die Stellungnahme ist auf der Grundlage der Internationalen Klassifikation der Krankheiten in der vom Bundesinstitut für Arzneimittel und Medizinprodukte herausgegebenen deutschen Fassung zu erstellen. [3]Dabei ist auch darzulegen, ob die Abweichung Krankheitswert hat oder auf einer Krankheit beruht. [4]Enthält die Stellungnahme auch Ausführungen zu Absatz 1 Satz 1 Nummer 2, so sollen diese vom Träger der öffentlichen Jugendhilfe im Rahmen seiner Entscheidung angemessen berücksichtigt werden. [5]Die Hilfe soll nicht von der Person oder dem Dienst oder der Einrichtung, der die Person angehört, die die Stellungnahme abgibt, erbracht werden.

(2) Die Hilfe wird nach dem Bedarf im Einzelfall

1. in ambulanter Form,

2. in Tageseinrichtungen für Kinder oder in anderen teilstationären Einrichtungen,

3. durch geeignete Pflegepersonen und

4. in Einrichtungen über Tag und Nacht sowie sonstigen Wohnformen geleistet.

(3) Aufgabe und Ziele der Hilfe, die Bestimmung des Personenkreises sowie Art und Form der Leistungen richten sich nach Kapitel 6 des Teils 1 des Neunten Buches[1]) sowie § 90 und den Kapiteln 3 bis 6 des Teils 2 des Neunten Buches, soweit diese Bestimmungen auch auf seelisch behinderte oder von einer solchen Behinderung bedrohte Personen Anwendung finden und sich aus diesem Buch nichts anderes ergibt.

(4) [1]Ist gleichzeitig Hilfe zur Erziehung zu leisten, so sollen Einrichtungen, Dienste und Personen in Anspruch genommen werden, die geeignet sind, sowohl die Aufgaben der Eingliederungshilfe zu erfüllen als auch den erzieherischen Bedarf zu decken. [2]Sind heilpädagogische Maßnahmen für Kinder, die noch nicht im schulpflichtigen Alter sind, in Tageseinrichtungen für Kinder zu gewähren und lässt der Hilfebedarf es zu, so sollen Einrichtungen in Anspruch genommen werden, in denen behinderte und nicht behinderte Kinder gemeinsam betreut werden.

Dritter Unterabschnitt. Gemeinsame Vorschriften für die Hilfe zur Erziehung und die Eingliederungshilfe für seelisch behinderte Kinder und Jugendliche

§ 36 Mitwirkung, Hilfeplan. (1) [1]Der Personensorgeberechtigte und das Kind oder der Jugendliche sind vor der Entscheidung über die Inanspruchnahme einer Hilfe und vor einer notwendigen Änderung von Art und Umfang der Hilfe zu beraten und auf die möglichen Folgen für die Entwicklung des Kindes oder des Jugendlichen hinzuweisen. [2]Es ist sicherzustellen, dass Beratung und Aufklärung nach Satz 1 in einer für den Personensorgeberechtigten und das Kind oder den

---

[1]) Nr. **1**.

Jugendlichen verständlichen, nachvollziehbaren und wahrnehmbaren Form erfolgen.

(2) [1] Die Entscheidung über die im Einzelfall angezeigte Hilfeart soll, wenn Hilfe voraussichtlich für längere Zeit zu leisten ist, im Zusammenwirken mehrerer Fachkräfte getroffen werden. [2] Als Grundlage für die Ausgestaltung der Hilfe sollen sie zusammen mit dem Personensorgeberechtigten und dem Kind oder dem Jugendlichen einen Hilfeplan aufstellen, der Feststellungen über den Bedarf, die zu gewährende Art der Hilfe sowie die notwendigen Leistungen enthält; sie sollen regelmäßig prüfen, ob die gewählte Hilfeart weiterhin geeignet und notwendig ist. [3] Hat das Kind oder der Jugendliche ein oder mehrere Geschwister, so soll der Geschwisterbeziehung bei der Aufstellung und Überprüfung des Hilfeplans sowie bei der Durchführung der Hilfe Rechnung getragen werden.

(3) [1] Werden bei der Durchführung der Hilfe andere Personen, Dienste oder Einrichtungen tätig, so sind sie oder deren Mitarbeiterinnen und Mitarbeiter an der Aufstellung des Hilfeplans und seiner Überprüfung zu beteiligen. [2] Soweit dies zur Feststellung des Bedarfs, der zu gewährenden Art der Hilfe oder der notwendigen Leistungen nach Inhalt, Umfang und Dauer erforderlich ist, sollen öffentliche Stellen, insbesondere andere Sozialleistungsträger, Rehabilitationsträger oder die Schule beteiligt werden. [3] Gewährt der Träger der öffentlichen Jugendhilfe Leistungen zur Teilhabe, sind die Vorschriften zum Verfahren bei einer Mehrheit von Rehabilitationsträgern nach dem Neunten Buch[1)] zu beachten.

(4) Erscheinen Hilfen nach § 35a erforderlich, so soll bei der Aufstellung und Änderung des Hilfeplans sowie bei der Durchführung der Hilfe die Person, die eine Stellungnahme nach § 35a Absatz 1a abgegeben hat, beteiligt werden.

(5) Soweit dies zur Feststellung des Bedarfs, der zu gewährenden Art der Hilfe oder der notwendigen Leistungen nach Inhalt, Umfang und Dauer erforderlich ist und dadurch der Hilfezweck nicht in Frage gestellt wird, sollen Eltern, die nicht personensorgeberechtigt sind, an der Aufstellung des Hilfeplans und seiner Überprüfung beteiligt werden; die Entscheidung, ob, wie und in welchem Umfang deren Beteiligung erfolgt, soll im Zusammenwirken mehrerer Fachkräfte unter Berücksichtigung der Willensäußerung und der Interessen des Kindes oder Jugendlichen sowie der Willensäußerung des Personensorgeberechtigten getroffen werden.

…

§ 37 Beratung und Unterstützung der Eltern, Zusammenarbeit bei Hilfen außerhalb der eigenen Familie. (1) [1] Werden Hilfen nach den §§ 32 bis 34 und 35a Absatz 2 Nummer 3 und 4 gewährt, haben die Eltern einen Anspruch auf Beratung und Unterstützung sowie Förderung der Beziehung zu ihrem Kind. [2] Durch Beratung und Unterstützung sollen die Entwicklungs-, Teilhabe- oder Erziehungsbedingungen in der Herkunftsfamilie innerhalb eines im Hinblick auf die Entwicklung des Kindes oder Jugendlichen vertretbaren Zeitraums so weit verbessert werden, dass sie das Kind oder den Jugendlichen wieder selbst erziehen kann. [3] Ist eine nachhaltige Verbesserung der Entwicklungs-, Teilhabe- oder Erziehungsbedingungen in der Herkunftsfamilie innerhalb dieses Zeitraums nicht erreichbar, so dienen die Beratung und Unterstützung der Eltern sowie die Förderung ihrer Beziehung zum Kind der Erarbeitung und Sicherung einer

---

[1)] Nr. 1.

anderen, dem Wohl des Kindes oder Jugendlichen förderlichen und auf Dauer angelegten Lebensperspektive.

(2) [1] Bei den in Absatz 1 Satz 1 genannten Hilfen soll der Träger der öffentlichen Jugendhilfe die Zusammenarbeit der Pflegeperson oder der in der Einrichtung für die Erziehung verantwortlichen Person und der Eltern zum Wohl des Kindes oder Jugendlichen durch geeignete Maßnahmen fördern. [2] Der Träger der öffentlichen Jugendhilfe stellt dies durch eine abgestimmte Wahrnehmung der Aufgaben nach Absatz 1 und § 37a sicher.

(3) [1] Sofern der Inhaber der elterlichen Sorge durch eine Erklärung nach § 1688 Absatz 3 Satz 1 des Bürgerlichen Gesetzbuchs die Entscheidungsbefugnisse der Pflegeperson so weit einschränkt, dass die Einschränkung eine dem Wohl des Kindes oder des Jugendlichen förderliche Entwicklung nicht mehr ermöglicht, sollen die Beteiligten das Jugendamt einschalten. [2] Auch bei sonstigen Meinungsverschiedenheiten zwischen ihnen sollen die Beteiligten das Jugendamt einschalten.

...

§ 38 Zulässigkeit von Auslandsmaßnahmen. (1) [1] Hilfen nach diesem Abschnitt sind in der Regel im Inland zu erbringen. [2] Sie dürfen nur dann im Ausland erbracht werden, wenn dies nach Maßgabe der Hilfeplanung zur Erreichung des Hilfezieles im Einzelfall erforderlich ist und die aufenthaltsrechtlichen Vorschriften des aufnehmenden Staates sowie

1. im Anwendungsbereich der Verordnung (EU) 2019/1111 des Rates vom 25. Juni 2019 über die Zuständigkeit, die Anerkennung und Vollstreckung von Entscheidungen in Ehesachen und in Verfahren betreffend die elterliche Verantwortung und über internationale Kindesentführungen (ABl. L 178 vom 2.7. 2019, S. 1) die Voraussetzungen des Artikels 82 oder

2. im Anwendungsbereich des Haager Übereinkommens vom 19. Oktober 1996 über die Zuständigkeit, das anzuwendende Recht, die Anerkennung, Vollstreckung und Zusammenarbeit auf dem Gebiet der elterlichen Verantwortung und der Maßnahmen zum Schutz von Kindern die Voraussetzungen des Artikels 33

erfüllt sind.

(2) Der Träger der öffentlichen Jugendhilfe soll vor der Entscheidung über die Gewährung einer Hilfe, die ganz oder teilweise im Ausland erbracht wird,

1. zur Feststellung einer seelischen Störung mit Krankheitswert die Stellungnahme einer in § 35a Absatz 1a Satz 1 genannten Person einholen,

2. sicherstellen, dass der Leistungserbringer

   a) über eine Betriebserlaubnis nach § 45 für eine Einrichtung im Inland verfügt, in der Hilfe zur Erziehung erbracht wird,

   b) Gewähr dafür bietet, dass er die Rechtsvorschriften des aufnehmenden Staates einschließlich des Aufenthaltsrechts einhält, insbesondere vor Beginn der Leistungserbringung die in Absatz 1 Satz 2 genannten Maßgaben erfüllt, und mit den Behörden des aufnehmenden Staates sowie den deutschen Vertretungen im Ausland zusammenarbeitet,

   c) mit der Erbringung der Hilfen nur Fachkräfte nach § 72 Absatz 1 betraut,

   d) über die Qualität der Maßnahme eine Vereinbarung abschließt; dabei sind die fachlichen Handlungsleitlinien des überörtlichen Trägers anzuwenden,

e) Ereignisse oder Entwicklungen, die geeignet sind, das Wohl des Kindes oder Jugendlichen zu beeinträchtigen, dem Träger der öffentlichen Jugendhilfe unverzüglich anzeigt und

3. die Eignung der mit der Leistungserbringung zu betrauenden Einrichtung oder Person an Ort und Stelle überprüfen.

(3) [1] Überprüfung und Fortschreibung des Hilfeplans sollen nach Maßgabe von § 36 Absatz 2 Satz 2 am Ort der Leistungserbringung unter Beteiligung des Kindes oder des Jugendlichen erfolgen. [2] Unabhängig von der Überprüfung und Fortschreibung des Hilfeplans nach Satz 1 soll der Träger der öffentlichen Jugendhilfe nach den Erfordernissen im Einzelfall an Ort und Stelle überprüfen, ob die Anforderungen nach Absatz 2 Nummer 2 Buchstabe b und c sowie Nummer 3 weiter erfüllt sind.

(4) Besteht die Erfüllung der Anforderungen nach Absatz 2 Nummer 2 oder die Eignung der mit der Leistungserbringung betrauten Einrichtung oder Person nicht fort, soll die Leistungserbringung im Ausland unverzüglich beendet werden.

(5) [1] Der Träger der öffentlichen Jugendhilfe hat der erlaubniserteilenden Behörde unverzüglich

1. den Beginn und das geplante Ende der Leistungserbringung im Ausland unter Angabe von Namen und Anschrift des Leistungserbringers, des Aufenthaltsorts des Kindes oder Jugendlichen sowie der Namen der mit der Erbringung der Hilfe betrauten Fachkräfte,

2. Änderungen der in Nummer 1 bezeichneten Angaben sowie

3. die bevorstehende Beendigung der Leistungserbringung im Ausland

zu melden sowie

4. einen Nachweis zur Erfüllung der aufenthaltsrechtlichen Vorschriften des aufnehmenden Staates und im Anwendungsbereich

a) der Verordnung (EU) 2019/1111 zur Erfüllung der Maßgaben des Artikels 82,

b) des Haager Übereinkommens vom 19. Oktober 1996 über die Zuständigkeit, das anzuwendende Recht, die Anerkennung, Vollstreckung und Zusammenarbeit auf dem Gebiet der elterlichen Verantwortung und der Maßnahmen zum Schutz von Kindern zur Erfüllung der Maßgaben des Artikels 33

zu übermitteln. [2] Die erlaubniserteilende Behörde wirkt auf die unverzügliche Beendigung der Leistungserbringung im Ausland hin, wenn sich aus den Angaben nach Satz 1 ergibt, dass die an die Leistungserbringung im Ausland gestellten gesetzlichen Anforderungen nicht erfüllt sind.

§ 39 Leistungen zum Unterhalt des Kindes oder des Jugendlichen.

(1) [1] Wird Hilfe nach den §§ 32 bis 35 oder nach § 35a Absatz 2 Nummer 2 bis 4 gewährt, so ist auch der notwendige Unterhalt des Kindes oder Jugendlichen außerhalb des Elternhauses sicherzustellen. [2] Er umfasst die Kosten für den Sachaufwand sowie für die Pflege und Erziehung des Kindes oder Jugendlichen.

(2) [1] Der gesamte regelmäßig wiederkehrende Bedarf soll durch laufende Leistungen gedeckt werden. [2] Sie umfassen außer im Fall des § 32 und des § 35a Absatz 2 Nummer 2 auch einen angemessenen Barbetrag zur persönlichen Verfügung des Kindes oder des Jugendlichen. [3] Die Höhe des Betrages wird in den Fällen der §§ 34, 35, 35a Absatz 2 Nummer 4 von der nach Landesrecht

zuständigen Behörde festgesetzt; die Beträge sollen nach Altersgruppen gestaffelt sein. [4] Die laufenden Leistungen im Rahmen der Hilfe in Vollzeitpflege (§ 33) oder bei einer geeigneten Pflegeperson (§ 35a Absatz 2 Nummer 3) sind nach den Absätzen 4 bis 6 zu bemessen.

(3) Einmalige Beihilfen oder Zuschüsse können insbesondere zur Erstausstattung einer Pflegestelle, bei wichtigen persönlichen Anlässen sowie für Urlaubs- und Ferienreisen des Kindes oder des Jugendlichen gewährt werden.

(4) [1] Die laufenden Leistungen sollen auf der Grundlage der tatsächlichen Kosten gewährt werden, sofern sie einen angemessenen Umfang nicht übersteigen. [2] Die laufenden Leistungen umfassen auch die Erstattung nachgewiesener Aufwendungen für Beiträge zu einer Unfallversicherung sowie die hälftige Erstattung nachgewiesener Aufwendungen zu einer angemessenen Alterssicherung der Pflegeperson. [3] Sie sollen in einem monatlichen Pauschalbetrag gewährt werden, soweit nicht nach der Besonderheit des Einzelfalls abweichende Leistungen geboten sind. [4] Ist die Pflegeperson in gerader Linie mit dem Kind oder Jugendlichen verwandt und kann sie diesem unter Berücksichtigung ihrer sonstigen Verpflichtungen und ohne Gefährdung ihres angemessenen Unterhalts Unterhalt gewähren, so kann der Teil des monatlichen Pauschalbetrages, der die Kosten für den Sachaufwand des Kindes oder Jugendlichen betrifft, angemessen gekürzt werden. [5] Wird ein Kind oder ein Jugendlicher im Bereich eines anderen Jugendamts untergebracht, so soll sich die Höhe des zu gewährenden Pauschalbetrages nach den Verhältnissen richten, die am Ort der Pflegestelle gelten.

(5) [1] Die Pauschalbeträge für laufende Leistungen zum Unterhalt sollen von den nach Landesrecht zuständigen Behörden festgesetzt werden. [2] Dabei ist dem altersbedingt unterschiedlichen Unterhaltsbedarf von Kindern und Jugendlichen durch eine Staffelung der Beträge nach Altersgruppen Rechnung zu tragen. [3] Das Nähere regelt Landesrecht.

(6) [1] Wird das Kind oder der Jugendliche im Rahmen des Familienleistungsausgleichs nach § 31 des Einkommensteuergesetzes bei der Pflegeperson berücksichtigt, so ist ein Betrag in Höhe der Hälfte des Betrages, der nach § 66 des Einkommensteuergesetzes für ein erstes Kind zu zahlen ist, auf die laufenden Leistungen anzurechnen. [2] Ist das Kind oder der Jugendliche nicht das älteste Kind in der Pflegefamilie, so ermäßigt sich der Anrechnungsbetrag für dieses Kind oder diesen Jugendlichen auf ein Viertel des Betrages, der für ein erstes Kind zu zahlen ist.

(7) Wird ein Kind oder eine Jugendliche während ihres Aufenthaltes in einer Einrichtung oder einer Pflegefamilie selbst Mutter eines Kindes, so ist auch der notwendige Unterhalt dieses Kindes sicherzustellen.

§ 40 Krankenhilfe. [1] Wird Hilfe nach den §§ 33 bis 35 oder nach § 35a Absatz 2 Nummer 3 oder 4 gewährt, so ist auch Krankenhilfe zu leisten; für den Umfang der Hilfe gelten die §§ 47 bis 52 des Zwölften Buches[1]) entsprechend. [2] Krankenhilfe muss in der im Einzelfall notwendigen Bedarf in voller Höhe befriedigen. [3] Zuzahlungen und Eigenbeteiligungen sind zu übernehmen. [4] Das Jugendamt kann in geeigneten Fällen die Beiträge für eine freiwillige Krankenversicherung übernehmen, soweit sie angemessen sind.

---

[1]) Nr. 11.

9. Zehntes Buch Sozialgesetzbuch
– Sozialverwaltungsverfahren und Sozialdatenschutz –
(SGB X)[1]

In der Fassung der Bekanntmachung vom 18. Januar 2001[2]

(BGBl. I S. 130)

FNA 860-10-1

zuletzt geänd. durch Art. 44 und 45 G über die Entschädigung der Soldatinnen und Soldaten und zur Neuordnung des Soldatenversorgungsrechts v. 20.8.2021 (BGBl. I S. 3932)

– Auszug –

Erstes Kapitel. Verwaltungsverfahren

Zweiter Abschnitt. Allgemeine Vorschriften über das Verwaltungsverfahren

Erster Titel. Verfahrensgrundsätze

§ 19 Amtssprache. (1) [1]Die Amtssprache ist deutsch. [2]Menschen mit Hörbehinderungen und Menschen mit Sprachbehinderungen haben das Recht, in Deutscher Gebärdensprache, mit lautsprachbegleitenden Gebärden oder über andere geeignete Kommunikationshilfen zu kommunizieren; Kosten für Kommunikationshilfen sind von der Behörde oder dem für die Sozialleistung zuständigen Leistungsträger zu tragen. [3]§ 5 der Kommunikationshilfenverordnung[3] in der jeweils geltenden Fassung gilt entsprechend.

(1a) § 11 des Behindertengleichstellungsgesetzes[4] gilt in seiner jeweils geltenden Fassung für das Sozialverwaltungsverfahren entsprechend.

(2) [1]Werden bei einer Behörde in einer fremden Sprache Anträge gestellt oder Eingaben, Belege, Urkunden oder sonstige Dokumente vorgelegt, soll die Behörde unverzüglich die Vorlage einer Übersetzung innerhalb einer von ihr zu setzenden angemessenen Frist verlangen, sofern sie nicht in der Lage ist, die Anträge oder Dokumente zu verstehen. [2]In begründeten Fällen kann die Vorlage einer beglaubigten oder von einem öffentlich bestellten oder beeidigten Dolmetscher oder Übersetzer angefertigten Übersetzung verlangt werden. [3]Wird die verlangte Übersetzung nicht innerhalb der gesetzten Frist vorgelegt, kann die Behörde eine Übersetzung beschaffen und hierfür Ersatz ihrer Aufwendungen in angemessenem Umfang verlangen. [4]Falls die Behörde Dolmetscher oder Übersetzer herangezogen hat, die nicht Kommunikationshilfe im Sinne von Absatz 1 Satz 2 sind, erhalten sie auf Antrag in entsprechender Anwendung des Justizvergütungs- und -entschädigungsgesetzes eine Vergütung; mit Dolmetschern oder Übersetzern kann die Behörde eine Vergütung vereinbaren.

---

[1] Die Änderungen durch G v. 20.8.2021 (BGBl. I S. 3932) treten erst **mWv 1.1.2025** in Kraft und sind im Text noch nicht berücksichtigt.

[2] Neubekanntmachung des SGB X v. 18.8.1980 (BGBl. I S. 1469, 2218) in der ab 1.1.2001 geltenden Fassung.

[3] Nr. **1c**.

[4] Nr. **1b**.

(3) Soll durch eine Anzeige, einen Antrag oder die Abgabe einer Willenserklärung eine Frist in Lauf gesetzt werden, innerhalb deren die Behörde in einer bestimmten Weise tätig werden muss, und gehen diese in einer fremden Sprache ein, beginnt der Lauf der Frist erst mit dem Zeitpunkt, in dem der Behörde eine Übersetzung vorliegt.

(4) [1] Soll durch eine Anzeige, einen Antrag oder eine Willenserklärung, die in fremder Sprache eingehen, zugunsten eines Beteiligten eine Frist gegenüber der Behörde gewahrt, ein öffentlich-rechtlicher Anspruch geltend gemacht oder eine Sozialleistung begehrt werden, gelten die Anzeige, der Antrag oder die Willenserklärung als zum Zeitpunkt des Eingangs bei der Behörde abgegeben, wenn die Behörde in der Lage ist, die Anzeige, den Antrag oder die Willenserklärung zu verstehen, oder wenn innerhalb der gesetzten Frist eine Übersetzung vorgelegt wird. [2] Anderenfalls ist der Zeitpunkt des Eingangs der Übersetzung maßgebend. [3] Auf diese Rechtsfolge ist bei der Fristsetzung hinzuweisen.

Dritter Abschnitt. Verwaltungsakt

Erster Titel. Zustandekommen des Verwaltungsaktes

§ 31 Begriff des Verwaltungsaktes. [1] Verwaltungsakt ist jede Verfügung, Entscheidung oder andere hoheitliche Maßnahme, die eine Behörde zur Regelung eines Einzelfalles auf dem Gebiet des öffentlichen Rechts trifft und die auf unmittelbare Rechtswirkung nach außen gerichtet ist. [2] Allgemeinverfügung ist ein Verwaltungsakt, der sich an einen nach allgemeinen Merkmalen bestimmten oder bestimmbaren Personenkreis richtet oder die öffentlich-rechtliche Eigenschaft einer Sache oder ihre Benutzung durch die Allgemeinheit betrifft.

...

§ 33 Bestimmtheit und Form des Verwaltungsaktes. (1) Ein Verwaltungsakt muss inhaltlich hinreichend bestimmt sein.

(2) [1] Ein Verwaltungsakt kann schriftlich, elektronisch, mündlich oder in anderer Weise erlassen werden. [2] Ein mündlicher Verwaltungsakt ist schriftlich oder elektronisch zu bestätigen, wenn hieran ein berechtigtes Interesse besteht und der Betroffene dies unverzüglich verlangt. [3] Ein elektronischer Verwaltungsakt ist unter denselben Voraussetzungen schriftlich zu bestätigen; § 36a Abs. 2 des Ersten Buches findet insoweit keine Anwendung.

(3) [1] Ein schriftlicher oder elektronischer Verwaltungsakt muss die erlassende Behörde erkennen lassen und die Unterschrift oder die Namenswiedergabe des Behördenleiters, seines Vertreters oder seines Beauftragten enthalten. [2] Wird für einen Verwaltungsakt, für den durch Rechtsvorschrift die Schriftform angeordnet ist, die elektronische Form verwendet, muss auch das der Signatur zugrunde liegende qualifizierte Zertifikat oder ein zugehöriges qualifiziertes Attributzertifikat die erlassende Behörde erkennen lassen. [3] Im Fall des § 36a Absatz 2 Satz 4 Nummer 3 des Ersten Buches muss die Bestätigung nach § 5 Absatz 5 des De-Mail-Gesetzes die erlassende Behörde als Nutzer des De-Mail-Kontos erkennen lassen.

(4) Für einen Verwaltungsakt kann für die nach § 36a Abs. 2 des Ersten Buches erforderliche Signatur durch Rechtsvorschrift die dauerhafte Überprüfbarkeit vorgeschrieben werden.

(5) [1] Bei einem Verwaltungsakt, der mit Hilfe automatischer Einrichtungen erlassen wird, können abweichend von Absatz 3 Satz 1 Unterschrift und Namenswiedergabe fehlen; bei einem elektronischen Verwaltungsakt muss auch das der Signatur zugrunde liegende Zertifikat nur die erlassende Behörde erkennen lassen. [2] Zur Inhaltsangabe können Schlüsselzeichen verwendet werden, wenn derjenige, für den der Verwaltungsakt bestimmt ist oder der von ihm betroffen wird, auf Grund der dazu gegebenen Erläuterungen den Inhalt des Verwaltungsaktes eindeutig erkennen kann.

§ 35 Begründung des Verwaltungsaktes. (1) [1] Ein schriftlicher oder elektronischer sowie ein schriftlich oder elektronisch bestätigter Verwaltungsakt ist mit einer Begründung zu versehen. [2] In der Begründung sind die wesentlichen tatsächlichen und rechtlichen Gründe mitzuteilen, die die Behörde zu ihrer Entscheidung bewogen haben. [3] Die Begründung von Ermessensentscheidungen muss auch die Gesichtspunkte erkennen lassen, von denen die Behörde bei der Ausübung ihres Ermessens ausgegangen ist.

(2) Einer Begründung bedarf es nicht,

1. soweit die Behörde einem Antrag entspricht oder einer Erklärung folgt und der Verwaltungsakt nicht in Rechte eines anderen eingreift,

2. soweit demjenigen, für den der Verwaltungsakt bestimmt ist oder der von ihm betroffen wird, die Auffassung der Behörde über die Sach- und Rechtslage bereits bekannt oder auch ohne Begründung für ihn ohne weiteres erkennbar ist,

3. wenn die Behörde gleichartige Verwaltungsakte in größerer Zahl oder Verwaltungsakte mit Hilfe automatischer Einrichtungen erlässt und die Begründung nach den Umständen des Einzelfalles nicht geboten ist,

4. wenn sich dies aus einer Rechtsvorschrift ergibt,

5. wenn eine Allgemeinverfügung öffentlich bekannt gegeben wird.

(3) In den Fällen des Absatzes 2 Nr. 1 bis 3 ist der Verwaltungsakt schriftlich oder elektronisch zu begründen, wenn der Beteiligte, dem der Verwaltungsakt bekannt gegeben ist, es innerhalb eines Jahres seit Bekanntgabe verlangt.

§ 36 Rechtsbehelfsbelehrung. [1] Erlässt die Behörde einen schriftlichen Verwaltungsakt oder bestätigt sie schriftlich einen Verwaltungsakt, ist der durch ihn beschwerte Beteiligte über den Rechtsbehelf und die Behörde oder das Gericht, bei denen der Rechtsbehelf anzubringen ist, deren Sitz, die einzuhaltende Frist und die Form schriftlich zu belehren. [2] Erlässt die Behörde einen elektronischen Verwaltungsakt oder bestätigt sie elektronisch einen Verwaltungsakt, hat die Rechtsbehelfsbelehrung nach Satz 1 elektronisch zu erfolgen.

Drittes Kapitel. Zusammenarbeit der Leistungsträger und ihre Beziehungen zu Dritten

Erster Abschnitt. Zusammenarbeit der Leistungsträger untereinander und mit Dritten

Zweiter Titel. Zusammenarbeit der Leistungsträger untereinander

§ 88 Auftrag. (1) [1] Ein Leistungsträger (Auftraggeber) kann ihm obliegende Aufgaben durch einen anderen Leistungsträger oder seinen Verband (Beauftragter) mit dessen Zustimmung wahrnehmen lassen, wenn dies

1. wegen des sachlichen Zusammenhangs der Aufgaben vom Auftraggeber und Beauftragten,

2. zur Durchführung der Aufgaben und

3. im wohlverstandenen Interesse der Betroffenen

zweckmäßig ist. ²Satz 1 gilt nicht im Recht der Ausbildungsförderung, *[bis 31.12.2023:* der Kriegsopferfürsorge, *]*des Kindergelds, der Unterhaltsvorschüsse und Unterhaltsausfallleistungen, im Wohngeldrecht sowie im Recht der Jugendhilfe und der Sozialhilfe.

(2) ¹Der Auftrag kann für Einzelfälle sowie für gleichartige Fälle erteilt werden. ²Ein wesentlicher Teil des gesamten Aufgabenbereichs muss beim Auftraggeber verbleiben.

(3) ¹Verbände dürfen Verwaltungsakte nur erlassen, soweit sie hierzu durch Gesetz oder auf Grund eines Gesetzes berechtigt sind. ²Darf der Verband Verwaltungsakte erlassen, ist die Berechtigung in der für die amtlichen Veröffentlichungen des Verbands sowie der Mitglieder vorgeschriebenen Weise bekannt zu machen.

(4) Der Auftraggeber hat einen Auftrag für gleichartige Fälle in der für seine amtlichen Veröffentlichungen vorgeschriebenen Weise bekannt zu machen.

§ 94 Arbeitsgemeinschaften. (1) Die Arbeitsgemeinschaft für Krebsbekämpfung der Träger der gesetzlichen Kranken- und Rentenversicherung im Lande Nordrhein-Westfalen, die Rheinische Arbeitsgemeinschaft zur Rehabilitation Suchtkranker, die Westfälische Arbeitsgemeinschaft zur Rehabilitation Suchtkranker, die Arbeitsgemeinschaft zur Rehabilitation Suchtkranker im Lande Hessen sowie die Arbeitsgemeinschaft für Heimdialyse im Lande Hessen sind berechtigt, Verwaltungsakte zu erlassen zur Erfüllung der Aufgaben, die ihnen am 1. Juli 1981 übertragen waren.

(1a) ¹Träger der Sozialversicherung, Verbände von Trägern der Sozialversicherung und die Bundesagentur für Arbeit einschließlich der in § 19a Abs. 2 des Ersten Buches genannten anderen Leistungsträger können insbesondere zur gegenseitigen Unterrichtung, Abstimmung, Koordinierung und Förderung der engen Zusammenarbeit im Rahmen der ihnen gesetzlich übertragenen Aufgaben Arbeitsgemeinschaften bilden. ²Eine nach Satz 1 gebildete Arbeitsgemeinschaft kann eine weitere Arbeitsgemeinschaft bilden oder einer weiteren Arbeitsgemeinschaft beitreten, die sich ihrerseits an einer weiteren Arbeitsgemeinschaft beteiligen können. ³Weitere Beteiligungsebenen sind unzulässig. ⁴Die Aufsichtsbehörde ist vor der Bildung von Arbeitsgemeinschaften und dem Beitritt zu ihnen sowie vor ihrer Auflösung und einem Austritt so rechtzeitig und umfassend zu unterrichten, dass ihr ausreichend Zeit zur Prüfung bleibt. ⁵Die Aufsichtsbehörde kann auf eine Unterrichtung verzichten.

(2) ¹Können nach diesem Gesetzbuch Arbeitsgemeinschaften gebildet werden, unterliegen diese staatlicher Aufsicht, die sich auf die Beachtung von Gesetz und sonstigem Recht erstreckt, das für die Arbeitsgemeinschaften, die Leistungsträger und ihre Verbände maßgebend ist; die §§ 85, 88 bis 90a des Vierten Buches gelten entsprechend. ²Ist der Spitzenverband Bund der Krankenkassen oder die Bundesagentur für Arbeit Mitglied einer Arbeitsgemeinschaft, führt das zuständige Bundesministerium in Abstimmung mit den für die übrigen Mitglieder zuständigen Aufsichtsbehörden die Aufsicht. ³Beabsichtigt eine Aufsichtsbehörde, von den Aufsichtsmitteln nach § 89 des Vierten Buches

Gebrauch zu machen, unterrichtet sie die Aufsichtsbehörden, die die Aufsicht über die Mitglieder der betroffenen Arbeitsgemeinschaft führen, und setzt eine angemessene Frist zur Stellungnahme.

(2a) [1] Ein räumlicher Zuständigkeitsbereich im Sinne von § 90 des Vierten Buches ist gegeben, wenn eine Arbeitsgemeinschaft unmittelbar sozialrechtliche Leistungen an Versicherte erbringt oder sonstige Aufgaben nach dem Sozialgesetzbuch im Außenverhältnis wahrnimmt. [2] Fehlt ein Zuständigkeitsbereich im Sinne von § 90 des Vierten Buches, führen die Aufsicht die für die Sozialversicherung zuständigen obersten Verwaltungsbehörden oder die von der Landesregierung durch Rechtsverordnung bestimmten Behörden des Landes, in dem die Arbeitsgemeinschaften ihren Sitz haben; die Landesregierungen können diese Ermächtigung durch Rechtsverordnung auf die obersten Landesbehörden übertragen. [3] Abweichend von Satz 2 führt das Bundesamt für Soziale Sicherung die Aufsicht, wenn die absolute Mehrheit der Anteile oder der Stimmen in der Arbeitsgemeinschaft Trägern zusteht, die unter Bundesaufsicht stehen.

(3) Soweit erforderlich, stellt eine Arbeitsgemeinschaft unter entsprechender Anwendung von § 67 des Vierten Buches einen Haushaltsplan auf.

(4) § 88 Abs. 1 Satz 1 und Abs. 2 gilt entsprechend.

Zweiter Abschnitt. Erstattungsansprüche der Leistungsträger untereinander

§ 105 Anspruch des unzuständigen Leistungsträgers. (1) [1] Hat ein unzuständiger Leistungsträger Sozialleistungen erbracht, ohne dass die Voraussetzungen von § 102 Abs. 1 vorliegen, ist der zuständige oder zuständig gewesene Leistungsträger erstattungspflichtig, soweit dieser nicht bereits selbst geleistet hat, bevor er von der Leistung des anderen Leistungsträgers Kenntnis erlangt hat. [2] § 104 Abs. 2 gilt entsprechend.

(2) Der Umfang des Erstattungsanspruchs richtet sich nach den für den zuständigen Leistungsträger geltenden Rechtsvorschriften.

(3) Die Absätze 1 und 2 gelten gegenüber den Trägern der Eingliederungshilfe, der Sozialhilfe, der *[bis 31.12.2023:* Kriegsopferfürsorge*][ab 1.1.2024: Sozialen Entschädigung, [bis 31.12.2024: soweit diese Besondere Leistungen im Einzelfall erbringen,]]* und der Jugendhilfe nur von dem Zeitpunkt ab, von dem ihnen bekannt war, dass die Voraussetzungen für ihre Leistungspflicht vorlagen.

10. Sozialgesetzbuch (SGB)
Elftes Buch (XI)
Soziale Pflegeversicherung[1]

Vom 26. Mai 1994

(BGBl. I S. 1014)

FNA 860-11

zuletzt geänd. durch Art. 1a G zur Verlängerung von Sonderregelungen im Zusammenhang mit der COVID-19-Pandemie beim Kurzarbeitergeld und anderer Leistungen v. 23.3.2022 (BGBl. I S. 482)

– Auszug –

Erstes Kapitel. Allgemeine Vorschriften

§ 5 Prävention in Pflegeeinrichtungen, Vorrang von Prävention und medizinischer Rehabilitation. (1) [1]Die Pflegekassen sollen Leistungen zur Prävention in stationären Pflegeeinrichtungen nach § 71 Absatz 2 für in der sozialen Pflegeversicherung Versicherte erbringen, indem sie unter Beteiligung der versicherten Pflegebedürftigen und der Pflegeeinrichtung Vorschläge zur Verbesserung der gesundheitlichen Situation und zur Stärkung der gesundheitlichen Ressourcen und Fähigkeiten entwickeln sowie deren Umsetzung unterstützen. [2]Die Pflichten der Pflegeeinrichtungen nach § 11 Absatz 1 bleiben unberührt. [3]Der Spitzenverband Bund der Pflegekassen legt unter Einbeziehung unabhängigen Sachverstandes die Kriterien für die Leistungen nach Satz 1 fest, insbesondere hinsichtlich Inhalt, Methodik, Qualität, wissenschaftlicher Evaluation und der Messung der Erreichung der mit den Leistungen verfolgten Ziele.

(2) [1]Die Ausgaben der Pflegekassen für die Wahrnehmung ihrer Aufgaben nach Absatz 1 sollen insgesamt im Jahr 2016 für jeden ihrer Versicherten einen Betrag von 0,30 Euro umfassen. [2]Die Ausgaben sind in den Folgejahren entsprechend der prozentualen Veränderung der monatlichen Bezugsgröße nach § 18 Absatz 1 des Vierten Buches anzupassen. [3]Sind in einem Jahr die Ausgaben rundungsbedingt nicht anzupassen, ist die unterbliebene Anpassung bei der Berechnung der Anpassung der Ausgaben im Folgejahr zu berücksichtigen.

(3) [1]Bei der Wahrnehmung ihrer Aufgaben nach Absatz 1 sollen die Pflegekassen zusammenarbeiten und kassenübergreifende Leistungen zur Prävention erbringen. [2]Erreicht eine Pflegekasse den in Absatz 2 festgelegten Betrag in einem Jahr nicht, stellt sie die nicht verausgabten Mittel im Folgejahr dem Spitzenverband Bund der Pflegekassen zur Verfügung, der die Mittel nach einem von ihm festzulegenden Schlüssel auf die Pflegekassen zur Wahrnehmung der Aufgaben nach Absatz 1 verteilt, die Kooperationsvereinbarungen zur Durchführung kassenübergreifender Leistungen geschlossen haben. [3]Auf die zum Zwecke der Vorbereitung und Umsetzung der Kooperationsverein-

---

[1] Verkündet als Art. 1 Pflege-VersicherungsG v. 26.5.1994 (BGBl. I S. 1014); Inkrafttreten gem. Art. 68 Abs. 1 dieses G am 1.1.1995, mit Ausnahme der in Abs. 2–4 dieses Artikels genannten Änderungen.

barungen nach Satz 2 gebildeten Arbeitsgemeinschaften findet § 94 Absatz 1a Satz 2 und 3 des Zehnten Buches[1] keine Anwendung.

(4) Die Pflegekassen wirken unbeschadet ihrer Aufgaben nach Absatz 1 bei den zuständigen Leistungsträgern darauf hin, dass frühzeitig alle geeigneten Leistungen zur Prävention, zur Krankenbehandlung und zur medizinischen Rehabilitation eingeleitet werden, um den Eintritt von Pflegebedürftigkeit zu vermeiden.

(5) Die Pflegekassen beteiligen sich an der nationalen Präventionsstrategie nach den §§ 20d bis 20f des Fünften Buches mit den Aufgaben nach den Absätzen 1 und 2.

(6) Die Leistungsträger haben im Rahmen ihres Leistungsrechts auch nach Eintritt der Pflegebedürftigkeit ihre Leistungen zur medizinischen Rehabilitation und ergänzenden Leistungen in vollem Umfang einzusetzen und darauf hinzuwirken, die Pflegebedürftigkeit zu überwinden, zu mindern sowie eine Verschlimmerung zu verhindern.

(7) [1] Im Jahr 2020 müssen die Ausgaben der Pflegekassen für die Wahrnehmung der Aufgaben nach Absatz 1 nicht dem in Absatz 2 festgelegten Betrag entsprechen. [2] Im Jahr 2019 nicht verausgabte Mittel sind abweichend von Absatz 3 Satz 2 im Jahr 2020 nicht dem Spitzenverband Bund der Pflegekassen zur Verfügung zu stellen.

Zweites Kapitel. Leistungsberechtigter Personenkreis

§ 18 Verfahren zur Feststellung der Pflegebedürftigkeit. (1) [1] Die Pflegekassen beauftragen den Medizinischen Dienst oder andere unabhängige Gutachter mit der Prüfung, ob die Voraussetzungen der Pflegebedürftigkeit erfüllt sind und welcher Pflegegrad vorliegt. [2] Im Rahmen dieser Prüfungen haben der Medizinische Dienst oder die von der Pflegekasse beauftragten Gutachter durch eine Untersuchung des Antragstellers die Beeinträchtigungen der Selbständigkeit oder der Fähigkeiten bei den in § 14 Absatz 2 genannten Kriterien nach Maßgabe des § 15 sowie die voraussichtliche Dauer der Pflegebedürftigkeit zu ermitteln. [3] Darüber hinaus sind auch Feststellungen darüber zu treffen, ob und in welchem Umfang Maßnahmen zur Beseitigung, Minderung oder Verhütung einer Verschlimmerung der Pflegebedürftigkeit einschließlich der Leistungen zur medizinischen Rehabilitation geeignet, notwendig und zumutbar sind; insoweit haben Versicherte einen Anspruch gegen den zuständigen Träger auf Leistungen zur medizinischen Rehabilitation. [4] Jede Feststellung hat zudem eine Aussage darüber zu treffen, ob Beratungsbedarf insbesondere in der häuslichen Umgebung oder in der Einrichtung, in der der Anspruchsberechtigte lebt, hinsichtlich Leistungen zur verhaltensbezogenen Prävention nach § 20 Absatz 5 des Fünften Buches[2] besteht.

(1a) [1] Die Pflegekassen können den Medizinischen Dienst oder andere unabhängige Gutachter mit der Prüfung beauftragen, für welchen Zeitanteil die Pflegeversicherung bei ambulant versorgten Pflegebedürftigen, die einen besonders hohen Bedarf an behandlungspflegerischen Leistungen haben und die Leistungen der häuslichen Pflegehilfe nach § 36 und der häuslichen Kranken-

---

[1] Nr. **9**.
[2] Nr. **5**.

pflege nach § 37 Absatz 2 des Fünften Buches[1] beziehen, die hälftigen Kosten zu tragen hat. [2]Von den Leistungen der häuslichen Pflegehilfe nach § 36 sind nur Maßnahmen der körperbezogenen Pflege zu berücksichtigen. [3]Bei der Prüfung des Zeitanteils sind die Richtlinien nach § 17 Absatz 1b zu beachten.

(2) [1]Der Medizinische Dienst oder die von der Pflegekasse beauftragten Gutachter haben den Versicherten in seinem Wohnbereich zu untersuchen. [2]Erteilt der Versicherte dazu nicht sein Einverständnis, kann die Pflegekasse die beantragten Leistungen verweigern. [3]Die §§ 65, 66 des Ersten Buches bleiben unberührt. [4]Die Untersuchung im Wohnbereich des Pflegebedürftigen kann ausnahmsweise unterbleiben, wenn auf Grund einer eindeutigen Aktenlage das Ergebnis der medizinischen Untersuchung bereits feststeht. [5]Die Untersuchung ist in angemessenen Zeitabständen zu wiederholen.

(2a) [1]Bei pflegebedürftigen Versicherten werden vom 1. Juli 2016 bis zum 31. Dezember 2016 keine Wiederholungsbegutachtungen nach Absatz 2 Satz 5 durchgeführt, auch dann nicht, wenn die Wiederholungsbegutachtung vor diesem Zeitpunkt vom Medizinischen Dienst oder anderen unabhängigen Gutachtern empfohlen wurde. [2]Abweichend von Satz 1 können Wiederholungsbegutachtungen durchgeführt werden, wenn eine Verringerung des Hilfebedarfs, insbesondere aufgrund von durchgeführten Operationen oder Rehabilitationsmaßnahmen, zu erwarten ist.

(2b) Abweichend von Absatz 3a Satz 1 Nummer 2 ist die Pflegekasse vom 1. November 2016 bis zum 31. Dezember 2016 nur bei Vorliegen eines besonders dringlichen Entscheidungsbedarfs gemäß Absatz 2b dazu verpflichtet, dem Antragsteller mindestens drei unabhängige Gutachter zur Auswahl zu benennen, wenn innerhalb von 20 Arbeitstagen nach Antragstellung keine Begutachtung erfolgt ist.

(3) [1]Die Pflegekasse leitet die Anträge zur Feststellung von Pflegebedürftigkeit unverzüglich an den Medizinischen Dienst oder die von der Pflegekasse beauftragten Gutachter weiter. [2]Dem Antragsteller ist spätestens 25 Arbeitstage nach Eingang des Antrags bei der zuständigen Pflegekasse die Entscheidung der Pflegekasse schriftlich mitzuteilen. [3]Befindet sich der Antragsteller im Krankenhaus oder in einer stationären Rehabilitationseinrichtung und

1. liegen Hinweise vor, dass zur Sicherstellung der ambulanten oder stationären Weiterversorgung und Betreuung eine Begutachtung in der Einrichtung erforderlich ist, oder
2. wurde die Inanspruchnahme von Pflegezeit nach dem Pflegezeitgesetz gegenüber dem Arbeitgeber der pflegenden Person angekündigt oder
3. wurde mit dem Arbeitgeber der pflegenden Person eine Familienpflegezeit nach § 2 Absatz 1 des Familienpflegezeitgesetzes vereinbart,

ist die Begutachtung dort unverzüglich, spätestens innerhalb einer Woche nach Eingang des Antrags bei der zuständigen Pflegekasse durchzuführen; die Frist kann durch regionale Vereinbarungen verkürzt werden. [4]Die verkürzte Begutachtungsfrist gilt auch dann, wenn der Antragsteller sich in einem Hospiz befindet oder ambulant palliativ versorgt wird. [5]Befindet sich der Antragsteller in häuslicher Umgebung, ohne palliativ versorgt zu werden, und wurde die Inanspruchnahme von Pflegezeit nach dem Pflegezeitgesetz gegenüber dem Arbeitgeber der pflegenden Person angekündigt oder mit dem Arbeitgeber der

---

[1] Nr. 5.

pflegenden Person eine Familienpflegezeit nach § 2 Absatz 1 des Familienpflegezeitgesetzes vereinbart, ist eine Begutachtung durch den Medizinischen Dienst oder die von der Pflegekasse beauftragten Gutachter spätestens innerhalb von zwei Wochen nach Eingang des Antrags bei der zuständigen Pflegekasse durchzuführen und der Antragsteller seitens des Medizinischen Dienstes oder der von der Pflegekasse beauftragten Gutachter unverzüglich schriftlich darüber zu informieren, welche Empfehlung der Medizinische Dienst oder die von der Pflegekasse beauftragten Gutachter an die Pflegekasse weiterleiten. [6] In den Fällen der Sätze 3 bis 5 muss die Empfehlung nur die Feststellung beinhalten, ob Pflegebedürftigkeit im Sinne der §§ 14 und 15 vorliegt. [7] Die Entscheidung der Pflegekasse ist dem Antragsteller unverzüglich nach Eingang der Empfehlung des Medizinischen Dienstes oder der beauftragten Gutachter bei der Pflegekasse schriftlich mitzuteilen. [8] Der Antragsteller ist bei der Begutachtung auf die maßgebliche Bedeutung des Gutachtens insbesondere für eine umfassende Beratung, das Erstellen eines individuellen Versorgungsplans nach § 7a, das Versorgungsmanagement nach § 11 Absatz 4 des Fünften Buches[1] und für die Pflegeplanung hinzuweisen. [9] Das Gutachten wird dem Antragsteller durch die Pflegekasse übersandt, sofern er der Übersendung nicht widerspricht. [10] Das Ergebnis des Gutachtens ist transparent darzustellen und dem Antragsteller verständlich zu erläutern. [11] Der Medizinische Dienst Bund konkretisiert im Benehmen mit dem Spitzenverband Bund der Pflegekassen in den Richtlinien nach § 17 Absatz 1 die Anforderungen an eine transparente Darstellungsweise und verständliche Erläuterung des Gutachtens. [12] Der Antragsteller kann die Übermittlung des Gutachtens auch zu einem späteren Zeitpunkt verlangen. [13] Die Pflegekasse hat den Antragsteller auf die Möglichkeit hinzuweisen, sich bei Beschwerden über die Tätigkeit des Medizinischen Dienstes vertraulich an die Ombudsperson nach § 278 Absatz 3 des Fünften Buches zu wenden.

(3a) [1] Die Pflegekasse ist verpflichtet, dem Antragsteller mindestens drei unabhängige Gutachter zur Auswahl zu benennen,

1. soweit nach Absatz 1 unabhängige Gutachter mit der Prüfung beauftragt werden sollen oder

2. wenn innerhalb von 20 Arbeitstagen ab Antragstellung keine Begutachtung erfolgt ist.

[2] Auf die Qualifikation und Unabhängigkeit des Gutachters ist der Versicherte hinzuweisen. [3] Hat sich der Antragsteller für einen benannten Gutachter entschieden, wird dem Wunsch Rechnung getragen. [4] Der Antragsteller hat der Pflegekasse seine Entscheidung innerhalb einer Woche ab Kenntnis der Namen der Gutachter mitzuteilen, ansonsten kann die Pflegekasse einen Gutachter aus der übersandten Liste beauftragen. [5] Die Gutachter sind bei der Wahrnehmung ihrer Aufgaben nur ihrem Gewissen unterworfen. [6] Satz 1 Nummer 2 gilt nicht, wenn die Pflegekasse die Verzögerung nicht zu vertreten hat.

(3b) [1] Erteilt die Pflegekasse den schriftlichen Bescheid über den Antrag nicht innerhalb von 25 Arbeitstagen nach Eingang des Antrags oder wird eine der in Absatz 3 genannten verkürzten Begutachtungsfristen nicht eingehalten, hat die Pflegekasse nach Fristablauf für jede begonnene Woche der Fristüberschreitung unverzüglich 70 Euro an den Antragsteller zu zahlen. [2] Dies gilt nicht, wenn die Pflegekasse die Verzögerung nicht zu vertreten hat oder wenn

---

[1] Nr. 5.

sich der Antragsteller in vollstationärer Pflege befindet und bereits bei ihm mindestens erhebliche Beeinträchtigungen der Selbständigkeit oder der Fähigkeiten (mindestens Pflegegrad 2) festgestellt ist. [3] Entsprechendes gilt für die privaten Versicherungsunternehmen, die die private Pflege-Pflichtversicherung durchführen. [4] Die Träger der Pflegeversicherung und die privaten Versicherungsunternehmen veröffentlichen jährlich jeweils bis zum 31. März des dem Berichtsjahr folgenden Jahres eine Statistik über die Einhaltung der Fristen nach Absatz 3. [5] Die Sätze 1 bis 3 finden vom 1. November 2016 bis 31. Dezember 2017 keine Anwendung.

(4) [1] Der Medizinische Dienst oder die von der Pflegekasse beauftragten Gutachter sollen, soweit der Versicherte einwilligt, die behandelnden Ärzte des Versicherten, insbesondere die Hausärzte, in die Begutachtung einbeziehen und ärztliche Auskünfte und Unterlagen über die für die Begutachtung der Pflegebedürftigkeit wichtigen Vorerkrankungen sowie Art, Umfang und Dauer der Hilfebedürftigkeit einholen. [2] Mit Einverständnis des Versicherten sollen auch pflegende Angehörige oder sonstige Personen oder Dienste, die an der Pflege des Versicherten beteiligt sind, befragt werden.

(5) [1] Die Pflege- und Krankenkassen sowie die Leistungserbringer sind verpflichtet, dem Medizinischen Dienst oder den von der Pflegekasse beauftragten Gutachtern die für die Begutachtung erforderlichen Unterlagen vorzulegen und Auskünfte zu erteilen. [2] § 276 Abs. 1 Satz 2 und 3 des Fünften Buches gilt entsprechend.

(5a) [1] Bei der Begutachtung sind darüber hinaus die Beeinträchtigungen der Selbständigkeit oder der Fähigkeiten in den Bereichen außerhäusliche Aktivitäten und Haushaltsführung festzustellen. [2] Mit diesen Informationen sollen eine umfassende Beratung und das Erstellen eines individuellen Versorgungsplans nach § 7a, das Versorgungsmanagement nach § 11 Absatz 4 des Fünften Buches[1]) und eine individuelle Pflegeplanung sowie eine sachgerechte Erbringung von Hilfen bei der Haushaltsführung ermöglicht werden. [3] Hierbei ist im Einzelnen auf die nachfolgenden Kriterien abzustellen:

1. außerhäusliche Aktivitäten: Verlassen des Bereichs der Wohnung oder der Einrichtung, Fortbewegen außerhalb der Wohnung oder der Einrichtung, Nutzung öffentlicher Verkehrsmittel im Nahverkehr, Mitfahren in einem Kraftfahrzeug, Teilnahme an kulturellen, religiösen oder sportlichen Veranstaltungen, Besuch von Schule, Kindergarten, Arbeitsplatz, einer Werkstatt für behinderte Menschen oder Besuch einer Einrichtung der Tages- oder Nachtpflege oder eines Tagesbetreuungsangebotes, Teilnahme an sonstigen Aktivitäten mit anderen Menschen;

2. Haushaltsführung: Einkaufen für den täglichen Bedarf, Zubereitung einfacher Mahlzeiten, einfache Aufräum- und Reinigungsarbeiten, aufwändige Aufräum- und Reinigungsarbeiten einschließlich Wäschepflege, Nutzung von Dienstleistungen, Umgang mit finanziellen Angelegenheiten, Umgang mit Behördenangelegenheiten.

[4] Der Medizinische Dienst Bund wird ermächtigt, in den Richtlinien nach § 17 Absatz 1 die in Satz 3 genannten Kriterien im Benehmen mit dem Spitzenverband Bund der Pflegekassen pflegefachlich unter Berücksichtigung der Ziele nach Satz 2 zu konkretisieren.

---

[1]) Nr. **5**.

(6) ¹Der Medizinische Dienst oder ein von der Pflegekasse beauftragter Gutachter hat der Pflegekasse das Ergebnis seiner Prüfung zur Feststellung der Pflegebedürftigkeit durch Übersendung des vollständigen Gutachtens unverzüglich mitzuteilen. ²In seiner oder ihrer Stellungnahme haben der Medizinische Dienst oder die von der Pflegekasse beauftragten Gutachter auch das Ergebnis der Prüfung, ob und gegebenenfalls welche Maßnahmen der Prävention und der medizinischen Rehabilitation geeignet, notwendig und zumutbar sind, mitzuteilen und Art und Umfang von Pflegeleistungen sowie einen individuellen Pflegeplan zu empfehlen. ³Die Feststellungen zur Prävention und zur medizinischen Rehabilitation sind durch den Medizinischen Dienst oder die von der Pflegekasse beauftragten Gutachter auf der Grundlage eines bundeseinheitlichen, strukturierten Verfahrens zu treffen und in einer gesonderten Präventions- und Rehabilitationsempfehlung zu dokumentieren. ⁴Beantragt der Pflegebedürftige Pflegegeld, hat sich die Stellungnahme auch darauf zu erstrecken, ob die häusliche Pflege in geeigneter Weise sichergestellt ist.

(6a) ¹Der Medizinische Dienst oder die von der Pflegekasse beauftragten Gutachter haben gegenüber der Pflegekasse in ihrem Gutachten zur Feststellung der Pflegebedürftigkeit konkrete Empfehlungen zur Hilfsmittel- und Pflegehilfsmittelversorgung abzugeben. ²Die Empfehlungen gelten hinsichtlich Hilfsmitteln und Pflegehilfsmitteln, die den Zielen von § 40 dienen, jeweils als Antrag auf Leistungsgewährung, sofern der Versicherte zustimmt. ³Die Zustimmung erfolgt gegenüber dem Gutachter im Rahmen der Begutachtung und wird im Begutachtungsformular schriftlich oder elektronisch dokumentiert. ⁴Bezüglich der empfohlenen Pflegehilfsmittel wird die Notwendigkeit der Versorgung nach § 40 Absatz 1 Satz 2 vermutet. ⁵Bezüglich der empfohlenen Hilfsmittel, die den Zielen nach § 40 dienen, wird die Erforderlichkeit nach § 33 Absatz 1 des Fünften Buches¹⁾ vermutet; insofern bedarf es keiner ärztlichen Verordnung gemäß § 33 Absatz 5a des Fünften Buches¹⁾. ⁶Welche Hilfsmittel und Pflegehilfsmittel im Sinne von Satz 2 den Zielen von § 40 dienen, wird in den Begutachtungs-Richtlinien nach § 17 konkretisiert. ⁷Dabei ist auch die Richtlinie des Gemeinsamen Bundesausschusses nach § 92 Absatz 1 des Fünften Buches¹⁾ über die Verordnung von Hilfsmitteln zu berücksichtigen. ⁸Die Pflegekasse übermittelt dem Antragsteller unverzüglich die Entscheidung über die empfohlenen Hilfsmittel und Pflegehilfsmittel.

(7) ¹Die Aufgaben des Medizinischen Dienstes werden durch Pflegefachkräfte oder Ärztinnen und Ärzte in enger Zusammenarbeit mit anderen geeigneten Fachkräften wahrgenommen. ²Die Prüfung der Pflegebedürftigkeit von Kindern ist in der Regel durch besonders geschulte Gutachter mit einer Qualifikation als Gesundheits- und Kinderkrankenpflegerin oder Gesundheits- und Kinderkrankenpfleger oder als Kinderärztin oder Kinderarzt vorzunehmen. ³Der Medizinische Dienst ist befugt, den Pflegefachkräften oder sonstigen geeigneten Fachkräften, die nicht dem Medizinischen Dienst angehören, die für deren jeweilige Beteiligung erforderlichen personenbezogenen Daten zu übermitteln. ⁴Für andere unabhängige Gutachter gelten die Sätze 1 bis 3 entsprechend.

...

Viertes Kapitel. Leistungen der Pflegeversicherung

Zweiter Abschnitt. Gemeinsame Vorschriften

§ 31 Vorrang der Rehabilitation vor Pflege. (1) ¹Die Pflegekassen prüfen im Einzelfall, welche Leistungen zur medizinischen Rehabilitation und ergänzenden Leistungen geeignet und zumutbar sind, Pflegebedürftigkeit zu überwinden, zu mindern oder ihre Verschlimmerung zu verhüten. ²Werden Leistungen nach diesem Buch gewährt, ist bei Nachuntersuchungen die Frage geeigneter und zumutbarer Leistungen zur medizinischen Rehabilitation mit zu prüfen.

(2) Die Pflegekassen haben bei der Einleitung und Ausführung der Leistungen zur Pflege sowie bei Beratung, Auskunft und Aufklärung mit den Trägern der Rehabilitation eng zusammenzuarbeiten, um Pflegebedürftigkeit zu vermeiden, zu überwinden, zu mindern oder ihre Verschlimmerung zu verhüten.

(3) ¹Wenn eine Pflegekasse durch die gutachterlichen Feststellungen des Medizinischen Dienstes (§ 18 Abs. 6) oder auf sonstige Weise feststellt, dass im Einzelfall Leistungen zur medizinischen Rehabilitation angezeigt sind, informiert sie schriftlich oder elektronisch unverzüglich den Versicherten sowie mit dessen Einwilligung schriftlich oder elektronisch die behandelnde Ärztin oder den behandelnden Arzt sowie Angehörige, Personen des Vertrauens der Versicherten oder Pflege- und Betreuungseinrichtungen, die den Versicherten versorgen, und leitet mit Einwilligung des Versicherten eine entsprechende Mitteilung dem zuständigen Rehabilitationsträger zu. ²Die Pflegekasse weist den Versicherten gleichzeitig auf seine Eigenverantwortung und Mitwirkungspflicht hin. ³Soweit der Versicherte eingewilligt hat, gilt die Mitteilung an den Rehabilitationsträger als Antragstellung für das Verfahren nach § 14 des Neunten Buches[1]. ⁴Die Pflegekasse ist über die Leistungsentscheidung des zuständigen Rehabilitationsträgers unverzüglich zu informieren. ⁵Sie prüft in einem angemessenen zeitlichen Abstand, ob entsprechende Maßnahmen durchgeführt worden sind; soweit erforderlich, hat sie vorläufige Leistungen zur medizinischen Rehabilitation nach § 32 Abs. 1 zu erbringen.

§ 32 Vorläufige Leistungen zur medizinischen Rehabilitation.

(1) Die Pflegekasse erbringt vorläufige Leistungen zur medizinischen Rehabilitation, wenn eine sofortige Leistungserbringung erforderlich ist, um eine unmittelbar drohende Pflegebedürftigkeit zu vermeiden, eine bestehende Pflegebedürftigkeit zu überwinden, zu mindern oder eine Verschlimmerung der Pflegebedürftigkeit zu verhüten, und sonst die sofortige Einleitung der Leistungen gefährdet wäre.

(2) Die Pflegekasse hat zuvor den zuständigen Träger zu unterrichten und auf die Eilbedürftigkeit der Leistungsgewährung hinzuweisen; wird dieser nicht rechtzeitig, spätestens jedoch vier Wochen nach Antragstellung, tätig, erbringt die Pflegekasse die Leistungen vorläufig.

---

[1] Nr. 1.

Siebtes Kapitel. Beziehungen der Pflegekassen zu den Leistungserbringern

Zweiter Abschnitt. Beziehungen zu den Pflegeeinrichtungen

§ 71 Pflegeeinrichtungen. (1) Ambulante Pflegeeinrichtungen (Pflege-dienste) im Sinne dieses Buches sind selbständig wirtschaftende Einrichtungen, die unter ständiger Verantwortung einer ausgebildeten Pflegefachkraft Pflege-bedürftige in ihrer Wohnung mit Leistungen der häuslichen Pflegehilfe im Sinne des § 36 versorgen.

(1a) Auf ambulante Betreuungseinrichtungen, die für Pflegebedürftige dau-erhaft pflegerische Betreuungsmaßnahmen und Hilfen bei der Haushaltsfüh-rung erbringen (Betreuungsdienste), sind die Vorschriften dieses Buches, die für Pflegedienste gelten, entsprechend anzuwenden, soweit keine davon abwei-chende Regelung bestimmt ist.

(2) Stationäre Pflegeeinrichtungen (Pflegeheime) im Sinne dieses Buches sind selbständig wirtschaftende Einrichtungen, in denen Pflegebedürftige:

1. unter ständiger Verantwortung einer ausgebildeten Pflegefachkraft gepflegt werden,

2. ganztägig (vollstationär) oder tagsüber oder nachts (teilstationär) unterge-bracht und verpflegt werden können.

(3) [1] Für die Anerkennung als verantwortliche Pflegefachkraft im Sinne der Absätze 1 und 2 ist neben dem Abschluss einer Ausbildung als

1. Pflegefachfrau oder Pflegefachmann,

2. Gesundheits- und Krankenpflegerin oder Gesundheits- und Krankenpfleger,

3. Gesundheits- und Kinderkrankenpflegerin oder Gesundheits- und Kinder-krankenpfleger oder

4. Altenpflegerin oder Altenpfleger

eine praktische Berufserfahrung in dem erlernten Ausbildungsberuf von zwei Jahren innerhalb der letzten acht Jahre erforderlich. [2] Bei ambulanten Pflegeeinrich-tungen, die überwiegend behinderte Menschen pflegen und betreuen, gelten auch nach Landesrecht ausgebildete Heilerziehungspflegerinnen und Heilerziehungspfleger sowie Heilerzieherinnen und Heilerzieher mit einer praktischen Berufserfahrung von zwei Jahren innerhalb der letzten acht Jahre als ausgebildete Pflegefachkraft. [3] Bei Betreuungsdiensten kann anstelle der verant-wortlichen Pflegefachkraft eine entsprechend qualifizierte, fachlich geeignete und zuverlässige Fachkraft mit praktischer Berufserfahrung im erlernten Beruf von zwei Jahren innerhalb der letzten acht Jahre (verantwortliche Fachkraft) eingesetzt werden. [4] Die Rahmenfrist nach den Sätzen 1, 2 oder 3 beginnt acht Jahre vor dem Tag, zu dem die verantwortliche Pflegefachkraft im Sinne des Absatzes 1 oder 2 bestellt werden soll. [5] Für die Anerkennung als verantwort-liche Pflegefachkraft ist ferner Voraussetzung, dass eine Weiterbildungsmaßnah-me für leitende Funktionen mit einer Mindeststundenzahl, die 460 Stunden nicht unterschreiten soll, erfolgreich durchgeführt wurde. [6] Anerkennungen als verantwortliche Fachkraft, die im Rahmen der Durchführung des Modellvor-habens zur Erprobung von Leistungen der häuslichen Betreuung durch Betreu-ungsdienste erfolgt sind, gelten fort. [7] Für die Anerkennung einer verantwortlichen Fachkraft ist ferner ab dem 1. Januar 2023 ebenfalls Voraussetzung, dass eine Weiterbildungsmaßnahme im Sinne von Satz 5 durchgeführt wurde.

(4) Keine Pflegeeinrichtungen im Sinne des Absatzes 2 sind

1. stationäre Einrichtungen, in denen die Leistungen zur medizinischen Vorsorge, zur medizinischen Rehabilitation, zur Teilhabe am Arbeitsleben, zur Teilhabe an Bildung oder zur sozialen Teilhabe, die schulische Ausbildung oder die Erziehung kranker Menschen oder von Menschen mit Behinderungen im Vordergrund des Zweckes der Einrichtung stehen,

2. Krankenhäuser sowie

3. Räumlichkeiten,

   a) in denen der Zweck des Wohnens von Menschen mit Behinderungen und der Erbringung von Leistungen der Eingliederungshilfe für diese im Vordergrund steht,

   b) auf deren Überlassung das Wohn- und Betreuungsvertragsgesetz Anwendung findet und

   c) in denen der Umfang der Gesamtversorgung der dort wohnenden Menschen mit Behinderungen durch Leistungserbringer regelmäßig einen Umfang erreicht, der weitgehend der Versorgung in einer vollstationären Einrichtung entspricht; bei einer Versorgung der Menschen mit Behinderungen sowohl in Räumlichkeiten im Sinne der Buchstaben a und b als auch in Einrichtungen im Sinne der Nummer 1 ist eine Gesamtbetrachtung anzustellen, ob der Umfang der Versorgung durch Leistungserbringer ·weitgehend der Versorgung in einer vollstationären Einrichtung entspricht.

(5) [1] Mit dem Ziel, eine einheitliche Rechtsanwendung zu fördern, erlässt der Spitzenverband Bund der Pflegekassen spätestens bis zum 1. Juli 2019 Richtlinien zur näheren Abgrenzung, wann die in Absatz 4 Nummer 3 Buchstabe c in der ab dem 1. Januar 2020 geltenden Fassung genannten Merkmale vorliegen und welche Kriterien bei der Prüfung dieser Merkmale mindestens heranzuziehen sind. [2] Die Richtlinien nach Satz 1 sind im Benehmen mit dem Verband der privaten Krankenversicherung e.V., der Bundesarbeitsgemeinschaft der überörtlichen Träger der Sozialhilfe und den kommunalen Spitzenverbänden auf Bundesebene zu beschließen; die Länder, die Bundesarbeitsgemeinschaft der Freien Wohlfahrtspflege sowie die Vereinigungen der Träger der Pflegeeinrichtungen auf Bundesebene sind zu beteiligen. [3] Für die Richtlinien nach Satz 1 gilt § 17 Absatz 2 entsprechend mit der Maßgabe, dass das Bundesministerium für Gesundheit die Genehmigung im Einvernehmen mit dem Bundesministerium für Arbeit und Soziales erteilt und die Genehmigung als erteilt gilt, wenn die Richtlinien nicht innerhalb von zwei Monaten, nachdem sie dem Bundesministerium für Gesundheit vorgelegt worden sind, beanstandet werden.

11. Sozialgesetzbuch (SGB)
Zwölftes Buch (XII)
– Sozialhilfe –[1) 2)]

Vom 27. Dezember 2003

(BGBl. I S. 3022)

FNA 860-12

zuletzt geänd. durch Art. 3 G zur Regelung eines Sofortzuschlages und einer Einmalzahlung in den sozialen Mindestsicherungssystemen sowie zur Änd. des FinanzausgleichsG und weiterer G v. 23.5.2022 (BGBl. I S. 760)

– Auszug –

Erstes Kapitel. Allgemeine Vorschriften

§ 2 Nachrang der Sozialhilfe. (1) Sozialhilfe erhält nicht, wer sich vor allem durch Einsatz seiner Arbeitskraft, seines Einkommens und seines Vermögens selbst helfen kann oder wer die erforderliche Leistung von anderen, insbesondere von Angehörigen oder von Trägern anderer Sozialleistungen, erhält.

(2) [1]Verpflichtungen anderer, insbesondere Unterhaltspflichtiger oder der Träger anderer Sozialleistungen, bleiben unberührt. [2]Auf Rechtsvorschriften beruhende Leistungen anderer dürfen nicht deshalb versagt werden, weil nach dem Recht der Sozialhilfe entsprechende Leistungen vorgesehen sind.

Zweites Kapitel. Leistungen der Sozialhilfe

Erster Abschnitt. Grundsätze der Leistungen

§ 9 Sozialhilfe nach der Besonderheit des Einzelfalles. (1) Die Leistungen richten sich nach der Besonderheit des Einzelfalles, insbesondere nach der Art des Bedarfs, den örtlichen Verhältnissen, den eigenen Kräften und Mitteln der Person oder des Haushalts bei der Hilfe zum Lebensunterhalt.

(2) [1]Wünschen der Leistungsberechtigten, die sich auf die Gestaltung der Leistung richten, soll entsprochen werden, soweit sie angemessen sind. [2]Wünschen der Leistungsberechtigten, den Bedarf stationär oder teilstationär zu decken, soll nur entsprochen werden, wenn dies nach der Besonderheit des Einzelfalles erforderlich ist, weil anders der Bedarf nicht oder nicht ausreichend gedeckt werden kann und wenn mit der Einrichtung Vereinbarungen nach den Vorschriften des Zehnten Kapitels dieses Buches bestehen. [3]Der Träger der Sozialhilfe soll in der Regel Wünschen nicht entsprechen, deren Erfüllung mit unverhältnismäßigen Mehrkosten verbunden wäre.

[1)] Verkündet als Art. 1 G zur Einordnung des Sozialhilferechts in das SGB v. 27.12.2003 (BGBl. I S. 3022, geänd. durch G v. 9.12.2004, BGBl. I S. 3220, und durch G v. 9.12.2004, BGBl. I S. 3305); Inkrafttreten gem. Art. 70 Abs. 1 dieses G am 1.1.2005 mit Ausnahme der in Abs. 2 Sätze 1–5 dieses Artikels genannten Abweichungen; § 100 ist gem. Art. 27 Nr. 2 G v. 21.3.2005 (BGBl. I S. 818) am 1.1. 2004 in Kraft getreten.

[2)] Die Änderungen durch G v. 20.8.2021 (BGBl. I S. 3932) treten erst **mWv 1.1.2025** in Kraft und sind im Text noch nicht berücksichtigt.

(3) Auf Wunsch der Leistungsberechtigten sollen sie in einer Einrichtung untergebracht werden, in der sie durch Geistliche ihres Bekenntnisses betreut werden können.

§ 14 *(aufgehoben)*

Zweiter Abschnitt. Anspruch auf Leistungen

§ 19 Leistungsberechtigte. (1) Hilfe zum Lebensunterhalt nach dem Dritten Kapitel ist Personen zu leisten, die ihren notwendigen Lebensunterhalt nicht oder nicht ausreichend aus eigenen Kräften und Mitteln, insbesondere aus ihrem Einkommen und Vermögen, bestreiten können.

(2) [1]Grundsicherung im Alter und bei Erwerbsminderung nach dem Vierten Kapitel dieses Buches ist Personen zu leisten, die die Altersgrenze nach § 41 Absatz 2 erreicht haben oder das 18. Lebensjahr vollendet haben und dauerhaft voll erwerbsgemindert sind, sofern sie ihren notwendigen Lebensunterhalt nicht oder nicht ausreichend aus eigenen Kräften und Mitteln, insbesondere aus ihrem Einkommen und Vermögen, bestreiten können. [2]Die Leistungen der Grundsicherung im Alter und bei Erwerbsminderung gehen der Hilfe zum Lebensunterhalt nach dem Dritten Kapitel vor.

(3) Hilfen zur Gesundheit, Hilfe zur Pflege, Hilfe zur Überwindung besonderer sozialer Schwierigkeiten und Hilfen in anderen Lebenslagen werden nach dem Fünften bis Neunten Kapitel dieses Buches geleistet, soweit den Leistungsberechtigten, ihren nicht getrennt lebenden Ehegatten oder Lebenspartnern und, wenn sie minderjährig und unverheiratet sind, auch ihren Eltern oder einem Elternteil die Aufbringung der Mittel aus dem Einkommen und Vermögen nach den Vorschriften des Elften Kapitels dieses Buches nicht zuzumuten ist.

(4) Lebt eine Person bei ihren Eltern oder einem Elternteil und ist sie schwanger oder betreut ihr leibliches Kind bis zur Vollendung des sechsten Lebensjahres, werden Einkommen und Vermögen der Eltern oder des Elternteils nicht berücksichtigt.

(5) [1]Ist den in den Absätzen 1 bis 3 genannten Personen die Aufbringung der Mittel aus dem Einkommen und Vermögen im Sinne der Absätze 1 und 2 möglich oder im Sinne des Absatzes 3 zuzumuten und sind Leistungen erbracht worden, haben sie dem Träger der Sozialhilfe die Aufwendungen in diesem Umfang zu ersetzen. [2]Mehrere Verpflichtete haften als Gesamtschuldner.

(6) Der Anspruch der Berechtigten auf Leistungen für Einrichtungen oder auf Pflegegeld steht, soweit die Leistung den Berechtigten erbracht worden wäre, nach ihrem Tode demjenigen zu, der die Leistung erbracht oder die Pflege geleistet hat.

Drittes Kapitel. Hilfe zum Lebensunterhalt

Vierter Abschnitt. Bedarfe für Unterkunft und Heizung

§ 35 Bedarfe für Unterkunft und Heizung. (1) [1]Bedarfe für die Unterkunft werden in Höhe der tatsächlichen Aufwendungen anerkannt. [2]Bedarfe für die Unterkunft sind auf Antrag der leistungsberechtigten Person durch Direktzahlung an den Vermieter oder andere Empfangsberechtigte zu decken. [3]Direktzahlungen an den Vermieter oder andere Empfangsberechtigte sollen erfolgen, wenn die zweckentsprechende Verwendung durch die leistungsberechtigte Person nicht sichergestellt ist. [4] Das ist insbesondere der Fall, wenn

1. Mietrückstände bestehen, die zu einer außerordentlichen Kündigung des Mietverhältnisses berechtigen,
2. Energiekostenrückstände bestehen, die zu einer Unterbrechung der Energieversorgung berechtigen,
3. konkrete Anhaltspunkte für ein krankheits- oder suchtbedingtes Unvermögen der leistungsberechtigten Person bestehen, die Mittel zweckentsprechend zu verwenden, oder
4. konkrete Anhaltspunkte dafür bestehen, dass die im Schuldnerverzeichnis eingetragene leistungsberechtigte Person die Mittel nicht zweckentsprechend verwendet.

[5] Werden die Bedarfe für die Unterkunft und Heizung durch Direktzahlung an den Vermieter oder andere Empfangsberechtigte gedeckt, hat der Träger der Sozialhilfe die leistungsberechtigte Person darüber schriftlich zu unterrichten.

(2) [1] Übersteigen die Aufwendungen für die Unterkunft den der Besonderheit des Einzelfalles angemessenen Umfang, sind sie insoweit als Bedarf der Personen, deren Einkommen und Vermögen nach § 27 Absatz 2 zu berücksichtigen sind, anzuerkennen. [2] Satz 1 gilt so lange, als es diesen Personen nicht möglich oder nicht zuzumuten ist, durch einen Wohnungswechsel, durch Vermieten oder auf andere Weise die Aufwendungen zu senken, in der Regel jedoch längstens für sechs Monate. [3] Vor Abschluss eines Vertrages über eine neue Unterkunft haben Leistungsberechtigte den dort zuständigen Träger der Sozialhilfe über die nach den Sätzen 1 und 2 maßgeblichen Umstände in Kenntnis zu setzen. [4] Sind die Aufwendungen für die neue Unterkunft unangemessen hoch, ist der Träger der Sozialhilfe nur zur Übernahme angemessener Aufwendungen verpflichtet, es sei denn, er hat den darüber hinausgehenden Aufwendungen vorher zugestimmt. [5] Wohnungsbeschaffungskosten, Mietkautionen und Umzugskosten können bei vorheriger Zustimmung übernommen werden; Mietkautionen sollen als Darlehen erbracht werden. [6] Eine Zustimmung soll erteilt werden, wenn der Umzug durch den Träger der Sozialhilfe veranlasst wird oder aus anderen Gründen notwendig ist und wenn ohne die Zustimmung eine Unterkunft in einem angemessenen Zeitraum nicht gefunden werden kann.

(3) [1] Der Träger der Sozialhilfe kann für seinen Bereich die Bedarfe für die Unterkunft durch eine monatliche Pauschale festsetzen, wenn auf dem örtlichen Wohnungsmarkt hinreichend angemessener freier Wohnraum verfügbar und in Einzelfällen die Pauschalierung nicht unzumutbar ist. [2] Bei der Bemessung der Pauschale sind die tatsächlichen Gegebenheiten des örtlichen Wohnungsmarkts, der örtliche Mietspiegel sowie die familiären Verhältnisse der Leistungsberechtigten zu berücksichtigen. [3] Absatz 2 Satz 1 gilt entsprechend.

(4) [1] Bedarfe für Heizung und zentrale Warmwasserversorgung werden in tatsächlicher Höhe anerkannt, soweit sie angemessen sind. [2] Die Bedarfe können durch eine monatliche Pauschale festgesetzt werden. [3] Bei der Bemessung der Pauschale sind die persönlichen und familiären Verhältnisse, die Größe und Beschaffenheit der Wohnung, die vorhandenen Heizmöglichkeiten und die örtlichen Gegebenheiten zu berücksichtigen.

(5) [1] Leben Leistungsberechtigte in einer Unterkunft nach § 42a Absatz 2 Satz 1 Nummer 2 und Satz 3, sind Aufwendungen für Unterkunft und Heizung nach § 42a Absatz 5 und 6 anzuerkennen. [2] Leben Leistungsberechtigte in einer sons-

tigen Unterkunft nach § 42a Absatz 2 Satz 1 Nummer 3 sind Aufwendungen für Unterkunft und Heizung nach § 42a Absatz 7 anzuerkennen.

(6) § 22 Absatz 11 und 12 des Zweiten Buches gilt entsprechend.

...

Fünftes Kapitel. Hilfen zur Gesundheit

§ 48 Hilfe bei Krankheit. [1] Um eine Krankheit zu erkennen, zu heilen, ihre Verschlimmerung zu verhüten oder Krankheitsbeschwerden zu lindern, werden Leistungen zur Krankenbehandlung entsprechend dem Dritten Kapitel Fünften Abschnitt Ersten Titel des Fünften Buches[1] erbracht. [2] Die Regelungen zur Krankenbehandlung nach § 264 des Fünften Buches gehen den Leistungen der Hilfe bei Krankheit nach Satz 1 vor.

§ 52 Leistungserbringung, Vergütung. (1) [1] Die Hilfen nach den §§ 47 bis 51 entsprechen den Leistungen der gesetzlichen Krankenversicherung. [2] Soweit Krankenkassen in ihrer Satzung Umfang und Inhalt der Leistungen bestimmen können, entscheidet der Träger der Sozialhilfe über Umfang und Inhalt der Hilfen nach pflichtgemäßem Ermessen.

(2) [1] Leistungsberechtigte haben die freie Wahl unter den Ärzten und Zahnärzten sowie den Krankenhäusern entsprechend den Bestimmungen der gesetzlichen Krankenversicherung. [2] Hilfen werden nur in dem durch Anwendung des § 65a des Fünften Buches erzielbaren geringsten Umfang geleistet.

(3) [1] Bei Erbringung von Leistungen nach den §§ 47 bis 51 sind die für die gesetzlichen Krankenkassen nach dem Vierten Kapitel des Fünften Buches[1] geltenden Regelungen mit Ausnahme des Dritten Titels des Zweiten Abschnitts anzuwenden. [2] Ärzte, Psychotherapeuten im Sinne des § 28 Abs. 3 Satz 1 des Fünften Buches und Zahnärzte haben für ihre Leistungen Anspruch auf die Vergütung, welche die Ortskrankenkasse, in deren Bereich der Arzt, Psychotherapeut oder der Zahnarzt niedergelassen ist, für ihre Mitglieder zahlt. [3] Die sich aus den §§ 294, 295, 300 bis 302 des Fünften Buches für die Leistungserbringer ergebenden Verpflichtungen gelten auch für die Abrechnung von Leistungen nach diesem Kapitel mit dem Träger der Sozialhilfe. [4] Die Vereinbarungen nach § 303 Abs. 1 sowie § 304 des Fünften Buches gelten für den Träger der Sozialhilfe entsprechend.

(4) Leistungsberechtigten, die nicht in der gesetzlichen Krankenversicherung versichert sind, wird unter den Voraussetzungen von § 39a Satz 1 des Fünften Buches[2] zu stationärer und teilstationärer Versorgung in Hospizen der von den gesetzlichen Krankenkassen entsprechend § 39a Satz 3 des Fünften Buches[2] zu zahlende Zuschuss geleistet.

Sechstes Kapitel. weggefallen

§§ 53–60a *(aufgehoben)*

---

[1] Auszugsweise abgedruckt unter Nr. **5**.
[2] Nr. **5**.

Siebtes Kapitel. Hilfe zur Pflege

§ 61 Leistungsberechtigte. [1] Personen, die pflegebedürftig im Sinne des § 61a sind, haben Anspruch auf Hilfe zur Pflege, soweit ihnen und ihren nicht getrennt lebenden Ehegatten oder Lebenspartnern nicht zuzumuten ist, dass sie die für die Hilfe zur Pflege benötigten Mittel aus dem Einkommen und Vermögen nach den Vorschriften des Elften Kapitels aufbringen. [2] Sind die Personen minderjährig und unverheiratet, so sind auch das Einkommen und das Vermögen ihrer Eltern oder eines Elternteils zu berücksichtigen.

§ 61a Begriff der Pflegebedürftigkeit. (1) [1] Pflegebedürftig sind Personen, die gesundheitlich bedingte Beeinträchtigungen der Selbständigkeit oder der Fähigkeiten aufweisen und deshalb der Hilfe durch andere bedürfen. [2] Pflegebedürftige Personen im Sinne des Satzes 1 können körperliche, kognitive oder psychische Beeinträchtigungen oder gesundheitlich bedingte Belastungen oder Anforderungen nicht selbständig kompensieren oder bewältigen.

(2) Maßgeblich für die Beurteilung der Beeinträchtigungen der Selbständigkeit oder Fähigkeiten sind die folgenden Bereiche mit folgenden Kriterien:

1. Mobilität mit den Kriterien
   a) Positionswechsel im Bett,
   b) Halten einer stabilen Sitzposition,
   c) Umsetzen,
   d) Fortbewegen innerhalb des Wohnbereichs,
   e) Treppensteigen;
2. kognitive und kommunikative Fähigkeiten mit den Kriterien
   a) Erkennen von Personen aus dem näheren Umfeld,
   b) örtliche Orientierung,
   c) zeitliche Orientierung,
   d) Erinnern an wesentliche Ereignisse oder Beobachtungen,
   e) Steuern von mehrschrittigen Alltagshandlungen,
   f) Treffen von Entscheidungen im Alltagsleben,
   g) Verstehen von Sachverhalten und Informationen,
   h) Erkennen von Risiken und Gefahren,
   i) Mitteilen von elementaren Bedürfnissen,
   j) Verstehen von Aufforderungen,
   k) Beteiligen an einem Gespräch;
3. Verhaltensweisen und psychische Problemlagen mit den Kriterien
   a) motorisch geprägte Verhaltensauffälligkeiten,
   b) nächtliche Unruhe,
   c) selbstschädigendes und autoaggressives Verhalten,
   d) Beschädigen von Gegenständen,
   e) physisch aggressives Verhalten gegenüber anderen Personen,
   f) verbale Aggression,
   g) andere pflegerelevante vokale Auffälligkeiten,
   h) Abwehr pflegerischer und anderer unterstützender Maßnahmen,
   i) Wahnvorstellungen,

j) Ängste,

k) Antriebslosigkeit bei depressiver Stimmungslage,

l) sozial inadäquate Verhaltensweisen,

m) sonstige pflegerelevante inadäquate Handlungen;

4. Selbstversorgung mit den Kriterien

a) Waschen des vorderen Oberkörpers,

b) Körperpflege im Bereich des Kopfes,

c) Waschen des Intimbereichs,

d) Duschen und Baden einschließlich Waschen der Haare,

e) An- und Auskleiden des Oberkörpers,

f) An- und Auskleiden des Unterkörpers,

g) mundgerechtes Zubereiten der Nahrung und Eingießen von Getränken,

h) Essen,

i) Trinken,

j) Benutzen einer Toilette oder eines Toilettenstuhls,

k) Bewältigen der Folgen einer Harninkontinenz und Umgang mit Dauerkatheter und Urostoma,

l) Bewältigen der Folgen einer Stuhlinkontinenz und Umgang mit Stoma,

m) Ernährung parenteral oder über Sonde,

n) Bestehen gravierender Probleme bei der Nahrungsaufnahme bei Kindern bis zu 18 Monaten, die einen außergewöhnlich pflegeintensiven Hilfebedarf auslösen;

5. Bewältigung von und selbständiger Umgang mit krankheits- oder therapiebedingten Anforderungen und Belastungen in Bezug auf

a) Medikation,

b) Injektionen,

c) Versorgung intravenöser Zugänge,

d) Absaugen und Sauerstoffgabe,

e) Einreibungen sowie Kälte- und Wärmeanwendungen,

f) Messung und Deutung von Körperzuständen,

g) körpernahe Hilfsmittel,

h) Verbandswechsel und Wundversorgung,

i) Versorgung mit Stoma,

j) regelmäßige Einmalkatheterisierung und Nutzung von Abführmethoden,

k) Therapiemaßnahmen in häuslicher Umgebung,

l) zeit- und technikintensive Maßnahmen in häuslicher Umgebung,

m) Arztbesuche,

n) Besuch anderer medizinischer oder therapeutischer Einrichtungen,

o) zeitlich ausgedehnte Besuche medizinischer oder therapeutischer Einrichtungen,

p) Besuche von Einrichtungen zur Frühförderung bei Kindern,

q) Einhalten einer Diät oder anderer krankheits- oder therapiebedingter Verhaltensvorschriften;

6. Gestaltung des Alltagslebens und sozialer Kontakte mit den Kriterien

a) Gestaltung des Tagesablaufs und Anpassung an Veränderungen,

b) Ruhen und Schlafen,

c) Sichbeschäftigen,

d) Vornehmen von in die Zukunft gerichteten Planungen,

e) Interaktion mit Personen im direkten Kontakt,

f) Kontaktpflege zu Personen außerhalb des direkten Umfelds.

§ 61b Pflegegrade. (1) Für die Gewährung von Leistungen der Hilfe zur Pflege sind pflegebedürftige Personen entsprechend den im Begutachtungsverfahren nach § 62 ermittelten Gesamtpunkten in einen der Schwere der Beeinträchtigungen der Selbständigkeit oder der Fähigkeiten entsprechenden Pflegegrad einzuordnen:

1. Pflegegrad 1: geringe Beeinträchtigungen der Selbständigkeit oder der Fähigkeiten (ab 12,5 bis unter 27 Gesamtpunkte),

2. Pflegegrad 2: erhebliche Beeinträchtigungen der Selbständigkeit oder der Fähigkeiten (ab 27 bis unter 47,5 Gesamtpunkte),

3. Pflegegrad 3: schwere Beeinträchtigungen der Selbständigkeit oder der Fähigkeiten (ab 47,5 bis unter 70 Gesamtpunkte),

4. Pflegegrad 4: schwerste Beeinträchtigungen der Selbständigkeit oder der Fähigkeiten (ab 70 bis unter 90 Gesamtpunkte),

5. Pflegegrad 5: schwerste Beeinträchtigungen der Selbständigkeit oder Fähigkeiten mit besonderen Anforderungen an die pflegerische Versorgung (ab 90 bis 100 Gesamtpunkte).

(2) Pflegebedürftige mit besonderen Bedarfskonstellationen, die einen spezifischen, außergewöhnlich hohen Hilfebedarf mit besonderen Anforderungen an die pflegerische Versorgung aufweisen, können aus pflegefachlichen Gründen dem Pflegegrad 5 zugeordnet werden, auch wenn ihre Gesamtpunkte unter 90 liegen.

§ 61c Pflegegrade bei Kindern. (1) Bei pflegebedürftigen Kindern, die 18 Monate oder älter sind, ist für die Einordnung in einen Pflegegrad nach § 61b der gesundheitlich bedingte Grad der Beeinträchtigungen ihrer Selbständigkeit und ihrer Fähigkeiten im Verhältnis zu altersentsprechend entwickelten Kindern maßgebend.

(2) Pflegebedürftige Kinder im Alter bis zu 18 Monaten sind in einen der nachfolgenden Pflegegrade einzuordnen:

1. Pflegegrad 2: ab 12,5 bis unter 27 Gesamtpunkte,

2. Pflegegrad 3: ab 27 bis unter 47,5 Gesamtpunkte,

3. Pflegegrad 4: ab 47,5 bis unter 70 Gesamtpunkte,

4. Pflegegrad 5: ab 70 bis 100 Gesamtpunkte.

§ 62 Ermittlung des Grades der Pflegebedürftigkeit. [1]Die Ermittlung des Pflegegrades erfolgt durch ein Begutachtungsinstrument nach Maßgabe des § 15 des Elften Buches. [2]Die auf Grund des § 16 des Elften Buches erlassene Verordnung sowie die auf Grund des § 17 des Elften Buches erlassenen Richtlinien der Pflegekassen finden entsprechende Anwendung.

§ 62a Bindungswirkung. [1]Die Entscheidung der Pflegekasse über den Pflegegrad ist für den Träger der Sozialhilfe bindend, soweit sie auf Tatsachen beruht, die bei beiden Entscheidungen zu berücksichtigen sind. [2]Bei seiner Entscheidung kann der Träger der Sozialhilfe der Hilfe sachverständiger Dritter bedienen. [3]Auf Anforderung unterstützt der Medizinische Dienst gemäß § 278 des Fünften Buches den Träger der Sozialhilfe bei seiner Entscheidung und erhält hierfür Kostenersatz, der zu vereinbaren ist.

§ 63 Leistungen für Pflegebedürftige. (1) [1]Die Hilfe zur Pflege umfasst für Pflegebedürftige der Pflegegrade 2, 3, 4 oder 5

1. häusliche Pflege in Form von
   a) Pflegegeld (§ 64a),
   b) häuslicher Pflegehilfe (§ 64b),
   c) Verhinderungspflege (§ 64c),
   d) Pflegehilfsmitteln (§ 64d),
   e) Maßnahmen zur Verbesserung des Wohnumfeldes (§ 64e),
   f) anderen Leistungen (§ 64f),
   g) digitalen Pflegeanwendungen (§ 64j),
   h) ergänzender Unterstützung bei Nutzung von digitalen Pflegeanwendungen (§ 64k),
2. teilstationäre Pflege (§ 64g),
3. Kurzzeitpflege (§ 64h),
4. einen Entlastungsbetrag (§ 64i) und
5. stationäre Pflege (§ 65).

[2]Die Hilfe zur Pflege schließt Sterbebegleitung mit ein.

(2) Die Hilfe zur Pflege umfasst für Pflegebedürftige des Pflegegrades 1

1. Pflegehilfsmittel (§ 64d),
2. Maßnahmen zur Verbesserung des Wohnumfeldes (§ 64e),
3. digitale Pflegeanwendungen (§ 64j),
4. ergänzende Unterstützung bei Nutzung von digitalen Pflegeanwendungen (§ 64k) und
5. einen Entlastungsbetrag (§ 66).

(3) [1]Die Leistungen der Hilfe zur Pflege werden auf Antrag auch als Teil eines Persönlichen Budgets ausgeführt. [2]§ 29 des Neunten Buches[1]) ist insoweit anzuwenden.

§ 63a Notwendiger pflegerischer Bedarf. Die Träger der Sozialhilfe haben den notwendigen pflegerischen Bedarf zu ermitteln und festzustellen.

§ 63b Leistungskonkurrenz. (1) Leistungen der Hilfe zur Pflege werden nicht erbracht, soweit Pflegebedürftige gleichartige Leistungen nach anderen Rechtsvorschriften erhalten.

(2) [1]Abweichend von Absatz 1 sind Leistungen nach § 72 oder gleichartige Leistungen nach anderen Rechtsvorschriften mit 70 Prozent auf das Pflegegeld nach § 64a anzurechnen. [2]Leistungen nach § 45b des Elften Buches gehen den Leistungen nach den §§ 64i und 66 vor; auf die übrigen Leistungen der Hilfe zur Pflege werden sie nicht angerechnet.

---

[1]) Nr. 1.

(3) [1]Pflegebedürftige haben während ihres Aufenthalts in einer teilstationären oder vollstationären Einrichtung dort keinen Anspruch auf häusliche Pflege. [2]Abweichend von Satz 1 kann das Pflegegeld nach § 64a während einer teilstationären Pflege nach § 64g oder einer vergleichbaren nicht nach diesem Buch durchgeführten Maßnahme angemessen gekürzt werden.

(4) [1]Absatz 3 Satz 1 gilt nicht für vorübergehende Aufenthalte in einem Krankenhaus nach § 108 des Fünften Buches oder in einer Vorsorge- oder Rehabilitationseinrichtung nach § 107 Absatz 2 des Fünften Buches[1]), soweit Pflegebedürftige ihre Pflege durch von ihnen selbst beschäftigte besondere Pflegekräfte (Arbeitgebermodell) sicherstellen. [2]Die vorrangigen Leistungen des Pflegegeldes für selbst beschaffte Pflegehilfen nach den §§ 37 und 38 des Elften Buches sind anzurechnen. [3]§ 39 des Fünften Buches[1]) bleibt unberührt.

(5) Das Pflegegeld kann um bis zu zwei Drittel gekürzt werden, soweit die Heranziehung einer besonderen Pflegekraft erforderlich ist, Pflegebedürftige Leistungen der Verhinderungspflege nach § 64c oder gleichartige Leistungen nach anderen Rechtsvorschriften erhalten.

(6) [1]Pflegebedürftige, die ihre Pflege im Rahmen des Arbeitgebermodells sicherstellen, können nicht auf die Inanspruchnahme von Sachleistungen nach dem Elften Buch verwiesen werden. [2]In diesen Fällen ist das geleistete Pflegegeld nach § 37 des Elften Buches auf die Leistungen der Hilfe zur Pflege anzurechnen.

(7) Leistungen der stationären Pflege nach § 65 werden auch bei einer vorübergehenden Abwesenheit von Pflegebedürftigen aus der stationären Einrichtung erbracht, solange die Voraussetzungen des § 87a Absatz 1 Satz 5 und 6 des Elften Buches vorliegen.

§ 64 Vorrang. Soweit häusliche Pflege ausreicht, soll der Träger der Sozialhilfe darauf hinwirken, dass die häusliche Pflege durch Personen, die dem Pflegebedürftigen nahestehen, oder als Nachbarschaftshilfe übernommen wird.

§ 64a Pflegegeld. (1) [1]Pflegebedürftige der Pflegegrade 2, 3, 4 oder 5 haben bei häuslicher Pflege Anspruch auf Pflegegeld in Höhe des Pflegegeldes nach § 37 Absatz 1 des Elften Buches. [2]Der Anspruch auf Pflegegeld setzt voraus, dass die Pflegebedürftigen und die Sorgeberechtigten bei pflegebedürftigen Kindern die erforderliche Pflege mit dem Pflegegeld in geeigneter Weise selbst sicherstellen.

(2) [1]Besteht der Anspruch nach Absatz 1 nicht für den vollen Kalendermonat, ist das Pflegegeld entsprechend zu kürzen. [2]Bei der Kürzung ist der Kalendermonat mit 30 Tagen anzusetzen. [3]Das Pflegegeld wird bis zum Ende des Kalendermonats geleistet, in dem die pflegebedürftige Person gestorben ist.

(3) Stellt die Pflegekasse ihre Leistungen nach § 37 Absatz 6 des Elften Buches ganz oder teilweise ein, entfällt insoweit die Leistungspflicht nach Absatz 1.

§ 64b Häusliche Pflegehilfe. (1) [1]Pflegebedürftige der Pflegegrade 2, 3, 4 oder 5 haben Anspruch auf körperbezogene Pflegemaßnahmen und pflegerische Betreuungsmaßnahmen sowie auf Hilfen bei der Haushaltsführung als Pflegesachleistung (häusliche Pflegehilfe), soweit die häusliche Pflege nach § 64 nicht sichergestellt werden kann. [2]Der Anspruch auf häusliche Pflegehilfe umfasst auch die pflegefachliche Anleitung von Pflegebedürftigen und Pflegepersonen. [3]Mehrere Pflegebedürftige der Pflegegrade 2, 3, 4 oder 5 können die häusliche Pflege

[1]) Nr. 5.

gemeinsam in Anspruch nehmen. [4] Häusliche Pflegehilfe kann auch Betreuungs- und Entlastungsleistungen durch Unterstützungsangebote im Sinne des § 45a des Elften Buches umfassen; § 64i bleibt unberührt.

(2) Pflegerische Betreuungsmaßnahmen umfassen Unterstützungsleistungen zur Bewältigung und Gestaltung des alltäglichen Lebens im häuslichen Umfeld, insbesondere

1. bei der Bewältigung psychosozialer Problemlagen oder von Gefährdungen,
2. bei der Orientierung, bei der Tagesstrukturierung, bei der Kommunikation, bei der Aufrechterhaltung sozialer Kontakte und bei bedürfnisgerechten Beschäftigungen im Alltag sowie
3. durch Maßnahmen zur kognitiven Aktivierung.

§ 64c Verhinderungspflege. Ist eine Pflegeperson im Sinne von § 64 wegen Erholungsurlaubs, Krankheit oder aus sonstigen Gründen an der häuslichen Pflege gehindert, sind die angemessenen Kosten einer notwendigen Ersatzpflege zu übernehmen.

§ 64d Pflegehilfsmittel. (1) [1] Pflegebedürftige haben Anspruch auf Versorgung mit Pflegehilfsmitteln, die

1. zur Erleichterung der Pflege der Pflegebedürftigen beitragen,
2. zur Linderung der Beschwerden der Pflegebedürftigen beitragen oder
3. den Pflegebedürftigen eine selbständigere Lebensführung ermöglichen.

[2] Der Anspruch umfasst die notwendige Änderung, Instandsetzung und Ersatzbeschaffung von Pflegehilfsmitteln sowie die Ausbildung in ihrem Gebrauch.

(2) Technische Pflegehilfsmittel sollen den Pflegebedürftigen in geeigneten Fällen leihweise zur Verfügung gestellt werden.

§ 64e Maßnahmen zur Verbesserung des Wohnumfeldes. Maßnahmen zur Verbesserung des Wohnumfeldes der Pflegebedürftigen können gewährt werden,

1. soweit sie angemessen sind und
2. durch sie
   a) die häusliche Pflege ermöglicht oder erheblich erleichtert werden kann oder
   b) eine möglichst selbständige Lebensführung der Pflegebedürftigen wiederhergestellt werden kann.

§ 64f Andere Leistungen. (1) Zusätzlich zum Pflegegeld nach § 64a Absatz 1 sind die Aufwendungen für die Beiträge einer Pflegeperson oder einer besonderen Pflegekraft für eine angemessene Alterssicherung zu erstatten, soweit diese nicht anderweitig sichergestellt ist.

(2) Ist neben der häuslichen Pflege nach § 64 eine Beratung der Pflegeperson geboten, sind die angemessenen Kosten zu übernehmen.

(3) Soweit die Sicherstellung der häuslichen Pflege für Pflegebedürftige der Pflegegrade 2, 3, 4 oder 5 im Rahmen des Arbeitgebermodells erfolgt, sollen die angemessenen Kosten übernommen werden.

§ 64g Teilstationäre Pflege. [1] Pflegebedürftige der Pflegegrade 2, 3, 4 oder 5 haben Anspruch auf teilstationäre Pflege in Einrichtungen der Tages- oder Nachtpflege, soweit die häusliche Pflege nicht in ausreichendem Umfang sichergestellt werden kann oder die teilstationäre Pflege zur Ergänzung oder Stärkung der häuslichen Pflege erforderlich ist. [2] Der Anspruch umfasst auch die notwendige Beförderung des Pflegebedürftigen von der Wohnung zur Einrichtung der Tages- oder Nachtpflege und zurück.

§ 64h Kurzzeitpflege. (1) Pflegebedürftige der Pflegegrade 2, 3, 4 oder 5 haben Anspruch auf Kurzzeitpflege in einer stationären Pflegeeinrichtung, soweit die häusliche Pflege zeitweise nicht, noch nicht oder nicht im erforderlichen Umfang erbracht werden kann und die teilstationäre Pflege nach § 64g nicht ausreicht.

(2) Wenn die Pflege in einer zur Kurzzeitpflege zugelassenen Pflegeeinrichtung nach den §§ 71 und 72 des Elften Buches[1)] nicht möglich ist oder nicht zumutbar erscheint, kann die Kurzzeitpflege auch erbracht werden

1. durch geeignete Erbringer von Leistungen nach Teil 2 des Neunten Buches[2)] oder

2. in geeigneten Einrichtungen, die nicht als Einrichtung zur Kurzzeitpflege zugelassen sind.

(3) Soweit während einer Maßnahme der medizinischen Vorsorge oder Rehabilitation für eine Pflegeperson eine gleichzeitige Unterbringung und Pflege der Pflegebedürftigen erforderlich ist, kann Kurzzeitpflege auch in Vorsorge- oder Rehabilitationseinrichtungen nach § 107 Absatz 2 des Fünften Buches[3)] erbracht werden.

§ 64i Entlastungsbetrag bei den Pflegegraden 2, 3, 4 oder 5. [1] Pflegebedürftige der Pflegegrade 2, 3, 4 oder 5 haben Anspruch auf einen Entlastungsbetrag in Höhe von bis zu 125 Euro monatlich. [2] Der Entlastungsbetrag ist zweckgebunden einzusetzen zur

1. Entlastung pflegender Angehöriger oder nahestehender Pflegepersonen,

2. Förderung der Selbständigkeit und Selbstbestimmung der Pflegebedürftigen bei der Gestaltung ihres Alltags oder

3. Inanspruchnahme von Unterstützungsangeboten im Sinne des § 45a des Elften Buches.

§ 64j Digitale Pflegeanwendungen. (1) Pflegebedürftige haben Anspruch auf eine notwendige Versorgung mit Anwendungen, die wesentlich auf digitalen Technologien beruhen, die von den Pflegebedürftigen oder in der Interaktion von Pflegebedürftigen, Angehörigen und zugelassenen ambulanten Pflegeeinrichtungen genutzt werden, um insbesondere Beeinträchtigungen der Selbständigkeit oder der Fähigkeiten des Pflegebedürftigen zu mindern und einer Verschlimmerung der Pflegebedürftigkeit entgegenzuwirken (digitale Pflegeanwendungen).

(2) Der Anspruch umfasst nur solche digitalen Pflegeanwendungen, die vom Bundesinstitut für Arzneimittel und Medizinprodukte in das Verzeichnis für

---

[1)] Nr. **10**.
[2)] Nr. **1**.
[3)] Nr. **5**.

digitale Pflegeanwendungen nach § 78a Absatz 3 des Elften Buches aufgenommen wurden.

§ 64k Ergänzende Unterstützung bei Nutzung von digitalen Pflegeanwendungen. Pflegebedürftige haben bei der Nutzung digitaler Pflegeanwendungen im Sinne des § 64j Anspruch auf erforderliche ergänzende Unterstützungsleistungen, die das Bundesinstitut für Arzneimittel und Medizinprodukte nach § 78a Absatz 5 Satz 6 des Elften Buches festgelegt hat, durch nach dem Recht des Elften Buches[1] zugelassene ambulante Pflegeeinrichtungen.

§ 65 Stationäre Pflege. [1] Pflegebedürftige der Pflegegrade 2, 3, 4 oder 5 haben Anspruch auf Pflege in stationären Einrichtungen, wenn häusliche oder teilstationäre Pflege nicht möglich ist oder wegen der Besonderheit des Einzelfalls nicht in Betracht kommt. [2] Der Anspruch auf stationäre Pflege umfasst auch Betreuungsmaßnahmen; § 64b Absatz 2 findet entsprechende Anwendung.

§ 66 Entlastungsbetrag bei Pflegegrad 1. [1] Pflegebedürftige des Pflegegrades 1 haben Anspruch auf einen Entlastungsbetrag in Höhe von bis zu 125 Euro monatlich. [2] Der Entlastungsbetrag ist zweckgebunden einzusetzen zur

1. Entlastung pflegender Angehöriger oder nahestehender Pflegepersonen,
2. Förderung der Selbständigkeit und Selbstbestimmung der Pflegebedürftigen bei der Gestaltung ihres Alltags,
3. Inanspruchnahme von
   a) Leistungen der häuslichen Pflegehilfe im Sinne des § 64b,
   b) Maßnahmen zur Verbesserung des Wohnumfeldes nach § 64e,
   c) anderen Leistungen nach § 64f,
   d) Leistungen zur teilstationären Pflege im Sinne des § 64g,
4. Inanspruchnahme von Unterstützungsangeboten im Sinne des § 45a des Elften Buches.

§ 66a Sonderregelungen zum Einsatz von Vermögen. Für Personen, die Leistungen nach diesem Kapitel erhalten, gilt ein zusätzlicher Betrag von bis zu 25 000 Euro für die Lebensführung und die Alterssicherung im Sinne von § 90 Absatz 3 Satz 2 als angemessen, sofern dieser Betrag ganz oder überwiegend als Einkommen aus selbständiger und nichtselbständiger Tätigkeit der Leistungsberechtigten während des Leistungsbezugs erworben wird; § 90 Absatz 3 Satz 1 bleibt unberührt.

Elftes Kapitel. Einsatz des Einkommens und des Vermögens

Erster Abschnitt. Einkommen

§ 82 Begriff des Einkommens. (1) [1] Zum Einkommen gehören alle Einkünfte in Geld oder Geldeswert. [2] Nicht zum Einkommen gehören

1. *[bis 31.12.2024:* Leistungen nach diesem Buch*]*,
2. die Grundrente nach dem Bundesversorgungsgesetz[2] und nach den Gesetzen, die eine entsprechende Anwendung des Bundesversorgungsgesetzes[2] vorsehen,

---

[1] Auszugsweise abgedruckt unter Nr. **10**.
[2] Auszugsweise abgedruckt unter Nr. **15**.

3. Renten oder Beihilfen nach dem Bundesentschädigungsgesetz für Schaden an Leben sowie an Körper oder Gesundheit bis zur Höhe der vergleichbaren Grundrente nach dem Bundesversorgungsgesetz[1]) und

4. Aufwandsentschädigungen nach § 1835a des Bürgerlichen Gesetzbuchs kalenderjährlich bis zu dem in § 3 Nummer 26 Satz 1 des Einkommensteuergesetzes genannten Betrag.

[3]Einkünfte aus Rückerstattungen, die auf Vorauszahlungen beruhen, die Leistungsberechtigte aus dem Regelsatz erbracht haben, sind kein Einkommen. [4]Bei Minderjährigen ist das Kindergeld dem jeweiligen Kind als Einkommen zuzurechnen, soweit es bei diesem zur Deckung des notwendigen Lebensunterhaltes, mit Ausnahme der Bedarfe nach § 34, benötigt wird.

(2) [1]Von dem Einkommen sind abzusetzen

1. auf das Einkommen entrichtete Steuern,

2. Pflichtbeiträge zur Sozialversicherung einschließlich der Beiträge zur Arbeitsförderung,

3. Beiträge zu öffentlichen oder privaten Versicherungen oder ähnlichen Einrichtungen, soweit diese Beiträge gesetzlich vorgeschrieben oder nach Grund und Höhe angemessen sind, sowie geförderte Altersvorsorgebeiträge nach § 82 des Einkommensteuergesetzes, soweit sie den Mindesteigenbeitrag nach § 86 des Einkommensteuergesetzes nicht überschreiten, und

4. die mit der Erzielung des Einkommens verbundenen notwendigen Ausgaben.

[2]Erhält eine leistungsberechtigte Person aus einer Tätigkeit Bezüge oder Einnahmen, die nach § 3 Nummer 12, 26 oder 26a des Einkommensteuergesetzes steuerfrei sind oder die als Taschengeld nach § 2 Nummer 4 des Bundesfreiwilligendienstgesetzes oder nach § 2 Absatz 1 Nummer 4 des Jugendfreiwilligendienstegesetzes gezahlt werden, ist abweichend von Satz 1 Nummer 2 bis 4 und den Absätzen 3 und 6 ein Betrag von bis zu 250 Euro monatlich nicht als Einkommen zu berücksichtigen. [3]Soweit ein Betrag nach Satz 2 in Anspruch genommen wird, gelten die Beträge nach Absatz 3 Satz 1 zweiter Halbsatz und nach Absatz 6 Satz 1 zweiter Halbsatz insoweit als ausgeschöpft.

(3) [1]Bei der Hilfe zum Lebensunterhalt und Grundsicherung im Alter und bei Erwerbsminderung ist ferner ein Betrag in Höhe von 30 vom Hundert des Einkommens aus selbständiger und nichtselbständiger Tätigkeit der Leistungsberechtigten abzusetzen, höchstens jedoch 50 vom Hundert der Regelbedarfsstufe 1 nach der Anlage zu § 28. [2]Abweichend von Satz 1 ist bei einer Beschäftigung in einer Werkstatt für behinderte Menschen oder bei einem anderen Leistungsanbieter nach § 60 des Neunten Buches[2]) von dem Entgelt ein Achtel der Regelbedarfsstufe 1 nach der Anlage zu § 28 zuzüglich 50 vom Hundert des diesen Betrag übersteigenden Entgelts abzusetzen. [3]Im Übrigen kann in begründeten Fällen ein anderer als in Satz 1 festgelegter Betrag vom Einkommen abgesetzt werden.

(4) Bei der Hilfe zum Lebensunterhalt und Grundsicherung im Alter und bei Erwerbsminderung ist ferner ein Betrag von 100 Euro monatlich aus einer zusätzlichen Altersvorsorge der Leistungsberechtigten zuzüglich 30 vom Hundert des diesen Betrag übersteigenden Einkommens aus einer zusätzlichen Altersvor-

---

[1]) Auszugsweise abgedruckt unter Nr. **15**.
[2]) Nr. **1**.

sorge der Leistungsberechtigten abzusetzen, höchstens jedoch 50 vom Hundert der Regelbedarfsstufe 1 nach der Anlage zu § 28.

(5) [1] Einkommen aus einer zusätzlichen Altersvorsorge im Sinne des Absatzes 4 ist jedes monatlich bis zum Lebensende ausgezahlte Einkommen, auf das der Leistungsberechtigte vor Erreichen der Regelaltersgrenze auf freiwilliger Grundlage Ansprüche erworben hat und das dazu bestimmt und geeignet ist, die Einkommenssituation des Leistungsberechtigten gegenüber möglichen Ansprüchen aus Zeiten einer Versicherungspflicht in der gesetzlichen Rentenversicherung nach den §§ 1 bis 4 des Sechsten Buches, nach § 1 des Gesetzes über die Alterssicherung der Landwirte, aus beamtenrechtlichen Versorgungsansprüchen und aus Ansprüchen aus Zeiten einer Versicherungspflicht in einer Versicherungs- und Versorgungseinrichtung, die für Angehörige bestimmter Berufe errichtet ist, zu verbessern. [2] Als Einkommen aus einer zusätzlichen Altersvorsorge gelten auch laufende Zahlungen aus

1. einer betrieblichen Altersversorgung im Sinne des Betriebsrentengesetzes,

2. einem nach § 5 des Altersvorsorgeverträge-Zertifizierungsgesetzes zertifizierten Altersvorsorgevertrag und

3. einem nach § 5a des Altersvorsorgeverträge-Zertifizierungsgesetzes zertifizierten Basisrentenvertrag.

[3] Werden bis zu zwölf Monatsleistungen aus einer zusätzlichen Altersvorsorge, insbesondere gemäß einer Vereinbarung nach § 10 Absatz 1 Nummer 2 Satz 3 erster Halbsatz des Einkommensteuergesetzes, zusammengefasst, so ist das Einkommen gleichmäßig auf den Zeitraum aufzuteilen, für den die Auszahlung erfolgte.

(6) Für Personen, die Leistungen der Hilfe zur Pflege, der Blindenhilfe oder Leistungen der Eingliederungshilfe nach dem Neunten Buch erhalten, ist ein Betrag in Höhe von 40 Prozent des Einkommens aus selbständiger und nichtselbständiger Tätigkeit der Leistungsberechtigten abzusetzen, höchstens jedoch 65 Prozent der Regelbedarfsstufe 1 nach der Anlage zu § 28.

(7) [1] Einmalige Einnahmen, bei denen für den Monat des Zuflusses bereits Leistungen ohne Berücksichtigung der Einnahme erbracht worden sind, werden im Folgemonat berücksichtigt. [2] Entfiele der Leistungsanspruch durch die Berücksichtigung in einem Monat, ist die einmalige Einnahme auf einen Zeitraum von sechs Monaten gleichmäßig zu verteilen und mit einem entsprechenden Teilbetrag zu berücksichtigen. [3] In begründeten Einzelfällen ist der Anrechnungszeitraum nach Satz 2 angemessen zu verkürzen. [4] Die Sätze 1 und 2 sind auch anzuwenden, soweit während des Leistungsbezugs eine Auszahlung zur Abfindung einer Kleinbetragsrente im Sinne des § 93 Absatz 3 Satz 2 des Einkommensteuergesetzes oder nach § 3 Absatz 2 des Betriebsrentengesetzes erfolgt und durch den ausgezahlten Betrag das Vermögen überschritten wird, welches nach § 90 Absatz 2 Nummer 9 und Absatz 3 nicht einzusetzen ist.

...

Zweiter Abschnitt. Einkommensgrenzen für die Leistungen nach dem Fünften bis Neunten Kapitel

§ 85 Einkommensgrenze. (1) Bei der Hilfe nach dem Fünften bis Neunten Kapitel ist der nachfragenden Person und ihrem nicht getrennt lebenden Ehegatten oder Lebenspartner die Aufbringung der Mittel nicht zuzumuten, wenn während der Dauer des Bedarfs ihr monatliches Einkommen zusammen eine Einkommensgrenze nicht übersteigt, die sich ergibt aus

1. einem Grundbetrag in Höhe des Zweifachen der Regelbedarfsstufe 1 nach der Anlage zu § 28,
2. den Aufwendungen für die Unterkunft, soweit diese den der Besonderheit des Einzelfalles angemessenen Umfang nicht übersteigen und
3. einem Familienzuschlag in Höhe des auf volle Euro aufgerundeten Betrages von 70 vom Hundert der Regelbedarfsstufe 1 nach der Anlage zu § 28 für den nicht getrennt lebenden Ehegatten oder Lebenspartner und für jede Person, die von der nachfragenden Person, ihrem nicht getrennt lebenden Ehegatten oder Lebenspartner überwiegend unterhalten worden ist oder für die sie nach der Entscheidung über die Erbringung der Sozialhilfe unterhaltspflichtig werden.

(2) [1] Ist die nachfragende Person minderjährig und unverheiratet, so ist ihr und ihren Eltern die Aufbringung der Mittel nicht zuzumuten, wenn während der Dauer des Bedarfs das monatliche Einkommen der nachfragenden Person und ihrer Eltern zusammen eine Einkommensgrenze nicht übersteigt, die sich ergibt aus

1. einem Grundbetrag in Höhe des Zweifachen der Regelbedarfsstufe 1 nach der Anlage zu § 28,
2. den Aufwendungen für die Unterkunft, soweit diese den der Besonderheit des Einzelfalles angemessenen Umfang nicht übersteigen und
3. einem Familienzuschlag in Höhe des auf volle Euro aufgerundeten Betrages von 70 vom Hundert der Regelbedarfsstufe 1 nach der Anlage zu § 28 für einen Elternteil, wenn die Eltern zusammenleben, sowie für die nachfragende Person und für jede Person, die von den Eltern oder der nachfragenden Person überwiegend unterhalten worden ist oder für die sie nach der Entscheidung über die Erbringung der Sozialhilfe unterhaltspflichtig werden.

[2] Leben die Eltern nicht zusammen, richtet sich die Einkommensgrenze nach dem Elternteil, bei dem die nachfragende Person lebt. [3] Lebt sie bei keinem Elternteil, bestimmt sich die Einkommensgrenze nach Absatz 1.

(3) [1] Die Regelbedarfsstufe 1 nach der Anlage zu § 28 bestimmt sich nach dem Ort, an dem der Leistungsberechtigte die Leistung erhält. [2] Bei der Leistung in einer Einrichtung sowie bei Unterbringung in einer anderen Familie oder bei den in § 107 genannten anderen Personen bestimmt er sich nach dem gewöhnlichen Aufenthalt des Leistungsberechtigten oder, wenn im Falle des Absatzes 2 auch das Einkommen seiner Eltern oder eines Elternteils maßgebend ist, nach deren gewöhnlichem Aufenthalt. [3] Ist ein gewöhnlicher Aufenthalt im Inland nicht vorhanden oder nicht zu ermitteln, ist Satz 1 anzuwenden.

§ 87 Einsatz des Einkommens über der Einkommensgrenze. (1) [1] Soweit das zu berücksichtigende Einkommen die Einkommensgrenze übersteigt, ist die Aufbringung der Mittel in angemessenem Umfang zuzumuten. [2] Bei der Prüfung, welcher Umfang angemessen ist, sind insbesondere die Art des Bedarfs, die Art oder Schwere der Behinderung oder der Pflegebedürftigkeit, die Dauer und Höhe der erforderlichen Aufwendungen sowie besondere Belastungen der nachfragenden Person und ihrer unterhaltsberechtigten Angehörigen zu berücksichtigen. [3] Bei Pflegebedürftigen der Pflegegrade 4 und 5 und blinden Menschen nach § 72 ist ein Einsatz des Einkommens über der Einkommensgrenze in Höhe von mindestens 60 vom Hundert nicht zuzumuten.

(2) Verliert die nachfragende Person durch den Eintritt eines Bedarfsfalles ihr Einkommen ganz oder teilweise und ist ihr Bedarf nur von kurzer Dauer, so kann die Aufbringung der Mittel auch aus dem Einkommen verlangt werden, das sie innerhalb eines angemessenen Zeitraumes nach dem Wegfall des Bedarfs erwirbt und das die Einkommensgrenze übersteigt, jedoch nur insoweit, als ihr ohne den Verlust des Einkommens die Aufbringung der Mittel zuzumuten gewesen wäre.

(3) Bei einmaligen Leistungen zur Beschaffung von Bedarfsgegenständen, deren Gebrauch für mindestens ein Jahr bestimmt ist, kann die Aufbringung der Mittel nach Maßgabe des Absatzes 1 auch aus dem Einkommen verlangt werden, das die in § 19 Abs. 3 genannten Personen innerhalb eines Zeitraumes von bis zu drei Monaten nach Ablauf des Monats, in dem über die Leistung entschieden worden ist, erwerben.

§ 88 Einsatz des Einkommens unter der Einkommensgrenze. (1) [1]Die Aufbringung der Mittel kann, auch soweit das Einkommen unter der Einkommensgrenze liegt, verlangt werden,

1. soweit von einem anderen Leistungen für einen besonderen Zweck erbracht werden, für den sonst Sozialhilfe zu leisten wäre,

2. wenn zur Deckung des Bedarfs nur geringfügige Mittel erforderlich sind.

[2]Darüber hinaus soll in angemessenem Umfang die Aufbringung der Mittel verlangt werden, wenn eine Person für voraussichtlich längere Zeit Leistungen in einer stationären Einrichtung bedarf.

(2) [1]Bei einer stationären Leistung in einer stationären Einrichtung wird von dem Einkommen, das der Leistungsberechtigte aus einer entgeltlichen Beschäftigung erzielt, die Aufbringung der Mittel in Höhe von einem Achtel der Regelbedarfsstufe 1 nach der Anlage zu § 28 zuzüglich 50 vom Hundert des diesen Betrag übersteigenden Einkommens aus der Beschäftigung nicht verlangt. [2]§ 82 Absatz 3 und 6 ist nicht anzuwenden.

§ 89 Einsatz des Einkommens bei mehrfachem Bedarf. (1) Wird im Einzelfall der Einsatz eines Teils des Einkommens zur Deckung eines bestimmten Bedarfs zugemutet oder verlangt, darf dieser Teil des Einkommens bei der Prüfung, inwieweit der Einsatz des Einkommens für einen anderen gleichzeitig bestehenden Bedarf zuzumuten ist oder verlangt werden kann, nicht berücksichtigt werden.

(2) [1]Sind im Fall des Absatzes 1 für die Bedarfsfälle verschiedene Träger der Sozialhilfe zuständig, hat die Entscheidung über die Leistung für den zuerst eingetretenen Bedarf den Vorrang. [2]Treten die Bedarfsfälle gleichzeitig ein, ist das über der Einkommensgrenze liegende Einkommen zu gleichen Teilen bei den Bedarfsfällen zu berücksichtigen. [3]Bestehen neben den Bedarfen für Leistungen nach diesem Buch gleichzeitig Bedarfe für Leistungen nach Teil 2 des Neunten Buches[1]), so ist das über der Einkommensgrenze liegende Einkommen nur zur Hälfte zu berücksichtigen.

Dritter Abschnitt. Vermögen

§ 90 Einzusetzendes Vermögen. (1) Einzusetzen ist das gesamte verwertbare Vermögen.

---

[1]) Nr. 1.

(2) Die Sozialhilfe darf nicht abhängig gemacht werden vom Einsatz oder von der Verwertung

1. eines Vermögens, das aus öffentlichen Mitteln zum Aufbau oder zur Sicherung einer Lebensgrundlage oder zur Gründung eines Hausstandes erbracht wird,

2. eines nach § 10a oder Abschnitt XI des Einkommensteuergesetzes geförderten Altersvorsorgevermögens im Sinne des § 92 des Einkommensteuergesetzes; dies gilt auch für das in der Auszahlungsphase insgesamt zur Verfügung stehende Kapital, soweit die Auszahlung als monatliche oder als sonstige regelmäßige Leistung im Sinne von § 82 Absatz 5 Satz 3 erfolgt; für diese Auszahlungen ist § 82 Absatz 4 und 5 anzuwenden,

3. eines sonstigen Vermögens, solange es nachweislich zur baldigen Beschaffung oder Erhaltung eines Hausgrundstücks im Sinne der Nummer 8 bestimmt ist, soweit dieses Wohnzwecken von Menschen mit einer wesentlichen Behinderung oder einer drohenden wesentlichen Behinderung (§ 99 Absatz 1 und 2 des Neunten Buches[1]) oder von blinden Menschen (§ 72) oder pflegebedürftigen Menschen (§ 61) dient oder dienen soll und dieser Zweck durch den Einsatz oder die Verwertung des Vermögens gefährdet würde,

4. eines angemessenen Hausrats; dabei sind die bisherigen Lebensverhältnisse der nachfragenden Person zu berücksichtigen,

5. von Gegenständen, die zur Aufnahme oder Fortsetzung der Berufsausbildung oder der Erwerbstätigkeit unentbehrlich sind,

6. von Familien- und Erbstücken, deren Veräußerung für die nachfragende Person oder ihre Familie eine besondere Härte bedeuten würde,

7. von Gegenständen, die zur Befriedigung geistiger, insbesondere wissenschaftlicher oder künstlerischer Bedürfnisse dienen und deren Besitz nicht Luxus ist,

8. eines angemessenen Hausgrundstücks, das von der nachfragenden Person oder einer anderen in den § 19 Abs. 1 bis 3 genannten Person allein oder zusammen mit Angehörigen ganz oder teilweise bewohnt wird und nach ihrem Tod von ihren Angehörigen bewohnt werden soll. Die Angemessenheit bestimmt sich nach der Zahl der Bewohner, dem Wohnbedarf (zum Beispiel behinderter, blinder oder pflegebedürftiger Menschen), der Grundstücksgröße, der Hausgröße, dem Zuschnitt und der Ausstattung des Wohngebäudes sowie dem Wert des Grundstücks einschließlich des Wohngebäudes,

9. kleinerer Barbeträge oder sonstiger Geldwerte; dabei ist eine besondere Notlage der nachfragenden Person zu berücksichtigen.

(3) [1]Die Sozialhilfe darf ferner nicht vom Einsatz oder von der Verwertung eines Vermögens abhängig gemacht werden, soweit dies für den, der das Vermögen einzusetzen hat, und für seine unterhaltsberechtigten Angehörigen eine Härte bedeuten würde. [2]Dies ist bei der Leistung nach dem Fünften bis Neunten Kapitel insbesondere der Fall, soweit eine angemessene Lebensführung oder die Aufrechterhaltung einer angemessenen Alterssicherung wesentlich erschwert würde.

§ 91 Darlehen. [1]Soweit nach § 90 für den Bedarf der nachfragenden Person Vermögen einzusetzen ist, jedoch der sofortige Verbrauch oder die sofortige Verwertung des Vermögens nicht möglich ist oder für die, die es einzusetzen hat, eine Härte bedeuten würde, soll die Sozialhilfe als Darlehen geleistet werden. [2]Die

---

[1] Nr. 1.

Leistungserbringung kann davon abhängig gemacht werden, dass der Anspruch auf Rückzahlung dinglich oder in anderer Weise gesichert wird.

Vierter Abschnitt. Einschränkung der Anrechnung

§ 92 Beschränkung des Einkommenseinsatzes auf die häusliche Ersparnis. (1) [1]Erhält eine Person, die nicht in einer Wohnung nach § 42a Absatz 2 Satz 2 lebt, Leistungen nach dem Dritten, Vierten, Fünften, Siebten, Achten oder Neunten Kapitel oder Leistungen für ärztliche oder ärztlich verordnete Maßnahmen, so kann die Aufbringung der Mittel für die Leistungen nach dem Dritten und Vierten Kapitel von ihr und den übrigen in § 19 Absatz 3 genannten Personen verlangt werden, soweit Aufwendungen für den häuslichen Lebensunterhalt erspart werden. [2]Für Leistungsberechtigte nach § 27c Absatz 1 und die übrigen in § 19 Absatz 3 genannten Personen sind Leistungen nach § 27c ohne die Berücksichtigung von vorhandenem Vermögen zu erbringen; Absatz 2 findet keine Anwendung. [3]Die Aufbringung der Mittel nach Satz 1 ist aus dem Einkommen nicht zumutbar, wenn Personen, bei denen nach § 138 Absatz 1 Nummer 3 und 6 des Neunten Buches[1]) ein Beitrag zu Leistungen der Eingliederungshilfe nicht verlangt wird, einer selbständigen und nicht selbständigen Tätigkeit nachgehen und das Einkommen aus dieser Tätigkeit einen Betrag in Höhe des Zweifachen der Regelbedarfsstufe 1 nach der Anlage zu § 28 nicht übersteigt; Satz 2 gilt entsprechend.

(2) [1]Darüber hinaus soll in angemessenem Umfang die Aufbringung der Mittel aus dem gemeinsamen Einkommen der leistungsberechtigten Person und ihres nicht getrennt lebenden Ehegatten oder Lebenspartners verlangt werden, wenn die leistungsberechtigte Person auf voraussichtlich längere Zeit Leistungen in einer stationären Einrichtung bedarf. [2]Bei der Prüfung, welcher Umfang angemessen ist, ist auch der bisherigen Lebenssituation des im Haushalt verbliebenen, nicht getrennt lebenden Ehegatten oder Lebenspartners sowie der im Haushalt lebenden minderjährigen unverheirateten Kinder Rechnung zu tragen.

(3) [1]Hat ein anderer als ein nach bürgerlichem Recht Unterhaltspflichtiger nach sonstigen Vorschriften Leistungen für denselben Zweck zu erbringen, wird seine Verpflichtung durch Absatz 2 nicht berührt. [2]Soweit er solche Leistungen erbringt, kann abweichend von Absatz 2 von den in § 19 Absatz 3 genannten Personen die Aufbringung der Mittel verlangt werden.

...

---

[1]) Nr. 1.

12. Arbeitsgerichtsgesetz

In der Fassung der Bekanntmachung vom 2. Juli 1979[1]

(BGBl. I S. 853, ber. S. 1036)

FNA 320-1

zuletzt geänd. durch Art. 7, 8, 9, 10 G zum Ausbau des elektronischen Rechtsverkehrs mit den Gerichten und zur Änd. weiterer Vorschriften v. 5.10.2021 (BGBl. I S. 4607)

– Auszug –

Erster Teil. Allgemeine Vorschriften

§ 2 Zuständigkeit im Urteilsverfahren. (1) Die Gerichte für Arbeitssachen sind ausschließlich zuständig für

1. bürgerliche Rechtsstreitigkeiten zwischen Tarifvertragsparteien oder zwischen diesen und Dritten aus Tarifverträgen oder über das Bestehen oder Nichtbestehen von Tarifverträgen;

2. bürgerliche Rechtsstreitigkeiten zwischen tariffähigen Parteien oder zwischen diesen und Dritten aus unerlaubten Handlungen, soweit es sich um Maßnahmen zum Zwecke des Arbeitskampfes oder um Fragen der Vereinigungsfreiheit einschließlich des hiermit im Zusammenhang stehenden Betätigungsrechts der Vereinigungen handelt;

3. bürgerliche Rechtsstreitigkeiten zwischen Arbeitnehmern und Arbeitgebern

   a) aus dem Arbeitsverhältnis;

   b) über das Bestehen oder Nichtbestehen eines Arbeitsverhältnisses;

   c) aus Verhandlungen über die Eingehung eines Arbeitsverhältnisses und aus dessen Nachwirkungen;

   d) aus unerlaubten Handlungen, soweit diese mit dem Arbeitsverhältnis im Zusammenhang stehen;

   e) über Arbeitspapiere;

4. bürgerliche Rechtsstreitigkeiten zwischen Arbeitnehmern oder ihren Hinterbliebenen und

   a) Arbeitgebern über Ansprüche, die mit dem Arbeitsverhältnis in rechtlichem oder unmittelbar wirtschaftlichem Zusammenhang stehen;

   b) gemeinsamen Einrichtungen der Tarifvertragsparteien oder Sozialeinrichtungen des privaten Rechts oder Versorgungseinrichtungen, soweit Letztere reine Beitragszusagen nach § 1 Absatz 2 Nummer 2a des Betriebsrentengesetzes durchführen, über Ansprüche aus dem Arbeitsverhältnis oder Ansprüche, die mit dem Arbeitsverhältnis in rechtlichem oder unmittelbar wirtschaftlichem Zusammenhang stehen,

   soweit nicht die ausschließliche Zuständigkeit eines anderen Gerichts gegeben ist;

5. bürgerliche Rechtsstreitigkeiten zwischen Arbeitnehmern oder ihren Hinterbliebenen und dem Träger der Insolvenzsicherung über Ansprüche auf

---

[1] Neubekanntmachung des ArbGG v. 3.9.1953 (BGBl. I S. 1267) in der ab 1.7.1979 geltenden Fassung.

Leistungen der Insolvenzsicherung nach dem Vierten Abschnitt des Ersten Teils des Gesetzes zur Verbesserung der betrieblichen Altersversorgung;

6. bürgerliche Rechtsstreitigkeiten zwischen Arbeitgebern und Einrichtungen nach Nummer 4 Buchstabe b und Nummer 5 sowie zwischen diesen Einrichtungen, soweit nicht die ausschließliche Zuständigkeit eines anderen Gerichts gegeben ist;

7. bürgerliche Rechtsstreitigkeiten zwischen Entwicklungshelfern und Trägern des Entwicklungsdienstes nach dem Entwicklungshelfergesetz;

8. bürgerliche Rechtsstreitigkeiten zwischen den Trägern des freiwilligen sozialen oder ökologischen Jahres oder den Einsatzstellen und Freiwilligen nach dem Jugendfreiwilligendienstegesetz;

8a. bürgerliche Rechtsstreitigkeiten zwischen dem Bund oder den Einsatzstellen des Bundesfreiwilligendienstes oder deren Trägern und Freiwilligen nach dem Bundesfreiwilligendienstgesetz;

9. bürgerliche Rechtsstreitigkeiten zwischen Arbeitnehmern aus gemeinsamer Arbeit und aus unerlaubten Handlungen, soweit diese mit dem Arbeitsverhältnis im Zusammenhang stehen;

10. bürgerliche Rechtsstreitigkeiten zwischen behinderten Menschen im Arbeitsbereich von Werkstätten für behinderte Menschen und den Trägern der Werkstätten aus den in § 221 des Neunten Buches Sozialgesetzbuch[1] geregelten arbeitnehmerähnlichen Rechtsverhältnissen.

(2) Die Gerichte für Arbeitssachen sind auch zuständig für bürgerliche Rechtsstreitigkeiten zwischen Arbeitnehmern und Arbeitgebern,

a) die ausschließlich Ansprüche auf Leistung einer festgestellten oder festgesetzten Vergütung für eine Arbeitnehmererfindung oder für einen technischen Verbesserungsvorschlag nach § 20 Abs. 1 des Gesetzes über Arbeitnehmererfindungen zum Gegenstand haben;

b) die als Urheberrechtsstreitsachen aus Arbeitsverhältnissen ausschließlich Ansprüche auf Leistung einer vereinbarten Vergütung zum Gegenstand haben.

(3) Vor die Gerichte für Arbeitssachen können auch nicht unter die Absätze 1 und 2 fallende Rechtsstreitigkeiten gebracht werden, wenn der Anspruch mit einer bei einem Arbeitsgericht anhängigen oder gleichzeitig anhängig werdenden bürgerlichen Rechtsstreitigkeit der in den Absätzen 1 und 2 bezeichneten Art in rechtlichem oder unmittelbar wirtschaftlichem Zusammenhang steht und für seine Geltendmachung nicht die ausschließliche Zuständigkeit eines anderen Gerichts gegeben ist.

(4) Auf Grund einer Vereinbarung können auch bürgerliche Rechtsstreitigkeiten zwischen juristischen Personen des Privatrechts und Personen, die kraft Gesetzes allein oder als Mitglieder des Vertretungsorgans der juristischen Person zu deren Vertretung berufen sind, vor die Gerichte für Arbeitssachen gebracht werden.

(5) In Rechtsstreitigkeiten nach diesen Vorschriften findet das Urteilsverfahren statt.

---

[1] Nr. 1.

§ 2a Zuständigkeit im Beschlußverfahren. (1) Die Gerichte für Arbeitssachen sind ferner ausschließlich zuständig für

...

3a. Angelegenheiten aus den §§ 177, 178 und 222 des Neunten Buches Sozialgesetzbuch[1)];

...

(2) In Streitigkeiten nach diesen Vorschriften findet das Beschlußverfahren statt.

§ 12 Kosten. [1]Das Justizverwaltungskostengesetz und das Justizbeitreibungsgesetz gelten entsprechend, soweit sie nicht unmittelbar Anwendung finden. [2]Bei Einziehung der Gerichts- und Verwaltungskosten leisten die Vollstreckungsbehörden der Justizverwaltung oder die sonst nach Landesrecht zuständigen Stellen den Gerichten für Arbeitssachen Amtshilfe, soweit sie diese Aufgaben nicht als eigene wahrnehmen. [3]Vollstreckungsbehörde ist für die Ansprüche, die beim Bundesarbeitsgericht entstehen, die Justizbeitreibungsstelle des Bundesarbeitsgerichts.

§ 12a Kostentragungspflicht. (1) [1]In Urteilsverfahren des ersten Rechtszugs besteht kein Anspruch der obsiegenden Partei auf Entschädigung wegen Zeitversäumnis und auf Erstattung der Kosten für die Zuziehung eines Prozeßbevollmächtigten oder Beistandes. [2]Vor Abschluß der Vereinbarung über die Vertretung ist auf den Ausschluß der Kostenerstattung nach Satz 1 hinzuweisen. [3]Satz 1 gilt nicht für Kosten, die dem Beklagten dadurch entstanden sind, daß der Kläger ein Gericht der ordentlichen Gerichtsbarkeit, der allgemeinen Verwaltungsgerichtsbarkeit, der Finanz- oder Sozialgerichtsbarkeit angerufen und dieses den Rechtsstreit an das Arbeitsgericht verwiesen hat.

(2) [1]Werden im Urteilsverfahren des zweiten und dritten Rechtszugs die Kosten nach § 92 Abs. 1 der Zivilprozeßordnung verhältnismäßig geteilt und ist die eine Partei durch einen Rechtsanwalt, die andere Partei durch einen Verbandsvertreter nach § 11 Abs. 2 Satz 2 Nr. 4 und 5 vertreten, so ist diese Partei hinsichtlich der außergerichtlichen Kosten so zu stellen, als wenn sie durch einen Rechtsanwalt vertreten worden wäre. [2]Ansprüche auf Erstattung stehen ihr jedoch nur insoweit zu, als ihr Kosten im Einzelfall tatsächlich erwachsen sind.

[1)] Nr. 1.

13. Berufsbildungsgesetz (BBiG)

Vom 4. Mai 2020[1]

(BGBl. I S. 920)

FNA 806-22

geänd. durch Art. 16 RegistermodernisierungsG[2] v. 28.3.2021 (BGBl. I S. 591)

– Auszug –

Teil 2. Berufsbildung

Kapitel 1. Berufsausbildung

Abschnitt 1. Ordnung der Berufsausbildung; Anerkennung von Ausbildungsberufen

§ 4 Anerkennung von Ausbildungsberufen. (1) Als Grundlage für eine geordnete und einheitliche Berufsausbildung kann das Bundesministerium für Wirtschaft und Energie oder das sonst zuständige Fachministerium im Einvernehmen mit dem Bundesministerium für Bildung und Forschung durch Rechtsverordnung, die nicht der Zustimmung des Bundesrates bedarf, Ausbildungsberufe staatlich anerkennen und hierfür Ausbildungsordnungen nach § 5 erlassen.

(2) Für einen anerkannten Ausbildungsberuf darf nur nach der Ausbildungsordnung ausgebildet werden.

(3) In anderen als anerkannten Ausbildungsberufen dürfen Jugendliche unter 18 Jahren nicht ausgebildet werden, soweit die Berufsausbildung nicht auf den Besuch weiterführender Bildungsgänge vorbereitet.

(4) Wird die Ausbildungsordnung eines Ausbildungsberufs aufgehoben oder geändert, so sind für bestehende Berufsausbildungsverhältnisse weiterhin die Vorschriften, die bis zum Zeitpunkt der Aufhebung oder der Änderung gelten, anzuwenden, es sei denn, die ändernde Verordnung sieht eine abweichende Regelung vor.

(5) Das zuständige Fachministerium informiert die Länder frühzeitig über Neuordnungskonzepte und bezieht sie in die Abstimmung ein.

Abschnitt 5. Prüfungswesen

§ 43 Zulassung zur Abschlussprüfung. (1) Zur Abschlussprüfung ist zuzulassen,

1. wer die Ausbildungsdauer zurückgelegt hat oder wessen Ausbildungsdauer nicht später als zwei Monate nach dem Prüfungstermin endet,

---

[1] Neubekanntmachung des BerufsbildungsG v. 23.3.2005 (BGBl. I S. 931) in der ab 1.1.2020 geltenden Fassung.
[2] Die Änderungen durch G v. 28.3.2021 (BGBl. I S. 591) treten an dem Tag in Kraft, an dem das Bundesministerium des Innern, für Bau und Heimat im Bundesgesetzblatt bekannt gibt, dass die technischen Voraussetzungen für die Verarbeitung der Identifikationsnummer nach § 139b der Abgabenordnung nach den jeweils geänderten Gesetzen vorliegen, vgl. Art. 22 Satz 3 G v. 28.3.2021 (BGBl. I S. 591); sie sind noch nicht im Text berücksichtigt.

2. wer an vorgeschriebenen Zwischenprüfungen teilgenommen sowie einen vom Ausbilder und Auszubildenden unterzeichneten Ausbildungsnachweis nach § 13 Satz 2 Nummer 7 vorgelegt hat und

3. wessen Berufsausbildungsverhältnis in das Verzeichnis der Berufsausbildungsverhältnisse eingetragen oder aus einem Grund nicht eingetragen ist, den weder die Auszubildenden noch deren gesetzliche Vertreter oder Vertreterinnen zu vertreten haben.

(2) [1] Zur Abschlussprüfung ist ferner zuzulassen, wer in einer berufsbildenden Schule oder einer sonstigen Berufsbildungseinrichtung ausgebildet worden ist, wenn dieser Bildungsgang der Berufsausbildung in einem anerkannten Ausbildungsberuf entspricht. [2] Ein Bildungsgang entspricht der Berufsausbildung in einem anerkannten Ausbildungsberuf, wenn er

1. nach Inhalt, Anforderung und zeitlichem Umfang der jeweiligen Ausbildungsordnung gleichwertig ist,

2. systematisch, insbesondere im Rahmen einer sachlichen und zeitlichen Gliederung, durchgeführt wird und

3. durch Lernortkooperation einen angemessenen Anteil an fachpraktischer Ausbildung gewährleistet.

§ 47 Prüfungsordnung. (1) [1] Die zuständige Stelle hat eine Prüfungsordnung für die Abschlussprüfung zu erlassen. [2] Die Prüfungsordnung bedarf der Genehmigung der zuständigen obersten Landesbehörde.

(2) [1] Die Prüfungsordnung muss die Zulassung, die Gliederung der Prüfung, die Bewertungsmaßstäbe, die Erteilung der Prüfungszeugnisse, die Folgen von Verstößen gegen die Prüfungsordnung und die Wiederholungsprüfung regeln. [2] Sie kann vorsehen, dass Prüfungsaufgaben, die überregional oder von einem Aufgabenerstellungsausschuss bei der zuständigen Stelle erstellt oder ausgewählt werden, zu übernehmen sind, sofern diese Aufgaben von Gremien erstellt oder ausgewählt werden, die entsprechend § 40 Absatz 2 zusammengesetzt sind.

(3) [1] Im Fall des § 73 Absatz 1 erlässt das Bundesministerium des Innern, für Bau und Heimat oder das sonst zuständige Fachministerium die Prüfungsordnung durch Rechtsverordnung, die nicht der Zustimmung des Bundesrates bedarf. [2] Das Bundesministerium des Innern, für Bau und Heimat oder das sonst zuständige Fachministerium kann die Ermächtigung nach Satz 1 durch Rechtsverordnung auf die von ihm bestimmte zuständige Stelle übertragen.

(4) [1] Im Fall des § 73 Absatz 2 erlässt die zuständige Landesregierung die Prüfungsordnung durch Rechtsverordnung. [2] Die Ermächtigung nach Satz 1 kann durch Rechtsverordnung auf die von ihr bestimmte zuständige Stelle übertragen werden.

(5) [1] Wird im Fall des § 71 Absatz 8 die zuständige Stelle durch das Land bestimmt, so erlässt die zuständige Landesregierung die Prüfungsordnung durch Rechtsverordnung. [2] Die Ermächtigung nach Satz 1 kann durch Rechtsverordnung auf die von ihr bestimmte zuständige Stelle übertragen werden.

(6) Der Hauptausschuss des Bundesinstituts für Berufsbildung erlässt für die Prüfungsordnung Richtlinien.

Kapitel 4. Berufsbildung für besondere Personengruppen

Abschnitt 1. Berufsbildung behinderter Menschen

§ 64 Berufsausbildung. Behinderte Menschen (§ 2 Absatz 1 Satz 1 des Neunten Buches Sozialgesetzbuch[1]) sollen in anerkannten Ausbildungsberufen ausgebildet werden.

§ 65 Berufsausbildung in anerkannten Ausbildungsberufen. (1) [1]Regelungen nach den §§ 9 und 47 sollen die besonderen Verhältnisse behinderter Menschen berücksichtigen. [2]Dies gilt insbesondere für die zeitliche und sachliche Gliederung der Ausbildung, die Dauer von Prüfungszeiten, die Zulassung von Hilfsmitteln und die Inanspruchnahme von Hilfeleistungen Dritter wie Gebärdensprachdolmetscher für hörbehinderte Menschen.

(2) [1]Der Berufsausbildungsvertrag mit einem behinderten Menschen ist in das Verzeichnis der Berufsausbildungsverhältnisse (§ 34) einzutragen. [2]Der behinderte Mensch ist zur Abschlussprüfung auch zuzulassen, wenn die Voraussetzungen des § 43 Absatz 1 Nummer 2 und 3 nicht vorliegen.

§ 66 Ausbildungsregelungen der zuständigen Stellen. (1) [1]Für behinderte Menschen, für die wegen Art und Schwere ihrer Behinderung eine Ausbildung in einem anerkannten Ausbildungsberuf nicht in Betracht kommt, treffen die zuständigen Stellen auf Antrag der behinderten Menschen oder ihrer gesetzlichen Vertreter oder Vertreterinnen Ausbildungsregelungen entsprechend den Empfehlungen des Hauptausschusses des Bundesinstituts für Berufsbildung. [2]Die Ausbildungsinhalte sollen unter Berücksichtigung von Lage und Entwicklung des allgemeinen Arbeitsmarktes aus den Inhalten anerkannter Ausbildungsberufe entwickelt werden. [3]Im Antrag nach Satz 1 ist eine Ausbildungsmöglichkeit in dem angestrebten Ausbildungsgang nachzuweisen.

(2) § 65 Absatz 2 Satz 1 gilt entsprechend.

§ 67 Berufliche Fortbildung, berufliche Umschulung. Für die berufliche Fortbildung und die berufliche Umschulung behinderter Menschen gelten die §§ 64 bis 66 entsprechend, soweit es Art und Schwere der Behinderung erfordern.

---

[1] Nr. **1.**

13a. Gesetz zur Ordnung des Handwerks (Handwerksordnung)

In der Fassung der Bekanntmachung vom 24. September 1998[1]

(BGBl. I S. 3074, ber. 2006 I S. 2095)

FNA 7110-1

zuletzt geänd. durch Art. 1 Fünftes G zur Änd. der HandwerksO und anderer handwerksrechtlicher Vorschriften v. 9.6.2021 (BGBl. I S. 1654)

– Auszug –

Zweiter Teil. Berufsbildung im Handwerk

Zweiter Abschnitt. Ausbildungsordnung, Änderung der Ausbildungszeit

§ 25 [Ausbildungsordnung] (1) ¹Als Grundlage für eine geordnete und einheitliche Berufsausbildung kann das Bundesministerium für Wirtschaft und Energie im Einvernehmen mit dem Bundesministerium für Bildung und Forschung durch Rechtsverordnung, die nicht der Zustimmung des Bundesrates bedarf, für Gewerbe der Anlage A und der Anlage B Ausbildungsberufe staatlich anerkennen und hierfür Ausbildungsordnungen nach § 26 erlassen. ²Dabei können in einem Gewerbe mehrere Ausbildungsberufe staatlich anerkannt werden, soweit dies wegen der Breite des Gewerbes erforderlich ist; die in diesen Berufen abgelegten Gesellenprüfungen sind Prüfungen im Sinne des § 49 Abs. 1 oder § 51a Abs. 5 Satz 1.

(2) Für einen anerkannten Ausbildungsberuf darf nur nach der Ausbildungsordnung ausgebildet werden.

(3) In anderen als anerkannten Ausbildungsberufen dürfen Jugendliche unter 18 Jahren nicht ausgebildet werden, soweit die Berufsausbildung nicht auf den Besuch weiterführender Bildungsgänge vorbereitet.

(4) Wird die Ausbildungsordnung eines Ausbildungsberufs aufgehoben oder geändert oder werden Gewerbe in der Anlage A oder in der Anlage B gestrichen, zusammengefasst oder getrennt, so sind für bestehende Berufsausbildungsverhältnisse weiterhin die bis zu dem Zeitpunkt der Aufhebung oder Änderung geltenden Vorschriften anzuwenden, es sei denn, die ändernde Verordnung sieht eine abweichende Regelung vor.

(5) Das Bundesministerium für Wirtschaft und Energie informiert die Länder frühzeitig über Neuordnungskonzepte und bezieht sie in die Abstimmung ein.

Vierter Abschnitt. Prüfungswesen

§ 36 [Zulassung zur Gesellenprüfung] (1) Zur Gesellenprüfung ist zuzulassen,

---

[1] Neubekanntmachung der HandwerksO idF der Bek. v. 28.12.1965 (BGBl. 1966 I S. 1) in der ab 1.4.1998 geltenden Fassung.

1. wer die Ausbildungsdauer zurückgelegt hat oder wessen Ausbildungsdauer nicht später als zwei Monate nach dem Prüfungstermin endet,

2. wer an vorgeschriebenen Zwischenprüfungen teilgenommen sowie einen vom Ausbilder und Auszubildenden unterzeichneten Ausbildungsnachweis nach § 13 Satz 2 Nummer 7 des Berufsbildungsgesetzes vorgelegt hat und

3. wessen Berufsausbildungsverhältnis in die Lehrlingsrolle eingetragen oder aus einem Grund nicht eingetragen ist, den weder der Lehrling (Auszubildende) noch dessen gesetzlicher Vertreter zu vertreten hat.

(2) [1] Zur Gesellenprüfung ist ferner zuzulassen, wer in einer berufsbildenden Schule oder einer sonstigen Berufsbildungseinrichtung ausgebildet worden ist, wenn dieser Bildungsgang der Berufsausbildung in einem anerkannten Ausbildungsberuf (Gewerbe der Anlage A oder der Anlage B) entspricht. [2] Ein Bildungsgang entspricht der Berufsausbildung in einem anerkannten Ausbildungsberuf, wenn er

1. nach Inhalt, Anforderung und zeitlichem Umfang der jeweiligen Ausbildungsordnung gleichwertig ist,

2. systematisch, insbesondere im Rahmen einer sachlichen und zeitlichen Gliederung durchgeführt wird, und

3. durch Lernortkooperation einen angemessenen Anteil an fachpraktischer Ausbildung gewährleistet.

...

§ 38 [Prüfungsordnung] (1) [1] Die Handwerkskammer hat eine Prüfungsordnung für die Gesellenprüfung zu erlassen. [2] Die Prüfungsordnung bedarf der Genehmigung der zuständigen obersten Landesbehörde.

(2) [1] Die Prüfungsordnung muss die Zulassung, die Gliederung der Prüfung, die Bewertungsmaßstäbe, die Erteilung der Prüfungszeugnisse, die Folgen von Verstößen gegen die Prüfungsordnung und die Wiederholungsprüfung regeln. [2] Sie kann vorsehen, dass Prüfungsaufgaben, die überregional oder von einem Aufgabenerstellungsausschuss bei der Handwerkskammer erstellt oder ausgewählt werden, zu übernehmen sind, sofern diese Aufgaben von Gremien erstellt oder ausgewählt werden, die entsprechend § 34 Abs. 2 zusammengesetzt sind.

(3) Der Hauptausschuss des Bundesinstituts für Berufsbildung erlässt für die Prüfungsordnung Richtlinien.

Fünfter Abschnitt. Regelung und Überwachung der Berufsausbildung

§ 41 [Regelung der Berufsausbildung] Soweit Vorschriften nicht bestehen, regelt die Handwerkskammer die Durchführung der Berufsausbildung im Rahmen der gesetzlichen Vorschriften.

...

Siebenter Abschnitt. Berufliche Bildung behinderter Menschen, Berufsausbildungsvorbereitung

§ 42p [Ausbildung] Behinderte Menschen (§ 2 Abs. 1 Satz 1 des Neunten Buches Sozialgesetzbuch[1]) sollen in anerkannten Ausbildungsberufen ausgebildet werden.

§ 42q [Behindertengerechte Regelung der Ausbildung] (1) [1] Regelungen nach den §§ 38 und 41 sollen die besonderen Verhältnisse behinderter Menschen berücksichtigen. [2] Dies gilt insbesondere für die zeitliche und sachliche Gliederung der Ausbildung, die Dauer von Prüfungszeiten, die Zulassung von Hilfsmitteln und die Inanspruchnahme von Hilfeleistungen Dritter, wie Gebärdendolmetscher für hörbehinderte Menschen.

(2) [1] Der Berufsausbildungsvertrag mit einem behinderten Menschen ist in die Lehrlingsrolle (§ 28) einzutragen. [2] Der behinderte Mensch ist zur Gesellenprüfung auch zuzulassen, wenn die Voraussetzungen des § 36 Abs. 1 Nr. 2 und 3 nicht vorliegen.

§ 42r [Ausbildungsregelungen] (1) [1] Für behinderte Menschen, für die wegen Art und Schwere ihrer Behinderung eine Ausbildung in einem anerkannten Ausbildungsberuf nicht in Betracht kommt, trifft die Handwerkskammer auf Antrag der behinderten Menschen oder ihrer gesetzlichen Vertreter Ausbildungsregelungen entsprechend den Empfehlungen des Hauptausschusses des Bundesinstituts für Berufsbildung. [2] Die Ausbildungsinhalte sollen unter Berücksichtigung von Lage und Entwicklung des allgemeinen Arbeitsmarktes aus den Inhalten anerkannter Ausbildungsberufe entwickelt werden. [3] Im Antrag nach Satz 1 ist eine Ausbildungsmöglichkeit in dem angestrebten Ausbildungsgang nachzuweisen.

(2) § 42q Absatz 2 Satz 1 ist entsprechend anzuwenden.

§ 42s [Berufliche Fortbildung und Umschulung] Für die berufliche Fortbildung und die berufliche Umschulung behinderter Menschen gelten die §§ 42p bis 42r entsprechend, soweit Art und Schwere der Behinderung dies erfordern.

...

---

[1] Nr. **1**.

14. Betriebsverfassungsgesetz

In der Fassung der Bekanntmachung vom 25. September 2001[1]

(BGBl. I S. 2518)

FNA 801-7

zuletzt geänd. durch Art. 5 G zur Stärkung der Impfprävention gegen COVID-19 und zur Änd. weiterer Vorschriften im Zusammenhang mit der COVID-19-Pandemie v. 10.12.2021 (BGBl. I S. 5162)

– Auszug –

Zweiter Teil. Betriebsrat, Betriebsversammlung, Gesamt- und Konzernbetriebsrat

Dritter Abschnitt. Geschäftsführung des Betriebsrats

§ 32 Teilnahme der Schwerbehindertenvertretung. Die Schwerbehindertenvertretung (§ 177 des Neunten Buches Sozialgesetzbuch[2]) kann an allen Sitzungen des Betriebsrats beratend teilnehmen.

§ 35 Aussetzung von Beschlüssen. (1) Erachtet die Mehrheit der Jugend- und Auszubildendenvertretung oder die Schwerbehindertenvertretung einen Beschluss des Betriebsrats als eine erhebliche Beeinträchtigung wichtiger Interessen der durch sie vertretenen Arbeitnehmer, so ist auf ihren Antrag der Beschluss auf die Dauer von einer Woche vom Zeitpunkt der Beschlussfassung an auszusetzen, damit in dieser Frist eine Verständigung, gegebenenfalls mit Hilfe der im Betrieb vertretenen Gewerkschaften, versucht werden kann.

(2) ¹Nach Ablauf der Frist ist über die Angelegenheit neu zu beschließen. ²Wird der erste Beschluss bestätigt, so kann der Antrag auf Aussetzung nicht wiederholt werden; dies gilt auch, wenn der erste Beschluss nur unerheblich geändert wird.

Fünfter Abschnitt. Gesamtbetriebsrat

§ 52 Teilnahme der Gesamtschwerbehindertenvertretung. Die Gesamtschwerbehindertenvertretung (§ 180 Absatz 1 des Neunten Buches Sozialgesetzbuch[2]) kann an allen Sitzungen des Gesamtbetriebsrats beratend teilnehmen.

Sechster Abschnitt. Konzernbetriebsrat

§ 59a Teilnahme der Konzernschwerbehindertenvertretung. Die Konzernschwerbehindertenvertretung (§ 180 Absatz 2 des Neunten Buches Sozialgesetzbuch[2]) kann an allen Sitzungen des Konzernbetriebsrats beratend teilnehmen.

---

[1] Neubekanntmachung des BetrVG idF der Bek. v. 23.12.1988 (BGBl. 1989 I S. 1, ber. S. 902) in der ab 28. Juli 2001 geltenden Fassung.
[2] Nr. 1.

Vierter Teil. Mitwirkung und Mitbestimmung der Arbeitnehmer

Erster Abschnitt. Allgemeines

§ 74 Grundsätze für die Zusammenarbeit. (1) [1]Arbeitgeber und Betriebsrat sollen mindestens einmal im Monat zu einer Besprechung zusammentreten. [2]Sie haben über strittige Fragen mit dem ernsten Willen zur Einigung zu verhandeln und Vorschläge für die Beilegung von Meinungsverschiedenheiten zu machen.

(2), (3) …

§ 75 Grundsätze für die Behandlung der Betriebsangehörigen.

(1) Arbeitgeber und Betriebsrat haben darüber zu wachen, dass alle im Betrieb tätigen Personen nach den Grundsätzen von Recht und Billigkeit behandelt werden, insbesondere, dass jede Benachteiligung von Personen aus Gründen ihrer Rasse oder wegen ihrer ethnischen Herkunft, ihrer Abstammung oder sonstigen Herkunft, ihrer Nationalität, ihrer Religion oder Weltanschauung, ihrer Behinderung, ihres Alters, ihrer politischen oder gewerkschaftlichen Betätigung oder Einstellung oder wegen ihres Geschlechts oder ihrer sexuellen Identität unterbleibt.

(2) …

15. Gesetz über die Versorgung der Opfer des Krieges (Bundesversorgungsgesetz – BVG)[1]

In der Fassung der Bekanntmachung vom 22. Januar 1982[2]

(BGBl. I S. 21)

FNA 830-2

zuletzt geänd. durch Art. 6 G zur Regelung eines Sofortzuschlages und einer Einmalzahlung in den sozialen Mindestsicherungssystemen sowie zur Änd. des FinanzausgleichsG und weiterer G v. 23.5.2022 (BGBl. I S. 760)

– Auszug –

Anspruch auf Versorgung

§ 1 [Voraussetzungen des Versorgungsanspruchs] (1) Wer durch eine militärische oder militärähnliche Dienstverrichtung oder durch einen Unfall während der Ausübung des militärischen oder militärähnlichen Dienstes oder durch die diesem Dienst eigentümlichen Verhältnisse eine gesundheitliche Schädigung erlitten hat, erhält wegen der gesundheitlichen und wirtschaftlichen Folgen der Schädigung auf Antrag Versorgung.

(2) Einer Schädigung im Sinne des Absatzes 1 stehen Schädigungen gleich, die herbeigeführt worden sind durch

a) eine unmittelbare Kriegseinwirkung,

b) eine Kriegsgefangenschaft,

c) eine Internierung im Ausland oder in den nicht unter deutscher Verwaltung stehenden deutschen Gebieten wegen deutscher Staatsangehörigkeit oder deutscher Volkszugehörigkeit,

d) eine mit militärischem oder militärähnlichem Dienst oder mit den allgemeinen Auflösungserscheinungen zusammenhängende Straf- oder Zwangsmaßnahme, wenn sie den Umständen nach als offensichtliches Unrecht anzusehen ist,

e) einen Unfall, den der Beschädigte auf einem Hin- oder Rückweg erleidet, der notwendig ist, um eine Maßnahme der Heilbehandlung, eine Badekur, Versehrtenleibesübungen als Gruppenbehandlung oder Leistungen zur Teilhabe am Arbeitsleben nach § 26 durchzuführen oder um auf Verlangen eines zuständigen Leistungsträgers oder eines Gerichts wegen der Schädigung persönlich zu erscheinen,

f) einen Unfall, den der Beschädigte bei der Durchführung einer der unter Buchstabe e aufgeführten Maßnahmen erleidet.

(3) [1] Zur Anerkennung einer Gesundheitsstörung als Folge einer Schädigung genügt die Wahrscheinlichkeit des ursächlichen Zusammenhangs. [2] Wenn die zur Anerkennung einer Gesundheitsstörung als Folge einer Schädigung erforderliche Wahrscheinlichkeit nur deshalb nicht gegeben ist, weil über die Ursache des festgestellten Leidens in der medizinischen Wissenschaft Ungewißheit besteht, kann mit Zustimmung des Bundesministeriums für Arbeit und Soziales die

---

[1] **Aufgehoben mit Ablauf des 31.12.2023** durch Art. 58 Nr. 2 G v. 12.12.2019 (BGBl. I S. 2652); siehe ab diesem Zeitpunkt das Sozialgesetzbuch XIV: Soziale Entschädigung.

[2] Neubekanntmachung des BVG idF der Bek. v. 22.6.1976 (BGBl. I S. 1633).

Gesundheitsstörung als Folge einer Schädigung anerkannt werden; die Zustimmung kann allgemein erteilt werden.

(4) Eine vom Beschädigten absichtlich herbeigeführte Schädigung gilt nicht als Schädigung im Sinne dieses Gesetzes.

(5) [1] Ist der Beschädigte an den Folgen der Schädigung gestorben, so erhalten seine Hinterbliebenen auf Antrag Versorgung. [2] Absatz 3 gilt entsprechend.

§ 8a [Fiktion der Schädigung] (1) [1] Einer Schädigung im Sinne des § 1 Abs. 1 steht eine Schädigung gleich, die ein Berechtigter oder Leistungsempfänger nach § 10 Abs. 4 oder 5 durch einen Unfall bei der Durchführung einer stationären Maßnahme nach § 12 Abs. 1 oder 4 oder § 26 oder auf dem notwendigen Hin- und Rückweg erleidet. [2] Dies gilt entsprechend, wenn der Berechtigte oder Leistungsempfänger dem Verlangen eines zuständigen Leistungsträgers oder eines Gerichts, wegen der Versorgung persönlich zu erscheinen, folgt und dabei einen Unfall erleidet.

(2) Absatz 1 gilt entsprechend, wenn eine Pflegeperson bei einer Badekur nach § 12 Abs. 3 einen Unfall erleidet.

(3) [1] Einer Schädigung im Sinne des § 1 Abs. 1 steht eine Schädigung gleich, die eine nicht nach § 2 Abs. 1 Nr. 1 oder 9 des Siebten Buches Sozialgesetzbuch versicherte Begleitperson durch einen Unfall bei einer wegen der Folgen der Schädigung notwendigen Begleitung des Beschädigten auf einem Weg im Sinne des § 1 Abs. 2 Buchstabe e oder bei der notwendigen Begleitung während der Durchführung einer dort aufgeführten Maßnahme erleidet. [2] Dies gilt entsprechend, wenn der Beschädigte dem Verlangen eines Leistungsträgers, einer anderen Behörde oder eines Gerichts folgt, persönlich zu erscheinen.

…

Umfang der Versorgung

§ 9 [Umfang der Versorgung] (1) Die Versorgung umfaßt

1. Heilbehandlung, Versehrtenleibesübungen und Krankenbehandlung (§§ 10 bis 24a),
2. Leistungen der Kriegsopferfürsorge (§§ 25 bis 27l),
3. Beschädigtenrente (§§ 29 bis 34) und Pflegezulage (§ 35),
4. Bestattungsgeld (§ 36) und Sterbegeld (§ 37),
5. Hinterbliebenenrente (§§ 38 bis 52),
6. Bestattungsgeld beim Tode von Hinterbliebenen (§ 53).

(2) Auf Antrag werden folgende Leistungen nach diesem Gesetz durch ein Persönliches Budget nach § 29 des Neunten Buches Sozialgesetzbuch[1]) erbracht:

1. Leistungen der Heil- und Krankenbehandlung,
2. Leistungen zur Teilhabe am Arbeitsleben nach den §§ 26 und 26a,
3. Leistungen zur Teilhabe nach § 27d Absatz 1 Nummer 3 ,
4. Leistungen der Hilfe zur Pflege nach § 26c einschließlich der Hilfe zur Weiterführung des Haushalts nach § 26d und
5. die Pflegezulage nach § 35.

---

[1]) Nr. 1.

Heilbehandlung, Versehrtenleibesübungen und Krankenbehandlung

§ 10 [Voraussetzungen und Zweck der Heil- oder Krankenbehandlung]

(1) [1] Heilbehandlung wird Beschädigten für Gesundheitsstörungen, die als Folge einer Schädigung anerkannt oder durch eine anerkannte Schädigungsfolge verursacht worden sind, gewährt, um die Gesundheitsstörungen oder die durch sie bewirkte Beeinträchtigung der Berufs- oder Erwerbsfähigkeit zu beseitigen oder zu bessern, eine Zunahme des Leidens zu verhüten, Pflegebedürftigkeit zu vermeiden, zu überwinden, zu mindern oder ihre Verschlimmerung zu verhüten, körperliche Beschwerden zu beheben, die Folgen der Schädigung zu erleichtern oder um den Beschädigten entsprechend den in § 4 Abs. 1 des Neunten Buches Sozialgesetzbuch[1]) genannten Zielen eine möglichst umfassende Teilhabe am Leben in der Gesellschaft zu ermöglichen. [2] Ist eine Gesundheitsstörung nur im Sinne der Verschlimmerung als Folge einer Schädigung anerkannt, wird abweichend von Satz 1 Heilbehandlung für die gesamte Gesundheitsstörung gewährt, es sei denn, daß die als Folge einer Schädigung anerkannte Gesundheitsstörung auf den Zustand, der Heilbehandlung erfordert, ohne Einfluß ist.

(2) Heilbehandlung wird Schwerbeschädigten auch für Gesundheitsstörungen gewährt, die nicht als Folge einer Schädigung anerkannt sind.

(3) Versehrtenleibesübungen werden Beschädigten zur Wiedergewinnung und Erhaltung der körperlichen Leistungsfähigkeit gewährt.

(4) [1] Krankenbehandlung wird

a) dem Schwerbeschädigten für den Ehegatten oder Lebenspartner und für die Kinder (§ 33b Abs. 1 bis 4) sowie für sonstige Angehörige, die mit ihm in häuslicher Gemeinschaft leben und von ihm überwiegend unterhalten werden,

b) dem Empfänger einer Pflegezulage für Personen, die seine unentgeltliche Wartung und Pflege nicht nur vorübergehend übernommen haben,

c) den Witwen und hinterbliebenen Lebenspartnern (§§ 38, 42 bis 44 und 48), Waisen (§§ 45 und 48) und versorgungsberechtigten Eltern (§§ 49 bis 51)

gewährt, um Gesundheitsstörungen oder die durch sie bewirkte Beeinträchtigung der Berufs- oder Erwerbsfähigkeit zu beseitigen oder zu bessern, eine Zunahme des Leidens zu verhüten, Pflegebedürftigkeit zu vermeiden, zu überwinden, zu mindern oder ihre Verschlimmerung zu verhüten, körperliche Beschwerden zu beheben oder die Folgen der Behinderung zu erleichtern. [2] Die unter Buchstabe c genannten Berechtigten erhalten Krankenbehandlung auch zu dem Zweck, ihnen entsprechend den in § 4 Abs 1 des Neunten Buches Sozialgesetzbuch genannten Zielen eine möglichst umfassende Teilhabe am Leben in der Gesellschaft zu ermöglichen. [3] Bisherige Leistungsempfänger (Satz 1 Buchstaben a und b), die nach dem Tode des Schwerbeschädigten nicht zu dem Personenkreis des Satzes 1 Buchstabe c gehören, können weiter Krankenbehandlung erhalten, wenn sie einen wirksamen Krankenversicherungsschutz unter zumutbaren Bedingungen nicht erreichen können.

(5) [1] Krankenbehandlung wird ferner gewährt,

a) Beschädigten mit einem Grad der Schädigungsfolgen von weniger als 50 für sich und für die in Absatz 4 Buchstabe a genannten Angehörigen,

---

[1]) Nr. 1.

b) Witwen und hinterbliebenen Lebenspartnern (§§ 38, 42 bis 44 und 48) für die in Absatz 4 Buchstabe a genannten Angehörigen,

sofern der Berechtigte an einer Leistung zur Teilhabe am Arbeitsleben teilnimmt. [2] Das Gleiche gilt bei einer vorübergehenden Unterbrechung der Teilnahme aus gesundheitlichen oder sonstigen von dem Berechtigten nicht zu vertretenden Gründen.

(6) [1] Berechtigten, die die Voraussetzungen der Absätze 2, 4 oder 5 erfüllen, werden für sich und die Leistungsempfänger Leistungen und zur Verhütung und Früherkennung von Krankheiten sowie Leistungen bei Schwangerschaft und Mutterschaft gewährt. [2] Außerdem sollen Leistungen zur Gesundheitsförderung, Prävention und Selbsthilfe nach Maßgabe des Fünften Buches Sozialgesetzbuch[1] erbracht werden. [3] Für diese Leistungen gelten die Vorschriften über die Heil- und die Krankenbehandlung mit Ausnahme des Absatzes 1 entsprechend; für Kurleistungen gelten § 11 Abs. 2 und § 12 Abs. 3 und 4.

(7) [1] Die Ansprüche nach den Absätzen 2, 4, 5 und 6 sind ausgeschlossen,

a) wenn der Berechtigte ein Einkommen hat, das die Jahresarbeitsentgeltgrenze der gesetzlichen Krankenversicherung übersteigt, es sei denn, daß der Berechtigte Anspruch auf Pflegezulage hat oder die Heilbehandlung wegen der als Folge einer Schädigung anerkannten Gesundheitsstörung nicht durch eine Krankenversicherung sicherstellen kann, oder

b) wenn der Berechtigte oder derjenige, für den Krankenbehandlung begehrt wird (Leistungsempfänger), nach dem 31. Dezember 1982 von der Versicherungspflicht in der gesetzlichen Krankenversicherung auf Antrag befreit worden ist oder

c) wenn der Leistungsempfänger ein Einkommen hat, das die Jahresarbeitsentgeltgrenze der gesetzlichen Krankenversicherung übersteigt, es sei denn, daß der Berechtigte Anspruch auf Pflegezulage hat, oder

d) wenn ein Sozialversicherungsträger zu einer entsprechenden Leistung verpflichtet ist oder

e) wenn Anspruch auf entsprechende Leistungen aus einem Vertrag, ausgenommen Ansprüche aus einer privaten Kranken- oder Unfallversicherung, besteht oder

f) wenn und soweit die Heil- oder Krankenbehandlung durch ein anderes Gesetz sichergestellt ist.

[2] Entsprechende Leistungen im Sinne dieses Absatzes sind Leistungen, die nach ihrer Zweckbestimmung und der Art der Leistungserbringung übereinstimmen. [3] Sachleistungen anderer Träger, die dem gleichen Zweck dienen wie Kostenübernahmen, Geldleistungen oder Zuschüsse nach diesem Gesetz, gelten im Verhältnis zu diesen Leistungen als entsprechende Leistungen. [4] Die Ansprüche, die ein Berechtigter nach den Absätzen 2, 4, 5 und 6 für sich hat, werden nicht dadurch ausgeschlossen, daß er nach § 10 des Fünften Buches Sozialgesetzbuch versichert ist.

(8) Heil- oder Krankenbehandlung kann auch vor der Anerkennung eines Versorgungsanspruchs gewährt werden.

§ 11 [Umfang der Heilbehandlung] (1) [1] Die Heilbehandlung umfaßt

---

[1] Auszugsweise abgedruckt unter Nr. **5**.

1. ambulante ärztliche und zahnärztliche Behandlung,
2. Versorgung mit Arznei- und Verbandmitteln,
3. Versorgung mit Heilmitteln einschließlich Krankengymnastik, Bewegungstherapie, Sprachtherapie und Beschäftigungstherapie sowie mit Brillengläsern und Kontaktlinsen,
4. Versorgung mit Zahnersatz,
5. Behandlung in einem Krankenhaus (Krankenhausbehandlung),
6. Behandlung in einer Rehabilitationseinrichtung,
7. häusliche Krankenpflege,
8. Versorgung mit Hilfsmitteln,
9. Belastungserprobung und Arbeitstherapie,
10. nichtärztliche sozialpädiatrische Leistungen,
11. Psychotherapie als ärztliche und psychotherapeutische Behandlung und Soziotherapie.

[2] Die Vorschriften für die Leistungen, zu denen die Krankenkasse (§ 18c Abs. 2 Satz 1) ihren Mitgliedern verpflichtet ist, gelten für die Leistungen nach Satz 1 entsprechend, soweit dieses Gesetz nichts anderes bestimmt.

(2) [1] Stationäre Behandlung in einer Kureinrichtung (Badekur) kann Beschädigten unter den Voraussetzungen des § 10 Abs. 1, 2, 7 und 8 gewährt werden, wenn sie notwendig ist, um den Heilerfolg zu sichern oder um einer in absehbarer Zeit zu erwartenden Verschlechterung des Gesundheitszustands, einer Pflegebedürftigkeit oder einer Arbeitsunfähigkeit vorzubeugen. [2] Die Leistung wird abweichend von § 10 Abs. 7 Buchstabe d nicht dadurch ausgeschlossen, daß eine Krankenkasse zu einer entsprechenden Leistung verpflichtet ist. [3] Eine Badekur soll nicht vor Ablauf von drei Jahren nach Durchführung einer solchen Maßnahme oder einer Kurmaßnahme, deren Kosten auf Grund öffentlich-rechtlicher Vorschriften getragen oder bezuschußt worden sind, gewährt werden, es sei denn, daß eine vorzeitige Gewährung aus dringenden gesundheitlichen Gründen erforderlich ist. [4] Wird die Badekur unter den Voraussetzungen des § 10 Abs. 1 gewährt, so sollen Gesundheitsstörungen, die den Erfolg der Badekur beeinträchtigen können, mitbehandelt werden.

(3) [1] Zur Ergänzung der Versorgung mit Hilfsmitteln können Beschädigte unter den Voraussetzungen des § 10 Abs. 1, 2, 7 und 8 als Ersatzleistung Zuschüsse erhalten

1. zur Beschaffung, Instandhaltung und Änderung von Motorfahrzeugen oder Fahrrädern anstelle bestimmter Hilfsmittel und deren Instandsetzung,
2. für Abstellmöglichkeiten für Rollstühle und für Motorfahrzeuge, zu deren Beschaffung der Beschädigte einen Zuschuß erhalten hat oder hätte erhalten können,
3. zur Unterbringung von Blindenführhunden,
4. zur Beschaffung und Änderung bestimmter Geräte sowie
5. zu den Kosten bestimmter Dienst- und Werkleistungen.

[2] Bei einzelnen Leistungen können auch die vollen Kosten übernommen werden. [3] Empfänger einer Pflegezulage mindestens nach Stufe III können einen Zuschuß nach Satz 1 Nr. 1 auch erhalten, wenn er nicht anstelle eines Hilfsmittels beantragt wird.

(4) Beschädigte erhalten unter den Voraussetzungen des § 10 Abs. 1, 2, 7 und 8 Haushaltshilfe sowie einen Zuschuss zu stationärer oder teilstationärer Versorgung in Hospizen in entsprechender Anwendung der Vorschriften, die für die Krankenkasse (§ 18c Abs. 2 Satz 1) gelten.

(5) Die Heilbehandlung umfaßt auch ergänzende Leistungen zur Rehabilitation, die nicht zu den Leistungen nach den §§ 11a, 26 und 27d gehören; für diese ergänzenden Leistungen gelten die Vorschriften für die entsprechenden Leistungen der Krankenkasse (§ 18c Abs. 2 Satz 1).

(6) [1] Die Heil- und Krankenbehandlung umfasst die Versorgung mit Brillengläsern und Kontaktlinsen; in Fällen des § 10 Abs. 2, 4 und 5 jedoch nur, wenn kein Versicherungsverhältnis zu einer gesetzlichen Krankenversicherung besteht. [2] Der Anspruch auf Brillengläser umfasst auch die Ausstattung mit dem notwendigen Brillengestell, wenn die Brille zur Behandlung einer Gesundheitsstörung nach § 10 Abs. 1 oder wenn bei nichtschädigungsbedingt notwendigen Brillen wegen anerkannter Schädigungsfolgen eine aufwändigere Versorgung erforderlich ist.

§ 11a [Versehrtenleibesübungen] (1) Versehrtenleibesübungen werden in Übungsgruppen unter ärztlicher Betreuung und fachkundiger Leitung im Rahmen regelmäßiger örtlicher Übungsveranstaltungen geeigneter Sportgemeinschaften durchgeführt.

(2) Die Eignung einer Sportgemeinschaft setzt voraus, daß Größe, ärztliche Betreuung, sportliche Leitung und Übungsmöglichkeiten Gewähr für einen ordnungsgemäßen Ablauf der Übungsveranstaltungen bieten.

(3) [1] Die Verwaltungsbehörde soll sich bei der Erbringung der Leistungen einer Sportorganisation bedienen, die in der Lage ist, durch geeignete Sportgemeinschaften ein ausreichendes Leistungsangebot im gesamten Landesbereich sicherzustellen. [2] Mehrerer Sportorganisationen soll sie sich nur bedienen, wenn jede Organisation die Sicherstellung in einem bestimmten Gebiet übernimmt und wenn dadurch der gesamte Landesbereich erfaßt wird. [3] Anstelle einer Sportorganisation kann sich die Verwaltungsbehörde geeigneter Sportgemeinschaften unmittelbar bedienen.

(4) Soweit sich die Verwaltungsbehörde bei der Erbringung der Leistungen geeigneter Sportorganisationen oder Sportgemeinschaften bedient, werden den organisatorischen Trägern die dadurch entstehenden Verwaltungskosten in angemessenem Umfang ersetzt.

§ 12 [Umfang der Krankenbehandlung] (1) [1] Für die Krankenbehandlung gilt § 11 Abs. 1 mit Ausnahme von Satz 1 Nr. 4 entsprechend. [2] Die Krankenbehandlung umfaßt auch Leistungen zur medizinischen Rehabilitation und ergänzende Leistungen; für diese Leistungen gelten die Vorschriften für die entsprechenden Leistungen der Krankenkasse (§ 18c Abs. 2 Satz 1).

(2) [1] Zuschüsse zu den Kosten der Beschaffung von Zahnersatz können den Berechtigten unter den Voraussetzungen des § 10 Abs. 4, 5, 7 und 8 bis zur Höhe von 80 vom Hundert der notwendigen Kosten gewährt werden. [2] § 10 Abs. 7 ist mit der Maßgabe anzuwenden, daß Leistungen der gesetzlichen Krankenversicherung zur Versorgung mit Zahnersatz die Leistung nach Satz 1 ausschließen; sofern solche Leistungen freiwillig Versicherten gewährt werden, die mehr als die Hälfte der Beiträge aus eigenen Mitteln tragen, sind diese Leistungen mit ihrem Wert oder Betrag auf die Gesamtaufwendungen anzurechnen.

(3) [1]Ehegatten oder Lebenspartnern und Eltern von Pflegezulageempfängern sowie Personen, die die unentgeltliche Wartung und Pflege eines Pflegezulageempfängers übernommen haben, kann eine Badekur gewährt werden, wenn sie den Beschädigten mindestens seit zwei Jahren dauernd pflegen und die Badekur zur Erhaltung ihrer Fähigkeit, den Beschädigten zu pflegen, erforderlich ist. [2]Diesen Personen kann auch während eines Zeitraums von fünf Jahren nach der Beendigung der Pflegetätigkeit eine Badekur gewährt werden, wenn sie notwendig ist, um den Heilerfolg zu sichern oder um einer in absehbarer Zeit zu erwartenden Verschlechterung des Gesundheitszustands, einer Pflegebedürftigkeit oder einer Arbeitsunfähigkeit vorzubeugen. [3]Badekuren können bis zehn Jahre nach Beendigung der Pflegetätigkeit gewährt werden, wenn die Pflegetätigkeit länger als zehn Jahre gedauert hat. [4]§ 10 Abs. 7 und § 11 Abs. 2 Satz 2 und 3 gelten entsprechend. [5]Berechtigte nach Satz 1 und 2 erhalten Haushaltshilfe entsprechend § 11 Abs. 4.

(4) Berechtigte und Leistungsempfänger erhalten unter den Voraussetzungen des § 10 Abs. 4, 5, 7 und 8 Leistungen zur Gesundheitsvorsorge in Form einer Kur in entsprechender Anwendung der Vorschriften, die für die Krankenkasse (§ 18c Abs. 2 Satz 1) gelten.

(5) § 11 Abs. 4 gilt für Berechtigte oder Leistungsempfänger im Sinne des § 10 Abs. 4 und 5 entsprechend.

§ 13 [Orthopädische Versorgung] (1) Die Versorgung mit Hilfsmitteln umfaßt die Ausstattung mit Körperersatzstücken, orthopädischen und anderen Hilfsmitteln, Blindenführhunden und mit dem Zubehör der Hilfsmittel, die Instandhaltung und den Ersatz der Hilfsmittel und des Zubehörs sowie die Ausbildung im Gebrauch von Hilfsmitteln.

(2) [1]Die Hilfsmittel sind in erforderlicher Zahl auf Grund fachärztlicher Verordnung in technisch-wissenschaftlich anerkannter, dauerhafter Ausführung und Ausstattung zu gewähren; sie müssen den persönlichen und beruflichen Bedürfnissen des Berechtigten oder Leistungsempfängers angepaßt sein und dem allgemein anerkannten Stand der medizinischen Erkenntnisse und der technischen Entwicklung entsprechen. [2]Hilfsmittel, deren Neuwert 300 Euro übersteigt, sind in der Regel nicht zu übereignen.

(3) [1]Die Bewilligung der Hilfsmittel kann davon abhängig gemacht werden, daß der Berechtigte oder Leistungsempfänger sie sich anpassen läßt oder sich, um mit ihrem Gebrauch vertraut zu werden, einer Ausbildung unterzieht. [2]Der Ersatz eines unbrauchbar gewordenen Hilfsmittels kann abgelehnt werden, wenn es nicht zurückgegeben wird.

(4) Der Berechtigte hat Anspruch auf Instandsetzung und Ersatz der Hilfsmittel, wenn ihre Unbrauchbarkeit oder ihr Verlust nicht auf Mißbrauch, Vorsatz oder grobe Fahrlässigkeit des Berechtigten oder Leistungsempfängers zurückzuführen ist.

(5) Zur Versorgung mit Körperersatzstücken kann das Bundesministerium für Arbeit und Soziales mit Leistungserbringern oder deren Verbänden Vereinbarungen abschließen, in denen die zu zahlenden Vergütungen und besondere Voraussetzungen der Versorgung geregelt werden.

§ 14 [Blindenführhund oder fremde Führung] Beschädigte, bei denen Blindheit als Folge einer Schädigung anerkannt ist, erhalten monatlich 183 Euro

zum Unterhalt eines Führhunds und als Beihilfe zu den Aufwendungen für
fremde Führung.

§ 15 [Kleider- und Wäscheverschleiß] [1] Verursachen die anerkannten Folgen
der Schädigung außergewöhnlichen Verschleiß an Kleidung oder Wäsche, so sind
die dadurch entstehenden Kosten mit einem monatlichen Pauschbetrag von 23
bis 151 Euro zu ersetzen. [2] Der Pauschbetrag ergibt sich aus der Multiplikation
von 2,317 Euro mit der auf Grund einer Rechtsverordnung nach § 24a Buchstabe
d für den jeweiligen Verschleißtatbestand festgesetzten Bewertungszahl. [3] Die sich
ergebenden Beträge sind bis 0,49 Euro auf volle Euro abzurunden und von
0,50 Euro an auf volle Euro aufzurunden. [4] Übersteigen in besonderen Fällen die
tatsächlichen Aufwendungen die höchste Stufe des Pauschbetrags, so sind sie
erstattungsfähig.

§ 16 [Versorgungskrankengeld] (1) Versorgungskrankengeld nach Maßgabe
der folgenden Vorschriften wird gewährt

a) Beschädigten, wenn sie wegen einer Gesundheitsstörung, die als Folge einer
   Schädigung anerkannt ist oder durch eine anerkannte Schädigungsfolge verursacht ist, arbeitsunfähig im Sinne der Vorschriften der gesetzlichen Krankenversicherung werden; bei Gesundheitsstörungen, die nur im Sinne der Verschlimmerung als Folge einer Schädigung anerkannt sind, tritt an deren Stelle
   die gesamte Gesundheitsstörung, es sei denn, daß die als Folge einer Schädigung anerkannte Gesundheitsstörung auf die Arbeitsunfähigkeit ohne Einfluß
   ist,

b) Beschädigten, wenn sie wegen anderer Gesundheitsstörungen arbeitsunfähig
   werden, sofern ihnen wegen dieser Gesundheitsstörungen Heil- oder Krankenbehandlung zu gewähren ist (§ 10 Abs. 2, 5 Buchstabe a und Absatz 7),

c) Witwen und hinterbliebenen Lebenspartnern (§§ 38, 42 bis 44 und 48), Waisen
   (§§ 45 und 48) und versorgungsberechtigten Eltern (§§ 49 bis 51), wenn sie
   arbeitsunfähig werden, sofern ihnen Krankenbehandlung zu gewähren ist (§ 10
   Abs. 4 Buchstabe c und Absatz 7).

(2) Als arbeitsunfähig im Sinne der §§ 16 bis 16f ist auch der Berechtigte
anzusehen, der

a) wegen der Durchführung einer stationären Behandlungsmaßnahme der Heil-
   oder Krankenbehandlung, einer Badekur oder

b) ohne arbeitsunfähig zu sein, wegen einer anderen Behandlungsmaßnahme der
   Heil- oder Krankenbehandlung, ausgenommen die Anpassung und die Instandsetzung von Hilfsmitteln

keine ganztägige Erwerbstätigkeit ausüben kann.

(3) [1] Anspruch auf Versorgungskrankengeld besteht auch dann, wenn Heil-
oder Krankenbehandlung vor Anerkennung des Versorgungsanspruchs nach § 10
Abs. 8 gewährt oder eine Badekur durchgeführt wird. [2] Einem versorgungsberechtigten Kind steht im Falle einer schädigungsbedingten Erkrankung und
dadurch erforderlichen Beaufsichtigung, Betreuung oder Pflege für den betreuenden Elternteil ein Anspruch auf Versorgungskrankengeld in entsprechender Anwendung des § 45 des Fünften Buches Sozialgesetzbuch zu.

(4) [1] Der Anspruch auf Versorgungskrankengeld ruht, solange der Berechtigte
Arbeitslosengeld, Unterhaltsgeld, Mutterschaftsgeld oder Kurzarbeitergeld bezieht. [2] Das gilt nicht für die Dauer einer stationären Behandlungsmaßnahme der

Heil- oder Krankenbehandlung oder einer Badekur. [3] Es besteht kein Anspruch auf Versorgungskrankengeld, wenn unmittelbar vor der Arbeitsunfähigkeit Arbeitslosengeld II bezogen wurde.

(5) [1] Der Anspruch auf Versorgungskrankengeld ruht während der Elternzeit nach dem Bundeselterngeld- und Elternzeitgesetz. [2] Dies gilt nicht, wenn die Arbeitsunfähigkeit vor Beginn der Elternzeit eingetreten ist oder das Versorgungskrankengeld aus dem Arbeitsentgelt zu berechnen ist, das durch Erwerbstätigkeit während der Elternzeit erzielt wurde.

§ 16a [Höhe des Versorgungskrankengeldes] (1) [1] Das Versorgungskrankengeld beträgt 80 vom Hundert des erzielten regelmäßigen Entgelts (Regelentgelt) und darf das entgangene regelmäßige Nettoarbeitsentgelt nicht übersteigen. [2] Das Regelentgelt wird nach den Absätzen 2 und 3 berechnet. [3] Das Versorgungskrankengeld wird für Kalendertage gezahlt. [4] Ist es für einen ganzen Kalendermonat zu zahlen, so ist dieser mit 30 Tagen anzusetzen.

(2) [1] Für die Berechnung des Regelentgelts ist bei Berechtigten, die bis zum Beginn der Arbeitsunfähigkeit gegen Entgelt beschäftigt waren, das von dem Berechtigten im letzten vor Beginn der Arbeitsunfähigkeit abgerechneten Entgeltabrechnungszeitraum, mindestens während der letzten abgerechneten vier Wochen (Bemessungszeitraum) erzielte und um einmalig gezahltes Arbeitsentgelt verminderte Entgelt durch die Zahl der Stunden zu teilen, für die es gezahlt wurde. [2] Das Ergebnis ist mit der Zahl der sich aus dem Inhalt des Arbeitsverhältnisses ergebenden regelmäßigen wöchentlichen Arbeitsstunden zu vervielfachen und durch sieben zu teilen. [3] Ist das Entgelt nach Monaten bemessen oder ist eine Berechnung des Regelentgelts nach den Sätzen 1 und 2 nicht möglich, so gilt der 30. Teil des in dem letzten vor Beginn der Maßnahme abgerechneten Kalendermonat erzielten und um einmalig gezahltes Arbeitsentgelt verminderten Entgelts als Regelentgelt. [4] Wenn mit einer Arbeitsleistung Arbeitsentgelt erzielt wird, das für Zeiten einer Freistellung vor oder nach dieser Arbeitsleistung fällig wird (Wertguthaben nach § 7b des Vierten Buches Sozialgesetzbuch), ist für die Berechnung des Regelentgelts das im Bemessungszeitraum der Beitragsberechnung zugrundeliegende und um einmalig gezahltes Arbeitsentgelt verminderte Arbeitsentgelt maßgebend; Wertguthaben, die nicht gemäß einer Vereinbarung über flexible Arbeitszeitregelungen verwendet werden (§ 23b Abs. 2 des Vierten Buches Sozialgesetzbuch), bleiben außer Betracht. [5] Bei der Anwendung des Satzes 1 gilt als regelmäßige wöchentliche Arbeitszeit die Arbeitszeit, die dem gezahlten Arbeitsentgelt entspricht.

(3) [1] Das Regelentgelt wird bis zur Höhe der jeweils geltenden Leistungsbemessungsgrenze berücksichtigt. [2] Leistungsbemessungsgrenze ist der 360. Teil der Beitragsbemessungsgrenze der allgemeinen Rentenversicherung für Jahresbezüge.

(4) Bei der Berechnung des Regelentgelts und des Nettoarbeitsentgelts sind die Besonderheiten des Übergangsbereichs nach § 20 Abs. 2 des Vierten Buches Sozialgesetzbuch nicht zu berücksichtigen.

(5) Bei der Berechnung des Regelentgelts ist für die im Jahr 2011 liegenden Entgeltabrechnungszeiträume § 9a Satz 1 Nummer 1 Buchstabe a des Einkommensteuergesetzes in der am 5. November 2011 geltenden Fassung anzuwenden.

§ 16b [Berechnung des Versorgungskrankengeldes] (1) Hat der Berechtigte unmittelbar vor Eintritt der Arbeitsunfähigkeit Einkünfte aus Land- und

Forstwirtschaft (§§ 13 bis 14 des Einkommensteuergesetzes), aus Gewerbebetrieb (§§ 15 bis 17 des Einkommensteuergesetzes) oder aus selbständiger Arbeit (§ 18 des Einkommensteuergesetzes) erzielt, ist § 16a entsprechend anzuwenden.

(2) [1] Bemessungszeitraum ist das letzte Kalenderjahr, für das ein Einkommensteuerbescheid vorliegt. [2] Das Versorgungskrankengeld ist für Kalendertage zu zahlen. [3] Als Regelentgelt gelten die Gewinne, die der Veranlagung zur Einkommensteuer zugrunde gelegt worden sind. [4] Ein Verlustausgleich zwischen einzelnen Einkunftsarten ist nicht vorzunehmen. [5] Den Gewinnen sind erhöhte Absetzungen nach den §§ 7b bis 7d und 7h bis 7k des Einkommensteuergesetzes, nach den §§ 82a, 82g und 82i der Einkommensteuer-Durchführungsverordnung, nach den §§ 14 bis 15 des Berlinförderungsgesetzes und nach den §§ 7 und 12 des Schutzbaugesetzes hinzuzurechnen, soweit sie die nach § 7 Abs. 1 oder 4 des Einkommensteuergesetzes zulässigen Absetzungen für Abnutzung übersteigen. [6] Ferner sind Sonderabschreibungen nach den §§ 7f und 7g des Einkommensteuergesetzes sowie nach den §§ 81 und 82f der Einkommensteuer-Durchführungsverordnung hinzuzurechnen. [7] Freibeträge für Veräußerungsgewinne nach den §§ 14, 14a, 16 Abs. 4, § 17 Abs. 3 und § 18 Abs. 3 des Einkommensteuergesetzes und Freibeträge nach § 13 Abs. 3 des Einkommensteuergesetzes sind nicht zu berücksichtigen.

(3) Findet eine Veranlagung zur Einkommensteuer nicht statt, ist Bemessungszeitraum das letzte vor Beginn der Arbeitsunfähigkeit abgelaufene Kalenderjahr, für das der Berechtigte die Gewinne nachweisen kann; die nachgewiesenen Gewinne gelten als Regelentgelt.

(4) Kann ein Regelentgelt nach Absatz 2 oder 3 nicht festgestellt werden oder ergibt ein nach Absatz 2 oder 3 festgestelltes Regelentgelt wegen wesentlicher Änderungen nach Ende des Bemessungszeitraumes oder aus anderen Gründen keinen angemessenen Maßstab für den Einkommensverlust, so ist das Regelentgelt unter Berücksichtigung der Gesamtverhältnisse festzusetzen.

(5) Als Regelentgelt im Sinne des § 16a Abs. 1 gelten auch

a) bei Berechtigten, die die Voraussetzungen des § 30 Abs. 12 erfüllen, ein Betrag in Höhe von zehn Achtel der durch die Arbeitsunfähigkeit notwendigen Mehraufwendungen für die Haushaltsführung,

b) bei nicht erwerbstätigen Berechtigten, die durch Arbeitsunfähigkeit gehindert sind, eine bestimmte Erwerbstätigkeit aufzunehmen, das Bruttoeinkommen, das ihnen durchschnittlich entgeht, oder, sofern dieses Einkommen nicht ermittelt werden kann, das Durchschnittseinkommen der Berufs- oder Wirtschaftsgruppe, der der Berechtigte ohne die Arbeitsunfähigkeit angehörte,

c) bei Empfängern von Arbeitslosengeld oder Unterhaltsgeld ein Betrag in Höhe von zehn Achtel dieser Leistungen, sofern die Voraussetzungen von Buchstabe b nicht vorliegen.

(6) Ist Versorgungskrankengeld nach § 16a und nach den Absätzen 1 bis 5 zu berechnen, so ist ein einheitliches kalendertägliches Versorgungskrankengeld festzusetzen.

§ 16c *(aufgehoben)*

§ 16d [Berücksichtigung anderer Kostenträger] Hat der Berechtigte von einem anderen Rehabilitationsträger Krankengeld, Verletztengeld oder Übergangsgeld bezogen und ist ihm im Anschluß daran Versorgungskrankengeld nach

den §§ 16 bis 16f zu gewähren, so ist bei der Berechnung des Versorgungskrankengelds von dem bisher zugrunde gelegten Entgelt auszugehen.

§ 16e [Weitergewährung des Versorgungskrankengeldes] Sind nach Abschluß der Heil- oder Krankenbehandlung oder einer Badekur Leistungen zur
Teilhabe am Arbeitsleben erforderlich und können diese aus Gründen, die der
Berechtigte nicht zu vertreten hat, nicht unmittelbar anschließend durchgeführt
werden, so ist das Versorgungskrankengeld für diese Zeit weiterzugewähren,
wenn der Berechtigte arbeitsunfähig ist und ihm ein Anspruch auf Krankengeld
nicht zusteht oder wenn ihm eine zumutbare Beschäftigung nicht vermittelt
werden kann.

§ 16f [Kürzung des Versorgungskrankengeldes] (1) [1] Erhält der Berechtigte
während des Bezuges von Versorgungskrankengeld Arbeitsentgelt, so ist das Versorgungskrankengeld um das um die gesetzlichen Abzüge verminderte Arbeitsentgelt zu kürzen; einmalig gezahltes Arbeitsentgelt sowie Leistungen des Arbeitgebers zum Versorgungskrankengeld, soweit sie zusammen mit dem Versorgungskrankengeld das vor der Arbeitsunfähigkeit erzielte, um die gesetzlichen Abzüge
verminderte Arbeitsentgelt nicht übersteigen, bleiben außer Ansatz. [2] Erzielt der
Berechtigte während des Bezuges von Versorgungskrankengeld Einkünfte aus
Land- und Forstwirtschaft, aus Gewerbebetrieb oder aus selbständiger Arbeit, so
ist das Versorgungskrankengeld um 80 vom Hundert der als Regelentgelt geltenden Beträge zu kürzen.

(2) Erhält der Berechtigte durch eine Tätigkeit während des Bezuges von Versorgungskrankengeld Arbeitseinkommen, so ist das Versorgungskrankengeld um
80 vom Hundert des erzielten Arbeitseinkommens zu kürzen.

(3) Das Versorgungskrankengeld ist ferner zu kürzen um den um gesetzliche
Abzüge verminderten Betrag von

1. Geldleistungen, die eine öffentlich-rechtliche Stelle im Zusammenhang mit
   der Heil- und Krankenbehandlung oder Badekur gewährt,
2. Renten, wenn dem Versorgungskrankengeld ein vor Beginn der Rentenge-
   währung erzieltes Arbeitsentgelt oder Arbeitseinkommen zugrunde liegt,
3. Renten, die aus demselben Anlaß wie die Maßnahmen zur Rehabilitation
   gewährt werden, wenn durch die Anrechnung eine unbillige Doppelleistung
   vermieden wird.

(4) Macht der Berechtigte Ansprüche auf Leistungen einer öffentlich-rechtlichen Stelle nicht geltend, so ist der ihm dadurch entgehende Betrag anzurechnen; das gilt nicht, soweit die Ansprüche nicht zu verwirklichen sind oder aus
Unkenntnis oder aus einem verständigen Grund nicht geltend gemacht worden
sind oder geltend gemacht werden.

(5) § 71b findet entsprechende Anwendung.

§ 16g [Erstattung von Aufwendungen des Arbeitgebers] (1) Ist ein Arbeitnehmer am Tag nach der Beendigung eines auf einer Dienstpflicht beruhenden Dienstverhältnisses nach dem Zivildienstgesetz oder dem Bundesgrenzschutz-
gesetz vom 18. August 1972 (BGBl. I S. 1834), das zuletzt durch Artikel 3 des
Gesetzes vom 19. Oktober 1994 (BGBl. I S. 2978) geändert worden ist, wegen
einer Gesundheitsstörung arbeitsunfähig, so werden dem privaten Arbeitgeber,
der auf Grund eines bereits vor dem Beginn des Dienstverhältnisses bestehenden
Arbeitsverhältnisses zur Fortzahlung des Arbeitsentgelts im Krankheitsfall ver-

pflichtet ist, das fortgezahlte Arbeitsentgelt, die darauf entfallenden, von dem Arbeitgeber zu tragenden und abgeführten Beiträge zur Sozialversicherung und zur Arbeitsförderung sowie zu Einrichtungen der zusätzlichen Alters- und Hinterbliebenenversorgung erstattet, wenn die Gesundheitsstörung durch eine Schädigung im Sinne der §§ 47, 47a des Zivildienstgesetzes oder des § 59 des Bundesgrenzschutzgesetzes *vom 18. August 1972 (BGBl. I S. 1834)*[1], das zuletzt durch Artikel 3 des Gesetzes vom 19. Oktober 1994 (BGBl. I S. 2978) geändert worden ist, verursacht worden ist.

(2) [1] Die Erstattung nach Absatz 1 ist auf den Zeitraum beschränkt, für den der Arbeitgeber zur Fortzahlung des Arbeitsentgelts im Krankheitsfall verpflichtet ist. [2] Der Erstattungszeitraum endet schon früher, wenn die am Tage nach Beendigung des Dienstverhältnisses bestehende Arbeitsunfähigkeit entfällt oder nicht mehr durch die Folgen der Schädigung verursacht wird.

(3) Ist dem Arbeitnehmer ein Anspruch erwachsen auf Grund gesetzlicher Vorschriften von einem Schädiger Ersatz wegen des Verdienstausfalls, der ihm durch die Arbeitsunfähigkeit entstanden ist, verlangen zu können, so kann der Arbeitgeber Erstattung nach Absatz 1 nur gegen Abtretung dieses Anspruchs im Umfang der nach Absatz 1 begründeten Leistungspflicht verlangen.

(4) [1] Die Aufwendungen der Arbeitgeber werden auf Antrag erstattet. [2] Die Erstattung wird erst nach der Entscheidung über den Versorgungsanspruch geleistet. [3] Der Anspruch auf die Erstattung verjährt mit Ablauf von vier Jahren seit dem Ende des Jahres der Beendigung des Dienstverhältnisses.

§ 16h [Anspruchsübergang auf Kostenträger] [1] Erfüllt der Arbeitgeber während der Arbeitsunfähigkeit des Berechtigten den Anspruch auf Fortzahlung des Arbeitsentgelts nicht, so geht der Anspruch des Berechtigten gegen den Arbeitgeber bis zur Höhe des gezahlten Versorgungskrankengelds auf den Kostenträger der Kriegsopferversorgung über. [2] In dem Umfang, in dem der Arbeitgeber Erstattung nach § 16g Abs. 1 verlangen kann, ist dieser Anspruch nicht geltend zu machen.

§ 17 [Beihilfe bei Heilbehandlung] [1] Führt eine notwendige Maßnahme der Behandlung einer anerkannten Schädigungsfolge (§ 10 Abs. 1, § 11 Abs. 1 und 2) zu einer erheblichen Beeinträchtigung der Erwerbsgrundlage des Beschädigten, so kann eine Beihilfe in angemessener Höhe gewährt werden; sie soll im allgemeinen 36 Euro täglich nicht übersteigen. [2] Die Beihilfe kann auch gewährt werden, wenn die Einkünfte einschließlich des Versorgungskrankengelds infolge bestehender, unabwendbarer finanzieller Verpflichtungen nicht ausreichen, den notwendigen Lebensunterhalt zu bestreiten. [3] Die Beihilfe ist jedoch nicht zu gewähren, soweit die finanziellen Belastungen auf einer Verpflichtung beruhen, durch die die Grundsätze wirtschaftlicher Lebensführung verletzt worden sind.

§ 18 [Kostenersatz bei selbst durchgeführter Heil- oder Krankenbehandlung] (1) [1] Die Leistungen nach den §§ 10 bis 24a werden als Sachleistungen erbracht, soweit sich aus diesem Gesetz oder dem Neunten Buch Sozialgesetzbuch[2] nichts anderes ergibt. [2] Sachleistungen sind Berechtigten und Leistungsempfängern ohne Beteiligung an den Kosten zu gewähren. [3] Dasselbe gilt für den

---

[1] Siehe jetzt das BGSG v. 19.10.1994 (BGBl. I S. 2978, 2979), zuletzt geänd. durch G v. 23.6.2021 (BGBl. I S. 1982).
[2] Nr. 1.

Ersatz der Fahrkosten im Rahmen der Heil- und Krankenbehandlung durch die Krankenkassen.

(2) [1] Bei der Versorgung mit Zahnersatz (§ 11 Abs. 1 Satz 1 Nr. 4) oder mit Hilfsmitteln (§ 11 Abs. 1 Satz 1 Nr. 8, § 12 Abs. 1 Satz 1) dürfen Sachleistungen auf Antrag in Umfang, Material oder Ausführung über das Maß des Notwendigen hinaus erbracht werden, wenn auch dadurch der Versorgungszweck erreicht wird und der Berechtigte oder Leistungsempfänger die Mehrkosten übernimmt. [2] Das Gleiche gilt für Zahnfüllungen. [3] Führt eine Mehrleistung nach Satz 1 oder 2 bei Folgeleistungen zu Mehrkosten, hat diese der Berechtigte oder Leistungsempfänger zu übernehmen.

(3) [1] Hat der Berechtigte eine Heilbehandlung, Krankenbehandlung oder Badekur vor der Anerkennung selbst durchgeführt, so sind die Kosten für die notwendige Behandlung in angemessenem Umfang zu erstatten. [2] Dies gilt auch, wenn eine Anerkennung nicht möglich ist, weil nach Abschluß der Heilbehandlung keine Gesundheitsstörung zurückgeblieben ist, oder wenn ein Beschädigter die Heilbehandlung vor der Anmeldung des Versorgungsanspruchs in dem Zeitraum durchgeführt hat, für den ihm Beschädigtenversorgung gewährt werden kann oder wenn ein Beschädigter durch Umstände, die außerhalb seines Willens lagen, an der Anmeldung vor Beginn der Behandlung gehindert war.

(4) [1] Hat der Berechtigte eine Heil- oder Krankenbehandlung nach der Anerkennung selbst durchgeführt, so sind die Kosten in angemessenem Umfang zu erstatten, wenn unvermeidbare Umstände die Inanspruchnahme der Krankenkasse (§ 18c Abs. 2 Satz 1) oder der Verwaltungsbehörde (§ 18c Abs. 1 Satz 2) unmöglich machten. [2] Das gilt für Versorgungsberechtigte, die Mitglied einer Krankenkasse sind, jedoch nur, wenn die Kasse nicht zur Leistung verpflichtet ist, sowie hinsichtlich der Leistungen, die nach § 18c Abs. 1 Satz 2 von der Verwaltungsbehörde zu gewähren sind. [3] Hat der Berechtigte oder Leistungsempfänger nach Wegfall des Anspruchs auf Heil- oder Krankenbehandlung eine Krankenversicherung abgeschlossen oder ist er einer Krankenkasse beigetreten, so werden ihm die Aufwendungen für die Versicherung in angemessenem Umfang ersetzt, wenn der Anspruch auf Heil- oder Krankenbehandlung im Vorverfahren oder im gerichtlichen Verfahren rechtsverbindlich rückwirkend wieder zuerkannt wird. [4] Kosten für eine selbst durchgeführte Badekur werden nicht erstattet.

(5) Wird dem Berechtigten Kostenersatz nach Absatz 3 oder 4 gewährt, besteht auch Anspruch auf Versorgungskrankengeld.

(6) [1] Anstelle der Leistung nach § 11 Abs. 1 Satz 1 Nr. 4 kann dem Beschädigten für die Beschaffung eines Zahnersatzes wegen Schädigungsfolgen ein Zuschuß in angemessener Höhe gewährt werden, wenn er wegen des Verlustes weiterer Zähne, für den kein Anspruch auf Heilbehandlung nach diesem Gesetz besteht, einen erweiterten Zahnersatz anfertigen läßt. [2] Die Verwaltungsbehörde kann den Zuschuß unmittelbar an den Zahnarzt zahlen.

(7) In besonderen Fällen können bei der stationären Behandlung eines Beschädigten auch die Kosten für Leistungen übernommen werden, die über die allgemeinen Krankenhausleistungen hinausgehen, wenn es nach den Umständen, insbesondere im Hinblick auf die anerkannten Schädigungsfolgen erforderlich erscheint.

(8) Stirbt der Berechtigte, so können den Erben die Kosten der letzten Krankheit in angemessenem Umfang erstattet werden.

§ 18a [Beginn, Dauer und Beendigung der Gewährung von Leistungen]

(1) [1]Die Leistungen nach den §§ 10 bis 24a werden auf Antrag gewährt; sie können auch von Amts wegen gewährt werden. [2]Die Ausstellung eines Ausweises gilt als Antrag. [3]Ist der Berechtigte Mitglied einer Krankenkasse, gelten Anträge auf Leistungen nach diesem Gesetz zugleich als Anträge auf die entsprechenden Leistungen der Krankenkasse, Anträge auf Leistungen der Krankenkasse zugleich als Anträge auf die entsprechenden Leistungen nach diesem Gesetz.

(2) [1]Die Leistungen nach den §§ 10 bis 24a werden, sofern im folgenden nichts anderes bestimmt ist, vom 15. des zweiten Monats des Kalendervierteljahrs, das der Antragstellung vorausgegangen ist, frühestens jedoch von dem Tage an gewährt, von dem an ihre Voraussetzungen erfüllt sind. [2]Von Amts wegen werden die Leistungen von dem Tage an gewährt, an dem die anspruchsbegründenden Tatsachen der Krankenkasse oder Verwaltungsbehörde bekannt geworden sind.

(3) [1]Versorgungskrankengeld ist von dem Tage an zu gewähren, von dem an seine Voraussetzungen erfüllt sind, wenn es innerhalb von zwei Wochen nach Eintritt der Arbeitsunfähigkeit oder nach dem Beginn der Behandlungsmaßnahme oder nach Wegfall des Anspruchs auf Fortzahlung des Lohnes oder Gehalts beantragt wird, sonst von dem Tage der Antragstellung an. [2]Als Antrag gilt auch die Meldung der Arbeitsunfähigkeit. [3]Ist der Antrag nicht fristgerecht gestellt, so ist das Versorgungskrankengeld für die zurückliegende Zeit zu gewähren, wenn unvermeidbare Umstände die Einhaltung der Frist unmöglich machten. [4]Von Amts wegen wird Versorgungskrankengeld von dem Tage an gewährt, an dem die anspruchsbegründenden Tatsachen der Krankenkasse oder Verwaltungsbehörde bekannt geworden sind. [5]Die Sätze 1 bis 4 gelten auch für die Beihilfe nach § 17.

(4) Für Leistungen nach den §§ 10 bis 24a, die in Monatsbeträgen zu gewähren sind, gilt § 60 sinngemäß.

(5) [1]Leistungen nach den §§ 10 bis 24a, die in Jahresbeträgen zu gewähren sind, werden vom ersten Januar des Jahres der Antragstellung an, frühestens vom Ersten des Monats an, in dem die Voraussetzungen erfüllt sind, gewährt. [2]Von Amts wegen werden diese Leistungen vom ersten Januar des Jahres an gewährt, in dem der Krankenkasse oder der Verwaltungsbehörde die anspruchsbegründenden Tatsachen bekannt geworden sind, frühestens vom Ersten des Monats an, in dem die Voraussetzungen erfüllt sind. [3]Auf einmalige Geldleistungen besteht nur Anspruch, wenn sie vor Ablauf von zwölf Monaten nach Entstehen der Aufwendungen beantragt werden.

(6) [1]Die Leistungen nach den §§ 10 bis 24a werden, sofern im folgenden nichts anderes bestimmt ist, bis zu dem Tage gewährt, an dem ihre Voraussetzungen entfallen. [2]Sie werden bis zum Ablauf des Kalendervierteljahrs, in dem ihre Voraussetzungen entfallen sind, weiter gewährt, wenn die Behandlungsbedürftigkeit oder der regelwidrige Körperzustand fortbesteht. [3]Tritt der Wegfall durch eine Einkommenserhöhung ein, gelten die Voraussetzungen als mit dem Zeitpunkt entfallen, in dem der Berechtigte Kenntnis von der Erhöhung erlangt hat. [4]Beruht der Wegfall auf dem Tode des Schwerbeschädigten oder des Pflegezulageempfängers, enden die Leistungen mit Ablauf des sechsten auf den Sterbemonat folgenden Monats.

(7) [1]Versorgungskrankengeld und Beihilfe nach § 17 enden mit dem Wegfall der Voraussetzungen für ihre Gewährung, dem Eintritt eines Dauerzustandes, der Bewilligung einer Altersrente aus der gesetzlichen Rentenversicherung oder der Zahlung von Vorruhestandsgeld. [2]Ein Dauerzustand ist gegeben, wenn die Ar-

beitsunfähigkeit in den nächsten 78 Wochen voraussichtlich nicht zu beseitigen ist. [3] Versorgungskrankengeld und Beihilfe werden bei Wegfall der Voraussetzungen für ihre Gewährung bis zu dem Tage gewährt, an dem diese Voraussetzungen entfallen. [4] Bei Eintritt eines Dauerzustandes oder Bewilligung einer Altersrente werden Versorgungskrankengeld und Beihilfe, sofern sie laufend gewährt werden, bis zum Ablauf von zwei Wochen nach Feststellung des Dauerzustandes, bei Altersrentenbewilligung bis zu dem Tage gewährt, an dem der Berechtigte von der Bewilligung Kenntnis erhalten hat. [5] Bei Zahlung von Vorruhestandsgeld enden Versorgungskrankengeld und Beihilfe nach § 17 mit dem Tag, der dem Beginn des Vorruhestandes vorausgeht. [6] Werden die Leistungen nicht laufend gewährt, so werden sie bis zu dem Tage der Feststellung des Dauerzustandes oder des Beginns der Altersrente gewährt. [7] Die Feststellung eines Dauerzustands ist ausgeschlossen, solange dem Berechtigten stationäre Behandlungsmaßnahmen gewährt werden oder solange er nicht seit mindestens 78 Wochen ununterbrochen arbeitsunfähig ist; Zeiten einer voraufgehenden, auf derselben Krankheit beruhenden Arbeitsunfähigkeit sind auf diese Frist anzurechnen, soweit sie in den letzten drei Jahren vor Eintritt der Arbeitsunfähigkeit liegen. [8] Badekuren und stationäre Behandlungen in Rehabilitationseinrichtungen enden mit Ablauf der für die Behandlung vorgesehenen Frist. [9] Leistungen, die in Jahresbeträgen zuerkannt werden, enden mit Ablauf des Kalenderjahrs, in dem die Voraussetzungen für ihre Gewährung entfallen sind.

§ 18b [Ausweispflicht für Berechtigte und Leistungsempfänger] [1] Berechtigte und Leistungsempfänger, die Leistungen nur auf Grund dieses Gesetzes erhalten, sowie die Berechtigten, die nach § 10 des Fünften Buches Sozialgesetzbuch versichert sind, haben sich bei Ärzten und anderen Leistungserbringern auszuweisen. [2] § 15 des Fünften Buches Sozialgesetzbuch gilt entsprechend.

§ 18c [Zuständigkeit der Verwaltungsbehörde oder der Krankenkasse] (1) [1] Die §§ 10 bis 24a werden von der Verwaltungsbehörde durchgeführt. [2] Im Rahmen dieser Zuständigkeit erbringen die Verwaltungsbehörden Zahnersatz, Versorgung mit Hilfsmitteln, Bewegungstherapie, Sprachtherapie, Beschäftigungstherapie, Belastungserprobung, Arbeitstherapie, Badekuren nach § 11 Abs. 2 und § 12 Abs. 3, Ersatzleistungen, Versehrtenleibesübungen, Zuschüsse zur Beschaffung von Zahnersatz, Führhundzulage, Beihilfe zu den Aufwendungen für fremde Führung, Pauschbetrag als Ersatz für Kleider- und Wäscheverschleiß, Erstattungen nach § 16g, Beihilfe nach § 17, Leistungen nach § 18 Abs. 3 bis 8 und § 24, soweit die Verwaltungsbehörde für die Erbringung der Hauptleistung zuständig ist, Kostenerstattungen an Krankenkassen, Beiträge zur gesetzlichen Rentenversicherung für Zeiten des Bezugs von Versorgungskrankengeld, Ersatz der Aufwendungen für die Alterssicherung sowie Beiträge zur Arbeitsförderung. [3] Die übrigen Leistungen werden von den Krankenkassen für die Verwaltungsbehörde erbracht. [4] Insoweit sind die Berechtigten und Leistungsempfänger der Krankenordnung unterworfen.

(2) [1] Sind die Krankenkassen nach Absatz 1 Satz 3 zur Erbringung der Leistungen verpflichtet, so obliegt diese Verpflichtung bei Berechtigten, die Mitglied einer Krankenkasse sind, und bei Berechtigten und Leistungsempfängern, die Familienangehörige eines Kassenmitglieds sind, dieser Krankenkasse, bei der Heilbehandlung der übrigen Beschädigten und der Krankenbehandlung der Berechtigten und der übrigen Leistungsempfänger der Allgemeinen Ortskrankenkasse des Wohnorts. [2] Über Widersprüche gegen Verwaltungsakte, die im Rah-

men der Leistungserbringung von Krankenkassen erlassen werden, entscheidet die für die Verwaltungsbehörde zuständige Widerspruchsbehörde.

(3) [1] Anstelle der Krankenkasse kann die Verwaltungsbehörde die Leistungen erbringen. [2] Die Krankenkassen sollen der Verwaltungsbehörde Fälle mitteilen, in denen die Erbringung der Leistungen durch die Verwaltungsbehörde angezeigt erscheint.

(4) [1] Auch wenn die Heil- und Krankenbehandlung nur auf Grund dieses Gesetzes gewährt werden, haben Ärzte, Zahnärzte, Apotheker und andere der Heil- und Krankenbehandlung dienende Personen sowie Krankenanstalten und Einrichtungen nur auf die für Mitglieder der Krankenkasse zu zahlende Vergütung Anspruch. [2] Bei der Beschaffung von Hilfsmitteln im Sinne des § 13 darf die von der Ortskrankenkasse für ihre Mitglieder am Sitz des Lieferers zu zahlende Vergütung nicht überschritten werden. [3] Soweit zur Versorgung mit einem Körperersatzstück eine Vereinbarung im Sinne des § 13 Absatz 5 geschlossen worden ist, darf abweichend von Satz 2 die in dieser Vereinbarung vorgesehene Vergütung nicht überschritten werden. [4] Ausnahmen von diesen Vorschriften können zugelassen werden.

(5) [1] Auf Rechtsvorschriften beruhende Leistungen öffentlich-rechtlicher Leistungsträger, auf die jedoch kein Anspruch besteht, dürfen nicht deshalb versagt oder gekürzt werden, weil nach den §§ 10 bis 24a Leistungen für denselben Zweck vorgesehen sind. [2] Erbringt ein anderer öffentlich-rechtlicher Leistungsträger eine Sachleistung, eine Zuschuß- oder sonstige Geldleistung oder eine mit einer Zuschußleistung für den gleichen Leistungszweck verbundene Sachleistung nicht, weil bereits auf Grund dieses Gesetzes eine Sachleistung gewährt wird, ist er erstattungspflichtig, soweit er sonst Leistungen gewährt hätte. [3] Die Erstattungspflicht besteht nicht, wenn die zu behandelnde Gesundheitsstörung als Folge einer Schädigung anerkannt ist oder durch eine anerkannte Schädigungsfolge verursacht worden ist oder wenn Leistungen für Berechtigte erbracht wurden, die nach § 10 des Fünften Buches Sozialgesetzbuch versichert sind.

(6) Ärzte, Krankenhäuser und sonstige Leistungserbringer sind verpflichtet, der Verwaltungsbehörde und der Krankenkasse (Absatz 2 Satz 1) die in den §§ 294, 295, 298 und 301 bis 303 des Fünften Buches Sozialgesetzbuch bezeichneten Daten zu übermitteln, soweit dies zur Aufgabenerfüllung der Verwaltungsbehörde oder der Krankenkasse erforderlich ist.

§ 24 [Ersatz persönlicher Unkosten] (1) [1] Berechtigte haben Anspruch auf Übernahme der Reisekosten, die im Zusammenhang mit einer Leistung der Heil- oder Krankenbehandlung sowie bei einer Badekur entstehen. [2] Den Berechtigten werden für sich, eine notwendige Begleitung sowie für Kinder, deren Mitnahme an den Rehabilitationsort erforderlich ist, weil ihre anderweitige Betreuung nicht sichergestellt ist, die notwendigen Reisekosten einschließlich des erforderlichen Gepäcktransports sowie der Kosten für Verpflegung und Unterkunft in angemessenem Umfang ersetzt. [3] Dauert die Maßnahme länger als acht Wochen, so können auch die notwendigen Reisekosten für Familienheimfahrten oder für Fahrten eines Familienangehörigen zum Aufenthaltsort des Berechtigten oder Leistungsempfängers übernommen werden. [4] Wird eine stationäre Behandlung ohne zwingenden Grund abgebrochen, besteht kein Anspruch auf Ersatz der Reisekosten.

(2) [1] Ersatz für entgangenen Arbeitsverdienst wird in angemessenem Umfang gewährt

a) bei der Anpassung und der Instandsetzung von Hilfsmitteln,

b) bei notwendiger Begleitung, wenn der Berechtigte der Begleitperson zur Erstattung verpflichtet ist.

² Satz 1 Buchstabe b gilt auch im Zusammenhang mit Leistungen, die die Krankenkasse zur Behandlung von Schädigungsfolgen erbringt.

(3) Ist ohne behördliche Zustimmung ein Hilfsmittel (§ 13 Abs. 1) angepaßt, geändert oder ausgebessert worden, so werden Ersatz der baren Auslagen und Entschädigung für entgangenen Arbeitsverdienst in angemessenem Umfang gewährt, wenn die Notwendigkeit der Maßnahme anerkannt wird.

§ 24a [**Rechtsverordnungen der Bundesregierung**] Die Bundesregierung wird ermächtigt, durch Rechtsverordnung mit Zustimmung des Bundesrats

a) Art, Umfang und besondere Voraussetzungen der Versorgung mit Hilfsmitteln einschließlich Zubehör sowie der Ersatzleistungen (§ 11 Abs. 3) näher zu bestimmen,

b) näher zu bestimmen, was als Hilfsmittel und als Zubehör im Sinne des § 13 Abs. 1 gilt,

c) für Beschädigte nach dem Bundesversorgungsgesetz und den Gesetzen, die eine entsprechende Anwendung dieses Gesetzes vorsehen, Art, Umfang und besondere Voraussetzungen der Versehrtenleibesübungen sowie die Sportarten, die als Versehrtenleibesübungen gelten, näher zu bestimmen, die Durchführung der Versehrtenleibesübungen, die Grundlagen und die Höchstbeträge der bei Sicherstellung der Versehrtenleibesübungen durch Sportorganisationen zu vereinbarenden pauschalen Vergütung der Aufwendungen festzulegen, sowie die Grundlagen für die mit Sportgemeinschaften zu vereinbarende anteilige Vergütung der Aufwendungen, die durch die Teilnahme der Beschädigten an den Übungsveranstaltungen entstehen, näher zu regeln,

d) die Bemessung des Pauschbetrags für Kleider- und Wäscheverschleiß für einzelne Gruppen von Schädigungsfolgen und die Bestimmung der besonderen Fälle im Sinne des § 15 zu regeln.

Kriegsopferfürsorge

§ 25 [**Kriegsopferfürsorge für Beschädigte und Hinterbliebene**]

(1) Leistungen der Kriegsopferfürsorge erhalten Beschädigte und Hinterbliebene zur Ergänzung der übrigen Leistungen nach diesem Gesetz als besondere Hilfen im Einzelfall (§ 24 Abs. 1 Nr. 2 des Ersten Buches Sozialgesetzbuch[1]).

(2) Aufgabe der Kriegsopferfürsorge ist es, sich der Beschädigten und ihrer Familienmitglieder sowie der Hinterbliebenen in allen Lebenslagen anzunehmen, um die Folgen der Schädigung oder des Verlustes des Ehegatten oder Lebenspartners, Elternteils, Kindes oder Enkelkinds angemessen auszugleichen oder zu mildern.

(3) ¹ Leistungen der Kriegsopferfürsorge erhalten nach Maßgabe der nachstehenden Vorschriften

1. Beschädigte, die Grundrente nach § 31 beziehen oder Anspruch auf Heilbehandlung nach § 10 Abs. 1 haben,

---

[1] Nr. 3.

2. Hinterbliebene, die Hinterbliebenenrente, Witwen- oder Waisenbeihilfe nach diesem Gesetz beziehen, Eltern auch dann, wenn ihnen wegen der Höhe ihres Einkommens Elternrente nicht zusteht und die Voraussetzungen der §§ 49 und 50 erfüllt sind.

[2] Leistungen der Kriegsopferfürsorge werden auch gewährt, wenn der Anspruch auf Versorgung nach § 65 ruht, der Anspruch auf Zahlung von Grundrente wegen Abfindung erloschen oder übertragen ist oder Witwenversorgung auf Grund der Anrechnung nach § 44 Abs. 5 entfällt.

(4) [1] Beschädigte erhalten Leistungen der Kriegsopferfürsorge auch für Familienmitglieder, soweit diese ihren nach den nachstehenden Vorschriften anzuerkennenden Bedarf nicht aus eigenem Einkommen und Vermögen decken können. [2] Als Familienmitglieder gelten

1. der Ehegatte oder der Lebenspartner des Beschädigten,

2. die Kinder des Beschädigten,

3. die Kinder, die nach § 33b Abs. 2 als Kinder des Beschädigten gelten, und seine Pflegekinder (Personen, mit denen der Beschädigte durch ein familienähnliches, auf längere Dauer berechnetes Band verbunden ist, sofern er sie in seinen Haushalt aufgenommen hat und ein Obhuts- und Pflegeverhältnis zu den Eltern nicht mehr besteht),

4. sonstige Angehörige, die mit dem Beschädigten in häuslicher Gemeinschaft leben,

5. Personen, deren Ausschluß eine offensichtliche Härte bedeuten würde,

wenn der Beschädigte den Lebensunterhalt des Familienmitglieds überwiegend bestreitet, vor der Schädigung bestritten hat oder ohne die Schädigung wahrscheinlich bestreiten würde. [3] Kinder gelten nach Satz 2 Nr. 2 und 3 über die Vollendung des 18. Lebensjahrs hinaus als Familienmitglieder, wenn sie mit dem Beschädigten in häuslicher Gemeinschaft leben oder die Voraussetzungen des § 33b Abs. 4 Satz 2 bis 7 erfüllen.

(5) Leistungen der Kriegsopferfürsorge können auch erbracht werden, wenn über Art und Umfang der Versorgung noch nicht rechtskräftig entschieden, mit der Anerkennung eines Versorgungsanspruchs aber zu rechnen ist.

(6) Der Anspruch auf Leistung in einer Einrichtung (§ 25b Abs. 1 Satz 2) oder auf Pflegegeld (§ 26c Absatz 1) steht, soweit die Leistung den Leistungsberechtigten erbracht worden wäre, nach ihrem Tode denjenigen zu, die die Hilfe erbracht oder die Pflege geleistet haben.

§ 25a [Leistungsvoraussetzungen] (1) Leistungen der Kriegsopferfürsorge werden erbracht, wenn und soweit die Beschädigten infolge der Schädigung und die Hinterbliebenen infolge des Verlustes des Ehegatten oder Lebenspartners, Elternteils, Kindes oder Enkelkinds nicht in der Lage sind, den nach den nachstehenden Vorschriften anzuerkennenden Bedarf aus den übrigen Leistungen nach diesem Gesetz und dem sonstigen Einkommen und Vermögen zu decken.

(2) [1] Ein Zusammenhang zwischen der Schädigung oder dem Verlust des Ehegatten oder Lebenspartners, Elternteils, Kindes oder Enkelkinds und der Notwendigkeit der Leistung wird vermutet, sofern nicht das Gegenteil offenkundig oder nachgewiesen ist. [2] Leistungen der Kriegsopferfürsorge können auch erbracht werden, wenn ein Zusammenhang zwischen der Schädigung oder dem Verlust des Ehegatten oder Lebenspartners, Elternteils, Kindes oder Enkelkinds und der

Notwendigkeit der Leistung nicht besteht, die Leistung jedoch im Einzelfall durch besondere Gründe der Billigkeit gerechtfertigt ist. [3]Der Zusammenhang wird stets angenommen

1. bei Beschädigten, die Grundrente mit einem Grad der Schädigungsfolgen von 100 und Berufsschadensausgleich oder die eine Pflegezulage erhalten; § 25 Abs. 3 Satz 2 gilt entsprechend,

2. bei Schwerbeschädigten, die das 60. Lebensjahr vollendet haben,

3. bei Hinterbliebenen, die voll erwerbsgemindert oder erwerbsunfähig im Sinne des Sechsten Buches Sozialgesetzbuch[1)] sind oder das 60. Lebensjahr vollendet haben.

§ 25b [Leistungen] (1) [1]Leistungen der Kriegsopferfürsorge sind

1. Leistungen zur Teilhabe am Arbeitsleben und ergänzende Leistungen (§§ 26 und 26a),

2. Krankenhilfe (§ 26b),

3. Hilfe zur Pflege (§ 26c),

4. Hilfe zur Weiterführung des Haushalts (§ 26d),

5. Altenhilfe (§ 26e),

6. Erziehungsbeihilfe (§ 27),

7. ergänzende Hilfe zum Lebensunterhalt (§ 27a),

8. Erholungshilfe (§ 27b),

9. Wohnungshilfe (§ 27c),

10. Hilfen in besonderen Lebenslagen (§ 27d).

[2]Wird die Leistung in einer stationären oder teilstationären Einrichtung erbracht, umfasst sie auch den in der Einrichtung geleisteten Lebensunterhalt einschließlich der darüber hinaus erforderlichen einmaligen Leistungen; § 133a des Zwölften Buches Sozialgesetzbuch gilt entsprechend. [3]Satz 2 findet auch Anwendung, wenn Hilfe zur Pflege nur deshalb nicht gewährt wird, weil entsprechende Leistungen nach dem Elften Buch Sozialgesetzbuch[2)] erbracht werden.

(2) Leistungsarten der Kriegsopferfürsorge sind Dienst-, Sach- und Geldleistungen.

(3) Zur Dienstleistung gehören insbesondere die Beratung in Fragen der Kriegsopferfürsorge sowie die Erteilung von Auskünften in sonstigen sozialen Angelegenheiten, soweit sie nicht von anderen Stellen oder Personen wahrzunehmen sind.

(4) [1]Geldleistungen werden als einmalige Beihilfen, laufende Beihilfen oder als Darlehen erbracht. [2]Darlehen können gegeben werden, wenn diese Art der Leistung zur Erreichung des Leistungszwecks ausreichend oder zweckmäßiger ist. [3]Anstelle von Geldleistungen können Sachleistungen erbracht werden, wenn diese Art der Leistung im Einzelfall zweckmäßiger ist.

(5) [1]Art, Ausmaß und Dauer der Leistungen der Kriegsopferfürsorge richten sich nach der Besonderheit des Einzelfalls, der Art des Bedarfs und den örtlichen Verhältnissen. [2]Dabei sind Art und Schwere der Schädigung, Gesundheitszustand und Lebensalter sowie die Lebensstellung vor Eintritt der Schädigung oder vor

---

[1)] Auszugsweise abgedruckt unter Nr. **6**.
[2)] Auszugsweise abgedruckt unter Nr. **10**.

Auswirkung der Folgen der Schädigung oder vor dem Verlust des Ehegatten oder Lebenspartners, Elternteils, Kindes oder Enkelkinds besonders zu berücksichtigen. [3] Wünschen der Leistungsberechtigten, die sich auf die Gestaltung der Leistung richten, soll entsprochen werden, soweit sie angemessen sind und keine unvertretbaren Mehrkosten erfordern.

§ 25c [Umfang der Leistungen] (1) [1] Die Höhe der Geldleistungen bemißt sich nach dem Unterschied zwischen dem anzuerkennenden Bedarf und dem einzusetzenden Einkommen und Vermögen; § 26 Abs. 5 und § 26a bleiben unberührt. [2] Darüber hinaus können in begründeten Fällen Geldleistungen auch insoweit erbracht werden, als zur Deckung des Bedarfs Einkommen oder Vermögen der Leistungsberechtigten einzusetzen oder zu verwerten ist; in diesem Umfang haben sie dem Träger der Kriegsopferfürsorge die Aufwendungen zu erstatten.

(2) Kommt eine Sachleistung in Betracht, haben Leistungsberechtigte den Aufwand für die Sachleistung in Höhe des einzusetzenden Einkommens und Vermögens zu tragen.

(3) [1] Einkommen ist insoweit nicht einzusetzen, als der Einsatz des Einkommens im Einzelfall bei Berücksichtigung der besonderen Lage der Beschädigten oder Hinterbliebenen vor allem nach Art und Schädigungsnähe des Bedarfs, Dauer und Höhe der erforderlichen Aufwendungen sowie nach der besonderen Belastung der Leistungsberechtigten und ihrer unterhaltsberechtigten Angehörigen unbillig wäre. [2] Bei ausschließlich schädigungsbedingtem Bedarf ist Einkommen nicht einzusetzen. [3] In den Fällen der Eingliederungshilfe in Einrichtungen oder Räumlichkeiten im Sinne des § 43a des Elften Buches Sozialgesetzbuch in Verbindung mit § 71 Absatz 4 Nummer 1 oder Nummer 3 des Elften Buches Sozialgesetzbuch[1] gilt Satz 2 nur für die Vergütung der Leistungen der Eingliederungshilfe im Sinne des § 125 Absatz 1 Nummer 2 in Verbindung mit Absatz 2 Satz 1 Nummer 1 bis 5 des Neunten Buches Sozialgesetzbuch[2]. [4] Die Pflegezulage nach § 35 ist bis zur Höhe der Maßnahmepauschale im Sinne des § 76 Absatz 3 Satz 1 Nummer 2 des Zwölften Buches Sozialgesetzbuch bedarfsmindernd zu berücksichtigen.

§ 25d [Einkommen] (1) [1] Einkommen im Sinne der Vorschriften über die Kriegsopferfürsorge sind alle Einkünfte in Geld oder Geldeswert mit Ausnahme der Leistungen der Kriegsopferfürsorge; § 26a Abs. 4 bleibt unberührt. [2] Als Einkommen gelten nicht:

1. die Grundrente und die Schwerstbeschädigtenzulage,
2. ein Betrag in Höhe der Grundrente, soweit nach § 44 Absatz 5 Leistungen auf die Witwengrundrente angerechnet werden oder soweit die Grundrente nach § 65 ruht,
3. Aufwandsentschädigungen nach § 1835a des Bürgerlichen Gesetzbuchs kalenderjährlich bis zu dem in § 3 Nummer 26 Satz 1 des Einkommensteuergesetzes genannten Betrag.

[3] Satz 2 gilt auch für den der Witwen- und Waisenbeihilfe nach § 48 zugrunde liegenden Betrag der Grundrente.

---

[1] Nr. **10.**
[2] Nr. **1.**

(2) [1] Als Einkommen der Leistungsberechtigten gilt auch das Einkommen der nicht getrennt lebenden Ehegatten oder Lebenspartner, soweit es die für die Leistungsberechtigten maßgebliche Einkommensgrenze des § 25e Abs. 1 übersteigt. [2] Leistungen anderer auf Grund eines bürgerlich-rechtlichen Unterhaltsanspruchs sind insoweit Einkommen der Leistungsberechtigten, als das Einkommen der Unterhaltspflichtigen die für sie nach § 25e Abs. 1 zu ermittelnde Einkommensgrenze übersteigt; ist ein Unterhaltsbetrag gerichtlich festgesetzt, sind die darauf beruhenden Leistungen Einkommen der Leistungsberechtigten. [3] § 25e Abs. 2 bleibt unberührt.

(3) [1] Von dem Einkommen sind abzusetzen

1. auf das Einkommen zu entrichtende Steuern,

2. Pflichtbeiträge zur Sozialversicherung einschließlich der Beiträge zur Arbeitsförderung,

3. Beiträge zu öffentlichen oder privaten Versicherungen oder ähnlichen Einrichtungen, soweit diese Beiträge gesetzlich vorgeschrieben oder nach Grund und Höhe angemessen sind, sowie geförderte Altersvorsorgebeiträge nach § 82 des Einkommensteuergesetzes, soweit sie den Mindesteigenbeitrag nach § 86 des Einkommensteuergesetzes nicht überschreiten,

4. die mit der Erzielung des Einkommens verbundenen notwendigen Ausgaben.

[2] Von dem Taschengeld nach § 2 Nummer 4 des Bundesfreiwilligendienstgesetzes oder nach § 2 Absatz 1 Nummer 4 des Jugendfreiwilligendienstegesetzes ist anstelle der Beträge nach Satz 1 Nummer 2 bis 4 ein Betrag von bis zu 250 Euro monatlich abzusetzen.

(3a) Bei der ergänzenden Hilfe zum Lebensunterhalt ist ferner ein Betrag von 100 Euro monatlich aus einer zusätzlichen Altersvorsorge der Leistungsberechtigten zuzüglich 30 vom Hundert des diesen Betrag übersteigenden Einkommens aus einer zusätzlichen Altersvorsorge der Leistungsberechtigten abzusetzen, höchstens jedoch 50 vom Hundert der Regelbedarfsstufe 1 nach der Anlage zu § 28 des Zwölften Buches Sozialgesetzbuch.

(3b) [1] Einkommen aus einer zusätzlichen Altersvorsorge im Sinne des Absatzes 3a ist jedes monatlich bis zum Lebensende ausgezahlte Einkommen, auf das Leistungsberechtigte vor Erreichen der Regelaltersgrenze auf freiwilliger Grundlage Ansprüche erworben haben und das dazu bestimmt und geeignet ist, die Einkommenssituation der Leistungsberechtigten gegenüber möglichen Ansprüchen aus Zeiten einer Versicherungspflicht in der gesetzlichen Rentenversicherung nach den §§ 1 bis 4 des Sechsten Buches Sozialgesetzbuch, nach § 1 des Gesetzes über die Alterssicherung der Landwirte, aus beamtenrechtlichen Versorgungsansprüchen und aus Ansprüchen aus Zeiten einer Versicherungspflicht in einer Versicherungs- und Versorgungseinrichtung, die für Angehörige bestimmter Berufe errichtet ist, zu verbessern. [2] Als Einkommen aus einer zusätzlichen Altersvorsorge gelten auch laufende Zahlungen aus

1. einer betrieblichen Altersversorgung im Sinne des Betriebsrentengesetzes,

2. einem nach § 5 des Altersvorsorgeverträge-Zertifizierungsgesetzes zertifizierten Altersvorsorgevertrag und

3. einem nach § 5a des Altersvorsorgeverträge-Zertifizierungsgesetzes zertifizierten Basisrentenvertrag.

[3] Werden bis zu zwölf Monatsleistungen aus einer zusätzlichen Altersvorsorge, insbesondere gemäß einer Vereinbarung nach § 10 Absatz 1 Nummer 2 Satz 3

erster Halbsatz des Einkommensteuergesetzes, zusammengefasst, so ist das Einkommen gleichmäßig auf den Zeitraum aufzuteilen, für den die Auszahlung erfolgte.

(3c) [1]Bei der ergänzenden Hilfe zum Lebensunterhalt ist für Personen, die mindestens 33 Jahre an Grundrentenzeiten nach § 76g Absatz 2 des Sechsten Buches Sozialgesetzbuch haben, ein Betrag in Höhe von 100 Euro monatlich aus der gesetzlichen Rente zuzüglich 30 Prozent des diesen Betrag übersteigenden Einkommens aus der gesetzlichen Rente vom Einkommen nach § 25d Absatz 1 abzusetzen, höchstens jedoch ein Betrag in Höhe von 0,65 Prozent des Bemessungsbetrags nach § 33 Absatz 1 Satz 2 Buchstabe a. [2]Satz 1 gilt entsprechend für Personen, die mindestens 33 Jahre an Grundrentenzeiten vergleichbaren Zeiten in

1. einer Versicherungspflicht nach § 1 des Gesetzes über die Alterssicherung der Landwirte haben,

2. einer sonstigen Beschäftigung, in der Versicherungsfreiheit nach § 5 Absatz 1 Satz 1 Nummer 2 und 3 und Satz 2 des Sechsten Buches Sozialgesetzbuch oder eine Befreiung von der Versicherungspflicht nach § 6 Absatz 1 Satz 1 Nummer 2 des Sechsten Buches Sozialgesetzbuch bestand, haben oder

3. einer Versicherungspflicht in einer Versicherungs- oder Versorgungseinrichtung, die für Angehörige bestimmter Berufe errichtet ist, haben.

[3]Satz 1 gilt auch, wenn die 33 Jahre durch die Zusammenrechnung der Zeiten nach Satz 2 Nummer 1 bis 3 und der Grundrentenzeiten nach § 76g Absatz 2 des Sechsten Buches Sozialgesetzbuch erfüllt werden. [4]Je Kalendermonat wird eine Grundrentenzeit oder eine nach Satz 2 vergleichbare Zeit angerechnet.

(4) [1]Leistungen, die auf Grund öffentlich-rechtlicher Vorschriften zu einem ausdrücklich genannten Zweck erbracht werden, sind nur so weit als Einkommen zu berücksichtigen, als die Kriegsopferfürsorge im Einzelfall demselben Zweck dient. [2]Eine Entschädigung, die wegen eines Schadens, der nicht Vermögensschaden ist, nach § 253 oder nach § 844 Absatz 3 des Bürgerlichen Gesetzbuchs geleistet wird, ist nicht als Einkommen zu berücksichtigen.

(5) [1]Zuwendungen der Freien Wohlfahrtspflege gelten nicht als Einkommen, soweit sie nicht die Lage der Leistungsberechtigten so günstig beeinflussen, daß daneben Leistungen der Kriegsopferfürsorge ungerechtfertigt wären. [2]Zuwendungen, die ein anderer erbringt, ohne hierzu eine rechtliche oder sittliche Pflicht zu haben, sollen als Einkommen außer Betracht bleiben, soweit ihre Berücksichtigung für die Leistungsberechtigten eine besondere Härte bedeuten würde.

§ 25e [Einsatz von Einkommen] (1) Einkommen der Leistungsberechtigten ist zur Bedarfsdeckung nur einzusetzen, soweit es im Monat eine Einkommensgrenze übersteigt, die sich ergibt aus

1. einem Grundbetrag in Höhe von 2,65 vom Hundert des Bemessungsbetrags des § 33 Abs. 1 Satz 2 Buchstabe a (Bemessungsbetrag), mindestens jedoch in Höhe des Grundbetrages nach § 85 Abs. 1 Nr. 1 des Zwölften Buches Sozialgesetzbuch[1]),

2. den Kosten der Unterkunft,

3. einem Familienzuschlag in Höhe von 40 vom Hundert des Grundbetrags nach Nummer 1 für die von Leistungsberechtigten überwiegend unterhaltenen

---

[1]) Nr. 11.

Ehegatten oder Lebenspartner sowie für jede weitere von Leistungsberechtigten allein oder zusammen mit den Ehegatten oder Lebenspartnern überwiegend unterhaltene Person,

höchstens jedoch aus einem Betrag in Höhe von einem Zwölftel des Bemessungsbetrags zuzüglich eines Betrages in Höhe von 75 vom Hundert des jeweiligen Familienzuschlags.

(2) [1] Bei minderjährigen unverheirateten Beschädigten ist zur Deckung des Bedarfs auch Einkommen der Eltern einzusetzen. [2] Für den Einsatz des Einkommens gilt Absatz 1 entsprechend mit der Maßgabe, daß ein Familienzuschlag für einen Elternteil, wenn die Eltern zusammenleben, sowie für Beschädigte und für jede Person anzusetzen ist, die von den Eltern oder den Beschädigten bisher überwiegend unterhalten worden ist oder der sie nach der Entscheidung über die Leistung von Kriegsopferfürsorge unterhaltspflichtig werden. [3] Leben die Eltern nicht zusammen, richtet sich die Einkommensgrenze nach dem Elternteil, bei dem die oder der Beschädigte lebt; leben die Eltern nicht zusammen und lebt die oder der Beschädigte bei keinem Elternteil, bestimmt sich die Einkommensgrenze nach Absatz 1; § 25d Abs. 2 Satz 2 ist anzuwenden.

(3) Die Absätze 1 und 2 gelten nicht in den Fällen der §§ 26a, 27 Abs. 2 Satz 4 sowie des § 27a; § 26 Abs. 5 Satz 2, § 26b Abs. 4, § 26c Absatz 5, § 27 Abs. 2 letzter Satz und § 27d Abs. 5 bleiben unberührt.

(4) [1] Bei Aufenthalt in einer stationären oder teilstationären Einrichtung ist nach Ablauf von zwei Monaten nach Aufnahme in die Einrichtung Einkommen in Höhe der ersparten Aufwendungen für den häuslichen Lebensunterhalt insoweit einzusetzen, als es unter der maßgebenden Einkommensgrenze liegt und es unbillig wäre, vom Einsatz des Einkommens abzusehen. [2] Darüber hinaus kann von Leistungsberechtigten, die auf voraussichtlich längere Zeit der Pflege in einer stationären Einrichtung bedürfen, der Einsatz von Einkommen unter der Einkommensgrenze verlangt werden, solange sie keine andere Person überwiegend unterhalten.

(5) [1] Soweit im Einzelfall Einkommen zur Deckung eines bestimmten Bedarfs einzusetzen ist, kann der Einsatz dieses Einkommens zur Deckung eines anderen, gleichzeitig bestehenden Bedarfs nicht verlangt werden. [2] Sind unterschiedliche Einkommensgrenzen maßgebend, ist zunächst über die Leistung zu entscheiden, für welche die niedrigere Einkommensgrenze maßgebend ist. [3] Sind gleiche Einkommensgrenzen maßgebend und verschiedene Träger der Kriegsopferfürsorge zuständig, hat die Entscheidung über die Leistung für den zuerst eingetretenen Bedarf den Vorrang; treten die Bedarfsfälle gleichzeitig ein, ist das über die Einkommensgrenze liegende Einkommen zu gleichen Teilen bei den Bedarfsfällen zu berücksichtigen.

§ 25f [Einsatz und Verwertung von Vermögen] (1) [1] Einzusetzen ist das gesamte verwertbare Vermögen. [2] Dies gilt auch für Ansparungen aus Leistungen nach diesem Gesetz. [3] Leistungen der Kriegsopferfürsorge dürfen nicht von dem Einsatz oder von der Verwertung eines Vermögens abhängig gemacht werden, soweit dies für die Leistungsberechtigten, die das Vermögen einzusetzen haben, und für ihre unterhaltsberechtigten Angehörigen eine Härte bedeuten würde. [4] Dies ist der Fall, wenn der Einsatz des Vermögens eine angemessene Lebensführung, die Aufrechterhaltung einer angemessenen Alterssicherung oder die Sicherstellung einer angemessenen Bestattung und Grabpflege wesentlich erschweren würde. [5] Vermögenswerte aus Nachzahlungen von Renten nach diesem

Gesetz bleiben für einen Zeitraum von einem Jahr unberücksichtigt. [6] Im Übrigen gelten § 90 Absatz 2 Nummer 1 bis 7 und 9, § 91 des Zwölften Buches Sozialgesetzbuch[1]) sowie § 25c Absatz 3 entsprechend.

(2) Als kleinere Barbeträge oder sonstige Geldwerte sind folgende Prozentsätze des Bemessungsbetrags nach § 33 Absatz 1 Satz 2 Buchstabe a zu berücksichtigen:

1. 40 Prozent bei Erbringung von Pflegegeld nach § 26c Absatz 1 für Pflegebedürftige der Pflegegrade 4 oder 5, von Blindenhilfe nach § 27d Absatz 1 Nummer 4 sowie von allen Leistungen an Sonderfürsorgeberechtigte mit Ausnahme der ergänzenden Hilfe zum Lebensunterhalt,

2. 20 Prozent bei Erbringung aller übrigen Leistungen,

zuzüglich eines Betrags in Höhe von 20 Prozent des Bemessungsbetrags für den nicht getrennt lebenden Ehegatten oder Lebenspartner oder für den Partner einer eheähnlichen oder lebenspartnerschaftsähnlichen Gemeinschaft und in Höhe von 2 Prozent für jede weitere vom Leistungsberechtigten, seinem Ehegatten oder Lebenspartner oder dem Partner einer eheähnlichen oder lebenspartnerschaftsähnlichen Gemeinschaft überwiegend unterhaltene Person.

(3) Selbst genutztes Wohneigentum im Sinne des § 17 Abs. 2 des Wohnraumförderungsgesetzes, das von Leistungsberechtigten allein oder zusammen mit Angehörigen ganz oder teilweise bewohnt wird, denen es nach dem Tod der Leistungsberechtigten als Wohnung dienen soll, ist nicht zu verwerten.

(4) [1] Bei minderjährigen unverheirateten Beschädigten ist zur Deckung des Bedarfs auch Vermögen der Eltern oder eines Elternteils einzusetzen oder zu verwerten, bei denen die Beschädigten leben. [2] Soweit das Vermögen der Eltern oder eines Elternteils einzusetzen oder zu verwerten ist, sind als kleinere Barbeträge oder sonstige Geldwerte abweichend von Absatz 2 folgende Prozentsätze des Bemessungsbetrags nach § 33 Absatz 1 Satz 2 Buchstabe a zu berücksichtigen:

1. 2 Prozent für Beschädigte,

2. weitere 20 Prozent für Beschädigte bei Erbringung von Pflegegeld nach § 26c Absatz 1 für Pflegebedürftige der Pflegegrade 4 oder 5, von Blindenhilfe nach § 27d Absatz 1 Nummer 4 sowie von allen Leistungen an Sonderfürsorgeberechtigte mit Ausnahme der ergänzenden Hilfe zum Lebensunterhalt,

3. 20 Prozent für jeden Elternteil, bei dem die Beschädigten leben, und für dessen nicht getrennt lebenden Ehegatten oder Lebenspartner oder für dessen Partner einer eheähnlichen oder lebenspartnerschaftsähnlichen Gemeinschaft sowie

4. 2 Prozent für jede weitere Person, die von den Eltern oder einem Elternteil oder von dessen nicht getrennt lebendem Ehegatten oder Lebenspartner oder von dessen Partner einer eheähnlichen oder lebenspartnerschaftsähnlichen Gemeinschaft überwiegend unterhalten wird.

[3] Abweichend von Satz 1 ist das Vermögen der Eltern nicht einzusetzen oder zu verwerten, solange Beschädigte schwanger sind oder mindestens ein leibliches Kind bis zur Vollendung seines sechsten Lebensjahres betreuen. [4] Leben Beschädigte bei keinem Elternteil oder liegt ein Fall des Satzes 3 vor, gilt für den Einsatz und für die Verwertung von Vermögen Absatz 2.

§ 26 [Leistungen zur Teilhabe am Arbeitsleben] (1) Beschädigte erhalten Leistungen zur Teilhabe am Arbeitsleben nach den §§ 49 bis 55 des Neunten

---

[1]) Nr. 11.

Buches Sozialgesetzbuch[1] sowie Leistungen im Eingangsverfahren und im Berufsbildungsbereich der Werkstätten für behinderte Menschen nach § 57 des Neunten Buches Sozialgesetzbuch und entsprechende Leistungen bei anderen Leistungsanbietern nach § 60 des Neunten Buches Sozialgesetzbuch sowie als Budget für Ausbildung nach § 61a des Neunten Buches Sozialgesetzbuch.

(2) Bei Unterbringung von Beschädigten in einer Einrichtung der beruflichen Rehabilitation werden dort entstehende Aufwendungen vom Träger der Kriegsopferfürsorge als Sachleistungen getragen.

(3) Zu den Leistungen zur Teilhabe am Arbeitsleben gehören auch Hilfen zur Gründung und Erhaltung einer selbständigen Existenz; Geldleistungen hierfür sollen in der Regel als Darlehen erbracht werden.

(4) Die Leistungen nach Absatz 1 werden ergänzt durch:

1. Übergangsgeld und Unterhaltsbeihilfe nach Maßgabe des § 26a,

2. Entrichtung von Beiträgen zur gesetzlichen Rentenversicherung für Zeiten des Bezuges von Übergangsgeld unter Beachtung des § 70 des Neunten Buches Sozialgesetzbuch, Erstattung der Aufwendungen zur Alterssicherung von nicht rentenversicherungspflichtigen Beschädigten für freiwillige Beiträge zur gesetzlichen Rentenversicherung, für Beiträge zu öffentlich-rechtlichen berufsständischen Versicherungs- und Versorgungseinrichtungen und zu öffentlichen oder privaten Versicherungsunternehmen auf Grund von Lebensversicherungsverträgen bis zur Höhe der Beiträge, die zur gesetzlichen Rentenversicherung für Zeiten des Bezuges von Übergangsgeld zu entrichten wären,

3. Haushaltshilfe nach § 74 des Neunten Buches Sozialgesetzbuch,

4. sonstige Leistungen, die unter Berücksichtigung von Art und Schwere der Schädigung erforderlich sind, um das Ziel der Rehabilitation zu erreichen oder zu sichern,

5. Reisekosten nach § 73 des Neunten Buches Sozialgesetzbuch.

(5) [1] Soweit nach Absatz 1 oder Absatz 4 Nr. 4 Leistungen zum Erreichen des Arbeitsplatzes oder des Ortes einer Leistung zur Teilhabe am Arbeitsleben, insbesondere Hilfen zur Beschaffung und Unterhaltung eines Kraftfahrzeugs in Betracht kommen, kann zur Angleichung dieser Leistungen im Rahmen einer Rechtsverordnung nach § 27f der Einsatz von Einkommen abweichend von § 25e Abs. 1 und 2 sowie § 27d Abs. 5 bestimmt und von Einsatz und Verwertung von Vermögen ganz oder teilweise abgesehen werden. [2] Im Übrigen ist bei den Leistungen zur Teilhabe am Arbeitsleben und den sie ergänzenden Leistungen mit Ausnahme der sonstigen Hilfen nach Absatz 4 Nr. 4 Einkommen und Vermögen nicht zu berücksichtigen; § 26a bleibt unberührt.

(6) Witwen, Witwer oder hinterbliebene Lebenspartner, die zur Erhaltung einer angemessenen Lebensstellung erwerbstätig sein wollen, sind in begründeten Fällen Leistungen in sinngemäßer Anwendung der Absätze 1 bis 5 mit Ausnahme des Absatzes 4 Nr. 4 zu erbringen.

§ 26a [Übergangsgeld bei Leistungen zur Teilhabe am Arbeitsleben]

(1) Der Anspruch auf Übergangsgeld sowie die Höhe und Berechnung bestimmen sich nach Teil 1 Kapitel 11 des Neunten Buches Sozialgesetzbuch[1]; im

---

[1] Nr. 1.

Übrigen gelten für die Berechnung des Übergangsgelds die §§ 16a, 16b und 16f entsprechend.

(2) [1] Hat der Beschädigte Einkünfte im Sinne von § 16b Abs. 1 erzielt und unmittelbar vor Beginn der Leistung zur Teilhabe am Arbeitsleben kein Versorgungskrankengeld, Krankengeld, Verletztengeld oder Übergangsgeld bezogen, so gilt für die Berechnung des Übergangsgelds § 16b Abs. 2 bis 4 und Abs. 6 entsprechend. [2] Bei Beschädigten, die Versorgung auf Grund einer Wehrdienstbeschädigung oder einer Zivildienstbeschädigung erhalten, sind der Berechnung des Regelentgelts die vor die Beendigung des Wehrdienstes bezogenen Einkünfte (Geld- und Sachbezüge) als Soldat, für Soldaten, die Wehrsold bezogen haben, und für Zivildienstleistende, zehn Achtel der vor der Beendigung des Wehrdienstes oder Zivildienstes bezogenen Einkünfte (Geld- und Sachbezüge) als Soldat oder Zivildienstleistender zugrunde zu legen, wenn

a) der Beschädigte vor Beginn des Wehrdienstes oder Zivildienstes kein Arbeitseinkommen erzielt hat oder

b) das nach § 66 Absatz 1 Satz 1 oder § 67 Absatz 1 des Neunten Buches Sozialgesetzbuch oder nach Absatz 2 Satz 1 zu berücksichtigende Entgelt niedriger ist.

(3) [1] Beschädigte, die vor Beginn der Leistung zur Teilhabe am Arbeitsleben beruflich nicht tätig gewesen sind, erhalten anstelle des Übergangsgelds eine Unterhaltsbeihilfe; das gilt nicht für Beschädigte im Sinne des Absatzes 2 Satz 2. [2] Für die Bemessung der Unterhaltsbeihilfe sind die Vorschriften über Leistungen für den Lebensunterhalt bei Gewährung von Erziehungsbeihilfe entsprechend anzuwenden; § 25d Abs. 2 gilt nicht bei volljährigen Beschädigten. [3] Bei Unterbringung von Beschädigten in einer Rehabilitationseinrichtung ist der Berechnung der Unterhaltsbeihilfe lediglich ein angemessener Betrag zur Abgeltung zusätzlicher weiterer Bedürfnisse und Aufwendungen aus weiterlaufenden unabweislichen Verpflichtungen zugrunde zu legen.

(4) Kommen neben Leistungen nach § 26 weitere Hilfen der Kriegsopferfürsorge in Betracht, gelten Übergangsgeld und Unterhaltsbeihilfe als Einkommen.

§ 26b [Krankenhilfe] (1) [1] Krankenhilfe erhalten Beschädigte und Hinterbliebene in Ergänzung der Leistungen der Heil- und Krankenbehandlung nach diesem Gesetz. [2] Die §§ 10 bis 24a bleiben unberührt.

(2) [1] Die Krankenhilfe umfaßt ärztliche und zahnärztliche Behandlung, Versorgung mit Arzneimitteln, Verbandmitteln und Zahnersatz, Krankenhausbehandlung sowie sonstige zur Genesung, zur Besserung oder zur Linderung der Krankheitsfolgen erforderliche Leistungen. [2] Die Leistungen sollen in der Regel den Leistungen entsprechen, die nach den Vorschriften über die gesetzliche Krankenversicherung gewährt werden.

(3) [1] Ärzte und Zahnärzte haben für ihre Leistungen Anspruch auf die Vergütung, welche die Ortskrankenkasse, in deren Bereich der Arzt oder der Zahnarzt niedergelassen ist, für ihre Mitglieder zahlt. [2] Der Kranke hat die freie Wahl unter den Ärzten und Zahnärzten, die sich zur ärztlichen oder zahnärztlichen Behandlung im Rahmen der Krankenhilfe zu der in Satz 1 genannten Vergütung bereit erklären.

(4) Nachdem die Krankheit während eines zusammenhängenden Zeitraums von drei Monaten entweder dauerndes Krankenlager oder wegen ihrer besonde-

ren Schwere ständige ärztliche Betreuung erfordert hat, ist bei der Festsetzung der Einkommensgrenze § 27d Abs. 5 Satz 1 Nr. 1 entsprechend anzuwenden.

§ 26c [**Hilfe zur Pflege**] (1) Beschädigte und Hinterbliebene erhalten Hilfe zur Pflege in entsprechender Anwendung von § 13 des Zwölften Buches Sozialgesetzbuch sowie des Siebten Kapitels des Zwölften Buches Sozialgesetzbuch[1], soweit in den folgenden Absätzen nichts Abweichendes geregelt ist.

(2) Der Hilfe zur Pflege gehen die Leistungen nach § 35 vor.

(3) Stellen Pflegebedürftige ihre Pflege nach § 63b Absatz 6 des Zwölften Buches Sozialgesetzbuch[2] durch von ihnen beschäftigte besondere Pflegekräfte sicher, gelten § 11 Absatz 3 des Fünften Buches Sozialgesetzbuch[3] und § 34 Absatz 2 Satz 2 des Elften Buches Sozialgesetzbuch entsprechend.

(4) § 64a Absatz 2 des Zwölften Buches Sozialgesetzbuch[2] findet keine Anwendung.

(5) [1] Bei der Festsetzung der Einkommensgrenze tritt an die Stelle des Grundbetrages nach § 25e Absatz 1 Nummer 1 ein Grundbetrag

1. in Höhe von 4,25 Prozent des Bemessungsbetrages bei

   a) der Hilfe zur Pflege in einer stationären oder teilstationären Einrichtung, wenn diese Hilfe voraussichtlich auf längere Zeit erforderlich ist, sowie

   b) der häuslichen Pflege von Pflegebedürftigen der Pflegegrade 2 und 3,

2. in Höhe von 8,5 Prozent des Bemessungsbetrages beim Pflegegeld für Pflegebedürftige der Pflegegrade 4 oder 5.

[2] Der Familienzuschlag beträgt 40 Prozent des Grundbetrages nach § 25e Absatz 1 Nummer 1. [3] In den Fällen des Satzes 1 Nummer 2 beträgt der Familienzuschlag für den nicht getrennt lebenden Ehegatten oder Lebenspartner die Hälfte des Grundbetrages nach § 25e Absatz 1 Nummer 1, wenn beide Ehegatten oder Lebenspartner blind sind oder die Voraussetzungen des § 72 Absatz 5 des Zwölften Buches Sozialgesetzbuch erfüllen oder so schwer behindert sind, dass sie als Beschädigte die Pflegezulage nach den Stufen III bis VI nach § 35 Absatz 1 Satz 4 erhielten.

(6) Werden Leistungen der Hilfe zur Pflege für ein volljähriges Kind der Beschädigten erbracht, haben Beschädigte Einkommen und Vermögen bis zur Höhe des Betrages nach § 27h Absatz 2 Satz 3 einzusetzen, soweit das Einkommen die für die Leistung maßgebliche Einkommensgrenze nach § 25e Absatz 1 oder § 26c Absatz 5 oder das Vermögen die Vermögensgrenze nach § 25f übersteigt.

§ 26d [**Hilfe zur Weiterführung des Haushalts**] (1) [1] Beschädigte und Hinterbliebene mit eigenem Haushalt sollen Leistungen zur Weiterführung des Haushalts erhalten, wenn weder sie selbst noch Haushaltsangehörige, mit denen sie zusammenleben, den Haushalt führen können und die Weiterführung des Haushalts geboten ist. [2] Der Träger der Kriegsopferfürsorge soll darauf hinwirken, dass die Weiterführung des Haushalts durch Personen, die den Beschädigten und Hinterbliebenen nahestehen, oder im Wege der Nachbarschaftshilfe übernommen wird. [3] Die Leistungen sollen in der Regel nur vorübergehend erbracht

---

[1] Auszugsweise abgedruckt unter Nr. **11**.
[2] Nr. **11**.
[3] Nr. **5**.

werden. [4] Satz 3 gilt nicht, wenn durch die Leistungen die Unterbringung in einer stationären Einrichtung vermieden oder aufgeschoben werden kann.

(2) Die Leistungen umfassen die persönliche Betreuung von Haushaltsangehörigen sowie die sonstige zur Weiterführung des Haushalts erforderliche Tätigkeit.

(3) [1] Beschädigten und Hinterbliebenen im Sinne des Absatzes 1 sind die angemessenen Aufwendungen für eine haushaltsführende Person zu erstatten. [2] Es können auch angemessene Beihilfen geleistet sowie Beiträge der haushaltsführenden Person für eine angemessene Alterssicherung übernommen werden, wenn diese nicht anderweitig sichergestellt ist. [3] Ist neben oder anstelle der Weiterführung des Haushalts die Heranziehung einer besonderen Person zur Haushaltsführung erforderlich oder eine Beratung oder eine zeitweilige Entlastung der haushaltsführenden Person geboten, sind die angemessenen Kosten zu übernehmen.

(4) Die Leistungen können auch durch Übernahme der angemessenen Kosten für eine vorübergehende anderweitige Unterbringung von Haushaltsangehörigen erbracht werden, wenn diese Unterbringung in besonderen Fällen neben oder statt der Weiterführung des Haushalts geboten ist.

§ 26e [Altenhilfe] (1) [1] Altenhilfe soll außer den Leistungen nach den übrigen Bestimmungen dieses Gesetzes Beschädigten und Hinterbliebenen erbracht werden. [2] Sie soll dazu beitragen, Schwierigkeiten, die durch das Alter entstehen, zu verhüten, zu überwinden oder zu mildern und Beschädigten und Hinterbliebenen im Alter die Möglichkeit zu erhalten, selbstbestimmt am Leben in der Gemeinschaft teilzunehmen und ihre Fähigkeiten zur Selbsthilfe zu stärken.

(2) Als Leistungen der Altenhilfe kommen vor allem in Betracht:

1. Leistungen bei der Beschaffung und zur Erhaltung einer Wohnung, die den Bedürfnissen des alten Menschen entspricht,
2. Beratung und Unterstützung im Vor- und Umfeld von Pflege, insbesondere in allen Fragen des Angebots an Wohnformen bei Unterstützungs-, Betreuungs- oder Pflegebedarf sowie an Diensten, die Betreuung oder Pflege leisten,
3. Leistungen in allen Fragen der Inanspruchnahme altersgerechter Dienste,
4. Leistungen zum Besuch von Veranstaltungen oder Einrichtungen, die der Geselligkeit, der Unterhaltung, der Bildung oder den kulturellen Bedürfnissen alter Menschen dienen,
5. Leistungen, die alten Menschen die Verbindung mit nahestehenden Personen ermöglicht,
6. Leistungen zu einer sonstigen Betätigung und zum gesellschaftlichen Engagement.

(3) Leistungen nach Absatz 1 sollen auch erbracht werden, wenn sie der Vorbereitung auf das Alter dienen.

(4) Altenhilfe soll ohne Rücksicht auf vorhandenes Einkommen oder Vermögen erbracht werden, soweit im Einzelfall Beratung und Unterstützung erforderlich ist.

(5) [1] Die Leistungen der Altenhilfe sind mit den übrigen Leistungen dieses Gesetzes, den Leistungen der örtlichen Altenhilfe und der kommunalen Infrastruktur zur Vermeidung sowie Verringerung der Pflegebedürftigkeit und zur Inanspruchnahme der Leistungen der Eingliederungshilfe zu verzahnen. [2] Die Ergebnisse der Gesamtplanung nach § 121 des Neunten Buches Sozialgesetz-

buch[1]) sowie die Grundsätze der Koordination, Kooperation und Konvergenz der Leistungen nach den Vorschriften des Neunten Buches Sozialgesetzbuch sind zu berücksichtigen.

§ 27 [Erziehungsbeihilfe] (1) [1] Erziehungsbeihilfe erhalten

a) Waisen, die Rente oder Waisenbeihilfe nach diesem Gesetz beziehen, und

b) Beschädigte, die Grundrente nach § 31 beziehen, für ihre Kinder sowie für Kinder im Sinne von § 25 Abs. 4 Satz 2 Nr. 3.

[2] § 25 Abs. 3 Satz 2 gilt entsprechend.
[3] Die Erziehungsbeihilfe soll eine Erziehung zu körperlicher, geistiger und sittlicher Tüchtigkeit sowie eine angemessene, den Anlagen und Fähigkeiten entsprechende allgemeine und berufliche Ausbildung sicherstellen.

(2) [1] Erziehungsbeihilfe wird erbracht, soweit der angemessene Bedarf für Erziehung, Ausbildung und Lebensunterhalt durch das einzusetzende Einkommen und Vermögen der Waisen und ihrer Elternteile oder durch das einzusetzende Einkommen und Vermögen Beschädigter und ihrer Kinder im Sinne von Absatz 1 Satz 1 Buchstabe b nicht gedeckt ist. [2] Bei der Ermittlung des Bedarfs für den Lebensunterhalt bleiben Kosten der Unterkunft in der Familie unberücksichtigt. [3] § 25e Abs. 1 ist mit der Maßgabe anzuwenden, daß für das Kind oder die Waise, für die Erziehungsbeihilfe beantragt ist oder erbracht wird, ein Familienzuschlag nicht anzusetzen ist; das gilt auch in den Fällen von Satz 5 erster Halbsatz sowie bei der Feststellung der Einkommensgrenze für den Ehegatten oder Lebenspartner des Beschädigten und den Ehegatten oder Lebenspartner der Waise nach § 25d Abs. 2 Satz 1. [4] Einkommen der Waise und des Kindes des Beschädigten ist uneingeschränkt einzusetzen mit Ausnahme des während der Ausbildung erzielten Arbeitseinkommens, soweit es nicht Ausbildungsvergütung ist und im Kalenderjahr sieben vom Hundert des Bemessungsbetrags nicht übersteigt. [5] Als Einkommen des Kindes gilt auch das Einkommen seines Ehegatten oder Lebenspartners, soweit es die für ihn nach § 25e Abs. 1 zu ermittelnde Einkommensgrenze übersteigt; ist ein Unterhaltsbetrag gerichtlich festgesetzt, sind die darauf beruhenden Leistungen Einkommen des Kindes. [6] Beschädigten, die eine Pflegezulage erhalten, ist Erziehungsbeihilfe mindestens in Höhe der Kosten der Erziehung und Ausbildung zu erbringen.

(3) [1] Übersteigt das Einkommen des Elternteils der Waise, das Einkommen des Beschädigten, das Einkommen des Ehegatten oder Lebenspartners der Waise oder das Einkommen des Ehegatten oder Lebenspartners des Kindes des Beschädigten die für sie maßgebende Einkommensgrenze, ist der übersteigende Betrag auf

a) die Waise und die weiteren gegenüber dem Elternteil Unterhaltsberechtigten,

b) das Kind des Beschädigten und die weiteren gegenüber dem Beschädigten Unterhaltsberechtigten,

c) die Waise und die weiteren gegenüber dem Ehegatten oder Lebenspartner der Waise Unterhaltsberechtigten,

d) das Kind des Beschädigten und die weiteren gegenüber dem Ehegatten oder Lebenspartner des Kindes des Beschädigten Unterhaltsberechtigten

gleichmäßig aufzuteilen. [2] Der auf die Waise oder das Kind des Beschädigten entfallende Anteil ist als Einkommen einzusetzen.

---

[1]) Nr. 1.

(4) [1] Erziehungsbeihilfe ist Beschädigten längstens bis zur Vollendung des 27. Lebensjahrs des Kindes zu erbringen. [2] Im Falle der Unterbrechung oder Verzögerung der Schul- oder Berufsausbildung durch Erfüllung der gesetzlichen Wehr- oder Zivildienstpflicht des Kindes ist die Erziehungsbeihilfe jedoch über das 27. Lebensjahr hinaus für einen der Zeit dieses Dienstes entsprechenden Zeitraum weiterzuerbringen. [3] Satz 2 gilt entsprechend

1. für Angehörige der Bundeswehr und des Polizeivollzugsdienstes, die sich freiwillig für eine Zeit von nicht mehr als drei Jahren verpflichtet haben, sowie

2. für die Tätigkeit im Sinne des § 1 Abs. 1 des Entwicklungshelfer-Gesetzes

für einen der Dauer des Grundwehrdienstes entsprechenden Zeitraum.

(5) Erziehungsbeihilfe kann erbracht werden, wenn anstelle der Beschädigtenrente, Waisenrente oder Waisenbeihilfe ein Ausgleich nach § 89 gezahlt wird.

(6) Kann die übliche Ausbildung aus Gründen, die Beschädigte, ihre Kinder oder Waisen nicht zu vertreten haben, nicht mit Vollendung des 27. Lebensjahres abgeschlossen werden, kann Erziehungsbeihilfe auch über diesen Zeitpunkt hinaus weiter erbracht werden.

§ 27a [Ergänzende Hilfe zum Lebensunterhalt] [1] Ergänzende Hilfe zum Lebensunterhalt ist Beschädigten und Hinterbliebenen zu erbringen, soweit der Lebensunterhalt nicht aus den übrigen Leistungen nach diesem Gesetz und dem einzusetzenden Einkommen und Vermögen bestritten werden kann. [2] Für die ergänzende Hilfe zum Lebensunterhalt gelten die Bestimmungen des Dritten Kapitels des Zwölften Buches Sozialgesetzbuch[1]) unter Berücksichtigung der besonderen Lage der Beschädigten oder Hinterbliebenen entsprechend.

§ 27b [Erholungshilfe] (1) Erholungshilfe erhalten Beschädigte für sich und ihren Ehegatten oder Lebenspartner sowie Hinterbliebene als Erholungsaufenthalt, wenn die Erholungsmaßnahme zur Erhaltung der Gesundheit oder Arbeitsfähigkeit notwendig, die beabsichtigte Form des Erholungsaufenthalts zweckmäßig und, soweit es sich um Beschädigte handelt, die Erholungsbedürftigkeit durch die anerkannten Schädigungsfolgen bedingt ist; bei Schwerbeschädigten wird der Zusammenhang zwischen den anerkannten Schädigungsfolgen und der Erholungsbedürftigkeit stets angenommen.

(2) [1] Die Dauer des Erholungsaufenthalts ist so zu bemessen, daß der Erholungserfolg möglichst nachhaltig ist; sie soll drei Wochen betragen, darf jedoch diesen Zeitraum in der Regel nicht übersteigen. [2] Weitere Erholungshilfe soll in der Regel nicht vor Ablauf von zwei Jahren erbracht werden.

(3) [1] Aufwendungen der Erholungsuchenden, die während des Erholungsaufenthaltes für den häuslichen Lebensunterhalt erspart werden, werden bedarfsmindernd berücksichtigt. [2] Zusätzliche kleinere Aufwendungen, die den Erholungsuchenden durch den Erholungsaufenthalt entstehen, sind als besonderer Bedarf zu berücksichtigen und können durch Pauschbeträge abgegolten werden.

(4) Während der Durchführung der Erholungsmaßnahme ist sicherzustellen, daß für Kinder und solche Haushaltsangehörige, die der Pflege bedürfen, hinreichend gesorgt wird.

(5) Bedürfen Erholungsuchende einer ständigen Begleitung, umfaßt der Bedarf für die Erholungshilfe auch den Bedarf aus der Mitnahme der Begleitperson.

---

[1]) Auszugsweise abgedruckt unter Nr. **11**.

§ 27c [Wohnungshilfe] [1] Wohnungshilfe erhalten Beschädigte und Hinterbliebene. [2] Die Wohnungshilfe besteht in der Beratung in Wohnungs- und Siedlungsangelegenheiten sowie in der Mitwirkung bei der Beschaffung und Erhaltung ausreichenden und gesunden Wohnraums. [3] Geldleistungen werden nur erbracht, wenn die Wohnung eines Schwerbeschädigten mit Rücksicht auf Art und Schwere der Schädigung besonderer Ausgestaltung oder baulicher Veränderung bedarf oder wenn Schwerbeschädigte, Witwen, Witwer oder hinterbliebene Lebenspartner innerhalb von fünf Jahren nach ihrem erstmaligen Eintreffen im Geltungsbereich dieses Gesetzes Wohnungshilfe beantragen und eine Geldleistung durch die Besonderheit des Einzelfalls gerechtfertigt ist.

§ 27d [Hilfe in besonderen Lebenslagen] (1) Als Hilfen in besonderen Lebenslagen erhalten Beschädigte und Hinterbliebene

1. Hilfe zum Aufbau oder zur Sicherung der Lebensgrundlage,
2. Hilfen zur Gesundheit,
3. Eingliederungshilfe für Menschen mit Behinderungen,
4. Blindenhilfe,
5. Hilfe zur Überwindung besonderer sozialer Schwierigkeiten.

(2) Leistungen können auch in anderen besonderen Lebenslagen erbracht werden, wenn sie den Einsatz öffentlicher Mittel unter Berücksichtigung des Zweckes der Kriegsopferfürsorge rechtfertigen.

(3) [1] Für die Eingliederungshilfe für Menschen mit Behinderungen nach Absatz 1 Nummer 3 gilt Teil 2 Kapitel 1 bis 7 des Neunten Buches Sozialgesetzbuch[1)] entsprechend, soweit dieses Gesetz nichts Abweichendes bestimmt. [2] Für die übrigen Hilfen in besonderen Lebenslagen nach Absatz 1 gelten die §§ 47, 49 bis 52, das Achte Kapitel und die §§ 72, 74 und 88 Absatz 2 des Zwölften Buches Sozialgesetzbuch[2)] entsprechend. [3] Die Leistungen nach Absatz 1 sind unter Berücksichtigung der Lage der Beschädigten oder Hinterbliebenen zu erbringen. [4] Die §§ 10 bis 24a bleiben unberührt. [5] Blindenhilfe kommt nur in Betracht, soweit nicht eine Pflegezulage nach § 35 wegen schädigungsbedingter Blindheit erbracht wird. [6] Erhalten blinde Menschen eine Pflegezulage nach § 35 aus anderen Gründen, wird sie bis zu dem in § 72 Abs. 1 Satz 2 des Zwölften Buches Sozialgesetzbuch genannten Umfang auf die Blindenhilfe angerechnet. [7] Leistungen nach § 43a des Elften Buches Sozialgesetzbuch sowie gleichartige Leistungen nach anderen Vorschriften gehen den Leistungen der Kriegsopferfürsorge vor.

(4) Die Absätze 1 bis 3 gelten auch für Hinterbliebene, die wegen Behinderung der Hilfe bedürfen.

(5) [1] Für den Einsatz von Einkommen und Vermögen bei der Erbringung der Leistungen der Eingliederungshilfe für Menschen mit Behinderungen gelten anstelle des § 25c Absatz 1 und 2 sowie der §§ 25d bis 25f die Bestimmungen von Teil 2 Kapitel 9 des Neunten Buches Sozialgesetzbuch. [2] Abweichend von § 136 Absatz 2 des Neunten Buches Sozialgesetzbuch ist ein Beitrag zu den Aufwendungen aufzubringen, wenn das Einkommen nach § 135 des Neunten Buches Sozialgesetzbuch überwiegend

---

[1)] Nr. **1**.
[2)] Nr. **11**.

1. aus einer sozialversicherungspflichtigen Beschäftigung oder aus einer selbständigen Tätigkeit erzielt wird und 100 Prozent der jährlichen Bezugsgröße nach § 18 Absatz 1 des Vierten Buches Sozialgesetzbuch übersteigt,

2. aus einer nicht sozialversicherungspflichtigen Beschäftigung erzielt wird und 90 Prozent der jährlichen Bezugsgröße nach § 18 Absatz 1 des Vierten Buches Sozialgesetzbuch übersteigt oder

3. aus Renteneinkünften erzielt wird und 75 Prozent der jährlichen Bezugsgröße nach § 18 Absatz 1 des Vierten Buches Sozialgesetzbuch übersteigt.

[3] Für den Einsatz von Vermögen gilt § 25c Absatz 3 entsprechend.

(6) [1] Bei der Festsetzung der Einkommensgrenze tritt bei der Blindenhilfe nach § 72 des Zwölften Buches Sozialgesetzbuch an die Stelle des Grundbetrages nach § 25e Absatz 1 Nummer 1 ein Grundbetrag in Höhe von 8,5 Prozent des Bemessungsbetrages. [2] Der Familienzuschlag beträgt 40 Prozent des Grundbetrages nach § 25e Absatz 1 Nummer 1. [3] Für den nicht getrennt lebenden Ehegatten oder Lebenspartner beträgt der Familienzuschlag 2,13 Prozent des Bemessungsbetrages, wenn beide Ehegatten oder Lebenspartner blind sind oder die Voraussetzungen des § 72 Absatz 5 des Zwölften Buches Sozialgesetzbuch erfüllen oder so schwer behindert sind, dass sie als Beschädigte die Pflegezulage nach den Stufen III bis VI nach § 35 Absatz 1 Satz 4 erhielten.

(7) Für den Einsatz von Einkommen bei der Erbringung der Leistungen der Eingliederungshilfe für Menschen mit Behinderungen gilt § 150 des Neunten Buches Sozialgesetzbuch entsprechend.

§ 27e [Sonderfürsorge für Schwerstbeschädigte] Für Empfänger einer Pflegezulage nach § 35 und für Beschädigte, deren Grad der Schädigungsfolgen allein wegen Tuberkulose oder Gesichtsentstellung wenigstens 50 beträgt, sowie für Hirnbeschädigte haben die Hauptfürsorgestellen die Leistungen der Kriegsopferfürsorge unter Beachtung einer wirksamen Sonderfürsorge zu erbringen.

...

Beschädigtenrente

§ 30 [Minderung der Erwerbsfähigkeit; Berufsschadensausgleich]

(1) [1] Der Grad der Schädigungsfolgen ist nach den allgemeinen Auswirkungen der Funktionsbeeinträchtigungen, die durch die als Schädigungsfolge anerkannten körperlichen, geistigen oder seelischen Gesundheitsstörungen bedingt sind, in allen Lebensbereichen zu beurteilen. [2] Der Grad der Schädigungsfolgen ist nach Zehnergraden von 10 bis 100 zu bemessen; ein bis zu fünf Grad geringerer Grad der Schädigungsfolgen wird vom höheren Zehnergrad mit umfasst. [3] Vorübergehende Gesundheitsstörungen sind nicht zu berücksichtigen; als vorübergehend gilt ein Zeitraum bis zu sechs Monaten. [4] Bei beschädigten Kindern und Jugendlichen ist der Grad der Schädigungsfolgen nach dem Grad zu bemessen, der sich bei Erwachsenen mit gleicher Gesundheitsstörung ergibt, soweit damit keine Schlechterstellung der Kinder und Jugendlichen verbunden ist. [5] Für erhebliche äußere Gesundheitsschäden können Mindestgrade festgesetzt werden.

(2) [1] Der Grad der Schädigungsfolgen ist höher zu bewerten, wenn Beschädigte durch die Art der Schädigungsfolgen im vor der Schädigung ausgeübten oder begonnenen Beruf, im nachweisbar angestrebten oder in dem Beruf besonders

betroffen sind, der nach Eintritt der Schädigung ausgeübt wurde oder noch ausgeübt wird. [2] Das ist insbesondere der Fall, wenn

1. auf Grund der Schädigung weder der bisher ausgeübte, begonnene oder nachweisbar angestrebte noch ein sozial gleichwertiger Beruf ausgeübt werden kann,

2. zwar der vor der Schädigung ausgeübte oder begonnene Beruf weiter ausgeübt wird oder der nachweisbar angestrebte Beruf erreicht wurde, Beschädigte jedoch in diesem Beruf durch die Art der Schädigungsfolgen in einem wesentlich höheren Ausmaß als im allgemeinen Erwerbsleben erwerbsgemindert sind, oder

3. die Schädigung nachweisbar den weiteren Aufstieg im Beruf gehindert hat.

(3) Rentenberechtigte Beschädigte, deren Einkommen aus gegenwärtiger oder früherer Tätigkeit durch die Schädigungsfolgen gemindert ist, erhalten nach Anwendung des Absatzes 2 einen Berufsschadensausgleich in Höhe von 42,5 vom Hundert des auf volle Euro aufgerundeten Einkommensverlustes (Absatz 4) oder, falls dies günstiger ist, einen Berufsschadensausgleich nach Absatz 6.

(4) [1] Einkommensverlust ist der Unterschiedsbetrag zwischen dem derzeitigen Bruttoeinkommen aus gegenwärtiger oder früherer Tätigkeit zuzüglich der Ausgleichsrente (derzeitiges Einkommen) und dem höheren Vergleichseinkommen. [2] Haben Beschädigte Anspruch auf eine in der Höhe vom Einkommen beeinflußte Rente wegen Todes nach den Vorschriften anderer Sozialleistungsbereiche, ist abweichend von Satz 1 der Berechnung des Einkommensverlustes die Ausgleichsrente zugrunde zu legen, die sich ohne Berücksichtigung dieser Rente wegen Todes ergäbe. [3] Ist die Rente aus der gesetzlichen Rentenversicherung gemindert, weil das Erwerbseinkommen in einem in der Vergangenheit liegenden Zeitraum, der nicht mehr als die Hälfte des Erwerbslebens umfaßt, schädigungsbedingt gemindert war, so ist die Rentenminderung abweichend von Satz 1 der Einkommensverlust. [4] Das Ausmaß der Minderung wird ermittelt, indem der Rentenberechnung für Beschädigte Entgeltpunkte zugrunde gelegt werden, die sich ohne Berücksichtigung der Zeiten ergäben, in denen das Erwerbseinkommen der Beschädigten schädigungsbedingt gemindert ist.

(5) [1] Das Vergleichseinkommen errechnet sich nach den Sätzen 2 bis 5. [2] Zur Ermittlung des Durchschnittseinkommens sind die Grundgehälter der Besoldungsgruppen der Bundesbesoldungsordnung A aus den vorletzten drei der Anpassung vorangegangenen Kalenderjahren heranzuziehen. [3] Beträge des Durchschnittseinkommens bis 0,49 Euro sind auf volle Euro abzurunden und von 0,50 Euro an auf volle Euro aufzurunden. [4] Der Mittelwert aus den drei Jahren ist um den Prozentsatz anzupassen, der sich aus der Summe der für die Rentenanpassung des laufenden Jahres sowie des Vorjahres maßgebenden Veränderungsraten der Bruttolöhne und -gehälter je Arbeitnehmer (§ 68 Absatz 2 in Verbindung mit § 228b des Sechsten Buches Sozialgesetzbuch) ergibt; die Veränderungsraten werden jeweils bestimmt, indem der Faktor für die Veränderung der Bruttolöhne und -gehälter je Arbeitnehmer um eins vermindert und durch Vervielfältigung mit 100 in einen Prozentsatz umgerechnet wird. [5] Das Vergleichseinkommen wird zum 1. Juli eines jeden Jahres neu festgesetzt; wenn das nach den Sätzen 1 bis 6 errechnete Vergleichseinkommen geringer ist, als das bisherige Vergleichseinkommen, bleibt es unverändert. [6] Es ist durch das Bundesministerium für Arbeit und Soziales zu ermitteln und im Bundesanzeiger bekanntzugeben; die Beträge sind auf volle Euro aufzurunden. [7] Abweichend von den Sätzen 1 bis 5

sind die Vergleichseinkommen der Tabellen 1 bis 4 der Bekanntmachung vom 14. Mai 1996 (BAnz. S. 6419) für die Zeit vom 1. Juli 1997 bis 30. Juni 1998 durch Anpassung der dort veröffentlichten Werte mit dem Vomhundertsatz zu ermitteln, der in § 56 Absatz 1 Satz 1 bestimmt ist; Satz 6 zweiter Halbsatz gilt entsprechend.

(6) [1] Berufsschadensausgleich nach Absatz 3 letzter Satzteil ist der Nettobetrag des Vergleicheinkommens (Absatz 7) abzüglich des Nettoeinkommens aus gegenwärtiger oder früherer Erwerbstätigkeit (Absatz 8), der Ausgleichsrente (§§ 32, 33) und des Ehegattenzuschlages (§ 33a). [2] Absatz 4 Satz 2 gilt entsprechend.

(7) [1] Der Nettobetrag des Vergleichseinkommens wird bei Beschädigten, die nach dem 30. Juni 1927 geboren sind, für die Zeit bis zum Ablauf des Monats, in dem sie auch ohne die Schädigung aus dem Erwerbsleben ausgeschieden wären, längstens jedoch bis zum Ablauf des Monats, in dem der Beschädigte die Regelaltersgrenze nach dem Sechsten Buch Sozialgesetzbuch[1] erreicht, pauschal ermittelt, indem das Vergleichseinkommen

1. bei Verheirateten Beschädigten um 18 vom Hundert, der 716 Euro übersteigende Teil um 36 vom Hundert und der 1 790 Euro übersteigende Teil um 40 vom Hundert,

2. bei nicht verheirateten Beschädigten um 18 vom Hundert, der 460 Euro übersteigende Teil um 40 vom Hundert und der 1 380 Euro übersteigende Teil um 49 vom Hundert

gemindert wird. [2] Im übrigen gelten 50 vom Hundert des Vergleichseinkommens als dessen Nettobetrag.

(8) [1] Das Nettoeinkommen aus gegenwärtiger oder früherer Erwerbstätigkeit wird pauschal aus dem derzeitigen Bruttoeinkommen ermittelt, indem

1. das Bruttoeinkommen aus gegenwärtiger Erwerbstätigkeit um die in Absatz 7 Satz 1 Nr. 1 und 2 genannten Vomhundertsätze gemindert wird,

2. Renten aus der gesetzlichen Rentenversicherung sowie Renten wegen Alters, Renten wegen verminderter Erwerbsfähigkeit und Landabgaberenten nach dem Gesetz über die Alterssicherung der Landwirte um den Vomhundertsatz gemindert werden, der für die Bemessung des Beitrags der sozialen Pflegeversicherung (§ 55 des Elften Buches Sozialgesetzbuch) gilt, und um die Hälfte des Vomhundertsatzes des allgemeinen Beitragssatzes der Krankenkassen (§ 241 des Fünften Buches Sozialgesetzbuch); die zum 1. Januar festgestellten Beitragssätze gelten insoweit jeweils vom 1. Juli des laufenden Kalenderjahres bis zum 30. Juni des folgenden Kalenderjahres,

3. sonstige Geldleistungen von Leistungsträgern (§ 12 des Ersten Buches Sozialgesetzbuch) mit dem Nettobetrag berücksichtigt werden und

4. das übrige Bruttoeinkommen um die in Nummer 2 genannten Vomhundertsätze und zusätzlich um 19 vom Hundert des 562 Euro übersteigenden Betrages gemindert wird; Nummer 2 letzter Halbsatz gilt entsprechend.

[2] In den Fällen des Absatzes 11 tritt an die Stelle des Nettoeinkommens im Sinne des Satzes 1 der nach Absatz 7 ermittelte Nettobetrag des Durchschnittseinkommens.

(9) Berufsschadensausgleich nach Absatz 6 wird in den Fällen einer Rentenminderung im Sinne des Absatzes 4 Satz 3 nur gezahlt, wenn die Zeiten des

---

[1] Auszugsweise abgedruckt unter Nr. **6**.

Erwerbslebens, in denen das Erwerbseinkommen nicht schädigungsbedingt gemindert war, von einem gesetzlichen oder einem gleichwertigen Alterssicherungssystem erfaßt sind.

(10) [1] Der Berufsschadensausgleich wird ausschließlich nach Absatz 6 berechnet, wenn der Antrag erstmalig nach dem 21. Dezember 2007 gestellt wird. [2] Im Übrigen trifft die zuständige Behörde letztmalig zum Stichtag nach Satz 1 die Günstigkeitsfeststellung nach Absatz 3 und legt damit die für die Zukunft anzuwendende Berechnungsart fest.

(11) [1] Wird durch nachträgliche schädigungsunabhängige Einwirkungen oder Ereignisse, insbesondere durch das Hinzutreten einer schädigungsunabhängigen Gesundheitsstörung das Bruttoeinkommen aus gegenwärtiger Tätigkeit voraussichtlich auf Dauer gemindert (Nachschaden), gilt statt dessen als Einkommen das Grundgehalt der Besoldungsgruppe der Bundesbesoldungsordnung A, der der oder die Beschädigte ohne den Nachschaden zugeordnet würde; Arbeitslosigkeit oder altersbedingtes Ausscheiden aus dem Erwerbsleben gilt grundsätzlich nicht als Nachschaden. [2] Tritt nach dem Nachschaden ein weiterer schädigungsbedingter Einkommensverlust ein, ist dieses Durchschnittseinkommen entsprechend zu mindern. [3] Scheidet dagegen der oder die Beschädigte schädigungsbedingt aus dem Erwerbsleben aus, wird der Berufsschadensausgleich nach den Absätzen 3 bis 8 errechnet.

(12) Rentenberechtigte Beschädigte, die einen gemeinsamen Haushalt mit ihrem Ehegatten oder Lebenspartners, einem Verwandten oder einem Stief- oder Pflegekind führen oder ohne die Schädigung zu führen hätten, erhalten als Berufsschadensausgleich einen Betrag in Höhe der Hälfte der wegen der Folgen der Schädigung notwendigen Mehraufwendungen bei der Führung des gemeinsamen Haushalts.

(13) [1] Ist die Grundrente wegen besonderen beruflichen Betroffenseins erhöht worden, so ruht der Anspruch auf Berufsschadensausgleich in Höhe des durch die Erhöhung der Grundrente nach § 31 Abs. 1 Satz 1 erzielten Mehrbetrags. [2] Entsprechendes gilt, wenn die Grundrente nach § 31 Abs. 4 Satz 2 erhöht worden ist.

(14) Die Bundesregierung wird ermächtigt, durch Rechtsverordnung mit Zustimmung des Bundesrates zu bestimmen:

a) welche Vergleichsgrundlage und in welcher Weise sie zur Ermittlung des Einkommensverlustes heranzuziehen ist,

b) wie der Einkommensverlust bei einer vor Abschluß der Schulausbildung oder vor Beginn der Berufsausbildung erlittenen Schädigung zu ermitteln ist,

c) wie der Berufsschadensausgleich festzustellen ist, wenn der Beschädigte ohne die Schädigung neben einer beruflichen Tätigkeit weitere berufliche Tätigkeiten ausgeübt oder einen gemeinsamen Haushalt im Sinne des Absatzes 12 geführt hätte,

d) was als derzeitiges Bruttoeinkommen oder als Durchschnittseinkommen im Sinne des Absatzes 11 und des § 64c Abs. 2 Satz 2 und 3 gilt und welche Einkünfte bei der Ermittlung des Einkommensverlustes nicht berücksichtigt werden,

e) wie in besonderen Fällen das Nettoeinkommen abweichend von Absatz 8 Satz 1 Nr. 3 und 4 zu ermitteln ist.

(15) Ist vor dem 1. Juli 1989 bereits über den Anspruch auf Berufsschadensausgleich für die Zeit nach dem Ausscheiden aus dem Erwerbsleben entschieden

worden, so verbleibt es hinsichtlich der Frage, ob Absatz 4 Satz 1 oder 3 anzuwenden ist, bei der getroffenen Entscheidung.

(16) Das Bundesministerium für Arbeit und Soziales wird ermächtigt, im Einvernehmen mit dem Bundesministerium der Verteidigung und mit Zustimmung des Bundesrates durch Rechtsverordnung die Grundsätze aufzustellen, die für die medizinische Bewertung von Schädigungsfolgen und die Feststellung des Grades der Schädigungsfolgen im Sinne des Absatzes 1 maßgebend sind, sowie die für die Anerkennung einer Gesundheitsstörung nach § 1 Abs. 3 maßgebenden Grundsätze und die Kriterien für die Bewertung der Hilflosigkeit und der Stufen der Pflegezulage nach § 35 Abs. 1 aufzustellen und das Verfahren für deren Ermittlung und Fortentwicklung zu regeln.

§ 31 [Höhe der Beschädigten-Grundrente; Schwerstbeschädigtenzulage] (1) [1] Beschädigte erhalten eine monatliche Grundrente bei einem Grad der Schädigungsfolgen

von 30	in Höhe von 156 Euro,
von 40	in Höhe von 212 Euro,
von 50	in Höhe von 283 Euro,
von 60	in Höhe von 360 Euro,
von 70	in Höhe von 499 Euro,
von 80	in Höhe von 603 Euro,
von 90	in Höhe von 724 Euro,
von 100	in Höhe von 811 Euro.

[2] Die Grundrente erhöht sich für Schwerbeschädigte, die das 65. Lebensjahr vollendet haben, bei einem Grad der Schädigungsfolgen

von 50 und 60	um 32 Euro,
von 70 und 80	um 39 Euro,
von mindestens 90	um 48 Euro.

(2) Schwerbeschädigung liegt vor, wenn ein Grad der Schädigungsfolgen von mindestens 50 festgestellt ist.

(3) [1] Beschädigte, bei denen Blindheit als Folge einer Schädigung anerkannt ist, erhalten stets die Rente nach einem Grad der Schädigungsfolgen von 100. [2] Beschädigte mit Anspruch auf eine Pflegezulage gelten stets als Schwerbeschädigte. [3] Sie erhalten mindestens eine Versorgung nach einem Grad der Schädigungsfolgen von 50.

(4) [1] Beschädigte mit einem Grad der Schädigungsfolgen von 100, die durch die anerkannten Schädigungsfolgen gesundheitlich außergewöhnlich betroffen sind, erhalten eine monatliche Schwerstbeschädigtenzulage, die in folgenden Stufen gewährt wird:

Stufe I	94 Euro,
Stufe II	193 Euro,
Stufe III	288 Euro,
Stufe IV	385 Euro,
Stufe V	479 Euro,
Stufe VI	578 Euro.

[2] Die Bundesregierung wird ermächtigt, mit Zustimmung des Bundesrates durch Rechtsverordnung den Personenkreis, der durch seine Schädigungsfolgen außergewöhnlich betroffen ist, sowie seine Einordnung in die Stufen I bis VI näher zu bestimmen.

§ 32 [Ausgleichsrente für Schwerbeschädigte] (1) Schwerbeschädigte erhalten eine Ausgleichsrente, wenn sie infolge ihres Gesundheitszustands oder hohen Alters oder aus einem von ihnen nicht zu vertretenden sonstigen Grunde eine ihnen zumutbare Erwerbstätigkeit nicht oder nur in beschränktem Umfang oder nur mit überdurchschnittlichem Kräfteaufwand ausüben können.

(2) Die volle Ausgleichsrente beträgt monatlich bei einem Grad der Schädigungsfolgen

von 50 oder 60	499 Euro,
von 70 oder 80	603 Euro,
von 90	724 Euro,
von 100	811 Euro.

§ 33 [Anrechnung von Einkommen auf die Ausgleichsrente] (1) [1] Die volle Ausgleichsrente ist um das anzurechnende Einkommen zu mindern. [2] Dieses ist, ausgehend vom Bruttoeinkommen, nach der nach Absatz 6 zu erlassenden Rechtsverordnung stufenweise so zu ermitteln, daß

a) bei Einkünften aus gegenwärtiger Erwerbstätigkeit ein Betrag in Höhe von 1,5 vom Hundert sowie bei den übrigen Einkünften ein Betrag in Höhe von 0,65 vom Hundert des Bemessungsbetrags von 34 561 Euro, jeweils auf volle Euro aufgerundet, freibleibt (Freibetrag) und

b) dem Beschädigten mit einem Grad der Schädigungsfolgen von 100 Ausgleichsrente nur zusteht, wenn seine Einkünfte aus gegenwärtiger Erwerbstätigkeit niedriger sind als ein Betrag in Höhe von einem Zwölftel oder seine übrigen Einkünfte niedriger sind als ein Betrag in Höhe von einem Zwanzigstel des in Buchstabe a genannten Bemessungsbetrags, aufgerundet auf volle Euro (Einkommensgrenze); diese Einkommensgrenze schließt auch die Beträge des Bruttoeinkommens ein, die mit den genannten Beträgen die gleiche Stufe gemeinsam haben.

(2) [1] Einkünfte aus gegenwärtiger Erwerbstätigkeit im Sinne des Absatzes 1 sind Einkünfte aus

a) nichtselbständiger Arbeit im Sinne des § 19 Abs. 1 Nr. 1 des Einkommensteuergesetzes,

b) Land- und Forstwirtschaft,

c) Gewerbebetrieb,

d) selbständiger Tätigkeit sowie

Versorgungskrankengeld, Krankengeld und Verletztengeld, sofern diese Leistungen nicht nach einem zuvor bezogenen Arbeitslosengeld oder Unterhaltsgeld nach dem Dritten Buch Sozialgesetzbuch[1] bemessen sind. [2] Bei Versorgungskrankengeld, Krankengeld und Verletztengeld gilt als Einkünfte aus gegenwärtiger Erwerbstätigkeit das Bruttoeinkommen, das der Berechnung dieser Leistung zu-

---

[1] Auszugsweise abgedruckt unter Nr. **4.**

grunde liegt, gegebenenfalls vom Zeitpunkt einer Anpassung der Leistung an erhöht um den Vomhundertsatz, um den der Bemessungsbetrag zuletzt gemäß § 56 Abs. 1 Satz 2 angepaßt worden ist. [3] Zu den Einkünften aus gegenwärtiger Erwerbstätigkeit nach Absatz 1 zählt auch Elterngeld im Sinne des Bundeselterngeld- und Elternzeitgesetzes in Höhe des jeweils gezahlten Betrags, der den jeweils maßgeblichen Betrag nach § 10 des Bundeselterngeld- und Elternzeitgesetzes übersteigt. [4] Das für einen Lebensmonat zustehende und gezahlte Elterngeld ist in dem Kalendermonat vollständig anzurechnen, in dem der Beginn des Lebensmonats liegt.

(3) Läßt sich das Einkommen zahlenmäßig nicht ermitteln, so ist es unter Berücksichtigung der Gesamtverhältnisse festzusetzen.

(4) Empfänger einer Pflegezulage erhalten wenigstens die Hälfte der vollen Ausgleichsrente, Empfänger einer Pflegezulage von mindestens Stufe III die volle Ausgleichsrente, auch wenn die Pflegezulage nach § 35 Abs. 4 nicht gezahlt wird oder nach § 65 Abs. 1 ruht.

(5) Die Bundesregierung wird ermächtigt, mit Zustimmung des Bundesrates durch Rechtsverordnung näher zu bestimmen,

a) was als Einkommen gilt und welche Einkünfte bei Feststellung der Ausgleichsrente unberücksichtigt bleiben,

b) wie das Bruttoeinkommen zu ermitteln ist.

(6) [1] Das Bundesministerium für Arbeit und Soziales wird ermächtigt, mit Zustimmung des Bundesrates die Rechtsverordnung über das anzurechnende Einkommen nach Absatz 1 zu erlassen. [2] Die anzurechnenden Beträge sind in einer Tabelle anzugeben, die für Beschädigte mit einem Grad der Schädigungsfolgen von 100 in 200 Stufen gegliedert ist; die ermittelten Werte gelten auch für die übrigen Beschädigtengruppen. [3] Der jeweilige Betrag, bis zu dem die einzelne Stufe reicht, ist zu ermitteln, indem die Stufenzahl mit dem zweihundertsten Teil des um den Freibetrag (Absatz 1 Buchstabe a) verminderten Betrages nach Absatz 1 Buchstabe b multipliziert und dem auf volle Euro abgerundeten Produkt der Freibetrag hinzugerechnet wird. [4] Der jeder Stufe zugeordnete Betrag des anzurechnenden Einkommens ist zu ermitteln, indem die jeweilige Stufenzahl mit dem zweihundertsten Teil des Betrages der vollen Ausgleichsrente für Beschädigte mit einem Grad der Schädigungsfolgen von 100 multipliziert und das Produkt auf volle Euro abgerundet wird. [5] In der Rechtsverordnung kann ferner Näheres über die Anwendung der Tabelle bestimmt und können die jeweils zustehenden Beträge der Ausgleichsrente angegeben werden.

...

15a. Gesetz über das Verwaltungsverfahren der Kriegsopferversorgung[1]

Vom 6. Mai 1976[2]

(BGBl. I S. 1169)

FNA 833-1

zuletzt geänd. durch Art. 58 Nr. 12 G zur Regelung des Sozialen Entschädigungsrechts v. 12.12.2019
(BGBl. I S. 2652)

– Auszug –

I. Anwendungsbereich und Zuständigkeit

§ 3 [Örtliche Zuständigkeit] (1) Örtlich zuständig ist die Verwaltungsbehörde, in deren Bezirk der Antragsteller oder Berechtigte seinen Wohnsitz oder gewöhnlichen Aufenthalt hat.

(2) [1] Bei Anträgen Hinterbliebener auf erstmalige Bewilligung von Versorgungsbezügen ist der Wohnsitz oder gewöhnliche Aufenthalt der Witwe oder des Witwers maßgebend. [2] Ist eine Witwe oder ein Witwer nicht vorhanden, so tritt an deren Stelle die jüngste Waise. [3] Sind nur Eltern oder Großeltern vorhanden, so gilt Absatz 1; leben sie getrennt, so ist der Wohnsitz oder gewöhnliche Aufenthalt des Ehemannes oder geschiedenen Ehemannes maßgebend, sofern auch dieser anspruchsberechtigt ist. [4] Die Angehörigen Verschollener stehen Hinterbliebenen gleich.

(3) Bedarf es eines Antrages nicht, so tritt an die Stelle des Zeitpunktes der Antragstellung der Zeitpunkt der Einleitung des Verfahrens.

(4) [1] Ist nach den Absätzen 1 bis 3 eine Zuständigkeit nicht begründet, so bestimmt das Landesversorgungsamt die zuständige Verwaltungsbehörde. [2] Sind die Verwaltungsbehörden verschiedener Länder beteiligt, so entscheidet das Bundesministerium für Arbeit und Soziales.

(5) Die Zuständigkeit der Verwaltungsbehörden für Personen, die ihren Wohnsitz oder gewöhnlichen Aufenthalt außerhalb des Geltungsbereiches des Grundgesetzes haben, regelt das Bundesministerium für Arbeit und Soziales durch Rechtsverordnung mit Zustimmung des Bundesrates.

---

[1] **Aufgehoben mit Ablauf des 31.12.2023** durch Art. 58 Nr. 12 G v. 12.12.2019 (BGBl. I S. 2652); siehe ab diesem Zeitpunkt das Sozialgesetzbuch XIV: Soziale Entschädigung.
[2] Neubekanntmachung des G über das Verwaltungsverfahren der Kriegsopferversorgung v. 2.5.1955 (BGBl. I S. 202) in der ab 1.1.1976 geltenden Fassung.

15b. Gesetz über die Entschädigung für Opfer von Gewalttaten (Opferentschädigungsgesetz – OEG)[1]

In der Fassung der Bekanntmachung vom 7. Januar 1985[2]

(BGBl. I S. 1)

FNA 89-8

zuletzt geänd. durch Art. 11a TeilhabestärkungsG v. 2.6.2021 (BGBl. I S. 1387)

§ 1 Anspruch auf Versorgung. (1) [1]Wer im Geltungsbereich dieses Gesetzes oder auf einem deutschen Schiff oder Luftfahrzeug infolge eines vorsätzlichen, rechtswidrigen tätlichen Angriffs gegen seine oder eine andere Person oder durch dessen rechtmäßige Abwehr eine gesundheitliche Schädigung erlitten hat, erhält wegen der gesundheitlichen und wirtschaftlichen Folgen auf Antrag Versorgung in entsprechender Anwendung der Vorschriften des Bundesversorgungsgesetzes[3]. [2]Die Anwendung dieser Vorschrift wird nicht dadurch ausgeschlossen, daß der Angreifer in der irrtümlichen Annahme von Voraussetzungen eines Rechtfertigungsgrundes gehandelt hat.

(2) Einem tätlichen Angriff im Sinne des Absatzes 1 stehen gleich

1. die vorsätzliche Beibringung von Gift,
2. die wenigstens fahrlässige Herbeiführung einer Gefahr für Leib und Leben eines anderen durch ein mit gemeingefährlichen Mitteln begangenes Verbrechen.

(3) Einer Schädigung im Sinne des Absatzes 1 stehen Schädigungen gleich, die durch einen Unfall unter den Voraussetzungen des § 1 Abs. 2 Buchstabe e oder f des Bundesversorgungsgesetzes[4] herbeigeführt worden sind; Buchstabe e gilt auch für einen Unfall, den der Geschädigte bei der unverzüglichen Erstattung der Strafanzeige erleidet.

(4) Ausländerinnen und Ausländer haben dieselben Ansprüche wie Deutsche.

(5) [1]Die Hinterbliebenen eines Geschädigten erhalten auf Antrag Versorgung in entsprechender Anwendung der Vorschriften des Bundesversorgungsgesetzes[3]. [2]Partner einer eheähnlichen Gemeinschaft erhalten Leistungen in entsprechender Anwendung der §§ 40, 40a und 41 des Bundesversorgungsgesetzes, sofern ein Partner an den Schädigungsfolgen verstorben ist und der andere unter Verzicht auf eine Erwerbstätigkeit die Betreuung eines gemeinschaftlichen Kindes ausübt; dieser Anspruch ist auf die ersten drei Lebensjahre des Kindes beschränkt.

(6) Einer Schädigung im Sinne des Absatzes 1 stehen Schädigungen gleich, die ein Berechtigter oder Leistungsempfänger nach Absatz 1 oder 5 in Verbindung mit § 10 Abs. 4 oder 5 des Bundesversorgungsgesetzes[4], eine Pflegeperson oder eine Begleitperson bei einer notwendigen Begleitung des Geschä-

---

[1] **Aufgehoben mit Ablauf des 31.12.2023** durch Art. 58 Nr. 15 G v. 12.12.2019 (BGBl. I S. 2652); siehe ab dem 1.1.2024 das Sozialgesetzbuch XIV: Soziale Entschädigung.
[2] Neubekanntmachung des OEG v. 16.5.1976 (BGBl. I S. 1181) in der ab 30.12.1984 geltenden Fassung.
[3] Auszugsweise abgedruckt unter Nr. **15**.
[4] Nr. **15**.

digten durch einen Unfall unter den Voraussetzungen des § 8a des Bundesversorgungsgesetzes[1] erleidet.

(7) Einer gesundheitlichen Schädigung im Sinne des Absatzes 1 steht die Beschädigung eines am Körper getragenen Hilfsmittels, einer Brille, von Kontaktlinsen oder von Zahnersatz gleich.

(8) Wird ein tätlicher Angriff im Sinne des Absatzes 1 durch den Gebrauch eines Kraftfahrzeugs oder eines Anhängers verübt, werden Leistungen nach diesem Gesetz erbracht.

(9) [1] § 1 Abs. 3, die §§ 64 bis 64d, 64f sowie 89 des Bundesversorgungsgesetzes sind mit der Maßgabe anzuwenden, daß an die Stelle der Zustimmung des Bundesministeriums für Arbeit und Soziales die Zustimmung der für die Kriegsopferversorgung zuständigen obersten Landesbehörde tritt, sofern ein Land Kostenträger ist (§ 4). [2]Dabei sind die für deutsche Staatsangehörige geltenden Vorschriften auch für von diesem Gesetz erfaßte Ausländer anzuwenden.

(10) § 20 des Bundesversorgungsgesetzes ist mit den Maßgaben anzuwenden, daß an die Stelle der in Absatz 1 Satz 3 genannten Zahl die Zahl der rentenberechtigten Beschädigten und Hinterbliebenen nach diesem Gesetz im Vergleich zur Zahl des Vorjahres tritt, daß in Absatz 1 Satz 4 an die Stelle der dort genannten Ausgaben der Krankenkassen je Mitglied und Rentner einschließlich Familienangehörige die bundesweiten Ausgaben je Mitglied treten, daß Absatz 2 Satz 1 für die oberste Landesbehörde, die für die Kriegsopferversorgung zuständig ist, oder die von ihr bestimmte Stelle gilt und daß in Absatz 3 an die Stelle der in Satz 1 genannten Zahl die Zahl 1,3 tritt und die Sätze 2 bis 4 nicht gelten.

(11) Im Rahmen der Heilbehandlung sind auch heilpädagogische Behandlung, heilgymnastische und bewegungstherapeutische Übungen zu gewähren, wenn diese bei der Heilbehandlung notwendig sind.

§ 2 Versagungsgründe. (1) [1]Leistungen sind zu versagen, wenn der Geschädigte die Schädigung verursacht hat oder wenn es aus sonstigen, insbesondere in dem eigenen Verhalten des Anspruchstellers liegenden Gründen unbillig wäre, Entschädigung zu gewähren. [2]Leistungen sind auch zu versagen, wenn der Geschädigte oder Antragsteller

1. an politischen Auseinandersetzungen in seinem Heimatstaat aktiv beteiligt ist oder war und die Schädigung darauf beruht oder

2. an kriegerischen Auseinandersetzungen in seinem Heimatstaat aktiv beteiligt ist oder war und Anhaltspunkte dafür vorhanden sind, daß die Schädigung hiermit in Zusammenhang steht, es sei denn, er weist nach, daß dies nicht der Fall ist oder

3. in die organisierte Kriminalität verwickelt ist oder war oder einer Organisation, die Gewalttaten begeht, angehört oder angehört hat, es sei denn, er weist nach, daß die Schädigung hiermit nicht in Zusammenhang steht.

(2) Leistungen können versagt werden, wenn der Geschädigte es unterlassen hat, das ihm Mögliche zur Aufklärung des Sachverhalts und zur Verfolgung des Täters beizutragen, insbesondere unverzüglich Anzeige bei einer für die Strafverfolgung zuständigen Behörde zu erstatten.

---

[1] Nr. **15**.

§ 3 Zusammentreffen von Ansprüchen. (1) Treffen Ansprüche aus diesem Gesetz mit Ansprüchen aus § 1 des Bundesversorgungsgesetzes[1] oder aus anderen Gesetzen zusammen, die eine entsprechende Anwendung des Bundesversorgungsgesetzes vorsehen, ist unter Berücksichtigung des durch die gesamten Schädigungsfolgen bedingten Grades der Schädigungsfolgen eine einheitliche Rente festzusetzen.

(2) Die Ansprüche nach diesem Gesetz entfallen, soweit auf Grund der Schädigung Ansprüche nach dem Bundesversorgungsgesetz oder nach einem Gesetz, welches eine entsprechende Anwendung des Bundesversorgungsgesetzes vorsieht, bestehen.

(3) Trifft ein Versorgungsanspruch nach diesem Gesetz mit einem Schadensersatzanspruch auf Grund fahrlässiger Amtspflichtverletzung zusammen, so wird der Anspruch nach § 839 Abs. 1 des Bürgerlichen Gesetzbuchs nicht dadurch ausgeschlossen, daß die Voraussetzungen des § 1 vorliegen.

(4) Bei Schäden nach diesem Gesetz gilt § 4 Abs. 1 Nr. 2 des Siebten Buches Sozialgesetzbuch nicht.

§ 3a Leistungen bei Gewalttaten im Ausland. (1) Erleiden Deutsche oder Ausländer nach § 1 Absatz 4 im Ausland infolge einer Gewalttat nach § 1 Absatz 1 oder 2 eine gesundheitliche Schädigung im Sinne von § 1 Absatz 1, erhalten sie wegen der gesundheitlichen und wirtschaftlichen Folgen auf Antrag einen Ausgleich nach Absatz 2, wenn sie

1. ihren gewöhnlichen und rechtmäßigen Aufenthalt im Geltungsbereich dieses Gesetzes haben und

2. sich zum Tatzeitpunkt für einen vorübergehenden Zeitraum von längstens sechs Monaten außerhalb des Geltungsbereichs dieses Gesetzes aufgehalten haben.

(2) [1] Geschädigte erhalten die auf Grund der Schädigungsfolgen notwendigen Maßnahmen der Heilbehandlung und der medizinischen Rehabilitation einschließlich psychotherapeutischer Angebote. [2] Darüber hinaus erhalten Geschädigte

ab einem Grad
der Schädigungsfolgen (GdS)

von 10 bis zu einem GdS von 20	eine Einmalzahlung von 800 Euro,
bei einem GdS	
von 30 und 40	eine Einmalzahlung von 1 600 Euro,
bei einem GdS	
von 50 und 60	eine Einmalzahlung von 5 800 Euro,
bei einem GdS	
von 70 bis 90	eine Einmalzahlung von 10 200 Euro
und bei einem GdS	
von 100	eine Einmalzahlung von 16 500 Euro.

[3] Bei Verlust mehrerer Gliedmaßen, bei Verlust von Gliedmaßen in Kombination mit einer Schädigung von Sinnesorganen oder in Kombination mit einer Hirnschädigung oder bei schweren Verbrennungen beträgt die Einmalzahlung

---

[1] Nr. **15**.

28 500 Euro. [4] Ist die Gliedmaße noch vorhanden aber nicht funktionsfähig, ist dies nur dann wie ein Verlust der Gliedmaße zu bewerten, wenn sich ausschließlich aus der Funktionsunfähigkeit mindestens ein GdS ergibt, der auch bei Verlust der gleichen Gliedmaße bestehen würde.

(3) [1] Ist eine Person, bei der die Voraussetzungen nach Absatz 1 vorliegen, an den Folgen der Schädigung gestorben, erhalten Hinterbliebene im Sinne von § 38 des Bundesversorgungsgesetzes mit Ausnahme der Verwandten der aufsteigenden Linie sowie Betreuungsunterhaltsberechtigte eine Einmalzahlung. [2] Diese beträgt bei Vollwaisen 2 600 Euro, bei Halbwaisen 1 400 Euro und ansonsten 5 000 Euro. [3] Darüber hinaus haben Hinterbliebene einschließlich der Eltern, deren minderjährige Kinder an den Folgen einer Gewalttat im Ausland verstorben sind, Anspruch auf die notwendigen psychotherapeutischen Maßnahmen. [4] Zu den Überführungs- und Beerdigungskosten wird ein Zuschuss bis zu 1 700 Euro gewährt, soweit nicht Dritte die Kosten übernehmen.

(4) [1] Leistungsansprüche aus anderen öffentlichen oder privaten Sicherungs- oder Versorgungssystemen sind auf die Leistungen nach den Absätzen 2 und 3 anzurechnen. [2] Hierzu können auch Leistungsansprüche aus Sicherungs- oder Versorgungssystemen des Staates zählen, in dem sich die Gewalttat ereignet hat. [3] Handelt es sich bei der anzurechnenden Leistung um eine laufende Rentenzahlung, so ist der Anrechnung ein Betrag zugrunde zu legen, der der Höhe des zum Zeitpunkt der Antragstellung nach § 1 erworbenen Anspruchs auf eine Kapitalabfindung entspricht.

(5) [1] Von Ansprüchen nach Absatz 2 sind Geschädigte ausgeschlossen, die es grob fahrlässig unterlassen haben, einen nach den Umständen des Einzelfalles gebotenen Versicherungsschutz zu begründen. [2] Ansprüche nach Absatz 2 sind außerdem ausgeschlossen, wenn bei der geschädigten Person ein Versagungsgrund nach § 2 Absatz 1 Satz 1 oder Absatz 2 vorliegt.

(6) Hinterbliebene sind von Ansprüchen nach Absatz 3 ausgeschlossen, wenn ein Ausschlussgrund nach Absatz 5 in ihrer Person oder bei der getöteten Person vorliegt.

§ 4 Kostenträger. (1) Zur Gewährung der Versorgung ist das Land verpflichtet, in dem die berechtigte Person ihren Wohnsitz, bei Fehlen eines Wohnsitzes ihren gewöhnlichen Aufenthalt hat, soweit die Absätze 2 bis 8 in Verbindung mit § 6 Absatz 1 nichts Abweichendes regeln.

(2) [1] Für die Entscheidung über einen bis einschließlich 19. Dezember 2019 gestellten und nicht bestandskräftig beschiedenen Antrag auf Leistungen nach § 1 ist bis zum 30. Juni 2020 dasjenige Land zuständig und zur Gewährung der Versorgung verpflichtet, in dem die Schädigung eingetreten ist. [2] Ab dem 1. Juli 2020 ist für die Entscheidung dasjenige Land zuständig und zur Gewährung der Versorgung verpflichtet, in dem die berechtigte Person ihren Wohnsitz, bei Fehlen eines Wohnsitzes ihren gewöhnlichen Aufenthalt hat.

(3) [1] Für eine berechtigte Person, die am 19. Dezember 2019 bereits Leistungen nach § 1 erhält, und in den Fällen nach Absatz 2 Satz 1, in denen Leistungen nach § 1 gewährt werden, ist bis zum 31. Dezember 2020 das Land zur Gewährung der Versorgung verpflichtet, in dem die Schädigung eingetreten ist; dies gilt auch, wenn Anträge auf zusätzliche Leistungen gestellt werden. [2] Ab dem 1. Januar 2021 ist dasjenige Land zur Gewährung der Versorgung verpflichtet, in dem die leistungsberechtigte Person im Sinne des Satzes

1 ihren Wohnsitz, bei Fehlen eines Wohnsitzes ihren gewöhnlichen Aufenthalt hat.

(4) Sind in den Fällen des Absatzes 2 Satz 1 und des Absatzes 3 Satz 1 Feststellungen zu dem Ort der Schädigung nicht möglich, so ist das Land zur Gewährung der Versorgung verpflichtet, in dem der Geschädigte zur Tatzeit seinen Wohnsitz oder gewöhnlichen Aufenthalt hatte.

(5) [1] Haben berechtigte Personen ihren Wohnsitz oder gewöhnlichen Aufenthalt außerhalb des Geltungsbereiches dieses Gesetzes, ist das Land zur Gewährung der Versorgung verpflichtet, in dem die Schädigung eingetreten ist. [2] Abweichend von Satz 1 bleibt das nach den Absätzen 1 bis 4 bestimmte Land zur Gewährung der Versorgung verpflichtet, wenn der Wohnsitz, bei Fehlen eines Wohnsitzes der gewöhnliche Aufenthalt nach der Schädigung ins Ausland verlegt wird.

(6) [1] Wenn der Geschädigte zur Tatzeit seinen Wohnsitz oder gewöhnlichen Aufenthalt nicht im Geltungsbereich dieses Gesetzes hatte und eine Feststellung, in welchem Land die Schädigung eingetreten ist, nicht möglich ist, trägt der Bund die Kosten der Versorgung. [2] Das Gleiche gilt, wenn die Schädigung auf einem deutschen Schiff, einem deutschen Luftfahrzeug oder an einem Ort im Ausland eingetreten ist.

(7) [1] Der Bund trägt vierzig vom Hundert der Ausgaben, die den Ländern durch Geldleistungen nach diesem Gesetz entstehen. [2] Zu den Geldleistungen gehören nicht solche Geldbeträge, die zur Abgeltung oder an Stelle einer Sachleistung gezahlt werden. [3] Zur Vereinfachung der Abrechnung erstattet der Bund den Ländern in einem pauschalierten Verfahren jeweils 22 Prozent der ihnen nach Absatz 1 entstandenen Ausgaben. [4] Der Bund überprüft in einem Abstand von fünf Jahren, erstmals im Jahr 2014, die Voraussetzungen für die in Satz 3 genannte Quote.

(8) In den Fällen des § 3 Abs. 1 sind die Kosten, die durch das Hinzutreten der weiteren Schädigung verursacht werden, von dem Leistungsträger zu übernehmen, der für die Versorgung wegen der weiteren Schädigung zuständig ist.

§ 5 Übergang gesetzlicher Schadensersatzansprüche. Ist ein Land Kostenträger (§ 4), so gilt § 81a des Bundesversorgungsgesetzes mit der Maßgabe, daß der gegen Dritte bestehende gesetzliche Schadensersatzanspruch auf das zur Gewährung der Leistungen nach diesem Gesetz verpflichtete Land übergeht und der Übergang des Anspruchs insbesondere dann nicht geltend gemacht werden kann, wenn die Schadensersatzleistungen der Schädigerin oder des Schädigers oder eines Dritten nicht ausreichen, um den gesamten Schaden zu ersetzen; in diesen Fällen sind die Schadensersatzansprüche der oder des Berechtigten vorrangig gegenüber den Ansprüchen des Kostenträgers.

§ 6 Zuständigkeit und Verfahren. (1) [1] Die Versorgung nach diesem Gesetz obliegt den für die Durchführung des Bundesversorgungsgesetzes[1]) zuständigen Behörden. [2] Ist der Bund Kostenträger, so sind zuständig

1. wenn der Geschädigte seinen Wohnsitz oder gewöhnlichen Aufenthalt in einem Land hat, die Behörden dieses Landes; es finden die Übergangsregelungen gemäß § 4 Absatz 2 und 3 beschränkt auf die Zuständigkeit der

---

[1]) Auszugsweise abgedruckt unter Nr. **15**.

Behörde entsprechend Anwendung, davon ausgenommen sind Versorgungen bei Schädigungen an einem Ort im Ausland,

2. wenn der Geschädigte seinen Wohnsitz oder gewöhnlichen Aufenthalt außerhalb des Geltungsbereiches dieses Gesetzes hat, die Behörden des Landes, das die Versorgung von Kriegsopfern in dem Wohnsitz- oder Aufenthaltsland durchführt.

[3] Abweichend von Satz 2 Nummer 2 sind, wenn die Schädigung auf einem deutschen Schiff oder Luftfahrzeug eingetreten ist, die Behörden des Landes zuständig, in dem das Schiff in das Schiffsregister eingetragen ist oder in dem der Halter des Luftfahrzeugs seinen Sitz oder Wohnsitz hat.

(2) Die örtliche Zuständigkeit der Behörden bestimmt die Landesregierung durch Rechtsverordnung.

(3) Das Gesetz über das Verwaltungsverfahren der Kriegsopferversorgung[1], mit Ausnahme der §§ 3 bis 5, sowie die Vorschriften des Sozialgerichtsgesetzes[2] über das Vorverfahren sind anzuwenden.

(4) Absatz 3 gilt nicht, soweit die Versorgung in der Gewährung von Leistungen besteht, die den Leistungen der Kriegsopferfürsorge nach den §§ 25 bis 27h des Bundesversorgungsgesetzes[3] entsprechen.

§ 6a Zuständigkeiten des Bundesministeriums für Arbeit und Soziales. (1) Das Bundesministerium für Arbeit und Soziales nimmt die Aufgaben der zentralen Behörde im Sinne des Artikels 12 Satz 2 des Europäischen Übereinkommens vom 24. November 1983 über die Entschädigung für Opfer von Gewalttaten (BGBl. 1996 II S. 1120) wahr.

(2) Das Bundesministerium für Arbeit und Soziales nimmt ferner die Aufgaben der Unterstützungsbehörde im Sinne des Artikels 3 Abs. 1 und der zentralen Kontaktstelle im Sinne des Artikels 16 der Richtlinie 2004/80/EG des Rates vom 29. April 2004 zur Entschädigung der Opfer von Straftaten (ABl. EU Nr. L 261 S. 15) wahr.

§ 7 Rechtsweg. (1) [1] Für öffentlich-rechtliche Streitigkeiten in Angelegenheiten dieses Gesetzes ist, mit Ausnahme der Fälle des Absatzes 2, der Rechtsweg zu den Gerichten der Sozialgerichtsbarkeit gegeben. [2] Soweit das Sozialgerichtsgesetz[2] besondere Vorschriften für die Kriegsopferversorgung enthält, gelten diese auch für Streitigkeiten nach Satz 1.

(2) Soweit die Versorgung in der Gewährung von Leistungen besteht, die den Leistungen der Kriegsopferfürsorge nach den §§ 25 bis 27h des Bundesversorgungsgesetzes[3] entsprechen, ist der Verwaltungsrechtsweg gegeben.

§§ 8, 9 *(nicht wiedergegebene Änderungsvorschriften)*

§ 10 Übergangsvorschriften. [1] Dieses Gesetz gilt für Ansprüche aus Taten, die nach seinem Inkrafttreten begangen worden sind. [2] Darüber hinaus gelten die §§ 1 bis 7 mit Ausnahme des § 3a für Ansprüche aus Taten, die in der Zeit vom 23. Mai 1949 bis 15. Mai 1976 begangen worden sind, nach Maßgabe der §§ 10a und 10c. [3] In dem in Artikel 3 des Einigungsvertrages genannten Gebiet

---

[1] Auszugsweise abgedruckt unter Nr. **15a**.
[2] Auszugsweise abgedruckt unter Nr. **18**.
[3] Nr. **15**.

gilt dieses Gesetz für Ansprüche aus Taten, die nach dem 2. Oktober 1990 begangen worden sind. [4]Darüber hinaus gelten die §§ 1 bis 7 mit Ausnahme des § 3a für Ansprüche aus Taten, die in dem in Satz 4 genannten Gebiet in der Zeit vom 7. Oktober 1949 bis zum 2. Oktober 1990 begangen worden sind, nach Maßgabe der §§ 10a und 10c. [5]In den Fällen des § 3a gilt dieses Gesetz erst für Ansprüche aus Taten, die nach dem 30. Juni 2009 begangen worden sind.

§ 10a Härteregelung. (1) [1]Personen, die in der Zeit vom 23. Mai 1949 bis 15. Mai 1976 geschädigt worden sind, erhalten auf Antrag Versorgung, solange sie

1. allein infolge dieser Schädigung schwerbeschädigt sind und

2. bedürftig sind und

3. im Geltungsbereich dieses Gesetzes ihren Wohnsitz oder gewöhnlichen Aufenthalt haben.

[2]Versorgung nach Maßgabe des Satzes 1 erhalten auch Personen, die in dem in Artikel 3 des Einigungsvertrages genannten Gebiet ihren Wohnsitz oder gewöhnlichen Aufenthalt haben oder zum Zeitpunkt der Schädigung hatten, wenn die Schädigung in der Zeit vom 7. Oktober 1949 bis zum 2. Oktober 1990 in dem vorgenannten Gebiet eingetreten ist. [3]§ 31 Abs. 4 Satz 2 erster Halbsatz des Bundesversorgungsgesetzes[1]) gilt.

(2) Bedürftig ist ein Anspruchsteller, wenn sein Einkommen im Sinne des § 33 des Bundesversorgungsgesetzes[1]) den Betrag, von dem an die nach der Anrechnungsverordnung (§ 33 Abs. 6 Bundesversorgungsgesetz[1])) zu berechnenden Leistungen nicht mehr zustehen, zuzüglich des Betrages der jeweiligen Grundrente, der Schwerstbeschädigtenzulage sowie der Pflegezulage nicht übersteigt.

(3) [1]Übersteigt das Einkommen den Betrag, von dem an die vom Einkommen beeinflußten Versorgungsleistungen nicht mehr zustehen, so sind die Versorgungsbezüge in der Reihenfolge Grundrente, Schwerstbeschädigtenzulage und Pflegezulage um den übersteigenden Betrag zu mindern. [2]Bei der Berechnung des übersteigenden Betrages sind die Einkünfte aus gegenwärtiger Erwerbstätigkeit vor den übrigen Einkünften zu berücksichtigen. [3]§ 33 Abs. 4, § 33a Abs. 2 und § 33b Abs. 6 des Bundesversorgungsgesetzes[1]) gelten nicht.

(4) [1]Die Hinterbliebenen eines Geschädigten erhalten auf Antrag Versorgung in entsprechender Anwendung der §§ 38 bis 52 des Bundesversorgungsgesetzes, solange sie bedürftig sind und im Geltungsbereich dieses Gesetzes ihren Wohnsitz oder ständigen Aufenthalt haben. [2]Die Absätze 2 und 3 gelten entsprechend. [3]Unabhängig vom Zeitpunkt des Todes des Beschädigten sind für die Witwenbeihilfe die Anspruchsvoraussetzungen des § 48 Abs. 1 Satz 1, 5 und 6 des Bundesversorgungsgesetzes in der im Zeitpunkt der Antragstellung geltenden Fassung maßgebend.

(5) Die Versorgung umfaßt alle nach dem Bundesversorgungsgesetz[2]) vorgesehenen Leistungen mit Ausnahme von Berufsschadens- und Schadensausgleich.

---

[1]) Nr. **15.**
[2]) Auszugsweise abgedruckt unter Nr. **15.**

§ 10b *(aufgehoben)*

§ 10c Übergangsregelung. [1]Neue Ansprüche, die sich auf Grund einer Änderung dieses Gesetzes ergeben, werden nur auf Antrag festgestellt. [2]Wird der Antrag binnen eines Jahres nach Verkündung des Änderungsgesetzes gestellt, so beginnt die Zahlung mit dem Zeitpunkt des Inkrafttretens, frühestens jedoch mit dem Monat, in dem die Voraussetzungen erfüllt sind.

§ 10d Übergangsvorschrift. (1) Am 1. Januar 1998 noch nicht gezahlte Erstattungen von Aufwendungen für Leistungen, die vor dem 1. Januar 1998 erbracht worden sind, werden nach den bis dahin geltenden Erstattungsregelungen abgerechnet.

(2) Für das Jahr 1998 wird der Pauschalbetrag wie folgt ermittelt: Aus der Summe der Erstattungen des Landes an die Krankenkassen nach diesem Gesetz in den Jahren 1995 bis 1997, abzüglich der Erstattungen für Leistungen bei Pflegebedürftigkeit nach § 11 Abs. 4 und § 12 Abs. 5 des Bundesversorgungsgesetzes[1] in der bis zum 31. März 1995 geltenden Fassung und abzüglich der Erstattungen nach § 19 Abs. 4 des Bundesversorgungsgesetzes in der bis zum 31. Dezember 1993 geltenden Fassung, wird der Jahresdurchschnitt ermittelt.

§ 11 (Inkrafttreten)

---

[1] Nr. 15.

15c. Gesetz zur Verhütung und Bekämpfung von Infektionskrankheiten beim Menschen (Infektionsschutzgesetz – IfSG)[1)]

Vom 20. Juli 2000

(BGBl. I S. 1045)

FNA 2126-13

zuletzt geänd. durch Art. 4 G zur Verlängerung des Sozialdienstleister-EinsatzG und weiterer Regelungen v. 18.3.2022 (BGBl. I S. 473)

– Auszug –

1. Abschnitt. Allgemeine Vorschriften

§ 2 Begriffsbestimmungen. Im Sinne dieses Gesetzes ist

1.–8.   …

9.   Schutzimpfung
       die Gabe eines Impfstoffes mit dem Ziel, vor einer übertragbaren Krankheit zu schützen,

10.   …

[Nr. 11 bis 31.12.2023:]

11.   Impfschaden
       die gesundheitliche und wirtschaftliche Folge einer über das übliche Ausmaß einer Impfreaktion hinausgehenden gesundheitlichen Schädigung durch die Schutzimpfung; ein Impfschaden liegt auch vor, wenn mit vermehrungsfähigen Erregern geimpft wurde und eine andere als die geimpfte Person geschädigt wurde,

[Nr. 11 ab 1.1.2024:]

11.   (aufgehoben)

12.–17. …

12. Abschnitt. Entschädigung in besonderen Fällen

[§ 60 bis 31.12.2023:]

§ 60 Versorgung bei Impfschaden und bei Gesundheitsschäden durch andere Maßnahmen der spezifischen Prophylaxe. (1) [1] Wer durch eine Schutzimpfung oder durch eine andere Maßnahme der spezifischen Prophylaxe, die

1. von einer zuständigen Landesbehörde öffentlich empfohlen und in ihrem Bereich vorgenommen wurde,

---

[1)] Verkündet als Art. 1 SeuchenrechtsneuordnungsG v. 20.7.2000 (BGBl. I S. 1045); Inkrafttreten gem. Art. 5 Abs. 1 Satz 1 dieses G am 1.1.2001 mit Ausnahme der in Abs. 2 dieses Artikels genannten Abweichungen.

1a. gegen das Coronavirus SARS-CoV-2 aufgrund einer Rechtsverordnung nach § 20i Absatz 3 Satz 2 Nummer 1 Buchstabe a, auch in Verbindung mit Nummer 2, des Fünften Buches[1] Sozialgesetzbuch vorgenommen wurde,

2. auf Grund dieses Gesetzes angeordnet wurde,

3. gesetzlich vorgeschrieben war oder

4. auf Grund der Verordnungen zur Ausführung der Internationalen Gesundheitsvorschriften durchgeführt worden ist,

eine gesundheitliche Schädigung erlitten hat, erhält nach der Schutzimpfung wegen des Impfschadens im Sinne des § 2 Nr. 11 oder in dessen entsprechender Anwendung bei einer anderen Maßnahme wegen der gesundheitlichen und wirtschaftlichen Folgen der Schädigung auf Antrag Versorgung in entsprechender Anwendung der Vorschriften des Bundesversorgungsgesetzes[2], soweit dieses Gesetz nichts Abweichendes bestimmt. [2]Satz 1 Nr. 4 gilt nur für Personen, die zum Zwecke der Wiedereinreise in den Geltungsbereich dieses Gesetzes geimpft wurden und die ihren Wohnsitz oder gewöhnlichen Aufenthalt in diesem Gebiet haben oder nur vorübergehend aus beruflichen Gründen oder zum Zwecke der Ausbildung aufgegeben haben, sowie deren Angehörige, die mit ihnen in häuslicher Gemeinschaft leben. [3]Als Angehörige gelten die in § 10 des Fünften Buches Sozialgesetzbuch genannten Personen.

(2) [1]Versorgung im Sinne des Absatzes 1 erhält auch, wer als Deutscher außerhalb des Geltungsbereichs dieses Gesetzes einen Impfschaden durch eine Impfung erlitten hat, zu der er auf Grund des Impfgesetzes vom 8. April 1874 in der im Bundesgesetzblatt Teil III, Gliederungsnummer 2126-5, veröffentlichten bereinigten Fassung, bei einem Aufenthalt im Geltungsbereich dieses Gesetzes verpflichtet gewesen wäre. [2]Die Versorgung wird nur gewährt, wenn der Geschädigte

1. nicht im Geltungsbereich dieses Gesetzes geimpft werden konnte,

2. von einem Arzt geimpft worden ist und

3. zur Zeit der Impfung in häuslicher Gemeinschaft mit einem Elternteil oder einem Sorgeberechtigten gelebt hat, der sich zur Zeit der Impfung aus beruflichen Gründen oder zur Ausbildung nicht nur vorübergehend außerhalb des Geltungsbereichs dieses Gesetzes aufgehalten hat.

(3) [1]Versorgung im Sinne des Absatzes 1 erhält auch, wer außerhalb des Geltungsbereichs dieses Gesetzes einen Impfschaden erlitten hat infolge einer Pockenimpfung auf Grund des Impfgesetzes oder infolge einer Pockenimpfung, die in den in § 1 Abs. 2 Nr. 3 des Bundesvertriebenengesetzes bezeichneten Gebieten, in der Deutschen Demokratischen Republik oder in Berlin (Ost) gesetzlich vorgeschrieben oder auf Grund eines Gesetzes angeordnet worden ist oder war, soweit nicht auf Grund anderer gesetzlicher Vorschriften Entschädigung gewährt wird. [2]Ansprüche nach Satz 1 kann nur geltend machen, wer

1. als Deutscher bis zum 8. Mai 1945,

2. als Berechtigter nach den §§ 1 bis 4 des Bundesvertriebenengesetzes oder des § 1 des Flüchtlingshilfegesetzes in der Fassung der Bekanntmachung vom 15. Mai 1971 (BGBl. I S. 681), das zuletzt durch Artikel 24 des Gesetzes vom

---

[1] Auszugsweise abgedruckt unter Nr. **5**.
[2] Auszugsweise abgedruckt unter Nr. **15**.

26. Mai 1994 (BGBl. I S. 1014) geändert worden ist, in der jeweils geltenden Fassung,

3. als Ehegatte oder Abkömmling eines Spätaussiedlers im Sinne des § 7 Abs. 2 des Bundesvertriebenengesetzes oder

4. im Wege der Familienzusammenführung gemäß § 94 des Bundesvertriebenengesetzes in der vor dem 1. Januar 1993 geltenden Fassung

seinen ständigen Aufenthalt im Geltungsbereich dieses Gesetzes genommen hat oder nimmt.

(4) [1] Die Hinterbliebenen eines Geschädigten im Sinne der Absätze 1 bis 3 erhalten auf Antrag Versorgung in entsprechender Anwendung der Vorschriften des Bundesversorgungsgesetzes[1]. [2] Partner einer eheähnlichen Gemeinschaft erhalten Leistungen in entsprechender Anwendung der §§ 40, 40a und 41 des Bundesversorgungsgesetzes, sofern ein Partner an den Schädigungsfolgen verstorben ist und der andere unter Verzicht auf eine Erwerbstätigkeit die Betreuung eines gemeinschaftlichen Kindes ausübt; dieser Anspruch ist auf die ersten drei Lebensjahre des Kindes beschränkt. [3] Satz 2 gilt entsprechend, wenn ein Partner in der Zeit zwischen dem 1. November 1994 und dem 23. Juni 2006 an den Schädigungsfolgen verstorben ist.

(5) [1] Als Impfschaden im Sinne des § 2 Nr. 11 gelten auch die Folgen einer gesundheitlichen Schädigung, die durch einen Unfall unter den Voraussetzungen des § 1 Abs. 2 Buchstabe e oder f oder des § 8a des Bundesversorgungsgesetzes[2] herbeigeführt worden sind. [2] Einem Impfschaden im Sinne des Satzes 1 steht die Beschädigung eines am Körper getragenen Hilfsmittels, einer Brille, von Kontaktlinsen oder von Zahnersatz infolge eines Impfschadens im Sinne des Absatzes 1 oder eines Unfalls im Sinne des Satzes 1 gleich.

(6) Im Rahmen der Versorgung nach Absatz 1 bis 5 finden die Vorschriften des zweiten Kapitels des Zehnten Buches Sozialgesetzbuch[3] über den Schutz der Sozialdaten Anwendung.

[§ 61 bis 31.12.2023:]

§ 61 Gesundheitsschadensanerkennung. [1] Zur Anerkennung eines Gesundheitsschadens als Folge einer Schädigung im Sinne des § 60 Abs. 1 Satz 1 genügt die Wahrscheinlichkeit des ursächlichen Zusammenhangs. [2] Wenn diese Wahrscheinlichkeit nur deshalb nicht gegeben ist, weil über die Ursache des festgestellten Leidens in der medizinischen Wissenschaft Ungewissheit besteht, kann mit Zustimmung der für die Kriegsopferversorgung zuständigen obersten Landesbehörde der Gesundheitsschaden als Folge einer Schädigung im Sinne des § 60 Abs. 1 Satz 1 anerkannt werden. [3] Die Zustimmung kann allgemein erteilt werden.

[§ 62 bis 31.12.2023:]

§ 62 Heilbehandlung. Dem Geschädigten im Sinne von § 60 Abs. 1 bis 3 sind im Rahmen der Heilbehandlung auch heilpädagogische Behandlung, heilgymnastische und bewegungstherapeutische Übungen zu gewähren, wenn diese bei der Heilbehandlung notwendig sind.

---

[1] Auszugsweise abgedruckt unter Nr. **15**.
[2] Nr. **15**.
[3] Auszugsweise abgedruckt unter Nr. **9**.

[§ 63 bis 31.12.2023:]

§ 63 **Konkurrenz von Ansprüchen, Anwendung der Vorschriften nach dem Bundesversorgungsgesetz[1]), Übergangsregelungen zum Erstattungsverfahren an die Krankenkassen.** (1) Treffen Ansprüche aus § 60 mit Ansprüchen aus § 1 des Bundesversorgungsgesetzes[2]) oder aus anderen Gesetzen zusammen, die eine entsprechende Anwendung des Bundesversorgungsgesetzes[1]) vorsehen, ist unter Berücksichtigung des durch die gesamten Schädigungsfolgen bedingten Grades der Schädigungsfolgen eine einheitliche Rente festzusetzen.

(2) Trifft ein Versorgungsanspruch nach § 60 mit einem Schadensersatzanspruch auf Grund fahrlässiger Amtspflichtverletzung zusammen, so wird der Anspruch nach § 839 Abs. 1 des Bürgerlichen Gesetzbuchs nicht dadurch ausgeschlossen, dass die Voraussetzungen des § 60 vorliegen.

(3) Bei Impfschäden gilt § 4 Abs. 1 Nr. 2 des Siebten Buches Sozialgesetzbuch nicht.

(4) § 81a des Bundesversorgungsgesetzes findet mit der Maßgabe Anwendung, dass der gegen Dritte bestehende gesetzliche Schadensersatzanspruch auf das zur Gewährung der Leistungen nach diesem Gesetz verpflichtete Land übergeht.

(5) [1]Die §§ 64 bis 64d, 64f und 89 des Bundesversorgungsgesetzes sind entsprechend anzuwenden mit der Maßgabe, dass an die Stelle der Zustimmung des Bundesministeriums für Arbeit und Soziales die Zustimmung der für die Kriegsopferversorgung zuständigen obersten Landesbehörde tritt. [2]Die Zustimmung ist bei entsprechender Anwendung des § 89 Abs. 2 des Bundesversorgungsgesetzes im Einvernehmen mit der obersten Landesgesundheitsbehörde zu erteilen.

(6) § 20 des Bundesversorgungsgesetzes ist mit den Maßgaben anzuwenden, dass an die Stelle der in Absatz 1 Satz 3 genannten Zahl die Zahl der rentenberechtigten Beschädigten und Hinterbliebenen nach diesem Gesetz im Vergleich zur Zahl des Vorjahres tritt, dass in Absatz 1 Satz 4 an die Stelle der dort genannten Ausgaben der Krankenkassen je Mitglied und Rentner einschließlich Familienangehörige die bundesweiten Ausgaben je Mitglied treten, dass Absatz 2 Satz 1 für die oberste Landesbehörde, die für die Kriegsopferversorgung zuständig ist, oder für die von ihr bestimmte Stelle gilt und dass in Absatz 3 an die Stelle der in Satz 1 genannten Zahl die Zahl 1,3 tritt und die Sätze 2 bis 4 nicht gelten.

(7) Am 1. Januar 1998 noch nicht gezahlte Erstattungen von Aufwendungen für Leistungen, die von den Krankenkassen vor dem 1. Januar 1998 erbracht worden sind, werden nach den bis dahin geltenden Erstattungsregelungen abgerechnet.

(8) Für das Jahr 1998 wird der Pauschalbetrag nach § 20 des Bundesversorgungsgesetzes wie folgt ermittelt: Aus der Summe der Erstattungen des Landes an die Krankenkassen nach diesem Gesetz in den Jahren 1995 bis 1997, abzüglich der Erstattungen für Leistungen bei Pflegebedürftigkeit nach § 11 Abs. 4 und § 12 Abs. 5 des Bundesversorgungsgesetzes[2]) in der bis zum 31. März 1995 geltenden Fassung und abzüglich der Erstattungen nach § 19 Abs. 4 des

---

[1]) Auszugsweise abgedruckt unter Nr. **15**.
[2]) Nr. **15**.

Bundesversorgungsgesetzes in der bis zum 31. Dezember 1993 geltenden Fassung, wird der Jahresdurchschnitt ermittelt.

[§ 64 bis 31.12.2023:]

§ 64 Zuständige Behörde für die Versorgung. (1) [1]Die Versorgung nach den §§ 60 bis 63 Abs. 1 wird von den für die Durchführung des Bundesversorgungsgesetzes[1]) zuständigen Behörden durchgeführt. [2]Die örtliche Zuständigkeit der Behörden bestimmt die Regierung des Landes, das die Versorgung zu gewähren hat (§ 66 Abs. 2), durch Rechtsverordnung. [3]Die Landesregierung ist befugt, die Ermächtigung durch Rechtsverordnung auf eine andere Stelle zu übertragen.

(2) Das Gesetz über das Verwaltungsverfahren der Kriegsopferversorgung[2]) in der Fassung der Bekanntmachung vom 6. Mai 1976 (BGBl. I S. 1169), zuletzt geändert durch das Gesetz vom 18. August 1980 (BGBl. I S. 1469), mit Ausnahme der §§ 3 und 4, die Vorschriften des ersten und dritten Kapitels des Zehnten Buches Sozialgesetzbuch[3]) sowie die Vorschriften des Sozialgerichtsgesetzes[4]) über das Vorverfahren sind anzuwenden.

(3) Absatz 2 gilt nicht, soweit die Versorgung in der Gewährung von Leistungen besteht, die den Leistungen der Kriegsopferfürsorge nach den §§ 25 bis 27j des Bundesversorgungsgesetzes[5]) entsprechen.

---

[1]) Auszugsweise abgedruckt unter Nr. 15.
[2]) Auszugsweise abgedruckt unter Nr. 15a.
[3]) Auszugsweise abgedruckt unter Nr. 9.
[4]) Auszugsweise abgedruckt unter Nr. 18.
[5]) Nr. 15.

15d. Verordnung zur Durchführung des § 1 Abs. 1 und 3, des § 30 Abs. 1 und des § 35 Abs. 1 des Bundesversorgungsgesetzes (Versorgungsmedizin-Verordnung – VersMedV)[1]

Vom 10. Dezember 2008

(BGBl. I S. 2412)

FNA 830-2-19

zuletzt geänd. durch Art. 26, 27 G zur Regelung des Sozialen Entschädigungsrechts v. 12.12.2019
(BGBl. I S. 2652)

[§ 1 bis 31.12.2023:]

§ 1 Zweck der Verordnung. Diese Verordnung regelt die Grundsätze für die medizinische Bewertung von Schädigungsfolgen und die Feststellung des Grades der Schädigungsfolgen im Sinne des § 30 Abs. 1 des Bundesversorgungsgesetzes[2], für die Anerkennung einer Gesundheitsstörung nach § 1 Abs. 3 des Bundesversorgungsgesetzes[2], die Kriterien für die Bewertung der Hilflosigkeit und der Stufen der Pflegezulage nach § 35 Abs. 1 des Bundesversorgungsgesetzes und das Verfahren für deren Ermittlung und Fortentwicklung.

[§ 1 ab 1.1.2024:]

§ 1 Zweck der Verordnung. Diese Verordnung regelt die medizinischen Grundsätze und Kriterien, die bei der ärztlichen Begutachtung nach Teil 3 des Neunten Buches Sozialgesetzbuch[3] und nach dem Vierzehnten Buch Sozialgesetzbuch anzuwenden sind, sowie das dafür maßgebende Verfahren.

§ 2 Anlage „Versorgungsmedizinische Grundsätze". [1]Die in § 1 genannten Grundsätze und Kriterien sind in der Anlage zu dieser Verordnung[4] als deren Bestandteil festgelegt. [2]Die Anlage wird auf der Grundlage des aktuellen Stands der medizinischen Wissenschaft unter Anwendung der Grundsätze der evidenzbasierten Medizin erstellt und fortentwickelt.

§ 3 Beirat. (1) Beim Bundesministerium für Arbeit und Soziales wird ein unabhängiger „Ärztlicher Sachverständigenbeirat Versorgungsmedizin" (Beirat) gebildet, der das Bundesministerium für Arbeit und Soziales zu allen versorgungsärztlichen Angelegenheiten berät und die Fortentwicklung der Anlage entsprechend dem aktuellen Stand der medizinischen Wissenschaft und versorgungsmedizinischer Erfordernisse vorbereitet.

(2) Der Beirat hat 17 Mitglieder, und zwar

1. acht versorgungsmedizinisch besonders qualifizierte Ärztinnen oder Ärzte,

---

[1] Die Änderungen durch G v. 12.12.2019 (BGBl. I S. 2652) treten teilweise erst **mWv 1.1.2024** in Kraft und sind insoweit im Text noch nicht berücksichtigt.
[2] Nr. **15**.
[3] Nr. **1**.
[4] **Amtl. Anm.:** Die Anlage „Versorgungsmedizinische Grundsätze" wird als Anlageband zu dieser Ausgabe des Bundesgesetzblatts ausgegeben. Abonnenten des Bundesgesetzblatts Teil I wird der Anlageband auf Anforderung gemäß den Bezugsbedingungen des Verlags übersandt.

2. eine Ärztin oder einen Arzt aus dem versorgungsärztlich-gutachtlichen Bereich der Bundeswehr,

3. acht wissenschaftlich besonders qualifizierte Ärztinnen oder Ärzte versorgungsmedizinisch relevanter Fachgebiete.

(3) [1] Zu den Beratungen des Beirats können externe ärztliche Sachverständige sowie sachkundige ärztliche Vertreter von Behindertenverbänden hinzugezogen werden. [2] Es können Arbeitsgruppen gebildet werden.

(4) [1] Die Mitglieder des Beirats werden vom Bundesministerium für Arbeit und Soziales für die Dauer von vier Jahren berufen. [2] Wiederwahl ist möglich. [3] Das Bundesministerium für Arbeit und Soziales ist berechtigt, Beiratsmitglieder jederzeit ohne Angabe von Gründen abzuberufen. [4] Ein Beiratsmitglied kann jederzeit seine Abberufung beantragen. [5] Dem Antrag ist stattzugeben. [6] Nach Ausscheiden eines Mitglieds erfolgt eine Neuberufung für den restlichen Zeitraum der Berufungsperiode. [7] Der Beirat gibt sich eine Geschäftsordnung und bestimmt durch Wahl aus seiner Mitte den Vorsitz und die Stellvertretung. [8] Die Geschäftsführung des Beirats liegt beim Bundesministerium für Arbeit und Soziales, welches zu den Sitzungen einlädt und im Einvernehmen mit dem vorsitzenden Mitglied die Tagesordnung festlegt.

(5) [1] Die Beratungen des Beirats sind nicht öffentlich. [2] Die Mitgliedschaft im Beirat ist ein persönliches Ehrenamt, das keine Vertretung zulässt. [3] Die Mitglieder des Beirats unterliegen keinerlei Weisungen, üben ihre Tätigkeit unabhängig und unparteilich aus und sind nur ihrem Gewissen verantwortlich. [4] Sie sind zur Verschwiegenheit verpflichtet; dies gilt auch für die in Absatz 3 genannten Personen.

(6) [1] Die Verbände von Menschen mit Behinderungen und Berechtigten nach dem sozialen Entschädigungsrecht auf Bundesebene erhalten ein Mitberatungsrecht im Beirat. [2] Der Deutsche Behindertenrat benennt dem Bundesministerium für Arbeit und Soziales hierzu zwei sachverständige Personen für den Zeitraum der Berufungsperiode des Beirats. [3] Er berücksichtigt dabei die Anliegen von Verbänden, die die Belange von Berechtigten nach dem sozialen Entschädigungsrecht vertreten, auch soweit sie nicht Mitglieder des Deutschen Behindertenrates sind. [4] Das Mitberatungsrecht beinhaltet auch das Recht zur Anwesenheit bei der Beschlussfassung. [5] Absatz 5 Satz 2 bis 4 gilt entsprechend. [6] Die Geschäftsordnung des Beirats gilt auch für die vom Deutschen Behindertenrat benannten Personen.

§ 4 Beschlüsse. Die Beschlüsse des Beirats werden mit einfacher Mehrheit der nach § 3 Absatz 2 berufenen Mitglieder gefasst.

§ 5 Inkrafttreten. Diese Verordnung tritt am 1. Januar 2009 in Kraft.

15e. Anlage zur Versorgungsmedizin-Verordnung „Versorgungsmedizinische Grundsätze"

Vom 10. Dezember 2008

(BGBl. I S. 2412)

FNA 830-2-19

Inhaltsverzeichnis

3. *(aufgehoben)*
4. Gehörlosigkeit (Merkzeichen Gl)

Teil A: Allgemeine Grundsätze

Vorbemerkung:

Wenn mit dem Grad der Behinderung und dem Grad der Schädigungsfolgen das Maß für die Beeinträchtigung der Teilhabe am Leben in der Gemeinschaft gemeint ist, wird einheitlich die Abkürzung GdS benutzt.

1. Schädigungsfolgen

a) Als Schädigungsfolge wird im sozialen Entschädigungsrecht jede Gesundheitsstörung bezeichnet, die in ursächlichem Zusammenhang mit einer Schädigung steht, die nach dem entsprechenden Gesetz zu berücksichtigen ist.

b) Die Auswirkungen der Schädigungsfolge werden mit dem Grad der Schädigungsfolgen (GdS) bemessen.

c) Zu den Schädigungsfolgen gehören auch Abweichungen vom Gesundheitszustand, die keinen GdS bedingen (z.B. funktionell bedeutungslose Narben, Verlust von Zähnen).

2. Grad der Schädigungsfolgen (GdS), Grad der Behinderung (GdB)

a) GdS und GdB werden nach gleichen Grundsätzen bemessen. Beide Begriffe unterscheiden sich lediglich dadurch, dass der GdS nur auf die Schädigungsfolgen (also kausal) und der GdB auf alle Gesundheitsstörungen unabhängig von ihrer Ursache (also final) bezogen ist. Beide Begriffe haben die Auswirkungen von Funktionsbeeinträchtigungen in allen Lebensbereichen und nicht nur die Einschränkungen im allgemeinen Erwerbsleben zum Inhalt. GdS und GdB sind ein Maß für die körperlichen, geistigen, seelischen und sozialen Auswirkungen einer Funktionsbeeinträchtigung aufgrund eines Gesundheitsschadens.

b) Aus dem GdB und aus dem GdS ist nicht auf das Ausmaß der Leistungsfähigkeit zu schließen. GdB und GdS sind grundsätzlich unabhängig vom ausgeübten oder angestrebten Beruf zu beurteilen, es sei denn, dass bei Begutachtungen im sozialen Entschädigungsrecht ein besonderes berufliches Betroffensein berücksichtigt werden muss.

c) GdB und GdS setzen stets eine Regelwidrigkeit gegenüber dem für das Lebensalter typischen Zustand voraus. Dies ist insbesondere bei Kindern und alten Menschen zu beachten. Physiologische Veränderungen im Alter sind bei der Beurteilung des GdB und GdS nicht zu berücksichtigen. Als solche Veränderungen sind die körperlichen und psychische Leistungseinschränkungen anzusehen, die sich im Alter regelhaft entwickeln, d.h. für das Alter nach ihrer Art und ihrem Umfang typisch sind. Demgegenüber sind pathologische Veränderungen, d.h. Gesundheitsstörungen, die nicht regelmäßig und nicht nur im Alter beobachtet werden können, bei der Beurteilung des GdB und GdS zu berücksichtigen, auch dann, wenn sie erstmalig im höheren Alter auftreten oder als „Alterskrankheiten" (z.B. „Altersdiabetes", „Altersstar") bezeichnet werden.

d) Die in der GdS-Tabelle aufgeführten Werte sind aus langer Erfahrung gewonnen und stellen altersunabhängige (auch trainingsunabhängige) Mittelwerte dar. Je nach Einzelfall kann von den Tabellenwerten mit einer die besonderen Gegebenheiten darstellenden Begründung abgewichen werden

e) Da der GdS seiner Natur nach nur annähernd bestimmt werden kann, sind beim GdS nur Zehnerwerte anzugeben. Dabei sollen im Allgemeinen die folgenden Funktionssysteme zusammenfassend beurteilt werden: Gehirn einschließlich Psyche; Augen; Ohren; Atmung; Herz- Kreislauf; Verdauung; Harnorgane; Geschlechtsapparat; Haut; Blut einschließlich blutbildendes Gewebe und Immunsystem; innere Sekretion und Stoffwechsel; Arme; Beine; Rumpf. Die sehr wenigen in der GdS-Tabelle noch enthaltenen Fünfergrade sind alle auf ganz eng umschriebene Gesundheitsstörungen bezogen, die selten allein und sehr selten genau in dieser Form und Ausprägung vorliegen.

f) Der GdS setzt eine nicht nur vorübergehende und damit eine über einen Zeitraum von mehr als sechs Monaten sich erstreckende Gesundheitsstörung voraus. Dementsprechend ist bei abklingenden Gesundheitsstörungen der Wert festzusetzen, der dem über sechs Monate hinaus verbliebenen – oder voraussichtlich verbleibenden – Schaden entspricht. Schwankungen im Gesundheitszustand bei längerem Leidensverlauf ist mit einem Durchschnittswert Rechnung zu tragen. Dies bedeutet: Wenn bei einem Leiden der Verlauf durch sich wiederholende Besserungen und Verschlechterungen des Gesundheitszustandes geprägt ist (Beispiele: chronische Bronchitis, ·Hautkrankheiten, Anfallsleiden), können die zeitweiligen Verschlechterungen – aufgrund der anhaltenden Auswirkungen auf die gesamte Lebensführung – nicht als vorübergehende Gesundheitsstörungen betrachtet werden. Dementsprechend muss in solchen Fällen bei der GdB- und GdS-Beurteilung von dem „durchschnittlichen" Ausmaß der Beeinträchtigung ausgegangen werden.

g) Stirbt ein Antragsteller oder eine Antragstellerin innerhalb von sechs Monaten nach Eintritt einer Gesundheitsstörung, so ist für diese Gesundheitsstörung der GdS anzusetzen, der nach ärztlicher Erfahrung nach Ablauf von sechs Monaten nach Eintritt der Gesundheitsstörung zu erwarten gewesen wäre. Fallen Eintritt der Gesundheitsstörung und Tod jedoch zusammen, kann ein GdS nicht angenommen werden. Eintritt der Gesundheitsstörung und Tod fallen nicht nur zusammen, wenn beide Ereignisse im selben Augenblick eintreten. Dies ist vielmehr auch dann der Fall, wenn die Gesundheitsstörung in so rascher Entwicklung zum Tode führt, dass der Eintritt der Gesundheitsstörung und des Todes einen untrennbaren Vorgang darstellen.

h) Gesundheitsstörungen, die erst in der Zukunft zu erwarten sind, sind beim GdS nicht zu berücksichtigen. Die Notwendigkeit des Abwartens einer Heilungsbewährung stellt eine andere Situation dar; während der Zeit dieser Heilungsbewährung ist ein höherer GdS gerechtfertigt, als er sich aus dem festgestellten Schaden ergibt.

i) Bei der Beurteilung des GdS sind auch seelische Begleiterscheinungen und Schmerzen zu beachten. Die in der GdS-Tabelle niedergelegten Sätze berücksichtigen bereits die üblichen seelischen Begleiterscheinungen (z.B. bei Entstellung des Gesichts, Verlust der weiblichen Brust). Sind die seelischen Begleiterscheinungen erheblich höher als aufgrund der organischen Veränderungen zu erwarten wäre, so ist ein höherer GdS gerechtfertigt. Vergleichsmaßstab ist nicht der behinderte Mensch, der überhaupt nicht oder kaum unter seinem Körperschaden leidet, sondern die allgemeine ärztliche Erfahrung hinsichtlich der regelhaften Auswirkungen. Außergewöhnliche seelische Begleiterscheinungen sind anzunehmen, wenn anhaltende psychoreaktive Störungen in einer solchen Ausprägung vorliegen, dass eine spezielle ärztliche Behandlung dieser Störungen – z.B. eine Psychotherapie – erforderlich ist.

j) Ähnliches gilt für die Berücksichtigung von Schmerzen. Die in der GdS-Tabelle angegebenen Werte schließen die üblicherweise vorhandenen Schmerzen mit ein und berücksichtigen auch erfahrungsgemäß besonders schmerzhafte Zustände. Ist nach Ort und Ausmaß der pathologischen Veränderungen eine über das übliche Maß hinausgehende Schmerzhaftigkeit nachgewiesen, die eine ärztliche Behandlung erfordert, können höhere Werte angesetzt werden. Das kommt zum Beispiel bei Kausalgien und bei stark ausgeprägten Stumpfbeschwerden nach Amputationen (Stumpfnervenschmerzen, Phantomschmerzen) in Betracht. Ein Phantomgefühl allein bedingt keinen GdS.

3. Gesamt-GdS

a) Liegen mehrere Funktionsbeeinträchtigungen vor, so sind zwar Einzel-GdS anzugeben; bei der Ermittlung des Gesamt-GdS durch alle Funktionsbeeinträchtigungen dürfen jedoch die einzelnen Werte nicht addiert werden. Auch andere Rechenmethoden sind für die Bildung eines Gesamt-GdS ungeeignet. Maßgebend sind die Auswirkungen der einzelnen Funktionsbeeinträchtigungen in ihrer Gesamtheit unter Berücksichtigung ihrer wechselseitigen Beziehungen zueinander.

b) Bei der Gesamtwürdigung der verschiedenen Funktionsbeeinträchtigungen sind unter Berücksichtigung aller sozialmedizinischen Erfahrungen Vergleiche mit Gesundheitsschäden anzustellen, zu denen in der Tabelle feste GdS-Werte angegeben sind.

c) Bei der Beurteilung des Gesamt-GdS ist in der Regel von der Funktionsbeeinträchtigung auszugehen, die den höchsten Einzel-GdS bedingt, und dann im Hinblick auf alle weiteren Funktionsbeeinträchtigungen zu prüfen, ob und inwieweit hierdurch das Ausmaß der Behinderung größer wird, ob also wegen der weiteren Funktionsbeeinträchtigungen dem ersten GdS 10 oder 20 oder mehr Punkte hinzuzufügen sind, um der Behinderung insgesamt gerecht zu werden.

d) Um die Auswirkungen der Funktionsbeeinträchtigungen in ihrer Gesamtheit unter Berücksichtigung ihrer wechselseitigen Beziehungen zueinander beurteilen zu können, muss aus der ärztlichen Gesamtschau heraus beachtet werden, dass die Beziehungen der Funktionsbeeinträchtigungen zueinander unterschiedlich sein können:

aa) Die Auswirkungen der einzelnen Funktionsbeeinträchtigungen können voneinander unabhängig sein und damit ganz verschiedene Bereiche im Ablauf des täglichen Lebens betreffen.

bb) Eine Funktionsbeeinträchtigung kann sich auf eine andere besonders nachteilig auswirken. Dies ist vor allem der Fall, wenn Funktionsbeeinträchtigungen an paarigen Gliedmaßen oder Organen – also z.B. an beiden Armen oder beiden Beinen oder beiden Nieren oder beiden Augen – vorliegen.

cc) Die Auswirkungen von Funktionsbeeinträchtigungen können sich über-schneiden.

dd) Die Auswirkungen einer Funktionsbeeinträchtigung werden durch eine hinzutretende Gesundheitsstörung nicht verstärkt.

ee) Von Ausnahmefällen (z.B. hochgradige Schwerhörigkeit eines Ohres bei schwerer beidseitiger Einschränkung der Sehfähigkeit) abgesehen, führen zusätzliche leichte Gesundheitsstörungen, die nur einen GdS von 10 bedingen, nicht zu einer Zunahme des Ausmaßes der Gesamtbeeinträch-tigung, auch nicht, wenn mehrere derartige leichte Gesundheitsstörun-gen nebeneinander bestehen. Auch bei leichten Funktionsbeeinträchti-gungen mit einem GdS von 20 ist es vielfach nicht gerechtfertigt, auf eine wesentliche Zunahme des Ausmaßes der Behinderung zu schließen.

4. Hilflosigkeit

a) Für die Gewährung einer Pflegezulage im sozialen Entschädigungsrecht ist Grundvoraussetzung, dass Beschädigte (infolge der Schädigung) „hilflos" sind.

b) Hilflos sind diejenigen, die infolge von Gesundheitsstörungen – nach dem Neunten Buch Sozialgesetzbuch (SGB IX) und dem Einkommensteuerge-setz „nicht nur vorübergehend" – für eine Reihe von häufig und regelmäßig wiederkehrenden Verrichtungen zur Sicherung ihrer persönlichen Existenz im Ablauf eines jeden Tages fremder Hilfe dauernd bedürfen. Diese Voraus-setzungen sind auch erfüllt, wenn die Hilfe in Form einer Überwachung oder einer Anleitung zu den genannten Verrichtungen erforderlich ist oder wenn die Hilfe zwar nicht dauernd geleistet werden muss, jedoch eine ständige Bereitschaft zur Hilfeleistung erforderlich ist.

c) Häufig und regelmäßig wiederkehrende Verrichtungen zur Sicherung der persönlichen Existenz im Ablauf eines jeden Tages sind insbesondere An- und Auskleiden, Nahrungsaufnahme, Körperpflege, Verrichten der Not-durft. Außerdem sind notwendige körperliche Bewegung, geistige Anregung und Möglichkeiten zur Kommunikation zu berücksichtigen. Hilflosigkeit liegt im oben genannten Sinne auch dann vor, wenn ein psychisch oder geistig behinderter Mensch zwar bei zahlreichen Verrichtungen des täglichen Lebens der Hilfe nicht unmittelbar bedarf, er diese Verrichtungen aber infolge einer Antriebsschwäche ohne ständige Überwachung nicht vornäh-me. Die ständige Bereitschaft ist z.B. anzunehmen, wenn Hilfe häufig und plötzlich wegen akuter Lebensgefahr notwendig ist.

d) Der Umfang der notwendigen Hilfe bei den häufig und regelmäßig wieder-kehrenden Verrichtungen muss erheblich sein. Dies ist der Fall, wenn die Hilfe dauernd für zahlreiche Verrichtungen, die häufig und regelmäßig wiederkehren, benötigt wird. Einzelne Verrichtungen, selbst wenn sie le-bensnotwendig sind und im täglichen Lebensablauf wiederholt vorgenom-men werden, genügen nicht (z.B. Hilfe beim Anziehen einzelner Beklei-dungsstücke, notwendige Begleitung bei Reisen und Spaziergängen, Hilfe im Straßenverkehr, einfache Wund- oder Heilbehandlung, Hilfe bei Heim-dialyse ohne Notwendigkeit weiterer Hilfeleistung). Verrichtungen, die mit der Pflege der Person nicht unmittelbar zusammenhängen (z.B. im Bereich der hauswirtschaftlichen Versorgung) müssen außer Betracht bleiben.

e) Bei einer Reihe schwerer Behinderungen, die aufgrund ihrer Art und besonderen Auswirkungen regelhaft Hilfeleistungen in erheblichem Umfang erfordern, kann im Allgemeinen ohne nähere Prüfung angenommen werden, dass die Voraussetzungen für das Vorliegen von Hilflosigkeit erfüllt sind. Dies gilt stets

aa) bei Blindheit und hochgradiger Sehbehinderung,

bb) Querschnittslähmung und anderen Behinderungen, die auf Dauer und ständig – auch innerhalb des Wohnraums – die Benutzung eines Rollstuhls erfordern,

f) in der Regel auch

aa) bei Hirnschäden, Anfallsleiden, geistiger Behinderung und Psychosen, wenn diese Behinderungen allein einen GdS von 100 bedingen,

bb) Verlust von zwei oder mehr Gliedmaßen, ausgenommen Unterschenkel- oder Fußamputation beiderseits. (Als Verlust einer Gliedmaße gilt der Verlust mindestens der ganzen Hand oder des ganzen Fußes).

g) Führt eine Behinderung zu dauerndem Krankenlager, so sind stets auch die Voraussetzungen für die Annahme von Hilflosigkeit erfüllt. Dauerndes Krankenlager setzt nicht voraus, dass der behinderte Mensch das Bett überhaupt nicht verlassen kann.

h) Stirbt ein behinderter Mensch innerhalb von sechs Monaten nach Eintritt einer Gesundheitsstörung, so ist die Frage der Hilflosigkeit analog Nummer 2 Buchstabe g zu beurteilen.

5. Besonderheiten der Beurteilung der Hilflosigkeit bei Kindern und Jugendlichen

a) Bei der Beurteilung der Hilflosigkeit bei Kindern und Jugendlichen sind nicht nur die bei der Hilflosigkeit genannten „Verrichtungen" zu beachten. Auch die Anleitung zu diesen „Verrichtungen", die Förderung der körperlichen und geistigen Entwicklung (z.B. durch Anleitung im Gebrauch der Gliedmaßen oder durch Hilfen zum Erfassen der Umwelt und zum Erlernen der Sprache) sowie die notwendige Überwachung gehören zu den Hilfeleistungen, die für die Frage der Hilflosigkeit von Bedeutung sind.

b) Stets ist nur der Teil der Hilfsbedürftigkeit zu berücksichtigen, der wegen der Behinderung den Umfang der Hilfsbedürftigkeit eines gesunden gleichaltrigen Kindes überschreitet. Der Umfang der wegen der Behinderungen notwendigen zusätzlichen Hilfeleistungen muss erheblich sein. Bereits im ersten Lebensjahr können infolge der Behinderung Hilfeleistungen in solchem Umfang erforderlich sein, dass dadurch die Voraussetzungen für die Annahme von Hilflosigkeit erfüllt sind.

c) Die Besonderheiten des Kindesalters führen dazu, dass zwischen dem Ausmaß der Behinderung und dem Umfang der wegen der Behinderung erforderlichen Hilfeleistungen nicht immer eine Korrelation besteht, so dass – anders als bei Erwachsenen – auch schon bei niedrigerem GdS Hilflosigkeit vorliegen kann.

d) Bei angeborenen oder im Kindesalter aufgetretenen Behinderungen ist im Einzelnen folgendes zu beachten:

aa) Bei geistiger Behinderung kommt häufig auch bei einem GdS unter 100 – und dann in der Regel bis zur Vollendung des 18. Lebensjahres – Hilflosigkeit in Betracht, insbesondere wenn das Kind wegen gestörten

Verhaltens ständiger Überwachung bedarf. Hilflosigkeit kann auch schon im Säuglingsalter angenommen werden, z.B. durch Nachweis eines schweren Hirnschadens.

bb) Bei tief greifenden Entwicklungsstörungen, die für sich allein einen GdS von mindestens 50 bedingen, und bei anderen gleich schweren, im Kindesalter beginnenden Verhaltens- und emotionalen Störungen mit lang andauernden erheblichen Einordnungsschwierigkeiten ist regelhaft Hilflosigkeit bis zum 18. Lebensjahr anzunehmen.

cc) Bei hirnorganischen Anfallsleiden ist häufiger als bei Erwachsenen auch bei einem GdS unter 100 unter Berücksichtigung der Anfallsart, Anfallsfrequenz und eventueller Verhaltensauffälligkeiten die Annahme von Hilflosigkeit gerechtfertigt.

dd) Bei sehbehinderten Kindern und Jugendlichen mit Einschränkungen des Sehvermögens, die für sich allein einen GdS von wenigstens 80 bedingen, ist bis zur Vollendung des 18. Lebensjahres Hilflosigkeit anzunehmen.

ee) Bei Taubheit und an Taubheit grenzender Schwerhörigkeit ist Hilflosigkeit ab Beginn der Frühförderung und dann – insbesondere wegen des in dieser Zeit erhöhten Kommunikationsbedarfs – in der Regel bis zur Beendigung der Ausbildung anzunehmen. Zur Ausbildung zählen in diesem Zusammenhang: der Schul-, Fachschul- und Hochschulbesuch, eine berufliche Erstausbildung und Weiterbildung sowie vergleichbare Maßnahmen der beruflichen Bildung.

ff) Bei Lippen-Kiefer-Gaumenspalte und kompletter Gaumensegelspalte ist bis zum Abschluss der Erstbehandlung (in der Regel ein Jahr nach der Operation) Hilflosigkeit anzunehmen. Die Kinder benötigen während dieser Zeit in hohem Maße Hilfeleistungen, die weit über diejenigen eines gesunden gleichaltrigen Kindes hinausgehen, vor allem bei der Nahrungsaufnahme (gestörte Atmung, Gefahr des Verschluckens), bei der Reinigung der Mundhöhle und des Nasen-Rachenraumes, beim Spracherwerb sowie bei der Überwachung beim Spielen.

gg) Beim Bronchialasthma schweren Grades ist Hilflosigkeit in der Regel bis zur Vollendung des 16. Lebensjahres anzunehmen.

hh) Bei angeborenen oder in der Kindheit erworbenen Herzschäden ist bei einer schweren Leistungsbeeinträchtigung entsprechend den in Teil B Nummer 9.1.1 angegebenen Gruppen 3 und 4 Hilflosigkeit anzunehmen, und zwar bis zu einer Besserung der Leistungsfähigkeit (z.B. durch Operation), längstens bis zur Vollendung des 16. Lebensjahres.

ii) Bei Behandlung mit künstlicher Niere ist Hilflosigkeit bis zur Vollendung des 16. Lebensjahres anzunehmen. Bei einer Niereninsuffizienz, die für sich allein einen GdS von 100 bedingt, sind Hilfeleistungen in ähnlichem Umfang erforderlich, sodass auch hier bis zur Vollendung des 16. Lebensjahres die Annahme von Hilflosigkeit begründet ist.

jj) Beim Diabetes mellitus ist Hilflosigkeit bis zur Vollendung des 16. Lebensjahres anzunehmen.

kk) Bei Phenylketonurie ist Hilflosigkeit ab Diagnosestellung – in der Regel bis zum 14. Lebensjahr – anzunehmen. Über das 14. Lebensjahr hinaus kommt Hilflosigkeit in der Regel nur noch dann in Betracht, wenn gleichzeitig eine relevante Beeinträchtigung der geistigen Entwicklung vorliegt.

ll) Bei der Mukoviszidose ist bei der Notwendigkeit umfangreicher Betreuungsmaßnahmen – im Allgemeinen bis zur Vollendung des 16. Lebensjahres – Hilflosigkeit anzunehmen. Das ist immer der Fall bei Mukoviszidose, die für sich allein einen GdS von wenigstens 50 bedingt (siehe Teil B Nummer 15.5). Nach Vollendung des 16. Lebensjahres kommt Hilflosigkeit bei schweren und schwersten Einschränkungen bis zur Vollendung des 18. Lebensjahres in Betracht.

mm) Bei malignen Erkrankungen (z.B. akute Leukämie) ist Hilflosigkeit für die Dauer der zytostatischen Intensiv-Therapie anzunehmen.

nn) Bei angeborenen, erworbenen oder therapieinduzierten schweren Immundefekten ist Hilflosigkeit für die Dauer des Immunmangels, der eine ständige Überwachung wegen der Infektionsgefahr erforderlich macht, anzunehmen.

oo) Bei der Hämophilie ist bei Notwendigkeit der Substitutionsbehandlung – und damit schon bei einer Restaktivität von antihämophilem Globulin von 5 % und darunter – stets bis zur Vollendung des 6. Lebensjahres, darüber hinaus häufig je nach Blutungsneigung (zwei oder mehr ausgeprägte Gelenkblutungen pro Jahr) und Reifegrad auch noch weitere Jahre, Hilflosigkeit anzunehmen.

pp) Bei der juvenilen chronischen Polyarthritis ist Hilflosigkeit anzunehmen, solange die Gelenksituation eine ständige Überwachung oder andauernd Hilfestellungen beim Gebrauch der betroffenen Gliedmaßen sowie Anleitungen zu Bewegungsübungen erfordert, in der Regel bis zur Vollendung des 16. Lebensjahres. Bei der systemischen Verlaufsform (Still-Syndrom) und anderen systemischen Bindegewebskrankheiten (z.B. Lupus erythematodes, Sharp-Syndrom, Dermatomyositis) ist für die Dauer des aktiven Stadiums Hilflosigkeit anzunehmen.

qq) Bei der Osteogenesis imperfecta ist die Hilflosigkeit nicht nur von den Funktionseinschränkungen der Gliedmaßen sondern auch von der Häufigkeit der Knochenbrüche abhängig. In der Regel bedingen zwei oder mehr Knochenbrüche pro Jahr Hilflosigkeit. Hilflosigkeit aufgrund einer solchen Bruchneigung ist solange anzunehmen, bis ein Zeitraum von zwei Jahren ohne Auftreten von Knochenbrüchen abgelaufen ist, längstens jedoch bis zur Vollendung des 16. Lebensjahres.

rr) Bei klinisch gesicherter Typ-I-Allergie gegen schwer vermeidbare Allergene (z.B. bestimmte Nahrungsmittel), bei der aus dem bisherigen Verlauf auf die Gefahr lebensbedrohlicher anaphylaktischer Schocks zu schließen ist, ist Hilflosigkeit – in der Regel bis zum Ende des 12. Lebensjahres – anzunehmen.

ss) Bei der Zöliakie kommt Hilflosigkeit nur ausnahmsweise in Betracht. Der Umfang der notwendigen Hilfeleistungen bei der Zöliakie ist regelmäßig wesentlich geringer als etwa bei Kindern mit Phenylketonurie oder mit Diabetes mellitus.

e) Wenn bei Kindern und Jugendlichen Hilflosigkeit festgestellt worden ist, muss bei der Beurteilung der Frage einer wesentlichen Änderung der Verhältnisse Folgendes beachtet werden: Die Voraussetzungen für die Annahme von Hilflosigkeit können nicht nur infolge einer Besserung der Gesundheitsstörungen entfallen, sondern auch dadurch, dass behinderte Jugendliche infolge des Reifungsprozesses – etwa nach Abschluss der Pubertät – ausreichend gelernt haben, die wegen der Behinderung erforderlichen Maßnahmen selbstständig und eigenverantwortlich durchzuführen, die vorher von Hilfspersonen geleistet oder überwacht werden mussten.

6. Blindheit und hochgradige Sehbehinderung

a) Blind ist ein behinderter Mensch, dem das Augenlicht vollständig fehlt. Als blind ist auch ein behinderter Mensch anzusehen, dessen Sehschärfe auf keinem Auge und auch nicht beidäugig mehr als 0,02 (1/50) beträgt oder wenn andere Störungen des Sehvermögens von einem solchen Schweregrad vorliegen, dass sie dieser Beeinträchtigung der Sehschärfe gleichzustellen sind.

b) Eine der Herabsetzung der Sehschärfe auf 0,02 (1/50) oder weniger gleich zusetzende Sehbehinderung liegt nach den Richtlinien der Deutschen Ophthalmologischen Gesellschaft bei folgenden Fallgruppen vor:

aa) bei einer Einengung des Gesichtsfeldes, wenn bei einer Sehschärfe von 0,033 (1/30) oder weniger die Grenze des Restgesichtsfeldes in keiner Richtung mehr als 30° vom Zentrum entfernt ist, wobei Gesichtsfeldreste jenseits von 50° unberücksichtigt bleiben,

bb) bei einer Einengung des Gesichtsfeldes, wenn bei einer Sehschärfe von 0,05 (1/20) oder weniger die Grenze des Restgesichtsfeldes in keiner Richtung mehr als 15° vom Zentrum entfernt ist, wobei Gesichtsfeldreste jenseits von 50° unberücksichtigt bleiben,

cc) bei einer Einengung des Gesichtsfeldes, wenn bei einer Sehschärfe von 0,1 (1/10) oder weniger die Grenze des Restgesichtsfeldes in keiner Richtung mehr als 7,5° vom Zentrum entfernt ist, wobei Gesichtsfeldreste jenseits von 50° unberücksichtigt bleiben,

dd) bei einer Einengung des Gesichtsfeldes, auch bei normaler Sehschärfe, wenn die Grenze der Gesichtsfeldinsel in keiner Richtung mehr als 5° vom Zentrum entfernt ist, wobei Gesichtsfeldreste jenseits von 50° unberücksichtigt bleiben,

ee) bei großen Skotomen im zentralen Gesichtsfeldbereich, wenn die Sehschärfe nicht mehr als 0,1 (1/10) beträgt und im 50°-Gesichtsfeld unterhalb des horizontalen Meridians mehr als die Hälfte ausgefallen ist,

ff) bei homonymen Hemianopsien, wenn die Sehschärfe nicht mehr als 0,1 (1/10) beträgt und das erhaltene Gesichtsfeld in der Horizontalen nicht mehr als 30° Durchmesser besitzt,

gg) bei bitemporalen oder binasalen Hemianopsien, wenn die Sehschärfe nicht mehr als 0,1 (1/10) beträgt und kein Binokularsehen besteht.

c) Blind ist auch ein behinderter Mensch mit einem nachgewiesenen vollständigen Ausfall der Sehrinde (Rindenblindheit), nicht aber mit einer visuellen Agnosie oder anderen gnostischen Störungen.

d) Für die Feststellung von Hilflosigkeit ist im Übrigen zu prüfen, ob eine hochgradige Sehbehinderung vorliegt. Hochgradig in seiner Sehfähigkeit behindert ist ein Mensch, dessen Sehschärfe auf keinem Auge und auch nicht beidäugig mehr als 0,05 (1/20) beträgt oder wenn andere hinsichtlich des Schweregrades gleich zusetzende Störungen der Sehfunktion vorliegen. Dies ist der Fall, wenn die Einschränkung des Sehvermögens einen GdS von 100 bedingt und noch keine Blindheit vorliegt.

7. Wesentliche Änderung der Verhältnisse

a) Eine wesentliche Änderung im Ausmaß der Schädigungsfolgen oder der Behinderung liegt nur vor, wenn der veränderte Gesundheitszustand mehr als sechs Monate angehalten hat oder voraussichtlich anhalten wird und die Änderung des GdS wenigstens 10 beträgt. Eine wesentliche Änderung ist auch gegeben, wenn die entscheidenden Voraussetzungen für weitere Leistungen im sozialen Entschädigungsrecht (z.B. Pflegezulage) oder für Nachteilsausgleiche für behinderte Menschen erfüllt werden oder entfallen sind.

b) Nach Ablauf der Heilungsbewährung ist auch bei gleichbleibenden Symptomen eine Neubewertung des GdS zulässig, weil der Ablauf der Heilungsbewährung eine wesentliche Änderung der Verhältnisse darstellt.

c) Bei Beurteilungen im sozialen Entschädigungsrecht ist bei einer Zunahme des Leidensumfangs zusätzlich zu prüfen, ob die Weiterentwicklung noch Folge einer Schädigung ist. Auch bei gleichbleibendem Erscheinungsbild kann eine wesentliche Änderung der gesundheitlichen Verhältnisse vorliegen, wenn sich die schädigungsbedingte Störung, die dem Erscheinungsbild zunächst zugrunde lag, gebessert oder ganz zurückgebildet hat, das Leidensbild jedoch aufgrund neuer Ursachen bestehen geblieben ist („Verschiebung der Wesensgrundlage").

Teil B: GdS-Tabelle

1. Allgemeine Hinweise zur GdS-Tabelle

a) Die nachstehend genannten GdS sind Anhaltswerte. Es ist unerlässlich, alle die Teilhabe beeinträchtigenden körperlichen, geistigen und seelischen Störungen im Einzelfall zu berücksichtigen. Die Beurteilungsspannen tragen den Besonderheiten des Einzelfalles Rechnung.

b) Bei Gesundheitsstörungen, die in der Tabelle nicht aufgeführt sind, ist der GdS in Analogie zu vergleichbaren Gesundheitsstörungen zu beurteilen.

c) Eine Heilungsbewährung ist abzuwarten nach Transplantationen innerer Organe und nach der Behandlung von Krankheiten, bei denen dies in der Tabelle vorgegeben ist. Dazu gehören vor allen bösartige Geschwulstkrankheiten. Für die häufigsten und wichtigsten solcher Krankheiten sind im Folgenden Anhaltswerte für den GdS angegeben. Sie sind auf den Zustand nach operativer oder anderweitiger Beseitigung der Geschwulst bezogen. Der Zeitraum des Abwartens einer Heilungsbewährung beträgt in der Regel fünf Jahre; kürzere Zeiträume werden in der Tabelle vermerkt. Maßgeblicher Bezugspunkt für den Beginn der Heilungsbewährung ist der Zeitpunkt, an dem die Geschwulst durch Operation oder andere Primärtherapie als beseitigt angesehen werden kann; eine zusätzliche adjuvante Therapie hat keinen Einfluss auf den Beginn der Heilungsbewährung. Der aufgeführte GdS bezieht den regelhaft verbleibenden Organ- oder Gliedmaßenschaden ein. Außergewöhnliche Folgen oder Begleiterscheinungen der Behandlung – z.B. lang dauernde schwere Auswirkungen einer wiederholten Chemotherapie – sind zu berücksichtigen. Bei den im Folgenden nicht genannten malignen Geschwulstkrankheiten ist von folgenden Grundsätzen auszugehen: Bis zum Ablauf der Heilungsbewährung – in der Regel bis zum Ablauf des fünften Jahres nach der Geschwulstbeseitigung – ist in den Fällen, in denen der verbliebene Organ- oder Gliedmaßenschaden für sich allein keinen GdS von wenigstens 50 bedingt, im allgemeinen nach Geschwulstbeseitigung im Frühstadium ein GdS von 50 und nach Geschwulstbeseitigung in höheren Stadien ein GdS von 80 angemessen. Bedingen der verbliebene Körperschaden oder die Therapiefolgen einen GdS von 50 oder mehr, ist der bis zum Ablauf der Heilungsbewährung anzusetzende GdS entsprechend höher zu bewerten.

d) Ein Carcinoma in situ (Cis) rechtfertigt grundsätzlich kein Abwarten einer Heilungsbewährung. Ausgenommen hiervon sind das Carcinoma in situ der Harnblase und das Carcinoma in situ der Brustdrüse (intraduktales und lobuläres Carcinoma in situ), bei denen wegen klinischer Besonderheiten bei Vorliegen o. g. Voraussetzungen das Abwarten einer Heilungsbewährung begründet ist.

2. Kopf und Gesicht

<u>2.1</u> Narben nach Warzenfortsatzaufmeißelung	0
Einfache Schädelbrüche ohne Komplikationen im Heilverlauf	0
Kleinere Knochenlücken, Substanzverluste (auch größere gedeckte) am knöchernen Schädel	0–10
Schädelnarben am Hirnschädel mit erheblichem Verlust von Knochenmasse ohne Funktionsstörung des Gehirns (einschließlich entstellender Wirkung)	30

Hierzu gehören insbesondere alle traumatisch entstandenen erheblichen (nicht gedeckten) Substanzverluste am Hirnschädel, die auch das innere Knochenblatt betreffen.

Einfache Gesichtsentstellung	
nur wenig störend	10
sonst	20–30
Hochgradige Entstellung des Gesichts	50
<u>2.2</u> Sensibilitätsstörungen im Gesichtsbereich	
leicht	0–10
ausgeprägt, den oralen Bereich einschließend	20–30
Gesichtsneuralgien (z.B. Trigeminusneuralgie)	
leicht (seltene, leichte Schmerzen)	0–10
mittelgradig (häufigere, leichte bis mittelgradige Schmerzen, schon durch geringe Reize auslösbar)	20–40
schwer (häufige, mehrmals im Monat auftretende starke Schmerzen bzw. Schmerzattacken)	50–60
besonders schwer (starker Dauerschmerz oder Schmerzattacken mehrmals wöchentlich)	70–80

<u>2.3</u> Echte Migräne

je nach Häufigkeit und Dauer der Anfälle und Ausprägung der Begleiterscheinungen.

leichte Verlaufsform
(Anfälle durchschnittlich einmal monatlich) 0-10

mittelgradige Verlaufsform
(häufigere Anfälle, jeweils einen oder mehrere Tage anhaltend) 20-40

schwere Verlaufsform
(lang andauernde Anfälle mit stark ausgeprägten Begleiterscheinungen, Anfallspausen von nur wenigen Tagen) 50-60

2.4 Periphere Fazialisparese

einseitig

kosmetisch nur wenig störende Restparese 0-10

ausgeprägtere Restparese oder Kontrakturen 20-30

komplette Lähmung oder ausgeprägte Kontraktur 40

beidseitig komplette Lähmung 50

3. Nervensystem und Psyche

3.1 Hirnschäden

a) Ein Hirnschaden ist nachgewiesen, wenn Symptome einer organischen Veränderung des Gehirns – nach Verletzung oder Krankheit nach dem Abklingen der akuten Phase – festgestellt worden sind. Wenn bei späteren Untersuchungen keine hirnorganischen Funktionsstörungen und Leistungsbeeinträchtigungen mehr zu erkennen sind beträgt der GdS dann – auch unter Einschluss geringer z.B. vegetativer Beschwerden – 20; nach offenen Hirnverletzungen nicht unter 30.

b) Bestimmend für die Beurteilung des GdS ist das Ausmaß der bleibenden Ausfallserscheinungen. Dabei sind der neurologische Befund, die Ausfallserscheinungen im psychischen Bereich unter Würdigung der prämorbiden Persönlichkeit und ggf. das Auftreten von zerebralen Anfällen zu beachten. Bei der Mannigfaltigkeit der Folgezustände von Hirnschädigungen kommt ein GdS zwischen 20 und 100 in Betracht.

c) Bei Kindern ist zu berücksichtigen, dass sich die Auswirkungen eines Hirnschadens abhängig vom Reifungsprozess sehr verschieden (Besserung oder Verschlechterung) entwickeln können, so dass in der Regel Nachprüfungen in Abständen von wenigen Jahren angezeigt sind.

d) Bei einem mit Ventil versorgten Hydrozephalus ist ein GdS von wenigstens 30 anzusetzen.

e) Nicht nur vorübergehende vegetative Störungen nach Gehirnerschütterung (reversible und morphologisch nicht nachweisbare Funktionsstörung des Gesamthirns) rechtfertigen im ersten Jahr nach dem Unfall einen GdS von 10 bis 20.

Bei der folgenden GdS-Tabelle der Hirnschäden soll die unter Nummer 3.1.1 genannte Gesamtbewertung im Vordergrund stehen. Die unter Nummer 3.1.2 angeführten isoliert vorkommenden bzw. führenden Syndrome stellen eine ergänzende Hilfe zur Beurteilung dar.

3.1.1 Grundsätze der Gesamtbewertung von Hirnschäden

Hirnschäden mit geringer Leistungsbeeinträchtigung	30-40
Hirnschäden mit mittelschwerer Leistungsbeeinträchtigung	50-60
Hirnschäden mit schwerer Leistungsbeeinträchtigung	70-100

3.1.2 Bewertung von Hirnschäden mit isoliert vorkommenden bzw. führenden Syndromen
(bei Begutachtungen im sozialen Entschädigungsrecht auch zur Feststellung der Schwerstbeschädigtenzulage)

Hirnschäden mit psychischen Störungen

leicht (im Alltag sich gering auswirkend)	30–40
mittelgradig (im Alltag sich deutlich auswirkend)	50–60
schwer	70–100

Zentrale vegetative Störungen als Ausdruck eines Hirndauerschadens (z.B. Störungen des Schlaf-Wach-Rhythmus, der Vasomotorenregulation oder der Schweißregulation)

leicht	30
mittelgradig, auch mit vereinzelten synkopalen Anfällen	40
mit häufigeren Anfällen oder erheblichen Auswirkungen auf den Allgemeinzustand	50

Koordinations- und Gleichgewichtsstörungen (spino-) zerebellarer Ursache je nach dem Ausmaß der Störung der Ziel- und Feinmotorik einschließlich der Schwierigkeiten beim Gehen und Stehen (siehe hierzu auch bei Hör- und Gleichgewichtsorgan) ... 30–100

Hirnschäden mit kognitiven Leistungsstörungen (z.B. Aphasie, Apraxie, Agnosie)

leicht (z.B. Restaphasie)	30–40
mittelgradig (z.B. Aphasie mit deutlicher bis sehr ausgeprägter Kommunikationsstörung)	50–80
schwer (z.B. globale Aphasie)	90–100

Zerebral bedingte Teillähmungen und Lähmungen

leichte Restlähmungen und Tonusstörungen der Gliedmaßen	30
bei ausgeprägteren Teillähmungen und vollständigen Lähmungen ist der GdS aus Vergleichen mit dem GdS bei Gliedmaßenverlusten, peripheren Lähmungen und anderen Funktionseinbußen der Gliedmaßen abzuleiten. vollständige Lähmung von Arm und Bein (Hemiplegie)	100

Parkinson-Syndrom

ein- oder beidseitig, geringe Störung der Bewegungsabläufe, keine Gleichgewichtsstörung, geringe Verlangsamung	30–40
deutliche Störung der Bewegungsabläufe, Gleichgewichtsstörungen, Unsicherheit beim Umdrehen, stärkere Verlangsamung	50–70
schwere Störung der Bewegungsabläufe bis zur Immobilität	80–100

Andere extrapyramidale Syndrome – auch mit Hyperkinesen – sind analog nach Art und Umfang der gestörten Bewegungsabläufe und der Möglichkeit ihrer Unterdrückung zu bewerten; bei lokalisierten Störungen (z.B. Torticollis spasmodicus) sind niedrigere GdS als bei generalisierten (z.B. choreatische Syndrome) in Betracht zu ziehen.

Epileptische Anfälle

je nach Art, Schwere, Häufigkeit und tageszeitlicher Verteilung

sehr selten

(generalisierte [große] und komplexfokale Anfälle mit Pausen von mehr als einem Jahr; kleine und einfachfokale Anfälle mit Pausen von Monaten) 40

selten

(generalisierte [große] und komplexfokale Anfälle mit Pausen von Monaten; kleine und einfachfokale Anfälle mit Pausen von Wochen) 50–60

mittlere Häufigkeit

(generalisierte [große] und komplexfokale Anfälle mit Pausen von Wochen; kleine und einfachfokale Anfälle mit Pausen von Tagen) ... 60–80

häufig

(generalisierte [große] oder komplexfokale Anfälle wöchentlich oder Serien von generalisierten Krampfanfällen, von fokal betonten oder von multifokalen Anfällen; kleine und einfachfokale Anfälle täglich) 90–100

nach drei Jahren Anfallsfreiheit bei weiterer Notwendigkeit antikon-vulsiver Behandlung 30

Ein Anfallsleiden gilt als abgeklungen, wenn ohne Medikation drei Jahre Anfallsfreiheit besteht. Ohne nachgewiesenen Hirnschaden ist dann kein GdS mehr anzunehmen.

3.2 Narkolepsie

Je nach Häufigkeit, Ausprägung und Kombination der Symptome (Tagesschläf-rigkeit, Schlafattacken, Kataplexien, automatisches Verhalten im Rahmen von Ermüdungserscheinungen, Schlaflähmungen – häufig verbunden mit hypnago-gen Halluzinationen) ist im Allgemeinen ein GdS von 50 bis 80 anzusetzen.

3.3 Hirntumoren

Der GdS von Hirntumoren ist vor allem von der Art und Dignität und von der Ausdehnung und Lokalisation mit ihren Auswirkungen abhängig.

Nach der Entfernung gutartiger Tumoren (z.B. Meningeom, Neurinom) rich-tet sich der GdS allein nach dem verbliebenen Schaden.

Bei Tumoren wie Oligodendrogliom, Ependymom, Astrozytom II, ist der GdS, wenn eine vollständige Tumorentfernung nicht gesichert ist, nicht niedriger als 50 anzusetzen.

Bei malignen Tumoren (z.B. Astrozytom III, Glioblastom, Medulloblastom) ist der GdS mit wenigstens 80 zu bewerten.

Das Abwarten einer Heilungsbewährung (von fünf Jahren) kommt in der Regel nur nach der Entfernung eines malignen Kleinhirntumors des Kindesalters (z.B.

Medulloblastom) in Betracht. Der GdS beträgt während dieser Zeit (im Frühstadium) bei geringer Leistungsbeeinträchtigung 50.

3.4 Beeinträchtigungen der geistigen Leistungsfähigkeit im Kindes- und Jugendalter
Die GdS-Beurteilung der Beeinträchtigungen der geistigen Entwicklung darf nicht allein vom Ausmaß der Intelligenzminderung und von diesbezüglichen Testergebnissen ausgehen, die immer nur Teile der Behinderung zu einem bestimmten Zeitpunkt erfassen können. Daneben muss stets auch die Persönlichkeitsentwicklung auf affektivem und emotionalem Gebiet, wie auch im Bereich des Antriebs und der Prägung durch die Umwelt mit allen Auswirkungen auf die sozialen Einordnungsmöglichkeiten berücksichtigt werden.

3.4.1 Entwicklungsstörungen im Kleinkindesalter
Die Beurteilung setzt eine standardisierte Befunderhebung mit Durchführung geeigneter Testverfahren voraus (Nachuntersuchung mit Beginn der Schulpflicht).
Umschriebene Entwicklungsstörungen in den Bereichen Motorik, Sprache oder Wahrnehmung und Aufmerksamkeit

leicht, ohne wesentliche Beeinträchtigung der Gesamtentwicklung	0–10
sonst – bis zum Ausgleich – je nach Beeinträchtigung der Gesamtentwicklung	20–40
bei besonders schwerer Ausprägung	50

Globale Entwicklungsstörungen (Einschränkungen in den Bereichen Sprache und Kommunikation, Wahrnehmung und Spielverhalten, Motorik, Selbständigkeit, soziale Integration)
je nach Ausmaß der sozialen Einordnungsstörung und der Verhaltensstörung (z.B. Hyperaktivität, Aggressivität)

geringe Auswirkungen	30–40
starke Auswirkungen (z.B. Entwicklungsquotient [EQ] von 70 bis über 50)	50–70
schwere Auswirkungen (z.B. EQ 50 und weniger)	80–100

3.4.2 Einschränkung der geistigen Leistungsfähigkeit im Schul- und Jugendalter
Kognitive Teilleistungsschwächen (z.B. Lese-Rechtschreib-Schwäche [Legasthenie], isolierte Rechenstörung)

leicht, ohne wesentliche Beeinträchtigung der Schulleistungen	0–10
sonst – auch unter Berücksichtigung von Konzentrations- und Aufmerksamkeitsstörungen – bis zum Ausgleich	20–40
bei besonders schwerer Ausprägung (selten)	50

Einschränkung der geistigen Leistungsfähigkeit mit einem Intelligenzrückstand entsprechend einem Intelligenz-Alter (I.A.) von etwa 10 bis 12 Jahren bei Erwachsenen (Intelligenzquotient [IQ] von etwa 70 bis 60)

wenn während des Schulbesuchs nur geringe Störungen, insbesondere der Auffassung, der Merkfähigkeit, der psychischen Belastbar-	30–40

keit, der sozialen Einordnung, des Sprechens, der Sprache, oder anderer kognitiver Teilleistungen vorliegen ....

wenn sich nach Abschluss der Schule noch eine weitere Bildungsfähigkeit gezeigt hat und keine wesentlichen, die soziale Einordnung
erschwerenden Persönlichkeitsstörungen bestehen 30–40

wenn ein Ausbildungsberuf unter Nutzung der Sonderregelungen
für behinderte Menschen erreicht werden kann 30–40

wenn während des Schulbesuchs die oben genannten Störungen
stark ausgeprägt sind oder mit einem Schulversagen zu rechnen ist .. 50–70

wenn nach Abschluss der Schule auf eine Beeinträchtigung der
Fähigkeit zu selbständiger Lebensführung oder sozialer Einordnung
geschlossen werden kann 50–70

wenn der behinderte Mensch wegen seiner Behinderung trotz beruflicher Fördermöglichkeiten (z.B. in besonderen Rehabilitationseinrichtungen) nicht in der Lage ist, sich auch unter Nutzung der
Sonderregelungen für behinderte Menschen beruflich zu qualifizie-
ren 50–70

Intelligenzmangel mit stark eingeengter Bildungsfähigkeit, erheblichen Män-
geln im Spracherwerb, Intelligenzrückstand entsprechend einem I.A. unter 10
Jahren bei Erwachsenen (IQ unter 60)

bei relativ günstiger Persönlichkeitsentwicklung und sozialer Anpas-
sungsmöglichkeit (Teilerfolg in einer Sonderschule, selbständige Lebensführung in einigen Teilbereichen und Einordnung im allgemeinen Erwerbsleben mit einfachen motorischen Fertigkeiten noch
möglich) 80–90

bei stärkerer Einschränkung der Eingliederungsmöglichkeiten mit
hochgradigem Mangel an Selbständigkeit und Bildungsfähigkeit,
fehlender Sprachentwicklung, unabhängig von der Arbeitsmarktlage
und auf Dauer Beschäftigungsmöglichkeit nur in einer Werkstatt für
Behinderte 100

3.5 Verhaltens- und emotionale Störungen mit Beginn in der Kindheit und
Jugend
Die Kriterien der Definitionen der ICD 10-GM Version 2011 müssen erfüllt
sein. Komorbide psychische Störungen sind gesondert zu berücksichtigen. Eine
Behinderung liegt erst ab Beginn der Teilhabebeeinträchtigung vor. Eine pauschale Festsetzung des GdS nach einem bestimmten Lebensalter ist nicht
möglich.

3.5.1 Tief greifende Entwicklungsstörungen (insbesondere frühkindlicher Autismus, atypischer Autismus, Asperger-Syndrom)
Bei tief greifenden Entwicklungsstörungen

– ohne soziale Anpassungsschwierigkeiten beträgt der GdS 10–20,

– mit leichten sozialen Anpassungsschwierigkeiten beträgt der GdS 30–40,

– mit mittleren sozialen Anpassungsschwierigkeiten beträgt der GdS 50–70,

– mit schweren sozialen Anpassungsschwierigkeiten beträgt der GdS 80–100.

Soziale Anpassungsschwierigkeiten liegen insbesondere vor, wenn die Integrationsfähigkeit in Lebensbereiche (wie zum Beispiel Regel-Kindergarten, Regel-Schule, allgemeiner Arbeitsmarkt, öffentliches Leben, häusliches Leben) nicht ohne besondere Förderung oder Unterstützung (zum Beispiel durch Eingliederungshilfe) gegeben ist oder wenn die Betroffenen einer über das dem jeweiligen Alter entsprechende Maß hinausgehenden Beaufsichtigung bedürfen. Mittlere soziale Anpassungsschwierigkeiten liegen insbesondere vor, wenn die Integration in Lebensbereiche nicht ohne umfassende Unterstützung (zum Beispiel einen Integrationshelfer als Eingliederungshilfe) möglich ist. Schwere soziale Anpassungsschwierigkeiten liegen insbesondere vor, wenn die Integration in Lebensbereiche auch mit umfassender Unterstützung nicht möglich ist.

3.5.2 Hyperkinetische Störungen und Aufmerksamkeitsstörungen ohne Hyperaktivität

Ohne soziale Anpassungsschwierigkeiten liegt keine Teilhabebeeinträchtigung vor.

Bei sozialen Anpassungsschwierigkeiten

– ohne Auswirkung auf die Integrationsfähigkeit beträgt der GdS 10–20.

– mit Auswirkungen auf die Integrationsfähigkeit in mehreren Lebensbereichen (wie zum Beispiel Regel-Kindergarten, Regel-Schule, allgemeiner Arbeitsmarkt, öffentliches Leben, häusliches Leben) oder wenn die Betroffenen einer über das dem jeweiligen Alter entsprechende Maß hinausgehenden Beaufsichtigung bedürfen, beträgt der GdS 30–40.

– mit Auswirkungen, die die Integration in Lebensbereiche nicht ohne umfassende Unterstützung oder umfassende Beaufsichtigung ermöglichen, beträgt der GdS 50–70.

– mit Auswirkungen, die die Integration in Lebensbereiche auch mit umfassender Unterstützung nicht ermöglichen, beträgt der GdS 80–100.

Ab dem Alter von 25 Jahren beträgt der GdS regelhaft nicht mehr als 50.

3.5.3 Störungen des Sozialverhaltens und Störungen sozialer Funktionen mit Beginn in der Kindheit und Jugend sind je nach Ausmaß der Teilhabebeeinträchtigung, insbesondere der Einschränkung der sozialen Integrationsfähigkeit und dem Betreuungsaufwand, individuell zu bewerten.

3.6 Schizophrene und affektive Psychosen

Langdauernde (über ein halbes Jahr anhaltende) Psychose im floriden Stadium je nach Einbuße beruflicher und sozialer Anpassungsmöglichkeiten 50–100

Schizophrener Residualzustand (z.B. Konzentrationsstörung, Kontaktschwäche, Vitalitätseinbuße, affektive Nivellierung)

    mit geringen und einzelnen Restsymptomen ohne soziale Anpassungsschwierigkeiten 10–20

    mit leichten sozialen Anpassungsschwierigkeiten 30–40

    mit mittelgradigen sozialen Anpassungsschwierigkeiten 50–70

    mit schweren sozialen Anpassungsschwierigkeiten 80–100

Affektive Psychose mit relativ kurz andauernden, aber häufig wiederkehrenden Phasen

bei 1 bis 2 Phasen im Jahr von mehrwöchiger Dauer je nach Art und Ausprägung 30–50

bei häufigeren Phasen von mehrwöchiger Dauer 60–100

Nach dem Abklingen lang dauernder psychotischer Episoden ist eine Heilungsbewährung von zwei Jahren abzuwarten.

GdS während dieser Zeit, wenn bereits mehrere manische oder manische und depressive Phasen vorangegangen sind 50

sonst 30

Eine Heilungsbewährung braucht nicht abgewartet zu werden, wenn eine monopolar verlaufene depressive Phase vorgelegen hat, die als erste Krankheitsphase oder erst mehr als zehn Jahre nach einer früheren Krankheitsphase aufgetreten ist.

3.7 Neurosen, Persönlichkeitsstörungen, Folgen psychischer Traumen

Leichtere psychovegetative oder psychische Störungen 0–20

Stärker behindernde Störungen

mit wesentlicher Einschränkung der Erlebnis- und Gestaltungsfähigkeit (z.B. ausgeprägtere depressive, hypochondrische, asthenische oder phobische Störungen), Entwicklungen mit Krankheitswert, somatoforme Störungen) 30–40

Schwere Störungen (z.B. schwere Zwangskrankheit)

mit mittelgradigen sozialen Anpassungsschwierigkeiten 50–70

mit schweren sozialen Anpassungsschwierigkeiten 80–100

3.8 Psychische Störungen und Verhaltensstörungen durch psychotrope Substanzen

Der schädliche Gebrauch psychotroper Substanzen ohne körperliche oder psychische Schädigung bedingt keinen Grad der Schädigungsfolgen. Die Abhängigkeit von Koffein oder Tabak sowie von Koffein und Tabak bedingt für sich allein in der Regel keine Teilhabebeeinträchtigung.

Abhängigkeit von psychotropen Substanzen liegt vor, wenn als Folge des chronischen Substanzkonsums mindestens drei der folgenden Kriterien erfüllt sind:

– starker Wunsch (Drang), die Substanz zu konsumieren,

– verminderte Kontrollfähigkeit (Kontrollverlust) den Konsum betreffend,

– Vernachlässigung anderer sozialer Aktivitäten zugunsten des Substanzkonsums,

– fortgesetzter Substanzkonsum trotz des Nachweises schädlicher Folgen,

– Toleranzentwicklung,

– körperliche Entzugssymptome nach Beenden des Substanzkonsums.

Es gelten folgende GdS-Werte:

Bei schädlichem Gebrauch von psychotropen Substanzen mit leichteren psychischen Störungen beträgt der GdS 0–20.

Bei Abhängigkeit:

– mit leichten sozialen Anpassungsschwierigkeiten beträgt der GdS 30–40,

– mit mittleren sozialen Anpassungsschwierigkeiten beträgt der GdS 50–70,

– mit schweren sozialen Anpassungsschwierigkeiten beträgt der GdS 80–100.

Ist im Fall einer Abhängigkeit, die zuvor mit einem GdS von mindestens 50 zu bewerten war, Abstinenz erreicht, muss eine Heilungsbewährung von zwei Jahren ab dem Zeitpunkt des Beginns der Abstinenz abgewartet werden. Während dieser Zeit ist ein GdS von 30 anzunehmen, es sei denn, die bleibenden psychischen oder hirnorganischen Störungen rechtfertigen einen höheren GdS. Weitere Organschäden sind unter Beachtung von Teil A Nummer 2 Buchstabe e der Versorgungsmedizinischen Grundsätze zu bewerten.

Abnorme Gewohnheiten und Störungen der Impulskontrolle sind nach Teil B Nummer 3.7 zu bewerten.

3.9 Rückenmarkschäden

Unvollständige, leichte Halsmarkschädigung mit beidseits geringen motorischen und sensiblen Ausfällen, ohne Störungen der Blasen- und Mastdarmfunktion 30–60

Unvollständige Brustmark-, Lendenmark- oder Kaudaschädigung mit Teillähmung beider Beine, ohne Störungen der Blasen- und Mastdarmfunktion 30–60

Unvollständige Brustmark-, Lendenmark- oder Kaudaschädigung mit Teillähmung beider Beine und Störungen der Blasen- und/oder Mastdarmfunktion 60–80

Unvollständige Halsmarkschädigung mit gewichtigen Teillähmungen beider Arme und Beine und Störungen der Blasen- und/oder Mastdarmfunktion 100

Vollständige Halsmarkschädigung mit vollständiger Lähmung beider Arme und Beine und Störungen der Blasen- und/oder Mastdarmfunktion 100

Vollständige Brustmark-, Lendenmark-, oder Kaudaschädigung mit vollständiger Lähmung der Beine und Störungen der Blasen und/oder Mastdarmfunktion 100

3.10 Multiple Sklerose

Der GdS richtet sich vor allem nach den zerebralen und spinalen Ausfallserscheinungen. Zusätzlich ist die aus dem klinischen Verlauf sich ergebende Krankheitsaktivität zu berücksichtigen.

3.11 Polyneuropathien

Bei den Polyneuropathien ergeben sich die Funktionsbeeinträchtigungen aufgrund motorischer Ausfälle (mit Muskelatrophien), sensibler Störungen oder Kombinationen von beiden. Der GdS motorischer Ausfälle ist in Analogie zu den peripheren Nervenschäden einzuschätzen. Bei den sensiblen Störungen und Schmerzen ist zu berücksichtigen, dass schon leichte Störungen zu Beeinträchtigungen – z.B. bei Feinbewegungen – führen können.

4. Sehorgan

Die Sehbehinderung umfasst alle Störungen des Sehvermögens. Für die Beurteilung ist in erster Linie die korrigierte Sehschärfe maßgebend; daneben sind u.a. Ausfälle des Gesichtsfeldes und des Blickfeldes zu berücksichtigen.

Die Sehschärfe ist grundsätzlich entsprechend den Empfehlungen der Deutschen Ophthalmologischen Gesellschaft (DOG) nach DIN 58220 zu bestimmen; Abweichungen hiervon sind nur in Ausnahmefällen zulässig (zum Beispiel bei Bettlägerigkeit oder Kleinkindern). Die übrigen Partialfunktionen des Sehvermögens sind nur mit Geräten oder Methoden zu prüfen, die den Empfehlungen der DOG entsprechend eine gutachtenrelevante einwandfreie Beurteilung erlauben.

Hinsichtlich der Gesichtsfeldbestimmung bedeutet dies, dass zur Feststellung von Gesichtsfeldausfällen nur Ergebnisse der manuellkinetischen Perimetrie entsprechend der Marke Goldmann III/4e verwertet werden dürfen.

Bei der Beurteilung von Störungen des Sehvermögens ist darauf zu achten, dass der morphologische Befund die Sehstörungen erklärt.

Die Grundlage für die GdS-Beurteilung bei Herabsetzung der Sehschärfe bildet die „MdE-Tabelle der DOG".

4.1 Verlust eines Auges mit dauernder, einer Behandlung nicht

zugänglichen Eiterung der Augenhöhle   40

4.2 Linsenverlust
Linsenverlust korrigiert durch intraokulare Kunstlinse oder Kontaktlinse
Linsenverlust eines Auges

    Sehschärfe 0,4 und mehr   10

    Sehschärfe 0,1 bis weniger als 0,4   20

    Sehschärfe weniger als 0,1   25–30

Linsenverlust beider Augen

    Beträgt der sich aus der Sehschärfe für beide Augen ergebende GdS nicht mehr als 60, ist dieser um 10 zu erhöhen.

Die GdS-Werte setzen die Verträglichkeit der Linsen voraus. Maßgebend ist der objektive Befund.

Bei Versorgung mit Starbrille ist der aus der Sehschärfe für beide Augen sich ergebende GdS um 10 zu erhöhen, bei Blindheit oder Verlust des anderen Auges um 20.

Bei Unkorrigierbarkeit richtet sich der GdS nach der Restsehschärfe.

4.3 Die augenärztliche Untersuchung umfasst die Prüfung der einäugigen und beidäugigen Sehschärfe. Sind die Ergebnisse beider Prüfungsarten unterschiedlich, so ist bei der Bewertung die beidäugige Sehschärfe als Sehschärfewert des besseren Auges anzusetzen.

MdE-Tabelle der DOG

RA / Sehschärfe LA	1,0 5/5	0,8 5/6	0,63 5/8	0,5 5/10	0,4 5/12	0,32 5/15	0,25 5/20	0,2 5/25	0,16 5/30	0,1 5/50	0,08 1/12	0,05 1/20	0,02 1/50	0 0
1,0 5/5	0	0	0	5	5	10	10	10	15	20	20	25	25	*25
0,8 5/6	0	0	5	5	10	10	10	15	20	20	25	30	30	30
0,63 5/8	0	5	10	10	10	10	15	20	20	25	30	30	30	40
0,5 5/10	5	5	10	10	10	15	20	20	25	30	30	35	40	40
0,4 5/12	5	10	10	10	20	20	25	25	30	30	35	40	50	50
0,32 5/15	10	10	10	15	20	30	30	30	40	40	40	50	50	50
0,25 5/20	10	10	15	20	25	30	40	40	40	50	50	50	60	60
0,2 5/25	10	15	20	20	25	30	40	50	50	50	60	60	70	70
0,16 5/30	15	20	20	25	30	40	40	50	60	60	60	70	80	80
0,1 5/50	20	20	25	30	30	40	50	50	60	70	70	80	90	90
0,08 1/12	20	25	30	30	35	40	50	60	60	70	80	90	90	90
0,05 1/20	25	30	30	35	40	50	50	60	70	80	90	100	100	100
0,02 1/50	25	30	30	40	50	50	60	70	80	90	90	100	100	100
0 0	*25	30	40	40	50	50	60	70	80	90	90	100	100	100

<u>4.4</u> Augenmuskellähmungen, Strabismus

wenn ein Auge wegen der Doppelbilder vom Sehen ausgeschlossen werden muss 30

bei Doppelbildern nur in einigen Blickfeldbereichen bei sonst normalem Binokularsehen ergibt sich der GdS aus dem nachstehenden Schema von Haase und Steinhorst:

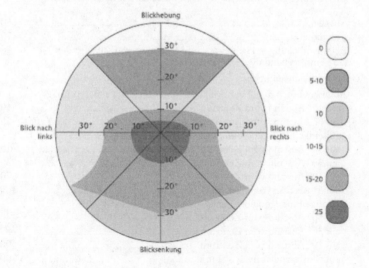

bei einseitiger Bildunterdrückung durch Gewöhnung (Exklusion) und entsprechendem Verschwinden der Doppelbilder 10

Einschränkungen der Sehschärfe (z.B. Amblyopie) oder eine erheblich entstellende Wirkung sind ggf. zusätzlich zu berücksichtigen.

Lähmung des Oberlides mit nicht korrigierbarem, vollständigem

Verschluss des Auges	30
sonst	10–20

Fehlstellungen der Lider, Verlegung der Tränenwege mit Tränenträufeln

einseitig	0–10
beidseitig	10–20

<u>4.5</u> Gesichtsfeldausfälle

Vollständige Halbseiten- und Quadrantenausfälle

Homonyme Hemianopsie	40
Bitemporale Hemianopsie	30
Binasale Hemianopsie	
bei beidäugigem Sehen	10
bei Verlust des beidäugigen Sehens	30
Homonymer Quadrant oben	20
Homonymer Quadrant unten	30
Vollständiger Ausfall beider unterer Gesichtsfeldhälften	60

Ausfall einer Gesichtsfeldhälfte bei Verlust oder Blindheit des anderen Auges

nasal	60
temporal	70

Bei unvollständigen Halbseiten- und Quadrantenausfällen ist der GdS entsprechend niedriger anzusetzen.

Gesichtsfeldeinengungen

Allseitige Einengung bei normalem Gesichtsfeld des anderen Auges

auf 10° Abstand vom Zentrum	10
auf 5° Abstand vom Zentrum	25
Allseitige Einengung binokular	
auf 50° Abstand vom Zentrum	10
auf 30° Abstand vom Zentrum	30
auf 10° Abstand vom Zentrum	70
auf 5° Abstand vom Zentrum	100

Allseitige Einengung bei Fehlen des anderen Auges

auf 50° Abstand vom Zentrum	40
auf 30° Abstand vom Zentrum	60
auf 10° Abstand vom Zentrum	90
auf 5° Abstand vom Zentrum	100

Unregelmäßige Gesichtsfeldausfälle, Skotome im 50°-Gesichtsfeld unterhalb des horizontalen Meridians, binokular

mindestens 1/3 ausgefallene Fläche	20

mindestens 2/3 ausgefallene Fläche   50

Bei Fehlen eines Auges sind die Skotome entsprechend höher zu bewerten.

<u>4.6</u> Ausfall des Farbensinns   0

Einschränkung der Dunkeladaptation (Nachtblindheit) oder des Dämmerungssehens   0–10

<u>4.7</u> Nach Hornhauttransplantationen richtet sich der GdS allein nach dem Sehvermögen.

<u>4.8</u> Nach Entfernung eines malignen Augentumors ist in den ersten fünf Jahren eine Heilungsbewährung abzuwarten; GdS während dieser Zeit

bei Tumorbegrenzung auf den Augapfel

(auch bei Augapfelentfernung)   50

sonst ....   wenigstens 80

5. Hör- und Gleichgewichtsorgan

Maßgebend für die Bewertung des GdS bei Hörstörungen ist die Herabsetzung des Sprachgehörs, deren Umfang durch Prüfung ohne Hörhilfen zu bestimmen ist. Der Beurteilung ist die von der Deutschen Gesellschaft für Hals-Nasen-Ohrenheilkunde, Kopf- und Hals-Chirurgie empfohlene Tabelle (siehe Nummer 5.2.4, Tabelle D) zugrunde zu legen. Nach Durchführung eines Ton- und Sprachaudiogramms ist der Prozentsatz des Hörverlustes aus entsprechenden Tabellen abzuleiten.

Die in der GdS-Tabelle enthaltenen Werte zur Schwerhörigkeit berücksichtigen die Möglichkeit eines Teilausgleichs durch Hörhilfen mit.

Sind mit der Hörstörung andere Erscheinungen verbunden, z.B. Ohrgeräusche, Gleichgewichtsstörungen, Artikulationsstörungen oder außergewöhnliche psychoreaktive Störungen, so kann der GdS entsprechend höher bewertet werden.

<u>5.1</u> Angeborene oder in der Kindheit erworbene Taubheit oder an Taubheit grenzende Schwerhörigkeit mit Sprachstörungen

angeboren oder bis zum 7. Lebensjahr erworben (schwere Störung des Spracherwerbs, in der Regel lebenslang)   100

später erworben (im 8. bis 18. Lebensjahr) mit schweren Sprachstörungen (schwer verständliche Lautsprache, geringer Sprachschatz)   100

sonst je nach Sprachstörung   80–90

<u>5.2</u> Hörverlust

<u>5.2.1</u> Zur Ermittlung des prozentualen Hörverlustes aus den Werten der sprachaudiometrischen Untersuchung (nach Boenninghaus u. Röser 1973):

Tabelle A

		Hörverlust für Zahlen in dB											
		<	ab	ab	ab	ab	ab	ab	ab	ab	ab	ab	ab
		20	20	25	30	35	40	45	50	55	60	65	70
	< 20	100	100	100	100	100	100	100	100	100	100	100	100
	ab 20	95	95	95	95	95	95	95	95	95	95	95	100
	ab 35	90	90	90	90	90	90	90	90	90	90	95	100
	ab 50	80	80	80	80	80	80	80	80	80	90	95	100
Gesamtwortverstehen	ab 75	70	70	70	70	70	70	70	70	80	90	95	100
	ab 100	60	60	60	60	60	60	60	70	80	90	95	
	ab 125	50	50	50	50	50	50	60	70	80	90		
	ab 150	40	40	40	40	40	50	60	60	70	80		
	ab 175	30	30	30	30	40	50	60	70				
	ab 200	20	20	20	30	40	50	60					
	ab 225	10	10	20	30	40	50						
	ab 250	0	0	10	20	30	40						

Das Gesamtwortverstehen wird aus der Wortverständniskurve errechnet. Es entsteht durch Addition der Verständnisquoten bei 60, 80 und 100 dB Lautstärke (einfaches Gesamtwortverstehen).

Bei der Ermittlung von Schwerhörigkeiten bis zu einem Hörverlust von 40% ist das gewichtete Gesamtwortverstehen (Feldmann 1988) anzuwenden: 3 × Verständnisquote bei 60 dB + 2 × Verständnisquote bei 80 dB + 1 × Verständnisquote bei 100 dB, Summe dividiert durch 2.

5.2.2 Zur Ermittlung des prozentualen Hörverlustes aus dem Tonaudiogramm bei unregelmäßigem Verlauf der Tongehörskurve. Der prozentuale Hörverlust ergibt sich durch Addition der vier Teilkomponenten (4-Frequenztabelle nach Röser 1973):

Tabelle B

Tonhörverlust dB	500 Hz	1000 Hz	2000 Hz	4000 Hz
10	0	0	0	0
15	2	3	2	1
20	3	5	5	2
25	4	8	7	4
30	6	10	9	5
35	8	13	11	6
40	9	16	13	7
45	11	18	16	8
50	12	21	18	9
55	14	24	20	10
60	15	26	23	11
65	17	29	25	12
70	18	32	27	13
75	19	32	28	14
80	19	33	29	14
ab 85	20	35	30	15

5.2.3 3-Frequenztabelle nach Röser 1980
für die Beurteilung bei Hochtonverlusten vom Typ Lärmschwerhörigkeit:

Tabelle C

				Tonverlust bei 1 kHz							
dB von	0	5	15	25	35	45	55	65	75	85	95
bis	5	10	20	30	40	50	60	70	80	90	100
0 – 15	0	0	0	0	5	5	Hörverlust in %				
20 – 35	0	0	0	5	10	20	30				
40 – 55	0	0	0	10	20	25	35	45			
60 – 75	0	0	10	15	25	35	40	50	60		
80 – 95	0	5	15	25	30	40	50	60	70	80	
100 – 115	5	15	20	30	40	45	55	70	80	90	100
120 – 135	10	20	30	35	45	55	65	75	90	100	100
140 – 155	20	25	35	45	50	60	75	85	95	100	100
160 – 175	25	35	40	50	60	70	80	95	100	100	100
80 – 195	30	40	50	55	70	80	90	100	100	100	100
ab 200	40	45	55	65	75	90	100	100	100	100	100

Left axis label: Summe bei 2 und 3 kHz

<u>5.2.4</u> Zur Ermittlung des GdS aus den Schwerhörigkeitsgraden für beide Ohren:

Tabelle D

Rechtes Ohr		Hörverlust in Prozent	0-20	20-40	40-60	60-80	80-95	100
	Normalhörigkeit	0-20	0	0	10	10	15	20
	Geringgradige Schwerhörigkeit	20-40	0	15	20	20	30	30
	Mittelgradige Schwerhörigkeit	40-60	10	20	30	30	40	40
	Hochgradige Schwerhörigkeit	60-80	10	20	30	50	50	50
	An Taubheit grenzende Schwerhörigkeit	80-95	15	30	40	50	70	70
	Taubheit	100	20	30	40	50	70	80
		Hörverlust in Prozent	0-20	20-40	40-60	60-80	80-95	100
			Normalhörigkeit	Geringgradige Schwerhörigkeit	Mittelgradige Schwerhörigkeit	Hochgradige Schwerhörigkeit	An Taubheit grenzende Schwerhörigkeit	Taubheit

Linkes Ohr

(Diagonale Werte: 10 – 20 – 40 – 60 – 80)

<u>5.3</u> Gleichgewichtsstörungen

(Normabweichungen in den apparativ erhobenen neurootologischen Untersuchungsbefunden bedingen für sich allein noch keinen GdS)

ohne wesentliche Folgen

beschwerdefrei, allenfalls Gefühl der Unsicherheit bei alltäglichen Belastungen (z.B. Gehen, Bücken, Aufrichten, Kopfdrehungen, leichte Arbeiten in wechselnder Körperhaltung) leichte Unsicherheit, geringe Schwindelerscheinungen (Schwanken) bei höheren Belastungen (z.B. Heben von Lasten, Gehen im Dunkeln, abrupte Körperbewegungen) stärkere Unsicherheit mit Schwindelerscheinungen (Fallneigung, Ziehen nach einer Seite) erst bei außergewöhnlichen Belastungen (z.B. Stehen und Gehen auf Gerüsten, sportliche Übungen mit raschen Körperbewegungen) keine nennenswerten Abweichungen bei den Geh- und Stehversuchen 0–10

mit leichten Folgen

leichte Unsicherheit, geringe Schwindelerscheinungen wie
Schwanken, Stolpern, Ausfallsschritte bei alltäglichen Belastungen,
stärkere Unsicherheit und Schwindelerscheinungen bei höheren
Belastungen leichte Abweichungen bei den Geh- und Stehver-
suchen erst auf höherer Belastungsstufe 20

mit mittelgradigen Folgen

stärkere Unsicherheit, Schwindelerscheinungen mit Fallneigung
bereits bei alltäglichen Belastungen, heftiger Schwindel (mit vege-
tativen Erscheinungen, gelegentlich Übelkeit, Erbrechen) bei höheren und außergewöhnlichen Belastungen deutliche Abweichungen bei den Geh- und Stehversuchen bereits auf niedriger Belas-
tungsstufe 30–40

mit schweren Folgen

heftiger Schwindel, erhebliche Unsicherheit und Schwierigkeiten
bereits beim Gehen und Stehen im Hellen und bei anderen alltäglichen Belastungen, teilweise Gehhilfe erforderlich 50–70

bei Unfähigkeit, ohne Unterstützung zu gehen oder zu stehen 80

Ohrgeräusche (Tinnitus)

ohne nennenswerte psychische Begleiterscheinungen 0–10

mit erheblichen psychovegetativen Begleiterscheinungen 20

mit wesentlicher Einschränkung der Erlebnis- und Gestaltungsfähig-   30–40
keit (z.B. ausgeprägte depressive Störungen) ....

mit schweren psychischen Störungen und sozialen Anpassungsschwierigkeiten .... mindestens 50

Menière-Krankheit

ein bis zwei Anfälle im Jahr 0–10

häufigere Anfälle, je nach Schweregrad 20–40

mehrmals monatlich schwere Anfälle 50

Bleibende Hörstörungen und Ohrgeräusche (Tinnitus) sind zusätzlich zu bewerten.

5.4 Chronische Mittelohrentzündung

ohne Sekretion oder einseitige zeitweise Sekretion 0

einseitige andauernde Sekretion oder zeitweise beidseitige Sekretion   10

andauernd beidseitige Sekretion 20

Radikaloperationshöhle

reizlos 0

bei unvollständiger Überhäutung und ständiger Sekretion

einseitig 10

beidseitig 20

5.5 Verlust einer Ohrmuschel 20

6. Nase

6.1 Völliger Verlust der Nase 50

Teilverlust der Nase, Sattelnase

wenig störend 10

sonst 20–30

6.2 Stinknase (Ozaena), je nach Ausmaß der Borkenbildung und

des Foetors 20–40

Verengung der Nasengänge

einseitig je nach Atembehinderung 0–10

doppelseitig mit leichter bis mittelgradiger Atembehinderung 10

doppelseitig mit starker Atembehinderung 20

Chronische Nebenhöhlenentzündung

leichteren Grades
(ohne wesentliche Neben- und Folgeerscheinungen) 0–10

schweren Grades
(ständige erhebliche Eiterabsonderung, Trigeminusreizerscheinun-
gen, Polypenbildung) 20–40

6.3 Völliger Verlust des Riechvermögens mit der damit verbundenen

Beeinträchtigung der Geschmackswahrnehmung 15

Völliger Verlust des Geschmackssinns 10

7. Mundhöhle, Rachenraum und obere Luftwege

Verletzungs- und Erkrankungsfolgen an den Kiefern, Kiefergelenken und
Weichteilen der Mundhöhle, einschließlich der Zunge und der Speicheldrüsen,
sind nach dem Grad ihrer Auswirkung auf Sprech-, Kau- und Schluckver-
mögen zu beurteilen. Eine Gesichtsentstellung ist gesondert zu berücksichtigen.

7.1 Lippendefekt mit ständigem Speichelfluss 20–30

Äußere Speichelfistel, Frey-Syndrom

geringe Sekretion 10

sonst 20

Störung der Speichelsekretion
(vermehrter Speichelfluss, Mundtrockenheit) 0–20

7.2 Schwere Funktionsstörung der Zunge durch Gewebsverlust, narbi-
ge Fixierung oder Lähmung je nach Umfang und Artikulationsstörung 30–50

Behinderung der Mundöffnung
(Schneidekantendistanz zwischen 5 und 25 mm) mit deutlicher Auswirkung auf die Nahrungsaufnahme 20–40

Kieferklemme mit Notwendigkeit der Aufnahme flüssiger oder passier-
ter Nahrung und entsprechenden Sprechstörungen 50

7.3 Verlust eines Teiles des Unterkiefers mit schlaffer Pseudarthrose

ohne wesentliche Beeinträchtigung der Kaufunktion und Artikulation 0–10

mit erheblicher Beeinträchtigung der Kaufunktion und Artikulation ... 20–50

Verlust eines Teiles des Oberkiefers

ohne wesentliche kosmetische und funktionelle Beeinträchtigung   0–10

mit entstellender Wirkung, wesentlicher Beeinträchtigung der Nasen-
und Nebenhöhlen (Borkenbildung, ständige Sekretion)   20–40

7.4 Umfassender Zahnverlust über ½Jahr hinaus prothetisch nur un-
zureichend zu versorgen   10–20

Verlust erheblicher Teile des Alveolarfortsatzes mit wesentlicher, prothetisch nicht voll ausgleichbarer Funktionsbehinderung   20

7.5 Ausgedehnter Defekt des Gaumens mit gut sitzender

Defektprothese   30

Verlust des Gaumens ohne Korrekturmöglichkeit durch geeignete Pro-
these (Störung der Nahrungsaufnahme)   50

7.6 Lippen-, Kiefer-, Gaumen- und Segelspalten bei Kindern, bis zum Abschluss der Behandlung

Isolierte voll ausgebildete Lippenspalte (ein- oder beidseitig)

bis zum Abschluss der Behandlung (in der Regel ein Jahr nach der
Operation) je nach Trinkstörung, Beeinträchtigung der mi-
mischen Muskulatur und Störung der Lautbildung   30–50

Lippen-Kieferspalte

bis zum Abschluss der Erstbehandlung (in der Regel ein Jahr nach
der Operation)   60–70

bis zum Verschluss der Kieferspalte   50

Lippen-Kiefer-Gaumenspalte

bis zum Abschluss der Erstbehandlung (in der Regel ein Jahr nach
der Operation) unter Mitberücksichtigung der regelhaft damit verbundenen Hörstörung (Tubenfehlbelüftung) und der Störung der
Nasenatmung   100

bis zum Verschluss der Kieferspalte   50

Komplette Gaumen- und Segelspalte ohne Kieferspalte

wegen der bis zum Abschluss der Erstbehandlung (in der Regel
ein Jahr nach der Operation) bestehenden mit der Lippen-Kiefer-
Gaumenspalte vergleichbaren Auswirkungen   100

Isolierte Segelspalte, submuköse Gaumenspalte bis zum Abschluss
der Behandlung je nach Ausmaß der Artikulationsstörung   0–30

Ausgeprägte Hörstörungen sind ggf. zusätzlich zu berücksichtigen.
Nach Abschluss der Behandlung richtet sich der GdS immer nach der verbliebenen Gesundheitsstörung.

7.7 Schluckstörungen

ohne wesentliche Behinderung der Nahrungsaufnahme je nach Be-
schwerden   0–10

mit erheblicher Behinderung der Nahrungsaufnahme je nach Auswirkung (Einschränkung der Kostform, verlängerte Essdauer)   20–40

mit häufiger Aspiration und erheblicher Beeinträchtigung des Kräfte- und Ernährungszustandes 50–70

7.8 Verlust des Kehlkopfes

bei guter Ersatzstimme und ohne Begleiterscheinungen, unter Mitberücksichtigung der Beeinträchtigung der körperlichen Leistungsfähigkeit (fehlende Bauchpresse) 70

in allen anderen Fällen 80

Anhaltende schwere Bronchitiden und Beeinträchtigungen durch Nervenlähmungen im Hals- und Schulterbereich sind zusätzlich zu berücksichtigen.

Bei Verlust des Kehlkopfes wegen eines malignen Tumors ist in den ersten fünf Jahren eine Heilungsbewährung abzuwarten;
GdB bzw. GdS während dieser Zeit 100

Teilverlust des Kehlkopfes

je nach Sprechfähigkeit und Beeinträchtigung der körperlichen Leistungsfähigkeit 20–50

Bei Teilverlust des Kehlkopfes wegen eines malignen Tumors ist in den ersten fünf Jahren eine Heilungsbewährung abzuwarten;
GdS während dieser Zeit

bei Geschwulstentfernung im Frühstadium (T1 N0 M0) 50–60

sonst 80

7.9 Tracheostoma

reizlos oder mit geringen Reizerscheinungen (Tracheitis, Bronchitis), gute Sprechstimme 40

mit erheblichen Reizerscheinungen und/oder erheblicher Beeinträchtigung der Sprechstimme bis zum Verlust der Sprechfähigkeit (z.B. bei schweren Kehlkopfveränderungen) 50–80

Einschränkungen der Atemfunktion sind ggf. zusätzlich zu berücksichtigen.

Trachealstenose ohne Tracheostoma

Der GdS ist je nach Atembehinderung analog der dauernden Einschränkung der Lungenfunktion zu beurteilen.

7.10 Funktionelle und organische Stimmstörungen (z.B. Stimmbandlähmung)

mit geringer belastungsabhängiger Heiserkeit 0–10

mit dauernder Heiserkeit 20–30

nur Flüsterstimme 40

mit völliger Stimmlosigkeit 50

Atembehinderungen sind ggf. zusätzlich zu bewerten analog der dauernden Einschränkung der Lungenfunktion.

7.11 Artikulationsstörungen
durch Lähmungen oder Veränderungen in Mundhöhle oder Rachen

mit verständlicher Sprache 10

mit schwer verständlicher Sprache 20–40

mit unverständlicher Sprache 50

Stottern

leicht	0–10
mittelgradig, situationsunabhängig	20
schwer, auffällige Mitbewegungen	30–40
mit unverständlicher Sprache	50

Außergewöhnliche psychoreaktive Störungen einschließlich somatoformer Störungen sind ggf. zusätzlich zu berücksichtigen

8. Brustkorb, tiefere Atemwege und Lungen

Bei chronischen Krankheiten der Bronchien und des Lungenparenchyms sowie bei Brustfellschwarten richtet sich der GdS vor allem nach der klinischen Symptomatik mit ihren Auswirkungen auf den Allgemeinzustand. Außerdem sind die Einschränkung der Lungenfunktion, die Folgeerscheinungen an anderen Organsystemen (z.B. Cor pulmonale) und bei allergisch bedingten Krankheiten auch die Vermeidbarkeit der Allergene zu berücksichtigen.

<u>8.1</u> Brüche und Defekte der Knochen des Brustkorbs (Rippen, Brustbein, Schlüsselbein)

ohne Funktionsstörungen verheilt, je nach Ausdehnung des Defektes	0–10

Rippendefekte mit Brustfellschwarten

ohne wesentliche Funktionsstörung	0–10
bei sehr ausgedehnten Defekten einschließlich entstellender Wirkung	20

Brustfellverwachsungen und -schwarten

ohne wesentliche Funktionsstörung	0–10

Fremdkörper im Lungengewebe oder in der Brustkorbwand

reaktionslos eingeheilt	0

<u>8.2</u> Chronische Bronchitis, Bronchiektasen

als eigenständige Krankheiten – ohne dauernde Einschränkung der Lungenfunktion, leichte Form (symptomfreie Intervalle über mehrere Monate, wenig Husten, geringer Auswurf)	0–10
schwere Form (fast kontinuierlich ausgiebiger Husten und Auswurf, häufige akute Schübe)	20–30

Pneumokoniosen (z.B. Silikose, Asbestose)

ohne wesentliche Einschränkung der Lungenfunktion	0–10

<u>8.3</u> Krankheiten der Atmungsorgane mit dauernder Einschränkung der Lungenfunktion

geringen Grades das gewöhnliche Maß übersteigende Atemnot bei mittelschwerer Belastung (z.B. forsches Gehen [5–6 km/h], mittelschwere körper-	20–40

liche Arbeit); statische und dynamische Messwerte der Lungenfunktionsprüfung bis zu 1/3 niedriger als die Sollwerte, Blutgaswerte im Normbereich> ....

mittleren Grades

das gewöhnliche Maß übersteigende Atemnot bereits bei alltäglicher leichter Belastung (z.B. Spazierengehen [3–4 km/h], Treppensteigen bis zu einem Stockwerk, leichte körperliche Arbeit); statische und dynamische Messwerte der Lungenfunktionsprüfung bis zu 2/3 niedriger als die Sollwerte, respiratorische Partialinsuffizienz 50–70

schweren Grades

Atemnot bereits bei leichtester Belastung oder in Ruhe; statische und dynamische Messwerte der Lungenfunktionsprüfung um mehr als 2/3 niedriger als die Sollwerte, respiratorische Globalinsuffizienz 80–100

8.4 Nach einer Lungentransplantation ist eine Heilungsbewährung abzuwarten (im Allgemeinen zwei Jahre); während dieser Zeit ist ein GdS von 100 anzusetzen. Danach ist der GdS selbst bei günstigem Heilungsverlauf unter Mitberücksichtigung der erforderlichen Immunsuppression nicht niedriger als 70 zu bewerten.

Nach Entfernung eines malignen Lungentumors oder eines Bronchialtumors ist in den ersten fünf Jahren eine Heilungsbewährung abzuwarten.

GdS während dieser Zeit .... wenigstens 80

bei Einschränkung der Lungenfunktion mittleren bis schweren Grades 90–100

8.5 Bronchialasthma ohne dauernde Einschränkung der Lungenfunktion,

Hyperreagibilität mit seltenen (saisonalen) und/oder leichten Anfällen 0–20

Hyperreagibilität mit häufigen (mehrmals pro Monat) und/oder schweren Anfällen 30–40

Hyperreagibilität mit Serien schwerer Anfälle 50

Eine dauernde Einschränkung der Lungenfunktion ist zusätzlich zu berücksichtigen.

8.6 Bronchialasthma bei Kindern

geringen Grades

(Hyperreagibilität mit seltenen (saisonalen) und/oder leichten Anfällen, keine dauernde Einschränkung der Atemfunktion, nicht mehr als sechs Wochen Bronchitis im Jahr) 20–40

mittleren Grades

(Hyperreagibilität mit häufigeren und/oder schweren Anfällen, leichte bis mittelgradige ständige Einschränkung der Atemfunktion, etwa 2 bis 3 Monate kontinuierliche Bronchitis im Jahr) 50–70

schweren Grades

(Hyperreagibilität mit Serien schwerer Anfälle, schwere Beeinträchtigung der Atemfunktion, mehr als 3 Monate kontinuierliche Bronchitis im Jahr) 80–100

<u>8.7</u> Schlaf-Apnoe-Syndrom (Nachweis durch Untersuchung im Schlaflabor)

ohne Notwendigkeit einer kontinuierlichen nasalen Überdruck-
beatmung 0–10

mit Notwendigkeit einer kontinuierlichen nasalen Überdruckbeat-
mung 20

bei nicht durchführbarer nasaler Überdruckbeatmung 50

Folgeerscheinungen oder Komplikationen (z.B. Herzrhythmusstörungen, Hypertonie, Cor pulmonale) sind zusätzlich zu berücksichtigen.

<u>8.8</u> Tuberkulose
Tuberkulöse Pleuritis

Der GdS richtet sich nach den Folgeerscheinungen.

Lungentuberkulose

ansteckungsfähig (mehr als 6 Monate andauernd) 100
nicht ansteckungsfähig
ohne Einschränkung der Lungenfunktion 0
sonst je nach Einschränkung der Lungenfunktion.

<u>8.9</u> Sarkoidose
Der GdS richtet sich nach der Aktivität mit ihren Auswirkungen auf den Allgemeinzustand und nach den Auswirkungen an den verschiedenen Organen.

Bei chronischem Verlauf mit klinischen Aktivitätszeichen und Auswirkungen auf den Allgemeinzustand ist ohne Funktionseinschränkung von betroffenen Organen ein GdS von 30 anzunehmen.

9. Herz und Kreislauf
Für die Bemessung des GdS ist weniger die Art einer Herz- oder Kreislaufkrankheit maßgeblich als die Leistungseinbuße. Bei der Beurteilung des GdS ist zunächst von dem klinischen Bild und von den Funktionseinschränkungen im Alltag auszugehen. Ergometerdaten und andere Parameter stellen Richtwerte dar, die das klinische Bild ergänzen. Elektrokardiographische Abweichungen allein gestatten keinen Rückschluss auf die Leistungseinbuße.

<u>9.1</u> Krankheiten des Herzens

<u>9.1.1</u> Einschränkung der Herzleistung:

1. keine wesentliche Leistungsbeeinträchtigung (keine Insuffizienzerscheinungen wie Atemnot, anginöse Schmerzen) selbst bei gewohnter stärkerer Belastung (z.B. sehr schnelles Gehen [7–8 km/h], schwere körperliche Arbeit), keine Einschränkung der Solleistung bei Ergometerbelastung; bei Kindern und Säuglingen (je nach Alter) beim Strampeln, Krabbeln, Laufen, Treppensteigen keine wesentliche Leistungsbeeinträchtigung, keine Tachypnoe, kein Schwitzen ... 0–10
2. Leistungsbeeinträchtigung bei mittelschwerer Belastung (z.B. forsches Gehen [5–6 km/h], mittelschwere körperliche Arbeit), Be- 20–40

schwerden und Auftreten pathologischer Messdaten bei Ergometerbelastung mit 75 Watt (wenigstens 2 Minuten); bei Kindern und
Säuglingen Trinkschwierigkeiten, leichtes Schwitzen, leichte Ta-
chy- und Dyspnoe, leichte Zyanose, keine Stauungsorgane, Beschwerden und Auftreten pathologischer Messdaten bei Ergometerbelastung mit 1 Watt/kg Körpergewicht ....

3. Leistungsbeeinträchtigung bereits bei alltäglicher leichter Belastung (z.B. Spaziergehen [3–4 km/h], Treppensteigen bis zu einem
Stockwerk, leichte körperliche Arbeit), Beschwerden und Auftreten
pathologischer Messdaten bei Ergometerbelastung mit 50 Watt (wenigstens 2 Minuten); bei Kindern und Säuglingen deutliche Trinkschwierigkeiten, deutliches Schwitzen, deutliche Tachy- und Dyspnoe, deutliche Zyanose, rezidivierende pulmonale Infekte, kardial
bedingte Gedeihstörungen, Beschwerden und Auftreten pathologischer Messdaten bei Ergometerbelastung mit 0,75 Watt/kg Körper-
gewicht 50–70

mit gelegentlich auftretenden, vorübergehend schweren Dekom-
pensationserscheinungen 80

4. Leistungsbeeinträchtigung bereits in Ruhe (Ruheinsuffizienz,
z.B. auch bei fixierter pulmonaler Hypertonie); bei Kindern und
Säuglingen auch hypoxämische Anfälle, deutliche Stauungsorgane,
kardiale Dystrophie 90–100

(Die für Erwachsene angegebenen Wattzahlen sind auf mittleres Lebensalter
und Belastung im Sitzen bezogen.)

Liegen weitere objektive Parameter zur Leistungsbeurteilung vor, sind diese
entsprechend zu berücksichtigen. Notwendige körperliche Leistungsbeschrän-
kungen (z.B. bei höhergradiger Aortenklappenstenose, hypertrophischer ob-
struktiver Kardiomyopathie) sind wie Leistungsbeeinträchtigungen zu bewerten.

9.1.2 Nach operativen und anderen therapeutischen Eingriffen am Herzen ist
der GdS von der bleibenden Leistungsbeeinträchtigung abhängig. Bei Herz-
klappenprothesen ist der GdS nicht niedriger als 30 zu bewerten; dieser Wert
schließt eine Dauerbehandlung mit Antikoagulantien ein.

9.1.3 Nach einem Herzinfarkt ist der GdS von der bleibenden Leistungsbeeinträchtigung abhängig.

9.1.4 Nach Herztransplantation ist eine Heilungsbewährung abzuwarten (im
Allgemeinen zwei Jahre); während dieser Zeit ist ein GdS von 100 anzusetzen.
Danach ist der GdS selbst bei günstigem Heilungsverlauf unter Berücksichti-
gung der erforderlichen Immunsuppression nicht niedriger als 70 zu bewerten.

9.1.5 Fremdkörper im Herzmuskel oder Herzbeutel

reaktionslos eingeheilt 0

mit Beeinträchtigung der Herzleistung .... siehe oben

9.1.6 Rhythmusstörungen

Die Beurteilung des GdS richtet sich vor allem nach der Leistungsbeeinträchtigung des Herzens.

Anfallsweise auftretende hämodynamisch relevante Rhythmusstörungen (z.B. paroxysmale Tachykardien) je nach Häufigkeit, Dauer und subjektiver Beeinträchtigung

bei fehlender andauernder Leistungsbeeinträchtigung des Herzens ..   10–30

bei bestehender andauernder Leistungsbeeinträchtigung des Herzens sind sie entsprechend zusätzlich zu bewerten.

nach Implantation eines Herzschrittmachers   10

nach Implantation eines Kardioverter-Defibrillators ....   wenigstens 50

bei ventrikulären tachykarden Rhythmusstörungen im Kindesalter ohne Implantation eines Kardioverter-Defibrillators ....   wenigstens 60

9.2 Gefäßkrankheiten

9.2.1 Arterielle Verschlusskrankheiten, Arterienverschlüsse an den Beinen (auch nach rekanalisierenden Maßnahmen)

mit ausreichender Restdurchblutung, Pulsausfall ohne Beschwerden oder mit geringen Beschwerden (Missempfindungen in Wade und Fuß bei raschem Gehen) ein- oder beidseitig   0–10

mit eingeschränkter Restdurchblutung (Claudicatio intermittens) Stadium II

Schmerzen ein- oder beidseitig nach Gehen einer Wegstrecke in der Ebene von mehr als 500 m   20

Schmerzen ein- oder beidseitig nach Gehen einer Wegstrecke in der Ebene von 100 bis 500 m   30–40

Schmerzen ein- oder beidseitig nach Gehen einer Wegstrecke in der Ebene von 50 bis 100 m   50–60

Schmerzen ein- oder beidseitig nach Gehen einer Wegstrecke in der Ebene von weniger als 50 m ohne Ruheschmerz   70–80

Schmerzen nach Gehen einer Wegstrecke unter 50 m mit Ruheschmerz (Stadium III) einschließlich trophischer Störungen (Stadium IV)

einseitig   80

beidseitig   90–100

Apparative Messmethoden (z.B. Dopplerdruck) können nur eine allgemeine Orientierung über den Schweregrad abgeben.

Bei Arterienverschlüssen an den Armen wird der GdS ebenfalls durch das Ausmaß der Beschwerden und Funktionseinschränkungen – im Vergleich mit anderen Schäden an den Armen – bestimmt.

9.2.2 Nach größeren gefäßchirurgischen Eingriffen (z.B. Prothesenimplantation) mit vollständiger Kompensation einschließlich

Dauerbehandlung mit Antikoagulantien   20

Arteriovenöse Fisteln

Der GdS richtet sich nach den hämodynamischen Auswirkungen am Herzen und/oder in der Peripherie.

Aneurysmen (je nach Sitz und Größe)

ohne lokale Funktionsstörung und ohne Einschränkung der Belastbarkeit 0–10

ohne oder mit nur geringer lokaler Funktionsstörung mit Einschränkung der Belastbarkeit 20–40

große Aneurysmen .... wenigstens 50
Hierzu gehören immer die dissezierenden Aneurysmen der Aorta und die großen Aneurysmen der Aorta abdominalis und der großen Beckenarterien.

9.2.3 Unkomplizierte Krampfadern 0

Chronischvenöse Insuffizienz (z.B. bei Krampfadern), postthrombotisches Syndrom ein- oder beidseitig

mit geringem belastungsabhängigem Ödem, nicht ulzerösen Hautveränderungen, ohne wesentliche Stauungsbeschwerden 0–10

mit erheblicher Ödembildung, häufig (mehrmals im Jahr) rezidivierenden Entzündungen 20–30

mit chronischen rezidivierenden Geschwüren, je nach Ausdehnung und Häufigkeit (einschließlich arthrogenes Stauungssyndrom) 30–50

Lymphödem

an einer Gliedmaße ohne wesentliche Funktionsbehinderung, Erfordernis einer Kompressionsbandage 0–10

mit stärkerer Umfangsvermehrung (mehr als 3 cm) je nach Funktionseinschränkung 20–40

mit erheblicher Beeinträchtigung der Gebrauchsfähigkeit der betroffenen Gliedmaße, je nach Ausmaß 50–70

bei Gebrauchsunfähigkeit der ganzen Gliedmaße 80

Entstellungen bei sehr ausgeprägten Formen sind ggf. zusätzlich zu berücksichtigen.

9.3 Hypertonie (Bluthochdruck)

leichte Form
keine oder geringe Leistungsbeeinträchtigung (höchstens leichte Augenhintergrundveränderungen) 0–10

mittelschwere Form
mit Organbeteiligung leichten bis mittleren Grades (Augenhintergrundveränderungen – Fundus hypertonicus I-II – und/oder Linkshypertrophie des Herzens und/oder Proteinurie), diastolischer Blutdruck mehrfach über 100 mm Hg trotz Behandlung, je nach Leistungsbeeinträchtigung 20–40

schwere Form 50–100

mit Beteiligung mehrerer Organe (schwere Augenhintergrundveränderungen und Beeinträchtigung der Herzfunktion, der Nierenfunktion und/oder der Hirndurchblutung) je nach Art und Ausmaß der Leistungsbeeinträchtigung ....

maligne Form

diastolischer Blutdruck konstant über 130 mm Hg; Fundus hypertonicus III-IV (Papillenödem, Venenstauung, Exsudate, Blutungen, schwerste arterielle Gefäßveränderungen); unter Einschluss der Organbeteiligung (Herz, Nieren, Gehirn) 100

Funktionelle kardiovaskuläre Syndrome, (z.B. orthostatische Fehlregulation)

mit leichten Beschwerden 0

mit stärkeren Beschwerden und Kollapsneigung 10–20

10. Verdauungsorgane

10.1 Speiseröhrenkrankheiten

Traktionsdivertikel je nach Größe und Beschwerden 0–10

Pulsionsdivertikel

ohne wesentliche Behinderung der Nahrungsaufnahme je nach Größe und Beschwerden 0–10

mit erheblicher Behinderung der Nahrungsaufnahme je nach Auswirkung auf den Allgemeinzustand 20–40

Funktionelle Stenosen der Speiseröhre (Ösophagospasmus, Achalasie)

ohne wesentliche Behinderung der Nahrungsaufnahme 0–10

mit deutlicher Behinderung der Nahrungsaufnahme 20–40

mit erheblicher Beeinträchtigung des Kräfte- und Ernährungszustandes, häufige Aspiration 50–70

Auswirkungen auf Nachbarorgane (z.B. durch Aspiration) sind zusätzlich zu bewerten.

Organische Stenose der Speiseröhre (z.B. angeboren, nach Laugenverätzung, Narbenstenose, peptische Striktur)

ohne wesentliche Behinderung der Nahrungsaufnahme je nach Größe und Beschwerden 0–10

mit deutlicher Behinderung der Nahrungsaufnahme je nach Auswirkung (Einschränkung der Kostform, verlängerte Essdauer) 20–40

mit erheblicher Beeinträchtigung des Kräfte- und Ernährungszustandes 50–70

Refluxkrankheit der Speiseröhre

mit anhaltenden Refluxbeschwerden je nach Ausmaß 10–30

Auswirkungen auf Nachbarorgane sind zusätzlich zu bewerten.

Nach Entfernung eines malignen Speiseröhrentumors ist in den ersten fünf Jahren eine Heilungsbewährung abzuwarten. GdS während dieser Zeit

je nach Beeinträchtigung des Kräfte- und Ernährungszustandes 80–100

Speiseröhrenersatz

Der GdS ist nach den Auswirkungen (z.B. Schluckstörungen, Reflux, Narben) jedoch nicht unter 20 zu bewerten.

10.2 Magen- und Darmkrankheiten

Bei organischen und funktionellen Krankheiten des Magen-Darmkanals ist der GdS nach dem Grad der Beeinträchtigung des Allgemeinzustandes, der Schwere der Organstörung und nach der Notwendigkeit besonderer Diätkost zu beurteilen. Bei allergisch bedingten Krankheiten ist auch die Vermeidbarkeit der Allergene von Bedeutung.

10.2.1 Magen- oder Zwölffingerdarmgeschwürsleiden (chronisch rezidivierende Geschwüre, Intervallbeschwerden)

mit Rezidiven in Abständen von zwei bis drei Jahren 0–10

mit häufigeren Rezidiven und Beeinträchtigung des Ernährungs- und Kräftezustandes 20–30

mit erheblichen Komplikationen (z.B. Magenausgangsstenose) und andauernder erheblicher Minderung des Ernährungs- und Kräftezustandes 40–50

Nach einer selektiven proximalen Vagotomie kommt ein GdS nur in Betracht, wenn postoperative Darmstörungen oder noch Auswirkungen des Grundleidens vorliegen.

Chronische Gastritis (histologisch gesicherte Veränderung der Magenschleimhaut) 0–10

Reizmagen (funktionelle Dyspepsie) 0–10

Teilentfernung des Magens, Gastroenterostomie

mit guter Funktion, je nach Beschwerden 0–10

mit anhaltenden Beschwerden (z.B. Dumping-Syndrom, rezidivierendes Ulcus jejuni pepticum) 20–40

Totalentfernung des Magens

ohne Beeinträchtigung des Kräfte- und Ernährungszustandes je nach Beschwerden 20–30

bei Beeinträchtigung des Kräfte- und Ernährungszustandes und/oder Komplikationen (z.B. Dumping-Syndrom) 40–50

Nach Entfernung eines malignen Magentumors ist eine Heilungsbewährung abzuwarten.

GdS während einer Heilungsbewährung von zwei Jahren nach Entfernung eines Magenfrühkarzinoms 50

GdS während einer Heilungsbewährung von fünf Jahren nach Entfernung aller anderen malignen Magentumoren je nach Stadium und Auswirkung auf den Allgemeinzustand 80–100

10.2.2 Chronische Darmstörungen (irritabler Darm, Divertikulose, Divertikulitis, Darmteilresektion)

ohne wesentliche Beschwerden und Auswirkungen .... 0–10 mit stärkeren und häufig rezidivierenden oder anhaltenden Symptomen (z.B. Durchfälle, Spasmen) 20–30

mit erheblicher Minderung des Kräfte- und Ernährungszustandes ... 40–50

Angeborene Motilitätsstörungen des Darmes (z.B. Hirschsprung-Krankheit, neuronale Dysplasie)

ohne wesentliche Gedeih- und Entwicklungsstörung 10–20

mit geringer Gedeih- und Entwicklungsstörung 30–40

mit mittelgradiger Gedeih- und Entwicklungsstörung 50

mit schwerer Gedeih- und Entwicklungsstörung 60–70

Kurzdarmsyndrom im Kindesalter

mit mittelschwerer Gedeih- und Entwicklungsstörung 50–60

mit schwerer Gedeih- und Entwicklungsstörung (z.B. Notwendigkeit künstlicher Ernährung) 70–100

Colitis ulcerosa, Crohn-Krankheit (Enteritis regionalis)

mit geringer Auswirkung (geringe Beschwerden, keine oder geringe Beeinträchtigung des Kräfte- und Ernährungszustandes, selten Durchfälle) 10–20

mit mittelschwerer Auswirkung (häufig rezidivierende oder länger anhaltende Beschwerden, geringe bis mittelschwere Beeinträchtigung des Kräfte- und Ernährungszustandes, häufiger Durchfälle) 30–40

mit schwerer Auswirkung (anhaltende oder häufig rezidivierende erhebliche Beschwerden, erhebliche Beeinträchtigung des Kräfte- und Ernährungszustandes, häufige, tägliche, auch nächtliche Durchfälle) 50–60

mit schwerster Auswirkung (häufig rezidivierende oder anhaltende schwere Beschwerden, schwere Beeinträchtigung des Kräfte- und Ernährungszustandes, ausgeprägte Anämie) 70–80

Fisteln, Stenosen, postoperative Folgezustände (z.B. Kurzdarmsyndrom, Stomakomplikationen), extraintestinale Manifestationen (z.B. Arthritiden), bei Kindern auch Wachstums- und Entwicklungsstörungen, sind zusätzlich zu bewerten.

Zöliakie, Sprue

ohne wesentliche Folgeerscheinungen unter diätetischer Therapie ... 20

bei andauerndem, ungenügendem Ansprechen auf glutenfreie Kost (selten) sind – je nach Beeinträchtigung des Kräfte- und Ernährungszustands – höhere Werte angemessen.

Nach Entfernung maligner Darmtumoren ist eine Heilungsbewährung abzuwarten.

GdS während einer Heilungsbewährung von zwei Jahren

nach Entfernung eines malignen Darmtumors im Stadium (T1 bis T2) N0 M0 oder von lokalisierten Darmkarzinoiden 50

mit künstlichem After (nicht nur vorübergehend angelegt) 70–80

GdS während einer Heilungsbewährung von fünf Jahren

nach Entfernung anderer maligner Darmtumoren .... wenigstens 80

mit künstlichem After (nicht nur vorübergehend angelegt)   100

10.2.3 Bauchfellverwachsungen

ohne wesentliche Auswirkung   0–10

mit erheblichen Passagestörungen   20–30

mit häufiger rezidivierenden Ileuserscheinungen   40–50

10.2.4 Hämorrhoiden

ohne erhebliche Beschwerden, geringe Blutungsneigung   0–10

mit häufigen rezidivierenden Entzündungen, Thrombosierungen
oder stärkeren Blutungen   20

Mastdarmvorfall

klein, reponierbar   0–10

sonst   20–40

Afterschließmuskelschwäche

mit seltenem, nur unter besonderen Belastungen auftretendem, un-
willkürlichem Stuhlabgang   10

sonst   20–40

Funktionsverlust des Afterschließmuskels .... wenigstens 50

Fistel in der Umgebung des Afters

geringe, nicht ständige Sekretion   10

sonst   20–30

Künstlicher After

mit guter Versorgungsmöglichkeit   50

sonst (z.B. bei Bauchwandhernie, Stenose, Retraktion, Prolaps,
Narben, ungünstige Position)   60–80

Bei ausgedehntem Mastdarmvorfall, künstlichem After oder stark sezernieren-
den Kotfisteln, die zu starker Verschmutzung führen, sind ggf. außergewöhnliche seelische Begleiterscheinungen zusätzlich zu berücksichtigen.

10.3 Krankheiten der Leber, Gallenwege und Bauchspeicheldrüse

Der GdS für Krankheiten der Leber, der Gallenwege und der Bauchspeicheldrüse wird bestimmt durch die Art und Schwere der Organveränderungen
sowie der Funktionseinbußen, durch das Ausmaß der Beschwerden, die Beeinträchtigung des Allgemeinzustandes und die Notwendigkeit einer besonderen
Kostform. Der serologische Nachweis von Antikörpern als Nachweis einer
durchgemachten Infektion (Seronarbe) rechtfertigt allein noch keinen GdS.

10.3.1 Chronische Hepatitis

Unter dem Begriff „chronische Hepatitis" werden alle chronischen Verlaufsformen von Hepatitiden zusammengefasst (früher: „chronische Hepatitis ohne
Progression" <chronischpersistierende Hepatitis> und „chronische Hepatitis

mit Progression" <chronisch aktive Hepatitis>). Dazu gehören insbesondere die Virus-, die Autoimmun-, die Arzneimittel- und die kryptogene Hepatitis.

Die gutachtliche Beurteilung einer chronischen Hepatitis beruht auf dem klinischen Befund einschließlich funktionsrelevanter Laborparameter, auf der Ätiologie sowie auf dem histopathologischen Nachweis des Grades der nekroinflammatorischen Aktivität (Grading) und des Stadiums der Fibrose (Staging). Zusätzlich sind engmaschige Verlaufskontrollen und die Beachtung der Differentialdiagnose erforderlich. Dies gilt auch für geltend gemachte Verschlimmerungen im Leidensverlauf. Der GdS und die Leidensbezeichnung ergeben sich aus der nachfolgenden Tabelle, wobei bereits übliche Befindlichkeitsstörungen – nicht aber extrahepatische Manifestationen – berücksichtigt sind.

Chronische Hepatitis

ohne (klinisch-) entzündliche Aktivität 20
ehemals: chronische Hepatitis ohne Progressio
mit geringer (klinisch-) entzündlicher Aktivität 30
ehemals: chronische Hepatitis mit Progression, gering entzündliche Aktivität
mit mäßiger (klinisch-) entzündlicher Aktivität 40
ehemals: chronische Hepatitis mit Progression, mäßig entzündliche Aktivität
mit starker (klinisch-) entzündlicher Aktivität
ehemals: chronische Hepatitis mit Progression, stark entzündliche Aktivität
je nach Funktionsstörung 50–70
Alleinige Virus-Replikation („gesunder Virusträger") 10
bei Hepatitis-C-Virus nur nach histologischem Ausschluss einer Hepatitis.

Bei Vorliegen eines histologischen Befundes gelten für die Virus-Hepatitiden folgende Besonderheiten:

Die histopathologische Bewertung der chronischen Virushepatitis umfasst die nekroinflammatorische Aktivität (Grading) und den Grad der Fibrose (Staging). Der GdS ergibt sich aus folgender Tabelle, wobei die genannten GdS-Werte die üblichen klinischen Auswirkungen mit umfassen.

nekroinflammatorische Aktivität	Fibrose		
	null – gering	mäßig	stark
gering	20	20	30
mäßig	30	40	40
stark	50	60	70

Anmerkung:

Die Auswertung des histologischen Befundes soll sich an dem modifizierten histologischen Aktivitätsindex (HAI) ausrichten. Eine geringe nekroinflammatorische Aktivität entspricht einer Punktzahl von 1 bis 5, eine mäßige nekroinflammatorische Aktivität einer Punktzahl von 6 bis 10 und eine starke nekroinflammatorische Aktivität einer Punktzahl von 11 bis 18. Eine fehlende bzw.

geringe Fibrose entspricht einer Punktzahl 0 bis 2, eine mäßige Fibrose der Punktzahl 3 und eine starke Fibrose einer Punktzahl von 4 bis 5.

Für die Virushepatitis C gelten bei fehlender Histologie im Hinblick auf die chemischen Laborparameter folgende Besonderheiten:

ALAT-/GPT-Werte im Referenzbereich entsprechen bei nachgewiesener Hepatitis-C-Virus-Replikation einer chronischen Hepatitis ohne (klinisch-) entzündliche Aktivität.

ALAT-/GPT-Werte bis zum 3-fachen der oberen Grenze des Referenzbereichs entsprechen einer geringen (klinisch-) entzündlichen Aktivität

ALAT-/GPT-Werte vom 3-fachen bis zum 6-fachen der oberen Grenze des Referenzbereichs entsprechen einer mäßigen (klinisch-) entzündlichen Aktivität

ALAT-/GPT-Werte von mehr als dem 6-fachen der oberen Grenze des Referenzbereichs entsprechen einer starken (klinisch-) entzündlichen Aktivität

Diese Bewertungen sind nur zulässig, wenn sie sich in das klinische Gesamtbild des bisherigen Verlaufs einfügen.

10.3.2 Fibrose der Leber ohne Komplikationen 0–10

Leberzirrhose

kompensiert

inaktiv 30

gering aktiv 40

stärker aktiv 50

dekompensiert (Aszites, portale Stauung, hepatische Enzephalo-
pathie) 60–100

10.3.3 Fettleber (auch nutritiv-toxisch) ohne Mesenchymreaktion 0–10

Toxischer Leberschaden

Der GdS ist je nach Aktivität und Verlauf analog zur chronischen Hepatitis oder Leberzirrhose zu beurteilen.

Zirkulatorische Störungen der Leber (z.B. Pfortaderthrombose)

Der GdS ist analog zur dekompensierten Leberzirrhose zu beurteilen.

Nach Leberteilresektion ist der GdS allein davon abhängig, ob und wieweit Funktionsbeeinträchtigungen verblieben sind.

10.3.4 Nach Entfernung eines malignen primären Lebertumors ist in den ersten fünf Jahren eine Heilungsbewährung abzuwarten; GdS während dieser Zeit 100

Nach Lebertransplantation ist eine Heilungsbewährung abzuwarten (im Allgemeinen zwei Jahre); GdS während dieser Zeit 100. Danach selbst bei günstigem Heilungsverlauf unter Berücksichtigung der erforderlichen Immunsuppression wenigstens 60

10.3.5 Primäre biliäre Zirrhose, primäre sklerosierende Cholangitis

GdS ist je nach Aktivität und Verlauf analog zur chronischen Hepatitis oder Leberzirrhose zu beurteilen.

Gallenblasen- und Gallenwegskrankheiten (Steinleiden, chronisch rezidivierende Entzündungen)

    mit Koliken in Abständen von mehreren Monaten, Entzündungen in Abständen von Jahren 0–10

    mit häufigeren Koliken und Entzündungen sowie mit Intervallbeschwerden 20–30

    mit langanhaltenden Entzündungen oder mit Komplikationen 40–50

Angeborene intra- und extrahepatische Transportstörungen der Galle (z.B. intra-, extrahepatische Gallengangsatresie), metabolische Defekte (z.B. Meulengracht-Krankheit)

    ohne Funktionsstörungen, ohne Beschwerden 0–10

    mit Beschwerden (Koliken, Fettunverträglichkeit, Juckreiz),

    ohne Leberzirrhose 20–40

    mit Leberzirrhose 50

    mit dekompensierter Leberzirrhose 60–100

    Folgezustände sind zusätzlich zu bewerten.

Verlust der Gallenblase ohne wesentliche Störungen 0

bei fortbestehenden Beschwerden wie bei Gallenwegskrankheiten

Nach Entfernung eines malignen Gallenblasen-, Gallenwegs- oder Papillentumors ist in den ersten fünf Jahren eine Heilungsbewährung abzuwarten; GdS während dieser Zeit

    bei Gallenblasen- und Gallenwegstumor 100

    bei Papillentumor 80

10.3.6 Chronische Krankheit der Bauchspeicheldrüse (exkretorische Funktion) je nach Auswirkung auf den Allgemeinzustand, Häufigkeit und Ausmaß der Schmerzen

    ohne wesentlichen Beschwerden, keine Beeinträchtigung des Kräfte- und Ernährungszustandes 0–10

    geringe bis erhebliche Beschwerden, geringe bis mäßige Beeinträchtigung des Kräfte- und Ernährungszustandes 20–40

    starke Beschwerden, Fettstühle, deutliche bis ausgeprägte Herabsetzung des Kräfte- und Ernährungszustandes 50–80

Nach teilweiser oder vollständiger Entfernung der Bauchspeicheldrüse sind ggf. weitere Funktionsbeeinträchtigungen (z.B. bei Diabetes mellitus, Osteopathie, oder infolge chronischer Entzündungen der Gallenwege, Magenteilentfernung und Milzverlust) zusätzlich zu berücksichtigen.

Nach Entfernung eines malignen Bauchspeicheldrüsentumors ist in den ersten fünf Jahren eine Heilungsbewährung abzuwarten; GdS während dieser Zeit 100.

11. Brüche (Hernien)

<u>11.1</u> Leisten- oder Schenkelbruch je nach Größe und Reponierbarkeit

ein- oder beidseitig 0–10

bei erheblicher Einschränkung der Belastungsfähigkeit 20

<u>11.2</u> Nabelbruch oder Bruch in der weißen Linie ....: 0–10

Bauchnarbenbruch, angeborene Bauchwandbrüche und -defekte

ohne wesentliche Beeinträchtigung, je nach Größe 0–10

mit ausgedehnter Bauchwandschwäche und fehlender oder stark
eingeschränkter Bauchpresse 20

mit Beeinträchtigung der Bauchorgane bei Passagestörungen ohne
erhebliche Komplikationen 20–30

bei häufigen rezidivierenden Ileuserscheinungen 40–50

Bei schweren angeborenen Bauchwanddefekten mit entspechender Beeinträchtigung der Bauch- und Brustorgane kommt auch ein höherer GdS in Betracht.

<u>11.3</u> Zwerchfellbrüche (einschl. Zwerchfellrelaxation)

Speiseröhrengleithernie 0–10

andere kleine Zwerchfellbrüche ohne wesentliche Funktionsstörung 0–10

größere Zwerchfellbrüche je nach Funktionsstörung 20–30

Komplikationen sind zusätzlich zu bewerten.

Angeborene Zwerchfelldefekte mit Verlagerung von inneren Organen in den Brustkorb und Minderentwicklung von Lungengewebe

mit geringer Einschränkung der Lungenfunktion 40

sonst je nach Funktionsbeeinträchtigung der betroffenen Organe 50–100

12. Harnorgane

Die Beurteilung des GdS bei Schäden der Harnorgane richtet sich nach dem Ausmaß der Störungen der inkretorischen und exkretorischen Nierenfunktion und/oder des Harntransportes, das durch spezielle Untersuchungen zu erfassen ist.

Daneben sind die Beteiligung anderer Organe (z.B. Herz/Kreislauf, Zentralnervensystem, Skelettsystem), die Aktivität eines Entzündungsprozesses, die Auswirkungen auf den Allgemeinzustand und die notwendige Beschränkung in der Lebensführung zu berücksichtigen.

Unter dem im Folgenden verwendeten Begriff „Funktionseinschränkung der Nieren" ist die Retention harnpflichtiger Substanzen zu verstehen.

<u>12.1</u> Nierenschäden

<u>12.1.1</u> Verlust, Ausfall oder Fehlen einer Niere bei Gesundheit der
anderen Niere 25

Verlust, Ausfall oder Fehlen einer Niere bei Schaden der anderen
Niere, ohne Einschränkung der Nierenfunktion, mit krankhaftem
Harnbefund 30

Nierenfehlbildung (z.B. Erweiterung des Nierenhohlsystems bei Ureterabgangsstenose, Nierenhypoplasie, Zystennieren, Nierenzysten, Beckenniere), Nephroptose

ohne wesentliche Beschwerden und ohne Funktionseinschränkung	0–10
mit wesentlichen Beschwerden und ohne Funktionseinschränkung	20–30

Nierensteinleiden ohne Funktionseinschränkung der Niere

mit Koliken in Abständen von mehreren Monaten	0–10
mit häufigeren Koliken, Intervallbeschwerden und wiederholten Harnwegsinfekten	20–30

Nierenschäden ohne Einschränkung der Nierenfunktion (z.B. Glomerulopathien, tubulointerstitielle Nephropathien, vaskuläre Nephropathien), ohne Beschwerden, mit krankhaftem Harnbefund (Eiweiß und/oder Erythrozyten- bzw. Leukozytenausscheidung) 0–10

12.1.2 Nierenschäden ohne Einschränkung der Nierenfunktion, mit Beschwerden

rezidivierende Makrohämaturie, je nach Häufigkeit 10–30

Nephrotisches Syndrom

kompensiert (keine Ödeme)	20–30
dekompensiert (mit Ödemen)	40–50
bei Systemerkrankungen mit Notwendigkeit einer immunsuppressiven Behandlung	50

12.1.3 Nierenschäden mit Einschränkung der Nierenfunktion

Eine geringfügige Einschränkung der Kreatininclearance auf 50–80 ml/min bei im Normbereich liegenden Serumkreatininwerten bedingt keinen messbaren GdS.

Nierenfunktionseinschränkung

leichten Grades
(Serumkreatininwerte unter 2 mg/dl [Kreatininclearance ca. 35–50 ml/min], Allgemeinbefinden nicht oder nicht wesentlich reduziert, keine Einschränkung der Leistungsfähigkeit) 20–30

(Serumkreatininwerte andauernd zwischen 2 und 4 mg/dl erhöht, Allgemeinbefinden wenig reduziert, leichte Einschränkung der Leistungsfähigkeit) 40

mittleren Grades
(Serumkreatininwerte andauernd zwischen 4 und 8 mg/dl erhöht, Allgemeinbefinden stärker beeinträchtigt, mäßige Einschränkung der Leistungsfähigkeit) 50–70

schweren Grades
(Serumkreatininwerte dauernd über 8 mg/dl, Allgemeinbefinden stark gestört, starke Einschränkung der Leistungsfähigkeit, bei Kindern keine normalen Schulleistungen mehr) 80–100

Verlust, Ausfall oder Fehlen einer Niere mit Funktionseinschränkung der anderen Niere leichten Grades 40–50

mittleren Grades 60–80

schweren Grades 90–100

Notwendigkeit der Dauerbehandlung mit Blutreinigungsverfahren

(z.B. Hämodialyse, Peritonealdialyse) 100

Bei allen Nierenschäden mit Funktionseinschränkungen sind Sekundärleiden (z.B. Hypertonie, ausgeprägte Anämie [Hb-Wert unter 8 g/dl], Polyneuropathie, Osteopathie) zusätzlich zu bewerten.

12.1.4 Nach Nierentransplantation ist eine Heilungsbewährung abzuwarten (im Allgemeinen zwei Jahre); während dieser Zeit ist ein GdS von 100 anzusetzen. Danach ist der GdS entscheidend abhängig von der verbliebenen Funktionsstörung; unter Mitberücksichtigung der erforderlichen Immunsuppression ist jedoch der GdS nicht niedriger als 50 zu bewerten.

Nach Entfernung eines malignen Nierentumors oder Nierenbeckentumors ist eine Heilungsbewährung abzuwarten.

GdS während einer Heilungsbewährung von zwei Jahren

nach Entfernung eines Nierenzellkarzinoms (Hypernephrom) im Stadium T1 N0 M0 (Grading G1) 50

nach Entfernung eines Nierenbeckentumors im Stadium Ta N0 M0 (Grading G1) 50

GdS während einer Heilungsbewährung von fünf Jahren
nach Entfernung eines Nierenzellkarzinoms (Hypernephrom)

im Stadium (T1 [Grading ab G2], T2) N0 M0 60

in höheren Stadien .... wenigstens 80

nach Entfernung eines Nierenbeckentumors

im Stadium (T1 bis T2) N0 M0 60

in höheren Stadien .... wenigstens 80

nach Entfernung eines Nephroblastoms

im Stadium I und II 60

in höheren Stadien .... wenigstens 80

12.2 Schäden der Harnwege

12.2.1 Chronische Harnwegsentzündungen (insbesondere chronische Harnblasenentzündung)

leichten Grades (ohne wesentliche Miktionsstörungen) 0–10

stärkeren Grades (mit erheblichen und häufigen Miktionsstörungen) ... 20–40

chronische Harnblasenentzündung mit Schrumpfblase (Fassungsvermögen unter 100 ml, Blasentenesmen) 50–70

12.2.2 Bei Entleerungsstörungen der Blase (auch durch Harnröhrenverengung) sind Begleiterscheinungen (z.B. Hautschäden, Harnwegsentzündungen) ggf. zusätzlich zu bewerten.

Entleerungsstörungen der Blase

leichten Grades (z.B. geringe Restharnbildung, längeres Nachträufeln) 10

stärkeren Grades (z.B. Notwendigkeit manueller Entleerung, Anwendung eines Blasenschrittmachers, erhebliche Restharnbildung, schmerzhaftes Harnlassen) 20–40

mit Notwendigkeit regelmäßigen Katheterisierens, eines Dauerkatheters, eines suprapubischen Blasenfistelkatheters oder Notwendigkeit eines Urinals, ohne wesentliche Begleiterscheinungen 50

12.2.3 Nach Entfernung eines malignen Blasentumors ist eine Heilungsbewährung abzuwarten.

GdS während einer Heilungsbewährung von zwei Jahren

nach Entfernung des Tumors im Frühstadium unter Belassung der Harnblase (Ta bis T1) N0 M0, Grading G1 50

GdS während einer Heilungsbewährung von fünf Jahren

nach Entfernung im Stadium Tis oder T1 (Grading ab G2) 50

nach Entfernung in den Stadien (T2 bis T3a) N0 M0 60

mit Blasenentfernung einschließlich künstlicher Harnableitung 80

nach Entfernung in höheren Stadien 100

12.2.4 Harninkontinenz

relative

leichter Harnabgang bei Belastung (z.B. Stressinkontinenz Grad I) 0–10

Harnabgang tags und nachts (z.B. Stressinkontinenz Grad II-III) ... 20–40

völlige Harninkontinenz 50

bei ungünstiger Versorgungsmöglichkeit 60–70

nach Implantation einer Sphinkterprothese mit guter Funktion 20

Harnröhren-Hautfistel der vorderen Harnröhre bei Harnkontinenz 10

Harnweg-Darmfistel bei Analkontinenz, je nach Luft- und Stuhlentleerung über die Harnröhre 30–50

Künstliche Harnableitung (ohne Nierenfunktionsstörung)

in den Darm 30

nach außen

mit guter Versorgungsmöglichkeit 50

sonst (z.B. bei Stenose, Retraktion, Abdichtungsproblemen) 60–80

Darmneoblase mit ausreichendem Fassungsvermögen, ohne Harnstau, ohne wesentliche Entleerungsstörungen 30

13. Männliche Geschlechtsorgane

13.1 Verlust des Penis 50

Teilverlust des Penis

Teilverlust der Eichel	10
Verlust der Eichel	20
Sonst	30–40

Nach Entfernung eines malignen Penistumors ist in den ersten fünf Jahren eine Heilungsbewährung abzuwarten; GdS während dieser Zeit nach Entfernung im Frühstadium (T1 bis T2) N0 M0

bei Teilverlust des Penis	50
bei Verlust des Penis	60
mit vollständiger Entfernung der Corpora cavernosa	80
nach Entfernung in höheren Stadien	90–100

13.2 Unterentwicklung, Verlust oder Schwund eines Hodens bei intaktem anderen Hoden 0

Unterentwicklung, Verlust oder vollständiger Schwund beider Hoden

in höherem Lebensalter (etwa ab 8. Lebensjahrzehnt)	10
sonst je nach Ausgleichbarkeit des Hormonhaushalts durch Substitution	20–30
vor Abschluss der körperlichen Entwicklung	20–40
Verlust oder Schwund eines Nebenhodens	0

Verlust oder vollständiger Schwund beider Nebenhoden und/oder Zeugungsunfähigkeit (Impotentia generandi) 0

in jüngerem Lebensalter bei noch bestehendem Kinderwunsch	20
Impotentia coeundi bei nachgewiesener erfolgloser Behandlung	20

13.3 Hydrozele (sog. Wasserbruch)	0–10
Varikozele (sog. Krampfaderbruch)	0–10

13.4 Nach Entfernung eines malignen Hodentumors ist eine Heilungsbewährung abzuwarten.

GdS während einer Heilungsbewährung von zwei Jahren

nach Entfernung eines Seminoms oder nichtseminomatösen Tumors im Stadium (T1 bis T2) N0 M0	50

GdS während einer Heilungsbewährung von fünf Jahren

nach Entfernung eines Seminoms im Stadium (T1 bis T2) N1 M0 bzw. T3 N0 M0	50
nach Entfernung eines nichtseminomatösen Tumors im Stadium (T1 bis T2) N1 M0 bzw. T3 N0 M0	60
in höheren Stadien	80

13.5 Chronische bakterielle Entzündung der Vorsteherdrüse oder abakterielle Prostatopathie

ohne wesentliche Miktionsstörung	0–10
mit andauernden Miktionsstörungen und Schmerzen	20

Prostataadenom

Der GdS richtet sich nach den Harnentleerungsstörungen und der Rück-
wirkung auf die Nierenfunktion.

13.6 Nach Entfernung eines malignen Prostatatumors ist eine Heilungsbewährung abzuwarten.

GdS während einer Heilungsbewährung von zwei Jahren

nach Entfernung im Stadium T1a N0 M0 (Grading G1) 50

GdS während einer Heilungsbewährung von fünf Jahren

nach Entfernung in den Stadien T1a N0 M0 (Grading ab G2) und
(T1b bis T2) N0 M0 50

nach Entfernung in höheren Stadien .... wenigstens 80

Maligner Prostatatumor

ohne Notwendigkeit einer Behandlung 50

auf Dauer hormonbehandelt .... wenigstens 60

14. Weibliche Geschlechtsorgane

14.1 Verlust der Brust (Mastektomie)

einseitig 30

beidseitig 40

Segment- oder Quadrantenresektion der Brust 0–20

Funktionseinschränkungen im Schultergürtel, des Armes oder der Wirbelsäule
als Operations- oder Bestrahlungsfolgen (z.B. Lymphödem, Muskeldefekte,
Nervenläsionen, Fehlhaltung) sind ggf. zusätzlich zu berücksichtigen.

Aufbauplastik zur Wiederherstellung der Brust mit Prothese je nach Ergebnis
(z.B. Kapselfibrose, Dislokation der Prothese, Symmetrie)

nach Mastektomie

einseitig 10–30

beidseitig 20–40

nach subkutaner Mastektomie

einseitig 10–20

beidseitig 20–30

Nach Aufbauplastik zur Wiederherstellung der Brust mit Eigengewebe kommt
ein geringerer GdS in Betracht.

Nach Entfernung eines malignen Brustdrüsentumors ist in den ersten fünf
Jahren eine Heilungsbewährung abzuwarten.

GdS während dieser Zeit

bei Entfernung im Stadium (T1 bis T2) pN0 M0 50

bei Entfernung im Stadium (T1 bis T2) pN1 M0 60

in höheren Stadien .... wenigstens 80

Bedingen die Folgen der Operation und gegebenenfalls anderer Behandlungsmaßnahmen einen GdS von 50 oder mehr, ist der während der Heilungsbewährung anzusetzende GdS entsprechend höher zu bewerten.

Nach Entfernung eines Carcinoma in situ der Brustdrüse ist in den ersten zwei Jahren eine Heilungsbewährung abzuwarten. Der GdS beträgt während dieser Zeit 50.

14.2 Verlust der Gebärmutter und/oder Sterilität 0

in jüngerem Lebensalter bei noch bestehendem Kinderwunsch 20

Nach Entfernung eines malignen Gebärmuttertumors ist eine Heilungsbewährung abzuwarten.

GdS während einer Heilungsbewährung von zwei Jahren

nach Entfernung eines Zervixtumors (Mikrokarzinom) im Stadium T1a N0 M0 50

nach Entfernung eines Korpustumors im Frühstadium (Grading G1, Infiltration höchstens des inneren Drittels des Myometrium) 50

GdS während einer Heilungsbewährung von fünf Jahren
nach Entfernung eines Zervixtumors

im Stadium (T1b bis T2a) N0 M0 50

im Stadium T2b N0 M0 60

in höheren Stadien 80

nach Entfernung eines Korpustumors

im Stadium T1 N0 M0 (Grading ab G2, Infiltration über das innere Drittel des Myometrium hinaus) 50

im Stadium T2 N0 M0 60

in höheren Stadien 80

14.3 Verlust eines Eierstockes 0

Unterentwicklung, Verlust oder Ausfall beider Eierstöcke, ohne Kinderwunsch und ohne wesentliche Auswirkung auf

den Hormonhaushalt – immer in der Postmenopause 10

im jüngeren Lebensalter bei noch bestehendem Kinderwunsch oder bei unzureichender Ausgleichbarkeit des Hormonausfalls durch Substitution 20–30

vor Abschluss der körperlichen Entwicklung je nach Ausgleichbarkeit des Hormonausfalls 20–40

Endokrin bedingte Funktionsstörungen der Eierstöcke sind gut behandelbar, so dass im Allgemeinen anhaltende Beeinträchtigungen nicht zu erwarten sind. Selten auftretende Komplikationen (z.B. Sterilität, abnormer Haarwuchs) sind gesondert zu beurteilen.

Nach Entfernung eines malignen Eierstocktumors ist in den ersten fünf Jahren eine Heilungsbewährung abzuwarten; GdS während dieser Zeit

nach Entfernung im Stadium T1 N0 M0 50

in anderen Stadien 80

14.4 Chronischer oder chronisch-rezidivierender entzündlicher Prozess der Adnexe und/oder der Parametrien je nach Art, Umfang und Kombination der

Auswirkungen (z.B. Adhäsionsbeschwerden, chronische Schmerzen, Kohabitationsbeschwerden) 10–40

14.5 Endometriose

leichten Grades (geringe Ausdehnung, keine oder nur geringe Beschwerden) 0–10

mittleren Grades 20–40

schweren Grades (z.B. Übergreifen auf die Nachbarorgane, starke Beschwerden, erhebliche Beeinträchtigung des Allgemeinzustandes, Sterilität) 50–60

14.6 Scheidenfisteln

Harnweg-Scheidenfistel 50–60

Mastdarm-Scheidenfistel 60–70

Harnweg-Mastdarm-Scheidenfistel (Kloakenbildung) 100

Fisteln mit geringer funktioneller Beeinträchtigung sind entsprechend niedriger zu bewerten.

Senkung der Scheidenwand, Vorfall der Scheide und/oder der Gebärmutter

ohne Harninkontinenz oder mit geringer Stressinkontinenz (Grad I) 0–10

mit stärkerer Harninkontinenz und/oder stärkeren Senkungsbeschwerden 20–40

mit völliger Harninkontinenz 50–60

bei ungünstiger Versorgungsmöglichkeit 70

Ulzerationen sind ggf. zusätzlich zu bewerten.

Isolierte Senkung der Scheidenhinterwand mit leichten Defäkationsstörungen 0–10

Scheiden-Gebärmutteraplasie, ohne Plastik, nach Vollendung des 14. Lebensjahres (einschließlich Sterilität) 40

Kraurosis vulvae

geringen Grades (keine oder nur geringe Beschwerden) 0–10

mäßigen Grades (erhebliche Beschwerden, keine Sekundärveränderungen) 20–30

stärkeren Grades (starke Beschwerden, therapeutisch schwer beeinflussbare Sekundärveränderungen) 40

Vollständige Entfernung der Vulva 40

Nach Beseitigung eines malignen Scheidentumors ist in den ersten fünf Jahren eine Heilungsbewährung abzuwarten; GdS während dieser Zeit

nach Beseitigung im Stadium T1 N0 M0 60

in höheren Stadien 80

Nach Entfernung eines malignen Tumors der äußeren Geschlechtsteile ist in den ersten fünf Jahren eine Heilungsbewährung abzuwarten; GdS während dieser Zeit

nach Entfernung im Stadium (T1 bis T2) N0 M0 50

sonst 80

15. Stoffwechsel, innere Sekretion

In diesem Abschnitt nicht erwähnte angeborene Stoffwechselstörungen sind analog und unter Berücksichtigung ihrer vielfältigen Auswirkungen zu beurteilen. Normabweichungen der Laborwerte bedingen für sich allein noch keinen GdS.

15.1 Zuckerkrankheit (Diabetes mellitus)

Die an Diabetes erkrankten Menschen, deren Therapie regelhaft keine Hypoglykämie auslösen kann und die somit in der Lebensführung kaum beeinträchtigt sind, erleiden auch durch den Therapieaufwand keine Teilhabebeeinträchtigung, die die Feststellung eines GdS rechtfertigt. Der GdS beträgt 0.

Die an Diabetes erkrankten Menschen, deren Therapie eine Hypoglykämie auslösen kann und die durch Einschnitte in der Lebensführung beeinträchtigt sind, erleiden durch den Therapieaufwand eine signifikante Teilhabebeeinträchtigung. Der GdS beträgt 20.

Die an Diabetes erkrankten Menschen, deren Therapie eine Hypoglykämie auslösen kann, die mindestens einmal täglich eine dokumentierte Überprüfung des Blutzuckers selbst durchführen müssen und durch weitere Einschnitte in der Lebensführung beeinträchtigt sind, erleiden je nach Ausmaß des Therapieaufwands und der Güte der Stoffwechseleinstellung eine stärkere Teilhabebeeinträchtigung. Der GdS beträgt 30 bis 40.

Die an Diabetes erkrankten Menschen, die eine Insulintherapie mit täglich mindestens vier Insulininjektionen durchführen, wobei die Insulindosis in Abhängigkeit vom aktuellen Blutzucker, der folgenden Mahlzeit und der körperlichen Belastung selbständig variiert werden muss, und durch erhebliche Einschnitte gravierend in der Lebensführung beeinträchtigt sind, erleiden auf Grund dieses Therapieaufwands eine ausgeprägte Teilhabebeeinträchtigung. Die Blutzuckerselbstmessungen und Insulindosen (beziehungsweise Insulingaben über die Insulinpumpe) müssen dokumentiert sein. Der GdS beträgt 50.

Außergewöhnlich schwer regulierbare Stoffwechsellagen können jeweils höhere GdSWerte bedingen.

15.2 Gicht
Bei der Beurteilung des GdS sind die Funktionseinschränkungen der betroffenen Gelenke, Schmerzen, Häufigkeit und Schwere der entzündlichen Schübe und eine Beteiligung der inneren Organe zu berücksichtigen.

15.3 Fettstoffwechselkrankheit
Der GdS ist grundsätzlich abhängig von dem Ausmaß der Folgekrankheiten.

Bei Notwendigkeit einer LDL-Apherese 30

Alimentäre Fettsucht, Adipositas
Die Adipositas allein bedingt keinen GdS. Nur Folge- und Begleitschäden (insbesondere am kardiopulmonalen System oder am Stütz- und Bewegungsapparat) können die Annahme eines GdS begründen. Gleiches gilt für die besonderen funktionellen Auswirkungen einer Adipositas permagna.

<u>15.4</u> Phenylketonurie
ohne fassbare Folgeerscheinungen

    im Kindesalter bis zur Vollendung des 16. Lebensjahres   30
    danach bei Notwendigkeit weiterer Diäteinnahme   10

Beim Vorliegen eines Hirnschadens ist der GdS vor allem vom Ausmaß der geistigen Behinderung und weiterer Folgen (z.B. hirnorganische Anfälle) abhängig.

<u>15.5</u> Mukoviszidose (zystische Fibrose)

    unter Therapie Aktivitäten, Gedeihen und Ernährung altersgemäß   20

    unter Therapie Aktivitäten und Lungenfunktion leicht eingeschränkt, Gedeihen und Ernährung noch altersgemäß   30–40

    Aktivitäten und Lungenfunktion deutlich eingeschränkt, häufig Gedeih- und Entwicklungsstörungen, Schulbesuch und Erwerbstätigkeit in der Regel noch möglich   50–70

    schwere bis schwerste Einschränkung der Aktivitäten, der Lungenfunktion und des Ernährungszustandes 80–100

    Folgekrankheiten (z.B. Diabetes mellitus, Impotenz, Leberzirrhose) sind ggf. zusätzlich zu berücksichtigen.

<u>15.6</u> Schilddrüsenkrankheiten
Schilddrüsenfunktionsstörungen sind gut behandelbar, so dass in der Regel anhaltende Beeinträchtigungen nicht zu erwarten sind. Selten auftretende Organkomplikationen (z.B. Exophthalmus, Trachealstenose) sind gesondert zu beurteilen. Bei der nicht operativ behandelten Struma richtet sich der GdS nach den funktionellen Auswirkungen.

Nach Entfernung eines malignen Schilddrüsentumors ist in den ersten fünf Jahren eine Heilungsbewährung abzuwarten; GdS während dieser Zeit

    nach Entfernung eines papillären oder follikulären Tumors, ohne Lymphknotenbefall   50

    sonst   80

Bedingt der nach der Entfernung verbliebene Organschaden einen GdS von 50 oder mehr, ist der während der Heilungsbewährung anzusetzende GdS entsprechend höher zu bewerten.

Tetanie
Sie ist gut behandelbar, so dass in der Regel dauernde Beeinträchtigungen nicht zu erwarten sind.

<u>15.7</u> Chronische Nebennierenrindeninsuffizienz (Addison-Syndrom)
Sie ist gut behandelbar, so dass in der Regel dauernde Beeinträchtigungen nicht zu erwarten sind. Selten auftretende Funktionsstörungen sind analogen funktionellen Beeinträchtigungen (z.B. orthostatische Fehlregulation) entsprechend zu beurteilen.

Cushing-Syndrom

Der GdS wird bestimmt von der Muskelschwäche und den Auswirkungen an den verschiedenen Organsystemen (Hypertonie, Herzinsuffizienz, Diabetes mellitus, Osteoporose, psychische Veränderungen).

15.8 Porphyrien

Erythropoetische Porphyrie (Günther-Krankheit) 100

Hepatische Porphyrien

    akut-intermittierende Porphyrie 30

    Porphyria cutanea tarda ohne wesentliche Beschwerden 10

Organkomplikationen sind jeweils zusätzlich zu berücksichtigen.

16. Blut, blutbildende Organe, Immunsystem

Die Höhe des GdS bei Krankheiten des Blutes, der blutbildenden Organe und des Immunsystems richtet sich nach der Schwere der hämatologischen Veränderungen, nach den Organfunktionsstörungen, nach den Rückwirkungen auf andere Organe, nach der Auswirkung auf den Allgemeinzustand und der Häufigkeit von Infektionen.

16.1 Verlust der Milz

    bei Verlust im frühen Kindesalter, dann bis zur Vollendung
    des 8. Lebensjahres 20

    danach oder bei späterem Verlust 10

16.2 Hodgkin-Krankheit

    im Stadium I bis IIIA

        bei mehr als sechs Monate andauernder Therapie, bis zum Ende
        der Intensiv-Therapie je nach Auswirkung auf den Allgemein-
        zustand 60–100

        nach Vollremission GdS für die Dauer von drei Jahren (Heilungs-
        bewährung) 50

    im Stadium IIIB und IV

        bis zum Ende der Intensiv-Therapie 100

        nach Vollremission GdS für die Dauer von drei Jahren (Heilungs-
        bewährung) 60

16.3 Non-Hodgkin-Lymphome

16.3.1 Chronische lymphatische Leukämie und andere generalisierte niedrig-maligne
Non-Hodgkin-Lymphome

    mit geringen Auswirkungen (keine wesentlichen Beschwerden, kei-
    ne Allgemeinsymptome, keine Behandlungsbedürftigkeit, keine we-
    sentliche Progredienz) 30–40

    mit mäßigen Auswirkungen (Behandlungsbedürftigkeit) 50–70

mit starken Auswirkungen, starke Progredienz (z.B. schwere Anämie, ausgeprägte Thrombozytopenie, rezidivierende Infektionen,
starke Milzvergrößerung) 80–100

Lokalisierte niedrigmaligne Non-Hodgkin-Lymphome

nach Vollremission (Beseitigung des Tumors) für die Dauer von drei
Jahren (Heilungsbewährung) 50

16.3.2 Hochmaligne Non-Hodgkin-Lymphome

bis zum Ende der Intensiv-Therapie 100

nach Vollremission GdS für die Dauer von drei Jahren (Heilungs-
bewährung) 80

16.4 Plasmozytom (Myelom)

mit geringen Auswirkungen (keine wesentliche Auswirkung auf den
Allgemeinzustand, keine Behandlungsbedürftigkeit, ohne Be-
schwerden, keine wesentliche Progredienz) 30–40

mit mäßigen Auswirkungen (Behandlungsbedürftigkeit) 50–70

mit starken Auswirkungen (z.B. schwere Anämie, starke Schmerzen,
Nierenfunktionseinschränkung) 80–100

16.5 Myeloproliferative und myelodysplastische/myeloproliferative Neoplasien
Auswirkungen auf andere Organsysteme sind zusätzlich zu bewerten.

16.5.1 Chronische myeloische Leukämie, BCR/ABL-positiv
Im Stadium der kompletten hämatologischen, kompletten zytogenetischen und
molekularen Remission beträgt der GdS 10–20.
Im Stadium der kompletten hämatologischen Remission je nach Ausmaß der
zytogenetischen Remission beträgt der GdS 30–40.
Im chronischen Stadium, auch bei Krankheitsbeginn (im ersten Jahr der Thera-
pie), bei fehlender Remission oder bei Rezidiv je nach Organvergrößerung,
Anämie, Thrombozytenzahl und in Abhängigkeit von der Intensität der Thera-
pie beträgt der GdS 50–80.
In der akzelerierten Phase oder in der Blastenkrise beträgt der GdS 100.

16.5.2 Atypische chronische myeloische Leukämie, BCR/ABL-negativ; chro-
nische Neutrophilen-Leukämie; chronische myelomonozytäre Leukämie
Im Stadium der kompletten hämatologischen Remission beträgt der GdS 40.
Im chronischen Stadium, auch bei Krankheitsbeginn (im ersten Jahr der Thera-
pie), ist die Teilhabebeeinträchtigung insbesondere abhängig vom Ausmaß der
Organvergrößerung und Anämie, der Thrombozytenzahl und der Intensität der
Therapie. Der GdS beträgt 50–80.
In der akzelerierten Phase oder in der Blastenkrise beträgt der GdS 100.

16.5.3 Primäre Myelofibrose (Chronische idiopathische Myelofibrose)
Bei geringen Auswirkungen (keine Behandlungsbedürftigkeit) beträgt der GdS
10–20.

Bei mäßigen Auswirkungen (Behandlungsbedürftigkeit) beträgt der GdS 30–40.

Bei stärkeren Auswirkungen (insbesondere mäßige Anämie, geringe Thrombozytopenie, ausgeprägte Organomegalie) beträgt der GdS 50–70.

Bei starken Auswirkungen (insbesondere schwere Anämie, ausgeprägte Thrombozytopenie, exzessive Organomegalie) beträgt der GdS 80–100.

16.5.4 Chronische Eosinophilen-Leukämie/Hypereosinophilie-Syndrom
Die Teilhabebeeinträchtigung ist insbesondere abhängig vom Ausmaß der Organomegalie, Hautbeteiligung, Blutbildveränderungen und Nebenwirkungen der Therapie. Der GdS beträgt mindestens 50.

16.5.5 Polycythaemia vera
Bei Behandlungsbedürftigkeit
– mit regelmäßigen Aderlässen. Der GdS beträgt 10,
– mit zytoreduktiver Therapie ist die Teilhabebeeinträchtigung insbesondere abhängig vom Ausmaß der Nebenwirkungen der Therapie. Der GdS beträgt 30–40.

Übergänge zu anderen myeloproliferativen Erkrankungen sind analog zu diesen zu bewerten.

16.5.6 Essentielle Thrombozythämie
Bei Behandlungsbedürftigkeit
– mit Thrombozytenaggregationshemmern. Der GdS beträgt 10,
– mit zytoreduktiver Therapie ist die Teilhabebeeinträchtigung insbesondere abhängig vom Ausmaß der Nebenwirkungen der Therapie. Der GdS beträgt 30–40.

Übergänge zu anderen myeloproliferativen Erkrankungen sind analog zu diesen zu bewerten.

16.5.7 Die juvenile myelomonozytäre Leukämie ist analog zur akuten myeloischen Leukämie zu bewerten.

16.6 Akute Leukämien
Im ersten Jahr nach Diagnosestellung (Erstdiagnose oder Rezidiv; insbesondere während der Induktionstherapie, Konsolidierungstherapie, Erhaltungstherapie) beträgt der GdS 100.
Nach dem ersten Jahr
– bei unvollständiger klinischer Remission: Der GdS beträgt weiterhin 100,
– bei kompletter klinischer Remission unabhängig von der durchgeführten Therapie: Der GdS beträgt 80 für die Dauer von drei Jahren (Heilungsbewährung).

Danach ist der GdS nach den verbliebenen Auswirkungen (insbesondere chronische Müdigkeit, Sterilität, Neuropathien, Beeinträchtigung der Entwicklung und kognitiver Funktionen) zu bewerten.

16.7 Myelodysplastische Syndrome

mit geringen Auswirkungen (ausgeglichen und ohne wesentliche
Allgemeinstörungen) 10–20

mit mäßigen Auswirkungen (z.B. gelegentliche Transfusionen) 30–40

mit stärkeren Auswirkungen (z.B. andauernde Transfusionsbedürf-
tigkeit, rezidivierende Infektionen) 50–80

mit starken Auswirkungen (z.B. andauernde Transfusionsbedürftig-
keit, häufige Infektionen, Blutungsneigung, leukämische Transfor-
mation) 100

Aplastische Anämie (auch Panmyelopathie), Agranulozytose

Der GdS bei aplastischer Anämie oder Agranulozytose ist auch nach Therapie analog zu den myelodysplastischen Syndromen zu bewerten.

16.8 Knochenmark- und Stammzelltransplantation

Nach autologer Knochenmark- oder Blutstammzelltransplantation
ist der GdS entsprechend der Grundkrankheit zu beurteilen.

Nach allogener Knochenmarktransplantation für die Dauer von drei
Jahren (Heilungsbewährung) 100

Danach ist der GdS nach den verbliebenen Auswirkungen und dem eventuellen
Organschaden, jedoch nicht niedriger als 30, zu bewerten.

16.9 Anämien

Symptomatische Anämien (z.B. Eisenmangelanämie, vitaminabhängige Anämien) sind in der Regel gut behandelbar und nur vorübergehender Natur.

Therapierefraktäre Anämien (z.B. bestimmte hämolytische Anämien, Thalassä-
mie, Erythrozytenenzymdefekte)

mit geringen Auswirkungen (ausgeglichen und ohne wesentliche
Allgemeinstörungen) 0–10

mit mäßigen Auswirkungen (z.B. gelegentliche Transfusionen) 20–40

mit starken Auswirkungen (z.B. andauernde Transfusionsbedürftig-
keit) 50–70

16.10 Hämophilie und entsprechende plasmatische Blutungskrankheiten (je
nach Blutungsneigung)

leichte Form
mit Restaktivität von antihämophilem Globulin (AHG) über 5 % 20

mittelschwere Form – mit 1–5 % AHG
mit seltenen Blutungen 30–40

mit häufigen (mehrfach jährlich) ausgeprägten
Blutungen 50–80

schwere Form – mit weniger als 1 % AHG 80–100

Sonstige Blutungsleiden

ohne wesentliche Auswirkungen 10

mit mäßigen Auswirkungen 20–40

mit starken Auswirkungen (starke Blutungen bereits bei leichten
Traumen) 50–70

mit ständiger klinisch manifester Blutungsneigung (Spontanblutun-
gen, Gefahr lebensbedrohlicher Blutungen) 80–100

Eine Behandlung mit Antikoagulantien ist bei der Grundkrankheit (z.B. bei
Herzklappen- und Gefäßprothesen, Thrombophilie) berücksichtigt. Wenn die
Grundkrankheit nicht mehr besteht bzw. keinen GdS mehr bedingt, aber eine
Weiterbehandlung mit Antikoagulantien erforderlich ist, kann – analog den
sonstigen Blutungsleiden – in der Regel ein GdS von 10 angenommen werden.

16.11 Immundefekte
Angeborene Defekte der humoralen und zellulären Abwehr (z.B. Adenosinde-
saminase-Defekt, DiGeorge-Syndrom, permanente B-Zell-Defekte, septische
Granulomatose)

ohne klinische Symptomatik 0

trotz Therapie erhöhte Infektanfälligkeit, aber keine außergewöhn-
lichen Infektionen 20–40

trotz Therapie neben erhöhter Infektanfälligkeit auch außergewöhnliche Infektionen (ein bis zwei pro Jahr) 50

Bei schwereren Verlaufsformen kommt ein höherer GdS in Betracht.

Erworbenes Immunmangelsyndrom (HIV-Infektion)

HIV-Infektion ohne klinische Symptomatik 10

HIV-Infektion mit klinischer Symptomatik

geringe Leistungsbeeinträchtigung (z.B. bei Lymphadenopathie syn-
drom [LAS]) 30–40

stärkere Leistungsbeeinträchtigung (z.B. bei AIDS-related complex
[ARC]) 50–80

schwere Leistungsbeeinträchtigung (AIDS-Vollbild) 100

17. Haut

Bei der Beurteilung des GdS von Hautkrankheiten sind Art, Ausdehnung, Sitz,
Auswirkungen auf den Allgemeinzustand, Begleiterscheinungen (wie Jucken,
Nässen, Brennen, unangenehme und abstoßende Gerüche) und die Rezidiv-
bereitschaft bzw. die Chronizität sowie die Notwendigkeit wiederholter stationärer Behandlung zu berücksichtigen. Bei Hautkrankheiten mit stark schwan-
kendem Leidensverlauf kommt ein Durchschnitts-GdS in Betracht. Bei Kindern können sich Hautkrankheiten schwerer auswirken als bei Erwachsenen.

Narben können durch Ausdehnung, Beschaffenheit (z.B. Verhärtung, Verdün-
nung, Narbenzüge), Sitz oder Einwirkung auf ihre Umgebung zu Störungen
führen. Bei flächenhaften Narben nach Verbrennungen, Verätzungen und ähnlichem muss außerdem die Beeinträchtigung der Haut als Schutz-, Ausschei-
dungs- und Sinnesorgan berücksichtigt werden. Diese Störungen bestimmen
die Höhe des GdS.

Bei Entstellungen ist zu berücksichtigen, dass sich Schwierigkeiten im Erwerbsleben, Unannehmlichkeiten im Verkehr mit fremden Menschen sowie seelische Konflikte ergeben können.

17.1 Ekzeme

Kontaktekzeme (z.B. irritatives und allergisches Kontaktekzem)

geringe Ausdehnung und bis zu zweimal im Jahr für wenige Wochen auftretend	0–10
Sonst	20–30

Atopisches Ekzem („Neurodermitis constitutionalis", „endogenes Ekzem")

geringe, auf die Prädilektionsstellen begrenzte Ausdehnung bis zu zweimal im Jahr für wenige Wochen auftretend	0–10
bei länger dauerndem Bestehen	20–30
mit generalisierten Hauterscheinungen, insbesondere Gesichtsbefall	40
mit klinischer oder vergleichbar intensiver ambulanter Behandlungsnotwendigkeit mehrmals im Jahr	50

Seborrhoisches Ekzem

geringe Ausdehnung und Beschränkung auf die Prädilektionsstellen	0–10
sonst, je nach Ausdehnung	20–30

17.2 Chronisch rezidivierende Urtikaria/Quincke-Ödem

selten, bis zu zweimal im Jahr auftretend, leicht vermeidbare Noxen oder Allergene	0–10
häufiger auftretende Schübe, schwer vermeidbare Noxen oder Allergene	20–30
schwerer chronischer, über Jahre sich hinziehender Verlauf	40–50

Eine systemische Beteiligung z.B. des Gastrointestinaltraktes oder des Kreislaufs ist ggf. zusätzlich zu berücksichtigen.

17.3 Akne
Acne vulgaris

leichteren bis mittleren Grades	0–10
schweren Grades mit vereinzelter Abszess- und Knotenbildung und entsprechender erheblicher kosmetischer Beeinträchtigung	20–30

Acne conglobata

auf die Prädilektionsstellen begrenzte häufige Abszess- und Fistelbildungen und lokalisationsbedingte Beeinträchtigungen	30–40
schwerste Formen mit rezidivierenden eitrigen, vernarbenden axilläringuinalen und nuchalen Abszessen (Acne triade) und ggf. zusätzlicher Beteiligung des Pilonidalsinus (Acne tetrade)	wenigstens 50

17.4 Rosazea, Rhinophym

geringe Ausdehnung, kosmetisch nur wenig störend	0–10

stärkere Ausdehnung, entstellende Wirkung 20–30

17.5 Hautveränderungen bei Autoimmunkrankheiten des Bindegewebes (z.B. Lupus erythematodes, Dermatomyositis, progressive systemische Sklerodermie)

auf die Prädilektionsstellen begrenzt bei geringer Ausdehnung 0–10

auf die Prädilektionsstellen begrenzt bei stärkerer Ausdehnung, je nach kosmetischer und funktioneller Auswirkung 20–40

über die Prädilektionsstellen hinausgehend, ggf. Ulzerationen 50–70

17.6 Blasenbildende Hautkrankheiten (z.B. Pemphigus, Pemphigoide)

bei begrenztem Haut- und Schleimhautbefall mit geringer Ausdehnung 10

sonst 20–40

bei generalisiertem Haut- und Schleimhautbefall 50–80

in fortgeschrittenen Stadien bei schwerer Beeinträchtigung des Allgemeinzustandes auch höher.

17.7 Psoriasis vulgaris

auf die Prädilektionsstellen beschränkt 0–10

ausgedehnter, aber erscheinungsfreie Intervalle von Monaten 20

bei andauerndem ausgedehnten Befall oder stark beeinträchtigendem lokalen Befall (z.B. an den Händen) 30–50

Eine außergewöhnliche Nagelbeteiligung (mit Zerstörung der Nagelplatten) sowie eine Gelenk- und Wirbelsäulenbeteiligung sind zusätzlich zu bewerten.

17.8 Erythrodermien

bei leichter Intensität des Krankheitsprozesses 40

bei mittlerer Intensität des Krankheitsprozesses ohne wesentliche Auswirkung auf den Allgemeinzustand 50–60

mit stärkerer Auswirkung auf den Allgemeinzustand 70–80

17.9 Ichthyosis

leichte Form, auf Stamm und Extremitäten weitgehend begrenzt, mit trockener Haut, mäßiger Schuppung, ohne wesentliche Verfärbung 0–10

mittlere Form auf Stamm und Extremitäten weitgehend begrenzt, mit stärkerer Schuppung und Verfärbung 20–40

schwere Form mit ausgeprägter Schuppung und Verfärbung der gesamten Haut, insbesondere der Gelenkbeugen und des Gesichts ... 50–80

17.10 Mykosen

bei begrenztem Hautbefall 0–10

bei Befall aller Finger- und Fußnägel, ggf. mit Zerstörung von Nagelplatten 20

Chronisch rezidivierendes Erysipel

ohne bleibendes Lymphödem 10

sonst, je nach Ausprägung des Lymphödems 20–40

Chronisch rezidivierender Herpes simplex

geringe Ausdehnung, bis zu dreimal im Jahr rezidivierend 0–10

größere Ausdehnung, häufiger rezidivierend 20

17.11 Totaler Haarausfall

(mit Fehlen von Augenbrauen und Wimpern) 30

17.12 Naevus
Der GdS richtet sich allein nach dem Ausmaß einer eventuellen Entstellung.
Pigmentstörungen (z.B. Vitiligo)

an Händen und/oder Gesicht

gering 10

ausgedehnter 20

sonst 0

17.13 Nach Entfernung eines malignen Tumors der Haut ist in den ersten fünf Jahren eine Heilungsbewährung abzuwarten (Ausnahmen: z.B. Basalzellkarzinome, Bowen-Krankheit, Melanoma in situ); GdS während dieser Zeit

nach Entfernung eines Melanoms im Stadium I ([pT1 bis T2] pN0 M0) oder eines anderen Hauttumors in den Stadien (pT1 bis T2) pN0 bis N2 M0 50

in anderen Stadien 80

18. Haltungs- und Bewegungsorgane, rheumatische Krankheiten

18.1 Allgemeines
Dieser Abschnitt umfasst Haltungsschäden, degenerative Veränderungen, osteopenische Krankheiten, posttraumatische Zustände, chronische Osteomyelitis, entzündlich-rheumatische Krankheiten, Kollagenosen und Vaskulitiden sowie nichtentzündliche Krankheiten der Weichteile.

Der GdS für angeborene und erworbene Schäden an den Haltungs- und Bewegungsorganen wird entscheidend bestimmt durch die Auswirkungen der Funktionsbeeinträchtigungen (Bewegungsbehinderung, Minderbelastbarkeit) und die Mitbeteiligung anderer Organsysteme. Die üblicher Weise auftretenden Beschwerden sind dabei mitberücksichtigt.

Außergewöhnliche Schmerzen sind ggf. zusätzlich zu berücksichtigen. Schmerzhafte Bewegungseinschränkungen der Gelenke können schwerwiegender als eine Versteifung sein.

Bei Haltungsschäden und/oder degenerativen Veränderungen an Gliedmaßengelenken und an der Wirbelsäule (z.B. Arthrose, Osteochondrose) sind auch Gelenkschwellungen, muskuläre Verspannungen, Kontrakturen oder Atrophien zu berücksichtigen.

Mit Bild gebenden Verfahren festgestellte Veränderungen (z.B. degenerativer Art) allein rechtfertigen noch nicht die Annahme eines GdS. Ebenso kann die Tatsache, dass eine Operation an einer Gliedmaße oder an der Wirbelsäule (z.B. Meniskusoperation, Bandscheibenoperation, Synovialektomie) durchgeführt wurde, für sich allein nicht die Annahme eines GdS begründen.

Das Funktionsausmaß der Gelenke wird im Folgenden nach der Neutral-Null-Methode angegeben.

Fremdkörper beeinträchtigen die Funktion nicht, wenn sie in Muskel oder Knochen reaktionslos eingeheilt sind und durch ihre Lage keinen ungünstigen Einfluss auf Gelenke, Nerven oder Gefäße ausüben.

Der GdS bei Weichteilverletzungen richtet sich nach der Funktionseinbuße und der Beeinträchtigung des Blut- und Lymphgefäßsystems. Bei Faszienverletzungen können Muskelbrüche auftreten, die nur in seltenen Fällen einen GdS bedingen.

Bei den entzündlich-rheumatischen Krankheiten sind unter Beachtung der Krankheitsentwicklung neben der strukturellen und funktionellen Einbuße die Aktivität mit ihren Auswirkungen auf den Allgemeinzustand und die Beteiligung weiterer Organe zu berücksichtigen. Entsprechendes gilt für Kollagenosen und Vaskulitiden.

Bei ausgeprägten osteopenischen Krankheiten (z.B. Osteoporose, Osteopenie bei hormonellen Störungen, gastrointestinalen Resorptionsstörungen, Nierenschäden) ist der GdS vor allem von der Funktionsbeeinträchtigung und den Schmerzen abhängig. Eine ausschließlich messtechnisch nachgewiesene Minderung des Knochenmineralgehalts rechtfertigt noch nicht die Annahme eines GdS.

18.2.1 Entzündlich-rheumatische Krankheiten (z.B. Bechterew-Krankheit)

ohne wesentliche Funktionseinschränkung mit leichten Beschwerden 10

mit geringen Auswirkungen (leichtgradige Funktionseinbußen und Beschwerden, je nach Art und Umfang des Gelenkbefalls, geringe Krankheitsaktivität) 20–40

mit mittelgradigen Auswirkungen (dauernde erhebliche Funktionseinbußen und Beschwerden, therapeutisch schwer beeinflussbare Krankheitsaktivität) 50–70

mit schweren Auswirkungen (irreversible Funktionseinbußen, hochgradige Progredienz) 80–100

Auswirkungen über sechs Monate anhaltender aggressiver Therapien sind gegebenenfalls zusätzlich zu berücksichtigen.

18.2.2 Kollagenosen (z.B. systemischer Lupus erythematodes, progressiv-systemische Sklerose, Polymyositis/Dermatomyositis),

18.2.3 Vaskulitiden (z.B. Panarteriitis nodosa, Polymyalgia rheumatica)
Die Beurteilung des GdS bei Kollagenosen und Vaskulitiden richtet sich nach Art und Ausmaß der jeweiligen Organbeteiligung sowie den Auswirkungen auf den Allgemeinzustand, wobei auch eine Analogie zu den Muskelkrankheiten in Betracht kommen kann. Für die Dauer einer über sechs Monate anhaltenden aggressiven Therapie soll ein GdS von 50 nicht unterschritten werden.

18.3 Bei der Beurteilung nicht-entzündlicher Krankheiten der Weichteile kommt es auf Art und Ausmaß der jeweiligen Organbeteiligung sowie auf die Auswirkungen auf den Allgemeinzustand an.

<u>18.4</u> Fibromyalgie
Die Fibromyalgie, das Chronische Fatigue Syndrom (CFS), die Multiple Chemical Sensitivity (MCS) und ähnliche Syndrome sind jeweils im Einzelfall entsprechend der funktionellen Auswirkungen analog zu beurteilen.

<u>18.5</u> Chronische Osteomyelitis
Bei der Beurteilung des GdS sind die aus der Lokalisation und Ausdehnung des Prozesses sich ergebende Funktionsstörung, die dem Prozess innewohnende Aktivität und ihre Auswirkungen auf den Allgemeinzustand und außerdem etwaige Folgekrankheiten (z.B. Anämie, Amyloidose) zu berücksichtigen. Bei ausgeprägt schubförmigem Verlauf ist ein Durchschnitts-GdS zu bilden.

Ruhende Osteomyelitis (Inaktivität wenigstens 5 Jahre) 0–10

Chronische Osteomyelitis

geringen Grades (eng begrenzt, mit geringer Aktivität, geringe Fisteleiterung) .... mindestens 20

mittleren Grades (ausgedehnterer Prozess, häufige oder ständige Fisteleiterung, Aktivitätszeichen auch in Laborbefunden) .... mindestens 50

schweren Grades (häufige schwere Schübe mit Fieber, ausgeprägter Infiltration der Weichteile, Eiterung und Sequesterabstoßung, erhebliche Aktivitätszeichen in den Laborbefunden) .... mindestens 70

Eine wesentliche Besserung wegen Beruhigung des Prozesses kann erst angenommen werden, wenn nach einem Leidensverlauf von mehreren Jahren seit wenigstens zwei Jahren – nach jahrzehntelangem Verlauf seit fünf Jahren – keine Fistel mehr bestanden hat und auch aus den weiteren Befunden (einschließlich Röntgenbildern und Laborbefunden) keine Aktivitätszeichen mehr erkennbar gewesen sind. Dabei ist in der Regel der GdS nur um 20 bis 30 Punkte niedriger einzuschätzen und zwei bis vier Jahre lang noch eine weitere Heilungsbewährung abzuwarten, bis der GdS nur noch von dem verbliebenen Schaden bestimmt wird.

<u>18.6</u> Muskelkrankheiten
Bei der Beurteilung des GdS ist von folgenden Funktionsbeeinträchtigungen auszugehen:
Muskelschwäche

mit geringen Auswirkungen (vorzeitige Ermüdung, gebrauchsabhängige Unsicherheiten) 20–40

mit mittelgradigen Auswirkungen (zunehmende Gelenkkontrakturen und Deformitäten, Aufrichten aus dem Liegen nicht mehr möglich, Unmöglichkeit des Treppensteigens) 50–80

mit schweren Auswirkungen (bis zur Geh- und Stehunfähigkeit und Gebrauchsunfähigkeit der Arme) 90–100

Zusätzlich sind bei einzelnen Muskelkrankheiten Auswirkungen auf innere Organe (z.B. Einschränkung der Lungenfunktion und/oder der Herzleistung durch Brustkorbdeformierung) oder Augenmuskel-, Schluck- oder Sprechstörungen (z.B. bei der Myasthenie) zu berücksichtigen.

18.7 Kleinwuchs
Körpergröße nach Abschluss des Wachstums

über 130 bis 140 cm 30–40
über 120 bis 130 cm 50

Bei 120 cm und darunter kommen entsprechend höhere Werte in Betracht.

Dieser GdS ist auf harmonischen Körperbau bezogen.

Zusätzlich zu berücksichtigen sind (z.B. bei Achondroplasie, bei Osteogenesis imperfecta) mit dem Kleinwuchs verbundene Störungen wie

mangelhafte Körperproportionen,

Verbildungen der Gliedmaßen,

Störungen der Gelenkfunktion, Muskelfunktion und Statik,

neurologische Störungen,

Einschränkungen der Sinnesorgane,

endokrine Ausfälle und

außergewöhnliche psychoreaktive Störungen.

18.8 Großwuchs
Großwuchs allein rechtfertigt noch nicht die Annahme eines GdS. Auf psychoreaktive Störungen ist besonders zu achten.

18.9 Wirbelsäulenschäden
Der GdS bei angeborenen und erworbenen Wirbelsäulenschäden (einschließlich Bandscheibenschäden, Scheuermann-Krankheit, Spondylolisthesis, Spinalkanalstenose und dem sogenannten Postdiskotomiesyndrom) ergibt sich primär aus dem Ausmaß der Bewegungseinschränkung, der Wirbelsäulenverformung und -instabilität sowie aus der Anzahl der betroffenen Wirbelsäulenabschnitte.

Der Begriff Instabilität beinhaltet die abnorme Beweglichkeit zweier Wirbel gegeneinander unter physiologischer Belastung und die daraus resultierenden Weichteilveränderungen und Schmerzen. Sogenannte Wirbelsäulensyndrome (wie Schulter-Arm-Syndrom, Lumbalsyndrom, Ischialgie, sowie andere Nerven- und Muskelreizerscheinungen) können bei Instabilität und bei Einengungen des Spinalkanals oder der Zwischenwirbellöcher auftreten.

Für die Bewertung von chronisch-rezidivierenden Bandscheibensyndromen sind aussagekräftige anamnestische Daten und klinische Untersuchungsbefunde über einen ausreichend langen Zeitraum von besonderer Bedeutung. Im beschwerdefreien Intervall können die objektiven Untersuchungsbefunde nur gering ausgeprägt sein.

Wirbelsäulenschäden

ohne Bewegungseinschränkung oder Instabilität 0

mit geringen funktionellen Auswirkungen (Verformung, rezidivierende oder anhaltende Bewegungseinschränkung oder Instabilität 10 geringen Grades, seltene und kurz dauernd auftretende leichte Wirbelsäulensyndrome) ....

mit mittelgradigen funktionellen Auswirkungen in einem Wirbelsäulenabschnitt (Verformung, häufig rezidivierende oder anhaltende Bewegungseinschränkung oder Instabilität mittleren Grades, häufig rezidivierende und über Tage andauernde Wirbelsäulensyndrome)   20

mit schweren funktionellen Auswirkungen in einem Wirbelsäulenabschnitt (Verformung, häufig rezidivierende oder anhaltende Bewegungseinschränkung oder Instabilität schweren Grades, häufig rezidivierende und Wochen andauernde ausgeprägte Wirbelsäulensyndrome) 30

mit mittelgradigen bis schweren funktionellen Auswirkungen in zwei Wirbelsäulenabschnitten 30–40

mit besonders schweren Auswirkungen (z.B. Versteifung großer Teile der Wirbelsäule; anhaltende Ruhigstellung durch Rumpforthese, die drei Wirbelsäulenabschnitte umfasst [z.B. Milwaukee-Korsett]; schwere Skoliose [ab ca. 70° nach Cobb]) 50–70

bei schwerster Belastungsinsuffizienz bis zur Geh- und Stehunfähigkeit 80–100

Anhaltende Funktionsstörungen infolge Wurzelkompression mit motorischen Ausfallerscheinungen – oder auch die intermittierenden Störungen bei der Spinalkanalstenose – sowie Auswirkungen auf die inneren Organe (z.B. Atemfunktionsstörungen) sind zusätzlich zu berücksichtigen.

Bei außergewöhnlichen Schmerzsyndromen kann auch ohne nachweisbare neurologische Ausfallerscheinungen (z.B. Postdiskotomiesyndrom) ein GdS über 30 in Betracht kommen.

Das neurogene Hinken ist etwas günstiger als vergleichbare Einschränkungen des Gehvermögens bei arteriellen Verschlusskrankheiten zu bewerten.

18.10 Beckenschäden

ohne funktionelle Auswirkungen 0

mit geringen funktionellen Auswirkungen (z.B. stabiler Beckenring, degenerative Veränderungen der Kreuz-Darmbeingelenke) 10

mit mittelgradigen funktionellen Auswirkungen (z.B. instabiler Beckenring einschließlich Sekundärarthrose) 20

mit schweren funktionellen Auswirkungen und Deformierung 30–40

18.11 Gliedmaßenschäden, Allgemeines

Der GdS bei Gliedmaßenschäden ergibt sich aus dem Vergleich mit dem GdS für entsprechende Gliedverluste. Trotz erhaltener Extremität kann der Zustand gelegentlich ungünstiger sein als der Verlust.

Die aufgeführten GdS für Gliedmaßenverluste gehen – soweit nichts anderes erwähnt ist – von günstigen Verhältnissen des Stumpfes und der benachbarten Gelenke aus. Bei ausgesprochen ungünstigen Stumpfverhältnissen, bei nicht nur vorübergehenden Stumpfkrankheiten sowie bei nicht unwesentlicher Funktionsbeeinträchtigung des benachbarten Gelenkes sind diese Sätze im allgemeinen um 10 zu erhöhen, unabhängig davon, ob Körperersatzstücke getragen werden oder nicht.

Körperersatzstücke, orthopädische und andere Hilfsmittel mindern bei Verlust und Funktionsstörungen der Gliedmaßen sowie bei Funktionseinschränkungen des Rumpfes die Auswirkungen der Behinderung, ohne dass dadurch der durch den Schaden allein bedingte GdS eine Änderung erfährt.

Bei der Bewertung des GdS von Pseudarthrosen ist zu berücksichtigen, dass straffe Pseudarthrosen günstiger sind als schlaffe.

Bei habituellen Luxationen richtet sich die Höhe des GdS außer nach der Funktionsbeeinträchtigung der Gliedmaße auch nach der Häufigkeit der Ausrenkungen.

18.12

Endoprothesen

Es werden Mindest-GdS angegeben, die für Endoprothesen bei bestmöglichem Behandlungsergebnis gelten. Bei eingeschränkter Versorgungsqualität sind höhere Werte angemessen.

Die Versorgungsqualität kann insbesondere beeinträchtigt sein durch

- Beweglichkeits- und Belastungseinschränkung,
- Nervenschädigung,
- deutliche Muskelminderung,
- ausgeprägte Narbenbildung.

Die in der GdS-Tabelle angegebenen Werte schließen die bei der jeweiligen Versorgungsart üblicherweise gebotenen Beschränkungen ein.

Hüftgelenk

bei einseitiger Endoprothese beträgt der GdS mindestens 10,
bei beidseitiger Endoprothese beträgt der GdS mindestens 20;

Kniegelenk

bei einseitiger Totalendoprothese beträgt der GdS mindestens 20,
bei beidseitiger Totalendoprothese beträgt der GdS mindestens 30,
bei einseitiger Teilendoprothese beträgt der GdS mindestens 10,
bei beidseitiger Teilendoprothese beträgt der GdS mindestens 20;

Oberes Sprunggelenk

bei einseitiger Endoprothese beträgt der GdS mindestens 10,
bei beidseitiger Endoprothese beträgt der GdS mindestens 20;

Schultergelenk

bei einseitiger Endoprothese beträgt der GdS mindestens 20,
bei beidseitiger Endoprothese beträgt der GdS mindestens 40;

Ellenbogengelenk

bei einseitiger Totalendoprothese beträgt der GdS mindestens ....: 30,
bei beidseitiger Totalendoprothese beträgt der GdS mindestens 50;

Kleine Gelenke

Endoprothesen bedingen keine wesentliche Teilhabebeeinträchtigung.

Aseptische Nekrosen

Hüftkopfnekrosen (z.B. Perthes-Krankheit) während der notwendigen Entlastung 70

Lunatum-Malazie während der notwendigen Immobilisierung 30

18.13 Schäden der oberen Gliedmaßen

Extremitätenverlust

Verlust eines Armes und Beines 100

Verlust eines Armes im Schultergelenk oder mit sehr kurzem
Oberarmstumpf 80

Unter einem sehr kurzen Oberarmstumpf ist ein Stumpf zu verstehen, der eine gleiche Funktionseinbuße wie der Verlust des Armes im Schultergelenk zur Folge hat. Das ist immer dann der Fall, wenn die Absetzungsebene in Höhe des Collum chirurgicum liegt.

Verlust eines Armes im Oberarm oder im Ellenbogengelenk 70

Verlust eines Armes im Unterarm 50

Verlust eines Armes im Unterarm mit einer Stumpflänge bis 7 cm 60

Verlust der ganzen Hand 50

Versteifung des Schultergelenks in günstiger Stellung bei gut beweglichem Schultergürtel 30

Eine Versteifung im Schultergelenk in einem Abspreizwinkel um ca. 45° und leichter Vorhalte gilt als funktionell günstig.

Versteifung des Schultergelenks in ungünstiger Stellung oder bei
gestörter Beweglichkeit des Schultergürtels 40–50

Bewegungseinschränkung des Schultergelenks (einschließlich Schultergürtel)

Armhebung nur bis zu 120° mit entsprechender Einschränkung der
Dreh- und Spreizfähigkeit 10

Armhebung nur bis zu 90° mit entsprechender Einschränkung der
Dreh- und Spreizfähigkeit 20

Instabilität des Schultergelenks

geringen Grades, auch seltene Ausrenkung (in Abständen von 1 Jahr
und mehr) 10

mittleren Grades, auch häufigere Ausrenkung 20–30

schweren Grades (auch Schlottergelenk), auch ständige Ausrenkung 40

Schlüsselbeinpseudarthrose

straff 0–10

schlaff 20

Verkürzung des Armes bis zu 4 cm bei freier Beweglichkeit der
großen Armgelenke 0

Oberarmpseudarthrose

straff	20
schlaff	40

Riss der langen Bizepssehne 0–10

Versteifung des Ellenbogengelenks einschließlich Aufhebung
der Unterarmdrehbewegung

in günstiger Stellung	30
in ungünstiger Stellung	40–50

Die Versteifung in einem Winkel zwischen 80° und 100° bei mittlerer Pronationsstellung des Unterarms ist als günstige Gebrauchsstellung aufzufassen.

Bewegungseinschränkung im Ellenbogengelenk

geringen Grades (Streckung/Beugung bis 0-30-120 bei freier Unterarmdrehbeweglichkeit)	0–10
stärkeren Grades (insbesondere der Beugung einschließlich Einschränkung der Unterarmdrehbeweglichkeit)	20–30

Isolierte Aufhebung der Unterarmdrehbeweglichkeit

in günstiger Stellung (mittlere Pronationsstellung)	10
in ungünstiger Stellung	20
in extremer Supinationsstellung	30
Ellenbogen-Schlottergelenk	40

Unterarmpseudarthrose

straff	20
schlaff	40

Pseudarthrose der Elle oder Speiche 10–20

Versteifung des Handgelenks

in günstiger Stellung (leichte Dorsalextension)	20
in ungünstiger Stellung	30

Bewegungseinschränkung des Handgelenks

geringen Grades (z.B. Streckung/Beugung bis 30-0-40)	0–10
stärkeren Grades	20–30

Nicht oder mit Deformierung verheilte Brüche oder Luxationen der
Handwurzelknochen oder eines oder mehrerer Mittelhandknochen
mit sekundärer Funktionsbeeinträchtigung 10–30

Versteifung eines Daumengelenks in günstiger Stellung 0–10

Versteifung beider Daumengelenke und des Mittelhand- Handwurzelgelenks in günstiger Stellung 20

Versteifung eines Fingers in günstiger Stellung (mittlere Gebrauchsstellung) 0–10

Versteifungen der Finger in Streck- oder starker Beugestellung sind oft
störender als ein glatter Verlust.

Verlust des Daumenendgliedes 0

Verlust des Daumenendgliedes und des halben Grundgliedes	10
Verlust eines Daumens	25
Verlust beider Daumen	40
Verlust eines Daumens mit Mittelhandknochen	30
Verlust des Zeigefingers, Mittelfingers, Ringfingers oder Kleinfingers, auch mit Teilen des dazugehörigen Mittelhandknochens	10

Verlust von zwei Fingern

mit Einschluss des Daumens	30
II+III, II+IV	30
sonst	25

Verlust von drei Fingern

mit Einschluss des Daumens	40
II+III+IV	40
sonst	30

Verlust von vier Fingern

mit Einschluss des Daumens	50
sonst	40

Verlust der Finger II bis V an beiden Händen	80
Verlust aller fünf Finger einer Hand	50
Verlust aller zehn Finger	100

Obige Sätze gelten für den Gesamtverlust der Finger bei reizlosen Stumpfverhältnissen. Bei Verlust einzelner Fingerglieder sind sie herabzusetzen, bei schlechten Stumpfverhältnissen zu erhöhen.

Fingerstümpfe im Mittel- und Endgelenk können schmerzhafte Narbenbildung und ungünstige Weichteildeckung zeigen. Empfindungsstörungen an den Fingern, besonders an Daumen und Zeigefinger, können die Gebrauchsfähigkeit der Hand wesentlich beeinträchtigen.

Nervenausfälle (vollständig)

Armplexus	80
oberer Armplexus	50
unterer Armplexus	60
N. axillaris	30
N. thoracicus longus	20
N. musculocutaneus	20

N. radialis

ganzer Nerv	30
mittlerer Bereich oder distal	20

N. ulnaris

proximal oder distal	30

N. medianus

proximal	40
distal	30

Nn. radialis und axillaris 50

Nn. radialis und ulnaris 50

Nn. radialis und medianus 50

Nn. ulnaris und medianus 50

Nn. radialis, ulnaris und medianus im Vorderarmbereich 60

Trophische Störungen sind zusätzlich zu berücksichtigen; Teilausfälle der genannten Nerven sind entsprechend geringer zu bewerten.

<u>18.14</u> Schäden der unteren Gliedmaßen

Verlust beider Beine im Oberschenkel 100

Verlust eines Beines im Oberschenkel und eines Beines im Unterschenkel 100

Verlust eines Beines und Armes 100

Verlust eines Beines im Hüftgelenk oder mit sehr kurzem Oberschenkelstumpf 80

Unter einem sehr kurzen Oberschenkelstumpf ist ein Stumpf zu verstehen, der eine gleiche Funktionseinbuße wie der Verlust des Beines im Hüftgelenk bedingt. Das ist immer dann der Fall, wenn die Absetzungsebene in Höhe des Trochanter minor liegt.

Verlust eines Beines im Oberschenkel (einschließlich Absetzung nach Gritti) 70

Notwendigkeit der Entlastung des ganzen Beines (z.B. Sitzbeinabstützung) 70

Verlust eines Beines im Unterschenkel bei genügender Funktionstüchtigkeit des Stumpfes und der Gelenke 50

Notwendigkeit der Entlastung eines Unterschenkels (z.B. Schienbeinkopfabstützung) 50

Verlust eines Beines im Unterschenkel bei ungenügender Funktionstüchtigkeit des Stumpfes und der Gelenke 60

Verlust beider Beine im Unterschenkel 80

    bei einseitig ungünstigen Stumpfverhältnissen 90

    bei beidseitig ungünstigen Stumpfverhältnissen 100

Teilverlust eines Fußes, Absetzung

    nach Pirogow

        einseitig, guter Stumpf 40

        beidseitig 70

    nach Chopart

        einseitig, guter Stumpf 30

        einseitig, mit Fußfehlstellung 30–50

        beidseitig 60

    nach Lisfranc oder im Bereich der Mittelfußknochen nach Sharp

        einseitig, guter Stumpf 30

        einseitig, mit Fußfehlstellung 30–40

beidseitig	50
Verlust einer Zehe	0
Verlust einer Großzehe	10
Verlust einer Großzehe mit Verlust des Köpfchens des I. Mittelfußknochens	20
Verlust der Zehen II bis V oder I bis III	10
Verlust aller Zehen an einem Fuß	20
Verlust aller Zehen an beiden Füßen	30
Versteifung beider Hüftgelenke je nach Stellung	80–100

Versteifung eines Hüftgelenks

in günstiger Stellung	40

Die Versteifung eines Hüftgelenks in leichter Abspreizstellung von ca. 10°, mittlerer Drehstellung und leichter Beugestellung gilt als günstig.

in ungünstiger Stellung	50–60

Ungünstig sind Hüftgelenkversteifungen in stärkerer Adduktions-, Abduktions- oder Beugestellung.

Bewegungseinschränkung der Hüftgelenke

geringen Grades (z.B. Streckung/Beugung bis zu 0-10-90 mit entsprechender Einschränkung der Dreh- und Spreizfähigkeit)

einseitig	10–20
beidseitig	20–30

mittleren Grades (z.B. Streckung/Beugung bis zu 0-30-90 mit entsprechender Einschränkung der Dreh- und Spreizfähigkeit)

einseitig	30
beidseitig	50

stärkeren Grades

einseitig	40
beidseitig	60–100

Hüftdysplasie (einschließlich sogenannte angeborene Hüftluxation)

für die Dauer der vollständigen Immobilisierung	100
danach bis zum Abschluss der Spreizbehandlung	50

Anschließend und bei unbehandelten Fällen richtet sich der GdS nach der Instabilität und der Funktionsbeeinträchtigung.

Hüftgelenksresektion je nach Funktionsstörung	50–80
Schnappende Hüfte	0–10

Beinverkürzung

bis 2,5 cm	0
über 2,5 cm bis 4 cm	10
über 4 cm bis 6 cm	20
über 6 cm	wenigstens 30

Oberschenkelpseudarthrose

straff	50
schlaff	70
Faszienlücke (Muskelhernie) am Oberschenkel	0–10
Versteifung beider Kniegelenke	80

Versteifung eines Kniegelenks

in günstiger Stellung (Beugestellung von 10–15°)	30
in ungünstiger Stellung	40–60

Lockerung des Kniebandapparates

muskulär kompensierbar	10
unvollständig kompensierbar, Gangunsicherheit	20
Versorgung mit einem Stützapparat, je nach Achsenfehlstellung	30–50

Kniescheibenbruch

nicht knöchern verheilt ohne Funktionseinschränkung des Streck-apparates	10
nicht knöchern verheilt mit Funktionseinschränkung des Streck-apparates	20–40

Habituelle Kniescheibenverrenkung

seltene Ausrenkung (in Abständen von 1 Jahr und mehr)	0–10
häufiger	20

Bewegungseinschränkung im Kniegelenk

geringen Grades (z.B. Streckung/Beugung bis 0-0-90)

einseitig	0–10
beidseitig	10–20

mittleren Grades (z.B. Streckung/Beugung 0-10-90)

einseitig	20
beidseitig	40

stärkeren Grades (z.B. Streckung/Beugung 0-30-90)

einseitig	30
beidseitig	50

Ausgeprägte Knorpelschäden der Kniegelenke (z.B. Chondromalacia patellae Stadium II – IV) mit anhaltenden Reizerscheinungen, einseitig

ohne Bewegungseinschränkung	10–30
mit Bewegungseinschränkung	20–40

Schienbeinpseudarthrose

straff	20–30
schlaff	40–50
Teilverlust oder Pseudarthrose des Wadenbeins	0–10
Versteifung des oberen Sprunggelenks in günstiger Stellung (Plantar-flexion um 5° bis 15°)	20
Versteifung des unteren Sprunggelenks in günstiger Stellung (Mittel-stellung)	10

Versteifung des oberen und unteren Sprunggelenks

in günstiger Stellung	30
in ungünstiger Stellung	40
Bewegungseinschränkung im oberen Sprunggelenk	
geringen Grades	0
mittleren Grades (Heben/Senken 0-0-30)	10
stärkeren Grades	20
Bewegungseinschränkung im unteren Sprunggelenk	0–10
Klumpfuß je nach Funktionsstörung	
einseitig	20–40
beidseitig	30–60
Andere Fußdeformitäten	
ohne wesentliche statische Auswirkungen (z.B. Senk-Spreizfuß, Hohlfuß, Knickfuß, auch posttraumatisch)	0
mit statischer Auswirkung je nach Funktionsstörung	
geringen Grades	10
stärkeren Grades	20
Versteifung aller Zehen eines Fußes	
in günstiger Stellung	10
in ungünstiger Stellung	20
Versteifungen oder Verkrümmungen von Zehen außer der Großzehe	0
Versteifung der Großzehengelenke	
in günstiger Stellung	0–10
in ungünstiger Stellung (z.B. Plantarflexion im Grundgelenk über 10°)	20
Narben nach größeren Substanzverlusten an Ferse und Fußsohle	
mit geringer Funktionsbehinderung	10
mit starker Funktionsbehinderung	20–30
Nervenausfälle (vollständig)	
Plexus lumbosacralis	80
N. glutaeus superior	20
N. glutaeus inferior	20
N. cutaneus femoralis lat	10
N. femoralis	40
N. ischiadicus	
proximal	60
distal (Ausfall der Nn. peronaeus communis und tibialis)	50
N. peronaeus communis oder profundus	30
N. peronaeus superficialis	20
N. tibialis	30

Trophische Störungen sind zusätzlich zu berücksichtigen. Teilausfälle der genannten Nerven sind entsprechend geringer zu bewerten.

Völlige Gebrauchsunfähigkeit eines Beines	80

Teil C: Begutachtung im Sozialen Entschädigungsrecht

1. Grundsätze zur Begutachtung im Sozialen Entschädigungsrecht

Die Grundsätze, die im Sozialen Entschädigungsrecht zur Anerkennung einer Gesundheitsstörung als Folge einer Schädigung maßgebend sind, werden in diesem Teil der Versorgungsmedizinischen Grundsätze aufgestellt. Die Auswirkungen der als Schädigungsfolgen anerkannten Gesundheitsstörungen werden mit einem Grad der Schädigungsfolgen bewertet. Die ärztliche Bewertung der Auswirkungen der Schädigungsfolgen erfolgt nach Teil A und Teil B.

Als Voraussetzung für die ärztliche Begutachtung des ursächlichen Zusammenhangs müssen alle Tatsachen festgestellt sein. Die Feststellung der Tatsachen erfolgt unabhängig von kausalen Erwägungen. Es muss unterschieden werden zwischen ärztlicher Begutachtung im Rahmen der Tatsachenermittlung und der ärztlichen Begutachtung des ursächlichen Zusammenhangs.

2. Tatsachen für die Begutachtung des ursächlichen Zusammenhangs

2.1. Tatsachen

Vor der ärztlichen Begutachtung des ursächlichen Zusammenhangs müssen folgende Tatsachen festgestellt und voll bewiesen sein:

a) das Ereignis, das bei nachgewiesenem ursächlichem Zusammenhang das schädigende Ereignis ist,

b) die Gesundheitsstörung, die bei nachgewiesenem ursächlichem Zusammenhang die gesundheitliche Schädigung ist (primäre Gesundheitsstörung), und

c) die Gesundheitsstörung, die bei nachgewiesenem ursächlichem Zusammenhang die Schädigungsfolge ist (sekundäre Gesundheitsstörung).

2.2. Ereignis

Die in Betracht kommenden schädigenden Ereignisse unterscheiden sich je nach den Voraussetzungen der verschiedenen Gesetze des Sozialen Entschädigungsrechts. Ereignis in diesem Sinne kann sein:

a) ein zeitlich begrenztes Ereignis,

b) ein über einen längeren Zeitraum einwirkendes Ereignis (andauerndes Ereignis) oder

c) wiederkehrende Ereignisse, die sich in ihrer Gesamtheit auswirken.

Es gibt aktiv einwirkende Ereignisse und passive Ereignisse durch Unterlassen.

2.3. Primäre Gesundheitsstörung

Primäre Gesundheitsstörungen sind solche, die nach dem aktuellen Stand der medizinischen Wissenschaft durch ein unter Nummer 2.2 beschriebenes Ereignis hervorgerufen werden können und zeitlich als erste auftreten.

2.4. Sekundäre Gesundheitsstörung

Sekundäre Gesundheitsstörungen sind solche, die nach dem aktuellen Stand der medizinischen Wissenschaft aus der primären Gesundheitsstörung entstehen können.

3. Ursächlicher Zusammenhang

3.1. Allgemeines

Nur wenn die unter Nummer 2.1 genannten Tatsachen ermittelt und im Sinne von Nummer 2.1 bewiesen sind, kann die ärztliche Begutachtung des ursächlichen Zusammenhangs erfolgen. Die Gesundheitsstörungen, die vor Eintritt des schädigenden Vorgangs bestanden haben oder bei Eintritt bestehen, sind von der primären und sekundären Gesundheitsstörung abzugrenzen.

3.2. Kausalkette

Zwischen dem Ereignis, der primären und der sekundären Gesundheitsstörung muss ein nach dem aktuellen Stand der medizinischen Wissenschaft nicht unterbrochener ursächlicher Zusammenhang bestehen. Die primäre Gesundheitsstörung muss durch das Ereignis verursacht sein und die sekundäre Gesundheitsstörung muss durch die primäre Gesundheitsstörung verursacht sein. Erst in diesem Fall ist der ursächliche Zusammenhang gegeben.

3.3. Schädigendes Ereignis, gesundheitliche Schädigung, Schädigungsfolge

Ist der ursächliche Zusammenhang im Sinne von Nummer 3.2 zu bejahen, ist

a) das Ereignis das schädigende Ereignis,

b) die primäre Gesundheitsstörung die gesundheitliche Schädigung und

c) die sekundäre Gesundheitsstörung die Gesundheitsstörung als Folge der Schädigung (Schädigungsfolge).

3.4. Wahrscheinlichkeit des ursächlichen Zusammenhangs

3.4.1

Für die Annahme des ursächlichen Zusammenhangs genügt entschädigungsrechtlich die Wahrscheinlichkeit. Sie ist gegeben, wenn nach dem aktuellen Stand der medizinischen Wissenschaft mehr für als gegen einen ursächlichen Zusammenhang spricht. Es reicht für die Annahme des ursächlichen Zusammenhangs nicht aus, dass dieser nur möglich ist.

3.4.2

Haben konkurrierende Ursachen zur primären Gesundheitsstörung beigetragen und kommt einem Ereignis gegenüber der Gesamtheit der anderen Ursachen eine mindestens gleichwertige Bedeutung zu, ist alleine jenes Ereignis schädigendes Ereignis und wesentliche Ursache im entschädigungsrechtlichen Sinn.

3.4.3

Nummer 3.4.2 gilt entsprechend, wenn die sekundäre Gesundheitsstörung auf konkurrierenden Ursachen beruht.

4. Kann-Versorgung

4.1

Im Sozialen Entschädigungsrecht muss anhand des Sachverhaltes in jedem Einzelfall stets zuerst geprüft werden, ob nach Nummer 3.4 der ursächliche Zusammenhang mit Wahrscheinlichkeit beurteilt werden kann. Lässt sich dabei die Frage des ursächlichen Zusammenhangs bereits in ihrer Gesamtheit bejahen oder verneinen, ist die entsprechende Prüfung abgeschlossen und eine Kann-Versorgung kommt nicht in Betracht.

4.2

Lässt sich die Frage des ursächlichen Zusammenhangs im Sinne von Nummer 3.4 nicht bejahen oder verneinen, kann in Ausnahmefällen eine Gesundheitsstörung im Sinne der Kann-Versorgung als Schädigungsfolge anerkannt werden. Voraussetzung dafür ist, dass die zur Anerkennung einer Gesundheitsstörung als Folge einer Schädigung erforderliche Wahrscheinlichkeit nur deshalb nicht gegeben ist, weil über die Ursache der festgestellten Gesundheitsstörung in der medizinischen Wissenschaft Ungewissheit besteht.

4.3

Eine Kann-Versorgung kommt nur dann in Betracht, wenn die einer Gesundheitsstörung zugrundeliegende Ursache (Ätiologie) nicht durch den aktuellen Stand der medizinischen Wissenschaft gesichert ist und wenn fundierte wissenschaftliche Arbeitshypothesen einen ursächlichen Zusammenhang begründen. Eine von dem aktuellen Stand der medizinischen Wissenschaft abweichende subjektive Auffassung eines einzelnen Wissenschaftlers oder einer einzelnen Wissenschaftlerin ist nicht mit Ungewissheit in der medizinischen Wissenschaft gleichzusetzen.

4.4

Eine Kann-Versorgung rechtfertigen nicht:

a) Zweifel über den Zeitpunkt der Entstehung der Gesundheitsstörung,

b) mangelnde diagnostische Klärung,

c) unzureichende Sachverhaltsaufklärung oder

d) sonstige Ungewissheiten im Sachverhalt.

4.5

Ist die Wahrscheinlichkeit des ursächlichen Zusammenhangs nur für einen Teil einer Gesundheitsstörung gegeben, so ist zu prüfen, ob für den verbleibenden Teil der Gesundheitsstörung die Voraussetzungen für eine Kann-Versorgung vorliegen.

5. Anerkennung der Schädigungsfolge im Sinne der Entstehung und Anerkennung der Schädigungsfolge im Sinne der Verschlimmerung

5.1. Allgemeines

Bei Vorliegen des ursächlichen Zusammenhangs ist auf der Grundlage des aktuellen Stands der medizinischen Wissenschaft zu beurteilen, ob das schädigende Ereignis zur Entstehung oder zur Verschlimmerung der Gesundheitsstörung geführt hat.

5.2. Anerkennung im Sinne der Entstehung

Die Anerkennung einer Gesundheitsstörung als Schädigungsfolge im Sinne der Entstehung setzt voraus, dass keine medizinischen Tatsachen festzustellen sind, die rückblickend nach dem aktuellen Stand der medizinischen Wissenschaft belegen, dass die Gesundheitsstörung zur Zeit der Einwirkung des schädigenden Ereignisses bereits bestand.

5.3. Anerkennung im Sinne der Verschlimmerung

Wenn medizinische Tatsachen festzustellen sind, die rückblickend nach dem aktuellen Stand der medizinischen Wissenschaft belegen, dass die Gesundheitsstörung zur Zeit der Einwirkung des schädigenden Ereignisses bereits – auch unbemerkt – bestand, kommt nur eine Anerkennung der Gesundheitsstörung als Schädigungsfolge im Sinne der Verschlimmerung in Betracht. Eine solche Anerkennung setzt voraus, dass das schädigende Ereignis dazu führt,

a) dass der Zeitpunkt vorverlegt wird, an dem die Gesundheitsstörung sonst in Erscheinung getreten wäre, oder

b) dass die Gesundheitsstörung in stärkerer Ausprägung auftritt, als es sonst zu erwarten wäre.

5.4. Zunahme der Ausprägung der Gesundheitsstörung

Bei jeder weiteren Zunahme der Ausprägung der als Schädigungsfolge anerkannten Gesundheitsstörung ist zu prüfen, ob auch diese Zunahme noch ursächlich auf das schädigende Ereignis zurückzuführen ist. Bei jeder weiteren Zunahme der Ausprägung der Gesundheitsstörung muss der ursächliche Zusammenhang dieser Weiterentwicklung beurteilt werden.

6. Bestimmung des Grades der Schädigungsfolgen

6.1. Vorübergehende Gesundheitsstörungen

Vorübergehende Gesundheitsstörungen sind bei der Feststellung des Grades der Schädigungsfolgen nicht zu berücksichtigen. Als vorübergehend gilt ein Zeitraum von bis zu sechs Monaten.

6.2. Bereits bestehende Gesundheitsstörungen

6.2.1

Vor der Feststellung des Grades der Schädigungsfolgen ist zu prüfen, ob vor dem schädigenden Ereignis bereits eine Teilhabebeeinträchtigung durch eine nicht schädigungsbedingte Gesundheitsstörung (bereits bestehende Gesundheitsstörung) vorlag. Diese Teilhabebeeinträchtigung muss festgestellt werden. Auch für die Gesamtauswirkung der vorhandenen Gesundheitsstörungen ist ein Grad der Behinderung anzugeben. Der Grad der Schädigungsfolgen gibt allein das Ausmaß der Auswirkungen der Schädigungsfolgen wieder.

6.2.2

Befinden sich die bereits bestehende Gesundheitsstörung und die Schädigungsfolge an verschiedenen Körperteilen und beeinflussen sich nicht gegenseitig, hat die bereits bestehende Gesundheitsstörung keine Auswirkung auf den Grad der Schädigungsfolgen.

6.2.3

Hat die Schädigung eine Gliedmaße oder ein Organ mit bereits bestehender Gesundheitsstörung betroffen, muss der Grad der Schädigungsfolgen niedriger sein als der Grad der Behinderung, der sich aus der nun bestehenden gesamten Gesundheitsstörung ergeben würde. Der Grad der Schädigungsfolgen lässt sich dabei nicht einfach dadurch ermitteln, dass die Teilhabebeeinträchtigung der bereits bestehenden Gesundheitsstörung vom Grad der Behinderung der gesamten Gesundheitsstörung abgezogen wird. Maßgeblich ist vielmehr, zu welchen zusätzlichen Auswirkungen die Schädigung geführt hat. Wenn jedoch die bereits bestehende Gesundheitsstörung nach ihrem Umfang oder nach ihrer Art keine wesentliche Bedeutung für die gesamte Gesundheitsstörung hat, ist der Grad der Schädigungsfolgen genauso hoch wie der Grad der Behinderung, der sich aus der nun bestehenden gesamten Gesundheitsstörung ergibt.

6.2.4

Sind durch die bereits bestehende schädigungsunabhängige Gesundheitsstörung und durch die Schädigungsfolge verschiedene Organe, Gliedmaßen oder paarige Organe betroffen und verstärkt die bereits bestehende schädigungsunabhängige Gesundheitsstörung die Auswirkungen der schädigungsbedingten

Funktionsstörung, ist der Grad der Schädigungsfolgen höher zu bewerten als bei isolierter Betrachtung der Schädigungsfolge.

6.3. Veränderung des Grades der Schädigungsfolgen

6.3.1

Ein schädigendes Ereignis kann zu einer zeitlich begrenzten Zunahme der Ausprägung einer Gesundheitsstörung führen und damit zu keinem oder nur zeitlich begrenzt zu einem Grad der Schädigungsfolgen.

6.3.2

Ein schädigendes Ereignis kann anhaltend, aber abgrenzbar den weiteren Verlauf der Gesundheitsstörung beeinflussen und damit zu einem gleichbleibenden Grad der Schädigungsfolgen führen.

6.3.3

Ein schädigendes Ereignis kann aber auch den weiteren Verlauf der Gesundheitsstörung richtunggebend bestimmen und damit Anlass für einen ansteigenden Grad der Schädigungsfolgen sein.

6.4. Nachfolgende Gesundheitsstörung

Eine Gesundheitsstörung, die zeitlich nach der Schädigungsfolge eingetreten ist und nicht in ursächlichem Zusammenhang mit der Schädigung steht, wird bei der Bewertung des Grades der Schädigungsfolgen nicht berücksichtigt.

7. Folgeschaden

Tritt nach einer Schädigung eine weitere Gesundheitsstörung ein und kommt der Schädigung oder deren Folgen für die Entstehung dieser Gesundheitsstörung eine mindestens gleichwertige Bedeutung gegenüber der Gesamtheit der anderen Ursachen zu, handelt es sich um einen Folgeschaden. Dieser ist bei der Feststellung des Grades der Schädigungsfolgen zu berücksichtigen. In diesem Falle ist stets zu prüfen, ob die anerkannte Schädigungsfolge auch gemäß dem gegenwärtig aktuellen Stand der medizinischen Wissenschaft anerkannt würde.

8. Folgen von medizinischen Maßnahmen

Haben diagnostische oder therapeutische Maßnahmen, die wegen Schädigungsfolgen durchgeführt werden, nachteilige gesundheitliche Folgen, so sind auch diese gesundheitlichen Folgen Schädigungsfolgen. Auch das Unterlassen einer medizinisch gebotenen Maßnahme kann zu einer gesundheitlichen Schädigung und damit zu einer Schädigungsfolge führen.

9. Absichtlich herbeigeführte Gesundheitsstörungen

Eine von der antragstellenden Person absichtlich herbeigeführte Schädigung führt entschädigungsrechtlich nicht zu einer Schädigungsfolge. Eine Selbsttötung, die Folgen eines Selbsttötungsversuchs oder eine absichtlich herbeigeführte Gesundheitsstörung können nur dann Schädigungsfolge sein, wenn eine Beeinträchtigung der freien Willensbestimmung durch entschädigungsrechtlich geschützte Tatbestände wahrscheinlich ist.

10. Ursächlicher Zusammenhang zwischen Schädigung und Tod

10.1

Hat eine als Schädigungsfolge anerkannte Gesundheitsstörung den Tod verursacht und liegt zum Zeitpunkt des Todes eine Anerkennung der Gesundheitsstörung vor, gilt der Tod als Schädigungsfolge. Eine erneute Begutachtung der Wahrscheinlichkeit des ursächlichen Zusammenhanges ist nicht erforderlich, es sei denn, die bisherige Anerkennung ist aus heutiger Sicht zweifelsfrei unrichtig.

10.2

Stirbt eine geschädigte Person an einer im Sinne der Verschlimmerung anerkannten Gesundheitsstörung, so gilt der Tod als Schädigungsfolge, wenn die schädigungsbedingte Verschlimmerung für den Tod ursächlich gewesen ist.

10.3

Haben mehrere Gesundheitsstörungen zum Tod beigetragen und sind nicht alle diese Gesundheitsstörungen auch Schädigungsfolgen, ist zu prüfen, ob die Schädigungsfolgen eine mindestens gleichwertige Bedeutung für den Eintritt des Todes hatten. In diesem Fall gilt der Tod als Schädigungsfolge.

10.4

In Ausnahmefällen kann bei der Prüfung nach Nummer 10.2 auch der Zeitpunkt des Todes eine wichtige Rolle spielen, wenn neben den Schädigungsfolgen eine schwere, schädigungsunabhängige Gesundheitsstörung vorgelegen hat, die nach dem aktuellen Stand der medizinischen Wissenschaft ohne die Schädigungsfolgen noch nicht zu diesem Zeitpunkt, jedoch in absehbarer Zeit für sich allein zum Tode geführt hätte. In diesem Fall gilt der Tod als Schädigungsfolge, wenn die geschädigte Person ohne die Schädigungsfolgen wahrscheinlich mindestens ein Jahr länger gelebt hätte als mit den Schädigungsfolgen.

[11. bis 31.12.2023:]
11. *(aufgehoben)*

[12. bis 31.12.2023:]
12. *(aufgehoben)*

[13. bis 31.12.2023:]
13. Voraussetzungen für die Pflegezulage, Pflegezulagestufen

a) Pflegezulage wird bewilligt, solange Beschädigte infolge der Schädigung so hilflos sind, dass sie für eine Reihe von häufig und regelmäßig wiederkehrenden Verrichtungen zur Sicherung ihrer persönlichen Existenz im Ablauf eines jeden Tages fremder Hilfe dauernd bedürfen. Diese Voraussetzungen sind auch erfüllt, wenn die Hilfe in Form einer Überwachung oder Anleitung zu den genannten Verrichtungen erforderlich ist oder wenn die Hilfe zwar nicht dauernd geleistet werden muss, jedoch eine ständige Bereitschaft zur Hilfeleistung erforderlich ist.

b) Die Hilflosigkeit muss durch die Folgen der Schädigung verursacht sein. Dabei ist es nicht erforderlich, dass sie ausschließlich oder überwiegend auf eine Schädigungsfolge zurückzuführen ist. Es genügt, dass für den Eintritt der Hilflosigkeit – oder auch für eine Erhöhung des Pflegebedürfnisses – die Schädigungsfolge eine annähernd gleichwertige Bedeutung gegenüber anderen Gesundheitsstörungen hat.

c) Die Pflegezulage wird in sechs Stufen bewilligt. Für dauerndes Krankenlager oder dauernd außergewöhnliche Pflege sind die Stufen II bis VI vorgesehen.

d) Ein dauerndes außergewöhnliches Pflegebedürfnis liegt vor, wenn der Aufwand an Pflege etwa in gleichem Umfang wie bei dauerndem Krankenlager einer beschädigten Person notwendig ist. Dauerndes Krankenlager setzt nicht voraus, dass man das Bett überhaupt nicht verlassen kann.

e) Bei Doppelamputierten ohne weitere Gesundheitsstörungen – ausgenommen Doppel-Unterschenkelamputierten – ist im allgemeinen eine Pflegezulage nach Stufe I angemessen, ohne Rücksicht darauf, ob es sich um paarige oder nichtpaarige Gliedverluste (Oberarm, Unterarm, ganze Hand, Oberschenkel, Unterschenkel, ganzer Fuß) handelt. Sofern nicht besondere Umstände eine höhere Einstufung rechtfertigen sind folgende Stufen der Pflegezulage angemessen:

1. Bei Verlust beider Beine im Oberschenkel: Stufe II
2. Bei Verlust beider Hände oder Unterarme: Stufe III
3. Bei Verlust beider Arme im Oberarm oder dreier Glied- Stufe IV.
   maßen:

f) Die Pflegezulage nach Stufe V kommt in Betracht, wenn ein außergewöhnlicher Leidenszustand vorliegt und die Pflege besonders hohe Aufwendungen erfordert. Dies trifft immer zu bei

1. Querschnittgelähmten mit Blasen- und Mastdarmlähmung,

2. Hirnbeschädigten mit schweren psychischen und physischen Störungen,

3. Ohnhändern mit Verlust beider Beine im Oberschenkel,

4. blinden Doppel-Oberschenkelamputierten,

5. Blinden mit völligem Verlust einer oberen und einer unteren Gliedmaße.

g) Besonders schwer betroffene Beschädigte erhalten eine Pflegezulage nach Stufe VI. Es handelt sich dabei um

1. Blinde mit völligem Gehörverlust,

2. blinde Ohnhänder,

3. Beschädigte mit Verlust beider Arme im Oberarm und beider Beine im Oberschenkel,

4. Beschädigte, bei denen neben einem Leidenszustand, der bereits die Gewährung einer Pflegezulage nach Stufe V rechtfertigt, noch eine weitere Gesundheitsstörung vorliegt, die das Pflegebedürfnis wesentlich erhöht (z.B. erhebliche Gebrauchsbehinderung beider Arme bei vollständiger Lähmung beider Beine mit Blasen- und Mastdarmlähmung), sowie

5. andere Beschädigte, deren außergewöhnlicher Leidenszustand und deren Pflegebedürfnis denen der vorgenannten Beschädigten vergleichbar sind.

h) Bei Säuglingen und Kleinkindern ist – auch hinsichtlich der Pflegezulagestufe – nur der Teil der Hilflosigkeit zu berücksichtigen, der den Umfang des Hilfsbedürfnisses eines gesunden gleichaltrigen Kindes überschreitet.

i) Erwerbsunfähige Hirnbeschädigte erhalten eine Pflegezulage mindestens nach Stufe I, wenn die Hirnbeschädigung allein die Erwerbsunfähigkeit bedingt. Ob bei erwerbsunfähigen Hirnbeschädigten eine höhere Pflegezulage als Stufe I in Betracht kommt, ist im Einzelfall nach den Auswirkungen der Krankheitserscheinungen zu entscheiden. Der Grad der psychischen Störungen und die Art und Häufigkeit von Anfällen sind dabei besonders zu berücksichtigen.

j) Bei Beschädigten mit schweren geistigen oder seelischen Störungen, die wegen dauernder und außergewöhnlicher motorischer Unruhe ständiger

Aufsicht bedürfen (z.B. erethische Kinder), sind die Voraussetzungen für eine Pflegezulage mindestens nach Stufe III gegeben.

k) Blinde erhalten mindestens die Pflegezulage nach Stufe III. Treten bei Blinden weitere Gesundheitsstörungen, vor allem Störungen der Ausgleichsfunktion hinzu, die unter Beachtung von Buchstabe b bei der gebotenen Gesamtbetrachtung das Pflegebedürfnis über den tatsächlichen Bedarf der Stufe III hinaus erhöhen, so ist die Pflegezulage nach Stufe IV zu bewilligen, wenn nicht nach Buchstabe f oder g die Pflegezulage nach Stufe V oder VI zusteht. Hochgradig Sehbehinderte erfüllen grundsätzlich die Voraussetzungen für die Gewährung einer Pflegezulage nach Stufe I.

Teil D: Merkzeichen

1. Erhebliche Beeinträchtigung der Bewegungsfähigkeit im Straßenverkehr (Merkzeichen G)

a) Nach dem Neunten Buch Sozialgesetzbuch (SGB IX) ist zu beurteilen, ob ein behinderter Mensch infolge seiner Behinderung in seiner Bewegungsfähigkeit im Straßenverkehr erheblich beeinträchtigt ist. Hilflose und Gehörlose haben stets einen Anspruch auf unentgeltliche Beförderung im öffentlichen Personenverkehr.

b) In seiner Bewegungsfähigkeit im Straßenverkehr erheblich beeinträchtigt ist, wer infolge einer Einschränkung des Gehvermögens, auch durch innere Leiden, oder infolge von Anfällen oder von Störungen der Orientierungsfähigkeit nicht ohne erhebliche Schwierigkeiten oder nicht ohne Gefahren für sich oder andere Wegstrecken im Ortsverkehr zurückzulegen vermag, die üblicherweise noch zu Fuß zurückgelegt werden. Bei der Prüfung der Frage, ob diese Voraussetzungen vorliegen, kommt es nicht auf die konkreten örtlichen Verhältnisse des Einzelfalles an, sondern darauf, welche Wegstrecken allgemein – d.h. altersunabhängig von nicht behinderten Menschen – noch zu Fuß zurückgelegt werden. Als ortsübliche Wegstrecke in diesem Sinne gilt eine Strecke von etwa zwei Kilometern, die in etwa einer halben Stunde zurückgelegt wird.

c) Auch bei Säuglingen und Kleinkindern ist die gutachtliche Beurteilung einer erheblichen Beeinträchtigung der Bewegungsfähigkeit im Straßenverkehr erforderlich. Für die Beurteilung sind dieselben Kriterien wie bei Erwachsenen mit gleichen Gesundheitsstörungen maßgebend. Es ist nicht zu prüfen, ob tatsächlich diesbezügliche behinderungsbedingte Nachteile vorliegen oder behinderungsbedingte Mehraufwendungen entstehen.

d) Die Voraussetzungen für die Annahme einer erheblichen Beeinträchtigung der Bewegungsfähigkeit im Straßenverkehr infolge einer behinderungsbedingten Einschränkung des Gehvermögens sind als erfüllt anzusehen, wenn auf die Gehfähigkeit sich auswirkende Funktionsstörungen der unteren Gliedmaßen und/oder der Lendenwirbelsäule bestehen, die für sich einen GdB von wenigstens 50 bedingen. Darüber hinaus können die Voraussetzungen bei Behinderungen an den unteren Gliedmaßen mit einem GdB unter 50 gegeben sein, wenn diese Behinderungen sich auf die Gehfähigkeit besonders auswirken, z.B. bei Versteifung des Hüftgelenks, Versteifung des Knie- oder Fußgelenks in ungünstiger Stellung, arteriellen Verschlusskrankheiten mit einem GdB von 40. Auch bei inneren Leiden kommt es bei der Beurteilung entscheidend auf die Einschränkung des Gehvermögens an.

Dementsprechend ist eine erhebliche Beeinträchtigung der Bewegungsfähigkeit vor allem bei Herzschäden mit Beeinträchtigung der Herzleistung wenigstens nach Gruppe 3 und bei Atembehinderungen mit dauernder Einschränkung der Lungenfunktion wenigstens mittleren Grades anzunehmen. Auch bei anderen inneren Leiden mit einer schweren Beeinträchtigung der körperlichen Leistungsfähigkeit, z.B. chronische Niereninsuffizienz mit ausgeprägter Anämie, sind die Voraussetzungen als erfüllt anzusehen.

e) Bei hirnorganischen Anfällen ist die Beurteilung von der Art und Häufigkeit der Anfälle sowie von der Tageszeit des Auftretens abhängig. Im Allgemeinen ist auf eine erhebliche Beeinträchtigung der Bewegungsfähigkeit erst ab einer mittleren Anfallshäufigkeit mit einem GdS von wenigstens 70 zu schließen, wenn die Anfälle überwiegend am Tage auftreten. Analoges gilt beim Diabetes mellitus mit häufigen hypoglykämischen Schocks.

f) Störungen der Orientierungsfähigkeit, die zu einer erheblichen Beeinträchtigung der Bewegungsfähigkeit führen, sind bei allen Sehbehinderungen mit einem GdB von wenigstens 70 und bei Sehbehinderungen, die einen GdB von 50 oder 60 bedingen, nur in Kombination mit erheblichen Störungen der Ausgleichsfunktion (z.B. hochgradige Schwerhörigkeit beiderseits, geistige Behinderung) anzunehmen. Bei Hörbehinderungen ist die Annahme solcher Störungen nur bei Taubheit oder an Taubheit grenzender Schwerhörigkeit im Kindesalter (in der Regel bis zum 16. Lebensjahr) oder im Erwachsenenalter bei diesen Hörstörungen in Kombination mit erheblichen Störungen der Ausgleichsfunktion (z.B. Sehbehinderung, geistige Behinderung) gerechtfertigt. Bei geistig behinderten Menschen sind entsprechende Störungen der Orientierungsfähigkeit vorauszusetzen, wenn die behinderten Menschen sich im Straßenverkehr auf Wegen, die sie nicht täglich benutzen, nur schwer zurechtfinden können. Unter diesen Umständen ist eine erhebliche Beeinträchtigung der Bewegungsfähigkeit bei geistigen Behinderungen mit einem GdB von 100 immer und mit einem GdB von 80 oder 90 in den meisten Fällen zu bejahen. Bei einem GdB unter 80 kommt eine solche Beeinträchtigung der Bewegungsfähigkeit nur in besonders gelagerten Einzelfällen in Betracht.

2. Berechtigung für eine ständige Begleitung (Merkzeichen B)

a) Für die unentgeltliche Beförderung einer Begleitperson ist nach dem SGB IX die Berechtigung für eine ständige Begleitung zu beurteilen. Auch bei Säuglingen und Kleinkindern ist die gutachtliche Beurteilung der Berechtigung für eine ständige Begleitung erforderlich. Für die Beurteilung sind dieselben Kriterien wie bei Erwachsenen mit gleichen Gesundheitsstörungen maßgebend. Es ist nicht zu prüfen, ob tatsächlich diesbezügliche behinderungsbedingte Nachteile vorliegen oder behinderungsbedingte Mehraufwendungen entstehen.

b) Eine Berechtigung für eine ständige Begleitung ist bei schwerbehinderten Menschen (bei denen die Voraussetzungen für die Merkzeichen „G", „Gl" oder „H" vorliegen) gegeben, die bei der Benutzung von öffentlichen Verkehrsmitteln infolge ihrer Behinderung regelmäßig auf fremde Hilfe angewiesen sind. Dementsprechend ist zu beachten, ob sie bei der Benutzung öffentlicher Verkehrsmittel regelmäßig auf fremde Hilfe beim Ein- und Aussteigen oder während der Fahrt des Verkehrsmittels angewiesen sind oder ob Hilfen zum Ausgleich von Orientierungsstörungen (z.B. bei Sehbehinderung, geistiger Behinderung) erforderlich sind.

c) Die Berechtigung für eine ständige Begleitung ist anzunehmen bei

Querschnittgelähmten,

Ohnhändern,

Blinden und

Sehbehinderten, Hörbehinderten, geistig behinderten Menschen und Anfallskranken, bei denen die Annahme einer erheblichen Beeinträchtigung der Bewegungsfähigkeit im Straßenverkehr gerechtfertigt ist.

3. *(aufgehoben)*

4. Gehörlosigkeit (Merkzeichen Gl)

Gehörlos sind nicht nur Hörbehinderte, bei denen Taubheit beiderseits vorliegt, sondern auch Hörbehinderte mit einer an Taubheit grenzenden Schwerhörigkeit beiderseits, wenn daneben schwere Sprachstörungen (schwer verständliche Lautsprache, geringer Sprachschatz) vorliegen. Das sind in der Regel Hörbehinderte, bei denen die an Taubheit grenzende Schwerhörigkeit angeboren oder in der Kindheit erworben worden ist.

15f. Gesetz über die Hilfe für durch Anti-D-Immunprophylaxe mit dem Hepatitis-C-Virus infizierte Personen (Anti-D-Hilfegesetz – AntiDHG)

Vom 2. August 2000

(BGBl. I S. 1270)

FNA 2172-5

zuletzt geänd. durch Art. 2d G über die Ausbildung zur Anästhesietechnischen Assistentin und zum Anästhesietechnischen Assistenten und über die Ausbildung zur Operationstechnischen Assistentin und zum Operationstechnischen Assistenten v. 14.12.2019 (BGBl. I S. 2768)

Der Bundestag hat mit Zustimmung des Bundesrates das folgende Gesetz beschlossen:

§ 1 Anspruch auf Hilfe. (1) [1] Frauen, die in dem in Artikel 3 des Einigungsvertrages genannten Gebiet infolge einer in den Jahren 1978 und 1979 durchgeführten Anti-D-Immunprophylaxe mit den Chargen des Bezirksinstituts für Blutspende- und Transfusionswesen des Bezirkes Halle Nrn. 080578, 090578, 100678, 110678, 120778, 130778, 140778, 150878, 160978, 171078, 181078, 191078, 201178, 211178 und 221278 mit dem Hepatitis-C-Virus infiziert wurden, sowie Kontaktpersonen, die von ihnen mit großer Wahrscheinlichkeit mit dem Hepatitis-C-Virus infiziert wurden, erhalten aus humanitären und sozialen Gründen Krankenbehandlung und eine finanzielle Hilfe. [2] Eine finanzielle Hilfe erhalten auch die Hinterbliebenen eines nach Satz 1 Berechtigten.

(2) Kontaktpersonen im Sinne des Absatzes 1 Satz 1 sind

1. die seit der Immunprophylaxe von den in Satz 1 genannten Frauen geborenen Kinder,
2. Stief-, Adoptiv- und Pflegekinder sowie sonstige Kinder, Ehegatten und Lebenspartner, die mit den in Satz 1 genannten Frauen nicht nur vorübergehend in häuslicher Gemeinschaft gelebt haben oder leben.

[§ 2 bis 31.12.2023:]
§ 2 Heil- und Krankenbehandlung. Berechtigte nach § 1 Abs. 1 Satz 1 erhalten für die durch die Hepatitis-C-Virus-Infektion verursachten gesundheitlichen Folgen Heil- und Krankenbehandlung in entsprechender Anwendung der §§ 10 bis 24a des Bundesversorgungsgesetzes[1]).

[§ 2 ab 1.1.2024:]
§ 2 Krankenbehandlung. Berechtigte nach § 1 Abs. 1 Satz 1 erhalten für die durch die Hepatitis-C-Virus-Infektion verursachten gesundheitlichen Folgen Heil- und Krankenbehandlung in entsprechender Anwendung der §§ 41 bis 53 des Vierzehnten Buches Sozialgesetzbuch.

---

[1]) Nr. **15**.

§ 3 Finanzielle Hilfe. (1) Berechtigte nach § 1 Abs. 1 Satz 1 erhalten als finanzielle Hilfe eine monatliche Rente und eine Einmalzahlung.

(2) Die monatliche Rente beträgt bei einem Grad der Schädigungsfolgen infolge der Hepatitis-C-Virus-Infektion

von 30	272 Euro,
von 40	434 Euro,
von 50	598 Euro,
von 60	815 Euro,
von 70 und mehr	1 088 Euro.

(3) [1]Die Einmalzahlung nach Absatz 1 beträgt bei einem Grad der Schädigungsfolgen infolge der Hepatitis-C-Virus-Infektion

von 10 und 20	3 579 Euro,
von 30	6 136 Euro,
von 40	7 669 Euro,
von 50	10 226 Euro,
von 60 und mehr	15 339 Euro.

[2]Maßgebend für die Höhe der Einmalzahlung ist der Grad der Schädigungsfolgen im Zeitpunkt der erstmaligen Bewilligung von Leistungen nach Absatz 1. [3]Ist ein Antrag nach § 7 erforderlich, wird die Einmalzahlung nur gewährt, wenn sie bis zum 31. Dezember 2000 beantragt wurde.

[Abs. 4 bis 31.12.2023:]

(4) [1]Der Grad der Schädigungsfolgen bestimmt sich nach § 30 Abs. 1 und § 31 Abs. 2 des Bundesversorgungsgesetzes[1]). [2]Die Voraussetzungen für die Gewährung der finanziellen Hilfe nach Absatz 1 werden unabhängig anderweitiger Anerkennungen über das Ausmaß der Schädigungsfolgen festgestellt. [3]Sind Verfahren im Rahmen des Bundes-Seuchengesetzes in Verbindung mit dem Bundesversorgungsgesetz[2]) im Antrags-, Widerspruchs- oder Klageverfahren anhängig, so gilt für das vorliegende Gesetz deren rechtskräftiger Abschluss.

[Abs. 4 ab 1.1.2024:]

(4) [1]Der Grad der Schädigungsfolgen bestimmt sich nach § 5 Absatz 1 des Vierzehnten Buches Sozialgesetzbuch. [2]Die Voraussetzungen für die Gewährung der finanziellen Hilfe nach Absatz 1 werden unabhängig anderweitiger Anerkennungen über das Ausmaß der Schädigungsfolgen festgestellt.

§ 4 Hilfe für Hinterbliebene[3]). (1) Stirbt ein nach § 1 Abs. 1 Satz 1 Berechtigter an den Folgen einer im Zeitpunkt des Todes bestandskräftig anerkannten Hepatitis-C-Virus-Infektion, erhalten der hinterbliebene Ehegatte eine monatliche finanzielle Hilfe in Höhe von 434 Euro, Halbwaisen von 327 Euro und Vollwaisen von 544 Euro.

(2) Die Hilfe nach Absatz 1 wird dem Ehegatten für die 60 auf den Sterbemonat folgenden Monate gewährt.

---

[1]) Nr. **15**.
[2]) Auszugsweise abgedruckt unter Nr. **15**.
[3]) Zur Anpassung der Beträge siehe § 8.

(3) [1] Waisen erhalten die finanzielle Hilfe nach Absatz 1 ab dem auf den Sterbemonat folgenden Monat bis zur Vollendung des 18. Lebensjahres, darüber hinaus nur für die Dauer einer Schul- oder Berufsausbildung, die die Arbeitskraft überwiegend in Anspruch nimmt und nicht mit der Zahlung von Dienstbezügen, Arbeitsentgelt oder sonstigen Zuwendungen in entsprechender Höhe verbunden ist, längstens jedoch bis zur Vollendung des 27. Lebensjahres. [2] Als Waisen gelten auch

1. Stiefkinder, die mit dem verstorbenen Berechtigten im Zeitpunkt des Todes in häuslicher Gemeinschaft gelebt haben oder wesentlich von ihm unterhalten worden sind sowie
2. Pflegekinder im Sinne des § 2 Abs. 1 Nr. 2 des Bundeskindergeldgesetzes.

[§ 5 bis 31.12.2023:]

§ 5 Hilfe bei Wohnsitz im Ausland, Härteausgleich. Die §§ 64, 64a Abs. 1 und Abs. 3 Satz 1, §§ 64d sowie 64f und 89 des Bundesversorgungsgesetzes sind entsprechend anzuwenden mit der Maßgabe, dass an die Stelle der Zustimmung des Bundesministeriums für Arbeit und Soziales die Zustimmung der zuständigen obersten Landesbehörde tritt.

[§ 5 ab 1.1.2024:]

§ 5 *Härteausgleich, Hilfe bei Wohnsitz im Ausland.* *§ 100 und § 101 Absatz 3 des Vierzehnten Buches Sozialgesetzbuch gelten entsprechend.*

§ 6 Zusammentreffen mit anderen Ansprüchen, Übertragbarkeit.

(1) [1] Einmalzahlungen nach § 3 Abs. 3 bleiben als Einkommen und Vermögen unberücksichtigt, wenn bei Sozialleistungen die Gewährung oder die Höhe von anderen Einkommen abhängt. [2] Monatliche Renten nach § 3 Abs. 2 werden hälftig als Einkommen berücksichtigt, wenn bei Sozialleistungen die Gewährung oder die Höhe von anderen Einkommen abhängt.

(2) Unabhängig davon werden Einmalzahlung und monatliche Rente bei sonstigen gesetzlich vorgesehenen Ermittlungen von Einkommen und Vermögen nicht berücksichtigt.

(3) Ansprüche auf Hilfen nach diesem Gesetz können nicht übertragen, verpfändet oder gepfändet werden.

§ 7 Beginn, Änderung und Zahlung der Hilfe. (1) [1] Die Hilfen nach den §§ 3 und 4 werden auf Antrag gewährt. [2] Rentenleistungen nach § 3 Abs. 2 und Hilfen nach § 4 beginnen mit dem Monat, in dem die dafür geltenden Voraussetzungen erfüllt sind, jedoch frühestens mit dem Antragsmonat bei Renten nach § 3 Abs. 2 und frühestens mit dem auf den Sterbemonat folgenden Monat bei Hilfen nach § 4. [3] Werden Hilfen im Sinne des Satzes 2 innerhalb eines Jahres nach Verkündung dieses Gesetzes[1] beantragt, beginnt die Leistungsgewährung frühestens mit seinem Inkrafttreten.

[Abs. 2 bis 31.12.2023:]

(2) Für die Zahlung der Hilfen nach den §§ 3 und 4 gilt § 66 des Bundesversorgungsgesetzes entsprechend.

---

[1] Verkündet am 11.8.2000.

[Abs. 2 ab 1.1.2024:]

(2) [1] Der Grad der Schädigungsfolgen Berechtigter darf nicht vor Ablauf von zwei Jahren nach Bekanntgabe des Feststellungsbescheids niedriger festgesetzt werden. [2] Ist durch Krankenbehandlung eine wesentliche oder nachhaltige Besserung des schädigungsbedingten Gesundheitszustandes erreicht worden, so ist die niedrigere Festsetzung schon früher zulässig, jedoch frühestens nach Ablauf eines Jahres nach Abschluss dieser Behandlung.

[Abs. 3 bis 31.12.2023:]

(3) Abweichend von Absatz 1 Satz 1 wird über die Hilfen nach den §§ 3 und 4 von Amts wegen entschieden, wenn bereits eine Anerkennung nach dem Bundes-Seuchengesetz vorliegt oder beantragt ist, die auf einem Tatbestand des § 1 beruht.

[Abs. 3 ab 1.1.2024:]

(3) [1] Die Versorgungsbezüge werden in Monatsbeträgen zuerkannt, auf volle Euro aufgerundet und monatlich im Voraus gezahlt. [2] Das Krankengeld der Sozialen Entschädigung nach § 47 des Vierzehnten Buches Sozialgesetzbuch und eine Beihilfe nach § 48 des Vierzehnten Buches Sozialgesetzbuch werden tageweise zuerkannt und mit Ablauf jeder Woche gezahlt. [3] § 47 Absatz 1 des Ersten Buches Sozialgesetzbuch und § 118 Absatz 3 bis 4a des Sechsten Buches Sozialgesetzbuch gelten entsprechend.

[Abs. 4 ab 1.1.2024:]

(4) Abweichend von Absatz 1 Satz 1 wird über die Hilfen nach den §§ 3 und 4 von Amts wegen entschieden, wenn bereits eine Anerkennung nach dem Bundes-Seuchengesetz vorliegt oder beantragt ist, die auf einem Tatbestand des § 1 beruht.

§ 7a Bestandsschutz. (1) Berechtigte nach § 1 Absatz 1 Satz 1 erhalten die monatliche Rente nach § 3 Absatz 2 weiterhin in der für den letzten bei ihnen festgestellten Grad der Schädigungsfolgen vorgesehenen Höhe, wenn nach dem 31. Dezember 2019 auf Grund einer Neufestsetzung des Grades der Schädigungsfolgen eine niedrigere oder keine Rente zu leisten wäre.

(2) [1] Berechtigte nach § 1 Absatz 1 Satz 1 erhalten die monatliche Rente nach § 3 Absatz 2 auf Antrag in der Höhe, die für den vor dem 1. Januar 2014 zuletzt bei ihnen festgestellten Grad der Schädigungsfolgen vorgesehen ist, wenn auf Grund von Neufestsetzungen des Grades der Schädigungsfolgen ab dem 1. Januar 2014 bis einschließlich 31. Dezember 2019 eine niedrigere oder keine Rente zu leisten war. [2] Wurde der Antrag nach Satz 1 bis zum Ablauf des 30. Juni 2020 gestellt, besteht der Anspruch ab dem 1. Januar 2020, andernfalls ab dem Ersten des Monats, in dem der Antrag gestellt wurde.

(3) Anpassungen nach § 8 bleiben von den Absätzen 1 und 2 unberührt.

§ 8 Anpassung. (1) [1] Die Hilfen nach § 3 Abs. 2 und § 4 ändern sich entsprechend dem Vomhundertsatz und jeweils zum gleichen Zeitpunkt, zu dem die Renten der gesetzlichen Rentenversicherung angepasst werden. [2] Dabei sind die sich ergebenden Beträge bis 0,49 Euro nach unten, ab 0,50 Euro nach oben auf volle Euro zu runden. [3] Die Änderungsbeträge werden durch das Bundesministerium für Gesundheit im Bundesanzeiger bekannt gemacht.[1)]

[1)] Siehe ab dem 1.7.2019 die Bek. der Anpassung der Hilfen des Anti-D-HilfeG v. 12.4.2019 (BAnz AT 26.04.2019 B4):   →

(2) Abweichend von Absatz 1 werden die Hilfen nach § 3 Abs. 2 und § 4 zum 1. Juli 2000 entsprechend dem Vomhundertsatz angepasst, um den sich die Renten der gesetzlichen Rentenversicherung verändern.

§ 9 Übergang gesetzlicher Schadensersatzansprüche. (1) *[bis 31.12. 2023:* § 81a des Bundesversorgungsgesetzes*][ab 1.1.2024:* § 120 *des Vierzehnten Buches Sozialgesetzbuch]* gilt mit der Maßgabe, dass der gegen Dritte bestehende gesetzliche Schadensersatzanspruch auf das nach § 11 Abs. 1 für die Durchführung dieses Gesetzes jeweils zuständige Land übergeht.

(2) Die eingezogenen Beträge führt das Land an den Bund und die in § 10 Abs. 3 genannten Länder in dem Verhältnis ab, in dem diese sich an der Kostenlast beteiligt haben.

§ 10 Kostenträger. (1) Die Kosten der Einmalzahlung trägt der Bund.

(2) Die anderen durch Leistungen nach diesem Gesetz entstehenden Kosten trägt jeweils das Land, zu dessen heutigem Gebiet der Ort gehört, an dem die Anti-D-Immunprophylaxe durchgeführt wurde.

(3) [1]Den in Absatz 2 bezeichneten Ländern werden für Leistungen nach § 3 Absatz 2 in Verbindung mit Absatz 1 sowie in Verbindung mit § 7a, §§ 4 und 13 Abs. 1*[ab 1.1.2024: und Abs. 2]* vom Bund 50 vom Hundert und von den Ländern Baden-Württemberg, Bayern, Bremen, Hamburg, Hessen, Niedersachsen, Nordrhein-Westfalen, Rheinland-Pfalz, Saarland und Schleswig-Holstein 12,4 vom Hundert der entstandenen Kosten erstattet. [2]Das Anteilsverhältnis unter den zur Erstattung verpflichteten Ländern wird zu zwei Dritteln nach dem Verhältnis ihrer Steuereinnahmen und zu einem Drittel nach dem Verhältnis ihrer Bevölkerungszahl bestimmt.

§ 11 Zuständigkeit, Verfahren. (1) [1]Die Gewährung von Leistungen nach diesem Gesetz obliegt den für die Durchführung des *[bis 31.12.2023:* Bundesversorgungsgesetzes[1])*][ab 1.1.2024: Vierzehnten Buches Sozialgesetzbuch]* zuständigen Behörden des Landes, zu dessen heutigem Gebiet der Ort gehört, an dem die Anti-D-Immunprophylaxe durchgeführt wurde. [2]Die

---

(Fortsetzung der Anm. von voriger Seite)

„Gemäß § 8 Absatz 1 des ml Anti-D-Hilfegesetzes vom 2. August 2000 (BGBl. I S. 1270), das zuletzt durch Artikel 3 des Gesetzes vom 13. Dezember 2007 (BGBl. I S. 2904) geändert worden ist, wird bekannt gemacht, dass ab 1. Juli 2019 die Hilfen nach § 3 Absatz 2 und § 4 um 3,18 v. H. entsprechend den Renten der gesetzlichen Rentenversicherung erhöht werden.

Die monatliche Rente gemäß § 3 Absatz 2 beträgt somit bei einem Grad der Schädigungsfolgen infolge einer Hepatitis-C-Virus-Infektion um

30 vom Hundert	343 €
40 vom Hundert	548 €
50 vom Hundert	754 €
60 vom Hundert	1 028 €
70 vom Hundert und mehr	1 368 €.

Die monatliche Hilfe für Hinterbliebene gemäß § 4 Absatz 1 beträgt somit für

hinterbliebene Ehegatten	548 €
Halbwaisen	410 €
Vollwaisen	684 €.

[1]) Auszugsweise abgedruckt unter Nr. **15**.

örtliche Zuständigkeit der Behörden bestimmt sich nach den für den Vollzug des Infektionsschutzgesetzes[1]) geltenden landesrechtlichen Regelungen.

[Abs. 2 bis 31.12.2023:]

(2) Das Gesetz über das Verwaltungsverfahren der Kriegsopferversorgung, mit Ausnahme der §§ 3 und 4, das Erste[2]) und Zehnte Buch Sozialgesetzbuch[3]) sowie die Vorschriften des Sozialgerichtsgesetzes[4]) über das Vorverfahren sind anzuwenden.

[Abs. 2 ab 1.1.2024:]

(2) [1] Das Erste[2]) und Zehnte Buch Sozialgesetzbuch[3]) sowie die Vorschriften des Sozialgerichtsgesetzes[4]) über das Vorverfahren sind anzuwenden. [2] Die §§ 117, 118 und 119 Absatz 2 des Vierzehnten Buches Sozialgesetzbuch gelten entsprechend.

§ 12 Rechtsweg. [1] Für öffentlich-rechtliche Streitigkeiten in Angelegenheiten dieses Gesetzes ist der Rechtsweg zu den Gerichten der Sozialgerichtsbarkeit gegeben. *[Satz 2 bis 31.12.2023:]* [2] Soweit das Sozialgerichtsgesetz[4]) besondere Vorschriften für die Kriegsopferversorgung enthält, gelten diese auch für die Streitigkeiten nach Satz 1.

§ 13 Übergangsvorschriften. (1) Solange die Hilfen nach § 3 Abs. 2 und § 4 nicht die Höhe der beim Inkrafttreten dieses Gesetzes nach dem Bundes-Seuchengesetz gezahlten Leistungen erreichen, wird der jeweilige Differenzbetrag als Besitzstand weiter gezahlt.

[Abs. 2 bis 31.12.2023:]

(2) [1] Soweit Ansprüche auf Hilfen nach diesem Gesetz bestehen, ist Anlage I Kapitel X Sachgebiet D Abschnitt III Nummer 3 Buchstabe c des Einigungsvertrages nicht mehr anzuwenden. [2] Nach dem Bundes-Seuchengesetz festgestellte Ansprüche erlöschen, soweit sie auf einem Tatbestand des § 1 dieses Gesetzes beruhen. [3] Die bis zum Inkrafttreten dieses Gesetzes geleisteten Zahlungen nach dem Bundes-Seuchengesetz werden, soweit sie auf einem Tatbestand des § 1 beruhen, jedoch so lange weiter gewährt, bis über Ansprüche nach § 3 Abs. 2 in Verbindung mit Abs. 1 und § 4 entschieden wurde; sie sind auf Zahlungen nach § 3 Abs. 2 in Verbindung mit Abs. 1 und § 4 für denselben Zeitraum anzurechnen. [4] Dies gilt entsprechend für bisher gewährte Heil- und Krankenbehandlung.

[Abs. 2 ab 1.1.2024:]

(2) Abweichend von § 2 wird die Heil- und Krankenbehandlung ab dem 1. Januar 2024 nach § 143 des Vierzehnten Buches Sozialgesetzbuch erbracht.

[Abs. 3 ab 1.1.2024:]

(3) [1] Soweit Ansprüche auf Hilfen nach diesem Gesetz bestehen, ist Anlage I Kapitel X Sachgebiet D Abschnitt III Nummer 3 Buchstabe c des Einigungsvertrages nicht mehr anzuwenden. [2] Nach dem Bundes-Seuchengesetz festgestellte Ansprüche erlöschen, soweit sie auf einem Tatbestand des § 1 dieses Gesetzes beruhen. [3] Die bis zum Inkrafttreten dieses Gesetzes geleisteten Zahlungen nach dem Bundes-Seuchengesetz werden, soweit sie auf einem Tatbestand des § 1 beruhen, jedoch so lange weiter gewährt, bis über Ansprüche nach § 3 Abs. 2 in Verbindung mit Abs. 1 und § 4

---

[1]) Auszugsweise abgedruckt unter Nr. **15c**.
[2]) Auszugsweise abgedruckt unter Nr. **3**.
[3]) Auszugsweise abgedruckt unter Nr. **9**.
[4]) Auszugsweise abgedruckt unter Nr. **18**.

entschieden wurde; sie sind auf Zahlungen nach § 3 Abs. 2 in Verbindung mit Abs. 1 und § 4 für denselben Zeitraum anzurechnen. [4] *Dies gilt entsprechend für bisher gewährte Heil- und Krankenbehandlung.*

§§ 14, 15 [nicht wiedergegebene Änderungsvorschriften]

§ 16 Inkrafttreten. Dieses Gesetz tritt mit Wirkung vom 1. Januar 2000 in Kraft.

16. Einkommensteuergesetz (EStG)

In der Fassung der Bekanntmachung vom 8. Oktober 2009[1])
(BGBl. I S. 3366, ber. S. 3862)

FNA 611-1

zuletzt geänd. durch Art. 1 bis 4 Viertes Corona-Steuerhilfegesetz v. 19.6.2022 (BGBl. I S. 911)

– Auszug –

IV. Tarif

§ 33a Außergewöhnliche Belastung in besonderen Fällen. (1) [1]Erwachsen einem Steuerpflichtigen Aufwendungen für den Unterhalt und eine etwaige Berufsausbildung einer dem Steuerpflichtigen oder seinem Ehegatten gegenüber gesetzlich unterhaltsberechtigten Person, so wird auf Antrag die Einkommensteuer dadurch ermäßigt, dass die Aufwendungen bis zu 9 984 Euro im Kalenderjahr vom Gesamtbetrag der Einkünfte abgezogen werden. [2]Der Höchstbetrag nach Satz 1 erhöht sich um den Betrag der im jeweiligen Veranlagungszeitraum nach § 10 Absatz 1 Nummer 3 für die Absicherung der unterhaltsberechtigten Person aufgewandten Beiträge; dies gilt nicht für Kranken- und Pflegeversicherungsbeiträge, die bereits nach § 10 Absatz 1 Nummer 3 Satz 1 anzusetzen sind. [3]Der gesetzlich unterhaltsberechtigten Person gleichgestellt ist eine Person, wenn bei ihr zum Unterhalt bestimmte inländische öffentliche Mittel mit Rücksicht auf die Unterhaltsleistungen des Steuerpflichtigen gekürzt werden. [4]Voraussetzung ist, dass weder der Steuerpflichtige noch eine andere Person Anspruch auf einen Freibetrag nach § 32 Absatz 6 oder auf Kindergeld für die unterhaltene Person hat und die unterhaltene Person kein oder nur ein geringes Vermögen besitzt; ein angemessenes Hausgrundstück im Sinne von § 90 Absatz 2 Nummer 8 des Zwölften Buches Sozialgesetzbuch[2]) bleibt unberücksichtigt. [5]Hat die unterhaltene Person andere Einkünfte oder Bezüge, so vermindert sich die Summe der nach Satz 1 und Satz 2 ermittelten Beträge um den Betrag, um den diese Einkünfte und Bezüge den Betrag von 624 Euro im Kalenderjahr übersteigen, sowie um die von der unterhaltenen Person als Ausbildungshilfe aus öffentlichen Mitteln oder von Förderungseinrichtungen, die hierfür öffentliche Mittel erhalten, bezogenen Zuschüsse; zu den Bezügen gehören auch steuerfreie Gewinne nach den §§ 14, 16 Absatz 4, § 17 Absatz 3 und § 18 Absatz 3, die nach § 19 Absatz 2 steuerfrei bleibenden Einkünfte sowie Sonderabschreibungen und erhöhte Absetzungen, soweit sie die höchstmöglichen Absetzungen für Abnutzung nach § 7 übersteigen. [6]Ist die unterhaltene Person nicht unbeschränkt einkommensteuerpflichtig, so können die Aufwendungen nur abgezogen werden, soweit sie nach den Verhältnissen des Wohnsitzstaates der unterhaltenen Person notwendig und angemessen sind, höchstens jedoch der Betrag, der sich nach den Sätzen 1 bis 5 ergibt; ob der Steuerpflichtige zum Unterhalt gesetzlich verpflichtet ist, ist nach inländischen Maßstäben zu beurteilen. [7]Werden die Aufwendungen für eine unterhaltene Person von mehreren Steuerpflichtigen getragen, so wird bei jedem der Teil des sich hiernach ergebenden Betrags abgezogen, der seinem Anteil am Gesamtbetrag

---

[1]) Neubekanntmachung des EStG idF der Bek. v. 19.10.2002 (BGBl. I S. 4210; 2003 I S. 179) in der ab 1.9.2009 geltenden Fassung.
[2]) Nr. 11.

der Leistungen entspricht. [8] Nicht auf Euro lautende Beträge sind entsprechend dem für Ende September des Jahres vor dem Veranlagungszeitraum von der Europäischen Zentralbank bekannt gegebenen Referenzkurs umzurechnen. [9] Voraussetzung für den Abzug der Aufwendungen ist die Angabe der erteilten Identifikationsnummer (§ 139b der Abgabenordnung) der unterhaltenen Person in der Steuererklärung des Unterhaltsleistenden, wenn die unterhaltene Person der unbeschränkten oder beschränkten Steuerpflicht unterliegt. [10] Die unterhaltene Person ist für diese Zwecke verpflichtet, dem Unterhaltsleistenden ihre erteilte Identifikationsnummer (§ 139b der Abgabenordnung) mitzuteilen. [11] Kommt die unterhaltene Person dieser Verpflichtung nicht nach, ist der Unterhaltsleistende berechtigt, bei der für ihn zuständigen Finanzbehörde die Identifikationsnummer der unterhaltenen Person zu erfragen.

(2) [1] Zur Abgeltung des Sonderbedarfs eines sich in Berufsausbildung befindenden, auswärtig untergebrachten, volljährigen Kindes, für das Anspruch auf einen Freibetrag nach § 32 Absatz 6 oder Kindergeld besteht, kann der Steuerpflichtige einen Freibetrag in Höhe von 924 Euro je Kalenderjahr vom Gesamtbetrag der Einkünfte abziehen. [2] Für ein nicht unbeschränkt einkommensteuerpflichtiges Kind mindert sich der vorstehende Betrag nach Maßgabe des Absatzes 1 Satz 6. [3] Erfüllen mehrere Steuerpflichtige für dasselbe Kind die Voraussetzungen nach Satz 1, so kann der Freibetrag insgesamt nur einmal abgezogen werden. [4] Jedem Elternteil steht grundsätzlich die Hälfte des Abzugsbetrags nach den Sätzen 1 und 2 zu. [5] Auf gemeinsamen Antrag der Eltern ist eine andere Aufteilung möglich.

(3) [1] Für jeden vollen Kalendermonat, in dem die in den Absätzen 1 und 2 bezeichneten Voraussetzungen nicht vorgelegen haben, ermäßigen sich die dort bezeichneten Beträge um je ein Zwölftel. [2] Eigene Einkünfte und Bezüge der nach Absatz 1 unterhaltenen Person, die auf diese Kalendermonate entfallen, vermindern den nach Satz 1 ermäßigten Höchstbetrag nicht. [3] Als Ausbildungshilfe bezogene Zuschüsse der nach Absatz 1 unterhaltenen Person mindern nur den zeitanteiligen Höchstbetrag der Kalendermonate, für die sie bestimmt sind.

(4) In den Fällen der Absätze 1 und 2 kann wegen der in diesen Vorschriften bezeichneten Aufwendungen der Steuerpflichtige eine Steuerermäßigung nach § 33 nicht in Anspruch nehmen.

§ 33b **Pauschbeträge für Menschen mit Behinderungen, Hinterbliebene und Pflegepersonen.** (1) [1] Wegen der Aufwendungen für die Hilfe bei den gewöhnlichen und regelmäßig wiederkehrenden Verrichtungen des täglichen Lebens, für die Pflege sowie für einen erhöhten Wäschebedarf können Menschen mit Behinderungen unter den Voraussetzungen des Absatzes 2 anstelle einer Steuerermäßigung nach § 33 einen Pauschbetrag nach Absatz 3 geltend machen (Behinderten-Pauschbetrag). [2] Das Wahlrecht kann für die genannten Aufwendungen im jeweiligen Veranlagungszeitraum nur einheitlich ausgeübt werden.

(2) Einen Pauschbetrag erhalten Menschen, deren Grad der Behinderung auf mindestens 20 festgestellt ist, sowie Menschen, die hilflos im Sinne des Absatzes 3 Satz 4 sind.

(3) [1] Die Höhe des Pauschbetrags nach Satz 2 richtet sich nach dem dauernden Grad der Behinderung. [2] Als Pauschbetrag werden gewährt bei einem Grad der Behinderung von mindestens:

20	384 Euro,
30	620 Euro,

40	860 Euro,
50	1 140 Euro,
60	1 440 Euro,
70	1 780 Euro,
80	2 120 Euro,
90	2 460 Euro
100	2 840 Euro.

[3] Menschen, die hilflos im Sinne des Satzes 4 sind, Blinde und Taubblinde erhalten einen Pauschbetrag von 7 400 Euro; in diesem Fall kann der Pauschbetrag nach Satz 2 nicht zusätzlich in Anspruch genommen werden. [4] Hilflos ist eine Person, wenn sie für eine Reihe von häufig und regelmäßig wiederkehrenden Verrichtungen zur Sicherung ihrer persönlichen Existenz im Ablauf eines jeden Tages fremder Hilfe dauernd bedarf. [5] Diese Voraussetzungen sind auch erfüllt, wenn die Hilfe in Form einer Überwachung oder einer Anleitung zu den in Satz 4 genannten Verrichtungen erforderlich ist oder wenn die Hilfe zwar nicht dauernd geleistet werden muss, jedoch eine ständige Bereitschaft zur Hilfeleistung erforderlich ist.

(4) [1] Personen, denen laufende Hinterbliebenenbezüge bewilligt worden sind, erhalten auf Antrag einen Pauschbetrag von 370 Euro (Hinterbliebenen-Pauschbetrag), wenn die Hinterbliebenenbezüge geleistet werden

1. nach dem *[bis 31.12.2023:* Bundesversorgungsgesetz[1]) oder einem anderen Gesetz, das die Vorschriften des Bundesversorgungsgesetzes]*[ab 1.1.2024: Vierzehnten Buch Sozialgesetzbuch oder einem anderen Gesetz, das die Vorschriften des Vierzehnten Buches Sozialgesetzbuch]* über Hinterbliebenenbezüge für entsprechend anwendbar erklärt, oder

2. nach den Vorschriften über die gesetzliche Unfallversicherung oder

3. nach den beamtenrechtlichen Vorschriften an Hinterbliebene eines an den Folgen eines Dienstunfalls verstorbenen Beamten oder

4. nach den Vorschriften des Bundesentschädigungsgesetzes über die Entschädigung für Schäden an Leben, Körper oder Gesundheit*[bis 31.12.2024: .]*

[2] Der Pauschbetrag wird auch dann gewährt, wenn das Recht auf die Bezüge ruht oder der Anspruch auf die Bezüge durch Zahlung eines Kapitals abgefunden worden ist.

(5) [1] Steht der Behinderten-Pauschbetrag oder der Hinterbliebenen-Pauschbetrag einem Kind zu, für das der Steuerpflichtige Anspruch auf einen Freibetrag nach § 32 Absatz 6 oder auf Kindergeld hat, so wird der Pauschbetrag auf Antrag auf den Steuerpflichtigen übertragen, wenn ihn das Kind nicht in Anspruch nimmt. [2] Dabei ist der Pauschbetrag grundsätzlich auf beide Elternteile je zur Hälfte aufzuteilen, es sei denn, der Kinderfreibetrag wurde auf den anderen Elternteil übertragen. [3] Auf gemeinsamen Antrag der Eltern ist eine andere Aufteilung möglich. [4] In diesen Fällen besteht für Aufwendungen, für die der Behinderten-Pauschbetrag gilt, kein Anspruch auf eine Steuerermäßigung nach § 33. [5] Voraussetzung für die Übertragung nach Satz 1 ist die Angabe der erteilten Identifikationsnummer (§ 139b der Abgabenordnung) des Kindes in der Einkommensteuererklärung des Steuerpflichtigen.

---

[1]) Auszugsweise abgedruckt unter Nr. **15**.

(6) [1] Wegen der außergewöhnlichen Belastungen, die einem Steuerpflichtigen durch die Pflege einer Person erwachsen, kann er anstelle einer Steuerermäßigung nach § 33 einen Pauschbetrag geltend machen (Pflege-Pauschbetrag), wenn er dafür keine Einnahmen im Kalenderjahr erhält und der Steuerpflichtige die Pflege entweder in seiner Wohnung oder in der Wohnung des Pflegebedürftigen persönlich durchführt und diese Wohnung in einem Mitgliedstaat der Europäischen Union oder in einem Staat gelegen ist, auf den das Abkommen über den Europäischen Wirtschaftsraum anzuwenden ist. [2] Zu den Einnahmen nach Satz 1 zählt unabhängig von der Verwendung nicht das von den Eltern eines Kindes mit Behinderungen für dieses Kind empfangene Pflegegeld. [3] Als Pflege-Pauschbetrag wird gewährt:

1.   bei Pflegegrad 2   600 Euro
2.   bei Pflegegrad 3   1 100 Euro
3.   bei Pflegegrad 4 oder 5   1 800 Euro.

[4] Ein Pflege-Pauschbetrag nach Satz 3 Nummer 3 wird auch gewährt, wenn die gepflegte Person hilflos im Sinne des § 33b Absatz 3 Satz 4 ist. [5] Bei erstmaliger Feststellung, Änderung oder Wegfall des Pflegegrads im Laufe des Kalenderjahres ist der Pflege-Pauschbetrag nach dem höchsten Grad zu gewähren, der im Kalenderjahr festgestellt war. [6] Gleiches gilt, wenn die Person die Voraussetzungen nach Satz 4 erfüllt. [7] Sind die Voraussetzungen nach Satz 4 erfüllt, kann der Pauschbetrag nach Satz 3 Nummer 1 und 2 nicht zusätzlich in Anspruch genommen werden. [8] Voraussetzung für die Gewährung des Pflege-Pauschbetrags ist die Angabe der erteilten Identifikationsnummer (§ 139b der Abgabenordnung) der gepflegten Person in der Einkommensteuererklärung des Steuerpflichtigen. [9] Wird ein Pflegebedürftiger von mehreren Steuerpflichtigen im Veranlagungszeitraum gepflegt, wird der Pflege-Pauschbetrag nach der Zahl der Pflegepersonen, bei denen die Voraussetzungen der Sätze 1 bis 4 vorliegen, geteilt.

(7) Die Bundesregierung wird ermächtigt, durch Rechtsverordnung mit Zustimmung des Bundesrates zu bestimmen, wie nachzuweisen ist, dass die Voraussetzungen für die Inanspruchnahme der Pauschbeträge vorliegen.

(8) Die Vorschrift des § 33b Absatz 6 ist ab Ende des Kalenderjahres 2026 zu evaluieren.

IX. Sonstige Vorschriften, Bußgeld-, Ermächtigungs- und Schlussvorschriften

§ 56 Sondervorschriften für Steuerpflichtige in dem in Artikel 3 des Einigungsvertrages genannten Gebiet. Bei Steuerpflichtigen, die am 31. Dezember 1990 einen Wohnsitz oder ihren gewöhnlichen Aufenthalt in dem in Artikel 3 des Einigungsvertrages genannten Gebiet und im Jahre 1990 keinen Wohnsitz oder gewöhnlichen Aufenthalt im bisherigen Geltungsbereich dieses Gesetzes hatten, gilt Folgendes:

§ 7 Absatz 5 ist auf Gebäude anzuwenden, die in dem Artikel 3 des Einigungsvertrages genannten Gebiet nach dem 31. Dezember 1990 angeschafft oder hergestellt worden sind.

16a. Einkommensteuer-Durchführungsverordnung 2000 (EStDV 2000)

In der Fassung der Bekanntmachung vom 10. Mai 2000[1]

(BGBl. I S. 717)

FNA 611-1-1

zuletzt geänd. durch Art. 10 Gesetz zur Modernisierung der Entlastung von Abzugsteuern und der Bescheinigung der Kapitalertragsteuer (Abzugsteuerentlastungsmodernisierungsgesetz – AbzStEnt-ModG) v. 2.6.2021 (BGBl. I S. 1259)

– Auszug –

Zu § 33b des Gesetzes

§ 65 Nachweis der Behinderung und des Pflegegrads. (1) Den Nachweis einer Behinderung hat der Steuerpflichtige zu erbringen:

1. bei einer Behinderung, deren Grad auf mindestens 50 festgestellt ist, durch Vorlage eines Ausweises nach dem Neunten Buch Sozialgesetzbuch[2] oder eines Bescheides der nach § 152 Absatz 1 des Neunten Buches Sozialgesetzbuch zuständigen Behörde,

2. bei einer Behinderung, deren Grad auf weniger als 50, aber mindestens 20 festgestellt ist,

    a) durch eine Bescheinigung oder einen Bescheid der nach § 152 Absatz 1 des Neunten Buches Sozialgesetzbuch zuständigen Behörde oder,

    b) wenn ihm wegen seiner Behinderung nach den gesetzlichen Vorschriften Renten oder andere laufende Bezüge zustehen, durch den Rentenbescheid oder den die anderen laufenden Bezüge nachweisenden Bescheid.

(2) [1]Die gesundheitlichen Merkmale „blind" und „hilflos" hat der Steuerpflichtige durch einen Ausweis nach dem Neunten Buch Sozialgesetzbuch, der mit den Merkzeichen „Bl" oder „H" gekennzeichnet ist, oder durch einen Bescheid der nach § 152 Absatz 1 des Neunten Buches Sozialgesetzbuch zuständigen Behörde, der die entsprechenden Feststellungen enthält, nachzuweisen. [2]Dem Merkzeichen „H" steht die Einstufung als pflegebedürftige Person mit schwersten Beeinträchtigungen der Selbständigkeit oder der Fähigkeiten nach den Pflegegrade 4 oder 5 nach dem Elften Buch Sozialgesetzbuch[3], dem Zwölften Buch Sozialgesetzbuch[4] oder diesen entsprechenden gesetzlichen Bestimmungen gleich.

(2a) Den Nachweis der Einstufung in einen Pflegegrad nach dem Elften Buch Sozialgesetzbuch[3], dem Zwölften Buch Sozialgesetzbuch[4] oder diesen entsprechenden gesetzlichen Bestimmungen hat der Steuerpflichtige durch Vorlage des entsprechenden Bescheides nachzuweisen.

---

[1] Neubekanntmachung der EStDV idF der Bek. v. 18.6.1997 (BGBl. I S. 1558) in der ab 1.1.2000 geltenden Fassung.

[2] Nr. **1**.

[3] Auszugsweise abgedruckt unter Nr. **10**.

[4] Auszugsweise abgedruckt unter Nr. **11**.

(3) ¹Die Gewährung des Behinderten-Pauschbetrags setzt voraus, dass der Antragsteller Inhaber gültiger Unterlagen nach den Absätzen 1 und 2 ist. ²Bei erstmaliger Geltendmachung des Pauschbetrags oder bei Änderung der Verhältnisse hat der Steuerpflichtige die Unterlagen nach den Absätzen 1 und 2 zusammen mit seiner Steuererklärung oder seinem Antrag auf Lohnsteuerermäßigung, ansonsten auf Anforderung des Finanzamts vorzulegen.

(3a) ¹Die Gewährung des Behinderten-Pauschbetrags setzt voraus, dass die für die Feststellung einer Behinderung zuständige Stelle als mitteilungspflichtige Stelle ihre Feststellungen zur Behinderung nach den Absätzen 1 und 2 nach Maßgabe des § 93c der Abgabenordnung an die für die Besteuerung des Antragstellers zuständige Finanzbehörde übermittelt hat. ²Die nach Satz 1 mitteilungspflichtige Stelle hat ihre Feststellungen auf schriftlichen oder elektronischen Antrag derjenigen Person, die diese Feststellungen begehrt, an die nach Satz 1 zuständige Finanzbehörde zu übermitteln. ³Die Person hat der mitteilungspflichtigen Stelle zu diesem Zweck ihre Identifikationsnummer (§ 139b der Abgabenordnung) mitzuteilen. ⁴Neben den nach § 93c Absatz 1 der Abgabenordnung zu übermittelnden Daten sind zusätzlich folgende Daten zu übermitteln:

1. der Grad der Behinderung,

2. die Feststellung weiterer gesundheitlicher Merkmale (Merkzeichen):

   a) G (erheblich gehbehindert),

   b) aG (außergewöhnlich gehbehindert),

   c) B (ständige Begleitung notwendig),

   d) H (hilflos),

   e) Bl (blind),

   f) Gl (gehörlos),

3. die Feststellung, dass die Behinderung zu einer dauernden Einbuße der körperlichen Beweglichkeit geführt hat,

4. die Feststellung, dass die Behinderung auf einer typischen Berufskrankheit beruht,

5. die Einstufung als pflegebedürftige Person mit schwersten Beeinträchtigungen der Selbständigkeit oder der Fähigkeiten in den Pflegegraden 4 oder 5,

6. die Dauer der Gültigkeit der Feststellung.

⁵Die mitteilungspflichtige Stelle hat jede Änderung der Feststellungen nach Satz 4 abweichend von § 93c Absatz 1 Nummer 1 der Abgabenordnung unverzüglich zu übermitteln. ⁶§ 72a Absatz 4, § 93c Absatz 1 Nummer 3 und Absatz 4 sowie § 203a der Abgabenordnung finden keine Anwendung.

(4) ¹Ist der Mensch mit Behinderungen verstorben und kann sein Rechtsnachfolger die Unterlagen nach den Absätzen 1 und 2 nicht vorlegen, so genügt zum Nachweis eine gutachtliche Stellungnahme der nach § 152 Absatz 1 des Neunten Buches Sozialgesetzbuch zuständigen Behörde. ²Diese Stellungnahme hat die Finanzbehörde einzuholen.

16b. Umsatzsteuergesetz (UStG)

In der Fassung der Bekanntmachung vom 21. Februar 2005[1]

(BGBl. I S. 386)

FNA 611-10-14

zuletzt geänd. durch Art. 1 Gesetz zur Umsetzung unionsrechtlicher Vorgaben im Umsatzsteuerrecht
v. 21.12.2021 (BGBl. I S. 5250)

– Auszug –

Vierter Abschnitt. Steuer und Vorsteuer

§ 12 Steuersätze. (1) Die Steuer beträgt für jeden steuerpflichtigen Umsatz
19 Prozent der Bemessungsgrundlage (§§ 10, 11, 25 Abs. 3 und § 25a Abs. 3
und 4).

(2) Die Steuer ermäßigt sich auf 7 Prozent für die folgenden Umsätze:

1.   die Lieferungen, die Einfuhr und der innergemeinschaftliche Erwerb der
      in Anlage 2 bezeichneten Gegenstände mit Ausnahme der in der Num-
      mer 49 Buchstabe f, den Nummern 53 und 54 bezeichneten Gegen-
      stände;

2.   die Vermietung der in Anlage 2 bezeichneten Gegenstände mit Aus-
      nahme der in der Nummer 49 Buchstabe f, den Nummern 53 und 54
      bezeichneten Gegenstände;

3.–15. ...

Anlage 2
(zu § 12 Absatz 2 Nummer 1, 2, 12, 13 und 14)

Liste der dem ermäßigten Steuersatz unterliegenden Gegenstände

Lfd. Nr.	Warenbezeichnung	Zolltarif (Kapitel, Position, Unterposition)
1–50	...	
51	Rollstühle und andere Fahrzeuge für Behinderte, auch mit Motor oder anderer Vorrichtung zur mechanischen Fortbewegung	Position 8713
52	Körperersatzstücke, orthopädische Apparate und andere orthopädische Vorrichtungen sowie Vorrichtungen zum Beheben von Funktionsschäden oder Gebrechen, für Menschen, und zwar	
	a) künstliche Gelenke, ausgenommen Teile und Zubehör,	aus Unterposition 9021 31 00
	b) orthopädische Apparate und andere orthopädische Vorrichtungen einschließlich Krücken sowie medizinisch-chirurgischer Gürtel und Bandagen, ausgenommen Teile und Zubehör,	aus Unterposition 9021 10
	c) Prothesen, ausgenommen Teile und Zubehör,	aus Unterpositionen 9021 21, 9021 29 00 und 9021 39

[1] Neubekanntmachung des UStG idF der Bek. v. 9.6.1999 (BGBl. I S. 1270) in der ab 1.1.2005
geltenden Fassung.

Lfd. Nr.	Warenbezeichnung	Zolltarif (Kapitel, Position, Unterposition)
	d) Schwerhörigengeräte, Herzschrittmacher und andere Vorrichtungen zum Beheben von Funktionsschäden oder Gebrechen, zum Tragen in der Hand oder am Körper oder zum Einpflanzen in den Organismus, ausgenommen Teile und Zubehör	Unterpositionen 9021 40 00 und 9021 50 00, aus Unterposition 9021 90
53–55	...	

17. Kraftfahrzeugsteuergesetz 2002 (KraftStG 2002)[1)][2)][3)]

In der Fassung der Bekanntmachung vom 26. September 2002
(BGBl. I S. 3818)

FNA 611–17

zuletzt geänd. durch Art. 1 Siebtes Gesetz zur Änderung des Kraftfahrzeugsteuergesetzes v. 16.10.2020
(BGBl. I S. 2184)

– Auszug –

§ 3a Vergünstigungen für Schwerbehinderte. (1) Von der Steuer befreit ist das Halten von Kraftfahrzeugen, solange die Fahrzeuge für schwerbehinderte Personen zugelassen sind, die durch einen Ausweis im Sinne des Neunten Buches Sozialgesetzbuch[4)] oder des Artikels 3 des Gesetzes über die unentgeltliche Beförderung Schwerbehinderter im öffentlichen Personenverkehr vom 9. Juli 1979 (BGBl. I S. 989) mit dem Merkzeichen „H", „Bl" oder „aG" nachweisen, dass sie hilflos, blind oder außergewöhnlich gehbehindert sind.

(2) ¹Die Steuer ermäßigt sich um 50 vom Hundert für Kraftfahrzeuge, solange die Fahrzeuge für schwerbehinderte Personen zugelassen sind, die durch einen Ausweis im Sinne des Neunten Buches Sozialgesetzbuch oder des Artikels 3 des Gesetzes über die unentgeltliche Beförderung Schwerbehinderter im öffentlichen Personenverkehr mit orangefarbenem Flächenaufdruck nachweisen, dass sie die Voraussetzungen des § 228 Absatz 1 Satz 1 des Neunten Buches Sozialgesetzbuch erfüllen. ²Die Steuerermäßigung wird nicht gewährt, solange die schwerbehinderte Person das Recht zur unentgeltlichen Beförderung nach § 228 des Neunten Buches Sozialgesetzbuch in Anspruch nimmt.

(3) ¹Die Steuervergünstigung der Absätze 1 und 2 steht den behinderten Personen nur für ein Fahrzeug und nur auf schriftlichen Antrag zu. ²Sie entfällt, wenn das Fahrzeug zur Beförderung von Gütern (ausgenommen Handgepäck), zur entgeltlichen Beförderung von Personen (ausgenommen die gelegentliche Mitbeförderung) oder durch andere Personen zu Fahrten benutzt wird, die nicht im Zusammenhang mit der Fortbewegung oder der Haushaltsführung der behinderten Personen stehen.

[1)] **Amtl. Anm.:** Dieses Gesetz dient der Umsetzung folgender Richtlinien:
1. Richtlinie 1999/62/EG des Europäischen Parlaments und des Rates vom 17. Juni 1999 über die Erhebung von Gebühren für die Benutzung bestimmter Verkehrswege durch schwere Nutzfahrzeuge (ABl. EG Nr. L 187 S. 42),
2. Richtlinie 98/69/EG des Europäischen Parlaments und des Rates vom 13. Oktober 1998 über Maßnahmen gegen die Verunreinigung der Luft durch Emissionen von Kraftfahrzeugen und zur Änderung der Richtlinie 70/220/EWG des Rates (ABl. EG Nr. L 350 S. 1).
[2)] **Amtl. Anm.:** Die Verpflichtungen aus der Richtlinie 98/34/EG des Europäischen Parlaments und des Rates vom 22. Juni 1998 über ein Informationsverfahren auf dem Gebiet der Normen und technischen Vorschriften und der Vorschriften für die Dienste der Informationsgesellschaft (ABl. EG Nr. L 204 S. 37), zuletzt geändert durch die Richtlinie 2006/96/EG des Rates vom 20. November 2006 (ABl. EU Nr. L 363 S. 81), sind beachtet worden.
[3)] Neubekanntmachung des KraftStG idF der Bek. v. 24.5.1994 (BGBl. I S. 1102) auf Grund des § 15 Abs. 3 des Kraftfahrzeugsteuergesetzes idF der Bek. v. 24.5.1994 (BGBl. I S. 1102) in der seit dem 28.8.2002 geltenden Fassung.
[4)] Nr. 1.

§ 17 Sonderregelung für bestimmte Behinderte. Behinderte, denen die Kraftfahrzeugsteuer im Zeitpunkt des Inkrafttretens des Gesetzes zur Änderung des Kraftfahrzeugsteuergesetzes vom 22. Dezember 1978 (BGBl. I S. 2063) nach § 3 Abs. 1 Nr. 1 des Kraftfahrzeugsteuergesetzes in der Fassung der Bekanntmachung vom 1. Dezember 1972 (BGBl. I S. 2209)[1]) erlassen war, gelten im Sinne des § 3a Abs. 1 dieses Gesetzes ohne weiteren Nachweis als außergewöhnlich gehbehindert, solange nicht nur vorübergehend ein Grad der Behinderung von wenigstens 50 vorliegt.

---

[1]) § 3 Abs. 1 Nr. 1 idF v. 1.12.1972 hat folgenden Wortlaut:
„(1) Körperbehinderten, die sich infolge ihrer Körperbehinderung ein Personenkraftfahrzeug halten, kann die Steuer für ein Personenkraftfahrzeug auf Antrag erlassen werden, und zwar
1. Schwerbeschädigten im Sinne des Bundesversorgungsgesetzes und Personen, die den Körperschaden infolge nationalsozialistischer Verfolgungs- oder Unterdrückungsmaßnahmen aus politischen, rassischen oder religiösen Gründen erlitten haben,
in vollem Umfang ohne Rücksicht auf ihre wirtschaftlichen Verhältnisse.
Voraussetzung ist, daß die Erwerbsfähigkeit um mindestens 50 vom Hundert gemindert ist;“

17a. Kraftfahrzeugsteuer-Durchführungsverordnung (KraftStDV)

Vom 12. Juli 2017

(BGBl. I S. 2374)

FNA 611-17-8

– Auszug –

Abschnitt 2. Inländische Fahrzeuge

§ 7 Steuervergünstigungen. (1) Beabsichtigt ein Steuerpflichtiger, seinen Anspruch auf Steuerbefreiung, auf Steuerermäßigung oder auf Nichterhebung der Steuer für einen Kraftfahrzeuganhänger (§ 10 Absatz 1 des Gesetzes) geltend zu machen, so hat er dies unter Angabe der Gründe schriftlich beim zuständigen Hauptzollamt zu beantragen.

(2) Fallen die Voraussetzungen für eine Steuervergünstigung weg, so hat der Steuerpflichtige dies dem zuständigen Hauptzollamt unverzüglich schriftlich anzuzeigen.

(3) [1] Wird bei der Zulassung eines Fahrzeugs zum Verkehr eine Steuervergünstigung oder wird zu einem späteren Zeitpunkt die nachträgliche Anerkennung eines Personenkraftwagens als schadstoffarm beantragt, ist der Antrag bei der Zulassungsbehörde zu stellen. [2] Im Falle der internetbasierten Zulassung im Sinne von § 15e der Fahrzeug-Zulassungsverordnung ist die Absicht der Inanspruchnahme einer Steuervergünstigung gegenüber der Zulassungsbehörde anzugeben.

(4) Der Antrag nach Absatz 1 oder Absatz 3 und die Anzeige nach Absatz 2 sind Steuererklärungen im Sinne des § 150 der Abgabenordnung.

(5) Ist eine Steuererklärung nach § 3 abzugeben, genügt in dieser ein entsprechender Hinweis, um eine Vergünstigung zu beantragen oder den Wegfall einer der Voraussetzungen hierfür anzuzeigen.

(6) Als Zeitraum, für den jeweils eine Steuerbefreiung nach § 3 Nummer 6 des Gesetzes beansprucht werden kann, kommt jeder Zeitraum in Betracht, der im Fall der Steuerpflicht als Entrichtungszeitraum zulässig wäre.

18. Sozialgerichtsgesetz (SGG)[1]

In der Fassung der Bekanntmachung vom 23. September 1975[2]
(BGBl. I S. 2535)

FNA 330-1

zuletzt geänd. durch Art. 11, 12 und 13 G zum Ausbau des elektronischen Rechtsverkehrs mit den
Gerichten und zur Änd. weiterer Vorschriften v. 5.10.2021 (BGBl. I S. 4607)

– Auszug –

Erster Teil. Gerichtsverfassung

Fünfter Abschnitt. Rechtsweg und Zuständigkeit

§ 51 [Zulässigkeit des Rechtsweges; Generalklausel] (1) Die Gerichte
der Sozialgerichtsbarkeit entscheiden über öffentlich-rechtliche Streitigkeiten

1. in Angelegenheiten der gesetzlichen Rentenversicherung einschließlich der
   Alterssicherung der Landwirte,

2. in Angelegenheiten der gesetzlichen Krankenversicherung, der sozialen
   Pflegeversicherung und der privaten Pflegeversicherung (Elftes Buch Sozialgesetzbuch)[3], auch soweit durch diese Angelegenheiten Dritte betroffen
   werden; dies gilt nicht für Streitigkeiten in Angelegenheiten nach § 110 des
   Fünften Buches Sozialgesetzbuch aufgrund einer Kündigung von Versorgungsverträgen, die für Hochschulkliniken oder Plankrankenhäuser (§ 108
   Nr. 1 und 2 des Fünften Buches Sozialgesetzbuch) gelten,

3. in Angelegenheiten der gesetzlichen Unfallversicherung mit Ausnahme der
   Streitigkeiten aufgrund der Überwachung der Maßnahmen zur Prävention
   durch die Träger der gesetzlichen Unfallversicherung,

4. in Angelegenheiten der Arbeitsförderung einschließlich der übrigen Aufgaben der Bundesagentur für Arbeit,

4a. in Angelegenheiten der Grundsicherung für Arbeitsuchende,

5. in sonstigen Angelegenheiten der Sozialversicherung,

[Nr. 6 bis 31.12.2023:]

6. in Angelegenheiten des sozialen Entschädigungsrechts mit Ausnahme der
   Streitigkeiten aufgrund der §§ 25 bis 27j des Bundesversorgungsgesetzes[4]
   (Kriegsopferfürsorge), auch soweit andere Gesetze die entsprechende An-
   wendung dieser Vorschriften vorsehen,

[Nr. 6 ab 1.1.2024:]

6. *in Angelegenheiten des Sozialen Entschädigungsrechts,*

---

[1] Die Änderungen durch G v. 5.7.2017 (BGBl. I S. 2208) treten teilweise erst **mWv 1.1.2026**,
Änderungen durch G v. 20.8.2021 (BGBl. I S. 3932) erst **mWv 1.1.2025** und die Änderungen durch
G v. 5.10.2021 (BGBl. I S. 4607) teilweise erst **mWv 1.1.2026** in Kraft und sind insoweit im Text
noch nicht berücksichtigt.
[2] Neubekanntmachung des SGG v. 3.9.1953 (BGBl. I S. 1239, ber. S. 1326) in der ab 1.1.1975
geltenden Fassung.
[3] Auszugsweise abgedruckt unter Nr. **10**.
[4] Nr. **15**.

6a. in Angelegenheiten der Sozialhilfe einschließlich der Angelegenheiten nach Teil 2 des Neunten Buches Sozialgesetzbuch[1)] und des Asylbewerberleistungsgesetzes,

7. bei der Feststellung von Behinderungen und ihrem Grad sowie weiterer gesundheitlicher Merkmale, ferner der Ausstellung, Verlängerung, Berichtigung und Einziehung von Ausweisen nach § 152 des Neunten Buches Sozialgesetzbuch,

8. die aufgrund des Aufwendungsausgleichsgesetzes entstehen,

[Nr. 9 bis 31.12.2024:]

9. *(aufgehoben)*

10. für die durch Gesetz der Rechtsweg vor diesen Gerichten eröffnet wird.

(2) [1]Die Gerichte der Sozialgerichtsbarkeit entscheiden auch über privatrechtliche Streitigkeiten in Angelegenheiten der Zulassung von Trägern und Maßnahmen durch fachkundige Stellen nach dem Fünften Kapitel des Dritten Buches Sozialgesetzbuch[2)] und in Angelegenheiten der gesetzlichen Krankenversicherung, auch soweit durch diese Angelegenheiten Dritte betroffen werden. [2]Satz 1 gilt für die soziale Pflegeversicherung und die private Pflegeversicherung (Elftes Buch Sozialgesetzbuch)[3)] entsprechend.

(3) Von der Zuständigkeit der Gerichte der Sozialgerichtsbarkeit nach den Absätzen 1 und 2 ausgenommen sind Streitigkeiten in Verfahren nach dem Gesetz gegen Wettbewerbsbeschränkungen, die Rechtsbeziehungen nach § 69 des Fünften Buches Sozialgesetzbuch betreffen.

§§ 52, 53 *(aufgehoben)*

§ 54 [Gegenstand der Klage] (1) [1]Durch Klage kann die Aufhebung eines Verwaltungsakts oder seine Abänderung sowie die Verurteilung zum Erlaß eines abgelehnten oder unterlassenen Verwaltungsakts begehrt werden. [2]Soweit gesetzlich nichts anderes bestimmt ist, ist die Klage zulässig, wenn der Kläger behauptet, durch den Verwaltungsakt oder durch die Ablehnung oder Unterlassung eines Verwaltungsakts beschwert zu sein.

(2) [1]Der Kläger ist beschwert, wenn der Verwaltungsakt oder die Ablehnung oder Unterlassung eines Verwaltungsakts rechtswidrig ist. [2]Soweit die Behörde, Körperschaft oder Anstalt des öffentlichen Rechts ermächtigt ist, nach ihrem Ermessen zu handeln, ist Rechtswidrigkeit auch gegeben, wenn die gesetzlichen Grenzen dieses Ermessens überschritten sind oder von dem Ermessen in einer dem Zweck der Ermächtigung nicht entsprechenden Weise Gebrauch gemacht ist.

(3) Eine Körperschaft oder eine Anstalt des öffentlichen Rechts kann mit der Klage die Aufhebung einer Anordnung der Aufsichtsbehörde begehren, wenn sie behauptet, daß die Anordnung das Aufsichtsrecht überschreite.

(4) Betrifft der angefochtene Verwaltungsakt eine Leistung, auf die ein Rechtsanspruch besteht, so kann mit der Klage neben der Aufhebung des Verwaltungsakts gleichzeitig die Leistung verlangt werden.

[1)] Nr. **1**.

[2)] Auszugsweise abgedruckt unter Nr. **4**.

[3)] Auszugsweise abgedruckt unter Nr. **10**.

(5) Mit der Klage kann die Verurteilung zu einer Leistung, auf die ein Rechtsanspruch besteht, auch dann begehrt werden, wenn ein Verwaltungsakt nicht zu ergehen hatte.

§ 55 [**Feststellungsklage**] (1) Mit der Klage kann begehrt werden

1. die Feststellung des Bestehens oder Nichtbestehens eines Rechtsverhältnisses,

2. die Feststellung, welcher Versicherungsträger der Sozialversicherung zuständig ist,

3. die Feststellung, ob eine Gesundheitsstörung oder der Tod die Folge eines Arbeitsunfalls, einer Berufskrankheit oder einer Schädigung im Sinne des *[bis 31.12.2023:* Bundesversorgungsgesetzes[1]*][ab 1.1.2024: Vierzehnten Buches Sozialgesetzbuch]* ist,

4. die Feststellung der Nichtigkeit eines Verwaltungsakts,

wenn der Kläger ein berechtigtes Interesse an der baldigen Feststellung hat.

(2) Unter Absatz 1 Nr. 1 fällt auch die Feststellung, in welchem Umfange Beiträge zu berechnen oder anzurechnen sind.

(3) Mit Klagen, die sich gegen Verwaltungsakte der Deutschen Rentenversicherung Bund nach § 7a des Vierten Buches Sozialgesetzbuch richten, kann die Feststellung begehrt werden, ob eine Erwerbstätigkeit als Beschäftigung oder selbständige Tätigkeit ausgeübt wird.

§ 55a [**Überprüfung der Gültigkeit**] (1) Auf Antrag ist über die Gültigkeit von Satzungen oder anderen im Rang unter einem Landesgesetz stehenden Rechtsvorschriften, die nach § 22a Absatz 1 des Zweiten Buches Sozialgesetzbuch und dem dazu ergangenen Landesgesetz erlassen worden sind, zu entscheiden.

(2) [1]Den Antrag kann jede natürliche Person stellen, die geltend macht, durch die Anwendung der Rechtsvorschrift in ihren Rechten verletzt zu sein oder in absehbarer Zeit verletzt zu werden. [2]Er ist gegen die Körperschaft zu richten, welche die Rechtsvorschrift erlassen hat. [3]Das Landessozialgericht kann der obersten Landesbehörde oder der von ihr bestimmten Stelle Gelegenheit zur Äußerung binnen einer bestimmten Frist geben. [4]§ 75 Absatz 1 und 3 sowie Absatz 4 Satz 1 sind entsprechend anzuwenden.

(3) Das Landessozialgericht prüft die Vereinbarkeit der Rechtsvorschrift mit Landesrecht nicht, soweit gesetzlich vorgesehen ist, dass die Rechtsvorschrift ausschließlich durch das Verfassungsgericht eines Landes nachprüfbar ist.

(4) Ist ein Verfahren zur Überprüfung der Gültigkeit der Rechtsvorschrift bei einem Verfassungsgericht anhängig, so kann das Landessozialgericht anordnen, dass die Verhandlung bis zur Erledigung des Verfahrens vor dem Verfassungsgericht auszusetzen ist.

(5) [1]Das Landessozialgericht entscheidet durch Urteil oder, wenn es eine mündliche Verhandlung nicht für erforderlich hält, durch Beschluss. [2]Kommt das Landessozialgericht zu der Überzeugung, dass die Rechtsvorschrift ungültig ist, so erklärt es sie für unwirksam; in diesem Fall ist die Entscheidung allgemein verbindlich und die Entscheidungsformel vom Antragsgegner oder der Antragsgegnerin ebenso zu veröffentlichen wie die Rechtsvorschrift bekannt zu ma-

---

[1] Auszugsweise abgedruckt unter Nr. **15**.

chen wäre. [3] Für die Wirkung der Entscheidung gilt § 183 der Verwaltungsgerichtsordnung entsprechend.

(6) Das Landessozialgericht kann auf Antrag eine einstweilige Anordnung erlassen, wenn dies zur Abwehr schwerer Nachteile oder aus anderen wichtigen Gründen dringend geboten ist.

§ 56 [Klagenhäufung] Mehrere Klagebegehren können vom Kläger in einer Klage zusammen verfolgt werden, wenn sie sich gegen denselben Beklagten richten, im Zusammenhang stehen und dasselbe Gericht zuständig ist.

§ 56a [Rechtsbehelfe gegen behördliche Verfahrenshandlungen]
[1] Rechtsbehelfe gegen behördliche Verfahrenshandlungen können nur gleichzeitig mit dem gegen die Sachentscheidung zulässigen Rechtsbehelfen geltend gemacht werden. [2] Dies gilt nicht, wenn behördliche Verfahrenshandlungen vollstreckt werden können oder gegen einen Nichtbeteiligten ergehen.

§ 57 [Örtliche Zuständigkeit, Gerichtsstand] (1) [1] Örtlich zuständig ist das Sozialgericht, in dessen Bezirk der Kläger zur Zeit der Klageerhebung seinen Sitz oder Wohnsitz oder in Ermangelung dessen seinen Aufenthaltsort hat; steht er in einem Beschäftigungsverhältnis, so kann er auch vor dem für den Beschäftigungsort zuständigen Sozialgericht klagen. [2] Klagt eine Körperschaft oder Anstalt des öffentlichen Rechts, in Angelegenheiten nach dem Elften Buch Sozialgesetzbuch[1] ein Unternehmen der privaten Pflegeversicherung *[bis 31.12.2024:* oder in Angelegenheiten *[bis 31.12.2023:* des sozialen Entschädigungsrechts]*[ab 1.1.2024: des Sozialen Entschädigungsrechts]* oder des Schwerbehindertenrechts] ein Land, so ist der Sitz oder Wohnsitz oder Aufenthaltsort des Beklagten maßgebend, wenn dieser eine natürliche Person oder eine juristische Person des Privatrechts ist.

(2) [1] Ist die erstmalige Bewilligung einer Hinterbliebenenrente streitig, so ist der Wohnsitz oder in Ermangelung dessen der Aufenthaltsort der Witwe oder des Witwers maßgebend. [2] Ist eine Witwe oder ein Witwer nicht vorhanden, so ist das Sozialgericht örtlich zuständig, in dessen Bezirk die jüngste Waise im Inland ihren Wohnsitz oder in Ermangelung dessen ihren Aufenthaltsort hat; sind nur Eltern oder Großeltern vorhanden, so ist das Sozialgericht örtlich zuständig, in dessen Bezirk die Eltern oder Großeltern ihren Wohnsitz oder in Ermangelung dessen ihren Aufenthaltsort haben. [3] Bei verschiedenem Wohnsitz oder Aufenthaltsort der Eltern- oder Großelternteile gilt der im Inland gelegene Wohnsitz oder Aufenthaltsort des anspruchsberechtigten Ehemannes oder geschiedenen Mannes.

(3) Hat der Kläger seinen Sitz oder Wohnsitz oder Aufenthaltsort im Ausland, so ist örtlich zuständig das Sozialgericht, in dessen Bezirk der Beklagte seinen Sitz oder Wohnsitz oder in Ermangelung dessen seinen Aufenthaltsort hat.

(4) In Angelegenheiten des § 51 Abs. 1 Nr. 2, die auf Bundesebene festgesetzte Festbeträge betreffen, ist das Sozialgericht örtlich zuständig, in dessen Bezirk die Bundesregierung ihren Sitz hat, in Angelegenheiten, die auf Landesebene festgesetzte Festbeträge betreffen, das Sozialgericht, in dessen Bezirk die Landesregierung ihren Sitz hat.

---

[1] Auszugsweise abgedruckt unter Nr. **10**.

(5) In Angelegenheiten nach § 130a Absatz 4 und 9 des Fünften Buches Sozialgesetzbuch ist das Sozialgericht örtlich zuständig, in dessen Bezirk die zur Entscheidung berufene Behörde ihren Sitz hat.

(6) Für Antragsverfahren nach § 55a ist das Landessozialgericht örtlich zuständig, in dessen Bezirk die Körperschaft, die die Rechtsvorschrift erlassen hat, ihren Sitz hat.

(7) [1] In Angelegenheiten nach § 7a des Vierten Buches Sozialgesetzbuch ist das Sozialgericht örtlich zuständig, in dessen Bezirk der Auftraggeber seinen Sitz oder in Ermangelung dessen seinen Wohnsitz hat. [2] Hat dieser seinen Sitz oder in Ermangelung dessen seinen Wohnsitz im Ausland, ist das Sozialgericht örtlich zuständig, in dessen Bezirk der Auftragnehmer seinen Wohnsitz oder in Ermangelung dessen seinen Aufenthaltsort hat.

Zweiter Teil. Verfahren

Erster Abschnitt. Gemeinsame Verfahrensvorschriften

Erster Unterabschnitt. Allgemeine Vorschriften

§ 64 [Berechnung der Fristen] (1) Der Lauf einer Frist beginnt, soweit nichts anderes bestimmt ist, mit dem Tage nach der Zustellung oder, wenn diese nicht vorgeschrieben ist, mit dem Tage nach der Eröffnung oder Verkündung.

(2) [1] Eine nach Tagen bestimmte Frist endet mit dem Ablauf ihres letzten Tages, eine nach Wochen oder Monaten bestimmte Frist mit dem Ablauf desjenigen Tages der letzten Woche oder des letzten Monats, welcher nach Benennung oder Zahl dem Tage entspricht, in den das Ereignis oder der Zeitpunkt fällt. [2] Fehlt dem letzten Monat der entsprechende Tag, so endet die Frist mit dem Monat.

(3) Fällt das Ende einer Frist auf einen Sonntag, einen gesetzlichen Feiertag oder einen Sonnabend, so endet die Frist mit Ablauf des nächsten Werktages.

§ 65 [Richterliche Fristen, Abkürzung und Verlängerung] [1] Auf Antrag kann der Vorsitzende richterliche Fristen abkürzen oder verlängern. [2] Im Falle der Verlängerung wird die Frist von dem Ablauf der vorigen Frist an berechnet.

§ 65a [Übermittlung elektronischer Dokumente] (1) Vorbereitende Schriftsätze und deren Anlagen, schriftlich einzureichende Anträge und Erklärungen der Beteiligten sowie schriftlich einzureichende Auskünfte, Aussagen, Gutachten, Übersetzungen und Erklärungen Dritter können nach Maßgabe der Absätze 2 bis 6 als elektronische Dokumente bei Gericht eingereicht werden.

(2) [1] Das elektronische Dokument muss für die Bearbeitung durch das Gericht geeignet sein. [2] Die Bundesregierung bestimmt durch Rechtsverordnung mit Zustimmung des Bundesrates technische Rahmenbedingungen für die Übermittlung und die Eignung zur Bearbeitung durch das Gericht.

(3) [1] Das elektronische Dokument muss mit einer qualifizierten elektronischen Signatur der verantwortenden Person versehen sein oder von der verantwortenden Person signiert und auf einem sicheren Übermittlungsweg eingereicht werden. [2] Satz 1 gilt nicht für Anlagen, die vorbereitenden Schriftsätzen beigefügt sind.

(4) [1] Sichere Übermittlungswege sind

1. der Postfach- und Versanddienst eines De-Mail-Kontos, wenn der Absender bei Versand der Nachricht sicher im Sinne des § 4 Absatz 1 Satz 2 des De-Mail-Gesetzes angemeldet ist und er sich die sichere Anmeldung gemäß § 5 Absatz 5 des De-Mail-Gesetzes bestätigen lässt,

2. der Übermittlungsweg zwischen den besonderen elektronischen Anwaltspostfächern nach den §§ 31a und 31b der Bundesrechtsanwaltsordnung oder einem entsprechenden, auf gesetzlicher Grundlage errichteten elektronischen Postfach und der elektronischen Poststelle des Gerichts,

3. der Übermittlungsweg zwischen einem nach Durchführung eines Identifizierungsverfahrens eingerichteten Postfach einer Behörde oder einer juristischen Person des öffentlichen Rechts und der elektronischen Poststelle des Gerichts,

4. der Übermittlungsweg zwischen einem nach Durchführung eines Identifizierungsverfahrens eingerichteten elektronischen Postfach einer natürlichen oder juristischen Person oder einer sonstigen Vereinigung und der elektronischen Poststelle des Gerichts,

5. der Übermittlungsweg zwischen einem nach Durchführung eines Identifizierungsverfahrens genutzten Postfach- und Versanddienst eines Nutzerkontos im Sinne des § 2 Absatz 5 des Onlinezugangsgesetzes und der elektronischen Poststelle des Gerichts,

6. sonstige bundeseinheitliche Übermittlungswege, die durch Rechtsverordnung der Bundesregierung mit Zustimmung des Bundesrates festgelegt werden, bei denen die Authentizität und Integrität der Daten sowie die Barrierefreiheit gewährleistet sind.

[2] Das Nähere zu den Übermittlungswegen gemäß Satz 1 Nummer 3 bis 5 regelt die Rechtsverordnung nach Absatz 2 Satz 2.

(5) [1] Ein elektronisches Dokument ist eingegangen, sobald es auf der für den Empfang bestimmten Einrichtung des Gerichts gespeichert ist. [2] Dem Absender ist eine automatisierte Bestätigung über den Zeitpunkt des Eingangs zu erteilen. [3] Die Vorschriften dieses Gesetzes über die Beifügung von Abschriften für die übrigen Beteiligten finden keine Anwendung.

(6) [1] Ist ein elektronisches Dokument für das Gericht zur Bearbeitung nicht geeignet, ist dies dem Absender unter Hinweis auf die Unwirksamkeit des Eingangs unverzüglich mitzuteilen. [2] Das Dokument gilt als zum Zeitpunkt der früheren Einreichung eingegangen, sofern der Absender es unverzüglich in einer für das Gericht zur Bearbeitung geeigneten Form nachreicht und glaubhaft macht, dass es mit dem zuerst eingereichten Dokument inhaltlich übereinstimmt.

(7) [1] Soweit eine handschriftliche Unterzeichnung durch den Richter oder den Urkundsbeamten der Geschäftsstelle vorgeschrieben ist, genügt dieser Form die Aufzeichnung als elektronisches Dokument, wenn die verantwortenden Personen am Ende des Dokuments ihren Namen hinzufügen und das Dokument mit einer qualifizierten elektronischen Signatur versehen. [2] Der in Satz 1 genannten Form genügt auch ein elektronisches Dokument, in welches das handschriftlich unterzeichnete Schriftstück gemäß § 65b Absatz 6 Satz 4 übertragen worden ist.

§ 65b [Führung elektronischer Prozessakten] (1) [1] Die Prozessakten können elektronisch geführt werden. [2] Die Bundesregierung und die Landesregierungen bestimmen jeweils für ihren Bereich durch Rechtsverordnung den Zeitpunkt, von dem an die Prozessakten elektronisch geführt werden. [3] In der Rechtsverordnung sind die organisatorisch-technischen Rahmenbedingungen für die Bildung, Führung und Verwahrung der elektronischen Akten festzulegen. [4] Die Landesregierungen können die Ermächtigung auf die für die Sozialgerichtsbarkeit zuständigen obersten Landesbehörden übertragen. [5] Die Zulassung der elektronischen Akte kann auf einzelne Gerichte oder Verfahren beschränkt werden; wird von dieser Möglichkeit Gebrauch gemacht, kann in der Rechtsverordnung bestimmt werden, dass durch Verwaltungsvorschrift, die öffentlich bekanntzumachen ist, geregelt wird, in welchen Verfahren die Prozessakten elektronisch zu führen sind. [6] Die Rechtsverordnung der Bundesregierung bedarf nicht der Zustimmung des Bundesrates.

(1a) [1] Die Prozessakten werden ab dem 1. Januar 2026 elektronisch geführt. [2] Die Bundesregierung und die Landesregierungen bestimmen jeweils für ihren Bereich durch Rechtsverordnung die organisatorischen und dem Stand der Technik entsprechenden technischen Rahmenbedingungen für die Bildung, Führung und Verwahrung der elektronischen Akten einschließlich der einzuhaltenden Anforderungen der Barrierefreiheit. [3] Die Bundesregierung und die Landesregierungen können jeweils für ihren Bereich durch Rechtsverordnung bestimmen, dass Akten, die in Papierform angelegt wurden, in Papierform weitergeführt werden. [4] Die Landesregierungen können die Ermächtigungen nach den Sätzen 2 und 3 auf die für die Sozialgerichtsbarkeit zuständigen obersten Landesbehörden übertragen. [5] Die Rechtsverordnungen der Bundesregierung bedürfen nicht der Zustimmung des Bundesrates.

(2) [1] Werden die Akten in Papierform geführt, ist von einem elektronischen Dokument ein Ausdruck für die Akten zu fertigen. [2] Kann dies bei Anlagen zu vorbereitenden Schriftsätzen nicht oder nur mit unverhältnismäßigem Aufwand erfolgen, so kann ein Ausdruck unterbleiben. [3] Die Daten sind in diesem Fall dauerhaft zu speichern; der Speicherort ist aktenkundig zu machen.

(3) Wird das elektronische Dokument auf einem sicheren Übermittlungsweg eingereicht, so ist dies aktenkundig zu machen.

(4) Ist das elektronische Dokument mit einer qualifizierten elektronischen Signatur versehen und nicht auf einem sicheren Übermittlungsweg eingereicht, muss der Ausdruck einen Vermerk darüber enthalten,

1. welches Ergebnis die Integritätsprüfung des Dokumentes ausweist,
2. wen die Signaturprüfung als Inhaber der Signatur ausweist,
3. welchen Zeitpunkt die Signaturprüfung für die Anbringung der Signatur ausweist.

(5) Ein eingereichtes elektronisches Dokument kann im Falle von Absatz 2 nach Ablauf von sechs Monaten gelöscht werden.

(6) [1] Werden die Prozessakten elektronisch geführt, sind in Papierform vorliegende Schriftstücke und sonstige Unterlagen nach dem Stand der Technik zur Ersetzung der Urschrift in ein elektronisches Dokument zu übertragen. [2] Es ist sicherzustellen, dass das elektronische Dokument mit den vorliegenden Schriftstücken und sonstigen Unterlagen bildlich und inhaltlich übereinstimmt. [3] Das elektronische Dokument ist mit einem Übertragungsnachweis zu versehen, der das bei der Übertragung angewandte Verfahren und die bildliche

und inhaltliche Übereinstimmung dokumentiert. [4] Wird ein von den verantwortenden Personen handschriftlich unterzeichnetes gerichtliches Schriftstück übertragen, ist der Übertragungsnachweis mit einer qualifizierten elektronischen Signatur des Urkundsbeamten der Geschäftsstelle zu versehen. [5] Die in Papierform vorliegenden Schriftstücke und sonstigen Unterlagen können sechs Monate nach der Übertragung vernichtet werden, sofern sie nicht rückgabepflichtig sind.

§ 65c Formulare; Verordnungsermächtigung. [1] Das Bundesministerium für Arbeit und Soziales kann durch Rechtsverordnung mit Zustimmung des Bundesrates elektronische Formulare einführen. [2] Die Rechtsverordnung kann bestimmen, dass die in den Formularen enthaltenen Angaben ganz oder teilweise in strukturierter maschinenlesbarer Form zu übermitteln sind. [3] Die Formulare sind auf einer in der Rechtsverordnung zu bestimmenden Kommunikationsplattform im Internet zur Nutzung bereitzustellen. [4] Die Rechtsverordnung kann bestimmen, dass eine Identifikation des Formularverwenders abweichend von § 65a Absatz 3 auch durch Nutzung des elektronischen Identitätsnachweises nach § 18 des Personalausweisgesetzes, § 12 des eID-Karte-Gesetzes oder § 78 Absatz 5 des Aufenthaltsgesetzes erfolgen kann.

§ 65d Nutzungspflicht für Rechtsanwälte, Behörden und vertretungsberechtigte Personen. [1] Vorbereitende Schriftsätze und deren Anlagen sowie schriftlich einzureichende Anträge und Erklärungen, die durch einen Rechtsanwalt, durch eine Behörde oder durch eine juristische Person des öffentlichen Rechts einschließlich der von ihr zur Erfüllung ihrer öffentlichen Aufgaben gebildeten Zusammenschlüsse eingereicht werden, sind als elektronisches Dokument zu übermitteln. [2] Gleiches gilt für die nach diesem Gesetz vertretungsberechtigten Personen, für die ein sicherer Übermittlungsweg nach § 65a Absatz 4 Satz 1 Nummer 2 zur Verfügung steht. [3] Ist eine Übermittlung aus technischen Gründen vorübergehend nicht möglich, bleibt die Übermittlung nach den allgemeinen Vorschriften zulässig. [4] Die vorübergehende Unmöglichkeit ist bei der Ersatzeinreichung oder unverzüglich danach glaubhaft zu machen; auf Anforderung ist ein elektronisches Dokument nachzureichen.

§ 66 [Rechtsmittelbelehrung] (1) Die Frist für ein Rechtsmittel oder einen anderen Rechtsbehelf beginnt nur dann zu laufen, wenn der Beteiligte über den Rechtsbehelf, die Verwaltungsstelle oder das Gericht, bei denen der Rechtsbehelf anzubringen ist, den Sitz und die einzuhaltende Frist schriftlich oder elektronisch belehrt worden ist.

(2) [1] Ist die Belehrung unterblieben oder unrichtig erteilt, so ist die Einlegung des Rechtsbehelfs nur innerhalb eines Jahres seit Zustellung, Eröffnung oder Verkündung zulässig, außer wenn die Einlegung vor Ablauf der Jahresfrist infolge höherer Gewalt unmöglich war oder eine schriftliche oder elektronische Belehrung dahin erfolgt ist, daß ein Rechtsbehelf nicht gegeben sei. [2] § 67 Abs. 2 gilt für den Fall höherer Gewalt entsprechend.

§ 67 [Wiedereinsetzung in den vorigen Stand] (1) Wenn jemand ohne Verschulden verhindert war, eine gesetzliche Verfahrensfrist einzuhalten, so ist ihm auf Antrag Wiedereinsetzung in den vorigen Stand zu gewähren.

(2) [1] Der Antrag ist binnen eines Monats nach Wegfall des Hindernisses zu stellen. [2] Die Tatsachen zur Begründung des Antrages sollen glaubhaft gemacht

werden. [3] Innerhalb der Antragsfrist ist die versäumte Rechtshandlung nachzuholen. [4] Ist dies geschehen, so kann die Wiedereinsetzung auch ohne Antrag gewährt werden.

(3) Nach einem Jahr seit dem Ende der versäumten Frist ist der Antrag unzulässig, außer wenn der Antrag vor Ablauf der Jahresfrist infolge höherer Gewalt unmöglich war.

(4) [1] Über den Wiedereinsetzungsantrag entscheidet das Gericht, das über die versäumte Rechtshandlung zu befinden hat. [2] Der Beschluß, der die Wiedereinsetzung bewilligt, ist unanfechtbar.

§ 68 (weggefallen)

§ 69 [Beteiligte] Beteiligte am Verfahren sind

1. der Kläger,
2. der Beklagte,
3. der Beigeladene.

§ 70 [Beteiligtenfähigkeit] Fähig, am Verfahren beteiligt zu sein, sind

1. natürliche und juristische Personen,
2. nichtrechtsfähige Personenvereinigungen,
3. Behörden, sofern das Landesrecht dies bestimmt,
4. gemeinsame Entscheidungsgremien von Leistungserbringern und Krankenkassen oder Pflegekassen.

§ 71 [Prozessfähigkeit] (1) Ein Beteiligter ist prozeßfähig, soweit er sich durch Verträge verpflichten kann.

(2) [1] Minderjährige sind in eigener Sache prozeßfähig, soweit sie durch Vorschriften des bürgerlichen oder öffentlichen Rechts für den Gegenstand des Verfahrens als geschäftsfähig anerkannt sind. [2] Zur Zurücknahme eines Rechtsbehelfs bedürfen sie der Zustimmung des gesetzlichen Vertreters.

(3) Für rechtsfähige und nichtrechtsfähige Personenvereinigungen sowie für Behörden handeln ihre gesetzlichen Vertreter und Vorstände.

(4) Für Entscheidungsgremien im Sinne von § 70 Nr. 4 handelt der Vorsitzende.

[Abs. 5 bis 31.12.2023:]

(5) In Angelegenheiten des sozialen Entschädigungsrechts und des Schwerbehindertenrechts wird das Land durch das Landesversorgungsamt oder nach Maßgabe des Landesrechts durch die Stelle vertreten, der dessen Aufgaben übertragen worden sind oder die für die Durchführung des Bundesversorgungsgesetzes[1]) oder des Rechts der Teilhabe behinderter Menschen zuständig ist.

[Abs. 5 ab 1.1.2024:]

(5) In Angelegenheiten des Sozialen Entschädigungsrechts und des Schwerbehindertenrechts wird das Land durch die Stelle vertreten, die für die Durchführung des Vierzehnten Buches Sozialgesetzbuch oder des Rechts der Teilhabe von Menschen mit Behinderungen zuständig ist oder der nach Maßgabe des Landesrechts diese Aufgaben übertragen worden sind.

---

[1]) Auszugsweise abgedruckt unter Nr. **15**.

(6) Die §§ 53 bis 56 der Zivilprozeßordnung gelten entsprechend.

§ 72 [Bestellung eines besonderen Vertreters] (1) Für einen nicht pro-
zeßfähigen Beteiligten ohne gesetzlichen Vertreter kann der Vorsitzende bis
zum Eintritt eines Vormundes, Betreuers oder Pflegers für das Verfahren einen
besonderen Vertreter bestellen, dem alle Rechte, außer dem Empfang von
Zahlungen, zustehen.

(2) Die Bestellung eines besonderen Vertreters ist mit Zustimmung des Beteiligten oder seines gesetzlichen Vertreters auch zulässig, wenn der Aufenthaltsort eines Beteiligten oder seines gesetzlichen Vertreters vom Sitz des
Gerichts weit entfernt ist.

§ 73 [Prozessbeteiligte; Bevollmächtigte; Beistand] (1) Die Beteiligten
können vor dem Sozialgericht und dem Landessozialgericht den Rechtsstreit
selbst führen.

(2) [1] Die Beteiligten können sich durch einen Rechtsanwalt oder einen
Rechtslehrer an einer staatlichen oder staatlich anerkannten Hochschule eines
Mitgliedstaates der Europäischen Union, eines anderen Vertragsstaates des Ab-
kommens über den Europäischen Wirtschaftsraum oder der Schweiz, der die
Befähigung zum Richteramt besitzt, als Bevollmächtigten vertreten lassen.
[2] Darüber hinaus sind als Bevollmächtigte vor dem Sozialgericht und dem
Landessozialgericht vertretungsbefugt nur

1. Beschäftigte des Beteiligten oder eines mit ihm verbundenen Unternehmens
   (§ 15 des Aktiengesetzes); Behörden und juristische Personen des öffentlichen Rechts einschließlich der von ihnen zur Erfüllung ihrer öffentlichen
   Aufgaben gebildeten Zusammenschlüsse können sich auch durch Beschäftigte anderer Behörden oder juristischer Personen des öffentlichen Rechts einschließlich der von ihnen zur Erfüllung ihrer öffentlichen Aufgaben gebildeten Zusammenschlüsse vertreten lassen,

2. volljährige Familienangehörige (§ 15 der Abgabenordnung, § 11 des Lebens-
   partnerschaftsgesetzes), Personen mit Befähigung zum Richteramt und
   Streitgenossen, wenn die Vertretung nicht im Zusammenhang mit einer
   entgeltlichen Tätigkeit steht,

3. Rentenberater im Umfang ihrer Befugnisse nach § 10 Absatz 1 Satz 1
   Nummer 2, auch in Verbindung mit Satz 2, des Rechtsdienstleistungsgeset-
   zes,

4. Steuerberater, Steuerbevollmächtigte, Wirtschaftsprüfer und vereidigte
   Buchprüfer, Personen und Vereinigungen im Sinn des § 3a des Steuerberatungsgesetzes, zu beschränkter geschäftsmäßiger Hilfeleistung in Steuersa-
   chen nach den §§ 3d und 3e des Steuerberatungsgesetzes berechtigte Personen im Rahmen dieser Befugnisse sowie Gesellschaften im Sinn des § 3
   Nr. 2 und 3 des Steuerberatungsgesetzes, die durch Personen im Sinn des § 3
   Nr. 1 des Steuerberatungsgesetzes handeln, in Angelegenheiten nach den
   §§ 28h und 28p des Vierten Buches Sozialgesetzbuch,

5. selbständige Vereinigungen von Arbeitnehmern mit sozial- oder berufspoliti-
   scher Zwecksetzung für ihre Mitglieder,

6. berufsständische Vereinigungen der Landwirtschaft für ihre Mitglieder,

7. Gewerkschaften und Vereinigungen von Arbeitgebern sowie Zusammenschlüsse solcher Verbände für ihre Mitglieder oder für andere Verbände oder Zusammenschlüsse mit vergleichbarer Ausrichtung und deren Mitglieder,

8. Vereinigungen, deren satzungsgemäße Aufgaben die gemeinschaftliche Interessenvertretung, die Beratung und Vertretung der Leistungsempfänger *[bis 31.12.2023:* nach dem sozialen Entschädigungsrecht oder der behinderten Menschen*][ab 1.1.2024:* nach dem Sozialen Entschädigungsrecht oder der Menschen mit Behinderungen*]* wesentlich umfassen und die unter Berücksichtigung von Art und Umfang ihrer Tätigkeit sowie ihres Mitgliederkreises die Gewähr für eine sachkundige Prozessvertretung bieten, für ihre Mitglieder,

9. juristische Personen, deren Anteile sämtlich im wirtschaftlichen Eigentum einer der in den Nummern 5 bis 8 bezeichneten Organisationen stehen, wenn die juristische Person ausschließlich die Rechtsberatung und Prozessvertretung dieser Organisation und ihrer Mitglieder oder anderer Verbände oder Zusammenschlüsse mit vergleichbarer Ausrichtung und deren Mitglieder entsprechend deren Satzung durchführt, und wenn die Organisation für die Tätigkeit der Bevollmächtigten haftet.

³Bevollmächtigte, die keine natürlichen Personen sind, handeln durch ihre Organe und mit der Prozessvertretung beauftragten Vertreter. ⁴§ 157 der Zivilprozessordnung gilt entsprechend.

(3) ¹Das Gericht weist Bevollmächtigte, die nicht nach Maßgabe des Absatzes 2 vertretungsbefugt sind, durch unanfechtbaren Beschluss zurück. ²Prozesshandlungen eines nicht vertretungsbefugten Bevollmächtigten und Zustellungen oder Mitteilungen an diesen Bevollmächtigten sind bis zu seiner Zurückweisung wirksam. ³Das Gericht kann den in Absatz 2 Satz 2 Nr. 1 und 2 bezeichneten Bevollmächtigten durch unanfechtbaren Beschluss die weitere Vertretung untersagen, wenn sie nicht in der Lage sind, das Sach- und Streitverhältnis sachgerecht darzustellen. ⁴Satz 3 gilt nicht für Beschäftigte eines Sozialleistungsträgers oder eines Spitzenverbandes der Sozialversicherung.

(4) ¹Vor dem Bundessozialgericht müssen sich die Beteiligten, außer im Prozesskostenhilfeverfahren, durch Prozessbevollmächtigte vertreten lassen. ²Als Bevollmächtigte sind außer den in Absatz 2 Satz 1 bezeichneten Personen nur die in Absatz 2 Satz 2 Nr. 5 bis 9 bezeichneten Organisationen zugelassen. ³Diese müssen durch Personen mit Befähigung zum Richteramt handeln. ⁴Behörden und juristische Personen des öffentlichen Rechts einschließlich der von ihnen zur Erfüllung ihrer öffentlichen Aufgaben gebildeten Zusammenschlüsse sowie private Pflegeversicherungsunternehmen können sich durch eigene Beschäftigte mit Befähigung zum Richteramt oder durch Beschäftigte mit Befähigung zum Richteramt anderer Behörden oder juristischer Personen des öffentlichen Rechts einschließlich der von ihnen zur Erfüllung ihrer öffentlichen Aufgaben gebildeten Zusammenschlüsse vertreten lassen. ⁵Ein Beteiligter, der nach Maßgabe des Satzes 2 zur Vertretung berechtigt ist, kann sich selbst vertreten; Satz 3 bleibt unberührt.

(5) ¹Richter dürfen nicht als Bevollmächtigte vor dem Gericht auftreten, dem sie angehören. ²Ehrenamtliche Richter dürfen, außer in den Fällen des Absatzes 2 Satz 2 Nr. 1, nicht vor einem Spruchkörper auftreten, dem sie angehören. ³Absatz 3 Satz 1 und 2 gilt entsprechend.

(6) ¹Die Vollmacht ist schriftlich zu den Gerichtsakten einzureichen. ²Sie kann nachgereicht werden; hierfür kann das Gericht eine Frist bestimmen. ³Bei

Ehegatten oder Lebenspartnern und Verwandten in gerader Linie kann unterstellt werden, dass sie bevollmächtigt sind. [4]Der Mangel der Vollmacht kann in jeder Lage des Verfahrens geltend gemacht werden. [5]Das Gericht hat den Mangel der Vollmacht von Amts wegen zu berücksichtigen, wenn nicht als Bevollmächtigter ein Rechtsanwalt auftritt. [6]Ist ein Bevollmächtigter bestellt, sind die Zustellungen oder Mitteilungen des Gerichts an ihn zu richten. [7]Im Übrigen gelten die §§ 81, 83 bis 86 der Zivilprozessordnung entsprechend.

(7) [1]In der Verhandlung können die Beteiligten mit Beiständen erscheinen. [2]Beistand kann sein, wer in Verfahren, in denen die Beteiligten den Rechtsstreit selbst führen können, als Bevollmächtigter zur Vertretung in der Verhandlung befugt ist. [3]Das Gericht kann andere Personen als Beistand zulassen, wenn dies sachdienlich ist und hierfür nach den Umständen des Einzelfalls ein Bedürfnis besteht. [4]Absatz 3 Satz 1 und 3 und Absatz 5 gelten entsprechend. [5]Das von dem Beistand Vorgetragene gilt als von dem Beteiligten vorgebracht, soweit es nicht von diesem sofort widerrufen oder berichtigt wird.

§ 73a [Prozesskostenhilfe] (1) [1]Die Vorschriften der Zivilprozeßordnung über die Prozeßkostenhilfe mit Ausnahme des § 127 Absatz 2 Satz 2 der Zivilprozeßordnung gelten entsprechend. [2]Macht der Beteiligte, dem Prozeßkostenhilfe bewilligt ist, von seinem Recht, einen Rechtsanwalt zu wählen, nicht Gebrauch, wird auf Antrag des Beteiligten der beizuordnende Rechtsanwalt vom Gericht ausgewählt. [3]Einem Beteiligten, dem Prozesskostenhilfe bewilligt worden ist, kann auch ein Steuerberater, Steuerbevollmächtigter, Wirtschaftsprüfer, vereidigter Buchprüfer oder Rentenberater beigeordnet werden. [4]Die Vergütung richtet sich nach den für den beigeordneten Rechtsanwalt geltenden Vorschriften des Rechtsanwaltsvergütungsgesetzes.

(2) Prozeßkostenhilfe wird nicht bewilligt, wenn der Beteiligte durch einen Bevollmächtigten im Sinne des § 73 Abs. 2 Satz 2 Nr. 5 bis 9 vertreten ist.

(3) § 109 Abs. 1 Satz 2 bleibt unberührt.

(4) [1]Die Prüfung der persönlichen und wirtschaftlichen Verhältnisse nach den §§ 114 bis 116 der Zivilprozessordnung einschließlich der in § 118 Absatz 2 der Zivilprozessordnung bezeichneten Maßnahmen, der Beurkundung von Vergleichen nach § 118 Absatz 1 Satz 3 der Zivilprozessordnung und der Entscheidungen nach § 118 Absatz 2 Satz 4 der Zivilprozessordnung obliegt dem Urkundsbeamten der Geschäftsstelle des jeweiligen Rechtszugs, wenn der Vorsitzende ihm das Verfahren insoweit überträgt. [2]Liegen die Voraussetzungen für die Bewilligung der Prozesskostenhilfe hiernach nicht vor, erlässt der Urkundsbeamte die den Antrag ablehnende Entscheidung; anderenfalls vermerkt der Urkundsbeamte in den Prozessakten, dass dem Antragsteller nach seinen persönlichen und wirtschaftlichen Verhältnissen Prozesskostenhilfe gewährt werden kann und in welcher Höhe gegebenenfalls Monatsraten oder Beträge aus dem Vermögen zu zahlen sind.

(5) Dem Urkundsbeamten obliegen im Verfahren über die Prozesskostenhilfe ferner die Bestimmung des Zeitpunkts für die Einstellung und eine Wiederaufnahme der Zahlungen nach § 120 Absatz 3 der Zivilprozessordnung sowie die Änderung und die Aufhebung der Bewilligung der Prozesskostenhilfe nach den §§ 120a und 124 Absatz 1 Nummer 2 bis 5 der Zivilprozessordnung.

(6) [1]Der Vorsitzende kann Aufgaben nach den Absätzen 4 und 5 zu jedem Zeitpunkt an sich ziehen. [2]§ 5 Absatz 1 Nummer 1, die §§ 6, 7, 8 Absatz 1 bis 4

und § 9 des Rechtspflegergesetzes gelten entsprechend mit der Maßgabe, dass an die Stelle des Rechtspflegers der Urkundsbeamte der Geschäftsstelle tritt.

(7) § 155 Absatz 4 gilt entsprechend.

(8) Gegen Entscheidungen des Urkundsbeamten nach den Absätzen 4 und 5 kann binnen eines Monats nach Bekanntgabe das Gericht angerufen werden, das endgültig entscheidet.

(9) Durch Landesgesetz kann bestimmt werden, dass die Absätze 4 bis 8 für die Gerichte des jeweiligen Landes nicht anzuwenden sind.

§ 74 [Streitgenossenschaft; Hauptintervention] Die §§ 59 bis 65 der Zivilprozeßordnung über die Streitgenossenschaft und die Hauptintervention gelten entsprechend.

§ 75 [Beiladung] (1) ¹Das Gericht kann von Amts wegen oder auf Antrag andere, deren berechtigte Interessen durch die Entscheidung berührt werden, beiladen. *[Satz 2 bis 31.12.2024:]* ²In Angelegenheiten des *[bis 31.12.2023: sozialen][ab 1.1.2024: Sozialen]* Entschädigungsrechts ist die Bundesrepublik Deutschland auf Antrag beizuladen.

(2) Sind an dem streitigen Rechtsverhältnis Dritte derart beteiligt, daß die Entscheidung auch ihnen gegenüber nur einheitlich ergehen kann oder ergibt sich im Verfahren, daß bei der Ablehnung des Anspruchs ein anderer Versicherungsträger, ein Träger der Grundsicherung für Arbeitsuchende, ein Träger der Sozialhilfe einschließlich der Leistungen nach Teil 2 des Neunten Buches Sozialgesetzbuch¹⁾, ein Träger der Leistungen nach dem Asylbewerberleistungsgesetz oder in Angelegenheiten des *[bis 31.12.2023: sozialen][ab 1.1. 2024: Sozialen]* Entschädigungsrechts ein Land als leistungspflichtig in Betracht kommt, so sind sie beizuladen.

(2a) ¹Kommt nach Absatz 2 erste Alternative die Beiladung von mehr als 20 Personen in Betracht, kann das Gericht durch Beschluss anordnen, dass nur solche Personen beigeladen werden, die dies innerhalb einer bestimmten Frist beantragen. ²Der Beschluss ist unanfechtbar. ³Er ist im Bundesanzeiger bekannt zu machen. ⁴Er muss außerdem in im gesamten Bundesgebiet verbreiteten Tageszeitungen veröffentlicht werden. ⁵Die Bekanntmachung kann zusätzlich in einem von dem Gericht für Bekanntmachungen bestimmten Informations- und Kommunikationssystem erfolgen. ⁶Die Frist muss mindestens drei Monate seit der Bekanntgabe betragen. ⁷Es ist jeweils anzugeben, an welchem Tag die Antragsfrist abläuft. ⁸Für die Wiedereinsetzung in den vorigen Stand wegen Fristversäumnis gilt § 67 entsprechend. ⁹Das Gericht soll Personen, die von der Entscheidung erkennbar in besonderem Maße betroffen werden, auch ohne Antrag beiladen.

(2b) ¹In Verfahren gegen Entscheidungen nach § 7a Absatz 1 Satz 3, § 28h Absatz 2 und § 28p Absatz 1 Satz 5 des Vierten Buches Sozialgesetzbuch sind andere Versicherungsträger abweichend von Absatz 2 nur auf deren Antrag beizuladen. ²Das Gericht benachrichtigt die anderen Versicherungsträger über die Erhebung einer entsprechenden Klage und über die Möglichkeit der Beiladung auf Antrag. ³Das Gericht setzt den anderen Versicherungsträgern für die Antragstellung eine angemessene Frist. ⁴Für die Wiedereinsetzung in den

¹⁾ Nr. 1.

vorigen Stand wegen Fristversäumnis gilt § 67 entsprechend. [5] Das Gericht kann Versicherungsträger auch von Amts wegen beiladen.

(3) [1] Der Beiladungsbeschluß ist allen Beteiligten zuzustellen. [2] Dabei sollen der Stand der Sache und der Grund der Beiladung angegeben werden. [3] Der Beschluß, den Dritten beizuladen, ist unanfechtbar.

(4) [1] Der Beigeladene kann innerhalb der Anträge der anderen Beteiligten selbständig Angriffs- und Verteidigungsmittel geltend machen und alle Verfahrenshandlungen wirksam vornehmen. [2] Abweichende Sachanträge kann er nur dann stellen, wenn eine Beiladung nach Absatz 2 vorliegt.

(5) Ein Versicherungsträger, ein Träger der Grundsicherung für Arbeitsuchende, ein Träger der Sozialhilfe einschließlich der Leistungen nach Teil 2 des Neunten Buches Sozialgesetzbuch, ein Träger der Leistungen nach dem Asylbewerberleistungsgesetz oder in Angelegenheiten des *[bis 31.12.2023: sozialen][ab 1.1.2024: Sozialen]* Entschädigungsrechts ein Land kann nach Beiladung verurteilt werden.

Zweiter Unterabschnitt. Beweissicherungsverfahren

§ 76 [Beweissicherungsverfahren] (1) Auf Gesuch eines Beteiligten kann die Einnahme des Augenscheins und die Vernehmung von Zeugen und Sachverständigen zur Sicherung des Beweises angeordnet werden, wenn zu besorgen ist, daß das Beweismittel verloren gehe oder seine Benutzung erschwert werde, oder wenn der gegenwärtige Zustand einer Person oder einer Sache festgestellt werden soll und der Antragsteller ein berechtigtes Interesse an dieser Feststellung hat.

(2) [1] Das Gesuch ist bei dem für die Hauptsache zuständigen Sozialgericht anzubringen. [2] In Fällen dringender Gefahr kann das Gesuch bei einem anderen Sozialgericht oder einem Amtsgericht angebracht werden, in dessen Bezirk sich die zu vernehmenden Personen aufhalten oder sich der in Augenschein zu nehmende Gegenstand befindet.

(3) Für das Verfahren gelten die §§ 487, 490 bis 494 der Zivilprozeßordnung entsprechend.

Dritter Unterabschnitt. Vorverfahren und einstweiliger Rechtsschutz

§ 77 [Bindungswirkung des Verwaltungsakts] Wird der gegen einen Verwaltungsakt gegebene Rechtsbehelf nicht oder erfolglos eingelegt, so ist der Verwaltungsakt für die Beteiligten in der Sache bindend, soweit durch Gesetz nichts anderes bestimmt ist.

§ 78 [Vorverfahren als Klagevoraussetzung] (1) [1] Vor Erhebung der Anfechtungsklage sind Rechtmäßigkeit und Zweckmäßigkeit des Verwaltungsaktes in einem Vorverfahren[1]) nachzuprüfen. [2] Eines Vorverfahrens bedarf es nicht, wenn

---

[1]) Nach § 88 Abs. 6 Soldatenversorgungsgesetz (SVG) idF der Bek. v. 16.9.2009 (BGBl. I S. 3054), zuletzt geänd. durch G v. 22.11.2021 (BGBl. I S. 4906) sind für die Beschädigtenversorgung die Vorschriften über das Vorverfahren anzuwenden. Dies gilt nicht, soweit die Beschädigtenversorgung in der Gewährung von Leistungen der Kriegsopferfürsorge nach den §§ 25 bis 27i BVG (Nr. **15**) besteht. Hinsichtlich des Vorverfahrens bei Ansprüchen auf Zivildienstbeschädigung vgl. § 51 Abs. 2 Gesetz über den Zivildienst der Kriegsdienstverweigerer (ZDG) idF der Bek. v. 17.5.2005 (BGBl. I S. 1346, ber. S. 2301), zuletzt geänd. durch G v. 12.12.2019 (BGBl. I S. 2652).

1. ein Gesetz dies für besondere Fälle bestimmt oder
2. der Verwaltungsakt von einer obersten Bundesbehörde, einer obersten Landesbehörde oder von dem Vorstand der Bundesagentur für Arbeit erlassen worden ist, außer wenn ein Gesetz die Nachprüfung vorschreibt, oder
3. ein Land, ein Versicherungsträger oder einer seiner Verbände klagen will.

(2) *(aufgehoben)*
(3) Für die Verpflichtungsklage gilt Absatz 1 entsprechend, wenn der Antrag auf Vornahme des Verwaltungsaktes abgelehnt worden ist.

§§ 79–82 (weggefallen)

§ 83 **[Widerspruch]** Das Vorverfahren beginnt mit der Erhebung des Widerspruchs.

§ 84 **[Frist und Form des Widerspruchs]** (1) [1] Der Widerspruch ist binnen eines Monats, nachdem der Verwaltungsakt dem Beschwerten bekanntgegeben worden ist, schriftlich, in elektronischer Form nach § 36a Absatz 2 des Ersten Buches Sozialgesetzbuch oder zur Niederschrift bei der Stelle einzureichen, die den Verwaltungsakt erlassen hat. [2] Die Frist beträgt bei Bekanntgabe im Ausland drei Monate.

(2) [1] Die Frist zur Erhebung des Widerspruchs gilt auch dann als gewahrt, wenn die Widerspruchsschrift bei einer anderen inländischen Behörde oder bei einem Versicherungsträger oder bei einer deutschen Konsularbehörde oder, soweit es sich um die Versicherung von Seeleuten handelt, auch bei einem deutschen Seemannsamt eingegangen ist. [2] Die Widerspruchsschrift ist unverzüglich der zuständigen Behörde oder dem zuständigen Versicherungsträger zuzuleiten, der sie der für die Entscheidung zuständigen Stelle vorzulegen hat. [3] Im übrigen gelten die §§ 66 und 67 entsprechend.

§ 84a **[Akteneinsicht]** Für das Vorverfahren gilt § 25 Abs. 4 des Zehnten Buches Sozialgesetzbuch nicht.

§ 85 **[Abhilfe oder Widerspruchsbescheid]** (1) Wird der Widerspruch für begründet erachtet, so ist ihm abzuhelfen.

(2) [1] Wird dem Widerspruch nicht abgeholfen, so erläßt den Widerspruchsbescheid
1. die nächsthöhere Behörde oder, wenn diese eine oberste Bundes- oder eine oberste Landesbehörde ist, die Behörde, die den Verwaltungsakt erlassen hat,
2. in Angelegenheiten der Sozialversicherung die von der Vertreterversammlung bestimmte Stelle,
3. in Angelegenheiten der Bundesagentur für Arbeit mit Ausnahme der Angelegenheiten nach dem Zweiten Buch Sozialgesetzbuch[1] die von dem Vorstand bestimmte Stelle,
4. in Angelegenheiten der kommunalen Selbstverwaltung die Selbstverwaltungsbehörde, soweit nicht durch Gesetz anderes bestimmt wird.

[2] Abweichend von Satz 1 Nr. 1 ist in Angelegenheiten nach dem Zweiten Buch Sozialgesetzbuch[1] und, soweit Landesrecht nichts Abweichendes vorsieht, in

---

[1] Auszugsweise abgedruckt unter Nr. **3a**.

Angelegenheiten nach dem Vierten Kapitel des Zwölften Buches Sozialgesetzbuch[1] der zuständige Träger, der den dem Widerspruch zugrunde liegenden Verwaltungsakt erlassen hat, auch für die Entscheidung über den Widerspruch zuständig; § 44b Absatz 1 Satz 3 des Zweiten Buches Sozialgesetzbuch bleibt unberührt. [3] Vorschriften, nach denen im Vorverfahren Ausschüsse oder Beiräte an die Stelle einer Behörde treten, bleiben unberührt. [4] Die Ausschüsse oder Beiräte können abweichend von Satz 1 Nr. 1 auch bei der Behörde gebildet werden, die den Verwaltungsakt erlassen hat.

(3) [1] Der Widerspruchsbescheid ist schriftlich zu erlassen, zu begründen und den Beteiligten bekanntzugeben. [2] Nimmt die Behörde eine Zustellung vor, gelten die §§ 2 bis 10 des Verwaltungszustellungsgesetzes. [3] § 5 Abs. 4 des Verwaltungszustellungsgesetzes und § 178 Abs. 1 Nr. 2 der Zivilprozessordnung sind auf die nach § 73 Abs. 2 Satz 2 Nr. 3 bis 9 als Bevollmächtigte zugelassenen Personen entsprechend anzuwenden. [4] Die Beteiligten sind hierbei über die Zulässigkeit der Klage, die einzuhaltende Frist und den Sitz des zuständigen Gerichts zu belehren.

(4) [1] Über ruhend gestellte Widersprüche kann durch eine öffentlich bekannt gegebene Allgemeinverfügung entschieden werden, wenn die den angefochtenen Verwaltungsakten zugrunde liegende Gesetzeslage durch eine Entscheidung des Bundesverfassungsgerichts bestätigt wurde, Widerspruchsbescheide gegenüber einer Vielzahl von Widerspruchsführern zur gleichen Zeit ergehen müssen und durch sie die Rechtsstellung der Betroffenen ausschließlich nach einem für alle identischen Maßstab verändert wird. [2] Die öffentliche Bekanntgabe erfolgt durch Veröffentlichung der Entscheidung über den Internetauftritt der Behörde, im Bundesanzeiger und in mindestens drei überregional erscheinenden Tageszeitungen. [3] Auf die öffentliche Bekanntgabe, den Ort ihrer Bekanntgabe sowie die Klagefrist des § 87 Abs. 1 Satz 3 ist bereits in der Ruhensmitteilung hinzuweisen.

§ 86 [Neuer Bescheid während des Vorverfahrens, Wirkung des Widerspruchs] Wird während des Vorverfahrens der Verwaltungsakt abgeändert, so wird auch der neue Verwaltungsakt Gegenstand des Vorverfahrens; er ist der Stelle, die über den Widerspruch entscheidet, unverzüglich mitzuteilen.

§ 86a [Aufschiebende Wirkung] (1) [1] Widerspruch und Anfechtungsklage haben aufschiebende Wirkung. [2] Das gilt auch bei rechtsgestaltenden und feststellenden Verwaltungsakten sowie bei Verwaltungsakten mit Drittwirkung.

(2) Die aufschiebende Wirkung entfällt

1. bei der Entscheidung über Versicherungs-, Beitrags- und Umlagepflichten sowie der Anforderung von Beiträgen, Umlagen und sonstigen öffentlichen Abgaben einschließlich der darauf entfallenden Nebenkosten,

[Nr. 2 bis 31.12.2024:]
2. in Angelegenheiten des *[bis 31.12.2023:* sozialen*][ab 1.1.2024: Sozialen]* Entschädigungsrechts und der Bundesagentur für Arbeit bei Verwaltungsakten, die eine laufende Leistung entziehen oder herabsetzen,

3. für die Anfechtungsklage in Angelegenheiten der Sozialversicherung bei Verwaltungsakten, die eine laufende Leistung herabsetzen oder entziehen,

---

[1] Auszugsweise abgedruckt unter Nr. **11**.

4. in anderen durch Bundesgesetz vorgeschriebenen Fällen,

5. in Fällen, in denen die sofortige Vollziehung im öffentlichen Interesse oder im überwiegenden Interesse eines Beteiligten ist und die Stelle, die den Verwaltungsakt erlassen oder über den Widerspruch zu entscheiden hat, die sofortige Vollziehung mit schriftlicher Begründung des besonderen Interesses an der sofortigen Vollziehung anordnet.

(3) [1] In den Fällen des Absatzes 2 kann die Stelle, die den Verwaltungsakt erlassen oder die über den Widerspruch zu entscheiden hat, die sofortige Vollziehung ganz oder teilweise aussetzen. [2] In den Fällen des Absatzes 2 Nr. 1 soll die Aussetzung der Vollziehung erfolgen, wenn ernstliche Zweifel an der Rechtmäßigkeit des angegriffenen Verwaltungsaktes bestehen oder wenn die Vollziehung für den Abgaben- oder Kostenpflichtigen eine unbillige, nicht durch überwiegende öffentliche Interessen gebotene Härte zur Folge hätte. [3] In den Fällen des Absatzes 2 Nr. 2 ist *[bis 31.12.2024:* in Angelegenheiten des *[bis 31.12.2023:* sozialen]*[ab 1.1.2024: Sozialen]* Entschädigungsrechts] die nächsthöhere Behörde zuständig, es sei denn, diese ist eine oberste Bundes- oder eine oberste Landesbehörde. [4] Die Entscheidung kann mit Auflagen versehen oder befristet werden. [5] Die Stelle kann die Entscheidung jederzeit ändern oder aufheben.

(4) [1] Die aufschiebende Wirkung entfällt, wenn eine Erlaubnis nach Artikel 1 § 1 des Arbeitnehmerüberlassungsgesetzes in der Fassung der Bekanntmachung vom 3. Februar 1995 (BGBl. I S. 158), das zuletzt durch Artikel 2 des Gesetzes vom 23. Juli 2001 (BGBl. I S. 1852) geändert worden ist, aufgehoben oder nicht verlängert wird. [2] Absatz 3 gilt entsprechend.

§ 86b [Einstweilige Maßnahmen] (1) [1] Das Gericht der Hauptsache kann auf Antrag

1. in den Fällen, in denen Widerspruch oder Anfechtungsklage aufschiebende Wirkung haben, die sofortige Vollziehung ganz oder teilweise anordnen,

2. in den Fällen, in denen Widerspruch oder Anfechtungsklage keine aufschiebende Wirkung haben, die aufschiebende Wirkung ganz oder teilweise anordnen,

3. in den Fällen des § 86a Abs. 3 die sofortige Vollziehung ganz oder teilweise wiederherstellen.

[2] Ist der Verwaltungsakt im Zeitpunkt der Entscheidung schon vollzogen oder befolgt worden, kann das Gericht die Aufhebung der Vollziehung anordnen. [3] Die Wiederherstellung der aufschiebenden Wirkung oder die Anordnung der sofortigen Vollziehung kann mit Auflagen versehen oder befristet werden. [4] Das Gericht der Hauptsache kann auf Antrag die Maßnahmen jederzeit ändern oder aufheben.

(2) [1] Soweit ein Fall des Absatzes 1 nicht vorliegt, kann das Gericht der Hauptsache auf Antrag eine einstweilige Anordnung in Bezug auf den Streitgegenstand treffen, wenn die Gefahr besteht, dass durch eine Veränderung des bestehenden Zustands die Verwirklichung eines Rechts des Antragstellers vereitelt oder wesentlich erschwert werden könnte. [2] Einstweilige Anordnungen sind auch zur Regelung eines vorläufigen Zustands in Bezug auf ein streitiges Rechtsverhältnis zulässig, wenn eine solche Regelung zur Abwendung wesentlicher Nachteile nötig erscheint. [3] Das Gericht der Hauptsache ist das Gericht des ersten Rechtszugs und, wenn die Hauptsache im Berufungsverfahren an-

hängig ist, das Berufungsgericht. [4]Die §§ 920, 921, 923, 926, 928, 929 Absatz 1 und 3, die §§ 930 bis 932, 938, 939 und 945 der Zivilprozessordnung gelten entsprechend.

(3) Die Anträge nach den Absätzen 1 und 2 sind schon vor Klageerhebung zulässig.

(4) Das Gericht entscheidet durch Beschluss.

Vierter Unterabschnitt. Verfahren im ersten Rechtszug

§ 87 [Klagefrist] (1) [1]Die Klage ist binnen eines Monats nach Bekanntgabe des Verwaltungsaktes zu erheben. [2]Die Frist beträgt bei Bekanntgabe im Ausland drei Monate. [3]Bei einer öffentlichen Bekanntgabe nach § 85 Abs. 4 beträgt die Frist ein Jahr. [4]Die Frist beginnt mit dem Tag zu laufen, an dem seit dem Tag der letzten Veröffentlichung zwei Wochen verstrichen sind.

(2) Hat ein Vorverfahren stattgefunden, so beginnt die Frist mit der Bekanntgabe des Widerspruchsbescheids.

§ 88 [Verpflichtungsklage, Frist] (1) [1]Ist ein Antrag auf Vornahme eines Verwaltungsakts ohne zureichenden Grund in angemessener Frist sachlich nicht beschieden worden, so ist die Klage nicht vor Ablauf von sechs Monaten seit dem Antrag auf Vornahme des Verwaltungsakts zulässig. [2]Liegt ein zureichender Grund dafür vor, daß der beantragte Verwaltungsakt noch nicht erlassen ist, so setzt das Gericht das Verfahren bis zum Ablauf einer von ihm bestimmten Frist aus, die verlängert werden kann. [3]Wird innerhalb dieser Frist dem Antrag stattgegeben, so ist die Hauptsache für erledigt zu erklären.

(2) Das gleiche gilt, wenn über einen Widerspruch nicht entschieden worden ist, mit der Maßgabe, daß als angemessene Frist eine solche von drei Monaten gilt.

§ 89 [Nichtigkeits- und Feststellungsklage] Die Klage ist an keine Frist gebunden, wenn die Feststellung der Nichtigkeit eines Verwaltungsakts oder die Feststellung des zuständigen Versicherungsträgers oder die Vornahme eines unterlassenen Verwaltungsakts begehrt wird.

§ 90 [Klageerhebung] Die Klage ist bei dem zuständigen Gericht der Sozialgerichtsbarkeit schriftlich oder zu Protokoll des Urkundsbeamten der Geschäftsstelle zu erheben.

§ 91 [Fristwahrung bei Unzuständigkeit] (1) Die Frist für die Erhebung der Klage gilt auch dann als gewahrt, wenn die Klageschrift innerhalb der Frist statt bei dem zuständigen Gericht der Sozialgerichtsbarkeit bei einer anderen inländischen Behörde oder bei einem Versicherungsträger oder bei einer deutschen Konsularbehörde oder, soweit es sich um die Versicherung von Seeleuten handelt, auch bei einem deutschen Seemannsamt im Ausland eingegangen ist.

(2) Die Klageschrift ist unverzüglich an das zuständige Gericht der Sozialgerichtsbarkeit abzugeben.

§ 92 [Klageschrift] (1) [1]Die Klage muss den Kläger, den Beklagten und den Gegenstand des Klagebegehrens bezeichnen. [2]Zur Bezeichnung des Beklagten genügt die Angabe der Behörde. [3]Die Klage soll einen bestimmten Antrag enthalten und von dem Kläger oder einer zu seiner Vertretung befugten Person mit Orts- und Zeitangabe unterzeichnet sein. [4] Die zur Begründung dienenden Tatsachen und Beweismittel sollen angegeben, die angefochtene Verfügung und der Widerspruchsbescheid sollen in Abschrift beigefügt werden.

(2) [1] Entspricht die Klage diesen Anforderungen nicht, hat der Vorsitzende den Kläger zu der erforderlichen Ergänzung innerhalb einer bestimmten Frist aufzufordern. [2] Er kann dem Kläger für die Ergänzung eine Frist mit ausschließender Wirkung setzen, wenn es an einem der in Absatz 1 Satz 1 genannten Erfordernisse fehlt. [3] Für die Wiedereinsetzung in den vorigen Stand gilt § 67 entsprechend.

§ 93 [Einreichung von Abschriften] [1] Der Klageschrift, den sonstigen Schriftsätzen und nach Möglichkeit den Unterlagen sind vorbehaltlich des § 65a Absatz 5 Satz 3 Abschriften für die Beteiligten beizufügen. [2] Sind die erforderlichen Abschriften nicht eingereicht, so fordert das Gericht sie nachträglich an oder fertigt sie selbst an. [3] Die Kosten für die Anfertigung können von dem Kläger eingezogen werden.

Zweiter Abschnitt. Rechtsmittel
Erster Unterabschnitt. Berufung

§ 143 [Zulässigkeit der Berufung] Gegen die Urteile der Sozialgerichte findet die Berufung an das Landessozialgericht statt, soweit sich aus den Vorschriften dieses Unterabschnitts nichts anderes ergibt.

§ 151 [Einlegung, Frist, Form] (1) Die Berufung ist bei dem Landessozialgericht innerhalb eines Monats nach Zustellung des Urteils schriftlich oder zu Protokoll des Urkundsbeamten der Geschäftsstelle einzulegen.

(2) [1] Die Berufungsfrist ist auch gewahrt, wenn die Berufung innerhalb der Frist bei dem Sozialgericht schriftlich oder zu Protokoll des Urkundsbeamten der Geschäftsstelle eingelegt wird. [2] In diesem Falle legt das Sozialgericht die Berufungsschrift oder das Protokoll mit seinen Akten unverzüglich dem Landessozialgericht vor.

(3) Die Berufungsschrift soll das angefochtene Urteil bezeichnen, einen bestimmten Antrag enthalten und die zur Begründung dienenden Tatsachen und Beweismittel angeben.

Zweiter Unterabschnitt. Revision

§ 160 [Zulässigkeit der Revision] (1) Gegen das Urteil eines Landessozialgerichts und gegen den Beschluss nach § 55a Absatz 5 Satz 1 steht den Beteiligten die Revision an das Bundessozialgericht nur zu, wenn sie in der Entscheidung des Landessozialgerichts oder in dem Beschluß des Bundessozialgerichts nach § 160a Abs. 4 Satz 1 zugelassen worden ist.

(2) Sie ist nur zuzulassen, wenn

1. die Rechtssache grundsätzliche Bedeutung hat oder
2. das Urteil von einer Entscheidung des Bundessozialgerichts, des Gemeinsamen Senats der obersten Gerichtshöfe des Bundes oder des Bundesverfassungsgerichts abweicht und auf dieser Abweichung beruht oder
3. ein Verfahrensmangel geltend gemacht wird, auf dem die angefochtene Entscheidung beruhen kann; der geltend gemachte Verfahrensmangel kann nicht

auf eine Verletzung der §§ 109 und 128 Abs. 1 Satz 1 und auf eine Verletzung des § 103 nur gestützt werden, wenn er sich auf einen Beweisantrag bezieht, dem das Landessozialgericht ohne hinreichende Begründung nicht gefolgt ist.

(3) Das Bundessozialgericht ist an die Zulassung gebunden.

§ 160a [Nichtzulassungsbeschwerde] (1) [1]Die Nichtzulassung der Revision kann selbständig durch Beschwerde angefochten werden. [2]Die Beschwerde ist bei dem Bundessozialgericht innerhalb eines Monats nach Zustellung des Urteils einzulegen. [3]Der Beschwerdeschrift soll eine Ausfertigung oder beglaubigte Abschrift des Urteils, gegen das die Revision eingelegt werden soll, beigefügt werden. [4]Satz 3 gilt nicht, soweit nach § 65a elektronische Dokumente übermittelt werden.

(2) [1]Die Beschwerde ist innerhalb von zwei Monaten nach Zustellung des Urteils zu begründen. [2]Die Begründungsfrist kann auf einen vor ihrem Ablauf gestellten Antrag von dem Vorsitzenden einmal bis zu einem Monat verlängert werden. [3]In der Begründung muß die grundsätzliche Bedeutung der Rechtssache dargelegt oder die Entscheidung, von der das Urteil des Landessozialgerichts abweicht, oder der Verfahrensmangel bezeichnet werden.

(3) Die Einlegung der Beschwerde hemmt die Rechtskraft des Urteils.

(4) [1]Das Bundessozialgericht entscheidet unter Zuziehung der ehrenamtlichen Richter durch Beschluss; § 169 gilt entsprechend. [2]Dem Beschluß soll eine kurze Begründung beigefügt werden; von einer Begründung kann abgesehen werden, wenn sie nicht geeignet ist, zur Klärung der Voraussetzungen der Revisionszulassung beizutragen. [3]Mit der Ablehnung der Beschwerde durch das Bundessozialgericht wird das Urteil rechtskräftig. [4]Wird der Beschwerde stattgegeben, so beginnt mit der Zustellung dieser Entscheidung der Lauf der Revisionsfrist.

(5) Liegen die Voraussetzungen des § 160 Abs. 2 Nr. 3 vor, kann das Bundessozialgericht in dem Beschluss das angefochtene Urteil aufheben und die Sache zur erneuten Verhandlung und Entscheidung zurückverweisen.

§ 161 [Sprungrevision] (1) [1]Gegen das Urteil eines Sozialgerichts steht den Beteiligten die Revision unter Übergehung der Berufungsinstanz zu, wenn der Gegner schriftlich zustimmt und wenn sie von dem Sozialgericht im Urteil oder auf Antrag durch Beschluß zugelassen wird. [2]Der Antrag ist innerhalb eines Monats nach Zustellung des Urteils schriftlich zu stellen. [3]Die Zustimmung des Gegners ist dem Antrag oder, wenn die Revision im Urteil zugelassen ist, der Revisionsschrift beizufügen.

(2) [1]Die Revision ist nur zuzulassen, wenn die Voraussetzungen des § 160 Abs. 2 Nr. 1 oder 2 vorliegen. [2]Das Bundessozialgericht ist an die Zulassung gebunden. [3]Die Ablehnung der Zulassung ist unanfechtbar.

(3) [1]Lehnt das Sozialgericht den Antrag auf Zulassung der Revision durch Beschluß ab, so beginnt mit der Zustellung dieser Entscheidung der Lauf der Berufungsfrist oder der Frist für die Beschwerde gegen die Nichtzulassung der Berufung von neuem, sofern der Antrag in der gesetzlichen Form und Frist gestellt und die Zustimmungserklärung des Gegners beigefügt war. [2]Läßt das Sozialgericht die Revision durch Beschluß zu, so beginnt mit der Zustellung dieser Entscheidung der Lauf der Revisionsfrist.

(4) Die Revision kann nicht auf Mängel des Verfahrens gestützt werden.

(5) Die Einlegung der Revision und die Zustimmung des Gegners gelten als Verzicht auf die Berufung, wenn das Sozialgericht die Revision zugelassen hat.

§ 162 [Revisionsgründe] Die Revision kann nur darauf gestützt werden, daß das angefochtene Urteil auf der Verletzung einer Vorschrift des Bundesrechts oder einer sonstigen im Bezirk des Berufungsgerichts geltenden Vorschrift beruht, deren Geltungsbereich sich über den Bezirk des Berufungsgerichts hinaus erstreckt.

§ 163 [Bindung an die tatsächlichen Feststellungen] Das Bundessozialgericht ist an die in dem angefochtenen Urteil getroffenen tatsächlichen Feststellungen gebunden, außer wenn in bezug auf diese Feststellungen zulässige und begründete Revisionsgründe vorgebracht sind.

§ 164 [Einlegung, Frist, Begründung] (1) [1]Die Revision ist bei dem Bundessozialgericht innerhalb eines Monats nach Zustellung des Urteils oder des Beschlusses über die Zulassung der Revision (§ 160a Absatz 4 Satz 1 oder § 161 Abs. 3 Satz 2) schriftlich einzulegen. [2]Die Revision muß das angefochtene Urteil angeben; eine Ausfertigung oder beglaubigte Abschrift des angefochtenen Urteils soll beigefügt werden, sofern dies nicht schon nach § 160a Abs. 1 Satz 3 geschehen ist. [3]Satz 2 zweiter Halbsatz gilt nicht, soweit nach § 65a elektronische Dokumente übermittelt werden.

(2) [1]Die Revision ist innerhalb von zwei Monaten nach Zustellung des Urteils oder des Beschlusses über die Zulassung der Revision zu begründen. [2]Die Begründungsfrist kann auf einen vor ihrem Ablauf gestellten Antrag von dem Vorsitzenden verlängert werden. [3]Die Begründung muß einen bestimmten Antrag enthalten, die verletzte Rechtsnorm und, soweit Verfahrensmängel gerügt werden, die Tatsachen bezeichnen, die den Mangel ergeben.

§ 165 [Verfahren in der Revision] [1]Für die Revision gelten die Vorschriften über die Berufung entsprechend, soweit sich aus diesem Unterabschnitt nichts anderes ergibt. [2]§ 153 Abs. 2 und 4 sowie § 155 Abs. 2 bis 4 finden keine Anwendung.

§§ 166–167 *(aufgehoben)*

19. Gesetz über die Versorgung für die früheren Soldaten der Bundeswehr und ihre Hinterbliebenen (Soldatenversorgungsgesetz – SVG)[1]

In der Fassung der Bekanntmachung vom 16. September 2009[2]

(BGBl. I S. 3054)

FNA 53-4

zuletzt geänd. durch Art. 20h G zur Änd. des InfektionsschutzG und weiterer Gesetze anlässlich der Aufhebung der Feststellung der epidemischen Lage von nationaler Tragweite v. 22.11.2021 (BGBl. I S. 4906)

– Auszug –

Teil 3. Beschädigtenversorgung

Abschnitt 1. Versorgung beschädigter Soldaten nach Beendigung des Wehrdienstverhältnisses, gleichgestellter Zivilpersonen und ihrer Hinterbliebenen

§ 81 Wehrdienstbeschädigung. (1) Wehrdienstbeschädigung ist eine gesundheitliche Schädigung, die durch eine Wehrdienstverrichtung, durch einen während der Ausübung des Wehrdienstes erlittenen Unfall oder durch die dem Wehrdienst eigentümlichen Verhältnisse herbeigeführt worden ist.

(2) Eine Wehrdienstbeschädigung ist auch eine gesundheitliche Schädigung, die herbeigeführt worden ist durch

1. einen Angriff auf den Soldaten

   a) wegen seines pflichtgemäßen dienstlichen Verhaltens,

   b) wegen seiner Zugehörigkeit zur Bundeswehr oder

   c) bei Kriegshandlungen, Aufruhr oder Unruhen, denen er am Ort seines dienstlich angeordneten Aufenthalts im Ausland besonders ausgesetzt war,

2. einen Unfall, den der Beschädigte

   a) auf einem Hin- oder Rückweg erleidet, der notwendig ist, um eine Maßnahme der Heilbehandlung, eine Badekur, Versehrtenleibesübungen als Gruppenbehandlung oder Leistungen zur Teilhabe am Arbeitsleben nach § 26 des Bundesversorgungsgesetzes[3] durchzuführen oder um auf Verlangen einer zuständigen Behörde oder eines Gerichts wegen der Beschädigtenversorgung persönlich zu erscheinen,

   b) bei der Durchführung einer der unter Buchstabe a aufgeführten Maßnahmen erleidet,

3. gesundheitsschädigende Verhältnisse, denen der Soldat am Ort seines dienstlich angeordneten Aufenthalts im Ausland besonders ausgesetzt war.

(3) Zum Wehrdienst im Sinne dieser Vorschrift gehören auch

---

[1] **Aufgehoben mit Ablauf des 31.12.2024** durch Art. 90 Abs. 6 G v. 20.8.2021 (BGBl. I S. 3932); siehe ab dem 1.1.2025 das Soldatenversorgungsgesetz 2021.
[2] Neubekanntmachung des SVG idF der Bek. v. 9.4.2002 (BGBl. I S. 1258, ber. 1909) in der ab 1.7.2009 geltenden Fassung.
[3] Nr. **15**.

1. die Teilnahme an einer dienstlichen Veranstaltung im Sinne des § 81 Absatz 2 des Soldatengesetzes,

2. die mit dem Wehrdienst zusammenhängenden Dienstreisen und die dienstliche Tätigkeit am Bestimmungsort,

3. die Teilnahme eines Soldaten an dienstlichen Veranstaltungen,

4. Nebentätigkeiten im öffentlichen Dienst oder in dem ihm gleichstehenden Dienst, zu deren Übernahme der Soldat gemäß § 20 Absatz 7 des Soldatengesetzes in Verbindung mit § 98 des Bundesbeamtengesetzes verpflichtet ist, oder Tätigkeiten, deren Wahrnehmung von ihm im Zusammenhang mit den Dienstgeschäften erwartet wird, sofern der Soldat hierbei nicht in der gesetzlichen Unfallversicherung versichert ist (§ 2 des Siebten Buches Sozialgesetzbuch).

(4) [1] Als Wehrdienst gilt auch

1. das Erscheinen zur Feststellung der Wehrdienstfähigkeit, zu einer Eignungsuntersuchung und Eignungsfeststellung oder im Rahmen der Wehrüberwachung auf Anordnung einer zuständigen Dienststelle,

2. das Zurücklegen des mit dem Wehrdienst zusammenhängenden Weges nach und von der Dienststelle.

[2] Der Zusammenhang mit dem Wehrdienst gilt als nicht unterbrochen, wenn der Soldat

1. von dem unmittelbaren Wege zwischen der Wohnung und der Dienststelle in vertretbarem Umfang abweicht,

   a) um ein eigenes Kind, für das ihm dem Grunde nach Kindergeld zusteht, wegen seiner eigenen Berufstätigkeit oder der Berufstätigkeit seines Ehegatten in fremde Obhut zu geben oder aus fremder Obhut abzuholen oder

   b) weil er mit anderen berufstätigen oder in der gesetzlichen Unfallversicherung versicherten Personen gemeinsam ein Fahrzeug für den Weg zu und von der Dienststelle benutzt, oder

2. in seiner Wohnung Dienst leistet und Wege zurücklegt, um ein Kind im Sinne des Satzes 2 Nummer 1 Buchstabe a in fremde Obhut zu geben oder aus fremder Obhut abzuholen.

[3] Hat der Soldat wegen der Entfernung seiner ständigen Familienwohnung vom Dienstort oder wegen der Kasernierungspflicht am Dienstort oder in dessen Nähe eine Unterkunft, so gelten Satz 1 Nummer 2 und Satz 2 auch für den Weg zu und von der Familienwohnung.

(5) Einer gesundheitlichen Schädigung im Sinne des Absatzes 1 steht die Beschädigung eines am Körper getragenen Hilfsmittels, einer Brille, von Kontaktlinsen oder von Zahnersatz gleich.

(6) [1] Zur Anerkennung einer Gesundheitsstörung als Folge einer Wehrdienstbeschädigung genügt die Wahrscheinlichkeit des ursächlichen Zusammenhangs. [2] Wenn die zur Anerkennung einer Gesundheitsstörung als Folge einer Wehrdienstbeschädigung erforderliche Wahrscheinlichkeit nur deshalb nicht gegeben ist, weil über die Ursache des festgestellten Leidens in der medizinischen Wissenschaft Ungewissheit besteht, kann mit Zustimmung des Bundesministeriums der Verteidigung im Einvernehmen mit dem Bundesministerium für Arbeit und Soziales die Gesundheitsstörung als Folge einer

Wehrdienstbeschädigung anerkannt werden; die Zustimmung kann allgemein erteilt werden.

(7) Für die Feststellung einer gesundheitlichen Schädigung als Folge einer Wehrdienstbeschädigung nach Anlage 1 der Berufskrankheiten-Verordnung vom 31. Oktober 1997 (BGBl. I S. 2623) in der jeweils geltenden Fassung sind auch den Versicherungsschutz nach § 2, § 3 oder § 6 des Siebten Buches Sozialgesetzbuch begründende Tätigkeiten zu berücksichtigen, wenn sie ihrer Art nach geeignet waren, die Krankheit zu verursachen, und die schädigende Einwirkung überwiegend durch dienstliche Verrichtungen nach Absatz 1 verursacht worden ist.

(8) Eine vom Beschädigten absichtlich herbeigeführte gesundheitliche Schädigung gilt nicht als Wehrdienstbeschädigung.

20. Übereinkommen über die Rechte von Menschen mit Behinderungen

Vom 13. Dezember 2006[1]

(BGBl. 2008 II S. 1419)

(ABl. 2010 L 23 S. 37)

– Auszug –

Art. 1 Zweck. *[1]* Zweck dieses Übereinkommens ist es, den vollen und gleichberechtigten Genuss aller Menschenrechte und Grundfreiheiten durch alle Menschen mit Behinderungen zu fördern, zu schützen und zu gewährleisten und die Achtung der ihnen innewohnenden Würde zu fördern.

[2] Zu den Menschen mit Behinderungen zählen Menschen, die langfristige körperliche, seelische, geistige oder Sinnesbeeinträchtigungen haben, welche sie in Wechselwirkung mit verschiedenen Barrieren an der vollen, wirksamen und gleichberechtigten Teilhabe an der Gesellschaft hindern können.

Art. 2 Begriffsbestimmungen. Im Sinne dieses Übereinkommens

schließt „Kommunikation" Sprachen, Textdarstellung, Brailleschrift, taktile Kommunikation, Großdruck, leicht zugängliches Multimedia sowie schriftliche, auditive, in einfache Sprache übersetzte, durch Vorleser zugänglich gemachte sowie ergänzende und alternative Formen, Mittel und Formate der Kommunikation, einschließlich leicht zugänglicher Informations- und Kommunikationstechnologie, ein;

schließt „Sprache" gesprochene Sprachen sowie Gebärdensprachen und andere nicht gesprochene Sprachen ein;

bedeutet „Diskriminierung aufgrund von Behinderung" jede Unterscheidung, Ausschließung oder Beschränkung aufgrund von Behinderung, die zum Ziel oder zur Folge hat, dass das auf die Gleichberechtigung mit anderen gegründete Anerkennen, Genießen oder Ausüben aller Menschenrechte und Grundfreiheiten im politischen, wirtschaftlichen, sozialen, kulturellen, bürgerlichen oder jedem anderen Bereich beeinträchtigt oder vereitelt wird. Sie umfasst alle Formen der Diskriminierung, einschließlich der Versagung angemessener Vorkehrungen;

bedeutet „angemessene Vorkehrungen" notwendige und geeignete Änderungen und Anpassungen, die keine unverhältnismäßige oder unbillige Belastung darstellen und die, wenn sie in einem bestimmten Fall erforderlich sind, vorgenommen werden, um zu gewährleisten, dass Menschen mit Behinderungen gleichberechtigt mit anderen alle Menschenrechte und Grundfreiheiten genießen oder ausüben können;

bedeutet „universelles Design" ein Design von Produkten, Umfeldern, Programmen und Dienstleistungen in der Weise, dass sie von allen Menschen möglichst weitgehend ohne eine Anpassung oder ein spezielles Design genutzt werden können. „Universelles Design" schließt Hilfsmittel für bestimmte

[1] Das Übereinkommen wurde für die Bundesrepublik Deutschland ratifiziert durch G v. 21.12. 2008 (BGBl. II S. 1419) und trat gem. Bek. v. 5.6.2009 (BGBl. II S. 812) am **26.3.2009** in Kraft.

Gruppen von Menschen mit Behinderungen, soweit sie benötigt werden, nicht aus.

Art. 3 Allgemeine Grundsätze. Die Grundsätze dieses Übereinkommens sind:

a) die Achtung der dem Menschen innewohnenden Würde, seiner individuellen Autonomie, einschließlich der Freiheit, eigene Entscheidungen zu treffen, sowie seiner Unabhängigkeit;

b) die Nichtdiskriminierung;

c) die volle und wirksame Teilhabe an der Gesellschaft und Einbeziehung in die Gesellschaft;

d) die Achtung vor der Unterschiedlichkeit von Menschen mit Behinderungen und die Akzeptanz dieser Menschen als Teil der menschlichen Vielfalt und der Menschheit;

e) die Chancengleichheit;

f) die Zugänglichkeit;

g) die Gleichberechtigung von Mann und Frau;

h) die Achtung vor den sich entwickelnden Fähigkeiten von Kindern mit Behinderungen und die Achtung ihres Rechts auf Wahrung ihrer Identität.

Art. 4 Allgemeine Verpflichtungen. (1) ¹Die Vertragsstaaten verpflichten sich, die volle Verwirklichung aller Menschenrechte und Grundfreiheiten für alle Menschen mit Behinderungen ohne jede Diskriminierung aufgrund von Behinderung zu gewährleisten und zu fördern. ²Zu diesem Zweck verpflichten sich die Vertragsstaaten,

a) alle geeigneten Gesetzgebungs-, Verwaltungs- und sonstigen Maßnahmen zur Umsetzung der in diesem Übereinkommen anerkannten Rechte zu treffen;

b) alle geeigneten Maßnahmen einschließlich gesetzgeberischer Maßnahmen zur Änderung oder Aufhebung bestehender Gesetze, Verordnungen, Gepflogenheiten und Praktiken zu treffen, die eine Diskriminierung von Menschen mit Behinderungen darstellen;

c) den Schutz und die Förderung der Menschenrechte von Menschen mit Behinderungen in allen politischen Konzepten und allen Programmen zu berücksichtigen;

d) Handlungen oder Praktiken, die mit diesem Übereinkommen unvereinbar sind, zu unterlassen und dafür zu sorgen, dass die staatlichen Behörden und öffentlichen Einrichtungen im Einklang mit diesem Übereinkommen handeln;

e) alle geeigneten Maßnahmen zur Beseitigung der Diskriminierung aufgrund von Behinderung durch Personen, Organisationen oder private Unternehmen zu ergreifen;

f) Forschung und Entwicklung für Güter, Dienstleistungen, Geräte und Einrichtungen in universellem Design, wie in Artikel 2 definiert, die den besonderen Bedürfnissen von Menschen mit Behinderungen mit möglichst geringem Anpassungs- und Kostenaufwand gerecht werden, zu betreiben oder zu fördern, ihre Verfügbarkeit und Nutzung zu fördern und sich bei der

Entwicklung von Normen und Richtlinien für universelles Design einzusetzen;

g) Forschung und Entwicklung für neue Technologien, die für Menschen mit Behinderungen geeignet sind, einschließlich Informations- und Kommunikationstechnologien, Mobilitätshilfen, Geräten und unterstützenden Technologien, zu betreiben oder zu fördern sowie ihre Verfügbarkeit und Nutzung zu fördern und dabei Technologien zu erschwinglichen Kosten den Vorrang zu geben;

h) für Menschen mit Behinderungen zugängliche Informationen über Mobilitätshilfen, Geräte und unterstützende Technologien, einschließlich neuer Technologien, sowie andere Formen von Hilfe, Unterstützungsdiensten und Einrichtungen zur Verfügung zu stellen;

i) die Schulung von Fachkräften und anderem mit Menschen mit Behinderungen arbeitendem Personal auf dem Gebiet der in diesem Übereinkommen anerkannten Rechte zu fördern, damit die aufgrund dieser Rechte garantierten Hilfen und Dienste besser geleistet werden können.

(2) Hinsichtlich der wirtschaftlichen, sozialen und kulturellen Rechte verpflichtet sich jeder Vertragsstaat, unter Ausschöpfung seiner verfügbaren Mittel und erforderlichenfalls im Rahmen der internationalen Zusammenarbeit Maßnahmen zu treffen, um nach und nach die volle Verwirklichung dieser Rechte zu erreichen, unbeschadet derjenigen Verpflichtungen aus diesem Übereinkommen, die nach dem Völkerrecht sofort anwendbar sind.

(3) Bei der Ausarbeitung und Umsetzung von Rechtsvorschriften und politischen Konzepten zur Durchführung dieses Übereinkommens und bei anderen Entscheidungsprozessen in Fragen, die Menschen mit Behinderungen betreffen, führen die Vertragsstaaten mit den Menschen mit Behinderungen, einschließlich Kindern mit Behinderungen, über die sie vertretenden Organisationen enge Konsultationen und beziehen sie aktiv ein.

(4) [1] Dieses Übereinkommen lässt zur Verwirklichung der Rechte von Menschen mit Behinderungen besser geeignete Bestimmungen, die im Recht eines Vertragsstaats oder in dem für diesen Staat geltenden Völkerrecht enthalten sind, unberührt. [2] Die in einem Vertragsstaat durch Gesetze, Übereinkommen, Verordnungen oder durch Gewohnheitsrecht anerkannten oder bestehenden Menschenrechte und Grundfreiheiten dürfen nicht unter dem Vorwand beschränkt oder außer Kraft gesetzt werden, dass dieses Übereinkommen derartige Rechte oder Freiheiten nicht oder nur in einem geringeren Ausmaß anerkenne.

(5) Die Bestimmungen dieses Übereinkommens gelten ohne Einschränkung oder Ausnahme für alle Teile eines Bundesstaats.

Art. 5 Gleichberechtigung und Nichtdiskriminierung. (1) Die Vertragsstaaten anerkennen, dass alle Menschen vor dem Gesetz gleich sind, vom Gesetz gleich zu behandeln sind und ohne Diskriminierung Anspruch auf gleichen Schutz durch das Gesetz und gleiche Vorteile durch das Gesetz haben.

(2) Die Vertragsstaaten verbieten jede Diskriminierung aufgrund von Behinderung und garantieren Menschen mit Behinderungen gleichen und wirksamen rechtlichen Schutz vor Diskriminierung, gleichviel aus welchen Gründen.

(3) Zur Förderung der Gleichberechtigung und zur Beseitigung von Diskriminierung unternehmen die Vertragsstaaten alle geeigneten Schritte, um die Bereitstellung angemessener Vorkehrungen zu gewährleisten.

(4) Besondere Maßnahmen, die zur Beschleunigung oder Herbeiführung der tatsächlichen Gleichberechtigung von Menschen mit Behinderungen erforderlich sind, gelten nicht als Diskriminierung im Sinne dieses Übereinkommens.

Art. 6 Frauen mit Behinderungen. (1) Die Vertragsstaaten anerkennen, dass Frauen und Mädchen mit Behinderungen mehrfacher Diskriminierung ausgesetzt sind, und ergreifen in dieser Hinsicht Maßnahmen, um zu gewährleisten, dass sie alle Menschenrechte und Grundfreiheiten voll und gleichberechtigt genießen können.

(2) Die Vertragsstaaten treffen alle geeigneten Maßnahmen zur Sicherung der vollen Entfaltung, der Förderung und der Stärkung der Autonomie der Frauen, um zu garantieren, dass sie die in diesem Übereinkommen genannten Menschenrechte und Grundfreiheiten ausüben und genießen können.

Art. 7 Kinder mit Behinderungen. (1) Die Vertragsstaaten treffen alle erforderlichen Maßnahmen, um zu gewährleisten, dass Kinder mit Behinderungen gleichberechtigt mit anderen Kindern alle Menschenrechte und Grundfreiheiten genießen können.

(2) Bei allen Maßnahmen, die Kinder mit Behinderungen betreffen, ist das Wohl des Kindes ein Gesichtspunkt, der vorrangig zu berücksichtigen ist.

(3) Die Vertragsstaaten gewährleisten, dass Kinder mit Behinderungen das Recht haben, ihre Meinung in allen sie berührenden Angelegenheiten gleichberechtigt mit anderen Kindern frei zu äußern, wobei ihre Meinung angemessen und entsprechend ihrem Alter und ihrer Reife berücksichtigt wird, und behinderungsgerechte sowie altersgemäße Hilfe zu erhalten, damit sie dieses Recht verwirklichen können.

Art. 9 Zugänglichkeit. (1) [1]Um Menschen mit Behinderungen eine unabhängige Lebensführung und die volle Teilhabe in allen Lebensbereichen zu ermöglichen, treffen die Vertragsstaaten geeignete Maßnahmen mit dem Ziel, für Menschen mit Behinderungen den gleichberechtigten Zugang zur physischen Umwelt, zu Transportmitteln, Information und Kommunikation, einschließlich Informations- und Kommunikationstechnologien und -systemen, sowie zu anderen Einrichtungen und Diensten, die der Öffentlichkeit in städtischen und ländlichen Gebieten offenstehen oder für sie bereitgestellt werden, zu gewährleisten. [2]Diese Maßnahmen, welche die Feststellung und Beseitigung von Zugangshindernissen und -barrieren einschließen, gelten unter anderem für

a) Gebäude, Straßen, Transportmittel sowie andere Einrichtungen in Gebäuden und im Freien, einschließlich Schulen, Wohnhäusern, medizinischer Einrichtungen und Arbeitsstätten;

b) Informations-, Kommunikations- und andere Dienste, einschließlich elektronischer Dienste und Notdienste.

(2) Die Vertragsstaaten treffen außerdem geeignete Maßnahmen,

a) um Mindeststandards und Leitlinien für die Zugänglichkeit von Einrichtungen und Diensten, die der Öffentlichkeit offenstehen oder für sie bereitgestellt werden, auszuarbeiten und zu erlassen und ihre Anwendung zu überwachen;

b) um sicherzustellen, dass private Rechtsträger, die Einrichtungen und Dienste, die der Öffentlichkeit offenstehen oder für sie bereitgestellt werden, anbieten, alle Aspekte der Zugänglichkeit für Menschen mit Behinderungen berücksichtigen;

c) um betroffenen Kreisen Schulungen zu Fragen der Zugänglichkeit für Menschen mit Behinderungen anzubieten;

d) um in Gebäuden und anderen Einrichtungen, die der Öffentlichkeit offenstehen, Beschilderungen in Brailleschrift und in leicht lesbarer und verständlicher Form anzubringen;

e) um menschliche und tierische Hilfe sowie Mittelspersonen, unter anderem Personen zum Führen und Vorlesen sowie professionelle Gebärdensprachdolmetscher und -dolmetscherinnen, zur Verfügung zu stellen mit dem Ziel, den Zugang zu Gebäuden und anderen Einrichtungen, die der Öffentlichkeit offenstehen, zu erleichtern;

f) um andere geeignete Formen der Hilfe und Unterstützung für Menschen mit Behinderungen zu fördern, damit ihr Zugang zu Informationen gewährleistet wird;

g) um den Zugang von Menschen mit Behinderungen zu den neuen Informations- und Kommunikationstechnologien und -systemen, einschließlich des Internets, zu fördern;

h) um die Gestaltung, die Entwicklung, die Herstellung und den Vertrieb zugänglicher Informations- und Kommunikationstechnologien und -systeme in einem frühen Stadium zu fördern, sodass deren Zugänglichkeit mit möglichst geringem Kostenaufwand erreicht wird.

Art. 19 Unabhängige Lebensführung und Einbeziehung in die Gemeinschaft. Die Vertragsstaaten dieses Übereinkommens anerkennen das gleiche Recht aller Menschen mit Behinderungen, mit gleichen Wahlmöglichkeiten wie andere Menschen in der Gemeinschaft zu leben, und treffen wirksame und geeignete Maßnahmen, um Menschen mit Behinderungen den vollen Genuss dieses Rechts und ihre volle Einbeziehung in die Gemeinschaft und Teilhabe an der Gemeinschaft zu erleichtern, indem sie unter anderem gewährleisten, dass

a) Menschen mit Behinderungen gleichberechtigt die Möglichkeit haben, ihren Aufenthaltsort zu wählen und zu entscheiden, wo und mit wem sie leben, und nicht verpflichtet sind, in besonderen Wohnformen zu leben;

b) Menschen mit Behinderungen Zugang zu einer Reihe von gemeindenahen Unterstützungsdiensten zu Hause und in Einrichtungen sowie zu sonstigen gemeindenahen Unterstützungsdiensten haben, einschließlich der persönlichen Assistenz, die zur Unterstützung des Lebens in der Gemeinschaft und der Einbeziehung in die Gemeinschaft sowie zur Verhinderung von Isolation und Absonderung von der Gemeinschaft notwendig ist;

c) gemeindenahe Dienstleistungen und Einrichtungen für die Allgemeinheit Menschen mit Behinderungen auf der Grundlage der Gleichberechtigung zur Verfügung stehen und ihren Bedürfnissen Rechnung tragen.

Art. 20 Persönliche Mobilität. Die Vertragsstaaten treffen wirksame Maßnahmen, um für Menschen mit Behinderungen persönliche Mobilität mit größtmöglicher Unabhängigkeit sicherzustellen, indem sie unter anderem

a) die persönliche Mobilität von Menschen mit Behinderungen in der Art und Weise und zum Zeitpunkt ihrer Wahl und zu erschwinglichen Kosten erleichtern;

b) den Zugang von Menschen mit Behinderungen zu hochwertigen Mobilitätshilfen, Geräten, unterstützenden Technologien und menschlicher und tierischer Hilfe sowie Mittelspersonen erleichtern, auch durch deren Bereitstellung zu erschwinglichen Kosten;

c) Menschen mit Behinderungen und Fachkräften, die mit Menschen mit Behinderungen arbeiten, Schulungen in Mobilitätsfertigkeiten anbieten;

d) Hersteller von Mobilitätshilfen, Geräten und unterstützenden Technologien ermutigen, alle Aspekte der Mobilität für Menschen mit Behinderungen zu berücksichtigen.

Art. 24 Bildung. (1) Die Vertragsstaaten anerkennen das Recht von Menschen mit Behinderungen auf Bildung. Um dieses Recht ohne Diskriminierung und auf der Grundlage der Chancengleichheit zu verwirklichen, gewährleisten die Vertragsstaaten ein integratives Bildungssystem auf allen Ebenen und lebenslanges Lernen mit dem Ziel,

a) die menschlichen Möglichkeiten sowie das Bewusstsein der Würde und das Selbstwertgefühl des Menschen voll zur Entfaltung zu bringen und die Achtung vor den Menschenrechten, den Grundfreiheiten und der menschlichen Vielfalt zu stärken;

b) Menschen mit Behinderungen ihre Persönlichkeit, ihre Begabungen und ihre Kreativität sowie ihre geistigen und körperlichen Fähigkeiten voll zur Entfaltung bringen zu lassen;

c) Menschen mit Behinderungen zur wirklichen Teilhabe an einer freien Gesellschaft zu befähigen.

(2) Bei der Verwirklichung dieses Rechts stellen die Vertragsstaaten sicher, dass

a) Menschen mit Behinderungen nicht aufgrund von Behinderung vom allgemeinen Bildungssystem ausgeschlossen werden und dass Kinder mit Behinderungen nicht aufgrund von Behinderung vom unentgeltlichen und obligatorischen Grundschulunterricht oder vom Besuch weiterführender Schulen ausgeschlossen werden;

b) Menschen mit Behinderungen gleichberechtigt mit anderen in der Gemeinschaft, in der sie leben, Zugang zu einem integrativen, hochwertigen und unentgeltlichen Unterricht an Grundschulen und weiterführenden Schulen haben;

c) angemessene Vorkehrungen für die Bedürfnisse des Einzelnen getroffen werden;

d) Menschen mit Behinderungen innerhalb des allgemeinen Bildungssystems die notwendige Unterstützung geleistet wird, um ihre erfolgreiche Bildung zu erleichtern;

e) in Übereinstimmung mit dem Ziel der vollständigen Integration wirksame individuell angepasste Unterstützungsmaßnahmen in einem Umfeld, das die

bestmögliche schulische und soziale Entwicklung gestattet, angeboten werden.

(3) [1] Die Vertragsstaaten ermöglichen Menschen mit Behinderungen, lebenspraktische Fertigkeiten und soziale Kompetenzen zu erwerben, um ihre volle
und gleichberechtigte Teilhabe an der Bildung und als Mitglieder der Gemeinschaft zu erleichtern. [2] Zu diesem Zweck ergreifen die Vertragsstaaten geeignete
Maßnahmen; unter anderem

a) erleichtern sie das Erlernen von Brailleschrift, alternativer Schrift, ergänzenden und alternativen Formen, Mitteln und Formaten der Kommunikation,
   den Erwerb von Orientierungs- und Mobilitätsfertigkeiten sowie die Unterstützung durch andere Menschen mit Behinderungen und das Mentoring;
b) erleichtern sie das Erlernen der Gebärdensprache und die Förderung der
   sprachlichen Identität der Gehörlosen;
c) stellen sie sicher, dass blinden, gehörlosen oder taubblinden Menschen, insbesondere Kindern, Bildung in den Sprachen und Kommunikationsformen
   und mit den Kommunikationsmitteln, die für den Einzelnen am besten
   geeignet sind, sowie in einem Umfeld vermittelt wird, das die bestmögliche
   schulische und soziale Entwicklung gestattet.

(4) [1] Um zur Verwirklichung dieses Rechts beizutragen, treffen die Vertragsstaaten geeignete Maßnahmen zur Einstellung von Lehrkräften, einschließlich
solcher mit Behinderungen, die in Gebärdensprache oder Brailleschrift ausgebildet sind, und zur Schulung von Fachkräften sowie Mitarbeitern und Mitarbeiterinnen auf allen Ebenen des Bildungswesens. [2] Diese Schulung schließt
die Schärfung des Bewusstseins für Behinderungen und die Verwendung geeigneter ergänzender und alternativer Formen, Mittel und Formate der Kommunikation sowie pädagogische Verfahren und Materialien zur Unterstützung
von Menschen mit Behinderungen ein.

(5) [1] Die Vertragsstaaten stellen sicher, dass Menschen mit Behinderungen
ohne Diskriminierung und gleichberechtigt mit anderen Zugang zu allgemeiner Hochschulbildung, Berufsausbildung, Erwachsenenbildung und lebenslan-
gem Lernen haben. [2] Zu diesem Zweck stellen die Vertragsstaaten sicher, dass
für Menschen mit Behinderungen angemessene Vorkehrungen getroffen werden.

Art. 25 Gesundheit. [1] Die Vertragsstaaten anerkennen das Recht von Menschen mit Behinderungen auf das erreichbare Höchstmaß an Gesundheit ohne
Diskriminierung aufgrund von Behinderung. [2] Die Vertragsstaaten treffen alle
geeigneten Maßnahmen, um zu gewährleisten, dass Menschen mit Behinderungen Zugang zu geschlechtsspezifischen Gesundheitsdiensten, einschließlich gesundheitlicher Rehabilitation, haben. [3] Insbesondere

a) stellen die Vertragsparteien Menschen mit Behinderungen eine unentgeltliche oder erschwingliche Gesundheitsversorgung in derselben Bandbreite,
   von derselben Qualität und auf demselben Standard zur Verfügung wie
   anderen Menschen, einschließlich sexual- und fortpflanzungsmedizinischer
   Gesundheitsleistungen und der Gesamtbevölkerung zur Verfügung stehender
   Programme des öffentlichen Gesundheitswesens;
b) bieten die Vertragsstaaten die Gesundheitsleistungen an, die von Menschen
   mit Behinderungen speziell wegen ihrer Behinderungen benötigt werden,
   soweit angebracht, einschließlich Früherkennung und Frühintervention, so-

wie Leistungen, durch die, auch bei Kindern und älteren Menschen, weitere Behinderungen möglichst gering gehalten oder vermieden werden sollen;

c) bieten die Vertragsstaaten diese Gesundheitsleistungen so gemeindenah wie möglich an, auch in ländlichen Gebieten;

d) erlegen die Vertragsstaaten den Angehörigen der Gesundheitsberufe die Verpflichtung auf, Menschen mit Behinderungen eine Versorgung von gleicher Qualität wie anderen Menschen angedeihen zu lassen, namentlich auf der Grundlage der freien Einwilligung nach vorheriger Aufklärung, indem sie unter anderem durch Schulungen und den Erlass ethischer Normen für die staatliche und private Gesundheitsversorgung das Bewusstsein für die Menschenrechte, die Würde, die Autonomie und die Bedürfnisse von Menschen mit Behinderungen schärfen;

e) verbieten die Vertragsstaaten die Diskriminierung von Menschen mit Behinderungen in der Krankenversicherung und in der Lebensversicherung, soweit eine solche Versicherung nach innerstaatlichem Recht zulässig ist; solche Versicherungen sind zu fairen und angemessenen Bedingungen anzubieten;

f) verhindern die Vertragsstaaten die diskriminierende Vorenthaltung von Gesundheitsversorgung oder -leistungen oder von Nahrungsmitteln und Flüssigkeiten aufgrund von Behinderung.

Art. 26 Habilitation und Rehabilitation. (1) [1] Die Vertragsstaaten treffen wirksame und geeignete Maßnahmen, einschließlich durch die Unterstützung durch andere Menschen mit Behinderungen, um Menschen mit Behinderungen in die Lage zu versetzen, ein Höchstmaß an Unabhängigkeit, umfassende körperliche, geistige, soziale und berufliche Fähigkeiten sowie die volle Einbeziehung in alle Aspekte des Lebens und die volle Teilhabe an allen Aspekten des Lebens zu erreichen und zu bewahren. [2] Zu diesem Zweck organisieren, stärken und erweitern die Vertragsstaaten umfassende Habilitations- und Rehabilitationsdienste und -programme, insbesondere auf dem Gebiet der Gesundheit, der Beschäftigung, der Bildung und der Sozialdienste, und zwar so, dass diese Leistungen und Programme

a) im frühestmöglichen Stadium einsetzen und auf einer multidisziplinären Bewertung der individuellen Bedürfnisse und Stärken beruhen;

b) die Einbeziehung in die Gemeinschaft und die Gesellschaft in allen ihren Aspekten sowie die Teilhabe daran unterstützen, freiwillig sind und Menschen mit Behinderungen so gemeindenah wie möglich zur Verfügung stehen, auch in ländlichen Gebieten.

(2) Die Vertragsstaaten fördern die Entwicklung der Aus- und Fortbildung für Fachkräfte und Mitarbeiter und Mitarbeiterinnen in Habilitations- und Rehabilitationsdiensten.

(3) Die Vertragsstaaten fördern die Verfügbarkeit, die Kenntnis und die Verwendung unterstützender Geräte und Technologien, die für Menschen mit Behinderungen bestimmt sind, für die Zwecke der Habilitation und Rehabilitation.

Art. 27 Arbeit und Beschäftigung. (1) [1] Die Vertragsstaaten anerkennen das gleiche Recht von Menschen mit Behinderungen auf Arbeit; dies beinhaltet das Recht auf die Möglichkeit, den Lebensunterhalt durch Arbeit zu verdienen, die in einem offenen, integrativen und für Menschen mit Behinderungen zugänglichen Arbeitsmarkt und Arbeitsumfeld frei gewählt oder angenommen wird. [2] Die Vertragsstaaten sichern und fördern die Verwirklichung des Rechts auf Arbeit, einschließlich für Menschen, die während der Beschäftigung eine Behinderung erwerben, durch geeignete Schritte, einschließlich des Erlasses von Rechtsvorschriften, um unter anderem

a) Diskriminierung aufgrund von Behinderung in allen Angelegenheiten im Zusammenhang mit einer Beschäftigung gleich welcher Art, einschließlich der Auswahl-, Einstellungs- und Beschäftigungsbedingungen, der Weiterbeschäftigung, des beruflichen Aufstiegs sowie sicherer und gesunder Arbeitsbedingungen, zu verbieten;

b) das gleiche Recht von Menschen mit Behinderungen auf gerechte und günstige Arbeitsbedingungen, einschließlich Chancengleichheit und gleichen Entgelts für gleichwertige Arbeit, auf sichere und gesunde Arbeitsbedingungen, einschließlich Schutz vor Belästigungen, und auf Abhilfe bei Missständen zu schützen;

c) zu gewährleisten, dass Menschen mit Behinderungen ihre Arbeitnehmer- und Gewerkschaftsrechte gleichberechtigt mit anderen ausüben können;

d) Menschen mit Behinderungen wirksamen Zugang zu allgemeinen fachlichen und beruflichen Beratungsprogrammen, Stellenvermittlung sowie Berufsausbildung und Weiterbildung zu ermöglichen;

e) für Menschen mit Behinderungen Beschäftigungsmöglichkeiten und beruflichen Aufstieg auf dem Arbeitsmarkt sowie die Unterstützung bei der Arbeitssuche, beim Erhalt und der Beibehaltung eines Arbeitsplatzes und beim beruflichen Wiedereinstieg zu fördern;

f) Möglichkeiten für Selbständigkeit, Unternehmertum, die Bildung von Genossenschaften und die Gründung eines eigenen Geschäfts zu fördern;

g) Menschen mit Behinderungen im öffentlichen Sektor zu beschäftigen;

h) die Beschäftigung von Menschen mit Behinderungen im privaten Sektor durch geeignete Strategien und Maßnahmen zu fördern, wozu auch Programme für positive Maßnahmen, Anreize und andere Maßnahmen gehören können;

i) sicherzustellen, dass am Arbeitsplatz angemessene Vorkehrungen für Menschen mit Behinderungen getroffen werden;

j) das Sammeln von Arbeitserfahrung auf dem allgemeinen Arbeitsmarkt durch Menschen mit Behinderungen zu fördern;

k) Programme für die berufliche Rehabilitation, den Erhalt des Arbeitsplatzes und den beruflichen Wiedereinstieg von Menschen mit Behinderungen zu fördern.

(2) Die Vertragsstaaten stellen sicher, dass Menschen mit Behinderungen nicht in Sklaverei oder Leibeigenschaft gehalten werden und dass sie gleichberechtigt mit anderen vor Zwangs- oder Pflichtarbeit geschützt werden.

Art. 28 Angemessener Lebensstandard und sozialer Schutz. (1) Die Vertragsstaaten anerkennen das Recht von Menschen mit Behinderungen auf einen angemessenen Lebensstandard für sich selbst und ihre Familien, einschließlich angemessener Ernährung, Bekleidung und Wohnung, sowie auf eine stetige Verbesserung der Lebensbedingungen und unternehmen geeignete Schritte zum Schutz und zur Förderung der Verwirklichung dieses Rechts ohne Diskriminierung aufgrund von Behinderung.

(2) Die Vertragsstaaten anerkennen das Recht von Menschen mit Behinderungen auf sozialen Schutz und den Genuss dieses Rechts ohne Diskriminierung aufgrund von Behinderung und unternehmen geeignete Schritte zum Schutz und zur Förderung der Verwirklichung dieses Rechts, einschließlich Maßnahmen, um

a) Menschen mit Behinderungen gleichberechtigten Zugang zur Versorgung mit sauberem Wasser und den Zugang zu geeigneten und erschwinglichen Dienstleistungen, Geräten und anderen Hilfen für Bedürfnisse im Zusammenhang mit ihrer Behinderung zu sichern;

b) Menschen mit Behinderungen, insbesondere Frauen und Mädchen sowie älteren Menschen mit Behinderungen, den Zugang zu Programmen für sozialen Schutz und Programmen zur Armutsbekämpfung zu sichern;

c) in Armut lebenden Menschen mit Behinderungen und ihren Familien den Zugang zu staatlicher Hilfe bei behinderungsbedingten Aufwendungen, einschließlich ausreichender Schulung, Beratung, finanzieller Unterstützung sowie Kurzzeitbetreuung, zu sichern;

d) Menschen mit Behinderungen den Zugang zu Programmen des sozialen Wohnungsbaus zu sichern;

e) Menschen mit Behinderungen gleichberechtigten Zugang zu Leistungen und Programmen der Altersversorgung zu sichern.

21. Empfehlungen und Vereinbarungen zum SGB IX

21/1. Verfahrensgrundsätze für Gemeinsame Empfehlungen[1) 2)]

Vom 3. Dezember 2018

– Auszug –

1) Grundlagen, Allgemeines

Ziel der Verfahrensgrundsätze, Verfahrensschritte

Diese Verfahrensgrundsätze dienen der trägerübergreifenden Umsetzung der gesetzlichen Vorschriften des SGB IX[3)] zur Er- bzw. Überarbeitung von Gemeinsamen Empfehlungen (GE-Verfahren). Ziel der Verfahrensgrundsätze ist es, bestehende Regularien zum GE-Verfahren weiterzuentwickeln, um mehr

– Klarheit

– Transparenz

– Verständlichkeit

und eine insgesamt effizientere Vorgehensweise zu erreichen.

Die Verfahrensgrundsätze beschreiben das GE-Verfahren, das sich in folgende Phasen untergliedert (vgl. Workflow, S. 19):

– Vorbereitung der Fachgruppenarbeit

– Erarbeitung in der Fachgruppe

– Beteiligungsverfahren

– Zustimmungsverfahren, Benehmensherstellung, Inkrafttreten

– Berichterstattung

Vereinbarungspartner und Beteiligte am GE-Verfahren

Vereinbarungspartner von Gemeinsamen Empfehlungen sind grundsätzlich die Rehabilitationsträger nach § 6 Nr. 1 bis 5 SGB IX[3)]. In den gesetzlich benannten Fällen kann der Kreis der Vereinbarungspartner andere Stellen umfassen, wie z.B. die Integrationsämter über die BIH. Träger der Eingliederungshilfe (§ 6 Abs. 1 Nr. 7 SGB IX) oder der Jugendhilfe (§ 6 Abs. 1 Nr. 6 SGB IX), die einer Gemeinsamen Empfehlung nach § 26 Abs. 5 S. 2 SGB IX beitreten, werden Vereinbarungspartner der Gemeinsamen Empfehlung.

Beteiligt am GE-Verfahren sind nach § 26 Abs. 5, 6 und 7 SGB IX neben den Vereinbarungspartnern weitere Stellen und Organisationen bzw. Verbände. Dies bezieht sich insbesondere auf die Erarbeitung in der Fachgruppe und das Beteiligungsverfahren (vgl. Anlage 1 und Anlage 2). Nach § 26 Abs. 5 SGB IX sind BIH, BAGüS, BAGLJÄ sowie die kommunalen Spitzenverbände zu betei-

---

[1)] Herausgeber: Bundesarbeitsgemeinschaft für Rehabilitation (BAR) e.V. Solmsstraße 18 | 60486 Frankfurt/Main | Telefon: +49 69 605018-0 | Telefax: +49 69 605018-29 info@bar-frankfurt.de | www.bar-frankfurt.de

[2)] Zu den Paragrafenverweisen auf das SGB IX beachte die Redaktionelle Anlage: „Gegenüberstellung SGB IX v. *19.6.2001* und SGB IX v. *23.12.2016*" (Nr. **22**).

[3)] Nr. **1**.

ligen. Nach § 26 Abs. 6 SGB IX sind Verbände von Menschen mit Behinderungen einschließlich der Verbände der Freien Wohlfahrtspflege, der Selbsthilfegruppen und der Interessenvertretungen von Frauen mit Behinderungen sowie die für die Wahrnehmung der Interessen der ambulanten und stationären Rehabilitationseinrichtungen maßgeblichen Spitzenverbände zu beteiligen. § 26 Abs. 7 SGB IX sieht die Beteiligung des bzw. der Bundesbeauftragten für den Datenschutz und die Informationsfreiheit vor.

Die Vereinbarungspartner und Beteiligten sollen der BAR-Geschäftsstelle Personen oder Organisationseinheiten benennen, an die die Kommunikation im Zusammenhang mit der Er-/Überarbeitung Gemeinsamer Empfehlungen gerichtet werden soll. Sie stellen die Erreichbarkeit über die benannten Personen/Organisationseinheiten sicher.

Bei der Erarbeitung von Gemeinsamen Empfehlungen ist zu beachten, dass die Vereinbarungspartner ggf. das Einvernehmen mit Partnern von Rahmenempfehlungen herzustellen haben.

Adressaten der Verfahrensgrundsätze, Transparenz

Die Verfahrensgrundsätze richten sich an die oben genannten Vereinbarungspartner und Beteiligten. Sie werden veröffentlicht.

Belange von Beteiligten

Die Berücksichtigung der Belange von Beteiligten im Verfahren ist umso besser möglich, je aktiver sie sich an der Er-/Überarbeitung nach diesen Verfahrensgrundsätzen beteiligen, bei Fachgruppenmitgliedern bezieht sich das auch auf die Teilnahme an Sitzungen.

Ausschuss Gemeinsame Empfehlungen

Der Ausschuss Gemeinsame Empfehlungen bei der BAR befasst sich vornehmlich mit der übergreifenden Steuerung von Prozessen der Er- und Überarbeitung von Gemeinsamen Empfehlungen und deren Auswertung.

Die BAR-Geschäftsstelle informiert den Ausschuss über die wesentlichen Verfahrensschritte der Er- und Überarbeitung. Der Ausschuss kann darüber hinaus bei einzelnen Fachfragen einbezogen werden, insbesondere wenn Meinungsverschiedenheiten nicht auf andere Weise ausgeräumt werden können. Weitere Einzelheiten ergeben sich aus den nachfolgenden Regelungen.

Die Arbeitsweise des Ausschusses ist in einer eigenen Geschäftsordnung geregelt.

2) Vorbereitung der Fachgruppenarbeit

Einberufung der Fachgruppe

Für die Er-/Überarbeitung einer Gemeinsamen Empfehlung beruft die BAR-Geschäftsstelle eine Fachgruppe ein. Der Ausschuss Gemeinsame Empfehlungen wird über die Einberufung der Fachgruppe informiert.

Die Einberufung der Fachgruppe erfolgt durch Abfrage bei den zu beteiligenden (Träger-)Bereichen.

Einzelheiten zu

– den in der Fachgruppenarbeit zu beteiligenden (Träger-)Bereichen,

– zu den Stellen, an die die Abfrage jeweils konkret zu richten ist und

– der jeweils möglichen Anzahl an Fachgruppenmitgliedern

enthält die Anlage 1 („Benennung von Fachgruppenmitgliedern").

Die BAR-Geschäftsstelle setzt im Einberufungsschreiben eine Frist von mindestens vier Wochen zur Benennung von Fachgruppenmitgliedern. Nach Ablauf der Frist kann die erste Fachgruppensitzung auch dann stattfinden, wenn noch nicht alle angefragten Stellen ein Fachgruppenmitglied benannt haben. Eine Nachbenennung ist möglich.

Inhaltliche Vorbereitung

Die BAR-Geschäftsstelle bereitet die Fachgruppenarbeit inhaltlich-fachlich vor.

Die BAR-Geschäftsstelle erarbeitet insbesondere eine Übersicht zu den bestehenden Beratungsbedarfen auf Grundlage

– der vorliegenden Erfahrungsberichte nach § 26 Abs. 8 SGB IX[1]),

– von Hinweisen der Fachgruppenmitglieder zu trägerbereichsspezifischen Er-/ Überarbeitungsbedarfen,

– sowie ggf. weiterer Berichte und Informationen.

Die Beratungsbedarfe können durch bilateralen Austausch mit einzelnen Fachgruppenmitgliedern konkretisiert werden.

Soweit es darüber hinaus für die Vorbereitung der Fachgruppenarbeit notwendig ist, kann die BAR-Geschäftsstelle zur Klärung von Fragen, die ausschließlich die Vereinbarungspartner einer Gemeinsamen Empfehlung betreffen, ein Vorbereitungsgespräch mit diesen durchführen. Beratungsunterlagen und Ergebnisvermerke zum Vorbereitungsgespräch werden allen Mitgliedern der Fachgruppe zur Verfügung gestellt.

Zur ersten Sitzung der einberufenen Fachgruppe stellt die BAR-Geschäftsstelle den Fachgruppenmitgliedern spätestens zwei Wochen vor der Sitzung eine Übersicht der Beratungsbedarfe zur Verfügung. Sie soll zudem erste Formulierungsvorschläge für den Text einer Gemeinsamen Empfehlung vorlegen.

3) Erarbeitung in der Fachgruppe

Vorsitz, Sitzungstermine

Geleitet wird die Fachgruppe durch eine/n Vertreter/in der BAR-Geschäftsstelle.

Termine für Fachgruppensitzungen werden im Regelfall durch eine Terminabfrage in einer Fachgruppensitzung festgelegt. Den Termin der ersten Fachgruppensitzung legt die BAR-Geschäftsstelle fest. Diese Festlegung kann zusammen mit der Einberufung der Fachgruppe erfolgen. Die Auftaktsitzung findet frühestens vier Wochen nach der Einladung statt.

Rolle der Fachgruppenmitglieder

Die Fachgruppenmitglieder vertreten in den fachlichen Beratungen der Fachgruppe jeweils die Stelle bzw. den (Träger-)Bereich, die/der sie als Mitglied benannt hat.

Die Stellen bzw. (Träger-)Bereiche, die Fachgruppenmitglieder benennen, sind insoweit verantwortlich für:

---

[1]) Nr. 1.

– die Auswahl der Fachgruppenmitglieder und
– die Sicherstellung
  – einer dem Ziel des Verfahrens angemessenen Kontinuität der Beteiligung an
    der Fachgruppe sowie
  – der angemessenen Rückanbindung der wesentlichen Inhalte des Beratungs-
    stands in die jeweils vertretenen Stellen bzw. Bereiche während der Phase
    der Er-/Überarbeitung in der Fachgruppe.

Fachgruppenmitglieder haben keine formalen Entscheidungsbefugnisse (kein
„imperatives Mandat").

Vorgehen/Arbeitsweise in der Fachgruppe

Zur Vorbereitung von Fachgruppensitzungen erstellt die BAR-Geschäftsstelle Beratungsunterlagen mit dem jeweils aktuellen Entwurfsstand der Gemeinsamen Empfehlung. Sie werden der Fachgruppe rechtzeitig vor der nächsten Sitzung zur Verfügung gestellt. Zur Erarbeitung der Beratungsunterlagen
können Textbeiträge und Informationen aus der Fachgruppe erforderlich sein.
Einzelheiten werden in einer Fachgruppensitzung für die jeweils folgende Sitzung abgestimmt. Für spezifische Fragestellungen können Unterarbeitsgruppen
gebildet oder Sachverständige einbezogen werden.

Die Fachgruppe berät auch Fragen für die Berichterstattung nach § 26 Abs. 8
SGB IX[1] (vgl. Anlage 3). Dies kann auch nach Inkrafttreten der Gemeinsamen
Empfehlung erfolgen.

Die Beratungsergebnisse von Fachgruppensitzungen werden anhand eines
aktuellen Entwurfsstands sowie eines Ergebnisvermerks dokumentiert, die spätestens drei Wochen nach einer Sitzung zur Verfügung gestellt werden sollen.

Können Fachgruppenmitglieder nicht an Sitzungen teilnehmen, können sie
Anregungen zu den Beratungsgegenständen und -ergebnisse der BAR-Geschäftsstelle auch schriftlich, elektronisch oder fernmündlich mitteilen. Die
Fachgruppe erörtert auch die Anliegen nicht anwesender Fachgruppenmitglieder.

Vorschlagsentwurf

Nach Abschluss der fachlichen Beratungen beschließt die Fachgruppe den
Vorschlagsentwurf für die Gemeinsame Empfehlung, mit dem das Beteiligungsverfahren eingeleitet wird.

4) Beteiligungsverfahren

Einleitung, Fristen

Die BAR-Geschäftsstelle leitet den nach dem SGB IX[1] zu beteiligenden
Stellen einschließlich des oder der Bundesbeauftragten für den Datenschutz
und die Informationsfreiheit den Vorschlagsentwurf zu (vgl. die Zusammen-
stellung der im Beteiligungsverfahren zu beteiligenden Verbände und Stellen in
Anlage 2) und teilt zugleich dem Ausschuss Gemeinsame Empfehlungen den
Vorschlagsentwurf mit.

Die BAR-Geschäftsstelle setzt eine angemessene Frist zur Stellungnahme
von sechs bis zehn Wochen. Können Stellungnahmen erst nach Ablauf der Frist
abgegeben werden, soll dies der BAR-Geschäftsstelle rechtzeitig vor Fristablauf

---

[1] Nr. 1.

mitgeteilt werden. Nach Fristablauf teilt die BAR-Geschäftsstelle der Fachgruppe den aktuellen Stand mit.

Auswertung und Beratung von Stellungnahmen

Die BAR-Geschäftsstelle wertet die Stellungnahmen aus und erarbeitet eine Übersicht einschließlich Vorschlägen zum Umgang mit den Stellungnahmen. Sie leitet diese Übersicht sowie die einzelnen Stellungnahmen spätestens vier Wochen nach Ablauf der Stellungnahmefrist der Fachgruppe zu.

Die Fachgruppe erörtert den Vorschlagsentwurf unter Berücksichtigung der Stellungnahmen in geeigneter Weise. Den in den Stellungnahmen vorgebrachten Anliegen der Beteiligten nach § 26 Abs. 6 SGB IX[1] wird nach Möglichkeit Rechnung getragen. Dabei werden insbesondere auch der bisherige Beratungsverlauf in der Fachgruppe und der Bezug zum Regelungsgegenstand der GE berücksichtigt. Bei Bedarf wird ein Beratungstermin der Fachgruppe festgelegt.

Vorschlag

Nach Abschluss der Befassung mit den Stellungnahmen beschließt die Fachgruppe einen Vorschlag für eine Gemeinsame Empfehlung, mit dem das Zustimmungsverfahren eingeleitet wird. Wurde der Ausschuss Gemeinsame Empfehlungen einbezogen, beschließt dieser den Vorschlag.

Die BAR-Geschäftsstelle teilt den Stellen bzw. Verbänden, die eine Stellungnahme eingebracht haben, sowie dem Ausschuss Gemeinsame Empfehlungen die Ergebnisse des Beteiligungsverfahrens mit und fasst dabei ggf. die Beratungsergebnisse zu den einzelnen Stellungnahmen zusammen.

5) Zustimmungsverfahren, Benehmensherstellung, Inkrafttreten

Einleitung, Fristen

Die BAR-Geschäftsstelle teilt dem Ausschuss Gemeinsame Empfehlungen den Vorschlag für eine Gemeinsame Empfehlung mit und leitet ihn den Vereinbarungspartnern bzw. ihren vertretungsberechtigten Spitzenverbänden zur Zustimmung zu.

Für den Bereich der Kriegsopferversorgung und -fürsorge wird die Zuständigkeit für die Erteilung der Zustimmung vom jeweiligen Land festgelegt. Dabei kann auch festgelegt werden, dass die Zustimmung übergreifend für mehrere Bundesländer erfolgt, z.B. über die BIH. Die Bundesländer bzw. eine von ihnen beauftragte Stelle informieren die BAR-Geschäftsstelle über die jeweils bestehende Zuständigkeit für die Zustimmungserteilung.

Die BAR-Geschäftsstelle bittet zeitgleich mit der Einleitung des Zustimmungsverfahrens die zuständigen Ministerien der Länder und das zuständige Bundesministerium um Herstellung des Benehmens.

Die BAR-Geschäftsstelle setzt eine angemessene Frist zur Rückmeldung von mindestens acht Wochen. Kann die Frist nicht eingehalten werden, erfolgt eine rechtzeitige Mitteilung an die BAR-Geschäftsstelle.

Umgang mit Einwänden

Erhebt ein Vereinbarungspartner, ein Träger der Eingliederungs- oder der Jugendhilfe, das zuständige Bundesministerium oder ein zuständiges Landesministerium Einwände gegen den Vorschlag, kann die BAR-Geschäftsstelle die

---

[1] Nr. 1.

Einwände im bilateralen Austausch erörtern. Redaktionelle Änderungen bzw. redaktionelle Ergänzungen können ohne Abstimmungen mit der Fachgruppe oder dem Ausschuss Gemeinsame Empfehlungen vorgenommen werden.

Die BAR-Geschäftsstelle teilt den Fachgruppenmitgliedern und dem Ausschuss Gemeinsame Empfehlungen spätestens vier Wochen nach Ablauf der Rückmeldefrist eine Übersicht über den aktuellen Stand mit. Diese umfasst auch zwischenzeitlich bereits zurückgezogene bzw. erledigte Einwände.

Erteilt ein zuständiges Ministerium auch nach den o.g. bilateralen Erörterungen das Benehmen nicht, wird die Fachgruppe darüber umgehend informiert. Die Information soll mit einem konkreten Lösungsvorschlag verbunden werden.

Stimmt ein gesetzlich vorgesehener Vereinbarungspartner auch nach den o.g. bilateralen Erörterungen dem Vorschlag nicht zu, wird die Fachgruppe darüber umgehend informiert. Die Information soll mit einem konkreten Lösungsvorschlag verbunden werden. Ist eine Klärung des Einwands auf schriftlichem Wege nicht zu erreichen, wird die Fachgruppe erneut einberufen. Wurde das Problem dort bereits besprochen, konnte aber nicht gelöst werden und liegt kein neuer Lösungsvorschlag vor, wird der Einwand im Ausschuss Gemeinsame Empfehlungen erörtert.

Inkrafttreten

Die Gemeinsame Empfehlung tritt frühestens zu dem im Vorschlagsentwurf genannten Zeitpunkt in Kraft, sobald die gesetzlich vorgesehenen Vereinbarungspartner ihre Zustimmung erteilt haben. Sie kann auch in Kraft treten, wenn nicht alle beteiligten Ministerien das Benehmen herstellen.

Die BAR-Geschäftsstelle bittet nach Abschluss des Zustimmungsverfahrens die BAGüS und die kommunalen Spitzenverbände, ihren Mitgliedern (Träger der Eingliederungs- und der Jugendhilfe), soweit sie Reha-Träger sind, den Beitritt zur Gemeinsamen Empfehlung zu empfehlen und die Träger, die der Vereinbarung beitreten, zu bitten, sich direkt bei der BAR-Geschäftsstelle zu melden.

Träger der Eingliederungs- und der Jugendhilfe, die einer Gemeinsamen Empfehlung beigetreten sind, werden in einer Anlage zur Gemeinsamen Empfehlung dokumentiert.

Die BAR-Geschäftsstelle gibt den Zeitpunkt des Inkrafttretens bekannt.

Kann eine nach dem SGB IX[1] zu vereinbarende Gemeinsame Empfehlung nicht in Kraft treten, sind in § 27 SGB IX weitere mögliche Schritte vorgesehen (Aufforderung durch das BMAS, Verordnungsermächtigung).

6) Berichterstattung

Nach § 26 Abs. 8 SGB IX[1] ist eine Berichterstattung über die Erfahrungen mit Gemeinsamen Empfehlungen vorgesehen. Einzelheiten zur Umsetzung sind in Anlage 3 („Verfahrensordnung …") geregelt.

Anlage 1–3
(hier nicht wiedergegeben)

---

[1] Nr. 1.

21a. Gemeinsame Empfehlung nach § 13 Abs. 2 Nr. 10 SGB IX über die Zusammenarbeit mit Sozialdiensten und vergleichbaren Stellen[1)] [2)]

Vom 20. Juni 2016

Präambel

Menschen mit Behinderung und von Behinderung bedrohte Menschen einschließlich Menschen mit chronischer Erkrankung[3)] haben rechtlich einen Anspruch auf Beratung und Hilfe. Sozialdienste und vergleichbare Stellen (nachfolgend Sozialdienste) sind neben Gemeinsamen Servicestellen für Rehabilitation und weiteren Auskunfts- und Beratungsstellen der Rehabilitationsträger wichtige Ansprechpartner und Dienstleister im Zusammenhang mit Prävention und mit Leistungen zur medizinischen Rehabilitation, zur Teilhabe am Arbeitsleben und zur Teilhabe am Leben in der Gemeinschaft.

Die Rehabilitationsträger nach § 6 SGB IX[4)] vereinbaren gemäß § 13 Abs. 2 Nr. 10 SGB IX eine Gemeinsame Empfehlung über ihre Zusammenarbeit mit Sozialdiensten und vergleichbaren Stellen.

Zu diesem Zweck beschließen

– die gesetzlichen Krankenkassen,

– die Bundesagentur für Arbeit,

– die Träger der gesetzlichen Unfallversicherung,

– die Träger der gesetzlichen Rentenversicherung,

– die Sozialversicherung für Landwirtschaft, Forsten und Gartenbau,

– die Träger der Kriegsopferversorgung und -fürsorge im Rahmen des Rechts der sozialen Entschädigung bei Gesundheitsschäden[5)] sowie

– die Integrationsämter in Bezug auf die Leistungen und sonstige Hilfen für schwerbehinderte Menschen

die nachfolgende Gemeinsame Empfehlung.

Die Träger der Sozialhilfe und der öffentlichen Jugendhilfe orientieren sich bei der Wahrnehmung ihrer Aufgaben an dieser Gemeinsamen Empfehlung oder können ihr beitreten (vgl. § 13 Abs. 5 Satz 2 SGB IX).

Ziel ist die enge Zusammenarbeit zwischen den Rehabilitationsträgern und den Sozialdiensten weiter zu fördern, zu intensivieren und dadurch entstehende Synergieeffekte zu nutzen. Rehabilitationsträger und Sozialdienste haben das

---

[1)] Empfehlungen und Vereinbarungen: Hrsg.: Bundesarbeitsgemeinschaft für Rehabilitation (BAR) e.V., Solmsstraße 18, 60486 Frankfurt a.M., Tel. (069) 60 50 18-0, Telefax (069) 60 50 18-29, E-mail: info@bar-frankfurt.de, Internet: http://www.bar-frankfurt.de.

[2)] Zu den Paragrafenverweisen auf das SGB IX beachte die Redaktionelle Anlage: „Gegenüberstellung SGB IX v. *19.6.2001* und SGB IX v. **23.12.2016**" (Nr. 22).

[3)] **Amtl. Anm.:** Aus Gründen der besseren Lesbarkeit wird nachfolgend die Formulierung „Menschen mit Behinderung" verwendet.

[4)] Nr. 1.

[5)] **Amtl. Anm.:** Die Bundesländer Hamburg und Niedersachsen stimmen als Träger der Kriegsopferversorgung und Kriegsopferfürsorge nicht zu und erteilen darüber hinaus ebenso wie Berlin kein Benehmen zur Gemeinsamen Empfehlung Sozialdienste.

gemeinsame Interesse, für Menschen mit Behinderung frühzeitig die notwendige Unterstützung und Beratung zu gewährleisten.

Sozialdienste unterstützen die Rehabilitationsträger bei der Erfüllung von Ansprüchen von Menschen mit Behinderung, wie sie im geltenden Rehabilitations- und Teilhaberecht sowie in der UN-Behindertenrechtskonvention (UN-BRK) verankert sind. Mit dieser Gemeinsamen Empfehlung wird vor allem an die Artikel 25 bis 27 der UN-BRK[1] angeknüpft.

§ 1 Grundsätze. (1) [1]In Sozialdiensten arbeiten qualifizierte, fachlich ausgebildete Mitarbeiter/innen, die über fundierte Kenntnisse und einschlägige Erfahrungen im Bereich der Rehabilitation und Teilhabe, des Sozialrechts sowie über Beratungskompetenz verfügen. [2]Unter Beratungskompetenz werden alle spezifischen Fähigkeiten, Fertigkeiten und Kenntnisse verstanden, die zur Durchführung von Beratung erforderlich sind wie z.B. Fähigkeit zur Gestaltung einer professionellen Beraterbeziehung, Grundlagen und Techniken der Gesprächsführung, Umgang mit schwierigen Beratungssituationen, Grundkenntnisse über Konzepte zur Förderung der Selbstbestimmung und Selbstverantwortung (Empowerment).

(2) [1]Auf Ebene der Bundesarbeitsgemeinschaft für Rehabilitation wurden Handlungsempfehlungen zur Sicherstellung guter Beratung in der Rehabilitation vereinbart. [2]Bei der Erfüllung ihrer Aufgaben sind diese trägerübergreifenden Beratungsstandards für die Sozialdienste handlungsleitend.[2]

(3) Der Sozialdienst hat eine Organisationsstruktur und verfügt über ein definiertes Aufgabenspektrum.

(4) Die Sozialdienste sind auf Grund ihrer interdisziplinären Perspektive und ihrer ganzheitlichen Arbeitsweise bedeutsamer Kooperationspartner für die Rehabilitationsträger und alle am Rehabilitations- und Teilhabeprozess[3] beteiligten Institutionen und Akteure.

(5) [1]Grundlage für die Arbeit der Sozialdienste ist die umfassende Berücksichtigung des Menschen in seiner individuellen Lebens- und Krankheitssituation im Sinne des bio-psycho-sozialen Modells, auf dem die Internationale Klassifikation der Funktionsfähigkeit, Behinderung und Gesundheit (ICF) basiert. [2]Hierbei sind insbesondere die Kontextfaktoren (personbezogenen Faktoren und Umweltfaktoren) zu berücksichtigen[4].

(6) Sozialdienste beraten grundsätzlich ohne Eigeninteressen und verhalten sich neutral.

§ 2 Sozialdienste mit unterschiedlichen Schwerpunkten. (1) Je nach Schwerpunkt gehört es zum Aufgabenspektrum der Sozialdienste, bedarfsorientierte Leistungen zur medizinischen Rehabilitation, Leistungen zur Teilhabe am Arbeitsleben sowie Leistungen zur Teilhabe am Leben in der Gemeinschaft unter Einbindung des betroffenen Menschen frühzeitig anzuregen und ggf. zu koordinieren.

---

[1] Nr. 20.
[2] **Amtl. Anm.:** vgl. Trägerübergreifende Beratungsstandards – Handlungsempfehlungen zur Sicherstellung guter Beratung in der Rehabilitation, BAR 2015
[3] **Amtl. Anm.:** vgl. Gemeinsame Empfehlung Reha-Prozess, BAR 2014
[4] **Amtl. Anm.:** vgl. ICF Praxisleitfaden 1 Zugang zur Rehabilitation, BAR 2015

(2) [1] Sozialdienste im Kontext der medizinischen Rehabilitation sind insbesondere Sozialdienste im Krankenhaus, Sozialdienste in ambulanten und stationären Rehabilitationseinrichtungen sowie Beratungsstellen im Gesundheitswesen (z.B. Beratungsstellen für behinderte und chronisch kranke Menschen, Krebsberatungsstellen, Suchtberatungsstellen, Beratungsstellen in Sozialpädiatrischen Zentren oder Sozialpsychiatrische Dienste). [2] Sozialdienste sollen – sofern erforderlich – schon während der Krankenhausbehandlung und der Ausführung der Leistungen zur medizinischen Rehabilitation Perspektiven zur Teilhabe am Arbeitsleben aufzeigen bzw. notwendige Schritte einleiten.

(3) [1] Sozialdienste im Kontext der Teilhabe am Arbeitsleben sind insbesondere in Werkstätten für Menschen mit Behinderung, Phase II-Einrichtungen und in Bildungseinrichtungen nach § 35 SGB IX sowie bei anderen Erbringern von rehabilitationsspezifischen Leistungen tätig. [2] Sie bieten Beratung und Informationen für betroffene Menschen bei unterschiedlichen Problemstellungen. [3] Sofern vorhanden können betriebliche Sozialberatungen Aufgaben eines Sozialdienstes im Sinne dieser Gemeinsamen Empfehlung übernehmen. [4] Sie begleiten Mitarbeiter/innen bei der Umsetzung von beruflichen Teilhabeleistungen und fungieren dabei ggf. als Koordinator zwischen Betrieb, Leistungsträger, Leistungserbringer und den Rehabilitanden.

(4) [1] Sozialdienste im Kontext der Teilhabe am Leben in der Gemeinschaft sind indikations- und zielgruppenspezifische Beratungsstellen, die insbesondere von Kirchen, Kommunen, Wohlfahrtsverbänden oder Trägern der freien Jugendhilfe getragen werden oder diesen angeschlossen sind. [2] Sozialdienste unterstützen den betroffenen Menschen und seine Bezugspersonen/Angehörigen bei der sozialen Inklusion.

§ 3 Aufgaben von Sozialdiensten im Rahmen des Reha-Prozesses.

(1) [1] Sozialdienste informieren und beraten Menschen mit Behinderung und ihre Angehörigen in sozialen, persönlichen, finanziellen und sozialrechtlichen Fragen. [2] Sie leisten Unterstützung für den betroffenen Menschen im umfassenden Sinne der Inklusion, insbesondere bei der Bewältigung der Folgen von Krankheit und Behinderung. [3] Sie informieren z.B. über adäquate Rehabilitationsmöglichkeiten und den Weg ihrer Beantragung. [4] Sozialdienste regen Leistungen zur Teilhabe an und leiten diese in Abstimmung mit dem Rehabilitationsträger ggf. ein.

(2) Sozialdienste leisten professionelle Hilfe und unterstützen, fördern und begleiten Menschen mit unterschiedlichen Schwierigkeiten, damit diese ihre eigenen Ressourcen für ein selbstbestimmtes Leben nutzen können.

(3) [1] Sozialdienste erarbeiten mit dem betroffenen Menschen Perspektiven, indem sie beraten, Informationen bereitstellen und ihn zeitnah unterstützen, die Rehabilitations-/Teilhabemöglichkeiten zu erschließen. [2] Dabei arbeiten Sozialdienste eng mit allen am Reha-Prozess[1] Beteiligten zusammen (z.B. Rehabilitationsträger, behandelnde Ärzte, Leistungserbringer, Arbeitgeber, Selbsthilfegruppen, Angehörige) und organisieren auch weitergehende Maßnahmen (z.B. Einleitung/Vermittlung von häuslicher Versorgung, ambulanter oder stationärer Pflege, Kurzzeitpflege, Betreutem Wohnen sowie Kontakten zu Selbsthilfegruppen).

---

[1] **Amtl. Anm.:** vgl. Gemeinsame Empfehlung Reha-Prozess, BAR 2014

(4) [1] Sozialdienste unterstützen den Reha-Prozess und regen bei Bedarf weiterführende Teilhabeleistungen an bzw. weisen die Rehabilitationsträger auf weitere Angebote der Sozialdienste hin und/oder beziehen diese mit ein. [2] Sie wirken bei der Gestaltung nahtloser Übergänge mit.
[3] Bei der Bedarfserkennung steht die Erhebung einer ausführlichen Sozial- und Berufsanamnese im Mittelpunkt. [4] Sie bildet die Grundlage für eine angemessene Einschätzung des sozialen und beruflichen Umfeldes der Rehabilitanden, ihrer sozialen und wirtschaftlichen Stellung sowie der Arbeitsplatzsituation.
[5] Im Rahmen der Bedarfsfeststellung trägt der Sozialdienst zu einer Ermittlung von relevanten Sachverhalten und Daten sowie einer prognostischen Aussage bei, die handlungsleitend für weitere Planungsschritte ist.
[6] Bei der Teilhabeplanung beteiligen die Rehabilitationsträger auf Wunsch der Rehabilitanden Sozialdienste an der Erstellung des Teilhabeplans.
[7] Bei der Durchführung von Leistungen zur Teilhabe beteiligen sich die Sozialdienste mit den beschriebenen Aufgaben und ihrer Netzwerkkompetenz[1].
[8] Zum/nach Ende der Leistungen zur Teilhabe arbeiten Sozialdienste auch in dieser Phase zur Sicherung der Teilhabe mit allen am Rehabilitationsgeschehen Beteiligten zusammen. [9] Soweit eine notwendige Anschlussförderung durch die Integrationsämter die Feststellung der Eigenschaft als schwerbehinderter Mensch erfordert, wirken Sozialdienste in geeigneter Weise auf den Abbau bestehender Vorbehalte bei den Betroffenen hin und unterstützen sie bei der Beantragung.

(5) Gesetzlich festgelegte Aufgaben von Sozialdiensten (z.B. in Werkstätten für Menschen mit Behinderung) werden durch diese Gemeinsame Empfehlung nicht verändert.

§ 4 Kooperation zwischen Sozialdiensten und Rehabilitationsträgern.

(1) Die Rehabilitationsträger verstehen die Arbeit der Sozialdienste als wichtiges Element der Zusammenarbeit zur Umsetzung des Rechts von Menschen mit Behinderung auf umfassende Teilhabe.

(2) [1] Die Rehabilitationsträger bieten gemeinsam einen kontinuierlichen Erfahrungsaustausch auf regionaler Ebene an. [2] Diese Gesprächsforen haben das Ziel, die Zusammenarbeit der Rehabilitationsträger mit den Sozialdiensten systematisch fortzusetzen und bei Bedarf kontinuierlich auszubauen.

(3) Bestehen Regelungen über die Zusammenarbeit zwischen den Rehabilitationsträgern, Leistungserbringern und Sozialdiensten, bleiben diese unberührt.

§ 5 Berichterstattung. (1) Die Rehabilitationsträger berichten im Rahmen des 2-Jahresberichts entsprechend § 13 Abs. 8 SGB IX und unter Berücksichtigung der Festlegungen im Ausschuss Gemeinsame Empfehlungen von ihren Erfahrungen mit dieser Gemeinsamen Empfehlung; jedoch frühestens 6 Monate nach deren In-Kraft-Treten.

§ 6 Datenschutz. (1) [1] Der Schutz der personenbezogenen Daten einschließlich der Sozialdaten ist zu gewährleisten. [2] Die Mitarbeiter/innen der Sozialdienste sind zur Verschwiegenheit verpflichtet.

---

[1] **Amtl. Anm.:** vgl. Trägerübergreifende Beratungsstandards – Handlungsempfehlungen zur Sicherstellung guter Beratung in der Rehabilitation, BAR 2015

(2) [1]Die Regelungen des Datenschutzes nach § 35 SGB I und §§ 67 ff SGB X sind zu beachten. [2]Nach § 67a Abs. 1 Satz 1 SGB X ist die Erhebung von Sozialdaten durch die Sozialleistungsträger zulässig, wenn ihre Kenntnis zur Erfüllung einer Aufgabe der erhebenden Stelle nach dem Sozialgesetzbuch erforderlich ist und wenn der Erhebung der Daten zugestimmt wurde.

§ 7 In-Kraft-Treten. (1) Diese Gemeinsame Empfehlung tritt am 1. Oktober 2016 in Kraft.

(2) [1]Die Vereinbarungspartner und die anderen Rehabilitationsträger werden auf der Ebene der Bundesarbeitsgemeinschaft für Rehabilitation in angemessenen Zeitabständen unter Einbeziehung der Verbände behinderter Menschen einschließlich der Verbände der freien Wohlfahrtspflege, der Selbsthilfegruppen und der Interessenvertretung behinderter Frauen sowie der für die Wahrnehmung der Interessen der ambulanten und stationären Rehabilitationseinrichtungen auf Bundesebene maßgeblichen Spitzenverbände prüfen, ob diese Empfehlung auf Grund zwischenzeitlich gewonnener Erfahrungen und eingetretener Entwicklungen verbessert oder wesentlich veränderten Verhältnissen angepasst werden muss. [2]Für diesen Fall erklären die Vereinbarungspartner ihre Bereitschaft, unverzüglich an der Überarbeitung einer entsprechend zu ändernden Gemeinsamen Empfehlung mitzuwirken.

21b. Gemeinsame Empfehlung zur Zuständigkeitsklärung, zur Erkennung, Ermittlung und Feststellung des Rehabilitationsbedarfs (einschließlich Grundsätzen der Instrumente zur Bedarfsermittlung), zur Teilhabeplanung und zu Anforderungen an die Durchführung von Leistungen zur Teilhabe gemäß § 26 Abs. 1 i.V.m. § 25 Abs. 1 Nr. 1 bis 3 und 6 und gemäß § 26 Abs. 2 Nr. 2, 3, 5, 7 bis 9 SGB IX[1) 2)]

Vom 1. Dezember 2018

Inhalt

Präambel
Teil 1: Allgemeiner Teil

Teil 2: Ausgestaltung des Rehabilitationsprozesses
Kapitel 1. Bedarfserkennung

Kapitel 2. Zuständigkeitsklärung

[1)] Herausgeber: Bundesarbeitsgemeinschaft für Rehabilitation (BAR) e.V. Solmsstraße 18 | 60486 Frankfurt/Main | Telefon: +49 69 605018-0 | Telefax: +49 69 605018-29 info@bar-frankfurt.de | www.bar-frankfurt.de
[2)] Zu den Paragrafenverweisen auf das SGB IX beachte die Redaktionelle Anlage: „Gegenüberstellung SGB IX v. *19.6.2001* und SGB IX v. *23.12.2016*" (Nr. 22).

[1)] Nr. 1.

Präambel

Leistungen zur Teilhabe haben das Ziel, die Selbststimmung und volle, wirksame und gleichberechtigte Teilhabe von Menschen mit Behinderung und von Behinderung bedrohter Menschen[2)], einschließlich Menschen mit chronischer Erkrankung, zu fördern, Benachteiligungen zu vermeiden oder ihnen entgegenzuwirken (§ 1 SGB IX[1)]).

Die Unterstützung bzw. Ermöglichung gesellschaftlicher Teilhabe ist für Menschen mit Behinderung von zentraler Bedeutung, da diese ihre gesamte Lebenssituation betrifft.

[1)] Nr. 1.
[2)] **Amtl. Anm.:** Wenn in dieser Gemeinsamen Empfehlung der Begriff „Menschen mit Behinderung" verwendet wird, schließt dieser auch von Behinderung bedrohte und chronisch kranke Menschen mit ein.

Mit dieser Gemeinsamen Empfehlung wird vor allem an die Artikel 24–27 sowie die Artikel 6, 7, 19 und 20 der UN-Konvention über die Rechte von Menschen mit Behinderung (UN-BRK[1])) angeknüpft und vereinbart, wie eine effektive und effiziente Ausgestaltung des gesamten Rehabilitationsprozesses zielgerichtet sichergestellt werden kann.

Dies umschließt auch die frühestmögliche, wirksame Erkennung notwendiger Teilhabeleistungen des SGB IX[2]) und eine möglichst schnelle und bedarfsgerechte Leistungserbringung.

Nach Kapitel 2 bis 4 Teil 1 SGB IX[2]) sind die Rehabilitationsträger im Rahmen der durch Gesetz, Rechtsverordnung oder allgemeine Verwaltungsvorschrift getroffenen Regelungen verantwortlich, dass die im Einzelfall erforderlichen Leistungen zur Teilhabe nahtlos, zügig sowie nach Gegenstand, Umfang und Ausführung einheitlich – „wie aus einer Hand" – erbracht werden.

Eine nahtlose und zügige Gestaltung des Rehabilitationsprozesses sowie nach Gegenstand, Umfang und Ausführung umfassende und einheitliche Erbringung der im Einzelfall erforderlichen Leistungen zur Teilhabe liegt sowohl im Interesse der Menschen mit Behinderung als auch der zuständigen Rehabilitationsträger.

Sie tragen hierfür gemeinsam die Verantwortung, um eine größtmögliche Wirksamkeit der nach wirtschaftlichen Grundsätzen ausgeführten Leistungen zu erzielen.

Die Rehabilitationsträger haben die gemeinsame Verantwortung die Zusammenarbeit zu verbessern und Abgrenzungsfragen zu klären.

Das gemeinsame Verständnis richtet sich dabei über Verfahrensfragen hinaus auf das Ziel der umfassenden Teilhabe.

Durch die Koordination der Leistungen und die Kooperation der Rehabilitationsträger stellen diese eine einheitliche Praxis innerhalb des gegliederten Systems der Rehabilitation und Teilhabe sicher.

Hierzu sind durch die Rehabilitationsträger Rahmenbedingungen zu schaffen, die

– den Anspruch von Menschen mit Behinderung auf die Verwirklichung von Chancengleichheit gewährleisten,

– ihnen eine weitestgehend selbstbestimmte Lebensführung ermöglichen sowie

– unter der umfassenden Zielsetzung des § 4 SGB IX[2]) die Teilhabe am Leben in der Gesellschaft sichern.

Diese Gemeinsame Empfehlung verankert das grundlegende gemeinsame Verständnis der Rehabilitation als Prozess mit dem Menschen im Mittelpunkt und

– regelt nach § 26 Abs. 2 Nr. 2 SGB IX[2]) trägerübergreifend und für alle Vereinbarungspartner, in welchen Fällen und in welcher Weise rehabilitationsbedürftigen Menschen notwendige Leistungen zur Teilhabe angeboten werden,

– beschreibt nach § 26 Abs. 2 Nr. 5 SGB IX[2]), wie Leistungen zur Teilhabe zwischen verschiedenen Trägern koordiniert werden,

---

[1]) Auszugsweise abgedruckt unter Nr. **20**.
[2]) Nr. **1**.

– regelt Grundsätze der Instrumente zur Ermittlung des Rehabilitationsbedarfs nach § 13 SGB IX[1)]

– bildet nach § 26 Abs. 2 Nr. 8 SGB IX[1)] eine Grundlage dafür, dass und wie die Rehabilitationsträger, behandelnde Ärztinnen und Ärzte, Betriebs- und Werksärztinnen und -ärzte[2)] in die Einleitung und die Ausführung von Leistungen zur Teilhabe einzubinden sind,

– unterstützt nach § 26 Abs. 2 Nr. 9 SGB IX[1)] einen Informationsaustausch der Rehabilitationsträger und ihrer Ansprechstellen mit Beschäftigten mit Behinderung, betrieblichen Arbeitnehmervertretungen, Arbeitgebern, Integrationsämtern, Beratungsdiensten einschließlich der ergänzenden unabhängigen Teilhabeberatung nach § 32 SGB IX[1)], Einrichtungen der Rehabilitation und Teilhabe sowie Interessenverbänden der Menschen mit Behinderung einschließlich der Interessenvertretungen behinderter Frauen und Selbsthilfegruppen,

– regelt nach §§ 25 Abs. 1 Nr. 1 bis 3 und 6 i.V.m. § 26 Abs. 1 SGB IX[1)], dass

a) die im Einzelfall erforderlichen Leistungen zur Teilhabe nahtlos, zügig sowie nach Gegenstand, Umfang und Ausführung einheitlich erbracht werden,

b) Zuständigkeiten und Abgrenzungsfragen zügig und einvernehmlich geklärt werden,

c) Beratung entsprechend den in §§ 1 und 4 SGB IX[1)] genannten Zielen geleistet wird,

d) nach § 25 Abs. 1 Nr. 6 SGB IX[1)] die Rehabilitationsträger im Fall eines Zuständigkeitsübergangs rechtzeitig eingebunden werden und

e) wie entsprechend § 26 Abs. 2 Nr. 3 SGB IX[1)] die einheitliche Ausgestaltung des Teilhabeplanverfahrens festgelegt wird.

Zu diesem Zweck vereinbaren

– die gesetzlichen Krankenkassen,

– der Spitzenverband Bund der Krankenkassen als Spitzenverband Bund der Pflegekassen

– die Bundesagentur für Arbeit,

– die Träger der gesetzlichen Unfallversicherung,

– die Träger der gesetzlichen Rentenversicherung,

– die Sozialversicherung für Landwirtschaft, Forsten und Gartenbau,

– die Träger der Kriegsopferversorgung und -fürsorge im Rahmen des Rechts der sozialen Entschädigung bei Gesundheitsschäden,

– die Integrationsämter in Bezug auf Leistungen der begleitenden Hilfe im Arbeitsleben[3)] die nachfolgende Gemeinsame Empfehlung.

[1)] Nr. 1.

[2)] **Amtl. Anm.:** Aus Gründen der besseren Lesbarkeit wird im Text die männliche Form verwendet. Die Angaben beziehen sich auf alle Geschlechter.

[3)] **Amtl. Anm.:** Die Vereinbarung gilt für die Integrationsämter hinsichtlich ihrer Aufgaben im Rahmen der begleitenden Hilfe im Arbeitsleben gem. § 185 Abs. 1 Nr. 3 SGB IX *[Nr. 1]*, sofern der Leistungs-, Handlungs- und Unterstützungsrahmen vergleichbar mit dem der Rehabilitationsträger ist. Insofern sind die Integrationsämter entsprechend dieser Gemeinsamen Empfehlung auch, soweit sie in dieser Empfehlung nicht ausdrücklich genannt sind, einzubeziehen, wenn vom Rehabilitationsprozess gesprochen wird.

Die Träger der Eingliederungshilfe und der öffentlichen Jugendhilfe orientieren sich bei der Wahrnehmung ihrer Aufgaben an dieser Gemeinsamen Empfehlung oder können ihr beitreten (vgl. § 26 Abs. 5 Satz 2 SGB IX[1])[2].

Die Träger der Eingliederungshilfe und der Jugendhilfe, die dieser Gemeinsamen Empfehlung beigetreten sind, sind der Anlage 7 in der jeweils gültigen Fassung zu entnehmen.

Die Rehabilitationsträger erarbeiten zur Unterstützung der Umsetzung dieser Gemeinsamen Empfehlung Umsetzungshinweise und ggf. Praxisbeispiele, die nach ihrer Fertigstellung diese Gemeinsame Empfehlung ergänzen.

Bei der Erarbeitung der Gemeinsamen Empfehlung waren beteiligt:
– die Bundesarbeitsgemeinschaft der überörtlichen Träger der Sozialhilfe,
– die Bundesarbeitsgemeinschaft der Landesjugendämter,
– die für die Wahrnehmung der Interessen der ambulanten und stationären Rehabilitation auf Bundesebene maßgeblichen Spitzenverbände,
– die Kassenärztlichen Bundesvereinigung,
– der Verband Deutscher Betriebs- und Werksärzte e.V. und
– die Verbände von Menschen mit Behinderungen einschließlich der Verbände der Freien Wohlfahrtspflege, der Selbsthilfegruppen und der Interessenvertretungen von Frauen mit Behinderungen.

Teil 1: Allgemeiner Teil

§ 1 Leistungen zur Teilhabe. Leistungen zur Teilhabe am Leben in der Gesellschaft im Sinne dieser Gemeinsamen Empfehlung sind insbesondere
– Leistungen zur medizinischen Rehabilitation nach §§ 42 ff. SGB IX[1],
– Leistungen zur Teilhabe am Arbeitsleben nach §§ 49 ff. SGB IX,
– ergänzende Leistungen nach § 64 SGB IX,
– Leistungen zur Teilhabe an Bildung nach § 75 SGB IX
– Leistungen zur sozialen Teilhabe nach §§ 76 ff. SGB IX sowie
– Leistungen der begleitenden Hilfen im Arbeitsleben nach § 185 Abs. 1 Nr. 3 SGB IX.

§ 2 Ablauf des Rehabilitationsprozesses. [1]Die Aktivitäten im Zusammenhang mit dem Rehabilitationsprozess sind modellhaft und idealtypisch verschiedenen Phasen bzw. Elementen zuzuordnen:
– Bedarfserkennung (§ 10 – § 18[3])
– Zuständigkeitsklärung (§ 19 – § 25)
– Bedarfsermittlung und Bedarfsfeststellung (§ 26 – § 46)
– Teilhabeplanung (§ 47 – § 66)
– Leistungsentscheidung (§ 67 – § 78)

---

[1] Nr. 1.
[2] **Amtl. Anm.:** An die Stelle der Träger der Eingliederungshilfe treten nach § 241 Abs. 8 SGB IX *[Nr. 1]* – eingefügt mit Gesetz zur Änderung des Bundesversorgungsgesetzes und anderer Vorschriften vom 17. Juli 2017 – für die Jahre 2018 und 2019 die Träger der Sozialhilfe. 2020 tritt das neue Eingliederungshilferecht (SGB IX – Teil 2) in Kraft.
[3] **Amtl. Anm.:** §§ ohne Gesetzesangabe beziehen sich auf Regelungen in dieser Gemeinsamen Empfehlung.

– Durchführung von Leistungen zur Teilhabe (§ 79 – § 83)
– Aktivitäten zum bzw. nach Ende einer Leistung zur Teilhabe (§ 84 – § 87)

Vorstehende Phasen bzw. Elemente greifen oftmals ineinander. [2] So können sich insbesondere die Bedarfserkennung, die Bedarfsermittlung wie auch die Änderung/Fortschreibung des Teilhabeplans über alle jeweils nachfolgenden Phasen erstrecken. [3] Auch ist die Teilhabeplanung teilweise ein Aspekt der Bedarfsfeststellung. [4] Entstehen im Verlauf des Rehabilitationsprozesses, insbesondere im Rahmen der Leistungsdurchführung oder der Aktivitäten zum/nach Leistungsende, Hinweise auf einen möglichen weiteren oder darüber hinausgehenden Bedarf an Leistungen zur Teilhabe, folgt erneut die Phase der Bedarfserkennung, ggf. der Antragstellung, der Bedarfsermittlung und -feststellung sowie ggf. der Teilhabeplanung.

§ 3 Akteure. (1) [1] Im Mittelpunkt der Rehabilitation und Teilhabe steht der Mensch mit Behinderung. [2] Die Rehabilitationsträger und die Integrationsämter bekennen sich zu ihrer bedeutsamen Rolle in allen Phasen des Rehabilitationsprozesses und gestalten diese mit Blick auf die Ziele des § 4 SGB IX[1] aus. [3] Daneben sind je nach Phase des Rehabilitationsprozesses verschiedene weitere Akteure, teilweise in unterschiedlicher Form, bedeutsam. [4] Dies betrifft insbesondere:

– das soziale Umfeld von Menschen mit Behinderung (z.B. Angehörige),
– Jobcenter,
– Akteure der medizinisch-therapeutischen, pflegerischen, pädagogischen, sozialen Versorgung,
– Akteure aus den Bereichen der Eingliederungs- und Jugendhilfe sowie, auch mit Blick auf Leistungen zur Teilhabe an Bildung sowie zur sozialen Teilhabe, z.B. Psychosoziale Beratungsstellen, Erziehungsberatungsstellen, Jugendgerichtshilfe, Einrichtungen und Dienste der freien Träger, medizinisch-pädagogische Dienste, sowie aus dem Bereich der Pflege[2],
– betriebliche Akteure,
– im Auftrag der Rehabilitationsträger und der Integrationsämter tätige Gutachter/gutachterliche Dienste und Fachdienste[3],
– Akteure der Selbstvertretung und Selbsthilfe von Menschen mit Behinderung einschließlich der Angebote an ergänzender unabhängiger Teilhabeberatung nach § 32 SGB IX.

(2) In allen Phasen des Rehabilitationsprozesses und insbesondere bei der Durchführung von Leistungen zur Teilhabe sowie bei Aktivitäten zum/nach Leistungsende haben neben den vorgenannten Akteuren insbesondere die im Auftrag der Rehabilitationsträger handelnden Einrichtungen und Dienste (Leistungserbringer) wesentlichen Einfluss auf einen erfolgreichen Verlauf und Abschluss der Leistungen zur Teilhabe.

---

[1] Nr. 1.
[2] **Amtl. Anm.:** Pflege und Eingliederungshilfe haben auch nach Einführung des neuen Pflegebedürftigkeitsbegriffs grundsätzlich unterschiedliche Aufgaben. Die Leistungen der Pflegeversicherung und die Leistungen der Eingliederungshilfe werden deshalb nach § 13 Absatz 3 Satz 3 SGB XI wie bisher nebeneinander gewährt.
[3] **Amtl. Anm.:** Einschließlich ihrer eigenen Fachdienste, insbesondere des Technischen Beratungsdienstes und der in ihrem Auftrag tätigen Integrationsfachdienste.

(3) Die Art der Einbindung vorstehender Akteure wird in Teil 2 näher erläutert.

§ 4 Grundsätze zur Gestaltung des Rehabilitationsprozesses. (1) [1]Verfahren und Strukturen des Rehabilitationsprozesses sind mit dem Ziel zu gestalten, Menschen mit Behinderung in allen Lebensbereichen ein Höchstmaß an Selbstbestimmung, Inklusion und Partizipation zu ermöglichen und hierfür frühestmöglich die erforderlichen Leistungen zu erbringen. [2]Die Menschen mit Behinderung selbst sind mit ihren Kompetenzen einzubinden. [3]Die besonderen Bedürfnisse von Frauen, Kindern und Jugendlichen mit Behinderung sowie von Menschen mit einer (drohenden) seelischen Behinderung werden unter Beachtung ihrer konkreten Lebenssituation besonders unterstützt, um ihren spezifischen Belangen Rechnungen zu tragen.

(2) [1]Der gesamte Rehabilitationsprozess von der Bedarfserkennung über die Durchführung bis zu nachgehenden Aktivitäten ist durch die Rehabilitationsträger und die Integrationsämter zügig und nahtlos zu gestalten. [2]Im Interesse einer zügigen Leistungserbringung gestalten die Rehabilitationsträger und die Integrationsämter die Erkennung und Feststellung der im Einzelfall erforderlichen Leistungen zur Teilhabe sowie die Teilhabeplanung möglichst einfach (§ 17 SGB I[1]). [3]Das Verwaltungsverfahren wird dazu einfach, zweckmäßig und zügig durchgeführt.

(3) [1]Eine zielgerichtete gegenseitige Information und Kooperation der jeweils beteiligten Akteure bilden einen wichtigen Grundbaustein für eine gelingende Leistung zur Teilhabe. [2]Die Abstimmung unter allen in § 26 Abs. 2 Nr. 8 und 9 SGB IX[2] benannten Akteuren und ein reibungsloser Informationsfluss untereinander sind im gesamten Rehabilitationsprozess zu ermöglichen und sicherzustellen.

(4) [1]Ausgehend vom einheitlichen Recht der Rehabilitation und Teilhabe behinderter Menschen in Teil 1 SGB IX bestehen für die Rehabilitationsträger und Integrationsämter sozialrechtlich jeweils definierte Zuständigkeiten und Leistungsvoraussetzungen. [2]Die nachfolgenden Regelungen gelten daher nicht in gleicher Weise für alle Leistungsträger.

(5) In allen Phasen des Rehabilitationsprozesses ist die Beteiligung und Mitbestimmung des Menschen mit Behinderung unter Berücksichtigung seiner Kompetenzen sicherzustellen (vgl. z.B. auch § 8, § 11 und § 13).

(6) Zur Realisierung eines einheitlichen und nahtlosen Rehabilitationsprozesses stellen die Rehabilitationsträger und Integrationsämter unverzüglich, insbesondere durch entsprechende Verfahren und Absprachen, sicher, dass auftretende Kooperations-, Zuständigkeits- und Finanzierungsfragen einvernehmlich und rasch ergebnisorientiert geklärt werden und nicht zu Lasten der Menschen mit Behinderung gehen.

§ 5 Grundsatz der Amtsermittlung und Meistbegünstigung bei Antragstellung. (1) [1]Bei der Antragstellung gelten für die Rehabilitationsträger die allgemeinen sozialrechtlichen Grundsätze der Amtsermittlung nach § 20 SGB X sowie das Prinzip der Meistbegünstigung (vgl. hierzu Abs. 3). [2]Diese Grundsätze werden im SGB IX[2] für das Rehabilitationsverfahren aufgegriffen.

---

[1] Nr. **3**.
[2] Nr. **1**.

[3] Bereits vor der Antragstellung sind parallel zu anderen Sozialleistungen auch mögliche Bedarfe für Teilhabeleistungen zu prüfen (§ 9 SGB IX). [4] Während der Ausführung von Leistungen zur Teilhabe ist soweit im Einzelfall geboten die Sicherung der Erwerbsfähigkeit zu beachten (§ 10 SGB IX). [5] In allen Phasen des Rehabilitationsverfahrens ist auf eine sachdienliche Antragstellung hinzuwirken, wenn Bedarfe auf Leistungen zur Teilhabe durch die Rehabilitationsträger erkannt werden (§ 12 SGB IX).

(2) [1] Die Ermittlung und Konkretisierung des Begehrens des Antragstellers muss sich an dem Ziel der umfassenden Teilhabe am Leben in der Gesellschaft (§ 1 SGB IX) im Sinne der Herbeiführung des Gesamterfolges orientieren. [2] Für den Gesamterfolg kann oft ein Bündel von einzelnen Leistungen zur Teilhabe erforderlich sein. [3] Bei der Beantragung einer Teilhabeleistung müssen die Rehabilitationsträger deshalb berücksichtigen, dass noch weitere Teilhabeleistungen erforderlich sein können.

(3) [1] Die Ermittlung und Konkretisierung des mit dem Antrag verfolgten Leistungsbegehrens hat zur Erreichung des Gesamterfolgs (Abs. 2) nach dem Grundsatz der Meistbegünstigung zu erfolgen. [2] Danach ist, sofern eine ausdrückliche Beschränkung auf eine bestimmte Leistung nicht vorliegt, davon auszugehen, dass der Antragsteller die nach der Lage des Falls ernsthaft in Betracht kommenden Leistungen begehrt. [3] Sollten verschiedene Teilhabeleistungen in Betracht kommen, sind diese grundsätzlich in ihrer Gesamtheit als Gegenstand des Antrags aufzufassen.

(4) [1] Die Antragsbearbeitung folgt dem Prinzip der Leistungserbringung „wie aus einer Hand". [2] Aus diesem Grund sind die Rehabilitationsträger gehalten, einheitliche Lebenssachverhalte im Regelfall im Rahmen eines vom leistenden Rehabilitationsträger zu koordinierenden Antrags zu bearbeiten. [3] Sollten sich im Ausnahmefall völlig neue Lebenssachverhalte und damit einhergehende Bedarfslagen (z.B. Neu- oder Folgeerkrankung, Veränderung des beruflichen oder sozialen Umfelds, Familiengründung) ergeben, gelten die Regelungen dieser Gemeinsamen Empfehlung zur Koordinierung mehrerer Antragsverfahren in einem Teilhabeplan nach § 25.

§ 6 Information, Auskunft, Beratung und Unterstützung. (1) [1] Die Rehabilitationsträger, Jobcenter und Integrationsämter[1] unterstützen aktiv die Menschen mit Behinderung durch Leistungen zur Teilhabe, indem sie insbesondere ihre Kompetenzen und ihre Selbstbestimmung fördern. [2] Um die aktive Mitgestaltung des Beratungsprozesses durch Menschen mit Behinderung sicherzustellen, sind diesen Menschen einerseits die Möglichkeiten der aktiven Mitarbeit zu geben. [3] Andererseits sollen diese Menschen in die Lage versetzt werden, selbst aktiv das Beratungsgeschehen mitzugestalten. [4] Der Mensch mit Behinderung kann jederzeit Beistand durch Personen des Vertrauens (z.B. Interessenvertreter, Peers) einbinden.

(2) Rehabilitationsträger bieten über ihre trägerspezifischen Stellen Auskünfte und Beratung zu Leistungen zur Teilhabe an[2].

---

[1] **Amtl. Anm.:** Im Rahmen ihres gesetzlichen Auftrages nach § 185 Abs. 1 Nr. 3 SGB IX *[Nr. 1]* und ihrer Zuständigkeit für die begleitenden Hilfen im Arbeitsleben zur Teilhabe schwerbehinderter Menschen, sofern der Leistungs-, Handlungs- und Unterstützungsrahmen vergleichbar mit dem der Rehabilitationsträger ist.

[2] **Amtl. Anm.:** Vgl. hierzu z.B. die trägerübergreifenden Beratungsstandards, abrufbar unter www.bar-frankfurt.de > Publikationen > Empfehlungen/Vereinbarungen

(3) [1]Bereits im Rahmen der Auskunfts- und Beratungsarbeit ist auf mögliche Rechte (z.B. Wunsch- und Wahlrecht) und Pflichten (z.B. Mitwirkungspflichten) der Menschen mit Behinderung sowie auf die ergänzende unabhängige Teilhabeberatung nach § 32 SGB IX[1)2)] hinzuweisen. [2]Menschen mit Behinderungen sind nach den Umständen des Einzelfalls insbesondere zu beraten über

– die Möglichkeiten der Rehabilitation und Teilhabe,

– die voraussichtlich in Betracht kommenden Leistungen zur Teilhabe, einschließlich ihrer Voraussetzungen,

– die Verwaltungsabläufe,

– die Form der Leistungserbringung, z.B. Persönliches Budget.

[3]Insbesondere ist aufzuzeigen, welche Leistungen für den Menschen mit Behinderung unter Berücksichtigung seiner individuellen Beeinträchtigungen der Aktivitäten und/oder Teilhabe in Betracht kommen und welcher Rehabilitationsträger bzw. welches Integrationsamt hierfür zuständig ist.

(4) Der für die Teilhabeleistung zuständige bzw. der nach § 14 SGB IX leistende Rehabilitationsträger ist dafür verantwortlich, dass die Menschen mit Behinderung in jeder Phase des Rehabilitationsprozesses (insbesondere auch bei der Durchführung von Leistungen zur Teilhabe) einen Ansprechpartner haben, die bzw. der sie berät, unterstützt und begleitet.

(5) [1]Die Rehabilitationsträger benennen außerdem Ansprechstellen nach § 12 Abs. 1 SGB IX, die Informationsangebote für Antragsteller bzw. Leistungsberechtigte, Arbeitgeber und andere Rehabilitationsträger vermitteln. [2]Die Ansprechstellen haben nach § 12 SGB IX i.V.m. 15 Abs. 3 SGB I[3)] untereinander und mit anderen Sozialleistungsträgern so zusammenzuarbeiten, dass eine möglichst umfassende Auskunftserteilung durch einen Rehabilitationsträger sichergestellt ist.

§ 7 Zugänglichkeit/Barrierefreiheit. (1) [1]Die Rehabilitationsträger berücksichtigen die Anforderung der Zugänglichkeit/Barrierefreiheit sowohl bei Informations- und Beratungsangeboten als auch beim Verwaltungsverfahren einschließlich der Teilhabeplanung und Teilhabeplankonferenz. [2]Insbesondere der Kommunikationsprozess zwischen den Menschen mit Behinderung und den Rehabilitationsträgern ist barrierefrei zu ermöglichen (z.B. Hinzuziehung eines Gebärdensprachdolmetschers).

(2) Wird ein Teilhabeplan erstellt (Teil 2 Kapitel 4), ist dieser in verständlicher und bei Bedarf barrierefreier Form zugänglich zu machen.

(3) Die Rehabilitationsträger verpflichten sich, dass Leistungen zur Teilhabe barrierefrei zur Verfügung stehen.

§ 8 Datenschutz im Rehabilitationsprozess. (1) Während des Rehabilitationsprozesses und während des damit in Verbindung stehenden Verwaltungsverfahrens sind der Schutz der personenbezogenen Daten einschließlich der

---

[1)] Nr. **1**.

[2)] **Amtl. Anm.:** Kontaktdaten der Beratungsangebote der ergänzenden unabhängigen Teilhabeberatung sind auf der Website der Fachstelle Teilhabeberatung (www.teilhabeberatung.de) zu finden

[3)] Auszugsweise abgedruckt unter Nr. **3**.

Sozialdaten sowie das Recht auf informationelle Selbstbestimmung im Rahmen der Wahrung der Persönlichkeitsrechte zu gewährleisten.

(2) ¹Die Beteiligung anderer Rehabilitationsträger und die Durchführung der Teilhabeplanung sind gesetzliche Aufgaben nach dem SGB IX. ²Für die Beteiligung weiterer Rehabilitationsträger zur Koordinierung der Leistungen im Sinne des SGB IX[1] ist die Einholung einer datenschutzrechtlichen Einwilligung zur Datenübermittlung nicht erforderlich, weil der Antrag der Leistungsberechtigten sich in diesen Fällen auf Leistungsgruppen mehrerer Rehabilitationsträger bezieht. ³Für die Teilhabeplanung und die Durchführung von Teilhabeplankonferenzen gilt Absatz 3 i.V.m. § 66.

(3) ¹Bei der Erstellung des Teilhabeplans und der Weitergabe der Daten durch den zuständigen Rehabilitationsträger an die weiteren beteiligten Rehabilitationsträger und die jeweiligen Leistungserbringer ist der Datenschutz unter Berücksichtigung von § 23 SGB IX zu wahren. ²Insbesondere ist der allgemeine Grundsatz der Erforderlichkeit der Datenerhebung und -übermittlung zu beachten (§ 66)[2].

(4) ¹Besondere gesetzliche Zustimmungserfordernisse der Leistungsberechtigten stellen eine Ausnahme von dem Grundsatz dar, dass zur Beteiligung anderer Rehabilitationsträger im Teilhabeplanverfahren keine Einwilligung zur Datenübermittlung erforderlich ist (Abs. 2). ²Besondere Zustimmungserfordernisse sind geregelt in:

– § 22 Abs. 2 SGB IX: Beteiligung der Pflegekassen

– § 22 Abs. 5 SGB IX: Beteiligung der Betreuungsbehörden

– § 23 Abs. 2 SGB IX: Durchführung einer Teilhabeplankonferenz.

(5) Soll eine Datenübermittlung für Zwecke stattfinden, die zwar im Interesse der Leistungsberechtigten liegen, aber nicht unmittelbar durch das Gesetz vorgeschrieben sind (insbesondere Fälle der Teilhabeplanung bei vom Antrag nicht umfassten späteren Bedarfen nach § 25 Abs. 2), so ist die Einwilligung der Betroffenen erforderlich.

§ 9 Qualitätssicherung. ¹Die Rehabilitationsträger sichern im Rahmen ihrer leistungsgesetzlichen Aufträge, der Normen des SGB IX[1] und entsprechender untergesetzlicher Vorschriften die Struktur-, Prozess- und Ergebnisqualität des Rehabilitationsprozesses (vgl. § 2). ²Dabei berücksichtigen sie insbesondere auch die Vereinbarungen in dieser Gemeinsamen Empfehlung und in einschlägigen Verwaltungsabsprachen. ³In Bezug auf die Qualitätssicherung der Leistungserbringung gilt ergänzend zum jeweiligen Leistungserbringungsrecht der Rehabilitationsträger (z.B. § 123 ff. SGB IX) die Gemeinsame Empfehlung „Qualitätssicherung".

---

[1] Nr. **1**.
[2] **Amtl. Anm.:** Diese sowie die weiteren datenschutzbezogenen Regelungen in dieser Gemeinsamen Empfehlung erfolgen unter Berücksichtigung der aktuellen Rechtslage auch mit Blick auf die EU-DSGVO. Vgl. im übrigen § 89 Abs. 2.

Teil 2: Ausgestaltung des Rehabilitationsprozesses

Kapitel 1. Bedarfserkennung

[1] Bei der Bedarfserkennung als grundsätzlich erster Phase des Rehabilitationsprozesses geht es um das möglichst frühzeitige Erkennen von potentiellem Bedarf an Leistungen zur Teilhabe und ggf. um das Hinwirken auf eine Antragsstellung durch den Leistungsberechtigten[1]. [2] In der Regel folgt auf die Phase der Bedarfserkennung die Antragstellung und Zuständigkeitsklärung.

§ 10 Grundsätze zur Bedarfserkennung. (1) Leistungen zur Teilhabe haben Vorrang vor Rentenleistungen sowie Leistungen infolge Pflegebedürftigkeit, weshalb ein zielgerichtetes, umfassendes und möglichst frühzeitige Erkennen eines Bedarfs an Leistungen zur Teilhabe besonders bedeutsam ist[2].

(2) [1] Damit Menschen mit Behinderung die für sie erforderlichen Leistungen zur Teilhabe im frühestmöglichen Stadium erhalten, ist es erforderlich, dass Anzeichen eines möglichen Bedarfs an Leistungen zur Teilhabe frühzeitig erkannt werden. [2] Das Erkennen solcher Anzeichen ist gemeinsame Aufgabe der Rehabilitationsträger sowie aller weiteren am Rehabilitationsprozess beteiligten Akteure (§ 3). [3] Dafür ist es notwendig, eine systematische gegenseitige Information und Kooperation in einem kontinuierlichen Entwicklungsprozess sicherzustellen (vgl. auch § 4 Abs. 3 und § 9).

(3) [1] Leistungen zur Teilhabe[3] sind angezeigt, wenn eine individuelle Rehabilitationsbedürftigkeit und Rehabilitationsfähigkeit festgestellt ist und sich ein Rehabilitationsziel mit positiver Rehabilitationsprognose konkretisieren und formulieren lässt. [2] Eine Rehabilitationsbedürftigkeit besteht, wenn infolge einer Schädigung der Körperfunktionen und -strukturen und/oder Beeinträchtigungen der Aktivitäten unter Berücksichtigung von personbezogenen und Umweltfaktoren die Teilhabe an Lebensbereichen bedroht oder beeinträchtigt ist[4].

§ 11 Anhaltspunkte für Fallgestaltungen, in denen Leistungen zur Teilhabe in Betracht kommen. (1) [1] Nach § 26 Abs. 2 Nr. 2 SGB IX[5] sollen in definierten Fällen rehabilitationsbedürftigen Menschen notwendige Leistungen angeboten werden, insbesondere um eine durch eine Chronifizierung von Erkrankungen bedingte Behinderung zu verhindern. [2] Anhaltspunkte für einen möglichen Bedarf an Leistungen zur Teilhabe und somit für Fallgestaltungen entsprechend Satz 1 ergeben sich oftmals aus bereits vorliegenden Informatio-

---

[1] **Amtl. Anm.:** Abhängig vom konkreten Regelungszusammenhang werden in dieser Gemeinsamen Empfehlung die Begriffe „Mensch mit Behinderung", „Antragsteller" und „Leistungsberechtigter" verwendet.

[2] **Amtl. Anm.:** Die Besonderheiten des Nach-, und Gleichrangs von Leistungen der Eingliederungshilfe im Verhältnis zu anderen Leistungen bleiben unberührt.

[3] **Amtl. Anm.:** Gilt nicht für ergänzende Leistungen und Leistungen der begleitenden Hilfen im Arbeitsleben

[4] **Amtl. Anm.:** Näheres zu Begriffen und Konzept der ICF (International Classification of Functioning, Disability and Health) siehe www.dimdi.de oder „ICF-Praxisleitfaden 1 beim Zugang zur Rehabilitation" der BAR.

[5] Nr. 1.

nen. [3] Ein möglicher Bedarf besteht insbesondere bei Personen auf die mindestens einer der nachfolgend aufgeführten Sachverhalte zutrifft[1]:

(a) Länger als sechs Wochen ununterbrochene oder wiederholte Arbeitsunfähigkeit innerhalb der letzten 12 Monate z.B. im Rahmen des Betrieblichen Eingliederungsmanagements.

(b) Bestehen einer chronischen Erkrankung oder einer Multimorbidität bei Menschen jeden Alters.

(c) Wiederholte oder lang andauernde ambulante oder stationäre Behandlungen wegen derselben Erkrankung; insbesondere dann, wenn durch eine Erkrankung eine Behinderung oder eine Gefährdung bzw. Minderung der Erwerbsfähigkeit droht.

(d) Gesundheitliche Beeinträchtigungen bei der Ausübung oder Aufnahme einer Erwerbstätigkeit sowie ein (drohender) krankheitsbedingter Arbeitsplatzverlust.

(e) Beantragung oder Bezug einer teilweisen oder vollen Erwerbsminderungsrente.

(f) (Möglicher) Eintritt oder Verschlimmerung einer Pflegebedürftigkeit.

(g) Besonders belastende Ausbildungs-, Arbeits- und Lebensbedingungen (z.B. Pflege von Angehörigen).

(h) Verschlimmerung oder sich neu ergebende Aspekte für eine mögliche Verbesserung des Leistungs- und Teilhabevermögens nach bereits in Anspruch genommener Teilhabeleistung.

(i) Gesundheitsstörung, der vermutlich eine psychische Erkrankung, eine psychosomatische Reaktion oder eine Suchtmittelabhängigkeit zugrunde liegt.

(j) Zustand nach traumatischen Erlebnissen.

(k) Auffälliges Verhalten in der Kindertagesstätte oder der Schule (Persönlichkeits- und Verhaltensstörungen mit anhaltenden Verhaltensmustern, Belastungs- und Anpassungsstörungen, eingeschränkte Wahrnehmung der äußeren Wirklichkeit).

(l) Bestehen einer komplexen Bedarfslage des Betroffenen.

(2) [1] Neben einer (chronischen) Erkrankung, deren Prognose und den ggf. speziellen Gefährdungs- und Belastungsfaktoren sind insbesondere die Auswirkungen des Gesundheitsproblems[2] für einen potenziellen Bedarf an Leistungen zur Teilhabe maßgeblich. [2] Die dazu notwendige systematische Beschreibung von Krankheitsauswirkungen bzw. möglichen Wechselwirkungen zwischen der Person mit ihrem Gesundheitsproblem und ihrer Funktionsfähigkeit mit den gegebenen Kontextfaktoren[3] ermöglicht die Internationale Klassifikation der Funktionsfähigkeit, Behinderung und Gesundheit (International Classification of Functioning, Disability and Health – ICF)[4]. [3] Mittels der ICF können

---

[1] **Amtl. Anm.:** Die unter Punkt b) sowie g) bis j) benannten Anhaltspunkte werden in Anlage 1 dieser Gemeinsamen Empfehlung durch mögliche Anzeichen für deren Vorliegen konkretisiert. Typische Bedarfsanlässe aus dem Bereich der Eingliederungshilfe sind hier noch nicht explizit ausformuliert.

[2] **Amtl. Anm.:** Ein Gesundheitsproblem ist aus den Krankheitsdiagnosen nach der jeweils gültigen Fassung der ICD abzuleiten (Internationale Klassifikation der Krankheiten). Aus dem Bestehen einer Erkrankung allein ist ein möglicher Bedarf an Teilhabeleistungen nicht hinreichend ableitbar.

[3] **Amtl. Anm.:** Die Kontextfaktoren stellen den gesamten Lebenshintergrund eines Menschen dar und umfassen die Komponenten Umweltfaktoren und personbezogene Faktoren.

[4] **Amtl. Anm.:** Siehe Fußnote 15.

ausgehend vom bestehenden Gesundheitsproblem neben Auswirkungen auf der Ebene der Körperfunktionen und -strukturen Beeinträchtigungen der Aktivitäten und der Teilhabe in den für Menschen wichtigen Lebensbereichen systematisch erfasst und beschrieben werden.

§ 12 **Erkennung von Bedarf an Leistungen zur Teilhabe durch einen Rehabilitationsträger und Art und Weise, wie Menschen mit Behinderung diese Leistungen angeboten werden sollen.** (1) [1]Zur Umsetzung von § 26 Abs. 2 Nr. 2 SGB IX[1]) stellen die Rehabilitationsträger durch entsprechende interne Verfahrensabläufe für ihren jeweiligen Bereich sicher, dass bei der Betreuung und Begleitung der Menschen mit Behinderung frühzeitig und gezielt auf Indizien für einen Teilhabebedarf geachtet und ggf. auf eine Antragstellung hingewirkt wird. [2]Dies kann z.B. durch ein Fallmanagement insbesondere in Arbeitsunfähigkeits- und Krankenhausfällen oder durch eine gezielte Auswertung von Entlassungsberichten[2]) erfolgen.

(2) Ergeben sich bei einem Rehabilitationsträger Anhaltspunkte für einen möglichen Rehabilitationsbedarf (§ 11), prüft dieser in Abstimmung mit dem Menschen mit Behinderung und ggf. unter Einbeziehung weiterer Akteure (§ 3) die mögliche Rehabilitationsbedürftigkeit auch unter Berücksichtigung des arbeits- und berufsbezogenen Umfelds.

(3) [1]Um eine frühzeitige Erkennung eines potenziellen Rehabilitationsbedarfs zu erreichen, wirken die Rehabilitationsträger durch die Bereitstellung von Informationsmaterialien und weitere geeignete Mittel (z.B. Verwaltungsabsprachen, Kooperationsvereinbarungen) darauf hin, dass bei anderen Sozialleistungsträgern rehabilitative Aspekte berücksichtigt werden. [2]Dies gilt insbesondere auch für die Grundsicherungsstellen nach SGB II[3]) hinsichtlich gesundheitlicher Einschränkungen auf die Berufsausübung oder Beschäftigungs- oder Vermittlungsfähigkeit und für die Träger der sozialen Pflegeversicherung nach SGB XI.

(4) In Fällen, in denen Sozialleistungen wegen oder unter Berücksichtigung einer Behinderung oder drohender Behinderung beantragt oder erbracht werden, prüft der jeweilige Rehabilitationsträger oder das Integrationsamt, ob sich über die individuelle Zuständigkeit hinaus ein möglicher Bedarf an Leistungen zur Teilhabe ergibt und wirkt ggf. auf eine entsprechende Antragsstellung hin.

(5) [1]Für die Feststellung eines Bedarfs an Leistungen zur Teilhabe ist ein Antrag bzw. eine Einverständniserklärung des Menschen mit Behinderung grundsätzlich erforderlich, weshalb in den Fällen nach Abs. 1 bis 3 die Rehabilitationsträger oder das Integrationsamt auf die Einleitung eines Antragsverfahrens hinwirken. [2]Die individuelle Lebenssituation des Menschen mit Behinderung und seine berechtigten Wünsche (vgl. insbesondere § 8 SGB IX) sind dabei zu berücksichtigen. [3]Verfahren von Amts wegen werden entsprechend der Regelungen der jeweiligen Leistungsträger veranlasst.

(6) [1]Die Rehabilitationsträger fördern die Erkennung und Konkretisierung eines möglichen Rehabilitationsbedarfs von Menschen mit Behinderung durch den Einsatz von Instrumenten, z.B. Screeningverfahren und Selbstauskunfts-

---

[1]) Nr. **1.**
[2]) **Amtl. Anm.:** Der gesetzlichen Krankenversicherung und der Eingliederungshilfe liegen in der Regel keine Entlassungsberichte vor.
[3]) Auszugsweise abgedruckt unter Nr. **3a.**

bögen. [2] Vorhandene Instrumentarien zur Erkennung des Bedarfs an Leistungen zur Teilhabe sind unter Nutzung der Möglichkeiten des bio-psycho-sozialen Modells weiterzuentwickeln, das der ICF zu Grunde liegt und, wo möglich, trägerübergreifend zu vereinheitlichen.

(7) [1] Wenn im Verlauf des Rehabilitationsprozesses einem Rehabilitationsträger oder einem Integrationsamt Informationen zur Kenntnis gelangen, die für die anschließende oder ergänzende Versorgung durch einen anderen Rehabilitationsträger bzw. ein Integrationsamt von Bedeutung sein können, soll der aktuell zuständige Rehabilitationsträger bzw. das Integrationsamt unverzüglich
- auf die Person zugehen und
- diesen darauf hinweisen sowie
- um Einwilligung zur Weiterleitung/Übermittlung der erforderlichen Informationen an einen weiteren zuständigen Leistungsträger bitten (unter Hinweis auf die Freiwilligkeit) und
- auf eine entsprechende Antragsstellung hinwirken.

[2] Anlass dazu kann beispielsweise sein:
- Entlassungsbericht mit Hinweis auf Folgebedarf für Hilfsmittel
- Begutachtung bei Arbeitsunfähigkeit mit Anhaltspunkten für einen Bedarf an Leistungen zur Teilhabe
- weitere Hinweise auf Rehabilitationsbedarf, der entsprechend der §§ 14–19 erkannt wurde

[3] Dieses Vorgehen kann z.B. nach Antragstellung (vgl. § 25 Abs. 2), während der Durchführung einer Leistung zur Teilhabe (vgl. §§ 79 f.) oder zum oder nach deren Ende (vgl. § 84 Abs. 1) angezeigt sein.

§ 13 Einbindung von weiteren Akteuren in die Bedarfserkennung.

(1) Da die Rehabilitationsträger aufgrund der ihnen vorliegenden Informationen selbst nicht alle Fälle erkennen können, in denen ein potenzieller Teilhabebedarf besteht, sind sie auf die Mitwirkung weiterer Akteure im Rahmen der Bedarfserkennung angewiesen (vgl. § 3).

(2) [1] Die Menschen mit Behinderung selbst, ihre Angehörigen und Personensorgeberechtigten[1]) sollen in die Lage versetzt werden, einen möglichen Bedarf an Leistungen zur Teilhabe zu erkennen, um Hilfen einzufordern bzw. Beratungsdienste aufzusuchen und ggf. einen Antrag auf Leistungen zur Teilhabe zu stellen. [2] Die Rehabilitationsträger, ihre Ansprechstellen und das Integrationsamt unterstützen hierbei insbesondere die Information und Aufklärung der Bürger zu den Leistungen der Teilhabe.

(3) [1] Akteure der medizinisch-therapeutischen Versorgung, wie niedergelassene (Fach-)Ärzte, Ärzte in Krankenhäusern und teilstationären Angeboten, Betriebsärzte, Psychotherapeuten sowie Angehörige von Gesundheitsberufen[2]) sind oft die ersten professionellen Akteure des Gesundheitssystems, die einen möglichen Bedarf an Leistungen zur Teilhabe erkennen können. [2] Das gilt z.B.

---

[1]) **Amtl. Anm.:** Nach § 33 SGB IX *[Nr. 1]* zählen hierzu Eltern, Vormünder, Pfleger sowie gesetzliche Betreuer.
[2]) **Amtl. Anm.:** Z.B. Physiotherapeuten, Ergotherapeuten.

für Personen, die eine Stellungnahme nach § 35a Abs. 1a SGB VIII[1] abzugeben haben. [3] Diese Personen können sein:

– Arzt für Kinder- und Jugendpsychiatrie und -psychotherapie,
- Kinder- und Jugendpsychotherapeuten oder
- Arzt oder psychologischen Psychotherapeut, der über besondere Erfahrungen auf dem Gebiet seelischer Störungen bei Kindern und Jugendlichen verfügt;
- ggf. auch die Schule oder die Kindertagesstätte.

[4] Daher sind diese Akteure darin gezielt zu unterstützen, Menschen mit Behinderung

- über geeignete Leistungen zur Teilhabe zu beraten,
- in ihrer Motivation und Mitwirkung zur Inanspruchnahme und aktiven Teilnahme an diesen Leistungen zu bestärken und
- bei Anhaltspunkten für einen Bedarf an Leistungen zur Teilhabe bei der Antragstellung zu unterstützen oder eine Beratung zu veranlassen[2].

(4) Betriebliche Akteure, wie Arbeitgeber, Schwerbehindertenvertretungen und Personal-/Betriebsräte, sollen in die Lage versetzt werden, Veränderungen, die sie im Verhalten sowie als Beeinträchtigungen in den Aktivitäten und der Teilhabe bei Beschäftigten wahrnehmen, zu erkennen und diese Menschen ggf. auf Hilfsangebote und Beratungsdienste hinzuweisen.

(5) [1] Wesentliche Anhaltspunkte für einen möglichen Teilhabebedarf können sich auch bei Akteuren im sozialen oder pädagogischen Kontext ergeben, wie Betreuern, Sozialarbeitern, sozialen Beratungsdiensten[3], Lehrern, Jugendleitern und Erziehern, sowie im Kontext der Selbstvertretung und Selbsthilfe von Menschen mit Behinderung, wie Selbsthilfegruppen/-organisationen und Interessenverbänden der Menschen mit Behinderung. [2] Diese Akteure gilt es, entsprechend der in Abs. 4 formulierten Zielstellung der Erkennung von Beeinträchtigungen und des Umgangs damit, zu sensibilisieren.

§ 14 **Aktivitäten der Rehabilitationsträger, um die weiteren Akteure in die Lage zu versetzen, Teilhabebedarf möglichst frühzeitig zu erkennen.** Die Rehabilitationsträger stellen durch verschiedene Aktivitäten (§ 15 bis § 17) sicher, dass die in § 13 Abs. 2 bis 5 benannten Akteure in die Lage versetzt werden, einen Teilhabebedarf möglichst frühzeitig zu erkennen.

§ 15 **Informationsvermittlung und -bereitstellung.** (1) [1] Zur Unterstützung der in § 13 Abs. 2 bis 5 benannten Akteure bei der möglichst frühzeitigen Erkennung potenziellen Teilhabebedarfs stellen die Rehabilitationsträger und Integrationsämter zielgruppenspezifische Informationen über Leistungen zur Teilhabe bereit. [2] Diese beziehen sich auf Anhaltspunkte und ggf. Instrumente zur Erkennung eines möglichen Teilhabebedarfs, Inhalte, Ziele und Zugangswege zu Leistungen zur Teilhabe, Kriterien zur Feststellung eines möglichen Teilhabebedarfs sowie Ansprechpartner und Beratungsmöglichkeiten.

---

[1] Nr. 8.
[2] **Amtl. Anm.:** Benannte Zielstellungen gelten auch für Ärzte des öffentlichen Gesundheitsdienstes und Angehörige anderer Gesundheitsberufe oder -institutionen, z.B. psychologische Psychotherapeuten, (Sucht-)Beratungsstellen.
[3] **Amtl. Anm.:** Suchtberatungsstellen, Sozialpsychiatrische Dienste, Ehe- und Familienberatungen, Schuldnerberatungen, Beratungsstellen zur Rehabilitation für Mütter/Väter, Frühförderstellen u.a.

(2) ¹Hinsichtlich der Menschen mit Behinderung wird insbesondere Erfordernissen nach zielgruppenspezifischen Informationsmaterialien für Personengruppen, bei denen Anhaltspunkte nach § 11 vorliegen, Rechnung getragen. ²Für die in § 34 SGB IX¹⁾ benannten Personengruppen²⁾ stellen die Rehabilitationsträger mittels zielgruppenspezifischer Informationen sicher, dass diese in die Lage versetzt werden, auf mögliche Hilfe- und Beratungsdienste hinzuweisen.

(3) Über die in Abs. 1 benannten Inhalte hinaus beinhalten die Informationen für Akteure der medizinisch-therapeutischen Versorgung insbesondere auch solche zu Anforderungen an ärztliche Befundberichte und Verfahrenswege der Bedarfsfeststellung.

(4) ¹Vorgenannte Informationen zu Leistungen zur Teilhabe stellen die Rehabilitationsträger und Integrationsämter mittels Informationsmaterialien, z.B. schriftlich oder über ihre Internetangebote, bereit. ²Die Informationen werden insbesondere auch über die Ansprechstellen nach § 12 SGB IX zur Verfügung gestellt. ³Darüber hinaus können zur Erreichung der in § 13 formulierten Zielstellungen auch weitere Informationswege zielführend sein³⁾. ⁴Dies bezieht sich z.B. auf (ggf. zielgruppenspezifische) Informationsveranstaltungen sowie Informationsangebote im Rahmen persönlicher Beratung. ⁵Auf betrieblicher Ebene suchen die Rehabilitationsträger und Integrationsämter auf Anforderung Betriebe auf, informieren vor Ort in Beratungsgesprächen über Leistungen zur Teilhabe und leisten im Einzelfall Unterstützung bei der Bedarfserkennung und Antragstellung.

§ 16 Zusammenarbeit und Informationsaustausch. (1) ¹Eine effektive Zusammenarbeit mit den in der Phase der Erkennung von Rehabilitationsbedarf besonders relevanten Akteuren stellt für die Rehabilitationsträger und die Integrationsämter einen wichtigen Grundbaustein dar, um eine möglichst frühzeitige Bedarfserkennung und Leistungserbringung zu ermöglichen. ²Besonders bedeutsam ist hier, mittels etablierter Kooperationsformen die beabsichtigten Zielgruppen mit den (ggf. jeweils zielgruppenspezifisch) bereitgestellten Informationen zu erreichen.

(2) Die Unterstützung der Menschen mit Behinderung kann z.B. auch durch Zusammenarbeit mit Schulen, Betrieben, Behindertenverbänden und -vertretungen, Selbsthilfe, Beratungsdiensten, Sozialdienste im Krankenhaus, Arztpraxen und/oder anderen Sozialleistungsträgern und Leistungserbringern erfolgen.

(3) ¹Die Rehabilitationsträger bieten den Akteuren der medizinisch-therapeutischen Versorgung eine zielgerichtete, verbindliche Zusammenarbeit (z.B. mittels Kooperationsvereinbarungen) mit entsprechenden Organisationen, z.B. Ärztekammern, den Kassenärztlichen Vereinigungen, Berufsverbänden von Ärzten als auch durch Nutzung regionaler Strukturen (z.B. Qualitätszirkel der Hausärzte) an. ²Die Rehabilitationsträger entwickeln mit weiteren Akteuren (z.B. niedergelassenen Ärzten, ambulanten und stationären Einrichtungen, Verbänden behin-

¹⁾ Nr. 1.
²⁾ **Amtl. Anm.:** Hierzu zählen neben Ärzten Hebammen, Entbindungspfleger, Medizinalpersonen, Lehrer, Sozialarbeiter, Jugendleiter sowie Erzieher (§ 34 SGB IX *[Nr. 1]*).
³⁾ **Amtl. Anm.:** Vgl. z.B. die Gemeinsame Empfehlung „Prävention", abrufbar unter www.bar-frankfurt.de > Publikationen > Gemeinsame Empfehlungen.

derter Menschen, Fachverbänden etc.) verbindliche Strukturen, die ein regelhaftes und verlässliches System zum Informationsaustausch und zur Zusammenarbeit sicher stellen, das der möglichst frühzeitigen Erkennung eines Teilhabebedarfs und Einleitung von Leistungen zur Teilhabe dient.

(4) [1] Hinsichtlich der Zusammenarbeit mit betrieblichen Akteuren etablieren die Rehabilitationsträger und bei Bedarf die Integrationsämter geeignete Verfahren und Strukturen zur Sicherstellung eines kontinuierlichen und verlässlichen Informationsaustauschs mit Beschäftigten mit Behinderung, Arbeitgebern sowie den in § 166 SGB IX[1] genannten betrieblichen Vertretungen der Arbeitnehmer. [2] Ziel dieser Zusammenarbeit ist es, möglichst frühzeitig einen möglichen Bedarf für Leistungen zur Teilhabe zu erkennen und ggf. die notwendigen Maßnahmen umgehend einzuleiten. [3] Bewährt haben sich dabei Betriebsvereinbarungen, Inklusionsvereinbarungen, Unterweisungen sowie die Bildung von Arbeitskreisen „Gesundheit".

(5) [1] Die Rehabilitationsträger und Integrationsämter unterstützen ferner die (Weiter-)Entwicklung von Strukturen zur frühzeitigen Erkennung eines Teilhabebedarfs sowie der Einleitung von Leistungen zur Teilhabe in Kooperation mit allen Akteuren in den Betrieben. [2] Sie knüpfen dazu an den vorhandenen Organisationsstrukturen des betrieblichen Arbeits- und Gesundheitsschutzes, des betrieblichen Gesundheitswesens und der Schwerbehindertenvertretung bei schwerbehinderten Arbeitnehmern in den Betrieben und Regionen an.

(6) Die Rehabilitationsträger und die Integrationsämter entwickeln Strukturen für den Informationsaustausch mit regionalen Organisationen, insbesondere Kreishandwerkerschaften, Handwerks-, Industrie- und Handelskammern, Unternehmensverbänden sowie Gewerkschaften, um eine zielgerichtete, adressatenspezifische Aufklärung von Akteuren der betrieblichen Ebene über die Erkennung eines möglichen Teilhabebedarfs zu ermöglichen.

§ 17 Bereitstellung von Hilfen und Instrumenten zur Bedarfserkennung.

(1) [1] Für alle Akteure sind die in § 11 und Anlage 1 benannten Anhaltspunkte und Anzeichen bedeutsame Kriterien, die auf einen potenziellen Teilhabebedarf hinweisen können und bei denen eine zielgerichtete Beratung oder die Anregung einer Antragstellung erfolgen sollte. [2] Anlage 2 dieser Gemeinsamen Empfehlung benennt darüber hinaus beispielhaft Instrumente zur Erkennung bzw. zur Einschätzung eines ggf. bestehenden Teilhabebedarfs für benannte Akteure.

(2) [1] Zur Unterstützung der Erkennung eines möglichen Bedarfs an Leistungen zur Teilhabe durch Akteure der medizinisch-therapeutischen Versorgung fördern die Rehabilitationsträger den Einsatz von Richt-/Leitlinien[2], Screening- bzw. Assessmentverfahren sowie strukturierten Befundberichten. [2] Diese sind im Regelfall unter Nutzung der Möglichkeiten des bio-psycho-sozialen Modells auszurichten, das der ICF zu Grunde liegt.

(3) [1] Die Rehabilitationsträger empfehlen für betriebliche Akteure als Entscheidungshilfe für das Erkennen eines möglichen Teilhabebedarfs u.a. die systematische Auswertung von Ergebnissen der arbeitsmedizinischen Vorsorge nach der ArbMedVV sowie von Ergebnissen betrieblicher Gefährdungsbeurteilungen.

---

[1] Nr. **1**.
[2] **Amtl. Anm.:** Vgl. Anlage 3.

[2] Für Arbeitgeber ergibt sich eine besondere Verpflichtung durch die Regelungen zur Durchführung von Maßnahmen zur betrieblichen Prävention nach § 167 SGB IX[1], bei denen die Erkennung eines potenziellen Bedarfs an Leistungen zur Teilhabe von Bedeutung sein kann.

(4) Die für die frühzeitige Bedarfserkennung erforderlichen trägerübergreifenden Maßstäbe, Standards und Instrumente sind weiterzuentwickeln bzw. durch Anpassung und Vereinheitlichung vorhandener Instrumente und Richtlinien zu präzisieren.

§ 18 Einbindung der behandelnden Haus- und Fachärzte und des Betriebsarztes sowie anderer Akteure. (1) Entsprechend der Verpflichtung aus § 26 Abs. 2 Nr. 8 SGB IX[1] informieren die Rehabilitationsträger und bei Bedarf die Integrationsämter über die Möglichkeit der Einleitung von Leistungen zur Teilhabe durch die behandelnden Hausärzte sowie durch Betriebsärzte oder binden diese in die Einleitung ein.

(2) Häufig wird eine Leistung zur Teilhabe durch den Haus- oder Facharzt angeregt bzw. eingeleitet.

(3) Genauso kann eine Teilhabeleistung z.B. in folgenden Fällen angestoßen werden:

- Einleitung von Leistungen zur medizinischen Rehabilitation auf Basis der Feststellungen der gesonderten Rehabilitationsempfehlung im Rahmen der Pflegebegutachtung (§ 18 Abs. 6 i.V.m. § 18a SGB XI)
- Durch Akteure im Krankenhaus, insbesondere die Sozialdienste, z.B. im Kontext der Anschlussrehabilitation oder eines Entlassmanagements
- Durch Akteure aus dem ambulanten Bereich (z.B. Suchtberatung, psychosoziale Beratung)
- Wenn andere Sozialleistungen beantragt werden und dabei Rehabilitationsbedarf erkannt wird (§ 9 SGB IX)
- Durch Leistungserbringer der Rehabilitation, wenn diese bisher nicht berücksichtigte Bedarfe erkennen
- Anregung von Leistungen zur Teilhabe durch die betriebliche Ebene (z.B. im Rahmen des Betrieblichen Eingliederungsmanagements)
- Kenntnis der Rehabilitationsträger über die Einleitung von Leistungen zur Teilhabe durch einen anderen Rehabilitationsträger (z.B. im Rahmen der Beantragung einer Erwerbsminderungsrente)
- Kenntnis der Rehabilitationsträger über die Prüfung von Leistungen im Rahmen eines Persönlichen Budgets durch einen anderen Rehabilitationsträger
- Im Fall der Eingliederungshilfe für seelische behinderte Kinder und Jugendliche (§ 35a SGB VIII[2]) durch Eltern, Jugendamt, behandelnde Ärzte, Erzieher in der Kindertagesstätte, Lehrer, Beratungsstellen (Psychologische- oder Erziehungsberatungsstellen), usw.
- Kenntnis des Leistungsträgers des sozialen Entschädigungsrechts nach Erstkontakt des Betroffenen mit einer Traumaambulanz oder der Polizei bei Straftaten.

---

[1] Nr. **1**.
[2] Nr. **8**.

(4) [1] Soweit vorhanden, begrüßen es die Rehabilitationsträger und Integrationsämter, wenn ihnen Arbeitsplatz- bzw. Tätigkeitsbeschreibungen und/oder berufliche Anforderungsprofile im Rahmen der Antragstellung bei berufstätigen Personen mit potenziellem Teilhabebedarf übermittelt werden. [2] Bedeutsame Inhalte einer Tätigkeitsbeschreibung finden sich beispielhaft in Anlage 4.

Kapitel 2. Zuständigkeitsklärung

[1] **Die Phase Antrag und Zuständigkeitsklärung betrifft die Festlegung des im Sinne des § 14 SGB IX[1) „leistenden Rehabilitationsträgers" nach Eingang eines Antrags auf Leistungen zur Teilhabe.** [2] **Die konkreten Verantwortlichkeiten des leistenden Rehabilitationsträgers sind in den darauf folgenden Phasen näher beschrieben.**

§ 19 Antrag, Frist für die Zuständigkeitsklärung. (1) Werden Leistungen zur Teilhabe beantragt, stellt der Rehabilitationsträger nach § 14 Abs. 1 Satz 1 SGB IX[1) innerhalb von zwei Wochen nach Antragseingang bei ihm fest, ob er nach dem für ihn geltenden Leistungsgesetz für die Leistung zuständig ist; bei den Krankenkassen umfasst die Prüfung auch die Leistungspflicht nach § 40 Abs. 4 SGB V[2).

(2) [1] Die Zwei-Wochen-Frist zur Klärung der Zuständigkeit nach § 14 Abs. 1 Satz 1 SGB IX beginnt am Tag nach Eingang des Antrages oder am Tag nach Antragsaufnahme bei dem Rehabilitationsträger (§ 26 SGB X i.V.m. § 187 Abs. 1 BGB). [2] Ein die Frist auslösender Antrag auf Leistungen zur Teilhabe liegt vor, wenn Unterlagen vorliegen, die eine Beurteilung der Zuständigkeit ermöglichen. [3] Hierzu gehört insbesondere, dass die Identität sowie ein konkretisierbares Leistungsbegehren des Antragstellers erkennbar sind und sich dieses konkretisierbare Leistungsbegehren unabhängig von den verwendeten Begriffen auf Leistungen zur Teilhabe i.S.v. § 4 SGB IX bezieht.

(3) [1] In der Unfallversicherung entspricht dem Tag des Eingangs des Antrages der Tag, an dem der Träger der Unfallversicherung Kenntnis von einem voraussichtlichen Rehabilitationsbedarf erlangt. [2] Gleiches gilt für die öffentliche Jugendhilfe und die Kriegsopferfürsorge[3).

(4) [1] Der Rehabilitationsträger, bei dem der Antrag eingegangen ist, wird als erstangegangener Träger bezeichnet. [2] Das gilt entsprechend für die in Abs. 3 genannten Rehabilitationsträger.

§ 20 Prüfung der Zuständigkeit nach Antragstellung. (1) [1] Zuständig i.S.d. § 14 SGB IX[1) ist der erstangegangene Rehabilitationsträger, wenn er nach seinem Leistungsgesetz für die Erbringung zumindest einer der vom Antrag umfassten Leistungen zur Teilhabe in Betracht kommt. [2] Insgesamt unzuständig i.S.d. § 14 SGB IX ist der erstangegangene Rehabilitationsträger, wenn er nach seinem Leistungsgesetz für keine der vom Antrag umfassten Rehabilitationsleistungen in Betracht kommt. [3] Als vom Antrag umfasst gelten alle Leistungen, mit denen dem aus dem

---

[1)] Nr. **1**.
[2)] Nr. **5**.
[3)] **Amtl. Anm.:** Dies gilt auch für die Eingliederungshilfe im Rahmen der Sozialhilfe. Ab 2020 ist die Eingliederungshilfe gem. § 108 SGB IX *[Nr. 1]* antragsabhängig.

Antrag erkennbaren konkreten Leistungsbegehren des Antragstellers ganz oder teilweise entsprochen werden kann.

(2) [1] Die Feststellung nach Absatz 1 wird innerhalb der in § 14 Abs. 1 Satz 1 SGB IX genannten Zwei-Wochen-Frist getroffen auf Basis

– des aus dem Antrag erkennbaren konkreten Begehrens im Antrag, einer ggf. vorliegenden Begründung und der mit dem Antrag eingereichten Unterlagen sowie

– ggf. von ergänzenden Unterlagen und Informationen.

[2] Etwaige Unklarheiten werden soweit möglich im Dialog mit dem Antragsteller geklärt.

(3) [1] Der Umfang der Zuständigkeitsprüfung nach Absatz 1 und der entsprechenden Aktivitäten bestimmt sich anhand der vorhandenen Antragsunterlagen und Informationen sowie unter Berücksichtigung ihrer Umsetzbarkeit innerhalb der Frist des § 14 Abs. 1 Satz 1 SGB IX. [2] In diesem Rahmen prüft der erstangegangene Rehabilitationsträger die Zuständigkeit nach dem eigenen Leistungsgesetz sowie mögliche Zuständigkeiten weiterer Rehabilitationsträger nach anderen Leistungsgesetzen. [3] Mögliche Zuständigkeiten weiterer Rehabilitationsträger werden auf Ebene der Leistungsgruppen nach den §§ 5 und 6 SGB IX geprüft.

§ 21 Zuständigkeitsklärung: Festlegung des leistenden Rehabilitationsträgers durch Fristablauf oder Weiterleitung. (1) [1] Der erstangegangene Träger wird der „leistende Rehabilitationsträger" i.S.d. §§ 14 ff. SGB IX[1]), wenn die Zwei-Wochen-Frist nach § 14 Abs. 1 Satz 1 SGB IX abläuft und er den Antrag nicht unverzüglich weitergeleitet hat. [2] Nach Ablauf der Frist ist die Weiterleitung des Antrags vorbehaltlich der Regelungen zum sog. Splitting (vgl. § 29, § 30) nicht mehr möglich.

(2) [1] Ist der erstangegangene Träger nach § 20 insgesamt unzuständig, leitet er den Antrag einschließlich bereits vorliegender Unterlagen unverzüglich (§ 121 BGB), spätestens am Werktag nach Ablauf der Zwei-Wochen-Frist nach § 14 Abs. 1 Satz 1 SGB IX, dem nach seiner Auffassung zuständigen Rehabilitationsträger zu. [2] Der Rehabilitationsträger, an den der Antrag weitergeleitet wurde (zweitangegangener Träger), wird der „leistende Rehabilitationsträger" iSd §§ 14 ff. SGB IX und kann den Antrag nicht erneut weiterleiten – vorbehaltlich der Regelungen in § 24 (Turboklärung).

(3) [1] Der Weiterleitung wird eine schriftliche Begründung beigefügt, aus der hervorgeht, dass eine inhaltliche Prüfung der Zuständigkeit nach Maßgabe des § 20 stattgefunden hat. [2] Die Weiterleitung wird dem Antragsteller schriftlich mitgeteilt.

§ 22 Sonderfälle der Weiterleitung. (1) [1] Eine Weiterleitung im Sinne des § 14 Abs. 1 Satz 2 SGB IX[1]) liegt nicht vor, wenn ein Rehabilitationsträger oder Jobcenter einen Antrag erkennbar für einen anderen Rehabilitationsträger aufnimmt (z.B. auf dessen Antragsvordrucken). [2] Der Rehabilitationsträger, für den der Antrag aufgenommen wurde, ist erstangegangener Rehabilitationsträger mit der Folge, dass er den Antrag weiterleiten kann, wenn er bei Prüfung des Antrages feststellt, dass er nicht zuständig ist.

---

[1]) Nr. 1.

(2) Wenn ein erstangegangener Träger den Antrag an einen anderen rechtlich selbstständigen Träger desselben Sozialleistungsbereiches weiterleitet, ist dieser der zweitangegangene Träger im Sinne des § 14 SGB IX (z.B. bei Weiterleitung zwischen Rentenversicherungsträgern oder zwischen Trägern der Eingliederungshilfe [1])).

(3) In Fällen des § 51 SGB V und § 145 SGB III (Aufforderung zur Antragstellung durch die Krankenkasse bzw. die Agentur für Arbeit) ist nicht der auffordernde, sondern der Rehabilitationsträger, bei dem der Antrag gestellt werden soll, stets der erstangegangene Träger (z.B.: Fordert die Krankenkasse einen Versicherten auf, einen Antrag auf Teilhabeleistungen bei der Rentenversicherung zu stellen, so ist der Rentenversicherungsträger erstangegangener Träger.).

(4) [1]Nach § 185 Absatz 7 Satz 1 SGB IX i.V.m. § 14 SGB IX können die Integrationsämter einen bei ihnen eingegangenen Antrag innerhalb der Frist nach § 19 Absatz 1 weiterleiten, wenn sie nach Prüfung des Antrags für die Leistung insgesamt unzuständig sind. [2]Nach Ablauf der Frist gilt § 21. [3]Sie werden als erstangegangener Träger leistender Träger i.S.d. §§ 14 ff. SGB IX. [4]Nach § 185 Absatz 7 Satz 2 SGB IX i.V.m. § 14 SGB IX dürfen die Integrationsämter einen an sie weitergeleiteten Antrag innerhalb der Zwei-Wochen-Frist nach § 14 Abs. 1 Satz 1 SGB IX nochmals weiterleiten, wenn sie nach Prüfung des Antrags insgesamt für die Leistung unzuständig sind. [5]Dies ist deshalb (rechtlich) möglich, da die Integrationsämter keine Rehabilitationsträger sind. [6]Eine Weiterleitung an sie stellt keine Weiterleitung nach § 14 SGB IX dar, sondern ist eine Weiterleitung nach § 16 Absatz 2 SGB I[2]). [7]Die Befugnis zur Weiterleitung beinhaltet daher auch das Recht, den Antrag an den Träger weiterzuleiten, der den Antrag zuvor an das Integrationsamt weitergeleitet hat. [8]Nach Ablauf der Frist gilt § 21. [9]Sie werden als erstangegangener Träger leistender Träger i.S.d. §§ 14 ff. SGB IX.

(5) [1]Verfahrensabsprachen zwischen gesetzlichen Sozialleistungsträgern können diese Gemeinsame Empfehlung ergänzen. [2]Die daran Beteiligten machen diese Verfahrensabsprachen den übrigen Vereinbarungspartnern dieser Gemeinsamen Empfehlung zugänglich, soweit sie für andere Vereinbarungspartner von Bedeutung sind.

§ 23 Besonderheit: Weiterleitung bei ungeklärter Behinderungsursache. [1]Muss für die Feststellung der Zuständigkeit die Ursache der Behinderung geklärt werden und ist diese Klärung innerhalb der Zwei-Wochen-Frist nicht möglich, soll der Antrag unverzüglich dem Träger zugeleitet werden, der die Leistung ohne Rücksicht auf die Ursache erbringt. [2]Zuständig für die Leistung ist grundsätzlich

1. in Fällen von Leistungen zur medizinischen Rehabilitation der Träger der gesetzlichen Rentenversicherung oder der Alterssicherung der Landwirte, wenn die versicherungsrechtlichen und persönlichen Voraussetzungen erfüllt sind, ansonsten die gesetzliche Krankenkasse, sofern dort die versicherungsrechtlichen Voraussetzungen bestehen,

---

[1] **Amtl. Anm.:** An die Stelle der Träger der Eingliederungshilfe treten nach § 241 Abs. 8 SGB IX *[Nr. 1]* für die Jahre 2018 und 2019 die Träger der Sozialhilfe. 2020 tritt das neue Eingliederungshilferecht (SGB IX – Teil 2) in Kraft.
[2] Nr. 3.

2. in Fällen von Leistungen zur Teilhabe am Arbeitsleben der Träger der gesetzlichen Rentenversicherung, wenn die versicherungsrechtlichen Voraussetzungen erfüllt sind, ansonsten die Bundesagentur für Arbeit,

3. in Fällen von Leistungen zur sozialen Teilhabe der Träger der Eingliederungshilfe[1], außer in Fällen seelischer Behinderung von Kindern, Jugendlichen und jungen Volljährigen, für die eine Leistungszuständigkeit des Trägers der Jugendhilfe nach dem SGB VIII[2] besteht,

4. bei Unklarheit darüber, ob Leistungen zur medizinischen Rehabilitation oder zur Teilhabe am Arbeitsleben erforderlich sind, der Träger der gesetzlichen Rentenversicherung.

§ 24 Besonderheit: „Turboklärung". (1) [1] Ist der zweitangegangene Rehabilitationsträger für die vom Antrag umfassten Leistungen insgesamt nicht zuständig, kann er den Antrag nach Maßgabe des § 14 Abs. 3 SGB IX[3] an den nach seiner Auffassung zuständigen Rehabilitationsträger im Einvernehmen mit diesem weiterleiten („Turboklärung"). [2] Er unterrichtet davon erneut den Antragsteller. [3] Dieser Rehabilitationsträger wird dann an Stelle des zweitangegangenen Trägers leistender Rehabilitationsträger im Sinne der §§ 14 ff. SGB IX, mit den entsprechenden gesetzlichen Verantwortlichkeiten. [4] Diese umfassen vor allem die Koordinierungsaufgaben und fristgerechte Entscheidungen über den Antrag, zu Einzelheiten vgl. insbesondere Kapitel 2 bis 5. [5] Die erneute Weiterleitung nach Satz 1 kann auch an den erstangegangenen Rehabilitationsträger erfolgen.
[6] Dies gilt auch dann, wenn der zweitangegangene rechtlich selbständige Träger desselben Sozialleistungsbereiches für den Versicherten unzuständig ist (z.B. wenn an die falsche Krankenkasse oder den falschen Rentenversicherungsträger weitergeleitet wurde). [7] Der Träger, an den innerhalb desselben Sozialleistungsbereichs weitergeleitet wurde, gilt dann als zweitangegangener Träger.

(2) [1] Bei der „Turboklärung" nach Absatz 1 arbeiten die Rehabilitationsträger unter Berücksichtigung des § 25 SGB IX und § 86 SGB X zusammen. [2] Ziel des Klärungsverfahrens ist es, dass der sachlich zuständige Träger über den Antrag entscheidet. [3] Die in § 14 Abs. 2 und § 15 Abs. 4 SGB IX genannten Fristen bleiben von der Turboklärung unberührt, maßgeblich für diese Fristen ist weiterhin der Antragseingang beim zweitangegangenen Rehabilitationsträger.

§ 25 Besonderheit: ergänzende Antragstellung bei Bedarf an nicht vom Antrag umfassten Leistungen. (1) [1] Während der in § 14 Abs. 1 Satz 1 SGB IX[3] genannten Frist (zwei Wochen nach Antragseingang) können sich Anhaltspunkte für einen weiteren Rehabilitationsbedarf ergeben, der nicht vom Antrag umfasst ist. [2] In diesen Fällen hat der Rehabilitationsträger zum frühestmöglichen Zeitpunkt (z.B. bei Entgegennahme des Antrags, Sichtung der Antragsunterlagen oder im Beratungsgespräch), dafür Sorge zu tragen, dass der weitere Rehabilitationsbedarf unmittelbar Gegenstand des durch den Antrag ausgelösten Verwaltungsverfahrens wird. [3] Hierzu wirkt er unverzüglich auf eine ergänzende Antragstellung hin (§ 9 und § 12 SGB IX), damit auch dieser

---

[1] **Amtl. Anm.:** Zur Rechtslage betreffend die Träger der Eingliederungshilfe im Zeitraum 2018/2019 vgl. Fn 4.
[2] Auszugsweise abgedruckt unter Nr. **8**.
[3] Nr. **1**.

weitere Bedarf in die Antragsbearbeitung einbezogen werden kann. [4]Der ergänzte Antragsteil ist immer sofort entgegenzunehmen, die Antragsteller bzw. Leistungsberechtigten dürfen nicht auf andere Zuständigkeiten verwiesen werden. [5]Werden Leistungen von Amts wegen erbracht, sind die weiteren Bedarfe sogleich in das Verfahren einzubeziehen; auf eine ergänzende Antragstellung kommt es dann nicht an.
[6]Die Fristen zur Antragsbearbeitung einschließlich der ergänzten Antragsteile richten sich nach dem Eingang des ursprünglichen Antrags. [7]Der leistende Rehabilitationsträger steuert das gesamte Verfahren nach den Vorgaben der §§ 14 ff. SGB IX auch für den ergänzten Antragsteil. [8]Die Regelungen über den Erlass des Verwaltungsakts bei Trägermehrheit (§ 15 SGB IX, vgl. dazu § 29 – § 31 und §§ 67 ff.) sind unmittelbar einschlägig. [9]Die Rehabilitationsträger haben nach § 12 SGB IX geeignete Organisationsstrukturen vorzuhalten, um die Hinwirkungspflicht auf eine frühzeitige ergänzende Antragsstellung und -bearbeitung wirksam wahrnehmen zu können.

(2) [1]Ergeben sich erst nach Ablauf der in § 14 Abs. 1 Satz 1 SGB IX genannten Frist im Rahmen der Bedarfsermittlung nach § 26 – § 46 Anhaltspunkte für Rehabilitationsbedarf, der nicht vom Antrag umfasst ist, hat der leistende Rehabilitationsträger entsprechend den Vorschriften des § 9 SGB IX auf eine weitere Antragstellung hinzuwirken.
[2]Dabei stellt er mit Einverständnis des Menschen mit Behinderung dem Rehabilitationsträger, bei dem ein weiterer Antrag gestellt wird, Kopien des Antrags und aller bereits vorliegenden und für die Entscheidung über den jeweiligen Bedarf notwendigen Informationen (z.B. Leistungsbescheide, Untersuchungsbefunde und -berichte) zur Verfügung (siehe § 12 Abs. 7). [3]Die weitere Antragstellung nach Abs. 2 löst ein eigenständiges Verwaltungsverfahren nach den §§ 14 ff. SGB IX mit jeweils einem leistenden Rehabilitationsträger und eigenständigen Fristen aus. [4]Der für den Erstantrag leistende Rehabilitationsträger führt eine Teilhabeplanung entsprechend den Regelungen der §§ 19 ff. SGB IX durch. [5]Die Eigenständigkeit der Verwaltungsverfahren wird dadurch nicht berührt. [6]Durch die Teilhabeplanung wird entsprechend den Zielen des SGB IX die nahtlose Verknüpfung der eigenständigen Verwaltungsverfahren gesichert. [7]Da über die verschiedenen Anträge jedoch von verschiedenen leistenden Rehabilitationsträgern entschieden wird, erfolgt auch der Erlass des Verwaltungsaktes in getrennten Verfahren[1]).
[8]Für das Teilhabeplanverfahren gelten folgende Maßstäbe:

(2a) Im Teilhabeplan und in der Bescheiderteilung gegenüber dem Antragsteller bzw. Leistungsberechtigten ist dann klarstellend zu vermerken, dass über den Teilhabeplan verschiedene Verwaltungsverfahren verknüpft sind, für die auch separate Verfahrensfristen gelten (§ 19 Abs. 2 Satz 2 Nr. 1 SGB IX).

(2b) Eine Teilhabeplanung im Sinne von Abs. 2a wird nicht durchgeführt, wenn die verschiedenen Verwaltungsverfahren sachlich oder zeitlich so weit auseinanderliegen, dass ihre Verknüpfung über die Teilhabeplanung keine verbesserte Erreichung des Ziels der Teilhabe des Antragstellers ermöglicht. Auch in diesen Fällen gilt die Pflicht zur abgestimmten Zu-

---

[1]) **Amtl. Anm.**: Formulierungsvorschläge für die Kommunikation mit dem Antragsteller finden sich in Anlage 5.

sammenarbeit der Rehabilitationsträger nach § 86 SGB X, z.B. auch i.S.e.
Übergabemanagements.

Kapitel 3. Bedarfsermittlung und Bedarfsfeststellung

[1] **Die Bedarfsermittlung schafft die notwendigen inhaltlichen Grundlagen für die Bedarfsfeststellung.** [2] **Sie umfasst die inhaltliche Ermittlung des individuellen Rehabilitationsbedarfs und folgt in der Regel auf die Zuständigkeitsklärung.** [3] **Die Rehabilitationsträger setzen dabei Instrumente der Bedarfsermittlung nach § 13 SGB IX[1] ein, die gemeinsamen Grundsätzen entsprechen (vgl. Abschnitt 3).** [4] **Für die Träger der Eingliederungshilfe gelten ergänzend die Grundsätze zu den Instrumenten der Bedarfsermittlung nach § 118 SGB IX.**
[5] **Die Bedarfsfeststellung ist die entscheidungsvorbereitende formale Konkretisierung eines bestehenden individuellen Rehabilitationsbedarfes und damit die Basis für die Entscheidung über die von einem Antrag umfassten Leistungen.** [6] **Die Bedarfsfeststellung kann dem Antragsteller bzw. Leistungsberechtigten getrennt vom Leistungsbescheid mitgeteilt werden.**

Abschnitt 1. Anforderungen im Verfahren

Unterabschnitt 1. Umfassende Bedarfsfeststellung, Bedarfsermittlung

§ 26 Begriffsklärungen. (1) Leistungen zur Teilhabe sind erforderlich, wenn
diese unter Beachtung der Ziele des § 4 SGB IX[1] auf den konkreten Einzelfall
bezogen bedarfsgerecht sind.

(2) [1] Umfassende Bedarfsfeststellung iSd § 14 Abs. 2 SGB IX bedeutet insbesondere, dass der individuelle Bedarf im Hinblick auf alle Leistungen und
Rechtsgrundlagen des Rehabilitationsrechts festgestellt wird, die in der konkreten Bedarfssituation überhaupt in Betracht kommen. [2] Dabei werden insbesondere auch solche Leistungen in den Blick genommen,

– für die der leistende Rehabilitationsträger nach seinem jeweiligen Leistungsgesetz nicht zuständig ist, einschließlich solcher Leistungen,

– für die er nach § 6 SGB IX nicht Rehabilitationsträger sein kann.

[3] Um auch bezüglich solcher Bedarfe die Feststellung zu ermöglichen, ist die
Beteiligung anderer Rehabilitationsträger nach § 15 SGB IX vorgesehen.
[4] Die der umfassenden Bedarfsfeststellung vorausgehende Bedarfsermittlung ist
entsprechend ausgerichtet und wird demgemäß soweit erforderlich insbesondere trägerübergreifend und interdisziplinär gestaltet.

§ 27 Grundsätzliche Verantwortlichkeiten des leistenden Rehabilitationsträgers bei der Bedarfsermittlung und -feststellung. (1) Der leistende
Rehabilitationsträger ist nach den §§ 14 Abs. 2 und 15 SGB IX[1] dafür verantwortlich, dass der Rehabilitationsbedarf umfassend und entsprechend ggf.
auch trägerübergreifend innerhalb der Fristen der §§ 14 und 15 Abs. 4 SGB IX
festgestellt wird.

(2) [1] Für die umfassende Bedarfsfeststellung nach Abs. 1 ermittelt der leistende Rehabilitationsträger den Rehabilitationsbedarf nach dem eigenen Leis-

---

[1] Nr. 1.

tungsgesetz vertieft insbesondere mit Hilfe von Instrumenten der Bedarfsermittlung nach § 13 SGB IX (vgl. Abschnitt 3). [2] Sofern für die Bedarfsermittlung noch weitere Informationen notwendig sind, veranlasst der Rehabilitationsträger, ggf. unter Einschaltung weiterer Akteure, die entsprechenden Aktivitäten. [3] Dabei kann es sich beispielsweise um

– das Einholen von bereits bestehenden Gutachten, Befundberichten oder sonstigen (ärztlichen) Unterlagen oder

– die Durchführung eines Beratungsgesprächs

handeln. [4] Einzelheiten zur Bedarfsermittlung nach Satz 1 sind in den § 35 – § 46 (Abschnitt 3) geregelt.

(3) Im Rahmen der Bedarfsermittlung nach Abs. 2 prüft der leistende Rehabilitationsträger auch summarisch[1] weiteren möglichen Rehabilitationsbedarf nach anderen Leistungsgesetzen, um so erforderlichenfalls weitere Rehabilitationsträger nach § 15 SGB IX beteiligen (vgl. § 29 – § 31) oder auf eine Antragstellung hinwirken (vgl. § 25) zu können.

§ 28 Gutachten. (1) [1] Ist für die umfassende Bedarfsfeststellung ein Gutachten eines Sachverständigen erforderlich, beauftragt der leistende Rehabilitationsträger ein Gutachten nach den Regelungen des § 17 SGB IX[2]. [2] Dabei bleiben nach § 17 SGB IX die gesetzlichen Aufgaben der Gesundheitsämter, des Medizinischen Dienstes der Krankenversicherung und die gutachterliche Beteiligung der Bundesagentur für Arbeit unberührt, die jeweiligen Aufgaben werden weder eingeschränkt noch ausgeweitet. [3] Gleiches gilt für das Begutachtungsverfahren der gesetzlichen Krankenkassen. [4] In diesem Fall beantworten die jeweiligen Rehabilitationsträger die im Gutachten zu klärenden Fragen jeweils getrennt. [5] Die Ergebnisse verschiedener Gutachten werden in der Teilhabeplanung zusammengeführt.

(2) [1] Beteiligt der leistende Rehabilitationsträger im Rahmen der Bedarfsermittlung und -feststellung andere Rehabilitationsträger durch Antragsplitting (vgl. § 29, § 30) oder bei der Bedarfsfeststellung (vgl. § 31) setzt er sich mit dem Ziel, unnötige mehrfache Begutachtungen zu vermeiden mit diesen bei seiner Entscheidung über Anlass, Ziel und Umfang der Beauftragung eines Sachverständigen ins Benehmen. [2] Die beteiligten Rehabilitationsträger informieren ihn unverzüglich über die Notwendigkeit der Einholung von Gutachten. [3] Dabei gilt Abs. 1 entsprechend.

(3) Der leistende Rehabilitationsträger wirkt durch geeignete Maßnahmen, z.B. entsprechende Gestaltung des Auftragsverhältnisses zur begutachtenden Stelle, darauf hin, dass die umfassende sozialmedizinische, bei Bedarf auch psychologische Begutachtung und die Erstellung des Gutachtens gemäß § 17 Abs. 2 SGB IX unverzüglich – spätestens innerhalb von zwei Wochen nach der Beauftragung – erfolgt.

(4) [1] Im Interesse einer zügigen Bedarfsfeststellung sind Begutachtungen möglichst nach einheitlichen Grundsätzen iSv § 17 SGB IX vorzunehmen.

---

[1] **Amtl. Anm.:** Summarische Prüfung bedeutet eine überschlägige, auf das Wesentliche beschränkte Prüfung. Ausreichend ist dabei im Zeitpunkt der Prüfung unter Heranziehung der erreichbaren Unterlagen eine begründete Möglichkeit, dass eine Zuständigkeit bzw. ein Bedarf nach einem anderen Leistungsgesetz besteht.
[2] Nr. 1.

² Weitere bei der Begutachtung zu beachtende Regelungen werden in der Gemeinsamen Empfehlung Begutachtung getroffen.

Unterabschnitt 2. Koordinierung nach § 15 SGB IX[1]) bei trägerübergreifendem Rehabilitationsbedarf

§ 29 Antragssplitting nach § 15 Abs. 1 SGB IX[1]). (1) ¹ Der leistende Rehabilitationsträger leitet nach § 15 Abs. 1 SGB IX einen Antrag unverzüglich teilweise weiter („Antragssplitting"), wenn und soweit er feststellt, dass der Antrag neben solchen Leistungen zur Teilhabe, für die er nach § 6 SGB IX Leistungsträger sein kann, auch weitere Leistungen zur Teilhabe umfasst, für die er nach § 6 SGB IX nicht Leistungsträger sein kann. ² Bei dieser teilweisen Weiterleitung teilt der leistende Rehabilitationsträger dem anderen Rehabilitationsträger (Splitting-Adressat) das Eingangsdatum des Antrags mit und kennzeichnet die teilweise Weiterleitung als „Splitting". ³ Die Auswirkungen des Antragssplittings sind in § 30 geregelt.

(2) ¹ Unverzüglich bedeutet, dass der leistende Rehabilitationsträger im Falle des § 15 Abs. 1 SGB IX den Antrag insoweit ohne schuldhaftes Verzögern und dabei in der Regel innerhalb von zwei Wochen an den Splitting-Adressaten weiterleitet. ² Stellt der leistende Rehabilitationsträger im Einzelfall erst nach Ablauf von zwei Wochen fest, dass der Antrag nach § 15 Abs. 1 SGB IX weiterzuleiten ist, hat er die hierfür maßgeblichen Gründe gegenüber dem Splitting-Adressaten darzulegen. ³ Der Antrag gilt auch dann als unverzüglich weitergeleitet. ⁴ Erfolgt ein Splitting nicht unverzüglich, hat der Splitting-Adressat den Eintritt einer Erstattungspflicht für selbstbeschaffte Leistungen nicht iSd § 16 Abs. 5 S. 2 SGB IX zu vertreten.

(3) ¹ Der leistende Rehabilitationsträger erläutert dem Splitting-Adressaten seine Feststellung nach Abs. 1 und übermittelt ihm die für den gesplitteten Antragsteil relevanten Informationen und Unterlagen. ² Er unterrichtet den Antragsteller unverzüglich über das Splitting.

(4) ¹ Nach § 185 Abs. 7 Satz 1 SGB IX i.V.m. § 15 Abs. 1 SGB IX können die Integrationsämter einen bei ihnen eingegangenen Antrag splitten, wenn sie feststellen, dass der Antrag neben solchen Leistungen, für die sie nach § 185 SGB IX i.V.m. der SchwbAV[2]) zuständig sind, auch Leistungen umfasst, für die sie nicht zuständig sind. ² Dies gilt auch, wenn für einen Teil der beantragten Leistungen die Träger der beruflichen Rehabilitation vorrangig zur Leistung verpflichtet sind (z.B. Investitionskostenzuschuss nach § 15 SchwbAV und behinderungsgerechte Gestaltung des Arbeitsplatzes bei einer Neueinstellung). ³ Nach § 185 Absatz 7 Satz 2 SGB IX i.V.m. § 15 Abs. 1 SGB IX können die Integrationsämter einen an sie nach § 16 Absatz 2 SGB I[3]) weitergeleiteten Antrag für den Teil splitten, für den sie nicht zuständig sind. ⁴ Die Integrationsämter können den an sie gesplitteten Antrag weiterleiten, da jede Weiterleitung an die Integrationsämter eine Weiterleitung nach § 16 Absatz 2 SGB I[3]) darstellt (siehe § 22 Absatz 4).

(5) ¹ Ein Fall der Beteiligung nach § 15 Abs. 1 SGB IX liegt auch vor, wenn sich nach Ablauf von zwei Wochen ab Antragseingang oder bei der Prüfung durch den zweitangegangenen Träger ergibt, dass der Antrag lediglich auf

---

¹⁾ Nr. **1**.
²⁾ Nr. **2b**.
³⁾ Nr. **3**.

Leistungen gerichtet ist, für die der leistende Rehabilitationsträger nach § 6 Abs. 1 SGB IX nicht zuständig sein kann. [2] Hiermit wird im Interesse sachgerechter Leistungserbringung und zur Beschleunigung der Bescheiderteilung sichergestellt, dass die Rehabilitationsträger infolge der Zuständigkeitsklärung nur für die auf sie entfallenden Leistungsgruppen leistungspflichtig sind. [3] Die Koordinierungsverantwortung und das finanzielle Ausfallrisiko gegenüber den Antragstellern bzw. Leistungsberechtigten im Falle der Fristüberschreitung (Kostenerstattung bei Selbstbeschaffung von Leistungen) bleiben allerdings unverändert beim leistenden Rehabilitationsträger. [4] Die einzelnen Rechtsfolgen ergeben sich im Übrigen aus § 30 Abs. 3.

§ 30 Auswirkungen des Antragssplittings. (1) [1] Auch im Fall des Splittings nach § 29 bleiben der leistende Rehabilitationsträger und seine Koordinationsaufgaben nach den §§ 15–23 SGB IX[1] unverändert, mit Ausnahme der Letztverantwortung zum Erlass eines Leistungsbescheids über den gesplitteten Antragsteil. [2] Diese Aufgaben umfassen insbesondere:

- Durchführung des Teilhabeplanverfahrens nach den §§ 19–23 SGB IX;. unter den Voraussetzungen des § 19 Abs. 5 SGB IX kann dieses allerdings auch ein anderer Träger durchführen; dadurch bleibt jedoch die Koordinierungsverantwortung des leistenden Trägers unberührt; Einzelheiten sind in den §§ 47–66 (Kapitel 4) geregelt

sowie
in Bezug auf den nicht gesplitteten Antragsteil, ggf.:

- umfassende Bedarfsfeststellung bzw. deren Koordinierung nach § 15 Abs. 2 SGB IX.
- Entscheidung gegenüber dem Antragsteller unter Berücksichtigung des § 15 Abs. 3 SGB IX

in Bezug auf den gesplitteten Antragsteil

- grundsätzliche Verantwortlichkeit gegenüber dem Leistungsberechtigten bzw. Antragsteller im Rahmen des § 18 SGB IX.

(2) [1] Die Koordinierungsverantwortung des leistenden Rehabilitationsträgers geht nicht auf den Splitting-Adressaten über, auch nicht hinsichtlich des „gesplitteten" Antragsteils. [2] Aufgaben des Splitting-Adressaten sind insbesondere:

- Hinsichtlich des gesplitteten Antragsteils muss er den Leistungsbescheid innerhalb der dafür in § 15 Abs. 4 SGB IX vorgesehenen Fristen erlassen und erbringt ggf. die Leistung.
- Er kann den gesplitteten Antragsteil weiterleiten, wenn er nach § 6 SGB IX nicht zuständig sein kann. In diesen Fällen informiert er den leistenden Rehabilitationsträger und den Antragsteller über die Weiterleitung; Beginn der Frist nach 15 Abs. 4 SGB IX für die Entscheidung über den gesplitteten Antragsteil ist weiterhin der Antragseingang beim leistenden Rehabilitationsträger.
- Er hat den Rehabilitationsbedarf betreffend den gesplitteten Antragsteil zu ermitteln und festzustellen. Stellt er dabei Anhaltspunkte für Rehabilitationsbedarf für Leistungen zur Teilhabe fest, für die er nicht zuständig ist (träger-

---

[1] Nr. 1.

übergreifender Rehabilitationsbedarf), informiert er darüber den leistenden Rehabilitationsträger, der diese Anhaltspunkte im Rahmen seiner ohnehin bestehenden Koordinierungspflicht nach § 15 SGB IX aufgreift.

- Er soll dem leistenden Rehabilitationsträger binnen zwei Wochen nach Eingang des gesplitteten Antragsteils Mitteilung machen
  - zu seiner grundsätzlichen Zuständigkeit für die vom gesplitteten Antragsteil umfassten Leistungen
  - zum Rehabilitationsbedarf.

[3] Die vorstehenden Regelungen gelten auch, wenn das Splitting nicht iSd § 29 Abs. 2 unverzüglich erfolgt ist.

(3) [1] Leitet der leistende Rehabilitationsträger den Antrag nach § 29 Abs. 5 an einen anderen Rehabilitationsträger weiter, weil er für keine der vom Antrag umfassten Leistungsgruppen zuständig sein kann, bleibt er nach dem Grundsatz der Leistungserbringung „wie aus einer Hand" für die Koordinierung der Leistungen verantwortlich. [2] Dabei gelten folgende Maßstäbe:

- Der Verwaltungsakt wird von dem Rehabilitationsträger erlassen, der als Splittingadressat den Antrag erhält.
- Nach § 19 Abs. 5 SGB IX soll der leistende Rehabilitationsträger dem anderen Rehabilitationsträger (Splittingadressat) anbieten, die Teilhabeplanung zu übernehmen.
- Die Entscheidungsfrist für den Antrag richtet sich nach § 15 Abs. 4 SGB IX (6 Wochen bzw. 2 Monate nach Antragseingang beim leistenden Rehabilitationsträger).
- Im Falle der Selbstbeschaffung von Leistungen ist der leistende Rehabilitationsträger gegenüber den Antragstellern bzw. Leistungsberechtigten erstattungspflichtig. Der leistende Rehabilitationsträger kann sich ggf. verwaltungsintern nach § 16 Abs. 5 SGB IX schadlos halten.

§ 31 Beteiligung anderer Rehabilitationsträger nach § 15 Abs. 2 SGB IX[1]). (1) [1] Die Beteiligung anderer Rehabilitationsträger nach § 15 Abs. 2 SGB IX ist erforderlich, wenn der leistende Rehabilitationsträger konkrete Anhaltspunkte dafür hat, dass hinsichtlich der vom Antrag umfassten Leistungen trägerübergreifender Rehabilitationsbedarf gegeben ist und kein Fall des § 29 („Antragsplitting") vorliegt. [2] Hat der leistende Rehabilitationsträger konkrete Anhaltspunkte für einen Bedarf an nicht vom Antrag umfassten Leistungen, gelten die Regelungen der §§ 5 und 25.

(2) [1] In den Fällen des Abs. 1 fordert der leistende Rehabilitationsträger die anderen Rehabilitationsträger, unverzüglich (§ 121 BGB) schriftlich auf, ihm entsprechende Feststellungen binnen zwei Wochen, bzw. im Fall der Begutachtung binnen zwei Wochen nach Vorliegen des Gutachtens, mitzuteilen und informiert hierüber den Antragsteller. [2] Unter Hinweis auf die laufenden Fristen der § 14 und § 15 Abs. 4 SGB IX teilt er ihnen das Eingangsdatum des Antrags mit.

(3) [1] Die nach Abs. 2 beteiligten Rehabilitationsträger ermitteln den Rehabilitationsbedarf vertieft nach den jeweils für sie geltenden Leistungsgesetzen mit Hilfe der Instrumente nach § 13 SGB IX (vgl. Abschnitt 3). [2] Stellen sie dabei

---

[1] Nr. 1.

Anhaltspunkte für Rehabilitationsbedarf für Leistungen zur Teilhabe fest, für die sie nicht zuständig sind (trägerübergreifender Rehabilitationsbedarf), informieren sie darüber den leistenden Rehabilitationsträger. [3]Dieser greift die Anhaltspunkte im Rahmen seiner ohnehin bestehenden Koordinierungspflicht nach § 15 SGB IX auf. [4]Die beteiligten Rehabilitationsträger stellen den ermittelten Rehabilitationsbedarf fest und teilen ihn dem leistenden Rehabilitationsträger spätestens am Tag nach Ablauf der Frist nach Abs. 2 Satz 1 schriftlich mit.

(4) [1]Bei Beteiligung anderer Rehabilitationsträger nach Abs. 2 führt der leistende Rehabilitationsträger eine Teilhabeplanung nach den §§ 19–23 SGB IX durch. [2]Mit Blick auf die Regelung des § 19 Abs. 1 SGB IX bedarf es keiner gesonderten trägerübergreifenden Beratung der von den beteiligten Rehabilitationsträgern mitgeteilten Feststellungen nach § 15 Abs. 2 S. 1 (am Ende) SGB IX.

(5) [1]Erfolgt die Mitteilung nach Abs. 3 nicht fristgerecht, stellt der leistende Rehabilitationsträger den Rehabilitationsbedarf auch nach den Leistungsgesetzen der beteiligten Rehabilitationsträger fest. [2]Dabei beachtet er die gemeinsamen Grundsätze der Bedarfsermittlung nach § 13 SGB IX. [3]Einzelheiten dazu sind unter § 35 – § 46 (Abschnitt 3) geregelt.

Abschnitt 2. Sicherstellung umfassender Bedarfsfeststellung in der Praxis

§ 32 Ergänzung und Unterstützung des trägerübergreifenden Verfahrens zur Bedarfsermittlung und Bedarfsfeststellung. Die in Abschnitt 1 genannten Verfahrensschritte zur umfassenden Bedarfsfeststellung werden in der Praxis durch folgende Schritte ergänzt und unterstützt.

§ 33 Einbeziehung weiterer Stellen in die Bedarfsermittlung. (1) Haus-, Fach-, Betriebsärzte werden bei erkennbarem Bedarf mit Zustimmung des Menschen mit Behinderung bei der Bedarfsfeststellung durch die Rehabilitationsträger beteiligt.

(2) [1]Die Rehabilitationsträger oder bei Bedarf Integrationsämter fragen über die antragstellende berufstätige Person insbesondere den zuständigen Betriebsarzt/Arbeitsmedizinischen Dienstleister ab, wenn berufliche Aspekte relevant sind. [2]Eine dazu eventuell notwendige Ermittlung kann mit Zustimmung dieser Person auch über den jeweiligen Arbeitgeber erfolgen. [3]Damit kann eine Abfrage von Arbeitsplatz- bzw. Tätigkeitsbeschreibungen und/oder beruflichen Anforderungsprofilen (vgl. § 18 Abs. 3) verbunden werden. [4]Vorgenannte Informationen bilden eine wesentliche Grundlage für die koordinierte Steuerung des Rehabilitationsprozesses. [5]Die Rehabilitationsträger und Integrationsämter stellen bei Bedarf mit Zustimmung des Menschen mit Behinderung den Informationsweg zwischen behandelndem Arzt und dem Betriebsarzt her.

(3) Die summarische Bedarfsermittlung der Rehabilitationsträger und Integrationsämter bezieht sich im Hinblick auf die mögliche Einbeziehung des Jobcenters, der Pflegekasse oder weiterer Stellen nach § 22 SGB IX[1)] auch auf die von diesen Stellen zu erbringenden Leistungen.

§ 34 Ergänzende trägerbereichsspezifische Besonderheiten. (1) Ist die gesetzliche Rentenversicherung der zuständige Rehabilitationsträger, wirkt

---

[1)] Nr. 1.

über Vorstehendes hinaus der Rehabilitationsberatungsdienst der Rentenversicherung anlässlich seiner Betriebskontakte und Besuchstermine in den Rehabilitationseinrichtungen sowie im Rahmen der Beratungs- und Auskunftsangebote auf ein Erkennen notwendiger Leistungen zur Teilhabe und deren zielführende Umsetzung hin.

(2) Sofern eine gesetzliche Krankenkasse zuständiger Rehabilitationsträger ist, findet für das Verfahren der Bedarfsfeststellung ergänzend zu den vorstehenden Regelungen insbesondere die Rehabilitations-Richtlinie[1] nach § 92 Abs. 1 Satz 1 Nr. 8 SGB V[2] Anwendung.

(3) Sofern ein Träger der gesetzlichen Unfallversicherung zuständiger Rehabilitationsträger ist, greift für das Verfahren der Bedarfsfeststellung ergänzend zu den vorstehenden Regelungen das Reha-Management der Gesetzlichen Unfallversicherung, dessen wesentlicher Bestandteil die Erstellung eines Reha-Plans unter partnerschaftlicher Einbindung aller Beteiligten ist.

Abschnitt 3. Inhaltliche Grundsätze für Instrumente der Bedarfsermittlung

§ 35 Grundlagen. (1) [1]Die Rehabilitationsträger vereinbaren laut § 26 Abs. 2 Nr. 7 SGB IX[3] die nachfolgenden Grundsätze für Instrumente zur Ermittlung des Rehabilitationsbedarfs nach § 13 SGB IX. [2]Diese Grundsätze bilden einen einheitlichen Rahmen und dienen der Vergleichbarkeit. [3]Der Einsatz von Instrumenten der Bedarfsermittlung auf Basis dieser Grundsätze ermöglicht ein wirkungsvolles Ineinandergreifen der Instrumente, insbesondere in den Fällen der trägerübergreifenden Koordinierung von Leistungen nach dem abweichungsfesten Kapitel 4 SGB IX.

(2) [1]Die Feststellungen über den individuellen Rehabilitationsbedarf erfolgen auf Grundlage der Bedarfsermittlung nach § 13 SGB IX. [2]Die Grundsätze für Instrumente der Bedarfsermittlung nach diesem Abschnitt gelten für alle Fall- und Beteiligungskonstellationen und sind von allen Rehabilitationsträgern und – soweit sie nachfolgend in die Regelung einbezogen sind – Integrationsämtern anzuwenden. [3]Die Leistungsgesetze können aufbauend auf den Vorgaben von § 13 SGB IX weitergehende und speziellere Vorgaben für die Bedarfsermittlung regeln. [4]Für die Träger der Eingliederungshilfe gelten §§ 117–122 SGB IX ergänzend[4].

(3) [1]Gemäß § 14 Abs. 2 SGB IX liegt die unverzügliche und umfassende Bedarfsfeststellung anhand der Instrumente zur Bedarfsermittlung nach § 13 SGB IX in der Verantwortlichkeit des leistenden Rehabilitationsträgers. [2]Falls erforderlich, bezieht er dabei weitere Rehabilitationsträger entsprechend den Regelungen nach § 29 (Antragssplitting) und § 31 (Beteiligung) ein.

§ 36 Anforderungen an die Bedarfsermittlung. (1) [1]Eine umfassende Bedarfsfeststellung (siehe § 27 Abs. 2, § 28) setzt eine insgesamt ebenso umfassende Bedarfsermittlung voraus, die zugleich individuell und funktionsbezogen zu erfolgen hat. [2]Hierzu bedienen sich die Rehabilitationsträger geeigneter Instrumente.

---

[1] Nr. **5b**.
[2] Nr. **5**.
[3] Nr. **1**.
[4] **Amtl. Anm.:** In den Jahren 2018/2019 gilt für die Träger der Sozialhilfe eine entsprechende Regelung in § 142 SGB XII

(2) [1]Individuelle Bedarfsermittlung und -feststellung bedeutet insbesondere, dass die aktuelle Lebenssituation des Individuums mit seinen jeweiligen Kompetenzen und Unterstützungsbedarfen den Ausgangspunkt der Ermittlung darstellen. [2]Im weiteren Verlauf hängen die Entscheidungen, in welchen Bereichen in welcher Abfolge wie weitgehend ermittelt wird, ebenfalls von der individuellen Situation ab. [3]Dabei sind die Wünsche, Vorstellungen, Bedürfnisse und Ziele des Leistungsberechtigten zu ermitteln und einzubeziehen.

(3) [1]Funktionsbezogen ist die Bedarfsermittlung und -feststellung, wenn sie unter Nutzung des bio-psycho-sozialen Modells der WHO erfolgt und sich dabei an der ICF orientiert. [2]Dies beinhaltet die Erhebung aller erforderlichen Informationen zu den Ausprägungen und Auswirkungen eines Gesundheitsproblems (Schädigungen von Körperstrukturen und -funktionen, Beeinträchtigungen Aktivitäten und Teilhabe) in verschiedenen Lebensbereichen sowie die Einbeziehung der im Einzelfall bedeutsamen Kontextfaktoren und die Beachtung der Wechselwirkungen untereinander. [3]Hierbei erfasst jeder Rehabilitationsträger Informationen zu allen Komponenten des bio-psycho-sozialen Modells sowie deren Wechselwirkungen zumindest dem Grunde nach. [4]Dafür bieten sich insbesondere strukturierte Gespräche zum Einholen von Informationen, z.B. in Beratungs- und Befundgesprächen an. [5]Die strukturierten Gespräche können durch entsprechende Hilfestellungen unterstützt werden.

(4) [1]Die Rehabilitationsträger nutzen zur Bedarfsermittlung Instrumente nach den für sie geltenden Leistungsgesetzen. [2]Die im jeweiligen Einzelfall eingesetzten Instrumente haben die Anforderungen nach Abs. 1 bis 3 insgesamt zu erfüllen, indem sie insbesondere die Sachverhalte nach § 13 Abs. 2 Nr. 1–4 SGB IX[1]) erfassen (siehe § 40 – § 43). [3]Sie gewährleisten also insgesamt eine an den Teilhabezielen des Menschen mit Behinderung orientierte umfassende und funktionsbezogene Feststellung des individuellen Teilhabebedarfes. [4]Bei Trägermehrheit führt der leistende Rehabilitationsträger unter Beachtung der Regelungen nach § 29 (Antragssplitting) und § 31 (Beteiligung) die Bedarfsfeststellungen der jeweiligen Rehabilitationsträger so zusammen, dass in der Summe die Anforderungen nach Satz 2 sicher gestellt sind. [5]Diese Zusammenführung ist Basis der Teilhabeplanung (vgl. Kapitel 4).

§ 37 Einheitlichkeit, Nachprüfbarkeit und Dokumentation. (1) [1]Die eingesetzten Instrumente gewährleisten eine individuelle und funktionsbezogene Bedarfsermittlung und sichern unter Beachtung datenschutzrechtlicher Regelungen die Dokumentation und Nachprüfbarkeit der Bedarfsermittlung. [2]Durch Nutzung der Möglichkeiten des bio-psycho-sozialen Modells, das der ICF zugrunde liegt, wird bei der Entwicklung und Weiterentwicklung der Instrumente, wo möglich, eine trägerübergreifende Vereinheitlichung verfolgt.

(2) [1]Die Bedarfsermittlung ist für den Leistungsberechtigten transparent sowie verständlich und nachvollziehbar zu gestalten. [2]Das schließt eine auf den Einzelfall angepasste barrierefreie Dokumentation und Kommunikation ein.

§ 38 Arten von Instrumenten zur Bedarfsermittlung. (1) Instrumente der Bedarfsermittlung lassen sich einteilen in systematische Arbeitsprozesse, standardisierte Arbeitsmittel sowie Begutachtungen.

---

[1]) Nr. 1.

(2) [1] Systematische Arbeitsprozesse können z.B. sein Erhebungen, Analysen, Dokumentation, Planung und Ergebniskontrolle, insbesondere auch in ihrer systematischen Verbindung zueinander. [2] Sie sorgen z.b. dafür

– Verbindungen zwischen dem Einsatz von Arbeitsmitteln nach Abs. 3 darzulegen und

– eine Verknüpfung von gewonnenen Erkenntnissen und dem Einsatz von Arbeitsmitteln herzustellen.

(3) [1] Standardisierte Arbeitsmittel sind Hilfsmittel, die die Arbeitsprozesse unterstützen und der Generierung erforderlicher Informationen dienen. [2] Standardisierte Arbeitsmittel sind z.B. funktionelle Prüfungen (Sehtests, Intelligenztests, Hörtests), Assessment- und Diagnoseinstrumente, Fragebögen, IT-Anwendungen, Antragsunterlagen, Befundberichte, Checklisten, Leitfäden etc. Sie sollen auf einer wissenschaftlichen Grundlage beruhen bzw. trägerübergreifend abgestimmt sein.

(4) [1] Begutachtungen nach § 17 SGB IX[1)] stellen eine besondere Art von Instrumenten dar, die Aspekte von Absatz 2 und Absatz 3 kombinieren. [2] Inhaltlich unterliegen sie ebenfalls den hier genannten Grundsätzen, Verfahrensaspekte sind in § 28 geregelt. [3] Vergleiche zur Begutachtung auch die Gemeinsame Empfehlung „Begutachtung" sowie konkretisierend für den Bereich der Eingliederungshilfe die Orientierungshilfe „Behinderungsbegriff"[2)] der BAGüS.

(5) [1] Soweit es für die Erfüllung der Anforderungen an die Bedarfsermittlung nach § 27 sowie § 36, § 39 – § 42 erforderlich ist, werden verschiedene Instrumente nach Abs. 2 bis 4 kombiniert. [2] Für Fälle der Teilhabeplanung vgl. § 55 Abs. 3 Satz 2.

§ 39 Inhalte der Bedarfsermittlung. (1) [1] Die Bedarfsermittlung erfolgt zunächst unabhängig von konkreten Leistungen entsprechend der Vorgaben des § 13 Abs. 2 Nr. 1–4 SGB IX[1)], die in den nachfolgenden § 40 – § 43 konkretisiert sind. [2] Die Erhebungen zu Beeinträchtigungen und Auswirkungen auf die Teilhabe unterliegen keiner grundsätzlichen Reihenfolge, vielmehr sind gemäß dem bio-psycho-sozialen Modell zahlreiche Querbezüge und Wechselwirkungen zu beachten. [3] Teilhabeziele können sowohl Ausgangspunkt als auch Ergebnis von Schritten bei der Bedarfsermittlung sein. [4] In der Eingliederungshilfe stehen Teilhabeziele nicht am Anfang der Bedarfsermittlung. [5] Die Klärung und Festlegung von Leistungen (§ 43) steht grundsätzlich am Ende der Bedarfsermittlung und basiert auf konkretisierten Informationen zum Rehabilitationsbedarf gemäß § 40 – § 42.

(2) [1] Im Rahmen der umfassenden Bedarfsermittlung und -feststellung ist oft eine interdisziplinäre Zusammenarbeit erforderlich. [2] Dies bedeutet, dass Informationen durch verschiedene Disziplinen eingeholt werden (z.B. Reha-Fachkräfte, Mediziner, Psychologen) und Bedarfe im Austausch miteinander ermittelt, bewertet und festgestellt werden.

§ 40 Vorliegen einer Beeinträchtigung. [1] Instrumente der Bedarfsermittlung erfassen, ob ein Gesundheitsproblem und eine Beeinträchtigung vorliegen

---

[1)] Nr. 1.

[2)] **Amtl. Anm.:** Verfügbar unter: www.bagues.de/spur-download/bag/orientierungshilfe_behinderungsbegriffendf_24112009.pdf

oder zu erwarten sind. [2]Mit ihnen kann geklärt werden, ob Menschen körperliche, seelische, geistige oder Sinnesbeeinträchtigungen haben, die sie in Wechselwirkung mit einstellungs- und umweltbedingten Barrieren an der gleichberechtigten Teilhabe an der Gesellschaft hindern können. [3]Nach § 2 Abs. 1 SGB IX[1)] liegt eine solche Beeinträchtigung vor, wenn der Körper- und Gesundheitszustand von dem für das Lebensalter typischen Zustand abweicht und den Menschen an seiner Teilhabe mit hoher Wahrscheinlichkeit länger als sechs Monate hindern kann. [4]Im Bereich der Eingliederungshilfe kommt es nach § 53 SGB XII[2)] maßgeblich auf das Vorliegen einer „wesentlichen Behinderung" an. [5]Vergleiche hierzu die Orientierungshilfe „Behinderungsbegriff"[3)] der BAGüS.

§ 41 Auswirkungen auf die Teilhabe. (1) [1]Die Instrumente der Bedarfsermittlung erfassen, welche Auswirkung die Beeinträchtigungen (§ 40) auf die Teilhabe des Leistungsberechtigten haben. [2]Hier wird dem Verständnis Rechnung getragen, dass die individuelle Teilhabe aus der Wechselwirkung von Körperfunktionen, Körperstrukturen, Aktivitäten und Teilhabe einerseits und Kontextfaktoren (personbezogene Faktoren, Umweltfaktoren) andererseits entsteht.

(2) [1]Die Kontextfaktoren wirken im Einzelfall als Förderfaktor oder als Barriere. [2]Bei der Ermittlung individueller Unterstützungs- und Rehabilitationsbedarfe sind auch sozialräumliche und/oder lebensweltliche Aspekte bedeutsam.

(3) Der Veränderlichkeit der Kontextfaktoren, der anderen Komponenten und ihrer Wechselwirkungen miteinander im Zeitverlauf wird durch einen fortgesetzten, am bio-psycho-sozialen Modell orientierten Dialog mit dem Leistungsberechtigten Rechnung getragen.

§ 42 Teilhabeziele. (1) [1]Die Instrumente der Bedarfsermittlung erfassen, welche Ziele mit Leistungen zur Teilhabe erreicht werden sollen. [2]Hierbei sind individuelle Teilhabeziele des Leistungsberechtigten, in Bezugnahme zu den Zielen der Leistungen zur Teilhabe (§ 4 Abs. 1 Nr. 1 bis 4 SGB IX[1)]) sowie den in der ICF genannten Lebensbereichen, maßgeblich.

(2) [1]Zur Formulierung von Zielen nach Abs. 1 sind persönliche Ziele, Vorstellungen und Wünsche des Leistungsberechtigten vom Rehabilitationsträger zu erfragen. [2]Individuelle Teilhabeziele sind ggf. auch erst im Verlauf der Bedarfsermittlung gemeinsam zu entwickeln und zu konkretisieren. [3]Der Rehabilitationsprozess insgesamt und insbesondere die Bedarfsermittlung sind an den individuellen Zielen auszurichten.

(3) Teilhabeziele sind so festzulegen, dass sie erreichbar sind und ihre Erreichung überprüft werden kann.

(4) Im Bereich der Eingliederungshilfe kann am Ende der Bedarfsermittlung eine Teilhabezielvereinbarung mit dem Leistungsberechtigten abgeschlossen werden, vgl. § 145 SGB XII bzw. § 122 SGB IX in der ab 2020 geltenden Fassung.

[1)] Nr. **1**.
[2)] Nr. **11**.
[3)] **Amtl. Anm.:** Vgl. Fußnote 34

§ 43 Klärung erforderlicher Leistungen. (1) [1] Die Instrumente der Bedarfsermittlung dienen auch der Klärung, welche Leistungen zur Erreichung der Ziele voraussichtlich erfolgreich sein werden. [2] Diese Prognose ist eine begründete Aussage für das mögliche Erreichen der Teilhabeziele. [3] Dabei werden insbesondere berücksichtigt:

– die unter § 40 und § 41 erfassten Aspekte

– bereits konkretisierte Bedarfe sowie

– der bisherige individuelle Verlauf einschließlich früherer Bedarfsfeststellungen, soweit vorhanden bzw. bekannt und erforderlich.

(2) [1] Die Bedarfsermittlung umfasst somit auch die Frage, inwieweit und wie die individuellen Teilhabeziele nach § 42 verwirklicht werden können und mit welchen Leistungen der ermittelte Bedarf gedeckt werden kann. [2] Die individuellen Kontextfaktoren in ihrer Eigenschaft als Förderfaktor oder Barriere werden dabei einbezogen; die Prognose geht von der bestmöglichen Förderung und Nutzung von Ressourcen und Kompetenzen aus. [3] Neben der geeigneten Leistung zur Teilhabe ist auch der dafür voraussichtlich notwendige Zeitraum zu benennen. [4] Zielstellung ist nicht nur, die Person zur selbstbestimmten Lebensführung und Teilhabe zu befähigen, sondern sie auch darin zu unterstützen, ihre Teilhabeziele tatsächlich zu erreichen. [5] Hierzu sind auch Möglichkeiten der Gestaltung der Umwelt zu prüfen.

(3) Bei der konkreten Auswahl von möglichen Leistungen sind neben dem allgemeinen Wirtschaftlichkeitsgebot ggfs. ergänzende Vorgaben aus den jeweiligen Leistungsgesetzen mit zu berücksichtigen.

§ 44 Neu- und Weiterentwicklung von Instrumenten. (1) [1] Die Rehabilitationsträger sind für die Entwicklung der Instrumente zur Bedarfsermittlung und für deren Einsatz gemäß den Grundsätzen nach diesem Abschnitt verantwortlich. [2] Die Instrumente werden nach den jeweiligen Leistungsgesetzen verwendet, welche über diese Regelungen hinausgehende und speziellere Inhalte und Vorgaben beinhalten können.

(2) [1] Bestehende Instrumente werden unter Nutzung der Möglichkeiten des bio-psycho-sozialen Modells, das der ICF zu Grunde liegt, sowie gemäß der Grundsätze nach diesem Abschnitt weiterentwickelt. [2] Wo möglich, werden sie trägerübergreifend vereinheitlicht.

(3) Für die Neu- und Weiterentwicklungen vereinbaren die Rehabilitationsträger und Integrationsämter, den erforderlichen verwaltungsinternen und trägerübergreifenden Informationsaustausch und die entsprechende fachliche Diskussion unter Zuhilfenahme wissenschaftlicher Expertise zu organisieren.

(4) Aufbauend auf Forschungsergebnissen zu Instrumenten der Bedarfsermittlung erarbeiten die Rehabilitationsträger und Integrationsämter Übersichten eingesetzter Instrumente, und aktualisieren diese regelmäßig.

§ 45 Beteiligung des Menschen mit Behinderung. (1) [1] Der Mensch mit Behinderung ist über die Erfordernisse, Zielstellungen und Vorgehensweisen im Rahmen der Bedarfsermittlung aufzuklären und sowohl vorab als auch im Verlauf des Prozesses durch die Rehabilitationsträger zu beraten und zu begleiten. [2] Seine Wünsche, Vorstellungen Bedürfnisse und persönlichen Ziele im Zusammenhang mit seiner individuellen Teilhabe sind zu erfragen und zu berücksichtigen.

(2) Über das Ergebnis der Bedarfsfeststellung wird der Mensch mit Behinderung durch den danach ergehenden Leistungsbescheid informiert.

§ 46 Zusammenarbeit mit Leistungserbringern. (1) [1] Die Rehabilitationsträger und Integrationsämter können sich bei der Bedarfsermittlung der Expertise Dritter bedienen, z.B. wenn umfangreiche Assessments erforderlich sind. [2] Dabei stellen sie im Rahmen des Auftragsverhältnisses sicher, dass die delegierten Anteile mit den Grundsätzen und Anforderungen nach diesem Abschnitt kompatibel sind.

(2) Für eine zielgerichtete Leistungsdurchführung und zur Vermeidung von Doppelerhebungen geben die Rehabilitationsträger und Integrationsämter ihre Ergebnisse der Bedarfsermittlung an den jeweils im Einzelfall beauftragten Leistungserbringer weiter.

(3) Für die individuelle Planung, Fortschreibung und Nachverfolgung der erbrachten Leistungen sowie die ggf. erforderliche weitere Bedarfsermittlung werten die Rehabilitationsträger und Integrationsämter die entsprechenden Informationen aus den Zwischen- und Abschlussberichten der Leistungserbringer (vgl. § 80 – § 83, § 85) aus.

(4) Die in den Absätzen 1–3 beschriebene Zusammenarbeit mit den Leistungserbringern geschieht unter Einhaltung der datenschutzrechtlichen Regelungen, insbesondere des Einwilligungserfordernisses nach § 66.

Kapitel 4. Teilhabeplanung

[1] **Die Teilhabeplanung wird bei Träger- oder Leistungsgruppenmehrheit durchgeführt.** [2] **Dabei werden die erforderlichen Leistungen und ihr Zusammenwirken geklärt und ein individueller Teilhabeplan erstellt, der insbesondere die Grundlage der Bescheide über die vom Antrag umfassten Leistungen bildet.** [3] **In bestimmten Fällen beinhaltet die Teilhabeplanung auch eine Teilhabeplankonferenz.** [4] **Die Teilhabeplanung führt zu einer abgestimmten Durchführung von Leistungen zur Teilhabe und endet regelmäßig nach der letzten im Teilhabeplan vorgesehenen Leistung, über die ein Leistungsbescheid ergangen ist.** [5] **Insoweit ist die Teilhabeplanung ein Verfahren, das alle in der Gemeinsamen Empfehlung beschriebenen Phasen des Rehabilitationsprozesses begleitet.**

Abschnitt 1. Grundlagen und Ziele

§ 47 Rechtsgrundlagen bei der Teilhabeplanung. [1] Das Teilhabeplanverfahren ist in den §§ 19–23 SGB IX[1]) geregelt. [2] Ist ein Träger der Eingliederungshilfe oder der Kinder- und Jugendhilfe für die Durchführung der Teilhabeplanung verantwortlich, gelten die Regelungen des §§ 117 ff. SGB IX (Gesamtplan) bzw. des § 36 SGB VIII[2]) (Hilfeplan) jeweils ergänzend zu denen des Teilhabeplanverfahrens. [3] Weitere Akteure der Teilhabeplanung sind nach § 22 SGB IX die Pflegekassen, Integrationsämter, Jobcenter oder die jeweils zuständige Betreuungsbehörde, soweit erforderlich.

---

[1]) Nr. 1.
[2]) Nr. 8.

§ 48 Zielstellung der Teilhabeplanung. (1) [1]Die Teilhabeplanung ist zentral, um das in § 1 Abs. 1 SGB IX[1)] vorgegebene Ziel einer vollen, wirksamen und gleichberechtigten Teilhabe des Leistungsberechtigten zu erreichen. [2]Sie dient dazu, Leistungen so aufeinander auszurichten dass das gesamte Verfahren nahtlos, zügig, zielorientiert und wirtschaftlich abläuft.

(2) [1]Die Teilhabeplanung ist insbesondere auf die Erstellung und ggf. die Anpassung (Änderung, Fortschreibung) eines individuellen Teilhabeplans ausgerichtet. [2]Der individuelle Teilhabeplan ist ein wesentliches Mittel zur Erreichung einer einheitlichen Praxis der Feststellung und Durchführung der einzelnen Leistungen zur Teilhabe innerhalb des gegliederten Systems der Rehabilitation und Teilhabe. [3]Er dient bei Träger- und Leistungsgruppenmehrheit der Koordination mehrerer erforderlicher Leistungen zur Teilhabe und zur Kooperation der Rehabilitationsträger. [4]Durch den Teilhabeplan werden eine bessere Verzahnung von Leistungen zur Teilhabe und die Sicherung und Nahtlosigkeit der Leistungserbringung ermöglicht.

(3) Über die Erstellung und ggf. Anpassung eines Teilhabeplans hinaus dient die Teilhabeplanung auch einer kontinuierlichen, einzelne Verwaltungsverfahren übergreifenden Planung, um die in Abs. 1 genannten Ziele bestmöglich zu erreichen.

Abschnitt 2. Allgemeine Anforderungen und Voraussetzungen

§ 49 Grundsätze der Teilhabeplanung. (1) [1]Die Teilhabeplanung erfolgt immer in Abstimmung mit dem Leistungsberechtigten. [2]Der Mensch mit (drohender) Behinderung ist unter Berücksichtigung seiner individuellen kommunikativen Erfordernisse bei der Erstellung, Änderung und Fortschreibung des Teilhabeplans nach § 53 – § 57 und § 61 – § 64 zu beraten und aktiv mit einzubeziehen.

(2) [1]Das Vorgehen bei der Teilhabeplanung ist transparent, individuell, lebensweltbezogen und zielorientiert auszurichten. [2]Ausgehend vom individuellen Bedarf sind die Leistungen nach Inhalt, Umfang und Dauer abzustimmen. [3]Der Prozess der trägerübergreifenden Teilhabeplanung wird konsensorientiert gestaltet. [4]Den berechtigten Wünschen des Leistungsberechtigten wird bei der Teilhabeplanung entsprochen.

(3) Die Teilhabeplanung erfolgt unverzüglich und im Benehmen der beteiligten Rehabilitationsträger miteinander.

(4) [1]Der Teilhabeplan bildet die Grundlage für Entscheidungen der Rehabilitationsträger über Leistungen zur Teilhabe. [2]Er dient der Steuerung des Rehabilitationsprozesses.

(5) Sofern zur Erreichung oder Unterstützung der individuellen Teilhabeziele weitere Sozialleistungen, die nicht den Leistungen zur Teilhabe zuzuordnen sind, von Relevanz sind, sollen diese in der Teilhabeplanung berücksichtigt werden.

§ 50 Beratung bei der Teilhabeplanung. [1]Auch zu Beginn und im Verlauf der Teilhabeplanung ist der Leistungsberechtigte über

- die Verwaltungsabläufe und weiteren (zeitlichen) Vorgehensweisen,
- Funktion und Einzelheiten des Teilhabeplans,

[1)] Nr. 1.

- die Möglichkeiten einer Teilhabeplankonferenz und deren Ausgestaltung zu beraten. [2] Insbesondere ist ihm aufzuzeigen, welche Leistungen unter Berücksichtigung seiner individuellen Beeinträchtigungen der Aktivitäten und/ oder Teilhabe für ihn in Betracht kommen und welcher Rehabilitationsträger bzw. welches Integrationsamt oder Jobcenter hierfür zuständig ist.

§ 51 Anlässe für eine Teilhabeplanung. (1) [1] Eine Teilhabeplanung ist durchzuführen, wenn der leistende Rehabilitationsträger weitere Rehabilitationsträger nach § 15 SGB IX[1]) einbezieht. [2] Sie ist im Sinne der §§ 19 – 23 SGB IX zudem immer dann durchzuführen, wenn im jeweiligen konkreten Einzelfall Anlass zur Annahme besteht, dass mehrere gleichzeitig durchzuführende oder aufeinander folgende Leistungen zur Teilhabe (verschiedener Leistungsgruppen) oder mehrerer Rehabilitationsträger oder des Integrationsamtes zur Erreichung der Teilhabeziele erforderlich werden.

(2) Unterhaltssichernde und ergänzende Leistungen nach § 5 Nr. 3 SGB IX, wie z.B. Reisekostenerstattung, gelten im Verhältnis zu der Hauptleistung nicht als Leistungen verschiedener Leistungsgruppen im Sinne von Abs. 1.

(3) Eine Teilhabeplanung ist auch durchzuführen, wenn

- der Leistungsberechtigte dies wünscht, obwohl keine Leistungen verschiedener Leistungsgruppen oder mehrerer Rehabilitationsträger erforderlich sind
- aufgrund konkreter Anhaltspunkte während der Zuständigkeitsprüfung oder der Bedarfsermittlung für einen nicht vom Antrag umfassten Rehabilitationsbedarf ein weiterer Antrag gestellt wurde
- sie z.B. von beteiligten Rehabilitationsträgern, Jobcentern vorgeschlagen oder angeregt wurde (vgl. § 60 Abs. 4).

§ 52 Verantwortlichkeit für die Teilhabeplanung. (1) Verantwortlich für die Teilhabeplanung ist grundsätzlich der nach § 14 SGB IX[1]) leistende Rehabilitationsträger (vgl. dazu die § 19 – § 25).

(2) [1] Nach Maßgabe der folgenden Absätze kann ein anderer Rehabilitationsträger die Verantwortung für die Teilhabeplanung übernehmen. [2] Dies sind die Fallkonstellationen, in denen

- nach § 19 Abs. 5 SGB IX oder § 119 Abs. 3 SGB IX er die Teilhabeplanung vom leistenden Rehabilitationsträger übernommen hat (Absatz 3),
- ein Integrationsamt nach § 22 Abs. 3 SGB IX beteiligt wird (Absatz 4),
- ein möglicher Rehabilitationsbedarf nicht vom Antrag umfasst ist (vgl. § 25) und ein weiterer Antrag gestellt wurde (Absatz 5).

[3] Voraussetzung für einen Wechsel der Verantwortlichkeit für die Teilhabeplanung ist immer, dass der Antragsteller bzw. Leistungsberechtigte dem zustimmt. [4] Der Wechsel der Verantwortlichkeit bezieht sich nur auf die Teilhabeplanung und berührt nicht die Leistungsverantwortung des leistenden Rehabilitationsträgers.

(3) [1] Der leistende Rehabilitationsträger kann die Verantwortlichkeit einvernehmlich an einen anderen Träger nach § 19 Abs. 5 SGB IX abgeben. [2] In den Fällen der Beteiligung anderer Rehabilitationsträger nach § 15 SGB IX (vgl. dazu § 29 – § 31), ist gemäß § 19 Abs. 5 SGB IX für den Wechsel der

---

[1]) Nr. 1.

Verantwortlichkeit für die Teilhabeplanung zudem eine auf den jeweiligen Einzelfall bezogene Vereinbarung der Rehabilitationsträger erforderlich. [3] Ist ein Träger der Eingliederungshilfe nach § 15 SGB IX beteiligt worden, soll er dem leistenden Rehabilitationsträger und dem Leistungsberechtigten nach § 119 Abs. 3 SGB IX anbieten, die Verantwortung für die Teilhabeplanung zu übernehmen.

(4) Wenn ein Integrationsamt beteiligt wurde, kann es nach § 22 Abs. 3 SGB IX ebenfalls anstelle des leistenden Rehabilitationsträgers die Verantwortung für die Teilhabeplanung übernehmen.

(5) In den Fällen, in denen ein möglicher Rehabilitationsbedarf nicht vom Antrag umfasst ist und ein weiterer Antrag gestellt wurde, ist grundsätzlich der für den Erstantrag leistende Rehabilitationsträger für die Teilhabeplanung verantwortlich (vgl. § 25 Abs. 2a).

(6) Die Verantwortlichkeit für die Teilhabeplanung umfasst:
- die Durchführung des Verfahrens nach den in § 48 – § 50 genannten Grundsätzen,
- die Erstellung und ggf. Anpassung des Teilhabeplans nach den folgenden Regelungen der § 53 – § 66 und
- die Verfügbarkeit als Ansprechpartner für den Leistungsberechtigten und seine Unterstützung im Bedarfsfall. Dies schließt insbesondere eine Unterstützung bei einer weiteren Antragstellung oder Erkundigungen zum Sachstand in anderen Antragsverfahren mit ein.

Abschnitt 3. Erstellung und Inhalte des Teilhabeplans

§ 53 Verfahren bei der Erstellung des Teilhabeplans. (1) [1] Der für die Teilhabeplanung verantwortliche Rehabilitationsträger unterrichtet die nach § 15 SGB IX[1] beteiligten Rehabilitationsträger unverzüglich über die Absicht, einen Teilhabeplan zu erstellen. [2] Er teilt diesen den Anlass und die Ziele der geplanten Leistungen zur Teilhabe mit und macht die für deren Mitwirkung notwendigen Angaben.

(2) [1] Der nach § 15 Abs. 1 SGB IX beteiligte Leistungsträger (Splitting-Adressat) teilt seine Feststellungen über die durchzuführenden Leistungen zur Teilhabe (Inhalt, Umfang, Form, Dauer) und entsprechende Unterlagen dem für die Teilhabeplanung verantwortlichen Rehabilitationsträger unverzüglich, spätestens eine Woche vor Ablauf der Sechs-Wochen-Frist nach § 69 Abs. 3 mit. [2] Für die nach § 15 Abs. 2 SGB IX beteiligten Leistungsträger gilt die dort genannte Frist zur Mitteilung der Bedarfsfeststellung binnen zwei Wochen nach Aufforderung durch den leistenden Rehabilitationsträger (vgl. § 31). [3] Werden nach § 25 mehrere Verwaltungsverfahren über einen Teilhabeplan verbunden, stellen die für die jeweiligen Verwaltungsverfahren leistenden Rehabilitationsträger sicher, dass der für die Teilhabeplanung verantwortliche Rehabilitationsträger über den aktuellen Stand der Verwaltungsverfahren informiert ist.

(2a) [1] Der für die Teilhabeplanung verantwortliche Rehabilitationsträger berücksichtigt die ihm nach Abs. 2 mitgeteilten Bedarfsfeststellungen und Informationen bei der Erstellung des Teilhabeplans. [2] Er wirkt darauf hin, dass die beteiligten Rehabilitationsträger ihrer Verpflichtung nach Abs. 2 nachkommen.

---

[1] Nr. 1.

(3) [1] Der für die Teilhabeplanung verantwortliche Rehabilitationsträger bezieht, soweit für die Feststellung des Rehabilitationsbedarfs erforderlich, weitere Stellen nach § 22 SGB IX unter Berücksichtigung der Anforderungen des Datenschutzes und der Interessen des Antragstellers ein. [2] Für die folgenden Stellen ist in § 22 SGB IX differenzierter geregelt, unter welchen Bedingungen sie in die Teilhabeplanung einzubeziehen sind und unter welchen Voraussetzungen sie sich ggf. zu beteiligen haben. [3] Diese sind:

– Pflegekasse (§ 22 Abs. 2 SGB IX)
– Integrationsamt (§ 22 Abs. 3 SGB IX)
– Jobcenter (§ 22 Abs. 4 SGB IX)
– Betreuungsbehörde (§ 22 Abs. 5 SGB IX)

(4) Auf berechtigten Wunsch des Leistungsberechtigten ist den behandelnden Ärzten und ggf. auch weiteren Sachverständigen die Möglichkeit einzuräumen, bei der Erstellung, Fortschreibung und Anpassung des Teilhabeplanes beteiligt zu werden.

(5) Der für die Teilhabeplanung verantwortliche Rehabilitationsträger erstellt den Teilhabeplan nach Maßgabe der nachfolgenden § 54 – § 56 und entsprechend der in § 48 – § 50 geregelten Grundsätze.

(6) [1] Für das Verfahren bei Beteiligung anderer Rehabilitationsträger nach § 15 SGB IX gelten ergänzend die Regelungen der § 29 – § 31. [2] Werden mehrere Verwaltungsverfahren über die Teilhabeplanung verbunden, gelten die Absätze 1 und 3 bis 5 entsprechend.

§ 54 Inhaltliche Grundlagen des Teilhabeplans. (1) [1] Der Teilhabeplan wird erstellt unter Berücksichtigung sämtlicher vorhandener Erkenntnisse zum Bedarf an Leistungen zur Teilhabe. [2] Grundlagen können insbesondere sein: sozialmedizinische Gutachten, Stellungnahmen der Bundesagentur für Arbeit nach § 54 SGB IX[1]), Befundberichte, Gefährdungsbeurteilungen oder Anforderungsprofile des Arbeitsplatzes bzw. der beruflichen Tätigkeit, Verordnungen sowie Erfahrungen des Leistungsberechtigten. [3] Auch vorliegende Ergebnisse ggf. bereits durchgeführter Leistungen zur Teilhabe, wie z.B. Reha- bzw. Krankenhaus-Entlassungs-/Abschlussberichte sowie Rückmeldungen und Anregungen des Leistungsberechtigten sind zu berücksichtigen.

(2) Empfehlungen der behandelnden Ärzte oder Betriebsärzte (z.B. im Befundbericht oder in Unterlagen, die der Leistungsberechtigte selbst beibringt), der Beratungsdienste (z.B. Sozialbericht), der Leistungserbringer sowie von Sachverständigen im Begutachtungsverfahren sollen angemessen berücksichtigt werden.

§ 55 Inhalt und Form des Teilhabeplans. (1) [1] Der Teilhabeplan bedarf einschließlich seiner Anpassung der Schriftform. [2] Er ist in allgemein verständlicher Form unter Benennung der leistungsbezogenen Rechtsnormen abzufassen und bei Bedarf in barrierefreier Form zugänglich zu machen.

(2) [1] Im Teilhabeplan werden die nach dem individuellen Bedarf voraussichtlich erforderlichen Leistungen so zusammengefasst, dass sie nahtlos ineinandergreifen. [2] Dies wird insbesondere dadurch erreicht, dass geeignete Leistungen ausgewählt, in eine zeitliche Reihenfolge gebracht und inhaltlich verknüpft

---

[1]) Nr. 1.

werden. [3]Die Leistungen sind so aufeinander auszurichten, dass das gesamte Verfahren bis zur Erreichung der Ziele der Teilhabeplanung nahtlos, zügig, wirksam und wirtschaftlich abläuft.

(3) [1]Der individuell zu erstellende Teilhabeplan enthält unter Berücksichtigung datenschutzrechtlicher Aspekte Angaben zu

1. dem Tag des Antragseingangs beim leistenden Rehabilitationsträger und dem Ergebnis der Zuständigkeitsklärung und Beteiligung nach den §§ 14 und 15 SGB IX[1]),

2. den Feststellungen über den individuellen Rehabilitationsbedarf auf Grundlage der Bedarfsermittlung nach § 13 SGB IX,

3. den zur individuellen Bedarfsermittlung nach § 13 SGB IX eingesetzten Instrumenten,

4. der gutachterlichen Stellungnahme der Bundesagentur für Arbeit nach § 54 SGB IX,

5. der Einbeziehung von Diensten und Einrichtungen bei der Leistungserbringung,

6. erreichbaren und überprüfbaren Teilhabezielen und deren Fortschreibung,

7. der Berücksichtigung des Wunsch- und Wahlrechts nach § 8 SGB IX, insbesondere im Hinblick auf die Ausführung von Leistungen durch ein Persönliches Budget,

8. der Dokumentation der einvernehmlichen, umfassenden und trägerübergreifenden Feststellung des Rehabilitationsbedarfs in den Fällen nach § 15 Absatz 3 Satz 1 SGB IX,

9. den Ergebnissen der Teilhabeplankonferenz nach § 20 SGB IX,

10. den Erkenntnissen aus den Mitteilungen der nach § 22 SGB IX einbezogenen anderen öffentlichen Stellen,

11. den besonderen Belangen pflegender Angehöriger bei der Erbringung von Leistungen der medizinischen Rehabilitation,

12. den Anforderungen aus der beruflichen Tätigkeit,

13. Ziel, Art, Umfang und inhaltliche Ausgestaltung der vorgesehenen Leistungen

14. voraussichtlichem Beginn und Dauer der vorgesehenen Leistungen sowie dem Ort ihrer Durchführung,

15. Sicherstellung der organisatorischen und zeitlichen (Zeitplanung) Abläufe mit Verweis auf Konkretisierung im Leistungsbescheid, insbesondere bei verzahnten und sich überschneidenden Leistungen zur Teilhabe.

[2]Bei der Darstellung der Instrumente nach Nr. 3 geht es insbesondere darum, das Vorgehen bei der Bedarfsermittlung übersichtsmäßig darzustellen, um zu ermöglichen, dass im weiteren Verfahren darauf Bezug genommen werden kann. [3] Wird während einer Bedarfsermittlung ein Bedarf für nicht vom Antrag umfasste Leistungen erkannt und ein weiterer Antrag gestellt (vgl. § 25), wird im Teilhabeplan vermerkt, dass dieser zwei unterschiedliche Verwaltungsverfahren verbindet, für die separate Verfahrensfristen gelten.

(4) [1]Sollte es über die Inhalte des Teilhabeplans kein Einvernehmen zwischen Rehabilitationsträgern und Leistungsberechtigten geben, ist dies im Teil-

---

[1]) Nr. 1.

habeplan zu dokumentieren. [2] Dies betrifft insbesondere das Wunsch- und Wahlrecht. [3] Die Dokumentation stellt keinen Verwaltungsakt dar, der Leistungsbescheid ist dessen ungeachtet zu erteilen.

(5) [1] Der Teilhabeplan ist nach trägerübergreifend einheitlichen Vorgaben gemäß den vorangehenden Regelungen zu erstellen. [2] Ggf. sollte für die Erstellung des Teilhabeplans ein Vordruck genutzt werden (vgl. Anlage 6).

§ 56 Besondere Anforderungen an die Inhalte des Teilhabeplans.
(1) [1] Der Teilhabeplan ist

a. bei erforderlichen Leistungen zur Eingliederung in Arbeit mit der Eingliederungsvereinbarung nach § 37 SGB III, § 15 SGB II,

b. bei erforderlichen Leistungen der Eingliederungshilfe für behinderte Menschen nach Teil 2 des SGB IX[1)] mit dem Gesamtplan nach § 121 SGB IX unter Berücksichtigung der §§ 21 S. 1 und 117–121 SGB IX,

c. bei erforderlicher Eingliederungshilfe für seelisch behinderte Kinder und Jugendliche (§ 35a SGB VIII[2)]) mit dem Hilfeplan nach § 36 SGB VIII[2)] unter Berücksichtigung des § 21 S. 2 SGB IX

in Einklang zu bringen. [2] Soweit der Teilhabeplan mit den in Satz 1 genannten Planungs- bzw. Steuerungsinstrumenten abgestimmt wurde, ist dies einschließlich der dafür verantwortlichen Stelle im Teilhabeplan zu dokumentieren.

(2) Die beteiligten Leistungsträger und das beteiligte Integrationsamt treffen, erforderlichenfalls unter Beteiligung der in § 26 Abs. 6 SGB IX genannten Organisationen, nähere Verfahrensabsprachen zur Abstimmung der verschiedenen Planungsinstrumente mit dem Ziel einer abgestimmten, koordinierten und einheitlichen Planung des Rehabilitationsprozesses im Rahmen des Teilhabeplans.

(3) Sofern Leistungen zur Teilhabe in Form eines Persönlichen Budgets erbracht werden, werden die wesentlichen Inhalte der Zielvereinbarung nach § 29 SGB IX im Teilhabeplan berücksichtigt.

§ 57 Rechtscharakter des Teilhabeplans. [1] Durch die Erstellung des Teilhabeplans wird die Entscheidung über den Antrag auf Leistungen zur Teilhabe vorbereitet. [2] Er dient als fachliche Grundlage für die Steuerung des Rehabilitationsprozesses. [3] Die Rehabilitationsträger legen den Teilhabeplan ihren Entscheidungen über Anträge auf Leistungen zur Teilhabe zu Grunde. [4] Die Begründung der jeweiligen Entscheidung muss erkennen lassen, dass und wie die im Teilhabeplan enthaltenen Feststellungen berücksichtigt wurden. [5] Der Teilhabeplan selbst ist kein Verwaltungsakt. [6] Eine fehlende Erstellung des Teilhabeplans begründet keine Nichtigkeit eines Verwaltungsaktes.

Abschnitt 4. Teilhabeplankonferenz

§ 58 Teilhabeplankonferenz. (1) [1] Besonderer Bestandteil der Teilhabeplanung kann eine Teilhabeplankonferenz sein. [2] Die Teilhabeplankonferenz hat das Ziel, die für die Erreichung der Ziele des § 48 und für die Erstellung des Teilhabeplans notwendigen Beratungen und Abstimmungen mit dem Leistungsberechtigten, der beteiligten Rehabilitationsträger untereinander sowie

---
[1)] Nr. **1**.
[2)] Nr. **8**.

gegebenenfalls mit weiteren beteiligten Stellen und Akteuren, z.B. den Leistungserbringern, zu bündeln bzw. erst zu ermöglichen. [3] Die Durchführung einer Teilhabeplankonferenz unterstützt damit die Zusammenarbeit der Rehabilitationsträger und stärkt die Möglichkeit der Partizipation der Leistungsberechtigten.

(2) Bei Durchführung einer Teilhabeplankonferenz beträgt die Frist für die Entscheidung über die von einem Antrag umfassten Leistungen zwei Monate statt – wie in den anderen Fällen der Teilhabeplanung – sechs Wochen. (vgl. § 69 Abs. 5).

(3) [1] Eine Teilhabeplankonferenz kann nur mit Zustimmung des Leistungsberechtigten durchgeführt werden. [2] Die Entscheidung über die Durchführung einer Teilhabeplankonferenz trifft der für die Teilhabeplanung verantwortliche Rehabilitationsträger. [3] Sie soll durchgeführt werden, wenn dies zur Erreichung der Zwecke nach Abs. 1 erforderlich und zweckmäßig ist. [4] Dies kann insbesondere der Fall sein,

– bei Vielzahl von Leistungen aus verschiedenen Leistungsgruppen, großem Umfang oder langer Laufzeit der erforderlichen Leistungen, oder
– wenn die Feststellung des Bedarfs besondere Herausforderungen birgt, zum Beispiel weil widersprüchliche oder unvollständige Informationen vorliegen.

(4) [1] Die Durchführung einer Teilhabeplankonferenz kann vom Leistungsberechtigten, von den beteiligten Rehabilitationsträgern, sowie den Jobcentern vorgeschlagen werden. [2] Angeregt werden kann eine Teilhabeplankonferenz mit Zustimmung der Leistungsberechtigten auch durch die Leistungserbringer, die Integrationsämter und den zuständigen Betreuer bzw. die Betreuungsbehörde.

(5) [1] Vom Vorschlag für eine Teilhabeplankonferenz nach Abs. 4 Satz 1 kann nur in den gesetzlich in § 20 Abs. 1 Satz 3 Nr. 1 bis 3 SGB IX[1] vorgesehenen Fällen abgewichen werden. [2] Wird vom Vorschlag eines Leistungsberechtigten abgewichen, ist dieser über die maßgeblichen Gründe dafür zu informieren und anzuhören; die Gründe für eine Abweichung sind zu dokumentieren. [3] Die Leistungsberechtigten dürfen bei der Leistungserbringung keine Nachteile erleiden, wenn von der Durchführung einer Teilhabeplankonferenz abgesehen wird. [4] Abweichend von Satz 1 kann vom Vorschlag eines Leistungsberechtigten in den Fällen des § 20 Abs. 2 Satz 2 SGB IX (Leistungen an Mütter und Väter mit Behinderungen bei der Betreuung und Versorgung ihrer Kinder) nicht abgewichen werden. [5] Diese Regelungen gelten nicht für die Anregung nach Abs. 4 Satz 2.

(6) Der Leistungsberechtigte ist vor der Durchführung der Teilhabeplankonferenz auf Angebote der ergänzenden unabhängigen Teilhabeberatung nach § 32 SGB IX hinzuweisen.

§ 59 Beteiligte der Teilhabeplankonferenz. (1) An der Teilhabeplankonferenz nehmen der Antragsteller und die beteiligten Rehabilitationsträger sowie die in Abs. 2 und 3 genannten Stellen unter den dort genannten Voraussetzungen teil.

(2) [1] Auf Wunsch der Leistungsberechtigten nehmen Bevollmächtigte und Beistände nach §§ 12 u. 13 SGB X sowie sonstige Vertrauenspersonen an der

---

[1] Nr. 1.

Teilhabeplankonferenz teil. [2] Auf Wunsch oder mit Zustimmung des Leistungsberechtigten können an der Teilhabeplankonferenz außerdem teilnehmen:

- Jobcenter
- Pflegeversicherung
- Rehabilitationsdienste und -einrichtungen
- Pflegedienste
- sonstige beteiligte Leistungserbringer
- nach § 22 SGB IX[1] einzubeziehende Stellen

(3) [1] Ein eigenes Vorschlagsrecht zur Teilnahme an einer Teilhabekonferenz
haben die Jobcenter. [2] Leistungserbringer können mit Zustimmung des Leistungsberechtigten ihre Teilnahme an einer Teilhabeplankonferenz insbesondere
bei folgenden Fallkonstellationen vorschlagen:

- Konstellation 1: Ein Interessent stellt einen Antrag auf Leistungen zur Teilhabe
  am Arbeitsleben und möchte bei einem bestimmten Leistungserbringer seine
  Rehabilitationsleistung absolvieren.
- Konstellation 2: Aus laufenden Verfahren/Maßnahmen ergibt sich bei einem
  Leistungserbringer weiterer/neuer Bedarf. (ggf. hat der Leistungserbringer
  hier Bedarf gesehen)
- Konstellation 3: Die Beauftragung eines bestimmten Leistungserbringers wird
  schon frühzeitig erwogen.
- Konstellation 4: Die Durchführbarkeit einer bestimmten Planung ist abzuklä-
  ren

**§ 60 Vorbereitung und Durchführung der Teilhabeplankonferenz,
Fristen.** (1) [1] Die Organisation der Teilhabeplankonferenz übernimmt der für
die Teilhabeplanung verantwortliche Rehabilitationsträger. [2] Sobald feststeht,
dass eine Teilhabeplankonferenz durchgeführt werden soll, teilt er dies den nach
§ 15 SGB IX[1] beteiligten Rehabilitationsträgern sowie den sonstigen nach
§ 53 zu beteiligenden Stellen und dem Leistungsberechtigten unverzüglich mit.
[3] Für den Leistungsberechtigten ist das Verfahren der Teilhabeplankonferenz
kostenfrei. [4] Dessen notwendige Kosten trägt der für die Teilhabeplanung verantwortliche Rehabilitationsträger unter den Voraussetzungen des § 65a SGB I.

(2) Ist bereits zum Zeitpunkt der Beteiligung anderer Träger nach § 15 SGB
IX absehbar, dass eine Teilhabeplankonferenz durchgeführt werden soll, teilt
der leistende Rehabilitationsträger dies den beteiligten Rehabilitationsträgern
im Zuge der Beteiligung mit und setzt ihnen eine angemessene Frist für eine
Mitteilung der Bedarfsfeststellungen.

(3) [1] Damit eine Teilhabeplankonferenz, die möglicherweise aus mehreren
Komponenten bestehen kann, mit Blick auf die Fristen des § 15 Abs. 4 SGB IX
schnell und zügig durchgeführt werden kann, sind dafür geeignete Kommunikationsmittel zu nutzen. [2] Diese können z.B. sein:

- eine Zusammenkunft aller beteiligten Personen,
- eine Telefonkonferenz,
- eine Web- oder Video-Konferenz.

---

[1] Nr. 1.

(4) Ist ein Träger der Eingliederungshilfe der für die Teilhabeplanung verantwortliche Träger, verbindet er die Teilhabeplankonferenz mit der Gesamtplankonferenz.

(5) Die vor einer Teilhabeplankonferenz einzuholende Einwilligung (§ 66) muss auch die praktische Funktion haben, die aktive Bereitschaft zur Mitwirkung am Gespräch sicherzustellen.

Abschnitt 5. Umsetzung und Anpassung des Teilhabeplans

§ 61 Umsetzung des Teilhabeplans. (1) Der für die Teilhabeplanung verantwortliche Rehabilitationsträger stellt den Teilhabeplan allen bei der Erstellung des Teilhabeplanes beteiligten Rehabilitationsträgern sowie Jobcentern, Leistungserbringern, dem Leistungsberechtigten sowie ggf. weiteren nach § 22 SGB IX[1] beteiligten Akteuren – unter Beachtung des Datenschutzes (insbesondere des Einwilligungserfordernisses nach § 66) – zur Verfügung.

(2) Der für die Teilhabeplanung verantwortliche Rehabilitationsträger beobachtet im Rahmen seiner gesetzlichen Pflicht zur Sicherung des Verfahrens insbesondere die Umsetzung der im Teilhabeplan vorgesehenen Leistungen und wirkt darauf hin, dass die Leistungen koordiniert und verzahnt entsprechend den Festlegungen im Teilhabeplan erbracht werden.

(3) Der Teilhabeplan und auf dieser Grundlage die Leistungen werden durch den jeweils verantwortlichen Rehabilitationsträger während und entsprechend dem Verlauf der Leistungen zur Teilhabe sowie veränderten Umständen überprüft.

§ 62 Anpassung des Teilhabeplans. (1) Anpassung ist der Oberbegriff für eine Änderung und Fortschreibung des Teilhabeplans.

(2) [1] Der Teilhabeplan selbst beinhaltet eine Zeitplanung. [2] Der Planungszeitraum eines Teilhabeplans bestimmt sich nach den Umständen des Einzelfalls. [3] Er endet frühestens am letzten Tag der letzten Leistung, die im Teilhabeplan vorgesehen ist und über die ein entsprechender Leistungsbescheid erteilt wurde.

(3) [1] Eine Änderung des Teilhabeplans ist jede Anpassung innerhalb des ursprünglichen Planungszeitraums. [2] Eine Fortschreibung ist jede Anpassung des Teilhabeplans außerhalb des ursprünglichen Planungszeitraums.

§ 63 Anlässe für eine Anpassung. [1] Anlässe für eine Anpassung des Teilhabeplans können sich insbesondere im Zuge der Umsetzung nach § 61 Abs. 3 ergeben. [2] Ein Teilhabeplan ist anzupassen, wenn dies zur Erreichung der Ziele der Teilhabeplanung erforderlich ist, insbesondere in folgenden Fällen:

- Stellung eines Antrags auf im Teilhabeplan noch nicht konkret berücksichtigte Leistungen zur Teilhabe (weiterer Antrag), wenn ein zeitlicher oder inhaltlicher Bezug besteht,
- Eintritt einer bereits ausdrücklich im Teilhabeplan festgelegten Bedingung für eine Anpassung,
- wenn sich im Verlauf der Rehabilitation veränderte bzw. neue Teilhabeziele und andere Leistungsarten und/oder -formen ergeben,

---

[1] Nr. **1**.

- wenn sich die persönlichen Lebensumstände des Leistungsberechtigten geändert haben,
- wenn neue, für die Rehabilitation und Teilhabe wesentliche, Vorgaben und Entwicklungen eingetreten sind,
- Änderung der Zeitplanung.

§ 64 Verantwortlichkeit und Verfahren bei der Anpassung. (1) Die Anpassung des Teilhabeplans erfolgt in Abstimmung mit dem Leistungsberechtigten und den beteiligten Rehabilitationsträgern sowie unter Beteiligung des Leistungserbringers bzw. der Leistungserbringer (z.B. des Rehabilitationsteams der Einrichtung) durch den für die Teilhabeplanung verantwortlichen Rehabilitationsträger.

(2) Für die Anpassung gelten die § 53 – § 61 sowie die Fristenregelung des § 15 Abs. 4 SGB IX[1] entsprechend.

(3) [1] Sind Leistungen zur Teilhabe der Eingliederungshilfe Bestandteil der Teilhabeplanung und stehen sie in zeitlichem oder inhaltlichem Zusammenhang, kann der Gesamtplan insoweit nur im Benehmen mit dem für die Teilhabeplanung verantwortlichen Rehabilitationsträger geändert werden. [2] Sofern sich bei den weiteren in § 56 Abs. 1 genannten Planungsinstrumenten nach Erstellung bzw. Anpassung eines Teilhabeplans Änderungen ergeben, sind die jeweiligen Träger verpflichtet, relevante Änderungen dem für die Teilhabeplanung verantwortlichen Träger mitzuteilen.

Abschnitt 6. Ende der Teilhabeplanung, Datenschutz

§ 65 Ende der Teilhabeplanung. Die Teilhabeplanung endet insbesondere

- wenn die Ziele nach § 48 erreicht sind und damit eine möglichst vollständige und dauerhafte, wirksame und gleichberechtigte Teilhabe des Leistungsberechtigten erreicht wurde oder
- spätestens nach Durchführung der in Kapitel 7 beschriebenen Aktivitäten zum bzw. nach Ende der letzten Leistung, die im Teilhabeplan vorgesehen ist, sofern sich aus diesen Aktivitäten nicht ergibt, dass weitere Leistungen zur Teilhabe zur Sicherung der Teilhabeziele des Leistungsberechtigten erforderlich sind.

§ 66 Datenschutz. (1) [1] Verantwortliche Stelle i.S.d. §§ 67 SGB X und 35 SGB I[2] ist der nach § 52 für die Durchführung der Teilhabeplanung bzw. für die Anpassung des Teilhabeplans verantwortliche Träger. [2] Im Rahmen der Teilhabeplankonferenz ist zudem § 23 Abs. 2 SGB IX[1] zu beachten. [3] Danach hat der für die Teilhabeplanung verantwortliche Rehabilitationsträger vor Durchführung einer Teilhabeplankonferenz eine Einwilligung des Leistungsberechtigten nach § 67b Abs. 2 SGB X einzuholen.
[4] Die informierte Einwilligung in die Durchführung der Teilhabeplankonferenz soll den Leistungsberechtigten dabei helfen, die Gesprächssituation und die an ihr beteiligten Akteure im Vorfeld einschätzen zu können. [5] Aufgrund der Besonderheit einer offenen Gesprächssituation über die Lebenssituation des betroffenen Menschen, die der Betrachtung der gesamten personenbezogenen

---

[1] Nr. **1**.
[2] Auszugsweise abgedruckt unter Nr. **3**.

Faktoren und der Umweltfaktoren dient, werden in einem erweiterten Teil-
nehmerkreis auch Informationen über die jeweilige Lebenslage, den Gesundheitszustand und die Wünsche des einzelnen Menschen erörtert, die über die
Zuständigkeit einzelner Rehabilitationsträger hinausgehen.

(2) ¹Bevor der Leistungsberechtigte eine Einwilligungserklärung abgibt,
werden ihm die Gründe für die Einholung der Erklärung erläutert. ²Der
Leistungsberechtigte muss in die Erhebung, Verarbeitung und Nutzung seiner
Sozialdaten einwilligen, wenn der verantwortliche Rehabilitationsträger die
explizite Verwendung der Daten nicht abschließend bewerten kann. ³Auch
nach der Teilhabeplankonferenz dürfen nur dann Sozialdaten erhoben werden,
wenn diese für die Erstellung des Teilhabeplans erforderlich sind.

Kapitel 5. Leistungsentscheidung
Abschnitt 1. Entscheidung, Fristen
§ 67 Entscheidung über die vom Antrag umfassten Leistungen.

(1) ¹Die Entscheidung über die vom Antrag umfassten Leistungen (Leistungsentscheidung) trifft nach den §§ 14 f. ²SGB IX der leistende Rehabilitationsträger, wenn er für die Leistungen insgesamt zuständig ist. ³Die Entscheidung wird auf Grundlage des nach den § 26 – § 31 ermittelten und festgestellten Rehabilitationsbedarfs getroffen, und ist entsprechend vor dem Hintergrund des § 13 SGB IX¹) nachvollziehbar zu begründen.

(2) In den Fällen des Antragsplittings nach § 29 (bzw. § 15 Abs. 1 SGB IX)
entscheidet der Splitting-Adressat über den gesplitteten Antragsteil.

(3) Bezieht der leistende Rehabilitationsträger andere Rehabilitationsträger
nach § 31 (bzw. § 15 Abs. 2 SGB IX) ein, entscheiden diese unter den Voraussetzungen des § 15 Abs. 3 SGB IX über die jeweiligen Leistungen im eigenen
Namen nach den für sie jeweils geltenden Leistungsgesetzen.

(4) ¹Liegen in den Fällen des Abs. 3 die Voraussetzungen des § 15 Abs. 3
SGB IX nicht vor, entscheidet der leistende Rehabilitationsträger auf Grundlage des festgestellten Bedarfs im eigenen Namen.
²Ob er dabei an Bedarfsfeststellungen der beteiligten Rehabilitationsträger
gebunden ist, bestimmt sich nach den Vorschriften des § 15 Abs. 2 S. 2 SGB
IX. ³Danach binden die Feststellungen den leistenden Rehabilitationsträger,
wenn sie innerhalb von zwei Wochen nach Anforderung oder im Fall der
Begutachtung innerhalb von zwei Wochen nach Vorliegen des Gutachtens
beim leistenden Rehabilitationsträger eingegangen sind.

§ 68 Leistungsentscheidung bei Teilhabeplanung. (1) ¹Liegt ein Teilhabeplan vor, muss die Begründung einer Leistungsentscheidung erkennen lassen,
wie die im Teilhabeplan dokumentierten Feststellungen bei der Entscheidung
berücksichtigt wurden. ²In der Eingliederungshilfe kann die Leistungsentscheidung im Gesamtplan und in der Teilhabezielvereinbarung nachvollzogen werden.

(2) Werden nach § 25 über die Teilhabeplanung verschiedene Verwaltungsverfahren verbunden, entscheiden die für die Leistungsentscheidung jeweils
verantwortlichen Rehabilitationsträger (vgl. § 67) über die Leistungen auf Basis

---

¹⁾ Nr. 1.

des festgestellten Rehabilitationsbedarfs bis zum Ablauf der jeweiligen Entscheidungsfristen (vgl. § 69).

§ 69 Fristen zur Entscheidung über den Antrag. (1) [1]Gemäß § 14 Abs. 2 SGB IX[1]) ist über den Antrag binnen drei Wochen nach Antragseingang beim leistenden Rehabilitationsträger zu entscheiden. [2]Ist zur Bedarfsfeststellung ein Gutachten erforderlich, ist binnen zwei Wochen nach Vorliegen des Gutachtens zu entscheiden.

(2) Im Rahmen der „Turboklärung" nach § 24 entscheidet der Rehabilitationsträger, an den der Antrag erneut weitergeleitet wurde, innerhalb der bereits ab Antragseingang beim zweitangegangenen Träger laufenden Fristen.

(3) Beim „Antragsplitting" nach § 29 und § 30 entscheiden sowohl der leistende Rehabilitationsträger als auch der Rehabilitationsträger, an den der Antrag teilweise weitergeleitet wurde, binnen sechs Wochen nach Antragseingang beim leistenden Rehabilitationsträger.

(4) Bei der Beteiligung anderer Rehabilitationsträger nach § 31 (§ 15 Abs. 2 SGB IX) entscheiden die nach § 15 Abs. 3 SGB IX für die Entscheidung über den Antrag verantwortlichen Rehabilitationsträger binnen sechs Wochen nach Antragseingang beim leistenden Rehabilitationsträger.

(5) Soweit eine Teilhabeplankonferenz Teil eines eigenen durch einen Antrag ausgelösten Verwaltungsverfahrens ist, beträgt die Entscheidungsfrist für alle für die Entscheidung über den Antrag verantwortlichen Rehabilitationsträger einheitlich 2 Monate nach Antragseingang beim leistenden Rehabilitationsträger.

(6) Werden verschiedene Verwaltungsverfahren über eine Teilhabeplanung verbunden, gelten die in den Abs. 1 bis 5 genannten Fristen abhängig vom Antragseingang für die jeweiligen Verwaltungsverfahren gesondert.

§ 70 Verantwortlichkeiten nach Entscheidung über den Antrag. [1]Auch nachdem über die vom Antrag umfassten Leistungen entschieden und das Verwaltungsverfahren damit beendet wurde, gelten für den leistenden Rehabilitationsträger und die nach § 15 SGB IX[1]) beteiligten Träger Verfahrenspflichten. [2]Diese ergeben sich insbesondere aus den Kapiteln 2 bis 4 Teil 1 SGB IX und den entsprechenden Regelungen dieser Gemeinsamen Empfehlungen in Kapitel 1 (Bedarfserkennung), 4 (Teilhabeplanung), 6 (Durchführung von Leistungen zur Teilhabe) und 7 (Aktivitäten zum bzw. nach Ende von Leistungen zur Teilhabe).

Abschnitt 2. Selbstbeschaffte Leistungen

§ 71 Selbstbeschaffte Leistungen. [1]Die Träger treffen geeignete Maßnahmen, damit Überschreitungen der Frist nach § 18 SGB IX[1]) möglichst vermieden werden. [2]Insbesondere wechselseitige Information, bei Bedarf aktives Nachfragen sowie eine insgesamt optimierte Zusammenarbeit leistet einen Beitrag zur bedarfs- und fristgerechten Bewilligung von Leistungen zur Teilhabe. [3]Im Falle des Splittings ist der leistende Träger nach § 18 SGB IX auch für die gesplitteten Antragsteile verantwortlich (begründete Mitteilung, Kostenerstattung).

---

[1]) Nr. **1.**

Abschnitt 3. Kostenerstattung

§ 72 Erstattungsansprüche des erstangegangenen Trägers. (1) [1] Hat der erstangegangene Träger den Antrag auf Leistungen zur Teilhabe nicht innerhalb von zwei Wochen nach Eingang weitergeleitet, weil er nach vorangegangener Prüfung seine Zuständigkeit irrtümlich angenommen hat, und stellt sich im Nachhinein seine Unzuständigkeit heraus, hat er einen Erstattungsanspruch nach § 104 SGB X gegen den eigentlich zuständigen Träger. [2] Der Umfang des Erstattungsanspruchs nach Satz 1 richtet sich nach den für den zuständigen Träger geltenden Rechtsvorschriften.

(2) [1] Außerdem kann der erstangegangene Träger, wenn der Anspruch auf Rehabilitation durch Eintritt eines gesetzlichen Ausschlussgrundes nachträglich entfallen ist, einen Erstattungsanspruch nach § 103 SGB X gegen den zuständigen Träger geltend machen. [2] Der Umfang des Erstattungsanspruchs nach Satz 1 richtet sich nach den für den zuständigen Träger geltenden Rechtsvorschriften.

(3) [1] Die Erstattungsansprüche nach Absatz 1 und 2 bestehen unabhängig davon, ob sich die Nichtzuständigkeit des leistenden Rehabilitationsträgers oder der Ausschlussgrund vor oder nach Bewilligung der Leistung herausstellt. [2] Ein Erstattungsanspruch begründet sich nicht dadurch, dass sich eine ursprünglich durch den Rentenversicherungsträger festgestellte positive Rehabilitationsprognose während oder nach der Rehabilitation nicht bestätigt.

(4) [1] Hat der erstangegangene Träger von der Weiterleitung eines Antrags abgesehen, weil zum Zeitpunkt der Prüfung nach § 14 Abs. 1 Satz 3 SGB IX[1] Anhaltspunkte für die eigene Zuständigkeit aufgrund der Ursache der Behinderung bestanden haben und stellt sich nachher die eigene Unzuständigkeit heraus, hat er einen Erstattungsanspruch gegen den eigentlich zuständigen Träger nach § 16 Abs. 4 Satz 2 SGB IX i.V.m. § 105 SGB X[2]. [2] Der Umfang des Erstattungsanspruchs nach Satz 1 richtet sich nach den für den zuständigen Rehabilitationsträger geltenden Rechtsvorschriften.

(5) [1] Wird der Antrag bereits bei dem Rehabilitationsträger gestellt, der die Leistung ohne Rücksicht auf die Ursache der Behinderung erbringt, ist eine Weiterleitung nach dem Sinn und Zweck des § 14 Abs. 1 Satz 3 SGB IX nicht notwendig. [2] Stellt sich die nachträgliche Zuständigkeit eines Rehabilitationsträgers heraus, der die Leistung aufgrund der Ursache der Behinderung zu erbringen hat (z.B. Träger der Unfallversicherung), erfolgt eine Erstattung gemäß § 16 Abs. 1 SGB IX analog. [3] Der Umfang des Erstattungsanspruchs richtet sich nach den für den erstattungsberechtigten Leistungsträger geltenden Rechtsvorschriften. [4] Ein Anspruch auf Verwaltungskostenpauschale nach § 16 Abs. 3 SGB IX besteht nicht.

(6) Hat der erstangegangene Rehabilitationsträger in Kenntnis seiner Unzuständigkeit den Antrag innerhalb von zwei Wochen nicht weitergeleitet und geleistet, hat er nach § 16 Abs. 4 Satz 1 Nr. 1 SGB IX keinen Erstattungsanspruch.

§ 73 Erstattungsanspruch des zweitangegangenen Trägers. (1) [1] Hat ein zweitangegangener leistender Träger Leistungen erbracht, für die ein anderer Träger insgesamt zuständig ist, hat er einen Erstattungsanspruch gegen den

---

[1] Nr. 1.
[2] Nr. 9.

eigentlich zuständigen Träger nach § 16 Abs. 1 SGB IX[1]. [2]Der Umfang des Erstattungsanspruchs nach Satz 1 richtet sich nach den für den leistenden Rehabilitationsträger geltenden Rechtsvorschriften.

(2) [1]Gleiches gilt, wenn ein im Wege der „Turboklärung" nach § 14 Abs. 3 SGB IX zum leistenden Rehabilitationsträger gewordener Träger Leistungen zur Teilhabe erbracht hat und sich herausstellt, dass ein anderer Rehabilitationsträger für die Leistung insgesamt zuständig gewesen wäre. [2]Der infolge der „Turboklärung" leistende Rehabilitationsträger nach § 14 Abs. 3 SGB IX gilt dann bei der Kostenerstattung als zweitangegangener Träger.

(3) Die Erstattungsansprüche nach Absatz 1 und 2 bestehen unabhängig davon, ob sich die Nichtzuständigkeit des leistenden Rehabilitationsträgers vor oder nach Bewilligung der Leistung herausstellt.

§ 74 Erstattungsansprüche des nach § 14 SGB IX[1] leistenden Trägers bei Beteiligung anderer Rehabilitationsträger nach § 15 SGB IX.

(1) [1]Hat der nach § 14 SGB IX leistende Rehabilitationsträger nach § 15 Abs. 3 SGB IX im eigenen Namen Leistungen eines anderen Trägers erbracht, weil die Voraussetzungen für getrennte Leistungsentscheidungen nicht vorlagen, hat er einen Erstattungsanspruch nach § 16 Abs. 2 Satz 1 SGB IX. [2]Der Umfang des Erstattungsanspruchs nach Satz 1 richtet sich nach den Rechtsvorschriften, die den nach § 15 Abs. 2 SGB IX vom leistenden Träger eingeholten Feststellungen zu Grunde lagen.

(2) [1]Hat ein beteiligter Träger die nach § 15 Abs. 2 SGB IX vom leistenden Träger angeforderten Feststellungen nicht oder nicht rechtzeitig beigebracht, erstattet der beteiligte Träger dem leistenden Träger dessen Aufwendungen nach § 16 Abs. 2 Satz 2 SGB IX. [2]Der Umfang des Erstattungsanspruchs nach Satz 1 richtet sich nach den Rechtsvorschriften, die der Bewilligung zu Grunde lagen.

(3) Hat der leistende Rehabilitationsträger eine Leistung erbracht, ohne den zuständigen Träger nach § 15 SGB IX zu beteiligen, hat er nach § 16 Abs. 4 Satz 1 Nr. 2 SGB IX keinen Erstattungsanspruch, es sei denn, die Beteiligung ist irrtümlich nicht erfolgt.

§ 75 Erstattungsanspruch des nach § 14 SGB IX[1] leistenden Trägers in Fällen selbst beschaffter Leistungen. (1) [1]Hat der leistende Rehabilitationsträger in den Fällen des § 18 SGB IX Aufwendungen für selbstbeschaffte Leistungen nach dem Leistungsgesetz eines nach § 15 SGB IX beteiligten Rehabilitationsträgers zu erstatten, kann er von dem beteiligten Rehabilitationsträger einen Ausgleich verlangen, soweit dieser durch die Erstattung nach § 18 Absatz 4 Satz 2 SGB IX von seiner Leistungspflicht befreit wurde. [2]Der Erstattungsanspruch besteht auch in den Fällen, in denen ein Splitting nicht unverzüglich iSd § 30 Abs. 2 erfolgt ist.

(2) Hat ein beteiligter Rehabilitationsträger den Eintritt der Erstattungspflicht für selbstbeschaffte Leistungen zu vertreten, umfasst der Ausgleich den gesamten Erstattungsbetrag abzüglich des Betrages, der sich aus der bei anderen Rehabilitationsträgern eingetretenen Leistungsbefreiung ergibt.

---

[1] Nr. 1.

§ 76 Anwendung der §§ 108 ff. SGB X. [1]Die Regelungen der §§ 108 ff. SGB X finden bzgl. der Geltendmachung von Erstattungsansprüchen Anwendung. [2]Abweichend von § 109 SGB X sind nach § 16 Abs. 3 SGB IX[1] Verwaltungskosten pauschal in Höhe von 5 Prozent der Leistungsaufwendungen zu erstatten.

§ 77 Ausschluss des Erstattungsanspruchs. Ein Erstattungsanspruch nach § 73 Abs. 1 und 2 sowie § 74 Abs. 1 und 2 dieser Gemeinsamen Empfehlung besteht nicht, wenn der unzuständige Rehabilitationsträger eine Leistung zu Unrecht erbracht und dabei vorsätzlich oder grob fahrlässig gehandelt hat.

§ 78 Verfahrensabsprachen. (1) [1]Verfahrensabsprachen zur Erstattung zwischen gesetzlichen Leistungsträgern bleiben von dieser Gemeinsamen Empfehlung unberührt. [2]Die daran Beteiligten machen diese Verfahrensabsprachen den übrigen Vereinbarungspartnern dieser Gemeinsamen Empfehlung zugänglich, soweit sie für andere Vereinbarungspartner von Bedeutung sind.

Kapitel 6. Durchführung von Leistungen zur Teilhabe

Ist der Teilhabebedarf festgestellt (Kapitel 3: Bedarfsermittlung und -feststellung) und gegebenenfalls ein Teilhabeplan erstellt (Kapitel 4) sowie ein Leistungsentscheid getroffen (Kapitel 5), erfolgt anschließend die Durchführung der erforderlichen Leistungen zur Teilhabe.

§ 79 Grundsätzliche Anforderungen an die Durchführung von Leistungen zur Teilhabe. (1) [1]Die Menschen mit Behinderung werden in die Durchführung der Leistungen zur Teilhabe aktiv einbezogen. [2]Die Rehabilitationsträger und Integrationsämter stellen sicher, dass die erforderlichen Leistungen zur Teilhabe zugeschnitten auf die individuelle Lebenssituation des Menschen mit Behinderung erbracht werden. [3]Dies erfolgt unter Berücksichtigung dessen berechtigter Wünsche (insbesondere § 8 SGB IX[1]) im Austausch mit diesen bzw. mit dessen Angehörigen bzw. gesetzlichen Vertretern zum frühestmöglichen Zeitpunkt.

(2) [1]Mit dem Ziel der Nahtlosigkeit werden die im Einzelfall erforderlichen Leistungen durch den oder die Rehabilitationsträger bzw. die Integrationsämter unverzüglich „wie aus einer Hand" erbracht, d.h. ohne schuldhaftes Zögern und aufeinander abgestimmt. [2]Organisatorische und verfahrensmäßige Prozesse werden durch die Rehabilitationsträger bzw. Integrationsämter daran ausgerichtet.

(3) Die Rehabilitationsträger und Integrationsämter erbringen ihre Leistungen so, dass die Menschen mit Behinderung die ihnen zustehenden Leistungen umfassend und zügig erhalten (§ 17 SGB I[2]) und entsprechend der Zielsetzung des § 4 Abs. 2 Satz 2 SGB IX Leistungen anderer Sozialleistungsträger möglichst nicht erforderlich werden.

(4) [1]Die Rehabilitationsträger und Integrationsämter erbringen die Leistungen nach Gegenstand, Umfang und Ausführung einheitlich, soweit sich aus den für den jeweiligen Rehabilitationsträger/das Integrationsamt geltenden Leistungsgesetzen nichts Abweichendes ergibt (§ 7 SGB IX). [2]Grundlage für eine

---

[1] Nr. 1.
[2] Nr. 3.

einheitliche, qualitätsgesicherte Leistungserbringung nach einheitlichen Grundsätzen bildet die Gemeinsame Empfehlung „Qualitätssicherung" nach § 37 Abs. 1 SGB IX.
[3] Darüber hinaus haben sich die Rehabilitationsträger und Integrationsämter zur Sicherung einer einheitlichen Leistungserbringung auf gemeinsame trägerübergreifende Rehabilitationskonzepte, Rahmenvereinbarungen/-empfehlungen (z.B. für die ambulante medizinische Rehabilitation bei bestimmten Indikationen) oder vergleichbare Regelungen verständigt. [4] Die Rehabilitationsträger und Integrationsämter entwickeln diese regelmäßig weiter und verständigen sich soweit möglich auf weitere Regelungen. [5] Soweit zur zügigen, nahtlosen und einheitlichen Leistungseinleitung und -erbringung erforderlich, streben die Rehabilitationsträger und Integrationsämter eine Vereinheitlichung der Formulare an.

(5) In den Fällen, in denen ein Teilhabeplan erstellt wurde, werden die Leistungen zur Teilhabe auf dieser Grundlage erbracht.

§ 80 Erkennung von weiterem Rehabilitationsbedarf. [1] Wird während der Durchführung einer Leistung zur Teilhabe Rehabilitationsbedarf erkannt, der nicht vom Antrag umfasst ist, wirkt der leistende Rehabilitationsträger auf eine weitere Antragstellung hin. [2] Im Weiteren gelten die Regelungen des § 25. [3] Dies gilt insbesondere für die Frage der Erstellung eines Teilhabeplans oder der Anpassung (Fortschreibung oder Änderung) eines bereits durch den leistenden Rehabilitationsträger erstellten Teilhabeplans. [4] Dabei gilt § 12 Abs. 7 entsprechend.

§ 81 Verzahnung von Leistungen zur medizinischen Rehabilitation mit Leistungen zur Teilhabe am Arbeitsleben. (1) [1] Durch die frühzeitige Berücksichtigung der konkreten beruflichen Situation der Menschen mit Behinderung bei Leistungen zur medizinischen Rehabilitation kann eine bedarfsorientierte Empfehlung für Leistungen zur Teilhabe am Arbeitsleben aus der medizinischen Rehabilitationseinrichtung heraus erreicht werden. [2] In diesem Verzahnungsbereich von Leistungen zur medizinischen Rehabilitation und Leistungen zur Teilhabe am Arbeitsleben kommt den Rehabilitationsberatungsdiensten der Rehabilitationsträger eine wichtige Rolle zu.

(2) [1] Erkennt der Rehabilitationsträger oder das zuständige Jobcenter während der Durchführung einer Teilhabeleistung, dass für eine erfolgreiche Wiedereingliederung in das Erwerbsleben voraussichtlich Leistungen zur Teilhabe am Arbeitsleben erforderlich sind, hat er den Menschen mit Behinderung im Rahmen seiner Verpflichtung zur umfassenden Auskunft und Beratung hierüber zu unterrichten. [2] Er wirkt unter Beachtung eines ggf. vorhandenen Teilhabeplans auf eine entsprechende Antragstellung bei dem seiner Auffassung nach zuständigen Rehabilitationsträger bzw. zuständigen Integrationsamt hin.
[3] Die Träger von Leistungen zur medizinischen Rehabilitation stellen sicher, dass arbeits- und berufsbezogene Fragestellungen bereits während der Leistungen zur medizinischen Rehabilitation berücksichtigt werden. [4] Dies hat mit dem Ziel zu erfolgen, dass die für Leistungen zur Teilhabe am Arbeitsleben zuständigen Rehabilitationsträger bzw. Integrationsämter Informationen bezüglich des Erfordernisses der Einleitung entsprechender Maßnahmen erhalten.

(3) Zu den frühestmöglich einzuleitenden arbeits- und berufsbezogenen Elementen im Rahmen der medizinischen Rehabilitation zählen insbesondere

- Beratung hinsichtlich beruflicher Fragestellungen,
- arbeitsbezogene Leistungsdiagnostik,
- Arbeitsplatzanalyse und -beratung,
- berufsspezifische Belastungserprobung und ggf. Arbeitstherapie,
- arbeits- bzw. arbeitsplatzbezogene Trainingstherapie,
- Kontaktaufnahme [1] mit dem beruflichen Umfeld (Arbeitgeber, Betriebsärzte, Integrationsfachdienst etc.), z.B. zur Vorbereitung der Einleitung und Unterstützung einer Arbeitsplatzanpassung oder betrieblichen Umsetzung.

(4) [1] Auf Basis der gewonnenen Informationen beginnt unter Einbindung des Menschen mit Behinderung unverzüglich die Prüfung der Erforderlichkeit von Leistungen zur Teilhabe am Arbeitsleben, ggf. wird ein Teilhabeplan erstellt bzw. angepasst und bei Bedarf eine Teilhabeplankonferenz durchgeführt. [2] Der Träger der Leistungen zur Teilhabe am Arbeitsleben leitet – soweit erforderlich – während der Leistung zur medizinischen Rehabilitation (§ 10 Abs. 2 SGB IX[2]) unter Einbindung des Menschen mit Behinderung unverzüglich eine Abklärung durch den jeweiligen (Reha-)Beratungsdienst ein. [3] Unterbrechungen im Rehabilitationsprozess sind zu vermeiden. [4] Deshalb sollte bei Bedarf durch den verantwortlichen Rehabilitationsträger bereits während der medizinischen Rehabilitation eine Kontaktaufnahme zu einem Leistungserbringer einer nachfolgenden Leistung zur Teilhabe am Arbeitsleben erfolgen.

(5) Ist eine berufliche Umorientierung erforderlich, hat der für Leistungen zur Teilhabe am Arbeitsleben zuständige Rehabilitationsträger unverzüglich eine geeignete Leistung anzubieten bzw. zu ermöglichen sowie auf einen kurzfristigen Beginn der Leistung hinzuwirken.

§ 82 Information und Kooperation der Rehabilitationsträger mit weiteren Akteuren. (1) [1] Eine zielgerichtete gegenseitige Information und Kooperation der relevanten Akteure während der Durchführung von Leistungen zur Teilhabe bilden einen wichtigen Grundbaustein für eine gelingende Leistung zur Teilhabe. [2] Daher binden die Rehabilitationsträger und im Bedarfsfall die Integrationsämter mit Einverständnis des Menschen mit Behinderung entsprechend § 26 Abs. 2 Nr. 8 SGB IX[2] die Haus-, Fach-, Betriebsärzte bei der Durchführung von Leistungen zur Teilhabe ein.
[3] Ist die gesetzliche Rentenversicherung, die gesetzliche Unfallversicherung oder die Bundesagentur für Arbeit Rehabilitationsträger, erfolgt diese Einbindung, wenn sich die Notwendigkeit der Einholung weiterer Informationen über konkrete Anforderungen des Arbeitsplatzes des Menschen mit Behinderung ergibt, oder bei Arbeitsbelastungen, die die Erwerbsfähigkeit gefährden.

(2) Durch geeignete Verfahren bzw. Vereinbarungen gewährleisten die Rehabilitationsträger, dass die Rehabilitationseinrichtungen im Bedarfsfall während der Leistungen zur medizinischen Rehabilitation Kontakt zum behandelnden Arzt und zum zuständigen Betriebsarzt sowie ggf. anderen Beteiligten aufnehmen, um die Teilhabe am Leben in der Gesellschaft zu sichern und zu fördern.

---

[1] **Amtl. Anm.:** Die Kontaktaufnahme hat unter Berücksichtigung der diesbezüglichen Belange des Datenschutzes (z.B. Einwilligung des Menschen mit Behinderung oder drohender Behinderung) zu erfolgen.
[2] Nr. 1.

(3) Wenn Hinweise auf die Notwendigkeit eines betrieblichen Teilhabemanagements (z.B. Betriebliches Eingliederungsmanagement, Leistungen zur Teilhabe am Arbeitsleben, Stufenweise Wiedereingliederung) bestehen, stellen die Rehabilitationsträger und Integrationsämter mit Einverständnis des Menschen mit Behinderung sicher, dass Betriebsärzte sowie die einzubeziehenden betriebliche Akteure frühzeitig über alle Leistungen zur medizinischen Rehabilitation und zur Teilhabe am Arbeitsleben sowohl im Planungsstadium als auch in der Umsetzungsphase informiert und einbezogen werden, um entsprechende Aktivitäten zu ermöglichen.

§ 83 Verknüpfung mit anschließenden Leistungen. [1]Soweit eine anschließende Leistung erforderlich ist, sichert der leistende Rehabilitationsträger in Abstimmung mit dem Leistungsberechtigten im Rahmen seiner Koordinierungsverantwortung den nahtlosen Übergang zwischen den Leistungen. [2]Ist für die anschließende Leistung ein anderer Rehabilitationsträger zuständig, sichert der leistende Rehabilitationsträger mit Zustimmung des Leistungsberechtigten insbesondere frühzeitig die Kontaktaufnahme mit dem für die nachfolgende Leistung zuständigen Rehabilitationsträger und übermittelt ihm die relevanten Unterlagen und Informationen.

Kapitel 7. Aktivitäten zum bzw. nach Ende einer Leistung zur Teilhabe

In der letzten Phase des Rehabilitationsprozesses prüfen die Rehabilitationsträger zum bzw. nach Ende einer Leistung zur Teilhabe weitere nachgehende Leistungen.

§ 84 Allgemeine Anforderungen. [1]Die Rehabilitationsträger prüfen zum oder nach Ende einer Teilhabeleistung die Erreichung der Teilhabeziele und inwieweit weitere nachgehende Leistungen, insbesondere Leistungen zur Teilhabe am Arbeitsleben, notwendig sind, um das Teilhabeziel zu erreichen oder zu sichern. [2]Die Bestimmungen des § 81 Abs. 2 Satz 1 und des § 12 Abs. 7 gelten hier entsprechend.

§ 85 Zusammenarbeit mit Leistungserbringern und weiteren Akteuren. (1) [1]Die Rehabilitationsträger wirken ferner darauf hin, dass die Entlassungsberichte sachgerechte Hinweise auf ggf. notwendige weitere Leistungen enthalten. [2]Durch Auswertung der Entlassungsberichte (soweit diese den Rehabilitationsträgern unter Berücksichtigung des Datenschutzes übermittelt werden) prüfen die Rehabilitationsträger empfohlene Leistungen und leiten ggf. deren Umsetzung ein bzw. wirken auf deren Umsetzung hin.

(2) [1]Die Rehabilitationsträger wirken insbesondere durch geeignete Mittel darauf hin, dass zum Ende einer Leistung zur medizinischen Rehabilitation die zur Unterstützung der Nachhaltigkeit des Rehabilitationserfolges erforderlichen nachgehenden Leistungen vom behandelnden Arzt bzw. dem Arzt der Rehabilitationseinrichtung empfohlen bzw. eingeleitet werden. [2]Hierzu zählt auch die Förderung der Motivation der Inanspruchnahme durch den Menschen mit Behinderung.

(3) Nach Beendigung einer Leistung zur medizinischen Rehabilitation werden der behandelnde Arzt und der Betriebsarzt sowie beteiligte Rehabilitationsträger mit Einverständnis des Menschen mit Behinderung über die Empfehlung oder bereits eingeleitete nachgehende Leistungen zur Unterstützung

der Nachhaltigkeit der Rehabilitationsleistung durch den Leistungserbringer informiert.

(4) Nach Beendigung einer Leistung zur Teilhabe am Arbeitsleben prüft der Rehabilitationsträger, inwieweit weitergehende Maßnahmen zur Unterstützung der Nachhaltigkeit, insbesondere zur Erlangung bzw. Sicherung eines Arbeits- oder Ausbildungsverhältnisses erforderlich sind, und bezieht hierbei Empfehlungen des Leistungserbringers sowie die Wünsche und die Lebenslagen des Menschen mit Behinderung ein.

(5) [1] Die Rehabilitationsträger wirken darauf hin, dass der Mensch mit Behinderung aktivierend zu Angeboten weiterer Akteure wie z.B. von Selbsthilfegruppen beraten und bei Bedarf an entsprechende Beratungsstellen vermittelt wird, wie z.B. Integrationsfachdienste, Selbsthilfekontaktstellen. [2] Bei der Planung von Leistungen zur Unterstützung der Nachhaltigkeit des Rehabilitationserfolges sind auf Wunsch bzw. mit Einverständnis des Menschen mit Behinderung seine Angehörigen und sein soziales Umfeld einzubinden.

§ 86 Zusammenwirken der Rehabilitationsträger. (1) [1] In den Fällen, in denen ein Teilhabeplan erstellt wurde, unterrichtet der für die Teilhabeplanung nach § 52 verantwortliche Rehabilitationsträger den nachfolgend zuständigen Rehabilitationsträger so rechtzeitig vor Beendigung seiner Leistungen zur Teilhabe über den bevorstehenden Wechsel der Leistungszuständigkeit, dass der nahtlose Übergang zu den weiteren erforderlichen Leistungen sichergestellt ist. [2] Hierzu übersendet dieser ihm mit Zustimmung des Menschen mit Behinderung die zur Fortführung des Teilhabeplanes maßgeblichen Unterlagen. [3] Ferner unterrichtet er die anderen beteiligten Rehabilitationsträger über den Fortgang des Verfahrens. [4] Der für die nachfolgende Leistung zuständige Rehabilitationsträger soll dem für die Teilhabeplanung verantwortlichen Rehabilitationsträger anbieten, die Verantwortung für die Teilhabeplanung entsprechend § 52 zu übernehmen.

(2) [1] Wird zum bzw. nach Ende einer Leistung zur Teilhabe weiterer, d.h. nicht vom Antrag umfasster Rehabilitationsbedarf erkannt und ein weiterer Antrag gestellt, fügt der leistende Rehabilitationsträger diesem weiteren Antrag mit Zustimmung des Leistungsberechtigten relevante Informationen und Unterlagen aus dem bisherigen Verfahren (z.B. einen ggf. vorhandenen Teilhabeplan) bei. [2] Der für den weiteren Antrag leistende Rehabilitationsträger führt unter den Voraussetzungen des § 51 eine Teilhabeplanung nach Maßgabe des Kapitels 4 durch. [3] Die Regelung des § 25 gilt nicht zum bzw. nach Ende einer Rehabilitationsleistung. [4] Liegt ein Teilhabeplan vor, ist dieser anzupassen und die Verantwortung für die Teilhabeplanung im Sinne von § 52 geht auf den für den weiteren Antrag leistenden Rehabilitationsträger über.

§ 87 Ergänzende trägerspezifische Besonderheiten. (1) [1] Ist für die gesetzliche Krankenkasse nach Beendigung der Leistung zur medizinischen Rehabilitation erkennbar, dass weitere Leistungen zur Sicherung des Arbeitsplatzes erforderlich werden, ohne dass es sich dabei um Leistungen zur Teilhabe am Arbeitsleben handelt, informiert die Krankenkasse hierüber den Betriebsarzt, wenn der Versicherte zugestimmt hat und wenn dieses nicht bereits durch einen anderen Akteur erfolgt ist. [2] Der Betriebsarzt bereitet unter Beteiligung des behandelnden Arztes und der zuständigen Krankenkasse/dem Rehabilitationsträger das betriebliche Teilhabemanagement unter Berücksichtigung der Leistungsfähigkeit des Menschen mit Behinderung vor.

(2) Die Unfallversicherungsträger legen besonderen Wert darauf, mit Einverständnis des Menschen mit Behinderung oder dessen gesetzlichen Vertreters, Schulen und Arbeitgeber sowie Betriebsärzte über das Leistungsvermögen des Menschen mit Behinderung zu informieren, um eine dauerhafte Eingliederung in den Bildungs- und Arbeitsprozess zu erreichen und später auftretende Sekundärfolgen zu vermeiden.

§ 88 Berichterstattung. Die Rehabilitationsträger berichten im Rahmen des 2-Jahresberichts entsprechend § 26 Abs. 8 SGB IX[1)] und unter Berücksichtigung der Festlegungen im Ausschuss Gemeinsame Empfehlungen zu ihren Erfahrungen mit dieser Gemeinsamen Empfehlung; jedoch frühestens sechs Monate nach deren Inkrafttreten.

§ 89 Inkrafttreten, Außerkrafttreten. (1) [1]Diese Gemeinsame Empfehlung tritt am 01.12.2018 in Kraft. [2]Sie ersetzt die

- Gemeinsame Empfehlung zur Erkennung und Feststellung des Teilhabebedarfs, zur Teilhabeplanung und zu Anforderungen an die Durchführung von Leistungen zur Teilhabe („Reha-Prozess") gemäß §§ 12 Abs. 1 Nr. 1 bis 3, 13 Abs. 2 Nr. 2, 3, 5, 8 und 9 SGB IX[1)] vom 1. August 2014 sowie die
- Gemeinsame Empfehlung über die Ausgestaltung des in § 14 SGB IX bestimmten Verfahrens („Zuständigkeitsklärung") vom 28. September 2010.

(2) [1]Die Vereinbarungspartner und die anderen Rehabilitationsträger werden auf der Ebene der Bundesarbeitsgemeinschaft für Rehabilitation in angemessenen Zeitabständen unter Einbeziehung der Verbände von Menschen mit Behinderungen einschließlich der Verbände der freien Wohlfahrtspflege, der Selbsthilfegruppen und der Interessenvertretungen von Frauen mit Behinderungen sowie der für die Wahrnehmung der Interessen der ambulanten und stationären Rehabilitationseinrichtungen auf Bundesebene maßgeblichen Spitzenverbände prüfen, ob diese Empfehlung aufgrund zwischenzeitlich gewonnener Erfahrungen und eingetretener Entwicklungen verbessert oder wesentlich veränderten Verhältnissen angepasst werden muss. [2]Für diesen Fall erklären die Vereinbarungspartner ihre Bereitschaft, unverzüglich an der Überarbeitung einer entsprechend zu ändernden Gemeinsamen Empfehlung mitzuwirken.
[3]Anpassungs- bzw. Konkretisierungsbedarfe werden zunächst insbesondere betreffend nachstehende Regelungsfelder geprüft:

- selbstbeschaffte Leistungen nach § 18 SGB IX (vgl. § 71)
- Kostenerstattung nach § 16 SGB IX (vgl. § 72 – § 78)
- Aufstellung der Ansprechstellen nach § 12 Abs. 1 S. 3 und 4 SGB IX
- Datenschutz im Reha-Prozess
- trägerübergreifende Mindeststandards für die Dokumentation bei der Bedarfsermittlung im Bereich der Leistungen zur Teilhabe am Arbeitsleben
- Verhältnis zwischen Teilhabeplanung und Gesamtplanung; insoweit wird auf die Orientierungshilfe der BAGüS zur Gesamtplanung[2)] hingewiesen.

[1)] Nr. **1.**
[2)] **Amtl. Anm.:** Verfügbar unter: www.lwl.org/spur-download/bag/02_2018an.pdf

- Leistungsabgrenzungen zwischen Trägern der Eingliederungshilfe und anderen Rehabilitationsträgern insbesondere im Hinblick auf
  - Leistungen zur sozialen Teilhabe
  - Vorrang/Nachrang-Verhältnis
- Bedarfserkennung im Bereich der Eingliederungshilfe.

Anlagen 1–7
(hier nicht wiedergegeben)

21c. Gemeinsame Empfehlung
Beteiligung der Bundesagentur für Arbeit nach § 54 SGB IX gemäß § 26 Abs. 2 Nr. 4 SGB IX[1)]

Vom 1. Januar 2020

Präambel

Die Rehabilitationsträger nach § 6 Abs. 1 Nr. 1-5 SGB IX[2)] vereinbaren gemäß § 26 Abs. 2 Nr. 4 SGB IX eine Gemeinsame Empfehlung darüber, in welcher Weise die Bundesagentur für Arbeit von den übrigen Rehabilitationsträgern nach § 54 SGB IX zu beteiligen ist.

Zu diesem Zweck vereinbaren

- die Bundesagentur für Arbeit,
- die Träger der gesetzlichen Rentenversicherung,
- die Träger der gesetzlichen Unfallversicherung,
- die Sozialversicherung für Landwirtschaft, Forsten und Gartenbau (landwirtschaftliche Berufsgenossenschaft),
- die gesetzlichen Krankenkassen sowie
- die Träger der Kriegsopferversorgung und -fürsorge im Rahmen des Rechts der sozialen Entschädigung bei Gesundheitsschäden

die nachfolgende Gemeinsame Empfehlung „Beteiligung der Bundesagentur für Arbeit" nach § 54 SGB IX. Ziel ist insbesondere die qualitative Verbesserung der beruflichen Eingliederung und Teilhabe von leistungsberechtigten Menschen unter Berücksichtigung arbeitsmarktlicher Rahmenbedingungen. Die Bundesagentur für Arbeit kann insoweit im laufenden Reha-Prozess zu Fragen der Teilhabe am Arbeitsleben gutachterlich eingebunden werden. Die Beteiligung der Rehabilitanden insbesondere unter Beachtung des Wunsch- und Wahlrechts wird durch den leistenden Rehabilitationsträger gewährleistet.

Die Träger der Eingliederungshilfe und der öffentlichen Jugendhilfe orientieren sich bei der Wahrnehmung ihrer Aufgaben an dieser Gemeinsamen Empfehlung oder können ihr beitreten (vgl. § 26 Abs. 5 Satz 2 SGB IX).

§ 1 Anwendungsbereich. (1) [1]Die Notwendigkeit einer Beteiligung der Bundesagentur für Arbeit nach § 54 SGB IX[2)] kann sich ergeben, wenn ein anderer Träger für Leistungen zur Teilhabe zuständig ist. [2]Diese Beteiligung erfolgt insbesondere mit dem Ziel, die arbeitsmarktliche Expertise der Bundesagentur für Arbeit im Rahmen der gutachterlichen Stellungnahme zu Notwendigkeit, Art und Umfang von Leistungen zur Teilhabe am Arbeitsleben zu nutzen.

(2) Die Verpflichtung der Bundesagentur für Arbeit zur gutachterlichen Stellungnahme besteht gemäß § 54 Satz 2 SGB IX auch dann, wenn sich die

---

[1)] Empfehlungen und Vereinbarungen: Hrsg.: Bundesarbeitsgemeinschaft für Rehabilitation (BAR) e.V., Solmsstraße 18, 60486 Frankfurt a.M., Tel. (069) 60 50 18-0, Telefax (069) 60 50 18-29, E-mail: info@bar-frankfurt.de, Internet: http://www.bar-frankfurt.de.
[2)] Nr. 1.

Leistungsberechtigten in einem Krankenhaus oder einer Einrichtung der medizinischen oder der medizinisch-beruflichen Rehabilitation aufhalten.

§ 2 Verfahren der Einschaltung der Bundesagentur für Arbeit.

(1) [1] Der Rehabilitationsträger bittet die Bundesagentur für Arbeit mit einer konkreten Fragestellung um eine gutachterliche Stellungnahme. [2] Um ein koordiniertes Vorgehen der Anforderung in Fällen des § 15 SGB IX[1) sicherzustellen, setzen sich die beteiligten Rehabilitationsträger unverzüglich miteinander ins Benehmen.

(2) [1] Die Anforderung einer gutachterlichen Stellungnahme ist an das Team „Berufliche Rehabilitation und Teilhabe" der jeweiligen Agentur für Arbeit zu richten. [2] Der Anforderung (§ 54 SGB IX) sind die für die Stellungnahme erforderlichen Informationen und Unterlagen, einschließlich vorliegender medizinischer Befunde und Gutachten, beizufügen; schutzwürdige Interessen und Rechte sind dabei zu wahren (vgl. auch § 5). [3] Der anfordernde Rehabilitationsträger informiert die betroffene Rehabilitandin/den betroffenen Rehabilitanden vor Anforderung der gutachterlichen Stellungnahme über den Verfahrensschritt und bindet diese/diesen bei Bedarf darüber hinausgehend ein. [4] Sofern die Agentur für Arbeit im Rahmen der Erstellung der gutachterlichen Stellungnahme es für erforderlich hält, kann sie die Rehabilitandin/den Rehabilitanden dabei auch unmittelbar einbinden.

(3) [1] Die örtlich zuständige Agentur für Arbeit nimmt auf die Anforderung des Rehabilitationsträgers grundsätzlich innerhalb von zwei Wochen nach Eingang der Anforderung zu Notwendigkeit, Art und Umfang von Leistungen zur Teilhabe am Arbeitsleben gutachterlich Stellung. [2] Sofern die gutachterliche Stellungnahme nicht innerhalb dieses Zeitraumes vorgenommen werden kann, unterrichtet die Bundesagentur für Arbeit den anfordernden Rehabilitationsträger unverzüglich über die voraussichtliche Dauer der Abgabe der gutachterlichen Stellungnahme.

(4) Die gutachterliche Stellungnahme der Agentur für Arbeit berücksichtigt die Fähigkeiten und Neigungen des betroffenen Menschen (vgl. Abs. 2 und § 4 Abs. 1 Nr. 3 SGB IX) sowie seinen Lebenshintergrund (z.B. vorhandene Informationen zum familiären Hintergrund) im Sinne des bio-psycho-sozialen Modells der Internationalen Klassifikation der Funktionsfähigkeit, Behinderung und Gesundheit (International Classification of Functioning, Disability and Health – ICF) der Weltgesundheitsorganisation (WHO)[2), die individuellen Beeinträchtigungen (z.B. auch bezogen auf Aspekte der Mobilität) und die Gegebenheiten des Arbeitsmarktes.

§ 3 Stellungnahme zur arbeitsmarktlichen Zweckmäßigkeit. (1) Bei der Beurteilung der arbeitsmarktlichen Zweckmäßigkeit einer Leistung zur Teilhabe am Arbeitsleben im Rahmen der gutachterlichen Stellungnahme sind der für den betroffenen Menschen in Betracht kommende Arbeitsmarkt sowie die innerhalb angemessener Zeit nach Abschluss der Leistung zu erwartenden,

---

[1) Nr. 1.

[2) **Amtl. Anm.:** Die deutschsprachige Übersetzung der ICF wurde vom Deutschen Institut für Medizinische Dokumentation und Information (DIMDI) herausgegeben unter www.dimdi.de

dem Ziel der Leistung entsprechenden Beschäftigungsmöglichkeiten für die Rehabilitandin/den Rehabilitanden zu berücksichtigen[1].

(2) Die gutachterliche Stellungnahme erfolgt schriftlich und wird bei der Entscheidung über die Leistungen zur Teilhabe am Arbeitsleben berücksichtigt.

§ 4 Einbindung von Fachdiensten der Bundesagentur für Arbeit.

Soweit die gutachterliche Stellungnahme im Einzelfall die Bewertung durch einen Fachdienst (Ärztlicher Dienst, Berufspsychologischer Service, Technischer Beratungsdienst) der Bundesagentur für Arbeit erforderlich macht, wird dieser von der örtlich zuständigen Agentur für Arbeit unter Wahrung der schutzwürdigen Interessen und Rechte des betroffenen Menschen eingebunden.

§ 5 Datenschutz.
[1]Der Schutz der personenbezogenen Daten einschließlich der Sozialdaten sowie das Recht auf informationelle Selbstbestimmung sind bei der Gestaltung der Verfahrensabläufe im Rahmen der Beteiligung der Bundesagentur für Arbeit durch diese und die weiteren beteiligten Rehabilitationsträger zu gewährleisten. [2]Personenbezogene Daten dürfen nur verarbeitet, insbesondere erhoben oder übermittelt (Art. 4 Nr. 2 EU-DSGVO) werden, sofern dies zur gesetzlichen Aufgabenerfüllung erforderlich ist.
[3]Zu Einzelheiten der Umsetzung datenschutzrechtlicher Anforderungen wird auf die Arbeitshilfe „Datenschutz im trägerübergreifenden Reha-Prozess"[2] hingewiesen.

§ 6 Inkrafttreten.
(1) Diese Gemeinsame Empfehlung tritt am 1. Juli 2020 in Kraft und ersetzt die „Gemeinsame Empfehlung zur Beteiligung der Bundesagentur für Arbeit nach § 38 SGB IX[3]" vom 1. September 2013, die entsprechend zum 1. Juli 2020 außer Kraft tritt.

(2) [1]Die Vereinbarungspartner und die anderen Rehabilitationsträger werden auf der Ebene der Bundesarbeitsgemeinschaft für Rehabilitation in angemessenen Zeitabständen unter Einbeziehung der Verbände von Menschen mit Behinderungen einschließlich der Verbände der freien Wohlfahrtspflege, der Selbsthilfegruppen und der Interessenvertretungen von Frauen mit Behinderungen sowie der für die Wahrnehmung der Interessen der ambulanten und stationären Rehabilitationseinrichtungen auf Bundesebene maßgeblichen Spitzenverbände prüfen, ob die Vereinbarung aufgrund zwischenzeitlich gewonnener Erfahrungen verbessert oder wesentlich veränderten Verhältnissen angepasst werden muss. [2]Für diesen Fall erklären die Vereinbarungspartner ihre Bereitschaft, unverzüglich an der Überarbeitung einer entsprechend zu ändernden Gemeinsamen Empfehlung mitzuwirken.

---

[1] **Amtl. Anm.:** Hierbei kann ggf. auch auf das Instrument „Arbeitsmarktmonitor" der Bundesagentur für Arbeit (siehe entsprechend unter www.arbeitsagentur.de) zurückgegriffen werden.
[2] **Amtl. Anm.:** Herausgegeben von der BAR: www.bar-frankfurt.de>Publikationen>Reha-Grundlagen
[3] Nr. 1.

21d. Gemeinsam für einen inklusiven Arbeitsmarkt

Vereinbarung zur Zusammenarbeit zwischen der Bundesagentur für Arbeit (BA) und der Bundesarbeitsgemeinschaft der Integrationsämter und Hauptfürsorgestellen (BIH)

Vom 13. Juli 2017

1. Präambel

In gemeinsamer Verantwortung für die berufliche Rehabilitation und Teilhabe von Menschen mit Behinderungen im Sinne der Konvention der Vereinten Nationen über die Rechte von Menschen mit Behinderungen schließen die Bundesagentur für Arbeit (BA) und die Bundesarbeitsgemeinschaft der Integrationsämter und Hauptfürsorgestellen (BIH) die nachfolgende Vereinbarung. Aufbauend auf einem gemeinsamen Verständnis der BA und BIH zur beruflichen Rehabilitation und Teilhabe behinderter Menschen soll die Vereinbarung zur Ausweitung und Vertiefung der Zusammenarbeit auf dem Gebiet der beruflichen Rehabilitation und Teilhabe von Menschen mit Behinderungen einen wirksamen Beitrag zur Inklusion am Arbeitsmarkt leisten.

BA und BIH stimmen darin überein, dass von der Vereinbarung ein Impuls für die Akteure der BA und BIH ausgehen soll, ihre Zusammenarbeit insbesondere nach den §§ 101 und § 184[1] Sozialgesetzbuch Neuntes Buch[2] auf Bundes-, Landes- und örtlicher Ebene zu intensivieren und wirksamer zu gestalten. Als Voraussetzung hierfür streben die Vereinbarungspartnerinnen einen stetigen Austausch an, der die wechselseitige Transparenz über die Aufgaben und Strukturen fördert.

2. Ziel

BA und BIH stimmen darüber ein, dass durch eine intensivere Zusammenarbeit die Chancen einer beruflichen Teilhabe für Menschen mit Behinderungen auf dem allgemeinen Arbeitsmarkt wirksam verbessert werden. Betriebe zögern oft, wenn es um die Beschäftigung von schwerbehinderten Menschen geht. BA und BIH sind sich einig, dass sie gemeinsam möglichen Einstellungsvorbehalten bei Arbeitgebern entgegenwirken wollen. Hierzu erbringen die Vereinbarungspartnerinnen ihre Leistungen für Menschen mit Behinderungen und Arbeitgeber in ihren gemeinsamen Arbeits- und Aufgabenfeldern adressatengerecht, eng verzahnt und orientiert am regionalen und überregionalen Arbeitsmarkt. Sie wollen ihre Zusammenarbeit in den gemeinsamen Handlungsfeldern ausweiten und verstärken.

3. Arbeits- und Aufgabenfelder

Folgende gemeinsame Handlungsfelder zur Verbesserung der Chancen einer beruflichen Teilhabe für Menschen mit Behinderung wurden insbesondere identifiziert:

---

[1] **Amtl. Anm.:** Neue Fassung ab 01.01.2018
[2] Nr. 1.

3.1. Übergang Schule – Beruf

Berufliche Orientierung unterstützt ganz wesentlich den erfolgreichen Übergang von Schülerinnen und Schülern mit Behinderungen in Ausbildung und Arbeit. Schülerinnen und Schüler sollen frühzeitig und umfassend über Berufe und deren Anforderungen und Aussichten, über Wege und Förderung beruflicher Bildung sowie über beruflich bedeutsame Entwicklungen auf dem Ausbildungs- und Arbeitsmarkt informiert werden. Dafür werden von der BA adressatengerechte Angebote zur Berufswahlvorbereitung unterbreitet, die neben den Interessen und Fähigkeiten der Jugendlichen auch die regionalen und überregionalen Besonderheiten auf dem Ausbildungs- und Arbeitsmarkt berücksichtigen.

Die Erfahrungen zeigen, dass durch individuelle Beratungsangebote und eine Einbindung der Integrationsämter und weiterer Partner, die Qualität beruflicher Orientierung und Beratung nachhaltig gesteigert werden kann und damit der Übergang in Ausbildung und Arbeit besser gelingt. Die Integrationsämter sehen es als ihre Aufgabe an, den Berufswahlprozess junger Menschen mit Behinderungen mit vertiefenden Angeboten zu unterstützen. Vor diesem Hintergrund wollen die Vereinbarungspartnerinnen gemeinsam auf eine bessere Verzahnung der Angebote hinwirken.

3.2. Unterstützende und begleitende Leistungen bei Anbahnung und Einmündung in betriebliche Ausbildungs- und Beschäftigungsverhältnisse

Die Anbahnung und Einmündung in betriebliche Ausbildungsverhältnisse und ihre entsprechende Förderung stellt für die Vereinbarungspartnerinnen ein gemeinsames Ziel dar. Studien zeigen, dass behinderte und schwerbehinderte junge Menschen, die eine betriebliche Ausbildung absolvieren, bessere Chancen und Perspektiven für eine nachhaltige Beschäftigung auf dem allgemeinen Arbeitsmarkt haben. BA und BIH wollen deshalb bei der Arbeitgeberansprache enger zusammenarbeiten und sich so gemeinsam für eine weitere Erschließung von Ausbildungsplätzen für junge Menschen mit Schwerbehinderungen einsetzen.

Insbesondere wird ein verbesserter Übergang von Menschen mit Behinderungen aus einer betrieblichen Qualifizierung (im Rahmen einer Maßnahme der „Unterstützten Beschäftigung"[1]) in sozialversicherungspflichtige Beschäftigung angestrebt. Die Vereinbarungspartnerinnen sehen es als gemeinsame Aufgabe an, die Transparenz über gesetzliche Regelungen zum Nachteilsausgleich zu verbessern und sich hierfür mit den zuständigen Stellen (Kammern), den Sozialpartnern und der Wirtschaft zu vernetzen und die Leistungen aufeinander abgestimmt zu erbringen.

Zudem setzen sich die Vereinbarungspartnerinnen dafür ein, die lokale Zusammenarbeit mit den Verbänden der Menschen mit Behinderungen und Sozialpartnern zu stärken und auszubauen. Ein gemeinsames Anliegen ist es, die Zusammenarbeit der Technischen Beratungsdienste der BA und der Integrationsämter zu vertiefen, um den Einsatz ihrer Ressourcen besser aufeinander abzustimmen.

---

[1] **Amtl. Anm.:** § 55 SGB IX *[Nr. 1]* (n.F.) unter Berücksichtigung der Gemeinsamen Empfehlung der Bundesarbeitsgemeinschaft für Rehabilitation nach § 38a Abs. 6 SGB IX vom 1. Dezember 2010

3.3. Beschäftigungssicherung

Um Beschäftigungsverhältnisse auf dem allgemeinen Arbeitsmarkt zu sichern und Kündigungen sowie Arbeitslosigkeit zu vermeiden, wollen die Vereinbarungspartnerinnen in ihren jeweiligen Zuständigkeiten Arbeitgeber bei der Durchführung präventiver Maßnahmen und bei Maßnahmen des Betrieblichen Eingliederungsmanagements gemeinsam unterstützen. Bei leistungsgewandelten Beschäftigten soll durch die rechtzeitige Einleitung beruflicher Teilhabeverfahren nach Möglichkeit eine nahtlose Weiterbeschäftigung erreicht werden.

3.4. Anzeigeverfahren und Erhebung der Ausgleichsabgabe

Die Ausgleichs- und Antriebsfunktion der Ausgleichsabgabe weiter zu stärken, ist erklärtes Ziel der Vereinbarungspartnerinnen. Sie stimmen darin überein, bei Durchführung des Anzeigeverfahrens und der Erhebung der Ausgleichsabgabe weiterhin eng zusammen zu arbeiten und den gegenseitigen Austausch auf Bundes-, Landes- und örtlicher Ebene zu fördern.

3.5. Öffentlichkeitsarbeit

Die Vereinbarungspartnerinnen sprechen sich für eine Erweiterung der gemeinsamen Öffentlichkeitsarbeit (u.a. unter Nutzung neuer Medien) aus, um auf Beschäftigungsmöglichkeiten von Menschen mit Behinderungen und bestehende Unterstützungsmöglichkeiten aufmerksam zu machen und ggf. noch bestehende Vorurteile auszuräumen. Bei Zustimmung aller Beteiligten sollen gute Integrationsbeispiele im Rahmen der Öffentlichkeitsarbeit oder eines fachlichen Austausches mit anderen Wirtschafts- und Sozialpartnern beworben werden. Die Internetseiten von BA und BIH werden wechselseitig verlinkt

4. Zusammenarbeit

Die Zusammenarbeit auf Bundesebene soll im Rahmen eines jährlichen Treffens, für dessen Ausrichtung die BA und BIH im jährlichen Wechsel verantwortlich sind, reflektiert und weiter ausgebaut werden. Bedarfsorientiert werden Arbeitsgruppen zu den Handlungsschwerpunkten eingerichtet. Die Vereinbarungspartnerinnen erachten es als zielführend, wenn auch auf lokaler und regionaler Ebene Vereinbarungen abgeschlossen werden, die die Zusammenarbeit in den benannten Handlungsfeldern konkretisieren und eine Grundlage für den regelmäßigen fachlichen Austausch bieten. Gegenstand des Austausches sollte es regelmäßig auf allen Ebenen sein, sich gegenseitig über die Entwicklung neuer Strategien zu unterrichten und über gemeinsame Projekte und Vorhaben zu beraten und diese zu erproben. Die Durchführung von gemeinsamen Fachtagungen und Schulungsveranstaltungen für die Mitarbeiterinnen und Mitarbeiter könnten z.B. solche Vorhaben sein.

5. Schlussbestimmungen

Die Vereinbarung tritt mit Unterzeichnung in Kraft. Jede Änderung der Vereinbarung bedarf der Schriftform. Vereinbarungen auf Landes- und regionaler Ebene werden der BIH und der BA (Zentrale) bei Abschluss zur Verfügung gestellt.

21e. Gemeinsame Empfehlung nach § 13 Abs. 1 i.V.m. § 12 Abs. 1 Nr. 4 SGB IX für die Durchführung von Begutachtungen möglichst nach einheitlichen Grundsätzen[1][2]

Vom 1. Dezember 2016

Präambel

Um einen bedarfsgerechten Zugang zu Leistungen zur Teilhabe zu gewährleisten, ist eine Beurteilung der bestehenden Teilhabebeeinträchtigungen von Menschen mit Behinderung oder drohender Behinderung erforderlich. Nachfolgend wird im Sinne des SGB IX die Formulierung „behinderte Menschen" verwendet. Damit sind auch „von Behinderung bedrohte Menschen" gemeint. Sofern dem Rehabilitationsträger die zur Verfügung stehenden Informationen nicht ausreichen und zur Feststellung des Reha-Bedarfs ein Gutachten erforderlich ist, ist gemäß § 14 SGB IX eine „umfassende sozialmedizinische und bei Bedarf auch psychologische Begutachtung" notwendig, um den betroffenen Menschen passende Leistungen zur Teilhabe anbieten zu können. Nachfolgend wird ausschließlich auf die sozialmedizinische Begutachtung auf dieser Grundlage Bezug genommen. Das ärztliche Gutachten enthält Aussagen zum Gesundheitsproblem und zu krankheits- und behinderungsbedingten Auswirkungen auf alltagsrelevante Aktivitäten/Teilhabe sowie zur Prognose vor dem jeweiligen individuellen Lebenshintergrund und den Zielen der betroffenen Person.

Bei der Begutachtung sind die Untersuchungen in der Art und Weise durchzuführen und deren Ergebnisse so zu dokumentieren, dass sie auch bei der Prüfung der Voraussetzungen anderer Sozialleistungen verwendet werden können. Der Umfang der Untersuchung richtet sich nach der Aufgabe, die der Leistungsträger, der die Untersuchung veranlasst hat, zu erfüllen hat (§ 96 Abs. 1 SGB X). Zur Vermeidung von unnötigen Doppeluntersuchungen haben die Leistungsträger durch Vereinbarungen sicherzustellen, dass Untersuchungen unterbleiben, soweit bereits verwertbare Untersuchungsergebnisse vorliegen (§ 96 Abs. 2 SGB X). Die Bildung einer Zentraldatei mehrerer Leistungsträger für Daten der ärztlich untersuchten Leistungsempfänger ist nicht zulässig (§ 96 Abs. 3 SGB X).

Mit dieser Gemeinsamen Empfehlung werden trägerübergreifende Grundsätze für die Begutachtung vereinbart. Die sozialrechtlichen Rahmenbedingungen und damit verbundenen Verfahren ergeben sich insbesondere aus dem SGB IX und der UN-Behindertenrechtskonvention (UN-BRK), den jeweils maßgeblichen Leistungsgesetzen und den auf Ebene der BAR vereinbarten Gemeinsamen Empfehlungen.

---

[1] Empfehlungen und Vereinbarungen (Nr. 21a–21n): Hrsg.: Bundesarbeitsgemeinschaft für Rehabilitation (BAR) e.V., Solmsstraße 18, 60486 Frankfurt a.M., Tel. (069) 60 50 18-0, Telefax (069) 60 50 18-29, E-mail: info@bar-frankfurt.de, Internet: http://www.bar-frankfurt.de.
[2] Zu den Paragrafenverweisen auf das SGB IX beachte die Redaktionelle Anlage: „Gegenüberstellung SGB IX v. *19.6.2001* und SGB IX v. *23.12.2016*" (Nr. 22).

Die Internationale Klassifikation der Funktionsfähigkeit, Behinderung und Gesundheit (ICF) und das ihr zugrundeliegende bio-psycho-soziale Modell der WHO unterstützen eine umfassende Betrachtung von Gesundheitsproblemen und deren Auswirkungen im realen Lebens- und Arbeitskontext. Aus diesem Grund wird die ICF auch für die Gliederung des Gutachtens als konzeptionelles Bezugssystem herangezogen. Dies unterstützt die Möglichkeit, wechselseitige Beziehungen zwischen einer Person mit einem Gesundheitsproblem und ihrem Lebenshintergrund (Kontextfaktoren) systematisch zu beschreiben.

Die ICF, die 2001 durch die Generalversammlung der WHO verabschiedet wurde, stellt eine Ergänzung zur Internationalen statistischen Klassifikation der Krankheiten und verwandter Gesundheitsprobleme (ICD) dar. Das biomedizinische Krankheitsmodell wird durch das bio-psycho-soziale Modell der WHO ergänzt. Damit lassen sich psycho-soziale Aspekte in die Begutachtung einbinden bzw. bei der Indikation, Planung und Durchführung von Leistungen zur Teilhabe gezielt nutzen.

Unter Berücksichtigung des Begutachtungsauftrages und weiterer trägerspezifischer Anforderungen folgt daraus die Notwendigkeit der Übertragung der entwickelten Grundsätze auf die jeweilige Begutachtungssituation.

Zu diesem Zweck vereinbaren

– die gesetzlichen Krankenkassen,

– die Bundesagentur für Arbeit,

– die Träger der gesetzlichen Unfallversicherung,

– die Träger der gesetzlichen Rentenversicherung,

– die Sozialversicherung für Landwirtschaft, Forsten und Gartenbau als Träger der Alterssicherung der Landwirte, der landwirtschaftlichen Krankenversicherung und der landwirtschaftlichen Unfallversicherung,

– die Träger der Kriegsopferversorgung und die Träger der Kriegsopferfürsorge im Rahmen des Rechts der sozialen Entschädigung bei Gesundheitsschäden[1] sowie

– die Integrationsämter in Bezug auf Leistungen und sonstige Hilfen für schwerbehinderte Menschen

die nachfolgende Gemeinsame Empfehlung.

Im Rahmen der Zusammenarbeit der Rehabilitationsträger sollen Begutachtungen möglichst nach einheitlichen Grundsätzen durchgeführt werden. Die Gemeinsame Empfehlung sieht für das sozialmedizinische Gutachten eine einheitliche Gliederung vor und beschreibt ein in Abhängigkeit von der Fragestellung grundsätzlich mögliches Anforderungsprofil bzw. die trägerübergreifenden Aspekte eines Gutachtens für die jeweiligen Rehabilitationsträger.

§ 1 Allgemeiner Zweck der Begutachtung für die Rehabilitationsträger. [1]Das Gutachten wird durch ärztliche Sachverständige erstellt und soll die relevanten sozialmedizinischen Sachverhalte transparent und der Fragestellung angemessen darstellen. [2]Es bildet so eine Grundlage für die Entscheidung über Leistungen zur Teilhabe.

---

[1] **Amtl. Anm.:** Die Bundesländer Hamburg und Mecklenburg-Vorpommern stimmen als Träger der Kriegsopferversorgung und Kriegsopferfürsorge nicht zu und erteilen darüber hinaus ebenso wie Berlin kein Benehmen zur Gemeinsamen Empfehlung Begutachtung.

§ 2 Erstattung des Gutachtens. (1) [1]Grundsätzlich lässt sich die Erstellung eines Gutachtens im Sinne dieser Empfehlung als die Anwendung medizinischer Erkenntnisse und Erfahrungen in den auf einen Einzelfall bezogenen sozialrechtlichen Kontext definieren. [2]Dabei ist das Gutachten so abzufassen, dass es wissenschaftlich begründbare Schlussfolgerungen enthält und somit überprüft und nachvollzogen werden kann. [3]Sofern eine weitere Sachaufklärung (z.B. in einem anderen Fachgebiet) für erforderlich erachtet wird, ist dies im Gutachten zu dokumentieren.

(2) [1]Das Gutachten wird auf der Grundlage vorhandener Unterlagen/Informationen sowohl im Rahmen einer persönlichen Befragung und/oder Untersuchung als auch nach Aktenlage erstellt. [2]Letzteres ist nur zulässig, wenn die für die Schlussfolgerungen notwendigen Angaben und Befunde vorliegen oder ermittelt werden können. [3]Unabhängig von der gewählten Vorgehensweise muss das Gutachten den gleichen Qualitätsanforderungen entsprechen. [4]Die Sachverständigen haben „mit der notwendigen Sorgfalt zu verfahren und nach bestem Wissen ihre ärztliche Überzeugung auszusprechen" (§ 25 (Muster-)Berufsordnung für Ärzte).

(3) [1]Das Gutachten muss für seinen Bestimmungszweck geeignet sein und die zulässigen Fragen des Auftraggebers angemessen beantworten. [2]Qualitätskriterien des Gutachtens sind

– formale Gestaltung,
– Plausibilität,
– Verständlichkeit,
– Nachvollziehbarkeit,
– Transparenz,
– Vollständigkeit,
– korrekte Anwendung medizinisch wissenschaftlicher Grundlagen und
– die Berücksichtigung der Wirtschaftlichkeit.

[3]Der ärztliche Gutachter hat die Funktion eines fachlich weisungsfreien, unparteiischen und objektiven Sachverständigen zu erfüllen.

(4) [1]Im Gutachten sind die maßgeblichen Beurteilungsgrundlagen und die nachfolgend dargestellten trägerübergreifenden sozialmedizinischen Aspekte mitsamt den eigenen Erhebungen und Untersuchungsergebnissen abzuhandeln. [2]Das Gutachten soll grundsätzlich nach der unter § 4 vereinbarten Gliederung aufgebaut sein.

(5) [1]Bei der Begutachtung ist Barrierefreiheit nach § 14 Abs. 5 SGB IX zu gewährleisten. [2]Eine Begleitperson kann auf Wunsch der zu begutachtenden Person während einer persönlichen Befragung/Untersuchung anwesend sein, sofern die Begutachtung dadurch nicht beeinträchtigt wird.

(6) [1]Leistungen zur Teilhabe sind als Prozess zu verstehen. [2]Dieser beginnt idealtypisch mit dem Erkennen eines Bedarfs an Leistungen zur Teilhabe und endet in der Regel mit Maßnahmen zur Sicherung der Nachhaltigkeit von Teilhabeleistungen und Abschluss der Leistungen. [3]Der Prozess besteht aus den fünf Phasen (vgl. Gemeinsame Empfehlung Reha-Prozess, BAR 2014):

– Bedarfserkennung
– Bedarfsfeststellung
– Teilhabeplanung

– Durchführung von Leistungen zur Teilhabe
– Aktivitäten zum bzw. nach Ende einer Leistung zur Teilhabe.

[4] Die Begutachtung wird in § 17 der Gemeinsamen Empfehlung „Reha-Prozess" der Phase der Bedarfsfeststellung zugeordnet, kann aber auch in anderen Phasen relevant sein.

§ 3 Allgemeine inhaltliche Grundsätze für die Gutachtenerstellung.

(1) [1] Durch das Gutachten werden die Notwendigkeit und die Zielsetzung einer Leistung zur Teilhabe geklärt und auch die Frage beantwortet, inwieweit und wie die in § 4 Abs. 1 Nr. 1 bis 4 SGB IX aufgeführten Ziele für behinderte Menschen verwirklicht werden können. [2] In diesem Zusammenhang sind die bestehenden Barrieren und Förderfaktoren individuell zu ermitteln. [3] Die Prognose berücksichtigt dabei die bestmögliche Förderung und Nutzung aller Ressourcen und Kompetenzen.

(2) [1] Der Begutachtung liegt das bio-psycho-soziale Modell der WHO zugrunde. [2] Sowohl die Funktionsfähigkeit als auch die Behinderung eines Menschen sind in diesem Ansatz als das Ergebnis oder die Folge einer komplexen Beziehung zwischen dem Menschen mit einem Gesundheitsproblem und seinen umwelt- und personbezogenen Faktoren (Kontextfaktoren) gekennzeichnet (siehe Anhang). [3] Dabei sind auch krankheitsbedingte Gefährdungs- und Belastungsfaktoren zu berücksichtigen, die sich im bio-psycho-sozialen Modell nicht umfassend abbilden lassen.

(3) [1] Um den bestmöglichen Erfolg im Sinne der Teilhabe am Leben in der Gesellschaft zu erreichen, werden die Leistungen zur Teilhabe auf der Grundlage eines ganzheitlichen Ansatzes dargestellt. [2] Dieser berücksichtigt über das Erkennen, Behandeln und Heilen einer Krankheit hinaus die wechselseitigen Beziehungen zwischen den Gesundheitsproblemen einer Person – beschrieben insbesondere in Form von Schädigungen der Körperfunktionen und Körperstrukturen, Beeinträchtigungen der Aktivitäten sowie der Teilhabe – und ihren Kontextfaktoren. [3] Dies erfordert auch die umfassende Berücksichtigung der Kontextfaktoren in Bezug auf Person und Umwelt.

(4) Im Rahmen der gutachterlichen Klärung der Notwendigkeit und der Zielsetzung einer Leistung zur Teilhabe sind u.a. folgende Kriterien sozialmedizinisch zu prüfen:

– **Rehabilitationsbedürftigkeit**
Rehabilitationsbedürftigkeit bezüglich medizinischer Rehabilitation liegt vor, wenn krankheits- oder behinderungsbedingt eine Beeinträchtigung der Teilhabe droht oder bereits besteht, so dass über die kurative Versorgung hinaus der mehrdimensionale und interdisziplinäre Ansatz von Leistungen zur Teilhabe erforderlich ist, um diese Beeinträchtigungen zu vermeiden, zu beseitigen, zu verbessern, auszugleichen oder eine Verschlimmerung zu verhüten. Die Auswirkungen des Gesundheitsproblems werden dabei auf den Ebenen der Körperfunktionen und Körperstrukturen, der Aktivitäten und der Teilhabe unter Berücksichtigung der Kontextfaktoren betrachtet.

– **Rehabilitationsfähigkeit**
Der Begriff der Rehabilitationsfähigkeit bezieht sich auf die somatische und psychische Belastbarkeit des behinderten Menschen für die Teilnahme an einer geeigneten Leistung zur Teilhabe.

– **Rehabilitationsprognose**

Die Rehabilitationsprognose ist eine medizinisch begründete Wahrscheinlichkeitsaussage für das Erreichen der Rehabilitationsziele

– auf der Basis der Erkrankung, des bisherigen Verlaufs (einschließlich nicht ausreichender Möglichkeiten der ambulanten und ggf. stationären Therapie), des Kompensationspotentials/der Rückbildungsfähigkeit unter Beachtung und Förderung individueller Ressourcen (Rehabilitationspotential einschließlich psycho-sozialer Faktoren)

– vor dem Hintergrund der individuell relevanten umwelt- und person bezogenen Faktoren (z.B. Hilfsmitteleinsatz, Unterstützung durch Familienangehörige, Handlungsbereitschaft, Selbstbestimmung, Motivierbarkeit)

– durch eine geeignete Leistung zur Teilhabe

– in einem dafür notwendigen Zeitraum.

§ 4 Gliederung und Anforderungsprofil des Gutachtens. [1] In den folgenden Abschnitten 1 bis 6 werden alle wesentlichen Aspekte genannt, die in einem Gutachten neben der Benennung der berücksichtigten Vorbefunde und Unterlagen generell erwartet werden, in Bezug auf

– Allgemeine und Klinische Anamnese,

– Sozialanamnese mit orientierender Arbeitsanamnese,

– Untersuchungsbefunde einschließlich relevanter Vorbefunde,

– Diagnosen,

– Epikrise und

– sozialmedizinische Beurteilung.

[2] Je nach Fragestellung und Fallgestaltung sind bei der Erstellung des Gutachtens Schwerpunkte zu setzen. [3] Dabei kann es geboten sein, sozialmedizinisch relevante Aspekte, die im Rahmen des weiteren Verlaufs und der weiteren Befassung unterschiedlicher Rehabilitationsträger absehbar von Bedeutung sind, mit zu erfassen und zu dokumentieren.

(1) Allgemeine und Klinische Anamnese

a. Aktuelle alltagsrelevante Beschwerden und Beeinträchtigungen

– Beschwerden und deren Verlauf (Darstellung funktionsbezogener Einschränkungen, bei Schmerzen ausführliche Schmerzanamnese)

– Beeinträchtigungen der Aktivitäten und Teilhabe und deren Verlauf (Darstellung alltagsrelevanter Beeinträchtigungen)

b. Allgemeine Anamnese mit Relevanz für die Leistung zur Teilhabe

– Erkrankungen/Unfälle

– Krankenhausaufenthalte

– Diagnostik und Therapie

– bisher durchgeführte Teilhabeleistungen

– Darstellung gegenwärtig durchgeführter Maßnahmen, z.B. Dauer- und Bedarfsmedikation, Heilmitteltherapie, Hilfsmittelversorgung, Psychotherapie, jeweils mit Angaben zu Art, Häufigkeit und Erfolg, ggf. Komplikationen/unerwünschte Wirkungen

– entwicklungsspezifische Auffälligkeiten (anlassbezogen)

c. Ggf. Biographische Anamnese bei psychischen Störungen

d. Vegetative Anamnese

(2) Sozialanamnese mit orientierender Arbeitsanamnese

Im Rahmen der Sozialanamnese kann die Beschreibung der alltagsrelevanten Lebensumstände und soweit erforderlich der beruflichen Rahmenbedingungen einschließlich Arbeitsplatzbeschreibung bedeutsam sein. Nachfolgend werden alltags- und rehabilitationsrelevante Beispiele für als fördernd wie hemmend beschriebene Kontextfaktoren aufgeführt:

Umweltfaktoren:

Erreichbarkeit von Gesundheitsleistungen, Haushaltsführung, soziale Bedingungen im familiären oder weiteren sozialen Umfeld (Kindererziehung, Wohnsituation und Art der häuslichen Versorgung, Selbstversorgung, Pflege von Angehörigen), soziale Unterstützung, GdB, GdS, MdE, Anerkennung in der jeweiligen Lebenswelt, Anträge und Leistungen nach anderen Sozialgesetzbüchern, Bildungs-/Ausbildungs-/Arbeitsplatzsituation und jeweilige spezifische Aspekte, psycho-soziale Belastungen im Schul- und Berufsleben, Arbeitsweg.

Personbezogene Faktoren:

Verhaltensgewohnheiten, Einstellungen zu Gesundheit und Krankheit, zu gesundheitsbezogenen und arbeitstechnischen Hilfen, Sprachverständnis, Grundkompetenzen, Bildungsstand, sozioökonomische und soziokulturelle Faktoren, finanzielle Absicherung.

Auf die Bedeutung gerade der personbezogenen Faktoren ausschließlich auf die jeweilige spezielle Fragestellung und auf die dabei ggf. auch zeitlich begrenzte Gültigkeit ist grundsätzlich hinzuweisen.

(3) Untersuchungsbefund einschließlich relevanter Vorbefunde

a. Allgemeiner körperlicher Befund

Die klinische Untersuchung muss die Informationen aus der Anamneseerhebung und Auswertung früherer Befunde und Unterlagen berücksichtigen. Grundlage der gutachterlichen Beurteilung des Leistungsvermögens ist die präzise Beschreibung der (noch) vorhandenen Funktionen, möglichst mit Maßangaben (z.B. Neutral-0-Methode). Falls erforderlich, dient eine zusätzliche medizinisch-technische arbeitsplatz- und/oder alltagsbezogene Funktionsdiagnostik der Objektivierung von Funktionseinbußen und -fähigkeiten. Die Diagnostik muss dabei angemessen und zumutbar sein. Medizinisch-technische oder labor-chemische Diagnostik kann ergänzend zur fachlichen Beurteilung der Beeinträchtigung je nach Krankheitsbild erforderlich sein (z.B. Lungenfunktion, Ergometrie, Echokardiographie, Nieren-/Leberlaborwerte), ein generelles Routineprogramm ist abzulehnen. Die Wirtschaftlichkeit und Trägerzuständigkeit muss beachtet werden.

Eine orientierende Prüfung der Sinnesorgane, der Lese- und Schreibfähigkeit sowie des Sprach- und Sprechvermögens ist erforderlich. Altersspezifische Gesichtspunkte sind dabei jeweils zu berücksichtigen

Eine neurologische Untersuchung ist in ihrem Umfang aufzuzeigen (z.B. Angabe, ob die Sensomotorik geprüft wurde und Angabe der Händigkeit). Beschreibungen des Bewegungsablaufes (z.B. Stand, Gang, Sitzen, Bewegungen beim Aus- und Ankleiden, Aufrichten von der Untersuchungsliege,

Nutzung von Hilfsmitteln, Gebrauchszustand der Hilfsmittel) sind weitere wichtige Informationen, auf die hingewiesen werden sollte.

b. Allgemeiner psychischer Befund
Unabhängig vom jeweiligen Fachgebiet müssen psychische Auffälligkeiten beachtet und mitgeteilt werden.

c. Fachspezifischer Befund
Auch bei Fachgutachten wird ein orientierender klinischer Gesamtstatus erwartet, vor allem wenn fachgebietsbezogene Symptome/Befunde (z.B. Sehstörungen oder Tinnitus) an einen Zusammenhang mit anderen Erkrankungen (z.B. arterielle Hypertonie) denken lassen. Außerdem sollten Hinweise auf Erkrankungen, die außerhalb des jeweiligen Fachgebietes liegen, dokumentiert werden (z.B. äußerlich sichtbare Veränderungen wie Gelbsucht).

Bei Kindern/Jugendlichen ist es notwendig, altersentsprechende Untersuchungsmethoden anzuwenden, zu dokumentieren und den Bezug zu den entsprechenden Perzentilen herstellen zu können.

Die pauschale Zusammenfassung des Befundes in „unauffällig", „altersgerecht" oder „o. B." ist nicht ausreichend.

(4) Diagnosen

a. ICD-Diagnosen
Jede rehabilitationsrelevante ICD-Diagnose ist einzeln aufzulisten und nach ihrer sozialmedizinischen Bedeutung zu ordnen. Dabei ist die Diagnose an den Anfang zu stellen, aus der die für die Leistung wesentlichen Krankheitsauswirkungen resultieren. Relevante Co-Morbiditäten sind zu benennen.

b. Funktionsdiagnosen/teilhaberelevante Funktionseinschränkungen
Es soll in kompakter Form ein Überblick über alltagsrelevante Auswirkungen des Gesundheitsproblems vor dem Hintergrund fördernder und hemmender Kontextfaktoren gegeben werden. Neben den ICD-Diagnosen (inklusive Kodierung) sind die dazugehörigen Schädigungen auf Ebene der Körperfunktionen und -strukturen zu nennen. Ggf. sind diese in Zusammenhang mit einem aktuellen Ereignis/Intervention zu setzen. Ergänzt wird diese Zustandsbeschreibung um die alltagsrelevanten Auswirkungen in den altersentsprechenden Aktivitäts- und Teilhabebereichen.

(5) Epikrise
Die Epikrise ist die zusammenfassende Darstellung der Erkrankungen jeweils mit Lokalisation, Schweregrad, bisherigem Verlauf und Prognose einschließlich Anamnese, Diagnostik und ggf. vorangegangener Therapiemaßnahmen. Die Epikrise ist damit eine Grundlage für die sozialmedizinische Beurteilung. Dabei sind anlassbezogen umfassend zu beschreiben:

– relevante Vorbefunde,

– differenzialdiagnostische Überlegungen,

– Probleme bei der Begutachtung,

– Diskrepanzen zwischen Beschwerden und Befunden.

Die krankheits-/behinderungsbedingten Auswirkungen auf die Aktivitäten und die Teilhabe sind auf dieser Grundlage zu bewerten und transparent darzustellen. Den im Zusammenhang mit der Begutachtung relevanten Einflussfaktoren aus dem Lebenshintergrund ist eine ebenso große Bedeutung beizumessen wie der (strukturierten) Selbstauskunft.

(6) Sozialmedizinische Beurteilung

Die sozialmedizinische Beurteilung ist eine Bewertung der vorliegenden und erhobenen Informationen und Befunde unter Berücksichtigung relevanter Kontextfaktoren zur Prognose und Beantwortung der trägerseitigen Fragestellung. Die jeweils maßgeblichen Vorgaben zu Sozialdatenschutz und ärztlicher Schweigepflicht sind zu beachten.

Unter Zugrundelegung des bio-psycho-sozialen Modells der WHO wird die sozialmedizinische Beurteilung entsprechend der einzelnen Komponenten der ICF gegliedert (siehe hierzu Ausführungen im Anhang).

Die aktuellen krankheits- und behinderungsbedingten Auswirkungen des zugrundeliegenden Gesundheitsproblems werden auf der Organebene (Körperfunktionen und Körperstrukturen) sowie für die alltagsrelevanten Aktivitäten und Teilhabebereiche beschrieben.

Die in diesem Zusammenhang, also anlassbezogen auf die Funktionsfähigkeit (nach ICF) positiv wie negativ wirkenden Kontextfaktoren sind für die Prognosebeurteilung zu berücksichtigen.

Ebenso spielen sie für die Auswahl und Empfehlung von individuell bedarfsgerechten Interventionen eine große Rolle, wenn letztere geeignet sein sollen, die Prognose zu verbessern.

Möglichkeiten der Prävention, Kuration, Versorgung mit Heil- und Hilfsmitteln, der unterschiedlichen Leistungsgruppen zur Teilhabe von behinderten Menschen, der Pflege sowie des Engagements in Selbsthilfegruppen sind in die Empfehlungen im Gutachten einzubeziehen.

Zusammenfassend bilden Epikrise und sozialmedizinische Beurteilung die Grundlage für die Beantwortung der Fragestellungen (z.B. zur Rehabilitationsbedürftigkeit, Rehabilitationsfähigkeit und Rehabilitationsprognose).

Welche Kontextfaktoren, insbesondere personbezogenen Faktoren, in welcher Art und Weise in die sozialmedizinische Begutachtung einfließen, ist je nach Sensibilität der Information mit der zu begutachtenden Person zu thematisieren oder unter Bezugnahme auf eine (strukturierte) Selbstauskunft darzulegen.

Die Kontextfaktoren sind dabei nicht ausführlich zu beschreiben oder zu bewerten, sondern nur deren Einfluss als Barriere oder Förderfaktor.

§ 5 Beteiligung der Betroffenen. [1]Die aktive Beteiligung der Betroffenen kann durch ein persönliches Gespräch oder schriftliche Selbstauskünfte realisiert werden. [2]Ziele von strukturierten Selbstauskünften sind z.B. eine verstärkte Orientierung an den Bedarfen der betroffenen Menschen, eine Verbesserung des Informationsflusses, eine Erleichterung der Begutachtung oder in Verbindung mit sozialmedizinischen Unterlagen die Vermeidung einer Begutachtung mit Untersuchung. [3]Leistungen können so individualisiert und passgenauer empfohlen, und das Verfahren somit besser unterstützt werden. [4]Darüber hinaus können sie dem betroffenen Menschen zur besseren Vorbereitung auf und Einbindung in die Begutachtung dienen.

§ 6 Berichterstattung. Die Rehabilitationsträger berichten im Rahmen des 2-Jahresberichts entsprechend § 13 Abs. 8 SGB IX und unter Berücksichtigung der Festlegungen im Ausschuss Gemeinsame Empfehlungen von ihren Erfahrungen mit dieser Gemeinsamen Empfehlung; jedoch frühestens 6 Monate nach deren Inkrafttreten.

§ 7 Inkrafttreten. (1) Diese Gemeinsame Empfehlung ist am 1. Juli 2004 in Kraft getreten und gilt in der geänderten Fassung vom 01.12.2016.

(2) ¹Die Vereinbarungspartner und die anderen Rehabilitationsträger werden auf der Ebene der Bundesarbeitsgemeinschaft für Rehabilitation in angemessenen Zeitabständen unter Einbeziehung der Verbände behinderter Menschen einschließlich der Verbände der freien Wohlfahrtspflege, der Selbsthilfegruppen und der Interessenvertretungen behinderter Frauen sowie der für die Wahrnehmung der Interessen der ambulanten und stationären Rehabilitationseinrichtungen auf Bundesebene maßgeblichen Spitzenverbände prüfen, ob die Vereinbarung aufgrund zwischenzeitlich gewonnener Erfahrungen verbessert oder wesentlich veränderten Verhältnissen angepasst werden muss. ²Für diesen Fall erklären die Vereinbarungspartner ihre Bereitschaft, unverzüglich an der Überarbeitung einer entsprechenden zu ändernden Gemeinsamen Empfehlung mitzuwirken.

Anhang

Der bio-psycho-soziale Ansatz in der Begutachtung

Die Internationale Klassifikation der Funktionsfähigkeit, Behinderung und Gesundheit, kurz ICF genannt, gehört zur Familie der internationalen gesundheitsrelevanten Klassifikationen der WHO. Sie ergänzt die bestehenden Klassifikationen um die Möglichkeit, Auswirkungen eines Gesundheitsproblems auf unterschiedlichen Ebenen zu beschreiben und gehört zu den sog. Referenz-Klassifikationen:

– ICD – die Klassifikation der Krankheiten und verwandter Gesundheitsprobleme

– ICF – die Klassifikation der Funktionsfähigkeit, Behinderung und Gesundheit

– ICHI – die in Entwicklung befindliche Internationale Klassifikation der Gesundheitsinterventionen.

Die WHO hat 2001 die Verwendung der ICF empfohlen. Seit 2005 steht sie in deutscher Sprache in gedruckter Form und auf der Internetseite des DIMDI zur Verfügung [http://www.dimdi.de/static/de/klassi/icf/]. Meilensteine auf dem Weg zur ICF-Implementierung in Deutschland war 2001 das Inkrafttreten des SGB IX und mit ihm eine Anlehnung an die ICF sowie die Fokussierung auf den Teilhabebegriff (Partizipation) im Gesetz.

Die von der WHO beschlossene Systematik dient einer standardisierten Beschreibung von Gesundheitszuständen und mit Gesundheit zusammenhängenden Aspekten. Dabei schafft sie u.a. eine Sprache, die die Kommunikationen zwischen verschiedenen Benutzern, wie Fachleuten im Gesundheitswesen, den Betroffenen selbst, aber auch Wissenschaftlern und Politikern erleichtern soll.

Die Nutzung der ICF setzt vor dem Hintergrund ihrer Systematik immer das Vorliegen eines Gesundheitsproblems voraus und deckt keine Umstände ab, die nicht mit der Gesundheit im Zusammenhang stehen, wie z.B. solche, die allein von sozioökonomischen Faktoren verursacht werden.

Gesundheitsproblem

Der englische Begriff „health condition" ist mit dem etwas engeren Begriff „Gesundheitsproblem" übersetzt. Als Gesundheitsproblem werden z.B. bezeichnet: Krankheiten, Gesundheitsstörungen, Verletzungen oder Vergiftungen und andere Umstände wie Schwangerschaft oder Rekonvaleszenz. Das Gesundheitsproblem wird für viele andere Zwecke typischerweise als Krankheitsdiagnose oder -symptomatik mit der ICD erfasst bzw. klassifiziert. Ein Gesundheitsproblem führt zu einer Veränderung an Körperstrukturen und/oder Körperfunktionen und ist damit Voraussetzung zur Nutzung der ICF.

Struktur der ICF

Die ICF besteht aus zwei Teilen mit jeweils zwei Komponenten:

Teil 1 wird überschrieben mit dem Begriff „Funktionsfähigkeit und Behinderung". Er enthält die Komponenten „Körperfunktionen und -strukturen", „Aktivitäten und Partizipation" (Teilhabe).

Teil 2 ist überschrieben mit dem Begriff „Kontextfaktoren" und untergliedert in die Komponenten umwelt- und personbezogene Faktoren (Abbildung 1). Kontextfaktoren stellen den gesamten Lebenshintergrund einer Person dar. Sie sind mögliche Einflussfaktoren, die auf Krankheitsauswirkungen bzw. die Funktionsfähigkeit positiv wie negativ einwirken können, d.h. sie können einen Förderfaktor oder eine Barriere darstellen.

Abbildung 1: Struktur der ICF

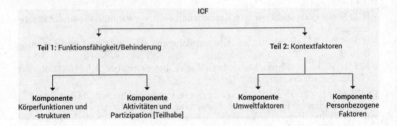

Die Komponenten der ICF

Die Komponenten der Funktionsfähigkeit und Behinderung in Teil 1 der ICF können in zweifacher Weise betrachtet werden.

Die Perspektive der Behinderung fokussiert auf Probleme im Gefolge eines Gesundheitsproblems (z.B. Schädigungen von Funktionen/Strukturen oder Beeinträchtigung der Aktivität/Teilhabe) während die Perspektive der Funktionsfähigkeit eher die positiven, nicht-problematischen Aspekte des mit dem Gesundheitsproblem in Zusammenhang stehenden Zustandes in den Mittelpunkt rückt (z.B. trotz einer Unterschenkel-Amputation noch laufen können wie ein Gesunder).

Voraussetzung zur geeigneten Nutzung der ICF ist die Kenntnis ihrer Konzeption („Philosophie") und ihrer Grundbegriffe.

Die einzelnen Komponenten der ICF sind untergliedert in verschiedene Kapitel („Domänen") mit jeweils mehreren Gliederungsebenen. Sie werden folgendermaßen beschrieben:

Körperfunktionen und Körperstrukturen

Als Körperfunktionen werden die einzelnen, isoliert betrachteten physiologischen und auch psychologischen Funktionen von Körpersystemen bezeichnet, beispielsweise die Insulinausschüttung in der Bauchspeicheldrüse oder die Beweglichkeit im Hüftgelenk. Aber auch die mentalen Funktionen, wie z.B. Konzentrationsfähigkeit, gehören hierzu.

Unter Körperstrukturen versteht man die anatomischen Teile des Körpers wie Organe, Gliedmaßen und ihre Bestandteile, beispielsweise die Bauchspeicheldrüse, Gliedmaßen oder einzelne Körperbestandteile wie Stammzellen. **Tabelle 1** listet die von der WHO vorgesehene Kapiteleinteilung in der Untergliederung der 1. Ebene auf.

Tabelle 1: Klassifikation der Körperfunktionen und -strukturen (Kapitelzuordnungen)

Kapitel	Körperfunktionen	Kapitel	Körperstrukturen
1	Mentale Funktionen	1	Strukturen des Nervensystems
2	Sinnesfunktion und Schmerz	2	Auge, Ohr und mit diesen im Zusammenhang stehende Strukturen
3	Stimm- und Sprechfunktion	3	Strukturen, die an der Stimme und dem Sprechen beteiligt sind
4	Funktionen des kardiovaskulären, hämatologischen, Immun- und Atmungssystems	4	Strukturen des kardiovaskulären, des Immun- und des Atmungssystems
5	Funktionen des Verdauungs-, Stoffwechsel- und endokrinen Systems	5	Mit dem Verdauungs-, Stoffwechsel- und endokrinen System im Zusammenhang stehende Strukturen
6	Funktionen des Urogenital- und reproduktiven Systems	6	Mit dem Urogenital- und dem Reproduktionssystem im Zusammenhang stehende Strukturen
7	Neuromuskuloskeletale und bewegungsbezogene Funktionen	7	Mit der Bewegung im Zusammenhang stehende Strukturen
8	Funktionen der Haut- und der Hautanhangsgebilde	8	Strukturen der Haut und Hautanhangsgebilde

Itembeispiele: b1400 Daueraufmerksamkeit, s7503 Bänder und Faszien der Knöchelregion. (b=Präfix für Körperfunktionen; s=Präfix für Körperstrukturen) Negative Abweichungen werden bei den Körperfunktionen und Körperstrukturen als Schädigungen bezeichnet. Je nach Erkrankung und Stadium sind die Schädigungen unterschiedlich ausgeprägt

Aktivitäten und Teilhabe [Partizipation]

Im Gegensatz zur isolierten Betrachtung einer Körperfunktion stellt eine Aktivität die Durchführung einer Aufgabe oder einer Handlung durch einen Menschen in einer bestimmten Situation dar.

Beeinträchtigungen der Aktivität sind Schwierigkeiten, die ein Mensch bei ihrer Durchführung haben kann, z.B. beim Lernen, Schreiben, Rechnen, Kommunizieren, Gehen, bei der Körperpflege.

Die Teilhabe [Partizipation] kennzeichnet das Einbezogensein in eine Lebenssituation, beispielsweise Familienleben, Arbeitswelt, Fußballverein.

Beeinträchtigungen der Teilhabe können beispielsweise Probleme beim Einkaufen, Kochen, Wäsche waschen, in Beziehungen, bei der Erziehung von Kindern, bei der Arbeit oder in der Freizeit sein.

Innerhalb dieser Komponente sind verschiedene Lebensbereiche definiert, die der Betrachtung der Durchführung von Aktivitäten bzw. des Einbezogenseins zu Grunde gelegt werden. Eine eindeutige Differenzierung zwischen „individueller" und „gesellschaftlicher" Perspektive der Domänen, also der Trennung zwischen Aktivitäten und Teilhabe [Partizipation], ist dabei oft nicht möglich. Aus diesem Grund sind sie in der ICF in gemeinsamen Kapiteln aufgeführt **(Tabelle 2).**

Tabelle 2: Klassifikation der Aktivitäten und Teilhabe

Kapitel	Aktivitäten und Teilhabe (Kapitel der ICF)
1	**Lernen und Wissensanwendung** z.B. bewusste sinnliche Wahrnehmungen, elementares Lernen, Wissensanwendung
2	**Allgemeine Aufgaben und Anforderungen** z.B. Aufgaben übernehmen, die tägl. Routine durchführen, mit Stress und anderen psychischen Anforderungen umgehen
3	**Kommunikation** z.B. Kommunizieren als Empfänger oder als Sender, Konversation und Gebrauch von Kommunikationsgeräten und -techniken
4	**Mobilität** z.B. die Körperposition ändern und aufrecht erhalten, Gegenstände tragen, bewegen und handhaben, gehen und sich fortbewegen, sich mit Transportmitteln fortbewegen
5	**Selbstversorgung** z.B. sich waschen, pflegen, an- und auskleiden, die Toilette benutzen, essen, trinken, auf seine Gesundheit achten
6	**Häusliches Leben**

Kapitel	Aktivitäten und Teilhabe (Kapitel der ICF)
	z.B. Beschaffung von Lebensnotwendigkeiten, Haushaltsaufgaben, Haushaltsgegenstände pflegen und anderen helfen
7	**Interpersonelle Interaktionen und Beziehungen**
	z.B. allgemeine interpersonelle Interaktionen, besondere interpersonelle Beziehungen
8	**Bedeutende Lebensbereiche**
	z.B. Erziehung/Bildung, Arbeit und Beschäftigung, wirtschaftliches Leben
9	**Gemeinschafts-, soziales und staatsbürgerliches Leben**
	z.B. Gemeinschaftsleben, Erholung und Freizeit, Religion und Spiritualität

Itembeispiel: d5101 den ganzen Körper waschen (d=Präfix für Aktivitäten und Teilhabe)

Umweltfaktoren

Umweltfaktoren sind wie die personbezogenen Faktoren eine Komponente des Teils 2 der ICF (Kontextfaktoren). Umweltfaktoren bilden die materielle, soziale und einstellungsbezogene Umwelt, in der Menschen leben und ihr Leben gestalten. Diese Faktoren liegen außerhalb der Person. Fördernde Umweltfaktoren können beispielsweise barrierefreie Zugänge, Verfügbarkeit von Hilfsmitteln, Medikamenten und Sozialleistungen sein. Schlechte Erreichbarkeit von Angeboten des Gesundheitssystems, fehlende soziale oder finanzielle Unterstützung können hingegen Barrieren darstellen **(Tabelle 3)**.

Tabelle 3: Klassifikation der Umweltfaktoren (Kapitelzuordnungen)

Kapitel	Umweltfaktoren (Kapitel der ICF)
1	**Produkte und Technologien**
	z.B. Lebensmittel, Medikamente, Hilfsmittel, Vermögenswerte
2	**natürliche und vom Menschen veränderte Umwelt**
	z.B. demografischer Wandel, Pflanzen, Tiere, Klima, Laute, Geräusche, Luftqualität
3	**Unterstützung und Beziehung**
	z.B. Familie, Freunde, Vorgesetzte, Hilfs- und Pflegepersonen, Fremde
4	**Einstellungen**
	z.B. individuelle Einstellungen der Familie, von Freunden, gesellschaftliche Einstellungen
5	**Dienste, Systeme, Handlungsgrundsätze**
	z.B. des Wohnungs-, Versorgungs-, Transport-, Gesundheitswesens, der Wirtschaft, Rechtspflege, Politik

Itembeispiel: e1101 Medikamente (e=Präfix für Umweltfaktoren)

Personbezogene Faktoren

Personbezogene Faktoren sind von der WHO wegen der mit ihnen einhergehenden großen soziokulturellen Unterschiede der Nationen in der ICF bislang nicht systematisch klassifiziert. Beispielhaft werden aber einige wenige Items von der WHO genannt:

Personbezogene Faktoren können Geschlecht, ethnische Zugehörigkeit, Alter, andere Gesundheitsprobleme, Fitness, Lebensstil, Gewohnheiten, Erziehung, Bewältigungsstile, sozialer Hintergrund, Bildung und Ausbildung, Beruf sowie vergangene oder gegenwärtige Erfahrungen (vergangene oder gegenwärtige Ereignisse), allgemeine Verhaltensmuster und Charakter, individuelles psychisches Leistungsvermögen und andere Merkmale umfassen.

Legt man diese zugrunde (Grotkamp et al. 2012), könnte man sich unter den personbezogenen Faktoren Eigenschaften einer Person vorstellen, die einen Bogen spannen von

– allgemeinen Merkmalen einer Person wie Alter, Geschlecht und genetischen Faktoren, über
– physische Faktoren, wie Körperbau und andere physische Faktoren, die insbesondere das körperliche Leistungsvermögen beeinflussen können (z.B. Muskelkraft, Herz-Kreislauffaktoren),
– mentale Faktoren im Sinne von Faktoren der Persönlichkeit und kognitiven sowie mnestischen Faktoren,
– Einstellungen, Grundkompetenzen und Verhaltensgewohnheiten dieser Person bis hin zur
– Lebenslage und zu sozioökonomischen/kulturellen Faktoren.

Andere Gesundheitsbedingungen[1] wie sie die WHO vorschlägt, könnten den personbezogenen Faktoren zugeordnet werden, wenn sie geeignet sind, die aktuelle Funktionsfähigkeit zu beeinflussen, aber nicht Teil des Gesundheitsproblems sind.

Auch die personbezogenen Faktoren können die Funktionsfähigkeit einschließlich der Teilhabe beeinflussen und sind je nach Fragestellung im Einzelfall ggf. zu berücksichtigen. So kann beispielsweise eine optimistische Grundhaltung den Umgang mit einer Behinderung erleichtern, andererseits aber eine negative Einstellung zur Benutzung eines Rollators zur sozialen Isolation führen. In beiden Fällen handelt es sich nicht um „krankheitsbedingte" Aspekte, sondern um wirkungsvolle Ausprägungen individueller Merkmale oder Eigenschaften, denen eine spezifische aktuelle Bedeutung zukommt, die man im positiven Fall (Förderfaktor) nutzen und im negativen Fall (Barriere) ggf. günstig von außen beeinflussen kann.

Weitere Untergliederung der einzelnen Komponenten

Wie aufgezeigt, sind die beiden Komponenten des Teil 1 der ICF („Körperfunktionen und Strukturen" sowie „Aktivitäten und Teilhabe") und die Komponente „Umweltfaktoren" des Teils 2 der ICF jeweils weiter untergliedert. Dabei werden sinnvolle und praktikable Teilbereiche der Komponenten zu sog. „Domänen" (Kapitel, Blöcke) zusammengefasst. Diese enthalten jeweils einzelne Kategorien (Items) auf verschiedenen Gliederungsebenen (bis zu vier). Die Kennzeichnung der Items erfolgt mittels eindeutiger alphanumerischer Zuord-

---

[1] **Amtl. Anm.:** Englisch: „health condition"

nung. Diese setzt sich aus einem Präfix für die jeweilige Komponente und einem numerischen Kode für das jeweilige Item zusammen. Die Länge des numerischen Kodes bestimmt sich nach der Gliederungsebene.

Beispiel:

b2	Sinnesfunktionen und Schmerz	(Item der ersten Ebene)
b210	Funktionen des Sehens (Sehsinn)	(Item der zweiten Ebene)
b2102	Qualität des Sehvermögens	(Item der dritten Ebene)
b21022	Kontrastempfindung	(Item der vierten Ebene)

Auf der ersten Gliederungsebene (Kapitelebene) umfasst die ICF 30 Kapitel, auf der zweiten Ebene 362 Items und auf der dritten und vierten Ebene zurzeit 1424 Items. Es wäre allerdings – wie z.B. auch bei der ICD – ein großes Missverständnis, in jedem Einzelfall alle Items durchzuprüfen.

Möglichkeit der Kodierung des Schweregrads einer Schädigung oder Beeinträchtigung in der beruflichen Rehabilitation

Die Nutzung der ICF[1] auf der Klassifikations-Ebene ist an die „Kodierung" gebunden. Deren Umsetzung nach den offiziellen „Kodierungsleitlinien" der ICF ist jedoch noch nicht ausreichend praktikabel.

Grundsätzlich besteht ein Code der ICF aus zwei Teilen:

1. aus einer Kategorie (qualitativer Teil des Codes, z.B. d510 sich waschen) und

2. aus der Beurteilung/Bewertung dieser Kategorie (quantitativer Teil des Codes, z.B. d510.2 Problem mäßig ausgeprägt)

Dabei stellt der qualitative Teil der Kodierung (alphanumerischer Teil-Code) in der Praxis kein grundsätzliches Problem dar. Üblicherweise werden Kurzlisten aus der ICF-Gesamt-Klassifikation (je nach Zweck oder Fragestellung im Umfang von ca. 15 bis maximal ca. 150 Items) benutzt (ICF-Kurzlisten; Core-sets). Bereits in Projekten erprobte Listen erleichtern anderen Nutzern die Auswahl, sie können einrichtungsspezifisch angepasst werden.

Erheblich schwieriger gestaltet sich die Kodierung in ihrem quantitativen Teil (2. Teil des Kodes, numerischer Teil-Code). Grundlage sind zunächst die offiziellen Kodierungsleitlinien der ICF. Dort werden für die Beurteilung der jeweiligen Kategorie/Items Schweregradeinteilungen in 5 Stufen vorgeschlagen, die zwischen „Problem nicht vorhanden" bis „Problem voll ausgeprägt" unterscheiden. Diese Stufen sind jedoch bisher nicht international standardisiert.

Diese Schweregradeinteilung kann deshalb bis auf weiteres zwar als Orientierung dienen, dem Nutzer bleibt aber nur eine näherungsweise Einschätzung dieser Stufen.

Nach der ICF ist die Kodierung einer Kategorie (Item) nur vollständig, wenn das Ausmaß einer Einschränkung oder Behinderung mitkodiert wird. Da die ICF kein Assessmentinstrument ist, ist der Einsatz anderer funktionsbezogener Instrumente und Tests erforderlich, um eine adäquate Beurteilung vornehmen zu können. Spezifische ICF-basierte Assessment-Instrumente stehen bisher kaum zur Verfügung. Die Beurteilung der einzelnen ICF-Kategorien (Items)

---

[1] **Amtl. Anm.:** Siehe auch: DVfR: Nutzung der ICF im deutschen Rehabilitationssystem – Positionspapier der Deutschen Vereinigung für Rehabilitation (DVfR) in Zusammenarbeit mit der Deutschen Gesellschaft für Rehabilitationswissenschaften (DGRW), Stand: Dezember 2013

kann selbstverständlich mit jedem geeigneten Instrumentarium erfolgen, wie es auch bisher angewendet wurde (z.B. zur Frage der Rechenfähigkeit, der Teamfähigkeit oder der Feinmotorik). Die von der WHO vorgeschlagenen Beurteilungsmerkmale sind im (Rehabilitations-) Alltag jedoch nur bedingt geeignet (s. Kap. 2). Speziell für die berufliche Rehabilitation sind im Bereich der Leistungserbringer (Einrichtungen nach § 35 SGB IX) verschiedene Lösungsansätze hierzu entwickelt worden.

Die Konzeption der ICF, das bio–psycho–soziale Modell

Sowohl die Funktionsfähigkeit als auch die Behinderung eines Menschen ist gekennzeichnet als das Ergebnis oder die Folge einer komplexen Beziehung zwischen dem Menschen mit einem Gesundheitsproblem und seinen umwelt- und personbezogenen Faktoren (Kontextfaktoren).

Das bio–psycho–soziale Modell der möglichen multiplen Wechselwirkungen verdeutlicht, dass Behinderung im Sinne einer Beeinträchtigung der Funktionsfähigkeit kein statisches Merkmal, sondern ein dynamischer Prozess ist (Modell der Funktionsfähigkeit und Behinderung). Die Komplexität der Wechselwirkungen lässt vielfältige Interventionsansätze erkennen, beispielsweise

– bei der Behandlung der Körperstruktur- und Funktionsschädigung selbst oder der Förderung verbliebener Fertigkeiten,

– der Verbesserung oder Kompensation beeinträchtigter Aktivitäten sowie

– der Verbesserung oder des Ausgleichs einer beeinträchtigten Teilhabe (Partizipation).

Abbildung 2: Wechselwirkungen zwischen den Komponenten der ICF (WHO 2001)

Funktionsfähigkeit kann so verstanden werden, dass eine Person trotz einer Erkrankung

– all das tut oder tun kann, was von einem gesunden Menschen erwartet wird und/oder

– sie sich in der Weise und dem Umfang entfalten kann, wie es von einem gesunden Menschen erwartet wird.

Resultiert aus dem Gesundheitsproblem einer Person eine Beeinträchtigung der Funktionsfähigkeit, liegt nach dieser Konzeption eine Behinderung vor.

Der Behinderungsbegriff im SGB IX (§ 2) ist hingegen enger gefasst. Danach sind Menschen nur dann behindert, wenn

- ihre körperliche Funktion, geistige Fähigkeit oder seelische Gesundheit von dem abweichen, was für das Lebensalter als typischer Zustand bezeichnet werden kann und

- dieser Zustand mit hoher Wahrscheinlichkeit länger als sechs Monate anhält und

- daher die Teilhabe am Leben in der Gesellschaft beeinträchtigt ist.

Die ICF stellt Bausteine für Nutzer zur Verfügung, die Modelle für die Gestaltung des Reha-Prozesses entwickeln und verschiedene Aspekte dieses Prozesses untersuchen möchten. Die mit Hilfe der ICF formulierten Aussagen hängen von den Nutzern, ihrer Kreativität und ggf. ihrer wissenschaftlichen Orientierung ab.

21f. ICF: Zugang zur Rehabilitation

Kurzfassung ICF-Praxisleitfaden 1

Vom 1. Januar 2016

1. Bedeutung der Klassifikation „ICF" für die Tätigkeit niedergelassener Ärzte

1.1. Nicht alle gesundheitsrelevanten Probleme sind kurierbar

Jeder Arzt[1] weiß: nicht immer sind alle gesundheitsrelevanten Probleme von Patienten mit akutmedizinischen Mitteln restlos behandelbar. Das heißt aber nicht, dass es immer unmöglich wäre, sie zu lösen. Die ärztliche Tätigkeit richtet sich deshalb neben der Behandlung von Krankheiten und Verletzungen auch immer auf die Auswirkungen von Krankheiten, z.B. im Hinblick auf Mobilität, Kommunikation, Erwerbstätigkeit oder Selbstversorgung unter Berücksichtigung des gesamten Lebenshintergrundes. Diese betroffenen Menschen, deren Teilhabe am Leben in der Gesellschaft krankheitsbedingt wahrscheinlich länger als 6 Monate beeinträchtigt ist, gelten als behindert bzw. als von Behinderung bedroht, wenn dies zu erwarten ist (§ 2 SGB IX[2]).

1.2. Rehabilitation als ergänzendes Unterstützungssystem

Für die Unterstützung von Menschen mit (drohender) Behinderung sind in der gesetzlichen Sozialversicherung („Kostenträger") über die Kuration hinaus sog. „Leistungen zur Teilhabe" (auch: „Rehabilitation") vorgesehen. Die ärztliche Beratung von Patienten setzt dafür ein profundes Wissen um Zugänge und Möglichkeiten des Reha-Systems voraus. Rehabilitation ist unterteilt in medizinische Rehabilitation, berufliche Rehabilitation (Leistungen zur Teilhabe am Arbeitsleben, kurz: LTA) und soziale Rehabilitation. Zu Einzelheiten über Zuständigkeiten der verschiedenen Kostenträger, die in diesem Kontext gesetzlich **„Rehabilitationsträger"** bezeichnet werden, vgl. den Anhang des Praxisleitfadens 1.

1.3. Rehabilitation und ICF

Der Anspruch auf Rehabilitation ist eng mit dem Teilhabekonzept der ICF[3] verbunden. Danach ist eine alleinige biomedizinische Krankheitsbetrachtung (Diagnose und Befunde) oft nicht ausreichend, sondern eine Berücksichtigung der krankheitsbedingten bio-psycho-sozialen Beeinträchtigungen erforderlich. Dieses sogenannte bio-psycho-soziale Modell der ICF diente dem Gesetzgeber als eine Richtschnur bei der Gestaltung des aktuellen Rehabilitationsrechts. Die ICF ist entsprechend in den Routinen der Rehabilitationsträger hinterlegt und unter Reha-Fachleuten als handlungsleitend anerkannt.

---

[1] **Amtl. Anm.:** Sofern aus Gründen besserer Lesbarkeit an einzelnen Stellen bei Personenangaben lediglich die männliche Schreibweise erscheint, sind weibliche Personen hier selbstverständlich gleichermaßen mit erfasst.

[2] Nr. 1.

[3] **Amtl. Anm.:** ICF: Internationale Klassifikation der Funktionsfähigkeit, Behinderung und Gesundheit bzw. International classification of functioning, disability and health der WHO, Näheres vgl. z.B. www.dimdi.de

1.4. Was ist das Neue mit der ICF?

Gerade in der hausärztlichen Tätigkeit spielt sehr oft die Kenntnis des gesamten Lebenshintergrundes eines Patienten eine große Rolle. Dem niedergelassenen Arzt ist die komplexe bio-psycho-soziale Betrachtung daher vertraut. Die ICF stellt ein international anerkanntes Gerüst für diese Betrachtungsweise bereit. Darin lenkt sie den Blick von der eher kausalen Betrachtungskette (Krankheit > Aktivitätseinschränkung > Behinderung) hin zu den **Wechselwirkungen** zwischen Gesundheitsproblem, Funktionsfähigkeit und Kontextfaktoren eines Menschen. Sie bietet durch ihre Untergliederung zudem die Möglichkeit, in einer bisher so nicht verfügbaren Weise individuelle spezifische Teilhabeprobleme in einem stimmigen standardisierten Gesamtkontext zu ordnen.

1.5. Was nützt die ICF dem Arzt und dem Patienten?

Ein gemeinsamer Bezugsrahmen bei der Erfassung von Teilhabebeeinträchtigungen birgt zahlreiche Vorteile, vor allem im gesamten Rehabilitationsprozess, der seiner Natur nach in der Regel die Beteiligung zahlreicher verschiedener Fachdisziplinen, Personen und Institutionen erfordert. Die Kommunikation – auch mit dem Patienten! – wird erleichtert, was Reibungsverluste vermindert und zu einer zielführenden und effizienteren Rehabilitation beiträgt. Bereits beim Reha-Zugang kann die Nutzung der ICF entscheidende Vorteile bringen. Denn die Verfahren sind komplex und Entscheidungen von anderen Fachdisziplinen oder Rehabilitationsträgern können ärztlicherseits nicht immer nachvollzogen werden – und umgekehrt. Die Nutzung der ICF kann hier z.B. konkret die zielführende Begründung von Reha-Empfehlungen erleichtern, da sie auch in den Vorgaben der Reha-Träger berücksichtigt ist (vgl. z.B. Reha-Richtlinie des G-BA nach § 92 SGB V[1]). Der Mehrwert für das Arzt-Patient-Verhältnis wir deutlich. **Die ICF ersetzt nicht ärztliche Begriffe.** Diese können aber mit der ICF auch in einer für alle Akteure passende Systematik eingeordnet werden.

2. Überblick über die ICF

Die Nutzung der ICF setzt immer das Vorliegen eines „Gesundheitsproblems" (etwas verengte Übersetzung des englischen „health condition") voraus. Das Gesundheitsproblem wird typischer Weise als Krankheitsdiagnose mit der ICD 10 klassifiziert.

2.1. Struktur der ICF

Die ICF besteht aus zwei Teilen mit jeweils zwei Komponenten: Teil 1 „Funktionsfähigkeit und Behinderung" enthält die beiden Komponenten „Körperfunktionen und -strukturen" und „Aktivitäten und Partizipation". Teil 2 „Kontextfaktoren" ist untergliedert in die beiden Komponenten „Umweltfaktoren" und „Personbezogene Faktoren". Teil 1 der ICF kann in zweifacher Weise betrachtet werden: Die Perspektive der Behinderung fokussiert auf Beeinträchtigungen im Gefolge eines Gesundheitsproblems, während die Perspektive der Funktionsfähigkeit eher die positiven, neutralen oder nicht-problematischen Aspekte des Zustandes in den Mittelpunkt rückt. Funktionsfähigkeit kann so verstanden werden, dass eine Person trotz einer Erkrankung all das tut oder tun kann, was von einem gesunden Menschen erwartet wird und/oder sie sich in der Weise und dem Umfang entfalten kann, wie es von einem gesunden

[1] Nr. **5**.

Menschen erwartet wird. Kontextfaktoren stellen den gesamten Lebenshintergrund einer Person dar. Sie können auf die Funktionsfähigkeit positiv wie negativ einwirken, d.h. je nach Fragestellung einen Förderfaktor oder eine Barriere darstellen. Die Komponenten der ICF sind jeweils weiter untergliedert. Dabei werden sinnvolle und praktikable Teilbereiche der Komponenten zu sogenannten „Domänen" (Kapitel, Blöcke) zusammengefasst. Diese enthalten jeweils einzelne Kategorien (Items) auf verschiedenen Gliederungsebenen (bis zu vier) mit eindeutiger alphanumerischer Zuordnung.

2.2. Komponente „Körperfunktionen und Körperstrukturen"

Körperfunktionen sind die einzelnen physiologischen und psychischen Funktionen von Körpersystemen. Die Körperstrukturen sind die anatomischen Teile des Körpers.

Tabelle 1: Klassifikation der Körperfunktionen & -strukturen (Kapitelzuordnungen, Auszug)

Kapitel	Körperfunktionen (Item-Präfix: b)	Kapitel	Körperstrukturen (Item-Präfix: s)
1	Mentale Funktionen	1	Strukturen des Nervensystems
	...		...
4	Funktionen des kardiovaskulären, hämatologischen, Immun- und Atmungssystems	4	Strukturen des kardiovaskulären, des Immun- und des Atmungssystems
	...		...
7	Neuromuskuloskeletale und bewegungsbezogene Funktionen	7	Mit der Bewegung im Zusammenhang stehende Strukturen
8	...	8	...

Itembeispiele: b1400 Daueraufmerksamkeit; s75023 Bänder und Faszien der Knöchelregion (b=Präfix für Körperfunktionen; s=Präfix für Körperstrukturen)

2.3. Komponente „Aktivitäten und Teilhabe [Partizipation]"

Eine Aktivität stellt die Durchführung einer Aufgabe oder einer Handlung durch einen Menschen in einer bestimmten Situation dar. Die Teilhabe (Partizipation) kennzeichnet das Einbezogensein in eine Lebenssituation.

Tabelle 2: Klassifikation der Aktivitäten und Teilhabe (Kapitelzuordnungen, Auszug)

Kapitel	Aktivitäten und Teilhabe (Kapitel der ICF, Item-Präfix: d)
1	Lernen und Wissensanwendung (z.B. elementares Lernen)
2	...
3	Kommunikation (z.B. Kommunizieren als Empfänger)
4	Mobilität (z.B. die Körperposition ändern und aufrecht erhalten)
5	Selbstversorgung (z.B. sich waschen)
6	...

Kapitel	Aktivitäten und Teilhabe (Kapitel der ICF, Item-Präfix: d)
7	Interpersonelle Interaktionen und Beziehungen (z.B. besondere interpersonelle Beziehungen)
8	Bedeutende Lebensbereiche (z.B. Arbeit)
9	…

Itembeispiel: d5101 Den ganzen Körper waschen (d=Präfix für Aktivitäten und Teilhabe)

2.4. Komponente „Umweltfaktoren"

Umweltfaktoren bilden die materielle, soziale und einstellungsbezogene Umwelt, in der Menschen leben und ihr Leben gestalten.

Tabelle 3: Klassifikation der Umweltfaktoren (Kapitelzuordnungen, Auszug)

Kapitel	Umweltfaktoren (Kapitel der ICF, Item-Präfix: e)
1	Produkte und Technologien (z.B. Lebensmittel, Medikamente, Hilfsmittel)
2	…
3	Unterstützung und Beziehung (z.B. Familie, Freunde, Vorgesetzte)
4	…
5	Dienste, Systeme, Handlungsgrundsätze (z.B. des Gesundheitswesens, der Wirtschaft)

Itembeispiel: e1101 Medikamente (e=Präfix für Umweltfaktoren)

2.5. Komponente „Personbezogene Faktoren"

Personbezogene Faktoren sind in der ICF bislang nicht klassifiziert. Sie können z.B. Geschlecht, ethnische Zugehörigkeit, Alter, Fitness, Lebensstil, Gewohnheiten, Erziehung, Bewältigungsstile, sozialer Hintergrund, Bildung und Ausbildung, Beruf sowie vergangene oder gegenwärtige Erfahrungen, allgemeine Verhaltensmuster und Charakter, individuelles psychisches Leistungsvermögen und andere Merkmale umfassen.

2.6. Visualisierung: Konzeption der ICF, bio-psycho-soziales Modell

Das bio-psycho-soziale Modell der möglichen multiplen Wechselwirkungen (Abb. 1) verdeutlicht, dass Behinderung im Sinne einer Beeinträchtigung der Funktionsfähigkeit kein statisches Merkmal, sondern ein dynamischer Prozess ist. Die Komplexität der Wechselwirkungen lässt vielfältige Interventionsansätze erkennen.

Abbildung 1: Wechselwirkungen zwischen den Komponenten der ICF (WHO 2001)

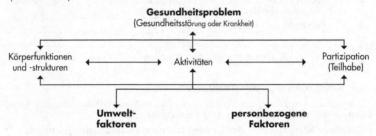

2.7. Immer mit allen Items „kodieren"?
Natürlich nicht!

Es wäre – wie z.B. auch bei der ICD-10 – ein großes Missverständnis, bei Nutzung der ICF in jedem Einzelfall alle Items (insgesamt 1424) durchzuprüfen. Bereits die konsequente Betrachtung und Strukturierung der Lebenslage eines Patienten nach dem bio-psycho-sozialen Modell und den Wechselwirkungen der einzelnen Komponenten kann Vorteile der ICF erschließen. Allerdings kann es vorteilhaft sein, auch einzelne Items konkret z.B. zur Unterstützung einer systematischen Erfassung der Teilhabesituation des Patienten und bei der entsprechenden rehabilitationsrelevanten Falldarstellung zu nutzen.

3. ICF-Anwendungsbeispiel

Verdeutlicht werden soll, wie und welche Informationen aus dem Krankenblatt des Vertragsarztes für die Verordnung von medizinischer Rehabilitation entsprechend der Reha-Richtlinie nach § 92 SGB V[1] strukturiert bzw. genutzt werden können.

Psychophysische Erschöpfung als Fallbeispiel für einen Reha-Antrag

Ein 42-jähriger Bauingenieur klagt seit 7 Monaten über vermehrte Müdigkeit nach geistigen Anstrengungen, häufig verbunden mit abnehmender Arbeitsleistung oder Effektivität bei der Bewältigung täglicher Aufgaben. Die geistige Ermüdbarkeit wird als unangenehmes Eindringen ablenkender Assoziationen oder Erinnerungen beschrieben, als Konzentrationsschwäche und allgemein ineffektives Denken.

Zudem berichtet er auch über aktuell auftretende andere unangenehme körperlichen Empfindungen wie Schwindelgefühl, Spannungskopfschmerz und allgemeine Unsicherheit.

Der Kontakt mit seinem 15jährigen Sohn fällt ihm zunehmend schwerer. Die Sorge über abnehmendes geistiges und körperliches Wohlbefinden, Reizbarkeit, Freudlosigkeit, Schlafstörungen, Depression und Angst haben ihn auf Anregung seiner Ehefrau endlich zu seinem Hausarzt geführt, der eine Neurasthenie (F48.0) diagnostiziert.

Bei bisheriger medikamentöser Therapie keine wesentliche Verbesserung. Kontext: Durch Erbschaft derzeit keine Geldsorgen, Ehefrau unterstützt ihn, beruflich nicht überfordert. Die Freunde und Kollegen „nerven" ihn derzeit. Der sonntägliche Kirchgang ist nur mit

---

[1] Nr. 5.

Mühe noch möglich. Das „Leben" macht ihm keinen Spaß mehr. Ambulante Therapie erst in 3 Monaten.
Wegen der Gesamtproblematik Antragstellung auf eine psychotherapeutisch-psychosomatische Reha-Maßnahme.

Abbildung 2: Psychosomatisches Fallbeispiel für einen Reha-Antrag

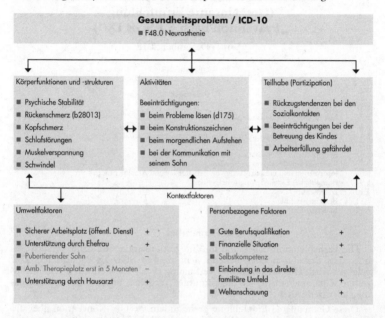

Förderfaktoren: +, Barrieren: –

Die Kontextfaktoren, die in **diesem** Fall in Abhängigkeit von den jeweils bedeutsamen Aspekten als Förderfaktoren identifiziert wurden, werden ICF-gemäß mit einem „+" gekennzeichnet, diejenigen, die als Barrieren erkannt wurden, jeweils mit einem „–". Nur beispielhaft wurden zwei Item-Kodes angegeben.

Zur Klarstellung: Es gibt keine zwingende Vorgabe, Fälle mit Hilfe dieser „Kästchen" darzustellen.

21g. Gemeinsame Empfehlung nach
§ 26 Abs. 2 Nr. 1 i.V.m. § 25 Abs. 1 Nr. 5 SGB IX,
damit Prävention entsprechend dem in
§ 3 SGB IX genannten Ziel erbracht wird[1) 2)]
(Gemeinsame Empfehlung
„Prävention nach § 3 SGB IX")

Vom 1. Dezember 2018

Inhalt

Präambel

Präambel

Die Rehabilitationsträger und die Integrationsämter sind dafür verantwortlich, dass Prävention entsprechend dem in § 3 SGB IX[3)] genannten Ziel geleistet wird. Die wirkungsvolle Verfolgung dieses Ziels erfordert eine rechtzeitige Zusammenarbeit, ein abgestimmtes Vorgehen und geeignete Maßnahmen aller Beteiligten.

Diese Gemeinsame Empfehlung greift zudem die UN-Konvention über die Rechte von Menschen mit Behinderungen (UN-BRK[4)]) auf, so dass eine Ausgestaltung und Weiterentwicklung der Prävention nach § 3 SGB IX auch im Sinne der UN-BRK[4)] sichergestellt wird.

Zu diesem Zweck vereinbaren

– die gesetzlichen Krankenkassen,

– die Bundesagentur für Arbeit,

– die Träger der gesetzlichen Unfallversicherung,

– die Träger der gesetzlichen Rentenversicherung,

[1)] Herausgeber: Bundesarbeitsgemeinschaft für Rehabilitation (BAR) e.V. Solmsstraße 18 | 60486 Frankfurt/Main | Telefon: +49 69 605018-0 | Telefax: +49 69 605018-29 info@bar-frankfurt.de | www.bar-frankfurt.de

[2)] Zu den Paragrafenverweisen auf das SGB IX beachte die Redaktionelle Anlage: „Gegenüberstellung SGB IX v. *19.6.2001* und SGB IX v. *23.12.2016*" (Nr. **22**).

[3)] Nr. **1**.

[4)] Auszugsweise abgedruckt unter Nr. **20**.

– die Sozialversicherung für Landwirtschaft, Forsten und Gartenbau als Träger der Alterssicherung der Landwirte, der landwirtschaftlichen Krankenversicherung und der landwirtschaftlichen Unfallversicherung,

– die Träger der Kriegsopferversorgung und die Träger der Kriegsopferfürsorge im Rahmen des Rechts der sozialen Entschädigung bei Gesundheitsschäden sowie

– die Integrationsämter in Bezug auf die Leistungen und sonstige Hilfen für schwerbehinderte Menschen die nachfolgende Gemeinsame Empfehlung.

Die Träger der Eingliederungshilfe[1)] und der öffentlichen Jugendhilfe orientieren sich bei der Wahrnehmung ihrer Aufgaben an dieser Gemeinsamen Empfehlung oder können ihr beitreten (vgl. § 26 Abs. 5 S. 2 SGB IX).

Der Deutsche Bundestag hat am 01.12.2016 zu dem von ihm verabschiedeten Gesetz zur Stärkung der Teilhabe und Selbstbestimmung von Menschen mit Behinderungen (Bundesteilhabegesetz – BTHG) den Entschließungsantrag der CDU/CSU und SPD angenommen. In Ziffer 5. „Stärkung des Betrieblichen Eingliederungsmanagements" heißt es:

„… Eine auf Ebene der Bundesarbeitsgemeinschaft für Rehabilitation abgeschlossene gemeinsame Empfehlung der Rehabilitationsträger zum Betrieblichen Eingliederungsmanagement, welche konkrete verfahrensrechtliche Mindeststandards verlangt, könnte für alle Verfahrensbeteiligte ein Anlass sein, die Suche nach dem für die betriebliche Situation geeigneten Verfahren aufzunehmen oder zu intensivieren und auf diesem Weg zugleich den präventiven Arbeitsschutz zu fördern. Dabei sollte insbesondere die Interessenlage kleiner und mittlerer Unternehmen berücksichtigt werden. Hier fehlt es häufig an den personellen und fachlichen Ressourcen, die für die Einführung eines Betrieblichen Eingliederungsmanagements notwendig sind. Das Bundesministerium für Arbeit und Soziales wird deshalb gebeten, die Bundesarbeitsgemeinschaft für Rehabilitation aufzufordern, eine entsprechende gemeinsame Empfehlung zum Betrieblichen Eingliederungsmanagement zu vereinbaren."
Die Rehabilitationsträger und Integrationsämter werden diese Entschließung im Wege der Umsetzung der Regelungsinhalte dieser Gemeinsamen Empfehlung weiterführend aufgreifen. Hierbei werden im Besonderen die Interessenslagen kleiner und mittlerer Unternehmen berücksichtigt.

§ 1 Anwendungsbereich. (1) [1]Prävention als Grundprinzip der sozialen Sicherung ist eine gesamtgesellschaftliche Aufgabe mit vielen Zuständigen und Verantwortlichen. [2]Nach § 3 SGB IX[2)] wirken die Rehabilitationsträger und Integrationsämter bei Aufklärung, Beratung, Auskunft und Ausführung von Leistungen sowie in Zusammenarbeit mit den Arbeitgebern im Rahmen des Betrieblichen Eingliederungsmanagements darauf hin, dass der Eintritt einer Behinderung einschließlich einer chronischen Krankheit vermieden wird. [3]Prävention nach § 3 SGB IX bildet somit ein der Rehabilitation vorgelagertes Handlungsfeld. [4]Ein zielgerichtetes Einwirken in diesem Sinne erfordert sowohl die Zusammenarbeit der Rehabilitationsträger untereinander und mit den

---

[1)] **Amtl. Anm.:** Bis 31.12.2019 treten die Träger der Sozialhilfe an die Stelle der Träger der Eingliederungshilfe als Rehabilitationsträger (Artikel 23 Nummer 10b) des Gesetzes zur Änderung des Bundesversorgungsgesetzes und anderer Vorschriften).
[2)] Nr. 1.

Integrationsämtern als auch die Zusammenarbeit der unterschiedlichen Fachbereiche innerhalb der Träger.

(2) [1] Die Aktivitäten der Rehabilitationsträger und Integrationsämter im Bereich der Prävention zielen darauf ab, dass Risikofaktoren, Gesundheitsgefährdungen und -probleme frühestmöglich identifiziert und aufgegriffen werden. [2] Prävention nach § 3 SGB IX bedeutet, Beeinträchtigungen der Teilhabe am Leben in der Gesellschaft vorherzusehen und ihnen aktiv entgegenzuwirken. [3] Bei einer bereits vorliegenden Behinderung ist eine mögliche (weitere) Beeinträchtigung der Gesundheits- bzw. Teilhabesituation zu verhindern. [4] Bezugspunkte für Prävention nach § 3 SGB IX sind die Bedarfs- und Lebenslagen des Individuums.

§ 2 Nationale Präventionsstrategie. (1) [1] Im Interesse einer wirksamen und zielgerichteten Zusammenarbeit auf dem Gebiet der Gesundheitsförderung und Prävention haben die gesetzliche Kranken-, Unfall-, Renten- sowie soziale Pflegeversicherung untereinander und mit den Zuständigen in den Lebenswelten und weiteren Sozialversicherungsträgern eine nationale Präventionsstrategie entwickelt. [2] Hierzu wurden bundeseinheitliche trägerübergreifende Rahmenempfehlungen (Bundesrahmenempfehlungen der nationalen Präventionskonferenz nach § 20d Abs. 3 SGB V) verabschiedet, deren wesentlicher Bezugspunkt die Lebenswelten sind. [3] Die formulierten Ziele und Zielgruppen schließen Menschen in jeder Lebensphase ein. [4] Gleichzeitig werden Risikogruppen wie nicht erwerbstätige Frauen und Männer, Kinder oder ältere Menschen mit gesundheitlichen Beeinträchtigungen oder ungünstigen sozialen Kontextfaktoren besonders berücksichtigt.

(2) [1] Die Rehabilitationsträger nach § 6 Abs. 1 Nr. 1 bis 4 und 6 SGB IX[1)] und ihre Verbände bringen die Erfahrungen zu dieser Gemeinsamen Empfehlung innerhalb der Nationalen Präventionskonferenz und den auf Landesebene aktiven Steuerungsgremien ein. [2] Sie wirken insbesondere mit der Zielstellung der Vermeidung von Beeinträchtigungen bei der Teilhabe am Leben in der Gesellschaft bei der Entwicklung und Umsetzung der nationalen Präventionsstrategie mit.

§ 3 Prinzipien der Prävention. (1) [1] Prävention nach § 3 SGB IX[1)] beabsichtigt grundsätzlich zum einen eine Verhältnismodifikation, also eine Beeinflussung der gesellschaftlichen Rahmenbedingungen sowie der Gesundheitsrisiken, die von den Lebens- und Arbeitsbedingungen ausgehen. [2] Zum anderen zielt sie auf eine Verhaltensmodifikation und Verbesserung der gesundheitlichen Situation, indem sie bei einzelnen Personen bzw. Gruppen von Personen ansetzt.

(2) [1] Die betroffenen Personen sind in die Planung von Präventionsmaßnahmen aktiv einzubeziehen und ihre generellen Gesundheitskompetenzen zu fördern. [2] Dies entspricht dem Grundprinzip der selbstbestimmten Teilhabe. [3] Dabei können auch Selbsthilfegruppen und Selbsthilfeorganisationen von chronisch kranken Menschen und Menschen mit Behinderungen sowie Selbsthilfekontaktstellen eine wichtige unterstützende Funktion ausüben.

(3) [1] Für den längerfristigen Erfolg von Präventionsmaßnahmen spielt die Motivation der beteiligten Personen, gesund und arbeitsfähig zu bleiben bzw.

[1)] Nr. 1.

zu werden, eine zentrale Rolle. [2] Gezielte Ansprachen durch die Rehabilitationsträger und Integrationsämter sollen gerade die Personen mit hohen gesundheitlichen Risiken motivieren und ihre Eigenverantwortung fördern.

§ 4 Berücksichtigung im Einzelfall relevanter Kontextfaktoren/ICF.

(1) [1] Die Prävention im Sinne des SGB IX[1]) basiert auf dem biopsychosozialen Modell der WHO. [2] Sowohl die Funktionsfähigkeit als auch die Behinderung eines Menschen werden hier als das Ergebnis einer komplexen Beziehung zwischen dem Menschen mit einem Gesundheitsproblem und seinen umwelt- und personenbezogenen Faktoren (Kontextfaktoren) betrachtet und mit Hilfe der Internationalen Klassifikation der Funktionsfähigkeit, Behinderung und Gesundheit (ICF)[2]) beschrieben.

(2) [1] Um Beeinträchtigungen der Teilhabe entgegenzuwirken, ist Prävention nach § 3 SGB IX insbesondere auch auf eine – im Lebens- und Erwerbsverlauf möglichst frühzeitige – Beeinflussung von Kontextfaktoren gerichtet. [2] Beeinflussung bedeutet sowohl die Vermeidung und den Abbau von Barrieren als auch den Aufbau und die Erhaltung von Ressourcen. [3] Hierbei werden gleichermaßen die individuellen Eigenschaften und Erfahrungen einer Person als auch ihre jeweilige soziale und physische Umwelt berücksichtigt.

(3) Die Rehabilitationsträger und Integrationsämter beziehen die individuellen Kontextfaktoren, sofern sie sich im Einzelfall günstig oder ungünstig auswirken, im Zuge ihrer Sachaufklärung, bei der Beratung und der Auswahl geeigneter Leistungen ein.

§ 5 Arbeit und Beschäftigung.

(1) [1] Diese Gemeinsame Empfehlung legt ihren Schwerpunkt auf den Lebensbereich der Arbeit und Beschäftigung. [2] Damit greift sie das in den Bundesrahmenempfehlungen (im Sinne von § 2) formulierte Ziel „Gesund leben und arbeiten" auf und fokussiert in diesem Bereich die selbstbestimmte Teilhabe sowie das ganzheitliche und bedarfsgerechte Zusammenspiel von Arbeitsschutz, Betrieblicher Gesundheitsförderung, Prävention, Rehabilitation und Teilhabe innerhalb eines inklusiven Arbeitsmarktes.

(2) [1] Die Möglichkeit zu arbeiten wirkt sich in vielfältiger Weise auf die Chancen zur Teilhabe am Leben in der Gesellschaft aus. [2] Die Förderung und der Erhalt von bzw. die (Wieder-)Eingliederung in Arbeit und Beschäftigung eröffnen Räume für die persönliche Entwicklung, Selbstverwirklichung, Erfolgserlebnisse und die Erfahrung, gebraucht zu werden. [3] Der Erwerb des eigenen Einkommens trägt wesentlich zur individuellen Ressourcenausstattung, materiellen Unabhängigkeit und damit zur Möglichkeit der Teilhabe am Leben in der Gesellschaft bei.

(3) [1] Menschen in Arbeit und Beschäftigung zu bringen sowie ihre Gesundheit und Arbeitsfähigkeit nachhaltig zu erhalten, ist das gemeinsame Ziel der Rehabilitationsträger und Integrationsämter. [2] Der Übergang von der Schule in den Beruf stellt im Erwerbsverlauf eine wichtige Phase dar. [3] Handlungsbedarf besteht in der Stärkung von Schulbildung sowie Berufsausbildung als Präventionsmaßnahme. [4] Bei der Förderung Jugendlicher mit schlechten Startchancen

---

[1]) Nr. **1**.
[2]) **Amtl. Anm.:** Nähere Einblicke in die Bedeutung und Anwendungsmöglichkeiten der ICF ermöglichen die bereits vorhandenen ICF-Praxisleitfäden der BAR

ist frühzeitig anzusetzen. [5] Unter demografischen Gesichtspunkten muss auch den Bedarfen älter werdender Belegschaften Rechnung getragen werden. [6] Besonderes Augenmerk ist zudem auf den immer bedeutender werdenden Bereich der psychischen Erkrankungen zu legen.

(4) [1] Menschen mit Behinderungen sind nicht per se in ihrer Leistungsfähigkeit eingeschränkt. [2] Sie zählen jedoch zu einer Bevölkerungsgruppe, die – zusätzlich zu individuellen gesundheitlichen Dispositionen – mit gesellschaftlichen und strukturellen Barrieren, negativen Zuschreibungen und Fehleinschätzungen konfrontiert ist. [3] In der UN-BRK[1] werden Konkretisierungen der Menschenrechte für die Lebenslagen von Menschen mit Behinderungen vorgenommen. [4] So ist die Sicherung der Verwirklichung des Rechts auf Arbeit unter anderem durch Unterstützung bei der Arbeitssuche, beim Erhalt und der Beibehaltung eines Arbeitsplatzes sowie beim beruflichen Wiedereinstieg zu fördern. [5] Zudem haben Menschen mit Behinderungen ein Recht auf die Gestaltung sicherer und gesunder Arbeitsbedingungen; es sind angemessene Vorkehrungen zu treffen sowie Programme für die berufliche Rehabilitation zu fördern.

§ 6 Prävention und Rehabilitation vor Rente und Pflege. (1) [1] Prävention nach § 3 SGB IX[2] ist ebenso wie die Rehabilitation darauf gerichtet, die Beschäftigungsfähigkeit zu erhalten sowie den vorzeitigen Eintritt von Pflegebedürftigkeit zu vermeiden und Zugängen in die Eingliederungshilfe frühzeitig entgegenzuwirken. [2] Prävention nach § 3 SGB IX bedeutet insbesondere ein Tätigwerden und Unterstützen bevor Rehabilitationsbedürftigkeit entsteht („Vorrang von Prävention") und ist damit neben der Rehabilitation ein eigenständiges Handlungsfeld. [3] Wenn besondere Gesundheitsgefährdungen vorliegen oder eine Gesundheitsproblematik bereits eingetreten ist, wird bedarfsweise eine Intervention verfolgt, die präventive und rehabilitative Leistungen sowie verschiedene Leistungsträger berücksichtigt. [4] In diesen Fällen ist die Erkennung, Ermittlung und Koordination des Gesamtbedarfs einzelfallbezogen auszurichten. [5] Die Rehabilitationsträger weisen im Rahmen ihrer Aufgabenerfüllung auf das Angebot der ergänzenden unabhängigen Teilhabeberatung hin.

(2) [1] Die frühzeitige und umfassende Identifizierung von Bedarfen und die Einleitung geeigneter Maßnahmen ist eine Aufgabe, die eine systematische Kommunikation und einen Erkenntnis- bzw. Wissenstransfer zwischen den Fachkräften der Prävention und der Rehabilitation erfordert. [2] Die Rehabilitationsträger und Integrationsämter fördern die Zusammenarbeit und Abstimmung zwischen Mitarbeitenden in diesen beiden Leistungsfeldern, sowohl innerhalb des eigenen Trägerbereiches als auch trägerübergreifend. [3] Sie stärken hierzu die Kompetenzen der Mitarbeitenden durch Fort- und Weiterbildungsangebote.

§ 7 Identifikation des Präventionsbedarfs. (1) [1] Der Präventionsbedarf ist in einem frühestmöglichen Stadium zu identifizieren. [2] Die Rehabilitationsträger und Integrationsämter unterstützen in Abstimmung untereinander und mit den anderen Beteiligten die Fortentwicklung, Verbreitung und Nutzung bestehender Instrumente und Frühwarnsysteme, die Prognosen über die Ent-

---

[1] Auszugsweise abgedruckt unter Nr. **20**.
[2] Nr. **1**.

stehung und den Verlauf chronischer Erkrankungen und Behinderungen ermöglichen, z.B.

– Screening-Verfahren (z.B. Fragebögen)
– work ability index (WAI)[1]
– Gefährdungsbeurteilung
– Gesundheitsberichte
– Gesundheitsorientierte Beratung
– Assessment-Instrumente
– Gesundheitsuntersuchungen
– arbeitsmedizinische Vorsorgeuntersuchungen
– Sozialversicherungsdaten
– Inklusionsvereinbarungen gem. § 166 SGB IX[2]
– Betriebliches Eingliederungsmanagement gem. § 167 SGB IX.

[3] Die Rehabilitationsträger und Integrationsämter tauschen sich über ihre Erfahrungen zu den eingesetzten oder auch geplanten neuen Instrumenten und Frühwarnsystemen fortgesetzt aus und entwickeln sie unter Nutzung der Möglichkeiten des biopsychosozialen Modells der WHO weiter. [4] Wo möglich, werden sie trägerübergreifend vereinheitlicht. [5] Darüber hinaus ist eine trägerübergreifende Verständigung auf Indikatoren und Sachverhalte weiter zu verfolgen, die es ermöglicht, dass präventive Beratungs- und Unterstützungsbedarfe frühestmöglich identifiziert und aufgegriffen werden.

(2) [1] Die Rehabilitationsträger und Integrationsämter unterstützen die Betriebe mit Hilfe der vorgenannten Instrumente, gesundheitliche Risiken, Risikofaktoren, strukturelle Barrieren, und Gesundheitspotenziale der Beschäftigten zu ermitteln. [2] Wichtige Partner für die Bedarfserkennung sind die Betriebs- und Werksärzte sowie die Interessenvertretung der Schwerbehinderten. [3] Ein aufmerksamer Blick auf alternskritische Arbeitsbereiche und -formen (z.B. Nacht- und Schichtarbeit) sowie Branchen bzw. Berufe, bei denen Verweildauern aus gesundheitlichen und motivationalen Gründen deutlich unterdurchschnittlich ausfallen (z.B. Pflege) oder die mit der Gefahr der vorzeitigen Erwerbsminderung einhergehen, ist dabei angezeigt.

(3) [1] Im Rahmen der Bedarfsermittlung und auch der weiteren Planung und Durchführung der Prävention nach § 3 SGB IX[2] ist die Vielfalt („Diversity") in Belegschaften zu beachten und eine Stigmatisierung bzw. Diskriminierung von Einzelpersonen oder Gruppen zu vermeiden. [2] Statistisch beobachtbare sozioökonomische, behinderungsbezogene, geschlechtsbezogene, ethnische, kulturelle und andere Zusammenhänge mit Mortalität und Morbidität deuten auf ungleich verteilte Gesundheits- und Teilhabechancen hin, denen mit besonderer Sensibilität begegnet werden muss.

§ 8 Information und Unterstützung von Arbeitgeber und Arbeitnehmer. (1) [1] Die Rehabilitationsträger und Integrationsämter wirken darauf hin, dass die Arbeitgeber und ihre Arbeitnehmer über die Möglichkeiten der Prävention informiert und zur Umsetzung in ihren Betrieben angeregt werden.

---

[1] **Amtl. Anm.:** Weitere Informationen zum WAI über die Bundesanstalt für Arbeitsschutz und Arbeitsmedizin (www.baua.de)
[2] Nr. 1.

[2] Nach Möglichkeit werden bei Informationsangeboten und -veranstaltungen weitere Träger mit einbezogen, um den Betrieben gemeinsam gegenüberzutreten.

(2) [1] Sie legen hierzu innerhalb ihrer Organisation fest, welche Stelle im Sinne einer Kontaktstelle Auskünfte und Beratung über eine weiterführende Unterstützung bei der Umsetzung leistet, z.B. Ansprechstellen nach § 12 SGB IX[1)], Koordinierungsstellen nach § 20b Abs. 3 SGB V. [2] Von diesen Stellen werden auch Auskünfte über die Leistungen der anderen Vereinbarungspartner gegeben und im Einzelfall der Kontakt vermittelt.

(3) Im Anhang zu dieser Gemeinsamen Empfehlung sind Beispiele für die Zusammenarbeit der Akteure im Sinne dieser Gemeinsamen Empfehlung in kurzer Form beschrieben.

§ 9 Betriebliches Eingliederungsmanagement. (1) [1] Arbeitgeber sind nach § 167 Abs. 2 SGB IX[1)] verpflichtet, ein Betriebliches Eingliederungsmanagement einzuführen für Beschäftigte, die länger als sechs Wochen im Jahr arbeitsunfähig sind. [2] Das Betriebliche Eingliederungsmanagement ist ein kooperativer organisierter Suchprozess, an dem die jeweils für Gesundheit und Teilhabe relevanten Akteure inner- und überbetrieblich zusammenwirken, um die Arbeitsunfähigkeit zu beenden und den Beschäftigten mit gesundheitlichen Problemen oder Behinderung möglichst dauerhaft auf einem geeigneten Arbeitsplatz einzusetzen. [3] Bei der Verarbeitung von Daten besitzt die Einhaltung des Grundsatzes der Erforderlichkeit eine außerordentliche Bedeutung.

(2) [1] Kommen Leistungen zur Teilhabe oder begleitende Hilfen im Arbeitsleben in Betracht, werden vom Arbeitgeber die Rehabilitationsträger und, im Zusammenhang mit schwerbehinderten oder diesen gleichgestellten Beschäftigten, das Integrationsamt hinzugezogen. [2] Diese wirken im Einzelfall darauf hin, dass Leistungen zur Teilhabe oder begleitende Hilfen unverzüglich beantragt und fristgerecht erbracht werden.

(3) [1] Die Rehabilitationsträger und Integrationsämter unterstützen die Arbeitgeber proaktiv bei der Implementierung des Betrieblichen Eingliederungsmanagements, ggf. als Bestandteil eines umfassenden Betrieblichen Gesundheitsmanagements. [2] Ziel sollte dabei sein, den für die Betriebe gesetzlich verpflichtenden Arbeitsschutz und das gesetzlich verpflichtende Betriebliche Eingliederungsmanagement ggf. mit einer für Betriebe freiwilligen Betrieblichen Gesundheitsförderung zu verzahnen.

(4) [1] Die Rehabilitationsträger und die Integrationsämter haben die Möglichkeit – auch unter Berücksichtigung der zur Verfügung stehenden Finanzmittel – Arbeitgeber bei Einführung eines Betrieblichen Eingliederungsmanagements mit einer Prämie oder einem Bonus zu fördern. [2] Hierzu stimmen sie sich gemeinsam über Voraussetzungen sowie Art und Umfang der Förderung ab.

§ 10 Datenschutz. [1] In Zusammenhang mit allen Aktivitäten und Maßnahmen zur Prävention nach § 3 SGB IX[1)] sind der Schutz der personenbezogenen Daten einschließlich der Sozialdaten sowie das Recht auf informationelle Selbstbestimmung im Rahmen der Wahrung der Persönlichkeitsrechte zu ge-

---

[1)] Nr. 1.

währleisten. [2]Bei der Weitergabe von Daten sind die Einwilligungserfordernis und der Grundsatz der Erforderlichkeit der Datenverarbeitung zu beachten.

§ 11 Berichterstattung. Die Rehabilitationsträger berichten im Rahmen des Zwei-Jahresberichts entsprechend § 26 Abs. 8 SGB IX[1)] und unter Berücksichtigung der Festlegungen im Ausschuss „Gemeinsame Empfehlungen" der Bundesarbeitsgemeinschaft für Rehabilitation von ihren Erfahrungen mit dieser Gemeinsamen Empfehlung; jedoch frühestens sechs Monate nach deren In-Kraft-Treten.

§ 12 In-Kraft-Treten. (1) Diese Gemeinsame Empfehlung tritt am 01.01. 2018 in Kraft und ersetzt die zuvor seit dem 01.04.2005 gültige Gemeinsame Empfehlung.

(2) [1]Die Vereinbarungspartner und die anderen Rehabilitationsträger werden auf der Ebene der Bundesarbeitsgemeinschaft für Rehabilitation in angemessenen Zeitabständen – unter Einbeziehung der Verbände behinderter Menschen einschließlich der Verbände der freien Wohlfahrtspflege, der Selbsthilfegruppen und der Interessenvertretungen behinderter Frauen – prüfen, ob diese Empfehlung auf Grund zwischenzeitlich gewonnener Erfahrungen und eingetretener Entwicklungen verbessert oder wesentlich veränderten Verhältnissen angepasst werden muss. [2]Für diesen Fall erklären die Vereinbarungspartner ihre Bereitschaft, unverzüglich an der Überarbeitung einer entsprechend zu ändernden Gemeinsamen Empfehlung mitzuwirken.

[1)] Nr. **1.**

21h. Gemeinsame Empfehlung zur Förderung der Selbsthilfe gemäß § 26 Abs. 2 Nr. 6 SGB IX[1])

Vom 1. Juli 2019

Inhalt

Präambel

Präambel

Die Selbsthilfe ist ein wichtiger und unentbehrlicher Bestandteil des Sozial- und Gesundheitssystems. Das Wesen der Selbsthilfe ist die wechselseitige Hilfe auf der Basis gleicher Betroffenheit. Um behinderten oder von Behinderung bedrohten Menschen eine gleichberechtigte Teilhabe am Leben in der Gesellschaft zu ermöglichen und hier insbesondere die Bedürfnisse behinderter oder von Behinderung bedrohter Frauen und Kinder nachdrücklich einzubringen (vgl. § 1 SGB IX[2]), ist die Selbsthilfe ein bedeutender Wirkungsfaktor. Im Sinne der UN-Konvention über die Rechte von Menschen mit Behinderung (UN-BRK[3]) wird in dieser Gemeinsamen Empfehlung Behinderung nicht als individuelles Schicksal verstanden. Zu den Menschen mit Behinderung zählen nach Art. 1 UN-BRK[4] vielmehr Menschen, die langfristige körperliche, seelische, geistige oder Sinnesbeeinträchtigungen haben, welche sie in Wechselwirkung mit verschiedenen Barrieren an der vollen, wirksamen und gleichberechtigten Teilhabe an der Gesellschaft hindern können.[5]

Die Selbsthilfe ergänzt nicht nur die Maßnahmen zur Rehabilitation und Teilhabe der Leistungsträger, sondern schließt eine Lücke zwischen den Angeboten von Leistungserbringern und Institutionen und den Bedürfnissen der unmittelbar betroffenen Menschen mit Behinderung. Charakteristikum und wesentlicher Vorzug der Selbsthilfe ist ihre Betroffenenkompetenz, die Akzeptanz bei den Adressaten schafft und niedrigschwellige Beratungs- und Hilfestrukturen ermöglicht. Diese spezifische Fachkompetenz, die auf der Kenntnis der Lebenssituation von Menschen mit Behinderung aufgrund unmittelbarer, eigener Erfahrung beruht, ermöglicht es, bedarfsgerechte und perspektivisch

---

[1]) Herausgeber: Bundesarbeitsgemeinschaft für Rehabilitation (BAR) e.V. Solmsstraße 18 | 60486 Frankfurt/Main | Telefon: +49 69 605018-0 | Telefax: +49 69 605018-29 info@bar-frankfurt.de | www.bar-frankfurt.de

[2]) Nr. 1.

[3]) Auszugsweise abgedruckt unter Nr. 20.

[4]) Nr. 20.

[5]) **Amtl. Anm.:** Aus Gründen der besseren Lesbarkeit wird nachfolgend die Formulierung „Menschen mit Behinderung" verwendet. Damit sind immer chronisch kranke und behinderte sowie von Behinderung bedrohte Menschen gemeint.

sinnvolle Hilfen zur Teilhabe zu ermitteln und einzuleiten. Selbsthilfeangebote sind in allen Phasen des Rehabilitationsprozesses von großer Bedeutung und wirken mit bei der dauerhaften Sicherung des Rehabilitationserfolgs. Für die besonderen Lebenslagen behinderter oder von Behinderung bedrohter Frauen und Kinder sind spezifische Beratungs- und Unterstützungsangebote der Selbsthilfe unverzichtbar und grundsätzlich zu fördern.

Der Gedanke der sozialen Inklusion ist ein tragender Grundsatz und Leitbegriff der UN-BRK[1] (Art. 3). Inklusion steht für die Offenheit eines gesellschaftlichen Systems in Bezug auf soziale Vielfalt. Es geht darum, gesellschaftliche Strukturen so zu gestalten, dass sie der realen Vielfalt menschlicher Lebenslagen von Beginn an gerecht werden. Um Menschen mit Behinderung in die Lage zu versetzen, ein Höchstmaß an Unabhängigkeit, umfassende körperliche, geistige und berufliche Fähigkeiten sowie die volle Einbeziehung in alle Aspekte des Lebens und die volle Teilhabe an allen Aspekten des Lebens zu erreichen und zu bewahren (Art. 26 UN-BRK[1]), bedarf es wirksamer und geeigneter Maßnahmen. Zu diesen gehört unbedingt auch die Unterstützung durch andere Menschen mit Behinderung. Im Nationalen Aktionsplan der Bundesregierung zur Umsetzung der UN-BRK[2] wird ausdrücklich die Bedeutung und Förderung der Selbsthilfe dargestellt.

Die Förderung der Selbsthilfe ist eine gesamtgesellschaftliche und damit eine Gemeinschaftsaufgabe aller Sozialleistungsträger, der öffentlichen Hand wie auch der privaten Kranken- und Pflegeversicherung.

Die Vereinbarungspartner unterstützen und fördern die Aktivitäten der Selbsthilfe zur Prävention, Rehabilitation, Früherkennung und Bewältigung von Krankheiten und Behinderungen sowie zur Verwirklichung von Selbstbestimmung und gleichberechtigter Teilhabe von Menschen mit Behinderung durch ideelle, infrastrukturelle und/oder finanzielle Hilfen nach ihren jeweiligen gesetzlichen Vorgaben. Die Vereinbarungspartner streben an, ihre Unterstützungsleistung barrierefrei zur Verfügung zu stellen. Auch die Selbsthilfe strebt eine größtmögliche Barrierefreiheit ihrer Angebote an.

Zu diesem Zweck vereinbaren

– die gesetzlichen Krankenkassen,

– die Träger der gesetzlichen Rentenversicherung,

– die Träger der gesetzlichen Unfallversicherung,

– die Bundesagentur für Arbeit sowie

– die Träger der Kriegsopferversorgung und -fürsorge im Rahmen des Rechts der sozialen Entschädigung bei Gesundheitsschäden

unter Beteiligung

– der Bundesarbeitsgemeinschaft SELBSTHILFE von Menschen mit Behinderung und chronischer Erkrankung und ihren Angehörigen e.V. (BAG SELBSTHILFE),

– der Deutschen Hauptstelle für Suchtfragen (DHS) e.V.,

– von Der PARITÄTISCHE Gesamtverband e.V.,

– der Interessenvertretung Selbstbestimmt Leben in Deutschland e.V. (ISL),

– der Fürst Donnersmarck-Stiftung,

---

[1] Nr. **20**.
[2] Auszugsweise abgedruckt unter Nr. **20**.

– der Nationalen Kontakt- und Informationsstelle zur Anregung und Unterstützung von Selbsthilfegruppen (NAKOS) und

– des Weibernetz e.V. (in Vertretung der Interessenvertretung von Frauen mit Behinderung)

die nachfolgende Gemeinsame Empfehlung gemäß § 26 Abs. 2 Nr. 6 SGB IX.

Die Träger der Eingliederungshilfe und der öffentlichen Jugendhilfe orientieren sich bei der Wahrnehmung ihrer Aufgaben an dieser Gemeinsamen Empfehlung oder können ihr beitreten (vgl. § 26 Abs. 5 Satz 2 SGB IX).

Die im Folgenden beschriebenen Empfehlungen sollen der einheitlichen Rechtsanwendung und Transparenz der Förderung dienen, für alle Beteiligten das Verfahren erleichtern und durch abgestimmte Entscheidungsstrukturen zu einer besseren Planungssicherheit für die Selbsthilfe beitragen. Eine flächendeckende und bedarfsgerechte Verteilung der Fördermittel für die jeweiligen Ebenen (Ort/Region, Land, Bund) und Bereiche (Selbsthilfegruppen, -organisationen und -kontaktstellen) der Selbsthilfe wird angestrebt.

Die Vereinbarungspartner und die Vertreter der Selbsthilfe begleiten die Umsetzung dieser Empfehlung.

§ 1 Rechtsgrundlagen. [1]Nach § 45 SGB IX[1] sollen die Rehabilitationsträger Selbsthilfegruppen, Selbsthilfeorganisationen und Selbsthilfekontaktstellen, die sich die Prävention, Rehabilitation, Früherkennung, Behandlung und Bewältigung von Krankheiten und Behinderungen sowie Beratung für Betroffene zum Ziel gesetzt haben, nach einheitlichen Grundsätzen fördern. [2]Diese Vorschrift begründet keine allgemeine Leistungspflicht. [3]Die Leistungsvoraussetzungen sind in den jeweiligen Leistungsgesetzen der Rehabilitationsträger geregelt. [4]Dies ist für die gesetzlichen Krankenkassen § 20h SGB V und für die gesetzliche Rentenversicherung § 31 Abs. 1 Nr. 3 SGB VI[2]. [5]Die Rechtsgrundlagen der verschiedenen Rehabilitationsträger zur Aufgabe „Förderung der Selbsthilfe" unterscheiden sich bisher. [6]Die **gesetzlichen Krankenkassen und ihre Verbände** fördern Selbsthilfegruppen, Selbsthilfeorganisationen und Selbsthilfekontaktstellen gemäß § 20h SGB V. [7]Die Förderung erfolgt auf Basis des „Leitfadens zur Selbsthilfeförderung – Grundsätze des GKV-Spitzenverbandes zur Förderung der Selbsthilfe gemäß § 20h SGB V vom 10. März 2000" in der jeweils gültigen Fassung. [8]Durch die **gesetzliche Rentenversicherung** können als sonstige Leistungen zur Teilhabe Zuwendungen für Einrichtungen erbracht werden, die auf dem Gebiet der Rehabilitation forschen oder die Rehabilitation fördern. [9]Bezogen auf den Bereich der Selbsthilfe bedeutet dies, dass von der Rentenversicherung eine Zuwendung nur dann erbracht werden darf, wenn das Vorhaben, für das eine finanzielle Förderung beantragt wird, einen engen Bezug zur Rehabilitation der Rentenversicherung aufweist. [10]Ziel der Rehabilitation der Rentenversicherung ist es, gesundheitlich beeinträchtigte Versicherte wieder in das Erwerbsleben zu integrieren. [11]Förderungsfähig sind daher nur solche Vorhaben, welche unmittelbar diesen gesetzlichen Versorgungsauftrag der Rentenversicherung betreffen. [12]Zuwendungen werden im Rahmen der Zuwendungsrichtlinien der Rentenversicherung erbracht. [13]Die Aufwendungen für Zuwendungen durch die gesetzliche Rentenversicherung sind, wie die anderen sonstigen Leistungen, von den zur Verfügung stehenden

---

[1] Nr. **1**.
[2] Nr. **6**.

Haushaltsmitteln abhängig. [14] Für die **Träger der Kriegsopferversorgung im Rahmen des Rechts der sozialen Entschädigung bei Gesundheitsschäden** gilt die Regelung des § 10 Abs. 6 Satz 2 BVG[1]. [15] Diese Vorschrift weist darauf hin, dass die Leistungen nach der Maßgabe des SGB V[2] erbracht werden. [16] Für die Erbringung sind nach § 18c Abs. 1 Satz 3 BVG[1] die gesetzlichen Krankenkassen zuständig. [17] Für die **Träger der Kriegsopferfürsorge im Rahmen des Rechts der sozialen Entschädigung** ist eine Förderung gem. § 27d Abs. 2 BVG[1] möglich. [18] Sie beinhaltet die Erbringung von Leistungen in Einzelfällen für die individuelle Teilnahme an Angeboten der Selbsthilfe. [19] Die Vorschriften der **gesetzlichen Unfallversicherung** (SGB VII[3]) enthalten keine expliziten Hinweise zur Förderung der Selbsthilfe. [20] Im Rahmen von § 39 Abs. 1 SGB VII[4] können einzelne Versicherte aber bei Bedarf zur Teilnahme an Angeboten der Selbsthilfe unterstützt werden. [21] Für die **Bundesagentur für Arbeit** ist im SGB III[5] keine explizite Vorschrift zur Förderung der Selbsthilfe enthalten. [22] Als Rehabilitationsträger unterstützt die Bundesagentur für Arbeit die Selbsthilfe ideell. [23] Für die **Sozialhilfeträger** ist im SGB XII[6] bisher keine explizite Vorschrift zur Förderung der Selbsthilfe enthalten. [24] § 4 Abs. 3 SGB VIII sieht vor, dass die **öffentliche Jugendhilfe** die freie Jugendhilfe nach Maßgabe des SGB VIII[7] fördern und dabei die verschiedenen Formen der Selbsthilfe stärken soll. [25] In der Praxis kommt diese Bestimmung vor allem bei der Unterstützung selbstorganisierter Formen der Tagesbetreuung und der Jugendarbeit für seelisch behinderte Kinder und Jugendliche zum Tragen. [26] In diesem Zusammenhang werden Leistungsangebote finanziell gefördert, nicht aber die Institution, d.h. die Jugendeinrichtung als solche. [27] Darüber hinaus gilt **für alle Rehabilitationsträger** die UN-BRK[8], insbesondere Art. 26 Abs. 1 S. 1 UN-BRK[9], in dem sich die Vertragsstaaten unter anderem zur Förderung der Selbsthilfe verpflichten.

§ 2 Empfänger der Förderung. Die Förderung der Selbsthilfe durch die Vereinbarungspartner betrifft die folgenden Selbsthilfestrukturen, wobei die gesetzlichen Vorschriften der einzelnen Sozialleistungsträger gelten und ein Rechtsanspruch nicht abgeleitet werden kann:

– Selbsthilfegruppen
   Selbsthilfegruppen sind freiwillige Zusammenschlüsse von Menschen auf örtlicher/regionaler Ebene, deren Aktivitäten sich auf die gemeinsame Bewältigung von Krankheiten und/oder Behinderungen, psychischen oder sozialen Problemen richten, von denen sie – entweder selbst oder als Angehörige – betroffen sind. Ziel ist die Verbesserung der persönlichen Lebensqualität, die Selbstbestimmung sowie die gleichberechtigte Teilhabe (Inklusion) von Menschen mit Behinderung. Die Gruppe ist dabei ein Mittel, die soziale und gesellschaftliche sowie die persönliche und seelische Isolation aufzuheben.

[1] Nr. 15.
[2] Auszugsweise abgedruckt unter Nr. 5.
[3] Auszugsweise abgedruckt unter Nr. 7.
[4] Nr. 7.
[5] Auszugsweise abgedruckt unter Nr. 4.
[6] Auszugsweise abgedruckt unter Nr. 11.
[7] Auszugsweise abgedruckt unter Nr. 8.
[8] Auszugsweise abgedruckt unter Nr. 20.
[9] Nr. 20.

Insbesondere bei der Nachsorge kommt den Selbsthilfegruppen eine große Bedeutung zu.

In Abgrenzung zu anderen Formen des bürgerschaftlichen Engagements richtet sich die regelmäßige Gruppenarbeit von Selbsthilfegruppen vor allem auf ihre Mitglieder und ist geprägt von gegenseitiger Unterstützung und entsprechendem Erfahrungsaustausch. Selbsthilfegruppen werden nicht von professionellen Mitarbeitern (z.B. Ärztinnen und Ärzten, Therapeutinnen und Therapeuten, anderen Gesundheits- oder Sozialberufen) geleitet. Dies schließt eine gelegentliche Hinzuziehung von Expertinnen und Experten zu bestimmten Fragestellungen nicht aus.

Selbsthilfegruppen wirken im örtlichen/regionalen Bereich in ihr soziales und politisches Umfeld hinein. Ihre Arbeit ist nicht auf materielle Gewinnerzielung ausgerichtet.

– Selbsthilfeorganisationen

Zu Selbsthilfeorganisationen/-verbänden haben sich Selbsthilfegruppen auf Landes- oder Bundesebene zusammengeschlossen, die auf eine oder mehrere Krankheiten und/oder Behinderungen, eine gemeinsame Krankheitsursache oder eine gemeinsame Krankheitsfolge ausgerichtet sind und deren Aktivitäten die Verwirklichung von Selbstbestimmung und gleichberechtigter Teilhabe von Menschen mit Behinderung zum Ziel haben. Selbsthilfeorganisationen haben gegenüber Selbsthilfegruppen meist größere Mitgliederzahlen. Sie sind in der Regel als eingetragener Verein organisiert und verfügen häufig über hauptamtliche Mitarbeiterinnen und Mitarbeiter.

Selbsthilfeorganisationen nehmen die regionale und eine überregionale Interessenvertretung für Menschen mit Behinderung und deren Angehörige wahr und verfügen meist über Kontakte zu Behörden, Sozialleistungsträgern, Trägern der Freien Wohlfahrtspflege, Leistungserbringern und zur Politik usw. Selbsthilfegruppen, Landes- und Bundesorganisationen der Gesundheitsselbsthilfe schließen sich auf den jeweiligen Handlungsebenen Ort, Land und Bund auch zu indikationsübergreifenden Selbsthilfeorganisationen oder Arbeitsgemeinschaften zusammen, die indikationsübergreifende Aspekte der Gesundheitsselbsthilfe bearbeiten.

Zu den Aufgaben der Selbsthilfeorganisationen gehören z.B.:

– Förderung des gegenseitigen Austausches unter betroffenen Menschen durch Vernetzung von Selbsthilfegruppen und darauf aufbauende Beratungsarbeit,

– Interessenvertretung im gesundheits- und sozialpolitischen Bereich,

– Öffentlichkeitsarbeit (z.B. Publikationen, Seminare, Fachtagungen, Internet) zur Information und Unterstützung der betroffenen Menschen sowie der ihnen angeschlossenen Untergliederungen.

Neben Dienstleistungen für die eigenen Mitglieder erbringen sie auch Beratungs- und Informationsleistungen für Dritte.

Selbsthilfeorganisationen arbeiten in Abgrenzung zu anderen Organisationen (z.B. Patientenberatungsstellen) bei ihrer Beratung immer mit Rückgriff auf das Selbsthilfeprinzip sowie die Betroffenenkompetenz der in der Selbsthilfe zusammengeschlossenen Menschen.

– Selbsthilfekontaktstellen

Selbsthilfekontaktstellen sind örtlich oder regional arbeitende professionelle Beratungseinrichtungen mit hauptamtlichen Mitarbeiterinnen und Mitarbeitern zur Unterstützung der Selbsthilfegruppen. Selbsthilfekontaktstellen stel-

len träger-, bereichs-, themen- und indikationsgruppenübergreifend Dienstleistungsangebote zur methodischen Anleitung, Unterstützung und Stabilisierung von Selbsthilfegruppen bereit. Sie unterstützen aktiv bei der Gruppengründung und vermitteln oder bieten z.B. infrastrukturelle Hilfen in Form von Gruppenräumen, Beratung oder supervisorische Begleitung in schwierigen Gruppensituationen oder bei Problemen an. Daneben existieren auch überregionale/bundesweite Strukturen von Selbsthilfekontaktstellen.
Eine Hauptzielgruppe von Selbsthilfekontaktstellen sind Menschen, die noch nicht Teilnehmer bzw. Mitglieder von Selbsthilfegruppen sind und sich über Möglichkeiten und Grenzen sowie über konkrete regionale Selbsthilfeangebote informieren und beraten lassen möchten. Selbsthilfekontaktstellen stärken die Kooperation und Zusammenarbeit von Selbsthilfegruppen und professionellen Mitarbeiterinnen und Mitarbeitern, vermitteln Kontakte und Kooperationspartner und fördern die Vernetzung der Angebote in der Region. Ihr Anliegen ist die Stärkung der Motivation, Eigenverantwortung und gegenseitigen freiwilligen Hilfe. Sie nehmen eine Wegweiserfunktion im System der gesundheitsbezogenen und sozialen Dienstleistungsangebote wahr und können dadurch zur Verbesserung der sozialen Infrastruktur beitragen.

§ 3 Voraussetzungen der Förderung. (1) [1]Die Vereinbarungspartner fördern nach Maßgabe des § 1 Selbsthilfegruppen, Selbsthilfeorganisationen und Selbsthilfekontaktstellen. [2]Eine Förderung setzt die Bereitschaft der Selbsthilfe zur partnerschaftlichen Zusammenarbeit mit den Vereinbarungspartnern voraus. [3]Die Selbsthilfearbeit ist neutral und unabhängig von wirtschaftlichen Interessen auszurichten. [4]Die Selbsthilfe trägt dafür Sorge, dass die inhaltliche Arbeit durch Wirtschaftsunternehmen nicht beeinflusst wird.
[5]Unabhängig von den unterschiedlichen Zielsetzungen, Arbeitsfeldern und organisatorischen Ebenen ergeben sich, ergänzt zu den unterschiedlichen gesetzlichen Fördergrundlagen, zum Teil unterschiedliche Fördervoraussetzungen (z.B. Richtlinien zur Förderung durch die Rentenversicherung, Leitfaden zur Selbsthilfeförderung der GKV).

– Selbsthilfegruppen:
  – Offenheit für neue Mitglieder und öffentliche Bekanntmachung des Selbsthilfeangebotes,
  – gesundheitsbezogene Selbsthilfeaktivitäten einschließlich der Verwirklichung gleichberechtigter Teilhabe und Selbstbestimmung von Menschen mit Behinderung im Rahmen ihrer (individuellen) Möglichkeiten,
  – Interessenwahrnehmung und -vertretung durch betroffene Menschen,
  – verlässliche/kontinuierliche Gruppenarbeit und Erreichbarkeit.
– Selbsthilfeorganisationen:
  – Offenheit für neue Mitglieder und öffentliche Bekanntmachung des Selbsthilfeangebotes,
  – gesundheitsbezogene Selbsthilfeaktivitäten einschließlich der Verwirklichung von Selbstbestimmung und gleichberechtigter Teilhabe von Menschen mit Behinderung stehen im Mittelpunkt der Arbeit,
  – Interessenwahrnehmung der von chronischer Krankheit und/oder Behinderung betroffenen Menschen,
  – verlässliche, kontinuierliche Verbandsarbeit mit geregelter Verantwortlichkeit und überprüfbarer Kassenführung,

787

– fachliche und organisatorische Unterstützung der örtlichen/regionalen Selbsthilfegruppen,
– Vorhandensein örtlicher/regionaler Selbsthilfegruppen.

[6] Die Eigenart oder der geringe Verbreitungsgrad einer chronischen Erkrankung oder Behinderung bzw. das Selbstverständnis oder die Zielgruppe einer Organisation führt teilweise dazu, dass keine Untergliederungen in Form von Landes- bzw. regionaler Selbsthilfestrukturen ausgebildet sind. [7] Dies ist bei der Prüfung der Voraussetzungen zu berücksichtigen.

– Selbsthilfekontaktstellen:
– Bereitstellung von bereichs-, themen- und indikationsgruppenübergreifenden Dienstleistungsangeboten für die örtlichen Selbsthilfegruppen,
– hauptamtliche Mitarbeiterinnen und Mitarbeiter,
– Erreichbarkeit durch regelmäßige Öffnungs- bzw. Sprechzeiten,
– Dokumentation der örtlichen/regionalen Selbsthilfegruppen, der geplanten Gruppengründungen bzw. der Interessentenwünsche,
– nachgewiesene Selbsthilfekontaktstellenarbeit von mindestens einem Jahr (Ausnahmen sind mit Begründung möglich),
– Vorliegen eines Finanzierungskonzeptes.

(2) Nicht gefördert werden Wohlfahrts- und Sozialverbände, Fördervereine und Arbeitsgruppen bzw. Arbeitskreise der Selbsthilfeorganisationen, Patientenberatungsstellen und Verbraucherverbände/-organisationen/-einrichtungen, stationäre und ambulante Hospizdienste, Berufs- und Fachverbände bzw. Fachgesellschaften, Kuratorien, Stiftungen, Netzwerke,[1] Bundes- bzw. Landesarbeitsgemeinschaften für Gesundheit/Gesundheitsförderung bzw. Landeszentralen für Gesundheit/Gesundheitsförderung, Landes- bzw. regionale Gesundheitskonferenzen, krankheitsspezifische Beratungseinrichtungen oder Kontaktstellen, ausschließlich im Internet agierende Initiativen, Kooperationsberatungsstellen für Selbsthilfegruppen und Ärzte der Kassenärztlichen Vereinigungen sowie alle Aktivitäten der Selbsthilfegruppen, -organisationen und -kontaktstellen, die nicht gesundheitsbezogen sind oder nicht die Verwirklichung von Selbstbestimmung und gleichberechtigter Teilhabe von Menschen mit Behinderung zum Ziel haben.

§ 4 Formen und Inhalte der Förderung. [1] Die zweckgebundene Förderung der Selbsthilfegruppen, Selbsthilfeorganisationen und Selbsthilfekontaktstellen erfolgt durch finanzielle Zuschüsse der Rehabilitationsträger in Form projektbezogener und/oder pauschaler Zuwendungen. [2] Daneben ist eine infrastrukturelle und ideelle Förderung durch alle Vereinbarungspartner möglich.
[3] Die finanzielle Förderung kann sich auf gezielte, zeitlich begrenzte Vorhaben und Aktionen von Selbsthilfegruppen, Selbsthilfeorganisationen und Selbsthilfekontaktstellen richten. [4] Sie kann auch für die finanzielle Unterstützung der gesundheitsbezogenen Arbeit von Selbsthilfegruppen, Selbsthilfeorganisationen

---

[1] **Amtl. Anm.:** In einigen Fällen führen Selbsthilfeorganisationen die Bezeichnung „Kuratorium", „Stiftung", „Förderverein" oder „Netzwerk". Dabei ist nicht erkennbar, ob der Antragsteller seinen Aufgabenschwerpunkt in der gesundheitsbezogenen Selbsthilfe hat und Selbsthilfestrukturen nach § 3 Abs. 1 vorhanden sind. Geht dies eindeutig aus den Antragsunterlagen hervor, kommt ggf. eine Förderung in Betracht. Es wird deshalb empfohlen, diese Antragsteller/Anträge besonders zu prüfen.

und Selbsthilfekontaktstellen zur Verwirklichung von Selbstbestimmung und gleichberechtigter Teilhabe von Menschen mit Behinderung in Form pauschaler Zuschüsse in Betracht kommen.
[5] Für eine **finanzielle Förderung** der Selbsthilfegruppen, Selbsthilfeorganisationen und Selbsthilfekontaktstellen kommen insbesondere in Betracht:

– Information, Aufklärung und Beratung der betroffenen Menschen, ihrer Angehörigen oder weiterer Interessierter,
– Qualifizierungsmaßnahmen für Ehrenamtliche, die im Zusammenhang mit der originären Selbsthilfearbeit stehen,
– Öffentlichkeitsarbeit und Durchführung von Veranstaltungen und Aktionen (z.B. Broschüren, Informationsmedien, Seminare, Selbsthilfetage, Fachtagungen),
– Zuschüsse zur Deckung sonstiger Ausgaben der Selbsthilfe (z.B. für Raumnutzung, Büromaterial, Telefon),
– Projektförderung einschließlich anteiliger Personal- und Sachkosten.

[6] Die Vereinbarungspartner können die Selbsthilfe **infrastrukturell** in Form von Dienst- und Sachleistungen unterstützen, indem sie z.B. Räume, Büroinfrastruktur, Kopien, Druck von Faltblättern, Hilfestellung bei sozialrechtlichen Fragen und sonstigen Problemstellungen, Vorträge im Rahmen von Veranstaltungen zur Verfügung stellen.
[7] Die **ideelle Förderung** zielt auf eine Haltung, in der die Akzeptanz der Selbsthilfe selbstverständlich ist und die Verbreitung von Informationen über die Rolle der Selbsthilfe ein konstruktiver Beitrag zur Rehabilitation und Selbstbestimmung sowie gesellschaftlichen Teilhabe wird. [8] Dies kann beispielsweise im Rahmen der Aktivitäten zur Öffentlichkeitsarbeit (z.B. Veröffentlichungen in Broschüren, Homepage) und der Beratung durch Hinweise auf Selbsthilfegruppen und deren Arbeit erfolgen. [9] Durch diese ideelle Förderung unterstützen die Vereinbarungspartner die Selbsthilfe insbesondere durch Kooperation und partnerschaftliche Zusammenarbeit.
[10] Die Vereinbarungspartner können die Selbsthilfe auch unmittelbar und konkret durch praktisches Handeln unterstützen.

§ 5 Umfang der Förderung. [1] Die finanzielle Förderung der Selbsthilfegruppen, Selbsthilfeorganisationen und Selbsthilfekontaktstellen durch die Rehabilitationsträger erfolgt bedarfsbezogen und angemessen.
[2] Ausgangspunkt der Förderung ist der Bedarf der antragstellenden Selbsthilfegruppe, Selbsthilfeorganisation oder Selbsthilfekontaktstelle. [3] Dieser Bedarf ist inhaltlich zu benennen und transparent zu machen.
[4] Bei der Vergabe der Fördermittel sind eine ausgewogene Verteilung sowie eine bedarfsgerechte Aufteilung auf die verschiedenen Förderebenen anzustreben.
[5] Eine Vollfinanzierung der gesamten Selbsthilfearbeit und -strukturen ist nicht möglich. [6] Den Grundsätzen der Wirtschaftlichkeit, Sparsamkeit, Eigenverantwortung und Solidarität ist Rechnung zu tragen.

§ 6 Förderverfahren. [1] Die Vereinbarungspartner verfolgen mit diesen Empfehlungen das Ziel, gemeinsam mit den Vertretern der Selbsthilfe die Selbsthilfeförderung und inhaltliche Zusammenarbeit als Gemeinschaftsaufgabe weiter zu entwickeln. [2] Hierzu empfiehlt sich unter Nutzung bestehender Strukturen die Einrichtung von Arbeitskreisen der Rehabilitationsträger auf unterschiedlichen Ebenen. ³Die Vertreter der Selbsthilfe und ggf. andere Förderer (z.B. die öffentliche Hand) sind zu beteiligen. ⁴Näheres zum Aufgabenprofil der Arbeitskreise regeln deren Mitglieder in einer gemeinsamen Geschäftsordnung bzw. Kooperationsvereinbarung. ⁵Ziel der Arbeitskreise auf den jeweiligen Förderebenen soll es sein, einvernehmliche Lösungen für die Förderpraxis zu entwickeln (z.B. Abstimmung über gemeinsame Antragsformulare, Antragsfristen, Verwendungsnachweise) und diese transparent zu machen. ⁶Die Arbeitskreise werden als wesentliches Element zur Umsetzung der mit diesen Empfehlungen verbundenen Intentionen angesehen.

§ 7 Dokumentation. ¹Zur Verbesserung der Transparenz der Selbsthilfeförderung empfehlen die Vereinbarungspartner und die Vertreter der Selbsthilfe die Dokumentation der Förderung und der Vergabepraxis unter Berücksichtigung der datenschutzrechtlichen Bestimmungen. ²Näheres dazu regeln die Partner in den o.a. Arbeitskreisen. ³Nach § 45 S. 2 SGB IX¹⁾ fließen die Daten der Rehabilitationsträger über Art und Höhe der Förderung der Selbsthilfe in den Bericht der Bundesarbeitsgemeinschaft für Rehabilitation nach § 41 SGB IX mit ein. ⁴Die Vereinbarungspartner informieren sich gegenseitig und tauschen ihre Erfahrungen zur Umsetzung der Förderung und zur Realisierung von Weiterentwicklungsmöglichkeiten innerhalb ihres Bereiches kontinuierlich aus.

§ 8 Inkrafttreten. (1) Diese Gemeinsame Empfehlung tritt am 01.07.2019 in Kraft und ersetzt die „Gemeinsame Empfehlung zur Förderung der Selbsthilfe gemäß § 13 Abs. 2 Nr. 6 SGB IX¹⁾" in der Fassung vom 23. Februar 2012.

(2) ¹Die Vereinbarungspartner und die anderen Rehabilitationsträger werden auf der Ebene der Bundesarbeitsgemeinschaft für Rehabilitation in angemessenen Zeitabständen unter Einbeziehung der Verbände behinderter Menschen einschließlich der Verbände der freien Wohlfahrtspflege, der Selbsthilfegruppen und der Interessenvertretungen behinderter Frauen sowie der für die Wahrnehmung der Interessen der ambulanten und stationären Rehabilitationseinrichtungen auf Bundesebene maßgeblichen Spitzenverbände prüfen, ob diese Empfehlung aufgrund zwischenzeitlich gewonnener Erfahrungen und eingetretener Entwicklungen verbessert oder wesentlich veränderten Verhältnissen angepasst werden muss. ²Für diesen Fall erklären die Vereinbarungspartner ihre Bereitschaft, unverzüglich an der Überarbeitung einer entsprechend zu ändernden Gemeinsamen Empfehlung mitzuwirken.

¹⁾ Nr. 1.

21i. Gemeinsame Empfehlung – Unterstützte Beschäftigung nach § 55 Abs. 6 SGB IX gemäß § 26 Abs. 6, 7 SGB IX[1)]

Vom 1. Januar 2021

Präambel

Unterstützte Beschäftigung ist ein wichtiges Instrument zur Umsetzung des gleichen Rechts auf Arbeit für Menschen mit Behinderungen nach Artikel 27 (Arbeit und Beschäftigung) der UN-Konvention über die Rechte von Menschen mit Behinderungen (UN-BRK[2)]). Es erweitert für Leistungsberechtigte mit besonderem Unterstützungsbedarf die Möglichkeiten, den Lebensunterhalt durch Arbeit zu verdienen, die in einem offenen, inklusiven und für Menschen mit Behinderungen[3)] zugänglichen Arbeitsmarkt und Arbeitsumfeld frei gewählt oder angenommen werden kann.

Durch die Gemeinsame Empfehlung sollen einheitliche und verbindliche Kriterien für die Qualitätsanforderungen und zu den Leistungsinhalten festgelegt und die Zusammenarbeit der Beteiligten geregelt werden.

Entsprechend den Regelungen des § 55 Abs. 6 SGB IX[4)] vereinbaren daher

- die Bundesagentur für Arbeit,
- die Träger der gesetzlichen Unfallversicherung,
- die Träger der gesetzlichen Rentenversicherung,[5)]
- die Träger der Kriegsopferversorgung und -fürsorge im Rahmen der sozialen Entschädigung bei Gesundheitsschäden[6)] sowie
- die Bundesarbeitsgemeinschaft der Integrationsämter und Hauptfürsorgestellen

unter Beteiligung der

- Bundesarbeitsgemeinschaft für Unterstütze Beschäftigung e.V. (BAG UB e.V.)
- Verbände von Menschen mit Behinderungen einschließlich der Verbände der Freien Wohlfahrtspflege, der Selbsthilfegruppen und der Interessenvertretung von Frauen mit Behinderungen sowie
- der für die Wahrnehmung der Interessen der ambulanten und stationären Rehabilitationseinrichtungen auf Bundesebene maßgeblichen Spitzenverbände

die nachfolgende Gemeinsame Empfehlung.

§ 1 Regelungsgegenstand der Gemeinsamen Empfehlung. [1]Gegenstand dieser Gemeinsamen Empfehlung ist die Konkretisierung und Weiterentwicklung der in § 55 Abs. 5 SGB IX[4)] genannten Qualitätsanforderungen an die Leistungs-

---

[1)] Empfehlungen und Vereinbarungen: Hrsg.: Bundesarbeitsgemeinschaft für Rehabilitation (BAR) e.V., Solmsstraße 18, 60486 Frankfurt a.M., Tel. (069) 60 50 18-0, Telefax (069) 60 50 18-29, E-mail: info@bar-frankfurt.de, Internet: http://www.bar-frankfurt.de.

[2)] Auszugsweise abgedruckt unter Nr. **20**.

[3)] **Amtl. Anm.:** Wenn in dieser Gemeinsamen Empfehlung der Begriff „Menschen mit Behinderungen" verwendet wird, schließt dieser auch von Behinderung bedrohte und chronisch kranke Menschen mit ein.

[4)] Nr. **1**.

[5)] **Amtl. Anm.:** Gilt nicht für die Landwirtschaftliche Alterskasse.

[6)] **Amtl. Anm.:** ab 1.1.1924: Träger der Sozialen Entschädigung

erbringer der Unterstützten Beschäftigung. [2] Dabei enthält die Gemeinsame Empfehlung auch Ausführungen zu Leistungsinhalten Unterstützter Beschäftigung und zur Zusammenarbeit der Vereinbarungspartner. [3] Ziel ist es, ein einheitlich hohes Niveau der Leistungserbringung bei gleichzeitiger Vergleichbarkeit der Leistungsangebote im Rahmen Unterstützter Beschäftigung zu erreichen.

§ 2 Zielgruppe der Unterstützten Beschäftigung. [1] Unterstützte Beschäftigung richtet sich an Menschen mit Behinderungen, die einen besonderen Unterstützungsbedarf haben, aber nicht oder nicht mehr das besondere Angebot einer Werkstattleistung benötigen. [2] Es handelt sich insofern um ein Angebot für Menschen mit Potenzial für eine Beschäftigung auf dem allgemeinen Arbeitsmarkt, für die eine Integration in eine versicherungspflichtige Beschäftigung mit anderen (inhaltlich weiterführenden) Teilhabeleistungen nicht, mit Leistungen nach § 55 SGB IX[1] jedoch möglich erscheint. [3] Zur Zielgruppe zählen:

- Menschen mit Lernbehinderungen im Grenzbereich zur geistigen Behinderung
- Menschen mit geistigen Behinderungen im Grenzbereich zur Lernbehinderung
- Menschen mit einer psychischen Beeinträchtigung und/oder Verhaltensauffälligkeiten
- Schulabgängerinnen und Schulabgänger mit Leistungsvermögen im Grenzbereich der Anforderungen des allgemeinen Arbeitsmarktes
- Erwachsene, die im Laufe ihres (Erwerbs-)Lebens z.B. eine psychische Erkrankung erworben haben oder aufgrund eines Unfalls erkrankt sind und deren Leistungsvermögen infolgedessen im Grenzbereich der Anforderungen des allgemeinen Arbeitsmarktes liegt
- Beschäftigte aus dem Arbeitsbereich nach Förderung des Überganges gemäß § 58 Abs. 2 Nr. 3 SGB IX, deren Leistungsvermögen so weit (wieder-)hergestellt ist, dass sie unter den üblichen Bedingungen des allgemeinen Arbeitsmarktes tätig werden können
- weitere Personen, für die Unterstützte Beschäftigung geeignet erscheint

§ 3 Ziele der Unterstützten Beschäftigung. [1] Nach § 55 Abs. 1 SGB IX[1] ist es das Ziel der Unterstützten Beschäftigung, Leistungsberechtigten mit besonderem Unterstützungsbedarf unter Berücksichtigung ihres Wunsch- und Wahlrechtes eine angemessene, geeignete und sozialversicherungspflichtige Beschäftigung zu ermöglichen und zu erhalten. [2] Daraus leiten sich insbesondere folgende Ziele ab:

1. Mehr Menschen mit Behinderungen sollen die Möglichkeit haben, im allgemeinen Arbeitsmarkt zu arbeiten, außerhalb von Werkstattleistungen.
2. Die Unterstützung durch den Leistungserbringer erfolgt individuell, arbeitsplatzbezogen, unmittelbar am Arbeitsplatz in Betrieben des allgemeinen Arbeitsmarktes und in direktem Kontakt mit betrieblichen Vorgesetzten sowie Kolleginnen und Kollegen[2] (Jobcoaching).
3. Die individuelle betriebliche Qualifizierung und die Berufsbegleitung von Leistungsberechtigten mit besonderem Unterstützungsbedarf zur Teilhabe am Arbeitsleben werden sichergestellt.

---

[1] Nr. 1.
[2] **Amtl. Anm.:** Sofern aus Gründen besserer Lesbarkeit an einzelnen Stellen bei Personenangaben lediglich die männliche Schreibweise erscheint, sind alle Geschlechter hier gleichermaßen erfasst.

[3] Leistungen der Unterstützten Beschäftigung dürfen jedoch nicht dazu führen, dass Menschen mit Behinderungen die berufliche Integration durch andere Teilhabeleistungen, insbesondere Berufsvorbereitung und Berufsausbildung oder Weiterbildung, nicht möglich ist.

§ 4 Unterstützte Beschäftigung und Zuständigkeiten der Leistungsträger.

(1) Unterstützte Beschäftigung ist ein umfassender Prozess von der Einstiegsphase bis zur nachhaltigen Arbeitsplatzsicherung im Rahmen eines Beschäftigungsverhältnisses und beinhaltet neben der individuellen betrieblichen Qualifizierung auch die im Einzelfall erforderliche Berufsbegleitung.

(2) [1] Für die individuelle betriebliche Qualifizierung können nach § 55 Abs. 2 SGB IX[1] die Bundesagentur für Arbeit, die Träger der gesetzlichen Unfallversicherung, die Träger der gesetzlichen Rentenversicherung sowie die Träger der Kriegsopferversorgung und -fürsorge im Rahmen der sozialen Entschädigung bei Gesundheitsschäden zuständig sein. [2] Die Förderdauer und Möglichkeit zur Verlängerung definiert § 55 Abs. 2 Satz 3 und 4 SGB IX.

(3) Für die Berufsbegleitung können nach § 55 Abs. 3 SGB IX das zuständige Integrationsamt, die Träger der gesetzlichen Unfallversicherung sowie die Träger der Kriegsopferversorgung und -fürsorge im Rahmen der sozialen Entschädigung bei Gesundheitsschäden[2] zuständig sein.

§ 5 Leistungsinhalte der individuellen betrieblichen Qualifizierung.

(1) Für die Durchführung der individuellen betrieblichen Qualifizierung (InbeQ) nach § 55 Abs. 2 SGB IX[1] sind die nachfolgenden Anforderungen maßgebend.

(2) [1] Die InbeQ umfasst drei Phasen mit folgenden Inhalten und Zielsetzungen:

- **Einstiegsphase:** Allgemeine berufliche Orientierung, Identifizierung (Feststellung) des besonderen Unterstützungsbedarfs, bei Bedarf möglichst frühzeitige betriebliche Erprobung der teilnehmenden Person und Akquise grundsätzlich geeigneter Qualifizierungsplätze auf der Basis vorhandener Eignungsdiagnostik, mit der Zielsetzung der erstmaligen Platzierung der teilnehmenden Person im Betrieb.

- **Qualifizierungsphase:** Vertiefende berufliche Orientierung und unterstützte Einarbeitung sowie Qualifizierung auf geeigneten Qualifizierungsplätzen mit einer individuellen beruflichen Perspektive durch die Gestaltung/Ausformung eines geeigneten Arbeitsplatzes,

- **Stabilisierungsphase:** Festigung im betrieblichen Alltag zur Realisierung einer dauerhaften Beschäftigung im Betrieb.

[2] Die Dauer der einzelnen Phasen ist grundsätzlich nicht festgelegt und orientiert sich an den Erfordernissen zur erfolgreichen Umsetzung der InbeQ. [3] Die Phasenübergänge gestalten sich fließend. [4] In allen Phasen ist eine ausreichende berufliche Orientierung und eine auf betrieblichen Erfahrungen beruhende berufliche Entscheidungsfindung zu sichern.

(3) [1] Die **Einstiegsphase** dient der Feststellung des individuellen Unterstützungsbedarfs, der Akquise grundsätzlich geeigneter Qualifizierungsplätze und beinhaltet alle Maßnahmen, die zur betrieblichen Erprobung und Vorbereitung

---

[1] Nr. 1.
[2] **Amtl. Anm.:** ab 1.1.1924: Träger der Sozialen Entschädigung

der teilnehmenden Person notwendig sind. [2] Hierzu zählen beispielsweise die Erarbeitung eines Tätigkeits- und Fähigkeitsprofils, die berufliche Orientierung und Festlegung auf ein erstes Berufsfeld sowie bei Bedarf das „Austesten" der Eignung und Neigung auf einem oder mehreren Erprobungsplätzen im Betrieb. [3] Die Einstiegsphase sollte in der Regel eine Dauer von acht Wochen nicht überschreiten. [4] In Einzelfällen ist eine Verlängerung dieser Phase möglich. [5] Die teilnehmerorientierte Vorbereitung kann auch das Erledigen von häuslichen Aufträgen durch die Teilnehmenden beinhalten. [6] Eine durchgehende Anwesenheit der Teilnehmenden in den Räumlichkeiten des Leistungserbringers in Vollzeit ist während der Einstiegsphase nicht zwingend notwendig. [7] Die Anwesenheit der Teilnehmenden beim Leistungserbringer sollte jedoch wöchentlich in der Regel 15 Stunden (inklusive Projekttag, vgl. Abs. 7) umfassen. [8] In der Einstiegsphase sollte die Anwesenheit der Teilnehmenden so gestaltet werden, dass die Überleitung in eine dem individuellen Leistungsvermögen arbeitszeitlich entsprechende Qualifizierungsphase erfolgreich sein kann. [9] Dabei gestalten sich die Präsenzzeiten durch eine Kombination von Anwesenheit beim Leistungserbringer und häuslichen Aufträgen. [10] Der Übergang von der Einstiegsphase in die Qualifizierungsphase erfolgt, sobald die teilnehmende Person beruflich und betrieblich so weit orientiert ist, dass sie erstmals auf einem geeigneten Qualifizierungsplatz in einem Betrieb entsprechend der Zielsetzung der InbeQ betrieblich qualifiziert wird.

(4) [1] Die **Qualifizierungsphase** umfasst im Schwerpunkt eine vertiefende berufliche Orientierung und die praxisorientierte Qualifizierung sowie Einarbeitung auf in der Regel mehreren betrieblichen Qualifizierungsplätzen in unterschiedlichen Betrieben und Arbeitsfeldern. [2] Ziel ist es, eine optimale Passung von individuellen Fähigkeiten und betrieblichen Anforderungen zu erreichen und somit den am besten geeigneten Arbeitsplatz zu identifizieren. [3] Zur nachhaltigen Förderung einer größtmöglichen Passgenauigkeit zwischen betrieblichem Anforderungs- und persönlichem Eignungsprofil ist eine möglichst kontinuierliche und vertiefende betriebliche Qualifizierung an einem potenziellen Beschäftigungsplatz anzustreben. [4] Dabei sind die Übernahmevoraussetzungen laufend zu überprüfen. [5] Jobcoaching am Qualifizierungsplatz stellt dabei das Kernelement dar, das mindestens einmal pro Woche vor Ort im Betrieb in persönlicher Abstimmung mit der leistungsberechtigten Person und einem Vertreter oder einer Vertreterin des Qualifizierungsbetriebs umgesetzt wird. [6] Bei einem Wechsel des Qualifizierungsbetriebs sind nach Möglichkeit nahtlose Übergänge zu organisieren. [7] Für eine im Einzelfall notwendige Übergangzeit ist die Unterstützung der teilnehmenden Person sicherzustellen. [8] Die individuelle Anwesenheitszeit richtet sich in diesem Fall an den Regelungen in der Einstiegsphase aus und ist zeitlich entsprechend zu gestalten. [9] Der Übergang von der Qualifizierungsphase in die Stabilisierungsphase erfolgt mit der abschließenden Gestaltung/Ausformung des identifizierten Arbeitsplatzes.

(5) [1] Die **Stabilisierungsphase** zielt auf die Integration der zu unterstützenden Person im betrieblichen Alltag und die Vorbereitung aller Beteiligten auf eine dauerhafte sozialversicherungspflichtige Beschäftigung im Betrieb ab. [2] Sie beginnt frühestens mit der Absichtserklärung des Arbeitgebers für eine Übernahme in ein sozialversicherungspflichtiges Beschäftigungsverhältnis. [3] Entsprechend ist die betriebliche Unterstützung durch den Leistungserbringer zu gestalten. [4] In dieser Phase wird auch die Brücke zur Berufsbegleitung und ggf. weiteren erforderlichen Teilhabeleistungen hergestellt. [5] Sollte sich im Einzelfall die Not-

wendigkeit eines Wechsels des Betriebes innerhalb der Stabilisierungsphase ergeben, ist das konkrete Vorgehen mit dem Rehabilitationsträger abzustimmen. [6] Grundsätzlich ist ein Wechsel aus der Stabilisierungsphase zurück in die Qualifizierungsphase möglich. [7] Hierbei sind die verbleibende individuelle Förderdauer, die möglichst nahtlose Platzierung in einem neuen Qualifizierungsbetrieb und die Erreichbarkeit des Maßnahmeziels einzelfallbezogen zu betrachten. [8] Die Teilnahme an der Maßnahme endet idealtypisch mit Aufnahme der versicherungspflichtigen Beschäftigung.

(6) [1] Die Ausführung der InbeQ im Betrieb erfolgt grundsätzlich in einem zeitlichen Umfang, der den im Betrieb maßgebenden Arbeits- und Pausenzeiten entspricht. [2] Dabei sind die betrieblichen Belange und die Voraussetzungen der teilnehmenden Person zu berücksichtigen. [3] Im Einvernehmen mit dem zuständigen Rehabilitationsträger kann im Einzelfall die Zahl der wöchentlichen Teilnahmestunden auf bis zu 15 Stunden reduziert werden, wenn dies aus Gründen notwendig ist, die in der Person des bzw. der Teilnehmenden liegen (Auswirkungen von Art oder Schwere der Behinderung, persönliche Bindungen), das Erreichen des Maßnahmeziels dadurch aber nicht gefährdet ist.

(7) [1] Es sind ganztägige Projekttage (im Durchschnitt ein Projekttag pro Woche) für die Teilnehmenden durchzuführen. [2] Projekttage können insbesondere zur intensiven Bearbeitung bestimmter Themen auch zusammengefasst werden. [3] Schwerpunkte des Projekttags bilden neben einer Reflexion betrieblicher Erfahrungen insbesondere Themen zur Vermittlung berufsübergreifender Kenntnisse, Schlüsselqualifikationen sowie die Weiterentwicklung der Persönlichkeit. [4] Die Gestaltung des Projekttages hat sich dabei an den individuellen Bedürfnissen und Erfordernissen der Teilnehmenden zu orientieren; auch im Rahmen dieser Gruppenveranstaltung ist der Ansatz der Individualförderung zu berücksichtigen. [5] Die ganztägige Durchführung bezieht sich also auf die Gruppenveranstaltung in der Gesamtheit. [6] Um den individuellen Belangen zu entsprechen, kann im Einzelfall und nach Absprache mit dem Rehabilitationsträger auch eine kürzere Präsenzzeit bezogen auf Anzahl und Umfang der Projekttage vereinbart werden. [7] Dies gilt insbesondere in den Fällen, in denen keine vollschichtige Arbeitsfähigkeit vorliegt und auch die Anwesenheit im Betrieb nur in einem zeitlich reduzierten Umfang möglich ist.

(8) [1] Die InbeQ kombiniert Arbeits-, Beschäftigungs- und Bildungsprozesse. [2] Sie fördert auch die Weiterentwicklung der Persönlichkeit des Menschen mit Behinderungen, indem sie berufsübergreifende Lerninhalte und Schlüsselqualifikationen (Methoden-, Sozial- und Personalkompetenz) vermittelt und erweitert.

§ 6 Leistungsinhalte der Berufsbegleitung. (1) Für die Durchführung der Berufsbegleitung nach § 55 Abs. 3 sind die nachfolgenden Anforderungen maßgebend.

(2) [1] Die Berufsbegleitung setzt nach Begründung eines sozialversicherungspflichtigen Beschäftigungsverhältnisses ein mit dem Ziel, das bestehende Arbeitsverhältnis dauerhaft zu sichern. [2] Die Leistungen werden erbracht, solange und soweit sie wegen Art oder Schwere der Behinderung zur Sicherung des Beschäftigungsverhältnisses erforderlich sind.

(3) [1] Die Berufsbegleitung kann von Integrationsfachdiensten oder weiteren Leistungserbringern zur Teilhabe am Arbeitsleben durchgeführt werden, die von den nach § 55 Abs. 3 zuständigen gesetzlichen Leistungsträgern im Einzelfall beauftragt und finanziert werden. [2] Auf die Berufsbegleitung besteht ein Rechts-

anspruch. [3] Sie entspricht im Bereich der Integrationsämter inhaltlich weitgehend der psychosozialen Betreuung nach § 185 Abs. 2 Satz 4 SGB IX[1]). [4] Die Berufsbegleitung wird bei Bedarf durch beratende oder finanzielle Leistungen des für sie zuständigen gesetzlichen Leistungsträgers selbst ergänzt, bei den Integrationsämtern insbesondere durch alle übrigen Ermessensleistungen im Rahmen der begleitenden Hilfe im Arbeitsleben nach § 185 SGB IX.

(4) [1] Die Berufsbegleitung stellt eine prozessorientierte Unterstützung des Menschen mit Behinderungen und des Beschäftigungsbetriebes dar. [2] Erreicht und sichergestellt werden soll ein optimales Passungsverhältnis zwischen den Fähigkeiten der beschäftigten Person und den Anforderungen des Beschäftigungsverhältnisses. [3] Dabei sollen die beschäftigte Person und der Beschäftigungsbetrieb möglichst unabhängig von der Hilfe Dritter werden. [4] Ausgangspunkt jeder Unterstützungsleistung ist die Analyse des individuellen Unterstützungsbedarfs sowie der betrieblichen Situation unter Berücksichtigung der persönlichen, sozialen, gesundheitlichen und beruflichen Aspekte. [5] Der Leistungserbringer der Berufsbegleitung ist dabei als unparteiischer Unterstützer des zu sichernden Arbeitsverhältnisses tätig und berät und informiert den Menschen mit Behinderungen und seinen Arbeitgeber gleichberechtigt.

(5) [1] Eine individuelle Berufsbegleitung zur Sicherung des Arbeitsverhältnisses kann insbesondere bei nachfolgenden Anlässen angezeigt sein:

1. während der Probezeit
2. wenn das Arbeitsverhältnis befristet ist
3. wenn Nach- und Weiterqualifizierungen erforderlich sind
4. wenn die eigene betriebliche Rolle im Umgang mit Kollegen noch nicht gefunden ist
5. wenn der Mensch mit Behinderungen von Konflikten im Betrieb betroffen ist
6. wenn das Leistungsvermögen von den betrieblichen Anforderungen abweicht
7. wenn sich betriebliche Arbeitsabläufe ändern oder Ansprechpersonen wechseln
8. wenn psychische und/oder emotionale Instabilität vorliegen
9. wenn die vermittelte Person weiterhin eine Unterstützung benötigt
10. wenn die Verantwortlichen im Beschäftigungsbetrieb weiterhin Unterstützung benötigen

[2] Bei allen diesen und vergleichbaren Anlässen ist vom Leistungserbringer zu erheben, inwieweit eine weitere individuelle Berufsbegleitung (Art, Intensität, Dauer, Beteiligte) über den konkreten Anlass hinaus erforderlich ist. [3] Dies ist in einer begründeten Stellungnahme gegenüber dem zuständigen Leistungsträger differenziert darzulegen, die auch Maßnahmen zur Prävention in Absprache mit dem Menschen mit Behinderungen und dem Betrieb enthält. [4] Der Leistungsträger prüft die Stellungnahme und entscheidet im Einzelfall.

(6) [1] Die Inhalte und Maßnahmen der Berufsbegleitung richten sich nach den Erfordernissen des Einzelfalls. [2] Sie können eine individuelle Beratung, Unterstützung, Krisenintervention und Coaching des Leistungsberechtigten mit besonderem Unterstützungsbedarf am Arbeitsplatz sowie die einzelfallbezogene Beratung des Arbeitgebers umfassen. [3] Insbesondere sind dies Maßnahmen

---

[1]) Nr. **1**.

1. der Arbeitsdiagnostik,

2. des Trainings der sozialen und kommunikativen Kompetenzen,

3. der regelmäßigen Einzelfallberatung der Arbeitgeber und Arbeitnehmer auf unterschiedlichen Betriebsebenen,

4. zur Beratung bei Veränderungen der Arbeitsorganisation/Arbeitsbedingungen und die Begleitung ihrer Umsetzung,

5. zur Gewährleistung einer innerbetrieblichen personellen Unterstützung oder

6. zur Organisation eines Jobcoachings.

(7) Sofern Leistungen der Berufsbegleitung wegen fehlender Voraussetzungen nach § 55 Abs. 3 SGB IX nicht möglich sind, prüft der zuständige Rehabilitationsträger, ob anderweitige Leistungen zur Teilhabe am Arbeitsleben gewährt werden können.[1]

§ 7 Allgemeine Qualitätsanforderungen an den Leistungserbringer.

(1) [1]Die Anforderungen an die Qualität des Leistungserbringers entstehen aus den unter § 3 definierten Zielen. [2]Die Durchführung Unterstützter Beschäftigung erfolgt durch Integrationsfachdienste oder weitere Anbieter von Leistungen zur Teilhabe am Arbeitsleben, die über die erforderliche Leistungsfähigkeit verfügen, um die individuellen Bedarfe der Menschen mit Behinderungen qualitätsgesichert erfüllen zu können und damit in der Lage sind,

1. mehrere Menschen mit unterschiedlichen Behinderungen und unterschiedlichen Berufswünschen gleichzeitig bei der Einarbeitung und Qualifizierung auf betrieblichen Arbeitsplätzen zu unterstützen und

2. Qualifizierungsplätze für die Zusammenarbeit im Sinne der Leistungsberechtigten zu erschließen sowie Arbeitgeber bei der Beschäftigung von Menschen mit Behinderungen im Sinne einer nachhaltigen Arbeitsplatzsicherung zu unterstützen.

(2) Der Leistungserbringer hält Konzepte vor, in denen die Voraussetzungen und Strukturen zur Vermeidung von und Intervention bei Gewalt und Missbrauch, insbesondere gegen Frauen und Kinder mit Behinderungen, bei der Erbringung der Leistungsinhalte Unterstützter Beschäftigung beschrieben sind.

(3) [1]Der Leistungserbringer hat ein System des Qualitätsmanagements im Sinne des § 37 Abs. 2 Satz 1 SGB IX[2] anzuwenden, in das auch die Qualitätskriterien der European Union of Supported Employment (EUSE) einfließen sollen. [2]Um die Qualität der Leistungserbringung zu gewährleisten und kontinuierlich zu verbessern, sind die dazu notwendigen zielgerichteten Verfahren und Maßnahmen anhand der nachfolgenden Mindeststandards zu bestimmen.

(4) [1]Der Leistungserbringer hat sicherzustellen, dass bei der Erfüllung seiner Aufgabe die Vorgaben des Datenschutzes und der Informationssicherheit eingehalten werden. [2]Sofern nicht die berufliche Schweigepflicht im Sinne des § 203 StGB greift, sind entsprechende Geheimhaltungsvereinbarungen mit den Beschäftigten beim Leistungserbringer zu schließen.

---

[1] **Amtl. Anm.:** Der zuständige Rehabilitationsträger kann unter Berücksichtigung des individuellen Bedarfs für die Rehabilitation von Menschen ohne Schwerbehindertenstatus bzw. Gleichstellung z.B. eine Beauftragung des Integrationsfachdienstes (IFD) im Rahmen seiner Aufgabenstellung (§ 192 Abs. 4 SGB IX *[Nr. 1]*) prüfen. Näheres ist in der Gemeinsamen Empfehlung Integrationsfachdienste (GE IFD) nach § 196 Abs. 3 i.V.m. § 28 Abs. 1 Nr. 2 SGB IX *[Nr. 1]* geregelt.
[2] Nr. 1.

§ 8 Anforderungen an die Strukturqualität. (1) Anforderungen an die Organisation:

1. Der Leistungserbringer verfügt über ein teilhabeorientiertes Leitbild, das die Grundsätze und Wertvorstellungen für das Handeln des Leistungserbringers beschreibt. Die UN-Konvention über die Rechte von Menschen mit Behinderungen (UN-BRK[1]) und das SGB IX[2] bilden dazu die Grundlage.

2. Der Leistungserbringer und das für ihn arbeitende Personal vertreten ein ressourcenorientiertes Menschenbild, welches die Fähigkeiten von Menschen mit Behinderungen in den Vordergrund rückt sowie persönliche Entwicklungsmöglichkeiten und Selbstbestimmung anerkennt.

3. Der Leistungserbringer setzt sich dafür ein, die Rechte von benachteiligten Menschen zu schützen und zu fördern.

4. Der Leistungserbringer verfügt über ein Netzwerk vielfältiger, systematisch aufgebauter Arbeitgeberkontakte. Er ist in der Lage, individuell passende, betriebliche Qualifizierungsplätze akquirieren zu können. Das Arbeitgebernetzwerk wird kontinuierlich weiterentwickelt.

5. Arbeitgeber haben im Leistungserbringer einen Partner, der ihre betrieblichen Interessen aufgreift und lösungsorientiert mit den Interessen des Menschen mit Behinderungen abstimmt.

6. Das Konzept des Leistungserbringers präzisiert Zielsetzungen, Aufgabenverständnis, Organisation und Arbeitsweise.

7. Mit einer klaren Festlegung der Verantwortung für das Qualitätsmanagement (QM) passt der Leistungserbringer seine Aufbau- und Ablauforganisation kontinuierlich an die sich verändernden Umfeldanforderungen an und legt seinen Nutzen nach innen und außen dar. Der Leistungserbringer macht die Verantwortung der Leitung und der Führungskräfte für das QM transparent.

8. Professionelles und kompetentes Personal bringt auf allen Organisationsebenen des Leistungserbringers Qualitätsarbeit.

9. Der Leistungserbringer schafft Transparenz über seine Organisationsstruktur, die Art und Weise der Dokumentation, der Kontrolle und Steuerung, der Entwicklung der Qualitätsziele, der regelhaften Selbstüberprüfung (z.B. durch Fehlermanagement) wesentlicher Prozesse und der Beteiligung seiner Beschäftigten.

10. Der Leistungserbringer verfügt über Instrumente zur internen Ergebnismessung und -analyse, um die Ergebnisqualität sicherzustellen.

11. Der Leistungserbringer sichert die interne Kommunikation und Personalentwicklung insbesondere durch regelmäßige Supervision und Teambesprechungen sowie Fort- und Weiterbildung seiner Beschäftigten.

12. Der Leistungserbringer informiert den Leistungsträger durch regelmäßiges Berichtswesen über den Verlauf der Maßnahme.

(2) Personelle Anforderungen:

1. Der Leistungserbringer stellt sicher, dass zwei Drittel des eingesetzten Personals über mindestens ein Jahr Berufserfahrung mit der Zielgruppe und insbesondere bei der Unterstützung von Menschen mit Behinderungen in Betrieben bzw. im

---

[1] Auszugsweise abgedruckt unter Nr. **20**.
[2] Nr. **1**.

Jobcoaching verfügt. Es müssen insbesondere nachfolgende Kenntnisse gegeben bzw. Anforderungen erfüllt sein:

2. Im fachlichen Bereich Kenntnisse über
   a. Behinderungen und deren Auswirkungen auf das Arbeitsleben,
   b. arbeitsdiagnostische Verfahren,
   c. betriebliche Abläufe und Arbeitsplatzadaptionen, unter Berücksichtigung der verschiedenen Betriebskulturen,
   d. kompetente Zusammenarbeit mit Arbeitgebern,
   e. rechtliche Grundlagen und Fördermöglichkeiten,
   f. die Anfertigung von Dokumentationen und fachlichen Stellungnahmen,
   g. Jobcoaching-Methoden.

3. Pädagogische Qualifikationen beinhalten Kenntnisse und Fertigkeiten hinsichtlich:
   a. Lern- und Interventionsmethoden,
   b. Konflikterkennungs- und Lösungsstrategien,
   c. Gesprächsführungs- und Beratungskompetenz,
   d. Wissens- und Fertigkeitsvermittlung,
   e. Evaluieren und Stabilisieren von Entwicklungsprozessen sowie
   f. des Aufgreifens und Anstoßens von Entwicklungsmöglichkeiten.

4. Entsprechend den personellen Anforderungen kommt der Einsatz insbesondere von Berufsgruppen aus folgenden Bereichen in Betracht:
   a. Sozialpädagogik (Diplom, Bachelor, Master),
   b. Sozialarbeit (Diplom, Bachelor, Master),
   c. Heilpädagogik (Diplom, Bachelor, Master),
   d. Rehabilitations-, Sonderpädagogik (Diplom, Bachelor, Master),
   e. Pädagogik (Diplom, Bachelor, Master, Magister Artium) mit Studienschwerpunkt Pädagogik/Sozialarbeit oder Rehabilitations-, Sonderpädagogik,
   f. Ergotherapie,
   g. Psychologie (Diplom, Master)

5. Kenntnisse über den regionalen Arbeitsmarkt sowie Kompetenzen wie auch Erfahrungen in der Integrationsarbeit von Menschen mit Behinderungen in den ersten Arbeitsmarkt sind notwendig. In diesem Zusammenhang sind Kenntnisse über weitere regionale Beratungs- und Unterstützungsangebote vorzuhalten.

6. Der Leistungserbringer trägt dafür Sorge, dass das Personal durch Weiterbildung, Teambesprechungen und Supervision die Möglichkeit erhält, die vorstehenden Qualifikationen zu festigen und weiter auszubauen. Durch festangestelltes Personal stellt er sicher, dass in der Arbeit mit den einzelnen Teilnehmenden ein Wechsel so weit als möglich vermieden wird.

7. Das Zahlenverhältnis von Fachkräften zu Menschen mit Behinderungen beträgt bei InbeQ eins zu fünf. Bei der Berufsbegleitung richtet sich die Relation von Fachkräften zu Menschen mit Behinderungen nach den Erfordernissen der Einzelfälle.

(3) Anforderungen an Ausstattung und Lage:

1. Die räumliche und sächliche Ausstattung hat dem Stand der Technik sowie den einschlägigen gesetzlichen Vorgaben zu entsprechen.

2. Von besonderer Bedeutung ist die Barrierefreiheit der Angebote im Rahmen Unterstützter Beschäftigung. Der Leistungserbringer hat sicherzustellen, dass z.b. auch Teilnehmende mit einer schweren Gehbehinderung (u.a. auch Rollstuhlfahrer), mit einer Erblindung oder schweren Sehbehinderung, gemäß den geltenden Vorschriften der Zugang zur Bildungsstätte sowie zu den Unterrichts- und Sozialräumen selbstständig möglich ist. Entsprechende Parkmöglichkeiten in unmittelbarer Nähe zum behindertengerechten Zugang sind vorzuhalten. Es ist weiterhin sicherzustellen, dass behindertengerechte Toiletten gemäß der einschlägigen DIN im erforderlichen Umfang zur Verfügung stehen. Auch auf die Erreichbarkeit mit öffentlichen Verkehrsmitteln ist zu achten.

(4) Anforderungen an die Vernetzung:

1. Stellt sich im Verlauf der Unterstützten Beschäftigung ein zusätzlicher Unterstützungsbedarf in anderen Lebensbereichen (z.B. Wohnen, Freizeit) heraus, wird in Absprache mit der leistungsberechtigten Person der Kontakt zu entsprechenden Beratungsstellen bzw. Unterstützungsangeboten eingeleitet.

2. Der Leistungserbringer beteiligt sich aktiv an regionaler Gremienarbeit und bringt die Belange von Menschen mit Behinderungen in Bezug auf das Thema Teilhabe am Arbeitsleben ein.

3. Durch kontinuierliche Öffentlichkeitsarbeit wird für die berufliche Integration von Menschen mit Behinderungen geworben.

4. Vernetzung mit den Unternehmen in der Region, grundsätzliche Überzeugung von Arbeitgebern vom Konzept der Unterstützten Beschäftigung

5. Vernetzung mit Organisationen und Anbietern aus den Bereichen Schule und Beruf in der Region. Der Leistungserbringer berücksichtigt, welche vorherigen Kenntnisse über berufliche Fähigkeiten und Interessen sowie welche konkreten betrieblichen Erfahrungen (z.B. Betriebspraktika und Arbeitstätigkeiten) bereits vorliegen, um diese für die Zielsetzung der Maßnahme Unterstützte Beschäftigung zu nutzen.

§ 9 Anforderungen an die Prozessqualität. (1) Berücksichtigung des Wunsch- und Wahlrechts und Beteiligung von Menschen mit Behinderungen:

1. Alle Aktivitäten richten sich an Eignung, Leistungsfähigkeit und Neigung der teilnehmenden Person aus und berücksichtigen die maßgeblichen Kontextfaktoren.[1] Alle Schritte, die zur Integration in den allgemeinen Arbeitsmarkt und zur langfristigen Sicherung des Arbeitsverhältnisses führen sollen, orientieren sich an den individuellen Bedürfnissen, sind mit der teilnehmenden Person zu erarbeiten und fließen in die Förderplanung ein (Wunsch- und Wahlrecht).

2. Die Internationale Klassifikation der Funktionsfähigkeit, Behinderung und Gesundheit (ICF) und das ihr zugrundeliegende bio-psycho-soziale Modell der WHO unterstützen eine umfassende Betrachtung von Gesundheitsproblemen und deren Auswirkungen im realen Lebens- und Arbeitskontext. Bei der Berücksichtigung der Einflüsse der umwelt- und personbezogenen Faktoren

---

[1] **Amtl. Anm.:** Näheres ist in der Arbeitshilfe Kontextfaktoren bei der Ermittlung von Teilhabebedarfen geregelt: www.bar-frankfurt.de/Service/Publikationen/Reha-Grundlagen

auf die Teilhabe als Förderfaktoren oder Barrieren ist die Sichtweise der teilnehmenden Person einzubeziehen.[1]

3. Leistungsberechtigte werden dementsprechend bei der Planung, Umsetzung und Auswertung von Leistungsinhalten durch den Leistungserbringer durchgehend beteiligt.

(2) Beratung von Menschen mit Behinderungen:

1. Der Mensch mit Behinderungen erhält alle nötigen Informationen in der für ihn angemessenen Form (z.B. bei Bedarf in Leichter Sprache oder durch den Einsatz von Gebärdensprachdolmetschern). Zugangsbarrieren werden dadurch reduziert, sodass der Mensch mit Behinderungen über die Inanspruchnahme des Leistungserbringers selbst entscheiden kann.

2. Der Mensch mit Behinderungen wird durch regelmäßige Reflexions- und Prozessgespräche aktiv am Integrationsprozess und damit verbundenen Entscheidungen beteiligt. Mit seinem Einverständnis kann auch sein soziales Umfeld einbezogen werden.

3. Für den Fall, dass die teilnehmende Person an InbeQ (noch) keinen Schwerbehindertenausweis hat, berät der Leistungserbringer diese über die möglichen Auswirkungen, Nachteilsausgleiche und Vorteile am Arbeitsmarkt, die mit der Ausstellung eines Schwerbehindertenausweises verbunden sind und unterstützt sie ggf. bei der Beantragung. Insbesondere macht er die teilnehmende Person auf die Möglichkeit einer kontinuierlichen Weiterbetreuung nach Arbeitsaufnahme bei anerkanntem Grad der Behinderung aufmerksam. Wird ein Grad der Behinderung von weniger als 50, aber wenigstens 30 festgestellt, berät er sie zu Fragen der Gleichstellung und unterstützt ggf. bei der Antragstellung.

(3) Fähigkeitsprofil und Prozessplanung:

1. Die beruflichen Interessen, Potenziale und Fähigkeiten des Menschen mit Behinderungen werden gemeinsam mit ihm erarbeitet und dokumentiert.

2. Der Mensch mit Behinderungen wird unterstützt, fundierte und realistische Entscheidungen hinsichtlich seiner Arbeit und beruflichen Zukunft zu treffen bzw. erfahrungsorientiert zu entwickeln.

3. Aktuelle Fähigkeiten und spezifische Entwicklungsmöglichkeiten des Menschen mit Behinderungen werden während des Integrationsprozesses laufend berücksichtigt. Selbstständiges Handeln wird unterstützt.

4. Der Leistungserbringer ist verantwortlich für die fortlaufende Dokumentation eines aussagekräftigen Interessen-, Fähigkeits- bzw. Entwicklungsprofils. Schwerpunkt bilden hierbei Stärken und Ressourcen des Menschen mit Behinderungen sowie ggf. förderliche Umweltfaktoren.

5. Auf der Basis des Interessen-, Fähigkeits- bzw. Entwicklungsprofils wird eine individuelle, flexible Prozessplanung gemeinsam mit dem Menschen mit Behinderungen ausgearbeitet, dokumentiert und fortgeschrieben (Ziele definieren, Wege festlegen, Maßnahmen umsetzen, Zielerreichung überprüfen, Ziele fortschreiben). Hierbei wird insbesondere das Ziel verfolgt, Stärken und Potenziale zu entdecken, aufzubauen und zu erweitern.

---

[1] **Amtl. Anm.**: Nähere Einblicke in die Anwendungsmöglichkeiten und Bedeutung der ICF ermöglichen die bereits vorhandenen ICF-Publikationen und Praxisleitfäden unter www.bar-frankfurt.de/Service/Publikationen/Reha-Grundlagen

(4) Anforderungen an die Gestaltung und Entwicklung des Qualifizierungs- und Arbeitsplatzes:

1. Der Mensch mit Behinderungen wird bei der Suche nach dem bestmöglichen Qualifizierungs- bzw. Arbeitsplatz unterstützt. Im gesamten Unterstützungsprozess geht es um passgenaue Qualifizierung und Arbeitsplatzsicherung. Es ist die Aufgabe des Leistungserbringers, die betrieblichen Anforderungen und die Fähigkeiten des Menschen mit Behinderungen aufeinander abzustimmen.

2. Angemessenes Training und Jobcoaching im Betrieb durch den Leistungserbringer und Unterstützung durch zu benennende betriebliche Ansprechpersonen werden zur Verfügung gestellt, um eine bestmögliche Qualifizierung und Arbeitsplatzsicherung zu gewährleisten und Unabhängigkeit und Fortschritt am Qualifizierungs- bzw. Arbeitsplatz zu fördern.

3. Betriebliche Qualifizierungsplätze und Jobcoaching sind wichtige Schritte zur Erreichung dieses Ziels. Umfang, Dauer und Inhalte der Leistungen sind an den individuellen Bedarf anzupassen. Die Leistungen sind strukturiert vorzubereiten, zu begleiten und auszuwerten.

4. Die Prozessplanung zur passgenauen Abstimmung betrieblicher Anforderungen und individueller Fähigkeiten erfolgt transparent und kontinuierlich.

5. Soweit notwendig und vereinbart, kann die Unterstützung auch ergänzende außerbetriebliche Inhalte umfassen, die positiven Einfluss auf eine betriebliche Qualifizierung haben können (z.B. lebenspraktische Hilfen, Umgang mit Behörden, Methoden zur Stress- und Konfliktbewältigung, Krisenintervention).

(5) Anforderungen an die Arbeitgeberberatung:

1. Der Arbeitgeber wird über die Fähigkeiten, Pozentiale und den Unterstützungsbedarf des Menschen mit Behinderungen informiert und dafür sensibilisiert. Gemeinsam werden betriebliche Einsatz- und Entwicklungsmöglichkeiten erschlossen.

2. Der Arbeitgeber wird zu strukturellen, finanziellen, technischen und personellen Möglichkeiten der Arbeitsplatzgestaltung beraten und hat im Leistungserbringer einen Partner, der die betrieblichen Interessen aufgreift und lösungsorientiert mit den Interessen des Menschen mit Behinderungen abstimmt.

3. Schließt der Arbeitgeber mit einer teilnehmenden Person einen Arbeitsvertrag ab, achtet der Leistungserbringer vor allem auf folgende Kriterien:

   a. Eine ausreichende Passung von Anforderungen und Fähigkeiten ist sichergestellt. Dies beinhaltet auch die soziale Integration in den Betrieb.

   b. Der beschäftigten Person sollen Möglichkeiten der beruflichen Weiterentwicklung zur Verfügung stehen.

   c. Bei Bedarf steht die erforderliche weitergehende individuelle Unterstützung und Förderung zur Verfügung.

(6) Teilnahmebescheinigung:

Der teilnehmenden Person ist zum Abschluss der InbeQ eine aussagefähige Teilnahmebescheinigung in anspruchsvoller Form (z.B. auf Briefpapier mit dem Logo des Auftragnehmers) auszustellen und mit Stempel und Unterschrift zu versehen. In der Teilnahmebescheinigung müssen die vermittelten Inhalte/Qualifikationen und Betriebe aufgeführt sein, in denen die InbeQ absolviert wurde.

(7) Anforderungen an die Arbeitsplatzsicherung:

Alle erforderlichen Schritte zur nachhaltigen Sicherung eines sozialversicherungspflichtigen Arbeitsverhältnisses werden durch den Leistungserbringer der Berufsbegleitung in Absprache mit dem Beschäftigten, dem Betrieb und dem zuständigen Leistungsträger unternommen.

§ 10 Anforderungen an die Ergebnisqualität. (1) Die Ergebnisqualität misst
sich daran, inwieweit die gesetzlich vorgegebene Zielsetzung der Unterstützten
Beschäftigung, eine angemessene, geeignete und sozialversicherungspflichtige
Beschäftigung zu ermöglichen und zu erhalten, erreicht wurde.

(2) [1]Ergänzend zur Integrationswirkung einer sozialversicherungspflichtigen
Beschäftigung ist im Rahmen der Ergebnisqualität der Beitrag der Unterstützten
Beschäftigung insgesamt zur Umsetzung des Anspruchs auf Teilhabe am Arbeits-
leben zu berücksichtigen. [2]Hierzu zählt beispielsweise auch der Übergang in eine
Ausbildung.

(3) Sofern unter Beachtung der in der Gemeinsamen Empfehlung nach § 55
Abs. 6 SGB IX[1]) beschriebenen Leistungsinhalte und Leistungsanforderungen
keine sozialversicherungspflichtige Beschäftigung erreicht oder erhalten werden
kann, sind andere angemessene und geeignete Formen zur Teilhabe am Arbeitsleben abzubilden.

§ 11 Qualitätsprüfung und -weiterentwicklung. (1) [1]Die vom Leistungserbringer dokumentierten Qualitätsziele und -ergebnisse werden von den Leistungsträgern nach einheitlichen Kriterien regelmäßig geprüft und bewertet, um
erforderliche Schritte der Qualitätsweiterentwicklung festzulegen. [2]An dem Prozess der Entwicklung der Kriterien, der Prüfung und der Bewertung sind die
Leistungserbringer sowie die Menschen mit Behinderungen bzw. deren Interessenvertretungen zu beteiligen.

(2) Die Gemeinsame Empfehlung Qualitätssicherung nach § 37 Abs. 1 SGB
IX[1) 2)] stellt hierzu die gemeinsame Grundlage für die trägerübergreifende Ausgestaltung der Qualitätssicherung in der Praxis dar.

§ 12 Schulungen und Informationsveranstaltungen. (1) [1]Schulungen bzw.
Informationsveranstaltungen zur Leistungsform Unterstützte Beschäftigung sollten allen Beteiligten zugänglich sein. [2]Sie erleichtern das gemeinsame Verständnis
zu Inhalten und Zielen der Unterstützten Beschäftigung und fördern das institutionelle Zusammenwirken.

(2) Die zuständigen Leistungsträger ermöglichen, dass ihre Rehabilitations-
fachkräfte an Schulungsangeboten bzw. Informationsveranstaltungen zur Unterstützten Beschäftigung teilnehmen.

§ 13 Beauftragung des Leistungserbringers. (1) Die Beauftragung kann
durch den zuständigen Leistungsträger oder aufgrund eines bewilligten Persönlichen Budgets i.S.d. § 29 SGB IX[1)] durch die leistungsberechtigte Person erfolgen.

(2) [1]Die Art und Weise der Beauftragung eines Leistungserbringers unterliegt
dem Regelungsbereich des jeweils zuständigen Leistungsträgers. [2]Bei der Auswahl
des Leistungserbringers werden die angebotene Qualität und Leistungsfähigkeit
berücksichtigt. [3]Nach § 55 Abs. 5 SGB IX wird dabei insbesondere die erforderliche Leistungsfähigkeit des Leistungserbringers anhand der Konkretisierung und

---

[1)] Nr. 1.
[2)] **Amtl. Anm.:** Herausgegeben von der BAR unter www.bar-frankfurt.de

Weiterentwicklung der in §§ 5 bis 10 dieser Gemeinsamen Empfehlung dazu vereinbarten Qualitätsanforderungen geprüft. [4]Bei der Beauftragung des Leistungserbringers sollte von den beteiligten Leistungsträgern auch der Aspekt der Kontinuität der Leistungserbringung bei einem möglichen Wechsel des Leistungsträgers berücksichtigt werden.

(3) [1]Aus der Beauftragung eines Leistungserbringers durch einen Leistungsträger entsteht keine Bindungswirkung für einen anderen Leistungsträger. [2]Dies gilt auch für den Fall eines Wechsels der Zuständigkeit während der Leistungserbringung.

§ 14 Anforderungen an die Zusammenarbeit der verschiedenen Akteure. (1) [1]Die Zusammenarbeit der Leistungsträger untereinander sowie der Leistungsträger und Leistungserbringer als Akteure des Rehabilitationsprozesses im Rahmen der Unterstützten Beschäftigung ist für ein aufeinander abgestimmtes Vorgehen von hervorgehobener Bedeutung. [2]Die mit der Durchführung der Leistung verbundenen Anforderungen an die Zusammenarbeit sind in den Absätzen 2 bis 5 geregelt.

(2) Der Leistungserbringer informiert den für die InbeQ zuständigen Rehabilitationsträger unverzüglich über den Wechsel von der Einstiegs- in die Qualifizierungsphase sowie über den Übergang von der Qualifizierungs- in die Stabilisierungsphase im Rahmen der InbeQ.

(3) Wird während der InbeQ ein Bedarf für eine Berufsbegleitung im Sinne von § 6 oder für weitere Unterstützungs- oder Förderleistungen (z.B. ein Eingliederungszuschuss zur Aufnahme der Beschäftigung) festgestellt, klärt der Leistungserbringer zunächst die Fördermöglichkeiten mit dem für die jeweilige Leistung zuständigen Leistungsträger ab, um Arbeitgeber entsprechend beraten und informieren zu können.

(4) [1]Mit dem Beginn der Stabilisierungsphase organisiert der für die InbeQ zuständige Leistungserbringer mit dem zuständigen Rehabilitationsträger zeitnah ein Planungsgespräch unter Beteiligung der teilnehmenden Person, des ggf. zukünftigen Leistungserbringers (z.B. Integrationsfachdienst) sowie des für die sich ggf. anschließende Berufsbegleitung zuständigen Leistungsträgers. [2]Ziel des Planungsgespräches ist der reibungslose Übergang in ein sozialversicherungspflichtiges Beschäftigungsverhältnis. [3]Hierfür sind im Rahmen des Planungsgespräches konkrete Absprachen über das weitere Vorgehen zu treffen, insbesondere über den erforderlichen Bedarf einer Berufsbegleitung, den dafür zuständigen Leistungsträger und den Leistungserbringer. [4]Das Ergebnis des Planungsgespräches einschließlich der getroffenen Absprachen wird von dem für die InbeQ zuständigen Rehabilitationsträger protokolliert und den Beteiligten zeitnah zur Verfügung gestellt. [5]Der Leistungserbringer informiert anschließend den potenziellen Arbeitgeber über das weitere Vorgehen.

(5) Wird im Verlauf der InbeQ festgestellt, dass das Leistungsvermögen der teilnehmenden Person nicht für eine sozialversicherungspflichtige Beschäftigung auf dem allgemeinen Arbeitsmarkt ausreicht, wird der für die InbeQ zuständige Rehabilitationsträger umgehend vom Leistungserbringer informiert, damit der Übergang in eine andere Leistung zur Teilhabe (z.B. Leistungen im Eingangsverfahren/Berufsbildungsbereich einer WfbM bzw. bei einem anderen Leistungsanbieter oder als Budget für Ausbildung) zeitlich nahtlos eingeleitet werden kann.

(6) [1]Wird im Verlauf einer Berufsbegleitung, die sich beispielsweise an die InbeQ anschließt, festgestellt, dass eine Weiterbeschäftigung im Rahmen des

erreichten sozialversicherungspflichtigen Beschäftigungsverhältnisses nicht mehr möglich ist, informiert der Leistungserbringer umgehend den zuständigen Leistungsträger. [2]Dieser prüft notwendige Veranlassungen (z.B. das Hinwirken auf eine Antragstellung beim zuständigen Rehabilitationsträger oder die Durchführung einer Teilhabeplanung). [3]Damit soll sichergestellt werden, dass, falls im konkreten Einzelfall erforderlich, der Übergang in eine geeignete Leistung zur Teilhabe rechtzeitig geprüft und zeitlich nahtlos eingeleitet werden kann. [4]Das könnte zum Beispiel auch der Bedarf für eine erneute Teilnahme an einer InbeQ sein.

§ 15 Teilhabeplanung. (1) Sobald im konkreten Einzelfall Anlass zur Annahme besteht, dass

- mehrere gleichzeitig durchzuführende oder aufeinanderfolgende Leistungen zur Teilhabe (verschiedener Leistungsgruppen) oder
- mehrere Rehabilitationsträger oder Leistungen des Integrationsamtes zur Erreichung des Teilhabeziels erforderlich werden, oder
- die leistungsberechtigte Person dies wünscht, obwohl keine Leistungen verschiedener Leistungsgruppen oder mehrerer Rehabilitationsträger erforderlich sind,

fließen die im Wege der Zusammenarbeit (vgl. § 14) getroffenen Absprachen in das für diese Fälle gesetzlich geregelte Teilhabeplanverfahren nach §§ 19–23 SGB IX[1]) ein.

(2) Für die Umsetzung des gesetzlichen Teilhabeplanverfahrens sind die Regelungen der Gemeinsamen Empfehlung „Reha-Prozess"[2]) maßgeblich.

(3) [1]Verantwortlich für die Teilhabeplanung ist grundsätzlich der nach § 14 SGB IX leistende Rehabilitationsträger. [2]Sofern die leistungsberechtigte Person dem zustimmt, kann ein anderer Leistungsträger die Verantwortung für die Teilhabeplanung beispielsweise in dem Fall übernehmen, dass ein Integrationsamt nach § 22 Abs. 3 SGB IX beteiligt wird (vgl. § 52 GE „Reha-Prozess").

§ 16 Datenschutz. (1) [1]Der Schutz der personenbezogenen Daten einschließlich der Sozialdaten sowie das Recht auf informationelle Selbstbestimmung sind bei der Gestaltung der Verfahrensabläufe im Rahmen der Gemeinsamen Empfehlung Unterstützte Beschäftigung durch die beteiligten Leistungsträger und weiteren Akteure zu gewährleisten. [2]Personenbezogene Daten dürfen nur verarbeitet, insbesondere erhoben oder übermittelt (Art. 4 Nr. 2 EU-DSGVO) werden, sofern dies zur gesetzlichen Aufgabenerfüllung erforderlich bzw. durch einen gesetzlichen Erlaubnistatbestand gedeckt ist.

(2) [1]Im Rahmen der Information des Arbeitgebers im Sinne des § 9 Abs. 5 sind diesem lediglich Informationen, die im Sinne der Qualifizierung und Begleitung im Betrieb erforderlich sind, zur Verfügung zu stellen. [2]Die Übermittlung darf nur mit Einverständnis der teilnehmenden Person erfolgen.

(3) [1]Soweit sich die Regelungen dieser Gemeinsamen Empfehlung auf Datenverarbeitungen (z.B. Datenerhebung, -übermittlung) beziehen, ist dies ein Anhaltspunkt dafür, dass die Datenverarbeitungen aus fachlicher Sicht dem Grunde nach erforderlich sind für die Erfüllung der gesetzlichen Aufgaben nach § 55 SGB

---

[1]) Nr. **1**.
[2]) **Amtl. Anm.:** www.bar-frankfurt.de/Service/Publikationen/Reha-Vereinbarungen

IX[1] i.V.m. dem jeweiligen Leistungsgesetz. [2]Ungeachtet dessen ist stets im Einzelfall zu prüfen, welche der zur Verarbeitung vorgesehenen personenbezogenen Daten für die Aufgabenerfüllung konkret erforderlich sind. [3]Nähere Einzelheiten zur Umsetzung datenschutzrechtlicher Anforderungen werden in gesonderten Arbeitshilfen zum Datenschutz ausgeführt.[2]

§ 17 Inkrafttreten. (1) [1]Diese Gemeinsame Empfehlung tritt am 1. Oktober 2021 in der geänderten Fassung vom 26. Juli 2021 in Kraft. [2]Sie ersetzt die Gemeinsame Empfehlung nach § 38a Abs. 6 SGB IX[1] „Unterstützte Beschäftigung" vom 1. Dezember 2010, die entsprechend zum 1. Oktober 2021 außer Kraft tritt.

(2) Die Vereinbarungspartner teilen der Bundesarbeitsgemeinschaft für Rehabilitation in analoger Anwendung der Regelungen in § 26 Abs. 8 SGB IX ihre Erfahrungen mit dieser Gemeinsamen Empfehlung mit.

(3) [1]Die Vereinbarungspartner und die anderen Rehabilitationsträger werden auf der Ebene der Bundesarbeitsgemeinschaft für Rehabilitation in angemessenen Zeitabständen unter Einbeziehung der Verbände von Menschen mit Behinderungen einschließlich der Verbände der freien Wohlfahrtspflege, der Selbsthilfegruppen und der Interessenvertretung von Frauen mit Behinderungen sowie der für die Wahrnehmung der Interessen der ambulanten und stationären Rehabilitationseinrichtungen auf Bundesebene maßgeblichen Spitzenverbände prüfen, ob diese Empfehlung aufgrund zwischenzeitlich gewonnener Erfahrungen und eingetretener Entwicklungen verbessert oder wesentlich veränderten Verhältnissen angepasst werden muss. [2]Für diesen Fall erklären die Vereinbarungspartner ihre Bereitschaft, an der Überarbeitung einer entsprechend zu ändernden Gemeinsamen Empfehlung mitzuwirken.

---

[1] Nr. 1.
[2] **Amtl. Anm.:** www.bar-frankfurt.de/Themen/Reha-Prozess/Datenschutz

21j. Gemeinsame Empfehlung nach § 113 Abs. 2 SGB IX zur Inanspruchnahme der Integrationsfachdienste durch die Rehabilitationsträger, zur Zusammenarbeit und zur Finanzierung der Kosten, die dem Integrationsfachdienst bei der Wahrnehmung der Aufgaben der Rehabilitationsträger entstehen[1) 2)]

Vom 1. September 2016

Präambel

Die Integrationsfachdienste (IFD) stellen ein Beratungs- und Betreuungsangebot zur Unterstützung der Arbeitgeber und Arbeitnehmer bereit, das neben die schon vorhandenen Leistungen und eigenen Unterstützungsangebote der Vereinbarungspartner zur Teilhabe am Arbeitsleben tritt.

Hierbei werden die IFD Leistungsträger übergreifend tätig. Die IFD wirken mit den Rehabilitationsträgern und den Integrationsämtern darauf hin, dass die Beschäftigungssituation von Menschen mit Behinderung durch einen niederschwelligen Zugang zum IFD und durch dessen Aktivitäten im Rahmen der Prävention (§§ 3 und 84 SGB IX[3)]) verbessert wird. Ziel dieser Gemeinsamen Empfehlung ist die Schaffung einheitlicher und verbindlicher Kriterien zur Beauftragung, Verantwortung und Steuerung sowie zur Finanzierung und bedarfsgerechten Ausstattung der IFD.

Hierzu vereinbart die Bundesarbeitsgemeinschaft der Integrationsämter und Hauptfürsorgestellen mit

– der Bundesagentur für Arbeit,

– den Trägern der gesetzlichen Unfallversicherung,

– den Trägern der gesetzlichen Rentenversicherung[4)] und

– den Trägern der Kriegsopferversorgung und der Kriegsopferfürsorge im Rahmen des Rechts der sozialen Entschädigung bei Gesundheitsschäden

auf der Grundlage des § 113 Abs. 2 i.V.m. § 17 Abs. 1 Nr. 2 SGB IX nachfolgende Gemeinsame Empfehlung.[5)]

Nicht Gegenstand dieser Vereinbarung ist die Nutzung der IFD für schwerbehinderte Menschen im Rahmen der Aufgaben nach §§ 104 Abs. 1 Nr. 1 bis 3 und 110 Abs. 2 Nr. 1a und 1b SGB IX.

§ 1 Rechtsgrundlage. (1) [1]IFD sind Dienste Dritter, die nach § 109 SGB IX[3)] bei der Durchführung von Maßnahmen zur Teilhabe am Arbeits-

---

[1)] Empfehlungen und Vereinbarungen (Nr. 21a–21n): Hrsg.: Bundesarbeitsgemeinschaft für Rehabilitation (BAR) e.V., Solmsstraße 18, 60486 Frankfurt a.M., Tel. (069) 60 50 18-0, Telefax (069) 60 50 18-29, E-Mail: info@bar-frankfurt.de, Internet: www.bar-frankfurt.de.

[2)] Zu den Paragrafenverweisen auf das SGB IX beachte die Redaktionelle Anlage: „Gegenüberstellung SGB IX v. *19.6.2001* und SGB IX v. **23.12.2016**" (Nr. 22).

[3)] Nr. 1.

[4)] **Amtl. Anm.:** Gilt nicht für die landwirtschaftliche Alterskasse in der Sozialversicherung für Landwirtschaft, Forsten und Gartenbau

[5)] **Amtl. Anm.:** Das Land Rheinland-Pfalz hat, mit Verweis auf das Urteil des OLG Koblenz vom 04.02.2014 – 1 Verg 7/13, sein Benehmen nicht erklärt.

leben für von Behinderung bedrohte, behinderte und schwerbehinderte Menschen beteiligt werden. [2]Sie können nach § 33 Abs. 6 Nr. 8 SGB IX von den Rehabilitationsträgern im Rahmen ihrer jeweiligen Aufgabenstellung beauftragt werden.

(2) [1]Die Strukturverantwortung für die IFD liegt beim Integrationsamt. [2]Dieses legt Näheres zur Beauftragung, Zusammenarbeit, fachlichen Leitung, Aufsicht sowie zur Dokumentation, Qualitätssicherung und Ergebnisbeobachtung fest. [3]Das Integrationsamt schließt mit dem Träger des IFD einen Grundvertrag. [4]Die Verträge sollen im Interesse finanzieller Planungssicherheit auf eine Dauer von mindestens drei Jahren abgeschlossen werden. [5]Die Verantwortung für die Ausführung der Dienstleistung des IFD bleibt nach § 111 Abs. 1 Satz 2 SGB IX bei dem für den Einzelfall zuständigen Leistungsträger (Fallverantwortung). [6]Die Verantwortung des IFD-Trägers nach § 112 SGB IX bleibt davon unberührt.

(3) [1]Die Integrationsämter wirken nach § 111 Abs. 5 SGB IX darauf hin, dass die berufsbegleitenden und psychosozialen Dienste bei den von ihnen beauftragten IFD konzentriert werden. [2]Alle Aufgabenbereiche werden im IFD zu einem Leistungsträger übergreifenden Dienstleistungsangebot für arbeitsuchende und beschäftigte von Behinderung bedrohte, behinderte und schwerbehinderte Menschen, deren Arbeitgeber und deren sonstige Ansprechpartner zusammengefasst. [3]In der Regel soll in jedem Bezirk der Agenturen für Arbeit nur ein, alle Aufgabenbereiche und Zielgruppen umfassender, IFD vorgehalten werden. [4]Abweichende Regelungen sind auf Länderebene möglich.

§ 2 Zielgruppen und Aufgaben der IFD. (1) Die IFD beraten, begleiten und unterstützen nach § 109 Abs. 2–4 SGB IX[1]) arbeitsuchende und beschäftigte von Behinderung bedrohte, behinderte und schwerbehinderte Menschen mit einem besonderen Bedarf an arbeitsbegleitender Betreuung mit dem Ziel, diese auf geeignete Arbeitsplätze auf dem allgemeinen Arbeitsmarkt zu vermitteln, Arbeitsverhältnisse zu sichern und damit die Teilhabe am Arbeitsleben nachhaltig zu ermöglichen.

(2) Die IFD stehen in Zusammenarbeit mit den Rehabilitationsträgern und Integrationsämtern als Ansprechpartner den Arbeitgebern zur Verfügung, um diese zu beraten, über die erforderlichen Leistungen zu informieren, den Leistungsbedarf zu klären und bei der Beantragung zu unterstützen (§ 110 Abs. 2 Nr. 5 bis 8 SGB IX).

(3) Die IFD beraten Einrichtungen und Dienste der schulischen Bildung, der Krankenbehandlung und medizinischen Rehabilitation, der Erbringer von Leistungen zur Teilhabe am Arbeitsleben sowie deren Klientel und unterstützen frühzeitig bei Übergängen zum allgemeinen Arbeitsmarkt (§ 111 Abs. 3 SGB IX).

(4) [1]Die IFD unterstützen die Auftraggeber durch qualifizierte Einschätzungen der Neigungen, der Leistungsfähigkeit und Belastbarkeit, der Motivation und Leistungsbereitschaft der Klienten des IFD sowie des Förderbedarfs in Bezug auf notwendige Leistungen nach dem Sozialgesetzbuch. [2]Die IFD liefern mit fachdienstlichen Stellungnahmen entsprechende Entscheidungshilfen.

---

[1]) Nr. 1.

§ 3 Aufbau, Ausstattung und Entwicklung. (1) Die Integrationsämter sorgen im Rahmen ihrer Strukturverantwortung dafür, dass das komplette Dienstleistungsangebot nach § 110 SGB IX[1] für alle Personengruppen nach § 109 SGB IX sowie unter Einhaltung der fachlichen Anforderungen nach § 112 SGB IX im Sinne des § 17 Abs. 1 Nr. 2 SGB IX für alle Vereinbarungspartner vorgehalten wird.

(2) [1]Im Interesse der Planungssicherheit und bedarfsgerechten Ausstattung der IFD können regional Beauftragungskontingente zwischen Integrationsamt bzw. IFD und Rehabilitationsträgern vereinbart werden. [2]Die Rehabilitationsträger beobachten die Entwicklung der Bedarfe und werden die IFD entsprechend beauftragen.

§ 4 Beauftragung. (1) [1]Arbeitgeber sowie von Behinderung bedrohte, behinderte und schwerbehinderte Menschen sollen frühzeitig und unbürokratisch Beratung und Hilfestellung erhalten. [2]Dies gilt insbesondere für Übergänge aus Maßnahmen der Krankenbehandlung bzw. der medizinischen Rehabilitation zum allgemeinen Arbeitsmarkt im Sinne des § 11 SGB IX[1] sowie für entsprechende Übergänge aus schulischen Maßnahmen und aus Leistungen zur Teilhabe am Arbeitsleben.

(2) [1]Nimmt ein von Behinderung bedrohter, behinderter oder schwerbehinderter Mensch, ein Arbeitgeber oder eine sonstige Stelle (z.B. Klinik, Arzt, Rehabilitationseinrichtung oder Schule bzw. Werkstatt für behinderte Menschen) unmittelbar Kontakt mit dem IFD auf, erfolgt zunächst eine fachdienstliche Vorabklärung des Anliegens, der Zuständigkeit und der Kooperationsmöglichkeiten. [2]Eine qualifizierte Beratung sowie Integrationsbegleitung des von Behinderung bedrohten, behinderten oder schwerbehinderten Menschen ist nur mit einem Einzelfallauftrag des Integrationsamtes oder des Trägers der Leistungen zur Teilhabe am Arbeitsleben möglich. [3]Näheres zu Art, Umfang und Dauer der Unterstützungsleistung im Einzelfall legen die jeweiligen Auftraggeber in Abstimmung mit dem IFD fest. [4]Die Auftraggeber bleiben für die Ausführung der Leistung verantwortlich. [5]Das zuständige Integrationsamt erhält eine Mitteilung über den Auftrag.

(3) [1]Die IFD können im Einzelfall mit der Vermittlung und Berufsbegleitung oder mit einer fachdienstlichen Stellungnahme beauftragt werden. [2]Die Vermittlung beinhaltet u.a. die Erarbeitung realisierbarer beruflicher Ziele, die Akquise eines geeigneten Arbeitsplatzes, die Vorbereitung auf den Arbeitsplatz sowie eine 6-monatige Stabilisierungsphase zur Sicherung des Vermittlungserfolgs. [3]Die Stabilisierungsphase dient der Nachbetreuung und schließt bei Bedarf eine erforderliche Krisenintervention in den ersten sechs Monaten ein. [4]Berufsbegleitung beinhaltet u.a. die Begleitung und das Training am Arbeitsplatz, die Beratung bei Veränderung der Arbeitsorganisation/Arbeitsbedingungen oder die Beratung/Verhandlung mit verschiedenen Betriebsebenen. [5]Fachdienstliche Stellungnahmen dienen als Entscheidungsgrundlage für wichtige sozialrechtliche Verwaltungsentscheidungen, z.B. bei speziellen Behinderungsarten wie Schwerhörigkeit oder Blindheit.

---

[1] Nr. 1.

(4) ¹Die Regelungen über die Vorleistungen nach § 102 Abs. 6 Satz 3 und 4 SGB IX bleiben unberührt. ²Der vermutlich zuständige Leistungsträger ist umgehend zu unterrichten.

§ 5 Finanzierung. (1) ¹Die IFD werden für die Zielgruppe der schwerbehinderten Menschen durch die Integrationsämter flächen- und bedarfsdeckend eingerichtet, ausgestattet und nach einheitlichen Kriterien leistungsabhängig finanziert. ²Die Nutzung der IFD durch die Integrationsämter für schwerbehinderte Menschen wird aus Mitteln der Ausgleichsabgabe finanziert.

(2) ¹Die Inanspruchnahme der IFD durch die Rehabilitationsträger nach § 33 Abs. 6 Nr. 8 SGB IX[1] wird dem IFD pro Einzelfall vergütet. ²Die vereinbarten Vergütungspauschalen sind in der jeweils aktuellen Fassung als Anlage Bestandteil der Gemeinsamen Empfehlung. ³Die Höhen der Vergütungspauschalen werden alle zwei Jahre überprüft und falls notwendig durch einen Beschluss der Vereinbarungspartner angepasst.

(3) Zwischen Integrationsamt, IFD und Rehabilitationsträger können abweichende regionale Regelungen über die Zahlungsmodalitäten getroffen werden.

§ 6 Zusammenarbeit im Landeskoordinierungsausschuss und in den Koordinierungsausschüssen. (1) ¹Die Beteiligten auf Landesebene treffen sich im Rahmen des Landeskoordinierungsausschusses, um alle Fragen zur landesweiten Umsetzung der gemeinsamen Empfehlung und zur Entwicklung der IFD zu behandeln. ²Dies umfasst Fragen zur bedarfsorientierten Beauftragung, zur Zielgruppenpräsenz, zur personellen Ausstattung mit entsprechender behinderungsspezifischer Fachkompetenz, zur Ergebnisbewertung, zur Zielerreichung, zum Förderrecht und zur gemeinsamen Öffentlichkeitsarbeit. ³Das Integrationsamt als strukturverantwortlicher Auftraggeber lädt ein. ⁴Die Verbände behinderter Menschen einerseits sowie die IFD über deren Vertretungen andererseits sind durch jeweils eine(n) Vertreter(in) zu beteiligen.

(2) ¹Des Weiteren kann zur regionalen Abstimmung und Kooperation mit den Auftraggebern und Beteiligten pro IFD ein örtlicher Koordinierungsausschuss eingerichtet werden. ²Dieser begleitet insbesondere:

– die Umsetzung der Gemeinsamen Empfehlung vor Ort,
– die einheitliche Ausführung von Leistungen zur Teilhabe (insbesondere bei Komplexleistungen),
– die Auslastung des IFD,
– die Sicherung des niederschwelligen Zugangs zum IFD und
– die Beurteilung der Ergebnisse und der Zielerreichung.

§ 7 Dokumentation, Berichtswesen und Statistik. (1) Die Falldokumentation erfolgt nach einheitlichen Kriterien.

(2) ¹Der IFD dokumentiert alle wesentlichen Inhalte seiner Tätigkeit und erfasst die notwendigen personenbezogenen Daten der von Behinderung bedrohten, behinderten oder schwerbehinderten Menschen, für die er tätig wird. ²Ebenso erfasst er die Betriebe und sonstigen Kooperationspartner, mit denen

---

[1] Nr. 1.

er zusammenarbeitet. [3] Zur Beauftragung im Einzelfall sind Betreuungsmitteilungen, Zwischen- und Abschlussberichte erforderlich.

(3) [1] Daneben berichtet der IFD jährlich über seine Arbeit zusammenfassend. [2] Dabei erläutert er aus seiner Sicht das Arbeitsergebnis zielgruppenspezifisch sowie geschlechterdifferenziert und beschreibt die Entwicklung der regionalen Zusammenarbeit gemäß § 114 SGB IX[1]. [3] Die Zusammenstellung enthält Angaben zur Zahl der abgeschlossenen Fälle, differenziert nach Aufnahme einer Ausbildung, einer befristeten oder unbefristeten Beschäftigung, einer Beschäftigung in einem Integrationsprojekt oder in einer Werkstatt für behinderte Menschen.

§ 8 Qualitätssicherung. (1) Für die Qualitätssicherung gilt die Gemeinsame Empfehlung nach § 20 SGB IX[1] in der jeweils gültigen Fassung.

(2) [1] Das von der BIH in Abstimmung mit dem Bundesministerium für Arbeit und Soziales, den Trägern der beruflichen Rehabilitation und der Bundesarbeitsgemeinschaft für Unterstützte Beschäftigung entwickelte System für Qualitätsmanagement und -sicherung (KASSYS) wird genutzt. [2] Es regelt verbindliche Vorgaben für die Arbeit der beauftragten Dienste zur Struktur-, Prozess- und Ergebnisqualität, zum Berichtswesen, zum Dokumentationsverfahren und zur Überprüfung der Qualität der Leistungserbringung.

§ 9 Datenschutz. (1) [1] Die IFD sind nach § 35 SGB I und § 130 SGB IX[1] verpflichtet, die datenschutzrechtlichen Bestimmungen einzuhalten. [2] Dabei sind insbesondere nur Daten zu erheben, die für die Teilhabe am Arbeitsleben der Betroffenen erforderlich sind. [3] Die IFD dürfen persönliche und medizinische Daten der von Behinderung bedrohten, behinderten oder schwerbehinderten Menschen ohne deren Einwilligung nicht gegenüber Personen oder Institutionen, die nicht unmittelbar an dem Eingliederungsprozess beteiligt sind, bekannt geben. [4] Auf die Voraussetzungen des § 76 SGB X wird besonders hingewiesen. [5] Die IFD verpflichten sich, die zu betreuenden von Behinderung bedrohten, behinderten und schwerbehinderten Menschen darüber zu informieren, welche personenbezogenen Daten erhoben und verarbeitet werden. [6] Vor jeder Übermittlung entsprechender Daten werden sie auf das Widerspruchsrecht nach § 76 Abs. 2 SGB X hingewiesen.

(2) [1] Die von Behinderung bedrohten, behinderten oder schwerbehinderten Menschen sind zum Leistungsinhalt und zum Sozialdatenschutz durch die IFD zu Beginn der Zusammenarbeit aufzuklären. [2] Ein Merkblatt zur Beauftragung und zum Sozialdatenschutz ist auszuhändigen. [3] Der Erhalt und die Erläuterung dieses Merkblattes ist von den von Behinderung bedrohten, behinderten und schwerbehinderten Menschen nach § 2 Abs. 1 zu bestätigen und vom IFD zu dokumentieren.

(3) Die IFD haben die Betriebs- und Geschäftsdaten von Rehabilitationsträgern und Unternehmen, die im Rahmen der Aufgabenerledigung bekannt werden, geheim zu halten.

(4) [1] Der Träger des IFD haftet für seine Mitarbeiter und Beauftragten hinsichtlich der Einhaltung der datenschutzrechtlichen Vorschriften. [2] Die Mitarbeiter sind über ihre Pflichten nach §§ 67 ff SGB X zu belehren. [3] Die Belehrung der Mitarbeiter ist zu dokumentieren.

---

[1] Nr. 1.

§ 10 Berichterstattung. Die Rehabilitationsträger und Integrationsämter berichten im Rahmen des 2-Jahresberichts entsprechend § 13 Abs. 8 SGB IX[1]) und unter Berücksichtigung der Festlegungen im Ausschuss Gemeinsame Empfehlungen zu ihren Erfahrungen mit dieser Gemeinsamen Empfehlung; jedoch frühestens 6 Monate nach deren Inkrafttreten.

§ 11 Geltungsdauer. (1) [1]Die Gemeinsame Empfehlung tritt zum 01. September 2016 in Kraft. [2]Sie ersetzt die seit dem 01. Oktober 2009 gültige Gemeinsame Empfehlung und gilt nur für neu bewilligte Fälle ab Inkrafttreten.

(2) [1]Die Vereinbarungspartner werden auf Ebene der Bundesarbeitsgemeinschaft für Rehabilitation in angemessenen Zeitabständen unter Einbeziehung der Verbände behinderter Menschen einschließlich der Verbände der freien Wohlfahrtspflege, der Selbsthilfegruppen und der Interessenvertretung behinderter Frauen sowie der für die Wahrnehmung der Interessen der ambulanten und stationären Rehabilitationseinrichtungen auf Bundesebene maßgeblichen Spitzenverbände prüfen, ob die Vereinbarung aufgrund zwischenzeitlich gewonnener Erfahrungen verbessert oder wesentlich veränderten Verhältnissen angepasst werden muss. [2]Für diesen Fall erklären die Vereinbarungspartner ihre Bereitschaft, unverzüglich an der Überarbeitung einer entsprechenden zu ändernden Gemeinsamen Empfehlung mitzuwirken.

Anlage

Vergütungspauschalen

Die Vereinbarungspartner der Gemeinsamen Empfehlung „Integrationsfachdienste" verständigen sich auf folgende Vergütungen für die IFD für alle ab dem 01.09.2016 neu bewilligten Fälle:

(1) Die Inanspruchnahme des IFD wird mit einer monatlichen Pauschale vergütet. Angebrochene Monate werden voll bezahlt.

(2) Der Vermittlungsauftrag nach § 4 Abs. 3 wird mit 480,– € monatlich vergütet. Nach einer vierwöchigen Beschäftigungsdauer wird eine erste Sicherungsprämie von 960,– € gezahlt, nach erfolgreichem Ablauf der Probezeit wird eine zweite Sicherungsprämie von 1.920,– € gezahlt.

(3) Für die Berufsbegleitung beträgt die monatliche Pauschale 480,– €.

(4) Für das Einholen einer fachdienstlichen Stellungnahme gilt eine Vergütung von 480,– € als vereinbart, sofern nicht im Einzelfall vor Inanspruchnahme eine abweichende Regelung getroffen wird.

(5) Sofern Umsatzsteuerpflicht nachgewiesen ist, gelten die Beträge als Nettobeträge.

(6) Die Wiederaufnahme bereits abgeschlossener Fälle erfolgt nur mit Zustimmung des Leistungsträgers.

Die Anlage ist Bestandteil der Gemeinsamen Empfehlung „Integrationsfachdienste" und wird alle zwei Jahre überprüft. Stand 01.09.2016

---

[1]) Nr. 1.

21k. Gemeinsame Empfehlung „Einrichtungen für Leistungen zur Teilhabe am Arbeitsleben" nach § 35 SGB IX[1)][2)]

Vom 23. Februar 2012

Präambel

Nach § 35 Abs. 1 Satz 3 SGB IX[3)] konkretisieren die zuständigen Rehabilitationsträger in Gemeinsamen Empfehlungen nach den §§ 13 und 20 SGB IX die den Einrichtungen in § 35 SGB IX – insbesondere Abs. 1 Satz 2 – auferlegten Pflichten mit dem vorrangigen Ziel, über die Herstellung eines einheitlich sachgerechten Niveaus der Leistungserbringung unter Berücksichtigung von geschlechtsspezifischen Anforderungen die Eingliederung in eine dauerhafte Beschäftigung auf dem allgemeinen Arbeitsmarkt zu erreichen.

Auch unter Beachtung des Übereinkommens der Vereinten Nationen über die Rechte von Menschen mit Behinderung (UN-Behindertenrechtskonvention), insbesondere von deren Zielsetzung der Inklusion sowie der Förderung von Selbstständigkeit und Selbstbestimmung der betroffenen Menschen, vereinbaren dazu

- die Bundesagentur für Arbeit,
- die Träger der gesetzlichen Rentenversicherung,
- die Träger der gesetzlichen Unfallversicherung,
- die Träger der landwirtschaftlichen Unfallversicherung,
- die Träger der Kriegsopferversorgung/-fürsorge im Rahmen des Rechts der sozialen Entschädigung bei Gesundheitsschäden

unter Beteiligung

- der Bundesarbeitsgemeinschaft der Berufsbildungswerke,
- der Arbeitsgemeinschaft Deutsche Berufsförderungswerke,
- des Bundesarbeitskreises Berufsförderungswerke,
- der Bundesarbeitsgemeinschaft ambulante berufliche Rehabilitation,
- der Bundesarbeitsgemeinschaft Wohnortnahe berufliche Rehabilitationseinrichtungen,
- der Bundesarbeitsgemeinschaft Beruflicher Trainingszentren,
- der Bundesarbeitsgemeinschaft der medizinisch-beruflichen Rehabilitationseinrichtungen,
- der Bundesarbeitsgemeinschaft Werkstätten für behinderte Menschen

und

- des Sozialverbandes Deutschland (in Vertretung des Deutschen Behindertenrates),

---

[1)] Hrsg.: Bundesarbeitsgemeinschaft für Rehabilitation (BAR) e.V., Solmsstraße 18, 60486 Frankfurt a.M., Tel. (069) 60 50 18-0, Telefax (069) 60 50 18-29, E-mail: info@bar-frankfurt.de, Internet: http://www.bar-frankfurt.de.
[2)] Zu den Paragrafenverweisen auf das SGB IX beachte die Redaktionelle Anlage: „Gegenüberstellung SGB IX v. *19.6.2001* und SGB IX v. *23.12.2016*" (Nr. 22).
[3)] Nr. **1**.

– des Weibernetzes (in Vertretung der Interessenvertretung von Frauen mit Behinderung)

die nachfolgende Gemeinsame Empfehlung.

§ 1 Regelungsgegenstand und Anwendungsbereich. (1) [1]Gegenstand dieser Gemeinsamen Empfehlung ist die Benennung und nähere Beschreibung von Anforderungen an die Ausführung von Leistungen zur Teilhabe am Arbeitsleben durch bzw. in (§ 102 SGB III i.V.m. § 7 SGB IX[1]) Berufsbildungswerke(n), Berufsförderungswerke(n) und vergleichbare(n) Einrichtungen nach § 35 Abs. 1 Satz 1 SGB IX (im Folgenden als „Einrichtung/-en" bezeichnet) für behinderte Menschen, für die aufgrund Art oder Schwere ihrer Behinderung oder zur Sicherung des Rehabilitationserfolges diese Leistungen zur Teilhabe am Arbeitsleben erforderlich bzw. unerlässlich (§ 102 SGB III i.V.m. § 7 SGB IX) sind. [2]Dementsprechend werden insbesondere auch Anforderungen an Art und Umfang der besonderen Hilfen, die die Ausführung der Teilhabeleistungen in diesen Einrichtungen einschließlich etwaiger weiterer Standorte/Außenstellen, in besonderer Weise prägen, benannt und näher beschrieben. [3]Weiterhin werden nachfolgend Regelungen getroffen, wie das vorrangige Ziel erreicht werden kann, die Erwerbs-/Beschäftigungsfähigkeit von Menschen mit Behinderung zu erhalten, zu verbessern, oder (wieder)herzustellen und ihre Teilhabe am Arbeitsleben möglichst auf Dauer zu sichern (§ 33 Abs. 1 und 6 SGB IX).

(2) Für Werkstätten für behinderte Menschen gelten vorrangig die §§ 39ff., 136ff. SGB IX, die Werkstättenverordnung (WVO)[2] sowie die ergänzenden Regelungen der in § 142 Satz 2 SGB IX genannten Stellen und die Werkstätten-Mitwirkungsverordnung (WMVO)[3].

§ 2 Strukturmerkmale. (1) [1]Die Einrichtung hat einen festen Standort, an dem sie ihre Leistungen kontinuierlich anbietet und ausführt. [2]Die Einrichtung ist als solche konkret existent und folglich beschreibbar hinsichtlich Ort, behinderungsgerecht ausgestatteten Räumlichkeiten und Ausbildungsstätten, in denen die Leistungen konkret ausgeführt werden, weiterhin hinsichtlich technischer und personeller Ausstattung. [3]Betriebliche Phasen sind möglich; Näheres dazu wird in § 5 dieser Gemeinsamen Empfehlung ausgeführt. [4]Die erforderlichen personellen und sachlichen Ressourcen sind in der Einrichtung vorhanden. [5]Sie können durch vertraglich abgesicherte Kooperation mit Dritten ergänzt werden. [6]Die Kriterien dieser Gemeinsamen Empfehlung gelten auch für Außenstellen von Einrichtungen. [7]Die Außenstellen greifen auf verfügbare Ressourcen der Einrichtung zurück. [8]Dieser Rückgriff muss in angemessener Zeit für die Teilnehmenden möglich sein. [9]In Abhängigkeit der regionalen Besonderheiten erfolgt hierzu eine einvernehmliche Konkretisierung zwischen der Einrichtung und dem zuständigen regionalen Leistungsträger, wobei für den Anfahrtsweg für die Teilnehmenden eine Orientierungsgröße bis zu einer Stunde zugrundegelegt werden kann.

(2) [1]Die Einrichtung bietet unter Berücksichtigung von geschlechtsspezifischen Anforderungen an und erbringt strukturell verlässlich und qualitäts-

---

[1] Nr. **1.**
[2] Nr. **2c.**
[3] Nr. **2d.**

gesichert Leistungen zur Teilhabe am Arbeitsleben für behinderte Menschen mit besonderem Förder- und Unterstützungsbedarf i.S.v. § 1 Abs. 1 dieser Gemeinsamen Empfehlung. [2]Die Einrichtung fußt auf einer konzeptionell-integrativen Zielsetzung für Menschen mit Behinderung, die ihr das wesentliche Gepräge gibt. [3]Eine Spezialisierung auf bestimmte Zielgruppen ist möglich. [4]Die Einrichtung verfügt über die erforderliche Unterstützungsstruktur, u.a. in Form entsprechender Fachdienste (medizinisch, medizinisch-therapeutisch, pädagogisch/sozialpädagogisch, psychologisch etc.). [5]Zum Leistungsangebot, das auch die jeweils erforderlichen medizinischen, psychologischen und pädagogischen Hilfen einschließt, zählt als integraler Bestandteil auch ein teilnehmerbezogenes Eingliederungsmanagement. [6]Hierfür wird der verantwortliche Ansprechpartner/die verantwortliche Ansprechpartnerin in der Einrichtung jeweils konkret benannt.

(3) Grundlage des Leistungsangebotes und der Ausführung der Leistungen ist ein schriftlich abgefasstes Einrichtungs- und Leistungskonzept, das detaillierte Angaben u.a. zur Einrichtung, zu ihrem Eingliederungsmanagement, zum internen Qualitätsmanagement sowie verbindliche Leistungsbeschreibungen enthält (vgl. überdies auch Regelung in § 8).

(4) [1]Zur Förderung der Gesundheitskompetenz werden im Rahmen des Rehabilitationsauftrages von der Einrichtung für die gesamte Dauer der Maßnahme ausreichende Angebote vorgehalten bzw. organisiert. [2]Dazu gehören individuelle Entwicklungsprogramme, z.B. zum Umgang mit der Behinderung, zur Erlangung der Kompetenz, ein gesundes Leben zu führen, zur Ernährungsberatung, zu Aktivitäten zur Suchtprävention (z.B. in Bezug auf Alkohol und Rauchen), sowie ein Sport- und Freizeitangebot. [3]Darüber hinaus werden eigene Aktivitäten der Teilnehmenden initiiert und unterstützt. [4]Weiterhin werden verbindliche Regelungen zum Umgang mit gesundheitsschädigenden Genussmitteln aufgestellt.

(5) [1]Die Einrichtung gewährleistet die Beachtung der einschlägigen Regelungen und Anforderungen insbesondere hinsichtlich des Arbeitsschutzes (z.B. nach Arbeitssicherheitsgesetz, Arbeitsstättenverordnung i.V.m. der Arbeitsstättenrichtlinie der Berufsgenossenschaften, Gerätesicherheitsgesetz sowie den Brandschutzbestimmungen und gesetzlichen Vorgaben zum Rauchverbot sowie den jeweiligen Landesbauordnungen) und der Unfallverhütung (§§ 14ff. SGB VII); weitere zu beachtende Vorschriften sind beispielsweise die geltenden Regelungen zur Hygiene. [2]Den besonderen Bedürfnissen der Menschen mit Behinderung wird Rechnung getragen. [3]Die Einrichtung trägt Sorge dafür, dass diese Regelungen auch bei der Durchführung betrieblicher Phasen (vgl. § 5) beachtet werden.

§ 2a Verpflegung in den Zeiten der Leistungserbringung. [1]Die Einrichtung stellt sicher, dass den Teilnehmenden an jedem Tag der Ausführung einer Leistung ein ausgewogenes Mittagessen angeboten wird. [2]Das Angebot umfasst mindestens zwei täglich wechselnde Gerichte, darunter ein vegetarisches Gericht. [3]Krankheits- oder behinderungsbedingt notwendige Sonderverpflegung wird sichergestellt.

§ 2b Wohnen. (1) [1]Bietet die Einrichtung die Leistung „Wohnen/Internat" an, werden die Anforderungen zielgruppenspezifisch differenziert. [2]Als Standard werden für den Bereich Ersteingliederung Doppelzimmer und für den

Bereich Wiedereingliederung Einzelzimmer vorgesehen. [3]Andere geeignete Wohnformen, z.B. Wohngemeinschaften oder Wohngruppen außerhalb der Einrichtung, können grundsätzlich zugelassen werden. [4]Für Teilnehmende mit Kind wird adäquates Wohnen ermöglicht.

(2) Die Leistung „Wohnen" schließt auch Frühstück und Abendessen mit ein.

(3) Wohnen wird ermöglicht für die Gesamtdauer der Teilnahme, auch an Wochenenden sowie in besonders gelagerten Fällen (z.B. zur Sicherung des Teilhabeziels) auch in unterweisungsfreien Zeiten (Ferien).

(4) [1]Die Leistung „Wohnen" umfasst auch ein strukturiertes Angebot zu teilhabeorientierter Freizeitgestaltung (z.B. sportlich, kulturell), die im Umfang von mindestens fünf Zeitstunden pro Woche vorgehalten bzw. organisiert wird. [2]Vorhandene externe Angebote sind vorrangig einzubinden.

(5) Im Bereich der Ersteingliederung wird die erforderliche Aufsichtspflicht gewährleistet.

(6) Für die Leistung „Wohnen" wird eine Leistungsbeschreibung erstellt.

§ 3 Leitung und Fachpersonal. (1) [1]Die Einrichtung schafft durch die Gestaltung von Führung und Leitung die Grundlage für den Rehabilitationserfolg. [2]Die Führungskräfte der Einrichtung verfügen u.a. über Wissen und Erfahrung zu:

– verschiedenen Behinderungen und/oder chronischen Erkrankungen, behinderungsspezifisch unterschiedlichem Unterstützungsbedarf sowie der Förderung von Ressourcen und Kompetenzen von Menschen mit Behinderung,

– Aufgaben und Qualitätsanforderungen des eingesetzten Personals,

– Führung interdisziplinärer Teams,

– rechtlichen Vorgaben im Bereich der Leistungen zur Teilhabe am Arbeitsleben,

– Integrationsmanagement,

– Qualitätsmanagement.

(2) [1]Die Einrichtung verfügt – ausgerichtet an den besonderen Anforderungen im Hinblick auf § 35 SGB IX[1]) – über qualifiziertes, in der Rehabilitation und Teilhabe erfahrenes Fachpersonal. [2]Die Nachweise hierfür erfolgen über Schul-, Hochschul- und Ausbildungsabschlüsse (einschließlich Nachweis nicht formal erworbener Qualifikationen und besuchter Weiterbildungen). [3]Fachpersonal wird grundsätzlich eingesetzt in folgenden Disziplinen:

– Medizin,

– Psychologie,

– Sozialpädagogik,

– Qualifizierung/Ausbildung.

[4]Einrichtungen, die auf bestimmte Zielgruppen ausgerichtet sind, verfügen über die entsprechenden notwendigen Fachbereiche (z.B. medizinisch-therapeutischer Bereich).
[5]Das Fachpersonal mit Führungsverantwortung weist eine mindestens dreijährige Berufserfahrung in der Arbeit mit behinderten Menschen auf; sofern eine

---

[1]) Nr. 1.

Einrichtung auf eine bestimmte Zielgruppe (z.B. Menschen mit Sehbehinderung) ausgerichtet ist, muss von den drei Jahren mindestens ein Jahr Berufserfahrung in dem entsprechenden Bereich erworben worden sein. [6] Dies gilt auch für den überwiegenden Teil des übrigen Fachpersonals (mind. 70 % der jeweiligen Berufsgruppe). [7] Die Einrichtung stellt sicher, dass die Qualifikation des Fachpersonals für die Arbeit mit behinderten Menschen kontinuierlich durch Fort- und Weiterbildung aktuell gehalten wird. [8] Ferner wirkt sie darauf hin, dass auch entsprechendes Personal mit Behinderung beschäftigt wird und somit eine Unterstützung der Teilnehmenden auch durch andere Menschen mit Behinderung (peer support) in der Einrichtung erfolgt.

(3) [1] Die Einrichtung verfügt über einen angemessenen Stamm fest angestellten Fachpersonals. [2] Als Orientierungsgröße für den Beschäftigungsanteil fest angestellten Fachpersonals gilt eine Quote von 70 %.

(4) Die Einrichtung stellt eine interdisziplinäre Zusammenarbeit im gesamten Rehabilitationsprozess sicher (u.a. durch regelmäßige Teambesprechungen, Fallkonferenzen).

(5) Zur Sicherung der Qualität ist neben einem auf Kontinuität bauenden Personalmanagement das Personal angemessen zu vergüten.

§ 4 Aufgaben und Leistungen. (1) [1] Die Einrichtung erbringt die für die Ausführung der Teilhabeleistungen notwendigen berufsqualifizierenden, pädagogischen, medizinischen, psychologischen Leistungen und stellt deren interdisziplinäres Zusammenwirken sicher. [2] Die Leistungen werden behinderungsspezifisch erbracht, sind fester Bestandteil der Konzeption der Einrichtung und in den gesamten Rehabilitationsprozess integriert. [3] Für das zentrale Ziel der Integration in Beschäftigung werden auch die physische und psychische Stabilität sowie die Entfaltung der Persönlichkeit und die Stärkung der Fähigkeiten der Teilnehmenden gefördert.

(2) [1] Die Einrichtung verfügt über ein definiertes, spezialisiertes und bedarfsorientiertes Angebot von Leistungen zur Teilhabe am Arbeitsleben auf der Grundlage der konzeptionell-integrativen Ausrichtung der Einrichtung; eine Abstimmung mit den Rehabilitationsträgern ist sinnvoll. [2] Das Leistungsangebot der Einrichtung orientiert sich insbesondere am Leistungskatalog nach § 33 Abs. 3 Nrn. 1, 2, 3, 4 und 6, Abs. 5 und Abs. 6 SGB IX[1]. [3] Ausbildung nach §§ 66 BBiG[2], 42m HwO ist berufliche Ausbildung im Sinne von § 33 Abs. 3 Nr. 4 SGB IX; entsprechende Empfehlungen des Hauptausschusses des Bundesinstituts für Berufsbildung sind zu beachten. [4] Die Einrichtung entwickelt ihr Leistungsangebot arbeitsmarktorientiert weiter und ist dabei offen für Innovationen.

(3) [1] Alle Leistungen der Einrichtung sind unter Berücksichtigung der von den Rehabilitationsträgern geforderten Qualität nach den Grundsätzen der Wirtschaftlichkeit und Sparsamkeit zu konzipieren und auszuführen. [2] Für die Gesamtdauer der Teilnahme an einer Maßnahme gelten für alle Rehabilitationsträger die gemeinsam oder mit dem von den Rehabilitationsträgern beauftragten Federführer jeweils für das Kalenderjahr des Eintritts der Teilnehmenden vereinbarten Vergütungen/Preise, soweit vertragliche Regelungen bezüglich des Zeitraums nichts Abweichendes vorsehen.

[1] Nr. **1**.
[2] Nr. **13**.

(4) [1] Soweit Beginntermine nicht durch zuständige Stellen vorgegeben sind, erfolgt die Aufnahme von Teilnehmenden nach Vorgabe des Rehabilitationsträgers im Rahmen der angebotenen Platzzahlen i.d.R. innerhalb von zwei Wochen nach Anmeldung. [2] Dabei werden teilnehmerbezogene Aspekte berücksichtigt (ggf. auch einer Aufnahme entgegenstehende Hinderungsgründe). [3] Teilnehmende an Maßnahmen nach § 33 Abs. 3 Nrn. 2, 3, 4 und 6 SGB IX werden auch nach Beginn der Maßnahme aufgenommen.

(5) [1] Die Leistungen werden ganzheitlich erbracht. [2] Bei der Ausführung der Leistungen wird auf den individuellen Förder- und Unterstützungsbedarf abgestellt. [3] Hierzu führt die Einrichtung unter Berücksichtigung aller ihr vorliegenden Vorinformationen mit jedem/r Teilnehmenden eine Eingangsanalyse durch und entwirft mit ihm/ihr gemeinsam auf dieser Grundlage einen am Leistungs- und Integrationsziel ausgerichteten individuellen Förder-, Qualifizierungs-, Reha- bzw. Integrationsplan mit eindeutig definierten Verantwortlichkeiten; dieser ist, orientiert an der individuellen Entwicklung, kontinuierlich fortzuschreiben. [4] Zur Prävention vereinbarte Aktivitäten (Gesundheitsmanagement) sind Gegenstand des individuellen Förder-, Qualifizierungs-, Reha- bzw. Integrationsplanes. [5] Wesentlicher Bestandteil dieses individuellen Plans sind auch Beschreibungen zu Art und Dauer der vorgesehenen Ausführung der Leistung in Betrieben/Dienststellen des allgemeinen Arbeitsmarktes. [6] Die aus dem teilnehmerorientierten Integrationsmanagement resultierende Mitverantwortung der Einrichtung für die Integration möglichst in sozialversicherungspflichtige Beschäftigung dauert bei Maßnahmen nach § 33 Abs. 3 Nrn. 2, 3, 4 und 6 SGB IX fort bis sechs Monate nach formalem Abschluss der Maßnahme.

(6) [1] Die Methodik und Didaktik in der Einrichtung ist zielgruppenspezifisch und handlungsorientiert auf Basis abgesicherter wissenschaftlicher Erkenntnisse auszurichten. [2] Handlungsorientierte berufliche Rehabilitation in diesem Sinne zielt auf die Entwicklung beruflicher Handlungskompetenz (i.S.v. Fach-, Methoden- und Sozialkompetenz) ab und setzt auf möglichst teilnehmerzentrierte, teamorientierte Lern- und Arbeitsformen. [3] Entsprechende Motivations- und Förderaktivitäten zum Aufbau von Selbstlernkompetenz sind integraler Bestandteil der Ausführung der Leistungen.

(7) [1] Bei der Ausführung der Leistungen wird den besonderen Bedürfnissen behinderter Menschen mit Kindern und behinderter Frauen Rechnung getragen. [2] Eventuell bestehende Familien- und Erziehungspflichten sind konzeptionell zu berücksichtigen.

§ 5 Durchführung von betrieblichen Phasen der Qualifizierung.

(1) [1] Die Einrichtung wirkt darauf hin, dass Teile der beruflichen Qualifizierungsmaßnahme, insbesondere von Leistungen nach § 33 Abs. 3 Nrn. 3 und 4 SGB IX[1]) in geeigneten Betrieben und Dienststellen durchgeführt werden. [2] Die Dauer und der Umfang betrieblicher Phasen werden mit dem zuständigen Rehabilitationsträger abgestimmt. [3] Die betrieblichen Phasen sind unter Sicherstellung des speziellen und umfassenden Reha-Leistungsangebots i.S.d. § 1 Abs. 1 dieser Gemeinsamen Empfehlung zu realisieren.

(2) [1] Die die Ausführung der Leistung in Einrichtungen prägende spezielle individuelle Förderung und Unterstützung durch besonders qualifiziertes Fachpersonal einschließlich entsprechend qualifizierter Ausbilder/-innen erfolgt

---

[1]) Nr. 1.

kontinuierlich und ohne Einschränkung auch in den Zeiten der externen Durchführung (vor allem bei Erbringung von Teilleistungen durch Fachdienste). [2] Die Ausbildungsverantwortung der Einrichtung gegenüber dem/r Teilnehmenden (Vermittlung von konkreten Ausbildungsinhalten im Betrieb, ergänzende Nachschulungen, Abstimmung der Ausbildungsinhalte und -fortschritte mit dem individuellen Förderplan) dauert uneingeschränkt fort. [3] Unabhängig davon erbringt die Einrichtung dem Kooperationsbetrieb gegenüber konkrete Unterstützungsleistungen (Schulung und Beratung der im Betrieb eingebundenen Mitarbeiter/-innen, insbesondere der Ausbilder/-innen, Abstimmung und Aktualisierung des „betrieblichen" Ausbildungsplanes, Beratung bei der Anpassung des betrieblichen Ausbildungsplatzes bzw. Anpassung des betrieblichen Ausbildungsplatzes unter Nutzung der in der Einrichtung vorhandenen Hilfsmittel). [4] Die Ausbildungsverantwortung spiegelt sich in einer bedarfsgerechten Präsenzzeit im Kooperationsbetrieb wider, die sich im Verlauf der Maßnahme verringern kann; Art und Umfang der betrieblichen Präsenzzeit wird in der Leistungsbeschreibung dargestellt. [5] Während dieser Präsenzzeit findet ein regelmäßiger Austausch zwischen dem aus-/weiterbildenden Betrieb, dem/der Teilnehmenden und der verantwortlichen Einrichtung nach § 35 SGB IX statt. [6] Reine „Krisenintervention" oder regelmäßige „Kontaktbesuche" sind nicht ausreichend. [7] Die Begleitung des/der Teilnehmenden innerhalb des Betriebs erfolgt hierzu durch feste Ansprechpartner, die u.a. auch für regelmäßige Feedback-Gespräche zur Verfügung stehen. [8] Die Präsenzzeit mit den genannten Inhalten ist überwiegend dem Auszubildenden/Teilnehmenden zu widmen.

(3) [1] In einer Kooperationsvereinbarung zwischen Einrichtung, Betrieb und dem/der Teilnehmenden werden vor Beginn der betrieblichen Phase die Rechte und Pflichten der Kooperationspartner konkret festgelegt. [2] Insbesondere wird festgelegt, dass die notwendigen besonderen fachdienstlichen Leistungen der Einrichtung bedarfsgerecht in die externe Durchführung der Leistung einfließen können. [3] Die Einrichtung stellt sicher, dass sie die Ausführung der Leistung in der Einrichtung jederzeit wieder aufnehmen kann.

(4) Der individuelle Förder-, Qualifizierungs-, Reha- bzw. Integrationsplan wird während der betrieblichen Phasen weitergeführt/fortgeschrieben.

§ 6 Kooperation, Transparenz, Überprüfung. (1) [1] Der Erfolg der Ausführung aller Leistungen hängt in hohem Maße von einer engen vertrauensvollen Zusammenarbeit aller beteiligten Akteure ab. [2] Hierbei kooperiert die Einrichtung mit den zuständigen Leistungsträgern. [3] Die Einrichtung weist in ihren Veröffentlichungen darauf hin, dass die von ihr ausgeführten Teilhabeleistungen von den Rehabilitationsträgern gefördert werden.

(2) Zur Erreichung des Rehabilitationserfolges, insbesondere des Aus- oder Weiterbildungszieles, arbeitet die Einrichtung eng mit den für Berufsbildung zuständigen Stellen (z.B. Industrie- und Handelskammern, Handwerkskammern) und den Sozialpartnern zusammen.

(3) [1] Die Einrichtung stellt sicher, dass alle Beteiligten regelmäßig Rückmeldungen über den aktuellen Stand und Verlauf des Rehabilitationsprozesses erhalten. [2] Die Einrichtung nutzt hierzu die vom jeweiligen Reha-Träger vorgegebenen Kommunikationsstrukturen.

(4) [1] Die Rehabilitationsträger haben das Recht, die Beachtung und Umsetzung der Gemeinsamen Empfehlung in einer Einrichtung jederzeit zu prüfen

und von ihr entsprechende Informationen und Auskünfte einzuholen. [2]Die Einrichtung erteilt unverzüglich die erbetenen Informationen und Auskünfte und gewährt Einsicht in die erforderlichen Unterlagen. [3]Zur Wahrnehmung des Prüfrechts gestattet die Einrichtung während der üblichen Geschäftszeiten Zutritt zu ihren Grundstücken und Betriebsräumen.

§ 7 Mitgestaltung, Einbindung und Mitwirkung der Teilnehmenden.

(1) [1]Die Beteiligung der Teilnehmenden an der Ausführung der Leistungen ist Teil der Ausbildungsmethode und der handlungsorientierten Qualifizierung. [2]Auf diese Weise werden nicht zuletzt die Selbstbestimmung und Selbstverantwortung der Teilnehmenden unterstützt. [3]Berechtigten Wünschen des/der Teilnehmenden wird bei der Ausführung der Leistungen entsprochen; hierbei wird auch auf dessen/deren persönliche Lebenssituation, das Alter, das Geschlecht, die Familie sowie die religiösen und weltanschaulichen Bedürfnisse Rücksicht genommen.

(2) [1]Die Einrichtung weist die Teilnehmenden bei der Aufnahme auf ihre Rechtsstellung nach § 36 SGB IX[1]) hin und bietet ihnen und den von ihnen gewählten Vertretungen angemessene Mitwirkungsmöglichkeiten an der Ausführung der Leistungen an. [2]Die Einrichtung stellt sicher, dass eine gewählte Rehabilitandenvertretung die ihr obliegenden Aufgaben angemessen wahrnehmen kann.

(3) Näheres zur Mitwirkung und Mitgestaltung soll in einer Mitwirkungsordnung bzw. einem entsprechenden konsensbasierten Regelwerk festgelegt werden.

§ 8 Qualitätssicherung, Ergebnisqualität und Rehabilitanden-Zufriedenheit.
(1) [1]Die Einrichtung beschreibt in einem Qualitäts- und Leistungshandbuch, wie sie die Regelungen dieser Gemeinsamen Empfehlungen konkret umsetzt. [2]Sie stellt darüber hinaus ihre Instrumente und Methoden zur Qualitätssicherung dar.

(2) [1]Die Einrichtung dokumentiert

– die Ergebnisse der ausgeführten Leistungen,

– vorzeitige Maßnahmebeendigungen und

– soweit möglich, inwieweit Teilnehmende nach Beendigung der Maßnahme eine sozialversicherungspflichtige oder selbstständige Beschäftigung aufgenommen haben.

[2]Die Einrichtung stellt die Dokumentation den Rehabilitationsträgern zur Verfügung.

(3) [1]Die Einrichtung beteiligt sich an Maßnahmen der Rehabilitationsträger zur Dokumentation und Evaluation unter Beachtung der Gemeinsamen Empfehlung „Qualitätssicherung" nach § 20 Abs. 1 SGB IX[1]), um die Prozess- und Ergebnisqualität, einschließlich der Rehabilitanden-Zufriedenheit sowie der Integrationsergebnisse im Anschluss an die Maßnahme, zu erfassen. [2]Sie unterstützt die Durchführung vergleichender Erhebungen der Rehabilitationsträger mit dem Ziel der Steigerung von Effektivität und Effizienz. [3]Das schließt eine Veröffentlichung der Ergebnisse in anonymisierter Form mit ein.

---

[1]) Nr. 1.

§ 9 Datenschutz. [1]Die Einrichtung betrachtet die Einhaltung datenschutz-rechtlicher Bestimmungen als wichtige Aufgabe. [2]Sie ist verpflichtet, die Bestimmungen des Datenschutzes zu beachten. [3]Die Einrichtung informiert die Teilnehmenden darüber, dass personenbezogene Daten erhoben, gespeichert und an den Rehabilitationsträger übermittelt werden. [4]Dabei werden nur solche Daten erhoben, verarbeitet und genutzt (auf andere Weise verwendet), die für die Leistungsdurchführung oder zur Erreichung des Leistungszieles erforderlich sind. [5]Personenbezogene Daten der Teilnehmenden dürfen ohne deren Einverständnis nicht Personen oder (weiteren) Institutionen außerhalb der Rehabilitationsträger bekannt gegeben werden. [6]Hierfür haftet die Einrichtung auch für ihre Mitarbeiter/-innen und Beauftragten (vgl. § 78 SGB X). [7]Sozialdaten von Teilnehmenden sind vom übrigen Datenbestand der Einrichtung getrennt zu halten.

§ 10 In-Kraft-Treten. (1) Diese Gemeinsame Empfehlung tritt am 1.4.2012 in Kraft.

(2) [1]Die Vereinbarungspartner und die anderen Rehabilitationsträger werden auf der Ebene der Bundesarbeitsgemeinschaft für Rehabilitation in angemessenen Zeitabständen unter Einbeziehung der Verbände behinderter Menschen einschließlich der Verbände der freien Wohlfahrtspflege, der Selbsthilfegruppen und der Interessenvertretungen behinderter Frauen sowie der für die Wahrnehmung der Interessen der ambulanten und stationären Rehabilitationseinrichtungen auf Bundesebene maßgeblichen Spitzenverbände prüfen, ob die Vereinbarung aufgrund zwischenzeitlich gewonnener Erfahrungen verbessert oder wesentlich veränderten Verhältnissen angepasst werden muss. [2]Für diesen Fall erklären die Vereinbarungspartner ihre Bereitschaft, unverzüglich an der Überarbeitung einer entsprechenden zu ändernden Gemeinsamen Empfehlung mitzuwirken.

2ll. Gemeinsame Empfehlung
Qualitätssicherung nach § 37 Abs. 1 SGB IX[1]

Vom 1. Dezember 2018

Inhalt

Präambel

Präambel

Die Rehabilitationsträger wirken auf bedarfsgerechte, zielgerichtete und an den individuellen Bedürfnissen der Leistungsberechtigten ausgerichtete qualifizierte Leistungen zur Teilhabe hin und stellen sie durch geeignete Leistungserbringer sicher. Dabei wird unter Bezugnahme auf Artikel 26 (Habilitation und Rehabilitation) des Übereinkommens über die Rechte von Menschen mit Behinderungen – UN-Behindertenrechtskonvention[2] – ein umfassender und interdisziplinärer Rehabilitationsansatz zu Grunde gelegt, der somatische, psychische und soziale Dimensionen und ihre Folgen berücksichtigt. Das entspricht dem bio-psycho-sozialen Modell der Weltgesundheitsorganisation (WHO), wie es auch der Internationalen Klassifikation der Funktionsfähigkeit, Behinderung und Gesundheit (ICF) zugrunde liegt. Verfahren zur Qualitätssicherung und zum Qualitätsmanagement stellen zentrale Elemente einer effek-

---

[1] Herausgeber: Bundesarbeitsgemeinschaft für Rehabilitation (BAR) e.V. Solmsstraße 18 | 60486 Frankfurt/Main | Telefon: +49 69 605018-0 | Telefax: +49 69 605018-29 | info@bar-frankfurt.de | www.bar-frankfurt.de
[2] Auszugsweise abgedruckt unter Nr. **20**.

tiven und effizienten Leistungserbringung dar. Die damit einhergehende Transparenz trägt entscheidend zur kontinuierlichen Verbesserung der Qualität der Leistungen bei.

Zu diesem Zweck vereinbaren
– die gesetzlichen Krankenkassen,
– die Bundesagentur für Arbeit,
– die Träger der gesetzlichen Unfallversicherung,
– die Träger der gesetzlichen Rentenversicherung,
– die Sozialversicherung für Landwirtschaft, Forsten und Gartenbau als Träger der Alterssicherung der Landwirte, der landwirtschaftlichen Krankenversicherung und der landwirtschaftlichen Unfallversicherung,
– die Träger der Kriegsopferversorgung und die Träger der Kriegsopferfürsorge im Rahmen des Rechts der sozialen Entschädigung bei Gesundheitsschäden

unter Beteiligung
– des Deutschen Behindertenrats,
– der für die Wahrnehmung der Interessen der ambulanten und stationären Rehabilitationseinrichtungen auf Bundesebene maßgeblichen Spitzenverbände der Rehabilitationseinrichtungen,
– der Verbände der Freien Wohlfahrtspflege

gemäß § 37 Abs. 1 SGB IX[1][2] folgende Gemeinsame Empfehlung zur Sicherung und Weiterentwicklung der Qualität der Leistungen, insbesondere zur barrierefreien Leistungserbringung, sowie für die Durchführung vergleichender Qualitätsanalysen als Grundlage für ein effektives Qualitätsmanagement der Leistungserbringer[3].

Die vorliegende Gemeinsame Empfehlung beruht auf einem übergreifenden Verständnis des Rehabilitationsprozesses, wie es in der Gemeinsamen Empfehlung „Reha-Prozess" näher ausgestaltet ist, und befasst sich vorrangig mit dem Prozesselement „Durchführung von Leistungen zur Teilhabe". Näher aufgegriffen wird insbesondere die externe Qualitätssicherung durch die Rehabilitationsträger.

Die Inhalte der Gemeinsamen Empfehlung betreffen entsprechend Rehabilitationsträger und Leistungserbringer. Soweit sich Regelungen nur auf bestimmte Leistungs(erbringer)bereiche, beispielsweise die stationären medizinischen Rehabilitationseinrichtungen, beziehen, ist dies ausdrücklich so bezeichnet.

Ergänzend zu den Inhalten der vorliegenden Gemeinsamen Empfehlung können konkretisierende Regelungen zu Teilaspekten der Qualitätssicherung in anderen Gemeinsamen Empfehlungen, Vereinbarungen usw. einschlägig sein. Dies gilt zum Beispiel hinsichtlich der Gemeinsamen Empfehlung „Ein-

---

[1] Nr. 1.

[2] **Amtl. Anm.:** Hinweis: Die §§ -Angaben in dieser Gemeinsamen Empfehlung beziehen sich auf die nach Art. 26 des Bundesteilhabegesetzes vom 23.12.2016 (BGBl. I, 3234) ab dem 1.1.2018 geltende neue Fassung des SGB IX, Teil 1. Eine Synopse der neuen und bisherigen §§ -Nummerierungen ist als Anlage beigefügt.

[3] **Amtl. Anm.:** Das Land Hamburg hat sein Benehmen mit dem Hinweis erklärt, dass angesichts einiger gerade die Eingliederungshilfe betreffenden Unschärfen/Lücken/Weiterentwicklungsbedarfe (wie sie in den Fußnoten *** sowie 1 und 3 angedeutet werden) für das Land Hamburg eine „Orientierung" iSv § 26 Abs. 5 S. 2 SGB IX *[Nr. 1]* des Trägers der EGH an dieser GE kaum möglich ist.

richtungen für Leistungen zur Teilhabe am Arbeitsleben" nach § 51 SGB IX oder der Rahmenempfehlungen zur ambulanten medizinischen Rehabilitation, zudem insbesondere auch für träger- bzw. leistungsartenspezifische Regelungen[1] und Vereinbarungen (vgl. auch § 37 Abs. 4 SGB IX).

Kapitel 1: Grundsätze der Qualitätssicherung

§ 1 Zielgruppe von Leistungen zur Rehabilitation und Teilhabe.

(1) Zielgruppe für Leistungen zur Teilhabe sind Leistungsberechtigte im Sinne der §§ 1 und 2 SGB IX[2] (Menschen mit Behinderungen und Menschen, die von Behinderung bedroht sind).

(2) [1]Leistungen zur Teilhabe im Sinne dieser Gemeinsamen Empfehlung sind die notwendigen Sozialleistungen nach den §§ 42, 49 und 76 SGB IX (Leistungen zur medizinischen Rehabilitation, Leistungen zur Teilhabe am Arbeitsleben und Leistungen zur sozialen Teilhabe)[3]. [2]Der Leistungsberechtigte mit seinem individuellen Rehabilitationsbedarf ist in den Mittelpunkt der Bemühungen zu stellen.

§ 2 Definition von Qualität. Qualität von Leistungen zur Teilhabe kennzeichnet eine wirksame und bedarfsgerechte, am bio-psycho-sozialen Modell der WHO (ICF) orientierte, fachlich qualifizierte, auf die Erreichung der Teilhabeziele im Sinne des Neunten Buches[2] Sozialgesetzbuch (SGB IX) ausgerichtete und wirtschaftliche Leistungserbringung.

§ 3 Ziele und Ausrichtung der Qualitätssicherung. (1) [1]Qualitätssicherung bei Leistungen zur Teilhabe hat zum Ziel, eine am Bedarf der Leistungsberechtigten orientierte, unter den jeweiligen gesetzlichen Rahmenbedingungen bestmögliche Qualität zur Erreichung der individuellen Teilhabeziele zu gewährleisten. [2]Dazu dienen die systematische und kontinuierliche Prüfung, Bewertung, Förderung und Verbesserung der Qualität.

(2) [1]Die Rehabilitationsträger verpflichten sich zu einer kontinuierlichen Qualitätssicherung und -weiterentwicklung der Leistungen. [2]Hierzu dienen sowohl externe Maßnahmen der Rehabilitationsträger als auch interne Maßnahmen der Leistungserbringer einschließlich der Implementierung eines systematischen Qualitätsmanagements.

§ 4 Externe und interne Qualitätssicherung. (1) [1]Externe Qualitätssicherung soll vor allem die Einhaltung und die (Weiter-)Entwicklung der Qualitätsstandards gewährleisten. [2]Durch vergleichende Qualitätsanalysen werden den Leistungserbringern Rückmeldungen als Grundlage für die interne Qualitätsentwicklung zur Verfügung gestellt. [3]Hierfür sind valide Kriterien für die Vergleichbarkeit der Einrichtungen sowie geeignete Parameter zur Bildung vergleichbarer Gruppen von Leistungsberechtigten erforderlich.

---

[1] **Amtl. Anm.:** Aus Sicht eines Trägers der Kriegsopferversorgung/-fürsorge (Hamburg) besteht Weiterentwicklungsbedarf in Bezug auf leistungsrechtliche Spezifika dieses Trägerbereichs und der Eingliederungshilfe. Trägerspezifische gesetzliche Regelungen der Eingliederungshilfe zur Qualitätssicherung betreffen z.B. das Leistungserbringungsrecht, einschließlich Prüfrecht und vertraglichen Konkretisierungen.

[2] Nr. 1.

[3] **Amtl. Anm.:** Die durch das Bundesteilhabegesetz ab 1.1.2018 erstmals eigenständig geregelte Leistungsgruppe „Leistungen zur Teilhabe an Bildung" ist noch nicht gesondert aufgegriffen.

(2) ¹Interne Qualitätssicherung dient der Sicherung einer kontinuierlichen hohen Qualität der Erbringung von Leistungen. ²Damit ist die einrichtungsinterne kontinuierliche Problemerkennung und Verbesserung von Leistungen ebenso verbunden, wie die Weiterentwicklung von Strukturen und Prozessen mit dem Ziel der Steigerung der Ergebnisqualität. ³Voraussetzung dafür ist ein systematisches Qualitätsmanagement in den Einrichtungen.

(3) Die Leistungserbringer haben nach § 37 Abs. 2 SGB IX[1] ein Qualitätsmanagement sicher zu stellen, das durch zielgerichtete und systematische Verfahren und Maßnahmen die erforderliche Qualität der Versorgung gewährleistet und kontinuierlich verbessert.

(3a) ¹Die Leistungserbringer stationärer Leistungen zur medizinischen Rehabilitation haben nach § 37 Abs. 3 SGB IX ein einrichtungsinternes, auf der Ebene der BAR anerkanntes Qualitätsmanagementverfahren sicherzustellen und dies anhand eines einheitlichen, unabhängigen Zertifizierungsverfahrens in regelmäßigen Abständen über ein anerkanntes Zertifikat nachzuweisen. ²Die entsprechenden grundsätzlichen Anforderungen haben die Träger der gesetzlichen Krankenkassen, der gesetzlichen Unfallversicherung, der gesetzlichen Rentenversicherung und die Sozialversicherung für Landwirtschaft, Forsten und Gartenbau in der „Vereinbarung zum internen Qualitätsmanagement nach § 20 Abs. 2a SGB IX" vom 1. September 2009 (Überarbeitungsstand: 30.04. 2015) festgelegt.

(3b) Die Anforderungen an Leistungserbringer beim Nachweis der in § 37 Abs. 2 SGB IX geregelten Sicherstellung eines Qualitätsmanagements im Bereich

– der ambulanten medizinischen Rehabilitation

– der Leistungen zur Teilhabe am Arbeitsleben

– der Leistungen zur sozialen Teilhabe

– der ergänzenden Leistungen

ergeben sich unter Hinweis auf den Kreis der Vereinbarungspartner dieser Gemeinsamen Empfehlung

– aus den einschlägigen spezifischen gesetzlichen und sonstigen Regelungen der einzelnen Rehabilitationsträgerbereiche sowie ggf.

– aus entsprechenden Vereinbarungen mit den Leistungserbringern.

(4) Durch das gezielte Zusammenwirken von vergleichenden Qualitätsanalysen und internem Qualitätsmanagement soll die Ergebnisqualität der Leistungen zur Teilhabe für die Leistungsberechtigten nachweisbar verbessert und die Wirksamkeit der Leistungserbringung erhöht werden.

§ 5 Transparenz. ¹Qualitätssicherung soll die Strukturen, Prozesse und Ergebnisse der Leistungserbringung auch transparent machen. ²Voraussetzung hierfür ist, dass den Rehabilitationsträgern einrichtungsbezogene Qualitätsdaten zur Verfügung gestellt und dem Leistungsberechtigten Qualitätsergebnisse in geeigneter Form zugänglich gemacht werden. ³Ebenso sind den in der Einrichtung an der Leistungserbringung Beteiligten die Qualitätsergebnisse zur Kenntnis zu geben. ⁴Auf diese Weise dient die Transparenz der Verbesserung der Informations- und Entscheidungslage der im Wesentlichen Beteiligten und

---

[1] Nr. 1.

der kontinuierlichen Verbesserung der Qualität der Leistungen. [5]Bei der Weitergabe von Informationen ist der Rahmen des rechtlich Zulässigen zu berücksichtigen. [6]Rehabilitationseinrichtungen mit Vertretungen der Menschen mit Behinderungen stellen diesen Vertretungen gemäß § 37 Abs. 5 SGB IX[1]) die dort genannten Nachweise über die Umsetzung des Qualitätsmanagements zur Verfügung.

§ 6 Bewertung aus Sicht der Leistungsberechtigten. [1]Die Bewertung der Qualität von Leistungen zur Teilhabe aus Sicht der Leistungsberechtigten ist ein wesentliches Merkmal von Qualitätssicherung. [2]Die systematische Befragung der Leistungsberechtigten bildet eine wichtige Grundlage für die Berücksichtigung ihrer Belange.

§ 7 Zusammenarbeit mit den Leistungserbringern. (1) [1]Qualitätssicherung ist ein gemeinsames Anliegen der Leistungserbringer und der Rehabilitationsträger. [2]Eine verständnis- und vertrauensvolle Zusammenarbeit bei der Festlegung der Bedingungen, Ziele, Inhalte und der Auswertung der Ergebnisse leistet einen wichtigen Beitrag dazu.

(2) Die mit der Qualitätssicherung verbundenen Belastungen und Aufwände sollen durch den weitgehenden rehabilitationsträgerübergreifenden Einsatz geeigneter Verfahren verringert werden.

(3) [1]Die Rehabilitationsträger stellen sicher, dass die Einrichtungen nicht mehrfach externen Qualitätssicherungsmaßnahmen unterzogen werden, und vereinheitlichen unter Berücksichtigung der jeweiligen trägerspezifischen Gegebenheiten die bereits eingeführten Verfahren. [2]Dazu treffen die jeweils beteiligten Rehabilitationsträger untereinander oder mit den jeweiligen Leistungserbringern konkretisierende Vereinbarungen zur entsprechenden Abstimmung und Zusammenarbeit[2]).
[3]Die Leistungserbringer tragen im Rahmen des rechtlich Zulässigen dazu bei, die Zusammenarbeit in diesem Bereich weiterzuentwickeln.

Kapitel 2: Dimensionen und Qualitätsmerkmale in der externen Qualitätssicherung

§ 8 Dimensionen der Qualitätssicherung. (1) [1]Voraussetzung für eine systematische und nachvollziehbare Sicherung und Weiterentwicklung der Qualität ist die Operationalisierung des Qualitätsbegriffs. [2]Dieser lässt sich einteilen in die Dimensionen Struktur-, Prozess- und Ergebnisqualität.

(2) Die Rehabilitationsträger verpflichten sich, Verfahren zu entwickeln, die die Struktur-, Prozess- und Ergebnisqualität einbeziehen und Vergleiche ermöglichen, um so einen qualitätsorientierten Wettbewerb anzustoßen.

(3) Bei der Betrachtung der Struktur-, Prozess- und Ergebnisqualität werden u.a. die unterschiedlichen Leistungsformen (z.B. ambulant/stationär) sowie unterschiedliche leistungsgesetzliche Anforderungen (z.B. für Einrichtungen der beruflichen Rehabilitation nach § 51 SGB IX[1]) berücksichtigt.

---

[1]) Nr. 1.
[2]) **Amtl. Anm.:** Ein Beispiel für eine Vereinbarung zwischen Rehabilitationsträgern ist die Vereinbarung zwischen der Deutschen Rentenversicherung Bund und dem GKV-Spitzenverband („Hauptbelegerprinzip"), die u.a. die Einrichtung einer Clearingstelle dieser Rehabilitationsträger zur Regelung von Einzelfragen beinhaltet.

§ 9 Merkmale der Strukturqualität. [1] Strukturqualität benennt die Rahmenbedingungen, die notwendig sind, um die vereinbarte Leistung zur Erreichung der individuellen Teilhabeziele erbringen zu können. [2] Zu den Strukturmerkmalen zählen insbesondere:

– ICF-basierte und teilhabeorientierte Rehabilitationskonzepte,
– indikations- bzw. zielgruppenspezifische Rehabilitationskonzepte,
– räumliche und sächliche Ausstattung,
– personelle Besetzung (z.B. Anzahl des eingesetzten Personals, je Mitarbeiterin und Mitarbeiter Qualifikationsniveau und berufliche Vita),
– Leistungsangebote,
– Qualifikation, Aus-, Fort- und Weiterbildung der Mitarbeiter,
– Einbindung in Versorgungsstrukturen einschließlich der Selbsthilfe,
– bei beruflicher Aus-, Fort- und Weiterbildung sowie anderen Qualifizierungsleistungen im Rahmen der Leistungen zur Teilhabe am Arbeitsleben: Einbindung der Leistungserbringer in regionale Netzwerke weiterer Akteure (z.B. Arbeitgeberverbände, Kammern),
– interne Vernetzung (z.B. regelmäßige Teambesprechungen),
– Barrierefreiheit.

§ 10 Merkmale der Prozessqualität. [1] Prozessqualität bezieht sich auf die Planung, Strukturierung und den Ablauf der Leistungserbringung sowie die Beurteilung der sachgerechten Durchführung. [2] Insbesondere werden hierunter erfasst:

– interdisziplinäre Feststellung des individuellen Rehabilitations-, Förder- bzw. Hilfebedarfs,
– Vereinbarung individueller Rehabilitationsziele mit den Leistungsberechtigten,
– Erstellung und Fortschreibung eines Rehabilitations-/Teilhabeplans unter genauen Angaben der jeweiligen Leistungen zur Teilhabe, ggf. im Rahmen von Fallkonferenzen,
– sachgerechte Durchführung der Leistung,
– Dokumentation und Bewertung des Verlaufs,
– interdisziplinäre Zusammenarbeit in den Einrichtungen sowie einrichtungsübergreifend,
– Kooperation mit den vor- und nachbehandelnden Einrichtungen, Diensten und der Selbsthilfe (Gruppen, Organisationen, Kontaktstellen) sowie bei beruflicher Aus- Fort- und Weiterbildung und anderen Qualifizierungsleistungen im Rahmen der Leistungen zur Teilhabe am Arbeitsleben: enge Zusammenarbeit mit weiteren Akteuren (z.B. Betrieben, Kammern, Verbänden),
– strukturierte Initiierung einer bedarfsgerechten Anschlussversorgung, gegebenenfalls im Rahmen von Fallkonferenzen unter Beteiligung des Leistungsberechtigten und/oder seines Vertreters/Betreuers.

§ 11 Merkmale der Ergebnisqualität. [1] Ergebnisqualität bezieht sich darauf, in welchem Ausmaß die mit der Leistung angestrebten individuellen und generellen Ziele erreicht werden. [2] Letztere werden vorrangig aus den jeweili-

gen gesetzlichen Aufgabenschwerpunkten der zuständigen Rehabilitationsträger i.V.m. § 4 SGB IX[1]) abgeleitet und umfassen zum Beispiel
- die Berufliche (Re-)Integration des Leistungsberechtigten,
- das Abwenden, Beseitigen, Überwinden, Mindern, Verhüten der Verschlimmerung oder die Milderung der Folgen von
- Behinderung
- Einschränkung der Erwerbsfähigkeit
- Pflegebedürftigkeit,
- das Vermeiden des vorzeitigen Bezugs anderer Sozialleistungen oder das Mindern laufender Sozialleistungen,
- die ganzheitliche Förderung der persönlichen Entwicklung und das Ermöglichen und Erleichtern der Teilhabe am Leben in der Gesellschaft sowie einer möglichst selbständigen und selbstbestimmten Lebensführung.

[3] Die individuellen Ziele werden vor dem Hintergrund der gesetzlichen Aufgabenstellungen auf der Grundlage des festgestellten Rehabilitationsbedarfs gemeinsam mit dem Leistungsberechtigten festgelegt.

Kapitel 3: Verfahren der externen Qualitätssicherung

§ 12 Verfahrensgrundlagen. (1) [1] Grundlage für einen kontinuierlichen Qualitätssicherungsprozess sind fachlich anerkannte Verfahren zur routinemäßigen Erfassung der Qualität der Leistungserbringung. [2] So können Veränderungen in Abläufen und Ergebnissen aufgezeigt und damit frühzeitig Hinweise auf Verbesserungspotenziale gegeben werden.

(2) [1] Die Rehabilitationsträger wirken darauf hin, dass die jeweiligen Leistungserbringer standardisierte Dokumentationen für alle Qualitätsdimensionen einsetzen.
[2] Die Dokumentation muss alle notwendigen Informationen enthalten, um eine Überprüfung der einzelnen Leistungsschritte und der Ergebnisse anhand einheitlicher Verfahren (im Bereich der medizinischen Rehabilitation z.B. das sog. „Peer-Review-Verfahren") zu ermöglichen.
[3] Die Dokumentation muss darüber hinaus auch Aussagen darüber enthalten, ob und in welchem Rahmen die Leistungserbringung zügig und nahtlos durchgeführt werden konnte und inwieweit Vernetzungen mit anderen Leistungserbringern bestehen, um Übergänge zu organisieren und weitere Maßnahmen einzuleiten.

(3) [1] Die Ergebnisse werden von den Rehabilitationsträgern oder durch von ihnen Beauftragte routinemäßig ausgewertet, strukturiert zusammengefasst und im Rahmen des rechtlich Zulässigen kommuniziert. [2] Qualitätsdaten werden nach Maßgabe der Auswertungs- und Zusammenfassungsprozesse bei den Rehabilitationsträgern regelmäßig im Hinblick auf den jeweils vorliegenden Erkenntnisstand aktualisiert.

§ 13 Sicherung der Strukturqualität. Zur Erfassung und Sicherstellung der Strukturqualität erstellen die Rehabilitationsträger gegebenenfalls unter Beteiligung der Leistungserbringer Kriterienkataloge zur Ausstattung, zu Methoden und Verfahren sowie zu konzeptionellen Merkmalen der Einrichtungen.

---

[1]) Nr. 1.

§ 14 Sicherung der Prozessqualität. (1) [1] Die Rehabilitationsträger legen gegebenenfalls unter Beteiligung der Leistungserbringer die Indikatoren und Kriterien fest, mit denen die Leistungserbringer die verschiedenen Merkmale der Prozessqualität erfassen, beschreiben und dokumentieren. [2] Die Leistungserbringer erfassen hierbei im Rahmen der einrichtungsinternen Dokumentation insbesondere:

– die konkrete, operationalisierbare Leistungs- und Maßnahmeplanung bei Leistungsbeginn unter Einbeziehung der mit dem Leistungsberechtigten abgestimmten Rehabilitationsziele,

– die individuellen und generalisiert angewandten Leistungsmerkmale,

– den Prozess und dessen Auswertung sowie resultierende Anpassungs- und Beendigungskonsequenzen während des Leistungsverlaufs,

– die Beendigung einer Leistung oder Maßnahme sowie nachfolgende Leistungserfordernisse,

– bei vorzeitiger Beendigung einer Maßnahme die hierfür maßgeblichen Gründe.

(2) [1] Die Leistungsberechtigten werden hinsichtlich der Leistungsbedingungen, Leistungsausführung und ihrer Beteiligung befragt. [2] Die Rehabilitationsträger oder von ihnen Beauftragte werten mittels geeigneter Verfahren die vorliegende Prozessdokumentation und die Befragung der Leistungsberechtigten aus.

§ 15 Sicherung der Ergebnisqualität. (1) [1] Im Zentrum der Qualitätssicherung steht die Ergebnisqualität. [2] Hierzu vereinbaren die Rehabilitationsträger gegebenenfalls unter Beteiligung der Leistungserbringer einheitliche Kriterien, mit denen sie das Ergebnis einer Leistung ermitteln und bewerten. [3] Dabei wird der jeweils aktuelle Stand der Wissenschaft berücksichtigt. [4] Hier sind vor allem Verfahren zur Einschätzung von Beteiligten, z.B. Ärzten, Therapeuten, Fachpersonal, Leistungsberechtigten (während und/oder nach einer Maßnahme), sowie zur Beurteilung der Zielerreichung anhand der Berichte erforderlich. [5] Im Bereich der medizinischen Rehabilitation wichtig sind dabei Verfahren, die Veränderungen der Funktionsfähigkeit im Sinne der ICF und der Lebensqualität der Leistungsberechtigten zu unterschiedlichen Messzeitpunkten aufzeigen.

(2) Von Relevanz für die Bewertung sind hierbei insbesondere:

– Soll-Ist-Vergleiche,

– Leistungs- oder Maßnahmedauer, Komplikationen, Maßnahmeabbrüche etc.,

– Einschätzung z.B. durch Arzt, Therapeut, Berater, Fachpersonal,

– Einschätzung der Leistungsberechtigten oder deren Vertrauenspersonen zur Veränderung der Lebensqualität und Nachhaltigkeit von Effekten,

– Nachbefragungen hinsichtlich Integration in Arbeit, Beruf und Gesellschaft.

(3) [1] Hinsichtlich des Ziels „berufliche (Re-)Integration" der Leistungsberechtigten kann die Erhebung entsprechender Informationen zu unterschiedlichen Messzeitpunkten (Erhebungszeitpunkten) erfolgen (z.B. 6, 12 oder 24 Monate nach Abschluss der Rehabilitationsleistung). [2] Erhoben wird insbesondere, ob der bzw. die Leistungsberechtigte sozialversicherungspflichtig beschäf-

tigt oder selbständig tätig ist.
[3] Dabei wird unterschieden zwischen

– dem Vorliegen zum Erhebungszeitpunkt (Zeitpunktbetrachtung) und
– der Dauer bzw. dem Vorliegen vor dem Erhebungszeitpunkt (Zeitraumbetrachtung).

[4] In der Dokumentation sind die Art der (Re-)Integration, der Erhebungszeitpunkt und der vorgenannte zeitliche Bezug auszuweisen. [5] Im Bereich der Leistungen zur Teilhabe am Arbeitsleben ist zusätzlich zu unterscheiden zwischen Teilnehmern/innen mit regulärem Maßnahmeende und solchen mit vorzeitigem Maßnahmeabbruch.

§ 16 Überprüfung von Angaben. Zur Überprüfung der Angaben der Leistungserbringer zur Struktur-, Prozess- und Ergebnisqualität führen die Rehabilitationsträger oder von ihnen Beauftragte stichprobenartige Untersuchungen (Qualitätsprüfungen), z.B. auch im Rahmen von Visitationen, Begehungen, durch.

§ 17 Vergleichende Qualitätsanalyse. (1) [1] Die Rehabilitationsträger oder von ihnen Beauftragte führen auf Grundlage der routinemäßig und in speziellen Verfahren erhobenen Daten zur Struktur-, Prozess- und Ergebnisqualität vergleichende Qualitätsanalysen durch, um

– den Einrichtungen eine Standortbestimmung im Vergleich zu anderen Einrichtungen zu ermöglichen,
– den Leistungserbringern eine Rückmeldung als „Input" für das interne Qualitätsmanagement zu geben.

[2] Die Verfahren der vergleichenden Qualitätsanalyse sind den Leistungserbringern transparent zu machen.

(2) [1] Methodische Voraussetzung vergleichender Qualitätsanalysen ist, dass die einbezogenen Einrichtungen auch vergleichbar sind. [2] Dabei sind die Merkmale (Prädiktoren) zu berücksichtigen, die einen systematischen Einfluss auf den Erfolg einer Maßnahme haben, jedoch von den Einrichtungen und Diensten nicht beeinflusst werden können. [3] Dies betrifft beispielsweise die mögliche Abhängigkeit sog. „Integrationsquoten" (bezogen auf eine erfolgreiche berufliche (Re-)Integration) von der jeweils maßgeblichen Arbeitsmarktsituation.

§ 18 Auswertung und Rückmeldung an Leistungserbringer. (1) [1] Die Rehabilitationsträger oder von ihnen Beauftragte werten die Daten zur Struktur-, Prozess- und Ergebnisqualität der einzelnen Einrichtungen aus und melden diese Ergebnisse sowie die der vergleichenden Qualitätsanalyse zurück. [2] Die Rückmeldung kann auch im Rahmen von gemeinsamen Erörterungen mit den Einrichtungen (z.B. Review, strukturierter Qualitätsdialog) erfolgen.

(2) Auf der Grundlage der zusammengetragenen Daten können die Rehabilitationsträger Qualitätsprofile erstellen, die eine differenzierte Beschreibung der Einrichtungen sowie deren Leistungen ermöglichen.

(3) Die Leistungserbringer können ihre einrichtungsbezogenen Ergebnisse der Qualitätssicherung veröffentlichen.

§ 19 Barrierefreiheit. [1] Alle am Rehabilitationsprozess Beteiligten haben nicht nur die gesetzlichen Bestimmungen umzusetzen, sondern verstehen Barrierefreiheit und Zugänglichkeit in einem umfassenden Sinn und entwickeln sie proaktiv weiter. [2]Dies bedeutet vor allem, dass

– alle Rehabilitationseinrichtungen in räumlicher und baulicher Hinsicht einschließlich der zum Einsatz kommenden Hilfsmittel und therapeutischen Geräte den Anforderungen einer barrierefreien Gestaltung entsprechen sollten;

– den besonderen Anforderungen bei der Kommunikation im Rahmen der einzelnen, z.B. therapeutischen, Maßnahmen aber auch bei der Gesamtorganisation der Rehabilitationsleistung Rechnung zu tragen ist. Die Kommunikation in leichter Sprache, der Einsatz von besonderen Kommunikationsformen (z.B. Gebärden) sowie die Bereitstellung schriftlicher und digitaler Informationen in barrierefreier Form sind weiterzuentwickeln;

– die strukturellen Gegebenheiten und organisatorischen Abläufe soweit wie möglich besonderen Bedürfnissen von Menschen mit Behinderung entsprechen sollten (z.B. wenn die Notwendigkeit zur Mitnahme menschlicher oder tierischer Assistenz besteht).

[3]Bei allen Maßnahmen zur Herstellung von Barrierefreiheit sind die einschlägigen technischen Regelwerke (z.B. DIN Normen), Erkenntnisse der Forschung und Praxiserfahrungen zu beachten und anzuwenden. [4]Menschen mit Behinderung sollten in den Prozess frühzeitig eingebunden werden.

Kapitel 4: Schlussbestimmungen

§ 20 Evaluation und Weiterentwicklung. (1) [1]Die Rehabilitationsträger verpflichten sich, derzeitige und geplante Verfahren der Qualitätssicherung einer Evaluation im Hinblick auf ihre Wirksamkeit, ihren Nutzen für die Leistungsberechtigten sowie hinsichtlich ihrer Kosten zu unterziehen. [2]Die Verfahren der Qualitätssicherung müssen entsprechend den Evaluationsergebnissen oder sich verändernden Bedingungen angepasst werden.

(2) Die Rehabilitationsträger operationalisieren die Anforderungen aus dieser Gemeinsamen Empfehlung für die in ihrer Zuständigkeit erbrachten Rehabilitationsleistungen vor dem Hintergrund ihrer jeweiligen spezifischen Aufgaben.

(3) [1]Die Rehabilitationsträger tauschen sich im Rahmen bestehender Gesprächsformate kontinuierlich aus über neue Erkenntnisse und Anforderungen im Bereich der Qualitätssicherung und über die Umsetzung dieser Gemeinsamen Empfehlung. [2]Dabei berücksichtigen sie insbesondere die Regelungen in vorstehenden Abs. 1 und 2, in § 4 Abs. 4 sowie in § 7 Abs. 2 und 3.

(4) Soweit erforderlich, treffen die jeweils beteiligten Rehabilitationsträger untereinander oder mit den jeweils beteiligten Leistungserbringern konkretisierende Vereinbarungen zur Abstimmung und Zusammenarbeit.

§ 21 Datenschutz. Der Schutz der personenbezogenen Daten und der Sozialdaten sowie das Recht auf informationelle Selbstbestimmung sind entsprechend der maßgeblichen Bestimmungen zu gewährleisten.

§ 22 In-Kraft-Treten.

1. Diese Gemeinsame Empfehlung tritt am 1. Dezember 2018 in Kraft und ersetzt die seit dem 01. Juli 2003 gültige Fassung.

2. Die Vereinbarungspartner teilen der Bundesarbeitsgemeinschaft für Rehabilitation im Abstand von 2 Jahren ihre Erfahrungen mit der Gemeinsamen Empfehlung mit.

3. Die Vereinbarungspartner und die anderen Rehabilitationsträger werden auf der Ebene der Bundesarbeitsgemeinschaft für Rehabilitation in angemessenen Zeitabständen unter Einbeziehung der Verbände von Menschen mit Behinderungen einschließlich der Verbände der Freien Wohlfahrtspflege, der Selbsthilfegruppen und der Interessenvertretungen von Frauen mit Behinderungen sowie der für die Wahrnehmung der Interessen der ambulanten und stationären Rehabilitationseinrichtungen auf Bundesebene maßgeblichen Spitzenverbände prüfen, ob diese Empfehlung auf Grund zwischenzeitlich gewonnener Erfahrungen und eingetretener Entwicklungen verbessert oder wesentlich veränderten Verhältnissen angepasst werden muss[1]. Für diesen Fall erklären die Vereinbarungspartner ihre Bereitschaft, unverzüglich an der Überarbeitung einer entsprechend zu ändernden Gemeinsamen Empfehlung mitzuwirken.

---

[1] **Amtl. Anm.:** Aus dem Bereich der Eingliederungshilfe wird darauf hingewiesen, dass dabei insbesondere die durch das Bundesteilhabegesetz seit 1.1.2018 erstmals eigenständig geregelte Leistungsgruppe „Leistungen zur Teilhabe an Bildung" und Besonderheiten von Leistungen zur sozialen Teilhabe betrachtet werden sollten.

21m. Rahmenvereinbarung über den Rehabilitationssport und das Funktionstraining[1) 2)]

Vom 1. Januar 2011

Um sicherzustellen, dass Rehabilitationssport und Funktionstraining als ergänzende Leistungen nach § 44 Abs. 1 Nr. 3 und 4 SGB IX[3)] im Rahmen der für die einzelnen Rehabilitationsträger geltenden Vorschriften nach einheitlichen Grundsätzen erbracht bzw. gefördert werden, treffen die Rehabilitationsträger

– die gesetzlichen Krankenkassen

– die gesetzlichen Unfallversicherungsträger

– die Träger der gesetzlichen Rentenversicherung und der Alterssicherung der Landwirte

– die Träger der Kriegsopferversorgung

und

– der Bundesselbsthilfeverband für Osteoporose e.V.

– der Deutsche Behindertensportverband e.V., zugleich in Vertretung des Deutschen Olympischen Sportbundes,

– die Deutsche Gesellschaft für Prävention und Rehabilitation von Herz-Kreislauferkrankungen e.V.

– die Deutsche Rheuma-Liga Bundesverband e.V.

und

– die Kassenärztliche Bundesvereinigung

unter Beteiligung und Beratung

– des Weibernetz e.V.

nach Beratungen auf der Ebene der Bundesarbeitsgemeinschaft für Rehabilitation (BAR) die folgende Rahmenvereinbarung.

Ihren Beitritt zur Rahmenvereinbarung haben außerdem erklärt:

– Bundesverband Gesunde Knochen e.V.

– Deutsche Fibromyalgie Vereinigung e.V.

– Deutsche Multiple Sklerose Gesellschaft e.V.

– Deutsche Parkinson Vereinigung e.V.

– Deutscher Verband für Gesundheitssport und Sporttherapie e.V.

– Deutsche Vereinigung Morbus Bechterew e.V.

– Osteoporose Selbsthilfegruppen Dachverband e.V.

– Rehasport Deutschland e.V.

[1)] Hrsg.: Bundesarbeitsgemeinschaft für Rehabilitation (BAR) e.V., Solmsstraße 18, 60486 Frankfurt a.M., Tel. (069) 60 50 18-0, Telefax (069) 60 50 18-29, E-mail: info@bar-frankfurt.de, Internet: http://www.bar-frankfurt.de.
[2)] Zu den Paragrafenverweisen auf das SGB IX beachte die Redaktionelle Anlage: „Gegenüberstellung SGB IX v. **19.6.2001** und SGB IX v. **23.12.2016**" (Nr. 22).
[3)] Nr. 1.

1   Zuständigkeit der Rehabilitationsträger/Leistungsabgrenzung

1.1   Die Rehabilitationsträger erbringen Rehabilitationssport und Funktionstraining als ergänzende Leistungen nach § 44 Abs. 1 Nr. 3 und 4
SGB IX[1]) in Verbindung mit § 43 SGB V[2]), § 28 SGB VI[3]), § 39
SGB VII[4]), § 10 Abs. 1 ALG sowie Leistungen nach § 11 Abs. 5 und
§ 12 Abs. 1 BVG[5][6]), um das Ziel der Rehabilitation zu erreichen oder
zu sichern.[7])

Diese Rehabilitationsziele orientieren sich im Sinne der ICF an dem
gesamten Lebenshintergrund der betroffenen Menschen.

Sofern inhaltlich notwendig, sind die Grundprinzipien der ICF im Sinne
einer ganzheitlichen Ausrichtung des Rehabilitationssports und Funktionstrainings zu beachten.

Sofern inhaltlich notwendig, sind die Grundprinzipien der ICF im Sinne
einer ganzheitlichen Ausrichtung des Rehabilitationssports und Funktionstrainings zu beachten.

1.2   Die Träger der gesetzlichen Rentenversicherung und der Alterssicherung
der Landwirte übernehmen Rehabilitationssport und Funktionstraining
im Anschluss an eine von ihnen erbrachte Leistung zur medizinischen
Rehabilitation, wenn bereits während dieser Leistung die Notwendigkeit
der Durchführung von Rehabilitationssport und Funktionstraining vom
Arzt/von der Ärztin der Rehabilitationseinrichtung festgestellt worden
ist und der behinderte oder von Behinderung bedrohte Mensch den
Rehabilitationssport/das Funktionstraining innerhalb von drei Monaten
nach Beendigung der Leistung zur medizinischen Rehabilitation beginnt.

1.3   Die Träger der gesetzlichen Unfallversicherung übernehmen Rehabilitationssport und Funktionstraining ergänzend zu medizinischen Maßnahmen und im Anschluss an diese, im Rahmen der Leistungen zur Teilhabe
am Arbeitsleben sowie auch im Rahmen der Leistungen zur Teilhabe am
Leben in der Gemeinschaft.

1.4   Rehabilitationssport und Funktionstraining sind nicht als Ersatz für unzureichende Angebote an Spiel- und Sportmöglichkeiten in Einrichtungen der Alten- oder Behindertenhilfe, im Kindergarten, im allgemeinen
Sportunterricht und in Sondergruppen außerhalb des Schulbetriebs zu
verordnen.

1.5   Durch diese Rahmenvereinbarung unberührt bleiben die Durchführung
von Breiten-, Freizeit- und Leistungssport behinderter oder von Behinderung bedrohter Menschen sowie die Zuständigkeit für die Ausbildung

---

des bei der Durchführung des Rehabilitationssports und Funktionstrainings notwendigen Personals.

2   Ziel, Zweck und Inhalt des Rehabilitationssports

2.1   Rehabilitationssport kommt für behinderte und von Behinderung bedrohte Menschen[1] in Betracht, um sie unter Beachtung der spezifischen Aufgaben des jeweiligen Rehabilitationsträgers möglichst auf Dauer in die Gesellschaft und das Arbeitsleben einzugliedern. Ziffer 15.1 ist zu beachten.

2.2   Ziel des Rehabilitationssports ist, Ausdauer und Kraft zu stärken, Koordination und Flexibilität zu verbessern, das Selbstbewusstsein insbesondere auch von behinderten oder von Behinderung bedrohten Frauen und Mädchen zu stärken und Hilfe zur Selbsthilfe zu bieten. Hilfe zur Selbsthilfe hat zum Ziel, Selbsthilfepotentiale zu aktivieren, die eigene Verantwortlichkeit des behinderten oder von Behinderung bedrohten Menschen für seine Gesundheit zu stärken sowie ihn zu motivieren und in die Lage zu versetzen, langfristig selbstständig und eigenverantwortlich Bewegungstraining durchzuführen.

2.3   Rehabilitationssport wirkt mit den Mitteln des Sports und sportlich ausgerichteter Spiele ganzheitlich auf die behinderten und von Behinderung bedrohten Menschen, die über die notwendige Mobilität sowie physische und psychische Belastbarkeit für Übungen in der Gruppe verfügen, ein.

2.4   Rehabilitationssport umfasst Übungen, die in der Gruppe im Rahmen regelmäßig abgehaltener Übungsveranstaltungen durchgeführt werden. Das gemeinsame Üben in festen Gruppen ist Voraussetzung, um gruppendynamische Effekte zu fördern, den Erfahrungsaustausch zwischen den Betroffenen zu unterstützen und damit den Selbsthilfecharakter der Leistung zu stärken. Auch Maßnahmen, die einem krankheits-/behinderungsgerechten Verhalten und der Bewältigung psychosozialer Krankheitsfolgen dienen (z.B. Entspannungsübungen), sowie die Einübung im Gebrauch technischer Hilfen können Bestandteil des Rehabilitationssports sein. Die einzelnen Maßnahmen sind dabei auf die Erfordernisse der Teilnehmer/-innen abzustellen.

2.5   Rehabilitationssport kann auch spezielle Übungen für behinderte und von Behinderung bedrohte Frauen und Mädchen umfassen, deren Selbstbewusstsein als Folge der Behinderung oder drohenden Behinderung eingeschränkt ist und bei denen die Stärkung des Selbstbewusstseins im Rahmen des Rehabilitationssports erreicht werden kann.

3   Ziel, Zweck und Inhalt des Funktionstrainings

3.1   Funktionstraining kommt für behinderte und von Behinderung bedrohte Menschen[1] in Betracht, um sie unter Beachtung der spezifischen Aufgaben des jeweiligen Rehabilitationsträgers möglichst auf Dauer in

---

[1] **Amtl. Anm.:** Zu diesen Personenkreisen gehören i.S.d. Rahmenvereinbarung auch chronisch kranke Menschen, bei denen eine Beeinträchtigung am Leben in der Gesellschaft noch nicht eingetreten, aber zu erwarten ist.

die Gesellschaft und das Arbeitsleben einzugliedern. Insbesondere kann Funktionstraining bei Erkrankungen oder Funktionseinschränkungen der Stütz- und Bewegungsorgane angezeigt sein. Ziffer 15.1 ist zu beachten.

3.2. Ziel des Funktionstrainings ist der Erhalt und die Verbesserung von Funktionen sowie das Hinauszögern von Funktionsverlusten einzelner Organsysteme/Körperteile, die Schmerzlinderung, die Bewegungsverbesserung, die Unterstützung bei der Krankheitsbewältigung und die Hilfe zur Selbsthilfe. Hilfe zur Selbsthilfe hat zum Ziel, Selbsthilfepotentiale zu aktivieren, die eigene Verantwortlichkeit des behinderten oder von Behinderung bedrohten Menschen für seine Gesundheit zu stärken sowie ihn zu motivieren und in die Lage zu versetzen, langfristig selbstständig und eigenverantwortlich Bewegungstraining im Sinne eines angemessenen Übungsprogramms durchzuführen, z.B. durch die weitere Teilnahme an Bewegungsangeboten.

3.3. Funktionstraining wirkt besonders mit den Mitteln der Krankengymnastik und/oder der Ergotherapie gezielt auf spezielle körperliche Strukturen (Muskeln, Gelenke usw.) der behinderten oder von Behinderung bedrohten Menschen, die über die notwendige Mobilität sowie physische und psychische Belastbarkeit für bewegungstherapeutische Übungen in der Gruppe verfügen, ein. Funktionstraining ist im Wesentlichen organorientiert.

3.4 Funktionstraining umfasst bewegungstherapeutische Übungen, die in der Gruppe unter fachkundiger Leitung vor allem durch Physiotherapeuten/-innen/Krankengymnasten/-innen/Ergotherapeuten/-innen im Rahmen regelmäßig abgehaltener Übungsveranstaltungen durchgeführt werden. Das gemeinsame Üben in festen Gruppen ist Voraussetzung, um gruppendynamische Effekte zu fördern, den Erfahrungsaustausch zwischen den Betroffenen zu unterstützen und damit den Selbsthilfecharakter der Leistung zu stärken. Neben den bewegungstherapeutischen Übungen können Gelenkschutzmaßnahmen und die Einübung im Gebrauch technischer Hilfen und von Gebrauchsgegenständen des täglichen Lebens Bestandteil des Funktionstrainings sein.

4 Leistungsumfang/Dauer/Leistungsausschlüsse

4.1 Die Erforderlichkeit für Rehabilitationssport und Funktionstraining im Sinne dieser Vereinbarung ist grundsätzlich so lange gegeben, wie der behinderte oder von Behinderung bedrohte Mensch während der Übungsveranstaltungen auf die fachkundige Leitung des/der Übungsleiter/-in/ Therapeuten/-in angewiesen ist, um die in Ziffer 2.2 und Ziffer 3.2 genannten Ziele zu erreichen.

Die nachfolgend genannten Angaben zur Dauer der Leistungen sind Richtwerte, von denen auf der Grundlage individueller Prüfung nach den Erfordernissen des Einzelfalls abgewichen werden kann.

Übungen zur Stärkung des Selbstbewusstseins werden als Bestandteil des Rehabilitationssports in der Regel im Umfang von 28 Übungseinheiten (Richtwert) übernommen.

4.2 In der gesetzlichen Rentenversicherung einschließlich der Alterssicherung der Landwirte werden Rehabilitationssport und Funktionstraining
in der Regel bis zu 6 Monaten, längstens bis zu 12 Monaten, übernommen.

Eine längere Leistungsdauer als 6 Monate ist möglich, wenn dieses aus
medizinischer Sicht erforderlich ist. Dies kann der Fall sein, wenn:

– bei einer schweren chronischen Herzkrankheit weiterhin ärztliche
Aufsicht erforderlich ist oder

– eine eigenverantwortliche Durchführung des Rehabilitationssports
bzw. des Funktionstrainings krankheits-/behinderungsbedingt nicht
oder noch nicht möglich ist, weil z.B. wegen der Veränderungen des
Krankheitsbildes eine ständige Anpassung der Übungen erforderlich
ist.

In der Rentenversicherung richtet sich der Umfang von Übungseinheiten für Übungen zur Stärkung des Selbstbewusstseins abweichend von
Ziffer 4.1 nach dem Leistungsumfang des verordneten Rehabilitationssports.

4.3 Im Bereich der gesetzlichen Unfallversicherung ist die Dauer des Anspruchs auf Rehabilitationssport/Funktionstraining grundsätzlich nicht
begrenzt. Auch eine wiederholte Gewährung von Rehabilitationssport/
Funktionstraining ist daher möglich. Dies kommt insbesondere in Betracht bei:

– schweren Mobilitätsbehinderungen (Cerebralparese, Querschnittlähmung, Amputation, schwere Schädel-Hirnverletzung oder Lähmung
von Gliedmaßen, u.a. Bein oder Arm),

– Erblindung.

4.4 In der gesetzlichen Krankenversicherung werden Rehabilitationssport
und Funktionstraining solange erbracht, wie die Leistungen im Einzelfall
notwendig, geeignet und wirtschaftlich sind. In der Regel erstreckt sich
der Leistungsumfang auf die in den Ziffern 4.4.1 bis 4.4.3 genannten
Zeiträume (Richtwerte).

Leistungen anderer Rehabilitationsträger, die im zeitlichen und ursächlichen Zusammenhang mit der beantragten Leistung stehen, werden auf
den Leistungsumfang nach Ziffern 4.4.1 bis 4.4.4 angerechnet.

4.4.1 Rehabilitationssport:

In der gesetzlichen Krankenversicherung beträgt der Leistungsumfang
des Rehabilitationssports in der Regel 50 Übungseinheiten (Richtwert),
die in einem Zeitraum von 18 Monaten in Anspruch genommen werden
können. Bei einer Bewilligung von weniger als 50 Übungseinheiten ist
der vorgenannte Zeitraum angemessen zu verkürzen, um die Zielsetzung
des Rehabilitationssports zu erreichen.

Bei folgenden Krankheiten kann wegen der häufig schweren Beeinträchtigungen der Mobilität oder Selbstversorgung im Sinne der ICF
sowie der erforderlichen komplexen Übungen ein erweiterter Leistungsumfang von insgesamt 120 Übungseinheiten in einem Zeitraum von 36
Monaten (Richtwerte) notwendig sein und bewilligt werden:

1. Infantile Zerebralparese

2. Querschnittlähmung, schwere Lähmungen (Paraparese, Paraplegie, Tetraparese, Tetraplegie)

3. Doppelamputation von Gliedmaßen (Arm/Arm, Bein/Bein, Arm/Bein)

4. Organische Hirnschädigungen durch:
   – Schädel-Hirn-Trauma
   – Tumore
   – Infektion (Folgen entzündlicher Krankheiten des ZNS)
   – vaskulären Insult (Folgen einer zerebrovaskulären Krankheit)

5. Multiple Sklerose

6. Morbus Parkinson

7. Morbus Bechterew (Spondylitis ankylosans)

8. Glasknochen (Osteogenesis imperfecta)

9. Muskeldystrophie

10. Marfan-Syndrom

11. Asthma bronchiale

12. Chronisch obstruktive Lungenkrankheit (COPD)

13. Mukoviszidose (zystische Fibrose)

14. Polyneuropathie

15. Dialysepflichtiges Nierenversagen (terminale Niereninsuffizienz).

Auch bei therapieresistenter Epilepsie kann wegen der besonderen Anforderungen an die individuelle Betreuung der erweiterte Leistungsumfang von 120 Übungseinheiten in einem Zeitraum von 36 Monaten (Richtwerte) notwendig sein. Ebenso kann bei einer in den letzten 12 Monaten vor Antragsstellung erworbenen Blindheit beider Augen wegen der schwierigen und zu erlernenden Orientierung im Raum dieser erweiterte Leistungsumfang in Betracht kommen.

4.4.2 Rehabilitationssport in Herzgruppen:

In der gesetzlichen Krankenversicherung beträgt der Leistungsumfang des Rehabilitationssports in Herzgruppen bei chronischen Herzkrankheiten (einschließlich koronarer Herzerkrankung, Herzinsuffizienz, Kardiomyopathien, Klappenerkrankungen und Z.n. kardiovaskulären Interventionen/Operationen) 90 Übungseinheiten, die in einem Zeitraum von 24 Monaten in Anspruch genommen werden können (Richtwerte). Bei herzkranken Kindern und Jugendlichen beträgt der Leistungsumfang 120 Übungseinheiten innerhalb von 24 Monaten (Richtwerte).

Weitere Verordnungen sind möglich bei maximaler Belastungsgrenze < 1,4 Watt/kg Körpergewicht (Nachweise nicht älter als 6 Monate) als Folge einer Herzkrankheit oder aufgrund von kardialen Ischämiekriterien.

Bei anderen Indikationen ist im Einzelfall zu prüfen, ob die Leistungen notwendig, geeignet und wirtschaftlich sind (vgl. Ziffer 4.4.4).

Der Leistungsumfang beträgt bei weiterer Verordnung jeweils 45 Übungseinheiten, die in einem Zeitraum von 12 Monaten in Anspruch genommen werden können (Richtwerte).

Rehabilitationssport im Leistungsumfang nach Satz 1 kann nach wiederholter abgeschlossener Akutbehandlung erneut in Betracht kommen:

– nach akutem Herz-Kreislaufstillstand,

– nach akutem Koronarsyndrom, Myokardinfarkt oder instabiler Angina pectoris,

– nach Krankenhausbehandlung wegen Herzinsuffizienz oder Kardiomyopathie (ausgenommen hypertrophe Kardiomyopathie oder Myokarditis < 6 Monate),

– nach Intervention/Operation an den Koronararterien (PCI, Bypass-OP)

– nach Intervention/Operation an den Herzklappen

– nach Implantation eines ICD (Implantierbarer Kardioverterdefibrillator), eines PM (Herzschrittmachers) oder CRT-P (Biventrikulärer Herzschrittmacher) und

– nach Herztransplantation.

Hinsichtlich der Besonderheiten des Rehabilitationssports mit herzkranken Kindern ist das DGPR-Positionspapier „Die Kinderherzgruppe (KHG)" vom Oktober 2005 zu beachten.

4.4.3 Funktionstraining:

In der gesetzlichen Krankenversicherung beträgt der Leistungsumfang des Funktionstrainings in der Regel 12 Monate (Richtwert). Bei schwerer Beeinträchtigung der Beweglichkeit/Mobilität durch chronisch bzw. chronisch progredient verlaufende entzündlich rheumatische Erkrankungen (rheumatoide Arthritis, Morbus Bechterew, Psoriasis-Arthritis), schwere Polyarthrosen, Kollagenosen, Fibromyalgie-Syndrome und Osteoporose beträgt der Leistungsumfang 24 Monate (Richtwert).

4.4.4 Eine längere Leistungsdauer ist nach Einzelfallprüfung möglich, wenn die Leistungen notwendig, geeignet und wirtschaftlich sind.

Sie kann insbesondere notwendig sein, wenn bei kognitiven oder psychischen Beeinträchtigungen die langfristige Durchführung des Übungsprogramms in Eigenverantwortung nicht oder noch nicht möglich ist. In diesen Fällen sollten in der Regel die Erst- bzw. ggf. weitere Verordnung (en) bei Rehabilitationssport jeweils 120 Übungseinheiten in 36 Monaten, bei Funktionstraining jeweils 24 Monate nicht überschreiten (Richtwerte). Für Rehabilitationssport in Herzgruppen gelten in diesen Fällen die Regelungen unter 4.4.2.

4.5 Rehabilitationssport und Funktionstraining im Sinne dieser Vereinbarung sind nicht Übungen ohne medizinische Notwendigkeit, die lediglich der Erzielung oder Verbesserung des allgemeinen Wohlbefindens des behinderten oder von Behinderung bedrohten Menschen dienen (z.B. freies Schwimmen an so genannten Warmbadetagen).

4.6 Rehabilitationssport ist kein Leistungssport. Das schließt Leistungsvergleiche unter Teilnehmern/-innen an einer Übungsveranstaltung nicht aus.

4.7 Vom Rehabilitationssport und Funktionstraining ausgeschlossen sind Maßnahmen,

– die vorrangig oder ausschließlich auf Beratung und Einübung von Hilfsmitteln abzielen (z.B. Rollstuhlkurse),

– die vorrangig oder ausschließlich Selbstverteidigungsübungen und Übungen aus dem Kampfsportbereich umfassen,

– die Übungen an technischen Geräten, die zum Muskelaufbau oder zur Ausdauersteigerung dienen (z.B. Sequenztrainingsgeräte, Geräte mit Seilzugtechnik, Hantelbank, Arm-/Beinpresse, Laufband, Rudergerät, Crosstrainer), beinhalten. Eine Ausnahme stellt insoweit das Training auf Fahrradergometern in Herzgruppen dar.

5   Rehabilitationssportarten

5.1   Rehabilitationssportarten sind:

– Gymnastik,

– Leichtathletik,

– Schwimmen,

– Bewegungsspiele in Gruppen,

soweit es sich um Übungen handelt, mit denen das Ziel des Rehabilitationssports erreicht werden kann.

Übungen zur Stärkung des Selbstbewusstseins behinderter und von Behinderung bedrohter Frauen und Mädchen stellen eine besondere Form des Rehabilitationssports dar, die als eigenständige Übungsveranstaltung angeboten werden.

Geeignete Übungsinhalte anderer Sportarten können in die Übungsveranstaltungen eingebunden werden (z.B. Elemente aus Judo, Karate, Taekwon-Do, Jiu-Jitsu, Entspannungsübungen).

5.2   Die Rehabilitationsträger können weitere Rehabilitationssportarten anerkennen, wenn das Ziel des Rehabilitationssports durch die in Ziffer 5.1 genannten Rehabilitationssportarten nicht erreicht werden kann (z.B. Bogenschießen für Menschen im Rollstuhl, Sportkegeln für blinde Menschen).

5.3   Für eine Anerkennung als Rehabilitationssport kommen nicht in Betracht:

– Kampfsportarten und Sportarten der Selbstverteidigung (z.B. Boxen, Kickboxen, Ringen, Judo, Karate, Taekwon-Do, Jiu-Jitsu),

– Sportarten, bei denen eine erhöhte Verletzungsgefahr oder ein anderes gesundheitliches Risiko besteht,

– Sportarten, die gemessen an den Kosten für den Rehabilitationssport im Sinne der Ziffer 5.1 einen unverhältnismäßig hohen finanziellen Aufwand erfordern.

6   Funktionstrainingsarten

Funktionstrainingsarten sind insbesondere:

– Trockengymnastik,

– Wassergymnastik.

7   Durchführung des Rehabilitationssports/Funktionstrainings

7.1   Die Durchführung des Rehabilitationssports obliegt in der Regel den örtlichen Rehabilitationssportgruppen, die über die Landesbehinderten-Sportverbände dem Deutschen Behinderten-Sportverband (DBS) angehören. Auch andere Organisationen (z.B. die Mitgliedsvereine der Landessportbünde bzw. deren Fachverbände, die Mitglieder der Landesorganisationen der Deutschen Gesellschaft für Prävention und Rehabilitation von Herz-Kreislauferkrankungen – DGPR) können den Rehabilitationssport durchführen.

7.2   Die Durchführung des Funktionstrainings obliegt in der Regel den örtlichen Arbeitsgemeinschaften, die über die Landesverbände der Deutschen Rheuma-Liga angehören. Auch andere Selbsthilfegruppen (z.B. Selbsthilfegruppen des Bundesselbsthilfeverbandes für Osteoporose, Deutsche Vereinigung Morbus Bechterew) können das Funktionstraining durchführen.

8   Anerkennung und Überprüfung der Rehabilitationssportgruppen

8.1   Rehabilitationssportgruppen bedürfen der Anerkennung. Die Anerkennung erfolgt nach einheitlichen Kriterien (vgl. Anlage).

8.2   Die Anerkennung dieser Gruppen erfolgt grundsätzlich durch die Landesverbände des DBS. Bei Herzgruppen wird die Anerkennung auch durch die Landesorganisationen der DGPR ausgesprochen.

8.3   Die Anerkennung kann auch durch Arbeitsgemeinschaften auf Landesebene aller am Rehabilitationssport beteiligten Rehabilitationsträger, Verbände und Institutionen erfolgen.

8.4   Die Anerkennung von Rehabilitationssportgruppen, die nicht Mitglied in einem/r Landesverband/-organisation des DBS bzw. der DGPR sind, erfolgt durch die Rehabilitationsträger bzw. Arbeitsgemeinschaften auf Landesebene.

8.5   Die Anerkennung kann durch vertragliche Regelungen auf Dritte übertragen werden.

8.6   Die Ziffern 8.2 bis 8.4 gelten, sofern nicht ein Rehabilitationsträger sich die Anerkennung vorbehält.

8.7   Die fortlaufende Überprüfung der ordnungsgemäßen Durchführung des Rehabilitationssports erfolgt durch die Stellen, die für die Anerkennung der Rehabilitationssportgruppen verantwortlich sind. Ziffer 19.1 ist zu beachten. Darüber hinaus sind die Rehabilitationsträger berechtigt, die ordnungsgemäße Durchführung des Rehabilitationssports im Einzelfall zu prüfen.

8.8   Die anerkannten Gruppen sind den Rehabilitationsträgern regelmäßig, mindestens einmal jährlich, zu melden.

9   Anerkennung und Überprüfung von Funktionstrainingsgruppen

9.1   Funktionstrainingsgruppen bedürfen der Anerkennung. Die Anerkennung erfolgt nach einheitlichen Kriterien (vgl. Anlage).

9.2 Bei Rheuma-Funktionstrainingsgruppen wird die Anerkennung grundsätzlich durch die Landesverbände der Deutschen Rheuma-Liga ausgesprochen.

9.3 Die Anerkennung kann auch durch Arbeitsgemeinschaften auf Landesebene aller am Funktionstraining beteiligten Rehabilitationsträger, Verbände und Institutionen erfolgen.

9.4 Die Anerkennung von Funktionstrainingsgruppen, die nicht einem Mitgliedsverband der Deutschen Rheuma-Liga angehören, erfolgt durch die Rehabilitationsträger bzw. durch Arbeitsgemeinschaften auf Landesebene.

9.5 Die Anerkennung kann durch vertragliche Regelungen auf Dritte übertragen werden.

9.6 Die Ziffern 9.2 bis 9.4 gelten, sofern nicht ein Rehabilitationsträger sich die Anerkennung vorbehält.

9.7 Die fortlaufende Überprüfung der ordnungsgemäßen Durchführung des Funktionstrainings erfolgt durch die Stellen, die für die Anerkennung der Funktionstrainingsgruppen verantwortlich sind. Ziffer 19.1 ist zu beachten. Darüber hinaus sind die Rehabilitationsträger berechtigt, die ordnungsgemäße Durchführung des Funktionstrainings im Einzelfall zu prüfen.

9.8 Die anerkannten Gruppen sind den Rehabilitationsträgern regelmäßig, mindestens einmal jährlich, zu melden.

10 Übungsgruppen für Rehabilitationssport, Dauer der Übungseinheiten

10.1 Beim Rehabilitationssport beträgt die maximale Teilnehmerzahl einer Übungsveranstaltung grundsätzlich 15 Teilnehmer/-innen je Übungsleiter/-in. Bei Übungen zur Stärkung des Selbstbewusstseins ist die Zahl der Teilnehmerinnen einer Übungsveranstaltung auf 12 begrenzt. Geringfügige Überschreitungen sind in Ausnahmefällen zulässig und gegenüber den Rehabilitationsträgern zu begründen.

Bei der Durchführung von Rehabilitationssport in Herzgruppen bestimmt der/die betreuende Arzt/Ärztin die Teilnehmerzahl, die nicht größer als 20 sein darf.

Sofern Menschen mit Blindheit, Doppelamputation, Hirnverletzung, behinderte Menschen mit schweren Lähmungen oder andere schwerstbehinderte Menschen Rehabilitationssport in spezifischen Übungsgruppen durchführen, sollen diesen nicht mehr als 7 Teilnehmer/-innen angehören.

10.2 Für Kinder bis zum vollendeten 14. Lebensjahr und für Jugendliche sind möglichst altersgerechte Übungsgruppen zu bilden. Die Zahl der Teilnehmer/-innen einer Übungsgruppe für Kinder soll 10, bei schwerstbehinderten Kindern 5 nicht übersteigen. Für Jugendliche gilt hinsichtlich der Gruppengröße Ziffer 10.1 entsprechend.

10.3 Die Dauer einer Übungsveranstaltung soll grundsätzlich mindestens 45 Minuten, beim Rehabilitationssport in Herzgruppen mindestens 60 Minuten betragen. Die Anzahl der Übungsveranstaltungen beträgt bis zu zwei, mit besonderer Begründung höchstens drei Übungsveranstaltungen je Woche.

Bei der Durchführung von Übungen zur Stärkung des Selbstbewusstseins können auch Übungsveranstaltungen zusammengefasst werden.

11 Übungsgruppen für Funktionstraining, Dauer der Übungseinheiten

11.1 Beim Funktionstraining beträgt die maximale Teilnehmerzahl einer Übungsveranstaltung grundsätzlich 15 Teilnehmer/-innen je Therapeut/ -in/ Übungsleiter/-in. Geringfügige Überschreitungen sind in Ausnahmefällen zulässig und gegenüber den Rehabilitationsträgern zu begründen. In Abhängigkeit von Erkrankung und Therapieziel sollen erforderlichenfalls spezielle Übungsgruppen gebildet werden.

11.2 Ziffer 10.2 gilt entsprechend.

11.3 Trocken- und Wassergymnastik können sich ergänzen; sofern beide Formen medizinisch erforderlich sind, sollen sie an jeweils verschiedenen Wochentagen stattfinden.

11.4 Die Dauer einer Übungsveranstaltung soll grundsätzlich mindestens 30 Minuten bei Trockengymnastik bzw. grundsätzlich mindestens 15 Minuten bei Wassergymnastik betragen. Die Anzahl der Übungsveranstaltungen beträgt bis zu zwei, mit besonderer Begründung höchstens drei Übungsveranstaltungen je Woche.

12 Ärztliche Betreuung/Überwachung des Rehabilitationssports

12.1 Grundsätzlich erfolgen die ärztliche Betreuung und Überwachung des einzelnen behinderten oder von Behinderung bedrohten Menschen auch im Hinblick auf den Rehabilitationssport durch den behandelnden/verordnenden Arzt/die behandelnde/verordnende Ärztin.

Die Betreuung der Rehabilitationssportgruppen erfolgt durch einen Arzt/eine Ärztin, der/die die Teilnehmer/-innen und die/den Übungsleiter/-in bei Bedarf während der Übungsveranstaltung berät. Dieser Arzt/diese Ärztin informiert den/die behandelnde/n/verordnenden Arzt/Ärztin über wichtige Aspekte der Durchführung des Rehabilitationssports, sofern dies für die Verordnung/Behandlung von Bedeutung ist.

12.2 Beim Rehabilitationssport in Herzgruppen ist die ständige, persönliche Anwesenheit eines/einer betreuenden Arztes/Ärztin während der Übungsveranstaltungen erforderlich.

Mit der ärztlichen Betreuung und Überwachung des Rehabilitationssports in Herzgruppen sind auf dem Gebiet des Rehabilitationssports erfahrene Ärzte/Ärztinnen zu beauftragen. Ihre Aufgabe ist es,

– auf der Grundlage aktueller Untersuchungsbefunde die auf die Einschränkungen sowie auf den Allgemeinzustand des behinderten oder von Behinderung bedrohten Menschen abgestimmten Übungen festzulegen,

– zu Beginn jeder Übungsveranstaltung die Belastbarkeit durch Befragung festzustellen und in der Trainingsgestaltung zu berücksichtigen; ggf. sind dem/der Übungsleiter/-in entsprechende Anweisungen zu erteilen,

– während der Übungen die Teilnehmer/-innen zu überwachen,

– den behinderten oder von Behinderung bedrohten Menschen zu beraten.

Die Belastungsvorgaben einschließlich der Befunde sowie besondere Hinweise wie Einschränkungen usw. sind schriftlich zu dokumentieren.

Beim Rehabilitationssport in Herzgruppen gelten zusätzlich die mit den Spitzenverbänden der Rehabilitationsträger abgestimmten Leitlinien der DGPR.

13   Leitung des Rehabilitationssports

13.1 Beim Rehabilitationssport müssen die Übungen von Übungsleitern/ -innen geleitet werden, die aufgrund eines besonderen Qualifikations- nachweises – z.B. Übungsleiter/-in „Rehabilitationssport" nach den Ausbildungsrichtlinien des DBS bzw. nach den Rahmen-Richtlinien für die Ausbildung im Bereich des Deutschen Olympischen Sportbundes (DOSB), für die Leitung von Herzgruppen der zwischen DBS, DOSB und der der DGPR abgestimmte Qualifikationsnachweis – die Gewähr für eine fachkundige Anleitung und Überwachung der Gruppen bieten. Die Inhalte der Qualifikationsnachweise sind mit den Rehabilitations- trägern auf Ebene der BAR abzustimmen.

13.2 Die für den Rehabilitationssport mit Kindern und Jugendlichen einge- setzten Übungsleiter/-innen müssen darüber hinaus die dafür erforderli- chen psychologisch-pädagogischen Fähigkeiten besitzen.

13.3 Eigenständige Übungsveranstaltungen zur Stärkung des Selbstbewusst- seins behinderter oder von Behinderung bedrohter Frauen und Mädchen werden grundsätzlich von zwei Übungsleiterinnen geleitet, wobei eine Übungsleiterin die notwendige Handlungs-, Fach-, Methoden-, Per- sonal- und Sozialkompetenz für deren Durchführung durch entspre- chende Fort-/Zusatzausbildung (z.B. Ausbildungsmodul „Übungen zur Stärkung des Selbstbewusstseins behinderter und von Behinderung be- drohter Frauen und Mädchen" des DBS) nachzuweisen hat. Abweichun- gen von der Zahl der Übungsleiterinnen sind gegenüber den Rehabilita- tionsträgern anzuzeigen und zu begründen.

14   Leitung des Funktionstrainings

14.1 Beim Funktionstraining kommen für die Leitung der Trainingsgruppen vor allem Physiotherapeuten/-innen/ Krankengymnasten/-innen und/ oder Ergotherapeuten/-innen mit speziellen Erfahrungen und spezieller Fortbildung für den Bereich der rheumatischen Erkrankungen/Osteo- porose einschließlich Wassergymnastik und Atemgymnastik und mit Kenntnissen und Erfahrungen in der psychischen und pädagogischen Führung in Betracht. Sie müssen in der Lage sein, die Leistungsfähigkeit und die darauf abzustimmenden Übungen für den/die einzelnen Patien- ten/-in einzuschätzen.

14.2 Die Leitung der Funktionstrainingsgruppen kann auch von anderen qualifizierten Therapeuten/-innen wahrgenommen werden, die über eine nach 14.1 vergleichbare therapeutische Ausbildung verfügen und an einer von den Rehabilitationsträgern anerkannten Fort-/Zusatzausbildung für das Funktionstraining teilgenommen haben.

14.3 Die erforderliche ergotherapeutische Betreuung soll, insbesondere auch im Hinblick auf die Beratung über Ausstattung und Einübung im Gebrauch von Gebrauchsgegenständen des täglichen Lebens, gewährleistet sein. Zu beachten ist Ziffer 3.4.

14.4 Die für Funktionstraining mit Kindern und Jugendlichen eingesetzten Therapeuten/-innen müssen darüber hinaus die dafür erforderlichen psychologisch-pädagogischen Fähigkeiten besitzen.

15   Verordnung von Rehabilitationssport und Funktionstraining

15.1 Rehabilitationssport und Funktionstraining werden indikationsgerecht von den behandelnden Arzt/der Ärztin verordnet. Für die gesetzliche Rentenversicherung und die Alterssicherung der Landwirte kann Rehabilitationssport und Funktionstraining auch durch den Arzt/die Ärztin der Rehabilitationseinrichtung verordnet werden. Ziffer 1.2 ist zu beachten.

15.2 Die Verordnung muss enthalten:

1. die Diagnose nach ICD 10, ggf. die Nebendiagnosen, soweit sie Berücksichtigung finden müssen oder Einfluss auf die Verordnungsnotwendigkeit haben,

2. die Gründe und Ziele, weshalb Rehabilitationssport/Funktionstraining (weiterhin) erforderlich ist; dazu sind auch Angaben über die vorliegenden Funktionseinschränkungen und zur psychischen und physischen Belastbarkeit zu machen,

3. die Dauer des Rehabilitationssports bzw. des Funktionstrainings,

4. eine Empfehlung für die Auswahl der für die Behinderung geeigneten Rehabilitationssportart bzw. Funktionstrainingsart, bei Herzgruppen die Empfehlung zur Übungs- oder Trainingsgruppe sowie bei Bedarf die Empfehlung zur Durchführung von Übungen zur Stärkung des Selbstbewusstseins behinderter oder von Behinderung bedrohter Frauen und Mädchen und für besondere Inhalte des Rehabilitationssports,

5. bei weiteren Verordnungen ergänzend die Gründe, warum der Versicherte nicht oder noch nicht in der Lage ist die erlernten Übungen selbstständig und eigenverantwortlich durchzuführen.

15.3 Die einzelne Verordnung erstreckt sich im Allgemeinen auf bis zu zwei, mit besonderer Begründung höchstens drei Übungsveranstaltungen je Woche; sie gilt nur für den vom verordnenden Arzt/von der verordnenden Ärztin für notwendig erachteten Zeitraum, für die gesetzliche Krankenversicherung für den in Ziffer 4.4.1 bis 4.4.4 genannten Zeitraum, für die gesetzliche Rentenversicherung und die Alterssicherung der Landwirte längstens für den in Ziffer 4.2 genannten Zeitraum.

15.4 Im Bereich der gesetzlichen Unfallversicherung ist die Verordnung von Rehabilitationssport und Funktionstraining jeweils für ein halbes Jahr auszustellen. In Ausnahmefällen kann dieser Zeitraum bis zu einem Jahr betragen.

16   Bewilligung, Übertragung, Auswahl der Rehabilitationssport-gruppe/Funktionstrainingsgruppe

16.1 Rehabilitationssport und Funktionstraining sind vor dem Beginn durch den Rehabilitationsträger zu bewilligen. Dies gilt auch für weitere Verordnungen.

16.2 Nimmt ein behinderter oder von Behinderung bedrohter Mensch an den ihm für einen bestimmten Zeitraum bewilligten Übungsveranstaltungen nicht teil, ist eine Übertragung auf einen späteren Zeitraum grundsätzlich nicht zulässig.

16.3 Rehabilitationssport und Funktionstraining sind in der Regel in der Rehabilitationssportgruppe/Funktionstrainingsgruppe durchzuführen, die dem Wohn- oder Arbeitsort des behinderten oder von Behinderung bedrohten Menschen am nächsten gelegen ist, es sei denn, dass bei dieser Rehabilitationssportgruppe/Funktionstrainingsgruppe die ärztlich verordneten Übungen nicht durchgeführt werden oder der behinderte oder von Behinderung bedrohte Mensch aus sonstigen Gründen diese Rehabilitationssportgruppe/Funktionstrainingsgruppe nicht in Anspruch nehmen kann. Seinen berechtigten Wünschen ist zu entsprechen. Hierbei sind die Grundsätze der Wirtschaftlichkeit und Sparsamkeit zu beachten.

17   Kostenregelung

17.1 Die Vergütung für die Teilnahme am Rehabilitationssport bzw. Funktionstraining wird in der Regel zwischen den Bundes-/Landesorganisationen der Träger von Rehabilitationssportgruppen/Funktionstrainingsgruppen und den Rehabilitationsträgern vertraglich geregelt. Die Vergütungen können pauschaliert werden.

17.2 Die Träger der Rehabilitationssportgruppen bzw. Funktionstrainingsgruppen haben eine pauschale Unfallversicherung für die Teilnehmer/-innen an den Übungsveranstaltungen abzuschließen, sofern nicht bereits eine Sportversicherung besteht.

17.3 Die Rehabilitationsträger übernehmen für die persönliche Sportbekleidung und -ausrüstung (z.B. Trainingsanzug, Sporthemd, Sporthose, Sportschuhe, Badebekleidung, Schläger) keine Kosten. Die für die Durchführung im Einzelfall erforderlichen Hilfsmittel sowie deren für die Ausübung des Rehabilitationssports/des Funktionstrainings notwendige Anpassung werden nach den geltenden gesetzlichen Bestimmungen erbracht. Die für den Rehabilitationssport und das Funktionstraining notwendigen Sport-/Trainingsgeräte sind von der Rehabilitationssportgruppe/der Funktionstrainingsgruppe zu stellen. Die Kosten ihrer Anschaffung oder Benutzung werden durch die für die Übungsveranstaltungen zu zahlende Vergütung nach Ziffer 17.1 abgegolten.

17.4 Die Rehabilitationsträger begrüßen eine Mitgliedschaft in den Rehabilitationssportgruppen bzw. Funktionstrainingsgruppen auf freiwilliger Basis, um die eigenverantwortliche Durchführung des Bewegungstrainings zu fördern und nachhaltig zu sichern. Eine Mitgliedschaft in der Gruppe,

Selbsthilfegruppe oder im Verein ist jedoch für die Teilnahme am Rehabilitationssport bzw. Funktionstraining für die Dauer der Verordnung zu Lasten eines Rehabilitationsträgers nicht verpflichtend.

17.5 Nach § 31 SGB I ist es nicht zulässig, neben der Vergütung des Rehabilitationsträgers für die Teilnahme am Rehabilitationssport bzw. Funktionstraining Zuzahlungen, Eigenbeteiligungen etc. oder Vorauszahlungen von den Teilnehmer/-innen zu fordern. Nach § 32 SGB I ist es unzulässig, davon abweichende Vereinbarungen zu treffen.

Mitgliedsbeiträge bei freiwilliger Mitgliedschaft sind möglich.

18   Abrechnungsverfahren

18.1 Die Abrechnung für die Teilnahme an den Übungsveranstaltungen erfolgt grundsätzlich zwischen dem Rehabilitationsträger und dem Träger der Rehabilitationssportgruppe/Funktionstrainingsgruppe. Die Abrechnung durch von den Leistungserbringern beauftragte Dritte ist möglich (z.B. im Rahmen des maschinellen Abrechnungsverfahrens nach § 302 SGB V).

18.2 Der Teilnahmenachweis hat durch Unterschrift des/der Teilnehmers/-in für jede Übungsveranstaltung zu erfolgen. Abweichungen hiervon können vertraglich geregelt oder im Einzelfall mit dem Rehabilitationsträger abgesprochen werden.

19   Qualitätssicherung

19.1 Die Rehabilitationssportgruppen/Funktionstrainingsgruppen sind zur Sicherung und Weiterentwicklung der Qualität der von ihnen erbrachten Leistung verpflichtet. Die Leistungen müssen dem jeweiligen Stand der wissenschaftlichen Erkenntnisse entsprechen und in der fachlich gebotenen Qualität erbracht werden.

19.2 Für die Rehabilitationssportgruppen/Funktionstrainingsgruppen besteht die Verpflichtung, an einem Qualitätssicherungsprogramm der Rehabilitationsträger teilzunehmen. Näheres wird in den Verträgen nach Ziffer 17.1 zwischen den Beteiligten geregelt.

20   In-Kraft-Treten

20.1 Diese Rahmenvereinbarung tritt am 01. Januar 2011 in Kraft. Mit InKraft-Treten wird die „Rahmenvereinbarung Rehabilitationssport und Funktionstraining vom 01. Oktober 2003 in der Fassung vom 01. Januar 2007" außer Kraft gesetzt.

20.2 Alle vor dem 01. Januar 2011 ausgestellten ärztlichen Verordnungen für Rehabilitationssport und Funktionstraining behalten ihre Gültigkeit.

20.3 Für alle ab 01. Januar 2011 ausgestellten ärztlichen Verordnungen für Rehabilitationssport und Funktionstraining gilt die vorliegende Rahmenvereinbarung.

20.4 Die Partner der Rahmenvereinbarung werden auf der Ebene der Bundesarbeitsgemeinschaft für Rehabilitation in angemessenen Zeitabständen prüfen, ob die Rahmenvereinbarung aufgrund zwischenzeitlich gewonnener Erfahrungen, insbesondere im Rahmen der Anwendung der ICF, verbessert oder wesentlich veränderten Verhältnissen angepasst werden muss.

20.5 Die Rahmenvereinbarung kann von jedem Vereinbarungspartner zum Schluss eines Kalenderjahres mit einer Frist von einem Jahr, frühestens zum 31. Dezember 2011, schriftlich gegenüber den Vereinbarungspartnern gekündigt werden.

20.6 Bei Kündigung eines Vereinbarungspartners bleibt die Rahmenvereinbarung für die anderen Vereinbarungspartner unverändert bestehen.

20.7 Sollten einzelne Regelungen dieser Vereinbarung ganz oder teilweise unwirksam werden, so berührt dies die Gültigkeit der übrigen Regelungen nicht. Die Vertragspartner verpflichten sich, die unwirksame(n) Regelung(en) durch (eine) rechtlich zulässige Regelung(en) zu ersetzen, die dem Sinn und Zweck der ursprünglich vereinbarten Regelung(en) möglichst nahe kommen.

Anlage
zur Rahmenvereinbarung Rehabilitationssport/Funktionstraining
Anerkennung von Rehabilitationssportgruppen/ Funktionstrainingsgruppen

1. Allgemeine Angaben

– Name, Anschrift des Trägers der Gruppe
– Ansprechpartner/-in der Gruppe (Name, Anschrift, Telefon)
– Institutionskennzeichen
– In welchem übergeordneten Verband/Organisation ist der Träger der Gruppe Mitglied?
– Anerkennung der Gruppe beantragt am .... ab ....
– Angabe der Rehabilitationssportart/Funktionstrainingsart – anerkannt? Ab wann?
– Ort, Zeit und Dauer der Übungsveranstaltung
– Werden Übungen zur Stärkung des Selbstbewusstseins behinderter oder von Behinderung bedrohter Frauen und Mädchen angeboten/durchgeführt? Wenn ja, in welcher Form? (Vorlage eines Konzeptes)

2. Angaben zu personellen Voraussetzungen

– Name, Anschrift der/s Übungsleiters/-in/ Therapeuten/-in
– Nachweis der Qualifikation, Fort- bzw. Zusatzausbildung, gültige Übungsleiterlizenz
– Gültig bis ....; ausgestellt am .... /durch ....
– Ist Zusatzausbildung anerkannt? (Curriculum?) Durch wen?

3. Angaben zu räumlichen Voraussetzungen/Ausstattung der Übungsstätten

– Größe der Übungsstätte
– Bei Warmwassertraining: Größe des Therapiebeckens und Wasserwärme

– Geräteausstattung, ggf. Sonderausstattung, spezielle Geräte oder Hilfsmittel
– Barrierefreiheit?

4. Gruppengröße/Zusammensetzung der Gruppen

– Gruppengröße? (maximal 15 Teilnehmer/-innen je Übungsleiter/-in/ Therapeut/-in, bei Rehabilitationssport in Herzgruppen maximal 20 Teilnehmer/-innen, bei Übungen zur Stärkung des Selbstbewusstseins behinderter und von Behinderung bedrohter Frauen und Mädchen maximal 12 Teilnehmerinnen)
– Gruppengröße bei Kindergruppen? (maximal 10 Kinder, bei schwerstbehinderten Kindern maximal 5 Kinder je Übungsleiter/-in)
– Gruppengröße bei schwerstbehinderten Menschen? (maximal 7 Personen je Übungsleiter/-in)
– Feste Gruppe? (Definiert durch festgelegten zeitlichen Beginn, festgelegte Dauer, festgelegten Ort und durch die über die gesamte Zeitdauer gegebene Anleitung und Betreuung durch eine/n Übungsleiter/in bzw. bei Herzgruppen zusätzlich die ständige, persönliche Anwesenheit des/der betreuende/n Arztes/Ärztin)
– ggf. besondere Voraussetzungen

5. Angaben zum Unfallversicherungsschutz

– Ist eine Unfallversicherung abgeschlossen? (Die Vorlage des Versicherungsscheins bzw. der Nachweis einer Sportversicherung ist notwendig)

6. Angaben zur ärztlichen Betreuung/Überwachung in Herzgruppen

– Welche/r Arzt/Ärztin hat sich verpflichtet, während der Übungsveranstaltungen ständig anwesend zu sein (Name, Anschrift – schriftliche Erklärung vorlegen)? Vertretung bei Urlaub/Krankheit?
– Wird zu Beginn der Übungsveranstaltung eine Kurzanamnese (Medikamentenveränderung, Befindlichkeitsveränderung, ungewöhnliche Belastungen in Familie oder Beruf, Erkrankungen, insbesondere Infektionen) durchgeführt und Besonderheiten dokumentiert?
– Werden Ergebnisse der ärztlichen Untersuchung abgefragt?
– Ist ein netzunabhängiger, tragbarer Defibrillator vorhanden? Letzte Kontrolle?
– Ist ein Notfallkoffer vorhanden?

7. Angaben zur ärztlichen Betreuung/Überwachung in Rehabilitationssportgruppen

– Welche/r Arzt/Ärztin hat sich verpflichtet, während der Übungsveranstaltungen bei Bedarf für Beratungen der Teilnehmer/-innen und der Übungsleiter/-innen zur Verfügung zu stehen (Name, Anschrift – schriftliche Erklärung vorlegen)? Vertretung bei Urlaub/Krankheit?

8. Angaben zur Notfallversorgung

– Bestehen bei Notfällen Möglichkeiten, den vertragsärztlichen Notdienst bzw. den notärztlichen Rettungsdienst (Notarzt/Notärztin) telefonisch zu erreichen (Telefon, Handy)?
– Nächst erreichbare/r Arzt/Ärztin?
– Nächstes Krankenhaus?

9. Dokumentation

– Wird eine Teilnehmerliste geführt? Wo kann diese eingesehen werden?
– Dokumentation der Übungsveranstaltungen (z.B. besondere Vorkommnisse)

22. Redaktionelle Anlage
Gegenüberstellung
SGB IX v. 19.6.2001 und SGB IX v. 23.12.2016

(Stand: 1.1.2017)

SGB IX v. 19.6.2001		SGB IX v. 23.12.2016	
Teil 1		**Teil 1**	
Regelungen für behinderte und von Behinderung bedrohte Menschen		**Regelungen für Menschen mit Behinderungen und von Behinderung bedrohte Menschen**	
Kapitel 1. Allgemeine Regelungen		**Kapitel 1. Allgemeine Vorschriften**	
§ 1	Selbstbestimmung und Teilhabe am Leben in der Gesellschaft	§ 1	Selbstbestimmung und Teilhabe am Leben in der Gesellschaft
§ 2	Behinderung	§ 2	Begriffsbestimmungen
§ 3	Vorrang von Prävention	§ 3	Vorrang von Prävention
§ 4	Leistungen zur Teilhabe	§ 4	Leistungen zur Teilhabe
§ 5	Leistungsgruppen	§ 5	Leistungsgruppen
§ 6	Rehabilitationsträger	§ 6	Rehabilitationsträger
§ 6a	Rehabilitationsträger für Leistungen zur Teilhabe am Arbeitsleben nach dem Zweiten Buch Sozialgesetzbuch		
§ 7	Vorbehalt abweichender Regelungen	§ 7	Vorbehalt abweichender Regelungen
§ 8	Vorrang von Leistungen zur Teilhabe	*[§ 9]*	*Vorrangige Prüfung von Leistungen zur Teilhabe*
§ 9	Wunsch- und Wahlrecht der Leistungsberechtigten	§ 8	Wunsch- und Wahlrecht der Leistungsberechtigten
		Kapitel 2. Einleitung der Rehabilitation von Amts wegen	
[§ 8]	*Vorrang von Leistungen zur Teilhabe*	§ 9	Vorrangige Prüfung von Leistungen zur Teilhabe
		§ 10	Sicherung der Erwerbsfähigkeit
		§ 11	Förderung von Modellvorhaben zur Stärkung der Rehabilitation
		Kapitel 3. Erkennung und Ermittlung des Rehabilitationsbedarfs	
		§ 12	Maßnahmen zur Unterstützung der frühzeitigen Bedarfserkennung
		§ 13	Instrumente zur Ermittlung des Rehabilitationsbedarfs
§ 10	Koordinierung der Leistungen	**Kapitel 4. Koordinierung der Leistungen**	
		§ 14	Leistender Rehabilitationsträger
		§ 15	Leistungsverantwortung bei Mehrheit von Rehabilitationsträgern
		§ 16	Erstattungsansprüche zwischen Rehabilitationsträgern
		§ 17	Begutachtung
[§ 15]	*Erstattung selbstbeschaffter Leistungen*	§ 18	Erstattung selbstbeschaffter Leistungen
		§ 19	Teilhabeplan
		§ 20	Teilhabeplankonferenz
		§ 21	Besondere Anforderungen an das Teilhabeplanverfahren

22 Red. Anl.

SGB IX v. 19.6.2001		SGB IX v. 23.12.2016	
§ 33	Leistungen zur Teilhabe am Arbeitsleben	§ 49	Leistungen zur Teilhabe am Arbeitsleben, Verordnungsermächtigung
§ 34	Leistungen an Arbeitgeber	§ 50	Leistungen an Arbeitgeber
§ 35	Einrichtungen der beruflichen Rehabilitation	§ 51	Einrichtungen der beruflichen Rehabilitation
§ 36	Rechtsstellung der Teilnehmenden	§ 52	Rechtsstellung der Teilnehmenden
§ 37	Dauer von Leistungen	§ 53	Dauer von Leistungen
§ 38	Beteiligung der Bundesagentur für Arbeit	§ 54	Beteiligung der Bundesagentur für Arbeit
§ 38a	Unterstützte Beschäftigung	§ 55	Unterstützte Beschäftigung
§ 39	Leistungen in Werkstätten für behinderte Menschen	§ 56	Leistungen in Werkstätten für behinderte Menschen
§ 40	Leistungen im Eingangsverfahren und im Berufsbildungsbereich	§ 57	Leistungen im Eingangsverfahren und im Berufsbildungsbereich
§ 41	Leistungen im Arbeitsbereich	§ 58	Leistungen im Arbeitsbereich
§ 42	Zuständigkeit für Leistungen in Werkstätten für behinderte Menschen	§ 63	Zuständigkeit nach den Leistungsgesetzen
§ 43	Arbeitsförderungsgeld	§ 59	Arbeitsförderungsgeld
		§ 60	Andere Leistungsanbieter
		§ 61	Budget für Arbeit
		§ 62	Wahlrecht des Menschen mit Behinderungen
Kapitel 6. Unterhaltssichernde und andere ergänzende Leistungen		**Kapitel 11. Unterhaltssichernde und andere ergänzende Leistungen**	
§ 44	Ergänzende Leistungen	§ 64	Ergänzende Leistungen
§ 45	Leistungen zum Lebensunterhalt	§ 65	Leistungen zum Lebensunterhalt
§ 46	Höhe und Berechnung des Übergangsgelds	§ 66	Höhe und Berechnung des Übergangsgelds
§ 47	Berechnung des Regelentgelts	§ 67	Berechnung des Regelentgelts
§ 48	Berechnungsgrundlage in Sonderfällen	§ 68	Berechnungsgrundlage in Sonderfällen
§ 49	Kontinuität der Bemessungsgrundlage	§ 69	Kontinuität der Bemessungsgrundlage
§ 50	Anpassung der Entgeltersatzleistungen	§ 70	Anpassung der Entgeltersatzleistungen
§ 51	Weiterzahlung der Leistungen	§ 71	Weiterzahlung der Leistungen
§ 52	Einkommensanrechnung	§ 72	Einkommensanrechnung
§ 53	Reisekosten	§ 73	Reisekosten
§ 54	Haushalts- oder Betriebshilfe und Kinderbetreuungskosten	§ 74	Haushalts- oder Betriebshilfe und Kinderbetreuungskosten
Kapitel 7. Leistungen zur Teilhabe am Leben in der Gemeinschaft		**Kapitel 13. Soziale Teilhabe**	
§ 55	Leistungen zur Teilhabe am Leben in der Gemeinschaft	§ 76	Leistungen zur Sozialen Teilhabe
		§ 77	Leistungen für Wohnraum
		§ 78	Assistenzleistungen
§ 56	Heilpädagogische Leistungen	§ 79	Heilpädagogische Leistungen
		§ 80	Leistungen zur Betreuung in einer Pflegefamilie
		§ 81	Leistungen zum Erwerb und Erhalt praktischer Kenntnisse und Fähigkeiten
§ 57	Förderung der Verständigung	§ 82	Leistungen zur Förderung der Verständigung
§ 58	Hilfen zur Teilhabe am gemeinschaftlichen und kulturellen Leben		
		§ 83	Leistungen zur Mobilität
		§ 84	Hilfsmittel

SGB IX v. 19.6.2001	SGB IX v. 23.12.2016	
	Kapitel 3. Medizinische Rehabilitation	
	§ 109	Leistungen zur medizinischen Rehabilitation
	§ 110	Leistungserbringung
	Kapitel 4. Teilhabe am Arbeitsleben	
	§ 111	Leistungen zur Beschäftigung
	Kapitel 5. Teilhabe an Bildung	
	§ 112	Leistungen zur Teilhabe an Bildung
	Kapitel 6. Soziale Teilhabe	
	§ 113	Leistungen zur Sozialen Teilhabe
	§ 114	Leistungen zur Mobilität
	§ 115	Besuchsbeihilfen
	§ 116	Pauschale Geldleistung, gemeinsame Inanspruchnahme
[§ 58 SGB XII: Gesamtplan]	**Kapitel 7. Gesamtplanung**	
	§ 117	Gesamtplanverfahren
	§ 118	Instrumente der Bedarfsermittlung
	§ 119	Gesamtplankonferenz
	§ 120	Feststellung der Leistungen
	§ 121	Gesamtplan
	§ 122	Teilhabezielvereinbarung
	Kapitel 8. Vertragsrecht	
	§ 123	Allgemeine Grundsätze
	§ 124	Geeignete Leistungserbringer
	§ 125	Inhalt der schriftlichen Vereinbarung
	§ 126	Verfahren und Inkrafttreten der Vereinbarung
	§ 127	Verbindlichkeit der vereinbarten Vergütung
	§ 128	Wirtschaftlichkeits- und Qualitätsprüfung
	§ 129	Kürzung der Vergütung
	§ 130	Außerordentliche Kündigung der Vereinbarungen
	§ 131	Rahmenverträge zur Erbringung von Leistungen
	§ 132	Abweichende Zielvereinbarungen
	§ 133	Schiedsstelle
	§ 134	Sonderregelung zum Inhalt der Vereinbarungen zur Erbringung von Leistungen für minderjährige Leistungsberechtigte und in Sonderfällen
[§ 60a SGB XII: Sonderregelungen zum Einsatz von Vermögen]	**Kapitel 9. Einkommen und Vermögen**	
	§ 135	Begriff des Einkommens
	§ 136	Beitrag aus Einkommen zu den Aufwendungen
	§ 137	Höhe des Beitrages zu den Aufwendungen
	§ 138	Besondere Höhe des Beitrages zu den Aufwendungen
	§ 139	Begriff des Vermögens
	§ 140	Einsatz des Vermögens

SGB IX v. 19.6.2001		SGB IX v. 23.12.2016	
§ 85	Erfordernis der Zustimmung	§ 168	Erfordernis der Zustimmung
§ 86	Kündigungsfrist	§ 169	Kündigungsfrist
§ 87	Antragsverfahren	§ 170	Antragsverfahren
§ 88	Entscheidung des Integrationsamtes	§ 171	Entscheidung des Integrationsamtes
§ 89	Einschränkungen der Ermessensentscheidung	§ 172	Einschränkungen der Ermessensentscheidung
§ 90	Ausnahmen	§ 173	Ausnahmen
§ 91	Außerordentliche Kündigung	§ 174	Außerordentliche Kündigung
§ 92	Erweiterter Beendigungsschutz	§ 175	Erweiterter Beendigungsschutz
Kapitel 5. Betriebs-, Personal-, Richter-, Staatsanwalts- und Präsidialrat, Schwerbehindertenvertretung, Beauftragter des Arbeitgebers		**Kapitel 5. Betriebs-, Personal-, Richter-, Staatsanwalts- und Präsidialrat, Schwerbehindertenvertretung, Inklusionsbeauftragter des Arbeitgebers**	
§ 93	Aufgaben des Betriebs-, Personal-, Richter-, Staatsanwalts- und Präsidialrates	§ 176	Aufgaben des Betriebs-, Personal-, Richter-, Staatsanwalts- und Präsidialrates
§ 94	Wahl und Amtszeit der Schwerbehindertenvertretung	§ 177	Wahl und Amtszeit der Schwerbehindertenvertretung
§ 95	Aufgaben der Schwerbehindertenvertretung	§ 178	Aufgaben der Schwerbehindertenvertretung
§ 96	Persönliche Rechte und Pflichten der Vertrauenspersonen der schwerbehinderten Menschen	§ 179	Persönliche Rechte und Pflichten der Vertrauenspersonen der schwerbehinderten Menschen
§ 97	Konzern-, Gesamt-, Bezirks- und Hauptschwerbehindertenvertretung	§ 180	Konzern-, Gesamt-, Bezirks- und Hauptschwerbehindertenvertretung
§ 98	Beauftragter des Arbeitgebers	§ 181	Inklusionsbeauftragter des Arbeitgebers
§ 99	Zusammenarbeit	§ 182	Zusammenarbeit
§ 100	Verordnungsermächtigung	§ 183	Verordnungsermächtigung
Kapitel 6. Durchführung der besonderen Regelungen zur Teilhabe schwerbehinderter Menschen		**Kapitel 6. Durchführung der besonderen Regelungen zur Teilhabe schwerbehinderter Menschen**	
§ 101	Zusammenarbeit der Integrationsämter und der Bundesagentur für Arbeit	§ 184	Zusammenarbeit der Integrationsämter und der Bundesagentur für Arbeit
§ 102	Aufgaben des Integrationsamtes	§ 185	Aufgaben des Integrationsamtes
§ 103	Beratender Ausschuss für behinderte Menschen bei dem Integrationsamt	§ 186	Beratender Ausschuss für behinderte Menschen bei dem Integrationsamt
§ 104	Aufgaben der Bundesagentur für Arbeit	§ 187	Aufgaben der Bundesagentur für Arbeit
§ 105	Beratender Ausschuss für behinderte Menschen bei der Bundesagentur für Arbeit	§ 188	Beratender Ausschuss für behinderte Menschen bei der Bundesagentur für Arbeit
§ 106	Gemeinsame Vorschriften	§ 189	Gemeinsame Vorschriften
§ 107	Übertragung von Aufgaben	§ 190	Übertragung von Aufgaben
§ 108	Verordnungsermächtigung	§ 191	Verordnungsermächtigung
Kapitel 7. Integrationsfachdienste		**Kapitel 7. Integrationsfachdienste**	
§ 109	Begriff und Personenkreis	§ 192	Begriff und Personenkreis
§ 110	Aufgaben	§ 193	Aufgaben
§ 111	Beauftragung und Verantwortlichkeit	§ 194	Beauftragung und Verantwortlichkeit
§ 112	Fachliche Anforderungen	§ 195	Fachliche Anforderungen
§ 113	Finanzielle Leistungen	§ 196	Finanzielle Leistungen
§ 114	Ergebnisbeobachtung	§ 197	Ergebnisbeobachtung
§ 115	Verordnungsermächtigung	§ 198	Verordnungsermächtigung
Kapitel 8. Beendigung der Anwendung der besonderen Regelungen zur Teilhabe		**Kapitel 8. Beendigung der Anwendung der besonderen Regelungen zur Teilhabe**	

SGB IX v. 19.6.2001		SGB IX v. 23.12.2016	
schwerbehinderter und gleichgestellter behinderter Menschen		**schwerbehinderter und gleichgestellter behinderter Menschen**	
§ 116	Beendigung der Anwendung der besonderen Regelungen zur Teilhabe schwerbehinderter Menschen	§ 199	Beendigung der Anwendung der besonderen Regelungen zur Teilhabe schwerbehinderter Menschen
§ 117	Entziehung der besonderen Hilfen für schwerbehinderte Menschen	§ 200	Entziehung der besonderen Hilfen für schwerbehinderte Menschen
Kapitel 9. Widerspruchsverfahren		**Kapitel 9. Widerspruchsverfahren**	
§ 118	Widerspruch	§ 201	Widerspruch
§ 119	Widerspruchsausschuss bei dem Integrationsamt	§ 202	Widerspruchsausschuss bei dem Integrationsamt
§ 120	Widerspruchsausschüsse der Bundesagentur für Arbeit	§ 203	Widerspruchsausschüsse der Bundesagentur für Arbeit
§ 121	Verfahrensvorschriften	§ 204	Verfahrensvorschriften
Kapitel 10. Sonstige Vorschriften		**Kapitel 10. Sonstige Vorschriften**	
§ 122	Vorrang der schwerbehinderten Menschen	§ 205	Vorrang der schwerbehinderten Menschen
§ 123	Arbeitsentgelt und Dienstbezüge	§ 206	Arbeitsentgelt und Dienstbezüge
§ 124	Mehrarbeit	§ 207	Mehrarbeit
§ 125	Zusatzurlaub	§ 208	Zusatzurlaub
§ 126	Nachteilsausgleich	§ 209	Nachteilsausgleich
§ 127	Beschäftigung schwerbehinderter Menschen in Heimarbeit	§ 210	Beschäftigung schwerbehinderter Menschen in Heimarbeit
§ 128	Schwerbehinderte Beamte und Beamtinnen, Richter und Richterinnen, Soldaten und Soldatinnen	§ 211	Schwerbehinderte Beamtinnen und Beamte, Richterinnen und Richter, Soldatinnen und Soldaten
§ 129	Unabhängige Tätigkeit	§ 212	Unabhängige Tätigkeit
§ 130	Geheimhaltungspflicht	§ 213	Geheimhaltungspflicht
§ 131	Statistik	§ 214	Statistik
Kapitel 11. Integrationsprojekte		**Kapitel 11. Inklusionsbetriebe**	
§ 132	Begriff und Personenkreis	§ 215	Begriff und Personenkreis
§ 133	Aufgaben	§ 216	Aufgaben
§ 134	Finanzielle Leistungen	§ 217	Finanzielle Leistungen
§ 135	Verordnungsermächtigung	§ 218	Verordnungsermächtigung
Kapitel 12. Werkstätten für behinderte Menschen		**Kapitel 12. Werkstätten für behinderte Menschen**	
§ 136	Begriff und Aufgaben der Werkstatt für behinderte Menschen	§ 219	Begriff und Aufgaben der Werkstatt für behinderte Menschen
§ 137	Aufnahme in die Werkstätten für behinderte Menschen	§ 220	Aufnahme in die Werkstätten für behinderte Menschen
§ 138	Rechtsstellung und Arbeitsentgelt behinderter Menschen	§ 221	Rechtsstellung und Arbeitsentgelt behinderter Menschen
§ 139	Mitbestimmung, Mitwirkung, Frauenbeauftragte	§ 222	Mitbestimmung, Mitwirkung, Frauenbeauftragte
§ 140	Anrechnung von Aufträgen auf die Ausgleichsabgabe	§ 223	Anrechnung von Aufträgen auf die Ausgleichsabgabe
§ 141	Vergabe von Aufträgen durch die öffentliche Hand	§ 224	Vergabe von Aufträgen durch die öffentliche Hand
§ 142	Anerkennungsverfahren	§ 225	Anerkennungsverfahren
§ 143	Blindenwerkstätten	§ 226	Blindenwerkstätten
§ 144	Verordnungsermächtigungen	§ 227	Verordnungsermächtigungen

SGB IX v. 19.6.2001		SGB IX v. 23.12.2016	
Kapitel 13. Unentgeltliche Beförderung schwerbehinderter Menschen im öffentlichen Personenverkehr		**Kapitel 13. Unentgeltliche Beförderung schwerbehinderter Menschen im öffentlichen Personenverkehr**	
§ 145	Unentgeltliche Beförderung, Anspruch auf Erstattung der Fahrgeldausfälle	§ 228	Unentgeltliche Beförderung, Anspruch auf Erstattung der Fahrgeldausfälle
§ 146	Persönliche Voraussetzungen	§ 229	Persönliche Voraussetzungen
§ 147	Nah- und Fernverkehr	§ 230	Nah- und Fernverkehr
§ 148	Erstattung der Fahrgeldausfälle im Nahverkehr	§ 231	Erstattung der Fahrgeldausfälle im Nahverkehr
§ 149	Erstattung der Fahrgeldausfälle im Fernverkehr	§ 232	Erstattung der Fahrgeldausfälle im Fernverkehr
§ 150	Erstattungsverfahren	§ 233	Erstattungsverfahren
§ 151	Kostentragung	§ 234	Kostentragung
§ 152	Einnahmen aus Wertmarken	§ 235	Einnahmen aus Wertmarken
§ 153	Erfassung der Ausweise	§ 236	Erfassung der Ausweise
§ 154	Verordnungsermächtigungen	§ 237	Verordnungsermächtigungen
Kapitel 14. Straf-, Bußgeld- und Schlussvorschriften		**Kapitel 14. Straf-, Bußgeld- und Schlussvorschriften**	
§ 155	Strafvorschriften	§ 237a	Strafvorschriften
		§ 237b	Strafvorschriften
§ 156	Bußgeldvorschriften	§ 238	Bußgeldvorschriften
§ 157	Stadtstaatenklausel	§ 239	Stadtstaatenklausel
§ 158	Sonderregelungen für den Bundesnachrichtendienst und den Militärischen Abschirmdienst	§ 240	Sonderregelung für den Bundesnachrichtendienst und den Militärischen Abschirmdienst
§ 159	Übergangsregelung	§ 241	Übergangsregelung

Sachverzeichnis

Die fetten Zahlen bezeichnen die Nummern, unter denen die Gesetze und Verordnungen in dieser Ausgabe abgedruckt sind. Die mageren Zahlen stehen für die Paragraphen.

Abhilfe 18 85

Abschlussprüfung, Zulassung **13** 43

Agenturen für Arbeit, Einrichtung besonderer Stellen **1** 187

Akteneinsicht, Widerspruchsverfahren **18** 84a

Aktivierungs- und Vermittlungsgutschein 4 45

Allgemeines Gleichbehandlungsgesetz, Verhältnis zu SGB IX **1** 164

Altenhilfe 15 26e

Altersrente für schwerbehinderte Menschen **6** 37

Amtssprache s. a. Gebärdensprache; bei hörbehinderten Menschen **9** 19; im Sozialverwaltungsverfahren **9** 19

anerkennungsfähige Einrichtungen, Antrag auf Anerkennung **2c** 18; vorläufige Anerkennung **2c** 19; Werkstätten für behinderte Menschen **2c** 17

Anerkennungsverfahren von Werkstätten für behinderte Menschen **1** 225

Anhörung bei Bewerbung auf einen Arbeitsplatz **1** 164; vor Kündigung schwerbehinderter Menschen **1** 178; von Sachverständigen **11a** 24; des Widerspruchsführers **1** 204

Anrechnung bei behinderten Menschen **11** 92

Anti-D-Immunprophylaxe 15f

Anzeigeverfahren bei Arbeitsverhältnissen mit schwerbehinderten Menschen **1** 163; Zuständigkeit der Bundesagenturen für Arbeit **1** 187

Arbeitgeber, Erstattung von Aufwendungen **15** 16g; Geldleistungen für außergewöhnliche Belastungen bei der Beschäftigung schwerbehinderter Menschen **1** 185; Hilfen bei außergewöhnlichen Belastungen **2b** 27; Pflicht zur Beschäftigung schwerbehinderter Menschen **1** 154; Pflichten gegenüber schwerbehinderten Menschen **1** 164; Zusammenarbeit mit den Arbeitnehmervertretungen **1** 182; Zusammenwirken mit Integrationsämtern **1** 163

Arbeitnehmer, Begriff **1** 52; in Werkstätten für behinderte Menschen **1** 221

Arbeitnehmerähnliche Personen in Werkstätten für behinderte Menschen **1** 221

Arbeitsassistenz, Kostenübernahme bei Notwendigkeit **1** 185

Arbeitsbeschaffungsmaßnahmen, Aufgabe der Bundesagentur für Arbeit **1** 187

Arbeitsentgelt schwerbehinderter Menschen **1** 206; in Werkstätten für behinderte Menschen **1** 221

Arbeitsförderung, Aktivierungs- und Vermittlungsgutschein **4** 45; allgemeine Leistungen **4** 115; Ausbildungsgeld **4** 122; Auswahl der Leistungen **4** 7; berufliche Weiterbildung **4** 81; besondere Leistungen **4** 116, 117, 118; Eingliederungszuschuss **4** 88, 89; durch Fachpersonal in Werkstätten für behinderte Menschen **2c** 9; Leistungsrahmen **4** 114; Probebeschäftigung Behinderter **4** 46; Teilhabe am Arbeitsleben **4** 112 ff.; Übergangsgeld **4** 119, 120, 121; Verhältnis zu anderen Leistungen **4** 22; Zuschüsse zur Ausbildungsvergütung **4** 73

Arbeitsförderungsgeld, Werkstätten für behinderte Menschen **1** 59

Arbeitsgemeinschaften 9 94, s. a. Bundesarbeitsgemeinschaft für Rehabilitation; Eingliederungshilfe **1** 94

Arbeitskampf, Kündigung schwerbehinderter Menschen **1** 174

Arbeitsmarktprogramme für schwerbehinderte Frauen **1** 187; für schwerbehinderte Menschen **1** 187

Arbeitsplatz, Begriff **1** 156; behindertengerechte Einrichtung **2b** 17, 26; Berechnung zur Mindestzahl **1** 157; Einrichtung schwerbehindertengerechter Arbeitsplätze **1** 185; Erschließung und Vorbereitung **1** 193; in Werkstätten für behinderte Menschen **2c** 5

Arbeitsplatzangebot, Förderung aus Mitteln der Ausgleichsabgabe **2b** 14; Leistungen an Arbeitgeber **2b** 15

Arbeitsschutzausschuss, Sitzungsteilnahme der Schwerbehindertenvertretung **1** 178

Arbeitstherapie, Leistungen der Krankenversicherung **5** 42

Arbeitszeit in Werkstätten für behinderte Menschen **2c** 6

Ärzte, Hinweispflicht **1** 34

Ärztlicher Sachverständigenbeirat Versorgungsmedizin 15d 3

Sachverzeichnis

fette Zahlen = Gesetzesnummern

Assistenzleistungen 1 78

Aufklärungsmaßnahmen, Förderung aus Mitteln der Ausgleichsabgabe **2b** 14; durch die Integrationsämter **1** 185; für schwerbehinderte Menschen **2b** 17, 29

aufschiebende Wirkung des Widerspruchs **18** 86a, 86b

Auftragsvergabe an Werkstätten für behinderte Menschen **1** 223

Ausbildung, allgemeine **11a** 16; für eine angemessene Tätigkeit **11a** 13a; Aufgabe der Bundesagentur für Arbeit **1** 187

Ausbildungsgeld, Bedarf bei berufsvorbereitenden Maßnahmen **4** 124; Bedarf bei der Grundausbildung **4** 124; für behinderte Menschen **4** 122; Einkommensanrechnung **4** 126; Leistungsbedarf **4** 123; Werkstätten für behinderte Menschen **4** 125

Ausbildungsplätze, Förderung aus Mitteln der Ausgleichsabgabe **2b** 14; Leistungen an Arbeitgeber **2b** 15; Pflicht zur Beschäftigung schwerbehinderter Menschen **1** 155, 159; für schwerbehinderte Menschen **1** 187

Ausbildungsregelungen für behinderte Menschen **13** 66

Ausbildungszuschuss 1 50

Ausgleichsabgabe, Anrechnung von Aufträgen an Werkstätten für behinderte Menschen **1** 223; Höhe **1** 160; wegen Nichterfüllung der Pflichtarbeitsplatzzahl **1** 160

Ausgleichsfonds, Anmeldeverfahren **2b** 42; Anwendung der Bundeshaushaltsordnung **2b** 37; Ausführung des Wirtschaftsplans **2b** 40; Entscheidung **2b** 44; Feststellung des Wirtschaftsplans **2b** 39; zur Förderung der Teilhabe schwerbehinderter Menschen **1** 161; Rechtsform **2b** 35; Verwendung der Mittel **2b** 41; Vorhaben des Bundesministeriums für Wirtschaft und Arbeit **2b** 45; Vorschlagsrecht des Beirats **2b** 43; Weiterleitung der Mittel an den Ausgleichsfonds **2b** 36; Wirtschaftsplan **2b** 38

Ausländer, Arbeitsförderung **4** 131; Eingliederungshilfe **1** 100; Opferentschädigung **15b** 1; Schwerbehindertenausweis **2e** 6

Ausschlussfrist 1 164

außergewöhnliche Belastung, steuerliche Absetzbarkeit **16** 33a

außerordentliche Kündigung gegenüber schwerbehinderten Menschen **1** 174

Aussetzung von Beschlüssen auf Beschluss der Schwerbehindertenvertretung **14** 35

Ausweis, Beiblatt **2e** 3a; Erfassung **1** 236; Gestaltung **2e** 1; Gültigkeitsdauer **2e** 6; Identifikationskarte **2e** 1; als Nachweis für Steuervorteile **16a** 65; für schwerbehinderte Menschen **1** 152; Sondergruppen **2e** 2, 3; sonstige Eintragungen **2e** 4; für sonstige freifahrtberechtigte Personen **2e** 8; Verfahren **2e** 7; Verordnungsermächtigung **1** 153

Barrierefreiheit 20 9; **21I** 19; Bau und Verkehr **1b** 8; Begriff **1b** 4; Bundesfachstelle **1b** 13; Dokumente in der Bundesverwaltung **1d**; Informationstechnik **1b** 12; **1e**; leichte Sprache **1b** 11; Verbandsklagerecht **1b** 15; Zielvereinbarungen **1b** 5

Beamte, schwerbehinderte **1** 211

Beauftragte für die Belange behinderter Menschen 1b 17; Aufgabe und Befugnisse **1b** 18

Befangenheit eines Mitglieds des Widerspruchsausschusses **1** 204

Befristung des Arbeitsverhältnisses schwerbehinderter Menschen **1** 175

Begleitende Hilfe *s. Teilhabe am Arbeitsleben*

Begleitpersonen, Kosten **11a** 22; Schädigung **15** 8a

Begutachtung, Empfehlung zu einheitlichen Grundsätzen **21e**; Leistungen zur Teilhabe **1** 17

behinderte Frauen *s. a. Frauenbeauftragte;* Benachteiligungsverbot **1b** 7; Berücksichtigung der Bedürfnisse **1** 1; Beseitigung von Nachteilen **1b** 2; Leistungen zur Teilhabe am Arbeitsleben **1** 49; Schutz und Förderung **20** 6

behinderte Menschen, Anspruch auf Übergangsgeld **1** 65; Ausbildung **1** 65; Begriff **4** 19; Eingliederungshilfe *s. Eingliederungshilfe;* Leistungen zur Teilhabe am Arbeitsleben **1** 65; Pauschbeträge **16** 33b

behindertengerechte Wohnung für schwerbehinderte Menschen **2b** 17, 22

Behindertengleichstellungsgesetz 1b; Berichtspflicht der Bundesregierung **1** 88; Ziel **1b** 1

Behinderten-Pauschbetrag (EStG) **16** 33b

Behinderung, Abwendung **1** 4; Begriff **1** 2; **1b** 3; Beseitigung **1** 4; Folgenmilderung **1** 4; Gleichgestellte **1** 2; Minderung **1** 4; Nachweis **16a** 65; Übergangsregelung **1** 241

Beiladung 18 75

Beirat für die Teilhabe behinderter Menschen, Aufgaben und Zusammenset-

862

derung der Partizipation **1b** 19; Klagerecht **1** 85; **1b** 15; Prozessvertretung durch – **1b** 14; **18** 73; Vorschlagsrecht **1** 86; Zielvereinbarung **1b** 5

Verfahrensgrundsätze, Gemeinsame Empfehlungen **21/1.**

Verhältnis von Leistungen nach SGB VIII zu anderen **8** 10

Verletztengeld als Leistung zum Lebensunterhalt **1** 65

Vermittlungsstelle in Werkstätten für behinderte Menschen **2d** 6

Vermögen, Einsatz **1** 139 f.; **11** 66a, 90; **15** 25f

Verpflichtungsklage 18 88

Versammlung der schwerbehinderten Menschen **1** 178

Versehrtenleibesübungen 15 11a, *s. a. Rehabilitationssport*

Versorgung, Anti-D-Immunprophylaxe **15f;** Umfang **15** 9

Versorgungsanspruch, Voraussetzungen **15** 1

Versorgungskrankengeld, Beginn, Dauer und Beendigung **15** 18a; Berechnung **15** 16b; Berücksichtigung anderer Träger **15** 16d; Erstattung von Aufwendungen des Arbeitgebers **15** 16g; Höhe **15** 16a; Kürzung **15** 16f; Voraussetzungen **15** 16; Weitergewährung **15** 16e

Versorgungsleistungen, Beginn, Dauer und Beendigung **15** 18a; bei Gesundheitsschäden **3** 24; Verordnungsermächtigung **15** 24a; Zuständigkeit **15** 18c

Versorgungsmanagement, Anspruch des Versicherten **5** 11

Versorgungsvertrag für Mütter und Väter 5 111a

Verträge für Beschäftigte in Werkstätten für behinderte Menschen *s. Werkstattvertrag*

Verträge mit Leistungserbringern, Eingliederungshilfe **1** 123–134; Integrationsfachdienste **1** 194; Rehabilitationsdienste **1** 38

Vertrauenspersonen, Rechte und Pflichten **1** 179; der schwerbehinderten Menschen **1** 163; Stellvertreter **1** 179; Wahl **1** 178

Verwaltungsakt, Begriff **9** 31; Begründung **9** 35; Bestimmtheitserfordernis **9** 33; bindender **18** 77; Form **9** 33

Vorsorgeeinrichtungen, Begriff des Krankenversicherungsrechts **5** 107; Versorgungsverträge **5** 111, 111c

Vorstellungsgespräch bei öffentlichen Arbeitgebern **1** 165

Vorverfahren als Klagevoraussetzung **18** 78

Wahl *s. Schwerbehindertenvertretung*

Wahl der Frauenbeauftragten in Werkstätten für behinderte Menschen **2d** 39b

Wahl der Werkstatträte 1 222; Annahme der Wahl **2d** 24; Aufbewahrung der Wahlunterlagen **2d** 26; Aufgaben des Wahlvorstandes **2d** 14; Bekanntmachung der Bewerber **2d** 20; Bekanntmachung der Gewählten **2d** 25; Bekanntmachung der Liste der Wahlberechtigten **2d** 16; Benachrichtigung der Gewählten **2d** 24; Bestellung des Wahlvorstandes **2d** 13; Einspruch gegen die Liste der Wahlberechtigten **2d** 17; Erstellung der Liste der Wahlberechtigung **2d** 15; Feststellung des Wahlergebnisses **2d** 23; Stimmabgabe **2d** 21; Wahlanfechtung **2d** 27; Wahlausschreiben **2d** 18; Wählbarkeit **2d** 11; Wahlkosten **2d** 28; Wahlschutz **2d** 28; Wahlvorgang **2d** 22; Wahlvorschläge **2d** 19; Zeitpunkt der Wahl **2d** 12

Wahlverfahren, Schwerbehindertenvertretung **1** 178

Wegfall der Schwerbehinderteneigenschaft **1** 199

Wehrdienstbeschädigung, Begriff **19** 81; unentgeltliche Beförderung im öffentlichen Personenverkehr **1** 228

Weiterbildung, Aufgabe der Bundesagentur für Arbeit **1** 187; Förderung der beruflichen **4** 81; Förderungsdauer **1** 53

Werkarzt, Beteiligung an gemeinsamen Empfehlungen **1** 26

Werkstätten für behinderte Menschen, Anerkennungsfähige Einrichtungen **2c** 17; Anerkennungsverfahren **1** 225; Anrechnung von Aufträgen auf die Ausgleichsabgabe **1** 223; Antrag auf Anerkennung **2c** 18; Arbeitsförderungsgeld **1** 59; Arbeitsplatzangebot **2c** 5; Aufnahme **1** 220; Auftragsvergabe durch die öffentliche Hand **1** 224; Ausbildungsgeld **4** 125; Bauliche Gestaltung, Ausstattung, Standort **2c** 8; begleitende Dienste **2c** 10; Begriff und Aufgaben **1** 219; Beschäftigungszeit **2c** 6; Eingangsverfahren **2c** 3; Eingliederungshilfe **1** 111; Erfassung und Anerkennung **1** 187; Fachausschuss **2c** 2; Fachpersonal zur Arbeits- und Berufsförderung **2c** 11; Formen **2c** 16; Fortbildung **2c** 11; Frauenbeauftragte **1** 222; **2c** 14; **2d** 32, 39a–39c; Größe **2c** 7; Grundsatz der einheitlichen Werkstatt **2c** 1; Leistungen **1** 56; Leiter **2c** 9; Maßnahmen der Berufsbildung **2c** 4; Mitwirkung der behinderten Menschen **1** 222; Mitwirkung der Werkstatträte **2c** 14; Rechtsstellung und Arbeitsentgelt **1** 221; Rechtsweg **12** 2; schriftliche Verträge **2c** 13; Verordnungs-

Behinderung

SGB IX · Rehabilitation und Teilhabe von Menschen mit Behinderungen

Textausgabe `TOPTITEL` `NEU`
11. Aufl. 2020. 947 S.
€ 19,90. dtv 5755

Auf dem Stand Januar 2020 beinhaltet die Textausgabe die für das Recht schwerbehinderter Menschen relevanten Normtexte, zum Teil in Auszügen. Aufgrund der Neufassung des SGB IX wurde die Textsammlung vollständig neu konzipiert und inhaltlich erweitert.

Greß
Recht und Förderung für mein behindertes Kind
Elternratgeber für alle Lebensphasen – Sozialleistungen, Betreuung und Behindertentestament.

Rechtsberater `TOPTITEL`
3. Aufl. 2018. 328 S.
€ 19,90. dtv 51232
Auch als **ebook** erhältlich.

Kompetenter Rechtsrat für Eltern mit behinderten Kindern in den einzelnen Lebenssituationen, wie z. B. Geburt, Schulbesuch, Ausbildung, Volljährigkeit und Auszug aus dem Elternhaus.

Betreuung und Alter

BtR · Betreuungsrecht
Mit Bürgerlichem Gesetzbuch (Auszug), mit Einführungsgesetz zum BGB (Auszug), Gerichtsverfassungsgesetz (Auszug), Rechtspflegergesetz (Auszug), FamFG (Auszug), Betreuungsbehördengesetz, Gerichts- und Notarkostengesetz (Auszug), Vormünder- und Betreuervergütungsgesetz.

Textausgabe `TOPTITEL`
17. Aufl. 2022. 211 S. `NEU`
€ 9,90. dtv 5570
Neu im März 2022

Matthias Winkler

Betreuung in Frage und Antwort

Alle wichtigen rechtlichen Aspekte für Betreute, Betreuerinnen und Betreuer

Beck-Rechtsberater im dtv

Winkler
Betreuung in Frage und Antwort
Alle wichtigen rechtlichen Aspekte
für Betreute, Betreuerinnen und Betreuer.
Rechtsberater im großen Format.
3. Auflage 2022. Rund 250 S. NEU
ca. € 24,90. dtv 51203
Neu im September 2022.

Alle wichtigen rechtlichen Aspekte für Betreute und Betreuer

Kompakt und zusammenhängend sind alle wichtigen Fragen zum Thema Betreuung beantwortet:

▸ Wann kann ein Betreuer bestellt werden?
▸ Was bewirken Vorsorgevollmacht und Betreuungsverfügung?
▸ Was darf der Betreuer und was nicht?
▸ Was genau sind die Aufgabenkreise?
▸ Wie werden die Rechte des Betreuten gewahrt?
▸ Was können die Angehörigen tun?
▸ Was tun, wenn der Aufgabenkreis nicht mehr passt?
▸ Kann die Betreuung verlängert werden?
▸ Wann endet die Betreuung?
▸ Wer sind Betreuungsvereine und Betreuungsbehörden?
▸ Wie läuft das gerichtliche Verfahren?

Zahlreiche Beispiele und Checklisten machen die Antworten anschaulich und Ausführungen zu Kosten und Vergütung runden den Band ab.

Matthias Winkler ist Rechtsanwalt und Notar in Berlin und hat bereits zahlreiche Fachpublikationen zum Thema verfasst.

Zimmermann
Ratgeber Betreuungsrecht
Hilfe für Betreute, Betreuer
und Angehörige.
Rechtsberater `TOPTITEL`
11. Aufl. 2020. 335 S.
€ 21,90. dtv 51240
Auch als **ebook** erhältlich.

Dieser Rechtsberater informiert umfassend über Rechte und Pflichten der Beteiligten bei einer Betreuung. Beantwortet sind alle wesentlichen Fragen zum Betreuungsrecht, u. a.:

▸ Wann und wie wird ein Betreuer bestellt?

▸ Was kann ich mit einer Patientenverfügung regeln?

▸ Welche Kosten entstehen und wer muss sie tragen?

Mit praxisnahen Beispielen, tabellarischen Übersichten und Lösungsvorschlägen.

Haack/Böttger
Patientenrechte und Behandlungsfehler
Recht bekommen und durchsetzen.
Rechtsberater im großen Format
2. Aufl. 2022. Rd. 250 S. `NEU`
ca. € 24,90. dtv 51271
Neu im Mai 2022.

Dieser Ratgeber klärt die Rechte bei Behandlungsfehlern von Ärzten oder Kliniken. Er gibt Orientierung für die Situation der Betroffenen nach einem Behandlungsfehler durch Medizinpersonal oder Klink:

▸ Liegt ein Behandlungsfehler vor?

▸ Mögliche Vorgehensweisen

▸ Klärung finanzieller Hürden bei juristischer Überprüfung

Putz/Steldinger/Unger
Patientenrechte am Ende des Lebens
Vorsorgevollmacht · Patientenverfügung ·
Selbstbestimmtes Sterben.
Rechtsberater `TOPTITEL`
7. Aufl. 2021. 379 S.
€ 19,90. dtv 51242
Auch als **ebook** erhältlich.

Der Ratgeber konzentriert sich auf den Aspekt der Vorsorge, auf **Patientenverfügung und Vorsorgevollmacht**.

Lindemann-Hinz/Wabbel
Elternunterhalt
Das müssen Kinder für ihre Eltern zahlen.
Rechtsberater   `TOPTITEL`
4. Aufl. 2020. XIV, 163 S.
€ 15,90. dtv 51246
Auch als **ebook** erhältlich.

Erfahren Sie hier, wie viel Unterhalt Sie für
Ihre Eltern zahlen müssen, wenn diese sich
nicht mehr selbst unterhalten können. Von
der Erteilung der Auskunft über das eigene
Einkommen und Vermögen über die Freibeträge und die eigene Altersvorsorge bis zum
Zugriff auf Immobilienvermögen behandelt
der Band alle relevanten Themen.

Zahlreiche Tipps lassen den Betroffenen
nicht im Regen stehen. Viele Beispiele mit
Musterberechnungen machen die Ausführungen anschaulich.

Kempchen/Krahmer
Mein Recht bei Pflegebedürftigkeit
Leitfaden zu Leistungen der Pflege-
versicherung.
Rechtsberater
4. Aufl. 2018. 296 S.
€ 18,90. dtv 50775
Auch als **ebook** erhältlich.

Behandelt das Thema leicht verständlich und
erklärt es anhand von vielen Beispielen.

Erben und Vererben

ErbR · Erbrecht
Bürgerliches Gesetzbuch, Europäische
ErbrechtsVO, Zivilprozessordnung, Fami-
lienverfahrensgesetz, Beurkundungsgesetz,
Höfeordnung, Erbschaftsteuer- und Schen-
kungsteuergesetz, Einkommensteuergesetz,
Bewertungsgesetz, Sozialrecht und aktuelle
Sterbetafeln. Mit Auszügen aus dem RPflG.
Textausgabe **TOPTITEL**
5. Aufl. 2020. 703 S.
€ 24,90. dtv 5779

Klinger
Erbrecht in Frage und Antwort
Vorsorge zu Lebzeiten, Erbfall, Testament,
Erbvertrag, Vollmachten, Steuern, Kosten.
Rechtsberater
6. Aufl. 2017. 386 S.
€ 17,90. dtv 51206
Auch als **ebook** erhältlich.

Winkler
Erbrecht von A–Z
Über 240 Stichwörter zum aktuellen Recht.
Rechtsberater
14. Aufl. 2015. 379 S.
€ 19,90. dtv 50783

Ritter
Ratgeber Erbrecht
Erben und Vererben.
Rechtsberater **TOPTITEL**
4. Aufl. 2021. 224 S.
€ 18,90. dtv 51249
Auch als **ebook** erhältlich.

Umfassender Überblick über das deutsche
Erbrecht: von der richtigen **Vorsorge zu Lebzeiten** (wie beispielsweise Testament, Erbvertrag, Schenkung) bis hin zu den **Besonderheiten bei Ehepaaren** (mit oder ohne
Kinder), **Alleinstehenden, Lebensgemein-
schaften oder Geschiedenen.**

Mit vielen **Beispielen, Musterformulierungen, Checklisten** und Tipps.

Zimmermann
Rechtsfragen bei einem Todesfall
Erbrecht · Testament · Steuern · Versorgung ·
Bestattung.
Rechtsberater
7. Aufl. 2015. 278 S.
€ 15,90. dtv 50779
Auch als **ebook** erhältlich.

Klinger/Hacker
Immobilien schenken und vererben
Ein Ratgeber für Eigentümer
und ihre Erben.
Rechtsberater   TOPTITEL
5. Aufl. 2019. 265 S.
€ 17,90. dtv 51235
Auch als **ebook** erhältlich.

Der Ratgeber erläutert leicht verständlich die rechtlichen und steuerlichen Aspekte. Der Eigentümer der Immobilie findet praxiserprobte Musterformulierungen für rechtssichere Übergabeverträge und Testamente. Anhand zahlreicher Beispiele werden steueroptimierte Gestaltungen erklärt.

Klinger/Roth
Testamentsvollstreckung
Richtig anordnen, durchführen und
kontrollieren.
Rechtsberater   TOPTITEL
3. Aufl. 2018. 223 S.
€ 15,90. dtv 51224
Auch als **ebook** erhältlich.

Ermöglicht dem Erblasser, seinen letzten Willen richtig umzusetzen, und dem Erben, sich in der Testamentsvollstreckung zurechtzufinden.

Hacker/Klinger
Erbrecht in Frage und Antwort
Vorsorge zu Lebzeiten, Erbfall, Testament,
Erbvertrag, Vollmachten, Steuern, Kosten.
Rechtsberater im großen Format.
7. Aufl. 2022. Rund 370 S.   NEU
ca. € 24,90. dtv 51206
Neu im Mai 2022.

Dieser Ratgeber beantwortet in leicht verständlicher Form Fragen des Erbrechts, u.a.: Testament, Erbvertrag, Widerruf und Anfechtung, Aspekte der Vorsorge für Ehepaare mit und ohne Kindern, Paare ohne Trauschein, Alleinstehende, Geschiedene, Unternehmer und Immobilienbesitzer etc.

Bornewasser/Klinger
Erben und Vererben
Vorsorge, Testament und Erbfall
rechtssicher gestalten.
Rechtsberater im großen Format TOPTITEL
4. Aufl. 2021. 394 S.
€ 29,90. dtv 51254
Auch als **ebook** erhältlich.

Alles, was das Erbrecht zu bieten hat, verständlich aufbereitet und übersichtlich dargestellt.

Claus-Henrik Horn

Erben

Ratgeber für Erbinnen und Erben
zur Abwicklung des Erbes, in der Erbengemeinschaft und beim Pflichtteil

4. AUFLAGE

Beck-Rechtsberater im dtv

Horn
Erben
Ratgeber für Erbinnen und Erben
zur Abwicklung des Erbes, in der Erbengemeinschaft und beim Pflichtteil.
Rechtsberater im großen Format TOPTITEL
4. Aufl. 2022. 293 S.
€ 24,90. dtv 51251
Auch als **ebook** erhältlich.

Fundierte Unterstützung für eine schwierige Zeit.

Die ersten Schritte nach dem Todesfall: was zu tun ist, welche **Behördengänge**
anstehen, wie das Vermögen gesichert werden kann, wie man an den Erbschein
kommt u.v.m. Daneben muss der Erbe seine Rechte bei der Abwicklung des Erb-
falls sicherstellen. Das gilt vor allem für die Erbengemeinschaft, aber auch dann,
wenn der **Pflichtteil** verlangt wird.

Zahlreiche **Checklisten, Tipps aus der Praxis und Beispiele** machen die rechtlichen Aspekte anschaulich und helfen dem Erben, seine Rechte durchzusetzen.

▸ Das Erbe sichern,
▸ den Erbschein bekommen,
▸ sich in der Erbengemeinschaft durchsetzen,
▸ die Haftung für Schulden begrenzen,
▸ den Pflichtteil verlangen u.v.m.

Alles für den Erben übersichtlich in einem Band

▸ Mit vielen praktischen Tipps und Beispielen
▸ Mit den praktischen Folgen einiger Gesetzesänderungen und zahlreicher
  aktueller Gerichtsurteile

Der Autor **Dr. Claus-Henrik Horn** ist Fachanwalt für Erbrecht in Düsseldorf.

Guido Ubert | Johannes Hochmuth | Josef Kaspar

Testament und Erbfall

Guter Rat für Erblasserinnen,
Erblasser, Erbinnen und Erben:
Was Sie wissen und beachten sollten.

8. AUFLAGE

Beck-Rechtsberater im <u>dtv</u>

Ubert/Hochmuth/Kaspar
Testament und Erbfall
Guter Rat für Erblasserinnen, Erblasser,
Erbinnen und Erben: Was Sie wissen und
beachten sollten.
Rechtsberater im großen Format **TOPTITEL**
8. Aufl. 2022. Rd. 350 S. **NEU**
ca. € 29,90. dtv 50752
Auch als **ebook** erhältlich.
Neu im März 2022

ALLES WAS RECHT IST.
Zuverlässige Antworten von
renommierten Autorinnen und
Autoren auf alle Rechtsfragen.
Beck-Rechtsberater im <u>dtv</u>

Richtig und sicher erben und vererben.

Alle wichtigen rechtlichen und praktischen Fragen rund um Testament und Erbfall
sowie Enterbung und Pflichtteil. Leicht verständlich: einfach aufbereitet und in einer
verständlichen Sprache dargestellt.

Anschaulich: viele Muster, Beispiele mit Berechnungen, Tipps und Checklisten.
Übersichtlich: klar aufgebaut und mit einem ausführlichen Sachregister.
Aktuell: auf dem neuesten Stand von Rechtsprechung und Gesetzgebung.

Antworten zu Testament und Erbfall, eingehende Ausführungen zu Erbschaft- und
Schenkungsteuer: Steuerklassen, Freibeträgen und Berechnungsbeispielen.

Inklusive einer Vielzahl von Tipps, wie die Erbschaft- und Schenkungsteuer durch
rechtzeitige Vorsorge gespart werden kann.

Vorteile auf einen Blick:
▸ Bewährter und erfolgreicher Band zu allen Fragen des Erbrechts
▸ Vollkommen überarbeitete Neuauflage
▸ Mit vielen praxisnahen Tipps

Hromadka/Maschmann
Arbeitsrecht für Vorgesetzte
Rechte und Pflichten bei der
Mitarbeiterführung.
Rechtsberater   `TOPTITEL`
6. Aufl. 2019. 486 S.
€ 24,90. dtv 51239
Auch als **ebook** erhältlich.

Notter/Ruf/Schönleben
Arbeitsrecht in Frage und Antwort
Bewerbung, Vertrag, Entgeltfortzahlung,
Urlaub, Krankheit, Kündigungsschutz,
Abfindung, Zeugnis.
Rechtsberater
4. Aufl. 2017. 444 S.
€ 19,90. dtv 51205
Auch als **ebook** erhältlich.

Fragen und Antworten rund um das Arbeitsverhältnis.

Schulz/Jarvers/Gerauer
Alles über Arbeitszeugnisse
Form und Inhalt · Zeugnissprache.
Mit Beispielen und Zeugnismustern.
Rechtsberater
9. Aufl. 2015. 191 S.
€ 12,90. dtv 50767
Auch als **ebook** erhältlich.

BeamtR · Beamtenrecht
BundesbeamtenG, BeamtenstatusG, Bundes-
besoldungsG, BeamtenversorgungsG, Bun-
desdisziplinarG, BundesbeihilfeVO und weitere Vorschriften des Bundesbeamtenrechts.
Textausgabe   `TOPTITEL` `NEU`
36. Aufl. 2022. 651 S.
€ 14,90. dtv 5529
Neu im Februar 2022

TVöD · Tarifrecht öffentlicher Dienst
Bund, Kommunen, TV-Ärzte, Entgeltordnungen
Textausgabe   `TOPTITEL`
9. Aufl. 2021. 929 S.
€ 13,90. dtv 5787

TVAöD - Allgemeiner Teil, TVAöD -Besonderer
Teil - BBiG und Pflege, TV EntgO Bund, EntO
(VKA), TVöD - Allgemeiner Teil, TV-Ärzte
(VKA), TVÜ-Ärzte, TVÜ-Bund, TVÜ-VKA

TV-L · Tarifrecht öffentlicher Dienst
Länder, TV-Ärzte, Entgeltordnungen
Textausgabe
8. Aufl. 2020. 916 S.
€ 12,90. dtv 5788

TVA-L BBiG und Pflege, TV-Ärzte (Länder),
TV-L, TV EntgO-L, TV-Hessen, TVÜ -Hessen,
TVÜ -Länder, TV EntgO-L, TVA-L Gesundheit.

Sozialleistungen

SGB II/SGB XII · Grundsicherung für Arbeitsuchende – Sozialhilfe
u. a. mit den neuen Vorschriften der Sozialhilfe (SGB XII) und der Grundsicherung für Arbeitsuchende (SGB II), einschließlich dem Angehörigen-Entlastungsgesetz.
Textausgabe `TOPTITEL`
18. Aufl. 2022. Rd. 829 S. `NEU`
ca. € 17,90. dtv 5767
Neu im März 2022

Kreitz/Theden/Weiß
Arbeitslosengeld II · Hartz IV von A–Z
Hilfe für Betroffene in über 300 Stichworten.
Rechtsberater
2. Aufl. 2017. 351 S.
€ 16,90. dtv 50797
Auch als **ebook** erhältlich.

Schneil
Guter Rat bei Arbeitslosigkeit
Arbeitslosengeld – Kurzarbeitergeld – Insolvenzgeld – Soziale Sicherung – Rechtsschutz
Rechtsberater `TOPTITEL`
13. Aufl. 2020. 249 S.
23,90 €. dtv 51250
Auch als **ebook** erhältlich.

Dieser Ratgeber informiert kompetent, aktuell und zuverlässig über

▸ Arbeitslosen- und Insolvenzgeld, Kurzarbeitergeld, Nebeneinkommen sowie zumutbare Arbeit und Nahtlosigkeit
▸ Sperrzeit und Anrechnung von Abfindungen
▸ Sozialversicherungsschutz
▸ Besonderheiten des europäischen Rechts
▸ Rechtsschutzfragen.

Hüttenbrink/Kilz
Sozialhilfe und Arbeitslosengeld II
Hilfe zum Lebensunterhalt (Hartz IV), Grundsicherung, sonstige Ansprüche (z. B. Hilfe zur Pflege), Verfahren, Verwandtenregress.
Rechtsberater
13. Aufl. 2018. 276 S.
€ 12,90. dtv 50737
Auch als **ebook** erhältlich.

SGB

Sozialgesetzbuch

Allg. Teil · Grundsicherung
Arbeitsförderung · Gem. Vorschrif-
ten · Kranken-, Renten-,
UnfallVers. · Kinder-/Jugendhilfe
Rehabilitation · Verwaltungsver-
fahren · PflegeVers. · Sozialhilfe
Soz. Entschädigung
Sozialgerichtsgesetz

51. Auflage
2022

Mit Corona-
Gesetzgebung

Beck-Texte im dtv

Mit
COVID-19-
Gesetz-
gebung

VersR

Privat-
versicherungs-
recht

VersicherungsaufsichtsG
VersicherungsvertragsG
und weitere Vorschriften

28. Auflage
2022

Beck-Texte im dtv

Sozialversicherung, sonstige Versicherungen und Altersvorsorge

SGB · Sozialgesetzbuch
Sämtliche Bücher des Sozialgesetzbuches
(I bis XII und XIV) sowie Sozialgerichtsgesetz.
Textausgabe · **TOPTITEL**
51. Aufl. 2022. 2398 S. · **NEU**
€ 19,90. dtv 5024
Neu im April 2022

SGB V · Recht des öffentlichen Gesundheitswesens
Textausgabe · **TOPTITEL**
22. Aufl. 2022. 1384 S. · **NEU**
€ 25,90. dtv 5559
Neu im März 2022

Mit zahlreichen Gesetzen und Verordnungen
aus dem Rechtsgebiet des öffentlichen
Gesundheitswesens. Enthalten sind u. a.
Vorschriften zur vertragsärztlichen Versorgung (BÄO, MBO-Ä, PsychThG und Ärzte-ZV),
zum Krankenhausrecht (KHG, KHEntgG), zur
Heilmittelversorgung (MPhG, PodG, ErgThG),
zur Hilfsmittelversorgung (HwO, MPG) und
zur Arzneimittelversorgung (AMG, AMPreisV
und ApoG).

VersR · Privatversicherungsrecht
Textausgabe · **TOPTITEL**
28. Aufl. 2022. 686 S.
€ 15,90. dtv 5579

Der Band enthält die wichtigsten Bestim-
mungen des Privatversicherungsrechts. Mit
Versicherungsvertragsgesetz, Versicherungs-
aufsichtsgesetz, Pflichtversicherungsgesetz,
VersicherungsvermittlungsVO, Auszügen aus
BGB, EGBGB, HGB und GewO und weiteren
Vorschriften.

SGB XI · Soziale Pflegeversicherung
Textausgabe
13. Aufl. 2017. 716 S.
€ 21,90. dtv 5581

Die Textsammlung umfasst alle wichtigen
Vorschriften rund um das Recht der sozialen
Pflegeversicherung. Enthalten sind u. a. das
SGB XI, SGB I und SGB IV, das SGB V, VI und
XII in Auszügen sowie das Pflegezeitgesetz
und das Familienpflegezeitgesetz.